Michow/Ulbricht
Veranstaltungsrecht

Veranstaltungsrecht

Recht der Konzert- und Unterhaltungsveranstaltungen

von

Prof. Jens Michow
Rechtsanwalt in Hamburg

und

Dr. Johannes Ulbricht
Rechtsanwalt in Hamburg

2013

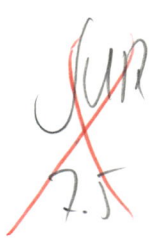

www.beck.de

ISBN 978 3 406 65191 5

© 2013 Verlag C.H.Beck oHG
Wilhelmstraße 9, 80801 München
Druck und Bindung: fgb · freiburger graphische betriebe GmbH & Co. KG,
Bebelstraße 11, 79108 Freiburg

Satz: ottomedien, Darmstadt

Gedruckt auf säurefreiem, alterungsbeständigem Papier
(hergestellt aus chlorfrei gebleichtem Zellstoff)

Vorwort

Der Live Entertainment-Markt – also das Geschäft mit öffentlichen Konzert- und sonstigen Veranstaltungen – hat sich in den letzten zwanzig Jahren neben dem deutschen Buchhandel zum umsatzstärksten Faktor der deutschen Entertainment-Märkte entwickelt. Konsumenten geben in Deutschland für Veranstaltungsbesuche in etwa ebenso viel Geld aus wie für den Erwerb von Büchern und mehr als dreimal so viel wie für Kinobesuche. Ausübende Künstler erzielen heute ihr wesentliches Einkommen nicht mehr mit dem Verkauf ihrer Musikaufnahmen, sondern mit ihren Live-Auftritten. Immer mehr Künstler bieten ihre Werke sogar kostenlos zum Download im Internet mit dem Ziel an, Werbung für ihre Auftritte zu machen.

Mit dem wirtschaftlichen Wachstum des Veranstaltungsmarkts haben auch dessen rechtliche Rahmenbedingungen an Bedeutung und Umfang zugenommen. Der Schutzbedarf des ausübenden Künstlers ist seit den 90er Jahren zunehmend in den Fokus der Politik und der Gesetzgebung gerückt. Damit einhergehend sind auch die gesetzlichen Grundlagen für die Verwertung künstlerischer Leistungen – nicht nur im Steuerrecht – einem steten Wandel unterworfen. Und wo gesetzliche Grundlagen fehlen, hat die Rechtsprechung bestehende Lücken gefüllt und damit besonderes Gewicht erhalten. Das Tempo der Entwicklung ist Ursache für eine zunehmende Verunsicherung der Praktiker und spürbar wachsenden rechtlichen Beratungsbedarf.

Aber nicht nur die Rahmenbedingungen der Veranstaltungsbranche werden ständig komplexer. Die gewachsene wirtschaftliche Bedeutung des Veranstaltungsmarkts hat auch den Konkurrenzkampf innerhalb der Branche zunehmen und damit einhergehend neue Herausforderungen für ihre Akteure entstehen lassen. Auf viele der daraus erwachsenen rechtlichen Fragen lassen sich nicht immer eindeutige und befriedigende Antworten geben.

Auf den ersten Blick besonders überraschend mag in einem Buch zum Veranstaltungsrecht eine Darstellung des branchenrelevanten Steuerrechts sein. Allerdings rangieren steuerrechtliche Fragen an allererster Stelle des rechtlichen Beratungsbedarfs der Branchen-Praktiker. Insbesondere die einkommens- und umsatzsteuerrechtliche Behandlung grenzüberschreitender Leistungen von Künstlern ist komplex und erschließt sich dem steuerrechtlichen Laien zumeist nur schwer. Erschwerend wirkt sich dabei die zumeist nur kurze ‚Lebenszeit' steuerrechtlicher Vorschriften aus. Hat sich der Praktiker gerade mal an eine Regelung gewöhnt, wird sie durch eine Novellierung ersetzt, die dann zumeist neue Fragen aufwirft. Daher ist eine Erörterung der einschlägigen steuerrechtlichen Problemstellungen in diesem Buch unverzichtbar.

Zwar sind mittlerweile zahlreiche Handbücher zur Praxis der Querschnittsmaterie Veranstaltungsrecht erschienen. Eine wissenschaftliche Aufbereitung der rechtlichen Problemstellungen des Live Entertainment Marktes gibt es für die Zielgruppe des juristischen Praktikers bisher jedoch noch nicht. Daher widmet sich dieses Buch der Aufgabe, die vorhandene Rechtsprechung und Literatur zu allen für den Live-Veranstaltungsbereich relevanten Rechtsgebieten und Fragestellungen darzustellen und zu erläutern. Soweit zu einzelnen Fragen höchstrichterliche Entscheidungen fehlen, wurden im Wege einer teleologischen Auslegung angemessen erscheinende Lösungsvorschläge erarbeitet. Neben der Darstellung der juristischen Zusammenhänge wird das Ziel verfolgt, Transparenz in das für Außenstehende kaum zu überschauende Marktgeflecht zu bringen und damit einzelfallgerechtere Entscheidungen zu ermöglichen, die Terminologien der Praxis zu interpretieren und unterscheidungskräftig zu definieren.

Vorwort

Die Autoren des Buches bedanken sich bei der Rechtsreferendarin Katharina Gitmann für ihre unterstützende wissenschaftliche Mitarbeit, ihre kritischen Anregungen und ihre stets ermunternde Fröhlichkeit auch in schwierigen Arbeitsphasen.

Für Anregungen und Kritik sind wir jederzeit offen und dankbar (entweder per E-Mail an info@michow-partner.de oder per Post an Michow & Partner, Postfach 202364, 20216 Hamburg).

Hamburg, im Juli 2013

Prof. Jens Michow
Dr. Johannes Ulbricht

Inhaltsübersicht

	Seite
Vorwort	V
Inhaltsverzeichnis	IX
Abkürzungsverzeichnis	XXIII
Verzeichnis der abgekürzt zitierten Literatur	XXIX
§ 1 Grundlagen *(Michow)*	1
§ 2 Künstler, Veranstalter und Spielstätten *(Michow)*	8
§ 3 Der Veranstaltungsvertrag *(Michow)*	24
§ 4 Der Veranstaltungsbesuchsvertrag *(Michow)*	50
§ 5 Künstlervermittlung *(Michow)*	54
§ 6 Künstlermanagement *(Michow)*	99
§ 7 Leistungsstörungen bei Veranstaltungs- und Veranstaltungsbesuchsverträgen *(Michow)*	106
§ 8 Kartenvorverkauf *(Ulbricht)*	151
§ 9 Marken- und Wettbewerbsrecht *(Ulbricht)*	164
§ 10 Urheber- und Leistungsschutzrecht *(Ulbricht)*	204
§ 11 Verwertungsgesellschaften *(Ulbricht)*	218
§ 12 Arbeitsrecht *(Ulbricht)*	243
§ 13 Versicherungsrecht *(Ulbricht)*	257
§ 14 Haftungsrecht *(Ulbricht)*	260
§ 15 Öffentliches Recht *(Ulbricht)*	268
§ 16 Sponsoring *(Ulbricht)*	277
§ 17 Beschränkte Steuerpflicht *(Michow)*	283
§ 18 Umsatzsteuerrecht *(Michow)*	316
§ 19 Künstlersozialabgabe *(Michow)*	343
Anhänge (Musterverträge)	363
Sachverzeichnis	387

Inhaltsverzeichnis

Vorwort	V
Inhaltsübersicht	VII
Abkürzungsverzeichnis	XXIII
Verzeichnis der abgekürzt zitierten Literatur	XXIX

§ 1 Grundlagen 1
    I. Gegenstand des Veranstaltungsrechts 1
    II. Begriffsdefinitionen 1
        1. Veranstaltung 2
        2. Konzertveranstaltung 2
        3. Live Entertainment 2
        4. Konzertmäßige Aufführung 3
        5. Bühnenmäßige Aufführung 3
    III. Geltungsbereich des Veranstaltungsrechts 3
    IV. Der Veranstaltungsmarkt 4
        1. Historische Entwicklung 4
        2. Wirtschaftliche Bedeutung und statistische Kennzahlen 5
        3. Veranstaltungswirtschaft im Wandel 6

§ 2 Künstler, Veranstalter und Spielstätten 8
    I. Der ausübende Künstler 8
    II. Der Veranstalter 9
        1. Definitionskriterien des Veranstalterbegriffs 10
            a) Veranstalterdefinition der Rechtsprechung 10
            b) Urheberrechtliche Veranstalterdefinition 10
            c) Veranstalterdefinition der Finanzverwaltung 11
            d) Veranstalter kraft Rechtsscheins 11
        2. Trennschärfe der Kriterien 12
            a) Anordnung und Veranlassung einer Veranstaltung 12
            b) ‚Ins Werk Setzen' einer Veranstaltung 12
            c) Einfluss auf die Programmgestaltung 13
            d) Vertragspartner der Künstler 13
            e) Rechtsschein 13
            f) Finanzielle und organisatorische Verantwortung 14
        3. Wertung 14
    III. Kooperation Tournee- und Örtlicher Veranstalter 15
        1. Grundlagen 15
        2. Veranstalterposition bei Veranstalterkooperationen 15
            a) Tourneeveranstalter als Alleinveranstalter 16
            b) Örtlicher Veranstalter als Alleinveranstalter 17
            c) Tourneeveranstalter als Mitveranstalter 17
                aa) Mitveranstalter 17
                bb) Verantwortlichkeit des Mitveranstalters 18
                    (1) Vertragspartner des Veranstaltungsbesuchsvertrages 19
                    (2) Haftung für Urheberrechte 20
                    (3) Haftung aufgrund der Verkehrssicherungspflicht 21
                    (4) Steuerrechtliche Verbindlichkeiten 21
        3. Rechtsnatur der Kooperationsvereinbarung 21
            a) BGB-Gesellschaft 22

Inhaltsverzeichnis

b) Innengesellschaft	22
IV. Spielstätten	23

§ 3 Der Veranstaltungsvertrag 24

I. Rechtsnatur	24
1. Selbstständige Tätigkeit	25
a) Dienstvertrag	25
b) Werkvertrag	25
2. Arbeitsvertrag	26
II. Obhuts- und Fürsorgepflicht des Veranstalters	27
III. Vergütungsvereinbarungen	27
1. Festhonorar	27
2. Produktions- und Durchführungskosten	27
IV. Bühnenanweisung	29
V. Tourneevertrag	29
VI. Stationen der Buchung eines Veranstaltungsprogramms	30
1. Verhandlungsstadium	30
2. Option/Reservierung	32
3. Der Vertragsschluss	33
a) Formerfordernis	33
b) Gewillkürte Schriftform	33
4. Einigungsmängel	34
a) Dissens	34
b) Vertragsschluss trotz fehlender Einigung	34
c) Leistungs- und Nebenpflichten	35
aa) Nebenleistungspflichten des Veranstalters	37
(1) Allgemeine Rahmenbedingungen	37
(2) Vorauszahlungspflicht	37
(3) Stellung einer Bühne	37
(4) Stellung von Garderobenräumen	38
(5) Technik, Personal	38
(6) Cateringleistungen	38
bb) Nebenleistungspflichten des Künstlers	38
(1) Nutzungserlaubnis von Persönlichkeitsrechten	38
(2) Werbematerialien	38
(3) Verpflichtung zur Mitwirkung an Proben	39
(4) Verpflichtung zum Soundcheck	39
(5) Zugaben	39
cc) Gesetzlich geschuldete Nebenleistungspflichten	39
(1) Künstlersozialabgabe	39
(2) Steuerabzug für beschränkt Steuerpflichtige	39
(3) Urheberrechtsvergütung	40
dd) Rücksichtspflichten	40
5. Teileinigung	41
VII. Kündigung eines Veranstaltungsvertrages	42
1. Ersparte Aufwendungen	42
2. Anderweitige Verwendung der Arbeitskraft	42
3. Pauschale Vergütungsvermutung	43
4. Überflüssiges Angebot nach Kündigung	43
VIII. Allgemeine Geschäftsbedingungen	43
1. Inhaltskontrolle bei AGB	44
2. Individualvereinbarung	44
a) Multiple Choice als Individualvereinbarung	45

Inhaltsverzeichnis

b) Nachweis einer Individualvereinbarung	45
c) Lösung Beispielsfall 4	46
IX. Kaufmännisches Bestätigungsschreiben	47
X. Anwendbares Recht	48

§ 4 Der Veranstaltungsbesuchsvertrag ... 50
   I. Vertragsgegenstand ... 50
   II. Rechtsnatur ... 50
      1. Werkvertrag ... 50
      2. Mietvertrag ... 51
      3. Kaufvertrag ... 51
      4. Typenverschmelzungsvertrag ... 52
      5. Vertragserfüllung ... 53

§ 5 Künstlervermittlung ... 54
   I. Die Künstleragentur ... 54
      1. Das Berufsbild des Agenten ... 54
      2. Gegenstand der Künstlervermittlung ... 55
   II. Künstlervermittlung in selbstständige Dienst-/Werkverträge ... 56
      1. Rechtsnatur des Agenturvertrages ... 56
         a) Agenturvertrag als Geschäftsbesorgungsvertrag ... 57
         b) Agenturvertrag als Maklervertrag ... 58
         c) Agenturvertrag als Maklerdienstvertrag ... 59
         d) Agenturvertrag als gesellschaftsähnliches Vertragsverhältnis ... 60
         e) Agenturvertrag als Handelsvertretervertrag ... 60
            aa) Geschäfte iSd Handelsvertreterrechts ... 61
            bb) Künstler als Unternehmer ... 61
            cc) Ständiges Betrautsein ... 62
            dd) Unzulässige Konkurrenzvertretung ... 62
            ee) Pflichten des Handelsvertreters ... 64
            ff) Pflichten des Unternehmers ... 64
            gg) Die Wertung des § 627 BGB ... 65
            hh) Die Entscheidung des OLG Hamburg ... 65
            ii) Ergebnis ... 66
      2. Handelsvertreterausgleichsanspruch des Künstlervermittlers ... 66
         a) Beendigung des Handelsvertretervertrags ... 67
         b) Vorteile des Unternehmers ... 67
            aa) Wechsel in größere Spielstätten ... 69
            bb) Zwischenschaltung eines Tourneeveranstalters ... 70
            cc) Ergebnis ... 70
      3. Berechnung des Ausgleichsanspruchs ... 71
         a) Berechnungsgrundlage ... 71
         b) Verluste des Handelsvertreters ... 71
         c) Berücksichtigung nachvertraglicher Provisionsansprüche ... 72
            aa) Überhangprovisionen als Unternehmervorteil ... 72
            bb) Auswirkung von Überhangprovisionen auf die Ausgleichshöchstgrenze ... 72
         d) Billigkeit ... 73
         e) Angemessenheit ... 74
            aa) Abwanderungsquote ... 74
            bb) Grenze des Ausgleichsanspruchs ... 75
            cc) Frist für die Geltendmachung des Ausgleichs ... 75
      4. Bevollmächtigung ... 75
         a) Unwiderruflichkeit der Vollmacht ... 75

Inhaltsverzeichnis

b) Stillschweigend vereinbarte Unwiderruflichkeit	76
c) Inkassovollmacht	77
5. Vergütung des Agenten	77
a) Der Provisionsanspruch beim Maklervertrag	78
aa) Entstehen des Provisionsanspruchs	78
(1) Ergänzende Vertragsauslegung	79
(2) Anfängliche Unvollkommenheit des Hauptvertrages	79
(3) Wegfall der Geschäftsgrundlage	80
bb) Fälligkeit der Maklerprovision	80
cc) Mitursächlichkeit am Vertragsschluss	81
dd) Wahrnehmung von Optionen nach Vertragsende	82
ee) Provisionen für Folgegeschäfte	82
b) Der Provisionsanspruch beim Handelsvertretervertrag	83
aa) Entstehen des Provisionsanspruchs	83
bb) Fälligkeit der Handelsvertreterprovision	84
cc) Mitursächlichkeit am Vertragsschluss	84
dd) Überhangprovisionen	84
ee) Wahrnehmung von Optionen nach Vertragsende	85
ff) Provisionen für Folgegeschäfte	85
c) Provisionshöhe	86
d) Sittenwidrigkeit der Provision	86
6. Vertragslaufzeit von Agenturverträgen	87
7. Kündigung des Agenturvertrags	87
a) Die Kündigung nach § 627 BGB	88
b) Konkludente Abbedingung des § 627 BGB	89
c) Abbedingung des § 627 BGB in Standardverträgen	90
d) Vergütungsfortzahlung im Falle der Kündigung nach § 627 Abs. 1 BGB	91
e) Kündigungsrecht bei Handelsvertreterverträgen	91
8. Verbotene Rechtsdienstleistung	92
III. Vermittlung von Künstlern in Arbeitsverhältnisse	92
1. Historie	92
2. Gegenstand der Arbeitsvermittlung	93
3. Rechtsnatur des Arbeitsvermittlungsvertrags	93
4. Provisionsanspruch	93
IV. Ein- und Verkauf von Darbietungsleistungen	94
1. Gastspielvertrag	95
a) Vertragsgegenstand	96
b) Rechtsnatur	96
c) Haftungsrisiken	97
2. Künstlervertrag	97
a) Vertragsgegenstand	97
b) Rechtsnatur	98
c) Gesetzliche Pflichten	98
§ 6 Künstlermanagement	**99**
I. Grundlagen	99
II. Der Managementvertrag	99
1. Vertragsgegenstand	99
2. Rechtsnatur	100
III. Alleinentscheidungsbefugnis des Künstlermanagers	101
IV. Managementprovision	103
V. Rechtsberatung	103
VI. Vertragslaufzeit	104
VII. Kündigung des Managementvertrags	105

Inhaltsverzeichnis

§ 7 Leistungsstörungen bei Veranstaltungs- und Veranstaltungsbesuchsverträgen 106
  I. Grundlagen 106
    1. Absolutes oder Relatives Fixgeschäft 106
    2. Fixgeschäftscharakter des Veranstaltungsbesuchsvertrags 107
        a) Interessenlage des Veranstalters 108
        b) Interessenlage des ‚verhinderten' Besuchers 108
        c) Wertung 109
    3. Fixgeschäftscharakter des Veranstaltungsvertrags 110
        a) Die Interessenlage des Veranstalters 110
        b) Die Interessenlage des Künstlers 111
        c) Wertung 111
    4. Abgrenzung zwischen allgemeinem Leistungsstörungsrecht und Werkvertragsrecht 111
    5. Abnahme oder Vollendung 112
        a) Veranstaltungsvertrag 112
        b) Veranstaltungsbesuchsvertrag 112
  II. Ansprüche bei Leistungsstörungen des Veranstaltungsvertrages 113
    1. Vor Ablauf des Erfüllungszeitraums 113
    2. Nach Ablauf des Erfüllungszeitraums 114
  III. Fallkonstellationen von Leistungsstörungen beim Veranstaltungsvertrag ... 114
    1. Leistungsstörungen in der Sphäre des Künstlers 114
        a) Unmöglichkeit 114
            aa) Unverschuldete Krankheit des Künstlers 114
                (1) Dienstvertrag 114
                (2) Werkvertrag 115
            bb) Verschuldete Krankheit 115
                (1) Sportunfälle 115
                (2) Drogenkonsum 116
            cc) Verhinderung oder Auswechslung von Ensemblemitgliedern ... 116
            dd) Zu kurzer Auftritt 116
                (1) Die Ansprüche des Veranstalters 117
                    (a) Teilbarkeit der Leistung 117
                    (b) Interesse an der Teilleistung 118
                (2) Ansprüche des Künstlers 119
            ee) Unmöglichkeit wegen sonstiger Gründe 119
        b) Verzug 119
        c) Schlechtleistung 120
            aa) Schlechtleistung beim Dienstvertrag 120
            bb) Schlechtleistung beim Werkvertrag 120
                (1) Playbackauftritt 121
                (2) Programmabweichung 121
                (3) Qualitätsmängel 121
                (4) Technische Mängel 122
                (5) Keine Zugaben 122
        d) Verstoß gegen Schutzpflichten 122
            aa) Unterrichtungspflicht 122
            bb) Gebietsschutz 123
    2. Leistungsstörungen in der Sphäre des Veranstalters 124
        a) Nichterfüllung von Leistungspflichten 124
            aa) Nichtleistung der Vorauszahlung 124
            bb) Nichtleistung vereinbarter Auftrittsvoraussetzungen 125
            cc) Nichtvorliegen erforderlicher Genehmigungen 125

Inhaltsverzeichnis

b) Verzug	125
aa) Verzug der Vorauszahlungsleistung	126
bb) Drohende Zahlungsunfähigkeit des Veranstalters	126
(1) Unsicherheitseinrede	126
(2) Fristlose Lösung vom Vertrag	127
cc) Sonstige Leistungspflichten	127
c) Schlechtleistung	127
aa) Schlechterfüllung von Leistungspflichten beim Werkvertrag	127
bb) Verletzung von Rücksichtspflichten	128
cc) Schlechtleistung bei selbstständigen Dienstverträgen	128
3. Höhere Gewalt	128
IV. Ansprüche bei Leistungsstörungen des Veranstaltungsbesuchsvertrags	129
1. Abgrenzung zwischen Verzug und Unmöglichkeit	130
a) Vereinbarter Erfüllungszeitraum	130
b) Erweiterter Erfüllungszeitraum	130
2. Ansprüche bei Unmöglichkeit	131
a) Veranstalter hat die Unmöglichkeit nicht zu vertreten	131
aa) Vorverkaufsgebühr	131
bb) Sonstige Aufwendungen	132
b) Veranstalter hat die Unmöglichkeit zu vertreten	132
aa) Rücktritt	132
bb) Schadensersatzanspruch	132
(1) Eintrittsentgelt als Schaden	133
(2) Aufwendungen als Schaden	133
(3) Immaterieller Schaden	134
(4) Ersatz vergeblicher Aufwendungen	135
(a) Alternativität von Schadensersatz statt der Leistung und Aufwendungsersatz	135
(b) Alternativität von Schadensersatz neben der Leistung und Aufwendungsersatz	135
(5) Schadensersatz wegen Informationsverschulden	135
3. Teilunmöglichkeit	136
4. Ansprüche bei Verzug	137
a) Rücktritt	137
b) Schadensersatz	138
aa) Schadensersatz statt der Leistung	138
bb) Verzögerungsschaden	138
cc) Schadensersatz neben der Leistung	139
5. Ansprüche bei Schlechtleistung	139
a) Vor Vollendung	139
b) Nach Vollendung	139
aa) Werkvertragliche Ansprüche	139
bb) Anwendung mietvertraglicher Ansprüche	140
V. Fallkonstellationen von Leistungsstörungen beim Veranstaltungsbesuchsvertrag	141
1. Organisatorische Mängel	141
a) Verspäteter Beginn	141
b) Terminverschiebung	141
c) Verspäteter Besucher wird nicht eingelassen	142
d) Verlegung des Veranstaltungsorts	143
e) Besucher erhält gar keinen Platz	143
f) Stehplatz anstatt Sitzplatz	143
g) Getrennte Plätze	144
h) Schlechte Sicht	144

Inhaltsverzeichnis

2. Qualitative Mängel der Darbietung	146
a) Künstlerische Qualität der Darbietung	146
b) Qualität der technischen Übertragung	146
c) Werktreue	147
d) Witterungsbedingte Mängel	147
3. Mängel des Veranstaltungsprogramms	148
a) Vorzeitiger Abbruch	148
b) Künstlertausch	148
c) Programmänderung	149
d) Änderung des Vorprogramms	149

§ 8 Kartenvorverkauf ... 151

- I. Grundlagen ... 151
- II. Vorverkaufsgeschäft ... 151
  - 1. Vertragspartner des Vorverkaufsunternehmens ... 152
    - a) Tätigwerden im eigenen Namen ... 152
    - b) Vorverkaufsstelle als Kommissionär ... 152
    - c) Tätigwerden im fremden Namen ... 153
      - aa) Vorverkaufsstelle als Makler ... 153
      - bb) Vorverkaufsstelle als Handelsvertreter ... 153
    - d) Grundsatzentscheidung des BFH ... 154
  - 2. Steuerliche Konsequenzen des BFH-Urteils ... 154
- III. Vorverkaufsgebühr ... 154
  - 1. System- und Buchungsgebühren ... 155
  - 2. Versandkosten und Ticketdirekt-Gebühren ... 155
- IV. Allgemeine Geschäftsbedingungen des Eintrittskartenverkaufs ... 155
  - 1. Einbeziehung von AGB in den Veranstaltungsbesuchsvertrag ... 155
  - 2. Inhaltskontrolle von AGB bei Eintrittskartenverkäufen ... 156
    - a) Absage der Veranstaltung ... 156
    - b) Erstattung von Vorverkaufsgebühren ... 156
    - c) Verlegung des Veranstaltungsorts/-termins ... 156
    - d) Wechsel der Vorgruppe ... 157
- V. Ticketzweitmarkt ... 157
  - 1. Rechtliche Ausgestaltung der Eintrittskarte ... 158
  - 2. Wirkung des Weiterverkaufsverbots ... 159
    - a) Ersterwerber ... 159
    - b) Zweiterwerber ... 159
    - c) Vorteile personalisierter Eintrittskarten ... 160
    - d) Formulierungsbeispiele für das Weiterverkaufsverbot ... 161
  - 3. Ansprüche gegen Plattformbetreiber ... 162

§ 9 Marken- und Wettbewerbsrecht ... 164

- I. Markenrecht ... 164
  - 1. Funktion des Markenrechts in der Veranstaltungsbranche ... 164
  - 2. Risiken markenrechtlicher Angriffe ... 164
  - 3. Künstlernamen und Veranstaltungstitel als Marken ... 165
    - a) Markenfähigkeit ... 166
    - b) Markeninhaber ... 167
  - 4. Entstehung des Markenschutzes ... 169
    - a) Vorteile der Eintragungsmarke ... 170
      - aa) Beweiserleichterung ... 170
      - bb) Kollision von eingetragener Marke und Benutzungsmarke ... 171
        - (1) Jüngere eingetragene Marke ... 171
        - (2) Verwirkung von Rechten ... 172

Inhaltsverzeichnis

cc) Widerspruchsverfahren		172
dd) Löschungsklage und Löschungsantrag		173
b) Benutzungsmarke		173
aa) Benutzung im geschäftlichen Verkehr		173
bb) Benutzung als Marke		174
cc) Verkehrsgeltung		175
5. Markenformen im Veranstaltungsrecht		176
a) Hörzeichen		176
b) Lichtmarke		176
c) Slogans		176
d) Buchstaben und Zahlen		177
e) Bildmarken		178
f) Wortbildmarken		178
6. Beschreibender und kennzeichnender Gebrauch		179
7. Anspruchskonkurrenzen bei Markenrechtsverletzung		181
a) Anspruch auf Drittauskunft		181
b) Verletzungsunterlassungsanspruch		182
aa) Wiederholungsgefahr		182
bb) Vertragsstrafe		183
cc) Kerntheorie		183
c) Vorbeugender Unterlassungsanspruch		184
d) Schadensersatzanspruch		185
aa) Verschulden		185
bb) Haftungsumfang		185
8. Weitere Schutzrechte		186
a) Namensrecht		187
aa) Prioritätsprinzip		187
bb) Recht der Gleichnamigen		188
(1) Intendierte Namensgleichheit		188
(2) Zufällige Namensgleichheit		188
(3) Interessenausgleich zwischen Gleichnamigen		188
(4) Priorität in Fällen der Gleichnamigkeit		189
b) Werktitel und andere geschäftliche Bezeichnungen		191
aa) Entstehung des Schutzes von Werktiteln		191
bb) Ende des Werktitelschutzes		192
c) Geografische Herkunftsangaben		193
d) Urheberrechtlicher Werktitelschutz		194
9. Abwehr marken- und namensrechtlicher Verletzungshandlungen		194
a) Abmahnung		195
aa) Form und Frist		195
bb) Erfordernis der Originalvollmacht		196
cc) Inhalt der Abmahnung		196
dd) Kostenerstattungsanspruch		196
b) Einstweilige Verfügung		198
aa) Problem der Auslandszustellung		198
bb) Inanspruchnahme von Mittätern		198
cc) Haftung für Beauftragte		199
dd) Schadensersatz bei nachträglicher Aufhebung einer einstweiligen Verfügung		199
II. Internationales Markenrecht		200
1. Gemeinschafts-/EU-Marke		200
2. Internationale Markenregistrierung		201
3. Zusammenspiel von Gemeinschaftsmarke und IR-Marke		201

Inhaltsverzeichnis

III. Wettbewerbsrecht	202
1. Verhältnis von Marken- und Wettbewerbsrecht	202
2. Ansprüche gegen Wettbewerbsstörer	202

§ 10 Urheber- und Leistungsschutzrecht 204
  I. Wirtschaftliche Relevanz des Urheber- und Leistungsschutzrechts 204
    1. Urheberrechtlicher Werkbegriff 204
    2. Öffentlichkeit 205
    3. Änderung und Entstellung von Werken 205
    4. Leistungsschutzrechte 207
    5. Verletzeransprüche und Schadensberechnung 207
      a) Verschulden 207
      b) Vermögensschaden 208
      c) Herausgabe des Verletzergewinns 209
      d) Angemessene Lizenzgebühr 209
        aa) Ermittlung der Lizenzhöhe 210
        bb) Kontrollkosten als Teil des Schadens 210
  II. Urheberrechtlicher Schutz von Veranstaltungsinhalten 211
    1. Schutz von Handlung und Konzept 212
    2. Schutz einzelner Veranstaltungselemente 213
      a) Look-Alikes 214
      b) Virtuelle Personen 215
  III. Vertragliche Einräumung von Urheber- und Leistungsschutzrechten 215
    1. Vermögens- und persönlichkeitsrechtliche Ansprüche des Urhebers 215
      a) Unterschiede zur Filmherstellung 215
      b) Zweckübertragungstheorie 216
    2. Anspruch auf angemessene Vergütung 216
  IV. Wahrnehmung des Leistungsschutzrechts des Veranstalters 217

§ 11 Verwertungsgesellschaften 218
  I. Die GEMA 218
    1. Musikalische Urheberrechte 218
    2. GEMA-Vermutung 218
    3. Materiellrechtliche Anforderungen an Tarife 219
      a) Tarife und Gleichbehandlungsgebot 219
      b) Angemessenheit des Tarifs 220
      c) Maximal-10%-Regel 221
        aa) Der Streit um die Bemessungsgrundlage 222
        bb) Anteil der Werknutzung an der Gesamtleistung 223
      d) Gesamtverträge 224
    4. Der urheberrechtliche Veranstalterbegriff, Passivlegitimation 224
    5. Meldepflicht 225
    6. Verletzerzuschlag 225
    7. Hinterlegung 226
    8. Gesamtschuldnerische Haftung der Beteiligten 227
      a) Unterlassungsanspruch 227
      b) Schadensersatzanspruch 228
    9. GEMA-freie Musik 229
    10. Recht auf Kurzberichterstattung 230
    11. Die wichtigsten Tarife im Überblick 230
      a) Der Tarif E 230
      b) Der Tarif U-K 231
        aa) Bemessungsgrundlage 232
          (1) Umsatzsteuer 232

Inhaltsverzeichnis

(2) Vorverkaufs- und Systemgebühren	232
(3) Sonstige geldwerte Vorteile	233
(a) Werbe- und Sponsoreneinnahmen	233
(b) Medienpartnerschaften	233
(c) Gastronomie und Merchandising	234
(d) Tarifzuschlag	234
bb) Jahrespauschalverträge und Benefizveranstaltungen	234
c) Die Tarife U-V und M-V	235
d) Tarif U-Büh	237
e) Härtefallregel	238
12. Schiedsstellenverfahren und gerichtliche Tarifstreitigkeiten	238
13. Großes Recht	239
14. Kontrahierungszwang	239
II. Gesellschaft zur Verwertung von Leistungsschutzrechten	240
III. Wahrnehmung des Leistungsschutzrechts des Veranstalters	241
1. Die GWVR	241
2. Veranstalter als Berechtigter	242
§ 12 Arbeitsrecht	**243**
I. Branchentypische Arbeits- und Dienstverhältnisse	243
II. Rechte und Pflichten aus dem Arbeitsvertrag	243
a) Arbeitsrechtliches Wettbewerbsverbot	243
b) Nachvertragliches Wettbewerbsverbot	243
c) Rechteinhaberschaft	244
d) Verschwiegenheitsverletzung	245
III. Alternative Beschäftigungsformen	246
1. Geringfügige Beschäftigung	246
2. Arbeit auf Abruf	246
IV. Arbeitsrechtsprobleme der Veranstaltungsbranche	246
1. Scheinselbstständigkeit	247
a) Arbeitnehmerähnliche Personen	247
b) Arbeitnehmerähnliche Selbstständige	248
2. Arbeitsrechtlicher Status des Hilfspersonals	248
3. Arbeitsrechtlicher Status des Künstlers	249
4. Rechtliche Konsequenzen der Scheinselbstständigkeit	249
5. Statusfeststellungsverfahren	249
V. Öffentliches Arbeitsrecht	250
1. Arbeitszeiten, Sonntags-, Feiertags- und Nachtarbeit	250
2. Arbeit von Kindern und Jugendlichen	250
3. Arbeitnehmerlärmschutz	251
4. Sonstige Arbeitsschutzregelungen	251
5. Haftungsfragen bei Arbeitsunfällen	252
a) Haftung des Arbeitgebers	252
b) Haftung des Arbeitnehmers	252
aa) Haftung gegenüber Kollegen	253
bb) Haftung gegenüber Dritten	253
VI. Tarifverträge und Betriebsvereinbarungen	254
VII. Künstlerdienste der Bundesagentur für Arbeit	254
VIII. Aufenthaltsrecht	255
§ 13 Versicherungsrecht	**257**
I. Risikokategorien und Versicherungsarten	257
1. Veranstaltungsausfallversicherung	257
2. Elektronikversicherung	258
3. Veranstalterhaftpflichtversicherung	258

Inhaltsverzeichnis

4. Shortfall-Versicherung	258
5. Abtretung von Regressansprüchen	259
II. Zustandekommen des Versicherungsvertrags	259
1. Versicherungsmakler	259
2. Grundsätze des Versicherungsrechts	259

§ 14 Haftungsrecht 260
I. Die Haftung des Veranstalters gegenüber dem Publikum 260
   1. Musterversammlungsstättenverordnung 261
      a) Regelungsgegenstand und Anwendungsbereich 261
      b) Betreiber 261
      c) Veranstalter 262
      d) Sicherheitsrelevante Anlagen 262
   2. Verkehrssicherungspflichten bei der Veranstaltungsdurchführung ... 263
      a) Kein abschließender Katalog von Sorgfaltspflichtanforderungen .. 263
         aa) Publikumslärmschutz 264
         bb) Mitverschulden des Besuchers 265
         cc) Alleinverschulden des Besuchers 265
      b) Kein Haftungsausschluss durch Allgemeine Geschäftsbedingungen .. 265
      c) Haftungsausschluss für eigenverantwortliche Selbstgefährdung ... 266
      d) Haftung im Falle Höherer Gewalt 267
   3. Strafrechtliche Verantwortlichkeit 267
II. Die Haftung des Veranstalters gegenüber dem Künstler und Unbeteiligten ... 267

§ 15 Öffentliches Recht 268
I. Genehmigungen 268
   1. Bau- und Nutzungsgenehmigung 268
   2. Gaststätten- und Schankerlaubnis, Nichtraucherschutz 269
   3. Gewerbeanmeldung 270
      a) Reisegewerbe 271
      b) Sicherheitspersonal 271
   4. Sonstige Genehmigungen 272
II. Lärm-Immissionen 272
III. Jugendschutz 273
IV. Sanitätsdienst und Feuerwehr 275
V. Anspruch auf Zulassung zu einer Spielstätte 275

§ 16 Sponsoring 277
I. Sponsoring als gegenseitiger Vertrag 277
   1. Vertragsrechtliche Aspekte 278
   2. Steuerliche Aspekte 279
      a) Steuerliche Aspekte für den Sponsor 279
      b) Steuerliche Aspekte für den Gesponserten 280
II. Sponsoring im Umfeld der Veranstaltung 281
III. Medienpartnerschaften 281

§ 17 Beschränkte Steuerpflicht 283
I. Relevanz 283
II. Beschränkte und unbeschränkte Steuerpflicht 283
      a) Wohnsitz 284
      b) Gewöhnlicher Aufenthalt 284
   2. Einkunftsarten 285
III. Historie 285
   1. Rechtssache Gerritse 285
   2. Rechtssache FKP Scorpio 286

Inhaltsverzeichnis

3. Centro Equestre da Leziria Grande	286
4. Umsetzung der EuGH-Rechtsprechung	287
IV. Abzugsbesteuerung bei Einnahmen von gewerblichen und selbstständigen Unternehmern	287
1. Erfordernis einer Darbietung	288
2. Künstlerische, unterhaltende oder ähnliche Darbietung	288
3. Verwertung von Darbietungen	288
4. Nutzungsvergütungen	289
5. Mit der Darbietung zusammenhängende Leistungen	289
a) Technische Nebenleistungen	290
b) Sponsoring und andere Leistungen	291
6. Übernahme von Nebenleistungen durch Dritte	291
7. Leistungen von Agenturen	292
8. Werkschaffende Tätigkeiten	292
9. Fehlende Einkünfteerzielungsabsicht	292
V. Besteuerungsoptionen	293
1. Bruttopauschalbesteuerung	293
a) Geringfügigkeitsgrenze	293
b) Vereinbarung von Nettohonoraren	294
2. Aufspaltung von Einnahmen	294
3. Nettopauschalbesteuerung	295
a) Betriebsausgaben und Werbungskosten	295
b) Steuersatz	296
c) Kritik	297
4. Antrag auf steuerliche Veranlagung	298
5. Steuerabzug auf der zweiten Stufe	299
VI. Bemessungsgrundlage für den Steuerabzug	300
1. Umsatzsteuer	300
2. Reisekosten	300
a) Fahrt- und Übernachtungskosten	300
b) Verpflegungsmehraufwand	300
3. Eigenbetriebliche Aufwendungen des Vergütungsschuldners	301
VII. Verfahren	301
1. Steuereinbehalt	301
2. Steuerzahlung	301
a) Nettopauschalbesteuerung	302
b) Veranlagungsverfahren	302
3. Abgeltungswirkung	302
4. Aufzeichnungspflichten	302
5. Korrektur der Steuerzahlung	303
6. Anfechtung der Steueranmeldung	303
7. Haftung	303
8. Außervollzugsetzung	304
VIII. Beschränkt steuerpflichtige Einnahmen aus nichtselbstständiger Arbeit	304
IX. Befreiung von der Abzugsbesteuerung	306
1. Doppelbesteuerungsabkommen	306
a) Einkünfte aus selbstständiger künstlerischer Tätigkeit	306
b) Einkünfte aus abhängiger Beschäftigung	307
c) Einkünfte anderer Personen	307
d) Einkünfte aus Lizenzen	308
e) Freistellungs- und Erstattungsverfahren	308
aa) Antragsberechtigung	309
bb) Missbrauchsklausel	309
cc) Fristen	310

Inhaltsverzeichnis

dd) Befreiung vom Lohnsteuerabzug	310
ee) Rücknahme der Freistellungsbescheinigung	310
f) Kontrollmeldeverfahren	310
g) DBA-USA	311
aa) Geringfügigkeitsgrenze	311
bb) Eingeschränktes Besteuerungsrecht an Einnahmen anderer Personen	312
2. Sonstige Freistellungen aufgrund von DBA	312
a) Staatlich geregelter Kulturaustausch	313
b) Förderung aus öffentlichen Mitteln des Entsendestaats	313
3. Freistellung außerhalb von DBA	313
a) Kulturorchestererlass	313
aa) Kulturvereinigung	314
bb) Wesentliche Förderung	314
cc) Unmittelbarkeit der Förderung	314
dd) Vorrang der DBA	314
ee) Verfahren	315

§ 18 Umsatzsteuerrecht ... 316

I. Steuerbare Umsätze	316
II. Grenzüberschreitende Leistungen	316
1. Ort der sonstigen Leistung	317
2. Ort der Leistung der Künstler	318
3. Ähnliche Leistungen	318
4. Ort der Leistung der Veranstalter	318
5. Mit der Leistung des Veranstalters zusammenhängende Tätigkeiten	319
6. Ort der Leistung des Vermittlers	320
7. Leistungsort bei Gastspielgeschäften	321
a) Gastspielleistung als den Katalogleistungen ähnliche Leistung	321
b) Gastspielleistung als Veranstalterleistung	321
c) Gastspielleistung als mit der veranstalterischen Leistung zusammenhängende Leistung	322
8. Leistungsort bei der Einräumung urheberrechtlicher Nutzungsrechte	323
9. Zusammenfassende Meldung	323
10. Leistungsort bei sonstigen Leistungen in Drittlandsgebieten	324
III. Steuerfreiheit	324
1. Voraussetzungen der Steuerfreiheit	325
a) Prüfung des Finanzamtes	326
aa) Theater	326
bb) Orchester, Kammermusikensembles, Chöre	327
b) Prüfung der Landesbehörde	327
2. Steuerfreiheit der Veranstalter steuerbefreiter Künstler	328
3. Zusammenwirken steuerbefreiter Veranstalter mit steuerpflichtigen Künstlern	329
4. Steuerbefreiung von Nebenleistungen	329
a) Gastronomieleistungen	330
b) Parkplatz- und Garberobengebühren	330
5. Rückwirkung der Bescheinigung	330
6. Rechtsmittel	331
7. Die Europarechtliche Grundlage	332
8. Kritik	332
IV. Steuerbarkeit	335
a) Eintrittsberechtigung für Konzert und Theater	336
aa) Leistungen der Gastspieldirektionen	336
bb) Leistungen der Tourneeveranstalter	337

Inhaltsverzeichnis

b) Leistungen der ausübenden Künstler	338
c) Mitwirkung an einer Darbietung	339
aa) Regisseure, Choreografen ua	339
bb) Zauberkünstler, Bauchredner	340
cc) Discjockeys	340
dd) Kabarettisten	340
d) Steuerbarkeit komplexer Leistungen	341
V. Steuerschuldübertragung auf den Leistungsempfänger	341
VI. Zahlung der Umsatzsteuerschuld im Ausland	342
§ 19 Künstlersozialabgabe	**343**
I. System der Künstlersozialabgabe	343
1. Bedeutung für die Veranstaltungswirtschaft	343
2. Künstlersozialkasse	343
3. Künstler im Sinne des KSVG	344
a) Abgrenzung zur handwerklichen Tätigkeit	345
b) Grenzfälle zwischen künstlerischer und nicht künstlerischer Leistung	346
aa) Künstlereigenschaft von Moderatoren	346
bb) Künstlereigenschaft von Discjockeys	346
cc) Künstlereigenschaft von Artisten	347
dd) Künstlereigenschaft von Fotografen	347
4. Verwerter	347
5. Künstlersozialabgabepflicht	348
a) Grundsätzliche Rechtmäßigkeit der Abgabepflicht	349
b) Abgabepflicht bei Zahlungen an Nichtversicherte	349
c) Abgabepflicht bei Zahlungen an Amateure	350
d) Abgabepflicht bei Zahlungen an anders Versicherte	351
e) Abgabepflicht bei Zahlungen an Arbeitgeber	351
f) Höhe der Künstlersozialabgabe	351
6. Entgelt	351
7. Steuerfreie Einnahmen und Aufwandsentschädigungen	352
8. Ausgleichsvereinigung	353
9. Verjährung	353
10. Ordnungswidrigkeit	353
II. Einzelprobleme der Abgabepflicht in der Veranstaltungsbranche	353
1. Künstlervermittlung	353
2. Gastspielgeschäfte	356
3. Abwälzung der Abgabepflicht	356
4. Verträge mit ausländischen Produktionsgesellschaften	357
5. Bescheinigung E-101	357
6. Verwertung im Ausland	358
7. Abgabepflicht der Städte, Landkreise und Gemeinden	359
8. Abgabepflicht von Vereinen	359
9. Ausfallhonorare	360
10. Abgabepflicht des Orchesterleiters	360
11. Vermeidung der Doppelabgabe	361
Anhänge (Musterverträge)	363
Anhang 1. Konzert-/Aufführungsvereinbarung (Muster)	363
Anhang 2. Künstlervertrag (Muster)	368
Anhang 3. Gastspielvertrag (Muster)	373
Anhang 4. Agenturvertrag (Muster)	378
Anhang 5. Management-Vertrag (Muster)	382
Sachverzeichnis	387

Abkürzungsverzeichnis

aA	andere (r) Ansicht (Auffassung)
aaO	am angegebenen Ort
Abs.	Absatz
Abschn.	Abschnitt
ABl.	Amtsblatt
abzgl.	abzüglich
AcP	Archiv für civilistische Praxis
AE	Umsatzsteuer – Anwendungserlass
AEUV	Vertrag über die Arbeitsweise der Europäischen Union
aF	alte Fassung
AfP	Zeitschrift für Medien- und Kommunikationsrecht
AGB	Allgemeine Geschäftsbedingungen
allg.	allgemein
Alt.	Alternative
Anm.	Anmerkung
Anh.	Anhang
AnwBl.	Anwaltsblatt
AO	Abgabenordnung
ArbR	Arbeitsrecht
ArbG	Arbeitsgericht
ArbGG	Arbeitsgerichtsgesetz
ArbSchVO	Arbeitsschutzverordnung
ArbZG	Arbeitszeitgesetz
ArGV	Arbeitsgenehmigungsverordnung
AStG	Außensteuergesetz
ASAV	Anwerbestoppausnahmeverordnung
AufenthG	Aufenthaltsgesetz
Aufl.	Auflage
BAG	Bundesarbeitsgericht
BAGE	Bundesarbeitsgerichtsentscheidung
BayLfSt	Bayerisches Landesamt für Steuern
BauNVO	Baunutzungsverordnung
BauR	Baurecht (Zeitschrift)
BB	Der Betriebs Berater (Zeitschrift)
bdv	Bundesverband der Veranstaltungswirtschaft e.V.
Beschl.	Beschluss
BeschVO	Beschäftigungsverordnung
BetrVG	Betriebsverfassungsgesetz
BewachV	Verordnung über das Bewachungsgewerbe
BFH	Bundesfinanzhof
BFHE	Entscheidungen des Bundesfinanzhofs
BfF	Bundesamt für Finanzen
BGB	Bürgerliches Gesetzbuch
BGH	Bundesgerichtshof
BGHZ	Entscheidungen des Bundesgerichtshofs in Zivilsachen
BGBl	Bundesgesetzblatt
BImSchG	Bundes-Immissionsschutzgesetz
BMAS	Bundesministerium für Arbeit und Soziales
BMF	Bundesministerium der Finanzen
BNichtrSchG	Bundesnichtraucherschutzgesetz
BPatG	Bundespatentgericht
BR-Drs.	Bundesrat-Drucksache
BRD	Bundesrepublik Deutschland

Abkürzungsverzeichnis

BSG	Bundessozialgericht
BSGE	Entscheidungen des Bundessozialgerichts
BStBl.	Bundessteuerblatt
bspw.	beispielsweise
BT-Drs.	Bundestag-Drucksache
Buchst.	Buchstabe
BUrlG	Bundesurlaubsgesetz
BUK-NOG	Gesetzentwurf der Bundesregierung zum Entwurf eines Gesetzes zur Neuorganisation der bundesunmittelbaren Unfallkassen, zur Änderung des Sozialgerichtsgesetzes und zur Änderung anderer Gesetze
BVerfG	Bundesverfassungsgericht
BVerfGE	Entscheidungen des Bundesverfassungsgerichts
BVerwG	Entscheidungen des Bundesverwaltungsgerichts
BZSt	Bundeszentralamt für Steuern
bzgl.	bezüglich
bzw.	beziehungsweise
CR	Computer und Recht (Zeitschrift)
DAR	Deutsches Autorecht (Zeitschrift)
DB	Der Betrieb (Zeitschrift)
dB	Dezibel
DBA	Doppelbesteuerungsabkommen
dh	das heißt
DÖV	Die öffentliche Verwaltung (Zeitschrift)
DPMA	Deutsches Marken- und Patentamt
DStR	Deutsches Steuerrecht (Zeitschrift)
DStRE	Deutsches Steuerrecht Entscheidungsdienst
DVBl	Deutsches Verwaltungsblatt
EFG	Entscheidungen der Finanzgerichte
Einl.	Einleitung
engl.	Englisch
EStG	Einkommenssteuergesetz
EStDV	Einkommenssteuer-Durchführungsverordnung
EStR	Einkommenssteuerrichtlinien
etc.	et cetera (und so weiter)
EuGH	Europäischer Gerichtshof
EuGVVO	Verordnung des Rates über die gerichtliche Zuständigkeit und die Anerkennung und Vollstreckung von Entscheidungen in Zivil- und Handelssachen
EU	Europäische Union
EUR	Euro
EWR	Europäischer Wirtschaftsraum
f.,ff.	folgende, fortfolgende
FG	Finanzgericht
FIFA	Internationale Föderation des Verbandsfussballs
FinanzA	Finanzausschuss
FlBauR	Richtlinie für den Bau und Betrieb Fliegender Bauten
Fn.	Fußnote
FS	Festschrift
GastG	Gaststättengesetz
GEMA	Gesellschaft für musikalische Aufführungs- und mechanische Vervielfältigungsrechte
GewO	Gewerbeordnung
gem.	gemäß
GfK-Studie	Gesellschaft für Konsumforschung – Konsumstudie des Veranstaltungsmarktes 2012

Abkürzungsverzeichnis

ggf.	gegebenenfalls
GG	Grundgesetz
GmbHG	Gesetz betreffend die Gesellschaften mit beschränkter Haftung
GMV	Gemeinschaftsmarken-Verordnung
grdl.	Grundlegend
grds.	grundsätzlich
GRUR	Gewerblicher Rechtsschutz und Urheberrecht (Zeitschrift)
GRUR-RR	Gewerblicher Rechtsschutz und Urheberrecht Rechtssprechungs-Report (Zeitschrift)
GRUR-Int.	Gewerblicher Rechtsschutz und Urheberrecht International (Zeitschrift)
GVL	Gesellschaft zur Verwertung von Leistungsschutzrechten
GWR	Gesellschafts- und Wirtschaftsrecht (Zeitschrift)
hM	herrschende Meinung
HandwO	Handwerksordnung
HGB	Handelsgesetzbuch
IfSG.	Infektionsschutzgesetz
iHv	In Höhe von
inkl.	inklusive
insbes.	insbesondere
iS	im Sinne
iSd	im Sinne der, des
IStR	Internationales Steuerrecht (Zeitschrift)
iVm	in Verbindung mit
JArbSchG	Jugendarbeitsschutzgesetz
JR	Juristische Rundschau (Zeitschrift)
JSchG	Jugendschutzgesetz
JStG	Jahressteuergesetz
JuS	Juristische Schulung (Zeitschrift)
JZ	Juristen Zeitung (Zeitschrift)
Kap.	Kapitel
KG	Kammergericht
KSA	Künstlersozialabgabe
KSK	Künstlersozialkasse
KStG	Körperschaftssteuergesetz
KSVG	Künstlersozialversicherungsgesetz
LAG	Landesarbeitsgericht
LärmVibrations-ArbSchV	Lärm- und Vibrations- Arbeitsschutzverordnung
LBO	Landesbauordnung
LG	Landgericht
LStDV	Lohnsteuer-Durchführungsverordnung
LSG	Landessozialgericht
LSchlG	Ladenschlussgesetz
LuftVO	Luftverkehrsordnung
MarkenG	Markengesetz
MarkenV	Markenverordnung
MAnlPrüfVO	Musterverordnung über Prüfungen von technischen Anlagen und Einrichtungen
max.	Maximal
MDR	Monatsschrift für Deutsches Recht (Zeitschrift)
MMA	Madrider Markenabkommen
MMR	Multimedia und Recht (Zeitschrift)

Abkürzungsverzeichnis

MschG	Mutterschutzgesetz
MVStättV	Muster-Versammlungsstättenverordnung
MwSt	Mehrwertsteuer
MwStSystRL	Richtlinie 2006/112/EG des Rates vom 28. November 2006 über das gemeinsame Mehrwertsteuersystem
mwN	mit weiteren Nachweisen
nF	neue Fassung
NJW	Neue juristische Wochenschrift (Zeitschrift)
NJW-RR	Neue juristische Wochenschrift Rechtssprechungs-Report (Zeitschrift)
NStZ	Neue Zeitschrift für Strafrecht
nv	nicht veröffentlicht
NV Solo	Normavertrag Solo
NVwZ	Neue Zeitschrift für Verwaltungsrecht
NVwZ-RR	Neue Zeitschrift für Verwaltungsrecht Rechtssprechungs-Report
NZA	Neue Zeitschrift für Arbeitsrecht
NZA-RR	Neue Zeitschrift für Arbeitsrecht Rechtssprechungs-Report
NZM	Neue Zeitschrift für Miet- und Wohnungsrecht
oÄ	oder Ähnliche/s
OECD	Organisation für wirtschaftliche Zusammenarbeit und Entwicklung
OECD-MA	Organisation für wirtschaftliche Zusammenarbeit und Entwicklung – Musterabkommen
OFD	Oberfinanzdirektion
og	oben genannte(n,r,s)
OLG	Oberlandesgericht
OLGR	Oberlandesgerichtreport
OLGZ	Entscheidungen des Oberlandesgerichts in Zivilsachen
OVG	Oberverwaltungsgericht
PAngV	Preisangabenverordnung
PMMA	Protokoll zum Madrider Markenabkommen
RAM	Random Access Memory
RBerG	Rechtsberatungsgesetz
RdA	Recht der Arbeit (Zeitschrift)
RDG	Rechtsdienstleistungsgesetz
RIW	Recht der internationalen Wirtschaft
RL	Richtlinie
RL 77/388/EWG	Sechste Richtlinie 77/388/EWG des Rates vom 17.Mai 1977 zur Harmonisierung der Rechtsvorschriften der Mitgliedsstaaten über die Umsatzsteuern – Gemeinsames Mehrwertsteuersystem: einheitliche steuerpflichtige Bemessungsgrundlage
RL 2004/49/EG	Richtlinie 2004/49/EG des europäischen Parlaments und des Rates vom 29.April 2004 zur Durchsetzung der Rechte des geistigen Eigentums
RL 86/653/EWG	Richtlinie 86/653/EWG des Rates vom 18.Dezember 1986 zur Koordinierung der Rechtsvorschriften der Mitgliedsstaaten betreffend die selbstständigen Handelsvertreter
Rn	Randnummer
RGZ	Entscheidungen des Reichgerichts in Zivilsachen
RRa	ReiseRecht aktuell (Zeitschrift)
Rspr	Rechtsprechung
S	Seite(n), Satz
s	siehe
SGB	Sozialgesetzbuch
sog	so genannt
SpuRt	Zeitschrift für Sport und Recht
StGB	Strafgesetzbuch

Abkürzungsverzeichnis

st.	ständig
StVO	Straßenverkehrsordnung
Schiedsstelle	Schiedsstelle nach dem Gesetz über die Wahrnehmung von Urheberrechten
SchwarzArbG	Schwarzarbeitsbekämpfungsgesetz
TA Lärm	Technische Anleitung zum Schutz gegen Lärm
TierSchG	Tierschutzgesetz
TMG	Telemediengesetz
TVG	Tarifvertragsgesetz
TzBfG	Teilzeit- und Befristungsgesetz
u.	und
ua	und andere, unter anderem
UAbs.	Unterabsatz
UFITA	Archiv für Urheber- und Medienrecht
UrhG	Urheberrechtsgesetz
UrhWahrnG	Urheberrechtswahrnehmungsgesetz
UrhSchiedsV	Urheberschiedsstellenverordnung
Urt.	Urteil
UR	Umsatzsteuer-Rundschau (Zeitschrift)
UStAE	Umsatzsteuer-Anwendungserlass vom 1. Oktober 2010 (Stand 22. Februar 2013) nach dem Stand zum 31. Oktober 2012
UStG	Umsatzsteuergesetz
UStR	Umsatzsteuer-Richtlinien (Zeitschrift)
UStR	Umsatzsteuer-Richtlinien
USD	US-Dollar
USt-IdNr.	Umsatzsteuer-Identifikationsnummer
usw	und so weiter
UWG	Gesetz gegen den unlauteren Wettbewerb
v.	vom, von
VDKD	Verband der deutschen Konzertdirektionen e.V.
VermittVergV	Verordnung über die Zulässigkeit der Vereinbarung von Vergütungen von privaten Vermittlern mit Angehörigen bestimmter Berufe und Personengruppen
VersammlG	Versammlungsgesetz
VersR	Zeitschrift für Versicherungsrecht
VStättVO	Versammlungsstättenverordnung
VerfGH	Verfassungsgerichtshof
Vfg.	Verfügung
vgl.	vergleiche
VGH	Verwaltungsgerichtshof
Vorbem.	Vorbemerkung
VO (EG) Nr. 593/2008 (Rom I)	Verordnung (EG) Nr. 593/2008 des Europäischen Parlaments und des Rates vom 17. Juni 2008 über das auf vertragliche Schuldverhältnisse anzuwendende Recht (Rom I)
VuR	Verbraucher und Recht (Zeitschrift)
VVG	Versicherungsvertragsgesetz
WIPO	Word Intellectual Property Organization
WM	Zeitschrift für Wirtschafts- und Bankrecht
WRP	Wettbewerb in Recht und Praxis (Zeitschrift)
WuM	Wohnungswirtschaft und Mietrecht (Zeitschrift)
ZAV	Zentrale Auslands- und Fachvermittlung
zB	zum Beispiel
ZfIR	Zeitschrift für Immobilienrecht
Zif.	Ziffer

Abkürzungsverzeichnis

ZIP	Zeitschrift für Wirtschaftsrecht
ZUM	Zeitschrift für Urheber und Medienrecht
ZUM-RD	Zeitschrift für Urheber und Medienrecht Rechtssprechungsdienst
ZPO	Zivilprozessordnung
zzgl.	zuzüglich

Verzeichnis der abgekürzt zitierten Literatur

Ahrens	Ahrens, Zum Ersatz der Verteidigungsaufwendungen bei unberechtigter Abmahnung, NJW 1982, 2477
Altmeppen	Altmeppen, Provisionsansprüche bei Vertragsauflösung, 1987
Ankermann	Ankermann, Über die Rechte des Konzertbesuchers bei Absage der bekannten Solistin, NJW 1997, 1134
Andryk, Recht	Andryk, Musiker-Recht, 1995
Andryk, Lexikon	Andryk, Musikrechtslexikon, 2000
Andryk	Andryk, Der Künstler-Managementvertrag, 2012
Arter	Arter, Sport und Recht, 2005
Bamberger/Roth	Bamberger/Roth, Bürgerliches Gesetzbuch, Kommentar, 3. Aufl. 2012
Baumbach/Hopt	Baumbach/Hopt, Handelsgesetzbuch, Kommentar, 35. Auflage 2012
BDS	Büscher/Dittmer/Schiwy, Gewerblicher Rechtsschutz – Urheberrecht – Medienrecht, Kommentar, 2008
Berlit	Berlit, Markenrechtliche und europarechtliche Grenzen des Markenschutzes, GRUR 1998, 423
BKL	Battis/Krautzberger/Löhr, Baugesetzbuch, Kommentar, 11. Aufl. 2009
BLAH	Baumbach/Lauterbach/Albers/Hartmann, Zivilprozessordnung, Kommentar, 69. Aufl. 2011
Bork	Bork, Allgemeiner Teil des Bürgerlichen Gesetzbuches, 3. Aufl. 2011
Brunn	Brunn, Das Wettbewerbsverbot im Handelsvertreterrecht beim Fehlen einer Vereinbarung, AcP 163, 487
Broeske-Daaliysky	Broeske-Daaliysky, Vom Impresario zum modernen Opernagenten?, 2008
Büscher	Büscher, Schnittstellen zwischen Markenrecht und Wettbewerbsrecht, GRUR 2009, 230
Büskens	Büskens, BGB – Schuldrecht BT-Gewährleistungs-haftung des Veranstalters von Rock-Konzerten, JA 1981, 498
Buchberger	Buchberger, Rechtliche Grenzen von Beratertätigkeiten im Sport, AnwBl. 2000, 637
Bunjes	Bunjes, Umsatzsteuergesetz, Kommentar, 11. Auflage 2012
DHR	Dauner-Lieb/Heidel/Ring, Bürgerliches Gesetzbuch, Kommentar, 2005
Deckers	Deckers, Gläubigerverzug beim Theaterbesuchsvertrag, JUS 1999, 1160
Deutsch	Deutsch, Zusätzlicher Schutz für Werktitel durch Markeneintragung, GRUR 2004, 642
ErfK	Dietrich /Hanau/Schaub, Erfurter Kommentar zum Arbeitsrecht, 13. Aufl. 2013
Dreier /Schulze	Dreier /Schulze, Urheberrechtsgesetz, Kommentar, 3. Aufl. 2008
Dziadkowski	Dziadkiwski, Kein Verzicht auf auf die unechte Steuerbefreiung nach § 4 Nr. 20 UStG?, UR 2011, 408
EBJS	Ebenroth/Boujong/Joost/Strohn, Handelsgesetzbuch, Kommentar, 2008
Emmerich	Emmerich, BGB-Schuldrecht Besonderer Teil, 12. Aufl. 2009
Emde	Emde, Die Novellierung des § 89b HGB – was hat sich ergeben?, WRP 2010, 844
Erman/Westermann	Erman/Westermann, Bürgerliches Gesetzbuch, Kommentar, 13. Aufl. 2011
Erichsen	Erichsen, Repetitorium Öffentliches Recht Die kommunalen öffentlichen Einrichtungen, JURA 1986, 148
Eser	Eser, Probleme der Kostentragung bei der vor-prozesualen Abmahnung und beim Abschlussschreiben in Wettbewerbsstreitigkeiten, GRUR 1986, 35
Fabricius	Fabricius, Extensive Anwendung des § 12 BGB?, JR 1972, 15
Fezer	Fezer, Was macht ein Zeichen zur Marke?, WRP 2000, 1

Literaturverzeichnis

Fezer	Fezer, Zum Anwendungsbereich des Werktitelrechts, GRUR 2001, 369
Fezer	Fezer, Normenkonkurrenz zwischen Kennzeichenrecht und Lauterkeitsrecht, WRP 2008, 1
Fezer	Fezer, Markenrecht, Kommentar, 4. Aufl. 2009
FBN	Finke/Brachmann/Nordhausen, Künstlersozialversicherungsgesetz, Kommentar, 4. Aufl. 2009
Fikentscher/Heinemann	Fikentscher/Heinemann, Schuldrecht, 10. Aufl. 2006
Fessmann	Fessmann, Theaterbesuchsvertrag oder wann krieg ich als Zuschauer mein Geld zurück?, NJW 1983, 1164
Fromm/Nordemann	Fromm/Nordemann, Urheberrechtsgesetz, Kommentar, 10. Aufl. 2008
Funke/Müller	Funke/Müller, Handbuch zum Eventrecht, 3. Auflage, 2009
v. Gamm	v. Gamm, Die neuere Rechtsprechung des BGH zum Handelsvertreterrecht, NJW 1979, 2489
Gerth	Gerth, Das Vertragsverhältnis des Spitzenkünstlers bei Bühne und Rundfunk, 1993
Gerauer	Gerauer, Keine Vergütungsfortzahlung bei Verletzungsfolgen beim Bungee-Springen, NZA 1994, 494
Gernhuber, Schuldverhältnis	Gernhuber, Das Schuldverhältnis, 1989
Gernhuber, Erfüllung	Gernhuber, Die Erfüllung und ihre Surrogate, 1994
Giese	Giese, Verschuldete Arbeitsunfähigkeit bei Sucherkrankungen, BB 1972, 360
Glimski	Glimski, Das Veranstalterleistungsschutzrecht, 2010
Grams	Grams, Besteuerung von beschränkt steuerpflichtigen Künstlern, 1999
Grams/Molenaar	Grams/Molenaar, Quellensteuereinbehalt bei Dienstleistung aus dem Ausland?, IStR 2010, 881
Grams/Schön	Grams/Schön, Die Künstlerbesteuerung nach dem Referentenentwurf des BMF und dem Regierungsentwurf zum Jahressteuergesetz 2009, IStR 2008, 656
Grams/Schroen	Grams/Schroen, Zum Regelungsumfang des Gleichstellungsbescheides nach § 4 Nr. 20a UStG, DStR 2007, 611
Grambeck	Grambeck, Umsatzsteuerrechtliche Behandlung von Veranstaltungsleistungen und Umsätzen mit Eintrittskarten, UR 2012, 45
Gröschler	Gröschler, Die notwendige Unterscheidung von Leistungspflichten und Nebenpflichten nach neuem Schuldrecht, in: Festschrift für Horst Konzen, S. 109
Güllemann	Güllemann, Veranstaltungsmanagement und Recht, 5. Aufl. 2009
Hauck/Noftz	Hauck/Noftz, Sozialgesetzbuch, Gesamtkommentar, Stand: (12.2012)
Heinze	Heinze, Zum Arbeitsrecht der Musiker, NJW 1985, 2112
Hirte	Hirte, Der praktische Fall- Bürgerliches Recht- Shakespeare im Regen, JUS 1992, 401
Homann	Homann, Praxishandbuch Musikrecht, 2007
Holthaus	Holthaus, Geänderter Steuerabzug nach § 50a EStG ab 2009 – Großmaß an Entlastung und Vereinfachung mit kleinen Tücken, DStZ 2008, 741
Huff	Huff, Einige Rechtsfragen bei der Veranstaltung von Konzerten, VuR 1990, 166
Huber/Göbel-Zimmermann	Huber/Göbel-Zimmermann, Ausländer- und Asylrecht, 2. Aufl. 2008
Huber	Huber, Leistungsstörungen Band I, 1999
Ibold	Ibold, Maklerrecht, 2. Aufl. 2009
Ingerl/Rohnke	Ingerl/Rohnke, Markengesetz, Kommentar, 3. Aufl. 2010
Jacobs	Jacobs, Die Abnahme beim Werkvertrag, AcP 83 (1983), 144
Jarass	Jarass, Bundes-Immissionsschutzgesetz, Kommentar, 9. Auflage 2012
Kassung	Kassung, Hat der Künstlermanager entsprechend § 89 b HGB Anspruch auf einen Handelsvertreterausgleich?, AfP 2004, 89
Kaulmann	Kaulmann, Der Schutz des Werbeslogans vor Nachahmungen, GRUR 2008, 854
KBR	Kreile/Becker/Riesenhuber, Recht und Praxis der GEMA, Handbuch und Kommentar, 2. Aufl. 2008
Kirchhof	Kirchhof, Einkommensteuergesetz, Kommentar, 11. Aufl. 2012

Literaturverzeichnis

Klaka	Klaka, Vor-(Weiter-) Benutzung im Kennzeichnungsrecht, in: Festschrift für Otto-Friedrich Frhr. v. Gamm, S. 271
Klein	Klein, Abgabenordnung, Kommentar, 10. Aufl. 2009
Klode	Klode, Muster-Versammlungsstättenverordnung, 1. Aufl. 2007
Knaak	Knaak, Der Schutz geographischer Herkunftsangaben im neuen Markengesetz, GRUR 1995, 103
Knothe	Knothe, „Umfunktionierte" Klassiker-Aufführungen ohne Hinweisvertragsgemäße Theaterleistung, NJW 1984, 1074
Kochendörfer	Kochendörfer, Beweisanforderungen für die rechtserhaltende Benutzung, WRP 2007, 258
Kohlhaas	Kohlhass, Konzertveranstaltungen zukünftig immer umsatzsteuerfrei?, DStR 2007, 138
Koller	Koller, Die Rechtsbeziehungen zwischen Sportveranstaltern und Zuschauern, RdA 1982, 48
Kornmeier	Kornmeier, Die Rechte des Gläubigers nach § 321 BGB im Vergleichsverfahren des Schuldners, BB 1983, 1312
KRM	Koller/Roth/Morck, Handelsgesetzbuch, Kommentar, 2011
KSS	Kilian/Sabel/vom Stein, Das neue Rechtsdienstleistungsrecht, 2008
Kolberg	Kolberg, Der Veranstaltungsbesuchsvertrag, 2002
Köhler	Köhler, Das Verhältnis des Wettbewerbsrechts zum Recht des geistigen Eigentums- Zur Notwendigkeit einer Neubestimmung auf Grund der Richtlinie über unlautere Geschäftspraktiken, GRUR 2007, 548
Köhler/Bornkamm	Köhler/Bornkamm, Gesetz gegen den unlauteren Wettbewerb, Kommentar, 29. Auflage 2011
Kreile/Hombach	Kreile/Hombach, Konzertgenuss mit Hindernissen, ZUM 2001, 731
Kresse/Engelsberg	Kresse/Engelsberg, Recht der Messewirtschaft, 1. Aufl. 2006
Kreutzer	Kreutzer, Der Künstleragenturvertrag, 2004
Kuntze	Kuntze, Handbuch Veranstaltungsrecht, 2009
Kurz	Kurz, Praxishandbuch, Theaterrecht, 1999
Küntzel	Küntzel, Umsatzsteuerfreiheit bzw. Anwendung des ermäßigten Steuersatzes für Leistungen freier Dirigenten und andere kulturelle Dienstleistungen, DStR 2006, 598
Küstner/Thume	Küstner/Thume, Handbuch des gesamten Außendienstrechts, Band 2, 8. Aufl. 2008
Lademann	Lademann, Körperschaftsteuergesetz, Kommentar, Stand: 46. Ergänzungslieferung (01.2013)
Lademann	Lademann, Einkommensteuergesetz, Kommentar, Stand: Nachtrag 193 (12.2012)
Lange	Lange, Marken- und Kennzeichenrecht, 2006
Lansnicker/Schwirtzek	Lansnicker/Schwirtzek, Die Betreuung von Künstlern durch eine Agentur – Arbeitsvermittlung oder Management? – Nichts Genaues weiß man, ZUM 2008, 48
Larenz I	Larenz, Lehrbuch des Schuldrechts, Band I, Allgemeiner Teil, 14. Aufl.1987
Larenz II	Larenz, Lehrbuch des Schuldrechts, Band II, Halbband 1, Besonderer Teil, 13. Aufl. 1986
Liesching/Schuster	Liesching/Schuster, Jugendschutzrecht, Kommentar, 5. Auflage 2011
Loewenheim	Loewenheim, Handbuch des Urheberrechts, 2. Aufl. 2010
Lorenz/Riehm	Lorenz/Riehm, Lehrbuch zum neuen Schuldrecht, 2002
Looschelders	Looschelders, Schuldrecht, Allgemeiner Teil, 10. Auflage 2012
Löhr/Gröger	Löhr/Gröger, Bau und Betrieb von Versammlungsstätten, Kommentar, 3. Aufl. 2011
Lüdicke	Lüdicke, Probleme der Besteuerung beschränkt Steuerpflichtiger im Inland, Beihefter zu DStR 2008, 25
MAH GewRS	Hasselblatt, Münchener Anwaltshandbuch Gewerblicher Rechtsschutz, 3. Aufl. 2009
Martinek/Bergmann	Martinek/Bergmann, Künstler-Repräsentanten, -Agenten und -Manager als Handelsvertreter: Konkurrenzvertretung und Interessenwahrnehmung als Grundlagenproblem, WRP 2006, 1047

Literaturverzeichnis

Medicus	Medicus, Allgemeiner Teil des BGB, 10. Aufl. 2010
Metzner	Metzner, Gaststättengesetz, Kommentar, 6. Auflage 2002
Moser/Scheuermann	Moser/Scheuermann, Handbuch der Musikwirtschaft, 6. Aufl. 2003
Musielak	Musielak, Zivilprozessordnung, Kommentar, 7. Aufl. 2009
MüKo, BGB	Säcker/Rixecker, Münchener Kommentar zum Bürgerlichen Gesetzbuch, 6. Aufl. 2012
MüKo, HGB	Schmidt, Münchener Kommentar zum Handelsgesetzbuch, 3. Aufl. 2010
Müller/Rehbinder	Müller/Rehbinder, Der Verteilungsplan der GEMA, Rechtliche Grundlagen und Prinzipien der Verteilung, 1. Aufl. 2006
Palandt	Palandt, Bürgerliches Gesetzbuch, Kommentar, 72. Aufl. 2013
Peters	Peters, Aktuelle Rechtsfragen des Rechts der Partnervermittlung, NJW 1989, 2793
Peters	Peters, Der verspätete Konzertbeginn, JUS 1993, 803
PMW	Plückebaum/Malitzky/Widmann, Umsatzsteuergesetz, Kommentar, Stand: 87. Ergänzungslieferung (02.2013)
POS	Piper/Ohly/Sosnitza, Gesetz gegen den unlauteren Wettbewerb, Kommentar, München 2010
Poser	Poser, Konzert-und Veranstaltungsverträge, 2007
Rau	Rau, 50 Jahre Backstage – Erinnerungen eines Konzertveranstalters, 7. Aufl. 2011
Rau/Dürrwächter	Rau/Dürrwächter, Umsatzsteuergesetz, Kommentar, Stand: 152. Ergänzungslieferung (12.2012)
Risch/Kerst	Risch/Kerst, Eventrecht Kompakt, 2. Aufl. 2009, 2011
Roth/Altmeppen	Roth/Altmeppen, Gesetz betreffend die Gesellschaften mit beschränkter Haftung, Kommentar, 6. Aufl. 2009
Roth	Roth, Teilunmöglichkeit bei Typenkombinations-verträgen, JuS 1999, 220
Rondorf	Rondorf, Einführung des Fiskalvertreters in das deutsche Umsatzsteuerrecht, BB 1997, 705
Rühle	Rühle, Gegenseitige Verträge nach Aufhebung des Insolvenzverfahrens, 2006
Samland	Samland, Unverwechselbar – Name, Claim & Marke, 2006
Schlosser	Schlosser, Erleichterte Kündigung von Direktunterrichtsverträgen?, NJW 1980, 273
Schmidt	Schmidt, Handelsrecht, 5. Aufl. 1999
Schmidt	Schmidt, Einkommensteuergesetz, Kommentar, 31. Aufl. 2012
Schneider	Schneider, Abgabepflicht, Bemessungsgrundlage und ‚Engelt' beim KSVG, DB 1988, 2255
Schricker/Loewenheim	Schricker/Loewenheim, Urheberrecht, Kommentar, 4. Aufl. 2010
Schricker	Schricker, Zum Begriff der angemessenen Vergütung im Urheberrecht – 10% vom Umsatz als Maßstab?, GRUR 2002, 737
Schroen	Schroen, Reformvorschlag zur „unglücklichen Steuerbefreiung" § 4 Nr. 20 UStG, DStR 2007, 1566
Schulze	Schulze, Der Zuschauervertrag, JURA 2011, 481
Sölch/Ringleb	Sölch/Ringleb, Umsatzsteuer, Beck'sche Steuerkommentare, 63. Aufl. 2010
SBS	Starke/Buschhoff/Scherer, Praxisleitfaden Versammlungsstättenverordnung, 1. Aufl. 2004
Seitz	Seitz, Inkasso-Handbuch, 3. Auflage 2000
Staub	Staub, Handelsgesetzbuch, Großkommentar, 4. Aufl. 1995
Staudinger	Staudinger, Bürgerliches Gesetzbuch, Kommentar, 2003 ff.
Stöckel/Lüken	Stöckel/Lüken, Handbuch Marken- und Designrecht, 2. Aufl. 2006
Streck	Streck, Körperschaftssteuergesetz, Kommentar, 7. Auflage 2008
Strittmatter	Strittmatter, Tarife vor der urheberrechtlichen Schiedsstelle, 1994
Ströbele/Hacker	Ströbele/Hacker, Markengesetz, Kommentar, 9. Aufl. 2009
Teplitzky	Teplitzky, Wettbewerbsrechtliche Ansprüche und Verfahren, 9. Aufl. 2007
Thume	Thume, Der neue § 89b Abs. 1 und seine Folgen, BB 2009, 2490

Literaturverzeichnis

TWE................	Tettinger/Wank/Ennuschat, Gewerbeordnung, Kommentar, 8. Auflage 2011
Unverzagt/Röckrath......	Unverzagt/Röckrath, Kultur & Recht, Praxisorientiertes Rechtshandbuch für Künstler und Kulturmanager, Loseblattsammlung, 2. Aufl. 2005
UBH................	Ulmer/Brandner/Hensen, AGB-Recht, Kommentar, 10. Aufl. 2006
Vogel/Lehner..........	Vogel/Lehner, Doppelbesteuerungsabkommen, Kommentar, 5. Aufl. 2008
Waetke...............	Waetke, Rechtshandbuch der Veranstaltungspraxis, 3. Aufl. 2011
Wanckel..............	Wanckel, Die Abwehr von presserechtlichen Unterlassungsansprüchen, NJW 2009, 3497
Wandtke/Bullinger.......	Wandtke/Bullinger, Praxiskommentar zum Urheberrecht, 3. Aufl. 2009
Wassermeyer..........	Wassermeyer, Doppelbesteuerung, Kommentar, Stand: 121. Ergänzungslieferung (01.2013)
Wauschkuhn/Fröhlich....	Wauschkuhn/Fröhlich, Der nachvertragliche Provisionsanspruch des Handelsvertreters, BB 2010, 524
Weiand...............	Weiand, Der Sponsoringvertrag, 2. Aufl.1999
Würdinger............	Würdinger, Pragmatik und Dogmatik: Die ergänzende Vertragsauslegung im Maklerprovisionsrecht, ZfIR 2006, 6

§ 1 Grundlagen

I. Gegenstand des Veranstaltungsrechts

Am Anfang eines Handbuches zum Veranstaltungsrecht ist eine begriffliche Eingrenzung des Stoffes erforderlich. Dies insbesondere, da der bisher kaum etablierte Terminus kein abgeschlossenes Rechtsgebiet bezeichnet, sondern zur Beantwortung veranstaltungsrechtlicher Fragen auf eine Vielzahl einzelner gesetzlicher Regelungen zurückgegriffen werden muss. Veranstaltungsrecht ist somit ein Sammelbegriff für die gesetzlichen Rahmenbedingungen der Veranstaltungswirtschaft und die darauf basierende bzw. sie ergänzende Rechtsprechung.

Das Rechtsgebiet befasst sich mit der Beantwortung aller im Zusammenhang mit der Planung und Durchführung von Veranstaltungen auftauchenden rechtlichen Fragestellungen, sowie der Beurteilung der zwischen den diversen Akteuren der Veranstaltungsbranche bestehenden Rechtsbeziehungen.

Veranstaltungsrechtlich relevante Vorschriften und Antworten auf veranstaltungsrechtliche Fragestellungen finden sich in zahlreichen Einzelgesetzen. Dazu zählen insbesondere das
– Bürgerliche Gesetzbuch,
– Handelsgesetzbuch,
– Markengesetz,
– Gesetz gegen den unlauteren Wettbewerb,
– Urheberrechtsgesetz,
– Urheberrechtswahrnehmungsgesetz,
– Musterversammlungsstättenverordnung,
– Einkommensteuergesetz,
– Körperschaftssteuergesetz,
– Umsatzsteuergesetz und
– Künstlersozialversicherungsgesetz.

Mangels spezifischer gesetzlicher Regelungen werden die rechtlichen Rahmenbedingungen der Veranstaltungswirtschaft jedoch weitgehend durch die Rechtsprechung geprägt. Da viele Verfahren aufgrund geringer Streitwerte spätestens bei den Landgerichten enden, ermangelt es häufig des Leitbilds höchstrichterlicher Rechtsprechung. Angesichts nicht selten divergierender Entscheidungen in gleichgelagerten Fällen sind Verfahrensausgänge daher wenig kalkulierbar.

II. Begriffsdefinitionen

Eine Darstellung veranstaltungsrechtlicher Problemstellungen ist nicht möglich, ohne zunächst die besonderen Begrifflichkeiten der Branche zu erläutern. Die in der Praxis verwandte Nomenklatur der verschiedenen Berufe und Kontrahierungsformen ist verwirrend und liefert zumeist wenig Transparenz über den tatsächlichen Geschäftsgegenstand bzw. Vertragsinhalt. Soweit Rechtsprechung und Literatur sich ebenfalls dieser unscharfen Begrifflichkeiten bedienen, setzen sich Fehlinterpretationen mit der Folge fort, dass nicht selten Ungleiches miteinander verglichen wird.[1] Solange jedoch die Schwerpunkte eines Tätigkeitsbereichs nicht hinreichend definiert sind, lassen sich Mischformen und Kooperationen (Tourneeveranstalter/Örtlicher Veranstalter/Gastspieldirektion, Manager/Agent) nicht beurteilen. Daher werden in diesem Buch Tätigkeitsbereiche und Kontrahierungsformen mit dem Ziel definiert, sie hinreichend deutlich voneinander abgrenzen und trennscharf rechtlich erörtern zu können.

---

[1] Andryk S. 14 ff.

§ 1   Grundlagen

1. Veranstaltung

6   Eine allgemeingültige Definition des Begriffs ‚Veranstaltung' existiert nicht. Im Versammlungsstättenrecht wird die Veranstaltung definiert als ein organisiertes Ereignis mit einem bestimmten Zweck und einem begrenzten Zeitumfang, an dem eine Gruppe von Menschen teilnimmt.[2] Die Veranstaltungsformen und Inhalte sind vielfältig. Sie hängen im Wesentlichen von den mit ihrer Durchführung verfolgten Zielen ab. So können Veranstaltungen dem Produktmarketing oder der Verkaufsförderung dienen. Man spricht dann von **Events** bzw. **Incentives**. Der Vermittlung und Diskussion von Informationen dienen Veranstaltungen in Form von Tagungen oder Kongressen, der Vorstellung von Produkten oder Werken dient die Veranstaltung von Messen und Ausstellungen. Die sicher häufigsten Veranstaltungsinhalte sind der Sport und die allein im Fokus dieses Buches stehende öffentliche Aufführung von Darbietungen ausübender Künstler und anderer Darbietender. Allen Veranstaltungsformen ist in Anlehnung an den Veranstaltungsbegriff des § 81 UrhG gemeinsam, dass sie die Anwesenheit eines Publikums als Grundvoraussetzung beinhalten.[3]

7   Die Vielfalt des Anwendungsbereichs des Begriffs ‚Veranstaltung' zeigt sich besonders deutlich bei dem im Jahre 2001 neu verordneten Ausbildungsberuf ‚Veranstaltungskaufmann/-kauffrau'. Als zur Veranstaltungsbranche gehörige Unternehmen werden im Ausbildungsprofil[4] genannt: Konzertveranstalter; Gastspieldirektionen; Künstleragenturen; Künstlermanager; Marketing-, Eventagenturen; Messe- und Ausstellungsgesellschaften; Veranstalter von Kongressen, Tagungen, Konferenzen, Seminaren sowie kultureller oder gesellschaftlicher Veranstaltungen; Professional Congress Organizer; Messebaufachunternehmen; Betreiber von Veranstaltungsstätten. Unternehmen dieser Bereiche verstehen sich allerdings nicht als einheitliche Branche oder einheitlicher Wirtschaftszweig, sondern als dessen Teilsegment oder dazugehörige in sich geschlossene Einheit.

2. Konzertveranstaltung

8   Im Zentrum der Musikveranstaltungen steht das Konzert. Eine Konzertveranstaltung ist der Vortrag von Musik vor einer eigens zu deren Wahrnehmung versammelten Hörerschaft.[5] Der Begriff dient heute primär als Oberbegriff für jegliche Form der musikalischen Aufführung.[6]

9   Der BFH definiert den Begriff des Konzerts für das Steuerrecht als Aufführung von Musikstücken, bei denen durch einen oder mehrere Aufführende Instrumente und/oder die menschliche Stimme eingesetzt werden.[7]

10 Bei Konzerten geht es also um Musikvorträge vor einem Publikum und dabei – zumindest im Regelfall – um **öffentliche Veranstaltungen**, also Veranstaltungen, die für eine Mehrzahl von Personen bestimmt sind.[8]

3. Live Entertainment

11 Dieses Buch beschäftigt sich ausschließlich mit dem Bereich der Veranstaltungen **ausübender Künstler** und sonstiger Darbietender, dem sog Live Entertainment Bereich. Dazu zählen sowohl Musik- bzw. Konzertveranstaltungen als auch Darbietungen aus dem Bereich der Darstellenden Kunst, bei denen Musik entweder gar nicht aufgeführt wird oder aber zumindest nicht im Vordergrund steht. Dieser Veranstaltungsbereich hat in den letzten Jah-

---

[2] Löhr/Gröger § 2 S. 117.
[3] LG Köln ZUM 2010, 906.
[4] Verordnung über die Berufsausbildung für Kaufleute in den Dienstleistungsbereichen Gesundheitswesen sowie Veranstaltungswirtschaft BGBl. I 2001, 1262.
[5] Vgl. BFHE 211, 557; Klenk in Sölch/Ringleb UStG § 12 Rn. 253.
[6] Zur geschichtlichen Entwicklung des Konzerts vgl. Glimski S. 20 ff.
[7] BFH NJW 1996, 1168.
[8] Zum Begriff der Öffentlichen Veranstaltung Seifert in KBR S. 694 Rn. 7.

Grundlagen § 1

ren zunehmend an wirtschaftlicher Bedeutung gewonnen. Etwa ein Drittel des heutigen Veranstaltungsangebots ist nicht dem Musikbereich zuzurechnen.[9]

Neben Musikveranstaltungen gehören zum hier dargestellten Veranstaltungsbereich vor allem Theateraufführungen und Lesungen, die stetig wachsenden Märkte des politischen Kabaretts und des Comedy-Bereichs, sowie artistische und zirzensische Darbietungen. Schließlich ist in diesem Zusammenhang der ebenfalls wachsende Markt des Family Entertainments zu erwähnen. Dazu zählen Veranstaltungsangebote, die für Besuche der ganzen Familie konzipiert sind – wie zum Beispiel die Eisrevue ‚Holiday on Ice' oder die Dinosaurier-Show ‚Dinosaurier – Im Reich der Giganten'. Zu trennen ist ferner zwischen den Veranstaltungen privater Unternehmer sowie den Veranstaltungen von Einrichtungen der öffentlichen Hand und ihrer Eigenbetriebe. Für Letztere sehen insbesondere das Steuer- und Abgabenrecht sowie das Arbeitsrecht eine Reihe rechtlicher Besonderheiten vor. 12

4. Konzertmäßige Aufführung

Soweit nicht gesondert erwähnt, geht es nachfolgend vorrangig um den Veranstaltungsbereich der konzertmäßigen Aufführungen. Ein konzertmäßiger Auftritt liegt nach der Definition des BSG dann vor, wenn die künstlerische Darbietung als vom übrigen Betrieb mit Verzehr, Gespräch und Tanz gesonderter ‚Showteil' angeboten wird, wobei das Anhören der musikalischen Darbietung im Vordergrund steht und eine über den technischen ‚Soundcheck' hinausgehende **Probenverpflichtung** des Künstlers nicht besteht.[10] Mit dem Begriff der konzertmäßigen Aufführung werden nicht nur musikalische, sondern Veranstaltungen aller Art gekennzeichnet, bei denen auf der Grundlage eines selbstständigen Dienst- oder Werkvertrages ein vorher einstudiertes Programm dargeboten wird, auf dessen Inhalt und Gestaltung der Veranstalter keinen Einfluss nehmen kann.[11] Der Begriff dient insbesondere der Abgrenzung zu im Rahmen eines Arbeitsvertrages erbrachten Darbietungen. 13

5. Bühnenmäßige Aufführung

Die Veranstaltung konzertmäßiger Aufführungen ist abzugrenzen von der bühnenmäßigen Aufführung[12] dramatisch-musikalischer Werke. Eine bühnenmäßige Aufführung liegt vor, wenn bei der Wiedergabe von Musikstücken oder Schlagerliedern aus Operetten der gedankliche Inhalt des entsprechenden Werks oder seiner Bestandteile durch bewegtes Spiel für Auge und Ohr des Publikums als eine gegenwärtig sich vollziehende Handlung vermittelt wird. Dazu zählen im Bereich der Musikveranstaltungen insbesondere die Oper und das Musical.[13] 14

III. Geltungsbereich des Veranstaltungsrechts

So unterschiedlich wie die Verwendung des Begriffs ‚Veranstaltung' ist sind auch der Anwendungsbereich und die Bandbreite des Veranstaltungsrechts. Vor allem im Bereich der Marketing- und Firmenveranstaltungen, der sog Corporate-Events sowie der Messeveranstaltungen gibt es eine Vielzahl besonderer rechtlicher Fragestellungen, die für den Bereich der öffentlichen Veranstaltungen vor Publikum kaum von Relevanz sind. Das vorliegende Buch geht nicht von einem so weiten Begriff des Veranstaltungsrechts aus, denn für die rechtlichen Fragestellungen der Marketing- und Corporate Events hat sich längst der Begriff des ‚Eventrechts'[14] und für den Bereich der Messewirtschaft der Begriff des ‚Messe- 15

---

[9] Vgl. GfK-Studie 2012.
[10] BSG BB 1991, 1270; vgl. auch BSG NZA 1991, 948 (949).
[11] Zum Dienstvertrag: AG Münster NJW 2009, 780; AG Soest NJW 1996, 1444; AG Ludwigslust NJW 2005, 610; Zum Werkvertrag: OLG Köln VuR 1995, 157; OLG Karlsruhe NJW-RR 1991, 1245
[12] BGH NJW 2000, 2207 – Musical Gala; Staudt in KBR S. 254 ff.
[13] OLG Frankfurt ZUM 2008, 963; Hoeren in Löwenheim § 21 Rn. 36.
[14] Vgl. Funke/Müller S. 1 ff.; Risch/Kerst S. 1 ff.

rechts'[15] etabliert. Daher wird der Begriff des Veranstaltungsrechts vorliegend auf die Rechtsfragen der öffentlichen Veranstaltungen vor Publikum, also der Musik- und sonstigen Veranstaltungen und damit den Bereich des Live Entertainments reduziert.

IV. Der Veranstaltungsmarkt

1. Historische Entwicklung

16 Die Strukturen des heutigen Konzert- sowie sonstigen Veranstaltungsgeschäfts sind nach dem 2. Weltkrieg gänzlich neu entstanden. Fundamente, auf welche aufgebaut werden konnte, waren nach 1945 kaum vorhanden. Nur wenige Veranstalter – wie zB der 2002 verstorbene Kurt Collien – konnten nach dem Krieg ihren Veranstalterberuf weiter ausüben. Mit Tourneeveranstaltern wie Horst Lippmann, Fritz Rau, Karsten Jahnke sowie später Marek Lieberberg und Marcel Avram wuchs eine neue Veranstaltergeneration heran, welche das heutige Veranstaltungsgeschäft nachhaltig geprägt hat. Die Handvoll Gründungsväter des nationalen Veranstaltungsgeschäfts haben den Grundstein für einen Gewerbezweig gelegt, der heute in Deutschland die Erwerbsgrundlage für einige tausend Unternehmen bietet.

17 Während vor dem Krieg internationale Künstler zumeist nur für einzelne Auftritte nach Deutschland kamen, etablierte sich erst nach dem Krieg das heute typische Tourneegeschäft mit mehrwöchigen inländischen Auftritten an verschiedenen Orten. Damit entstanden die heutigen Strukturen zwischen überregional tätigen Tourneeveranstaltern und ihren örtlichen Veranstaltungspartnern.

18 Nährboden der seit den 50er Jahren stetig expandierenden Veranstaltungsbranche waren neben den wachsenden Veranstaltungsangeboten des Jazz und des Blues vor allem die neuen Musikgenres des Rock'n'Roll, der Beat- und später der Pop-Musik. Der expandierende Tonträger- und Medienmarkt provozierte das Interesse der Konsumenten, ihre Idole auch ‚live' zu erleben.

19 Das zunehmende Wachstum sowie die zunehmende Internationalisierung des Veranstaltungsmarktes hatten zahlreiche neue Veranstaltungsarten und Präsentationsformen zur Folge, die bis dahin unbekannt gewesen waren. Dazu zählt das seit den 50er Jahren entstandene Veranstaltungsforum der **Live-Musik-Clubs**. Es handelt sich dabei um Spielstätten mit Gastronomiebetrieb und zumeist täglich wechselndem Live-Musikprogramm. Die Besucherkapazitäten von Musik-Clubs rangieren zwischen 150 und max. 2.000 Besuchern. Musik-Clubs haben sich zu der entscheidenden Plattform vor allem für die Etablierung neuer Talente entwickelt. Da das Geschäftsmodell aus einer Mischkalkulation von Eintritts- und Gastronomieeinnahmen besteht, müssen mit dem Veranstaltungsprogramm nicht so hohe Einnahmen erwirtschaftet werden, wie es bei einem Konzert in einer angemieteten Stadt- oder Mehrzweckhalle zur Kostendeckung erforderlich ist. Mit dem Entstehen neuer Veranstaltungsformate ging allerdings auch das Sterben alter Formate wie zB des Varieté-Theaters einher. Nur noch eine Handvoll dieser Kleinkunstbühnen vermag heute noch dem in allen Bereichen gestiegenen Kostendruck standzuhalten. Da unter der Kostenlast in gleichem Maße heute ebenso die Musik-Clubs zu leiden haben, wird bereits auch hier von dem sog ‚Club-Sterben' gesprochen. Tatsächlich ist die Zahl der Live-Musik-Clubs rückläufig. Für die verbliebenen Spielstätten ist die im Interesse der Standort- oder der Kulturpolitik erfolgende Förderung aus öffentlichen Mitteln überlebensnotwendig.

20 Zu einem relativ neuen Veranstaltungsformat zählen **Musik-Festivals**. Erst in den 70er Jahren des vergangenen Jahrhunderts wurden von dem damaligen Unternehmen Mama-Concerts die ersten Musik-Festivals und Open-Air-Konzerte in Deutschland veranstaltet. Das Veranstaltungssegment hat sich seitdem mit jährlich über 200 Events und zB bei Festivals wie Rock am Ring, Rock im Park oder dem Wacken-Open Air hohen fünfstelligen

---

[15] Vgl. Kresse/Engelsberg S. 25 ff.

Besucherzahlen längst zu einem der wirtschaftlich bedeutendsten Teilmärkte des Veranstaltungsgeschäfts entwickelt.

Ein noch jüngeres Veranstaltungssegment ist das **Musical**. Die Geburtsstunde dieser regelmäßig en-suite – also über einen längeren Zeitraum am gleichen Ort – aufgeführten Veranstaltungen war in Deutschland 1986 die Erstaufführung des Musicals Cats im Hamburger Operettenhaus.[16] Seitdem wurden unter anderem in Hamburg, Berlin, Stuttgart, Köln, Bochum und diversen anderen Städten spezielle Musical-Theater gebaut, die ganzjährig ausschließlich mit Musicals bespielt werden.

Neben neuen Veranstaltungsformaten entstanden neue Veranstaltungsgenres. Dazu zählten nach 1945 das Entstehen der Rock- und Beat-Musik sowie insbesondere die Kleinkunstform der dem Kabarett verwandten **Comedy-Shows**. Noch vor wenigen Jahren wäre es unvorstellbar gewesen, dass ein Comedian wie Mario Barth eine Stadiontournee durchführt, bei der er ua vor 70.000 Besuchern im Berliner Olympiastadion auftritt.

Wachsende Bedeutung erhielt in den letzten zwanzig Jahren jedenfalls im Bereich der Unterhaltungsmusik der **Showanteil** bei Musikveranstaltungen. Aufwändige Bühnenbauten, Multimedia-Präsentationen und immer neue Ton- und Lichteffekte sind bei den meisten Konzerten kaum noch wegzudenken. Der Besucher erwartet bei Veranstaltungen heute nicht lediglich die Darbietung, sondern darüber hinaus deren technisch und visuell attraktive Präsentation. Da deren Umsetzung eines erheblichen Personalaufwandes bedarf, bestehen die Reisegruppen (Crews) bei Tourneen nicht selten aus mehreren hundert Mitwirkenden.

Die erwähnten Beispiele zeigen, in welchem Maße das Veranstaltungsgeschäft in der Vergangenheit einem steten Wandel unterworfen war. Das wird auch zukünftig so bleiben. Neben der Vermittlung der Hochkultur insbesondere im Bereich der klassischen Musik lebt die Veranstaltungswirtschaft vom Unterhaltungsgeschäft. Und das erreicht sein Ziel nur durch ständige Innovation.

2. Wirtschaftliche Bedeutung und statistische Kennzahlen

Die aktuelle Veranstaltungswirtschaft ist durch die Internationalisierung gekennzeichnet. Im Ranking der internationalen Musikmärkte liegt Deutschland auf Platz 3, hinter den USA und Japan, jedoch vor Großbritannien.[17] Damit nimmt Deutschland im Bereich des Live Entertainments weltweit eine herausragende Stellung ein. Und während inländische Veranstalter bis in die 80er Jahre des vergangenen Jahrhunderts ausschließlich Veranstaltungen im Inland durchführten, betätigen sie sich zunehmend auch auf internationalen Märkten.

Die wirtschaftliche Entwicklung des Veranstaltungsmarkts ist eine Erfolgsgeschichte. Im Verhältnis zu anderen weitgehend stagnierenden Bereichen der Entertainment-Wirtschaft – insbesondere der Tonträgerwirtschaft – verläuft sie seit Jahren antizyklisch. Während die Umsätze der Tonträgerwirtschaft sich seit Mitte der 90er Jahre fast halbiert haben, blieb der Umsatz mit Musikveranstaltungen – abgesehen von Spitzenergebnissen in den Jahren 2003, 2007 und 2011 – weitgehend konstant. Betrachtet man die wirtschaftliche Bedeutung des Veranstaltungsmarkts, sind dabei allerdings nicht nur Konzertveranstaltungen sondern auch der gesamte Veranstaltungsmarkt zu berücksichtigen, bei dem Musik nicht im Vordergrund steht. Dazu zählen neben dem großen Bereich des Theaters insbesondere die wachsenden Genres der Comedy-, Show- und Kabarett-Veranstaltungen. Insgesamt erzielte die Veranstaltungsbranche 2011 ihren bisherigen Rekordumsatz von über 3,9 Milliarden Euro, der 2012 auf 3,3 Milliarden und damit nahezu auf das Niveau der Vorjahresergebnisse zurückging. Dabei beliefen sich der Umsatzanteil des Musikveranstaltungsmarktes 2012 auf rund 2,3 Milliarden Euro und der Umsatz mit Veranstaltungen, bei denen Musik nicht im Vor-

---

[16] Heute TUI-Operettenhaus.
[17] Abrufbar unter: www.musikindutrie.de.

dergrund stand, auf rund 1,0 Milliarden Euro. Insgesamt wurden 2012 damit 110 Millionen Tickets zu einem Durchschnittspreis von 30,20 Euro verkauft. Das bedeutet, dass 47% der Deutschen mindestens einmal eine Veranstaltung besuchten. Trotz der Umsatz- und Besucherschwankungen der letzten Jahre steht Live Entertainment dennoch gleich nach dem deutschen Buchmarkt nach wie vor an der Spitze der deutschen Entertainment-Märkte – weit vor den Umsätzen der deutschen Filmkinos, dem Video- und Games-, Tonträger- und Filmmarkt.[18]

27   Die Spitzenposition der Umsatzträger unter den Veranstaltungsangeboten im Musikbereich nahm 2012 mit einem Umsatzanteil von 25% der Bereich Rock/Pop ein. Rechnete man die in der GfK-Studie separat ermittelten Genres Hard-Rock/Heavy Metal/Dance/Hip Hop und Techno hinzu, käme man für den Gesamtbereich sogar auf einen Umsatzanteil von 31%. Platz 2 nahmen 2012 mit einem Umsatzanteil von 24% die klassische Musik (Konzert/Oper/Operette) und mit 19% das Musical ein. An vierter Stelle der Hauptumsatzmärkte im Bereich Musik stehen Musik-Festivals mit einem Anteil von 14%, den man allerdings wohl weitgehend auch dem Bereich der Popularmusik zuschlagen kann.[19]

3. Veranstaltungswirtschaft im Wandel

28   Der nationale Veranstaltungsmarkt befindet sich seit Mitte der 90er Jahre auch in einem erheblichen strukturellen Wandel. Er geht über die ständige Änderung sowie das Neuentstehen von Veranstaltungsformaten und Inhalten weit hinaus. Nachdem bereits die Deutsche Entertainment AG seit 1998 am neuen Markt der deutschen Börse als Aktiengesellschaft agiert, hält die seit dem Jahr 2000 börsennotierte Bremer CTS Eventim AG neben ihrem Hauptgeschäft, dem Bereich Ticketing, Mehrheitsbeteiligungen an zahlreichen namhaften inländischen und ausländischen Veranstaltungsunternehmen. In der ausschließlich von mittelständischen Unternehmen dominierten Branche haben sich damit die Strukturen erheblich geändert.

29   Mit dem Wachstum der Branche sind auch die rechtlichen Herausforderungen der Akteure – sowohl der Veranstalter als auch der Künstler und Produzenten sowie der zwischen ihnen agierenden Agenturen – stetig größer geworden. Spielten zB steuerrechtliche Fragen in der Veranstaltungsbranche noch bis Mitte der 80er Jahre eine allenfalls untergeordnete Rolle, sind Kenntnisse der beschränkten Steuerpflicht oder Fragen der Steuerbarkeit bzw. Steuerfreiheit von Leistungen der Veranstalter und Künstler heute für Veranstaltungsprofis von elementarer Bedeutung. Nicht selten stellen sie die Unternehmen vor existentielle Probleme. Und welche Bedeutung zum Beispiel das erst Mitte des letzten Jahrzehnts im Wege einer Musterverordnung neu normierte Versammlungsstättenrecht hat, dürfte spätestens seit des tragischen Unfalls bei der Loveparade 2010 in Duisburg deutlich geworden sein. Dass es sich bei technischen Hilfskräften um Scheinselbstständige handeln könnte, beschäftigt die Branche erst seit jüngster Zeit. Ebenso neu ist die erst seit wenigen Jahren geführte Diskussion über eine effiziente Wahrnehmung des Leistungsschutzrechts des Veranstalters, obwohl dies bereits seit 1965 im Urhebergesetz verankert ist. Und schließlich hat auch das 1982 in Kraft getretene Künstlersozialversicherungsgesetz ganz vorrangig der Veranstaltungsbranche eine Fülle neuer rechtlicher Probleme beschert.

30   Großen Einfluss auf die Veranstaltungswirtschaft hat seit der Jahrhundertwende der erhebliche Umsatzeinbruch der Tonträgerwirtschaft. Zunehmend entdeckten deren Unternehmen die wirtschaftliche Attraktivität des Veranstaltungsmarktes. Als Antwort darauf entwickelten sie ein noch relativ junges Geschäftsmodell, das sog **360 Grad Modell**. Das damit verfolgte Ziel besteht in einer Beteiligung der Tonträgerhersteller an der gesamten Wertschöpfungskette der von ihnen produzierten Künstler. Dazu zählen neben dem Tonträgergeschäft auch die Wahrnehmung der Musikverlagsrechte, das Veranstaltungs- und

---

[18] Vgl. GfK Studie 2012 S. 4 (Statistik 6).
[19] Vgl. GfK Studie 2012 S. 5 (Statistik 8).

Vermittlungsrecht, das Künstlermanagement und die Wahrnehmung der Merchandisingrechte.

Die Beweggründe der Tonträgerwirtschaft, sich zur Amortisierung ihrer Investitionen insbesondere in den Aufbau neuer Künstler zB auch an Veranstaltungs- und Merchandising-Einnahmen beteiligen zu lassen, sind nachvollziehbar. Da regelmäßig erst durch die Veröffentlichung zumeist kostenintensiver Tonträgeraufnahmen die erforderliche Popularität und damit die Voraussetzungen auch für Konzert- und sonstige Veranstaltungen geschaffen werden, ist verständlich, dass die Investoren an den daraus resultierenden Einnahmen beteiligt werden wollen. **31**

Kritisch zu beurteilen sind 360 Grad Modelle dann, wenn Künstler ihre wirtschaftliche Interessenvertretung uneingeschränkt in eine Hand legen. Dies ist insbesondere der Fall, wenn der Vertragspartner auch die originären Aufgaben eines Managers und damit letztlich sämtliche Kontrollaufgaben seiner eigenen Tätigkeit übernimmt. Daher ist dringend dazu zu raten, als Vertragspartner eines 360 Grad-Verwerters diesem jedenfalls nicht die Management- und möglichst auch nicht die Agenturfunktion zu übertragen. Vor allem im Falle eines weichenden wirtschaftlichen Interesses an einer derartigen Kooperation besteht sonst das erhebliche Risiko entsprechend nachlassender Aktivitäten für den Künstler. **32**

§ 2 Künstler, Veranstalter und Spielstätten

I. Der ausübende Künstler

33 Im Zentrum jeder Veranstaltung steht der **Darbietende**. Er ist der Nucleus des Live Entertainment-Marktes. Im Konzert und Theaterbereich sind die Darbietenden überwiegend ausübende Künstler. Ausübender Künstler ist gem. § 73 UrhG, wer ein Werk aufführt, singt, spielt oder auf eine andere Weise darbietet oder an einer solchen Darbietung künstlerisch mitwirkt.

34 Längst beschränken sich Veranstaltungsinhalte aber nicht mehr auf Darbietungen ausübender Künstler und auch nicht auf Darbietungen lediglich aus den Bereichen Musik und Theater. Noch vor wenigen Jahren war es kaum vorstellbar, dass zB Koch-Darbietungen prominenter Sterne-Köche, Hörspiele wie ‚Die Drei Fragezeichen', lebensgroße bewegliche Modelle von Dinosauriern oder lebensechte Figuren wie die der Live-Arena-Show ‚Ice Age' zigtausende Besucher in großen Veranstaltungshallen und Arenen unterhalten. Die Inhalte von Darbietungen werden ständig vielfältiger und anstelle von Menschen sind die Akteure gelegentlich auch ferngesteuerte Kunstwerke der Technik. Da Inhalt einer Veranstaltung jede Form des Vortrags oder der Unterhaltung sein kann, sind ihre Darbietenden eben keineswegs ausschließlich ausübende Künstler oder überhaupt zwangsläufig der Berufsgattung ‚Künstler' zuzuordnen. Weil zahlreiche Gesetze wie zB das EStG, das UStG, das UrheberG oder das KSVG spezifisch Rechte und Pflichten ausübender Künstler regeln oder an die ihnen gezahlten Vergütungen besondere Rechtsfolgen knüpfen, ist im Einzelfall zu prüfen, ob der Darbietende einer Veranstaltung tatsächlich ausübender Künstler ist oder nicht.

35 Als pars pro toto für jede Erscheinungsform von Darbietenden wird in diesem Buch dennoch grundsätzlich vom ‚**Künstler**' gesprochen, soweit es im Einzelfall nicht auf die Abgrenzung zwischen ausübenden und sonstigen Mitwirkenden oder dem Produzenten einer Darbietung ankommt.

36 Ebenso vielfältig wie die Inhalte von Darbietungen sind ihre Rechtsform bzw. ihre rechtliche Ausgestaltung. So können Künstler als Selbstständige oder als Arbeitnehmer auftreten. Selbstständige Künstler können Darbietungen als einzelne natürliche Person (Solist) oder Gruppe von Personen (Ensemble) oder als Solist oder Ensemble unter Mitwirkung weiterer von ihnen verpflichteter Künstler erbringen. Darbietungen können aber auch von Künstlern erbracht werden, die als juristische Person organisiert sind. Immer häufiger ist in letzter Zeit der Zusammenschluss von Künstlern und Künstlergruppen in der Rechtsform eines nichtwirtschaftlichen Vereins anzutreffen. Zumeist wird damit der Erhalt des Status der Gemeinnützigkeit angestrebt, um leichter in den Genuss von staatlichen Zuschüssen und Spenden zu gelangen.

37 Bei einem Zusammenschluss einer Mehrzahl von Künstlern handelt es sich im Regelfall um eine **Gesellschaft bürgerlichen Rechts**, deren Gesellschafter bei Veranstaltungsverträgen sowohl gesamthänderisch als auch einzeln Vertragspartner des jeweiligen Veranstalters werden. In der Praxis finden sich beim Zusammenwirken mehrerer Künstler in einer Künstlergruppe häufig Mischformen zwischen dem Handeln als GbR und dem Handeln nur eines GbR-Mitglieds im eigenen Namen. Dabei treten alle Mitwirkenden zwar nach außen regelmäßig in gleichbleibender Zusammensetzung unter einem gemeinschaftlichen Namen auf. Auch im Innenverhältnis werden Beschlüsse zB bezüglich des Repertoires oder der Auftrittshonorare gemeinschaftlich gefasst. Gegenüber Veranstaltern und anderen Vertragspartnern kontrahiert dabei jedoch zumeist nur eines der Ensemblemitglieder im eigenen Namen – quasi wie ein ‚Bandbetreiber'. Da die übrigen Mitwirkenden nicht am Rechtsverkehr teilnehmen, liegt also kein gesellschaftsrechtliches Handeln iSd § 705 ff. BGB vor. Es handelt sich in derartigen Fällen zumeist um eine **Innengesellschaft** und damit um eine Gesellschaft, die nicht im Außenverhältnis nicht als Gesellschaft auftritt. Bei

der Innengesellschaft schulden zwar alle Gesellschafter im Innenverhältnis eine gemeinsame Leistungserbringung. Im Außenverhältnis übernimmt diese Verpflichtung aber nur ein Gesellschafter.[20] Derartige Gesellschaften bilden auch kein Gesellschaftsvermögen. Alle Einnahmen und Verbindlichkeiten sind bei einem derartigen Konstrukt Einnahmen des handelnden Ensemblemitglieds. Soweit dieses dann Veranstaltungshonorare an die übrigen Mitglieder des Ensembles ausschüttet, handelt es sich rechtlich nicht mehr um die Verteilung eines für eine Gesamthand vereinnahmten Honorars, sondern um Honorarzahlungen an selbstständige Künstler, deren sich der Handelnde zur Erfüllung seiner Verbindlichkeiten bedient. Solche häufig anzutreffenden Kooperationsformen führen insbesondere in steuer- und abgabenrechtlicher Hinsicht zu Problemen, da das Ensemble sich zwar als GbR versteht, seine Handlungsform jedoch dem eines Einzelunternehmens entspricht.

Jeder Künstler genießt grundsätzlich eine **Gestaltungsfreiheit**, die seiner künstlerischen Eigenart entspricht und es ihm erlaubt, in seinem Werk seiner individuellen Schöpferkraft und seinem Schöpferwillen Ausdruck zu verleihen. Wer einen Künstler mit der Erbringung einer künstlerischen Leistung beauftragt, muss sich vorher mit dessen Stil und künstlerischen Eigenarten vertraut gemacht haben. Er darf die Abnahme der künstlerischen Leistung nicht deshalb verweigern, weil sie nicht seinem Geschmack entspricht.[21] 38

Sofern der ausübende Künstler seine Leistung nicht selbst als Eigenveranstaltung zur Aufführung bringt, geschieht dies regelmäßig durch einen Veranstalter. 39

Insbesondere bei der Vermarktung internationaler Produktionen im Inland gibt es häufig eine aus mehreren Unternehmen bestehende Leistungskette. So kann Vertragspartner des Künstlers ein internationaler Tourneeveranstalter sein, der die Darbietung im eigenen Namen einem inländischen Tourneeveranstalter ‚verkauft', welcher dann wiederum seinerseits die Darbietung an einen örtlichen Veranstalter ‚weiter verkauft'. Die rechtlichen Konstruktionen derartiger Kooperationen sind, wie aufgezeigt werden wird, vielfältig und begründen entsprechend unterschiedliche Rechte und Pflichten zwischen den Beteiligten. 40

II. Der Veranstalter

Neben dem Künstler weiterer zentraler Akteur der Veranstaltungsbranche ist der Veranstalter. Er ist im Regelfall unmittelbarer Vertragspartner 41
- der Rechteinhaber des Programms (zum Beispiel Künstler, Gastspieldirektionen, Tourneeveranstalter, Produktionsfirmen, Ensemble-Betreiber),
- der Besucher der Veranstaltung,
- der Vermieter des Veranstaltungsorts oder Veranstaltungsgeländes sowie
- aller Dienstleistungsunternehmen, die an der Durchführung der Veranstaltung beteiligt sind.

Veranstalter können **Alleinveranstalter** oder **Mitveranstalter** einer Aufführung sein. Sie können ein Programm auf eigenes Risiko veranstalten oder, obwohl sie im Außenverhältnis im eigenen Namen auftreten, die Veranstaltung im Innenverhältnis für Rechnung eines Auftraggebers – zum Beispiel des Künstlers oder eines anderen Veranstalters – durchführen. Entsprechend unterschiedlich sind, wie dargestellt werden wird, auch die wirtschaftlichen Grundlagen, auf denen Veranstalter im Einzelfall tätig werden. 42

Der Veranstalter ist einerseits **Vergütungsschuldner des Künstlers** und andererseits **Vertragspartner des Veranstaltungsbesuchers** und ist wirtschaftlich und organisatorisch für die Durchführung der Veranstaltung verantwortlich. Er hat die Sicherheit und Ordnung der Veranstaltung zu gewährleisten und ist für die Einhaltung aller gesetzlichen Bestimmungen und behördlichen Auflagen verantwortlich. Er hat dafür Sorge zu tragen, dass die Veranstaltung nicht mit rechtlichen Vorschriften kollidiert, dass etwaig erforderliche behördliche Genehmigungen und Erlaubnisse eingeholt und dass Umwelt- und Lärm- 43

---

[20] Vgl. Sprau in Palandt BGB § 705 Rn. 33; s. Rn. 92 ff.
[21] BGHZ 19, 382 (384).

schutzbestimmungen und -auflagen eingehalten werden. Der Veranstalter ist ferner dafür verantwortlich, dass die nach § 13b Abs. 1 UrhWahrnG für die Aufführung geschützter Werke erforderliche Einwilligung der Verwertungsgesellschaft eingeholt wird. Und schließlich trägt er auch eine zivilrechtliche Verantwortung dafür, dass durch das von ihm zur Aufführung gebrachte Programm nicht Rechte Dritter verletzt werden.

44 Gegenüber etwaigen Veranstaltungspartnern und den Künstlern ist der Veranstalter zur Zahlung der vereinbarten Vergütungen bzw. bei Beteilungsvereinbarungen zur Rechnungslegung und Abrechnung verpflichtet. Bei Künstlern mit Sitz im Ausland kann der Haftungsschuldner für von diesen im Inland zu entrichtende Steuern und als Verwerter selbständiger künstlerischer Leistungen zur Zahlung der Künstlersozialabgaben verpflichtet sein. Bei abhängig beschäftigen Künstlern ist er zur Zahlung der Lohnsteuer und Sozialabgaben verpflichtet.

1. Definitionskriterien des Veranstalterbegriffs

45 In Literatur und Rechtsprechung werden unterschiedliche Kriterien für die Feststellung der Veranstaltereigenschaft angewandt. Nach der einfachsten Definition ist derjenige Veranstalter, der die **Verantwortung für die Durchführung einer Veranstaltung** trägt.[22] In Hinblick auf die zumeist vielfältigen Verantwortungen und Verantwortungsträger bei Veranstaltungen bietet die Definition keine hinreichenden Abgrenzungskriterien. Tragen bei einer Veranstaltung im Innenverhältnis mehrere Personen Teilverantwortungen, kann gleichwohl die Gesamtverantwortung für eine Veranstaltung nur bei einer Person liegen. Möglich ist es aber auch, dass mehrere Unternehmer gemeinschaftlich Veranstalter sind. Selbst wenn auf Eintrittskarten nur ein Veranstaltungsunternehmen genannt ist, kann es daneben noch Mitveranstalter geben. Fraglich kann dann sein, welche haftungsrechtliche Verantwortung sie im Zusammenhang mit der Veranstaltung tragen. Nicht immer lässt sich die rechtliche Verantwortung für eine Veranstaltung grundsätzlich auf lediglich einen Unternehmer reduzieren. Die Ermittlung der Verantwortlichkeit wird noch dadurch erschwert, dass Werbedrucksachen – insbesondere Plakate – zumeist nur den Namen eines Veranstalters – zB des Tourneeveranstalters – tragen, die Durchführung der Veranstaltung aber durch ein anderes Unternehmen erfolgt.

a) Veranstalterdefinition der Rechtsprechung

46 Bereits nach der Rechtsprechung des Reichsgerichtshofs und später des BGH ist Veranstalter einer Aufführung grundsätzlich derjenige, der sie **angeordnet** hat und durch dessen (ausschlaggebende) Tätigkeit sie **ins Werk gesetzt** ist.[23] Veranstalter ist nach der Definition des BGH insbesondere derjenige, der für die Aufführung **in organisatorischer und finanzieller Hinsicht verantwortlich** ist und dabei neben einem eigenen wirtschaftlichen Interesse auch **Einfluss auf die Programmgestaltung** hat.[24] Nicht verantwortlich sei derjenige, der nur die für die Aufführung erforderlichen **äußeren Vorkehrungen** trifft.[25]

b) Urheberrechtliche Veranstalterdefinition

47 Der Veranstalterbegriff des § 81 UrhG (Leistungsschutzrecht des Veranstalters) lehnt sich an die vom BGH geschaffenen Kriterien an. Entscheidende Voraussetzung für die Annahme der Veranstaltereigenschaft iS dieser Vorschrift ist es, dass das Unternehmen die für die ver-

---

[22] OLG München GRUR 1979, 152.
[23] RGZ 78, 84 (85 f.); BGH GRUR 1956, 515 (516); 1960, 606 (607); 1960, 253 (255); OLG München GRUR 1979, 152.
[24] BGH GRUR 1972, 141 (142); BGH NJW 1956, 1553 – Tanzkurse; BGH NJW 1960, 1902 – Eisrevue II; BGH NJW 1971, 2173 – Konzertveranstalter; Gerlach in Wandtke/Bullinger UrhG § 13b UrhWahrnG Rn. 1.
[25] BGH GRUR 1959, 150 (151).

anstaltete Live-Darbietung wesentlichen **Verträge mit den ausübenden Künstlern und dem Publikum** schließt und gerade durch diese Verträge ein **Auswertungsrisiko** übernimmt.[26] Um das Leistungsschutzrecht zu erwerben, bedarf es nach § 81 UrhG mithin einer **aktiven, organisatorischen Tätigkeit**. Der Veranstalter muss nicht sämtliche, wohl aber die wesentlichen ein Auswertungsrisiko begründenden organisatorischen Leistungen selbst verantworten. Dazu zählen zB die Verpflichtung des Künstlers und die Bewerbung der Veranstaltung, da erst die Darbietung vor Zuhörern zu einer schutzfähigen Veranstaltung führt.[27] Wer in eigener oder fremder Verantwortung bloß die für die Darbietung erforderlichen äußerlichen Vorkehrungen trifft, ist nicht Veranstalter iSd § 81 UrhG. Auch ist allein die Möglichkeit der inhaltlichen Einflussnahme auf die dargebotenen Werke nicht ausschlaggebend.[28]

Der gleiche Veranstalterbegriff liegt auch § 13b UrhWahrnG (Pflichten des Veranstalters) zugrunde.[29] Meldepflichtig gegenüber der Verwertungsgesellschaft ist gem. § 13b UrhWahrnG somit nur derjenige, der die wesentlichen Verträge mit Künstlern und dem Publikum schließt, durch diese Verträge ein Auswertungsrisiko übernimmt und hierbei eine aktive organisatorische Tätigkeit entfaltet. 48

Ein davon und von den von der Rechtsprechung entwickelten Kriterien abweichender Veranstalterbegriff wird bei § 52 UrhG (Recht der öffentlichen Wiedergabe) angewandt. Veranstalter im Rahmen des § 52 UrhG kann auch derjenige sein, der die Veranstaltung (lediglich) **in seinem Verantwortungsbereich duldet**.[30] Dieser weite Veranstalterbegriff ist verständlich vor dem besonderen Hintergrund des § 52 UrhG. Zulässig ist danach die öffentliche Wiedergabe eines erschienenen Werks unter bestimmten Voraussetzungen auch ohne Erlaubnis des Urhebers, sofern die Wiedergabe keinem Erwerbszweck des Veranstalters dient. Privilegiert werden damit unkommerzielle Veranstaltungen.[31] Diese Privilegierung könnte zweckwidrig missbraucht werden, wenn sie auf Fälle ausgedehnt werden würde, in denen zwar nicht der Veranstalter selbst, aber ein Hintermann kommerzielle Zwecke mit der Veranstaltung verfolgt. Deshalb muss der Veranstalterbegriff bei § 52 UrhG weit gefasst werden, während bei § 81 UrhG und § 13b UrhWahrnG aus Gründen der Rechtssicherheit ein engerer Veranstalterbegriff erforderlich ist. 49

c) Veranstalterdefinition der Finanzverwaltung

Gemäß Rechtsprechung des BFH ist in steuerrechtlicher Hinsicht derjenige Veranstalter, der **im eigenen Namen und für eigene Rechnung die organisatorischen Maßnahmen dafür trifft**, dass die Theatervorführung bzw. das Konzert abgehalten werden kann, wobei er die **Umstände, den Ort und die Zeit seiner Darbietungen selbst bestimmt**.[32] 50

d) Veranstalter kraft Rechtsscheins

Gemäß eines Urteils des AG Schöneberg soll jeder, der erkennbar an der Organisation eines Konzertes beteiligt ist, aus Sicht des Veranstaltungsbesuchers für den Erfolg verantwortlich sein und insoweit als Gesamtschuldner haften. Der Veranstaltungsbesucher liefe ansonsten Gefahr, im Falle des Streits zwischen den einzelnen Organisatoren von diesen 51

---

[26] Vogel in Schricker/Loewenheim UrhG § 81 Rn. 26; Schäfer in Fromm/Nordemann UrhG § 81 Rn. 6.
[27] Vogel in Schricker/Loewenheim UrhG § 81 Rn. 27; Dreier in Schulze/Dreier UrhG § 81 Rn. 5.
[28] Vogel in Schricker/Loewenheim UrhG, § 81 Rn. 27.
[29] Reinbothe in Schricker/Loewenheim UrhWahrnG § 13b Rn. 2.
[30] Vgl. Melichar in Schricker/Loewenheim UrhG § 52 Rn. 16; Nordemann in Fromm/Nordemann UrhG § 52 Rn. 13.
[31] Nordemann in Fromm/Nordemann UrhG § 52 Rn. 11.
[32] BFH NJW 1996, 1168; zusammenfassend Hessisches FG EFG 2011, 272; UStAE Abschn. 12.5 Abs. 2.

immer an den jeweils anderen verwiesen zu werden.³³ Ein auf diesem Wege in Anspruch genommener Tourneeveranstalter könne sich auch nicht darauf berufen, dass ihm damit ein Vertrag aufgezwungen werde, den er ursprünglich nicht habe abschließen wollen. Aus dem von ihm mit dem Künstler geschlossenen Vertrag resultiere zwangsläufig das Interesse am Abschluss der Verträge auch mit den Besuchern.

52 Entsprechende Kriterien verwendet das Hessische Finanzgericht in einem Urteil zur Umsatzsteuerbefreiung nach § 4 Abs. 2 Nr. 20b UStG. Das Gericht stellt auf den **in der Öffentlichkeit erweckten Anschein** ab: Für die Veranstaltereigenschaft spreche grundsätzlich, wenn jemand auf Eintrittskarten genannt sei, das vollständige Vermarktungsrisiko einer Veranstaltung im eigenen Namen und auf eigene Rechnung übernehme und hinsichtlich der jeweiligen Veranstaltung allein zugriffs- und vermarktungsberechtigter Anbieter sei. Abzustellen sei auf das Gesamtbild der Verhältnisse. Nicht entscheidend sei, dass der Veranstalter keinen Einfluss auf den Inhalt und die Gestaltung der Umstände, des Ortes und der Zeit der Veranstaltung habe.³⁴

2. Trennschärfe der Kriterien

53 Insbesondere bei der Kooperation mehrerer Veranstalter sind in der Praxis alle dargestellten Beurteilungskriterien zumeist weder einzeln noch bei kumulativer Anwendung dazu geeignet, trennscharf und überzeugend denjenigen zu ermitteln, der rechtlich als verantwortlicher Veranstalter zu behandeln ist. Ganz offenbar ist dieses Ziel über abschließende Definitionskriterien wohl auch kaum zu erreichen. Vielmehr ist bei jeder Beurteilung auf die Gegebenheiten des jeweiligen Einzelfalls abzustellen und dabei unter Heranziehung verschiedenster Kriterien der oder die Veranstalter zu ermitteln.

a) Anordnung und Veranlassung einer Veranstaltung

54 Zu folgen ist der höchstrichterlichen Rechtsprechung insoweit, dass jedenfalls derjenige Veranstalter ist, der eine Veranstaltung veranlasst hat. Eine Veranstaltung veranlasst, wer als deren Initiator die wirtschaftlich-organisatorischen Entscheidungen hierbei entweder selbst trifft oder von einem Dritten als seinem Erfüllungsgehilfen treffen lässt. Es ist selbstverständlich, dass derjenige, der ursächlich für ein bestimmtes Handeln ist, dafür auch rechtliche Verantwortung trägt – unabhängig davon, ob in seinem Auftrag oder mit ihm zusammen ggf. ein Anderer gehandelt hat.

55 Wer eine Veranstaltung anordnet, muss diese nicht zwangsläufig selbst durchführen, sondern kann auch einen anderen dazu bestimmen, sie durchzuführen. Der Anordnende ist damit zwar Initiator der Veranstaltung, jedoch nicht zwangsläufig auch in irgendeiner Weise – und zwar weder inhaltlich noch wirtschaftlich – an der Durchführung der Veranstaltung beteiligt. Das Anordnen einer Veranstaltung beschränkt sich auf die Entscheidung, dass und wann eine Veranstaltung stattfindet. Wie die Veranstaltung stattfindet und in welcher Weise sie durchgeführt wird, wird von der Anordnung nicht zwangsläufig umfasst. Bereits grundsätzlich auch den Initiator einer Veranstaltung, der auf deren Durchführung keinen Einfluss nimmt, als Veranstalter zu behandeln, erscheint zu weitgehend. Daher ist das Kriterium des Anordnens – jedenfalls bei semantischer Auslegung des Wortbegriffs – kein geeignetes Kriterium für die Bestimmung des Veranstalters.

b) ‚Ins Werk Setzen' einer Veranstaltung

56 Eine ebenfalls nur geringe Trennschärfe bietet das Kriterium des ‚ins Werk setzens' einer Veranstaltung. Der Begriff ‚ins Werk setzen' bezogen auf eine Veranstaltung kann jede Form ihrer Vorbereitung, Gestaltung und Durchführung umfassen. Bei Anwendung dieses Begriffes könnte man sogar den Regisseur einer Veranstaltung, der an deren konkreter

---

33 AG Schöneberg VuR 1995, 359 (360).
34 Hessisches FG EFG 2011, 272.

Durchführung gar nicht mehr mitwirkt, als Veranstalter behandeln. Da die Rechtsprechung – soweit ersichtlich – keine eingrenzende Definition des Begriffs vornimmt, erscheint dieses Kriterium aufgrund des zu weiten Interpretationsspielraums ungeeignet für die Definition des Veranstalters.

c) Einfluss auf die Programmgestaltung

Das Abstellen darauf, wer den maßgeblichen Einfluss auf die Programmgestaltung hat und den wirtschaftlichen Nutzen aus der Aufführung zieht, führt beim Zusammenwirken mehrerer Veranstalter ebenfalls nicht zu befriedigenden Lösungen. Fraglich kann zunächst sein, welche Voraussetzungen denn an die Einflussnahmemöglichkeit zu stellen sind. Wird eine inhaltliche Einflussnahmemöglichkeit vorausgesetzt oder ist lediglich die grundsätzliche Festlegung bzw. Auswahl des Programms gemeint? Die Rechtsprechung hat dieses Kriterium ua im Zusammenhang mit der Beurteilung der Veranstaltereigenschaft von Fußballvereinen bei Verbandsspielen aufgestellt. Bei Amateurfußballspielen waren die Vereine ua für die Organisation des Spielbetriebs, die Aufstellung der Spielpläne, die Ausbildung von Schiedsrichtern und Ordnern sowie für die Zurverfügungstellung einer Sportgerichtsbarkeit zuständig.[35] Daraus ergibt sich, dass entscheidend für die Veranstaltereigenschaft jedenfalls eine inhaltliche Einflussnahme auf den Spielbetrieb – übertragen auf Veranstaltungen mit ausübenden Künstlern also auf den Ablauf und die Organisation der Darbietung – sein soll. Lediglich die Entscheidung, dass ein bestimmtes Programm überhaupt zur Aufführung gelangt, dürfte demnach keine noch keine Einflussnahme auf die Veranstaltung sein. Einen weitergehenden Einfluss hat der Veranstalter von ausübenden Künstlern jedoch in der Regel nicht, da die Gestaltung des Programms letztendlich ausschließlich dem Darbietenden obliegt. 57

d) Vertragspartner der Künstler

Stellte man bei der Ermittlung des für eine Veranstaltung Verantwortlichen darauf ab, wer Vertragspartner der ausübenden Künstler ist, käme regelmäßig wiederum eine Vielzahl von an einer Veranstaltung lediglich mittelbar Beteiligten als Veranstalter in Betracht. Dazu zählten dann zB auch ausländische Tourneeveranstalter oder Agenturen, deren mittelbare Mitwirkung an einer inländischen Veranstaltung sich darauf beschränkt, dem jeweiligen Veranstalter das Programm zu ‚verkaufen', ohne auf die Wahl des Veranstaltungsortes, die Verträge mit dem Publikum oder die Durchführung der jeweiligen Veranstaltung Einfluss zu nehmen bzw. überhaupt nehmen zu können. Ein Abstellen darauf, wer aufgrund des Vertrags mit dem Künstler ein Auswertungsrisiko übernommen hat, ist daher ungeeignet, die veranstaltungsrechtliche Verantwortlichkeit zu ermitteln. 58

e) Rechtsschein

Der gesetzte Rechtsschein ist ein Zurechnungskriterium. Aufgrund des gesetzten Rechtsscheins muss sich auch derjenige als Veranstalter behandeln lassen, der eigentlich nicht für eine Veranstaltung verantwortlich ist. Gemäß Rechtsprechung des BGH lässt jedenfalls die explizite Erwähnung auf einer Eintrittskarte den Schluss auf die Veranstaltereigenschaft zu.[36] Dem ist aus Gründen des Vertrauensschutzes zuzustimmen. Dies wird nachvollziehbar damit begründet, dass der Veranstaltungsbesucher dahingehend Vertrauensschutz genießt, dass derjenige, der sich in der Bewerbung einer Veranstaltung als Veranstalter geriert, auch als solcher in Anspruch genommen werden kann. 59

Der gesetzte Rechtsschein führt damit lediglich zu einer Fiktion der Veranstaltereigenschaft, eignet sich aber nicht dazu, den tatsächlich – vor allem im Innenverhältnis – rechtlich verantwortlichen Veranstalter zu bestimmen. Im Übrigen bestünde bei einem Abstel- 60

---

[35] LG Stuttgart SpuRt 2008, 166 (167); OLG Stuttgart SpuRt 2009, 252.
[36] BGH NJW 1984, 164.

f) Finanzielle und organisatorische Verantwortung

61 Die finanzielle und organisatorische Verantwortung für eine Veranstaltung trägt gem. einer Entscheidung des OLG Hamburg jedenfalls derjenige, der die Buchung der Hallen, die Organisation des Kartenvorverkaufs, die Bewerbung der Veranstaltungen, die Gestellung der gesamten technischen Anlagen und eine Garantie der technischen Durchführung der Veranstaltungen übernimmt.[37] Im Einzelfall – und insbesondere bei der üblichen Zusammenarbeit von Tournee- und Örtlichen Veranstaltern – kann allerdings fraglich sein, ob das organisatorische Risiko für eine ‚Veranstaltung' bereits auch derjenige trägt, der aufgrund seines Vertrages mit den Künstlern die Vorgaben für die Rahmenbedingungen der Veranstaltung macht. Oder ist vielmehr auf die Organisationsverantwortung im Sinne des Versammlungsstättengesetzes abzustellen? Ist bei Anwendung dieser Kriterien bereits derjenige Veranstalter, der das Risiko der Produktionskosten trägt, für die Durchführungskosten jedoch nicht verantwortlich ist? Eine eindeutige Antwort auf diese Fragen geben weder die Rechtsprechung noch die Literatur. Es kann vernünftigerweise jedoch nicht angenommen werden, dass jeder, der eine organisatorische oder finanzielle Teilverantwortung einer Veranstaltung trägt, bereits als Veranstalter behandelt wird. Denn dann käme man zu dem untragbaren Ergebnis, dass auch der Hallenbetreiber, der sich anstatt eines festen Honorars eine prozentuale Beteiligung am Veranstaltungsumsatz zahlen lässt, bereits deshalb als auch für die Veranstaltung verantwortlich zu behandeln ist.

62 Das Kriterium der organisatorischen Verantwortung ist daher ausschließlich auf die Verantwortung für die Durchführung, nicht jedoch die Verantwortung für die Produktionsinhalte der Veranstaltung zu beschränken. Nur so kann sichergestellt werden, dass nicht bereits die Agentur, die einem Veranstalter im Wege eines Gastspielgeschäfts eine Produktion verkauft, ebenfalls als Veranstalter behandelt wird. Wie ein Tourneeveranstalter macht sie bei Einzelgastspielen die Vorgaben bezüglich der Durchführung des Auftritts und trägt die finanzielle Verantwortung für die Produktionskosten. Deshalb übernimmt sie aber noch keineswegs eine verantwortliche Position auch für die Veranstaltungsdurchführung. Zutreffend stellt der BGH fest, dass derjenige nicht die organisatorische Verantwortung trägt, der nur die für die Aufführung erforderlichen äußeren Vorkehrungen trifft.[38] Er wird lediglich als Auftragnehmer oder Erfüllungsgehilfe, nicht jedoch selbst als Veranstalter tätig.

63 Soweit also die Kriterien der finanziellen und organisatorischen Verantwortung an der Steuerung der Durchführung der Veranstaltung und nicht lediglich an Teilverantwortungen festgemacht werden, sind sie gut geeignet, den als Veranstalter für eine Veranstaltung verantwortlichen zu ermitteln. Darauf, wer im Innenverhältnis gegenüber der Produktion bzw. den Künstlern die finanzielle oder organisatorische Verantwortung trägt, ist dann allerdings nicht abzustellen. Mit dieser Einschränkung ist das Kriterium der organisatorischen und finanziellen Verantwortung aber durchaus für die Ermittlung des rechtlich verantwortlichen Veranstalters geeignet.

3. Wertung

64 Auf der Grundlage der vorgenommen Abgrenzungen und Plausibilitätsprüfungen bieten die Kriterien des ‚Anordnens' einer Veranstaltung, des ‚gesetzten Rechtsscheins', der ‚Vertragspartnerschaft zu den auftretenden Künstlern', des ‚maßgeblichen Einflusses auf die Programmgestaltung' sowie des ‚ins Werk Setzens einer Veranstaltung' jedenfalls für sich allein keine hinreichende Trennschärfe zur Feststellung der Frage, wer zivilrechtlich als Ver-

---

[37] OLG Hamburg ZUM 2001, 523.
[38] BGH GRUR 1959, 150 (151).

anstalter zu behandeln ist. Grundsätzlich ist es erforderlich, mehrere Kriterien kumulativ anzuwenden und ihre Schlagkraft im Einzelfall zu bewerten. Vorrangig erscheint bei der Suche nach dem verantwortlichen Veranstalter vornehmlich das Abstellen darauf geeignet, wer selbst maßgeblich – ggf. auch unter Beauftragung von Erfüllungsgehilfen – die **finanzielle und organisatorische Verantwortung** für die **Veranstaltungsdurchführung** trägt. Allein das Tragen einer **Teilverantwortung** für das Stattfinden einer Veranstaltung reicht für die Bestimmung der Veranstaltereigenschaft ebenso wenig aus wie eine **Einflussnahmemöglichkeit** darauf, dass ein bestimmtes Programm gespielt wird.

III. Kooperation Tournee- und Örtlicher Veranstalter

1. Grundlagen

Bei der Durchführung von Veranstaltungen wirken häufig zwei oder mehrere Unternehmer zusammen und tragen Teile des wirtschaftlichen Risikos auch der Veranstaltungsdurchführung. Dies sind regelmäßig ein Tourneeveranstalter und ein Örtlicher Veranstalter.[39] Tourneeveranstalter ist derjenige, der mehrere aufeinanderfolgende Veranstaltungen an verschiedenen Orten veranlasst.[40] Er ist entweder der **Produzent** eines Veranstaltungsprogramms oder zumindest der **Inhaber der Aufführungsrechte**. Gelegentlich teilen sich mehrere Veranstalter das Risiko einer Tournee und wirken dann als Tourneeveranstalter zusammen. In den einzelnen Veranstaltungsorten wird die Durchführung der Veranstaltung ,vor Ort' dem Örtlichen Veranstalter übertragen. Dazu zählen neben der organisatorischen Abwicklung der Veranstaltung die Anmietung der Spielstätte, die Einrichtung des Kartenverkaufs, die Bewerbung der Veranstaltung, das Inkasso der Eintrittseinnahmen und die Abrechnung mit dem Tourneeveranstalter.

65

Bis in die 80er Jahre des vergangenen Jahrhunderts lag bei derartigen Kooperationen das komplette wirtschaftliche Risiko der Veranstaltung vornehmlich bei dem Tourneeveranstalter. Der Örtliche Veranstalter führte die Veranstaltung im eigenen Namen, jedoch für Rechnung des Tourneeveranstalters durch. Alle anfallenden Kosten wurden nach der Veranstaltung dem Tourneeveranstalter in Rechnung gestellt und von diesem übernommen. Die Leistungen des Örtlichen Veranstalters wurden dabei zumeist durch eine Umsatzbeteiligung abgegolten. An die Stelle derartiger **Arrangementverträge**, bei denen der Örtliche als Beauftragter bzw. Erfüllungsgehilfe des Tourneeveranstalters tätig wurde, sind seit den 80er Jahren fast ausschließlich **Kooperationsvereinbarungen** getreten. Die Gestaltungsmöglichkeiten dieser Verträge sind vielfältig.[41] Dem Tourneeveranstalter geht es dabei vorrangig darum, den örtlichen Partner so weit wie möglich am Veranstaltungsrisiko zu beteiligen oder es ihm sogar gegen Zahlung einer Festvergütung ganz zu übertragen. Ganz überwiegend wird vereinbart, dass die Parteien sich die Einnahmen und die Gesamtkosten der Veranstaltung teilen. Welche Kosten der jeweilige Partner trägt und in welchem prozentualen Umfang er an den Einahmen beteiligt wird, wird bei jeder Veranstaltung unter Zugrundelegung der konkreten Kostensituation sowie der Einnahmeerwartungen und der Bedeutung des Programms ausgehandelt.

66

2. Veranstalterposition bei Veranstalterkooperationen

In der Praxis betrachten sich bei den dargestellten ,Kooperationsdeals' sowohl der Tournee- als auch der Örtliche Veranstalter jedenfalls im Innenverhältnis als Veranstalter der jeweiligen Darbietung. Sobald es allerdings um die rechtliche Gesamtverantwortung und um Haftungsfragen im Außenverhältnis geht, wird sehr wohl zwischen unterschiedlichen

67

---

[39] Zur Unterscheidung Kolberg S. 53 f.; Andryk, Recht S. 56.
[40] Glimski S. 68.
[41] Vgl. dazu Michow in Moser/Scheuermann S. 1257 ff.; Güllemann S. 2 ff.; Homann S. 209 ff.; Huff VuR 1990, 166 ff.

Verantwortungsbereichen unterschieden. Spätestens bei rechtlichen Auseinandersetzungen bedarf es daher der eindeutigen Beantwortung der Frage nach dem rechtlich verantwortlichen Veranstalter. Dabei geht es einerseits darum, wer im Rahmen seiner Sorgfaltspflicht für die Sicherheit der Veranstaltung verantwortlich war und andererseits darum, wer zB bei wettbewerbs- oder markenrechtlichen Streitigkeiten als Störer in Anspruch genommen werden kann.

68 Die dargestellten Kriterien zum Veranstalterbegriff[42] sprechen jedenfalls bei oberflächlicher Betrachtung dafür, dass grundsätzlich sowohl der Tournee- als auch der Örtliche Veranstalter Veranstaltungsverantwortung tragen. Beide Parteien tragen zumeist Teilrisiken der Veranstaltung – der Tourneeveranstalter bezüglich des Programms, der Örtliche Veranstalter bezüglich der Durchführungskosten. Steigt man jedoch näher in die konkrete Ausgestaltung derartiger Kooperationen ein, wird man feststellen, dass insoweit auch die Anwendung der dargestellten Kriterien zumeist nicht zu eindeutigen Ergebnissen führt.

69 Fraglich kann also sein, unter welchen Voraussetzungen entweder der Tournee- oder der Örtliche Veranstalter als alleiniger Veranstalter oder aber beide gemeinsam als Veranstalter zu behandeln sind. In der Rechtsprechung und Literatur wird in letzterem Fall häufig zwischen dem Veranstalter und dem **Mitveranstalter** differenziert. Eine Definition des Begriffes des Mitveranstalters und eine Antwort auf die sich aufdrängende Frage nach zwischen ihnen etwa bestehenden graduellen Unterschieden gibt die Rechtsprechung – soweit ersichtlich – nicht. Stellt man dazu jedoch auf die aus einer festgestellten Mitveranstaltereigenschaft von der Rechtsprechung gezogenen Konsequenzen ab, kann der Begriff nur dahingehend verstanden werden, dass beide als verantwortliche Veranstalter zu behandeln sind.

a) Tourneeveranstalter als Alleinveranstalter

70 Alleiniger Veranstalter ist der Tourneeveranstalter bei Veranstalterkooperationen stets dann, wenn der Örtliche Veranstalter vor Ort lediglich als sein **Erfüllungsgehilfe** auftritt.[43] Der Tourneeveranstalter muss sich dann das Handeln des Örtlichen über § 278 BGB zurechnen lassen. Das ist jedenfalls der Fall, wenn der Örtliche mit Wissen und Wollen des Tourneeveranstalters in fremdem Namen zur Erfüllung von Verbindlichkeiten des Tourneeveranstalters – also fremder Verbindlichkeiten – auftritt. Das kommt aber nur in Betracht, wenn der Örtliche die Veranstaltung lediglich als sog Arrangeur für den Tourneeveranstalter auf dessen Rechnung durchführt. Der Arrangeur übernimmt im Rahmen eines Dienst- oder Werkvertrages nach Weisung des Tourneeveranstalters die Durchführung der Veranstaltung vor Ort. Das entspricht – wie bereits dargestellt – heute allenfalls noch in Ausnahmefällen der Realität des Tourneegeschäfts. Da sowohl der Tourneeveranstalter als auch der Örtliche bei einem Kooperationsdeal eigene vertraglich festgelegte Verantwortlichkeiten mit eigenem Handlungsspielraum übernehmen, wird der Örtliche jedenfalls im Wesentlichen zur Erfüllung eigener und nicht zur Erfüllung fremder Verbindlichkeiten tätig.[44]

71 Soweit der Örtliche überwiegend in Erfüllung eigener Verbindlichkeiten tätig wird, scheidet bei der Kooperation von Tourneeveranstaltern mit ihren örtlichen Partnern zumeist auch die Annahme eines Geschäftsbesorgungsvertrags aus. **Geschäftsbesorgung** ist jede selbstständige Tätigkeit wirtschaftlicher Art zur Wahrung fremder Vermögensinteressen.[45] Voraussetzung des Geschäftsbesorgungsvertrags ist grundsätzlich ebenfalls eine fremdnützige Tätigkeit. Daran fehlt es, sofern eigene Geschäfte wahrgenommen werden.

72 Im Ergebnis kann daher regelmäßig weder davon ausgegangen werden, dass der Örtliche in fremdem Namen, noch dass er fremdnützig tätig wird. Vielmehr trägt er auf der Grundlage dargestellter Kooperationsdeals ein eigenes wirtschaftliches und organisatorisches Risi-

---

[42] S. Rn. 45 ff.
[43] So zB LG Krefeld Urt. v. 14.9.1999 – 12 O 14/99 (nv).
[44] Anders ohne Begründung Funke/Müller Rn. 221, 268.
[45] BGHZ 45, 223 (228); BGH NJW-RR 2004, 989; Sprau in Palandt BGB § 675 Rn. 2.

ko für die Durchführung der Veranstaltung. Der Tourneeveranstalter kommt dann jedenfalls nicht als Alleinveranstalter in Betracht.

b) Örtlicher Veranstalter als Alleinveranstalter

Unter Zugrundelegung der hier für die Veranstaltereigenschaft aufgestellten Kriterien lässt sich ebenso wenig annehmen, dass allein der Örtliche bei Veranstalterkooperationen Veranstalter ist. Denn indem der Tourneeveranstalter die Veranstaltungsinhalte liefert und regelmäßig auch maßgeblich den Veranstaltungstermin bestimmt, trifft er durch Stellung des Programms wesentliche **wirtschaftliche und organisatorische Entscheidungen** für das Stattfinden der Veranstaltung. Daher käme der Örtliche Veranstalter als alleiniger Veranstalter nur in Betracht, wenn er alle Veranstaltungsrechte vom Tourneeveranstalter – zB gegen Zahlung einer Festvergütung – erworben hat. Nur dann wäre davon auszugehen, dass allein er die Veranstaltung veranlasst hat und allein die wirtschaftliche und organisatorische Verantwortung Veranstaltungsdurchführung trägt. 73

c) Tourneeveranstalter als Mitveranstalter

Zwar gibt der Tourneeveranstalter auf der Grundlage seines Vertrages mit dem Künstler dem Örtlichen Veranstalter die von diesem umzusetzenden organisatorischen Rahmenbedingungen vor und wacht zumeist auch über deren Einhaltung. Die Sorge für die Sicherheit der Veranstaltung sowie die Verpflichtung zur Einhaltung der ordnungs- und sicherheitsrechtlichen Vorschriften und damit das **organisatorische Risiko der Veranstaltungsdurchführung** obliegt (neben dem Betreiber der Spielstätte) jedoch allein dem Örtlichen Veranstalter. Gleiches gilt bezüglich der **finanziellen Verantwortung** für deren Durchführung jedenfalls dann, wenn sich der Tourneeveranstalter – wie im Regelfall – nicht an den örtlichen Kosten beteiligt. 74

Bei Anwendung der dargestellten Kriterien mangelt es für die Annahme der Veranstaltereigenschaft des Tourneeveranstalters zumindest an dem Kriterium der **finanziellen Verantwortung für die Gesamtveranstaltung**. Sofern Teile der für die Bestimmung der Veranstaltereigenschaft aufgestellten Kriterien neben dem Veranstalter von einer anderen Person erfüllt werden, findet sich in der Rechtsprechung immer wieder der Begriff des Mitveranstalters.[46] Doch nur wenn alle Kriterien ausschließlich in einer Person vorliegen, kann ausgeschlossen werden, dass neben dem Veranstalter noch weitere Beteiligte als Mitveranstalter anzusehen sind.[47] 75

aa) Mitveranstalter

In der Rechtsprechung ist ausdrücklich anerkannt, dass die Eigenschaft als ‚Veranstalter' nicht nur einer Person bzw. einem Unternehmen allein obliegen kann, sondern dass weitere Organisatoren als Mitveranstalter bzw. ‚Mittäter' daneben ebenfalls verantwortlich sein können.[48] Das OLG München hat in einem Urheberrechtsstreit als Mitveranstalter denjenigen bezeichnet, der über die bloße Bereitstellung von Theaterräumen hinaus vielfältige und umfangreiche zusätzliche Leistungen für die Aufführung derart erbringt, dass seine Tätigkeit insgesamt als Mitwirkung an den Aufführungen gewertet werden muss.[49] Das OLG Oldenburg nimmt ein Zusammenwirken als Mitveranstalter an, wenn eine Veranstaltung ein gemeinsames Projekt mehrerer Veranstalter ist.[50] Dies sei der Fall, wenn ein Vertragspartner für eine Veranstaltung eine Reihe weiterer Leistungen zu erbringen hat und an den im Zusammenhang mit der Veranstaltung entstehenden Kosten und den dabei erziel- 76

---

[46] OLG Stuttgart Urt. v. 4.8.2011- 2 U 74/10; OLG Oldenburg WRP 2007, 360; OLG München GRUR 1979, 152; LG Köln ZUM 2010, 906.
[47] Arter S. 38.
[48] OLG Hamburg ZUM 2001, 523 (526) mwN.
[49] OLG München GRUR 1979, 152.
[50] OLG Oldenburg WRP 2007, 360.

ten Einnahmen beteiligt ist. Dabei ändere es auch nichts, wenn einer Partei bestimmte Einnahmen aus der Veranstaltung alleine zustünden. Es spräche auch nicht gegen die Mitveranstaltereigenschaft, wenn die Programmgestaltung allein einer Partei obliege, sofern insoweit eine Abstimmung mit dem Vertragspartner vorgesehen sei. Dadurch sei dann seine Einflussnahme auf den Inhalt des Programms gesichert. Das OLG Stuttgart entschied in dem bereits zitierten Urteil, dass Vereine, welche sich an Pokal- oder Amateurligaspielen mit ihren jeweiligen Mannschaften beteiligen, neben dem ein Wettspiel veranlassenden Verband jedenfalls Mitveranstalter der auf ihrem Platz ausgetragenen Heimspiele seien.[51] Zur Begründung stellte das Gericht darauf ab, dass die Vereine die Spieler stellten, deren Wettkampf das Produkt schaffe, welches auf das Interesse der Zuschauer stoße. Der Verband sei für das Regelwerk, die Spielpläne und das Schiedsrichterwesen verantwortlich und könne darauf Einfluss nehmen. Daher läge zwischen dem austragenden Verein und dem Verband eine **gemeinschaftliche Organisation** vor, die dazu führe, dass beide Mitveranstalter seien. Das OLG Karlsruhe betrachtete bereits eine Künstlergruppe als Mitveranstalter, weil sie an den Veranstaltungseinnahmen beteiligt war.[52] Das LG Köln begründet in einem Urheberrechtsstreit die Mitveranstaltereigenschaft einer Agentur neben dem von ihr beauftragten Örtlichen Veranstalter damit, dass die Agentur die Befugnis hatte, örtliche Durchführer und Kooperationspartner zu beauftragen, die Eintrittspreise bestimmte und die Werbung übernahm. Zudem spräche auch die Tatsache für eine Mitveranstaltereigenschaft der Agentur, dass sie befugt war, in eigenem Namen und für eigene Rechnung eine Vor-Ort-Berichterstattung über die Veranstaltung in Auftrag zu geben. Eine solche Befugnis sei mit der Rolle eines vollständig abhängigen Dienstleisters nicht vereinbar, sondern spräche für eine erhebliche eigenverantwortliche organisatorische Durchführung von Aufführungen.[53]

77 Die in den vorstehenden Gerichtsurteilen erörterten Kriterien lassen sich auf die Zusammenarbeit zwischen Tournee- und Örtlichem Veranstalter durchaus übertragen. In gleicher Weise wie der ein Wettspiel veranlassende Verband stellt auch der Tourneeveranstalter das Programm der Veranstaltung und liefert damit das Werk, welches die Besucher zum Kauf der Eintrittskarte veranlasst. Auch der Tourneeveranstalter nimmt zumindest auf die Kartenpreisgestaltung Einfluss und übernimmt zumeist auch Teile der Werbung. Die Leistungen des Tourneeveranstalters sind zweifellos eine conditio sine qua non für die Veranstaltung. Seine Einflussnahme auf die Veranstaltungsdurchführung geht regelmäßig – ohne dafür eine eigene organisatorische Verantwortung zu übernehmen – über das lediglich ‚Zurverfügungstellen' des Programms weit hinaus. Daher lässt sich auf der Grundlage der vorzitierten Rechtsprechung die Mitveranstalterschaft des Tourneeveranstalters durchaus annehmen. Ob das bedeutet, dass er damit eine identische Position einnimmt wie der Veranstalter, ohne – wie hier für erforderlich gehalten[54] – mangels Verantwortung für die **Veranstaltungsdurchführung** die hier aufgestellten Kriterien der Veranstaltereigenschaft zu erfüllen, wird nachfolgend zu prüfen sein.

bb) Verantwortlichkeit des Mitveranstalters

78 Soweit an einer Veranstaltung neben dem Veranstalter auf der Grundlage der vorstehend dargestellten Kriterien zB ein Tourneeveranstalter als Mitveranstalter beteiligt ist, stellt sich die Frage, ob ihn insbesondere im Außenverhältnis gegenüber den Veranstaltungsbesuchern die gleichen Pflichten treffen wie den (Haupt-)Veranstalter. Soweit ersichtlich findet sich darauf weder in der Rechtsprechung noch in der Literatur eine Antwort. Allein die Tatsache, dass der BGH mehrfach festgestellt hat, dass an einer Veranstaltung weitere Personen als Mitveranstalter beteiligt sein können, beantwortet die Frage jedenfalls nicht. Andorer-

---

[51] OLG Stuttgart SpuRt 2009, 252; Schulze JURA 2011, 481 (484); so auch OLG München GRUR 1979, 152; BGH GRUR 1960, 606 (607).
[52] OLG Karlsruhe NJW 1992, 3176 (3177).
[53] LG Köln ZUM 2010, 906.
[54] S. Rn. 64.

seits mag man aus der Tatsache, dass Abstufungen zwischen den Verantwortlichkeiten des Veranstalters und Mitveranstalters nicht vorgenommen wurden, schließen, dass diese nicht bestehen.

Grundsätzlich kann man der einschlägigen Rechtsprechung nicht entnehmen, dass der Mitveranstalter zwangsläufig wie ein Gesellschafter gesamtschuldnerisch für alle sich aus der Veranstaltungsdurchführung ergebenden Pflichten haftet. Der Haftungsumfang des Mitveranstalters wird daher im Folgenden näher untersucht – insbesondere bezüglich der Verpflichtung aus dem Veranstaltungsbesuchsvertrag, einer ggf. verschuldensunabhängigen Gefährdungshaftung und bezüglich der aus der Veranstaltung resultierenden steuerrechtlichen Verbindlichkeiten. 79

(1) Vertragspartner des Veranstaltungsbesuchsvertrages. Schuldet jeder Mitveranstalter automatisch auch die Erfüllung des Veranstaltungsbesuchsvertrages? Da streng genommen nicht einmal die Behauptung zutreffend wäre, dass grundsätzlich stets zwangsläufig der Veranstalter Vertragspartner des Veranstaltungsbesuchers ist, kann die Frage nur verneint werden. Vertragspartner des Veranstaltungsbesuchers wird man nicht aufgrund der Veranstaltereigenschaft, sondern weil man dem Kartenkäufer mit dem Veranstaltungsbesuchsvertrag das Angebot macht, an der Veranstaltung teilzunehmen und sich verpflichtet, dem Inhaber der Eintrittskarte die geschuldete Leistung zu erbringen bzw. erbringen zu lassen. Daher kann für die Haftung aus dem Veranstaltungsbesuchsvertrag nur entscheidend sein, wer im konkreten Fall Vertragspartner geworden ist. 80

Das AG Düsseldorf stellt hingegen fest, dass Vertragspartner des Veranstaltungsbesuchers grundsätzlich allein der Örtliche Veranstalter und nicht der Tourneeveranstalter sei.[55] Gemäß einer Entscheidung des AG Schöneberg will der Erwerber einer Konzertkarte erkennbar denjenigen zum Vertragspartner haben, der die Verschaffung des beabsichtigten Erfolges – also die Veranstaltungsleistung – sicherstellt. Nach Auffassung des Gerichts haften beim ersatzlosen Ausfall des Konzerts sowohl der Örtliche als auch der Tourneeveranstalter als Gesamtschuldner auf die Rückzahlung des Eintrittspreises.[56] Diese Feststellung erscheint aufgrund ihrer Pauschalität falsch, denn damit würden auch Personen zum Schuldner der Veranstaltungsleistung, die tatsächlich keinerlei Ursache dafür gesetzt haben, vom Karteninhaber als Erfüllungsschuldner behandelt zu werden. Allein die Tatsache, dass die Mitwirkungsleistung des Tourneeveranstalters regelmäßig eine conditio sine qua non für das Stattfinden der Aufführung ist, ist nicht ausreichend, um ihn auch als Vertragspartner des Veranstaltungsbesuchsvertrags zu behandeln. Vielmehr muss für die Inanspruchnahme des Tourneeveranstalters aus dem Veranstaltungsbesuchsvertrages auch ein ihm zurechenbares Handeln vorausgesetzt werden. 81

Die Erfüllung des Veranstaltungsbesuchsvertrages schuldet also jedenfalls derjenige, der in dem Kartenkaufvertrag bzw. auf der Eintrittskarte als Schuldner der Veranstaltungsleistung und dabei zumeist als Veranstalter ausgewiesen ist bzw. sich darauf erwähnen lässt. Selbst wenn die auf der Eintrittskarte als Veranstalter benannten Personen nach den dazu aufgestellten Kriterien rechtlich nicht zwangsläufig auch Veranstalter sind[57], schulden sie die Vertragserfüllung dennoch aufgrund des von ihnen gesetzten Rechtsscheins. Entscheidend für die veranstalterische Verantwortung ist mithin, wen der Zuschauer nach Treu und Glauben als Vertragspartner betrachten durfte und musste.[58] Das ist abhängig davon, wen er als Veranstalter wahrnehmen konnte, also wer zB in der Werbung als Veranstalter aufgetreten oder auf der Eintrittskarte als solcher genannt ist. Eine entsprechende Verantwortlichkeit mehrerer Personen kann zB auch aus Erwähnungen wie ‚A in Kooperation mit B' oder ‚A by appointment with B' geschlossen werden. 82

---

[55] AG Düsseldorf VuR 1995, 358.
[56] AG Schöneberg VuR 1995, 359.
[57] Vgl. OLG Koblenz NJW-RR 2001, 526.
[58] AG Schöneberg VuR 1995, 359 (360); Kolberg S. 54 f.; Arter S. 49 f.

83 Vom Tourneeveranstalter könnte ein derartiger **Rechtsschein** bereits dadurch gesetzt werden, dass er sich in der überregionalen Bewerbung einer Tournee als Veranstalter oder Tourneeveranstalter bezeichnet. In der Praxis geht allerdings kein Tourneeveranstalter davon aus, dass er zB im Falle der Insolvenz seines örtlichen Partners aufgrund eines durch seine Tourneewerbung gesetzten Rechtsscheins auch für die Erfüllung des Veranstaltungsbesuchsvertrags haftet. Eine allgemeinverbindliche Antwort auf die Frage, wie diese Problematik zu behandeln ist, scheint ausgeschlossen. Es spricht jedenfalls einiges dagegen, jemanden als Vertragspartner des Veranstaltungsbesuchsvertrages bereits deshalb zu behandeln, weil er in der überregionalen Bewerbung einer Tournee als Veranstalter erwähnt wird bzw sich erwähnen lässt. Den Rechtsschein, Vertragspartner des Veranstaltungsbesuchers zu sein, setzt nur derjenige, der in seiner Werbung dem Veranstaltungsbesucher ein **konkretes Kaufangebot** unterbreitet. Der üblichen Veranstaltungswerbung der Tourneeveranstalter hingegen, mit der sie darüber informieren, wann der von ihnen präsentierte Künstler in welcher Stadt und Spielstätte auftritt, mangelt es an den Voraussetzungen eines konkreten Kaufangebots bereits, da dort Kartenpreise regelmäßig nicht erwähnt werden. Niemand käme auf die Idee, den Hersteller eines Produkts auf Erfüllung eines Kaufvertrages mit einem Händler deshalb in Anspruch zu nehmen, weil er in seiner Werbung darauf hinweist, dass er Hersteller des Produkts ist und bei welchem Einzelhändler das Produkt zu erwerben ist. Die übliche Tourneewerbung des Tourneeveranstalters ist mit dem Beispiel durchaus vergleichbar. Dem Käufer einer Veranstaltungskarte ist es zumutbar, zu erkennen, dass nicht jeder, der in einer Veranstaltungswerbung als Veranstalter erwähnt wird – zB die Spielstätte, ein die Veranstaltung präsentierender Rundfunksender oder die Vorverkaufsstelle – zu seinem Vertragspartner wird. An die Annahme, dass der Rechtsschein gesetzt wurde, jemand sei Vertragspartner eines Veranstaltungsbesuchsvertrages, sind daher enge Maßstäbe anzulegen. Regelmäßig wird nur derjenige Vertragspartner des Kartenkäufers, der ihm auch ein konkretes Vertragsangebot unterbreitet hat. Erst wenn auf diesem Wege – zB mangels auf der Eintrittskarte fehlender Angaben – der Vertragspartner nicht zu ermitteln ist, kann über die Rechtsscheinhaftung ein weitergehender Kreis gezogen werden.

84 **(2) Haftung für Urheberrechte.** Das LG Köln hat sich mit der Frage beschäftigt, ob der Mitveranstalter auf Zahlung der für die Nutzung von Urheberrechten geschuldeten Vergütung in Anspruch genommen werden kann. Unabhängig von der Verteilung des wirtschaftlichen Risikos der Veranstaltung hat das Gericht den Mitveranstalter als Schuldner der Urheberrechtsvergütung mit der Begründung behandelt, dass er in erheblichem Umfang für das Gelingen des Konzeptes (mit)verantwortlich gewesen sei.[59]

85 Gemäß § 13b Abs. 1 UrhWahrnG hat der Veranstalter von öffentlichen Wiedergaben urheberrechtlich geschützter Werke vor der Veranstaltung die Einwilligung der Verwertungsgesellschaft einzuholen, welche die Nutzungsrechte an diesen Werken wahrnimmt. Kommt er dieser Verpflichtung nicht nach, kann er gem. § 97 Abs. 1 bzw. 2 UrhG auf Schadensersatz bzw. Unterlassung in Anspruch genommen werden kann. Legte man ausschließlich den Wortlaut der Vorschrift zugrunde, träfe den Mitveranstalter die Verpflichtung jedenfalls dann nicht, wenn es sich bei ihm nicht um einen Veranstalter iSd Vorschrift handelte.

86 Der Entscheidung des LG Köln ist jedoch zuzustimmen. Grundsätzlich kann gem. § 97 UrhG auf Zahlung der Urheberrechtsvergütung jeder in Anspruch genommen werden, der in irgendeiner Weise – auch ohne Verschulden – willentlich und adäquat kausal zur Urheberrechtsverletzung beigetragen und die Möglichkeit hatte, die Rechtsverletzung zu verhindern.[60] Diese Voraussetzungen liegen in der Person des Tourneeveranstalters stets vor. Er setzt mit seiner Leistung die wesentliche Voraussetzung für die Erbringung der künstlerischen Darbietung und nutzt damit auch das von seinen Vertragspartnern – den Künstlern – dargebotene Repertoire. Er hat daher sicher zu stellen, dass die für die Aufführung erfor-

---

[59] LG Köln ZUM 2010, 906 (909).
[60] BGH GRUR 1999, 418 – Möbelklassiker.

derlichen Rechte eingeholt werden. Der Mitveranstalter haftet damit also neben dem Veranstalter für durch die Veranstaltung verursachte Urheberrechtsverletzungen.

(3) Haftung aufgrund der Verkehrssicherungspflicht. Die Verkehrssicherungspflicht 87
begründet die Haftung desjenigen, der eine Gefahrenquelle schafft oder unterhält. Er hat die Pflicht, die notwendigen und zumutbaren Vorkehrungen zu treffen, um Schäden anderer zu verhindern.[61] Aufgrund der Verkehrssicherungspflicht haftet bei einer öffentlichen Veranstaltung neben dem Betreiber einer Spielstätte jedenfalls der Veranstalter. Liegen unter Anwendung der hier dargestellten Kriterien die Voraussetzungen dafür vor, dass ein Tourneeveranstalter als Mitveranstalter an der Veranstaltung beteiligt ist, kann gleichwohl fraglich sein, ob er als solcher selbst dann im Falle einer Verletzung der Verkehrssicherungspflicht haftet, wenn allein der Örtliche Veranstalter Mieter der Spielstätte ist. Bezüglich der Verkehrssicherungspflicht ergibt sich das aus deren Funktion und Definition nicht. Die Haftung ist auf denjenigen beschränkt, der die Gefahrenquelle tatsächlich geschaffen hat. Das sind bezüglich der Spielstätte jedenfalls der Hauptveranstalter und der Spielstättenbetreiber. Ein mitveranstaltender Tourneeveranstalter hat jedoch nicht die Herrschaft über die vom Örtlichen Veranstalter angemietete Spielstätte. Er ist mithin nicht **Beherrscher der Gefahrenquelle**. Daher haftet er jedenfalls nicht für Gefahren, die von der Spielstätte ausgehen. Etwas anderes kann gelten, wenn die von ihm verpflichteten Künstler Verursacher eines Schadens sind.

(4) Steuerrechtliche Verbindlichkeiten. Für die im Zusammenhang mit der Durchfüh- 88
rung einer Veranstaltung stehenden steuerrechtlichen Verbindlichkeiten haftet derjenige, dem die Umsätze bzw. Einnahmen zuzurechnen sind. Veranstalter und Mitveranstalter schulden daher Einkommensteuer lediglich auf jene Einkommen, die sie selbst erzielt haben. Hat der Örtliche Veranstalter die aus einem Veranstaltungsumsatz anfallende Umsatzsteuer nicht gezahlt, könnte der Mitveranstalter ggf. als Gesamtschuldner nur in Anspruch genommen werden, sofern der Umsatz auch ihm zuzurechnen ist. Das ließe sich aber nur annehmen, sofern beide Veranstalter tatsächlich gesellschaftsrechtlich auch im Außenverhältnis zusammengewirkt haben. Das ist jedoch bei der Zusammenarbeit zwischen Tournee- und Örtlichen Veranstaltern die große Ausnahme. Daher scheidet eine Haftung des Mitveranstalters bezüglich der aus dem Veranstaltungsumsatz geschuldeten Umsatzsteuer regelmäßig aus.

3. Rechtsnatur der Kooperationsvereinbarung

Über die juristische Struktur des Vertragsverhältnisses zwischen Tournee- und Örtlichem 89
Veranstalter sagt der Status als Mitveranstalter und die Beteiligung an den Veranstaltungseinnahmen grundsätzlich nichts aus.

Für die Praktiker – insbesondere die Tourneeveranstalter – ist die rechtliche Interpreta- 90
tion ihrer entsprechenden Kooperationsvereinbarungen zumeist nicht nachvollziehbar. Schließlich ist alleine der Tourneeveranstalter ‚Herr' der Tournee, bestimmt wann und wo gespielt wird und ist Vertragspartner der Künstler. Er ist es, der den Örtlichen für die Zusammenarbeit auswählt und ihm das Recht erteilt, ‚seine' Veranstaltung durchzuführen. Tatsächlich sind zahlreiche Örtliche Veranstalter in erheblichem Umfang wirtschaftlich abhängig von wenigen Tourneeveranstaltern, welche mit ihnen in den jeweiligen Städten zumeist seit vielen Jahren exklusiv kooperieren. Wechseln sie den örtlichen Vertragspartner, hat dies für den Vorgänger nicht selten existentielle Konsequenzen. Gleichwohl deckt sich – wie aufgezeigt werden wird – die wirtschaftliche Vorherrschaft des Tourneeveranstalters regelmäßig nicht mit der rechtlichen Konstruktion seines Vertragsverhältnisses mit dem Örtlichen.

Im Folgenden wird der Frage nachgegangen, wie derartige Kooperationsvereinbarungen 91
zwischen Tournee- und Örtlichen Veranstaltern aus rechtlicher Sicht zu beurteilen sind.

---

[61] Sprau in Palandt BGB § 823 Rn. 51.

a) BGB-Gesellschaft

92 Grundlage der Kooperation zwischen Tournee- und Örtlichen Veranstaltern kann ein Gesellschaftsvertrag iSd § 705 BGB sein, mit welchem sich die Parteien gegenseitig zur Veranstaltungsdurchführung verpflichten und das damit verbundene (Gesamt-)Risiko gemeinschaftlich übernehmen. Gegen einen klassischen Gesellschaftsvertrag spricht bei derartigen Kooperationen die dafür bestehende Voraussetzung eines der Gesellschaft zugeordneten Gesamthandsvermögens. Dies gibt es bei Veranstalterkooperation nicht. Auch das Erfordernis, dass die Gesellschafter für die Gesellschaft nach außen auftreten müssen, ist nicht gegeben.[62] Daher lässt sich im Regelfall die Annahme einer zwischen dem Tournee- und Örtlichen Veranstalter vorliegenden BGB-Gesellschaft nicht begründen.

b) Innengesellschaft

93 Es könnte sich bei der Zusammenarbeit von Tournee- und Örtlichen Veranstaltern um eine Innengesellschaft handeln. Die Innengesellschaft nimmt nicht nach außen am Rechtsverkehr teil. Die Gesellschafter treten ausschließlich einzeln im eigenen Namen auf, ein Gesellschaftsvermögen wird nicht gebildet.[63] Entsprechend werden nur die Handelnden im Außenverhältnis verpflichtet und haben bei Ausübung ihrer Geschäftsführungsbefugnis für die Gesellschaft einen Rückgriffsanspruch gegen die anderen Gesellschafter nach den Grundsätzen des Auftragsrechts.[64] Bei der Auflösung entfällt bei der Innengesellschaft mangels Gesamthandsvermögens die Auseinandersetzung gem. § 730 ff. BGB. Der Innengesellschafter hat stattdessen einen Anspruch auf Abrechnung und ggf. Zahlung des Abfindungsguthabens.[65] Auch ein dauerhafter Gesellschaftszweck ist bei der Innengesellschaft nicht erforderlich. Sie erfüllt regelmäßig keinen dauerhaften Zweck, sondern wird zumeist mit dem Erreichen des Gesellschaftszwecks wieder aufgelöst. Innengesellschaften sind Gelegenheitsgesellschaften, die keines besonderen Vertragsschlusses bedürfen, sondern vielmehr in der Regel konkludent abgeschlossen werden.[66]

94 Diese Voraussetzungen sind bei Kooperationsverträgen von Tournee- und Örtlichen Veranstaltern regelmäßig gegeben. Ein gesellschaftsvertragliches Zusammenwirken als Außengesellschaft findet nicht statt. Mangels Gesellschaftsvermögens, Geschäftsführungsbefugnis und Außenhaftung des jeweils anderen Beteiligten finden die für die GbR geltenden Regelungen der §§ 709, 711, 712, 714, 715, 718 und 719 grundsätzlich keine Anwendung.[67] Die Literatur wendet auf die Innengesellschaft das HGB-Recht zur stillen Gesellschaft an.[68] Damit gelangt man zur entsprechenden Anwendung von § 232 Abs. 2 HGB, wonach der stille Gesellschafter an dem Verlust nur bis zum Betrag seiner eingezahlten oder rückständigen Einlage teilnimmt. Je nach Vertragsgestaltung im Einzelfall könnte die Einlage des Tourneeveranstalters die Übernahme der Produktionskosten und die des Örtlichen Veranstalters die Übernahme der Durchführungskosten sein. Entsprechend anwendbar ist dann auch das Informations- und Einsichtsrecht des § 233 Abs. 1 HGB, womit die weitergehenden Kontrollrechte des § 716 Abs. 1 BGB verdrängt werden. An die Stelle der nach § 716 Abs. 2 BGB nicht entziehbaren Mindestkontrollrechte tritt das außerordentliche Kontrollrecht des § 233 Abs. 3 HGB.[69] Das Recht zur ordentlichen Kündigung ist danach bei der Innengesellschaft analog § 234 Abs. 1 S. 1 HGB befristet.[70] Damit wäre dem Inter-

---

[62] OLG Köln NJW-RR 1996, 27 (28); Sprau in Palandt BGB § 705 Rn. 33.
[63] Habermeier in Staudinger BGB § 705 Rn. 59 (2003).
[64] Sprau in Palandt BGB § 705 Rn. 33.
[65] BGH NJW 1982, 99; 1990, 573.
[66] OLG Koblenz NJW-RR 2004, 668.
[67] Habermeier in Staudinger BGB § 705 Rn. 60 (2003).
[68] Habermeier in Staudinger BGB § 705 Rn. 60 (2003); Westermann in Erman/Westermann BGB § 705 Rn. 68.
[69] Habermeier in Staudinger BGB § 705 Rn. 60 (2003).
[70] Habermeier in Staudinger BGB § 705 Rn. 60 (2003).

esse der Parteien Rechnung getragen, dass der jeweilige Partner während einer laufenden Zusammenarbeit jedenfalls nicht fristlos die ordentliche Kündigung erklären kann.

Liegen im Einzelfall die vorstehenden Kriterien vor, lässt sich durchaus vertreten, die Veranstalterkooperation als Innengesellschaft zu behandeln. Die Annahme einer Innengesellschaft scheidet jedoch stets dann aus, wenn mit der Veranstaltungsdurchführung kein gemeinsamer Zweck verfolgt wird. Davon wäre zB auszugehen, wenn der Tourneeveranstalter an den Einnahmen und Kosten der Veranstaltung gar nicht mehr unmittelbar beteiligt ist, da er das Veranstaltungsrisiko vollständig auf den Örtlichen Veranstalter übertragen hat. **95**

IV. Spielstätten

Unmittelbarer Teil der Veranstaltungsbranche sind auch die Betreiber von Spielstätten – also zB der Konzertsäle, Hallen und Arenen. Die Mehrzahl der Spielstätten in Deutschland sind öffentlich-rechtliche Eigenbetriebe der Länder, Städte und Gemeinden. Erst seit den 90er Jahren des vergangenen Jahrhunderts wurden in Deutschland ua mit Hallen wie der König-Pilsner-Arena in Oberhausen, der O2-World Hamburg und Berlin sowie diversen Musical-Theatern erstmals auch von privaten Unternehmen betriebene Spielstätten gebaut. **96**

Häufig sind Spielstätten nicht lediglich Vermieter von Veranstaltungsräumlichkeiten, sondern auch an der Bewerbung und dem Kartenvorverkauf von Veranstaltungen beteiligt. Und anstatt einer pauschalen Miete wird zunehmend eine Beteiligung der Spielstätte am Veranstaltungsumsatz vereinbart. Überdies treten Spielstätten auch zunehmend selbst als Veranstalter auf und nehmen damit an der Veranstaltungswirtschaft teil. **97**

Die Regelung der Rechte und Pflichten des Betreibers von Spielstätten – bzw. rechtlich korrekt Versammlungsstätten – gehört in den Zuständigkeitsbereich der Bundesländer, die dazu als Teil des öffentlichen Baurechts **Versammlungsstättenverordnungen** erlassen haben. Sie stellen sowohl den Betreibern als auch den Verwaltungen Maßgaben für den Bau und den Betrieb von Versammlungsstätten zur Verfügung. Als Grundlage für diese Verordnungen dient seit 2005 eine von der Konferenz der für Städtebau, Bau- und Wohnungswesen zuständigen Ministern und Senatoren vorgelegte **MVStättV**, die in dieser Fassung bisher von 13 Bundesländern weitgehend umgesetzt wurde.[71] **98**

---

[71] S. Rn. 1137 ff.

§ 3 Der Veranstaltungsvertrag

99 Im Zentrum der Vertragsverhältnisse des Veranstaltungsgeschäfts steht der Veranstaltungsvertrag. Er regelt das Rechtsverhältnis zwischen Künstlern und Veranstaltern. In der Praxis werden dafür eine Vielzahl unterschiedlicher Begriffe wie zB Veranstaltungs-, Aufführungs-, Engagement- oder Konzertvertrag verwendet. In diesem Buch wird als Oberbegriff der Terminus Veranstaltungsvertrag verwandt.

100 Gegenstand des Veranstaltungsvertrages ist die Verpflichtung des einen Teils zur Erbringung einer künstlerischen oder sonstigen Darbietung und des anderen Teils zur Annahme der geschuldeten Leistung und Zahlung der vereinbarten Vergütung. Dabei kann vom Künstler eine konkret bezeichnete Aufführung oder ein bloßes Tätigwerden (zB ‚Musizieren') geschuldet sein. Die Leistungserbringung kann einmalig oder auch für eine Mehrzahl von Veranstaltungen (Tournee) vereinbart sein.

101 Die Leistungspflicht des Veranstalters liegt in der Verpflichtung, die Darbietung des Vertragspartners zur Aufführung zu bringen. Um eine Darbietung veranstalten zu können, muss sich der Veranstalter auch Rechte des Künstlers sowie der Inhaber der Rechte am aufzuführenden Werk übertragen lassen. Bei den Rechten des Künstlers geht es um das **Persönlichkeitsrecht** zB bei der Nutzung seines Namens und Bildes. Bei den Rechten am Werk kann es um Rechte gehen, die – wie zum Beispiel bei einer artistischen Darbietung – regelmäßig ausschließlich bei den ausübenden Künstlern liegen. Die Rechte an Aufführungen von Musikwerken werden allerdings regelmäßig durch **Verwertungsgesellschaften** wahrgenommen. Die Rechte von Bühnenwerken sind – soweit sie nicht ebenfalls beim Künstler liegen – üblicherweise **Bühnenverlagen** übertragen. Den Vertrag zwischen einem Bühnenverlag und einem ein Bühnenwerk aufführenden Theater hat der BGH zutreffend als **urheberrechtlichen Nutzungsvertrag** mit Elementen aus Pacht-, Gesellschafts-, Werk- und Verlagsvertrag behandelt.[72] Der Rechteeinräumungsvertrag zwischen einer Verwertungsgesellschaft und dem Werknutzer ist ausschließlich ein urheberrechtlicher Nutzungsvertrag. Bei Veranstaltungsverträgen über Darbietungen, an denen die Rechte beim ausübenden Künstler liegen, bedarf es hingegen neben dem Abschluss des Werk- bzw. Dienstvertrags mit dem Veranstalter keiner gesonderten Übertragung von Nutzungsrechten. Soweit der Veranstalter für die Ankündigung und Bewerbung der Veranstaltung Rechte am Bild, Werktitel oder Namen des Künstlers bedarf, ist die Übertragung jener Rechte eine Nebenleistungspflicht des Künstlers, ohne die sich der Veranstaltungsvertrag nicht erfüllen ließe.[73]

I. Rechtsnatur

102 Veranstaltungsverträge werden in der Rechtsprechung regelmäßig entweder als **Dienstverträge**[74] oder als **Werkverträge**[75] behandelt. Entscheidend ist, ob im konkreten Fall das werk- oder das dienstvertragliche Element überwiegt. Eine klare Abgrenzung ist in der Praxis häufig schwer, da die Übergänge fließend sind.

103 Prägendes Element des Veranstaltungsvertrags ist die **unternehmerische Selbstständigkeit des Künstlers**, insbesondere seine persönliche, wirtschaftliche und soziale Unabhängigkeit vom Veranstalter. Werden Darbietungen – zB bei Theatern oder Musicalveranstaltern – im Abhängigkeitsverhältnis erbracht, fehlt es an der für den Veranstaltungsvertrag typischen Gegenseitigkeit selbstständiger Leistungspflichten. Die Begriffe Arbeitsvertrag und Veranstaltungsvertrag schließen sich daher nach hier vorgenommener Definition gegenseitig aus.

---

[72] BGHZ 13, 115.
[73] S. Rn. 174.
[74] AG Soest NJW 1996, 1144; BSG BB 1991, 1270.
[75] OLG Karlsruhe VersR 1991, 193; OLG Köln VuR 1995, 157.

1. Selbstständige Tätigkeit

a) Dienstvertrag

Gemäß § 611 Abs. 1 BGB wird beim Dienstvertrag der Dienstverpflichtete zur Leistung der versprochenen Dienste, der Dienstberechtigte zur Zahlung der vereinbarten Vergütung verpflichtet. Zu unterscheiden ist zwischen selbstständigen und unselbstständigen Dienstverträgen, den Arbeitsverträgen. Beim selbstständigen Dienstvertrag ist eine **selbstbestimmte, weisungsunabhängige Leistung** geschuldet, auf deren Inhalt und Gestaltung der Dienstherr keinen Einfluss nehmen kann. Insbesondere Probenverpflichtungen sowie ein Einflussnahmerecht des Veranstalters auf die Programminhalte sprechen gegen eine selbstständige Tätigkeit.[76]

104

Die Dienste werden in persönlicher, wirtschaftlicher und sozialer Selbstständigkeit und Unabhängigkeit geleistet. Diese Voraussetzungen liegen insbesondere vor, wenn der Dienstverpflichtete selbstständiger Unternehmer ist oder einen freien Beruf (Künstler) ausübt.[77] Dabei ist grundsätzlich eine Gesamtwürdigung geboten, die nicht nur für die rechtliche Beurteilung von Begründung und Beendigung des Rechtsverhältnisses, sondern auch insgesamt für dessen Inhalt maßgebend ist.[78]

105

Der Dienstvertrag begründet regelmäßig ein Dauerschuldverhältnis, bei dem der Dienstverpflichtete sich zur Erbringung wiederkehrender Dienste verpflichtet.[79] Der inhaltliche Schwerpunkt des Dienstvertrags liegt damit nicht im Zustandebringen eines bestimmten Erfolgs sondern in dem Tätigwerden als solchem. Dienstvertragsrecht ist auf den Veranstaltungsvertrag dann anwendbar, wenn statt der Aufführung eines spezifischen Programms Musikleistungen geschuldet sind, an die keine besonderen inhaltlich konkretisierten Anforderungen gestellt werden. Geschuldet ist dann vornehmlich ein Tätigwerden, bei dem der Künstler zB lediglich dazu verpflichtet ist zu musizieren, ohne eine inhaltlich konkret vereinbarte Aufführungsleistung zu schulden.[80] So wird zB die Verpflichtung eines Barpianisten (solange er nicht im Arbeitsverhältnis tätig ist), einer Tanzkapelle oder eines Alleinunterhalters regelmäßig als Dienstvertrag zu behandeln sein.[81] Gleiches gilt für Verträge von Künstlern, die auf die unterstützende Mitwirkung an Aufführungen gerichtet sind.[82]

106

b) Werkvertrag

Ist die Aufführung eines konkret und nach objektiven Kriterien bestimmbaren Repertoires geschuldet, steht nicht lediglich ein bloßes Tätigwerden sondern ein zu erbringender **Leistungserfolg** in Form einer künstlerischen **Wertschöpfung** im Vordergrund.[83] In diesem Fall ist der Veranstaltungsvertrag als Werkvertrag zu qualifizieren.[84] Insbesondere Veranstaltungsverträge, welche die Aufführung eines bestimmten Konzertes zum Gegenstand haben, sind daher regelmäßig Werk- und keine Dienstverträge. Gelegentlich wird der Konzertvertrag grundsätzlich als Dienstvertrag mit der Begründung behandelt, dass ein Erfolg beim Konzertvertrag nicht geschuldet sei.[85] Diese Auffassung verkennt jedoch, dass zwischen einem bloßen Tätigwerden und einer konkret geschuldeten Darbietung zu differenzieren ist. Zunächst ist auf § 631 Abs. 2 BGB hinzuweisen, wonach Gegenstand des Werkvertrages

107

---

[76] BSG BB 1991, 1270.
[77] Weidenkaff in Palandt BGB Vorbem. § 611 Rn. 16.
[78] BAG ZUM 2007, 507 (508).
[79] Weidenkaff in Palandt BGB Vorbem. § 611 Rn. 1 f.
[80] AG Ludwigslust NJW 2005, 610; anders OLG Karlsruhe VersR 1991, 193.
[81] Vgl. AG Soest Urt. v. 23.6.1995 – 3 C 329/95; grdl. Heinze NJW 1985, 2112 (2114).
[82] AG Münster NJW 2009, 780; AG Brandenburg Urt. v. 27.11.2012 – 31 C 59/11.
[83] OLG Köln VuR 1995, 157; Homann S. 211.
[84] OLG Karlsruhe VersR 1991, 193; OLG Köln VuR 1995, 157; OLG München NJW-RR 2005, 616; LG München I Urt. v. 12.4.1994 – 24 O 11 187/93 (nv); AG Brandenburg Urt. v. 27.11.2012 – 31 C 59/11 mwN; Sprau in Palandt BGB Vorbem. § 631 Rn. 29.
[85] AG Ludwigslust NJW 2005, 610; Poser S. 21.

letztlich jeder durch Arbeit oder Dienstleistung herbeizuführende Erfolg sein kann. Der geschuldete Erfolg bei einem werkvertraglich zu qualifizierenden Veranstaltungsvertrag besteht in einer bestimmten Wertschöpfung, nämlich der konkret vereinbarten Aufführung. Wird diese nicht erbracht sondern einfach nur ‚irgendetwas' aufgeführt, tritt der geschuldete Erfolg nicht ein. Ein Künstler, der dem Veranstalter eine bestimmte Aufführung verspricht, schuldet nicht lediglich ein Tätigwerden sondern eben diese konkrete Leistung.

108 Die Hauptpflicht des Unternehmers ist gem. §§ 631 Abs. 1, 633 Abs. 1 BGB die rechtzeitige, mangelfreie Herstellung des Werkes. Grundsätzlich ist die Ablieferung eines der Üblichkeit entsprechenden Werkes geschuldet.[86] Bei künstlerischen Leistungen hat der Unternehmer eine seiner künstlerischen Eigenart entsprechende Gestaltungsfreiheit, die es ihm erlaubt, seiner individuellen Schöpferkraft und seinem Schöpferwillen Ausdruck zu verleihen.[87]

109 Gemäß § 640 Abs. 1 BGB ist der Besteller beim Werkvertrag zur **Abnahme** verpflichtet. Alternativ kann an die Stelle der Abnahme die **Vollendung** treten.

110 Im Falle der Schlechterfüllung eröffnet das Werkvertragsrecht dem Auftraggeber gegenüber dem Dienstvertragsrecht die umfangreichen Rechte des § 634 BGB sowie das jederzeitige Kündigungsrecht des § 649 BGB. Das Werkvertragsrecht führt damit gegenüber dem Dienstvertragsrecht zumeist zu sachgerechteren Lösungen.

2. Arbeitsvertrag

111 **Arbeitnehmer** ist gem. ständiger Rechtsprechung des BAG, wer aufgrund eines privatrechtlichen Vertrags im Dienste eines anderen zur Leistung weisungsgebundener fremdbestimmter Arbeit in persönlicher Abhängigkeit verpflichtet ist. In einem Arbeitsverhältnis ist die vertraglich geschuldete Leistung im Rahmen einer von Dritten bestimmten Arbeitsorganisation zu erbringen. Die **Eingliederung in die fremde Arbeitsorganisation** zeigt sich insbesondere daran, dass der Beschäftigte einem **Weisungsrecht** des Arbeitgebers bezüglich Inhalt, Durchführung, Zeit Dauer und Ort der Tätigkeit unterliegt. Arbeitnehmer ist daher derjenige, der nicht im Wesentlichen frei seine Tätigkeit gestalten und seine Arbeitszeit bestimmen kann. Diese Grundsätze gelten auch für Musiker.[88]

112 Im Einzelfall kann die Abgrenzung zwischen selbst- und fremdbestimmter Arbeit problematisch sein. Eine **Probenverpflichtung** allein macht einen selbstständigen Dienstvertrag noch nicht zum Arbeitsvertrag. Die Bewertung der persönlichen Abhängigkeit darf auch nicht allein nach dem zeitlichen Umfang der Tätigkeiten erfolgen.[89] Steht die Darbietungsleistung als Vertragsgegenstand im Vordergrund, ist sie trotz zeitlich überwiegender Probenleistungen zumindest gleichgewichtig. Besteht bezüglich der Darbietungsleistung keine ins Gewicht fallende Weisungsgebundenheit, handelt es sich um einen selbstständigen Dienstvertrag selbst dann, wenn sich ein Musiker in die von anderen bestimmte Gesamtkonzeption eines Werkes einzuordnen hat.[90] Auch die Festlegung der Zeit der Dienstleistung durch den Veranstalter ist kein zwingend für einen Arbeitsvertrag sprechendes Kriterium, wenn sie im Wesentlichen vertraglich festgelegt wurde. Der ‚Dienstplan' wird dann nämlich nicht durch ein Weisungsrecht des Veranstalters begründet, sondern zwischen den Parteien einvernehmlich festgelegt.

113 Unterliegen nur Teile eines Vertrages einer Fremdbestimmtheit während andere der Eigenbestimmung vorbehalten bleiben, ist gem. dem vorzitierten Urteil des BAG eine **Gesamtwürdigung** des Vertrages vorzunehmen und auf dessen Gesamtgepräge abzustellen.

---

[86] Sprau in Palandt BGB § 631 Rn. 12.
[87] BGHZ 19, 382.
[88] BAG ZUM 2007, 507 (508); BAG Urt. v. 9.10.2002 – 5 AZR 405/01; Weidenkaff in Palandt BGB Vorbem. § 611 Rn. 5 ff.
[89] BAG ZUM 2007, 507 (508); BAG NZA 1992, 407 (409 f.).
[90] BAG ZUM 2007, 507 (508).

II. Obhuts- und Fürsorgepflicht des Veranstalters

Nach hM hat der Besteller bei einem Werkvertrag gegenüber dem Werkunternehmer eine Obhuts- und Fürsorgepflicht als Nebenpflicht. Er hat im Rahmen des ihm Möglichen und Zumutbaren dafür zu sorgen, dass Gesundheit und Eigentum des Unternehmers bei der Vertragserfüllung nicht zu Schaden kommen.[91] Entsprechend entschied das OLG Karlsruhe, dass ein Konzertveranstalter im Rahmen eines als Werkvertrag anzusehenden Veranstaltungsvertrags[92] eine Obhuts- und Fürsorgepflicht gegenüber dem von ihm verpflichteten Künstler obliegt. Verletze er diese, stünden dem Künstler gem. §§ 631, 280 ff. BGB Schadensersatzansprüche zu. 114

Der Veranstalter habe im Rahmen des Möglichen und Zumutbaren dafür zu sorgen, dass Gesundheit und Eigentum des Künstlers bei der Vertragserfüllung nicht zu Schaden kommen. Müsse der Künstler im Einwirkungs- und Verantwortungsbereich des Veranstalters liegenden Räumlichkeiten arbeiten, habe diese Pflicht insbesondere für vom Künstler eingebrachtes Arbeitsgerät eine besondere Bedeutung. Das Gericht führte dazu aus: „Die Obhuts- und Fürsorgepflicht des Konzertveranstalters erstreckt sich nicht nur auf die mitgebrachten Musikinstrumente, sondern auch auf die in der Garderobe zurückgelassene Kleidung. Der Künstler muss sich auf eine genügende Sicherung seines Eigentums verlassen dürfen, damit er unbeschwert musizieren kann. Dies bezieht sich grundsätzlich auch auf den Tascheninhalt." Es sei üblich und bekannt, dass Musiker ihre Brieftasche, Armbanduhr und ähnliche Gegenstände in der Garderobe ließen. Dies gelte für besonders wertvolle Gegenstände jedoch nur, sofern ihr Vorhandensein dem Veranstalter bekannt gemacht und es ihm ermöglicht worden sei, besondere Schutzmaßnahmen zu treffen.[93] 115

III. Vergütungsvereinbarungen

1. Festhonorar

Die klassische Vertragsvereinbarung zwischen Künstler und Veranstalter beim Veranstaltungsvertrag sieht als Vergütung des Künstlers die Zahlung eines Festhonorars vor. Zur Zahlung des Honorars ist der Veranstalter unabhängig vom wirtschaftlichen Erfolg der Veranstaltung und auch unabhängig davon verpflichtet, ob das vom Künstler dargebotene Programm beim Publikum ankommt oder nicht. Der Künstler schuldet lediglich die Darbietung des vereinbarten Programms, ist dabei aber in der künstlerischen Ausgestaltung seiner Darbietung frei und unterliegt keinen Weisungen des Veranstalters. 116

2. Produktions- und Durchführungskosten

Anstatt fester Honorare vereinbaren Veranstalter mit Künstlern bzw. den Produzenten oder Rechteinhabern einer Darbietung heute ganz überwiegend – inhaltlich uneingeschränkt vergleichbar mit den dargestellten Kooperationsvereinbarungen zwischen Tournee- und Örtlichen Veranstaltern – eine prozentuale Beteiligung an den Veranstaltungseinnahmen. Insbesondere Betreiber kleinerer Spielstätten – zB Inhaber von Musikclubs – sind kaum noch bereit bzw überhaupt imstande, bei einer Veranstaltung nicht nur die örtlichen Kosten zu tragen sondern zusätzlich dem Künstler ein Honorar zu garantieren. Mit sog **Prozentdeals** wird die Vergütung des Künstlers weitgehend an den wirtschaftlichen Erfolg der Veranstaltung gekoppelt und das Veranstaltungsrisiko auf beide Vertragspartner verteilt. 117

Auf den ‚reinen Prozentdeal' lassen sich zumeist nur weniger ‚zugkräftige' Nachwuchskünstler ein. Sobald für einen Künstler eine gewisse Publikumsnachfrage und damit auch ein hinreichendes Interesse der Veranstalter besteht, den Künstler zu verpflichten, ist es üblich, dass die prozentuale Beteiligung an den Veranstaltungseinahmen durch die Ver- 118

---

[91] Grds.dazu BGHZ 5, 62; Sprau in Palandt BGB § 631 Rn. 24 ff.
[92] Das Gericht benutzte den Terminus ‚Gastspielvertrag'.
[93] OLG Karlsruhe NJW-RR 1991, 1245.

pflichtung des Veranstalters zur Zahlung einer **Mindestgarantie** abgesichert wird. Diese schuldet er unabhängig davon, ob die Garantiesumme durch die prozentuale Einnahmebeteiligung des Künstlers erwirtschaftet wird oder nicht.

119 Im internationalen Tourneegeschäft mit den Spitzenstars des Konzertgeschäfts dienen entsprechende Deals längst vornehmlich der Gewinnmaximierung auf Seiten der Künstler. Nicht selten werden Umsatzbeteiligungen nicht nur durch die Vereinbarung einer Mindestgarantie abgesichert, sondern mit einer **Erfolgs- bzw. Gewinnbeteiligung** gekoppelt, die vom Veranstalter zu zahlen ist, sobald der Veranstaltungsumsatz den sog ‚**break even point**' erreicht hat. Darunter versteht man den Punkt, an dem Erlös und Kosten einer Produktion gleich hoch sind, also die Gesamtkosten der Veranstaltung (einschließlich der dem Künstler geschuldeten Mindestgarantie) durch die Einnahmen abgedeckt sind und somit weder Verlust noch ein Gewinn erwirtschaftet wurde. Um aufwändige Kalkulationen zu vermeiden, wird diese Gewinnschwelle bereits beim Vertragsschluss ausgehandelt und festgelegt. Faktisch wird damit die Umsatzbeteiligung nochmals erhöht und die Gewinnschwelle für den Veranstalter heraufgesetzt, sein Gewinn also reduziert.

120 Als Orientierungshilfe zur Festlegung der Umsatzbeteiligung gilt regelmäßig das proportionale Verhältnis der Kosten der jeweiligen Vertragspartner. Entsprechen sich ihre Kosten, da jeder Vertragspartner annähernd die Hälfte der Gesamtkosten trägt, bietet es sich an, auch die Einnahmen im Verhältnis 50:50 zu teilen. Differenziert wird dabei zwischen den **Produktionskosten** und den **Durchführungskosten**.[94] Während der das Programm liefernde Vertragsteil regelmäßig die Produktionskosten übernimmt, ist der Veranstalter regelmäßig für die Durchführungskosten verantwortlich.

121 Zu den Produktionskosten einer Veranstaltung zählen alle Kosten, die im Zusammenhang mit der Darbietung anfallen. Dazu gehören vor allem die Honorare für Künstler und Mitwirkende, Reise- und Übernachtungskosten sowie die Kosten für die Veranstaltungstechnik. Zu den Durchführungskosten oder auch örtlichen Kosten zählen die Kosten für die Anmietung und Einrichtung der Spielstätte, Werbekosten, Personalkosten, die Kosten des Eintrittskartenvertriebs, Verpflegungskosten der Künstler und der Crew sowie etwaige an Verwertungsgesellschaften zu zahlende Urheberrechtsvergütungen.

122 Obwohl sich vorstehende Zuordnung der Kosten zu den beiden Kostengruppen in der Praxis durchgesetzt hat, ist sie keineswegs zwingend und zuweilen auch nicht immer plausibel. So mag man sich durchaus fragen, wieso Urheberrechtsvergütungen oder Cateringkosten regelmäßig als Durchführungskosten behandelt werden. Eine klarstellende schriftliche Vereinbarung, welche Vertragspartei von ihrem Anteil welche Kosten zu tragen hat, bleibt daher unverzichtbar.

123 Bei Verträgen zwischen Künstlern und Veranstaltern sind in der Praxis folgende **Beteiligungsvereinbarungen** üblich:

> Der Künstler übernimmt die Produktionskosten, der Veranstalter die Durchführungskosten der Veranstaltung. Der Veranstalter zahlt dem Künstler eine Beteiligung an den Veranstaltungseinnahmen iHv ... % der Nettoveranstaltungseinnahme (Bruttoeinnahme abzgl. Umsatzsteuer) bei einer Garantie von ... EUR. Die Beteiligung bzw. Garantie versteht sich zzgl. Umsatzsteuer in gesetzlicher Höhe.
>
> oder
>
> Der Künstler übernimmt die Produktionskosten, der Veranstalter die Durchführungskosten der Veranstaltung. Der Veranstalter zahlt dem Künstler eine Garantie iHv ... EUR zzgl. MwSt. und darüber hinaus eine Beteiligung an den ... EUR übersteigenden Eintrittseinnahmen iHv ... EUR.

124 Die dargestellten Beteiligungsvereinbarungen lassen sich uneingeschränkt auf Kooperationsvereinbarungen von Veranstaltern (Tournee-/Örtlichen Veranstaltern) übertragen.

---

[94] Michow in Moser/Scheuermann S. 1264; Funke/Müller Rn. 221.

IV. Bühnenanweisung

Die Bühnenanweisung regelt – ihrem Wortsinn entsprechend – die vom Veranstalter zu 125 schaffenden Voraussetzungen für die technische und organisatorische Durchführung der Veranstaltung.[95] Diese Konditionen werden den Veranstaltungsverträgen regelmäßig als **Vertragsanhang** beigefügt, da es sich – anders als beim Standardvertrag – ganz überwiegend um variable Bestimmungen handelt, die im Einzelfall immer wieder angepasst werden. Als Vertragsanhang bieten sie den Vorteil, dass sie abgekoppelt von den finanziellen Vertragskonditionen separat an den Produktionsleiter des Veranstalters weitergegeben werden können.

Hinzuweisen ist zunächst darauf, dass es sich bei einer Bühnenanweisung nicht um AGB 126 sondern um einen besonderen die Einzelveranstaltung betreffenden Anforderungskatalog und damit um vom Veranstalter zu erfüllende Leistungspflichten handelt.

In der Praxis geht der Inhalt der Bühnenanweisung häufig über räumliche, technische 127 und organisatorische Anforderungen wie zB Bühnenmaße, Strom, Licht, Garderoben, Künstlerverpflegung hinaus. Immer wieder finden sich in Bühnenanweisungen auch Zahlungsverpflichtungen des Veranstalters, welche die Vergütungspflicht des Veranstalters betreffen und daher nicht in die Bühnenanweisung gehören. Verpflichtungen wie zB die Zahlung von Tagesspesen, Reise- und Übernachtungskosten, Cateringpauschalen oder die grundsätzliche Pflicht zur Stellung der Beschallungs- und Lichtanlage sind kalkulationsrelevante Vertragskonditionen, die nicht die Frage betreffen, ,wie' sondern ,ob' eine Veranstaltung durchgeführt wird.

Da Bühnenanweisungen dem Veranstalter regelmäßig erst nach Vertragsschluss nachge- 128 reicht werden, kann im Streitfall über die Pflicht zur Umsetzung einer kostenintensiven Bühnenanweisung die Frage gestellt werden, ob der Veranstalter beim Vertragsschluss mit dem entsprechenden Aufwand rechnen musste. Das ist jedenfalls dann nicht der Fall, wenn der Aufwand unangemessen hoch ist und in einem Missverhältnis zur vereinbarten Vergütung steht. Wie nachstehend zur Branchenüblichkeit von Nebenbedingungen dargestellt werden wird, hängt auch die Beurteilung der Üblichkeit der Bedingungen einer Bühnenanweisung viel von den Umständen des Einzelfalls ab. Während für den professionellen Konzertveranstalter zB Cateringlisten, die zuweilen der Menükarte eines gehobenen Restaurants entsprechen, längst zur Tagesordnung zählen, können derartige Branchenusancen bei einem Gelegenheitsveranstalter nicht als üblich vorausgesetzt werden. Während im gewerblichen Veranstaltungsbereich zunehmend ausufernde Bühnenanweisungen längst üblich sind, sind sie für gelegentliche Veranstalter zB von Corporate-Events zumindest erklärungsbedürftig.

Sofern – wie es in der Praxis häufig vorkommt – die Bühnenanweisung bei Vertrags- 129 schluss noch nicht vorliegt, empfiehlt es sich, zumindest einen finanziellen Rahmen für die mit ihrer Erfüllung zu erwartenden Kosten festzulegen. Das ermöglicht dem Veranstalter eine zuverlässige Kalkulation auch ohne Kenntnis der Details der Bühnenanweisung.

V. Tourneevertrag

Bei Verträgen über eine Mehrzahl von Aufführungen an verschiedenen Orten spricht man 130 von einem Tourneevertrag. Unterschiede zum Veranstaltungsvertrag bestehen in Bezug auf die Rechtsnatur und dessen wesentliche Vertragsinhalte nicht.

Die auf eine gewisse Dauer angelegte Struktur des Tourneevertrages könnte ein Indiz 131 dafür sein, dass es sich um einen Arbeitsvertrag handelt. Dafür könnte sprechen, dass das BSG bei seiner Grundsatzentscheidung zur Rechtsnatur des Veranstaltungsvertrages deutlich auf das sog Tagesgeschäft abgestellt und die Dauer des Rechtsverhältnisses als ein Abgrenzungskriterium erwähnt hat.[96] Ohne Hinzutreten weiterer Kriterien lassen allerdings

---

[95] Rossbach in Loewenheim § 69 Rn. 90.
[96] BSG BB 1991, 1270.

die Dauer und der Umfang einer Kooperation von Künstlern und Veranstaltern noch keinen Schluss auf das Vorliegen eines Arbeitsverhältnisses zu. Um ein Arbeitsverhältnis kann es sich bei einer Tourneekooperation nur handeln, sofern zusätzlich die dafür charakteristischen Merkmale insbesondere der Weisungsabhängigkeit des Künstlers und der Eingliederung in den Unternehmensablauf des Veranstalters vorliegen.

VI. Stationen der Buchung eines Veranstaltungsprogramms

1. Verhandlungsstadium

132 Die Buchung eines Veranstaltungsprogramms durch einen Veranstalter erfolgt entweder auf Initiative des Künstlers, eines Veranstalters oder des Vertreters des Künstlers (zB einer Agentur) bzw seines Produzenten oder einer von dem Künstler beauftragten Gastspieldirektion.

133 Die Besonderheit des Gegenstandes von Veranstaltungsverträgen mit Künstlern besteht darin, dass es sich bei konzertmäßigen und auch sonstigen Darbietungen von Künstlern regelmäßig um eine **unvertretbare Leistung** handelt.[97] Die Darbietung kann ausschließlich von demjenigen erbracht werden und wird daher auch nur von demjenigen geschuldet, der sie nach dem Willen der Parteien auch erbringen soll. Der Künstler ist regelmäßig einzigartig und in seiner Person nicht austauschbar bzw. ersetzbar. Er schuldet die durch seine Persönlichkeit geprägte individuelle Leistung.[98] Die Zwangsläufigkeit der persönlichen Leistungserbringung hat zur Folge, dass jeder Künstler zur gleichen Zeit nur einmal seine Leistung erbringen kann. Die Verplanung von vorgesehenen Arbeitsperioden der Künstler muss daher mit großer Sorgfalt erfolgen. Tatsächlich birgt allerdings insbesondere das Tagesbuchungsgeschäft von Künstlern ein erhebliches Risikopotential an Stornierungen von Terminreservierungen oder mündlichen Veranstaltungszusagen und auch Veranstaltungsausfällen in sich.

134 Der Abschluss von Veranstaltungsverträgen basiert allenfalls in Ausnahmefällen auf ad hoc-Entscheidungen einer der Vertragsparteien. Regelmäßig gehen Vertragsabschlüssen die Phasen der **Anfrage**, der **Aufnahme von Vertragsverhandlungen** und der **Anbahnung des konkreten Vertrages** voraus. Nicht selten erstrecken sich diese Phasen über mehrere Monate. Die Zeit wird von den Parteien ua auch für die Klärung benötigt, ob der Veranstalter die vom Künstler für dessen Auftritt geforderten Rahmenbedingungen schaffen kann. Immer wieder scheitern derartige Vertragsverhandlungen, obwohl beide Seiten längst ihren Bindungswillen signalisiert hatten. Häufig wird dann darüber gestritten, ob bereits eine verbindliche Einigung zumindest über die essentialia negotii vorlag. Es geht dann immer wieder um die Grenzziehung zwischen unverbindlichen Vorverhandlungen und verbindlicher Einigung. Kommt es zu einer gerichtlichen Auseinandersetzung, ist es zunächst zumeist erforderlich, dem Gericht einen Einblick in die für den Abschluss von Veranstaltungsverträgen typischen Verhandlungsabläufe zu geben.

135 Zu Beginn einer jeden Verhandlung über eine Buchungsanfrage steht regelmäßig entweder ein Veranstaltungsangebot eines Künstlers oder die Anfrage eines Veranstalters nach Verfügbarkeit und Auftrittskonditionen eines Künstlers. Ist der Künstler für eine angefragte Veranstaltung verfügbar und sind die Eckdaten der Vertragskonditionen für den Veranstalter grundsätzlich akzeptabel, erfolgt zumeist jedoch noch keine Buchung. Vielmehr ist nun zunächst veranstalterseits zu klären, ob er die vom Künstler geforderten Rahmenbedingungen für dessen Auftritt umsetzen kann. Der Ein- und Verkauf künstlerischer oder sonstiger Bühnendarbietungen ist kein Standard- und schon gar kein Massengeschäft. Bei jedem Vertragsschluss sind individuelle Anforderungen der Künstler mit den jeweiligen Gegebenheiten am Veranstaltungsort und besonderen Wünschen des Veranstalters im Detail abzustim-

---

[97] Zum Begriff „unvertretbar" Ellenberger in Palandt BGB § 91 Rn. 1 ff.
[98] Kassung AfP 2004, 89 (93).

Der Veranstaltungsvertrag § 3

men und einander anzupassen. Dafür sind meist auf beiden Seiten die Einholung weiterer Informationen und weitere Recherchen erforderlich. Liegen deren Ergebnisse vor, kann eine Detailabstimmung der Parteien erfolgen, bei der zumeist auch noch Modifikationen der ursprünglich vom Künstler geforderten Rahmenbedingungen auf das veranstalterseits Realisierbare vorgenommen werden. Erst dann können vorhandene Standardverträge auf den Einzelfall abgestimmt werden. Erst wenn alle erforderlichen Informationen vorliegen, lassen sie sich abschließend schriftlich fixieren.

Während dieser Stationen von der Anfrage bis zur schriftlichen Vertragsfixierung verge- 136 hen häufig Wochen oder sogar Monate. Nicht selten bestehen zwischen den Parteien unterschiedliche Auffassungen darüber, ob bzw inwieweit bereits in diesem Stadium vertragliche Bindungen entstanden sind. Jedenfalls wird aber mit Aufnahme der Vertragsverhandlungen ein **vorvertragliches Schuldverhältnis** iSd § 311 Abs. 2 BGB begründet, aus dem Pflichten gem. § 241 Abs. 2 BGB resultieren. In der Praxis wird über die Verletzung vorvertraglicher Pflichten noch weitaus häufiger gestritten als über Ansprüche wegen der Nichteinhaltung von Veranstaltungsverträgen. Das hat seine Ursache darin, dass bereits in einem frühen Verhandlungsstadium auf beiden Seiten Verfügungen im Vertrauen auf den Bindungswillen des jeweiligen Vertragspartners getroffen werden. Durch eine im Rahmen einer Anfrage vom Veranstalter für einen bestimmten Termin vereinbarte Reservierung eines Künstlers wird dessen Verhandlungsspielraum gegenüber weiteren Interessenten eingeschränkt. Denn über einen zugunsten eines Veranstalters reservierten Termin kann der Künstler während des Reservierungszeitraums nicht mehr uneingeschränkt verfügen. Wird die Reservierung später storniert, lassen sich andere zwischenzeitlich möglicherweise abgelehnte Anfragen zumeist nicht mehr reaktivieren, da zwischenzeitlich bereits die Buchung eines anderen, verfügbaren Künstlers vorgenommen wurde. Der durch eine Reservierung blockierte Künstler bleibt dann nicht selten auf einem freien Tag und damit auf einem entgangenen Gewinn sitzen. Scheitern Vertragsverhandlungen, stellt sich die Frage, wer den dadurch entstandenen Schaden zu tragen hat.

Und auch auf der Veranstalterseite sind zumeist bereits vor Abschluss des Veranstaltungs- 137 vertrages auch kostenverursachende Verfügungen erforderlich, die, sofern der Vertragsabschluss scheitert, sich als Schaden darstellen. Jede Veranstaltungsplanung ist abhängig von den Veranstaltungsinhalten und spezifischen Vorgaben der Künstler – zB bezüglich der Räumlichkeiten, Bühnenmaße, Hinterbühnenbereiche, Garderobensituationen oder vorhandener Hängepunkte für den Aufbau technischer Anlagen. Dies bedingt zumeist bereits im Verhandlungsstadium Kosten verursachende Dispositionen und Verfügungen.

Beide Verhandlungspartner – Veranstalter und Künstler – vertrauen daher schon in 138 einem frühen Stadium auf den **Bindungswillen** der jeweils anderen Partei. Zwar ließe sich dieses Vertrauen jederzeit durch eine schriftliche Bestätigung oder einen ‚dingfesten' Vorvertrag justiziabel gestalten. Daran sehen sich jedoch die Parteien in der Praxis aufgrund der zumeist zahlreichen noch zu klärenden Details und Imponderabilien gehindert.

Die aus dem Scheitern von Buchungsverhandlungen resultierenden Schäden sind zu- 139 meist besonders groß, wenn mehrere Parteien an den Verhandlungen mittelbar oder unmittelbar beteiligt waren. Tritt zwischen Künstler und Veranstalter eine Agentur auf, werden ggf. nicht nur von dem Künstler sondern auch der Agentur Verfügungen getroffen. Scheitern Verhandlungen, kann dies dann Schäden gleich auf Seiten mehrerer Beteiligter zur Folge haben.

Die Parteien bei Veranstaltungsverträgen befinden sich häufig in dem Dilemma, dass sie 140 zu einem Zeitpunkt auf eine vertragliche Bindung vertrauen, in dem diese rechtlich noch nicht vorliegt. Kommt es in einem derartigen Stadium zum Streit, lässt sich der effektive Schaden auch durch einen gem. §§ 311 Abs. 2, 241 Abs. 2 BGB etwa zu ersetzenden Vertrauensschaden nicht immer zufriedenstellend kompensieren. Selbst wenn der Veranstalter dem Künstler einen diesem entgangenen Gewinn zu ersetzen hat, kompensiert das nicht die dem Künstler entgangene Möglichkeit der Erreichung seines Publikums. Und auch dem Veranstalter etwa zustehende Ansprüche wegen vorvertraglichen Verschuldens des

Michow 31

Künstlers schaffen kaum einen hinreichenden Ausgleich dafür, dass just der gewünschte Künstler nun nicht auftritt.[99]

2. Option/Reservierung

141 Am Anfang von Verhandlungen über Vertragsschlüsse im Veranstaltungsgeschäft steht regelmäßig die Anfrage: ein Veranstalter sucht einen Künstler, ein Künstler sucht einen Veranstalter. Dabei geht es zunächst nur um die Frage, ob ein Künstler an einem bestimmten Termin verfügbar ist oder ein Veranstalter an einem bestimmten Programm Interesse hat.

142 Veranstalter, die zur weiteren Vorbereitung der Veranstaltung vor dem Vertragsschluss Planungssicherheit wünschen, bitten regelmäßig um eine ‚Reservierung' oder ‚Option'. Die Begriffe werden in der Praxis als Synonym verwendet, also nicht unterschiedlich interpretiert. Eine besondere rechtliche Bedeutung wird der Reservierung oder Option in der Praxis kaum beigemessen. Die Vereinbarungen reduzieren sich im Regelfall auf die Worte: „bitte optionieren" bzw. „bitte reservieren Sie mir den Termin bzw. das Programm".

143 Rechtlich gewährt eine Option dem Berechtigten das Recht, durch einseitige Willenserklärung einen Vertrag zustande zu bringen oder zu verlängern.[100] Im Gegensatz zum Vorvertrag, der auf den späteren Abschluss eines Hauptvertrages abzielt, verpflichtet der Optionsvertrag nur einseitig.[101]

144 Bei der Option ist zwischen dem einfachen und dem qualifizierten Optionsvertrag zu differenzieren. Von einem **einfachen Optionsvertrag** spricht man, wenn die vertragsschließenden Parteien die Vertragsbedingungen des etwaigen künftigen Vertrages noch nicht festgelegt haben. Das durch solche Vereinbarungen begründete Vorrecht des Optionsberechtigten hat nur die Bedeutung, dass der Optionsverpflichtete seine Leistung zuerst und ggf. auch zuletzt dem Optionsberechtigten anzubieten hat.[102] Der Optionsverpflichtete darf das Werk nur dann einem Dritten zur Verwertung überlassen, wenn dieser ihm günstigere Vertragsbedingungen bietet. Der Bevorrechtigte ist dagegen völlig frei in seiner Entscheidung, ob er von seinem Optionsrecht Gebrauch machen will. Er muss aber seine Entscheidung innerhalb vereinbarter oder angemessener Frist treffen, wobei die Überschreitung dieser Frist im Allgemeinen einer Ablehnung gleichsteht.[103] Durch Wahrnehmung der Option wird mithin noch kein Vertragsschluss herbeigeführt.

145 Bei dem **qualifizierten Optionsvertrag** sind die Bedingungen des Vertragsschlusses im Detail im Voraus festgelegt. Bei Wahrnehmung der Option bedarf es daher nur noch einer einseitigen Erklärung, um den Vertrag mit dem im Optionsvertrag festgelegten Inhalt in Kraft treten zu lassen.

146 Ob Optionen oder Reservierungen in der Veranstaltungsbranche als einfache oder qualifizierte Option zu interpretieren sind, hängt von den Umständen des Einzelfalls ab. Im Regelfall dürfte jedoch allenfalls von einer einfachen Option auszugehen sein, bei der es bezüglich der konkreten Vertragsdetails noch einer weiteren Einigung bedarf.

147 Soweit der Inhalt der Option nicht weiter definiert wird, dürfte in der Veranstaltungspraxis die Option als **Vorrechtsvereinbarung**[104] dem von den Parteien Gewollten am Nächsten kommen. Dabei verpflichtet sich der die Option Gewährende, dem Optionsbegünstigten ein Vorrecht einzuräumen, sobald von dritter Seite ein Buchungsbegehren an ihn herangetragen wird. Damit bestünde für den die Option Gewährenden vor anderweitiger Verfügung über den Termin jedenfalls die Pflicht, diesen zunächst dem Optionsbegünstigten anzubieten.

---

[99] S. Rn. 136 ff.
[100] Ellenberger in Palandt BGB Vorbem. § 145 Rn. 23.
[101] Wandtke in Wandtke/Bullinger UrhG § 40 Rn. 6.
[102] LG München I ZUM 2007 421(423); Wandtke in Wandtke/Bullinger UrhG § 40 Rn. 7.
[103] BGHZ 22, 347 (350); LG München I ZUM 2007, 421.
[104] LG Hamburg ZUM 2002, 158.

3. Der Vertragsschluss

a) Formerfordernis

Der Veranstaltungsvertrag unterliegt sowohl als Werk- als auch als Dienstvertrag keinem Formzwang.[105] Für die vor Gericht immer wieder vorgetragene Behauptung, dass es **branchenüblich** sei, dass Veranstaltungsverträge grundsätzlich schriftlich geschlossen werden, gibt es keine Anhaltspunkte.[106] Nicht nur bei ‚kleineren' Veranstaltungen sondern auch zwischen Vertragspartnern, die ständig miteinander kooperieren, ist in der Praxis festzustellen, dass auf die Schriftform immer wieder – selbst bei Verträgen mit hohen Gagen – verzichtet wird. Das ist insbesondere bei Parteien der Fall, die auf der Grundlage von ‚allgemein gültigen Absprachen' in dauernden Geschäftsbeziehungen stehen.[107] Allerdings werden heutzutage Vertragsverhandlungen fast ausschließlich schriftlich per E-Mail geführt, sodass sich häufig durch Vorlage des E-Mail-Verkehrs beweisen lässt, ob und ggf. wann eine vertragliche Einigung erfolgt ist.

148

b) Gewillkürte Schriftform

Rechtliche Probleme entstehen immer wieder, wenn die Verhandlungspartner den Zeitpunkt des Eintritts der rechtswirksamen vertraglichen Bindung unterschiedlich werten.

149

Beispiel 1:
Nach erfolgter mündlicher Einigung über alle wesentlichen Vertragsdetails übersendet der Künstler K dem Veranstalter V unaufgefordert eine schriftliche Vertragsausfertigung mit der Bitte um Unterzeichnung und Rücksendung. V teilt mit, dass er das darin enthaltene Vertragsangebot ablehne.

Grundsätzlich kann sich aus dem Verhandlungsverlauf – vor allem aber aus der Übersendung entsprechender Verträge – ergeben, dass zumindest eine Partei wünscht, dass ein schriftlicher Vertrag abgeschlossen wird.[108] Entsprechend könnte im Beispiel 1 die unaufgeforderte Übersendung einer schriftlichen Vertragsausfertigung als Fall der gewillkürten Schriftform iSd § 154 Abs. 2 BGB zu interpretieren sein.[109] K hat mit Übersendung des Vertragsformulars deutlich gemacht, dass er Schriftform wünscht. Jedenfalls **im Zweifel** wäre der Vertrag daher ohne die Beurkundung nicht geschlossen. K könnte diese Zweifel allenfalls mit der Begründung ausräumen, dass eine endgültige und vorbehaltlose Einigung bereits mündlich erfolgt ist. Dieser Beweis ist in der Praxis jedoch zumeist schwer zu führen. Liegt ein Fall der gewillkürten Schriftform vor, kann sich der Vertragspartner darauf berufen, dass mangels Annahme des schriftlichen Vertragsangebotes noch kein Vertrag zustande gekommen sei. Damit scheiterten jedenfalls vertragliche Ansprüche.

150

Um dem Einwand des § 154 Abs. 2 BGB und damit dem Vorhalt zu entgehen, dass der Absender des Vertrags mit dessen Übersendung ja selbst zu erkennen gegeben habe, dass es ihm auf die Schriftform ankomme, enthalten Veranstaltungsverträge zunehmend den Hinweis auf einen bereits mündlich geschlossenen Vertrag. Es wird klargestellt, dass die schriftliche Fixierung lediglich **formellen Zwecken** (Beweiszwecken) diene und daher **nicht vertragsbegründend** wirken solle. Dies macht deutlich, dass jedenfalls der Absender davon ausgeht, dass es für einen Vertragsschluss keiner schriftlichen Einigung mehr bedarf. Im Streitfalle verbleibt dann zwar das typische Beweisproblem mündlicher Vereinbarungen. Zwar werden etwa in der schriftlichen Vertragsausfertigung erstmals geregelte Nebenleistungen oder sonstige nachgeschobene Vertragsbedingungen unter Berufung auf diese Klausel nicht einfacher durchgesetzt werden können. Mit dem Argument der gewillkürten

151

---

[105] Weidenkaff in Palandt BGB § 611 Rn. 2; Sprau in Palandt BGB § 631 Rn. 1; Bork Rn. 776.
[106] Vgl. OLGR Koblenz 2002, 359, welches die Entscheidung, ob Schriftform der Verkehrssitte entspricht, letztlich offen lässt.
[107] OLG Hamm Urt. v. 16.1.2013 – I -12 U 139/12 (nv).
[108] OLGR Koblenz 2002, 359.
[109] Bork Rn. 776.

Schriftform wird dem Vertragsabsender jedoch nicht mehr begegnet werden können, sodass ihm die Durchsetzung von Ansprüchen aus der bis dahin vorliegenden mündlichen Einigung vorbehalten bleibt.[110]

4. Einigungsmängel

152 Für den Abschluss von Verträgen in der Veranstaltungsbranche werden fast ausnahmslos Standardformulare verwandt. Nachdem sich die Parteien mündlich oder heute zumeist per E-Mail über die wesentlichen Vertragsbestandteile geeinigt haben, erfolgt durch den Künstler selbst oder seine Agentur die Übersendung eines Standardvertrages. Dieser enthält zumeist eine Vielzahl weiterer Vertragspunkte, die zwischen den Parteien im Vorwege nicht ausdrücklich erörtert wurden. Dann ist zunächst im Wege einer klarstellenden oder ergänzenden Vertragsauslegung zu prüfen, ob sich etwaige Widersprüche oder Unklarheiten lösen lassen, sodass sie einer vertraglichen Einigung nicht entgegen stehen.[111]

153 Bestreitet der Veranstalter dennoch den Vertragsschluss, wird der Künstler bzw. sein Vertreter im Streitfalle regelmäßig behaupten, dass es einer ausdrücklichen Einigung über jene Punkte nach der bereits mündlich getroffenen Vereinbarung nicht mehr bedurft habe, da es sich um **branchenübliche Vertragspflichten** handele. In kaum einem anderen Wirtschaftszweig wird daher soviel über die Branchenüblichkeit von Leistungspflichten gestritten wie in der Veranstaltungsbranche.

a) Dissens

154 Ein wirksamer Vertragsschluss setzt die Einigung über alle wesentlichen Vertragsbestandteile voraus. Solange sich die Parteien nicht über alle Punkte eines Vertrags geeinigt haben, über die nach der Erklärung auch nur einer Partei eine Vereinbarung getroffen werden soll, ist gem. § 154 Abs. 1 BGB der Vertrag im Zweifel nicht geschlossen (offener Einigungsmangel). Bei § 154 Abs. 1 BGB handelt es sich um eine Auslegungsregel, die nur dann zur Nichtigkeit der Vereinbarungen führt, wenn die Zweifel nicht ausgeräumt werden können. Soweit eine Vereinbarung der Vertragsauslegung zugänglich ist, hat zunächst stets eine ergänzende Vertragsauslegung zu erfolgen.[112]

155 Der Grundsatz der Privatautonomie erlaubt es, dass die Parteien eine vertragliche Einigung auch unter Offenlassen einzelner Punkte schließen.[113] Daher setzt ein offener Einigungsmangel stets die vorhergehende Erklärung einer Partei voraus, dass sie über einen bestimmten Punkt eine Einigung wünscht, folglich also den Vertragsparteien der Einigungsmangel bewusst ist.[114] Vertragspunkte, die vor der vertraglichen Einigung gar nicht angesprochen wurden, können also nicht zu einem Dissens führen.

b) Vertragschluss trotz fehlender Einigung

156 Soweit erwartete Nebenleistungen nicht stillschweigend vorausgesetzt werden, werden Veranstaltungsverträge häufig mit der Maßgabe ausgehandelt, dass die vertraglichen Rahmenbedingungen und insbesondere Bühnen- und Technikanforderungen in der Bühnenanweisung des Künstlers bzw. dem sog. ‚Rider' geregelt werden. Die vertragliche Einigung findet in derartigen Fällen also für beide Seiten erkennbar unter Einbeziehung von Vertragskonditionen statt, deren Umfang und damit verbundene Kosten zumindest der einen Seite noch nicht bekannt sind. Da die Parteien aber dennoch die Bindungswirkung des Vertrages wollen, ist § 154 Abs. 1 BGB nicht anwendbar, weil eine Regelungslücke nicht besteht.[115]

---

110 Vgl. OLG Hamm Urt. v. 16.1.2013- I -12 U 139/12 (nv).
111 OLG Hamm Urt. v. 16.1.2013- I -12 U 139/12 (nv).
112 OLG Hamm Urt. v. 16.1.2013 – I -12 U 139/12 (nv).
113 BGHZ 119, 283 (288); Bork Rn. 772.
114 Ellenberger in Palandt BGB § 154 Rn. 1.
115 Vgl. BGHZ 119, 283 (288).

Haben die Parteien eine vertragliche Einigung unter Offenlassen einzelner Punkte getroffen, ist zu ermitteln, welche Rechtsfolge sie vereinbart haben, um die Regelungslücke zu schließen. Naheliegend ist, dass sie bezüglich der mündlich nicht geregelten Punkte entsprechend der Üblichkeit verfahren wollten. 157

Tatsächlich gibt es in der Veranstaltungsbranche Leistungspflichten, die bei Veranstaltungsverträgen derart selbstverständlich sind, dass sie keiner ausdrücklichen Regelung bedürfen. So zählt zB die Zurverfügungstellung von Strom über übliche Stromanschlüsse durchaus zu den Leistungspflichten des Veranstalters. Gleichwohl käme niemand auf die Idee, eine Regelungslücke anzunehmen, weil sich die Parteien eines Veranstaltungsvertrags darüber nicht explizit geeinigt haben. Insoweit handelt es sich also nicht einmal um einen offenen Dissens, sondern um eine Leistungs- bzw. Mitwirkungspflicht des Veranstalters, die sich aus der Natur des Rechtsgeschäfts ergibt. 158

Haben die Parteien allerdings eine Einigung über wesentliche Vertragspunkte wie zB über die Vertragsparteien oder die Vergütung nicht abschließend erzielt, vermag auch eine Teileinigung zB über Auftrittszeitpunkt, -dauer und -inhalt im Zweifel keinen Vertragsschluss zu begründen.[116] 159

c) Leistungs- und Nebenpflichten

Um die Bedeutung derartiger Regelungslücken zu beurteilen, ist eine Differenzierung zwischen den einzelnen Vertragspflichten hilfreich. Vertragliche Pflichten lassen sich in Hauptleistungs- und Nebenleistungspflichten sowie weitere Verhaltenspflichten teilen, die überwiegend als Nebenpflichten bezeichnet werden.[117] 160

Hauptleistungspflichten sind die vertraglichen Kernpflichten, mit denen ein Schuldverhältnis zur Entstehung gelangt und durch die es in seiner Eigenart geprägt wird.[118] Das sind beim Veranstaltungsvertrag die Erbringung der Darbietung einerseits und die Zahlung der vereinbarten Vergütung andererseits. 161

Nebenleistungspflichten regeln das leistungsbegleitende Verhalten. Sie dienen der **Vorbereitung**, **Erbringung** oder **Sicherung** der Hauptleistung.[119] Sie sollen bewirken, dass der Gläubiger in den zweckentsprechenden Genuss der Hauptleistung kommt und ihm diese durch nachvertragliche Leistungstreue des Schuldners erhalten bleibt. Zu den Nebenleistungspflichten zählen auch sog. **Mitwirkungs-** und **Unterstützungspflichten**. Sie resultieren daraus, dass die Parteien unter Berücksichtigung ihrer Vereinbarungen und des Grundsatzes von Treu und Glauben alles tun müssen, um die Durchführung des Schuldverhältnisses zu ermöglichen.[120] Dem Schuldner wird mit der Nebenleistungspflicht das Zweck- und Situationsgebotene abverlangt, ohne dass die Hauptleistung nicht sinnvoll erbracht werden könnte.[121] Das kann sich aus der – gem. § 157 BGB auszulegenden – Parteivereinbarung oder aus besonderen gesetzlichen Vorschriften ergeben. Um Nebenleistungspflichten handelt es sich auch bei solchen Vertragspflichten die als nicht gesondert regelungsbedürftig vorausgesetzt werden und oft erst gem. §§ 133, 157 BGB vom Richter unter Berücksichtigung von Treu und Glauben im Wege der erweiternden oder ergänzenden Auslegung festgestellt werden.[122] Derartige nicht regelungsbedürftige Nebenleistungspflichten sind Veranstaltungsverträgen in besonderem Maße immanent. 162

---

[116] OLGR Koblenz 2002, 359.
[117] Olzen in Staudinger BGB § 241 Rn. 145 ff. (2009); Larenz I S. 6 ff.; Westermann in Erman/Westermann BGB Vorbem. § 241 Rn. 7; Grüneberg in Palandt BGB § 241 Rn. 5 ff., § 280 Rn. 24; Bachmann in MüKo BGB § 241 Rn. 29 ff.
[118] Olzen in Staudinger BGB § 241 Rn. 147 (2009); Bachmann in MüKo BGB § 241 Rn. 26.
[119] Olzen in Staudinger BGB § 241 Rn. 147, 152 (2009); anders jedoch Gröschler in FS Konzen S. 116, der diese Pflichten den leistungsbezogenen Nebenpflichten zuordnet.
[120] Olzen in Staudinger BGB § 241 Rn. 172 (2009); Grüneberg in Palandt BGB § 242 Rn. 35.
[121] Olzen in Staudinger BGB § 241 Rn. 164 (2009).
[122] Olzen in Staudinger BGB § 241 Rn. 165 (2009).

163 Zu unterscheiden von Haupt- und Nebenleistungspflichten sind die **Nebenpflichten.** Im Gegensatz zu den leistungsbezogenen Pflichten sollen sie nicht bewirken, dass der Gläubiger in den Genuss der Hauptleistung kommt sondern zielen darauf ab, dem anderen Teil das zu erhalten, was er unabhängig von seinem Leistungsinteresse schon besitzt. Sie sollen dem anderen Teil seinen personen- und vermögensrechtlichen status quo erhalten und ihn vor Schäden an seinen Rechtsgütern bewahren.[123] Zu den Nebenpflichten zählen insbesondere **Rücksichts- und Schutzpflichten, Informationspflichten, Fürsorge- und Obhutspflichten.**[124] Eine ausdrückliche Regelung der Begründung von Schutzpflichten außerhalb bestehender Vertragsverhältnisse enthält § 311 Abs. 2 BGB.[125] Auf Einhaltung der Nebenpflichten besteht regelmäßig kein Primäranspruch.[126] Ihre Verletzung begründet jedoch Schadensersatzansprüche nach §§ 280 ff. BGB sowie ein Rücktrittsrecht gem. § 324 BGB.[127]

164 Zwar findet sich in der Literatur anstelle dieser Terminologien eine Vielzahl anderer Begriffe und sich häufig widersprechender Definitionen. Sie alle dienen aber vornehmlich dem Ziel, leistungsbezogene und damit dem Äquivalenzinteresse dienende Pflichten von solchen Pflichten abzugrenzen, die dem Schutz des Integritätsinteresses des Vertragspartners dienen. Im Folgenden werden ausschließlich die Begriffe Hauptleistungs-, Nebenleistungs- und Nebenpflichten verwandt. Welche Pflichten als Haupt- und welche als Nebenleistungspflichten einzuordnen sind, kann im Einzelfall zweifelhaft sein. Die praktische Bedeutung dieser Frage ist jedoch gering, da auch Nebenleistungspflichten regelmäßig einklagbar sind. Ihre Verletzung hat einen Anspruch auf Schadensersatz statt der Leistung nach § 281 BGB zur Folge. Sie kann dem Vertragspartner das Recht zum Rücktritt geben und begründet ein Zurückbehaltungsrecht gem. § 273 BGB.[128] Die Einrede des nicht erfüllten Vertrags gem. § 320 BGB ist hingegen nicht anwendbar, da sich das dort vorausgesetzte Gegenseitigkeitsverhältnis lediglich auf alle Hauptleistungspflichten, grundsätzlich aber nicht auf Nebenleistungs- und Nebenpflichten erstreckt.[129] Allerdings kommt insbesondere bei Veranstaltungsverträgen als absoluten Fixverträgen die gerichtliche Durchsetzung von Nebenleistungspflichten nicht in Betracht, da zumeist bereits Unmöglichkeit eingetreten sein wird. Sofern im Einzelfall eine Ersatzvornahme nicht möglich ist, wird sich die Durchsetzung des Anspruchs wegen der Verletzung von Nebenleistungspflichten zumeist auf die Wahrnehmung des Rücktrittsrechts oder auf Schadensersatzansprüche reduzieren.

165 In schriftlichen Ausfertigungen von Veranstaltungsverträgen finden sich häufig Nebenleistungspflichten, die von den Parteien nicht ausdrücklich vereinbart wurden. Ganz überwiegend werden diese vom jeweils anderen Vertragspartner akzeptiert und auch erfüllt. Kommt es bezüglich derartiger Nebenleistungspflichten zum Streit, wird zumeist mit deren Branchenüblichkeit argumentiert und behauptet, dass diese Klauseln derart üblich seien, dass sie keiner ausdrücklichen Regelung bedurften. Im Folgenden wird daher der Frage nachgegangen, ob es ‚**Grundpflichten**' bei Veranstaltungsverträgen gibt, die als derart verkehrsüblich behandelt werden können, dass ihre nicht ausdrückliche Vereinbarung nicht zu einer Regelungslücke führt.

---

[123] Vgl. Bachmann in MüKo BGB § 241 Rn. 33.
[124] Olzen in Staudinger BGB § 241 Rn. 428 ff. (2009); Roth/Bachmann in MüKo BGB § 241 Rn. 84.
[125] Roth/Bachmann in MüKo BGB § 241 Rn. 109.
[126] Gröschler in FS Konzen S. 114; abwägend Roth/Bachmann in MüKo BGB § 241 Rn. 58; Grüneberg/Sutschet in Bamberger/Roth BGB § 241 Rn. 43.
[127] Vgl. Grüneberg in Palandt BGB Einl v. § 241 Rn. 4.
[128] Bachmann in MüKo BGB § 241 Rn. 30; Westermann in Westermann/Erman BGB Einl. § 241 Rn. 7.
[129] Grüneberg in Palandt, BGB Vorbem. § 320 Rn. 17; Bachmann in MüKo BGB § 241 Rn. 30.

aa) Nebenleistungspflichten des Veranstalters

Neben den Hauptleistungspflichten werden in nahezu jedem Veranstaltungsvertrag Nebenleistungspflichten ausdrücklich geregelt. Zu Problemen bei Veranstaltungsverträgen führt regelmäßig die Frage, ob es darüber hinaus Nebenleistungsverpflichtungen der Parteien gibt, die keiner ausdrücklichen Regelung bedürfen, deren Einhaltung aber gleichwohl zur Ermöglichung der sinnvollen Erbringbarkeit der Hauptleistung unerlässlich sind. 166

(1) Allgemeine Rahmenbedingungen. Zu derartigen nicht regelungsbedürftigen Leistungspflichten des Veranstalters zählt die Schaffung der **Mindestvoraussetzungen für die Veranstaltung**. Dazu gehören die Stellung einer Spielstätte, der für die Aufführung erforderlichen Szenenflächen sowie regelmäßig auch die Stellung von der Üblichkeit entsprechenden Aufenthaltsräumen und natürlich das Vorhandensein von Strom- und Wasseranschlüssen. 167

Über diese Mindestvoraussetzungen hinausgehend ist eine abschließende Definition des Umfangs selbstverständlicher Rahmenbedingungen bei Veranstaltungen nicht möglich. Vieles hängt von den Umständen des Einzelfalls ab. Von Bedeutung können dabei die erkennbare Professionalität des Veranstalters und Usancen bei vorangegangenen Kooperationen sein. Gleichwohl ist bei der Annahme von Branchenüblichkeiten, die keiner ausdrücklichen Regelung bedürfen, Zurückhaltung geboten. Wie nachstehend aufgezeigt werden wird, gibt es bei Veranstaltungsverträgen eine Vielzahl von zusätzlichen Leistungspflichten des Veranstalters, die als durchaus üblich zu betrachten sind. Im Zweifel ist es aber stets erforderlich, sie ausdrücklich zu vereinbaren. 168

(2) Vorauszahlungspflicht. Gelegentlich wird von Praktikern behauptet, dass es in der Veranstaltungsbranche üblich sei, Künstlerhonorare grundsätzlich im Voraus auszuzahlen. Tatsächlich finden sich in den meisten Veranstaltungsverträgen entsprechende Vorauszahlungsvereinbarungen. Insbesondere bei der Verpflichtung von Künstlern mit Sitz im Ausland ist es nicht unüblich, dass teilweise bis zu 100 % der vereinbarten Vergütung im Voraus verlangt werden. Dies dient einerseits der Absicherung gegen Zahlungsausfälle. Andererseits sollen damit Produktionskosten wie zB Reisekosten, Leihkosten für Technik, Kosten für Proben, Mitwirkende und Personal des Künstlers, die bereits vor der Veranstaltung anfallen, gedeckt werden. Ein zu einem Branchenbrauch erstarktes Gewohnheitsrecht des Künstlers, Veranstaltungshonorare bereits vor der Veranstaltung fordern zu können, gibt es jedoch nicht. Vielmehr handelt es sich bei Vorauszahlungsvereinbarungen hinsichtlich Höhe und Zahlungszeitpunkt um eine Leistungspflicht, die vor Vertragsschluss zwischen den Parteien ausgehandelt und entsprechend zum Inhalt des Vertrages gemacht werden muss. Dies gilt insbesondere, da es sich um Pflichten handelt, die von den allgemeinen gesetzlichen Regelungen abweichen. Sofern ausführliche vertragliche Vereinbarungen zwischen den Vertragsparteien nicht getroffen sind, richtet sich die Zahlung ausschließlich nach den zivilrechtlichen Regeln. Gemäß § 614 BGB ist die Vergütung erst nach der Leistung der Dienste bzw. beim Werkvertrag gem. § 641 BGB nach Abnahme, Vollendung bzw. vertragsgemäßer Erbringung zur Zahlung fällig. 169

(3) Stellung einer Bühne. Auch die Stellung einer bestimmten Bühne durch den Veranstalter bedarf einer vertraglichen Regelung und zählt nur in soweit zu den nicht besonders regelungsbedürftigen Nebenleistungspflichten des Veranstalters, als dass dem Künstler ‚irgendeine' Spielfläche gestellt werden muss.[130] Bühnen sind definiert als **Szenenflächen** für künstlerische und andere Darbietungen, wobei Flächen unter 20 m² nicht als Szenenflächen gelten.[131] Da die benötigte Szenenfläche und ggf. auch deren Höhe von der jeweiligen Produktion abhängig sind, ist bereits zwangsläufig eine entsprechende Vereinbarung erforderlich. Zu berücksichtigen ist dabei auch, dass sich die Realisierbarkeit einer bestimmten Sze- 170

---

[130] Homann S. 211.
[131] SBS S. 12.

nenfläche nach den Gegebenheiten der jeweiligen Spielstätte richtet. Soweit nicht die Größe der Szenenfläche ausnahmsweise für den Künstler ohne Belang ist, ist eine diesbezügliche vertragliche Vereinbarung also unverzichtbar.

171 **(4) Stellung von Garderobenräumen.** Während die Stellung zumindest eines Aufenthaltsraumes für die Künstler zur Vorbereitung des Auftritts als durchaus üblich und daher als nicht regelungsbedürftige Nebenleistungspflicht betrachtet werden kann, ist die Anforderung mehrerer und – wie zumeist gewünscht – besonders ausgestatteter Garderoben nicht als üblich zu betrachten. Soweit über einen Aufenthaltsraum hinausgehend für den Künstler weitere Räumlichkeiten benötigt werden, ist dies daher im Voraus vertraglich zu vereinbaren.

172 **(5) Technik, Personal.** Die Stellung der technischen Voraussetzungen einer Veranstaltung ist ebenfalls keine branchenübliche Veranstalterpflicht.[132] Zwar zählt die Stellung von Energie sowie einer Standard-Bühnenbeleuchtung zu den allgemeinen vom Veranstalter zu schaffenden Rahmenbedingungen und damit zu seinen Nebenleistungspflichten. Ansonsten darf er aber davon ausgehen, dass der Künstler alles, was er für seine Darbietung benötigt, selbst mitbringt. Das betrifft insbesondere die Instrumente, tontechnische Geräte oder eine besondere Lichttechnik um die Darbietung ‚im richtigen Licht erscheinen zu lassen'. Wird gewünscht, dass der Veranstalter technische Nebenleistungen erbringt, ist dies im Vorwege vertraglich zu vereinbaren. Gleiches gilt für die Stellung von Bedienpersonal sowie Helfern für den Auf- und Abbau der Produktion.

173 **(6) Cateringleistungen.** Vom Veranstalter zu erbringende Verpflegungsleistungen sind heute Bestandteil nahezu eines jeden Veranstaltungsvertrags. Dabei geht es nicht ausschließlich um die Verpflegung der Künstler, sondern auch um die Verpflegung ihrer technischen Hilfskräfte, die zumeist schon lange vor Veranstaltungsbeginn am Veranstaltungsort tätig sind. Trotz dieser Branchenüblichkeit bedarf es jedoch in jedem Einzelfall einer ausdrücklichen Vereinbarung, um eine vertragliche Verpflichtung des Veranstalters zu begründen. Es handelt sich mithin um keine branchenübliche Nebenleistungspflicht des Veranstalters.

bb) Nebenleistungspflichten des Künstlers

174 **(1) Nutzungserlaubnis von Persönlichkeitsrechten.** Zu regelmäßig nicht explizit vereinbarten Leistungspflichten des Künstlers zählt grundsätzlich die Einräumung von Nutzungsrechten an Persönlichkeitsrechten – wie zB dem Recht zur Nutzung seines Namens und seines Bildes zur Bewerbung der Veranstaltung. Es handelt sich dabei um eine selbstverständliche Nebenleistungspflicht des Künstlers, die grundsätzlich keiner ausdrücklichen Regelung bedarf, da dem Veranstalter ansonsten die Erreichung des Vertragszwecks unmöglich wäre.

175 **(2) Werbematerialien.** Eine Pflicht des Künstlers, dem Veranstalter Fotos, Pressetexte, Plakate etc zur Bewerbung der Veranstaltung zur Verfügung zu stellen, besteht nicht. Sie bedarf grundsätzlich einer besonderen Vereinbarung der Parteien. Anhaltspunkte dafür, dass die Übersendung von Werbematerial eine nicht regelungsbedürftige Leistungspflicht bei Veranstaltungsverträgen sei, sind nicht ersichtlich. Anderenfalls müsste erwartet werden, dass grundsätzlich jeder Künstler über eigenes Werbematerial zu verfügen hat, ohne dessen Zurverfügungstellung er den Veranstaltungsvertrag verletzt. Das ist jedoch abwegig. Die Werbung und auch die Beschaffung des Werbematerials obliegen allein dem Veranstalter. Erhält er im Ausnahmefall zB Bildaufnahmen des Künstlers nicht unmittelbar von diesem, muss er sie notfalls über eine Fotoagentur erwerben. Auch eine Mitwirkungspflicht des Künstlers an Werbemaßnahmen des Veranstalters besteht grundsätzlich nicht.

---

[132] Anders: Homann S. 211.

(3) Verpflichtung zur Mitwirkung an Proben. Insbesondere bei Darbietungen im Rahmen von Firmenveranstaltungen besteht häufig Bedarf an der Mitwirkung des Künstlers an einer Ablaufprobe. Da derartige Veranstaltungen häufig einen festgelegten Ablauf haben, ist eine Probe zumeist unerlässlich. Eine grundsätzliche Mitwirkungspflicht des Künstlers an einer Ablaufprobe besteht jedoch nicht. Da der Künstler jedoch lediglich die Erbringung seiner persönlichen Auftrittsleistung schuldet, zählt die Sicherstellung des problemlosen Gesamtablaufs einer Veranstaltung nicht zu seinen Leistungspflichten und dient auch nicht der Sicherung des von ihm persönlich geschuldeten Leistungserfolgs. Vielmehr handelt es sich um eine zusätzliche Leistung. Soweit sie vom Veranstalter gewünscht ist, ist sie daher separat zu vereinbaren und ggf. gesondert zu vergüten. Im Übrigen dienen Proben vornehmlich der eigenen Vorbereitung des Künstlers und liegen daher ausschließlich in seinem Interesse.

(4) Verpflichtung zum Soundcheck. Als Soundcheck bezeichnet man die Kontrolle und Einstellung der Beschallungsanlage. Die Dauer des Soundchecks variiert im Einzelfall, zumal beim Soundcheck zumeist auch die Lichttechnik auf die konkrete Darbietung eingestellt wird. Je nach Komplexität und Größe der Produktion können diese Einstellungsarbeiten ein oder mehrere Stunden dauern.

Ebenso wie bei Proben besteht keine Verpflichtung des Künstlers zur Durchführung eines Soundchecks. Regelungsinteresse kann aber aus zwei Gründen bestehen: Regelmäßig legt der Künstler Wert darauf, dass ihm die Spielstätte bereits vor Beginn der Veranstaltung für einen (ungestörten) Soundcheck zur Verfügung gestellt wird. Zumeist muss dabei auch Personal des Veranstalters anwesend sein, sodass bereits deshalb eine vertragliche Regelung unerlässlich ist. Es ist aber auch denkbar, dass der Veranstalter die Durchführung eines Soundchecks verlangt, um die Klangqualität der Darbietung durch entsprechende Voreinstellung gewährleisten zu können.

Bedingt sich der Künstler die Zeit für den Soundcheck als Recht aus und nimmt er dieses dann aber nicht wahr, werden ihm Mängel der technischen Übertragung als von ihm zu vertretende Schlechtleistung entgegen gehalten werden können.

(5) Zugaben. Die Leistung von Zugaben als ergänzende Leistung zur geschuldeten Aufführung ist keine Nebenleistungspflicht, sondern grundsätzlich eine freiwillige Leistung des Künstlers, auf welche kein Rechtsanspruch des Veranstalters besteht. Auch ein entsprechendes Gewohnheitsrecht besteht nicht.

cc) Gesetzlich geschuldete Nebenleistungspflichten

(1) Künstlersozialabgabe. Bei der Zahlung von Entgelten an selbstständige Künstler kann gem. §§ 24 ff. KSVG die Pflicht zur Zahlung der Künstlersozialabgabe bestehen. Dabei handelt es sich jedoch nicht um eine sich aus dem Schuldverhältnis ergebende Verpflichtung sondern um eine an die Entgeltzahlung anknüpfende sich aus dem Gesetz ergebende Leistungspflicht.

(2) Steuerabzug für beschränkt Steuerpflichtige. Gemäß § 50a Abs. 4 u. 5 EStG verpflichtet die Zahlung von Entgelten an Künstler und Produktionsgesellschaften, die ihren Sitz im Ausland haben, zum Einbehalt der im Inland von diesen gem. § 49 Abs. 1 Nr. 2d) EStG geschuldeten Einkommensteuer und zur Abführung des Steuerbetrages an das zuständige Finanzamt. Hierbei handelt es sich zunächst um eine gesetzliche Leistungspflicht. Daneben besteht aber auch eine entsprechende Pflicht des Veranstalters gegenüber dem beschränkt Steuerpflichtigen. Wenn der Veranstalter der gesetzlichen Zahlungspflicht nicht nachkommt, kann dieser nämlich gem. § 50a Abs. 5 S. 5 EStG unmittelbar durch die Steuerbehörden in Anspruch genommen werden. Somit handelt es sich bei der Pflicht aus § 50a Abs. 5 S. 2 EStG um eine auch dem beschränkt Steuerpflichtigen geschuldete Mitwirkungspflicht des Veranstalters, die der Sicherung des Leistungserfolgs dient.

183 (3) Urheberrechtsvergütung. Gemäß § 13b UrhWahrnG ist der Veranstalter von öffentlichen Wiedergaben urheberrechtlich geschützter Werke verpflichtet, vor der Veranstaltung die Einwilligung der Verwertungsgesellschaft einzuholen und die dafür zu entrichtende Vergütung zu leisten. Da der Künstler für entsprechende Urheberrechtsverletzungen gem. § 97 UrhG mithaftet, ist der Veranstalter auch ihm gegenüber konkludent verpflichtet, die entsprechenden Rechte einzuholen.

184 dd) Rücksichtspflichten

Beispiel 2:
Veranstalter V bittet im Rahmen einer Anfrage nach Kenntnisnahme der Vertragskonditionen den Künstler K, keinesfalls anderweitig über den angefragten Termin zu verfügen und sagt ihm zu, dass er ihn jedenfalls buchen werde. Später teilt er mit, dass die Veranstaltung leider nicht stattfinde. K hatte zwischenzeitliche Anfragen Dritter abgelehnt und verlangt Ersatz des ihm entgangenen Gewinns.

Beispiel 3:
Veranstalter V bittet den Künstler K nach Erörterung der wesentlichen Vertragsdetails um dreitägige Reservierung eines konkreten Termins, um die Voraussetzungen für den Auftritt intern abstimmen, vorbereiten und planen zu können. Als er sich innerhalb der erbetenen Frist wieder meldet und den Termin bestätigen will, teilt K mit, dass er für den Tag bereits eine andere Buchung angenommen habe und daher nicht mehr zur Verfügung stehe. V verlangt Ersatz nutzlos aufgewandter Kosten.

Grundsätzlich erlaubt es die Abschlussfreiheit des Zivilrechts, Vertragsverhandlungen auch grundlos abzubrechen. Das Risiko der getätigten Aufwendungen trägt im Regelfall jede Partei selbst.[133] Aber spätestens sobald sich die gegenseitigen Interessen konkretisieren und die Parteien mit der Verhandlung von Vertragsdetails beginnen, entsteht ein Schuldverhältnis iSd § 311 Abs. 2 BGB mit Pflichten gem. § 241 Abs. 2 BGB. Damit wird zwischen den Parteien ein **vertragsähnliches Vertrauensverhältnis** mit der rechtlichen Konsequenz begründet, dass sie zur Rücksichtnahme auf Rechte, Rechtsgüter und Interessen des jeweils anderen Teils verpflichtet sind.[134] Da in der Branchenpraxis nach wie vor in Verkennung der Rechtslage die Meinung vorherrscht, dass rechtliche Relevanz grundsätzlich erst mit Unterzeichnung eines Vertrages entsteht, ist die Bedeutung **vorvertraglicher Treuepflichten** kaum bekannt.

185 Rücksichtnahme- und Treuepflichten im vorvertraglichen Stadium von Veranstaltungsbuchungen treffen nicht nur den Anfragenden, sondern auch den Angefragten. Im Übrigen können vorvertragliche Treue- und Fürsorgepflichten nicht nur zwischen jenen Personen entstehen, die Vertragsparteien werden sollen, sondern gem. § 311 Abs. 3 BGB auch zu Dritten.

186 Daher bestehen Rücksichtspflichten des Veranstalters auch gegenüber dem Agenten in seiner Eigenschaft als Vertreter des Künstlers. Aus vorgenannten Gründen haben bereits die Vorverhandlungen im Veranstaltungsgeschäft wirtschaftliche Konsequenzen für beide Seiten. Die Argumentation, dass grundsätzlich alle bereits vor dem Vertragsschluss getätigten Dispositionen auf eigenes Risiko der Vertragsparteien erfolgen, ist daher derart pauschal nicht aufrecht zu erhalten.

187 Eine Haftung beim Scheitern von Vertragsverhandlungen kommt nach der Rechtsprechung allerdings lediglich in engen Grenzen in Betracht. Die Partei, welche Vertragsverhandlungen ohne triftigen Grund aus sachfremden Erwägungen abbricht, muss bei der anderen Partei zurechenbar das Vertrauen auf das Zustandekommen des Vertrags erweckt und sie dadurch zu Verfügungen veranlasst haben, die sie ansonsten nicht getroffen hätte. Erforderlich ist damit ein qualifizierter Vertrauenstatbestand.[135] Daran stellt die Rechtsprechung

---

[133] BGH NJW 1967, 2199, Grüneberg in Palandt BGB § 311 Rn. 30.
[134] Grüneberg in Palandt BGB § 241 Rn. 6 ff.
[135] OLG Hamm NJW 2008, 764 (766).

strenge Anforderungen, da die Postulierung einer Haftung nicht zu einer Aushöhlung der Entschließungsfreiheit der Parteien führen darf.[136]

Da ein Künstler seine Leistung am gleichen Tag zur gleichen Zeit nur einmal erbringen kann, hat jede Reservierung eines Veranstaltungstermins zwangsläufig zur Folge, dass über den Termin nur noch eingeschränkt verfügt werden kann. Erreicht den Künstler für den gleichen Tag die Anfrage eines Dritten, kann er zumindest Pflichten gem. § 241 Abs. 2 BGB verletzen, sofern er über den Termin verfügt ohne dabei auch die Interessen des Erstanfragenden zu berücksichtigen. Im Beispiel 2 hat V jedoch nicht lediglich eine Reservierung vorgenommen sondern eine Buchungszusage gegeben und K veranlasst, sich jeder Verfügung über den angefragten Termin zu enthalten. Damit hat V bei K das Vertrauen auf das Zustandekommen eines Vertrages erweckt. Für V war nicht nur erkennbar sondern es war ausdrücklich von ihm gewollt, dass seine Bitte und die gegebene Zusicherung auf Seiten von K Dispositionen zur Folge hat. Dies nahm er billigend in Kauf. K steht daher gem. §§ 311 Abs. 2, 280 BGB ein Schadensersatzanspruch gegen V zu. 188

Im Beispiel 3 hat K seine Verfügbarkeit an einem bestimmten Termin in Aussicht gestellt und durch Akzeptanz der Reservierungsbitte zugesichert, dass er während der erbetenen Frist nicht über den Termin verfügen werde. K hat dem V also zumindest ein einfaches Optionsrecht eingeräumt. Damit ist mehr als lediglich ein vorvertragliches Schuldverhältnis entstanden. Zwar wurde zwischen den Parteien der Hauptvertrag noch nicht geschlossen. Die Optionsvereinbarung ist aber bereits eine vertragliche Vereinbarung und damit ein Schuldverhältnis, bei dem gem. §§ 311 Abs. 1, 241 Abs. 1 BGB Rechte und Pflichten begründet werden. Da V im Vertrauen auf die Optionsvereinbarung Aufwendungen getätigt hat, stellen diese im Falle des Nichtzustandekommens des Hauptvertrags einen ersatzfähigen Schaden dar. Daher liegen auch in diesem Fall gem. §§ 280ff. BGB die Voraussetzungen für einen Schadensersatzanspruch von V vor. 189

Zu den vertraglichen Schutzpflichten eines Veranstaltungsbesuchsvertrages zählt bspw. die Verpflichtung des Veranstalters, Eintrittskarten nur in den Grenzen der Kapazität der Spielstätte zu verkaufen und für die Sicherheit der Besucher und Mitwirkenden Sorge zu tragen.[137] Bei Veranstaltungen mit besonderer Gefahrgeneigtheit kann es gem. einer Entscheidung des BGH erforderlich sein, zum Schutz des Publikums eine Haftpflichtversicherung abzuschließen.[138] 190

5. Teileinigung

Wurden bei dem Abschluss eines Veranstaltungsvertrags Einigkeit lediglich über die Hauptleistungspflichten erzielt und fehlt eine Einigung über Nebenleistungspflichten, die einer Partei wichtig waren und daher einer Einigung bedurft hätten, kann fraglich sein, ob gleichwohl eine wirksame Teileinigung vorliegt.[139] Eine derartig unvollkommene Vereinbarung könnte als **Vorvertrag** zu interpretieren sein. Soweit der Künstler allerdings keinen bedingungslosen Vertragsschluss unter Beweis stellen kann, spricht dagegen zumeist die Übersendung des Vertrags mit Regelungen, über die bisher noch keine Einigung erzielt wurde. Zudem sind in derartigen Fallkonstellationen regelmäßig auch keine Anhaltspunkte dafür ersichtlich, dass eine Aufspaltung in verschiedene Teilregelungen gewollt ist.[140] Dies könnte allenfalls der Fall sein, wenn die Parteien die Eckdaten unter dem Vorbehalt vereinbart haben, dass sie über noch offene Punkte eine separate Einigung erzielen werden. 191

---

[136] OLG Dresden ZIP 2001, 604; Grüneberg in Palandt BGB § 311 Rn. 30, 32 mwN.
[137] Vgl. Roth/Bachmann in MüKo BGB § 241 Rn. 117.
[138] BGH NJW-RR 1986, 573.
[139] Vgl. Rn. 156 ff.
[140] OLGR Koblenz 2002, 359.

VII. Kündigung eines Veranstaltungsvertrages

192 Gemäß § 649 S. 1 BGB kann beim Werkvertrag der Besteller bis zur Vollendung des Werkes jederzeit den Vertrag kündigen. In diesem Fall behält der Unternehmer den Anspruch auf Zahlung der vereinbarten Vergütung. Er muss sich dabei jedoch Aufwendungen anrechnen lassen, die er infolge der Kündigung des Vertrages erspart. Kann er die infolge der Kündigung frei gewordene Arbeitskraft anderweitig verwenden, muss er sich auch die dadurch erzielten Einnahmen[141] anrechnen lassen. Unterlässt es der Unternehmer im Falle der Kündigung des Werkvertrags böswillig, Einnahmen aus anderweitiger Verwendung seiner Arbeitskraft zu erzielen, muss er sich auch die entsprechend nicht getätigten Einnahmen anrechnen lassen.

1. Ersparte Aufwendungen

193 Als nach § 649 S. 2 BGB erspart anzurechnen sind jene Aufwendungen, die der Unternehmer bei Ausführung des Vertrages hätte machen müssen und die er wegen der Kündigung nicht mehr machen muss. Abzustellen ist auf diejenigen Aufwendungen, die durch die Nichtausführung des konkreten Vertrags entfallen sind. Maßgebend sind dabei die Aufwendungen, die sich nach den Vertragsunterlagen unter Berücksichtigung der Kalkulation ergeben.[142] In der Praxis handelt es sich dabei regelmäßig um auf Seiten des Künstlers ersparte Reise-, Übernachtungs- und Technikkosten, soweit diese nicht ohnehin vom Veranstalter zu übernehmen sind.

194 Personalkosten gehören grundsätzlich nur dann zu den ersparten Aufwendungen, wenn sie infolge der Kündigung nicht mehr aufgewendet werden müssen.[143] Bleibt der Künstler trotz der Kündigung des Veranstaltungsvertrages und damit des Ausfalls der Veranstaltung verpflichtet, Honorare an seine Mitmusiker zu zahlen, handelt es sich mithin nicht um ersparte Aufwendungen. Sie können daher von der geschuldeten Vergütung nicht in Abzug gebracht werden.

195 Was er sich gem. § 649 BGB als Aufwendungen anrechnen lassen muss, hat der Unternehmer vorzutragen und zu beziffern, da allein er in der Regel diese Kosten kennt.[144] Er muss die dazu relevanten Umstände so darlegen und beziffern, dass dem Auftraggeber die Prüfung ermöglicht wird, ob der Auftragnehmer die ersparten Aufwendungen oder einen etwaigen Erwerb zutreffend berücksichtigt hat. Dazu ist so viel vorzutragen, dass dem Auftraggeber eine sachgerechte Rechtswahrnehmung ermöglicht wird.[145] Die Beweislast dafür, dass die Angaben unvollständig bzw. fehlerhaft sind, trifft den Besteller.[146]

2. Anderweitige Verwendung der Arbeitskraft

196 Als anderweitige Verwendung der Arbeitskraft kommen in der Veranstaltungsbranche regelmäßig nur Ersatzaufträge in Frage, die der Künstler anstelle der gekündigten Darbietung wahrnehmen kann. Der Auftragnehmer muss gerade durch die Kündigung des Vertrags in die Lage versetzt worden sein, einen anderweitigen Auftrag auszuführen und einen Gewinn daraus zu erzielen.[147] Dies beschränkt sich regelmäßig auf einen Ersatzauftrag am gleichen Tag. Erfahrungsgemäß sind derartige Füllaufträge in der Veranstaltungsbranche aufgrund der regelmäßig langen Planungszeiten von Veranstaltungen die absolute Ausnahme. Denkbar ist allerdings, dass der Künstler sich beim Abschluss eines Veranstaltungsvertrages für eines von zwei zwar nicht terminlich aber aufgrund räumlicher Nähe kollidierender Ange-

---

[141] Vgl. BGH NJW 2000, 653.
[142] BGH NJW 1996, 1282; OLG Hamm Urt. v. 16.1.2013 – I -12 U 139/12 (nv).
[143] BGH NJW 1996, 1282.
[144] BGH NJW 1996, 1282.
[145] OLG Hamm Urt. v. 16.1.2013 – I -12 U 139/12 (nv); vgl. auch BGHZ 140, 263.
[146] Sprau in Palandt BGB § 649 Rn. 11.
[147] OLG Hamm Urt. v. 16.1.2013 – I -12 U 139/12 (nv).

bote entschieden hat. Hat er infolge der Vereinbarung des gekündigten Termins eines der beiden Angebote abgelehnt, kann es dem Künstler zumutbar sein, sich um die Reaktivierung jenes Angebotes zu bemühen, obwohl die Veranstaltung an einem anderen Termin stattfindet.[148] Grundsätzlich setzt die Anrechung des nicht Erworbenen voraus, dass dem Auftragnehmer insoweit Böswilligkeit nachgewiesen werden kann.

3. Pauschale Vergütungsvermutung

§ 649 S. 3 BGB soll dem Unternehmer die Darlegungslast und die Abrechnung bzgl. S. 2 erleichtern.[149] Die Vorschrift pauschaliert den nach Abzug der ersparten Aufwendungen und des anderweitigen Erwerbs verbleibenden Rest des Vergütungsteils, der auf die nicht erbrachten Leistungen entfällt. Es handelt sich dabei um eine widerlegbare Vermutung. Der Besteller kann einen niedrigeren, der Unternehmer einen höheren Betrag nachweisen.[150] Auf gekündigte Veranstaltungsverträge fand die Vergütungsvermutung – soweit ersichtlich – bisher keine Anwendung. Dies dürfte darauf zurückzuführen sein, dass der überwiegende Teil der Kosten, die dem Künstler im Zusammenhang mit einer Darbietung entstehen, vertraglich regelmäßig ohnehin bereits auf den Veranstalter abgewälzt wird. Daher ist die Feststellung tatsächlicher Ersparnisse im Vergleich zB von Bau- oder Architekturleistungen eingrenzbar und übersichtlich.

197

4. Überflüssiges Angebot nach Kündigung

In der Praxis stellt sich immer wieder die Frage, ab welchem Zeitpunkt der Künstler nach Kündigung eines Veranstaltungsvertrages durch den Veranstalter auf ein tatsächliches Angebot und damit die Anreise zum Veranstaltungsort verzichten kann. Sofern der Veranstalter erklärt, dass er die Leistung des Künstlers nicht mehr annehmen will oder aufgrund äußerer Umstände nicht annehmen kann, muss der Künstler seine Leistungen nicht nochmals anbieten.[151] Der Veranstalter erklärt damit, dass er die Leistung des Künstlers endgültig ablehnt. Damit befindet er sich sowohl nach Dienst- als auch nach Werkvertragsrecht im Annahmeverzug.[152]

198

VIII. Allgemeine Geschäftsbedingungen

Nahezu ausnahmslos werden Veranstaltungsverträge unter Zugrundelegung von Standardverträgen geschlossen. Diese unterliegen der Inhaltskontrolle der Vorschriften der §§ 305 ff. BGB zur Gestaltung rechtsgeschäftlicher Schuldverhältnisse durch AGB.

199

Beispiel 4:
Der Künstler K aus München und Konzertveranstalter V aus Hamburg streiten über die Wirksamkeit nachfolgender Punkte des Standardvertrags von K:
Klausel Nr. 1: Bei Nichtstellung des vertraglich vereinbarten Hilfspersonals für den Aufbau und Abbau der Ton- und Lichttechnik zahlt der Veranstalter pro fehlendem Auf- und/oder Abbauhelfer eine Vertragsstrafe iHv 150,00 EUR.
Klausel Nr. 2: Bei Nichteinhaltung von Pflichten dieses Vertrages kommt der Veranstalter in Verzug, ohne dass es einer Mahnung- und Fristsetzung bedarf.
Klausel Nr. 3: Ist dem Künstler die Erbringung einer Teilleistung unmöglich, hat der Veranstalter das Recht, die vereinbarte Vergütung angemessen zu mindern. Das Recht, in diesem Fall die gesamte Leistung abzulehnen, wird ausgeschlossen.
Klausel Nr. 4: Gerichtsstand für alle Streitigkeiten aus dem Vertrag ist München.

---

[148] OLG Dresden Urt. v. 23.1.2003 – 19 U 1931/02 (nv).
[149] Sprau in Palandt BGB § 649 Rn. 7.
[150] Sprau in Palandt BGB § 649 Rn. 7.
[151] AG Münster NJW 2009, 780 (782); Weidenkaff in Palandt BGB § 615 Rn. 8/9 (für den Dienstvertrag).
[152] Zum Annahmeverzug beim Werkvertrag Sprau in Palandt BGB § 640 Rn. 3 ff.

1. Inhaltskontrolle bei AGB

200 Bei allen für eine Vielzahl von Verträgen vorformulierten Vertragsbedingungen, die eine Partei der anderen bei Abschluss eines Vertrages stellt handelt es sich gem. § 305 Abs. 1 BGB um AGB. AGB sind danach alle für eine Vielzahl von Verträgen vorformulierten Vertragsbedingungen, die eine Vertragspartei (der Verwender) der anderen Vertragspartei bei Abschluss eines Vertrages stellt. Im Interesse des Verbraucherschutzes vor einseitiger Risikoabwälzung sind AGB durch die Vorschriften der §§ 305 ff. BGB einer Inhaltskontrolle unterworfen. Danach werden **überraschende** und **mehrdeutige Klauseln** gem. § 305c BGB nicht Vertragsbestandteil. Die Generalklausel des § 307 BGB führt zur Unwirksamkeit von Klauseln, die den Vertragspartner entgegen den Geboten von Treu und Glauben unangemessen benachteiligen. Die §§ 308 und 309 BGB enthalten einen Katalog grundsätzlich unwirksamer Klauseln.

201 Während bei **Verträgen mit Verbrauchern** die Vorschriften der §§ 305 ff. BGB uneingeschränkt Anwendung finden, sind gem. § 310 Abs. 1 BGB bei **Verträgen mit Unternehmern** die Klauselverbote der §§ 305 Abs. 2 und 3, 308, 309 BGB nicht anwendbar. Es gilt dabei der Unternehmerbegriff des § 14 BGB. Unternehmer ist danach eine natürliche oder juristische Person oder eine rechtsfähige Personengesellschaft, die bei Abschluss eines Rechtsgeschäfts in Ausübung ihrer gewerblichen oder selbständigen beruflichen Tätigkeit handelt.[153] Nicht Unternehmer sind somit vor allem Verbraucher und nichtwirtschaftliche Vereine. Damit ist auch der Künstler jedenfalls dann als Unternehmer iSd § 310 BGB zu behandeln, wenn er seine künstlerische Tätigkeit beruflich ausübt. Werden einem Veranstalter – wie es in der Regel der Fall ist – die Vertragsbedingungen des Veranstaltungsvertrags seitens des Künstlers gestellt, ist mithin bezüglich der Wirksamkeitsprüfung von AGB danach zu differenzieren ob es sich bei dem Veranstalter um einen Unternehmer oder einen Verbraucher (Hochzeitspaar verpflichtet Künstler für Auftritt anlässlich der Hochzeitsfeier) handelt.

202 Allerdings sind gem. § 310 Abs. 1 S. 2 BGB auch Unternehmern gegenüber gestellte Vertragsbestimmungen dann unwirksam, wenn der Vertragspartner durch einen Verstoß gegen eine der in den §§ 308, 309 BGB genannten Klauseln **unangemessen benachteiligt** wird.[154] Dabei ist auf die geltenden Gewohnheiten und Gebräuche angemessen Rücksicht zu nehmen.[155] Während bei den Klauselverboten des § 308 BGB aufgrund ihrer Wertungsspielräume die Berücksichtigung kaufmännischer Besonderheiten zulässig ist, stellt ein Verstoß gegen die Bestimmungen des § 309 BGB lediglich ein Indiz für die Unwirksamkeit einer Klausel dar.[156]

2. Individualvereinbarung

203 Aushandeln iSd § 305 Abs. 1 S. 3 BGB bedeutet gem. eines Urteils des OLG Hamburg mehr als Verhandeln. Es genügt danach nicht, dass das gestellte Formular dem Verhandlungspartner bekannt ist und es nicht auf Bedenken stößt, dass der Inhalt lediglich erläutert oder erörtert wird und den Vorstellungen der Parteien entspricht. Von einem Aushandeln iSd Vorschrift könne vielmehr nur gesprochen werden, wenn der Verwender zunächst den „gesetzesfremden Kerngehalt", also die den wesentlichen Inhalt der gesetzlichen Regelung ändernden oder ergänzenden Bestimmungen, inhaltlich ernsthaft zur Disposition stellt und dem Verhandlungspartner **Gestaltungsfreiheit** zur Wahrung eigener Interessen einräumt mit zumindest der realen Möglichkeit, die inhaltliche Ausgestaltung der Vertragsbedingungen zu beeinflussen.[157]

---

[153] Ulmer in UBH AGB-Recht § 310 Rn. 14.
[154] Vgl. Ulmer in UBH AGB-Recht § 310 Rn. 7.
[155] Grüneberg in Palandt BGB § 307 Rn. 38.
[156] Grüneberg in Palandt BGB § 307 Rn. 40.
[157] OLG Hamburg Urt. v. 28.3.2012 – 8 U 103/11; Ulmer in UBH AGB-Recht § 305 Rn. 40 ff.

An die Beurteilung eines Vertragsformulars als Individualvereinbarung stellt die Recht- 204
sprechung hohe Anforderungen. Der BGH hat zwar festgestellt, dass für die Annahme einer
Individualvereinbarung der vorformulierte Text äußerlich nicht sichtbar geändert oder ergänzt worden sein muss. Es genüge bereits die dem anderen Vertragsteil bewusste Bereitschaft des Verwenders, den Text abzuändern.[158] Diese Anforderung hat der BGH zunehmend verschärft, indem er in jüngeren Entscheidungen verlangt, dass der Verwender den in
seinen AGB enthaltenen gesetzesfremden Kerngehalt ernsthaft zur Disposition stellt. Damit
müsse er dem Verhandlungspartner Gestaltungsfreiheit zur Wahrung eigener Interessen mit
zumindest der realen Möglichkeit einräumen, die inhaltliche Ausgestaltung der Vertragsbedingungen zu beeinflussen.[159]

a) Multiple Choice als Individualvereinbarung

Häufig enthalten Standardverträge ausfüllungsbedürftige Leerzeilen oder Multiple-Choice- 205
Auswahlkästchen, durch deren Ankreuzen der Vertragsinhalt überhaupt erst konkretisiert
wird. Damit wird nicht zuletzt auch der Versuch unternommen, später ein Indiz dafür zu
haben, dass der Vertrag individuell ausgehandelt wurde. In der Literatur wird vertreten, dass
freie Stellen in einem Formular, die der Vertragspartner selbstständig und ohne einen vorformulierten Vorschlag ausfüllen kann, der Annahme von AGB widersprächen.[160] Nach der
Rechtsprechung handelt es sich jedoch selbst dann um eine Formularklausel, wenn sie nur
weitgehend vorformuliert und noch ausfüllungsbedürftig ist.[161]

b) Nachweis einer Individualvereinbarung

Angesichts der von der Rechtsprechung gestellten hohen Anforderungen an den Nach- 206
weis einer Individualvereinbarung stellt sich im Zeitalter digitaler Kommunikation und
Dokumenterstellung die Frage, wie dieser Nachweis überhaupt erbracht werden kann.
Zumeist wird dazu auf die vorvertragliche Korrespondenz zurückgegriffen. Bei den
meisten vorformulierten Veranstaltungs-, Management- oder Agenturverträgen finden individuelle Gegebenheiten und individuell ausgehandelte Bedingungen Berücksichtigung.
Das lässt sich digital hergestellten Verträgen bei isolierter Betrachtung des ausgedruckten
Exemplars allerdings nicht entnehmen. Ergibt sich jedoch aus der vorvertraglichen Korrespondenz, dass ein Vertragsentwurf lediglich als gemeinsame Arbeitsgrundlage dienen sollte
und dass alle Punkte des Entwurfs zur Disposition standen, spricht dies für eine Individualvereinbarung. Da jedoch – wie dargestellt – die Inhalte von Standardverträgen regelmäßig weit über das ausdrücklich Verhandelte hinausgehen, kann eine Individualvereinbarung durch Vorlage der Verhandlungskorrespondenz nur erfolgreich unter Beweis gestellt
werden, sofern sich daraus ergibt, dass tatsächlich der **Kerngehalt des Vertrages** zur Disposition stand. Dazu zählen jedenfalls mehr als lediglich die Hauptleistungspflichten der
Parteien.

Die Anforderungen der Gerichte werden der besonderen Sach- und Interessenlage in 207
der Veranstaltungsbranche allerdings nicht gerecht. Im Gegensatz zu typischen Verbrau-
cherverträgen besteht nämlich bei Veranstaltungsverträgen regelmäßig ein Interesse beider
Vertragsparteien an einem zügigen Vertragsschluss, bei dem auf langwierige Verhandlungen
verzichtet werden kann. Die Parteien nehmen daher nicht nur in Kauf, sondern halten es
für selbstverständlich, dass Standardverträge zum Einsatz kommen. Die Verwendung eines
Standardvertrags liegt daher gleichermaßen im Interesse beider Parteien. Daher verbleibt
bei Veranstaltungsverträgen für den Schutzgedanken des AGB-Recht selbst mit dem durch
§ 310 BGB eingeschränkten Schutzbereich eigentlich kein Raum. Es erscheint daher geboten, die Anforderungen der Rechtsprechung an das Vorliegen einer Individualvereinbarung

---

[158] BGH NJW 1977, 624.
[159] BGH ZIP 1986, 1466 (1467); BGHZ 98, 24 (28); BGH NJW 2000, 1110 (1111).
[160] Medicus Rn. 407.
[161] BGH NJW 1993, 1651 (1653).

für den Bereich des Veranstaltungsvertragsrechts einzuschränken. Eine Individualvereinbarung sollte demnach bereits dann angenommen werden, wenn eine Vertragsklausel in der Veranstaltungsbranche allgemein üblich ist und von einer Vielzahl von Verwendern auf beiden Seiten freiwillig genutzt wird. Wenn hingegen lediglich ein marktmächtiger Akteur oder wenige marktmächtige Akteure ihren Vertragspartnern eine Klausel auferlegen, ergibt sich hieraus keine Individualvereinbarung. Diese kann sich nur daraus ergeben, dass die Klausel von Verwendern auf beiden Seiten allgemein freiwillig genutzt wird.

c) Lösung Beispielsfall 4 (oben Rn. 199)

208 Die Klauseln des Standardvertrags im Beispiel 4 könnten gegen §§ 309 Nr. 5 BGB (Klausel Nr. 1), 309 Nr. 4 BGB (Klausel Nr. 2), 309 Nr. 2 BGB (Klausel Nr. 3) und 307 Abs. 2 Nr. 1 BGB (Klausel Nr. 4) verstoßen.

209 Bei Klausel Nr. 1 könnte es sich entweder um die Vereinbarung einer **Schadenspauschalierung** gem. § 309 Nr. 5 BGB oder einer **Vertragsstrafe** gem. § 309 Nr. 6 BGB handeln. Während die Pauschale allein den Schadensnachweis ersparen soll, hat die Vertragsstrafe einen doppelten Zweck: sie soll die Erfüllung der Hauptverbindlichkeit als Zwangsmittel sichern und im Falle einer Störung den Schadensbeweis entbehrlich machen. Für die Abgrenzung ist entscheidend, ob die Bestimmung ausschließlich der vereinfachten Durchsetzung eines Schadensersatzanspruches dienen soll – dann gilt die Pauschale – oder ob es auch und vor allem darum geht, Druck auf den Vertragspartner zur Erfüllung seiner Verbindlichkeit auszuüben – in dem Fall tritt die Vertragsstrafe in Kraft.[162]

210 Nach dem Wortlaut handelt es sich bei der Klausel Nr. 1 um eine Vertragsstrafe. Eine unangemessene Benachteiligung durch Vertragsstrafen wird von der Rechtsprechung im Rahmen des § 309 Nr. 6 BGB stets dann angenommen, wenn die Strafklauseln übermäßig sind.[163] Auf den Verkehr zwischen Unternehmern kann die auf den Schutz des Verbrauchers zugeschnittene Vorschrift nach hM jedoch nicht übertragen werden.[164] Das Verbot von standardisierten Schadensersatzpauschalen gilt auch im Verkehr zwischen Unternehmern. Entscheidend ist, dass die Pauschale den nach dem gewöhnlichen Lauf der Dinge zu erwartenden Schaden nicht übersteigen und der Nachweis eines niedrigeren Schadens nicht ausgeschlossen werden darf.[165]

211 Die Frage, ob eine Vertragsstrafe bzw. ein pauschalierter Schadensersatz tatsächlich unangemessen ist, richtet sich mithin nach dem jeweiligen Einzelfall. Stellt man auf den gewöhnlichen Lauf der Dinge ab, wäre entscheidend, welcher Schaden dem Künstler durch die Nichtstellung der Hilfskräfte entsteht. Dabei wären im Einzelfall die Aufbaudauer sowie die Anforderungen an die Qualifikation und Arbeitsintensität zu berücksichtigen. Im Übrigen ist bei der Interessenabwägung des § 307 Abs. 2 BGB auch die Verkehrssitte zu berücksichtigen.[166]

212 Unter Zugrundelegung vorstehender Kriterien erscheint die mit der Klausel Nr. 1 festgesetzte Pauschale iHv € 150,00 pro fehlendem Helfer weder als Vertragsstrafe noch als pauschalierter Schadensersatz übermäßig. Auch die Anmietung alternativer Hilfskräfte oder die Übernahme der den Hilfskräften zugedachten Aufgaben durch die eigene Crew der Künstler dürfte im Regelfall weitgehend entsprechende Kosten verursachen. Ebenso wäre die Unwirksamkeit unter Berücksichtigung der Verkehrssitte abzulehnen, da die Festschreibung pauschalierter Vertragsstrafen für den Fall der Nichtstellung vereinbarten Personals in Veranstaltungsverträgen sich in der Praxis als durchaus üblich durchgesetzt hat.[167]

---

[162] Grüneberg in Palandt BGB § 276 Rn. 26.
[163] Grüneberg in Palandt BGB, § 309 Rn. 38.
[164] Grüneberg in Palandt BGB, § 309 Rn. 38.
[165] Grüneberg in Palandt BGB, § 309 Rn. 26.
[166] Grüneberg in Palandt BGB, § 307 Rn. 17, 40.
[167] Vgl. Mustervertrag s. Anh. 1.

Auch im Verkehr zwischen Unternehmern kann das Erfordernis der Mahnung grund- 213
sätzlich nicht abbedungen werden.[168] Die Klausel Nr. 2 stellt daher eine unangemessene
Benachteiligung des Vertragspartners dar und ist daher unwirksam.

Die mit Klausel Nr. 3 erfolgte Abbedingung des Rechts des Vertragspartners, im Falle 214
einer Teilleistung vom Vertrag zurückzutreten, ist insbesondere bei Veranstaltungsverträgen,
deren Vertragsgegenstand eine Vielzahl von Darbietungen ist, von erheblicher Bedeutung
in der Praxis. Das Recht des Vertragspartners, sich wegen einer vom Verwender zu vertretenden Pflichtverletzung vom Vertrag zu lösen, darf gem. § 309 Nr. 8a) BGB weder ausgeschlossen noch beschränkt werden. Allerdings ist § 309 Nr. 8a) BGB nur anwendbar, sofern
der Verwender die Pflichtverletzung zu vertreten hat. Hat er sie nicht zu vertreten – zB
weil ein Mitwirkender aus Krankheitsgründen verhindert ist – darf das Kündigungsrecht
des Vertragspartners ausgeschlossen werden. Allerdings kann dann ein Verstoß gegen § 307
BGB aufgrund einer unangemessenen Benachteiligung des Vertragspartners vorliegen.

Grundsätzlich wird im Einzelfall danach zu differenzieren sein, ob die Teilerfüllung dem 215
Grunde nach noch gleichwertig ist oder ob es sich um ein Aliud handelt.

Gerichtsstandvereinbarungen gegenüber Verbrauchern verstoßen gegen § 38 ZPO und 216
sind daher grundsätzlich unwirksam. Gerichtsstandsvereinbarungen mit Unternehmern
sind allerdings zulässig.[169] Sie verstoßen aber auch bei der Verwendung gegenüber Unternehmern gegen § 307 BGB, wenn für den Verwender und den Gegner der gleiche Gerichtsstand besteht, die AGB des Verwenders aber einen anderen Gerichtsstand vorsehen.[170]
Im Beispiel 3 sind beide Parteien Unternehmer iSd § 14 BGB. Der ordentliche Gerichtsstand der Parteien befindet sich an unterschiedlichen Orten. Die in Klausel Nr. 4 geregelte
Gerichtsstandvereinbarung ist daher zulässig.

IX. Kaufmännisches Bestätigungsschreiben

Soweit beide Vertragspartner Kaufleute sind, kann die Übersendung eines Vertrages die 217
Wirkung eines kaufmännischen Bestätigungsschreibens haben. Entgegen der Regel, dass
Schweigen im Rechtsverkehr keine Rechtswirkung entfaltet, gilt gewohnheitsrechtlich das
Schweigen des Kaufmanns auf den Erhalt eines kaufmännischen Bestätigungsschreibens als
Annahme.[171] Durch das Schweigen kann der Vertragsschluss aber auch erst bewirkt wer-
den.[172] Widerspricht der Empfänger einem kaufmännischen Bestätigungsschreiben nicht
unverzüglich, ist der Vertrag mit dem Inhalt des Bestätigungsschreibens rechtsverbindlich.

Absender eines Bestätigungsschreibens kann jeder sein, der Kaufmann ist oder wie ein 218
Kaufmann am Rechtsverkehr teilnimmt und erwarten kann, dass ihm gegenüber nach
kaufmännischer Sitte verfahren wird.[173] Nachdem bereits der Empfängerkreis eines kaufmännischen Bestätigungsschreibens auf den weiteren Unternehmensbegriff ausgedehnt
wird[174], muss für den Absender zumindest das gleiche gelten.[175] Somit kann Absender zB
auch ein selbstständiger Künstler sein.

Grundsätzlich setzt das kaufmännische Bestätigungsschreiben voraus, dass ihm Vertrags- 219
verhandlungen vorausgegangen sind.[176] Unterschieden wird zwischen deklaratorischen
bzw. affirmativen und konstitutiven Bestätigungsschreiben.[177] Während erstere einen geschlossenen Vertrag lediglich bestätigen sollen, liegt letzteren die Absprache zugrunde, dass

---

[168] BGH NJW 1986, 842.
[169] LG Frankfurt BauR 2011, 887.
[170] OLG Köln ZIP 1989, 1068.
[171] Medicus Rn. 391; Ellenberger in Palandt BGB § 147 Rn. 8.
[172] OLG Hamm Urt. v. 16.1.2013- I -12 U 139/12 (nv) mwN.
[173] Ellenberger in Palandt BGB § 147 Rn. 10.
[174] Schmidt S. 568 ff.
[175] BGHZ 40, 42 (43 f.); Medicus Rn. 441.
[176] Ellenberger in Palandt BGB § 147 Rn. 11; Schmidt S. 572 f.; Medicus Rn. 440.
[177] Schmidt S. 571 ff.

das mündlich Vereinbarte erst mit schriftlicher Bestätigung Gültigkeit haben soll. Erstere dienen als klassisches Bestätigungsschreiben zu Beweiszwecken, letztere dienen dem Vertragsschluss.[178]

220 **Standardvertragsformulare** in der Veranstaltungsbranche enthalten regelmäßig zahlreiche Konditionen, über die im Vorwege nicht ausdrücklich gesprochen wurde. Der BGH sieht dabei auch die Ergänzung – so zB die nachträgliche Einbeziehung von Allgemeinen Geschäftsbedingungen – und damit nicht bloß die Bestätigung eines geschlossenen Vertrages als Bestätigungsschreiben an. Unter Kaufleuten bestehe die Sitte, auch solche Abreden schriftlich zu bestätigen und dabei zu ergänzen, die im Fernschreibverkehr häufig nur auf bestimmte Punkte beschränkt wurden. Selbst wenn eine derartige Ergänzung sich als Änderung des bereits abgesprochenen Vertragsinhalts darstellt, müsse der Empfänger eines kaufmännischen Bestätigungsschreibens nach den hierfür in der Rechtsprechung entwickelten Grundsätzen unverzüglich widersprechen, wenn er an den in dem Bestätigungsschreiben niedergelegten Vertragsinhalt nicht gebunden sein will. Dies gelte auch für den Fall, dass der Verkäufer einer Ware erst durch Bestätigungsschreiben seine allgemeinen Lieferungsbedingungen in den Vertrag einführen will.[179]

221 Die Literatur hält das für zu weitgehend und für durch den Sinn eines Bestätigungsschreibens nicht mehr gedeckt. Das Schweigen genüge nur, soweit es ausnahmsweise die Annahme des in dem Schreiben liegenden Antrags auf Abschluss eines Änderungsvertrages bedeute Im Übrigen werde nur das Vertragsinhalt, was vorher ausdrücklich verhandelt wurde.[180]

222 Diese Einschränkung ist zu weitgehend. Entscheidend für die Wirkungsentfaltung eines Kaufmännischen Bestätigungsschreibens kann letztlich nur sein, ob dessen Inhalt wesentlich oder nur unwesentlich vom Besprochenen abweicht und ob der Empfänger mit etwaigen Ergänzungen rechnen musste. Daher wird bei den bestätigten aber vorher nicht besprochenen Konditionen von Veranstaltungsverträgen danach differenziert werden müssen, ob es sich um branchenübliche Rahmenbedingungen bzw. Durchführungskonditionen oder tatsächlich um nachgeschobene wesentliche Vertragskonditionen handelt. Nur wenn das Bestätigungsschreiben wesentliche Abweichungen vom Besprochenen enthält mit denen der Empfänger nicht rechnen musste, bleibt das Bestätigungsschreiben ohne Wirkung.[181] Musste der Empfänger jedoch üblicherweise mit einem ggfs das Besprochene ergänzenden Inhalt eines kaufmännischen Bestätigungsschreibens rechnen, bedarf es zur Ablehnung einer unverzüglichen Reaktion. Beim Abschluss von Veranstaltungsverträgen wird von den Parteien zumeist sogar bewusst auf eine umfassende Erörterung der Bühnenanweisungen und AGB verzichtet. Sofern also die Bestätigung derart nicht besprochener Leistungspflichten für den Empfänger nicht überraschend ist, werden Bühnenanweisungen oder AGB durch unwidersprochen gebliebene Kaufmännische Bestätigungsschreiben durchaus wirksam in den Vertrag einbezogen.

X. Anwendbares Recht

223 Bei der Zusammenarbeit deutscher Veranstalter mit internationalen Künstlern kann sich die Frage nach dem anwendbaren Recht stellen. Zweifel ergeben sich in der Praxis allerdings nur in Ausnahmefällen, da Verträge internationaler Künstler zumeist den Wohnsitz des Künstlers als **Gerichtsstand** und das dort geltende Recht als bei Streitigkeiten anwendbares Recht festschreiben. Ist keine Gerichtsstandsvereinbarung und keine Vereinbarung über das anwendbare Recht getroffen, gelten die Regeln der **Rom I-Verordnung**[182]. Diese hat für alle Verträge, die nach dem 17.12.2009 geschlossen wurden, die frühere Re-

---

178 Schmidt S. 571 ff.
179 BGH BB 1968, 398.
180 Medicus Rn. 443; Schmidt S. 571 ff.
181 Ellenberger in Palandt BGB § 147 Rn. 16.
182 VO (EG) Nr. 593/2008 (Rom I).

gelung in Art. 27, 28 Abs. 2 EGBGB abgelöst.[183] Danach galt das Recht des Staates, mit dem der Vertrag die engsten Verbindungen aufwies. Soweit Gegenstand des Vertrages der Auftritt eines ausländischen Künstlers in Deutschland war, war dies Deutschland. Die Verbindungen zu dem Wohnsitzstaat des ausländischen Künstlers waren hingegen von untergeordneter Bedeutung. Somit galt nach den Art. 27, 28 Abs. 2 EGBGB aF bei Veranstaltungsleistungen ausländischer Künstler, die in Deutschland zu erbringen waren, deutsches Recht, wenn nicht ausdrücklich die Geltung ausländischen Rechts vereinbart wurde.

Nach der neuen Regelung gibt es gem. Rom I Art. 3 weiterhin die Möglichkeit, dass die Parteien das anwendbare Recht durch freie Rechtswahl vereinbaren. Fehlt eine solche Vereinbarung, gilt die Regelung des Rom I Art. 4, in der für einen bestimmten Katalog von Vertragstypen das jeweils anzuwendende Recht bestimmt wird. In Betracht kommt bei Veranstaltungsverträgen nationaler Veranstalter mit ausländischen Künstlern die Regelung des Rom I Art. 4 Abs. 1 Zif. b). Danach unterliegen Dienstleistungsverträge dem Recht des Staates, in dem der Dienstleister seinen gewöhnlichen Aufenthalt hat. Der Begriff des Dienstleistungsvertrags in Rom I Art. 4 Abs. 1 Zif. b) ist weit gefasst und umfasst sowohl Werk- als auch Dienstverträge.[184] Im Unterschied zur alten Rechtslage nach Art. 27, 28 Abs. 2 EGBGB aF gilt somit ohne ausdrückliche Rechtswahl nicht deutsches Recht, sondern das Recht des Landes, in dem der Künstler seinen gewöhnlichen Aufenthalt hat.

224

Zu beachten ist allerdings die Ausnahmevorschrift des Rom I Art. 4 Abs. 3. Wenn sich aus der Gesamtheit der Umstände ergibt, dass der Vertrag eine offensichtlich engere Beziehung zu einem anderen Staat als dem nach Rom Art. 4 Abs. 1 bestimmten Staat aufweist, gilt das Recht des Staates, zu dem der Vertrag die engere Beziehung aufweist. Da diese Ausnahmevorschrift sehr eng auszulegen ist[185], bleibt es in aller Regel dabei, dass das Recht des Staates anzuwenden ist, in dem der ausländische Vertragspartner seinen gewöhnlichen Aufenthalt hat.

225

Die Regeln von Art. 6 der Rom I-Verordnung gelten nur eingeschränkt auf Verbraucherverträge. Beim Veranstaltungsbesuchsvertrag, also dem Vertrag zwischen dem Veranstalter und dem Veranstaltungsbesucher, bleibt somit in aller Regel auch dann inländisches Recht anwendbar, wenn der Vertragspartner des Kartenkäufers ein ausländischer Veranstalter ist.

226

---

[183] Palandt EGBGB Anh. zu EGBGB 26 (IPR) Rom I Vorbem. Rn. 1.
[184] Palandt (IPR) Rom I Art. 4 Rn. 8.
[185] BGH NJW-RR 2005, 206.

§ 4 Der Veranstaltungsbesuchsvertrag

I. Vertragsgegenstand

227 Das Besuchsrecht einer Veranstaltung ergibt sich aus einem Vertrag zwischen Veranstalter und Veranstaltungsbesucher. Zur Bezeichnung dieses Vertrages werden vielfältige Termini verwandt. So wird in Rechtsprechung und Literatur vom Theaterbesuchsvertrag[186], Konzertbesucherverytrag[187], Aufführungs- bzw. Kunstaufführungsvertrag,[188] Zuschauervertrag[189], Besucherverytrag[190] oder auch Veranstaltungsbesuchsvertrag[191] gesprochen. Im Interesse einer möglichst allgemeinen und damit alle Veranstaltungsinhalte umfassenden Bezeichnung wird in diesem Buch der Begriff Veranstaltungsbesuchsvertrag verwandt.

228 Der Veranstaltungsbesuchsvertrag wird durch den Kauf einer **Eintrittskarte** geschlossen. Die Übergabe der Eintrittskarte ist bereits Teil der Erfüllung des Vertrages. Da eine Kartenbestellung aber auch zB telefonisch oder über das Internet erfolgen kann, setzt der Vertragsschluss als solcher die Aushändigung der Karte nicht zwingend voraus.[192]

229 Gegenstand des Veranstaltungsbesuchsvertrages ist die Verpflichtung des Veranstalters gegenüber dem Karteninhaber – also nicht zwangsläufig dem Erwerber der Eintrittskarte –, gegen Zahlung des für den Erwerb der Karte geschuldeten Entgelts an einem bestimmten Tag, einem bestimmten Ort und zu einem bestimmten Zeitpunkt die angekündigte Darbietung zur Aufführung zu bringen und dem Karteninhaber den Eintritt in den Veranstaltungssaal sowie ggf. die Nutzung eines bestimmten Sitzplatzes und damit das Recht zu gewähren, die Veranstaltung wahrnehmen zu können. Die Eintrittskarte ist damit regelmäßig ein **Legitimationspapier** bzw. **kleines Inhaberpapier** gem. § 807 BGB, welches seinem Inhaber eine Forderung verbrieft.[193] Der Aussteller muss an jeden Inhaber gem. § 797 BGB gegen Vorlage des Papiers leisten, ohne zuvor dessen materielle Berechtigung prüfen zu dürfen.

230 Allerdings werden bei sportlichen und kulturellen Großveranstaltungen zunehmend Eintrittskarten auch als **qualifiziertes Inhaberpapier** unter namentlicher Nennung des Inhabers ausgegeben. Der Veranstalter erhält damit gem. § 808 BGB auch die Befugnis, die materielle Berechtigung des jeweiligen Inhabers zu prüfen. Er ist dazu aber nicht verpflichtet, sondern kann auch mit befreiender Wirkung an Dritte leisten.[194] Dieses Verfahren wurde in Deutschland bei einer Großveranstaltung erstmals bei den Tickets für die Fußball-Weltmeisterschaft 2006 eingesetzt. Insbesondere zur Eindämmung des Schwarz- und Zweitmarkthandels von Eintrittskarten werden personalisierte Eintrittskarten auch zunehmend bei größeren Musikveranstaltungen verwandt.

II. Rechtsnatur

1. Werkvertrag

231 Unter Zugrundelegung des vorbeschriebenen Vertragsgegenstands des Veranstaltungsbesuchsvertrages schuldet der Veranstalter dem Karteninhaber einerseits das Stattfinden der versprochenen Aufführung und andererseits die Ermöglichung ihrer Wahrnehmung im

---

[186] AG Bonn NJW 1983, 1200; Fessmann NJW 1983, 1164; Knothe NJW 1984, 1074.
[187] Ankermann NJW 1997, 1134; Fessmann NJW 1983, 1164.
[188] Peters/Jacoby in Staudinger BGB Vorbem. §§ 631 ff. Rn. 37 (2008).
[189] Schulze Jura 2011, 481.
[190] Schulze JURA 2011, 481 (483).
[191] Kolberg S. 21 ff.
[192] Vgl. Schulze JURA 2011, 481 (484 f.).
[193] OLG Köln NJW-RR 1994, 687; Schulze JURA 2011, 481(484); Kolberg S. 35.
[194] Schulze JURA 2011, 481(485).

vereinbarten Umfang.[195] Zum Leistungsinhalt des Veranstalters zählt damit nur die **Wahrnehmbarmachung** der Veranstaltung. Eine irgendwie geartete Mitwirkungshandlung des Besuchers ist daher nicht geschuldet.[196]

Insgesamt schuldet der Veranstalter damit aber nicht irgendeine Leistung, also ein bloßes Tätigwerden der von ihm verpflichteten Darbietenden, sondern die konkret angebotene Aufführung. Daher ist der Veranstaltungsbesuchsvertrag seinem Wesen nach ein Werkvertrag.[197] Zu weitgehend erscheint es allerdings, wenn der geschuldete Erfolg gelegentlich auch in der ‚Verschaffung von Kunstgenuss' gesehen wird.[198] Der Begriff des Genusses und insbesondere der des Kunstgenusses setzt eine subjektive Wertung voraus, die sich weitgehend einer objektiven Kontrolle entzieht und sich daher nicht als Gegenstand bzw. Erfolgskriterium eines Werkvertrages eignet. 232

2. Mietvertrag

Soweit mit Abschluss des Veranstaltungsbesuchsvertrages auch das Recht zur Nutzung eines bestimmten Steh- oder Sitzplatzes eingeräumt wird, tritt neben das werkvertragliche Element des Vertrages auch ein mietvertragliches. Bei freier Platzwahl handelt es sich um eine Gattungsmiete, bei welcher der Veranstalter einen verfügbaren Platz schuldet. Dass bei freier Platzwahl das Bestimmungsrecht über den konkreten Sitz- oder Stehplatz beim Zuschauer liegt, steht dem nicht entgegen.[199] 233

3. Kaufvertrag

Da die Eintrittskarte regelmäßig über Ticketportale im Internet, in Vorverkaufsstellen oder an der Abendkasse gekauft wird, wird gelegentlich auch ein kaufrechtlicher Einschlag des Veranstaltungsbesuchsvertrags erörtert.[200] Bei dem Erwerb der Eintrittskarte geht es allerdings nicht vornehmlich um die Erlangung des Eigentums an der Karte sondern um den Erwerb des Veranstaltungsbesuchsrechts und der Forderung gegenüber dem Veranstalter, die angekündigte Veranstaltung zur Aufführung zu bringen. Allerdings könnte der Erwerb einer solchen Forderung durchaus durch Kauf begründet werden.[201] Dagegen spricht aber, dass der angestrebte Enderfolg beim Veranstaltungsbesuchsvertrag nicht – wie beim Kaufvertrag – in der Überführung einer Sache oder eines Rechts in das eigene Vermögen besteht. Vielmehr geht es dem Käufer allein um den Erwerb des Besuchsrechts. Zutreffend wird daher darauf hingewiesen, dass die Karte allein dazu diene, dem Veranstalter eine weitere Berechtigungsprüfung zu ersparen und ihm die befreiende Leistung an alle Inhaber zu ermöglichen.[202] 234

Fraglich kann allerdings sein, welche Ansprüche dem Vertragspartner eines wirksam abgeschlossenen Veranstaltungsbesuchsvertrages zustehen, wenn ihm – zB bei Bestellung über das Internet – ein geeignetes Legitimationspapier nicht ausgehändigt wird. Bei Verzicht auf das kaufvertragliche Element würde ihm das Werkvertragsrecht nur weiterhelfen, wenn mit Abschluss des Werkvertrages auch die Verpflichtung begründet würde, dem Vertragspartner eine Eintrittskarte als Legitimationspapier auszuhändigen, wenn also die Aushändigung der Eintrittskarte Teil des werkvertraglich geschuldeten Erfolgs ist. Davon kann ausgegangen werden. Grundsätzlich entspricht es der Verkehrssitte, dass nur derjenige Zutritt zu einer Veranstaltung erhält, der sich durch das Vorzeigen einer Eintrittskarte ausweisen kann. Da- 235

---

[195] Deckers JuS 1999, 1160.
[196] Deckers JuS 1999, 1160; anders aber AG Aachen NJW 1997, 2058.
[197] AG Passau NJW 1993, 1473; Kolberg S. 22 ff.; Larenz II S. 344; Sprau in Palandt BGB Vorbem. § 631 Rn. 29.
[198] AG Schöneberg VuR 1995, 359.
[199] Schulze Jura 2011, 481 (484).
[200] Kolberg S. 32.
[201] OLG Köln NJW-RR 1994, 687.
[202] Kolberg S. 41.

her setzt die Erfüllung des Veranstaltungsbesuchsvertrags unter den typischerweise bei Veranstaltungen praktizierten Einlassverfahren auch die Aushändigung einer Eintrittskarte voraus. Dies erfolgt dann allerdings nicht zur Erfüllung eines Kaufvertrages sondern ist Teil der Erfüllung der werkvertraglichen Verpflichtung.[203]

236 Somit ist im Ergebnis Kaufvertragsrecht auf den Veranstaltungsbesuchsvertrag nicht anwendbar.

4. Typenverschmelzungsvertrag

237 Mit der hM wird hier davon ausgegangen, dass es sich beim Veranstaltungsbesuchsvertrag um einen **Werkvertrag mit mietrechtlichem Einschlag** und damit um einen Typenverschmelzungsvertrag bzw. typengemischten Vertrag jedenfalls dann handelt, wenn unterschiedliche Steh- bzw. Sitzplatzkategorien angeboten werden.[204]

238 Während die nur einheitlich denkbare Beendigung eines gemischten Vertrages den Vorschriften folgt, die dem Gesamtvertrag das überwiegende Gepräge geben, beurteilen sich Leistungsstörungen am jeweils spezifischen Leistungsanteil. Anzuwenden ist die Vorschrift, die dem Vertragszweck am besten entspricht und dessen rechtlichen oder wirtschaftlichen Schwerpunkt bildet. Für jede Leistung sind die Vorschriften des entsprechenden Vertragstyps anzuwenden.[205] Entsprechend wendet die Rechtsprechung auf den Veranstaltungsbesuchsvertrag Mietvertragsrecht stets dann an, wenn der Schwerpunkt in der Beschaffenheit des Besucherplatzes liegt.[206]

239 In der Literatur wird weitgehend differenziert: Während Peters[207] und Kolberg[208] auf Werkverträge, die mit der Überlassung von Raum an Besteller verbunden sind, ausschließlich Werkvertragsrecht anwenden, sehen Kreile/Hombach das mietvertragliche Element nicht lediglich als Nebenpflicht sondern lassen ihm eine eigenständige Bedeutung zukommen.[209] Ginge es um die geringe Tauglichkeit des gemieteten Platzes, sei auf die §§ 536 ff. BGB zurückzugreifen. Liege eine Schlechterfüllung des Werkes – also der Veranstaltungsleistung – vor, seien die §§ 633 ff. BGB anwendbar.

240 Zwar ließe sich grundsätzlich jeder Mangel des Veranstaltungsbesuchsvertrages auch allein über Werkvertragsrecht lösen, indem lediglich auf die nicht erfolgte oder eingeschränkte Wahrnehmbarmachung der Aufführung abgestellt wird. Gleichwohl ist die Auffassung von Kreile/Hombach dogmatisch vorzugswürdig. Es erscheint nicht schlüssig, die ausschließliche Anwendung von Werkvertragsrecht damit zu begründen, dass der Kartenkäufer ein ‚einheitliches' Entgelt zahle und keine zwei getrennten Verpflichtungen des Veranstalters vorlägen.[210] Gibt es bei einer Veranstaltung unterschiedliche Sitz- oder auch Stehplätze und entsprechend auch unterschiedliche Preiskategorien, wird der Preisunterschied ausschließlich durch die bessere Positionierung des Sitzplatzes bedingt. Die Veranstaltungsleistung ist für alle Preiskategorien die gleiche und unabhängig von der Positionierung der Besucher. Entspricht letztere nicht den vertraglichen Vereinbarungen (zB der erworbenen Sitzplatzkategorie), bleibt davon die Erfüllung des werkvertraglichen Elements unberührt.

---

[203] So im Ergebnis auch Kolberg S. 41.
[204] AG Hannover NJW 1981, 1219; AG Herne-Wanne NJW 1998, 3651; AG Aachen NJW 1997, 2058; AG Hamburg NJW 2009, 782; Ankermann NJW 1997, 1134; Fessmann NJW 1983, 1164 (1165); Huff VuR 1990, 166; Kreile/Hombach, ZUM 2001, 731(732); Grüneberg in Palandt BGB Vorbem. § 311 Rn. 23; Sprau in Palandt BGB Vorbem. § 631 Rn. 29; Roth JuS 1999, 220.
[205] Vgl. AG Schopfheim NJW-RR 1994, 1263 (1264); Grüneberg in Palandt BGB Vorbem. § 311 Rn. 25 ff.
[206] AG Herne-Wanne NJW 1998, 3651; AG Hannover NJW 1981, 1219; Büskens JA 1981, 498; Busche in MüKo BGB § 631 Rn. 245.
[207] Peters/Jacoby in Staudinger BGB Vorbem. §§ 631 ff. Rn. 37 (2008).
[208] Kolberg S. 29 ff.
[209] Kreile/Hombach ZUM 2001, 731 (737).
[210] Kolberg S. 29.

Daher ist also die Tauglichkeit des überlassenen Platzes nach Mietrecht, das inhaltliche Element der Veranstaltung nach Werkvertragsrecht zu beurteilen.

Allerdings wird aufgezeigt werden, dass sich die aufgrund der Anwendung von Mietvertragsrecht einerseits und Werkvertragsrecht andererseits gewonnenen Ergebnisse im Wesentlichen nicht unterscheiden. **241**

5. Vertragserfüllung

Geschuldet wird beim Veranstaltungsbesuchsvertrag als Werkvertrag einerseits die Herstellung und Ablieferung, andererseits die Abnahme der Veranstaltung. Die Herstellung ist bei einer Aufführung ihre Produktion und Vorbereitung, die grundsätzlich im Vorfeld der Durchführung stattfindet. Ansprüche aus Leistungsstörungen oder Nichterfüllung des Besuchers können sich daher nur auf die Ablieferung, nicht auf die Herstellung beziehen.[211] **242**

An die Stelle einer Abnahme in Form einer körperlichen Entgegennahme des hergestellten Werkes tritt bei einer Veranstaltung – wie aufgezeigt werden wird – die Vollendung des Werkes. Der Erfüllungsanspruch erlischt mit der Durchführung der Veranstaltung. **243**

---

[211] Kolberg S. 45.

§ 5 Künstlervermittlung

I. Die Künstleragentur

244 Ohne die Mitwirkung eines Vermittlers zwischen Künstlern und Veranstaltern wäre das heutige Veranstaltungsgeschäft unvorstellbar. Veranstaltungs- bzw. Aufführungsverträge kommen nur in Ausnahmefällen durch unmittelbare Verhandlungen zwischen Veranstaltern und Künstlern zustande. Häufig besteht zwischen beiden gar kein unmittelbares Vertragsverhältnis. Regelmäßig sind an den Verhandlungen und den Vertragsabschlüssen weitere Unternehmen beteiligt. Es handelt sich dabei zumeist um Agenturen, also Unternehmen, deren Aufgabe in der **Anbahnung und Vermittlung sowie dem Verkauf von Veranstaltungsprogrammen** besteht.[212]

1. Das Berufsbild des Agenten

245 Die Geburtsstunde des Künstlervermittlerberufs lag parallel zum Auftreten kommerzieller Theaterformen und der Entstehung des Opernmarktes in der zweiten Hälfte des 17. Jahrhunderts in Italien. Die erste Erwähnung professioneller Agenturen findet sich im frühen 18. Jahrhundert im Zusammenhang mit dem Üblichwerden einer Bezahlung von Sängern anstatt der bis dahin üblichen Gewährung von Naturalien.[213] Ein einheitliches Berufsbild des Agenten gibt es nicht. Eine Legaldefinition des Berufes findet sich im schweizerischen Obligationenrecht in Art. 418 I: Agent ist danach, wer die Verpflichtung übernimmt, dauernd für einen oder mehrere Auftraggeber Geschäfte zu vermitteln oder in ihrem Namen und für ihre Rechnung abzuschließen, ohne zu dem Auftraggeber in einem Arbeitsverhältnis zu stehen.[214] Die Vorschrift entspricht der Definition des Handelsvertreters in § 84 Abs. 1 HGB.

246 Der Tätigkeitsbereich des Agenten geht häufig weit über die Veranstaltungsvermittlung hinaus. So übernehmen Agenten zusätzlich auch Werbeaufgaben, Beratungstätigkeiten und die Vertragsverhandlungen für ihre Auftraggeber.[215] Diese weiteren Tätigkeiten nimmt der Agent jedoch lediglich in Erfüllung der ihm übertragenen Buchungsaufgabe wahr. Ohne Werbung und Führung von Vertragsverhandlungen lassen sich keine Veranstaltungsverträge akquirieren. Gleichwohl führen die Schnittmengen dazu, dass die Begriffe Agent/Agentur in der Branche für vielfältige Tätigkeiten verwandt werden und dabei zumeist nur wenig Aussagekraft über die konkrete Tätigkeit haben. So spricht man von Konzertagenturen und meint damit eigentlich den Konzertveranstalter. Man spricht von Künstleragenturen und bezeichnet damit sowohl den Manager als auch den Vermittler eines Künstlers. Eine transparente Begriffsdefinition wird noch dadurch erschwert, dass der Begriff des Agenten gleichzeitig als Synonym des Begriffs Manager verwandt wird, dessen typische Kernaufgabe eigentlich in der konzeptionellen und organisatorischen Betreuung seines Auftraggebers liegt. In der Folge werden Verträge als Managementverträge tituliert, obwohl ihr wesentlicher Vertragsgegenstand in der Akquise von Veranstaltungsverträgen besteht.[216] Tatsächlich kommt es in der Praxis immer wieder zu Überschneidungen der Berufsbilder von Managern und Agenten, da die Akquise von Veranstaltungsverträgen auch häufig durch den Manager eines Künstlers wahrgenommen wird und die Agenten zusätzlich auch Managementaufgaben übernehmen.

247 Erst langsam setzen sich in Deutschland angesichts des Vorbilds der angloamerikanischen Branchenpraxis eine deutliche Trennung der Aufgaben von Agenten und Managern und

---

212 OLG Hamburg ZUM 2008, 144; Michow in Unverzagt/Röckrath L1.1 S. 14.
213 Vgl. Broeske-Daaliysky S. 9 ff.
214 Kreutzer S. 27.
215 OLG Hamburg ZUM 2008, 144; Kreutzer S. 27.
216 Vgl. OLG Köln 18.1.2002 – 1 U 21/01; Andryk S. 8 ff.

Künstlervermittlung § 5

damit ein klareres Berufsbild durch. Sowohl in England als auch in den USA obliegt dem ‚agent' bzw. der ‚agency' ausschließlich die Anwerbung von Veranstaltungsverträgen für seinen/ihren Auftraggeber. Mit konzeptionellen Aufgaben sowie der Rundum-Beratung und -Betreuung eines Künstlers hat die Agentur nichts zu tun. Dies ist – ebenso wie die Kontrolle der Arbeit des Agenten – Aufgabe des Managers. Entsprechend dieser angloamerikanischen Praxis wird auch im Folgenden unter dem Begriff ‚Agent' ausschließlich derjenige verstanden, der für die Akquise von Auftrittsgelegenheiten und das Zustandebringen von Veranstaltungsverträgen (engl. das sog ‚booking') zuständig ist.

Unter Bezugnahme auf ältere Veröffentlichungen des Verfassers hat sich das OLG Hamburg in einer Entscheidung aus dem Jahre 2007 der hier zur Abgrenzung der Agenturtätigkeit von der Managementtätigkeit dargestellten Kriterien angeschlossen: „Während der Agenturvertrag schwerpunktmäßig auf die Vermittlung des Künstlers in Engagements – ggf. auch in Arbeitsverhältnisse – gerichtet ist und hierneben zusätzliche Tätigkeiten wie Werbung, Akquisition, fortdauernde Pflege von Kontakten, Beratung und Vertragsverhandlung enthalten kann, ist es Ziel eines Managements, dem Künstler durch entsprechende Beratung und aufgrund seines kreativen Potentials zur Bekanntheit, vorzugsweise sogar zur Berühmtheit zu verhelfen, mithin seine Karriere zu fördern bzw. ‚aufzubauen'".[217] 248

2. Gegenstand der Künstlervermittlung

Gegenstand der Künstlervermittlung ist ausschließlich die **Anbahnung und Begründung von Veranstaltungsverträgen zwischen Künstlern und Veranstaltern**.[218] Der Vermittler kann dabei auf Veranlassung des Künstlers oder des Veranstalters tätig werden. Bei dem vermittelten Hauptvertrag kann es sich um einen Veranstaltungsvertrag – also einen selbstständigen Dienst- bzw. Werkvertrag – aber auch um einen Arbeitsvertrag handeln. Entsprechend wird zwischen der Arbeitsvermittlung und der Vermittlung in sonstige Verträge unterschieden. Grundsätzlich tritt der Vermittler dabei in Stellvertretung seines Auftraggebers aufgrund einer ihm für den Einzelfall oder dauerhaft erteilten Vollmacht auf. 249

Die Vermittlungsleistung kann sich darauf beschränken, dass dem Künstler – oder einem sonstigen Darbietenden – lediglich die Gelegenheit zum Abschluss eines Vertrages vermittelt wird. Sie kann aber auch darin bestehen, dass der Vermittler nicht lediglich den Vertragspartner des Künstlers akquiriert, sondern zudem auch den Vertrag mit bindender Wirkung für und wider diesen zum Abschluss bringt. Entsprechend wird im Folgenden unterschieden zwischen dem Nachweis- und dem Abschlussvermittler bzw. – sofern Maklerrecht Anwendung findet – dem **Nachweismakler** und dem **Abschlussmakler**. Im Gegensatz zum Vermittlungsmakler wirkt der Abschlussmakler nicht lediglich am Zustandekommen des Vertrages mit, sondern bringt diesen mit Vollmacht seines Auftraggebers ohne dessen unmittelbare Wirkung selbstständig zustande.[219] 250

Mit dem Agenturvertrag kann die exklusive Beauftragung oder auch nur die gelegentliche Kooperation eines Künstlers mit einem Agenten geregelt werden. Der Vermittler erbringt eine Dienstleistung. Ein konkreter Erfolg – die Vermittlung einer bestimmten Anzahl von Veranstaltungen innerhalb eines bestimmten Zeitraums oder die Vermittlung eines bestimmten Umsatzvolumens – wird nicht geschuldet. Häufig – insbesondere bei sog Tagesgeschäften, also Einzel- bzw. Gelegenheitsvermittlungen – werden Agenturverträge lediglich mündlich geschlossen. Für die gelegentlich zu hörende Behauptung, es entspräche einer Verkehrssitte der Branche, dass Agenturverträge stets schriftlich geschlossen werden, sind keine Anhaltspunkte ersichtlich. 251

Soweit der Agent im Rahmen eines längerfristigen Vertrages dauerhaft mit der Vermittlung eines Künstlers beauftragt wird, besteht für ihn eine Pflicht zum Tätigwerden. Es wäre 252

---

[217] OLG Hamburg ZUM 2008, 144; vgl. auch Michow in Moser/Scheuermann S. 1279.
[218] Vgl. Mustervertrag s. Anh. 1.
[219] Hopt in Baumbach/Hopt HGB § 84 Rn. 24.

jedoch verfehlt, das gesamte Agenturgeschäft nur auf die dauerhafte bzw. auf Exklusivität angelegte Vertretung von Künstlern zu reduzieren. So existieren neben den Exklusivagenturen eine Vielzahl sog ‚**Allround-Agenturen**', deren Geschäftsgegenstand darin besteht, ausschließlich auf Anfrage von Veranstaltern diesen Künstler zu vermitteln. Eine exklusive Bindung zwischen den Künstlern und Vermittlern besteht dabei allenfalls in Ausnahmefällen. Der Regelfall ist die Einzelfallvermittlung. Kunden der Allround-Agenturen sind regelmäßig Veranstalter – insbesondere aus dem Corporate-Event-Bereich – die für konkrete Anlässe – zB das einen Kongress abrundende Kulturprogramm – einen geeigneten Künstler suchen. Die Vermittler greifen dabei nicht etwa auf einen vorhandenen Künstlerpool zurück, sondern beraten mit Blick auf den konkreten Anlass und das vorhandene Budget im Rahmen ihrer Möglichkeiten ohne Bindung an einen eigenen Künstlerstamm. Soweit sie sich mit dem Veranstalter auf einen bestimmten Künstler geeignet haben, treten sie mit diesem bzw. seinem Vertreter in Kontakt, informieren ihn über die ihnen vorliegende Anfrage und verhandeln mit ihm, sofern er interessiert ist, die Daten für einen Vertragsschluss. Häufig führen derartige Anfragen von Veranstaltern zu einem erstmaligen Kontakt der Agentur zum Künstler.

253 Obwohl Auftraggeber der Agentur eigentlich der Veranstalter ist, wird die Provision für die Leistung des Vermittlers in einem derartigen Fall regelmäßig vom Begünstigten, also dem vermittelten Künstler gezahlt. Denn der Agent tritt gegenüber dem Veranstalter beim Vertragsschluss als Vertreter des Künstlers auf. Sofern die Vermittlung zustande kommt, ist daher allein dieser und nicht der anfragende Veranstalter Auftraggeber des Agenten. Zwischen dem Veranstalter und dem Agenten entsteht bei einem Vermittlungsgeschäft eine Rechtsbeziehung nur, sofern der Agent als Vertreter des Veranstalters tätig wird.

254 Als Gegenleistung für die Agenturleistung zahlt der Auftraggeber regelmäßig keine feste Vergütung sondern als **Provision** eine im Voraus ausgehandelte Beteiligung am Umsatz des vermittelten Geschäfts.

255 Bei dauerhaften oder Exklusivvertretungen wird die Bemessungsgrundlage für die Berechnung der Provision gelegentlich zB auf den Rohgewinn des Auftraggebers aus dem Vertragsumsatz reduziert (bspw. Umsatz abzgl. Technik-, Reise-, Personalkosten etc). Auch Provisionsstaffelungen, die sich zB nach dem im Einzelfall erzielten Umsatzvolumen richten, sind nicht unüblich.

II. Künstlervermittlung in selbstständige Dienst-/Werkverträge

1. Rechtsnatur des Agenturvertrages

256 Vertragsgrundlage des Vermittlungsgeschäfts ist der Agenturvertrag, der gelegentlich auch als Vermittlungs- oder Agenturauftrag bezeichnet wird. Gegenstand des Vertrages kann eine singuläre Vermittlung oder eine längerfristigere Beauftragung eines Agenten sein. Ganz überwiegend ist Gegenstand des Agenturvertrags nicht lediglich die Verpflichtung des Agenten, dem Künstler die Gelegenheit eines Vertragsabschlusses nachzuweisen sondern auch die Verpflichtung, den entsprechenden Vertrag zum Abschluss zu bringen. Eine Beratungstätigkeit schuldet der Agent nicht.

257 Die Rechtsprechung und Literatur zur Rechtsnatur des Agenturvertrages ist ebenso kontrovers wie verwirrend. Gestritten wird um die Frage, ob es sich um einen Geschäftsbesorgungs- Makler- oder Handelsvertretervertrag handelt.[220] Eine Ursache liegt dabei in der dargestellten gänzlich uneinheitlichen Terminologie durch stete Vermischung der Funktionen des Agenten einerseits und des Managers andererseits. Soweit man Folgerungen aus der einschlägigen Rechtsprechung zu Agentur- und Managementverträgen ziehen will, ist es daher erforderlich, zunächst festzustellen, ob mit der verwandten Terminologie im Einzelfall schwerpunktmäßig eine vermittelnde oder eine beratende Tätigkeit beurteilt wurde.

---

[220] Vgl. insbesondere: Martinek/Bergmann WRP 2006, 1047 (1051).

Grundsätzlich ist die Rechtsnatur des Agenturvertrags abhängig vom konkreten Inhalt und Umfang des dem Agenten erteilten Auftrags. Insbesondere ist entscheidend, ob der Agent für seinen Auftraggeber gelegentlich – zB aufgrund einer entsprechenden Anfrage eines Veranstalters – vermittelnd tätig wird oder aber exklusiv oder nicht exklusiv ständig mit der Vermittlung seines Auftraggebers beauftragt ist. Da Agenturverträge in verschiedenen Branchen (zB Sport, Fotografie) inhaltlich variieren können, lassen auch bspw. Urteile zur Vermittlungstätigkeit im Bildagenturbereich[221] nicht zwangsläufig zutreffende Rückschlüsse auf die Rechtsnatur des Künstlervermittlervertrages zu. **258**

Beispiel 5:
Geschäftsgegenstand der Eventagentur A ist die Akquise und Vermittlung von Künstlern für Veranstaltungen aller Art. Der Automobilhersteller V wendet sich an A und teilt mit, dass er einen bekannten Künstler für einen Auftritt im Rahmen eines Marketing-Events suche. A wendet sich an diverse ihm bekannte Künstler und fragt deren Verfügbarkeit und Konditionen ab. Nachdem er sein Rechercheergebnis V mitgeteilt hat, bittet dieser um Vermittlung eines Vertrages mit dem Künstler K. K erteilt A Vollmacht zum Abschluss des Vertrages mit V zu den A mitgeteilten Konditionen. A vereinbart mit K, dass dieser ihn mit einer Provision iHv 15 % an seinem Honorar beteilige.

Beispiel 6:
Künstleragent A hat einen dreijährigen Agentur-Exklusivvertrag mit dem Künstler K abgeschlossen. A hat sich darin verpflichtet, während der Vertragslaufzeit für K nachhaltig Veranstaltungsverträge zu akquirieren und abzuschließen. K hat sich im Gegenzuge dazu verpflichtet, A für jeden vermittelten Vertrag eine Provision von 10 % des jeweilig vertraglich vereinbarten Bruttoentgelts zu zahlen.

a) Agenturvertrag als Geschäftsbesorgungsvertrag

Es könnte sich bei der Agenturtätigkeit um eine Geschäftsbesorgung bzw. eine partiarische Geschäftsbesorgung handeln. Eine Geschäftsbesorgung iSd § 675 BGB setzt eine selbstständige Tätigkeit wirtschaftlicher Art zur Wahrung fremder Vermögensinteressen voraus. Eine **Tätigkeit in fremdem Interesse** liegt vor, wenn sie auf Geschäfte gerichtet ist, für die an sich der Geschäftsherr selbst in Wahrnehmung seiner Vermögensinteressen zu sorgen hat, die ihm aber durch einen Anderen (den Geschäftsführer) abgenommen wird.[222] Unter **partiarischer Geschäftsbesorgung** versteht sich die provisionsvermittelte Gewinn- bzw. Erfolgsbeteiligung des Geschäftsbesorgers.[223] **259**

Zum Erfordernis der **Fremdnützigkeit** beim Geschäftsbesorgungsvertrag werden in der Literatur unterschiedliche Auffassungen vertreten. Während einerseits ein Minimum an Fremdinteresse genügen soll und auch ein überwiegendes Eigeninteresse das Vorliegen eines Geschäftsbesorgungsvertrags nicht ausschließen soll[224], wird andererseits vorausgesetzt, dass der Schwerpunkt der Tätigkeit im Fremdinteresse liegen müsse.[225] Letztere Auffassung ist nicht nachvollziehbar. Bereits die Tatsache, dass jedem Geschäftsbesorgungsvertrag ein wirtschaftliches Interesse des Geschäftsbesorgers zugrunde liegt, begründet dessen grundsätzlich vorhandenes wirtschaftliches Interesse. Überzeugend wird gegen die Anforderung eines schwerpunktmäßigen Fremdinteresses auch angeführt, dass das Maß der Mischung von Fremd- und Eigeninteresse lediglich das Maß bestimme, in dem gemachte Aufwendungen ersetzt verlangt werden können. Im Falle überwiegenden Eigeninteresses des Geschäftsbesorgers stünden dem Geschäftsherrn lediglich die Ansprüche aus §§ 687 Abs. 2, 684 BGB sowie ggf. auch ein Anspruch auf Schadensersatz zu, sofern eine Pflichtverletzung festgestellt wird.[226] **260**

---

[221] OLG Hamburg GRUR 2006, 788.
[222] RGZ 109, 299 (301); BGHZ 45, 223 (228 f.); Sprau in Palandt BGB § 675 Rn. 4.
[223] Martinek/Bergmann WRP 2006, 1047 (1051) Fn. 44.
[224] Ehmann in Erman/Westermann BGB § 675 Rn. 2.
[225] Martinek in Staudinger BGB § 675 Rn. A 19 (2006).
[226] Ehmann in Erman/Westermann BGB § 675 Rn. 2.

261 Der Geschäftsbesorgungsvertrag setzt eine **Pflicht zum Tätigwerden** voraus.[227] Jedenfalls bei gelegentlichen Vermittlungstätigkeiten von Agenturen – wie im Beispiel 5 – scheidet die Annahme einer Geschäftsbesorgung regelmäßig bereits aus, da eine Pflicht des Vermittlers zum Tätigwerden nicht besteht. Vielmehr wird er bei gelegentlichen Vermittlungsaktivitäten an erster Stelle aus eigenem wirtschaftlichen Interesse tätig.

262 Eine Geschäftsbesorgung käme allenfalls dann in Betracht, wenn ihr – wie im Beispiel 6 – ein Vertrag mit dem Auftraggeber zugrunde liegt, der diesen zum (dauerhaften) Tätigwerden verpflichtet.

263 Die Beurteilung der Frage, ob ein Agenturvertrag im Einzelfall als Geschäftsbesorgung zu behandeln ist oder nicht kann jedoch dahinstehen, soweit auf ihn speziellere Normen Anwendung finden. Grundsätzlich ist der Geschäftsbesorgungsvertrag der §§ 675, 611 BGB den spezielleren Normen des Makler- und Handelsvertreterrechts untergeordnet. Handelsvertretung und Maklervertrag stehen also zur allgemeinen Geschäftsbesorgung im Verhältnis der Spezialität. Selbst bei Mischformen ist grundsätzlich zumindest ergänzend das Recht des Vertragstyps anzuwenden, in dessen Bereich der Schwerpunkt des Rechtsgeschäfts liegt.[228] Der allgemeine Geschäftsbesorgungsvertrag ist **Auffangtatbestand**, der nur dann unmittelbar zur Anwendung gelangt, wenn die Spezialregelungen der §§ 652 ff. BGB bzw. 84 ff. HGB oder des Maklerdienstvertrages nicht einschlägig sind.[229]

b) Agenturvertrag als Maklervertrag

264 Ganz überwiegend wird der Agenturvertrag als Maklervertrag iSd §§ 652 ff. BGB behandelt.[230] Der Hauptanwendungsbereich des Maklerrechts ist die Vermittlung von Grundstücken, Räumen, Darlehen, Versicherungen und Kapitalanlagen etc.[231] Dies lässt seine Anwendung auch auf Vermittlungsgeschäfte von Personen wie Künstlern auf den ersten Blick wenig plausibel erscheinen. Gelegentlich wird daher, sofern man den Maklervertrag auf die Künstlervermittlung anwendet, von einem **untypischen Maklervertrag**[232] oder auch von einem **maklerähnlichen Vertrag**[233] gesprochen.

265 Gegen die Anwendung des Maklerrechts auf Agenturverträge wird eingewandt, dass der Makler regelmäßig beauftragt sei, ein bestimmtes Objekt zu vermarkten.[234] Ferner bestehe für den Makler – anders als beim Künstlervermittler – keine Pflicht zum Tätigwerden.[235] Auch sei ein Makler regelmäßig nur singulär und nicht (wie dies allerdings auch bei (Künstler-Agenturen keineswegs grundsätzlich der Fall ist – vgl. oben Beispiel 5 –) dauerhaft für seinen Auftraggeber tätig. Der Agent habe regelmäßig Abschlussvollmacht während ein Makler nicht für seinen Auftraggeber unterschreibe.[236]

266 Im Ergebnis vermag keines dieser Argumente zu überzeugen. Soweit das OLG München darauf verweist, dass die maklerische Tätigkeit auf die Vermarktung eines bestimmten Objektes gerichtet sei, kann daraus nicht geschlossen werden, dass ein Maklervertrag zwingend stets dann nicht vorliegt, wenn Gegenstand des Vertrages die kontinuierliche Vermarktung von Objekten ist. Vielmehr hat das OLG seine Feststellung als Indiz zur Abgrenzung des Maklervertrags zum Handelsvertretervertrag verwandt, der bereits qua Gesetz eine

---

[227] Sprau in Palandt BGB § 675 Rn. 2.
[228] BGH NJW 2009, 1738 (1739); BGH NJW 2007, 213 (214); zur Abgrenzung OLG Stuttgart BB 1959, 537; Brüggemann in Staub HGB Vorbem. § 84 Rn. 38; Reuter in Staudinger BGB Vorbem. §§ 652 ff. Rn. 18 ff. (2010).
[229] Vgl. Martinek/Bergmann WRP 2006, 1047, 1059; Sprau in Palandt BGB § 675 Rn. 29 ff.
[230] BFHE 99, 31; BFHE 84, 97; BFHE 105, 469; BFH Urt. 19.2.1991 – IV B 2/90 ; Buchberger AnwBl. 2000, 637 (639); ausführlich Andryk S. 685 ff.
[231] Sprau in Palandt BGB Vorbem. § 652 Rn. 3.
[232] BGH NJW-RR 1990, 113.
[233] BFH Urt. v. 19.2.1991 – IV B 2/90;ausführlich Andryk S. 18 ff.
[234] OLG München Urt. v. 18.11.2010 – 23 U 3768/10.
[235] BGH WM 1982, 272 (273).
[236] Andryk S. 20.

ständige Betrauung voraussetzt. Und dass, sofern ein dauerhafter Vermittlungsauftrag erteilt wurde, ggf. Handelsvertreterrecht anwendbar ist, schließt die Anwendung von Maklerrecht für Einzelvermittlungsaufträge jedenfalls nicht aus.

Zutreffend ist, dass beim Maklervertrag grundsätzlich keine Pflicht zum Tätigwerden besteht. Eine solche Pflicht gegenüber dem Vermittelten besteht jedoch auch für Agenturen stets dann nicht, wenn sie als die bereits erwähnten ‚Allround-Agenturen' nur auf Anfrage von Veranstaltern tätig werden und dabei nicht auf einen eigenen Künstler-Pool zurückgreifen. 267

Das Argument, dass Makler regelmäßig nur singulär für einen Auftraggeber tätig werden, vermag – wenn man das Argument überhaupt für schlagkräftig erachtet – die Anwendung von Maklerrecht allenfalls für den dauerhaft – zB auf der Grundlage eines Exklusivvertrages – für einen Künstler tätigen Agenten auszuschließen. Die Allround-Agentur wird, wie dargestellt, ebenfalls nur im Einzelfall auf Anfrage eines Kunden für ihren Auftraggeber tätig, sodass jedenfalls bei ihr das Argument nicht gegen die Anwendung von Maklerrecht spricht. 268

Auch die Tatsache, dass der Agent im Gegensatz zum Makler regelmäßig über eine Abschlussvollmacht für seinen Auftraggeber verfüge, schließt die Anwendbarkeit von Maklerrecht nicht aus. Zwar ist es zutreffend, dass der Makler überwiegend als Nachweis- oder Vermittlungsmakler tätig wird, der an den Vertragsverhandlungen allenfalls mitwirkt, den Vertrag aber nicht selbstständig mit Wirkung für und wider seinen Auftraggeber zum Abschuss bringt.[237] Das Vorliegen bzw. Nichtvorliegen einer Abschlussvollmacht ist jedoch weder ein Ausschlusskriterium für die Anwendbarkeit von Maklerrecht noch eine zwingende Voraussetzung des Agenturvertrags. 269

Zur pauschalen Ablehnung der Anwendbarkeit von Maklerrecht auf den Agenturvertrag eignen sich die vorgetragenen Argumente also nicht. Da Gegenstand von Agenturverträgen sehr unterschiedliche Vermittlungsmandate sein können, ist im Einzelfall auf den konkreten Inhalt des Agenturvertrags abzustellen. Dabei ist insbesondere entscheidend, ob es sich um Vermittlungsaktivitäten mit exklusiver oder nicht-exklusiver Bindung des Künstlers an die Agentur handelt. Ferner ist zu berücksichtigen, ob die Vermittlungstätigkeit (gelegentlich) im Rahmen eines Managementauftrages erfolgt und ob es sich vorrangig um einen Vermittlungsauftrag handelt. 270

Jedenfalls soweit – wie im Beispiel 5 – auf Seiten des Agenten keine Pflicht zum dauerhaften Tätigwerden besteht, wird das Maklerrecht der Lösung einschlägiger Rechtsfragen beim Agenturvertrag durchaus gerecht. Doch selbst bei einem auf Dauer angelegten Vermittlungsauftrag kann es sich um einen Maklervertrag dann handeln, wenn beim Agenten die Voraussetzungen eines Betrautseins iSd § 84 Abs.1 HGB nicht vorliegen. 271

c) Agenturvertrag als Maklerdienstvertrag

Bei einem auf Dauer angelegten Vermittlungsauftrag einer Künstleragentur könnte es sich um einen Maklerdienstvertrag handeln. Regelmäßiger Inhalt des Vertrages, der vornehmlich im Immobilienbereich zu finden ist, ist ein dem Makler erteilter **Exklusivauftrag zur Vermakelung eines konkreten Objekts**. Der Auftraggeber verzichtet dabei auf sein Recht, während der Laufzeit des Vertrages die Dienste weiterer Makler in Anspruch zu nehmen.[238] Ein dauerhaftes Mandat zur ständigen Vermittlung, welches die Hauptpflicht aller auf Dauer angelegten Künstleragenturverträge ist, besteht beim Maklerdienstvertrag nicht.[239] Der Makler bleibt stets unparteiischer und vor allem weisungsunabhängiger Vermittler, der ohne eine besondere Interessenwahrungspflicht tätig wird. Anders als zB beim Handelsvertretervertrag fehlt beim Maklerdienstvertrag eine **ständige Beziehung des Maklers zu seinem Geschäftsherrn**. Es handelt sich um einen **typengemischten Ver-** 272

---

[237] Roth in MüKo BGB § 652 Rn. 94.
[238] Sprau in Palandt BGB § 652 Rn. 75.
[239] Martinek/Bergmann WRP 2006, 1047 (1051).

trag, der sowohl dienstvertragliche als auch maklervertragliche Elemente aufweist.[240] Das darauf anzuwendende Recht bestimmt sich nach dem Schwerpunkt der Tätigkeit. Da dieser jedenfalls im maklerischen Element liegt, bleibt der Maklerdienstvertrag im Kern ein Maklervertrag.[241]

273 Auch in seiner besonderen auf Dauer und Exklusivität angelegten Ausprägung passt der Maklerdienstvertrag mithin nicht auf Agenturverträge, zu deren elementaren Bestandteilen der ständige Vermittlungsauftrag in einer Vielzahl von Fällen, eine besondere Interessenwahrungspflicht und zumindest eine beschränkte Weisungsabhängigkeit zählt.

d) Agenturvertrag als gesellschaftsähnliches Vertragsverhältnis

274 Bei einer auf Dauer angelegten Tätigkeitspflicht eines Künstlervermittlers für seinen Auftraggeber lässt sich darüber nachdenken, ob es sich bei der Zusammenarbeit um ein gesellschaftsähnliches Verhältnis handeln könnte. Der BGH hat dies für einen Managementvertrag nicht grundsätzlich ausgeschlossen sondern darauf hingewiesen, dass es auf die Ausgestaltung im Einzelfall ankäme. Erforderlich sei zwar kein Zusammenschluss zur Förderung eines gemeinsamen Zwecks iSd § 705 BGB, aber zumindest eine ähnliche Interessenlage.[242] In Betracht käme insoweit eine **Innengesellschaft**, also eine Gesellschaft, die nach außen nicht hervortritt.[243] Letztlich ist die Annahme eines gesellschaftsähnlichen Vertragsverhältnisses selbst in Form einer Innengesellschaft zwischen Agent und Künstler jedoch abzulehnen. Bei der Innengesellschaft treten die jeweils Handelnden nach außen im eigenen Namen auf. Nur diese Personen und nicht die Gesellschafter zur gesamten Hand werden dabei gegenüber dem Dritten verpflichtet. Soweit sie ihre Geschäftsführungsbefugnis für die Gesellschaft ausgeübt haben, besitzen sie einen Rückgriffsanspruch gegen die anderen Gesellschafter nach den Grundsätzen des Auftragsrechts. Fraglich kann beim Vermittlungsauftrag bereits sein, ob zwischen Künstler und Agent eine Interessenlage besteht, die der des § 705 BGB ähnlich ist. Das ist abzulehnen, da der Künstler sich des Agenten nicht als gleichgestelltem Partner sondern als Dienstleister bedient, um seine beruflichen Ziele – nämlich die Präsentation seiner Darbietung vor Publikum gegen Zahlung eines Entgelts – zu erreichen. Der Agent tritt im Außenverhältnis nicht – wie üblicherweise die Gesellschafter einer Innengesellschaft – im eigenen sondern jedenfalls vertraglich ausschließlich im fremden Namen auf. Und auch der bei einer Innengesellschaft bestehende Rückgriffsanspruch, der gegeben ist, wenn ein Gesellschafter seine Geschäftsführungsbefugnis im eigenen Namen ausübt, besteht zwischen den Parteien eines Künstlervermittlungsvertrages nicht. Insbesondere ist der Agent weder an den Verlustrisiken des Künstlers beteiligt noch in der Gesamtheit an dessen Gewinnchancen. Dagegen spricht auch nicht die regelmäßig zwischen Agent und Künstler vereinbarte Umsatzbeteiligung des Agenten. Dem Agenten können nämlich – wie nachfolgend aufgezeigt werden wird – Provisionsansprüche selbst dann zustehen, wenn der von ihm vermittelte Vertrag vom Künstler bzw. dessen Vertragspartner nicht erfüllt wird.

e) Agenturvertrag als Handelsvertretervertrag

275 Sofern ein Agent ständig mit der Vermittlung eines Künstlers beauftragt ist, wird zunehmend darüber gestritten, ob auf den Agenturvertrag anstatt Maklerrecht die Vorschriften des Handelsvertreterrechts anwendbar sein können. **Handelsvertreter** ist gem. § 84 Abs. 1 S. 1 HGB, wer als selbständiger Gewerbetreibender ständig damit betraut ist, für einen anderen Unternehmer Geschäfte zu vermitteln oder in dessen Namen abzuschließen. Handelsvertreter werden regelmäßig für Unternehmen tätig, deren Geschäftsgegenstand darin besteht, immer wieder neu produzierte Objekte zu veräußern.[244] Anders als der Makler

---

[240] Martinek/Bergmann WRP 2006, 1047 (1050 f.).
[241] Sprau in Palandt BGB Vorbem. § 652 Rn. 6.
[242] BGH NJW 1983, 1191.
[243] Vgl. Rn. 92 ff.
[244] BGH NJW 1992, 2818 (2819).

Künstlervermittlung § 5

beim typischen Maklervertrag übernimmt der Handelsvertreter mithin nicht die einmalige Vermarktung eines Objekts, sondern ist mit der dauerhaften Vermarktung der Waren und Dienstleistungen eines Unternehmers beauftragt. Mithin müssen der auftraggebende Unternehmer und der Handelsvertreter durch ein **vertraglich begründetes Dauerschuldverhältnis** verbunden sein.[245] Der Handelsvertretervertrag ist damit seinem Wesen nach ein auf eine Geschäftsbesorgung gerichtetes Dienstverhältnis.[246]

aa) Geschäfte iSd Handelsvertreterrechts

Bei der Vermittlung von Veranstaltungsverträgen müsste es sich gem. § 84 Abs. 1 HGB um 276 die Vermittlung von Geschäften iSd Handelsvertreterrechts handeln. Die Art der Geschäfte, die durch den Handelsvertreter vermittelt oder abgeschlossen werden können, ist im Gesetz nicht näher definiert. Gegen die Anwendung von Handelsvertreterrecht auf die Vermittlung von Veranstaltungsverträgen wird eingewandt, dass es ausschließlich für den Warenhandelsverkehr konzipiert und daher auf die Vermittlung künstlerischer Leistungen nicht anwendbar sei.[247] Handelsvertretergeschäfte seien Massenabsatz– und damit Warengeschäfte. Der Handelsvertreter sei typischerweise **sozial vom Unternehmer abhängig** und werde nicht – wie der Agent – auf gleichgeordneter Ebene für seinen Auftraggeber tätig.[248] Wie Martinek/Bergmann[249] zutreffend darstellen, lässt sich diese generalisierende Meinung mit dem deutschen Handelsvertreterrecht nicht in Einklang bringen. Es reiche seit der Handelsvertreterreform im Jahre 1953 aus, dass der Handelsvertreter für einen anderen Unternehmer tätig werde. Sie verweisen dazu auf die Gesetzesbegründung, in der ausdrücklich festgestellt wurde, dass Bedenken gegen eine Ausdehnung des Begriffs des Handelsvertreters auf Personen, die für einen Unternehmer tätig werden, der kein Kaufmann ist, nicht bestehen. Entscheidend für die Anwendbarkeit des Handelsvertreterrechts sei allein die Vermittlungstätigkeit des Handelsvertreters und nicht der Tätigkeitsgegenstand des betreuten Unternehmens.[250]

Schließlich begründen die Kritiker der weiten Auslegung des Handelsvertreterrechts 277 ihre Auffassung mit der **europäischen Handelsvertreter-Richtlinie**[251] Dazu stellen Martinek/Bergmann überzeugend fest, dass die Richtlinie sich ausschließlich mit dem Warenhandelsvertreter befasst[252], keineswegs aber die Intention verfolge, den Handelsvertreterbegriff zu definieren oder aber das Handelsvertreterrecht inhaltlich auf den Warenhandelsvertreter zu beschränken.[253]

bb) Künstler als Unternehmer

Die Anwendbarkeit von Handelsvertreterrecht auf die Künstlervermittlung setzte gem. § 84 278 Abs. 1 HGB voraus, dass es sich bei Künstlern um Unternehmer handelt.[254] Grundsätzlich genügt jedes Unternehmen den Anforderungen an den Unternehmerbegriff der § 84 ff. HGB. Der Begriff ist weit auszulegen; Kaufmann oder sonst Gewerbetreibender braucht der Unternehmer nach heute ganz herrschender Auffassung nicht zu sein.[255] Daher werden in der Rechtsprechung und Literatur auch Freiberufler – wie insbesondere Schriftsteller,

---

[245] Reuter in Staudinger BGB Vorbem. §§ 652 ff. Rn. 21.
[246] OLG Düsseldorf Urt. v. 22.12.2011 – 16 U 133/10; v. Gamm NJW 1979, 2489 (2490).
[247] OLG Hamburg GRUR 2006, 788 (789).
[248] Vgl. Kassung AfP 2004, 89 (92 ff.).
[249] Martinek/Bergmann WRP 2006, 1047 (1058).
[250] Martinek/Bergmann WRP 2006, 1047 (1059); Hopt in Baumbach/Hopt HGB § 84 Rn. 5, 41.
[251] RL 86/653/EWG ABl. der EG Nr. L 382 S. 17 ff.; Kassung, AfP 2004, 89 (92).
[252] Vgl. RL 86/653/EWG Art. 1 Abs. 2.
[253] Martinek/Bergmann WRP 2006, 1047 (1059).
[254] OLG Hamburg GRUR 2006, 788 (789).
[255] vgl. BGHZ 43, 108; BGH WM 1982, 272 (273); Gerth S. 16; Hopt in Baumbach/Hopt HGB § 84 Rn. 27; v. Hoyningen/Huene in MüKo HGB § 84 Rn. 63.

ausübende Künstler oder der Impresario – als Unternehmer iSd § 84 Abs. 1 S. 1 HGB behandelt.[256] Jede wirtschaftliche Tätigkeit am Markt genügt.[257]

cc) Ständiges Betrautsein

279 Kernvoraussetzung des Handelsvertretervertrags und wesentlicher Unterschied zum Maklervertrag ist das Erfordernis des ständigen Betrautseins. Betrauung bedeutet Beauftragung zum Vertragsschluss mit Tätigkeitspflicht.[258] Der Unternehmer und der Handelsvertreter müssen durch ein vertraglich begründetes Dauerschuldverhältnis verbunden sein; eine lediglich wiederkehrende Vermittlungstätigkeit für den gleichen Auftraggeber genügt nicht.[259] Liegt kein Dauerschuldverhältnis vor, ist regelmäßig Maklerrecht anwendbar. Der Handelsvertretervertrag begründet als Dienstvertrag mit Geschäftsbesorgungscharakter im Unterschied zum Maklervertrag eine Pflicht zum Tätigwerden.[260] Ständige Betrauung bedeutet auch, dass dem Handelsvertreter die Tätigkeitspflicht obliegt, sich um eine unbestimmte Vielzahl von Abschlüssen zu bemühen. Der Begriff ist zwar nicht gleichbedeutend mit einer Pflicht zum ständigen Tätigwerden. Die Pflicht folgt jedoch aus der **Interessenwahrnehmungspflicht** des Handelsvertreters.[261] Eine Pflicht zum ständigen Tätigwerden liegt jedenfalls bei Agenturverträgen mit Exklusivbindung – also Verträgen, in welchen die Beauftragung weiterer Agenten durch den Künstler wie im Beispiel 6 ausgeschlossen ist – vor. Sie liegt hingegen nicht vor, wenn eine allgemeine Interessenswahrungspflicht des Vertreters nicht besteht. Die allgemeine Interessenswahrungspflicht ist zwingende Voraussetzung für die Annahme eines Handelsvertretervertrags und gleichzeitig wesentliches Abgrenzungsmerkmal zu Dienstverträgen mit Geschäftsbesorgungscharakter.[262]

280 Das LG München begründete in einem Verfahren eines Künstleragenten gegen eine Kabarettistin die Handelsvertretereigenschaft des Künstleragenten damit, dass dieser die Pflicht gehabt habe, dem Unternehmer „so viel wie möglich Auftritte zu vermitteln" und dass er diesen „nicht einfach hängen lassen" durfte. Das Gericht stützte diese Argumentation darauf, dass bei allen vertraglichen und abwicklungstechnischen Problemen stets zunächst der Agent zuständig gewesen sei. Dies sei mit der Tätigkeit eines ‚bloßen Maklers' nicht vereinbar. Als Indiz für das ständige Betrautsein des Agenten erwähnt das Gericht ua den ständigen (täglichen) geschäftlichen Kontakt der Parteien, die Tatsache, dass der Agent bei einer Vielzahl von Auftritten der Unternehmerin anwesend gewesen sei sowie die Anzahl der vermittelten Geschäfte.[263]

dd) Unzulässige Konkurrenzvertretung

281 Gemäß § 86 Abs. 1 2. Hs. HGB hat der Handelsvertreter bei seiner Tätigkeit das Interesse des Unternehmers zu wahren. Die Frage, ob daraus ein grundsätzliches **Wettbewerbsverbot** des Handelsvertreters herzuleiten sei, wird in Rechtsprechung und Literatur kontrovers behandelt.[264] Gegen ein striktes Wettbewerbsverbot spricht, dass es sich bei der Vorschrift

---

[256] LG Hamburg Urt. v. 3.9.1998 – 305 O 438/97 (nv); LG München I Urt. v. 27.11.1997 – 23 O 3277/97 (nv); Brüggemann in Staub HGB § 84 Rn. 16; Hopt in Baumbach/Hopt HGB § 84 Rn. 27; v. Hoyningen/Huene in MüKo HGB § 84 Rn. 63.
[257] Hopt in Baumbach/Hopt HGB § 84 Rn. 27.
[258] Hopt in Baumbach/Hopt HGB § 84 Rn. 41.
[259] BGH BB 1972, 11 (12).
[260] Vgl. BGHZ 59, 93; BGH BB 1972, 11; BGH BB 1982, 1876 (1877); Hopt in Baumbach/Hopt HGB § 84 Rn. 5, 41.
[261] Hopt in Baumbach/Hopt HGB § 84 Rn. 41 ff.
[262] OLG Hamburg GRUR 2006, 788 (789).
[263] LG München I Urt. v. 27.11.1997 – 23 O 3277/97 (nv); ohne weitere Begründung auch LG Hamburg Urt. v. 3.9.1998 – 305 O 438/97 (nv).
[264] BGH MDR 1968, 386; OLG Hamburg GRUR 2006, 788 (789); Brunn AcP 163, 487 (504 ff.); Schmidt S. 729 f., 732; BGH WM 1956, 598; BGH BB 1963, 448; Martinek/Bergmann WRP 2006, 1047(1054 ff.); Hopt in Baumbach/Hopt HGB § 86 Rn. 20 ff.

nicht um eine gesetzliche Hauptpflicht handelt. Diese besteht allein in der Vermittlung von Geschäften. Nur in diesem Rahmen hat der Handelsvertreter die Interessen seines Auftraggebers zu wahren.[265] Das OLG begründete die Ablehnung der Handelsvertretereigenschaft einer Foto-Agentur ua damit, dass sie für eine Vielzahl von Fotografen tätig gewesen sei. Die Tätigkeit für mehrere konkurrierende Unternehmen spreche indiziell eher gegen die Annahme eines Handelsvertreterverhältnisses. Das Gericht weist dabei aber ausdrücklich darauf hin, dass das Wettbewerbsverbot nicht wesensbestimmend für das Handelsvertreterverhältnis sei und im Übrigen konkludent abbedungen werden könne.[266] Martinek/Bergmann stellen überzeugend dar, dass die Entwicklung des Handelsvertreterrechts von Anfang an von dem Bewusstsein begleitet wurde, dass auf Märkten mit beschwerlichem Zugang, der notwendig über einige wenige Mittelspersonen läuft, das gleichzeitige Tätigwerden als Handelsvertreter für eine Vielzahl von Konkurrenten nicht ungewöhnliche Ausnahme sondern unabdingbare Voraussetzung ist.[267] Gleiches gelte bei Märkten, bei denen Absatzmöglichkeiten damit stehen und fallen, dass dem Abnehmer eine gewisse Auswahl im Grundsatz gleichartiger Produkte angeboten wird.

Der BGH hat seine bisher strikte Rechtsprechung zum Konkurrenzverbot des Handelsvertreters dahingehend korrigiert, dass eine unzulässige Konkurrenzvertretung nur vorliege, soweit eine **Interessenbeeinträchtigung** bestehe. Die Interessenwahrungspflicht gebiete – durchaus einer Neutralitätspflicht vergleichbar –, dass der Handelsvertreter nicht den einen Produzenten willkürlich, dh ohne sachlichen Grund, hinter dem anderen zurückstellen darf.[268] **282**

Im Ergebnis ist der zunehmend überwiegenden Meinung zuzustimmen, dass dem Handelsvertreter eine Tätigkeit für andere Unternehmen grundsätzlich möglich und diese nur ausgeschlossen ist, sofern sie eine Konkurrenz auf dem Geschäftsgebiet des Unternehmers darstellt. Dabei gilt, dass die Zustimmung des Unternehmers den Handelsvertreter vom Wettbewerbsverbot entbindet.[269] **283**

Für die Zusammenarbeit von Künstlern und Künstlervermittlern kann bereits unterstellt werden, dass eine derartige Zustimmung seitens der Künstler regelmäßig vorliegt. Bei Abschluss eines Exklusivvertrages mit einer mehrere Künstler vertretenden Agentur erteilt der Künstler jedenfalls konkludent seine Zustimmung, dass die Agentur auch für andere Künstler tätig sein darf. Der Künstleragent wird regelmäßig nämlich überhaupt nur deshalb mit der Vertretung eines Künstlers beauftragt, weil bekannt ist, dass er bereits eine Vielzahl anderer Künstler ständig betraut und für diese erfolgreich vermittelnd tätig ist. Die Vermittlungstätigkeit für weitere Unternehmer wird also bereits grundsätzlich zumindest billigend in Kauf genommen. Insoweit dürfte im Bereich der Künstlervermittlung auch regelmäßig die vom BGH geforderte Einholung einer Zustimmung obsolet sein.[270] Die **Interessenwahrungspflicht** beschränkt sich darauf, dass der Agent keine Künstler vertreten darf, die die Interessen des Geschäftsherrn beeinträchtigen könnten. Dies könnte allenfalls denkbar sein, sofern ein unmittelbares Konkurrenzverhältnis zwischen zwei vom gleichen Agenten vertretenen Künstlern vorliegt. Das könnte anzunehmen sein, wenn die Künstler nicht nur in der gleichen Kunstsparte tätig sind, sondern mit ihrem Schaffen den gleichen Konsumentenkreis ansprechen. Zudem wäre ein Konkurrenzverhältnis auch nur denkbar, wenn beide Künstler sich in ihrem künstlerischen Entwicklungsstadium auf einer konkurrierenden Ebene befinden. Denn es ist schwer vorstellbar, dass ein Newcomer eine Konkurrenz in einem von seiner Agentur im gleichen Genre vertretenen etablierten Künstler sieht. In der Praxis ist ohnehin genau das Gegenteil der Fall: ein Nachwuchskünstler wird sich bei **284**

---

[265] Martinek/Bergmann WRP 2006, 1047 (1054).
[266] OLG Hamburg GRUR 2006, 788.
[267] Martinek/Bergmann WRP 2006, 1047 (1054).
[268] BGHZ 112, 218 (221).
[269] Hopt in Baumbach/Hopt HGB § 86 Rn. 30.
[270] BGH MDR 1968, 386.

§ 5 Künstlervermittlung

einer Agentur, die im gleichen Genre Erfahrungen mit etablierten Künstlern hat, regelmäßig besser aufgehoben fühlen. Und selbst wenn man ausnahmsweise ein Konkurrenzverhältnis unterstellte, wird man es auf den in der Praxis eher seltenen Fall beschränken müssen, dass dem Künstler die Zusammenarbeit des Agenten auch mit 'Konkurrenzkünstlern' nicht bekannt war.

285 Allein die Tatsache, dass eine Künstleragentur eine Vielzahl von Künstlern vertritt, ist mithin kein gegen ein Handelsvertreterverhältnis sprechendes Indiz. Schließlich ist auch der **Mehrfirmenvertreter** ein Handelsvertreter.[271] Mit der bei Künstleragenturen üblichen Mehrvertretung lässt sich ein Verstoß gegen die aus § 86 Abs. 1 2. Hs. HGB resultierende Interessenwahrungspflicht mithin nicht begründen.

ee) Pflichten des Handelsvertreters

286 Die Tätigkeit des Handelsvertreters darf sich gem. § 86 HGB nicht auf eine gelegentliche Tätigkeit beschränken. Es muss eine **ständige Verpflichtung** zur Vermittlung und zum Abschluss von Geschäften bestehen. Der Handelsvertreter muss die ihm zur Verfügung stehenden Möglichkeiten zur Vermittlung oder zum Abschluss von Verträgen mit allem Nachdruck verfolgen.[272] Entsprechend kommt, wie festgestellt, die Anwendung von Handelsvertreterrecht auf den Agenturvertrag nur bei auf Dauer angelegten Vertragsverhältnissen in Betracht.

287 Der Handelsvertreter hat grundsätzlich die **Weisungen des Unternehmers** zu beachten soweit sie nicht seine rechtliche Selbstständigkeit in ihrem Kerngehalt beschränken.[273] Das bedeutet, dass bei einem Agenturvertrag ausschließlich dem Künstler die Entscheidung über das ‚ob' und ‚wie' eines Vertragsschlusses vorbehalten ist. Selbstverständlich können die Parteien dazu vertraglich Rahmenbedingungen festlegen, auf deren Grundlage der Vertreter ohne Rücksprache abschlussberechtigt ist.

288 Der Handelsvertreter unterliegt einer **allgemeinen Mitteilungs- und Berichtspflicht**.[274] Er ist kein unparteiischer Makler sondern hat gem. § 86 Abs. 1 HGB die Interessen des Unternehmers wahrzunehmen.[275]

ff) Pflichten des Unternehmers

289 Die **kaufmännische Entschließungsfreiheit** steht gem. § 86a HGB ausschließlich dem Unternehmer zu. Gleichwohl hat er auf die berechtigten Erwartungen des Handelsvertreters bezüglich des Erfolgs seiner Arbeit und seiner Aufwendungen Rücksicht zu nehmen. Er darf dem Handelsvertreter nicht ohne Weiteres durch unerwartete geschäftliche Dispositionen den Erfolg seiner Arbeit verkürzen.[276] Das kann beim Agenturvertrag zB der Fall sein, wenn ein Künstler trotz ihm bekannter Veranstaltungsplanungen seines Vertreters überraschend mitteilt, dass er sich kurzfristig zu einem Urlaub entschlossen habe. Dem stünde gem. § 86a Abs. 2 S. 1 HGB die **Pflicht zur rechtzeitigen Nachricht** entgegen, deren Verletzung den Handelsvertreter zu Schadensersatzansprüchen aus §§ 280 Abs. 1 ff. BGB berechtigen kann.[277]

290 Zu den Pflichten des Unternehmers zählt auch die Verpflichtung, seinen Vertreter in der Ausübung seiner Tätigkeit zu unterstützen.[278] So kann – sofern der Agenturvertrag keine

---

[271] Vgl. Hopt in Baumbach/Hopt HGB §§ 86 Rn. 24, 89b Rn. 40.
[272] OLG München WM 2011, 1625 (1627).
[273] OLG München WM 2011, 1625 (1627); Hopt in Baumbach/Hopt HGB § 86 Rn. 16; BGH NJW 1966, 882 (883).
[274] BGH NJW 1966, 882 (883).
[275] BGH BB 1979, 242.
[276] BGHZ 26, 161 (165); v. Gamm NJW 1979, 2489 (2491).
[277] BGH WM 1987, 595 (596).
[278] BGH NJW 2011, 2423.

abweichende Regelung vorsieht – der als Handelsvertreter tätige Künstleragent vom Künstler zB erwarten, dass ihm Werbematerialien zur Verfügung gestellt werden.

gg) Die Wertung des § 627 BGB

Wie aufgezeigt werden wird, ist Gegenstand – jedenfalls des auf Dauer angelegten Agentur- und Managementvertrages – die **Leistung von Diensten höherer Art**, auf die das besondere Kündigungsrecht des § 627 BGB Anwendung findet. Es wird vertreten, dass die Anwendung von Handelsvertreterrecht auf derartige Verträge stets ausgeschlossen ist, da der Handelsvertreterausgleichsanspruch den Schutzzweck des § 627 BGB ins Leere laufen ließe. Die Vorschriften der §§ 89 ff. HGB seien eine abschließende Spezialregelung zu den Kündigungsvorschriften des Dienstvertragsrechts. Verträge, die ein **besonderes Vertrauensverhältnis** der Parteien voraussetzten, gäbe es im Handelsvertreterrecht nicht. Sie hindere den Auftraggeber daran, sich jederzeit unproblematisch vom Vertrag lösen zu können, sobald das erforderliche persönliche Vertrauen in den Auftragnehmer und dessen Fähigkeiten fehlt. § 89b HGB wirke daher wie eine unzulässige Kündigungssperre.[279] Nach anderer Auffassung kann, sofern sich der Handelsvertretervertrag als Dienstverhältnis darstellt, neben den §§ 89, 89a HGB auf § 627 BGB stets dann zurückgegriffen werden, wenn dessen Voraussetzungen bei dem konkreten Handelsvertretervertrag vorliegen.[280]

291

Dieser Auffassung ist zuzustimmen. Für die Stützung der als Grundsatz aufgestellten These, dass ein besonderes Vertrauensverhältnis zwischen Auftraggeber und Auftragnehmer beim Handelsvertretervertrag grundsätzlich nicht vorliege, sind keine Argumente ersichtlich. Der längerfristige Agenturvertrag, bei dem es sich – wie aufgezeigt werden wird – durchaus um einen Handelsvertretervertrag handeln kann, ist ein gutes Beispiel, um diese These zu widerlegen. Ferner kann auch der Behauptung nicht gefolgt werden, dass der Ausgleichsanspruch des Handelsvertreters wie eine Kündigungssperre wirke. So wird von den Gegnern dieser Rechtsauffassung zu Recht darauf hingewiesen, dass selbst bei einer Kündigung des Handelsvertretervertrags aus wichtigem Grund gem. § 89a Abs. 2 HGB der Ausgleichsanspruch nur unter der einschränkenden Voraussetzung ausgeschlossen sei, dass ein schuldhaftes Verhalten des Handelsvertreters vorliegt. Wenn aber der Ausgleichsanspruch bereits mit einer Kündigung aus wichtigem Grund nicht kollidiere, also diese weder ausschließe noch beschränke, könne dies bei der Kündigung nach § 627 BGB nicht anders sein. Dem ist ebenfalls zuzustimmen. § 89b HGB zielt nicht darauf ab, das Kündigungsrecht einzuschränken, sondern soll den Vorteil ausgleichen, den der Unternehmer durch die Fortnutzung der vom Handelsvertreter geschaffenen Geschäftskontakte hat. Ein entsprechender angemessener Interessenausgleich stellt keine Sanktion dar. Zutreffend wird der Rückgriff auf allgemeines Dienstvertragsrecht stets dann für zulässig erachtet, wenn das Handelsvertreterrecht eine Regelungslücke aufweist.[281] Eine derartige Regelungslücke ist gegeben, denn die §§ 89 ff. HGB sehen für Vertragsverhältnisse, die auf besonderem Vertrauen beruhen, kein besonderes Kündigungsrecht vor. Es ist zudem kein Hinweis dafür ersichtlich, dass die Vorschriften der §§ 89, 89a HGB abschließenden Charakter haben. Die Wertung des § 627 BGB spricht daher nicht gegen die Anwendung von Handelsvertreterrecht auf Agenturverträge.

292

hh) Die Entscheidung des OLG Hamburg

Die häufig kontroverse Diskussion der Frage, ob ein Künstleragent Handelsvertreter sein kann oder nicht, ist darauf zurückzuführen, dass mangels klarer Begrifflichkeiten regelmäßig Ungleiches miteinander verglichen wird. Soweit es tatsächlich um die typische Vermittlungstätigkeit einer exklusiv beauftragten Künstleragentur geht, ist zunächst festzustellen,

293

---

[279] LG Köln Urt. v. 11.3.2002 – 2 O 594/00 (nv); Kassung AfP 2004, 89 (94); v. Hoyningen/Huene in MüKo HGB § 89a Rn. 3; Hopt in Baumbach/Hopt HGB §§ 89 Rn. 6, 89a Rn. 2.
[280] Martinek/Bergmann WRP 2006, 1047 (1059).
[281] v. Hoyningen/Huene in MüKo HGB § 89a Rn. 3.

dass die Rechtsprechung Handelsvertreterrecht für durchaus anwendbar erachtet. Auch die immer wieder zur Bestätigung des Gegenteils zitierte Entscheidung des Hanseatischen OLG Hamburg aus dem Jahre 2005[282] vermag letztlich die Behauptung nicht zu stützen, dass Handelsvertreterrecht auf Künstleragenturen grundsätzlich nicht anwendbar sei. Das OLG Hamburg hatte mit seinem Urteil den Ausgleichsanspruch eines **Fotografen-Repräsentanten** gegen einen Fotografen mit der Begründung zurückgewiesen, dass es sich bei dem zwischen den Parteien bestehenden Rechtsverhältnis um einen Dienstvertrag mit Geschäftsbesorgungscharakter gehandelt habe, welcher nicht die Voraussetzungen eines Handelsvertretervertrages erfülle. Der dieser Entscheidung zugrunde liegende Fall – die Repräsentanz von Fotografen – lässt sich jedoch nicht mit der Exklusivvertretung zB eines ausübenden Künstlers vergleichen. Fotografen-Agenturen werden regelmäßig nicht zielgerichtet vermarktend tätig, sondern verfügen über einen Pool verschiedenster Fotografen, die sie ihren Kunden je nach Bedarf anbieten. Sie werden regelmäßig nicht aktiv für von ihnen vertretene Fotografen tätig, sondern reagieren zumeist ausschließlich auf Anfragen ihrer Kunden. Entsprechend war auch die Fotoagentur im Fall des OLG Hamburg gleichzeitig für eine Vielzahl anderer Fotografen tätig, weisungsfrei gegenüber ihren Auftraggebern und schuldete keine interessenwahrende Vermittlung von Geschäften, sondern lediglich die bedarfsmäßige Vermittlertätigkeit. Zur Beurteilung des Handelsvertreterstatus von Künstlerexklusivagenturen lassen sich aus dem Urteil daher keine Schlüsse ziehen. Ganz im Gegenteil spricht für die grundsätzliche Relevanz des Handelsvertreterrechts für Agenturtätigkeiten, dass das Gericht dessen Vorliegen intensiv geprüft hat. Im Ergebnis hat es ein Handelsvertreterverhältnis nur aufgrund der spezifischen Gegebenheiten sowie der Tatsache abgelehnt, dass ein ständiges Betrautsein iSd § 84 Abs. 1 HGB und eine Interessenwahrungspflicht im konkreten Fall nicht vorlagen.

ii) Ergebnis

294 Nach Würdigung aller Voraussetzungen des Handelsvertreterrechts sowie der Argumente gegen die Anwendung von Handelsvertreterrecht auf Agenturverträge ist zusammenfassend festzustellen, dass es sich jedenfalls bei dem auf Dauer angelegten Agenturvertrag – insbesondere bei einem Vertrag mit Exklusivbindung – mit umfassendem Betreuungsauftrag gem. § 84 HGB durchaus um einen Handelsvertretervertrag handeln kann und nach hier vertretener Auffassung auch handelt. Dies wird auch durch die Literatur und zunehmend durch die Rechtsprechung bestätigt.[283] Ein Maklervertrag ist bei dauerhaften Vermittlungsaufträgen nur anzunehmen, sofern der Auftrag keine ständige Betrauung zum Gegenstand hat. Das kann zB der Fall sein, wenn der Agent zwar dauerhaft, aber lediglich mit der Vermittlung nur bestimmter einzelner Geschäfte beauftragt ist.[284]

2. Handelsvertreterausgleichsanspruch des Künstlervermittlers

295 Liegen bei einem Künstleragenten die Voraussetzungen des § 84 HGB vor, kann ihm gem. § 89b Abs. 1 HGB nach Beendigung des Vertragsverhältnisses mit dem Künstler ein **Ausgleichsanspruch für fortbestehende Vorteile** zustehen. Der Anspruch ist kein Versorgungsanspruch, sondern Gegenleistung für die durch die Provision noch nicht voll abgegoltene Leistung für die **Pflege des bestehenden und die Schaffung eines neuen Kundenstamms**.[285] Der Anspruch kann gem. § 89b Abs. 4 HGB vertraglich nicht ausgeschlossen werden.

---

[282] OLG Hamburg GRUR 2006, 788.
[283] LG München I Urt. v. 27.11.1997 – 23 O 3277/97 (nv); LG Hamburg Urt. v. 3.9.1998 – 305 O 438/97 (nv); Martinek/Bergmann WRP 2006, 1047; Andryk S. 32 f; Homann S. 222; Gerth S. 16; für den Managementvertrag mit festen Bezügen LG Köln Urt. v. 11.3.2002 – 2 O 594/00 (nv).
[284] Hopt in Baumbach/Hopt HGB § 84 Rn. 42.
[285] Hopt in Baumbach/Hopt HGB § 89b Rn. 2.

Künstlervermittlung § 5

Entscheidende Voraussetzung ist, dass dem Unternehmer aufgrund der Zusammenarbeit 296
erhebliche aus einer Geschäftsbeziehung zu Kunden resultierende **nachvertragliche Vorteile** entstanden sind, die der Handelsvertreter während seiner Vertragszeit neu geworben oder zu denen er die Geschäftsbeziehung wesentlich erweitert hat. Zusätzlich muss die Zahlung eines Ausgleichs unter Berücksichtigung aller Umstände, insbesondere der dem Handelsvertreter aus Geschäften mit diesen Kunden entgehenden Provisionen, der **Billigkeit** entsprechen. Aus der Kombination der Begriffe ‚wenn' und ‚soweit' sowie der Verknüpfung von § 89b Abs. 1 HGB und § 89b Abs. 1 Nr. 1 und Nr. 2 HGB folgt, dass die Voraussetzungen von Zif. 1 und 2 kumulativ vorliegen müssen.[286]

Soweit ersichtlich, gibt es für den Bereich der Künstleragenturen zur Durchsetzung des 297
Handelsvertreterausgleichsanspruchs noch keine ausgeurteilten Verfahren. Sofern die grundsätzliche Anwendbarkeit von Handelsvertreterrecht auf den Agenturvertrag angenommen wurde, endeten die bisher bekannten Verfahren mit einem Vergleich.[287]

a) Beendigung des Handelsvertretervertrags

Voraussetzung für das Entstehen und Fälligwerden des Ausgleichsanspruchs ist zunächst die 298
Beendigung des Vertrags, wobei jeder Beendigungsgrund in Betracht kommt.[288] Allerdings darf kein Beendigungsgrund gem. § 89b Abs. 3 HGB gegeben sein. Denkbar ist eine Beendigung aufgrund Zeitablaufs des Vertrages, aufgrund einer auflösenden Bedingung (zB Nichterreichung eines angestrebten Umsatzziels) oder – vorbehaltlich der Ausnahmen des Abs. 3 – eine ordentliche oder außerordentliche Kündigung des Vertrages durch den Unternehmer. Kündigt der Handelsvertreter den Vertrag, steht ihm gem. § 89b Abs. 3 Nr. 1 HGB kein Ausgleichsanspruch zu. Der Anspruch ist vererblich[289] und entfällt auch dann nicht, wenn dem Unternehmer die Fortsetzung des Vertrages wegen Alters oder Krankheit des Handelsvertreters gem. § 89b Abs. 3 Nr. 1 HGB nicht zugemutet werden kann. Eine quantitative Einschränkung des Handelsvertretervertrags kann als Teilbeendigung zu behandeln sein.[290]

b) Vorteile des Unternehmers

Die für den Ausgleichsanspruch in § 89b Abs. 1 HGB vorausgesetzten erheblichen Vorteile 299
des Unternehmers aus der Zusammenarbeit können gem. § 89b Abs. 1 Nr. 1 HGB in während der Vertragszeit **geworbenen neuen Kunden** oder gem. § 89b Abs. 1 S. 2 HGB der wesentlichen **Erweiterung der Geschäftsbeziehungen zu bereits vorhandenen Kunden** bestehen. Es muss für den Unternehmer die Möglichkeit der weiteren Nutzung von Geschäftsbeziehungen mit den gewonnen oder aus der erweiterten Verbindung mit dem Altkunden geschaffen worden sein. Dabei genügt die Chance, solche Vorteile zu nutzen.[291] Sie müssen dem Unternehmer auch nach Beendigung des Vertrages mit dem Handelsvertreter die Aussicht auf einen Gewinn ohne Provisionszahlungspflicht geben.[292] Geschäftsverbindungen bedeuten Aussicht auf weitere Abschlüsse (Nachbestellungen) in einem überschaubaren Zeitraum.[293] Regelmäßig wird dabei vorausgesetzt, dass es sich um **Stammkunden** handeln müsse. Stammkunden sind alle **Mehrfachkunden**, die in einem überschaubaren Zeitraum mehr als einmal ein Geschäft mit dem Unternehmer abgeschlos-

---

[286] Hopt in Baumbach/Hopt HGB § 89b Rn. 45.
[287] LG Hamburg Urt. v. 3.9.1998 – 305 O 438/97 (nv); LG München I Urt. v. 27.11.1997 – 23 O 3277/97 (nv).
[288] BGH NJW 1998, 71 (75); Hopt in Baumbach/Hopt HGB § 89b Rn. 7.
[289] BGHZ 24, 214; 41, 129.
[290] Hopt in Baumbach/Hopt HGB § 89b Rn. 10.
[291] OLG München BB 1996, 980; Thume BB 2009, 2490 (2492).
[292] Hopt in Baumbach/Hopt HGB § 89b Rn. 15.
[293] Hopt in Baumbach/Hopt HGB § 89b Rn. 12; Brüggemann in Staub HGB § 89b Rn. 37.

sen haben oder voraussichtlich abschließen werden.²⁹⁴ Um zu beurteilen, ob die Kunden auch nach Beendigung des Handelsvertreterverhältnisses mit dem Unternehmer Geschäfte abschließen werden, ist im Zeitpunkt der Vertragsbeendigung mithin eine **Prognose** anzustellen.²⁹⁵ Die Beweislast bezüglich der Vorteilsbehauptung obliegt dem Handelsvertreter.²⁹⁶

300 Der BGH stellt bei der Beurteilung der Nachhaltigkeit des Käuferverhaltens nicht nur auf den Gegenstand des Geschäfts, sondern auch die branchenüblichen Besonderheiten ab.²⁹⁷ Entscheidend sei, ob es sich bei den Kunden lediglich um eine **Laufkundschaft** handele. Für den Kundenkreis eines als Handelsvertreter tätigen Reisebüros hat der BGH ausgeführt, dass die Eigenschaft als Stammkunde Bindungen an den Reiseveranstalter von erkennbarer Beständigkeit voraussetze, die sich nur in wiederholten Buchungen zeigten. Dass bei Fortführung des Handelsvertreterverhältnisses ein Teil der Neukunden zu Stammkunden hätte werden können, reiche dagegen nicht aus. Sogenannte ‚potentielle **Stammkunden**' seien bei Vertragsende eben noch keine Stammkunden, sondern nur ‚Laufkunden', die dem Unternehmer keinen vom Vertreter vermittelten Vorteil bringen würden.²⁹⁸ Demgegenüber hat der BGH bei langlebigen Wirtschaftsgütern mit einem längeren Nachbestellungsintervall anerkannt, dass Kunden, die bei Beendigung des Handelsvertreter- bzw. Vertragshändlerverhältnisses erst ‚**Einmal-Kunden**' waren, als Stammkunden behandelt werden können, wenn und soweit unter Berücksichtigung branchenüblicher Besonderheiten aufgrund einer Schätzprognose innerhalb eines überschaubaren Zeitraums nach Vertragsende Wiederholungskäufe zu erwarten sind.²⁹⁹

301 Die von einem Künstlervermittler geschaffenen Kontakte sind bspw. Kontakte zu Veranstaltern, anderen Agenturen, Spielstättenbetreibern, Medienpartnern wie Rundfunk- und Fernsehanstalten. Zur Begründung eines Ausgleichsanspruches müssen diese Kontakte auch nach Beendigung des Vertragsverhältnisses für den Künstler noch von wirtschaftlichem Interesse sein. Naturgemäß lässt sich die Situation von Wiederholungsaufträgen (zB Folgebuchungen) in der Veranstaltungsbranche nicht mit dem Stammkundenverhalten bei Massengeschäften wie zB dem Tankstellenmarkt vergleichen. Während ein Stammkunde einer Tankstelle diese möglicherweise einmal wöchentlich aufsucht, erfolgen sog **Ré-Engagements** – darunter verstehen sich Wiederholungsbuchungen – in der Veranstaltungsbranche zumeist frühestens nach Ablauf eines Jahres. Stellte man also an den Begriff der Geschäftsverbindung im Veranstaltungsgeschäft die gleichen Voraussetzungen wie im Massenabsatzgeschäft, würde insbesondere bei kürzeren Vertragsverhältnissen kaum je ein Ausgleichsanspruch bestehen, obwohl der Unternehmer derartige Kontakte in großzügiger bemesseneren Zeiträumen durchaus nutzen kann und regelmäßig auch nutzt. Damit würde man trotz Fortnutzungsmöglichkeiten der durch den Handelsvertreter geschaffenen Geschäftsverbindungen die ihm dafür mit dem Ausgleichsanspruch zugedachte Vergütung versagen.

302 Unter Zugrundelegung der vom BGH für die Nachbestellungsintervalle bei langlebigen Wirtschaftsgütern aufgestellten Prognosekriterien ist in der Künstlervermittlungsbranche zunächst zu prüfen, ob der Künstler grundsätzlich erneut mit einmal gewonnenen Veranstaltern zusammenarbeitet. Dabei spricht für den Fortbestand von Geschäftsbeziehungen mit neu geworbenen Kunden eine **widerlegbare Vermutung**.³⁰⁰ Wurden bereits während der Vertragszeit auch ältere, zB vorbestehende Kundenkontakte grundsätzlich nur einmal genutzt – kam es also regelmäßig nie oder nur in Ausnahmefällen zu Wiederholungs- oder Folgeauftritten – ist auch in der Zukunft die Möglichkeit der Fortnutzung durch den Agenten angebahnter oder gepflegter Geschäftskontakte wenig wahrscheinlich. Ein Vorteil,

---

²⁹⁴ BGHZ 135, 14; BGH WM 2003, 499 (500); BGH NJW 1999, 2668; Brüggemann in Staub HGB § 89b Rn. 37.
²⁹⁵ BGH NJW 1998, 71; Thume BB 2009, 2490 (2492).
²⁹⁶ Hopt in Baumbach/Hopt HGB § 89b Rn. 22.
²⁹⁷ BGH BB 2010, 1685 (1687).
²⁹⁸ BGH NJW 1974, 1242 (1243).
²⁹⁹ BGHZ 135, 14 mwN.
³⁰⁰ BGH NJW 1985, 859; NJW-RR 2010, 1263 (1264).

der dem Künstler auch noch nach Beendigung der Zusammenarbeit mit dem Agenten zugute käme, ist also nur denkbar, wenn vermittelte Geschäftskontakte regelmäßig nicht lediglich einmal, sondern wiederholt genutzt werden.

Entwickelt sich der Aufbau einer Künstlerkarriere erfolgreich, scheinen eine Reihe weiterer Argumente dem Handelsvertreterausgleichsanspruch entgegenzustehen: Bei wachsender Popularität des Künstlers wird es zumeist erforderlich, von den bisher kleineren Spielstätten in größere zu wechseln, die hinreichende Kapazitäten für ein gewachsenes Publikum bieten. Mit den Spielstätten wechseln zwangsläufig auch die Vertragspartner. Häufig legt dann der Künstler, anstatt wie vorher bei jedem Konzert mit unterschiedlichen Vertragspartnern zu kooperieren, sein Buchungsgeschäft in die Hände eines Tourneeveranstalters. Dieser wird dann seinerseits Vertragspartner der bisherigen Kunden des Künstlers, nämlich der Spielstätten, eines Örtlichen Veranstalters oder sogar unmittelbar des von seinem Vorgänger mit aufgebauten Publikumsstammes. Damit bietet es sich an, dem Handelsvertreterausgleichsanspruch mit dem Argument zu begegnen, dass der Künstler die von dem ehemaligen für ihn tätigen Agenten geworbenen Kontakte unmittelbar gar nicht mehr nutzt. 303

aa) Wechsel in größere Spielstätten
Besonders in der Phase des Aufbaus einer Künstlerkarriere sind die vom Vermittler akquirierten Veranstalter zumeist Betreiber von Spielstätten wie zB Musikclubs. Wächst – nicht zuletzt auch aufgrund der Anstrengungen des Vermittlers – der Bekanntheitsgrad des Künstlers, finden Wiederholungsgastspiele zumeist in größeren Spielstätten durchzuführen. Es ließe sich dann der Standpunkt vertreten, dass, sofern Ré-Engagements nicht stattfinden – Folgegeschäfte also unterbleiben – eben kein dem Vermittler auszugleichender Vorteil besteht. Für den Handelsvertreterausgleichsanspruch des Künstlervermittlers ist jedoch nicht nur darauf abzustellen, mit welchen Veranstaltern der Künstler erneut Verträge abschließt, sondern ebenfalls zu berücksichtigen, ob der Künstler einmal gewonnene Geschäftskontakte aufgrund **eigener unternehmerischer Entscheidung** nicht nutzt. Nach der Rechtsprechung des BGH ist das Bestehen einer nutzbaren Geschäftsverbindung mit Unternehmervorteilen im Sinne des § 89b Abs. 1 Nr. 1 HGB zu bejahen, wenn innerhalb eines überschaubaren, in seiner Entwicklung noch abschätzbaren Zeitraums **Nachbestellungen** der vom Handelsvertreter geworbenen Kunden zu erwarten sind.[301] Belässt man es bei dieser Definition des BGH, hätten die Entscheidung eines Künstlers für eine größere Spielstätte und der damit verbundene Wechsel zu einem anderen örtlichen Veranstalter auf den Ausgleichsanspruch keinen Einfluss, da Nachbestellungen jedenfalls zu erwarten sind. 304

Die vorstehende Feststellung lässt sich durch eine weitere Überlegung untermauern: Tatsächlich wird in derartigen Fällen nur der **Vertriebsweg** gewechselt. Die ehemaligen Kunden des Unternehmers werden über den neuen Vertriebsweg weiter beliefert. Die relevanten Kunden, die der Agent geworben hat, sind jedenfalls bei **wirtschaftlicher Betrachtungsweise** gar nicht die jeweiligen Veranstalter sondern jedenfalls auch die Veranstaltungsbesucher. Entscheidet sich ein Künstler nach Weggang von einem Agenten aufgrund gewachsener Publikumsnachfrage, die Ré-Engagement-Angebote der Altkunden abzulehnen und seine Fangemeinde in größeren Spielstätten in Zusammenarbeit mit anderen Veranstaltern anzusprechen, wird der letztlich auch vom bisherigen Agenten mit aufgebaute Stamm von Veranstaltungsbesuchern vom Künstler weiter genutzt. Sie sind nämlich der eigentliche Kundenstamm des Künstlers. Der Veranstalter und die Spielstätte sind lediglich der Vertriebskanal, über den sie erreicht werden. Das gilt jedenfalls dann, wenn der Künstler alleine oder ggf. gemeinsam mit dem Spielstättenbetreiber als Veranstalter auftritt und sich mit diesem die Einnahme teilt. Wenn der Künstler anteilig an den Veranstaltungseinnahmen beteiligt ist, sind wirtschaftlich gesehen die Kartenkäufer seine Kunden. Über 305

---

[301] Vgl. BGH BB 1970, 101 (102).

welchen Vertriebskanal – Spielstätte oder Veranstalter – diese Kunden angesprochen werden, kann eigentlich nicht maßgeblich sein.

306 Die Größe des Besucherstamms (der ‚Fangemeinde') eines Künstlers bedingt die Wahl des jeweiligen Veranstalters bzw. der Spielstätte. Bei wachsendem Erfolg entscheidet sich der Künstler dann auch, gar nicht mehr unmittelbar mit den Spielstättenbetreibern zu kooperieren sondern bei der Durchführung von Veranstaltungen zentral mit einem Tourneeveranstalter zu kontrahieren. Dies ist aber nur möglich, da der bereits vorhandene Besucherstamm regelmäßig den Wechsel mitvollzieht und mitträgt. Die Vermittlungsarbeit des bisherigen Agenten ist dafür jedenfalls mitursächlich. Es erscheint unbillig, diese Tatsache bei der Berechnung des Handelsvertreterausgleichsanspruchs eines Künstleragenten nur deshalb unberücksichtigt zu lassen, weil nicht zuletzt als Folge einer erfolgreichen Agenturarbeit für Wiederholungskonzerte vom Unternehmer andere Veranstalter oder andere (größere) Spielstätten gewählt werden.

bb) Zwischenschaltung eines Tourneeveranstalters

307 Der Wechsel eines Künstlers von einer Agentur zu einem Tourneeveranstalter und damit der Verzicht des Künstlers, mit allen Veranstaltern Einzelverträge zu schließen, ist vergleichbar mit dem Wechsel eines Unternehmers vom Einzelvertrieb zum Vertrieb über einen Großhändler. Der BGH betrachtet es für die Annahme der Erlangung erheblicher Vorteile aus Geschäftsbeziehungen für hinreichend, dass bei einem Absatzwechsel vom Einzelvertrieb zum Großhandel die Tätigkeit des Handelsvertreters dafür **mitursächlich** war, dass die Kunden, wenn auch über Dritte, die Waren des Unternehmers weiterhin abnehmen. Erforderlich sei nur, dass vor Umstellung des Vertriebs bereits unmittelbare Geschäftsbeziehungen zu den später vom Großhandel belieferten Kunden bestanden haben und sich daraus erhebliche Vorteile für den Unternehmer ergäben.[302] Gemäß einer Entscheidung des OLG Frankfurt ist von einer Nutzung einer einmal geschaffenen Geschäftsverbindung durch den Unternehmer auch auszugehen, wenn das Vertriebssystems von unmittelbarer Belieferung von Endverbrauchern auf eine Belieferung über den Großhandel und Einzelhandel erfolgt.[303] Dem ist uneingeschränkt zuzustimmen, da sich ansonsten jeder Handelsvertreterausgleichsanspruch durch Zwischenschaltung eines weiteren Glieds in der Vertriebskette unterlaufen ließe.

308 Übertragen auf die Künstlervermittlung bedeutet das, dass eine Fortnutzung der durch den Agenten geschaffenen Kontakte auch dann gegeben ist, wenn der Künstler nach Beendigung des Agenturvertrages nicht mehr unmittelbar mit jedem einzelnen Örtlichen Veranstalter kontrahiert sondern einen Vertrag zB mit einem Tourneeveranstalter abschließt, der dann seinerseits im eigenen Namen mit den vom Handelsvertreter geworbenen Altkunden kontrahiert. Entscheidend ist dabei lediglich, ob die Tätigkeit des Handelsvertreters dafür zumindest mitursächlich war.

cc) Ergebnis

309 Zusammenfassend ist festzuhalten, dass sich auf die Vorteilsprognose bei als Handelsvertreter tätigen Künstlervermittlern die für das Massengeschäft üblichen Maßstäbe nur eingeschränkt anwenden lassen. Bei der gebotenen wirtschaftlichen Betrachtungsweise und angesichts der Langlebigkeit der Kontakte von Künstlern zu Veranstalten müssen für eine angemessene Prognose jedenfalls längere Zeiträume zugrunde gelegt werden. Die Nachhaltigkeit des Käuferverhaltens darf nicht lediglich daran festgemacht werden, ob Kunden bereits während der Laufzeit des Handelsvertretervertrages zu Stammkunden geworden sind. Vielmehr ist darauf abzustellen, ob der Künstler überhaupt wiederholt mit einmal gewonnenen Veranstaltern kooperiert. Lassen sich ‚Nachbestellungen' grundsätzlich feststellen, spricht viel dafür, dass auch Veranstalter, die während des Vertragszeitraums (bisher) nur

---

[302] BGH NJW 1984, 2695 (2696) mwN.
[303] Vgl. OLG Frankfurt BB 1973, 212.

Künstlervermittlung **§ 5**

einmal gebucht haben, den Künstler erneut buchen. Wie dargelegt, sollte bei der danach erforderlichen Schätzprognose auch berücksichtigt werden, dass der Handelsvertreter den eigentlichen Kundenstamm des Künstlers – nämlich den Besucherstamm seiner Konzerte – mit etabliert hat.

3. Berechnung des Ausgleichsanspruchs

In der Rechtsprechung scheint sich eine Berechnungsmethode für den Ausgleich herausgebildet zu haben. Diese ist vor allem dadurch gekennzeichnet, dass einerseits versucht wird, eine genaue Berechnung bis hinter das Komma vorzunehmen. Andererseits besteht ein erheblicher richterlicher Bemessungsspielraum, der es im Vorfeld einer gerichtlichen Auseinandersetzung außerordentlich schwierig machen kann, eine verlässliche Aussage über den Ausgang des Prozesses zu machen. 310

a) Berechnungsgrundlage

Allgemein werden als Berechnungsgrundlage für den Verlustausgleich nach § 89b Abs. 2 HGB die in den letzten zwölf Monaten vor Beendigung des Handelsvertreterverhältnisses verdienten Provisionen als für den zukünftigen Verlauf aussagekräftig herangezogen.[304] Zugrunde gelegt werden damit die Vermittlungs- und Folgeprovisionen des Handelsvertreters, die dieser in den letzten zwölf Monaten seines Vertragsverhältnisses mit von ihm neu geworbenen Neukunden erwirtschaftet hat. Einzubeziehen sind auch Provisionseinnahmen aus Geschäften mit Altkunden, zu denen er die Geschäftsverbindung so wesentlich erweitert hat, dass dies wirtschaftlich der Werbung eines neuen Kunden entspricht. Bei einem atypischen Verlauf kann der Durchschnittswert eines längeren Zeitpunkts zugrunde gelegt werden.[305] 311

b) Verluste des Handelsvertreters

Im Anschluss an die Prüfung, ob überhaupt vom Handelsvertreter geschaffene Vorteile nach Beendigung des Vertragsverhältnisses fortbestehen, ist eine weitere Prognose über die zu erwartende **künftige Entwicklung der Verhältnisse** anzustellen. Abzustellen ist dabei auf den Zeitpunkt der Beendigung des Handelsvertretervertrages.[306] 312

Die Länge des Zeitraums für die Verlustprognose ist – ebenso wie die Dauer des Prognosezeitraums für die Unternehmervorteile – nicht vorgegeben. Sie hängt von den Umständen des Einzelfalls ab.[307] In typischen Industriebranchen werden bei der Berechnung des Ausgleichsanspruchs Prognosezeiträume von 4–6 Jahren zugrunde gelegt. Die Rechtsprechung stellt maßgeblich auf die Dauer der Geschäftsbeziehung ab, wie sie aufgrund der Besonderheiten der jeweiligen Branche, den Marktgegebenheiten und der Kundenfluktuation erfahrungsgemäß zu erwarten ist.[308] Maßgebend ist, wie lange die Verbindungen zu neu geworbenen Kunden wahrscheinlich dauern werden, also die Zeitspanne innerhalb der noch mit Folgeaufträgen zu rechnen ist.[309] Da die Künstlervermittlungsbranche, wie bereits dargelegt, nicht mit den typischen Massengeschäften der Industriebranchen zu vergleichen ist, scheint es aufgrund der Besonderheit dieses Wirtschaftszweigs und seiner Gegebenheiten geboten, einen langen Prognosezeitraum anzusetzen. Die Phase, in der ein Künstler von der meist mehrjährigen Investition in den Aufbau seiner Karriere profitiert, kann sehr lang 313

---

[304] BGH BB 2008, 2595; Hopt in Baumbach/Hopt § 89b Rn. 32.
[305] BGH NJW 2011, 848 (849); BGHZ 141, 248 (252).
[306] BGH NJW 1996, 2100 (2101); Hopt in Baumbach/Hopt HGB § 89b Rn. 16; v. Gamm NJW 1979, 2489, (2495).
[307] BGH NJW-RR 1993, 221; Hopt in Baumbach/Hopt HGB § 89b Rn. 16; Löwisch in EBJS HGB § 89b Rn. 29.
[308] Vgl. OLG Düsseldorf GWR 2010, 550.
[309] BGH BB 1960, 1261; 1970, 101.

sein. Die Aufbauleistung des Künstlervermittlers ist dabei von besonders nachhaltiger Bedeutung, da sie eine wesentliche Ursache für einen lang andauernden Erfolg sein kann.

314 Dem Handelsvertreter steht aus § 242 BGB ein **Informationsanspruch** gegen den Unternehmer zu, der über die dem Handelsvertreter unbekannten Unternehmensvorteile Auskunft geben soll.[310]

c) Berücksichtigung nachvertraglicher Provisionsansprüche

315 Stehen dem Handelsvertreter aus von ihm abgeschlossenen Geschäften auch noch nach Beendigung des Vertragsverhältnisses Provisionen zu – sog Überhangprovisionen – stellt sich einerseits die Frage, ob auch nachvertragliche Geschäfte grundsätzlich ausgleichspflichtig sind. Ferner ist fraglich, inwieweit sie bei der Bemessung der Ausgleichshöchstgrenze zu berücksichtigen sind.

aa) Überhangprovisionen als Unternehmervorteil

316 Zweifel daran, ob auch Überhangprovisionen zu ausgleichspflichtigen Unternehmervorteilen führen, wurden durch die mit Wirkung zum 5.8.2009 in Kraft getretene Neufassung des § 89b Abs. 1 HGB und die damit erfolgte Abkehr von der Tatbestandsvoraussetzung des Provisionsverlustes ausgeräumt. Der Unternehmer hat unabhängig von der Frage des Bestehens eines nachvertraglichen Provisionsanspruchs des Handelsvertreters gem. § 87 Abs. 3 HGB Vorteile aus nachvertraglichen Geschäften mit dem vom Handelsvertreter während der Vertragslaufzeit geworbenen Kundenstamm. Dies führt dazu, dass auch Überhangprovisionen grundsätzlich ausgleichspflichtige Vorteile des Unternehmers sind.[311]

317 Durch die Abkehr vom Tatbestandsmerkmal der Provisionsverluste und dessen Verlagerung in die Billigkeitsprüfung lässt sich die Auffassung des BGH nun auch mit dem Gesetzeswortlaut begründen.

bb) Auswirkung von Überhangprovisionen auf die Ausgleichshöchstgrenze

318 Die Frage, ob und inwieweit Überhangprovisionen bei der Ausgleichshöchstgrenze zu berücksichtigen sind, wird unterschiedlich beurteilt.[312] Teilweise wird deren Einbeziehung mit der Begründung verneint, dass ausschließlich die bezogenen bzw. erzielten Provisionen zu berücksichtigen seien.[313] Nach der Rechtsprechung des BGH sind bei der Berechnung der Höchstgrenze grundsätzlich alle Arten von Provisionsansprüchen jeweils mit ihrem Bruttobetrag zu erfassen.[314] Daher zählte der BGH bereits vor der Novelle des § 89b HGB auch Überhangprovisionen mit der Begründung zur Berechnungsgrundlage, dass die Ansprüche bereits vor Ende des Vertragsverhältnisses bedingt entstanden seien.[315] Da nach § 87a Abs. 1 S. 1 HGB oder Abs. 3 HGB unbedingt gewordene Provisionsansprüche nachträglich wieder entfallen können, fänden grundsätzlich auch Umstände aus der Zeit nach Beendigung des Vertragsverhältnisses bei der Berechnung der Ausgleichshöchstgrenze Berücksichtigung.[316] Da es sich nicht um einen erst nach Beendigung des Vertragsverhältnisses eintretenden Vorteil iSd § 89b Abs. 1 Nr. 1 HGB handele, seien sie nicht bereits per se Teil der Ausgleichsleistung. Es sei daher folgerichtig, sie den bereits erzielten Provisionen zuzuordnen, an denen der sich aus § 89b Abs. 1 HGB ergebende Ausgleich nach Abs. 2 der Vorschrift zu messen sei.

---

[310] Emde WRP 2010, 844 (846) mwN.
[311] Emde WRP 2010, 844 (846); Wauschkuhn/Fröhlich BB 2010, 524 (527); Hopt in Baumbach/Hopt HGB § 87 Rn. 2.
[312] Küstner in Küstner/Thume Kap. XII Rn. 13 ff., 18.
[313] Küstner in Küstner/Thume Kap. XII Rn. 13 ff.
[314] BGHZ 133, 391 mwN; Brüggemann in Staub HGB § 89b Rn. 91.
[315] BGH NJW 1997, 316 (317).
[316] BGH NJW 1997, 316 (318).

d) Billigkeit

Neben dem Vorteilserwerb ist kumulative Voraussetzung des Ausgleichsanspruchs, dass 319 dieser der Billigkeit entspricht. Der Vorteilsausgleich entspricht der Billigkeit, wenn der Agent infolge der Beendigung des Vertragsverhältnisses an Geschäften nicht beteiligt wird, obwohl er die diesen zugrundeliegenden Geschäftsbeziehungen (mit-)ursächlich geschaffen hat.[317] Zu berücksichtigen sind im Rahmen der Billigkeitsprüfung alle Umstände des Einzelfalls, insbesondere **Provisionsverluste** des Handelsvertreters.[318] Der Anspruch kann nicht höher sein als die Vorteile des Unternehmers, wohl aber höher als die Provisionsverluste.[319] Selbst wenn diese gering sind oder gänzlich fehlen, ist es für das Bestehen des Ausgleichsanspruchs ausreichend, dass Unternehmervorteile und andere Billigkeitsgründe vorliegen.[320] Zwar hebt die 2009 erfolgte Neufassung des § 89b Abs. 1 HGB die Provisionsverluste besonders hervor. Gleichwohl handelt es sich nur um eines mehrerer Kriterien, die in die Gesamtbeurteilung der Billigkeit einfließen müssen.[321] Eine zwingende Anspruchsvoraussetzung sind die Provisionsverluste für den Ausgleichsanspruch, wie bereits dargestellt, nicht mehr.[322] Damit hat sich die bisherige Rechtsprechung des BGH wonach die dem Unternehmer nach Beendigung des Vertragsverhältnisses verbleibenden Vorteile aus der Geschäftsbeziehung der Höhe nach den Provisionsverlusten entsprechen sollen, die der Handelsvertreter infolge der Beendigung des Vertragsverhältnisses erleidet, überholt.[323]

Zu den neben den Provisionsverlusten zu berücksichtigen Umständen des Einzelfalls 320 zählen zB der Anlass der Kündigung, die Ablehnung eines neuen angemessenen Vertragsangebotes des Handelsvertreters oder auch eine langjährige erfolgreiche Tätigkeit und der für die Kundenwerbung von ihm betriebene Aufwand.[324] Eine **kurze Vertragsdauer** wirkt sich nicht zu Lasten des Handelsvertreters aus.[325] Aufgrund der Neufassung kann ein Ausgleichsanspruch auch bestehen, wenn die Vergütungsverluste des Handelsvertreters relativ gering sind, während der Unternehmer aus dem geworbenen Neukundenstamm erheblich größere Vorteile ziehen kann.[326] Hat der Handelsvertreter während einer kurzen Vertragszeit viele Neukunden geworben aber bis dato lediglich wenige Provisionen aus den von ihm aufgebauten Geschäftsbeziehungen erzielen können, kann es gerechtfertigt sein, den sich aus der Vorteilsprognose ergebenden Betrag aus Billigkeitsgründen zu erhöhen.[327]

Im Rahmen der Billigkeitsprüfung kann die Bekanntheit und **eigene ‚Zugkraft'** des 321 vom Agenten als Handelsvertreter betreuten Künstlers zu berücksichtigen sein. Bspw. wird die Sogwirkung einer Automarke bei Handelsvertreterverträgen im Kfz-Handel mit einem Billigkeitsabschlag in Höhe von 25 % berücksichtigt.[328] Nachvollziehbar wird dazu in der Literatur darauf hingewiesen, dass in derartigen Fällen zu berücksichtigen ist, ob bzw. dass bereits die gezahlten Provisionen eben aufgrund der Sogwirkung der Marke unterhalb der Üblichkeitsgrenze lagen.[329]

Problematisch kann die Beurteilung der Billigkeit eines geltend gemachten Ausgleichs- 322 anspruchs sein, sofern mit Provisionen aus Geschäften nicht nur deren Anbahnung und Abschluss sondern gleichsam weitere Leistungen des Handelsvertreters vergütet wurden.

---

[317] BGH NJW-RR 2009, 824.
[318] Hopt in Baumbach/Hopt HGB § 89b Rn. 25; Thume BB 2009, 2490 (2493).
[319] Emde WRP 2010, 846 (849).
[320] Thume BB 2009, 2490 (2494).
[321] Hopt in Baumbach/Hopt HGB § 89b Rn. 26.
[322] Thume BB 2009, 2490 (2495).
[323] BGH WM 1990, 1496 (1499).
[324] BGH NJW 2007, 3493; Hopt in Baumbach/Hopt HGB § 89b Rn. 25.
[325] BGH NJW 1997, 655 (656).
[326] Thume BB 2009, 2490 (2491).
[327] Thume BB 2009, 2490 (2493).
[328] BGH NJW 1996, 2302.
[329] Thume BB 2009, 2490 (2493).

§ 5 Künstlervermittlung

Da diese Leistungsanteile nach Vertragsbeendigung nicht mehr erbracht werden müssen, sind sie jedenfalls bei der Ermittlung der **Provisionsverlusthöhe** zu berücksichtigen. In Betracht kommen beim Künstleragenten zB die Abwicklung von Veranstaltungen und dabei insbesondere die Abrechnung mit Veranstaltern, Mitwirkenden etc.

323 Vor allem seitens des Agenten begangene Vertragsverletzungen und Schlechtleistungen sind – sofern nicht bereits die Voraussetzungen des § 89b Abs. 3 Nr. 2 HGB (Kündigung durch Handelsvertreter oder Kündigung wegen schuldhaften Verhaltens des Handelsvertreters) vorliegen – bei der Beurteilung der Billigkeit anspruchsmindernd zu berücksichtigen.[330] Anspruchsmindernd können sich auch besonders während der Vertragszeit erbrachte Aufwendungen des Künstlers auswirken, die umsatzfördernd waren.[331] Gleiches gilt für einen Rückgang des Gesamtumsatzes.[332] Nicht anspruchsmindernd wirkt sich hingegen eine nach Vertragsbeendigung begründete Provisionspflicht des Unternehmers gegenüber einem neuen Handelsvertreter aus.[333]

e) Angemessenheit

324 Neben der Anspruchsvoraussetzung, dass die Geltendmachung des Anspruchs der Billigkeit entsprechen muss, muss der Vollzug des Ausgleichs angemessen sein. Die Angemessenheit ist ein unbestimmter Rechtsbegriff, in deren Rahmen alle konkreten Umstände des Einzelfalls zu berücksichtigen sind. Zur Ermittlung der Angemessenheit muss das Gericht gem. § 287 ZPO eine Schätzung vornehmen. Die Rechtsprechung prüft die relevanten Umstände idR im Rahmen der Billigkeitsprüfung.[334]

325 Im Rahmen der Angemessenheitsprüfung ist ferner zu berücksichtigen, dass der Handelsvertreter den Gesamtwert des Ausgleichsanspruchs erst nach Ablauf eines größeren Zeitraums verdient hätte. Wegen Vorverlegung der Fälligkeit ist der Ausgleichswert daher nach anerkannter **Abzinsungstabelle** auf den Barwert abzuzinsen.[335]

aa) Abwanderungsquote

326 Bei der Berechnung der Höhe des Ausgleichsanspruches wird von der Rechtsprechung unter Zugrundelegung der Erfahrungen des Handelsvertreterverhältnisses eine Abwanderungsquote berücksichtigt. Dabei ist zu schätzen, in welchem Umfang Kunden jeweils ihre Geschäftsverbindung zum Unternehmer jährlich aufgeben.[336] Die Abwanderungsquote in der Künstlervermittlungsbranche muss von den Umständen des Einzelfalls abhängig gemacht werden. Berücksichtigung finden können dabei allerdings nur jene Veranstalter, die von sich aus auf ein Ré-Engagement mit dem Künstler verzichten, zB weil sie sich ein Engagement aufgrund gestiegener Honorare nicht mehr leisten können. Wechselt der Künstler aufgrund eigener unternehmerischer Entscheidung, hat das jedenfalls auf die Höhe der Abwanderungsquote keinen Einfluss.

327 Sofern man – wie oben erörtert[337] – bei wirtschaftlicher Betrachtungsweise die Veranstaltungsbesucher bzw. Kartenkäufer und nicht die zwischengeschalteten Veranstalter als relevante Kunden betrachtet, ist bei der Feststellung einer Abwanderungsquote danach zu fragen, welcher Teil der Veranstaltungsbesucher innerhalb eines bestimmten Zeitraums sein Interesse an einem Künstler verliert. Dabei wird man ebenfalls auf die Gegebenheiten des Einzelfalls abstellen müssen.

---

330 OLG Rostock NJW-RR 2009, 1631 (1632).
331 BGHZ 56, 245.
332 BGHZ 42, 244 (247).
333 BGH NJW 1990, 2889 (2890 ff.).
334 Hopt in Baumbach/Hopt HGB § 89b Rn. 46.
335 BGH WM 1991, 602; Hopt in Baumbach/Hopt HGB § 89b Rn. 48.
336 BGH BB 2007, 2475 (2479).
337 S. Rn. 305 ff.

bb) Grenze des Ausgleichsanspruchs

Der Handelsvertreterausgleich beträgt gem. § 89b Abs. 2 HGB höchstens eine nach dem Durchschnitt der letzten fünf Jahre der Tätigkeit berechnete Jahresprovision. Bei kürzerer Dauer des Vertragsverhältnisses ist der Durchschnitt während der Dauer der Tätigkeit maßgebend.[338] Letztlich ist die Ermittlung der Höhe des Ausgleichsanspruchs eine Frage der tatrichterlichen Würdigung iSd § 287 ZPO.[339] Sind die Unternehmervorteile allerdings höher, bilden die Provisionsverluste gem. der Europäischen Handelsvertreterrichtlinie vom 18.12.1986 keine Obergrenze.[340] Maßgeblich sind die zu erwartenden Bruttoprovisionen vor Abzug der Betriebskosten, nicht der Reingewinn.[341]

328

cc) Frist für die Geltendmachung des Ausgleichs

Gemäß § 89b Abs. 4 S. 2 HGB unterliegt der Handelsvertreteranspruch einer **Ausschlussfrist** von einem Jahr nach Vertragsende. Wird der Anspruch innerhalb der Jahresfrist geltend gemacht, bedarf es keiner sofortigen Bezifferung des Anspruchs.[342] Nicht ausreichend ist hingegen im Falle der Ablehnung des Ausgleichsanspruchs durch den Unternehmer ein bloßes Nichtverständnis unter Vorbehalt weiterer Schritte.[343]

329

4. Bevollmächtigung

Die Hauptleistungspflicht des Agenten besteht gem. der hier vertretenen Definition – wie dargestellt – in der Akquise und dem Zustandebringen von Vertragsabschlüssen für den Auftraggeber. Im Bereich der Vermittlung von Selbstständigen ist eine Vertragsreduktion lediglich auf den Nachweis potentieller Vertragspartner die absolute Ausnahme. Ganz überwiegend wird dem Agenten von seinem Auftraggeber durch Erteilung einer **Abschlussvollmacht** zusätzlich das Recht eingeräumt, die von ihm angebahnten Geschäfte auch unmittelbar selbst zum Abschluss zu bringen. In beiden Fällen bedarf der Agent einer Vollmacht seines Auftraggebers. Sie kann sich im ersten Fall auf das bloße Aushandeln von Vertragsbedingungen und den Nachweis eines Kundeninteresses beschränken, also eine bloße **Verhandlungsvollmacht** sein. In Analogie zu § 54 Abs. 1 HGB muss diese Vollmacht den Agenten zu allen Geschäften und Rechtshandlungen befugen, die für seine Tätigkeit typischerweise erforderlich sind. Dazu zählt an allererster Stelle das Recht, die Leistungen des Künstlers überhaupt am Markt anbieten und in diesem Zusammenhang mit dem Namen und dem Bild seines Auftraggebers um Vertragsabschlüsse werben zu dürfen. Sofern der Vertreter darüber hinaus zur Begründung eines Hauptvertrages zur Abgabe von Willenserklärungen mit bindender Wirkung für und wider den Vertretenen berechtigt sein soll, bedarf es neben der Verhandlungsvollmacht – analog § 55 Abs. 1 HGB – einer entsprechenden Abschlussvollmacht.

330

a) Unwiderruflichkeit der Vollmacht

Gemäß § 168 BGB bestimmt sich das Erlöschen der Vollmacht nach dem ihrer Erteilung zugrunde liegenden Rechtsverhältnis. Eine Vollmacht ist jedoch auch bei dem Fortbestehen des Rechtsverhältnisses widerruflich, sofern nichts anderes vereinbart wurde. Grundsätzlich können Verhandlungs- und Abschlussvollmachten für die Laufzeit eines Vertrages auch **wirksam unwiderruflich** erteilt werden. Da bei Agenturverträgen regelmäßig das außerordentliche Kündigungsrecht des § 627 BGB besteht, kann das Ziel einer unwiderruflichen Vollmachtserteilung nur erreicht werden, sofern die Anwendung des § 627 BGB vertraglich

331

---

[338] KRM HGB § 89b Rn. 14; Hopt in Baumbach/Hopt HGB § 89b Rn. 49.
[339] OLG Düsseldorf GWR 2010, 550.
[340] EuGH BB 2009, 1607; Hopt in Baumbach/Hopt HGB § 89b Rn. 46.
[341] Hopt in Baumbach/Hopt HGB § 89b Rn. 32.
[342] BGHZ 50, 86 (88); BGH NJW 1997, 316 (318).
[343] Hopt in Baumbach/Hopt HGB § 89b Rn. 77.

wirksam ausgeschlossen wurde.[344] Ihre Schranke findet die Wirksamkeit einer unwiderruflichen Vollmacht in der **Sittenwidrigkeit**. Sie kann gegeben sein, sofern die Unwiderruflichkeit zu einer Knebelung des Künstlers führt oder der Agent seine Vollmacht missbräuchlich nutzt. Im Einzelfall mag auch darüber nachzudenken sein, ob durch eine unwiderrufliche Vollmachtserteilung das **Selbstbestimmungsrecht** des Künstlers zu weit eingeschränkt wird.[345] Dabei sind jedoch die Interessen des Künstlers gegen jene des Vermittlers abzuwägen. Die regelmäßig bestehende Vorleistungspflicht des Agenten, die er beim Aufbau eines ‚Kundenstamms' und im Zusammenhang mit der Anbahnung von Vertragsabschlüssen zu erbringen hat sowie das Interesse des Künstlers an einer nachhaltigen Vermittlungstätigkeit werden jedoch ganz überwiegend gegen die Annahme einer Sittenwidrigkeit oder gar Verletzung von Grundrechten sprechen.[346] Das gilt insbesondere dann, wenn die Grundsätze der Zusammenarbeit zwischen den Parteien im Vorwege festgelegt wurden.

b) Stillschweigend vereinbarte Unwiderruflichkeit

332 Viele Agenturverträge sagen nichts darüber aus, ob die erteilte Vollmacht während der Vertragslaufzeit widerruflich oder unwiderruflich sein soll. Fehlen ausdrückliche Vereinbarungen, kann es fraglich sein, ob die Parteien durch die Vereinbarungen einer festen Vertragslaufzeit stillschweigend das Widerrufsrecht ausgeschlossen haben. Die Antwort darauf ist im Wege der Auslegung zu ermitteln. Sie kann ergeben, dass in der zeitlichen Beschränkung der Vollmachtserteilung oder im erklärten Zweck (zB ‚erfüllungshalber') ein Widerrufsrecht zum Ausdruck gebracht wurde.[347]

333 Fraglich kann allerdings sein, ob stillschweigend eine unwiderrufliche Erteilung insbesondere einer Abschlussvollmacht überhaupt rechtlich wirksam erfolgen kann. Die Rechtsprechung knüpft an die Wirksamkeit einer unwiderruflichen Vollmacht die Voraussetzung, dass der Bevollmächtigte ein den Interessen des Vollmachtgebers mindestens gleichwertiges Interesse an dem auszuführenden Geschäft hat.[348] Ist die Bevollmächtigung ausschließlich im Interesse des Bevollmächtigten erfolgt oder dient sie nach Grund und Zweck des Vertrages seinen besonderen Interessen, liegt hierin ein starkes Beweisanzeichen dafür, dass der Vollmachtgeber das Recht zum jederzeitigen Widerruf stillschweigend ausschließen wollte.[349] Ein lediglich vorliegendes Provisionsinteresse reicht dafür nicht aus.[350] Eine Vereinbarung, wonach die Gewinne aus den vermittelten Verträgen zwischen den Parteien aufgeteilt werden, wird hingegen als Indiz für ein gleichwertiges Interesse betrachtet, da damit ein gesellschaftsähnliches Verhältnis begründet werde. Auch könne die zeitliche Beschränkung der Vollmacht ein Anzeichen für ein Widerrufsrecht darstellen.[351] Ein stillschweigender Ausschluss der Widerruflichkeit kommt allerdings nicht in Betracht, wenn ihm überwiegende Interessen des Vollmachtgebers entgegenstehen.[352]

334 Wenn dem Vertretenen allerdings über § 627 BGB – sofern die Vorschrift nicht abbedungen wurde – bereits die jederzeitige Lösung von dem Vertrag möglich ist, muss ihm als Minus auch der Widerruf der Vollmacht möglich sein. Daher kann von einem stillschweigenden Ausschluss des Widerrufsrechts der Vollmacht jedenfalls dann nicht ausgegangen werden, wenn ein wirksamer Ausschluss des Kündigungsrechts nach § 627 BGB nicht erfolgt ist.

---

[344] S. Rn. 391 ff.
[345] Vgl. Rn. 441 ff.
[346] Vgl. BGH NJW-RR 1991, 439 (441); LG Hamburg Urt. v. 7.1.2007 – 325 O 63/10 (noch nicht rechtskräftig).
[347] Schilken in Staudinger BGB § 168 Rn. 11 (2004).
[348] BGH NJW-RR 1991, 439 (441); WM 1971, 956; WM 1985, 646; WM 1965, 1006.
[349] BGH NJW-RR 1991, 439 (442).
[350] BGH NJW-RR 1991, 439 (441).
[351] BGH NJW-RR 1991, 439 (441).
[352] Ellenberger in Palandt BGB § 168 Rn. 6.

Künstlervermittlung   § 5

c) Inkassovollmacht

Regelmäßig enthalten Agentur- und Managementverträge eine Vollmacht zur Einziehung 335
der Einnahmen des Auftraggebers durch den Beauftragten. Eine derartige Inkassovollmacht berechtigt den Bevollmächtigten zum Einziehen fremder Forderungen im eigenen Namen. Dabei könnte es sich um eine erlaubnispflichtige **Rechtsdienstleistung** iSd RDG handeln. Rechtsdienstleistung ist gem. § 2 Abs. 1 RDG jede Tätigkeit in konkreten fremden Angelegenheiten, sobald sie eine rechtliche Prüfung des Einzelfalls erfordert. Bei der Einziehung fremder oder zum Zweck der Einziehung auf fremde Rechnung abgetretener Forderungen handelt es sich gem. § 2 Abs. 2 RDG bei einer Inkassodienstleistung auch dann um eine Rechtsdienstleistung, wenn eine Rechtsprüfung nicht erforderlich ist. Es müsste sich dann aber um ein eigenständiges Geschäft und damit um eine Hauptleistung des Dienstleistenden handeln.[353]

Diese Voraussetzung liegt bei der Einziehung von Künstlern zustehenden Forderungen 336
durch Manager oder Agenten jedoch nicht vor. Die Einziehung erfolgt gelegentlich ihrer Vermittlungs- oder Betreuungsaufgabe und ist nicht Hauptgegenstand ihrer Tätigkeit. Ohnehin sind gem. § 5 Abs. 1 RDG Rechtsdienstleistungen und damit auch Inkassodienstleistungen erlaubt, wenn sie als **Nebenleistung** zum Berufs- oder Tätigkeitsbild gehören und ihren Schwerpunkt im wirtschaftlichen und nicht im rechtlichen Bereich haben.[354] Diese Ausnahme ist bei Künstlermanagern und Künstleragenten gegeben. Ihre Auftraggeber erwarten von ihnen und betrachten es als Teil des Auftrags, dass sie ihnen die Abrechnung mit Veranstaltern oder Tonträgerunternehmen abnehmen, sie auf Richtigkeit überprüfen und den ihnen zustehenden Anteil ggf. gegen Verrechnung mit Gegenansprüchen an sie weiterleiten. Die entsprechende Abrechnungstätigkeit hat im Rahmen des dem Agenten bzw. Manager erteilten Auftrages zu erfolgen. Es handelt sich dabei um eine typische Geschäftsbesorgung gem. § 675 BGB, bei der sich eine Partei gegen Zahlung einer Vergütung verpflichtet, die Vermögensinteressen der anderen Partei zu wahren.[355]

Aus der mit der Übernahme einer Geschäftsbesorgung einhergehenden Verpflichtung, 337
die Vermögensinteressen des Auftraggebers zu wahren, folgt die Verpflichtung des Beauftragten, vereinnahmte Beträge unverzüglich bzw. innerhalb der dafür vereinbarten Fristen an den Auftraggeber auszukehren.

5. Vergütung des Agenten

Als Gegenleistung für seine Vermittlungstätigkeit bei Makler- ebenso wie bei Handelsver- 338
treterverträgen erhalten Agenten eine **Provision** an den von ihnen vermittelten Verträgen. Festvergütungen im Agenturbereich sind die Ausnahme. Allerdings werden in Einzelfällen auch Pauschalprovisionen vereinbart. In auf Dauer angelegten Agenturverträgen findet sich ergänzend zumeist die Vereinbarung, dass der Agent auch an solchen Geschäften beteiligt wird, für die seine Tätigkeit nicht kausal war – also zB Veranstaltungsverträge, die von Dritten an den Künstler herangetragen werden und nicht vom Agenten vermittelt wurden. Dies wird in der Praxis damit gerechtfertigt, dass die Provision einerseits eine Vergütung auch für (zB werbliche) Tätigkeiten des Agenten darstellt, die über den Vermittlungsauftrag hinausgehen. Andererseits wird zur Begründung darauf verwiesen, dass die Tätigkeit des Agenten auch für solche Vertragsschlüsse zumindest mitsächlich ist, die unmittelbar durch den Künstler oder durch einen Dritten angebahnt werden. Zudem könne der Künstler ohnehin jedes Vertragsangebot unter Umgehung des Agenten annehmen und dadurch dessen Provisionsanspruch unterlaufen.

Erhebliche Unterschiede ergeben sich, wie nachfolgend aufgezeigt werden wird, je nach 339
der Rechtsnatur des Vertrages beim Zustandekommen und der Fälligkeit der Provision.

---

[353] v. Stein in KSS Rn. 1, 62.
[354] BGH NJW-RR 2012, 35 (36).
[355] Kreutzer S. 40.

a) Der Provisionsanspruch beim Maklervertrag

aa) Entstehen des Provisionsanspruchs

340 Der Vergütungsanspruch des Maklers entsteht gem. § 652 Abs. 1 BGB mit dem Nachweis bzw. dem Zustandekommen des vermittelten Vertrages. Der Auftraggeber schuldet dann für den Nachweis oder die Vermittlung eines Vertrages die im Voraus vereinbarte Provision. Ist eine Provision nicht vereinbart, ist gem. § 653 Abs. 2 BGB der übliche Lohn geschuldet.

341 Am Risiko der Nichtdurchführung des vermittelten Geschäfts nimmt der Makler nach ständiger Rechtsprechung des BGH nicht teil.[356] Eine Leistungsstörung im vermittelten Geschäft hat daher keine Auswirkung auf die vom Makler in Gestalt von Nachweis oder Vermittlung erbrachte Leistung. Umstände, welche die Vertragsdurchführung betreffen und nicht im Hauptvertrag selbst begründet sind, haben lediglich Auswirkung auf die Leistungspflicht aus dem Hauptvertrag. Den Provisionsanspruch lassen sie unberührt.[357]

342 Keinen Anspruch auf die Provision hat der Agent allerdings dann, wenn er die Nichterfüllung des Hauptvertrages durch den Vertragspartner des Vermittelten zu vertreten hat oder grobfahrlässig Verträge mit Dritten schließt, deren Leistungsunvermögen er hätte erkennen können.

343 Bei Einzelvermittlungsgeschäften ist Berechnungsgrundlage für die Provision zumeist die im Hauptvertrag vereinbarte Vergütung des Künstlers. Bei auf Dauer angelegten Aufträgen findet sich in Branchenverträgen regelmäßig folgende **Vereinbarung**:

> „Der Agent erhält zur Abgeltung seiner ihm gem. diesem Vertrag übertragenen Tätigkeiten eine Umsatzbeteiligung an allen Veranstaltungseinnahmen des Künstlers, die diesem während der Laufzeit des Vertrages zufließen."

344 Damit wird bereits das Entstehen des Beteiligungsanspruchs an den **Zufluss der Vergütung** aus dem Hauptvertrag geknüpft. Gibt es eine derartige Vereinbarung, kann die Provision gem. § 271 Abs. 1 BGB sofort nach Zufluss der Vergütung verlangt werden. Unterbleibt der Zufluss, gelangt der Povisionsanspruch des Agenten nicht zur Entstehung. Es handelt sich damit um eine individuell ausgehandelte Abweichung von der Regel des § 652 BGB, die grundsätzlich wirksam ist.[358] Knüpft die Vermittlungsvereinbarung nicht an den Zufluss der im Hauptvertrag vereinbarten Vergütung an, bleibt es bezüglich des Entstehens des Provisionsanspruchs jedenfalls im Falle von Einzel-/Gelegenheitsvermittlungen bei der Regel des § 652 Abs. 1 BGB.

345 In rechtlichen Auseinandersetzungen wird immer wieder vorgetragen, es entspreche der **Branchenüblichkeit** bei der Zusammenarbeit von Agenten und Künstlern, dass der Provisionsanspruch nicht bereits durch Zustandebringen des Vertrages entsteht. Ist die Nichterfüllung des Hauptvertrages nicht vom Künstler zu vertreten, kann in der Praxis tatsächlich immer wieder festgestellt werden, dass Agenten überwiegend auf die Durchsetzung des Provisionsanspruchs verzichten. Dies könnte einerseits auf Kulanz des Agenten, andererseits aber auch tatsächlich auf einen entsprechenden **Branchenbrauch** zurückzuführen sein. Für das Bestehen eines entsprechenden zu Gesetzeskraft erstarkten Branchenbrauchs gibt es allerdings keine hinreichenden Anzeichen. Die für die Entstehung eines **Gewohnheitsrechts** erforderliche ‚lange dauernde tatsächliche Übung' sowie eine ‚entsprechende Rechtsüberzeugung'[359] ist in der Praxis nicht feststellbar. Bestehen Agenten in derartigen Fällen auf ihren Provisionsanspruch, sind bisher keine Fälle bekannt, in denen die gerichtliche Durchsetzung der auf einen Maklervertrag gestützten Provisionsforderung wegen Nichtdurchsetzbarkeit der Forderung des Vermittelten aus dem Hauptvertrag scheiterte.

---

[356] BGH NJW-RR 1993, 248; BGH MDR 2009, 1216.
[357] BGH NJW 2001, 966 (967); 2009, 2810; Sprau in Palandt BGB § 652 Rn. 34; Würdinger ZflR 2006, 6.
[358] Sprau in Palandt BGB § 652 Rn. 63, 71.
[359] Sprau in Palandt BGB Einleitung Rn. 22.

Künstlervermittlung §5

Gegen den Untergang der Provisionsforderung wenden Agenten vor allem ein, dass im Falle der Undurchführbarkeit einer Veranstaltung – zB wegen Krankheit des Künstlers – der Agent eine weitere Arbeitsleistung erbringen muss, indem er den oder die Veranstalter entsprechend über den Krankheitsfall in Kenntnis setzt.

Im Folgenden wird der Frage nachgegangen, ob es rechtliche Ansatzpunkte dafür gibt, 346 dass der Anspruch des Agenten im Falle eines Maklervertrags lediglich unter der aufschiebenden Bedingung eines erfüllten Hauptvertrags entsteht.

(1) Ergänzende Vertragsauslegung. In Rechtsprechung[360] und Literatur[361] wird gele- 347 gentlich eine ergänzende Vertragsauslegung des Maklervertrags vorgenommen und der Provisionsanspruch abweichend vom Wortlaut des § 652 Abs. 1 S. 1 BGB behandelt. Bei einem Agenturvertrag ließe sich entsprechend darüber nachdenken, ob die Provisionsabsprache zwischen Agent und Künstlern regelmäßig (stillschweigend) unter der aufschiebenden Bedingung getroffen wird, dass der Provisionsanspruch erst entsteht, wenn die Vergütung seitens des Vertragspartners gezahlt wurde.[362]

Bedarf für eine ergänzende Vertragsauslegung kann allerdings nur bestehen, sofern eine 348 **Vertragslücke** vorliegt.[363] Dazu ist zunächst auf die vertragliche Vereinbarung der Parteien abzustellen. Wird das Entstehen des Vergütungsanspruchs der Agentur von dem Zufluss der Veranstaltungseinnahmen abhängig gemacht, entsteht der Provisionsanspruch erst mit Zahlung der im Hauptvertrag vereinbarten Vergütung. Enthält der Vertrag keine Vereinbarung zum Entstehungszeitpunkt der Provision, kann jedoch nicht ohne Weiteres eine Regelungslücke unterstellt werden. Die Feststellung einer ‚Lücke' in einem vertraglichen Regelungswerk setzt voraus, dass eine regelungsbedürftige Situation entsteht, die von dem objektiven Regelungsgehalt des Rechtsgeschäfts nicht mehr umfasst wird. Notwendig ist daher ein Vergleich zwischen dem tatsächlich geschaffenen Erklärungstatbestand und dem als vollständig und richtig vorgestellten Vertragsinhalt. Nur wenn insoweit eine Differenz verbleibt, kann von einer Vertragslücke gesprochen werden.[364] Eine derart ausfüllungsbedürftige Lücke besteht aber nicht bereits deshalb, weil die Parteien über die Entstehung des Provisionsanspruchs keine Regelung getroffen haben. Einer solchen Regelung bedurfte es aufgrund der anwendbaren gesetzlichen Grundlage nämlich nicht. Eine Lückenschließung wäre nur erforderlich, sofern ohne sie die Erreichung des Vertragszwecks gefährdet wäre. Dies ist aber aufgrund der Existenz des § 652 BGB nicht der Fall. Solange eine Regelungslücke nicht vorliegt, besteht – vor allem wenn der Auftraggeber das Scheitern des Hauptvertrages zu vertreten hat – kein Anlass für eine ergänzende Auslegung der Provisionsvereinbarung und ein Abweichen von der gesetzlichen Regelung des § 652 Abs. 1 BGB.[365]

(2) Anfängliche Unvollkommenheit des Hauptvertrages. Scheitert der vom Agenten 349 vermittelte Hauptvertrag nach dessen Abschluss, kann sich die Frage stellen, ob der gescheiterte Vertrag tatsächlich jener Vertrag ist, für den die Provision versprochen wurde. Raum für eine derartige Auslegung besteht nach der Rechtsprechung – soweit ersichtlich – nur in Fällen der sog ‚anfänglichen Unvollkommenheit des Hauptvertrages', also in Fällen anfänglicher Unmöglichkeit oder bei bereits anfänglichem Vorhandensein von Sach- und Rechtsmängeln des Hauptvertrages.[366] Sofern das Risiko des wirtschaftlichen Fehlschlags des Hauptvertrags ‚handgreiflich' sei, dürfe der Makler nach Treu und Glauben nicht in schutzwürdiger Weise darauf vertrauen, dass die Maklerprovision bereits mit Zustandebringen des

---

[360] BGH NJW 1982, 2662; OLGZ 1985, 367; BGH NJW 1999, 2271.
[361] Altmeppen S. 4 ff.; Ibold S. 107 ff.; kritisch Würdinger ZfIR, 2006, 6 ff.
[362] grdl. Ibold S. 109.
[363] Vgl. Bork Rn. 532 ff.; Würdinger ZfIR 2006, 6 (8).
[364] LAG Köln NZA-RR 2001, 568 (569).
[365] BGH NJW 1982, 2662 (2263).
[366] Vgl. BGH NJW-RR 1991, 820 (821); 1993, 248.

Vertrages verdient sei.[367] Die Beweislast für das Vorliegen einer derart ‚rechtsvernichtenden Einwendung'[368] trägt allerdings der Auftraggeber.

350 Entsprechend trägt auch das Risiko der Leistungsfähigkeit und -bereitschaft der Vertragsparteien grundsätzlich ausschließlich der Auftraggeber.[369] Daher rechtfertigen – wie bereits erwähnt – selbst der Ausfall einer Veranstaltung aufgrund Krankheit des Künstlers oder die Zahlungsunfähigkeit seines Vertragspartners keine ergänzende Vertragsauslegung und führen somit nicht zum Untergang des Provisionsanspruchs. Dies gilt grundsätzlich auch bei Ausübung eines gesetzlichen Rücktrittsrechts oder bei von dem Vertragspartner geltend gemachten Minderungsansprüchen.[370] Etwas anders gilt also nur dann, wenn von Anfang an feststeht, dass der Vertragspartner nicht leisten wird und daher die Leistung des Maklers für den Auftraggeber von Anfang an wirtschaftlich wertlos war.[371]

351 **(3) Wegfall der Geschäftsgrundlage.** Auch mit dem Rechtsinstitut des Wegfalls der Geschäftsgrundlage lässt sich nicht begründen, dass der Provisionsanspruch des Agenten nur dann entsteht, wenn die Vergütung aus dem Hauptvertrag geflossen ist. Ein Rückgriff auf das Rechtsinstitut des Wegfalls der Geschäftsgrundlage kommt nur in Betracht, wenn keine vorrangigen vertraglichen oder gesetzlichen Regelungen bestehen, da das Rechtsinstitut des Wegfalls der Geschäftsgrundlage nur subsidiär Anwendung findet. Im Übrigen lässt sich in Vermittlungsaufträge regelmäßig keine entsprechende Geschäftsgrundlage hineininterpretieren. In Betracht käme allenfalls eine stillschweigend vereinbarte Geschäftsgrundlage. Dass der Vertragspartner des Maklers das von ihm mit dem Abschluss des vermittelten Vertrages erstrebte Ziel erreicht, ist im Allgemeinen nicht Geschäftsgrundlage des Maklervertrages, sondern Beweggrund des Vertragspartners, der zum Abschluss des Maklervertrages führt. Für den Makler ist das Erreichen des Ziels ohne Bedeutung, sein Geschäftswille beruht hierauf regelmäßig nicht.[372]

bb) Fälligkeit der Maklerprovision

352 Regelmäßig geben Agenten bereits auf ihren Rechnungen den Fälligkeitszeitpunkt für ihre Forderung an. Probleme bei der Ermittlung des Fälligkeitszeitpunkts bei Agenturprovisionen können entstehen, wenn eine ausdrückliche Absprache nicht getroffen wurde und sich der Agent auf die Regelungen zum Maklerrecht beruft.[373] Insbesondere bei Streitigkeiten um Provisionen aus Tagesgeschäften – also Einzelvermittlungen – wird vom Provisionsschuldner regelmäßig behauptet, es entspräche der **Verkehrssitte**, dass Provisionen nicht bereits nach **Zustandekommen des Hauptvertrage**s, sondern erst nach dem **Zufluss** der darin vereinbarten Vergütung fällig werden. Unterbleibe dieser endgültig – zB infolge Ausfalls der Veranstaltung aufgrund von Krankheit des Künstlers – gehe der Provisionsanspruch unter. Solange der Veranstalter die Zahlung der im Hauptvertrag vereinbarten Vergütung verweigere oder ihm die Zahlung nicht möglich ist, trete die Fälligkeit des Provisionsanspruchs nicht ein.

353 Feststellbar ist in der Praxis allerdings, dass Provisionsansprüche der Agenten – soweit keine abweichenden Regelungen getroffen wurden – nahezu ausnahmslos erst nach Ablauf des Veranstaltungstermins geltend gemacht werden und entsprechend auch erst bedient werden. Unabhängig davon, ob bereits vor dem Veranstaltungstermin fakturiert wurde, wird jedenfalls die Forderung regelmäßig erst nach dem Veranstaltungstermin fällig gestellt. Daher ist davon auszugehen, dass sich in der Praxis eine von der gesetzlichen Regel abweichende Fälligkeitsregelung durchgesetzt hat. Ein einheitlicher Anknüpfungspunkt lässt sich

---

[367] Vgl. BGH NJW 1982, 2662 (2663).
[368] Altmeppen S. 8; Hopt in Baumbach/Hopt HGB § 93 Rn. 40.
[369] BGH NJW-RR 2005, 1506; OLG Stuttgart Urt. v. 10.2.2010 – 3 U 179/09.
[370] Sprau in Palandt BGB § 652 Rn. 39.
[371] Altmeppen S. 8.
[372] BGH NJW 1982, 2662 (2663).
[373] vgl. zur Vereinbarung einer 'Fälligkeitsverschiebung' KG NJW 1961, 512.

allerdings nicht ermitteln. Grundsätzlich kommen dafür, sofern man die gesetzliche Regelung nicht als branchenüblich betrachtet, als Fälligkeitszeitpunkte folgende Zeitpunkte in Betracht:
– Ablauf des Veranstaltungstages,
– Erbringung der Leistung des Künstlers oder
– Erbringung der Leistung des Künstlers und erbrachte Gegenleistung des Veranstalters.

Zur Untermauerung eines die zweite und dritte Alternative bestätigenden Branchenbrauchs gibt es in der Praxis, wie vorstehend dargestellt, keine hinreichenden Anhaltspunkte. Daher kann die Verkehrssitte, dass die Provision in der Praxis stets erst nach dem Veranstaltungstermin gefordert wird, nur dahingehend interpretiert werden, dass Vermittlungsprovisionen (**spätestens**) **mit Ablauf des Veranstaltungstages** fällig werden. Dem Künstler wird damit Gelegenheit gegeben, vor Zahlung der Provision das Hauptgeschäft abzuwickeln und die Gegenleistung des Veranstalters zu vereinnahmen. Unterbleibt der Zufluss der mit dem Veranstalter vereinbarten Vergütung des Künstlers endgültig, kann dies vom Künstler, vom Veranstalter oder aber von keiner der beiden Parteien zu vertreten sein. Auf die Fälligkeit des Anspruches hat dies jedoch keinen Einfluss. Diese Festlegung des Fälligkeitszeitpunktes erscheint durchaus angemessen und jedenfalls aus rechtlicher Sicht interessengerecht, denn das wirtschaftliche Risiko des Geschäftes und mithin das Risiko, ob der Veranstalter seiner Zahlungsverpflichtung nachkommt, hat ausschließlich der Künstler als Auftraggeber des Agenten zu tragen.

Häufig erhalten Künstler als Vergütung – anstatt eines mit dem jeweiligen Veranstalter fest vereinbarten Honorars – eine Beteiligung an den mit der Veranstaltung erzielten Veranstaltungseinnahmen aus dem Kartenverkauf. In diesem Fall fehlt es bei Vertragsschluss an einer konkreten Bemessungsgrundlage für die Provisionsberechnung. Es mangelt dann nicht an einer grundsätzlichen Provisionsvereinbarung sondern lediglich an der konkreten Bezifferung ihrer Höhe. Diese ist erst bestimmbar, sobald das Veranstaltungsergebnis vorliegt. Fällt die Veranstaltung aus, lässt sich die Provision allerdings nicht bestimmen. Der Anspruch des Agenten geht damit nach hier vertretener Auffassung aber nicht unter. Vielmehr ist gem. § 653 Abs. 2, 2. Alt. BGB die **übliche Provision** geschuldet. Unter üblicher Vergütung ist die Vergütung zu verstehen, die zur Zeit des Vertragsschlusses für nach Art, Güte und Umfang gleicher Leistungen nach allgemeiner Auffassung der beteiligten Kreise gewährt zu werden pflegt.[374] Lässt sich eine übliche Vergütung nicht feststellen, bleibt die Festsetzung ihrer Höhe einer Schätzung des Richters vorbehalten.

cc) Mitursächlichkeit am Vertragsschluss

Hat ein Agent ein Vermittlungsgeschäft lediglich angebahnt ohne noch am Vertragsschluss beteiligt gewesen zu sein, richtet sich die Frage, ob und in welcher Höhe er gleichwohl eine Provision beanspruchen kann, nach dem Umfang seiner Beauftragung. Unproblematisch ist der Provisionsanspruch, sofern er vertraglich an die Dauer der Beauftragung und aller während der Beauftragung anfallenden Geschäfte anknüpft. Gleiches gilt, sofern sich der Auftrag des Agenten nur auf den Nachweis eines abschlussbereiten Vertragspartners beschränkt. Dann reicht es aus, dass der Agent dem Auftraggeber durch seine Leistung den Anstoß gegeben hat, sich konkret um den Vertragsabschluss über das in Rede stehende Objekt zu bemühen.[375] Da Künstlervermittler aber ganz überwiegend als Abschlussmakler beauftragt werden, steht ihnen eine Provision nur zu, wenn der Vertrag durch ihr Mitwirken tatsächlich zustande kommt. Der Abschlussmakler muss durch seine Tätigkeit die Abschlussbereitschaft des Dritten fördern. Erforderlich ist das Setzen eines nicht völlig unbedeutenden Motivs für den Vertragsabschluss.[376] Schließt der Künstler nach Kenntnisnahme des abschlussbereiten Dritten das Geschäft mit diesem unter Umgehung des Maklers direkt

---

[374] Sprau in Palandt BGB § 632 Rn. 15.
[375] Sprau in Palandt BGB § 652 Rn. 48.
[376] BGH WM 1974, 257 (258).

ab, entfällt die Ursächlichkeit der Leistung des Maklers allerdings nicht. Entscheidende Voraussetzung des Provisionsanspruchs ist dann lediglich, dass das Geschäft auf der vom Makler angebahnten und fortwirkenden Grundlage zustande kommt.[377] Sind hingegen für den Vertragsschluss völlig neue, erst vom Künstler zu führende Verhandlungen erforderlich, scheitert der Provisionsanspruch – sofern keine anderen Vereinbarungen getroffen wurden – an der Unterbrechung des Kausalzusammenhangs. Dafür reicht es aber nicht aus, dass der Künstler lediglich die vom Makler ausgehandelten Vertragskonditionen optimiert.[378]

dd) Wahrnehmung von Optionen nach Vertragsende

357 Gemäß einer Entscheidung des OLG Köln begründet auch die nach Beendigung eines Exklusivvertrags[379] erfolgende Wahrnehmung von Optionen, die während der Laufzeit des Exklusivvertrags vereinbart wurden, keinen Folgeanspruch des Agenten.[380] Dies wird damit begründet, dass in derartigen Fällen die Zuerkennung von Folgeprovisionen zu einem interessenwidrigen Zustand führen würde: Der Agent könnte auf eine nicht absehbare Zeit Provisionen für Geschäftsabschlüsse fordern, an denen er nicht mehr beteiligt ist. Dem Künstler würde es damit zumindest erheblich erschwert, ein neues Unternehmen mit seiner Vertretung zu beauftragen, was letztlich auf eine unzulässige Knebelung hinausliefe.

358 Die Argumentation überzeugt nicht. Von der **Mitursächlichkeit** einer Optionsvereinbarung am späteren Zustandekommen des Vertrages ist jedenfalls dann auszugehen, wenn es sich bei der Option nicht lediglich um die Reservierung eines Termins handelt, sondern für den optionierten Termin bereits die Vertragsbedingungen ausgehandelt wurden. Wie bereits erwähnt, entspricht es in aller Regel nicht dem Parteiwillen, dass der Makler auch für Verlängerungsverträge, an deren Zustandekommen er nicht unmittelbar mitgewirkt hat, eine Provision erhält.[381] Ein derartiges Mitwirken des Agenten ist jedoch gegeben, sofern er während der Vertragszeit bereits Verhandlungen über weitere Verträge geführt hat, die erst nach Beendigung des laufenden Vertrages zum Abschluss gelangen. Daher hat der Agent zumindest einen anteiligen Anspruch auf Provision, sofern er die grundsätzlichen Vertragsbedingungen für den optionierten Termin ausgehandelt hat und auf dieser Grundlage ein Vertragsschluss zustande kommt.

ee) Provisionen für Folgegeschäfte

359 Insbesondere bei sog Tagesgeschäften erwarten Agenten gelegentlich, dass der Unternehmer auch die aus einer Vermittlung resultierenden Folgegeschäfte –‚**Ré-Engagements**' – provisioniert. Provisionsvereinbarungen von Maklern für Folgegeschäfte sind rechtlich nicht ausgeschlossen, sodass einer entsprechenden Vereinbarung nichts entgegensteht.[382] Fraglich kann sein, ob auch ein Anspruch auf eine derartige Folgeprovision eine entsprechende vertragliche Vereinbarung voraussetzt.

360 Grundsätzlich kann davon ausgegangen werden, dass die Erstvermittlung regelmäßig mitursächlich für das Zustandekommen eines Ré-Engagements ist. Allein dieser Ursachenzusammenhang reicht – und insoweit ist der zitierten Entscheidung des OLG Köln zuzustimmen – für sich allein nicht aus, um eine Provisionspflicht auch für Verträge zu begründen, die erst nach Beendigung eines Agenturvertrages geschlossen werden. Für Folgeverträge sind Provisionen nur dann zu zahlen, wenn der dem Makler erteilte Auftrag nicht nur auf das Zustandekommen des Erstvertrages, sondern zumindest konkludent auch auf das etwaiger Folgeverträge gerichtet war. Gemäß der Rechtsprechung des BGH entspricht es jedoch

---

[377] OLGR Düsseldorf 1995, 193; Sprau in Palandt BGB § 652 Rn. 51.
[378] vgl. BGH NJW-RR 1990, 1008.
[379] Aufgrund besonderer Umstände des Einzelfalls behandelte das Gericht den Vertrag als Maklervertrag.
[380] OLG Köln Urt. v. 18.1.2002 – 1 U 21/01.
[381] BGH NJW-RR 1991, 51.
[382] Sprau in Palandt BGB § 652 Rn. 68.

in aller Regel nicht dem Parteiwillen, dass der Makler auch für Verlängerungsverträge, an deren Zustandekommen er nicht unmittelbar mitgewirkt hat, eine Provision erhält.[383]

Aus dem Maklervertragsrecht ergibt sich ein Anspruch auf Provisionierung von Folgegeschäften ebenfalls nicht. Tatsächlich fehlt es bei derartigen Verträgen an einem Vermittlungsauftrag. Ein Provisionsanspruch des am Erstgeschäft beteiligten Agenten könnte daher nur aufgrund eines entsprechenden Branchenbrauchs bestehen. Dafür bietet die Praxis jedoch keine hinreichenden Anhaltspunkte. Der Abschluss eines Folgevertrages ist allenfalls mittelbar auf die Tätigkeit des Agenten zurückzuführen, stellt sich aber nicht als das Ergebnis einer für das Entstehen des Provisionsanspruches notwendigen wesentlichen Maklerleistung dar.[384] Gemäß einer Entscheidung des BGH soll der Makler grundsätzlich nicht für den Erfolg schlechthin, sondern nur für den konkreten Arbeitserfolg entlohnt werden.[385]

b) Der Provisionsanspruch beim Handelsvertretervertrag

aa) Entstehen des Provisionsanspruchs

Der Provisionsanspruch des Handelsvertreters gegen den Unternehmer entsteht grundsätzlich mit dem endgültigen Vertragsschluss. Er steht gem. § 87a Abs. 1 S. 1 HGB unter der **aufschiebenden Bedingung**, dass der Unternehmer das Geschäft ausgeführt hat.[386] Führt der Unternehmer das Geschäft nicht so aus, wie es abgeschlossen wurde, berührt dies gem. § 87a Abs. 3 HGB den Provisionsanspruch des Handelsvertreters jedoch nicht. Auch eine nach Vertragsschluss erfolgende Beendigung des Handelsvertretervertrages beeinträchtigt die Provisionsforderung nicht.[387] Vielmehr billigt § 87 Abs. 1 HGB dem Handelsvertreter die Provision auch für solche Geschäfte zu, die zwar vor Beendigung des Handelsvertretervertrags abgeschlossen, aber erst nach diesem Zeitpunkt ausgeführt worden sind.[388]

Ein wesentlicher Unterschied des Handelsvertretervertrags zum Maklervertrag liegt in der Tatsache, dass das Verdientsein der Provision von der **Durchführung des vermittelten Geschäfts** durch den Unternehmer abhängig ist. Anders als beim Maklervertrag entsteht der Anspruch des Handelsvertreters mit Abschluss des vermittelten Vertrages nur aufschiebend bedingt.[389] Er geht gem. § 87a Abs. 2 HGB wieder unter, sofern der Dritte nicht leistet.

Ein weiterer Unterschied des Handelsvertretervertrags zu § 652 BGB besteht darin, dass der Anspruch gem. § 87a Abs. 3 S. 2 HGB untergeht, sofern das Geschäft aus Gründen nicht ausgeführt wird, die vom Unternehmer nicht zu vertreten sind. Das bedeutet, dass zB im Falle einer krankheitsbedingten Veranstaltungsabsage des Künstlers kein Vergütungsanspruch des Agenten besteht. Daher ist beim Handelsvertretervertrag im Einzelfall stets abzugrenzen, ob Leistungsstörungen vom Künstler zu vertreten sind oder nicht. Gemäß § 87a Abs. 1 S. 3 HGB besteht der Provisionsanspruch allerdings, sofern der Vertragspartner des Unternehmers (zB der Veranstalter) eine Vorleistung erbracht hat. Er entfällt dann jedoch wieder, sofern der Vertragspartner die Leistung nach § 326 IV BGB zurückhält.

Sofern der Unternehmer das vermittelte Geschäft nicht oder anders als abgeschlossen ausführt, hat der Handelsvertreter gem. § 87a Abs. 3 HGB Anspruch auf Provision auch dann, wenn die aufschiebende Bedingung für dessen Entstehung nicht eintreten kann, weil der Unternehmer das Geschäft vertragswidrig nicht oder abweichend ausführt. Der Provisionsanspruch entfällt lediglich dann, wenn sich der Unternehmer für die unterbliebene Ausführung entlasten kann.[390]

---

[383] BGH NJW-RR 1991, 51; BGH NJW 1986, 1036 (1037).
[384] Sprau in Palandt BGB § 652 Rn. 47.
[385] BGH VersR 1996, 500 (501).
[386] BGH NJW 2010, 298; Hopt in Baumbach/Hopt HGB § 87a Rn. 1, 7.
[387] Hopt in Baumbach/Hopt HGB § 87a Rn. 7.
[388] BGH NJW-RR 1998, 629.
[389] BGH DB 2009, 2652 (2653).
[390] BGH DB 2009, 2652 (2653).

bb) Fälligkeit der Handelsvertreterprovision

366 Gemäß § 87a Abs. 4 iVm § 87c Abs. 1 HGB ist die Provision am letzten Tag des Monats nach dem jeweiligen Abrechnungszeitraum zur Zahlung fällig. Abweichende Vereinbarungen zu §§ 87, 87a HGB sind grundsätzlich zulässig.[391] Bezüglich der Fälligkeit der Provision lassen sie sich auf den Umkehrschluss aus § 87a Abs. 5 HGB stützen, der lediglich die Unwirksamkeit (nicht die Abbedingung) einzelner Abweichungen der Vorschrift und dies auch nur für den Fall regelt, dass die Abweichung nachteilig für den Handelsvertreter ist.[392] Selbst eine stillschweigende Erweiterung wird als zulässig betrachtet.[393] Zu berücksichtigen sind allerdings die Einschränkungen des § 87a Abs. 1 S. 2, 3 HGB sowie die gem. § 89b Abs. 4 S. 1 bestehende Unabdingbarkeit des Ausgleichsanspruchs.

367 Die erörterte Fälligkeitsbestimmung des Provisionsanspruchs des als Makler tätig werdenden Agenten kann unter Vorbehalt des § 87a Abs. 1–3 HGB uneingeschränkt auch auf die Fälligkeitsbestimmung des Provisionsanspruchs des als Handelsvertreter tätigen Agenten übertragen werden. Daher ist davon auszugehen, dass es der Branchenusance entspricht, dass auch sein Provisionsanspruch erst mit Zufluss der Vergütung, spätestens jedoch mit Ablauf des Veranstaltungstags zur Zahlung fällig wird.

cc) Mitursächlichkeit am Vertragsschluss

368 Die Frage der Mitursächlichkeit des als Handelsvertreter tätig werdenden Künstleragenten stellt sich nicht, sofern der Agent auf der Grundlage eines Exklusivvertrages tätig wird. Mit diesem Vertrag wird regelmäßig seine Beteiligung an allen Einnahmen des Künstlers vereinbart, unabhängig davon, auf wessen Aktivitäten sie zurückzuführen sind.

369 Aus § 87a Abs. 3 HGB ergibt sich, dass es für den Provisionsanspruch nicht erforderlich ist, dass die Tätigkeit des Handelsvertreters alleinursächlich für das Zustandekommen des Geschäfts ist. Auch die höchstrichterliche Rechtsprechung hat mehrfach bestätigt, dass der Provisionsanspruch bereits dann gegeben ist, wenn die Tätigkeit des Handelsvertreters lediglich mitursächlich ist.[394]

370 In der Veranstaltungspraxis kommt es immer wieder vor, dass ein Vertragsschluss vom Agenten nicht im direkten Kontakt mit dem Veranstalter sondern über einen von diesem beauftragten Subunternehmer – zB eine Werbeagentur – angebahnt wird. Setzt sich sodann der Veranstalter unmittelbar mit dem Künstler in Verbindung und bringt den Vertrag zum Abschluss, kann sich die Frage stellen, ob noch von einer Mitursächlichkeit einer Vermittlung des Agenten ausgegangen werden kann. Gemäß einer Entscheidung des BGH ist von einem durch den Handelsvertreter vermittelten Vertragsschluss auch auszugehen, wenn statt des vom ihm geworbenen Dritten ein vom Unternehmer beherrschtes Unternehmen den Vertrag abschließt.[395] Nichts anderes kann umgekehrt gelten, sofern der Vertrag nicht unmittelbar mit dem Dritten verhandelt, sondern über ein mit diesem verbundenen oder von ihm beauftragten Unternehmen angebahnt wird. Daher liegt jedenfalls Mitursächlichkeit auch vor, wenn ein Agent einer vom Unternehmer beauftragten Werbeagentur ein Angebot unterbreitet, das Unternehmen den Vertrag dann jedoch unmittelbar mit dem Künstler zum Abschluss bringt.

dd) Überhangprovisionen

371 Bei der Beteiligung eines Handelsvertreters an Geschäften, die während der Vertragszeit zustande gebracht wurden, aber erst nach Beendigung des Vertrags zur Ausführung gelangen, spricht man – wie beim Makler – von Überhangprovisionen.[396]

---

[391] Hopt in Baumbach/Hopt HGB § 87 Rn. 48, 8.
[392] BGH WM 2003, 2112 (2114).
[393] BGH BB 1961, 497.
[394] BGH NJW 2010, 298; BGH NJW 1997, 316.
[395] Vgl. BGH WM 1987, 546.
[396] BGH NJW 2010, 298. Vgl. auch Rn. 315 ff.

Gemäß § 87 Abs. 1 HGB steht dem Handelsvertreter eine Provision für alle während der 372
Vertragszeit abgeschlossenen Geschäfte zu, die entweder auf seine Tätigkeit zurückzuführen
sind oder mit Dritten abgeschlossen werden, die er als Kunden für Geschäfte der gleichen
Art geworben hat. Diese Voraussetzungen sind jedenfalls dann eindeutig erfüllt, wenn der
Handelsvertreter einen endgültigen, rechtswirksamen Vertragsabschluss während der Vertragszeit vermittelt hat.[397]

ee) Wahrnehmung von Optionen nach Vertragsende

Zu unterscheiden ist im Agenturgeschäft – wie bereits bei der nachvertraglichen Wahrneh- 373
mung von Optionen beim Maklervertrag erörtert[398] – zwischen der bloßen Reservierung
eines Termins und der Vereinbarung einer Option, bei der bereits die Eckpfeiler des späteren Vertragsschlusses verhandelt wurden. Das Handelsvertreterrecht enthält dazu in § 87
Abs. 3 Nr. 1 HGB eine klare Regelung. Provisionspflichtig sind danach auch Geschäfte, die
innerhalb angemessener Frist nach Beendigung des Vertragsverhältnisses abgeschlossen
werden, sofern sie auf Leistungen des Handelsvertreters zurückzuführen sind, die während
der Vertragszeit erbracht wurden. Mitursächlichkeit genügt folglich für das Entstehen des
Provisionsanspruchs auch des Handelsvertreters jedenfalls dann, wenn das Geschäft innerhalb einer angemessenen Frist nach Beendigung des Vertrages abgeschlossen wird. Gemäß
§ 87 Abs. 3 S. 1 Nr. 2 HGB ist es ausreichend, wenn vor Vertragsbeendigung dem Handelsvertreter oder dem Unternehmer ein Angebot für einen Geschäftsabschluss vorlag. Maßgebend für die Frist ist der Zeitraum zwischen der Beendigung des Vertragsverhältnisses und
dem Geschäftsabschluss. Da es eine absolute Grenze für die Angemessenheit der Frist nicht
gibt, ist auf die Besonderheiten der jeweiligen Branche abzustellen.[399] Der BGH hat bei der
Auftragserteilung für die Erstellung einer Beregnungsanlage einen Zeitraum von zwei Jahren nach Vertragsbeendigung für angemessen erachtet.[400] Im Veranstaltungsvermittlungsbereich sollte angesichts der regelmäßigen langen Vorplanungszeiten mindestens das Gleiche
gelten.

§ 87 Abs. 3 S. 2 HGB enthält zudem eine Regelung, die eine **Provisionsteilung mit** 374
dem Nachfolger vorschreibt, wenn wegen besonderer Umstände eine Teilung der Provision der Billigkeit entspricht. Gemäß § 87 Abs. 3 S. 1 Nr. 2 HGB steht dem Handelsvertreter ein Anspruch auf Provision für nach Vertragsbeendigung zur Ausführung gelangende
Geschäfte bereits zu, wenn ihm vor Beendigung des Vertragsverhältnisses das Angebot des
Dritten zugegangen ist. Wird dieses Angebot durch den nachfolgenden Handelsvertreter
noch erheblich verändert, um den Vertragsschluss endgültig zu ermöglichen, kann eine Teilung der Provision der Billigkeit entsprechen. Dies ist jedoch nur der Fall, wenn der nachfolgende Handelsvertreter das Angebot tatsächlich wesentlich verändert und nicht bloß unwesentliche Änderungen vornimmt.[401]

ff) Provisionen für Folgegeschäfte

Bereits zum Maklervertrag wurde dargelegt, dass der Makler nach Beendigung keinen An- 375
spruch auf Zahlung von Folgeprovisionen hat.[402] Die dort dargestellten Argumente gelten
für den Handelsvertretervertrag gleichermaßen. Handelt es sich bei einem Agenturvertrag
um einen Handelsvertretervertrag, würde die Annahme eines Anspruchs auf Zahlung von
Folgeprovisionen zudem mit dem Handelsvertreterausgleichsanspruch kollidieren. Nähme
man das Bestehen eines Anspruchs auf Folgeprovisionierung an, würde dieser zu dem unangemessenen und unbilligen Ergebnis führen, dass der Agent mit diesem Anspruch ne-

---

[397] Hopt in Baumbach/Hopt HGB § 87 Rn. 7.
[398] S. Rn. 357 f.
[399] Vgl. Hopt in Baumbach/Hopt HGB § 87 Rn. 43; v. Gamm NJW 1979, 2489 (2492).
[400] v. Gamm NJW 1979, 2489 (2492).
[401] Wauschkuhn/Fröhlich BB 2010, 524 (526).
[402] S. Rn. 359 ff.

ben dem Ausgleichsanspruch einen zusätzlichen Provisionsanspruch geltend machen könnte.

c) Provisionshöhe

376 Bei der Erörterung der üblichen Höhe von Provisionen muss nach Art und Umfang des konkreten Vertrages differenziert werden. Die Vermittlungsprovision ist abhängig davon, ob es sich um Arbeitsvermittlung oder die Vermittlung in selbstständige Dienst- oder Werkverträge handelt. Während die Gebührenvereinbarung bei der Arbeitsvermittlung sich an den Regeln der §§ 296, 297, 421g SGB III zu orientieren hat, ist bei der Provisionsvereinbarung für die Vermittlung selbstständiger Dienst- oder Werkverträge nur die Grenze der **Sittenwidrigkeit** zu beachten.

377 Eine erhebliche Rolle bei der Festlegung der Provisionshöhe spielt regelmäßig auch das durchschnittlich vermittelbare Geschäftsvolumen und damit die durchschnittliche Honorarhöhe des Künstlers und die Anzahl der vermittelbaren Auftritte. Da der Arbeitsaufwand bei der Vermittlung noch unbekannter Künstler mit geringen Honoraren zumeist höher ist als die Vermittlung eines bekannten Künstlers mit hohen Honoraren, werden Provisionen auch von der durchschnittlichen Berechnungsgrundlage abhängig gemacht. Ist die Berechnungsgrundlage gering, wird häufig eine höhere prozentuale Beteiligung des Agenten vereinbart. Ferner ist zwischen der Vermittlung auf der Grundlage von **Exklusivverträgen** und der **gelegentlichen Vermittlung** zu differenzieren. Ist der Agent aufgrund eines Exklusivvertrages an allen Einnahmen seines Auftraggebers beteiligt, ist die vereinbarte Provision zumeist geringer als bei der Einzelfallvermittlung. Dies hat seine Ursache darin, dass der Vermittlungserfolg bei einer gelegentlichen Vermittlung zumeist das Resultat umfangreicher Recherchen und Angebote ist, die der Agent auf Anfrage eines Veranstalters durchgeführt bzw. eingeholt hat, bevor es zu einem Abschluss kam. Dieser Aufwand findet dann zumeist Niederschlag in der mit dem schließlich vermittelten Künstler vereinbarten Provision.

378 Bei auf Dauer angelegten Vermittlungsaufträgen bewegen sich Provisionen zumeist im Rahmen zwischen 10% als Untergrenze bis zu 20% als Obergrenze, wobei der **Mittelwert von 15%** als Regelfall bezeichnet werden kann.

d) Sittenwidrigkeit der Provision

379 Die Provisionsvereinbarung kann gem. § 138 Abs. 2 BGB wegen Ausbeutung einer Zwangslage des Auftraggebers, seiner Unerfahrenheit, des Mangels an Urteilsvermögen oder der erheblichen Willensschwäche sittenwidrig sein. Im weiteren Sinne des § 138 Abs. 1 BGB ist Nichtigkeit aber auch dann anzunehmen, wenn andere sittenwidrige Umstände hinzutreten, etwa ein besonders krasses Missverhältnis zwischen Leistung und Gegenleistung.[403] Abzustellen ist dabei auf die ‚angemessene Ausgewogenheit' von versprochener Vergütung und zu erbringender Leistung. Je mehr der Gewinn des Auftraggebers sinkt, weil der Provisionsbeteiligte den überwiegenden wirtschaftlichen Anteil vom Geschäft erhält, umso mehr wird er auf Kosten des Geschäftspartners der eigentliche Herr des Geschäfts, obwohl die mit dem Geschäft verbundenen Risiken beim Geschäftspartner verbleiben. Vornehmlich ein derartiges Missverhältnis mache nach beizupflichtender Auffassung des OLG Frankfurt das Missverhältnis zwischen Leistung und dafür vereinbartem Preis deutlich.[404] Nach gefestigter höchstrichterlicher Rechtsprechung kann bereits dann von einem groben Missverhältnis zwischen Leistung und Gegenleistung ausgegangen werden, wenn der Wert der Leistung knapp doppelt so hoch ist wie der Wert der Gegenleistung.[405] Hat der Makler eine unangemessen hohe Provision berechnet, kann sie gem. § 655 BGB auf Antrag des Schuldners herabgesetzt werden. Ist ein Maklervertrag jedoch wegen

---

[403] BGH WM 1981, 404; BGH NJW 1994, 1475.
[404] OLG Frankfurt SpuRt 2007, 246 (248).
[405] BGH NJW 1992, 899.

Künstlervermittlung §5

Sittenwidrigkeit nichtig, kann eine Herabsetzung auf die übliche Provision nicht mehr erfolgen.[406]

Die Frage, ob eine Provisionsvereinbarung im Einzelfall sittenwidrig ist, lässt sich mithin 380 nicht allein an ihrer Höhe festmachen. Vielmehr muss stets eine **Gesamtbetrachtung des Leistungs- und Gegenleistungsumfangs** erfolgen. Dabei ist zunächst darauf abzustellen, ob sich die Provisionsbemessung am Netto- oder am Bruttoumsatz orientiert. Beteiligt sich der Agent an mit den vermittelten Geschäften verbundenen Durchführungskosten, kann eine höhere Provision gerechtfertigt sein als im Falle einer Beteiligung am Bruttoumsatz. Auch erscheint es vertretbar, dass bei relativ geringem Einkommen des Künstlers der Agent oder Manager eine höhere Provision erhält, da der objektive Wert seiner Dienstleistung sich nicht nach dem Einkommen seines Auftraggebers bestimmt.

6. Vertragslaufzeit von Agenturverträgen

Die individualvertraglich erfolgte Laufzeitvereinbarung von längerfristigen Agenturverträ- 381 gen findet ihre Grenze nur in den Grundsätzen der Sittenwidrigkeit von Verträgen. Im Übrigen wird dazu auf die entsprechenden Ausführungen zur Vertragslaufzeit von Managementverträgen verwiesen.[407]

Soweit es sich bei dem Agenturvertrag um einen Standardvertrag handelt, sind gem. 382 § 309 Nr. 9 lit. a) BGB Laufzeitklauseln unwirksam, die, soweit sie eine Dienst- oder Werkleistung des Verwenders zum Gegenstand haben, den Vertragspartner länger als **zwei Jahre** binden. Auch bei Klauseln, die dem Anwendungsbereich des § 309 BGB unterfallen, ist im Einzelfall zu prüfen, ob iSd § 307 BGB eine unangemessene Benachteiligung des Vertragspartners vorliegt.[408] Der BGH lässt eine Abweichung von der Zwei-Jahres-Regelung nur bei Vorliegen besonderer im jeweiligen Vertragsverhältnis wurzelnder Gründe zu.[409] Bei der im Einzelfall gebotenen Abwägung sind die berechtigten Interessen des Verwenders an einer längerfristigen Bindung insbesondere im Hinblick auf die Amortisation der Akquisitions- und sonstigen Einmalaufwände zu berücksichtigen.[410] Unwirksam sind gem. § 309 Nr. 9 lit. b) BGB ferner eine den anderen Vertragsteil bindende stillschweigende Laufzeitverlängerung um jeweils mehr als ein Jahr oder gem. lit. c) die Vereinbarung einer längeren Kündigungsfrist als drei Monate vor Ablauf der zunächst vorgesehenen oder stillschweigend verlängerten Vertragsdauer. Bei einer Fortsetzung auf unbestimmte Zeit liegt ein überlanger bindender Verlängerungszeitraum iSv lit. b) nicht vor, wenn ordentliche Kündigungsmöglichkeiten zum Ablauf jedes Verlängerungsjahrs gewährt werden.[411]

Allerdings findet § 309 BGB auf AGB-Klauseln mit Unternehmern gem. § 310 Abs. 1 383 S. 1 BGB keine Anwendung. Über die Wirksamkeit von Laufzeitklauseln im unternehmerischen Bereich entscheidet die Rechtsprechung unter Zugrundelegung von § 307 BGB im Rahmen einer individuellen Interessenabwägung. Dabei ist vorrangig auf die wirtschaftlichen Kriterien und das Verwenderinteresse an einer Amortisation seiner Vorleistungen abzustellen.[412]

7. Kündigung des Agenturvertrags

Gemäß hier vertretener Auffassung handelt es sich bei auf Dauer angelegten Künstlerver- 384 mittlungsverträgen regelmäßig um Handelsvertreterverhältnisse. Die Anwendung von Maklerrecht beschränkt sich daher auf die wirtschaftlich durchaus bedeutende Gelegen-

---

[406] OLG Nürnberg NZM 2001, 481.
[407] Vgl. Rn. 448 ff.
[408] Christensen in UBH AGB-Recht § 309 Nr. 9 Rn. 3.
[409] BGHZ 100, 373; BGH NJW 1997, 739.
[410] Christensen in UBH AGB-Recht § 309 Nr. 9 Rn. 12.
[411] Christensen in UBH AGB-Recht § 309 Nr. 9 Rn. 14 mwN.
[412] Christensen in UBH AGB-Recht § 309 Nr. 9 Rn. 20.

heitsvermittlung bzw. auf solche auf Dauer angelegten Vermittlungsaufträge, die keine ständige Betrauung zum Gegenstand haben. Während auf Maklerverträge die allgemeinen Kündigungsfristen der §§ 620 ff. BGB anwendbar sind, gelten beim Handelsvertretervertrag die besonderen Kündigungsregeln der §§ 89, 89a HGB.

a) Die Kündigung nach § 627 BGB

385 Gemäß § 627 BGB ist die außerordentliche Kündigung von Dienstverhältnissen unter bestimmten Voraussetzungen ohne den dafür in § 626 BGB vorausgesetzten wichtigen Grund zulässig.

386 Grundsätzlich findet § 627 BGB gem. seinem Wortlaut nur auf **Dienstverhältnisse** Anwendung, die kein Arbeitsverhältnis sind und bei denen der Dienstverpflichtete nicht in einem Dienstverhältnis mit festen Bezügen steht. Da Dienstverhältnisse auch eine Pflicht zum Tätigwerden voraussetzen, ist § 627 BGB jedenfalls dann nicht anwendbar, wenn eine Tätigkeitspflicht nicht besteht. Wie dargestellt, besteht eine Pflicht des Agenten zum Tätigwerden nur bei längerfristigen Beauftragungen. Bei den sog Tagesgeschäften ist für die Anwendung des § 627 BGB ohnehin kein Raum, da es dem Auftraggeber zumeist jederzeit freisteht, die erteilte Vermittlungsvollmacht zu widerrufen.

387 Ferner besteht das Kündigungsrecht des § 627 BGB nur, sofern der Dienstverpflichtete keine **festen Bezüge** erhält. Der BGH hat sich in einer Entscheidung aus dem Jahre 1993 mit der Frage auseinandergesetzt, ob ein gewisses regelmäßiges Einkommen eines Managers aus Provisionsbezügen oder partiarischen Vergütungen bereits als feste Bezüge zu werten sei.[413] Dies hat er im Ergebnis mit der Begründung abgelehnt, dass es sich bei derartigen Einnahmen um Entgelte handele, die von außervertraglichen Entwicklungen abhängig seien und daher in der Höhe schwankten.[414] Einkünfte, deren (Mindest-)Höhe nicht im Voraus feststehen und die schwanken und im ungünstigsten Falle sogar ganz ausbleiben können, seien daher keine festen Bezüge im Sinne des § 627 Abs. 1 BGB. Dem ist uneingeschränkt beizupflichten. Erfolgsabhängige Provisionen bleiben, selbst wenn über längere Zeiträume Beträge in beständiger Höhe fließen, stets erfolgsabhängig und stehen – anders als zB Arbeitsgehälter – stets unter dem Risiko, dass sie bspw. aufgrund von Krankheit des Dienstherrn weitgehend oder sogar ganz entfallen.

388 **Dienste höherer Art** sind solche Dienste, die ein überdurchschnittliches Maß an Fachkenntnis voraussetzen. Entscheidend sind dabei die typische Lage bzw. der Geschäftsinhalt des Vertrages, nicht der konkrete Einzelfall.[415] Ein Künstlervermittler wird tätig, weil er besonders gute Kontakte in der Künstlerszene hat und über die notwendigen Kenntnisse für die Vermittlung und den Abschluss von Veranstaltungsverträgen verfügt. Daher sind diese Voraussetzungen bei einem Künstlervermittler regelmäßig gegeben.

389 Eine **Übertragung aufgrund besonderen Vertrauens** liegt vor, wenn die Zusammenarbeit ein persönliches Vertrauensverhältnis zwischen Dienstleistungsberechtigtem und Dienstleistungsverpflichtetem voraussetzt. Es geht dabei also nicht um das Vertrauen in die Fachkompetenz des Beauftragten, welche bei Diensten höherer Art vom Auftraggeber ohnehin vorausgesetzt wird, sondern um die Person des Vertragspartners als solche.[416] Im Falle persönlicher Spannungen zwischen den Parteien oder einer gegenseitigen Abneigung soll der Vertrag jederzeit gelöst werden können.[417] Soweit eine Mindermeinung die Anwendbarkeit der Vorschrift auf den Managementvertrag mit der Begründung ablehnt, dass bei einem derartigen Vertrag anstelle eines besonderen Vertrauensverhältnisses lediglich peku-

---

[413] BGH NJW-RR 1993, 505.
[414] Vgl. BGH NJW-RR 1993, 374.
[415] LG Kleve SpuRt 2010, 209 (Vermittlung von Boxern); Weidenkaff in Palandt BGB § 627 Rn. 2; Preis in Staudinger BGB § 627 Rn. 18 (2012).
[416] LG München ZUM 2007, 580 (583); Preis in Staudinger BGB § 627 Rn. 22 (2012); Schlosser NJW 1980, 273 (274).
[417] Schlosser NJW 1980, 273 (274).

niäre Erwartungen des Auftraggebers im Vordergrund stünden, ist dem zu widersprechen.[418] Der Auftraggeber muss sich darauf verlassen können, dass der Agent – ebenso wie ein Manager – alles ihm Mögliche unternimmt, um bestmögliche Vertragsabschlüsse zu erzielen.[419] Regelmäßig umfasst jedenfalls der längerfristige Vermittlungsauftrag auch das Recht zum Aushandeln und zum Einzug der Vergütungen. Derartige Vollmachten räumt man nur Personen ein, die ein besonderes Vertrauen ihres Auftraggebers genießen.

Die ganz hM gewährt daher bei Agentur- bzw. Managementverträgen, die für eine bestimmte Laufzeit abgeschlossen wurden, das besondere Kündigungsrecht des § 627 BGB.[420] Während der Dienstberechtigte jederzeit kündigen kann, steht das Kündigungsrecht dem Dienstverpflichteten nur unter der Einschränkung des § 627 Abs. 2 BGB zu.

390

b) Konkludente Abbedingung des § 627 BGB

Das jederzeitige Kündigungsrecht nach § 627 BGB ist abdingbar.[421] Dafür soll die Vereinbarung einer bestimmten Vertragslaufzeit allerdings nicht ausreichen. Gemäß einer Entscheidung des BGH bedürfe es vielmehr des klaren und bestimmten Ausdrucks eines entsprechenden Parteiwillens.[422]

391

Allerdings hält die Rechtsprechung gelegentlich auch einen konkludenten oder sich aus den Umständen des Schuldverhältnisses ergebenden Ausschluss des § 627 BGB für möglich.[423] Bei einem Geschäftsbesorgungsvertrag kann gem. einer Entscheidung des BGH ein erhebliches wirtschaftliches Interesse des Beauftragten an der Durchführung des Auftrags dafür sprechen, dass die Parteien eine nach § 627 BGB gegebene Kündigungsmöglichkeit ausschließen wollten.[424] Das OLG Bremen ging in einem Urteil davon aus, dass ein jederzeitiges Kündigungsrecht den Interessen der Parteien jedenfalls dann zuwider liefe, wenn eine Teilung der Einkünfte vereinbart sei. Zur weiteren Untermauerung eines entsprechenden Interesses stellte das Gericht auf die Verpflichtung des Auftraggebers des Vermittlers ab, auf eigene Vertragsverhandlungen zu verzichten. Auch dies spräche dafür, dass eine möglichst feste Bindung gewollt gewesen sei.[425]

392

Viel spricht dafür, mit der Argumentation des OLG Bremen die Vereinbarung einer festen Laufzeit von Vermittlungsverträgen als konkludente Abbedingung des Kündigungsrechts des § 627 BGB zu werten. Vor allem bei der Agenturtätigkeit für Nachwuchstalente wird regelmäßig eine längerfristige Kooperation vereinbart, um dem Agenten die Amortisation seiner Investitionen zu ermöglichen. Die Vermittlung noch unbekannter Künstler erfordert einen besonderen Zeit- und Kostenaufwand, der – wenn überhaupt – erst mittelfristig kompensiert werden kann. In derartigen Fällen liegt es auch im Interesse des Auftraggebers, das Engagement des Vermittlers zu stärken. Letztlich kann aber für den Bereich der Künstlervermittlung und Betreuung der vom BGH im Revisionsverfahren[426] nicht widersprochenen Begründung des OLG Bremen nicht gefolgt werden. Es kann nämlich nicht als im Interesse zB eines Künstlers oder eines Sportlers liegend betrachtet werden, dass er auch dann noch an einen Vertreter gebunden sein soll, wenn Zweifel bezüglich dessen Ver-

393

---

[418] Andryk S. 25, wobei Andryk unter den Begriff des Managers auch typische Agenturaufgaben subsumiert, vgl. Andryk, S. 9 ff.
[419] LG Kleve SpuRt 2010, 209.
[420] BGH NJW-RR 1993, 505; LG Köln Urt. v. 29.6.2010 – 22 O 586/09; Martinek/Bergmann WRP 2006, 1048 (1059 f.); Andryk S. 22 ff.; Kassung AfP 2004, 89 (94 f.); Preis in Staudinger BGB § 627 Rn. 8 (2012).
[421] BGH NJW 2005, 2543; Preis in Staudinger BGB § 627 Rn. 6 (2012); Weidenkaff in Palandt BGB § 627 Rn. 5.
[422] BGH NJW 1999, 276 (278).
[423] BGH NJW-RR 1991, 439; LG Hamburg Urt. v. 7.1.2011 – 25 O 63/10 (nv); Preis in Staudinger BGB § 627 Rn. 7 (2012).
[424] BGH NJW-RR 1991, 439.
[425] OLG Bremen Urt. v. 22.2.1989 – 1 U 118/88 (nv).
[426] BGH NJW-RR 1991, 439 (440).

§ 5 Künstlervermittlung

lässlichkeit und Einsatz bestehen. Stattdessen ist den Parteien zuzumuten, eine ausdrückliche Abbedingung des Kündigungsrechts nach § 627 BGB vorzunehmen. Dies entspricht auch einer weiteren Entscheidung des BGH, in welcher er feststellte, dass das Aushandeln der Laufzeit eines Vertrages noch nicht dazu führt, dass auch die Vertragsbedingungen über die Kündigung als ausgehandelt angesehen werden.[427]

c) Abbedingung des § 627 BGB in Standardverträgen

394 In der Praxis finden sich häufig Abbedingungsklauseln in Standardverträgen. Deren Wirksamkeit kann an der Vorschrift des § 307 Abs. 2 Nr. 1 BGB scheitern.[428] Danach sind Bestimmungen in AGB unwirksam, wenn sie den Vertragspartner des Verwenders entgegen Treu und Glauben unangemessen benachteiligen. Eine unangemessene Benachteiligung liegt nach Abs. 2 der Vorschrift im Zweifel dann vor, wenn die Bestimmung mit den wesentlichen Grundgedanken der gesetzlichen Regelung, von der abgewichen wird, nicht vereinbar ist. Die Inhaltskontrolle des § 307 Abs. 2 Nr. 1 BGB bleibt auch bei AGB anwendbar, die gegenüber einem Unternehmer gestellt werden, da dessen Anwendung durch § 310 Abs. 1 S. 1 BGB nicht ausgeschlossen wird.

395 Der formularmäßige Ausschluss des Kündigungsrechts nach § 627 BGB wird ganz überwiegend sowohl in der Rechtsprechung als auch der Fachliteratur als ein solcher Verstoß gegen wesentliche Grundgedanken des Dienstvertragsrechts behandelt, wobei die Gerichte die Frage, ob damit auch stets eine unangemessene Benachteiligung erfolgt, zumeist aufgrund der jeweiligen Sachverhaltskonstellationen dahingestellt sein ließen.[429] Eine Entscheidung des LG Hamburg hat sich, soweit ersichtlich, erstmals differenzierter mit dieser Frage beschäftigt. Danach stellt der Ausschluss des § 627 BGB durch AGB noch nicht per se eine unangemessene Benachteiligung des Vertragspartners dar. Vielmehr sei darauf abzustellen, ob durch den Ausschluss tatsächlich im konkreten Fall eine unangemessene Benachteiligung des Vertragspartners erfolgt.[430] In dem Verfahren ging es um eine Sportmanagement- und Vermarktungsvereinbarung eines Boxpromoters mit seinem Boxer, der auf der Grundlage eines Standardvertrags des Promoters abgeschlossen wurde. Die Grundlaufzeit des Vertrages betrug drei Jahre mit einer zugunsten des Promoters vereinbarten Option, den Vertrag um weitere drei Jahre zu verlängern. Das LG stellte bei der Beurteilung der Frage, ob der vertragliche Ausschluss des § 627 BGB wirksam ist, allein auf die Grundlaufzeit des Vertrages ab. Aufrund der vertraglich vom Promoter übernommenen erheblichen ‚Vorinvestitionen' betrachte es den Ausschluss nicht als unangemessene Benachteilung. Das OLG Hamburg bestätigte zwar diese Betrachtungsweise. Es stellte dabei allerdings auf die potentielle Gesamtlaufzeit des Vertrages von sechs Jahren ab. Ein derart langer Ausschluss des Kündigungsrechts durch AGB sei nicht zulässig, da der Boxer damit für einen wesentlichen Teil seiner Karriere als Profiboxer gebunden werde. Damit sah das Gericht das Grundrecht des Profiboxers aus Art. 12 GG eingeschränkt und beurteilte den Ausschluss des § 627 BGB als Verstoß gegen § 307 Abs. 2 Nr. 1 BGB.[431] Es bleibt mit Spannung abzuwarten, ob der BGH dieser differenzierten Beurteilung folgt und damit von seiner gefestigten Rechtsprechung abweicht, dass die Abbedingung des außerordentlichen Kündigungsrechts des § 627 BGB in Standardverträgen grundsätzlich unwirksam ist. Angesichts der insbesondere bei Agentur- und auch Managementverträgen mit Künstlern stets erfor-

---

[427] BGHZ 84, 109.
[428] BGH WM 2005, 1667 (1669); LG Rottweil NJW 1983, 2824; LG Karlsruhe MDR 1981, 847; LG Tübingen MDR 1980, 496; Preis in Staudinger BGB § 627 Rn. 9 (2012); Schlosser NJW 1980, 273 (274); Weidenkaff in Palandt BGB § 627 Rn. 5.
[429] BGH WM 2005, 1667; BGHZ 106, 341; BGH NJW 2010, 1520; LG Karlsruhe, MDR 1981, 847; LG Kleve SpuRt 2010, 209; Preis in Staudinger BGB § 627 Rn. 8 (2012); Weidenkaff in Palandt BGB § 627 Rn. 5; aA.: AG Göppingen NJW 1981, 1675.
[430] LG Hamburg Urt. v. 7.1.2007 – 325 O 63/10 (noch nicht rechtskräftig); so auch Grüneberg in Palandt BGB § 307 Rn. 40.
[431] OLG Hamburg Urt. v. 28.3.2012 – 8 U 103/11 (Revision anhängig).

derlichen Vorleistungen ihrer Betreuer wird dieser Entscheidung erhebliche Bedeutung zukommen.

Da Agenturverträge fast ausnahmslos unter Verwendung von Standardverträgen geschlossen werden, stellt sich in der Praxis immer wieder die Frage, wie denn eine von den Parteien gewünschte Abbedingung des § 627 BGB dennoch wirksam erfolgen kann. Zu denken wäre – hinausgehend über das bereits oben zum Nachweis einer Individualvereinbarung Dargestellte[432] – an den Abschluss einer separaten individualvertraglich ausgehandelten Ausschlussvereinbarung. Ob eine solche Vereinbarung im Falle der gerichtlichen Überprüfung tatsächlich als Individualvereinbarung beurteilt würde, kann zweifelhaft sein. Denn es kann nicht ausgeschlossen werden, dass ein Gericht diese dennoch als eine untrennbar mit dem Hauptvertrag verbundene Vereinbarung behandelt, sodass auch dann ein wirksamer Ausschluss an § 307 Abs. 2 Nr. 1 BGB scheitern würde. Weiterhin wäre denkbar, den Bestand des Vermittlungsrechts der Agentur für eine festgelegte Laufzeit nicht über den Ausschluss des Kündigungsrechts sondern über eine individualvertraglich unter Ausschluss von § 627 BGB erteilte Handlungs- und Abschlussvollmacht zu erreichen. Allerdings lassen sich die üblichen Regelungsinhalte eines Agenturvertrags nicht allein auf eine Vermittlungsvollmacht reduzieren. Für eine erfolgreiche und funktionierende Zusammenarbeit der Parteien eines Agenturvertrages bedarf es einer Vielzahl von Detailvereinbarungen, die ein ausführliches Regelwerk erfordern, was dann zumeist doch immer wieder den Rückgriff auf vorformulierte Verträge zur Folge hat. Letztlich gibt es aber kein Patentrezept, um die von Rechtsprechung aufgestellten Voraussetzungen für das Vorliegen einer Individualvereinbarung auszuhebeln, ohne tatsächlich alle den gesamten Vertrag regelnden Bestimmungen uneingeschränkt zur Disposition des Vertragspartners zu stellen.

d) Vergütungsfortzahlung im Falle der Kündigung nach § 627 Abs. 1 BGB

Die Vergütungsfortzahlung nach Ausübung des Kündigungsrechts richtet sich – soweit keine abweichende Regelung getroffen wurde – nach § 628 Abs. 1 S. 1 BGB. Danach kann der Verpflichtete einen seinen bisherigen Leistungen entsprechenden Teil der Vergütung verlangen. Bei einem Agenturvertrag mit der üblichen umsatzbezogenen Provisionsbeteiligung des Agenten besteht dessen bis zur Beendigung des Vertrages erbrachte Leistung in den bis dahin zustande gekommenen und noch nicht provisionierten Vertragsabschlüssen. In Agenturverträgen wird die Regelung des § 628 Abs. 1 BGB in der Praxis allerdings regelmäßig durch Abbedingung des § 627 BGB hinfällig. Der Ausschluss des besonderen Kündigungsrechts des § 627 BGB hat zur Folge, dass dem Agenten die vereinbarte Provision an allen Vertragsabschlüssen geschuldet ist, die bis zur ordentlichen Beendigung des Vertragsverhältnisses zustande gebracht wurden. An der Wirksamkeit einer Regelung, wonach dem Dienstverpflichteten im Falle der vorzeitigen Beendigung des Dienstverhältnisses ohne Vorliegen eines wichtigen Grundes das volle für die Vertragszeit vereinbarte Entgelt zusteht, bestehen keine grundsätzlichen Zweifel. Eine derartige Regelung wird durch § 627 BGB nicht ausgeschlossen. Dabei ist allerdings zu berücksichtigen, dass auch eine Abbedingung des § 628 Abs. 1 S. 1 BGB jedenfalls individualvertraglich erfolgen muss, da es sich ansonsten um eine Benachteiligung entgegen den Grundsätzen von Treu und Glauben handelte.[433] Im Übrigen wäre bei einem Standardvertrag bei einer Abbedingung des § 628 Abs. 1 S. 1 BGB auch ein Verstoß gegen § 307 Abs. 2 Nr. 1 BGB gegeben.

e) Kündigungsrecht bei Handelsvertreterverträgen

Gemäß § 89 Abs. 1 HGB ist bei der ordentlichen Kündigung von Handelsvertreterverträgen eine Kündigungsfrist von mindestens einem Monat zu berücksichtigen. Eine Verlängerung der Fristen ist gem. § 89 Abs. 2 HGB zulässig. Allerdings darf die Frist für den Unternehmer nicht kürzer sein als für den Handelsvertreter. Eine außerordentliche Kündigung

---

[432] 206 f.
[433] BGHZ 54, 106 (110); Preis in Staudinger BGB § 627 Rn. 10 (2012).

§ 5 Künstlervermittlung

des Handelsvertretervertrags ist gem. § 89a Abs. 1 HGB aus wichtigem Grund möglich. Ein dem § 627 BGB entsprechendes Kündigungsrecht sieht das Handelsvertreterrecht nicht vor. Da der Handelsvertretervertrag seinem Wesen nach ein Dienstvertrag ist, der eine Geschäftsbesorgung zum Gegenstand hat, kommt jedoch eine ergänzende Anwendung der Kündigungsvorschriften des Dienstvertragsrechts stets dann in Betracht, wenn die Spezialvorschriften der §§ 89 ff. HGB nicht entgegenstehen. Daher spricht – wie bereits aufgezeigt – nichts dagegen, auch beim Handelsvertretervertrag auf § 627 BGB zurückzugreifen.[434] An die Stelle der Regelung des § 628 BGB tritt dann der Ausgleichsanspruch gem. § 89b HGB.

8. Verbotene Rechtsdienstleistung

399 Die zentrale Aufgabe des Künstlervermittlers besteht in der Akquise, dem Aushandeln und dem Abschluss von Verträgen für seinen Auftraggeber. Dabei könnte es sich iSd § 3 RDG um eine unzulässige Rechtsdienstleistung handeln. Rechtsdienstleistung ist gem. § 2 Abs. 1 RDG jede Tätigkeit in konkreten fremden Angelegenheiten, sobald sie eine rechtliche Prüfung des Einzelfalls erfordert. Gemäß § 5 Abs. 1 RDG sind allerdings Rechtsdienstleistungen, die im Zusammenhang mit einer anderen Tätigkeit erfolgen, grundsätzlich erlaubt, wenn sie als Nebenleistung zum jeweiligen Berufs- oder Tätigkeitsbild gehören. Die Akquisetätigkeit und das Zustandebringen des Vertrages setzen per se keine rechtliche Prüfung des Einzelfalls voraus.[435] Zudem werden Veranstaltungsverträge durch den Agenten regelmäßig auf der Grundlage vorgegebener Vertragskonditionen abgeschlossen, die keiner weiteren rechtlichen Überprüfung bedürfen. Die Einflussnahme des Künstleragenten auf den Vertragsinhalt beschränkt sich daher regelmäßig auf die Festlegung von Ort, Zeit und das konkrete Vertragshonorar. Soweit auf dieser Grundlage die konkreten Verträge durch den Agenten zustandegebracht werden, liegt darin mithin kein Verstoß gegen das RDG.[436]

III. Vermittlung von Künstlern in Arbeitsverhältnisse

1. Historie

400 Die ehemalige Bundesanstalt für Arbeit hat als seinerzeit ausschließlich für die Arbeitsvermittlung in Deutschland zuständige Bundesbehörde bis zum Jahre 1990 die Rechtsauffassung vertreten, dass Veranstaltungsverträge grundsätzlich Arbeitsverträge seien. Zum Schutz der Künstler wurde deren Arbeitnehmereigenschaft grundsätzlich unterstellt. In Konsequenz dessen behandelte sie jede Form der Künstlervermittlung gem. des bis zum Jahre 1997 geltenden Arbeitsförderungsgesetzes vom 25.6.1969 als **unerlaubte Arbeitsvermittlung**. In einem Grundsatzurteil vom 29.11.1990[437] widersprach das Bundessozialgericht dieser Rechtsauffassung. Das Urteil stellte erstmalig höchstgerichtlich klar, dass für die Beurteilung der Arbeitnehmerschaft von Künstlern keine anderen sondern uneingeschränkt ebenfalls die von Rechtsprechung und Literatur entwickelten Kriterien zu gelten haben. Künstler bzw. Künstlergruppen, die im Rahmen von kurzfristigen Engagements (sog. Tagesgeschäft) konzertmäßig auftreten, seien mangels Weisungsgebundenheit und Eingliederung in den Organisationsbetrieb regelmäßig nicht in einem Arbeitsverhältnis tätig, sondern übten eine selbstständige Tätigkeit aus. Wörtlich führte das BSG aus: „Die Rechtsbeziehungen zwischen Veranstaltern und konzertmäßig auftretenden Künstlern sind keine Arbeitsverhältnisse, weil ihnen die dafür wesentlichen Merkmale nahezu vollständig fehlen. So besitzt der Veranstalter eines konzertmäßig auftretenden Künstlers weder ein vertraglich noch ansonsten gesichertes Recht, den Künstlern bei der Durchführung ihrer

---

[434] Martinek/Bergmann WRP 2006, 1047 (1059).
[435] Vgl. Andryk S. 36.
[436] So im Ergebnis auch OLG Frankfurt SpuRt 2007, 246.
[437] BSG BB 1991, 1270.

Künstlervermittlung § 5

Auftritte wie ein Arbeitgeber Weisungen zu erteilen, noch sind diese in arbeitnehmertypischer Weise in seinen Betrieb eingegliedert worden. Die Ausführung der vereinbarten Darbietungen erfolgte im Wesentlichen eigenbestimmt.

Der auf den wirtschaftlichen Tatsachen fußenden Entscheidung ist uneingeschränkt zuzustimmen. Sie war ein Befreiungsschlag für einen Berufsstand, der jahrzehntelang mit ordnungs- und strafrechtlichen Mitteln widerrechtlich daran gehindert wurde, seinen Beruf auszuüben. Bereits ihrem Wesen nach ist die Tätigkeit von Künstlern eher eine selbstständige als eine Tätigkeit, die Weisungen unterliegt. Es ist daher kein Grund ersichtlich, weshalb für den Beruf des Künstlers ein besonderer Arbeitnehmerbegriff gelten sollte. 401

2. Gegenstand der Arbeitsvermittlung

Gemäß § 35 Abs. 1 S. 2 SGB III ist Arbeitsvermittlung eine Tätigkeit, die darauf gerichtet ist, Ausbildungssuchende mit Arbeitgebern zur Begründung eines Ausbildungsverhältnisses und Arbeitsuchende mit Arbeitgebern zur Begründung eines Beschäftigungsverhältnisses zusammenzuführen. Arbeitsvermittlung liegt danach bereits bei einem Zusammenführen von Arbeitssuchenden und Arbeitgebern und damit auch dann vor, wenn ein Vermittlungserfolg nicht aufgrund der Arbeit des Vermittlers eintritt oder ganz ausbleibt. Gemäß § 296 Abs. 2 S. 1 SGB III kann der Vermittler allerdings eine Provision grundsätzlich nur verlangen, wenn infolge der Vermittlung auch ein Arbeitsvertrag zustande gekommen ist. 402

Einer **Erlaubnis der Bundesagentur für Arbeit** bedarf der Arbeitsvermittler für seine Berufsausübung seit dem 27.3.2002 nicht mehr.[438] 403

3. Rechtsnatur des Arbeitsvermittlungsvertrags

Einen eigenen Vertragstypus für die Arbeitsvermittlung gibt es ebenso wenig wie für die Vermittlung in selbstständige Dienst- oder Werkverträge. Zentrales Element des auf die Vermittlung von Künstlern in Engagements gerichteten Agenturvertrags ist die Vertragspflicht zur Vermittlung von Arbeitsverträgen.[439] 404

Wie die Vermittlung in selbstständige Dienst- oder Werkverträge wird auch die Tätigkeit des Arbeitsvermittlers regelmäßig als Maklervertrag behandelt.[440] Da allerdings der Vergütungsanspruch des Arbeitsvermittlers gem. § 296 Abs. 2 SGB III das Zustandekommen des Arbeitsvertrages voraussetzt, ist der bloße Nachweis einer Abschlussmöglichkeit zwingend vergütungsfrei.[441] Die vertraglich geschuldete Hauptleistung des Abschlussmaklers besteht in der finalen Herbeiführung der Bereitschaft des Vertragspartners zum Abschluss eines Vertrags mit seinem Auftraggeber. Exklusivbindungen von Maklern an Künstler sind im Bereich der Arbeitsvermittlung gem. § 297 Nr. 4 SGB III unwirksam. 405

4. Provisionsanspruch

Wie dargestellt, unterliegt die Arbeitsvermittlung den gesetzlichen Bestimmungen des SGB III sowie der VermittVergV. Dazu zählt vor allem die Begrenzung der Provisionshöhe gem. § 296 SGB III auf 2.000 EUR. Gemäß § 2 Abs. 2 VermittVergV darf die Vergütung bei einer Vermittlung in Beschäftigungsverhältnisse im Regelfall 14% einschließlich Umsatzsteuer des dem vermittelten Arbeitnehmer zustehenden Brutto-Arbeitsentgelts und bei der Vermittlung bis zu einer Dauer von sieben Tagen 18% einschließlich Umsatzsteuer nicht übersteigen. Bei einer Vermittlung in Beschäftigungsverhältnisse mit einer Dauer von mehr als 12 Monaten ist die Provision auf höchstens 14% (inkl. MwSt) der Gage für die 12 Monate beschränkt. Zu Recht kritisieren Lansnicker und Schwirtzek, dass eine derartige **Kappungsgrenze** insbesondere bei Serienverträgen, die vom Vertragspartner durch Wahr- 406

---

[438] Kreutzer S. 65.
[439] Kreutzer S. 182.
[440] Kreutzer S. 182.
[441] Kreutzer S. 187 f. mwN.

nehmung von vertraglich vereinbarten Optionen verlängert werden, unangemessen sei.⁴⁴² Tatsächlich verweigern die Gerichte dem Agenten auch mit Blick auf die Besonderheiten der Künstlerbranche in derartigen Fällen immer wieder die volle prozentuale Vergütung.⁴⁴³ Allerdings hat das OLG München für die Vermittlung in Einzelengagements entschieden, dass die gesetzlichen Kappungsgrenzen für die Arbeitsvermittlung keine Anwendung finden, da der Agent – anders als der Vermittler eine „zeitaufwendige Geschäftsbesorgung" zu leisten habe.⁴⁴⁴ Da sich im Übrigen § 296 SGB III nur auf Verträge zwischen Vermittlern und den Arbeitssuchenden bezieht, bleibt es dem Vermittler vorbehalten, sich die Provision nicht vom Arbeitssuchenden sondern vom Arbeitgeber zahlen zu lassen und mit diesem eine höhere Provision zu vereinbaren. Allerdings ist ihm als Makler gem. § 654 BGB nicht erlaubt, von beiden Seiten eine Provision zu verlangen.

407 Der Vergütungsanspruch des Arbeitsvermittlers aus dem Vermittlungsvertrag entsteht gem. § 296 Abs. 1 S. 1 SGB III, wenn die Vergütung **schriftlich ausdrücklich vereinbart** wurde und gem. § 296 Abs. 1 S. 1, Abs. 2 SGB III der Arbeitsvertrag infolge der Vermittlung zustande kommt. Dazu ist es allerdings ausreichend, wenn die Tätigkeit der Agentur für das Engagement **unmittelbar kausal** war. Eine Mitwirkung am Vertragsschluss ist nicht erforderlich.⁴⁴⁵ In der Rechtsprechung wird die Mitwirkung der Agentur als Nachweismakler als ausreichend betrachtet.⁴⁴⁶ Es ist bei einem Arbeitsvermittlungsvertrag somit unzulässig, wenn sich der Vermittler an allen Einnahmen des Vermittelten selbst für den Fall beteiligen lässt, dass diese nicht durch seine Vermittlungstätigkeit erzielt wurden. Über die Fälligkeit des Vergütungsanspruchs sagt die Vorschrift nichts aus. Sie verbietet lediglich die Entgegennahme von Vorschüssen. Da gem. § 271 BGB die Fälligkeit im Zweifel mit der Entstehung der Forderung eintritt, kann der Arbeitsvermittler mangels anderer Vereinbarungen die Vergütung sofort nach Abschluss des Arbeitsvertrages verlangen.⁴⁴⁷ Dies entspricht im Ergebnis der Regelung des § 652 BGB.

IV. Ein- und Verkauf von Darbietungsleistungen

408 Häufig entscheiden sich Agenturen im Einzelfall dazu, ihrerseits den Künstler zu verpflichten und sodann im eigenen Namen die Darbietung einem Dritten – dem Veranstalter – zu überlassen. Die Branche versteht derartige Geschäfte als ‚Ein- und Verkauf' von Darbietungsleistungen und spricht dann – zur Unterscheidung vom Vermittlungsgeschäft – von einem **Gastspielgeschäft**. Das handelnde Unternehmen wird häufig auch als **Gastspieldirektion** bezeichnet, wobei es sich letztlich um typische Vermittlungsagenturen handelt, die lediglich im Einzelfall nicht vermittelnd auftreten.⁴⁴⁸

409 Entscheidend für die Wahl eines Gastspielgeschäfts anstelle einer Vermittlung kann für den Unternehmer sein, dass er seine Gewinnmarge nicht mit seinem Auftraggeber vereinbaren muss, sondern diese frei kalkulieren kann. Häufig wird das Gastspielgeschäft aber auch vom Veranstalter insbesondere bei Verpflichtungen ausländischer Künstler gewünscht, da er es vorzieht, einen inländischen Vertragspartner zu haben, der für ihn unmittelbar greifbar ist. Ferner bietet bei der Verpflichtung mehrerer Künstler das Gastspielgeschäft dem Veranstalter den Vorteil nur eines Vertragsabschlusses anstatt einzelner Verträge mit diversen Künstlern. Da bei einem Gastspielgeschäft keine unmittelbare Vertragsbeziehung zwischen dem Veranstalter und dem Künstler entsteht, kann der Veranstalter auch die Be-

---

⁴⁴² Vgl. Lansnicker/Schwirtzek ZUM 2008, 48 (49).
⁴⁴³ LG Hamburg Urt. v. 10.11.1998 – 328 O 138/98 (nv).
⁴⁴⁴ OLG München Urt v. 30.4.1996 – 5 U 5763/95 (nv) mwN; Lansnicker/Schwirtzek ZUM 2008, 48 (50).
⁴⁴⁵ Lansnicker/Schwirtzek ZUM 2008, 48 (50).
⁴⁴⁶ AG Pankow/Weißensee Urt. v. 10.1.2007 – 2 C 406/06 (nv).
⁴⁴⁷ Kreutzer S. 227; Grüneberg in Palandt BGB § 271 Rn. 1.
⁴⁴⁸ Vgl. Michow in Moser/Scheuermann S. 1277; Michow in Unverzagt/Röckrath L1.1 S. 25; Risch/Kerst S. 43 f.; Andryk, Lexikon S. 63; Poser S. 92 ff.; FBN KSVG § 24 Rn. 99.

rücksichtigung besonderer steuer- und abgabenrechtlicher Pflichten unterlassen, welche gesetzlich an die Zahlung von Vergütungen an ausübende Künstler geknüpft sind (Künstlersozialabgabe, Steuerabzug bei beschränkter Steuerpflicht).

Die Beurteilung der Frage, ob einem Veranstalter ein Künstler vermittelt oder ihm dessen Leistung ‚verkauft' wurde, ist rechtlich sowie praktisch von erheblicher Bedeutung. Nach ihr richtet es sich, ob der Veranstalter unmittelbarer Vertragspartner des Künstlers ist oder Vertragspartner des Veranstalters ein Unternehmer ist, der dem Veranstalter die Erbringung der Darbietung des Künstlers schuldet. Häufig sind allerdings den Praktikern die unterschiedlichen rechtlichen Konsequenzen der jeweiligen Kontrahierungsform unbekannt, was immer wieder Ursache für verwirrende und rechtlich inkonsequente Vertragsgestaltungen ist. Vor allem die nicht hinreichende Differenzierung zwischen Stellvertretung und Eigengeschäft ist immer wieder Anlass für rechtliche Auseinandersetzungen. Ursache dafür ist ua, dass es keine grundsätzliche Aufteilung der Vermittlungsbranche in ‚Agenturen' und ‚Gastspieldirektionen' gibt. Die mittelnden Unternehmen lassen sich also in der Praxis nicht in Agenturen einerseits und Gastspieldirektionen andererseits teilen. Vielmehr wickeln Agenturen ihre Geschäfte je nach Bedarf und Wirtschaftlichkeit entweder als Agenturgeschäft oder als Gastspielgeschäft ab. Daher sagt auch die Firmierung eines Unternehmens als ‚Agentur' oder ‚Gastspieldirektion' nichts darüber aus, wie im Einzelfall kontrahiert wird. 410

Zur Differenzierung der Vermittlungstätigkeit vom Ein- und Verkauf von Programmen sind die Termini allerdings durchaus nützlich und haben sich in der Rechtsliteratur weitgehend durchgesetzt.[449] Da aber die Begriffe Agentur- und Gastspielgeschäft in der Praxis weder durchgängig noch einheitlich verwandt werden, dient die Terminologie letztlich vornehmlich akademischen Zwecken. Daher wird vorliegend die Agentur als Unternehmen verstanden, welches entweder durch Vermittlung oder Produktionsverkäufe Verträge zwischen Künstlern und Veranstaltern zustande bringt. Inhaltlich wird zwischen der Vermittlung und damit einem Handeln im fremden Namen einerseits und andererseits dem Gastspielgeschäft bzw. **Gastspielwerkvertrag** und damit dem Ein- und Verkauf von Künstlern bzw. Produktionen und einem Handeln im eigenen Namen unterschieden. 411

Für den Ein- und Verkauf künstlerischer Darbietungen sind zwangsläufig zwei Verträge erforderlich: der Vertrag zwischen dem Künstler und der Agentur einerseits und der Vertrag zwischen der Agentur und dem Veranstalter andererseits. Durchgesetzt haben sich dabei für den Einkaufsvertrag zwischen Agentur und Künstler der Begriff **Künstlervertrag**[450] und für den Verkaufsvertrag der Terminus **Gastspielvertrag**.[451] 412

1. Gastspielvertrag

Der aus dem bereits aus den Anfängen des 20. Jahrhunderts stammende Begriff der Gastspieldirektion und der daraus von der Praxis fortentwickelte Begriff des Gastspielvertrages haben wenig Kennzeichnungskraft. Wesentlich kennzeichnender als die Terminologie der Praxis wären die Begriffe Konzert- oder Künstlerüberlassungsvertrag, Gastspielwerkvertrag oder Programmlieferungsvertrag. 413

Eigentlich beschreibt das Wort ‚Gastspiel' die Aufführung eines aus einem anderen Ort kommenden Künstlers bzw. Ensembles auf einer fremden Bühne. Zwar taucht der Begriff der Gastspieldirektion in § 24 Abs. 1 Nr. 3 KSVG sogar in einem Gesetzestext auf. In der Rechtsliteratur wird er heute jedoch nicht – wie im KSVG – als Klassen- sondern als Typusbegriff zur Abgrenzung einer vermittelnden gegenüber einer ‚verkaufenden' Agenturtätigkeit verwandt. 414

---

[449] Michow in Moser/Scheuermann S. 1277; Michow in Unverzagt/Röckrath L1.1 S. 25; Risch/Kerst S. 43 f.; Andryk, Lexikon S. 63; Poser S. 92 ff.; FBN KSVG § 24 Rn. 99.
[450] Vgl. Mustervertrag s. Anh. 2, S. 368.
[451] Vgl. Mustervertrag s. Anh. 3, S. 373; Michow in Moser/Scheuermann S. 1277; Michow in Unverzagt/Röckrath L1.1 S. 25; Risch/Kerst S. 43 f.; Andryk, Lexikon S. 63; Poser S. 92 ff.

415 Gastspielverträge werden von Agenturen nicht nur mit Veranstaltern geschlossen, die das örtliche Veranstaltungsrisiko tragen. Insbesondere bei inländischen Aufführungen internationaler Künstler treten zwischen dem Künstler und dem inländischen Veranstalter häufig diverse Agenturen nicht nur vermittelnd sondern als Ein- und Verkäufer der Darbietung auf.

a) Vertragsgegenstand

416 In den in der Branche üblichen Verträgen wird der Gegenstand des Gastspielvertrags[452] als **Verpflichtung zur ‚Lieferung' oder ‚Stellung eines Programms'** definiert. Die Agentur verpflichtet sich, dem Veranstalter für seine Veranstaltung einen bestimmten Künstler ‚zu stellen', der eine bestimmte künstlerische Leistung zur Aufführung bringen soll. Die Agentur schuldet also die ‚Lieferung' des Programms, der Veranstalter als Gegenleistung die Zahlung der vereinbarten Vergütung.

417 Die rechtliche Einordnung der sich aus dem Gastspielvertrag ergebenden Verpflichtung der Agentur gegenüber dem Veranstalter bereitet Schwierigkeiten. Worin besteht ihre rechtliche Leistungsverpflichtung? Schuldet sie dem Veranstalter, dass die Darbietung nach Maßgabe des Vertrages aufgeführt wird, schuldet sie also das **Stattfinden der Aufführung**? Oder schuldet sie lediglich, dass die Darbietung aufgeführt werden kann, schuldet sie also lediglich die **Bereitstellung des Künstlers** und dessen Leistungsbereitschaft? Oder ‚verkauft' die Agentur dem Veranstalter das aus ihrem mit dem Künstler geschlossenen Künstlervertrag[453] resultierende **Recht, eine Aufführung des Künstlers zu veranstalten**? Die in der Praxis verwandten üblichen Vertragsformulierungen geben darauf keine Antwort.

418 Ein Recht der Agentur, die ihr aus dem Vertrag mit dem Künstler zustehenden Rechte auf Dritte – zB den Veranstalter – zu übertragen, wird ihr regelmäßig nicht eingeräumt. Zwar setzt die Erbringung der Darbietung eine Mitwirkung des Veranstalters voraus, sodass eine **Aufführungsverpflichtung** des Agenten nur eingeschränkt gegeben sein kann. Aber auch die Agentur schuldet mehr als nur die Einräumung der Möglichkeit, dass die Veranstaltung mit dem Künstler stattfindet. Sie schuldet dem Veranstalter, dass der Künstler vereinbarungsgemäß am Veranstaltungsort eintrifft und seine Auftrittsleistung erbringt. Gegenstand des Gastspielvertrags ist mithin die **Verpflichtung der Agentur, zu gewährleisten, dass die Darbietung mit dem vereinbarten Künstler und Inhalt vertragsgemäß zur Aufführung gebracht werden kann**, also sprichwörtlich ‚über die Bühne gehen kann'. Erfüllt der Veranstalter seine Mitwirkungsverpflichtung nicht, hat die Agentur jedenfalls ein Zurückbehaltungsrecht bzgl. der von ihr zu erbringenden Zurverfügungstellung der Aufführungsleistung und ggf. einen Schadensersatzanspruch.

419 Das Unternehmerrisiko bzgl. der Vergütungszahlung gegenüber dem Künstler liegt nicht – wie sonst üblich – beim Veranstalter, sondern bei der Agentur. Erfüllt der Veranstalter seine Leistungsverpflichtung gegenüber der Agentur nicht, lässt dies die Ansprüche des Künstlers gegenüber der Agentur unberührt. Nicht selten ist der Vertragspartner der Agentur dem Künstler gar nicht bekannt. Daher ist regelmäßig aus seiner Warte allein die Agentur für die Durchführung ‚seiner' Veranstaltung verantwortlich.

b) Rechtsnatur

420 Da die Agentur beim Gastspielvertrag in vorstehend definiertem Umfang einen Erfolg schuldet, enthält der Vertrag jedenfalls werkvertragliche Elemente. Wie beim Veranstaltungsvertrag bedingt die Zweckerreichung des Gastspielvertrags auch die Verpflichtung zur Einräumung von **Nutzungsrechten an Persönlichkeitsrechten** des Künstlers. Daher könnte es sich beim Gastspielvertrag um einen typengemischten Vertrag mit Elementen des Werkvertragsrechts sowie Elementen eines Rechtskaufs handeln. Die Einräumung der er-

---

[452] Vgl. Mustervertrag s. Anh. 3, S. 373.
[453] Vgl. Mustervertrag s. Anh. 2, S. 368.

wähnten Nutzungsrechte ist jedoch – wie bereits oben zum Veranstaltungsvertrag dargestellt – eine Nebenleistungspflicht und kein prägendes Element des Gastspielvertrags. Ohne sie ließe sich der Vertragszweck des Gastspielvertrags – nämlich dem Veranstalter die Verwertung der Leistung des Künstlers zu ermöglichen – nicht erfüllen. Daher prägt den Gastspielvertrag ausschließlich die Verpflichtung der Agentur, die mit dem Veranstalter kontrahierte Darbietung im Rahmen seiner Veranstaltung zur Aufführung zu bringen. Der Gastspielvertrag ist daher ein typischer Werkvertrag, bei dem die Agentur letztlich wie ein Tourneeveranstalter dem Örtlichen Veranstalter die Produktion stellt. Im Gegensatz zum Tourneeveranstalter nimmt die Agentur beim Gastspielgeschäft jedoch keinen Einfluss auf die Entscheidung, wann, wo und zu welchen Bedingungen die Veranstaltung durchgeführt wird. Im Regelfall ist sie weder an dem wirtschaftlichen Risiko der Veranstaltung noch an deren organisatorischer Durchführung verantwortlich beteiligt.[454]

c) Haftungsrisiken

Erhebliche Unterschiede zum Vermittlungsgeschäft ergeben sich beim Gastspielvertrag insbesondere bei den Haftungsrisiken der Parteien untereinander. Da die Agentur Vertragspartner sowohl des Künstlers als auch des Dritten ist, haftet sie beiden Seiten auf Erfüllung der jeweiligen Verträge. Entsteht bei einem Gastspielgeschäft dem Künstler ein vom Dritten zu vertretender Schaden, kann die Agentur einer subsidiären Haftung ausgesetzt sein. Zu denken ist zB an den Fall, dass dem Dritten infolge Insolvenz die Durchführung einer angekündigten Veranstaltung unmöglich wird und Ansprüche der Veranstaltungsbesucher auf Rückzahlung von Eintrittsgeldern durch den Veranstalter nicht mehr befriedigt werden können. Durch Nichtleistung eines angekündigten Auftritts wird regelmäßig das Ansehen des Künstlers in der Öffentlichkeit beeinträchtigt. In diesem Fall kann dem Künstler ein Anspruch aus §§ 823, 249 BGB wegen eines erlittenen Rufschadens zustehen.[455] Eine Begrenzung dieser Haftung kann nur im Wege eines diese Risiken berücksichtigenden und ggf. ausschließenden Vertrages mit dem Künstler erfolgen. 421

Auch im Verhältnis zum Dritten haftet die Agentur bei einem Gastspielgeschäft nicht nur für eigenes Verschulden, sondern ggf. auch für Leistungsstörungen oder Vertragsverletzungen, die vom Künstler zu vertreten sind. Der Künstler ist im Verhältnis zum Veranstalter bei einem Gastspielgeschäft Erfüllungsgehilfe der Agentur. Für dessen Verschulden hat sie gem. § 278 BGB gegenüber ihrem Vertragspartner einzustehen.[456] 422

2. Künstlervertrag

a) Vertragsgegenstand

Den Vertrag, mit dem die Agentur bei einem Gastspielgeschäft den Künstler verpflichtet, bezeichnet die Branche als **Künstlervertrag**[457]. Auch dieser Begriff hat wenig konkrete Aussagekraft, zumal er bereits als Terminus für Produktionsverträge zwischen Tonträgerfirmen und Künstlern besetzt ist. Nachdem der Begriff sich jedoch in der Branche etabliert hat[458], wird er auch hier weiter verwandt. Der Regelungsinhalt des Künstlervertrages entspricht regelmäßig weitestgehend dem Inhalt eines üblichen Konzert-/Aufführungsvertrags.[459] Der Künstler verpflichtet sich zur Erbringung der Darbietung, die Agentur zur Zahlung der vereinbarten Vergütung. 423

In der Praxis enthalten Künstlerverträge – wie bereits oben dargestellt – regelmäßig keine ausdrückliche Autorisierung des Agenten, Rechte aus dem Vertrag – zB das Veranstal- 424

---

[454] Michow in Moser/Scheuermann S. 1277 ff.; Poser S. 66.
[455] Vgl. BGHZ 99, 133.
[456] LG Krefeld Urt. v. 14.9.1999 – 12 O 14/99 (nv).
[457] Vgl. Mustervertrag s. Anh. 2, S. 368.
[458] Michow in Moser/Scheuermann S. 1276 f.; Funke/Müller Rn. 228 ff.; Risch/Kerst S. 28 ff.
[459] Vgl. Mustervertrag s. Anh. 1, S. 363.

tungsrecht – einem Dritten zu übertragen. Vielmehr beschränkt sich die Wirkung des Künstlervertrags ausschließlich auf das Rechtsverhältnis Künstler – Agentur. Zwar wird dem Künstler zwangsläufig mitgeteilt, in welchem Rahmen und für welches Unternehmen die Aufführung stattfinden soll. Zu den essentialia negotii des Vertrages zwischen Künstler und Veranstalter zählt die Benennung des Dritten jedoch in der Praxis nicht. Dabei dürfte es für den Künstler durchaus von Interesse sein, wer gegenüber seinem Publikum als Veranstalter auftritt und wer letztendlich seine Persönlichkeitsrechte wie das Recht am Namen und am Bild tatsächlich nutzt. Auch auf die inhaltliche Gestaltung des Vertrages zwischen Agentur und Veranstalter sowie vor allem auf die Gewinnmarge der Agentur nehmen Künstler regelmäßig keinen Einfluss. Ob diese Begleitumstände beim Abschluss von Künstlerverträgen allerdings grundsätzlich den Schluss zulassen, dass der Agentur die entsprechenden Weiterübertragungsrechte konkludent eingeräumt werden, erscheint zweifelhaft.

425 Künstlerverträge beziehen sich regelmäßig auf singuläre Geschäfte. Kooperationen, mit denen die Parteien eine längerfristige Agenturkooperation auf der Grundlage von Künstlerverträgen vereinbaren, sind nicht bekannt.

426 Soweit die Agentur mit dem Gastspielvertrag einen Teil ihrer gegenüber dem Künstler eingegangenen wirtschaftlichen Verpflichtungen auf den Veranstalter ‚abwälzt', betrifft dies ausschließlich das Innenverhältnis zwischen Agentur und Veranstalter und befreit die Agentur nicht von ihrer Verbindlichkeit gegenüber dem Künstler.

b) Rechtsnatur

427 Der Künstlervertrag kann – wie der Veranstaltungsvertrag – sowohl Dienst- als auch Werkvertrag sein. Insoweit wird auf die Ausführungen in § 3 Der Veranstaltungsvertrag (Rn. 102 ff.) verwiesen.

c) Gesetzliche Pflichten

428 Obwohl der Gastspielunternehmer weder tatsächlich noch rechtlich Veranstalter des Ereignisses ist, für welches er die Darbietung ‚einkauft', ist er – neben der Erfüllung der gegenüber dem Künstler eingegangenen Vertragspflichten – Adressat diverser gesetzlicher Pflichten: Da er das Entgelt iSd § 25 KSVG an den Künstler zahlt, ist er zur Entrichtung der auf das Künstlerentgelt entfallenden **Künstlersozialabgabe** verpflichtet.[460] Sofern es sich bei dem von ihm verpflichteten Künstler um einen Künstler handelt, der seinen Wohnsitz im Ausland hat, ist das Gastspielunternehmen zudem Haftungsschuldner für den im Inland bei beschränkt Steuerpflichtigen vorzunehmenden **Steuerabzug** gem. § 50a EStG.[461]

---

[460] S. Rn. 1529 ff.
[461] S. Rn. 1251 ff.

§ 6 Künstlermanagement

I. Grundlagen

Es gibt weder ein definiertes Berufsbild des Künstlermanagers noch gibt es einen entsprechenden Ausbildungsberuf.[462] Die Erwartungen der Künstler an den Aufgabenbereich ihrer Manager sind vielfältig und zumeist abhängig vom jeweiligen Entwicklungsstand ihrer Karriere. Daher reicht das Leistungsspektrum hiesiger Manager vom Vermittler – also Agenten – bis hin zum konzeptionellen und geschäftlichen Berater. Der Manager ist der Betreuer und damit zentrale Ansprechpartner seines Auftraggebers. Zu den Aufgaben eines Künstlermanagers zählen ua die strategische Planung, das Marketing für den Auftraggeber und sein Produkt, die Entwicklung und Pflege des Images des Auftraggebers, die Zusammenstellung des Teams sowie die Koordination der Aufgaben aller Beteiligten.[463]

Eine personelle Trennung zwischen der Aufgabe der konzeptionellen und geschäftlichen Beratung einerseits sowie der Aufgabe der Anbahnung von Veranstaltungsverträgen andererseits ist in Deutschland eher die Ausnahme. Ursache dafür dürften vornehmlich Kostengründe sein. Eine parallele Beauftragung eines Managers und eines Agenten, wie sie in den USA oder Großbritannien durchaus üblich ist, gibt es hier allenfalls in Ausnahmefällen. Während Veranstaltungsverträge für Künstler aus Großbritannien und den USA regelmäßig weltweit akquiriert werden können, ist der Wirkungskreis des inländischen Agenten zumeist auf das Inland beschränkt. Nicht zuletzt an diesem entsprechend kleineren Betätigungsfeld mag es liegen, dass Management- und Agenturaufgaben hier regelmäßig nur einer Person übertragen werden.

In einem Buch zum Veranstaltungsrecht kann man es allerdings nicht dabei belassen, angesichts der festgestellten Branchenpraxis den Begriff des Managers als Synonym zum Begriff des Agenten zu behandeln. Zweck und Gegenstand des ‚typischen Managementvertrags' sind eben, wie aufgezeigt werden wird, keineswegs vergleichbar mit dem Gegenstand des Agenturvertrags.[464] Die begriffliche Trennung ist insbesondere erforderlich, da sich aufgrund der inhaltlichen Unterschiede beider Aufgabenbereiche auch die Rechtsnatur der zugrundeliegenden Verträge und die daran geknüpften Rechtsfolgen unterscheiden. Kommt es zu rechtlichen Auseinandersetzungen zwischen den entsprechenden Parteien, gilt es daher zunächst stets zu erforschen, wo der Schwerpunkt der jeweiligen Tätigkeit des Auftragnehmers lag. Denn an eine vermittelnde Tätigkeit knüpfen sich zwangsläufig andere Rechtsfolgen als an eine beratende. Vorliegend wird daher deutlich zwischen dem Aufgaben- und Arbeitsbereich des Managers einerseits und des Agenten andererseits getrennt. Der hier zugrunde gelegte Aufgabenbereich des Managers folgt dem anglo-amerikanischen Vorbild des ‚Personal Managers'. In Großbritannien und den USA wird zwischen den Aufgaben des Business- und des Personal-Managers unterschieden. Während der Business Manager vornehmlich kaufmännische und steuerrechtliche Aufgaben wahrnimmt, obliegt dem Personal Manager die Förderung der Karriere des Auftraggebers durch eine beratende, koordinierende und konzeptionelle Tätigkeit.[465] Die Agenturarbeit für den Vertretenen zählt nicht dazu, sie ist allein Aufgabe des Agenten.

II. Der Managementvertrag

1. Vertragsgegenstand

Wie unscharf die Definition des Berufsfeldes des Managers ist, wurde bereits dargelegt. Nach der hier vorgenommenen Definition sind Managementverträge regelmäßig **Exklu-**

429

430

431

432

---
[462] Vgl. Andryk S. 8 ff.
[463] Vgl. Poser S. 82 f.
[464] Anders offenbar Andryk S. 14 ff.
[465] Kassung AfP 2004, 89 (90).

§ 6 Künstlermanagement

sivverträge, mit denen dem Manager für einen festgelegten Zeitraum exklusiv die Aufgabe übertragen wird, dem Künstler durch entsprechende Beratung und aufgrund seines kreativen Potentials zur Bekanntheit, vorzugsweise sogar zur Berühmtheit zu verhelfen, mithin seine Karriere zur fördern bzw. ‚aufzubauen'.[466] Inhalt des Managementvertrages ist mithin die Regelung der Rechte und Pflichten des Managers und seines Auftraggebers im Zusammenhang mit der Förderung der Karriere des Künstlers. Aufgrund des dargestellten Durcheinanders der Begrifflichkeiten wird es stets erforderlich bleiben, im Einzelfall den Schwerpunkt des Vertrages und damit zu ermitteln, ob im Wesentlichen Agentur- oder Managementaufgaben übertragen wurde.

2. Rechtsnatur

433 Die uneinheitliche Beurteilung der Rechtsnatur und Vergütungsgrundlage des Managementvertrags[467] hat ihre Ursache allein darin, dass Gegenstand vieler Verträge sowohl Management- als auch Agenturaufgaben sind. Ermittelt man jedoch den Schwerpunkt des Vertrages, lässt sich zumeist deutlich differenzieren.

434 Da der Schwerpunkt des Managementvertrages nicht im Vermitteln von Geschäften liegt, ist die Interpretation des Vertrages als Makler- bzw. Handelsvertretervertrages abwegig. Soweit der BGH Managementverträge gem. der hier verwandten Definition behandelt hat, hat er sie zutreffend als Dienstvertrag bzw. als Dienstvertrag mit Geschäftsbesorgungscharakter eingestuft. Dies entspricht mittlerweile der überwiegenden Rechtsprechung.[468] Dem steht gem. eines Urteils des LG Hamburg auch nicht entgegen, dass der Manager neben der Managementtätigkeit auch Vermittlungsaufgaben übernimmt und daher der Managementvertrag auch Elemente eines Handelsvertretervertrages aufweisen mag.[469]

435 Gelegentlich wird erwogen, ob es sich bei dem Vertrag zwischen Künstler und Manager um ein gesellschaftsähnliches Vertragsverhältnis handeln könnte. Der BGH hat dies in einem Fall geprüft, bei dem der ‚Manager' auch als Vermittler, Musikverleger und Produzent für den Künstler tätig war. Obwohl die dem ‚Manager' übertragenen Aufgaben weit über die typische Beraterufgabe des hier definierten Aufgabenbereichs eines Managers hinausgingen, hat der BGH der Annahme widersprochen, dass es sich bei dem zugrunde liegenden Rechtsverhältnis um einen Gesellschaftsvertrag gehandelt habe.[470] Maßgebend für die Beurteilung, ob ein gesellschaftsähnliches Vertragsverhältnis vorliegt, ist laut BGH die vertragliche Ausgestaltung im Einzelfall. Diese erfordere zwar keinen Zusammenschluss zur Förderung eines gemeinsamen Zwecks im Sinne des § 705 BGB; es müsse jedoch eine ähnliche Interessenlage vorliegen, die eine entsprechende Heranziehung gesellschaftsrechtlicher Bestimmungen rechtfertige. Der BGH begründete die Ablehnung eines gesellschaftsähnlichen Verhältnisses damit, dass die Rechtsbeziehungen der Parteien durch jeweils einzeln abgeschlossene Austauschverträge und nicht generell durch ein gesellschaftsähnliches Gesamtverhältnis bestimmt waren. Auch das Verfolgen eines gemeinsamen Zieles lehnte der BGH in jedem Fall ab, da der angestrebte Erfolg im Showgeschäft sich infolge der künstlerischen Natur nur in der Person des Klägers verwirklichte, während er auf Seiten der Beklagten als eine besonders erfolgreiche Künstlerbetreuung in Erscheinung trat.

436 Das Urteil lässt den Schluss zu, dass es sich zumindest bei typischen Managementverträgen, die nicht durch über die Beratungsleistung hinausgehende weitere zwischen den Par-

---

[466] OLG Hamburg Urt. v. 30.7.2007 – 5 U 198/06.
[467] Dienstvertrag mit Geschäftsbesorgungscharakter: BGH NJW 1983, 1191 (1192); BGH NJW-RR 1993, 505; Maklervertrag: BGH Urt. v. 19.2.1991 – IV B 2/90; Handelsvertretervertrag: Andryk S. 696 ff.
[468] BGH NJW 1983, 1191 (1192) (Vertrag eines Künstlers mit Manager und Promoter); BGH NJW-RR 1993, 505 (Managervergütung); OLG Köln Urt. v. 18.1.2002 – 1 U 21/01 (Vermittlungsprovision).
[469] LG Hamburg 25.10.2002 318 O 11/02 (Managementvertrag und Vermittlung).
[470] BGH NJW 1983, 1191 (1192).

teien getroffene Leistungsvereinbarungen bestimmt werden, um einen Gesellschaftsvertrag handeln kann. Der BGH verlangte in dem dargestellten Fall zwar keinen Zusammenschluss der Parteien zu einem gemeinsamen Zweck, zumindest aber, wie bereits gesagt, eine ähnliche Interessenlage.[471] Ein solches ‚gemeinsam an ein und demselben Strang Ziehen' wird bei Managementverträgen allerdings nur in Ausnahmefällen gegeben sein. Dafür spricht bereits, dass der Manager regelmäßig nicht bereit sein wird, sich an den wirtschaftlichen Risiken des Künstlers wie etwa der Haftung für Urheberrechtsverletzungen, der Haftung bei Ausfall von Veranstaltungen usw zu beteiligen. Umgekehrt wird der Künstler in aller Regel seinerseits nicht bereit sein, dem Manager eine so weitgehende Mitentscheidungsbefugnis auf die Gestaltung seiner künstlerischen Inhalte, seiner Auftrittsplanung usw einzuräumen, wie dies für ein Gesellschaftsverhältnis typisch wäre. Von Ausnahmefällen abgesehen dürfte die Annahme eines Gesellschaftsverhältnisses zwischen Manager und Künstler daher regelmäßig abzulehnen sein.

III. Alleinentscheidungsbefugnis des Künstlermanagers

Mit dem Abschluss eines Managementvertrages überträgt der Künstler dem Manager regelmäßig weitgehende Entscheidungsbefugnisse. Die Einräumung derartiger Befugnisse findet ihre Grenzen in den zwingenden gesetzlichen Vorschriften zur Unwirksamkeit bzw. Nichtigkeit von Rechtsgeschäften. **437**

Das LG Berlin hatte 2007 einen Managementvertrag zu beurteilen, in welchem einer Managerin die weitgehende Alleinentscheidungsbefugnis bezüglich Art, Dauer und Inhalt der künstlerischen Tätigkeit einer bereits vor Vertragsschluss schon recht bekannten Sängerin und Schauspielerin übertragen wurde.[472] In dem Vertrag war ua vereinbart, dass die Managerin für die Dauer der Vertragslaufzeit zum einzigen und ausschließlichen professionellen Manager, Repräsentanten und rechtsgeschäftlichen Vertreter innerhalb des mit dem Vertrag geregelten Aufgabenbereichs bestimmt wurde. Sie sollte im Interesse des Künstlers alle dessen Karriere fördernden Schritte unternehmen und unter Berücksichtigung seiner Interessen allein entscheiden dürfen. Die Auswertung des Namens und Künstlernamens sowie der Marken, Symbole, Abbildungen etc. der Künstlerin im Bereich Werbung, Handel, Publicity, Merchandising und Sponsoring war nach dem Vertrag allein dem Management vorbehalten. Lediglich hinsichtlich des Stylings, Images und öffentlichen Auftretens sowie hinsichtlich der kreativen Fragen (wie bspw. die Auswahl von Titeln für Tonträger- und Bildproduktionen) lag das Letztentscheidungsrecht bei der Künstlerin. Bei der Auswahl von Titeln sollte ein Einvernehmen zwischen den Parteien hergestellt werden. Im Rahmen ihrer Vertretungsmacht war die Managerin berechtigt, unter Berücksichtigung des „objektiven Interesses" der Künstlerin rechtsgeschäftliche Vereinbarungen mit Wirkung für und gegen diese abzuschließen. Die Abstimmung zwischen den Parteien über die Tätigkeit der Künstlerin sollte (nur) ‚grundsätzlich und soweit durchführbar' erfolgen. Die Künstlerin war gem. den vertraglichen Vereinbarungen für sämtliche Kosten im Zusammenhang mit dem Abschluss und der Durchführung der Verwertungsverträge verantwortlich. Dies galt auch für die Kosten einer Tournee, insbesondere für die an die Musiker zu zahlenden Gagen. Nach dem Vertrag zählten diese Kosten gleichwohl zur Bemessungsgrundlage für die Provision der Managerin. **438**

Das LG Berlin nahm aufgrund der Würdigung des Gesamtcharakters des Vertrages dessen Nichtigkeit aufgrund Sittenwidrigkeit an. Ein Rechtsgeschäft ist nach § 138 Abs.1 BGB nichtig, wenn es nach seinem aus der Zusammenfassung von Inhalt, Beweggrund und Zweck zu entnehmenden Gesamtcharakter mit den guten Sitten nicht zu vereinbaren ist.[473] Aus den die Künstlerin einseitig belastenden Vertragsregelungen ergab sich nach Auffassung des Gerichts ein auffälliges, den Ausbeutungscharakter des gesamten Vertrages be- **439**

---

[471] BGH NJW 1983, 1191.
[472] LG Berlin ZUM 2007, 754 (756).
[473] Ellenberger in Palandt BGB § 138 Rn. 8.

§ 6 Künstlermanagement

gründendes Missverhältnis zwischen Bindung und Erfolgsbeteiligung der Parteien. Die umfassende Handlungsbefugnis der Klägerin und die ihr in weiten Teilen eingeräumte Alleinentscheidungsbefugnis sei nach Auffassung der Kammer nicht geboten gewesen.[474] Zu einem entsprechenden Ergebnis kam in einem weitgehend gleich gelagerten Fall das LG Köln, welches ebenfalls die einem Manager eingeräumte Alleinentscheidungs- und Handlungsbefugnis als weder erforderlich noch branchenüblich und zudem sogar kontraproduktiv beurteilte.[475]

440 Soweit beide Gerichte die Sittenwidrigkeit auf den Gesamtcharakter der dem Urteil zugrundeliegenden Verträge stützen, ist dem uneingeschränkt zuzustimmen. Allerdings werfen sie die Frage nach der Grenzziehung zwischen den aus Sicht des Managers erforderlichen Voraussetzungen für ein erfolgreiches Management einerseits und der Freiheit der künstlerischen Selbstbestimmung andererseits auf.

441 Die einem Manager eingeräumte Alleinentscheidungsbefugnis in Fragen der Entwicklung, Konzeption und Koordination der Karriere seines Auftraggebers greift zwangsläufig in dessen **Selbstbestimmungsrecht** ein und berührt damit ein (sogar) verfassungsrechtlich verbrieftes Recht. Grundsätzlich erscheint es aber geboten, bei einem Managementvertrag zwischen der Entscheidungsbefugnis in kreativen Belangen einerseits und geschäftlichen Belangen andererseits zu differenzieren. Es muss allein dem Künstler vorbehalten bleiben, in Streitfällen die letzte Entscheidung in allen den Kreativbereich betreffenden Fragen treffen zu können. Daher ist beiden Entscheidungen zuzustimmen, insoweit sie die entsprechende Einschränkung der künstlerischen Freiheit als sittenwidrig beurteilen. Zwar zählt zu den Aufgaben eines Künstlermanagers auch die Beratung in künstlerischen Belangen. Gleichwohl wäre es unzumutbar, wenn der Manager seinen Auftraggeber aufgrund vertraglicher Vereinbarungen zu Aktivitäten zwingen könnte, die dieser nicht wünscht.

442 Aus Sicht der Praxis und mit Blick auf die Funktion des Managers kann die zitierte Rechtsprechung allerdings nicht befriedigen, soweit die Befugnisse im geschäftlichen Bereich beurteilt werden. Der vom LG Köln zu beurteilende Vertrag sah ua vor, dass durch den Manager angebahnte Veranstaltungsverträge ausschließlich aufgrund von Terminkollisionen, Branchenunüblichkeiten und schwerwiegenden künstlerischen Bedenken vom Künstler abgelehnt werden dürfen.[476] Die Frage, wann und wo ein Künstler im Interesse der Entwicklung seiner Karriere auftreten sollte, ist eine typische Managemententscheidung, die seine künstlerische Freiheit jedenfalls dann nicht einschränkt, wenn es sich um dem Typus des Künstlers angemessene Auftrittsgelegenheiten handelt. Bleibt auch insoweit das Letztentscheidungsrecht allein dem Künstler vorbehalten, wird der Manager ausschließlich zu einem Berater ohne eigene Entscheidungsbefugnisse degradiert. Das führt zwangsläufig stets dann zu einem Konflikt, wenn Künstlermanager wirtschaftliche Investitionen zum Aufbau der Karriere des Künstlers erbringen. Diese Investitionen bestehen üblicherweise bereits in erheblicher Arbeitszeit, der in der Aufbauphase neuer Talente nicht selten über Jahre hinaus keine entsprechenden Einnahmen gegenüberstehen. Der Manager leistet dann seine Arbeit in der Hoffnung, dass die gesetzten Ziele erreicht werden, sein Auftraggeber Erfolg hat und er dann auch eine angemessene Gegenleistung für seine Investition erhält. Derartige Investitionen erbringt niemand, ohne auch ,entscheidenden' Einfluss auf das Tagesgeschäft nehmen zu können. Sofern man aber in derartigen Fällen jede Beschränkung der Alleinentscheidungsbefugnis des Künstlers für sittenwidrig erachtet, bleibt der Manager allein auf die geschäftliche Erfahrung seines Auftraggebers angewiesen, ohne darauf tatsächlich Einfluss nehmen zu können.

443 Gleichwohl wird jede Abwägung zwischen dem Interesse des Künstlers auf freie Entfaltung seiner Persönlichkeit und dem Selbstbestimmungsrecht des Künstlers einerseits sowie den wirtschaftlichen Interessen des Managers andererseits zwangsläufig zu dem Ergebnis

---

[474] LG Berlin ZUM 2007, 754 (756).
[475] LG Köln ZUM-RD 2009, 282.
[476] LG Köln ZUM-RD 2009, 282.

führen müssen, dass das Interesse des Künstlers überwiegt. Daher wird sich der aufgezeigte Konflikt zwischen der Beratungs- und der Partnerschaftsfunktion von Künstlermanagern optimal nur durch die Wahl der Kooperationsgrundlage lösen lassen. Dazu werden sich die Parteien zu fragen haben, ob der Manager ausschließlich eine beratende oder zugleich auch eine mitentscheidende Funktion einnehmen soll bzw. will. Ist letzteres der Fall, sollte anstatt eines typischen Managementvertrages über den Abschluss eines gesellschaftsrechtlichen Vertragsverhältnisses mit den Rechtsfolgen der §§ 705 ff. BGB nachgedacht werden. Im Übrigen bietet sich eine konsensual vereinbarte Handlungs- und Abschlussvollmacht des Managers an, bei deren Einräumung auch Eckdaten festgelegt werden, auf deren Grundlage dem Manager Alleinentscheidungsbefugnisse zustehen. Eine derartige eingegrenzte Befugnis schafft die Grenzen zwischen dem Entscheidungsrecht des Managers einerseits und der künstlerischen Freiheit andererseits und trägt den Interessen beider Seiten gleichermaßen Rechnung.

IV. Managementprovision

Die für die Dienstleistung des Managers vereinbarte Vergütung besteht in der Regel in der Zahlung einer Provision von allen Einnahmen, die dem Künstler aus seiner künstlerischen Tätigkeit während der Vertragszeit zufließen.[477] In der Praxis üblich sind Beteiligungen des Managers an den Einnahmen aus dem Ton-/Bildträgerverkauf, den Veranstaltungseinnahmen und an Einnahmen für Rundfunk- und Fernsehauftritte des Künstlers. Üblich sind daneben auch Beteiligungen zB an Autorenrechtseinnahmen und Einnahmen aus Merchandisingverkäufen. Berechnungsgrundlage ist je nach Vereinbarung die jeweilige Bruttoeinnahme ohne Umsatzsteuer oder eine um Kosten bereinigte Nettoeinnahme. Überwiegend wird jedoch eine Beteiligung an den Bruttoeinnahmen vereinbart und festgelegt, dass jede Partei ihre Kosten selbst trägt. **444**

Branchenüblich sind **Provisionsbeteiligungen zwischen 20% und 25%**. Das LG Berlin betrachtete in dem bereits oben erwähnten Urteil eine Provision iHv 26% als am oberen Rand des Üblichen liegend.[478] Zur Beurteilung der Provisionshöhe ist grundsätzlich auf den Einzelfall abzustellen. Wie bereits beim Agenturvertrag erwähnt, ist dabei auch die durchschnittliche Höhe der Einnahmen des Künstlers und die sich daraus ergebende durchschnittliche Provision des Managers sowie deren Verhältnis zur von ihm zu erbringenden Leistung zu berücksichtigen. **445**

V. Rechtsberatung

Aufgabe des Künstlermanagers ist regelmäßig auch die Beratung des Künstlers in vertraglichen Angelegenheiten. Dazu zählt insbesondere die Beratung beim Abschluss von Verträgen mit Tonträgerfirmen, Agenturen, Sponsoren oder Merchandising-Unternehmen. Bezüglich der Frage, ob es sich bei dieser Tätigkeit iSd § 3 RDG um eine unzulässige Rechtsdienstleistung handelt, wird zunächst auf die entsprechenden Ausführungen zur Tätigkeit des Agenten verwiesen.[479] **446**

Zur effektvollen Wahrnehmung der Interessen eines Künstlers durch seinen Manager ist es unerlässlich, dass dieser angemessene vertragliche Bedingungen aushandelt. Wie das OLG Frankfurt a.M. auf der Grundlage des durch das RDG außer Kraft gesetzten RBerG feststellte, sei die rechtliche Detailarbeit dieser Aufgabe untergeordnet. Die Interessen der Rechtsberater könnten hierdurch nicht berührt sein, weil die Beratungsleistung des Managers sich gerade nicht auf primär rechtliche Fragen erstreckt.[480] Dem ist nichts hinzuzufügen. Ohnehin wird in Managementverträgen regelmäßig die Hinzuziehung rechtlichen **447**

---

[477] Vgl. Mustervertrag s. Anh. 5, S. 382; dazu auch BGH NJW 1983, 1191 (1192).
[478] LG Berlin ZUM 2007, 754 (756).
[479] S. Rn. 335 ff.
[480] OLG Frankfurt SpuRt 2007, 246.

Rats für den Fall vorbehalten, dass ausgehandelte Verträge einer juristischen Prüfung durch Rechtsanwälte bedürfen. Wie das OLG Frankfurt a.M. zutreffend feststellte, ist damit auch dem Zweck des Rechtberatungsgesetzes[481], eine qualifizierte rechtliche Betreuung der Rechtsuchenden zu gewährleisten, Rechnung getragen. Bei Zugrundelegung dieser Argumentation versteht sich allerdings von selbst, dass eine Vereinbarung, wonach der Manager die „Beratung in rechtlichen Angelegenheiten" übernimmt, die Grenzen des § 3 RDG sprengen würde.[482]

VI. Vertragslaufzeit

448 Naturgemäß liegt es im Interesse des Managers, seinen Auftraggeber so lange wie möglich vertraglich zu binden. Die zahlreichen vorbereitenden Aufwendungen persönlicher, zeitlicher, organisatorischer und materieller Art, die ein Manager für seinen Künstler erbringt, zahlen sich zumeist erst nach Jahren aus.[483] Dabei werden regelmäßig vertragliche Mindestlaufzeiten mit Verlängerungsoptionen zugunsten des Managers kombiniert.

449 Mit der Wirksamkeit von Laufzeitvereinbarungen in Managementverträgen beschäftigt sich auch das vorzitierte Urteil des LG Berlin.[484] Der zu beurteilende Fall sah unter Ausschluss der Kündigungsfrist nach § 627 BGB eine feste Laufzeit von vier Jahren vor. Ferner war dem Manager das einseitige Recht eingeräumt, den Vertrag viermal um ein weiteres Kalenderjahr zu verlängern. Das Gericht betrachtete es als unangemessen und im Ergebnis sittenwidrig, dass damit (nur) eine Partei die Möglichkeit erhielt, nach Ablauf der Festlaufzeit die andere entweder weiter an sich zu binden oder sich vom Vertrag zu lösen, falls sich dieser als wirtschaftlich uninteressant erweisen sollte. Das Gericht beanstandete dabei also nicht die ausbedungene Dauer des Vertrages sondern die einseitige Verlängerungsoption. Ebenso wie das LG Berlin stellte auch das OLG Köln[485] in der bereits vorzitierten Entscheidung bei der Beurteilung der Sittenwidrigkeit auf den Gesamtcharakter des Vertrages ab. Tatsächlich ist eine einseitige Option auf entsprechende Vertragsverlängerung nämlich nicht bereits per se sittenwidrig. Sie ist es nur, wenn sie im Einzelfall mit grundlegenden Werten der Rechts- oder Sittenordnung unvereinbar ist.[486] Nach der ständigen Rechtsprechung des BVerfG ist die allgemeine Vertragsfreiheit ein Teil der durch Art. 2 Abs. 1 GG geschützten Handlungsfreiheit. Damit gewährleistet das Grundrecht grundsätzlich die Privatautonomie. Allerdings darf eine Verlängerungsoptionsklausel den Antragsteller in seinen Grundrechten nach Art. 12 GG nicht unangemessen beeinträchtigen. Das kann der Fall sein, wenn der Option keine angemessene Gegenleistung gegenübersteht. Die Privatautonomie besteht im Übrigen nur innerhalb der Grenzen der geltenden Gesetze, die ihrerseits an die Grundrechte gebunden sind. Zu beachten sind dann zivilrechtliche Generalklauseln, die als Übermaßverbote wirken, vor allem die §§ 138, 242, 315 BGB.[487] Ob diese Voraussetzungen vorliegen, hängt zwangsläufig von den Umständen des Einzelfalls ab. Es reicht daher eine für eine Vertragspartei nachteilige Vereinbarung jedenfalls allein nicht aus, die Sittenwidrigkeit des Gesamtvertrages zu unterstellen.

450 Im Übrigen und bezüglich Laufzeitvereinbarungen in Standardverträgen wird auf die entsprechenden Ausführungen zum Agenturvertrag verwiesen.[488]

---

[481] Und damit auch des heutigen RDG.
[482] Vgl. OLG Köln ZUM-RD 2010, 270.
[483] Lansnicker/Schwirtzek ZUM 2008, 48 (53).
[484] LG Berlin ZUM 2007, 754.
[485] Vgl. OLG Köln ZUM-RD 2010, 270.
[486] Ellenberger in Palandt BGB § 138 Rn. 7.
[487] ArbG Nürnberg SpuRt 2007, 213 (214).
[488] S. Rn. 381 ff.

VII. Kündigung des Managementvertrags

Wie bereits ausführlich für den Agenturvertrag dargestellt, ist Gegenstand des Managementvertrages die Leistung von Diensten höherer Art, sodass auch hier das außerordentliche – allerdings abdingbare – Kündigungsrecht des § 627 BGB besteht. Auch dazu kann vollumfänglich auf die entsprechenden Ausführungen zum Agenturvertrag verwiesen werden.[489]

Da der Vorleistungsanteil des Managers regelmäßig noch erheblicher ist als der des Agenten, kann sich für den Fall der Kündigung nach 627 BGB eine abweichende Beurteilung bezüglich des dem Verpflichteten nach § 628 BGB zustehenden eines den bisherigen Leistungen entsprechenden Vergütungsteils ergeben. Die gesetzliche Regelung läuft dabei im allgemeinen auf eine pro rata temporis-Berechnung hinaus, wobei allerdings speziell zur Erfüllung des konkreten Vertrags bis zum Vertragsende bereits erbrachte besondere Aufwendungen, die nicht mehr rückgängig zu machen und auch nicht für andere Verträge verwendbar sind, ungekürzt in Rechnung gestellt werden können.[490] Zu denken ist dabei zB an besondere Aufwendungen für eine vom Manager kurz vor Vertragskündigung finanzierte Werbekampagne. Der BGH hat bezüglich der an einen Partnervermittler geleisteten Vorauszahlung entschieden, dass im Falle der Kündigung des Auftraggebers nach § 627 BGB das Interesse des Dienstverpflichteten zu berücksichtigen ist, seine vertraglich vereinbarten Leistungen vollständig zu erbringen, um seine Vergütung auch vollständig zu verdienen.[491] Die Berücksichtigung eines entsprechenden Interesses erscheint auch im Falle der vorzeitigen Beendigung von Managementverträgen angemessen.

---

[489] S. Rn. 384 ff.
[490] BGH NJW 2010, 150 (152).
[491] BGH NJW-RR 2010, 410 (411).

§ 7 Leistungsstörungen bei Veranstaltungs- und Veranstaltungsbesuchsverträgen

I. Grundlagen

453 Ob die krankheitsbedingte Absage eines Konzerttermins durch einen Künstler oder die Verlegung eines Veranstaltungstermins durch den Veranstalter die jeweiligen Leistungen unmöglich werden lassen, oder aber lediglich das Recht zum Rücktritt und Schadensersatzansprüche auslösen, hängt davon ab, ob es sich bei dem Veranstaltungsvertrag bzw. Veranstaltungsbesuchsvertrag um ein absolutes oder ein relatives Fixgeschäft handelt.

1. Absolutes oder Relatives Fixgeschäft

454 Das absolute Fixgeschäft ist ein Vertrag, bei dem die Leistung von vornherein nur zu einem bestimmten Zeitpunkt geschuldet ist.[492] Die Einhaltung der Leistungszeit ist dabei so wesentlich, dass eine verspätete Leistung keine Erfüllung, sondern eine völlig andere Leistung – ein Aliud – wäre und sie dauernd unmöglich macht.[493] Mit Ablauf des vereinbarten Leistungszeitraums tritt dann Unmöglichkeit mit der Folge eines etwaigen Schadensersatzanspruches ein.[494]

455 Abzugrenzen vom absoluten ist das relative Fixgeschäft. Dabei ist der Zeitpunkt für die Leistung zwar fest bestimmt und die zeitliche Festlegung für den Gläubiger erkennbar ein wesentlicher Teil der getroffenen Abrede. Die Leistung kann aber noch zu einem späteren Zeitpunkt nachgeholt werden ohne damit eine völlig andere zu sein.[495] Das Gläubigerinteresse an der Nachholung kann, muss aber nicht entfallen.[496] Die Leistung ist damit nicht unmöglich geworden, sondern es liegt lediglich Leistungsverzug vor, der zum Rücktritt berechtigt. Ferner kann dem Gläubiger ein Anspruch auf Schadensersatz zustehen.

456 Die Grenze zwischen relativem und absolutem Fixgeschäft ergibt sich mithin aus der Beurteilung, ob die Leistung (als die ursprünglich geschuldete) trotz Verspätung noch erbracht werden kann oder nicht.[497] Bei Veranstaltungen stellt sich damit bspw. die Frage, ob die am 15. Mai mögliche Nachholung eines am 10. Mai ausgefallenen Konzertes oder eine dem Veranstalter vom Künstler abgesagte Auftrittsleistung tatsächlich eine völlig andere als die für den ursprünglichen Termin vereinbarte Leistung ist.

457 Unter welchen Voraussetzungen es sich bei einer Leistung noch um die ursprünglich geschuldete handelt, wird in Literatur und Rechtsprechung kontrovers diskutiert.[498] Der Meinungsstreit wird dadurch erschwert, dass der Rahmen des absoluten Fixgeschäfts in der älteren Rechtsprechung des BGH[499] gelegentlich weiter gezogen und die heute überholte Auffassung vertreten wurde, dass ein absolutes Fixgeschäft bereits mit Festlegung eines bestimmten Termins im Vertrag vorliege. Sicherlich gehört der Veranstaltungstermin zu den

---

[492] BGH NJW 2009, 2743; Ernst in Müko BGB § 275 Rn. 45; Looschelders Rn. 471.
[493] BGH NJW 2009, 2743 (2744); Ernst in Müko BGB § 275 Rn. 46; BGHZ 60, 14 (16); Huber S. 157; Larenz I S. 306.
[494] Vgl. Lorenz/Riehm Rn. 201.
[495] Looschelders Rn. 472.
[496] Gernhuber, Erfüllung S. 85.
[497] Larenz I S. 306.
[498] Taxibestellung zum bestimmten Zeitpunkt: relatives Fixgeschäft: Huber S. 158; absolutes Fixgeschäft: Ernst in MüKo BGB § 275 Rn. 46 (2007); Abgrenzungskriterium: „Mit der zeitgerechten Leistung soll das Geschäft „stehen oder fallen": relatives Fixgeschäft: BGHZ 110, 88 (96); BGH NJW-RR 1989, 1373; Grüneberg in Palandt BGB § 323 Rn. 20; Absolutes Fixgeschäft: BGH NJW 2001, 2878; Gernhuber, Erfüllung S. 85; Gernhuber betrachtet alle gegenseitigen Verträge mit fixiertem Leistungszeitraum als relatives Fixgeschäft; weitere Literatur zur Abgrenzung: Larenz I S. 306; Lorenz/Riehm Rn. 202; Peters JuS 1993, 803; Hirte, JuS 1992, 401 (402).
[499] BGHZ 60, 14 (16).

essentialia negotii von Veranstaltungs- ebenso wie Veranstaltungsbesuchsverträgen. Es entspricht aber der hM, dass allein die Vereinbarung eines Leistungstermins noch kein absolutes Fixgeschäft begründet. Selbst bei einem relativen Fixgeschäft lässt nicht bereits die Nichteinhaltung eines Liefertermins zwangsläufig das Gläubigerinteresse entfallen, sondern kann es lediglich entfallen lassen.[500]

Einigkeit besteht in der Rechtsliteratur nur darüber, dass das absolute Fixgeschäft **eng zu definieren** und nur in **Ausnahmefällen** anzunehmen ist. Das wird damit begründet, dass den Vertragsparteien an einer verspäteten Vertragsdurchführung häufig mehr gelegen sei als an dessen Liquidierung wegen Unmöglichkeit. Jeder Zweifel spreche daher gegen die Annahme eines absoluten Fixgeschäfts.[501] 458

Letztlich ist zur Beurteilung des Fixgeschäftscharakters eines Vertrages darauf abzustellen, wie entscheidend die **Leistungszeit** für die Vertragserfüllung ist. Alleine die Vereinbarung einer festen Leistungszeit genügt nicht, da sonst jeder Vertrag mit einer festen Leistungszeit ein Fixgeschäft wäre. Vielmehr ist auf die konkrete Interessenlage der Vertragsparteien und dabei darauf abzustellen, ob die Einhaltung der Leistungszeit für den Gläubiger derart wesentlich ist, dass eine verspätete Leistung keine Erfüllung mehr darstellen kann.[502] 459

Soweit sich die nachfolgend dargestellte Literatur in Hinblick auf Veranstaltungen mit der Abgrenzung des absoluten vom relativen Fixgeschäft auseinandergesetzt hat, beschäftigt sie sich dabei ausschließlich mit der Beurteilung des Veranstaltungsbesuchsvertrages. Die dazu erörterten Kriterien lassen sich jedoch uneingeschränkt auch für die Beurteilung des Fixgeschäftscharakters des Veranstaltungsvertrags heranziehen.[503] 460

2. Fixgeschäftscharakter des Veranstaltungsbesuchsvertrags

Über die Frage, ob und ggf. unter welchen Voraussetzungen es sich beim Veranstaltungsbesuchsvertrag um ein absolutes oder lediglich ein relatives Fixgeschäft handelt, wird in der Literatur ebenso kontrovers wie ausführlich gestritten.[504] Für die Interpretation als relatives Fixgeschäft wird angeführt, dass nach den Vorstellungen der Parteien des Veranstaltungsbesuchsvertrags das Recht bestehen soll, bei einem Ausfall einer Veranstaltung deren Nachholung zu fordern. Die Besucher einer aufgrund Krankheit des Künstlers abgesagten Veranstaltung würden deren Nachholung mit Selbstverständlichkeit nach wie vor als ‚die Veranstaltung' betrachten.[505] Ein absolutes Fixgeschäft wird mit der Begründung angenommen, dass man dem Kartenkäufer nicht zumuten könne, bei Ausfall der ursprünglich vereinbarten Leistung eine Ersatzleistung an einem anderen Termin annehmen zu müssen.[506] Willige er in eine Terminänderung ein, handele es sich um eine konkludente Vertragsänderung, nicht jedoch um die grundsätzlich bestehende Verpflichtung, ein Ersatzkonzert als Erfüllung zu akzeptieren.[507] Die Argumentation, dass die Einwilligung des Karteninhabers in eine Terminverlegung nichts anderes als eine konkludente Vertragsänderung sei, ist vertretbar aber nicht alternativlos. Ebenso lässt sich nämlich der Standpunkt vertreten, dass jeder Veranstaltungsbesucher ohnehin billigend eine gegebenenfalls erforderliche Verlegung des Veranstaltungstermins in Kauf nimmt. In diesem Fall wäre den Interessen des Konsu- 461

---

[500] Huber S. 157; Gernhuber, Erfüllung S. 85; Lorenz/Riehm Rn. 202.
[501] BGH NJW 2009, 2743; BGH WM 1984, 639; BGH NJW-RR 1989, 1373; BGH NJW 2001, 2878; Ernst in MüKo BGB § 275 Rn. 47; Huber S. 157f.
[502] BGH NJW 2001, 2878.
[503] Vgl. Looschelders Rn. 471.
[504] Für absolutes Fixgeschäft: Kreile/Hombach ZUM 2001, 731 (738); so im Ergebnis auch Huff, VuR 1990, 166 (168); Roth, JuS 1999, 220 (222); AG Herne-Wanne NJW 1998, 3651 (3652); Risch/Kerst, S. 57f.; Für relatives Fixgeschäft: Kolberg S. 111 (mit ausführlicher Begründung und weiteren Literaturnachweisen); Peters, JuS 1993, 803; differenzierend Hirte JuS 1992, 401 (402); Peters/Jacoby in Staudinger BGB § 633 Rn. 127 (2008).
[505] Peters JuS 1993, 803; Hirte JuS 1992, 401 (402f.).
[506] Kreile/Hombach ZUM 2001, 731 (738f.); so im Ergebnis auch Hirte JuS 1992, 401 (402f.).
[507] Kreile/Hombach ZUM 2001, 731 (739).

menten hinreichend mit dem Rücktrittsrecht gedient. Der ‚verhinderte' Veranstaltungsbesucher[508] ‚muss' nämlich auch bei Interpretation des Besuchsvertrages als relatives Fixgeschäft, wie aufgezeigt werden wird, keinesfalls zwingend einen Ersatztermin akzeptieren.

462 Mit den vorstehenden Argumenten lässt sich der Veranstaltungsbesuchsvertrag sowohl als absolutes als auch als relatives Fixgeschäfts behandeln. Denn sowohl Künstler und Veranstalter als auch Veranstaltungsbesucher können im Einzelfall durchaus ein Interesse an einer Nacherfüllung haben oder eben auch nicht. Dass es letztlich für beide Auffassung vertretbare Begründungen gibt, wird bei dem Streit über die rechtliche Einordnung des Veranstaltungsbesuchsvertrages besonders deutlich.[509]

463 Auf den ersten Blick mag es nachvollziehbar sein, wenn die Behandlung des Veranstaltungsbesuchsvertrags als relatives Fixgeschäft ua mit der Begründung abgelehnt wird, dass es nicht sein könne, dass der ‚verhinderte' Veranstaltungsbesucher vom Veranstalter verlangen dürfte, ihm im Fall der Nichterfüllung eine Ersatzveranstaltung anzubieten.[510] Die Mutmaßung veranlasst allerdings zu der Frage: Warum eigentlich nicht? In der Praxis gestaltet sich ein derartiges Nacherfüllungsverlangen nämlich keineswegs als Problem. Regelmäßig teilt der Veranstalter im Falle der Stornierung einer Veranstaltung öffentlich mit, dass es kein Nachholkonzert gibt und der Kartenkäufer sein Geld in der Vorverkaufsstelle zurückerhalte. Diese Mitteilung bedeutet die ernsthafte und endgültige Verweigerung der Leistung iSd §§ 281 Abs. 2, 323 Abs. 2 Nr. 1 BGB und damit deren Unmöglichkeit. Äußert sich der Veranstalter nicht, kann der Karteninhaber bei dem Veranstalter nachfragen, ob eine Nachholung der ausgefallenen Veranstaltung geplant sei. Vor allem aber kann er im Falle seines Desinteresses an einer Nacherfüllung mitteilen, dass er von dem Vertrag zurücktreten wolle und Schadensersatz statt der Leistung verlange. Wird die Nachholung vom Veranstalter abgelehnt, kann er ebenfalls diese Rechte geltend machen. Das Szenario veranschaulicht, dass der Nacherfüllungsanspruch nicht zwangsläufig zu praxisfernen und den Interessen der Beteiligten zuwider laufenden Rechtsfolgen führt. Vielmehr kann es gerade beim Veranstaltungsbesuchsvertrag durchaus praktikabel sein und den Interessen der Parteien entsprechen, dass die Eintrittskarten bei einer Veranstaltungsverschiebung ihre Gültigkeit behalten[511]

a) Interessenlage des Veranstalters

464 Muss die Durchführung einer Veranstaltung wegen Krankheit des Künstlers abgesagt werden oder fällt sie aus anderen Gründen aus, hat der Veranstalter im Regelfall durchaus ein Interesse daran, dass sein Vertrag mit den Kartenkäufern bis zu einem möglichen Nachholtermin fortbesteht. Nur eine Nachholung der Veranstaltung eröffnet ihm nämlich die Möglichkeit, seine Ausfallkosten zumindest zu einem Teil zu amortisieren.

465 Beim Veranstaltungsbesuchsvertrag kann daher unterstellt werden, dass es im Regelfall nicht der Interessenlage des Veranstalters entspricht, wenn der Vertrag mit dem Kartenkäufer als absolutes Fixgeschäft behandelt und dessen Leistungspflicht damit aufgrund nicht zu vertretender Unmöglichkeit qua Gesetz aufgehoben wird.

b) Interessenlage des ‚verhinderten' Besuchers

466 Der Schwerpunkt des Erfüllungsinteresses des Kartenkäufers liegt – und das ist jenen entgegen zu halten, die den Veranstaltungsbesuchsvertrag kategorisch als absolutes Fixgeschäft behandeln wollen – an allererster Stelle in seiner Erwartung, ein bestimmtes Veranstaltungsereignis wahrnehmen zu können. Entscheidend ist somit im Regelfall der Veranstaltungsinhalt und allenfalls an zweiter Stelle der Termin. Der Besuch von öffentlichen Veranstaltungen erfolgt ganz überwiegend nicht zufällig sondern basiert auf dem Entschluss, ein

---

[508] Begriff entlehnt von Kreile/Hombach ZUM 2001, 731.
[509] Immer absolutes Fixgeschäft Roth, JuS 1999, 220, 222; differenzierend Hirte JuS 1992, 401 (402); grds. kein absolutes Fixgeschäft Peters JuS 1993, 803; Kolberg S. 111.
[510] Kreile/Hombach ZUM 2001, 731 (739).
[511] So auch Huber S. 160.

bestimmtes Veranstaltungsereignis mitzuerleben. Dabei mag es eine conditio sine qua non sein, ob der Veranstaltungsinteressent an dem Veranstaltungstag terminlich verhindert ist oder nicht. Der Termin ist damit aber im Regelfall – von Ausnahmen abgesehen – allenfalls ein Hinderungsgrund, nicht jedoch der für das Besuchsinteresse entscheidende Faktor. Aus dieser Feststellung ergibt sich, dass ein vorhandenes Interesse an einem bestimmten Veranstaltungsangebot nicht zwangsläufig entfällt, wenn eine Veranstaltung terminlich verlegt wird. Natürlich ist dem Veranstaltungsbesucher daran gelegen, dass der vereinbarte Erfüllungszeitraum eingehalten wird. Warum es jedoch grundsätzlich dem Interesse des ‚verhinderten' Besuchers entsprechen soll, dass die Nichtleistung zum vereinbarten Erfüllungszeitraum stets zur Unmöglichkeit und damit zum Entfallen des Erfüllungsanspruchs führt, ist nicht ersichtlich.

Letztlich wird das Ergebnis stets einer Abwägung aller Umstände des Einzelfalls vorbehalten bleiben.[512] Zur Klärung der Frage, wann ein Aliud anzunehmen ist, ist die Frage in den Mittelpunkt zu stellen, warum der Besucher an einer Veranstaltung teilhaben möchte.[513] Stellt man auf das ‚Warum' der Veranstaltungsteilnahme ab, handelt es sich jedenfalls immer dann um ein absolutes Fixgeschäft, wenn eine Veranstaltung zu einem bestimmten Anlass angeboten wird. Bei einem Weihnachts- oder Neujahrskonzert bspw. wäre jede Nachholung eine völlig andere Leistung. Aber auch das Motiv des Besuchers, eine Veranstaltung nur an einem bestimmten Tag erleben zu wollen – zB anlässlich eines Geburtstages – macht den Veranstaltungsbesuchsvertrag noch nicht zu einem absoluten Fixgeschäft, da dieses Motiv für den Veranstalter nicht erkennbar ist. 467

c) Wertung

Bei der üblichen Veranstaltung, welche zum Erleben eines bestimmten Programms oder eines Künstlers besucht wird, handelt es sich nach hier vertretener Auffassung um ein relatives Fixgeschäft. An erster Stelle ist das Ereignis als solches Inhalt des veranstalterischen Leistungsangebots. Dessen Wahrnehmung ist erst an zweiter Stelle von weiteren zB terminlichen Umständen abhängig, ohne deren Vorhandensein die Nacherfüllung ein Aliud wäre. Jedenfalls eine generelle Einordnung des Veranstaltungsbesuchsvertrags als absolutes Fixgeschäft ist aus den erwähnten Gründen und Bedenken daher abzulehnen. 468

Bei zahlreichen Veranstaltungen – man denke nur an besondere Konzertereignisse wie die letzte Tournee der englischen Pop-Gruppe Take That nach ihrer Wiedervereinigung oder Konzerte von U2 oder AC/DC, wo die Karten innerhalb weniger Stunden ausverkauft waren – dürfte ein Fortbestand des Vertrages mit dem Veranstalter durchaus dem Interesse des Kartenkäufers entsprochen haben. Würde nach dem Ausfall bzw. der Verlegung einer Veranstaltung die Erfüllung des Veranstaltungsbesuchsvertrags automatisch unmöglich, wären an einer Nachholung interessierte ‚verhinderte' Besucher darauf angewiesen und damit dem Risiko ausgesetzt, auch für das Nachholkonzert nochmals eine (neue) Karte zu erwerben bzw. erwerben zu können. Jedenfalls ihrem Interesse entspräche das nicht. Und auch die gelegentlich auf das Fixgeschäfts-Schulbeispiel der ‚Taxifahrt zum Flughafen' gestützte Argumentation begründet nicht zwingend, dass es sich bei öffentlichen Veranstaltungen bereits deshalb um ein absolutes Fixgeschäft handeln müsse, weil die Nachholung der Veranstaltung – ebenso wie die verspätete Taxifahrt zum Flughafen – keine Erfüllung des eigentlichen Vertrages mehr sei.[514] Diese Argumentation wird mit der Annahme begründet, dass nach dem Start des Flugzeugs der Fahrgast kein Interesse mehr an der Taxifahrt zum Flughafen habe. Der Fall ist aber nicht mit der Interessenlage des Konzertbesuchers zu vergleichen, der unbedingt eine bestimmte Darbietung erleben möchte. Die Erfüllung eines Veranstaltungsbesuchsvertrages durch Nachholung einer abgesagten Veran- 469

---

[512] So auch Gernhuber, Erfüllung S. 84 f.; Larenz I S. 306 f.; Peters/Jacoby in Staudinger BGB § 633 Rn. 127(2008); Grüneberg in Palandt BGB § 271 Rn. 18.
[513] Kolberg S. 111.
[514] Kreile/Hombach ZUM 2001, 731 (738 f.); Gernhuber, Erfüllung S. 85.

staltung wird nicht bereits deshalb zu einer anderen Leistung, weil sie an einem anderen als dem ursprünglich vereinbarten Termin stattfindet. Vielmehr darf davon ausgegangen werden, dass im Vordergrund des Leistungsinteresses des Veranstaltungsbesuchers regelmäßig der Veranstaltungsinhalt und allenfalls an zweiter Stelle der Veranstaltungstermin steht.

470 Allerdings wird auch beim Veranstaltungsbesuchsvertrag stets dann Unmöglichkeit anzunehmen sein, wenn die Nachholung der Veranstaltung dem Veranstalter nicht innerhalb eines überschaubaren Zeitraums möglich ist.[515] Dabei wird auf den Einzelfall und auch auf die Bedeutung des Veranstaltungsangebots abzustellen sein. So wird der Besucher eines Clubkonzertes eines wenig bekannten Newcomers kaum Interesse daran haben, das Konzert noch Monate später zu erleben. Bei dem einmaligen Deutschland-Konzert eines internationalen Stars spricht hingegen viel dafür, dass das Interesse an einer Nachholung länger andauert.

471 In diesem Buch wird daher der **Veranstaltungsbesuchsvertrag** – jedenfalls soweit die Veranstaltung nicht zu einem besonderen Anlass stattfindet (Silvesterkonzert) – als **relatives Fixgeschäft** behandelt.

3. Fixgeschäftscharakter des Veranstaltungsvertrags

472 Ausgehend von der Reduktion des absoluten Fixgeschäfts auf Ausnahmefälle spricht viel dafür, auch den Veranstaltungsvertrag als lediglich relatives Fixgeschäft zu interpretieren und damit bei dessen Nichterfüllung nicht gleich Unmöglichkeit anzunehmen, sondern nur ein Rücktrittsrecht zu gewähren. Die Interessenlage des Veranstalters und der Kartenkäufer – also die Interessenlage der Parteien des Veranstaltungsbesuchsvertrages – unterscheidet sich allerdings, wie aufgezeigt werden wird, erheblich von den Interessen der Parteien eines Veranstaltungsvertrages.

a) Die Interessenlage des Veranstalters

473 Das Leistungsinteresse des Veranstalters als Vertragspartner des Künstlers liegt im Regelfall nicht an allererster Stelle im Inhalt der Darbietung. Vielmehr besteht sein Interesse vornehmlich in der termingerechten Aufführung des bestellten Werkes. Wird die Leistung des Künstlers nicht zum vereinbarten Zeitpunkt erbracht, riskiert der Veranstalter den vollständigen Verlust aller Einnahmen. Besonders transparent ist diese Interessenlage beim Veranstalter eines corporate events. Da eine derartige Veranstaltung nicht nachholbar ist, ist selbst die Nachholbereitschaft des Künstlers nicht geeignet, den eingetretenen Schaden des Veranstalters zu reduzieren.

474 Der Veranstalter zB einer Konzertveranstaltung mag zwar grundsätzlich ein Interesse an dessen Nachholung haben. Denn nur dann erhält er die Chance, zumindest einen Teil der ausfallbedingten Kosten zu kompensieren. Grundsätzlich muss er aber damit rechnen, dass bei einer Veranstaltungsabsage zahlreiche Besucher vom Vertrag mit der Folge zurücktreten, dass ihm die entsprechenden Einnahmen endgültig entgehen.

475 Die Nachholung einer Veranstaltung an einem anderen als dem geplanten Termin hängt zudem von diversen Faktoren ab, die der Veranstalter nicht beeinflussen kann. Angesichts der regelmäßig erheblichen Tragweite dieser Umstände würde es zu unkalkulierbaren und ungewollten wirtschaftlichen Konsequenzen führen, wenn man den unveränderten Fortbestand des bisherigen Vertrages annähme. Ist zB die geplante Spielstätte an einem den Parteien möglichen Nachholtermin nicht verfügbar, wäre Rechtsgrundlage für die Nachholung einer Veranstaltung der alte Vertrag mit dem Künstler, der verlegungsbedingte Mehrkosten nicht berücksichtigt. Letztlich sind alle Konditionen eines Veranstaltungsvertrags regelmäßig so stark auf den konkreten Termin zugeschnitten, dass sie nicht auch auf einen Nachholtermin passen. Damit unterscheidet sich die Interessenlage des Veranstalters als Gläubiger der unmöglich gewordenen Leistung von der des Veranstaltungsbesuchers, des-

---

[515] Vgl. Gernhuber, Erfüllung S. 85.

sen Erfüllungsinteresse seinen Schwerpunkt weit mehr im Inhalt der geschuldeten Leistung als im vereinbarten Erfüllungstermin hat.

b) Die Interessenlage des Künstlers

Die Interessenlage des verhinderten Künstlers mag im Einzelfall zweischneidig sein: einerseits kann ein Interesse daran bestehen, die wegen des Veranstaltungsausfalls entstandene Enttäuschung des Publikums ebenso wie den wirtschaftlichen Verlust durch einen Ersatztermin zu kompensieren. Andererseits ist für ihn ein zeitnaher Nachholtermin zumeist bereits aus Termingründen schwer zu finden. Letztlich orientiert sich regelmäßig aber auch die mit dem Veranstalter getroffene Vereinbarung und Kostenplanung des Künstlers derart konkret am vereinbarten Termin, dass eine uneingeschränkte Übertragung auf einen Nachholtermin zumeist zu unzumutbaren Belastungen führen würde. So sind grundsätzlich insbesondere Reisekostenplanungen und die Verfügbarkeit von Mitwirkenden völlig neu zu überdenken. 476

c) Wertung

Im Ergebnis geht es weniger um ein rechtsdogmatisches Problem als um **die Auslegung des Parteiwillens. Dazu muss zwangsläufig auf die dem jeweiligen Geschäft zu**grunde liegenden Interessen der Vertragsparteien sowie die wirtschaftliche Bedeutung des Geschäfts abgestellt werden. Wie dargestellt, würde dem Verständnis der Parteien beim Veranstaltungsvertrag die Annahme eines relativen Fixgeschäfts mit der Folge des Fortbestands des Vertrages im Falle einer Terminverschiebung widersprechen. Wenn ein Nachholtermin anberaumt werden muss, setzt dies zwingend weitere Vertragsverhandlungen zwischen Künstler und Veranstalter über den neuen Termin und etwa dadurch entstehende Mehrkosten voraus. 477

Daher wird hier davon ausgegangen, dass es sich bei dem einer Veranstaltung zugrunde liegenden **Veranstaltungsvertrag** mit einem Künstler grundsätzlich um ein **absolutes Fixgeschäft** handelt – vergleichbar mit einem Weihnachts- oder Neujahrskonzert, dessen Nachholung zu Ostern ein Aliud wäre. 478

4. Abgrenzung zwischen allgemeinem Leistungsstörungsrecht und Werkvertragsrecht

Leistungsstörungen bei Veranstaltungs- und Veranstaltungsbesuchsverträgen können entweder darin bestehen, dass eine geschuldete Darbietung gar nicht oder nicht zum vereinbarten Zeitpunkt stattfindet oder zwar stattfindet, aber den zwischen den Parteien getroffenen Vereinbarungen nicht entspricht und daher mangelbehaftet ist. Entsprechend kann die Leistung entweder unmöglich oder mangelhaft sein. Damit stellt sich zunächst die Frage, unter welchen Voraussetzungen bei Leistungsstörungen von Veranstaltungs- und Veranstaltungsbesuchsverträgen allgemeines Leistungsstörungsrecht und wann die Gewährleistungsansprüche des Werkvertragsrechts anwendbar sind. 479

Die Grenze zwischen der Anwendung der werkvertraglichen Gewährleistungsrechte gem. § 634 BGB – ggf. ergänzt durch Mietvertragsrecht – und dem allgemeinen Leistungsstörungsrecht bildet regelmäßig der Gefahrübergang und damit die Abnahme nach § 640 BGB.[516] Wenn wegen Ablauf des Fixtermins Unmöglichkeit eingetreten ist, kann keine Abnahme mehr erfolgen. Mit Eintreten der Unmöglichkeit erlischt der werkvertragliche Primäranspruch. Dann kann der Besteller Sekundäransprüche gem. §§ 280 ff. BGB geltend machen und/oder den Rücktritt gem. §§ 323, 346 BGB erklären. Erst durch die Abnahme konkretisiert sich die Leistungsverpflichtung des Unternehmers auf das hergestellte Werk[517], 480

---

[516] Sprau in Palandt BGB Vorbem. § 633 Rn. 6.
[517] BGH NJW 1999, 2046 (2047) dessen Argumentation sich auf das seit 2002 geltende Schuldrecht übertragen lässt.

so dass ggf. werkvertragliche Gewährleistungsansprüche nach § 634 BGB geltend gemacht werden können. Der Abnahme steht der erfolglose Ablauf einer gesetzten Nachfrist gleich.[518]

5. Abnahme oder Vollendung

481 Abnahme eines Werks bedeutet die körperliche Hinnahme im Rahmen der Besitzübertragung, verbunden mit der Billigung des Werks als in der Hauptsache vertragsgemäße Leistung.[519] Da eine Darbietung ein unkörperliches Werk[520] ist, ist die körperliche Abnahme (Inbesitznahme) der aufgrund des Veranstaltungsvertrages geschuldeten Werkleistung ausgeschlossen. In diesem Fall wird vertreten, dass sich die Abnahme lediglich auf die Billigung beschränke.[521] Abgestellt wird zur Abgrenzung auch auf die Verkehrssitte.[522] Die Rechtsprechung lässt bei unkörperlichen Werken anstatt der Abnahme die Vollendung nach § 646 BGB ausreichen.[523] Vollendung bedeutet die vollständige Fertigstellung des Werks, ohne dass es auf eine Billigung ankommt.[524] Zutreffend wird festgestellt, dass der Zustand vermieden werden müsse, dass der Besteller eines fehlerhaften aber nicht abänderbaren Werks die Abnahme verweigere. Daher müsse in derartigen Fällen auf die Abnahme ganz verzichtet werden und an ihre Stelle die Vollendung nach § 646 BGB treten.[525]

a) Veranstaltungsvertrag

482 Insbesondere beim Veranstaltungsvertrag ist es angebracht, auf eine Abnahme zu verzichten und stattdessen die an sie geknüpften Rechtsfolgen von der **Vollendung** abhängig zu machen.[526] Vollendung liegt bei einer Veranstaltung vor, wenn das nach der vertraglichen Vereinbarung geschuldete Werk zur Aufführung gebracht wurde.[527] Die dem Veranstalter geschuldete Erbringung der Veranstaltungsleistung ist als absolutes Fixgeschäft ein unverkörpertes und nicht nachholbares Ereignis, bei dem Mängel nicht im Wege der Nachbesserung nachträglich beseitigt werden können.

b) Veranstaltungsbesuchsvertrag

483 Auch bei dem Veranstaltungsbesuchsvertrag scheidet eine Abnahme durch Billigung der Natur der Sache nach aus.[528] Verweigerte der Besucher die Billigung der Aufführung, könnte er Nachbesserung oder sogar Neuherstellung verlangen und bis dahin die Abnahme bereits bei nur geringfügigen oder subjektiv empfundenen Mängeln ablehnen. Es entspricht daher der überwiegenden Rechtsauffassung, dass beim Veranstaltungsbesuchsvertrag an die Stelle der Abnahme die **Vollendung** tritt.[529]

484 Vollendung der mit dem Veranstaltungsbesuchsvertrag geschuldeten Werkleistung liegt grundsätzlich vor, wenn die Aufführung beendet ist oder – wie Jacobs[530] anschaulich schreibt – „der Vorhang nach dem letzten Akt fällt". Während über die Abnahme einer

---

[518] Sprau in Palandt BGB § 640 Rn. 10.
[519] BGHZ 48, 257 (262); BGH NJW 1993, 1972 (1974); Sprau in Palandt BGB § 640 Rn. 3.
[520] Kreile/Hombach ZUM 2001, 731 (745).
[521] Vgl. Sprau in Palandt BGB § 640 Rn. 3.
[522] Schwenker in Erman/Westermann BGB § 640 Rn. 9.
[523] Vgl. BGH NJW-RR 1989, 160, 166; BGHZ 125, 111; Schwenker in Erman/Westermann BGB § 640 Rn. 8; so für den Veranstaltungsbesuchsvertrag Kolberg S. 47; anders Peters JUS 1993, 803.
[524] Sprau in Palandt BGB § 646 Rn. 1.
[525] Schwenker in Erman/Westermann BGB § 640 Rn. 7 f.; Kolberg S. 47 f.
[526] LG München I Urt. v. 12.4.1994 – 24 O 11 187/93 (nv).
[527] Kreile/Hombach ZUM 2001, 731 (741); Busche in MüKo BGB § 646 Rn. 3.
[528] So auch Kolberg S. 47 f.; Kreile/Hombach ZUM 2001, 731 (745); anders Peters/Jacoby in Staudinger BGB § 646 Rn. 7 ff. (2008); Peters JuS 1993, 803.
[529] Vgl. LG München I Urt. v. 12.4.1994 – 24 O 11 187/93 (nv); BGH NJW-RR 1989, 160.
[530] Kreile/Hombach ZUM 2001, 731 (745).

werkvertraglichen Leistung der Besteller entscheidet, entscheidet über die Vollendung – sofern sie nicht in objektiver Weise festzustellen ist – der Unternehmer.[531]

Nicht entscheidend ist dabei, ob der Besucher die Aufführung zur Kenntnis nimmt.[532] Schließlich kann die Erfüllung der Leistungspflicht des Veranstalters nicht davon abhängig sein, ob der Besucher das Veranstaltungsangebot optisch und akustisch wahrnimmt oder nicht. Der Veranstalter schuldet nicht eine irgendwie geartete ‚Interaktion', sondern lediglich die Ermöglichung der Wahrnehmung der Veranstaltung durch den Besucher.[533] Würde man in Fällen, in denen die körperliche Entgegennahme ausgeschlossen ist, für die Abnahme nach § 640 lediglich die Billigung ausreichen lassen, verbliebe für § 646 BGB kein Anwendungsbereich mehr.[534]

485

Die Frage, ob die Werkleistung mangelfrei oder mangelbehaftet erbracht wurde, hat auf die Feststellung der Vollendung keinen Einfluss.[535] Übertragen auf den Veranstaltungsbesuchsvertrag bedeutet das, dass über die Vollendung in letzter Instanz der Veranstalter entscheidet, wobei diese Entscheidung im Innenverhältnis zwischen Veranstalter und Künstler maßgeblich auch in der Hand des Künstlers liegt. Der Veranstaltungsbesucher kann nach Vollendung der Aufführung diese somit typischerweise nicht zurückweisen. Es stellt sich allerdings die Frage, ob der Veranstaltungsbesucher grundsätzlich jede stattgefundene Darbietung als vollendete Werkleistung akzeptieren muss. Zutreffend stellt Jacobs dazu fest, dass Vollendung lediglich dann nicht vorliege, wenn insgesamt „etwas anderes" geboten worden sei (Freundschaftsspiel anstatt Bundesligaspiel).[536] Es sind dies die in der Praxis sicher nur selten vorkommenden und daher hier zu vernachlässigenden Fälle der Lieferung eines Aliud. Nur in diesem Fall tritt, obwohl eine komplette Werkaufführung vorliegt, mangels Erfüllung keine Vollendung ein.

486

II. Ansprüche bei Leistungsstörungen des Veranstaltungsvertrages

1. Vor Ablauf des Erfüllungszeitraums

Tritt während der Erfüllung ein Mangel auf, ist bei einem absoluten Fixgeschäft eine mangelfreie Erfüllung des Gesamtwerks im Rahmen des vereinbarten Erfüllungszeitraums regelmäßig nicht mehr möglich. Dem Besteller bleibt das Recht zum Schadensersatz nach allgemeinem Leistungsstörungsrecht gem. §§ 280 Abs. 1 u. 3, 283 BGB.

487

Fraglich kann allerdings sein, ob beim Veranstaltungsvertrag dem Veranstalter als Besteller im Falle der Schlechterfüllung nicht jedenfalls dann gem. § 281 Abs. 1 BGB das Setzen einer Nachfrist zugemutet werden kann, wenn damit eine Mangelhaftigkeit der Leistung des Künstlers behoben werden könnte. Zu denken wäre an den Fall des nicht pünktlich erfolgenden Auftritts eines Künstlers oder an während des Auftritts auftretende technische Mängel zB bei der Tonübertragung. Durch eine Nachfristsetzung ließe sich der Eintritt der Unmöglichkeit ggf. noch verhindern. Da eine Neuherstellung einer bereits begonnenen Veranstaltung der Natur der Sache nach nicht in Frage kommt, wäre als Folge der Fristsetzung dann zumindest noch eine mangelfreie Teilerfüllung denkbar.

488

Häufig wird eine Mängelbehebung innerhalb des vereinbarten Erfüllungszeitraums dazu führen, dass der Erfüllungszeitraum überschritten wird. Denn wenn auf Drängen des Veranstalters eine Darbietung endlich nach 1/2stündiger Verspätung beginnt, wird der verbleibende Erfüllungszeitraum zwangsläufig nicht mehr ausreichen, um die Darbietung mit der vereinbarten Spielzeit noch vollständig zur Aufführung zu bringen.

489

---

[531] Jacobs AcP 183, 145 (187).
[532] Hirte JuS 1992, 401 (403); Deckers JuS 1999, 1160; anders aber AG Aachen NJW 1997, 2058; AG Hamburg MDR 1994, 665.
[533] Deckers JuS 1999, 1160 (1161).
[534] Kolberg S. 47.
[535] Sprau in Palandt BGB § 646 Rn. 1; Jacobs AcP 183, 145 (184).
[536] Jacobs AcP 183, 145 (184); Kreile/Hombach ZUM 2001, 731(745).

490 Wie zum Fall des zu späten Auftritts noch ausgeführt werden wird, ist in derartigen Fällen eine gewisse **Kulanzspanne** einzuräumen, während der noch keine Unmöglichkeit sondern nur Leistungsverzug eintritt. Eine weitere Frage wird im Einzelfall dann sein, ob und unter welchen Voraussetzungen der Veranstalter eine Teilerfüllung akzeptieren muss.

2. Nach Ablauf des Erfüllungszeitraums

491 Beim absoluten Fixgeschäft tritt nach Ablauf des Erfüllungszeitraums grundsätzlich Unmöglichkeit ein, sodass dann – mangels Vollendung – für Ansprüche aus § 634 BGB kein Raum verbleibt.[537] Die Rechte der Parteien bei Werkverträgen – also des Veranstalters ebenso wie auch des Künstlers – richten sich nach allgemeinem Schuldrecht.

492 Gem. § 326 Abs. 1 S. 1 BGB entfällt der Anspruch des Schuldners (Künstlers) auf die Gegenleistung. Hat der Künstler die Unmöglichkeit zu vertreten, schuldet er nach §§ 281 Abs. 1 u. 3, 283 BGB Schadensersatz statt der Leistung.

493 Da die Unmöglichkeit lediglich die Primärleistungspflichten entfallen lässt, das Schuldverhältnis damit also nicht automatisch gegenstandslos wird[538], bleibt gem. § 325 BGB neben einem etwaigen Schadensersatzanspruch auch der Rücktritt vom Vertrag möglich.

III. Fallkonstellationen von Leistungsstörungen beim Veranstaltungsvertrag

1. Leistungsstörungen in der Sphäre des Künstlers

494 Grundsätzlich ist die Behandlung von Leistungsstörungen beim Veranstaltungsvertrag abhängig davon, ob es sich im Einzelfall um einen Werk- oder einen Dienstvertrag handelt. Wie bereits dargelegt, stehen dem Besteller eines Werks im Fall von Leistungsstörungen weitaus umfangreichere Rechte zu als dem Dienstherrn beim Dienstvertrag. Neben der Anwendbarkeit der Vorschriften des allgemeinen Leistungsstörungsrechts beschränken sich die dienstvertraglichen Sekundäransprüche auf das Kündigungsrecht aus wichtigem Grund gem. § 626 BGB und ein ordentliches Kündigungsrecht nach §§ 620 Abs. 2, 621 BGB.

495 Soweit im Folgenden Leistungsstörungen des Veranstaltungsvertrags erörtert werden, wird – soweit nicht ausdrücklich auf Dienstvertragsrecht eingegangen wird – davon ausgegangen, dass es sich bei dem Veranstaltungsvertrag um einen Werkvertrag handelt.

a) Unmöglichkeit

aa) Unverschuldete Krankheit des Künstlers

496 Während der Tod eines Künstlers der klassische Fall nicht zu vertretender objektiver Unmöglichkeit ist, ist die Frage, unter welchen Voraussetzungen bei der Erkrankung eines Künstlers die Unmöglichkeit zu vertreten bzw. nicht zu vertreten ist, differenzierter zu beurteilen. Hat der Schuldner Leistungen aufgrund eines Dienst- oder Werkvertrags persönlich zu erbringen und ist er daran aus Krankheitsgründen gehindert, ist die Erfüllung des Veranstaltungsvertrags infolge des Fixgeschäftscharakters unmöglich geworden.[539] Ob der Erkrankte die Unmöglichkeit zu vertreten hat, hängt von den Umständen des Einzelfalls ab, wobei es sich bei Krankheit im Regelfall um nicht zu vertretende Unmöglichkeit handelt.

497 **(1) Dienstvertrag.** Im Dienstvertragsrecht gilt auch für Dienstverträge, die kein Arbeitsverhältnis sind, die Sondervorschrift des § 616 BGB. Danach behält der Dienstverpflichtete den Anspruch auf die Vergütung auch dann, wenn er für eine verhältnismäßig nicht erhebliche Zeit durch einen in seiner Person liegenden Grund ohne sein Verschulden an der

---

[537] Vgl. Grüneberg in Palandt BGB § 323 Rn. 19.
[538] Westermann in Erman BGB § 275 Rn. 33; anders ohne Begründung Grüneberg in Palandt BGB § 323 Rn. 19.
[539] Vgl. AG Mannheim NJW 1991, 1490.

Dienstleistung verhindert ist. Die Vorschrift wird in der Praxis zumeist in zulässiger Weise ausdrücklich bzw. konkludent abbedungen indem die Parteien regelmäßig die Honorierung des Künstlers von der tatsächlichen Spielzeit abhängig machen.⁵⁴⁰ Im Ergebnis wird dann nur die tatsächlich erbrachte Leistung vergütet.

Grundsätzlich liegen die Voraussetzungen des § 616 BGB jedoch nur im Falle einer verhältnismäßig nicht erheblichen Dauer der Verhinderung vor. Dabei ist ua das Verhältnis der Verhinderungsdauer zur Gesamtzeit des Beschäftigungsverhältnisses zugrunde zu legen.⁵⁴¹ 498

(2) Werkvertrag. Handelt es sich bei dem Veranstaltungsvertrag um einen Werkvertrag, findet im Fall des krankheitsbedingten Leistungshindernisses des Künstlers das allgemeine Leistungsstörungsrecht der §§ 275 ff. BGB Anwendung.⁵⁴² Da es sich bei der Verpflichtung des Künstlers um eine persönlich zu erbringende Leistung handelt, liegen im Krankheitsfall die Voraussetzungen einer Unmöglichkeit gem. § 275 Abs. 1 BGB vor. Entscheidend ist dabei das subjektive, auf die Person des konkreten Schuldners bezogene Moment der Unzumutbarkeit der Erfüllung. In diesem Fall entfällt die Leistungspflicht automatisch. Der Anspruch des Künstlers auf die Gegenleistung erlischt gem. § 326 Abs. 1 S. 1 BGB. Da Krankheit regelmäßig ein Fall nicht zu vertretender Unmöglichkeit ist, scheiden Ansprüche des Veranstalters auf Schadensersatz aus. 499

bb) Verschuldete Krankheit

Eine Erkrankung des Künstlers ist nicht stets unverschuldet, sondern kann im Einzelfall auch von ihm zu vertreten sein. So kann es grob fahrlässig sein, wenn ein Künstler es unterlässt, auf eine bereits bei bzw. vor Vertragsschluss bestehende Erkrankung hinzuweisen.⁵⁴³ Auch die Leistungsunfähigkeit als Folge von Unfällen bei der Ausübung riskanter Sportarten oder wegen übermäßigen Drogenkonsums kann vom Künstler zu vertreten sein. Entsprechende Entscheidungen liegen, soweit ersichtlich, nur für Arbeitsverhältnisse vor. Die Ergebnisse lassen sich aber auch auf selbstständige Dienstverhältnisse übertragen. 500

Hat der erkrankte Künstler die den Ausfall der Veranstaltung bedingende Krankheit zu vertreten, kann der Veranstalter gem. §§ 280 Abs. 1 u. 3, 283 BGB Schadensersatz statt der Leistung verlangen.⁵⁴⁴ 501

(1) Sportunfälle. Im Arbeitsrecht ist es ständige Rechtsprechung des BAG, dass schuldhaft nur derjenige Arbeitnehmer handelt, der gröblich gegen das von einem verständigen Menschen im eigenen Interesse zu erwartende Verhalten verstößt.⁵⁴⁵ Ein Sportunfall ist grundsätzlich unverschuldet, wenn es sich um eine nicht besonders gefährliche Sportart handelt, die die Leistungsfähigkeit des Einzelnen nicht wesentlich übersteigt.⁵⁴⁶ Verschuldet kann die Unmöglichkeit infolge eines Sportunfalls jedoch dann sein, wenn eine besonders gefährliche Sportart ausgeübt wurde. Diese nimmt das BAG dann an, wenn das Verletzungsrisiko bei objektiver Betrachtung so groß ist, dass auch ein gut ausgebildeter Sportler das Geschehen nicht mehr beherrschen kann.⁵⁴⁷ Daher wird Sport grundsätzlich nur in Ausnahmefällen als besonders gefährlich betrachtet.⁵⁴⁸ Um einen klassischen Fall des ‚Verschuldens gegen sich selbst' handelt es sich beim Bungee-Springen, da der Springer, sobald er die Sprungplattform verlässt, auf das weitere Geschehen keinen Einfluss mehr nehmen kann und allein der Schwerkraft ausgeliefert ist.⁵⁴⁹ 502

---

⁵⁴⁰ Vgl. BAG ZUM 2007, 507 (509); Weidenkaff in Palandt BGB § 616 Rn. 3.
⁵⁴¹ Weidenkaff in Palandt BGB § 616 Rn. 9.
⁵⁴² Vgl. Sprau in Palandt BGB Vorbem. § 633 Rn. 1, 6.
⁵⁴³ OLG München NJW-RR 2005, 616.
⁵⁴⁴ Vgl. Westermann in Erman/Westermann BGB Vorbem. §§ 275–292 Rn. 5.
⁵⁴⁵ Gerauer NZA 1994, 496.
⁵⁴⁶ BAG NJW 1958, 1204; Gerauer NZA 1994, 496.
⁵⁴⁷ BAG NJW 1982, 1014.
⁵⁴⁸ Belling in Erman/Westermann BGB § 616 Rn. 115; Weidenkaff in Palandt BGB § 616 Rn. 15.
⁵⁴⁹ Gerauer NZA 1994, 496.

503 **(2) Drogenkonsum.** Beim **Alkoholismus** ist auf den Einzelfall abzustellen und zu berücksichtigen, dass es sich um eine Krankheit handelt.[550] Auftrittsunfähigkeit infolge übermäßigen Drogenkonsums wird regelmäßig als nicht zu vertretende Leistungsunfähigkeit behandelt.[551] Hier kann eine Haftung insbesondere daran scheitern, dass der Künstler aufgrund einer Suchtkrankheit im medizinischen Sinne nicht eigenverantwortlich handeln kann und deshalb nicht im Stande ist, das Ausfallrisiko zu vermeiden. Etwas anderes kann allerdings gelten, sofern der Künstler bereits als Suchtkranker behandelt und über die Gefahren erneuten Drogenkonsums aufgeklärt wurde. Ist es ihm anschließend gelungen, für längere Zeit abstinent zu bleiben, kann ein unter Missachtung dieser Aufklärung erneuter Drogenkonsum ein schuldhaftes Verhalten sein.[552]

cc) Verhinderung oder Auswechslung von Ensemblemitgliedern

504 Ist ein Mitwirkender einer Gruppe von Künstlern an der Mitwirkung bei einer Veranstaltung verhindert, stellt sich die Frage, ob der Vertrag noch durch die Leistung der übrigen Mitglieder der Gruppe erfüllt werden kann. Dies wird grundsätzlich vom Einzelfall abhängig und danach zu beurteilen sein, ob das verhinderte Mitglied für das Ensemble prägend ist oder nicht.

505 Entscheidend kann dabei sein, ob es sich bei der nicht erbrachten Leistung zB um die Leistung des Mitwirkenden eines Ensembles oder um eine einzelne von unterschiedlichen Ensembles zu erbringende Darbietung handelt. Und auch auf die Bedeutung der zB krankheitsbedingt entfallenen Darbietung wird abzustellen sein. Tritt der Solist oder ein einen herausragenden Bekanntheitsgrad genießender Mitwirkender nicht auf, ist dies anders zu beurteilen als das Fehlen einzelner Mitwirkender eines Chores. Den Personen der Mitwirkenden eines Chores kommt keine besondere für die Darbietung kennzeichnende Bedeutung zu, sodass die Erbringung der geschuldeten Leistung auch in geänderter Zusammensetzung des Ensembles möglich bleibt. Gleiches trifft zu auf den Fall des Ersatzes eines verhinderten Ensemblemitgliedes. Auch hier kommt es letztlich darauf an, ob es sich bei dem ersetzten Mitwirkenden um ein wesentliches, die Darbietung (auch) kennzeichnendes Mitglied handelt. Nimmt der ausgefallene Mitwirkende aufgrund seiner Popularität oder seines Talents eine für die Darbietung prägende Rolle ein, wäre zweifellos jede Darbietung ohne seine Mitwirkung ein Aliud und führte zur Unmöglichkeit der geschuldeten Leistung.

506 Im Fall zu vertretender Unmöglichkeit eines wesentlichen und nicht ersetzbaren Mitglieds eines Ensembles verlieren alle Mitwirkenden den Anspruch auf die Gegenleistung, da sie sich das Verschulden des ausgefallenen Mitwirkenden – jedenfalls im Regelfall – zurechnen lassen müssen. Dem Veranstalter steht ein Schadensersatzanspruch zu. Die gesamtschuldnerisch haftenden Ensemblemitwirkenden können dann intern von dem Mitwirkenden, der den Ausfall verschuldet hat, Ausgleich verlangen.

dd) Zu kurzer Auftritt

507 Die Dauer einer Darbietung bestimmt sich nach den getroffenen Vereinbarungen. Eine ‚übliche' Dauer von Darbietungen gibt es nicht.

508 Hat sich ein Künstler zu einer Auftrittsleistung von 60 Minuten verpflichtet und bricht er nach 45 Minuten den Auftritt ab, ist bei einem Veranstaltungsvertrag spätestes nach Ablauf des Erfüllungszeitraums bezüglich des noch geschuldeten Auftrittsanteils Unmöglichkeit eingetreten. Eine Nachbesserung wäre auch hier nur möglich, wenn trotz der Unterbrechungsphase innerhalb des noch zur Verfügung stehenden Erfüllungszeitraums die verbleibenden 15 Minuten gespielt werden könnten.

509 Ist dies nicht der Fall oder sehen sich die Parteien dazu nicht in der Lage, wird es dem Künstler in einem derartigen Fall darum gehen, gleichwohl die vollständige Vergütung, zu-

---

[550] Vgl. BAG NJW 1983, 265; BSGE 28, 114; BSG MDR 1970, 179; Giese BB 1972, 360.
[551] Vgl. BAG NJW 1988, 1546; Giese BB 1972, 360.
[552] Vgl. BAG NJW 1988, 1546; BAG NJW 1983, 2659.

mindest aber einen größeren Teil davon zu erhalten. Der Veranstalter wird hingegen wissen wollen, welche Ansprüche ihm aufgrund des nicht erbrachten Leistungsanteils zustehen. Es stellt sich dann die Frage, ob der Veranstalter das gesamte Honorar, einen Teil davon oder gar nichts zahlen muss, weil vollständige Unmöglichkeit eingetreten ist.

(1) Die Ansprüche des Veranstalters. Hat der Künstler den vorzeitigen Abbruch zu vertreten (zB weil er die Bühne verlässt, da sein Programm beim Publikum nicht ankommt), wird der Veranstalter entweder versuchen, ihn zur vollständigen Vertragserfüllung anzuhalten, also verlangen, dass er wieder auf die Bühne geht, oder alternativ Leistungsstörungsansprüche geltend machen. Da eine Nacherfüllung zumeist bereits aus praktischen Gründen scheitert (Publikum verlässt bereits den Saal, Saallicht ist bereits angeschaltet), bleibt der Veranstalter gegenüber dem Künstler auf Minderungs- und ggf. auch Schadensersatzansprüche angewiesen. 510

Fraglich kann sein, ob von einer **Teilvollendung** auszugehen ist und dem Veranstalter damit die Ansprüche aus § 634 BGB zustehen. Dies ist nicht der Fall, da es dem Veranstalter bei seinen Ansprüchen gerade nicht um die dargebotenen 45 Minuten, sondern um die nicht dargebotenen 15 Minuten geht. Da insoweit aber gerade keine Vollendung vorliegt, richten sich seine Ansprüche nach allgemeinem Leistungsstörungsrecht. 511

Einer Nachfristsetzung bedarf es beim absoluten Fixgeschäft nicht. Nimmt der Veranstalter einen Mangel wahr, darf er allerdings nicht zuwarten, bis der Künstler die – wenn auch mangelhafte – Leistung vollständig erbracht hat, sondern muss sein Rücktrittsrecht unverzüglich geltend machen. Wartet er hingegen die Vollendung ab – lässt er sich also rügelos auf die mangelhafte Leistung ein – verzichtet der Veranstalter zumindest konkludent auf das Rücktrittsrecht. Dies ließe sich im Falle des Erfordernisses einer Abnahme über § 640 Abs. 2 BGB begründen. Da hier jedoch davon ausgegangen wird, dass beim Veranstaltungsvertrag an die Stelle der Abnahme die Vollendung gem. § 646 BGB tritt, ist § 640 Abs. 2 BGB unmittelbar nicht anwendbar.[553] Ein **rügeloses Zuwarten** des Veranstalters nach Feststellung eines Mangels bedeutete jedoch einen Verstoß gegen den Rechtsgrundsatz des venire contra factum proprium. In analoger Anwendung des § 640 Abs. 2 BGB sind im Falle rügeloser Einlassung auf eine mangelhafte Leistung nicht nur das Rücktrittsrecht sondern auch die übrigen Ansprüche aus § 634 BGB ausgeschlossen. 512

Rügt der Veranstalter während des Laufs der Veranstaltung eine mangelhafte Darbietung, bleibt zumindest – soweit dies der vereinbarte Erfüllungszeitraum zulässt – eine mängelfreie Teilerfüllung möglich. Behebt der Künstler den Mangel nicht, tritt bei einem absoluten Fixgeschäft jedenfalls mit Ablauf des Erfüllungszeitraums Unmöglichkeit ein. Es stellt sich dann die Frage, ob der Veranstalter durch Rücktritt vom Vertrag die Zahlung der gesamten Vergütung verweigern kann oder ob er sich eine Teilvollendung mit der Folge entgegenhalten lassen muss, dass dafür eine Teilvergütung geschuldet ist. 513

Da Vollendung bezüglich des nicht geleisteten Teils der Darbietung nicht vorliegt, scheiden die Ansprüche aus § 634 BGB und damit auch das Recht auf Minderung aus. In Betracht kommt ein Anspruch des Veranstalters auf Schadensersatz statt der Leistung, sowie das Recht zum Rücktritt unter den einschränkenden Voraussetzungen der §§ 281 Abs. 1 S. 2, 323 Abs. 5 S. 1 BGB. Voraussetzung wäre danach, dass der Veranstalter an der erbrachten Teilleistung kein Interesse hat. 514

(a) Teilbarkeit der Leistung. Die teilweise Unmöglichkeit setzt die Teilbarkeit der Leistung voraus.[554] Ist die Leistung teilbar, beschränken sich die Rechtsfolgen der Unmöglichkeit auf den nicht erbrachten Teil.[555] Teilbar ist eine Leistung, wenn sie ohne Wertminderung und ohne Beeinträchtigung des Leistungszwecks in Teilleistungen zerlegt werden kann.[556] Daran fehlt es, wenn diese nach dem übereinstimmenden Willen der Beteiligten als unteilbar 515

---

[553] Sprau in Palandt BGB § 646 Rn. 1.
[554] BGHZ 116, 334 (337); Grüneberg in Palandt BGB § 266 Rn. 3.
[555] Westermann in Erman/Westermann BGB Vorbem. §§ 275–292 Rn. 7.
[556] Grüneberg in Palandt BGB § 266 Rn. 3.

behandelt werden soll und nur die vollständige Leistung dem Vertragszweck entspricht, somit eine Teilleistung für den Gläubiger sinnlos ist.⁵⁵⁷

516 Dies wird man bei Veranstaltungen im Regelfall nicht unterstellen können.⁵⁵⁸ Pop- oder Rock-Musik-Konzerte lassen sich nach der Zahl der dargebotenen Werke teilen. Werke der klassischen Musik oder sogar Theateraufführungen lassen sich in Akte, Szenen oder Sätze unterteilen. Allerdings kommt es regelmäßig bei einer Theater- oder Opernaufführung weitaus mehr auf die Vollständigkeit an als zB bei dem Konzert eines populären Künstlers, der auch mit einem kürzeren Repertoire bereits einen repräsentativen Querschnitt seiner Gesamtdarbietung gegeben haben kann.⁵⁵⁹ Letztlich wird die Frage der Teilbarkeit also nach den Umständen des Einzelfalls zu beurteilen sein. Ist die Leistung nicht teilbar, liegt vollständige Unmöglichkeit vor.

517 **(b) Interesse an der Teilleistung.** Schadensersatz und das Recht zum Rücktritt setzen gem. §§ 281 Abs. 1 S. 2 und 323 Abs. 5 S. 1 BGB bei erfolgter Teilleistung voraus, dass der Gläubiger an der Teilleistung kein Interesse hat. Soweit ersichtlich, haben sich bisher weder Rechtsprechung noch Literatur mit der Frage beschäftigt, in welchen Fällen beim Veranstaltungsvertrag auf Seiten des Veranstalters ein Interesse an einer Teilleistung anzunehmen ist. Relativ ausführlich wird in der Literatur hingegen erörtert, unter welchen Voraussetzungen ein Interesse des Veranstaltungsbesuchers an einer Teilerfüllung vorliegt. In der Literatur werden dazu unterschiedliche Thesen diskutiert. Ein Teil der Literatur stellt auf den Wert ab, den ein auch nur teilweises Miterleben eines verkürzten Auftritts haben kann, und differenziert dabei zwischen Musik- und Schauspielaufführungen. Bei Musikveranstaltungen sprächen für das Interesse auch an einer Teilleistung die persönlichen Beziehungen des Publikums zu den Künstlern, während Text und Inhalt dahinter zurückträten. Während bei Schauspielaufführungen regelmäßig auf die Handlung und damit auf Vollständigkeit ankomme, stehe diese bei Konzertveranstaltungen nicht im Vordergrund.⁵⁶⁰ Andere Autoren stellen hingegen darauf ab, ob bei Abbruch einer Veranstaltung schon ein Teil des Werkes geleistet wurde, der für sich den Eindruck von Geschlossenheit vermittelt.⁵⁶¹ Diese Abgrenzung kann durchaus bei Theater- und Opernaufführungen weiterhelfen und ist der rudimentären Abgrenzung nach dem Genre der Veranstaltung vorzuziehen. Bei Konzerten insbesondere der Unterhaltungsmusik wird sie hingegen kaum vertretbare Ergebnisse liefern. Ob nun ein abgerundeter Eindruck durch 10 oder durch 15 dargebotene Werke vermittelt wird, dürfte im Einzelfall schwer begründbar sein. Daher scheint es angemessener, bei Konzerten der Unterhaltungsmusik auch die Dauer der Teilleistung heranzuziehen. Zwar wird die geplante Dauer eines Konzertes im Einzelfall schwer zu ermitteln sein, sodass man nur eine durchschnittliche Veranstaltungsdauer von Konzerten zugrunde legen kann. Eine Teilleistung liegt allerdings dann nicht vor, wenn nur wenige Minuten gespielt wurden. Gleichwohl kann nicht davon ausgegangen werden, dass ein Teilauftritt völlig wertlos ist.

518 Grundsätzlich wird man feststellen können, dass jedem Veranstalter ein (zu) kurzer Auftritt lieber ist als gar keiner. Dies gilt insbesondere, da eine Teilleistung des Künstlers auch zu einer Reduktion der in einem derartigen Fall zu erwartenden Ansprüche der Veranstaltungsbesucher führen kann. Dabei wird es – wie bereits dargestellt – wesentlich auf die Art der Darbietung ankommen. Jedenfalls wird man ein Interesse des Veranstalters an einer Teilleistung dann annehmen können, wenn schon ein Teil des geschuldeten Werkes – eine Darbietung von einigem Gewicht – geleistet worden ist, der für sich den Eindruck einer gewissen Geschlossenheit vermittelt.⁵⁶²

---

557 BGH NJW-RR 1995, 853; BGH NJW 1990, 3011 (3012).
558 Vgl. Kreile/Hombach ZUM 2001, 731 (741).
559 Vgl. Kolberg S. 106; Fessmann NJW 1983, 1164 (1166) bezogen auf den Veranstaltungsbesuchsvertrag.
560 Fessmann NJW 1983, 1164 (1166); Kreile/Hombach ZUM 2001, 731 (743); Kolberg S. 106.
561 Kreile/Hombach ZUM 2001, 731 (742).
562 Kreile/Hombach ZUM 2001, 731 (742).

Hat der Veranstalter an der Teilleistung kein Interesse, steht ihm bezüglich der gesamt geschuldeten Leistung ein Rücktrittsrecht nach § 323 Abs. 5 S. 1 iVm. § 326 Abs. 5 BGB zu. In beiden Fällen hat der Veranstalter daneben Schadensersatzansprüche gem. §§ 280 ff. BGB. Die Anwendung der Gewährleistungsansprüche des Werkvertragsrechts scheidet aus, da bezüglich des nicht aufgeführten Teils, den der Veranstalter beanstandet, gerade keine Vollendung eingetreten ist. 519

(2) Ansprüche des Künstlers. Haben weder der Künstler noch der Veranstalter die Minderleistung – die Nichteinhaltung der vereinbarten Auftrittszeit – zu vertreten (zB Abbruch wegen Ausfalls der Stromversorgung), erlischt gem. § 275 Abs. 1 BGB die Leistungspflicht sowie gem. § 326 Abs. 1 1. Hs. BGB der Anspruch des Künstlers auf die Gegenleistung. Hat hingegen der Veranstalter den vorzeitigen Abbruch der Darbietung zu vertreten (zB Künstler beendet den Auftritt vorzeitig, da die vom Veranstalter zu stellende Veranstaltungstechnik mangelhaft ist), behält der Künstler gem. § 326 Abs. 2 S. 1 BGB den Anspruch auf die Gegenleistung. Da dem Künstler infolge Wegfalls der Leistungspflicht keine Vorteile entstehen, findet S. 2 keine Anwendung. 520

Hat der Künstler die Unmöglichkeit zu vertreten, verliert er bezüglich des nicht erbrachten Leistungsanteils gem. § 326 Abs. 1 1. Hs. BGB das Recht auf die Gegenleistung. 521

Gemäß §§ 326 Abs. 1 Hs. 2, 441 Abs. 3 BGB mindert sich im Falle einer lediglich erbrachten Teilleistung die Gegenleistung im Verhältnis des Wertes der vollständigen Leistung zum Wert der Teilleistung. Der Künstler hätte danach bei einer Teilleistung von ¾ der geschuldeten Leistung einen Vergütungsanspruch in Höhe von ¾ der für die Gesamtleistung vereinbarten Vergütung.563 Daneben bleibt er aufgrund der Minderleistung dem Veranstalter zum Schadensersatz verpflichtet. 522

ee) Unmöglichkeit wegen sonstiger Gründe

Verweigert ein Künstler die Erfüllung eines Veranstaltungsvertrages wegen des Todes oder der schweren Erkrankung eines nahen Angehörigen, handelt es sich nicht um einen Fall subjektiver Unmöglichkeit gem. § 275 Abs. 1 BGB, da er die Leistung grundsätzlich erbringen könnte. Allerdings könnte dem Künstler in einer derartigen Situation gem. § 275 Abs. 3 BGB ein Leistungsverweigerungsrecht zustehen.564 523

b) Verzug

Grundsätzlich besteht bei einem absoluten Fixgeschäft nur ein eingeschränkter Rahmen für die Anwendung der Verzugsvorschriften. Da die Leistung nur innerhalb des vereinbarten Erfüllungszeitraums erbracht werden kann, tritt nach dessen Ablauf dauernde Unmöglichkeit der vollständigen Leistung ein.565 Einer Mahnung zur Verzugsbegründung bedarf es gem. § 286 Abs. 2 Nr. 1 BGB nicht. Da Schuldnerverzug voraussetzt, dass die Leistung noch möglich ist, beschränkt sich beim absoluten Fixgeschäft die Anwendung der Verzugsvorschriften auf Fälle, in denen ein entsprechend großzügiger Erfüllungszeitraum vereinbart wurde. 524

Beim absoluten Fixgeschäft ist mithin zu beurteilen, wann der Erfüllungszeitraum abgelaufen ist. Kreile/Hombach halten die Hinzurechnung einer Kulanzspanne für angemessen.566 Entscheidend ist, ob es sich um eine wesentliche oder nur um eine geringfügige Verspätung der Darbietung handelt. Bei einer Verspätung von nur wenigen Minuten wäre es treuwidrig, wenn der Veranstalter die Annahme der Leistung ablehnte, selbst wenn der vereinbarte Erfüllungszeitraum entsprechend überschritten würde. Die Beurteilung, wann eine Verspätung als wesentlich bzw. unwesentlich zu behandeln ist, hängt von den Umstän- 525

---

563 Vgl. Kreile/Hombach ZUM 2001, 731 (753).
564 Vgl. Grüneberg in Palandt BGB § 275 Rn. 30.
565 Grüneberg in Palandt BGB § 323 Rn. 19; § 286 Rn. 12.
566 Kreile/Hombach ZUM 2001, 731 (740) bezogen auf den Veranstaltungsbesuchsvertrags.

den des Einzelfalls ab. Handelt es sich zB bei der Darbietung um einen Teil einer aus mehreren Auftritten unterschiedlicher Darbietungen bestehenden Aufführung, der ein Gesamtkonzept und ein detaillierter Zeitablauf zugrunde liegen, wird die Verspätung anders zu beurteilen sein als zB ein verspäteter Auftritt bei einem Konzert.

526 Bleibt die Leistung endgültig aus, liegt beim absoluten Fixgeschäft Unmöglichkeit selbst dann vor, wenn der Gläubiger noch vom Leistungsverzug ausgeht. Auf die Kenntnis des Gläubigers kommt es nicht an.[567]

527 Eine häufige Ursache für den Verzug des Künstlers ist die **Verspätung von Verkehrsmitteln**. Der Schuldner kommt gem. § 286 Abs. 4 BGB nicht in Verzug, solange die Leistung infolge eines Umstands unterbleibt, den er nicht zu vertreten hat. Dabei stellt sich die Frage, in welchem Umfang die stets mögliche Verspätung von Verkehrsmitteln bei der Anreiseplanung einzukalkulieren ist. Um dem Vorwurf der fahrlässigen, da zu knapp bemessenen Anreiseplanung zu entgehen, müsste der Künstler nachweisen können, dass die Verspätung des gewählten Verkehrsmittels für ihn nicht vorausehbar war. Dieser Nachweis wird angesichts der heute häufigen Verspätung von Flügen und Bahnen sowie der Menge von Verkehrsstaus regelmäßig schwer zu erbringen sein. Grundsätzlich ist der Schuldner verpflichtet, jede vorhersehbare Verwirklichung eines Haftungstatbestands zu verhindern. Dabei wird ihm jedoch nicht eine jede potentielle Gefahr vermeidendes Verhalten abverlangt.[568] Da mit Flug- und Bahnverspätungen grundsätzlich gerechnet werden muss, wäre es aber fahrlässig, wenn zur rechtzeitigen Anreise zum Veranstaltungsort die zeitlich letzte Flug- bzw. Zugverbindung genutzt wird. Um dem Vorwurf der Fahrlässigkeit zu entgehen, ist es erforderlich, dass die Anreise zum Veranstaltungsort so terminiert wird, dass bei Ausfall eines Verkehrsmittels noch eine spätere, mit Blick auf den Veranstaltungsbeginn aber immer noch rechtzeitige Verbindung genutzt werden kann. Ebenso dürfte es als fahrlässig zu betrachten sein, wenn die Anreise per KFZ nicht derart großzügig terminiert wird, dass für übliche Verkehrsstaus nicht zumindest ein gewisser zeitlicher Puffer eingeplant wurde.

528 Hat der Künstler unter den dargestellten Voraussetzungen den Verzug zu vertreten, hat der Veranstalter gem. §§ 280 Abs. 1 u. 2, 286 BGB einen Anspruch auf Schadensersatz.

c) Schlechtleistung

529 Die Beurteilung der Schlechtleistung bei Veranstaltungsverträgen ist ebenfalls davon abhängig ob es sich um einen Dienst- oder einen Werkvertrag handelt.

aa) Schlechtleistung beim Dienstvertrag

530 Soweit Dienstvertragsrecht anwendbar ist, scheidet mangels gesetzlicher Regelungen eine Minderung des Honorars aus. Ein Minderungsrecht besteht nicht.[569] Der Gläubiger hat lediglich das Recht zur außerordentlichen Kündigung gem. § 626 BGB oder auf Schadensersatz gem. §§ 280 ff. BGB bei etwaigen vertraglichen Pflichtverletzungen.[570] Ein Kündigungsrecht nach § 627 BGB scheidet aus, da ein besonderes Vertrauensverhältnis zwischen den Parteien des Veranstaltungsvertrages regelmäßig nicht vorliegt. Handelt es sich um ein längerfristiges Dienstverhältnis, kommt gem. §§ 620 Abs. 2, 621 BGB eine ordentliche Kündigung in Betracht. Bei einer einmalig zu erbringenden Dienstleistung scheitert die ordentliche Kündigung an § 620 Abs. 2 BGB.[571]

bb) Schlechtleistung beim Werkvertrag

531 Aufgrund des Fixgeschäftscharakters des Veranstaltungsvertrags führt die mangelhafte Vertragserfüllung – wie aufgezeigt – nach Ablauf des Erfüllungszeitraums mangels Vollendung

---

[567] Westermann in Erman/Westermann BGB Vorbem. §§ 275–292 Rn. 6.
[568] Grüneberg in Palandt BGB § 276 Rn. 21.
[569] AG Ludwigslust NJW 2005, 610.
[570] AG Soest NJW 1996, 1144; AG Münster NJW 2009, 780.
[571] AG Münster NJW 2009, 780 (781).

regelmäßig zur Unmöglichkeit und löst daher die Rechtsfolgen des allgemeinen Leistungsstörungsrechts aus. Die Mängelrechte des § 634 BGB finden erst dann Anwendung, wenn eine – wenn auch mangelhafte – Vollendung oder zumindest Teilvollendung bereits erfolgt ist.[572] Das Recht auf Nacherfüllung gem. § 634 Nr. 1 BGB und auf Minderung gem. § 638 BGB beschränkt sich daher auf Fälle, in denen trotz des Mangels Vollendung eingetreten ist, die erbrachte Leistung jedoch qualitativ nicht der geschuldeten entspricht.

Bei den nachfolgenden Beispielen wird davon ausgegangen, dass eine – allerdings mangelhafte – Vollendung eingetreten ist. 532

(1) Playbackauftritt. Sofern keine besonderen Vereinbarungen über die Darbietungsform getroffen wurden, ist bei Musikdarbietungen grundsätzlich eine Live-Darbietung geschuldet. Die Aufführung eines sog **Vollplaybacks**, bei dem sowohl Stimme als auch die Musik durch mechanische Einspielung dargeboten werden, begründet daher jedenfalls einen Mangel der Werkleistung.[573] 533

Bei sog. **Halbplaybackauftritten**, also Darbietungen, bei denen lediglich die Musik eingespielt wird, der Gesang jedoch live erfolgt, ist eine differenziertere Beurteilung geboten. Bei Veranstaltungen in Discotheken und auch überwiegend im Schlagerbereich ist der Verzicht auf eine live erfolgende instrumentale Begleitung des Interpreten und stattdessen die Einspielung einer mechanischen Aufzeichnung weitgehend üblich. Zwar wird, sofern es insoweit keine ausdrückliche Vereinbarung gibt, bezüglich der Üblichkeit stets eine Einzelfallbeurteilung erforderlich bleiben. Dabei wird man allerdings zu berücksichtigen haben, dass der Veranstalter bereits regelmäßig der Höhe des Honorars sowie der zumeist in Veranstaltungsverträgen angegebenen Größe der Reisegruppe oder etwaigen Technik-, Catering- und Übernachtungsanforderungen entnehmen kann, ob er eine Live-Darbietung oder einen Playback-Auftritt erwarten darf. 534

Liegt ein entsprechender Mangel vor, kann fraglich sein, ob überhaupt eine Erfüllung eingetreten oder die Leistung als Aliud zu betrachten ist und daher Nichterfüllung vorliegt. Huff nimmt in beiden Fällen Nichterfüllung an, da es zum Inhalt eines Werkvertrages gehöre, dass der Künstler live singe und spiele.[574] Dies erscheint jedoch – jedenfalls bei Konzerten der populären Musik – zu weit gehend, da bereits die persönliche Präsenz eines Künstlers einen Wert darstellen kann, der zu vergüten ist. Daher scheinen ein Minderungsrecht, nicht jedoch Ansprüche wegen Nichterfüllung angemessen. 535

(2) Programmabweichung. Grundsätzlich ist der Künstler in der Ausgestaltung seines Programms, soweit diesbezüglich keine besonderen Vereinbarungen getroffen wurden, frei. Eine Verpflichtung, jedenfalls auch jene Werke zur Aufführung zu bringen, durch welche die Bekanntheit eines Künstlers begründet wurde, besteht nicht. Zwar besteht regelmäßig eine entsprechende Erwartungshaltung sowohl des Veranstalters als auch des Publikums. Doch selbst wenn ein Künstler auf den Vortrag seiner ‚alten Hits' ganz verzichtet und nur neuere Werke zur Aufführung bringt, macht das seine Leistung nicht mangelhaft und schon gar nicht handelt es sich deshalb um ein Aliud. 536

Etwas anderes kann nur gelten, sofern vertraglich ein bestimmtes Programm festgelegt wurde. Weicht der Künstler von diesen Festlegungen ab, ist zu differenzieren, ob es sich um eine wesentliche oder eine nur unwesentliche Abweichung handelt. Auch bei Festlegung eines bestimmten Programms muss es dem Künstler vorbehalten bleiben, im Rahmen seiner künstlerischen Freiheit unwesentliche Abweichungen vorzunehmen.[575] 537

(3) Qualitätsmängel. Eine in jeder Beziehung werkgetreue Aufführung wird seitens des Künstlers nicht geschuldet.[576] Ein Werk ist gem. § 633 Abs. 2 BGB mangelhaft, wenn es 538

---

572 Vgl. Sprau in Palandt BGB Vorbem. § 633 Rn. 6–8.
573 Kolberg S. 137.
574 Huff VuR 1990, 166 (170).
575 Kreile/Hombach ZUM 2001, 731 (748 f.); BGHZ 19, 382.
576 AG Brandenburg Urt. v. 27.11.2012 – 31 C 59/11.

nicht die vereinbarte Beschaffenheit hat. Eine nicht erfüllte Erwartung des Veranstalters begründet keinen Mangel. Der Veranstalter muss die künstlerische Eigenart des Künstlers respektieren.[577] Der Gestaltungsfreiheit des Künstlers entspricht das Risiko des Bestellers, ein Werk abnehmen zu müssen, dass ihm nicht gefällt.[578]

539 Geschuldet ist eine **Leistung mittlerer Art und Güte** und damit eine gemessen an Alter und Leistungsniveau des jeweiligen Künstlers durchschnittliche Aufführung.[579] Die Grenzziehung zu jenen Leistungen, die diesen Anforderungen nicht entsprechen, ist fließend und wird regelmäßig nur sehr schwer vorzunehmen sein, zumal es nicht Aufgabe der Gerichte sein kann, die künstlerische Qualität einer Darbietung zu beurteilen. Gleichwohl muss ein Minderungsrecht des Veranstalters jedenfalls dann bestehen, wenn die Leistung des Künstlers nicht lediglich altersbedingt sondern erkennbar infolge von Drogengenuss, mangelnder Vorbereitung oder fehlender Motivation hinter dem bekannten üblichen Standard von ihm bekannter Leistungen zurückbleibt.[580]

540 **(4) Technische Mängel.** Hat eine Darbietung technische Mängel – Tonübertragung rauscht, ist zu leise, zu laut etc. – wird zunächst festzustellen sein, in wessen Verantwortung die Tonübertragung der Darbietung liegt. Erfolgt die Darbietung mit einer eigenen Tonanlage und eigenem Bedienpersonal des Künstlers, obliegt es seiner Leistungspflicht, für eine technisch einwandfreie Übertragung zu sorgen. Ist die Übertragung mangelhaft, stehen dem Veranstalter die Rechte aus § 634 BGB zu.

541 Hat sich der Veranstalter verpflichtet, die Tonanlage zu stellen, kann eine (Mit-)Verantwortlichkeit des Künstlers für technische Mängel darauf zurückzuführen sein, dass vor Beginn der Veranstaltung kein hinreichender **Soundcheck** durchgeführt wurde. Insoweit besteht als Nebenpflicht zum Veranstaltungsvertrag allerdings eine Mitwirkungspflicht des Künstlers. Unterlässt er die insoweit übliche Mitwirkung, kann dies ebenfalls einen Mangel der Darbietung bewirken.

542 **(5) Keine Zugaben.** Eine Verpflichtung des Künstlers, im Anschluss an einen gelungenen Auftritt diesen durch Zugaben zu verlängern, besteht nicht. Die Leistung von Zugaben ist eine ausschließlich freiwillige Leistung auf welche kein Rechtsanspruch des Veranstalters besteht.[581]

d) Verstoß gegen Schutzpflichten

543 Grundsätzlich schulden Vertragspartner sich gegenseitige **Leistungstreue**.[582] Danach haben die Parteien alles zu unterlassen, was den Vertragszweck oder den Leistungserfolg beeinträchtigen oder gefährden könnte.

aa) Unterrichtungspflicht

544 Ist dem Künstler die Erbringung seiner Leistung unmöglich, hat er dies dem Veranstalter schnellstmöglich anzuzeigen, damit dieser Vorkehrungen treffen kann, um einen etwaigen Schaden so gering wie möglich zu halten. Diese Informationspflicht besteht bereits zB, sofern der Künstler nicht ausschließen kann, dass es als Folge einer Vorerkrankung zu einem Rückfall oder einer Verschlimmerung des Gesundheitszustands kommen kann.[583] Das OLG München[584] hat in einem entsprechenden Fall, bei dem der Künstler dem Veranstalter durch eine zwischengeschaltete Gastspieldirektion gestellt werden sollte, gem. § 254

---

[577] Vgl. AG Bonn NJW 1983, 1200.
[578] AG Brandenburg Urt. v. 27.11.2012 – 31 C 59/11.
[579] Kreile/Hombach ZUM 2001, 731 (750).
[580] Vgl. Kreile/Hombach ZUM 2001, 731 (750).
[581] S. Rn. 581.
[582] BGH NJW 1978, 260; Grüneberg in Palandt BGB § 242 Rn. 27.
[583] OLG München NJW-RR 2005, 616.
[584] OLG München NJW-RR 2005, 616.

Abs. 2 BGB sogar ein Mitverschulden der Gastspieldirektion unterstellt. Die Gastspieldirektion hätte bereits ihrerseits den Veranstalter informieren müssen.

bb) Gebietsschutz

Beispiel 7:
Veranstalter V verpflichtet den britischen Künstler K für ein öffentliches Konzert in der Olympiahalle in München. Der Durchschnittskartenpreis beträgt 50 EUR. Am Vortag des Veranstaltungstages findet in München ein großes öffentliches Brauereifest statt, zu dem 10.000 Besucher erwartet werden. Da es sich um eine Werbeveranstaltung handelt, zahlen die Besucher keinen Eintritt. Die Brauerei bietet K an, dort aufzutreten. K nimmt das Angebot an und freut sich über die für ihn wirtschaftlich attraktive Kombination von gleich zwei Auftritten in der gleichen Stadt. V will, dass K den Auftritt bei der Brauerei absagt.

Unter dem Begriff Gebietsschutz versteht man in der Veranstaltungsbranche die Verpflichtung eines Künstlers, in bestimmtem zeitlichen und räumlichen Abstand zu einer kontrahierten Veranstaltung oder Tournee weitere – vor allem – öffentliche Auftritte zu unterlassen. Zumeist enthalten Veranstaltungsverträge dazu entsprechende **Gebietsschutzklauseln**. Sie sollen vor allem gewährleisten, dass der wirtschaftliche Veranstaltungserfolg nicht durch ‚Konkurrenzveranstaltungen' des gleichen Künstlers beeinträchtigt wird. Enthält ein Veranstaltungsvertrag keine entsprechende ausdrückliche Regelung, bedeutet dies jedoch nicht, dass der Veranstalter jeden ‚Konkurrenzauftritt' des Künstlers, der in unmittelbarer zeitlicher und räumlicher Nähe seiner eigenen Veranstaltung stattfindet, hinnehmen muss. Denn grundsätzlich hat jede Vertragspartei jede Handlung zu unterlassen, die geeignet ist, dem Vertragspartner einen Schaden zuzufügen. Dazu zählt auch die Gewährung eines angemessenen Gebietsschutzes. Es handelt sich dabei um eine typische – mit der Leistungstreuepflicht des Arbeitnehmers gegenüber dem Arbeitgeber vergleichbare – leistungssichernde Nebenpflicht.[585] 545

V muss daher im Beispiel 7 grundsätzlich nicht hinnehmen, dass K durch einen in derartiger zeitlicher und räumlicher Nähe stattfindenden konkurrierenden Auftritt den Veranstaltungszweck seiner Veranstaltung – nämlich durch den Verkauf von Eintrittskarten den größtmöglichen Veranstaltungsgewinn zu erwirtschaften – gefährdet. Dies gilt übrigens nicht nur für die Mitwirkung von K an einer eintrittsfreien Veranstaltung sondern selbst dann, wenn für die konkurrierende Veranstaltung ebenfalls Eintritt verlangt wird. Denn in beiden Fällen wäre mit hoher Wahrscheinlichkeit davon auszugehen, dass sich das Besucherpotential eines Auftritts von K zumindest auf beide Veranstaltungen verteilt, sodass nicht ausgeschlossen werden kann, dass V Umsatzeinbußen hinnehmen muss. Eine Verletzung vertraglicher Treuepflichten kann allerdings dann nicht gerügt werden, wenn ein Veranstalter die Teilnahme des von ihm gebuchten Künstlers bei einer Konkurrenzveranstaltung ‚sehenden Auges' in Kauf genommen hat, ihm also das Stattfinden des Konkurrenzauftritts bereits bei Vertragsschluss bekannt war. 546

Für den Umfang des Gebietsschutzes gibt es in der Praxis keine Regelungen und Kriterien. Seine Definition ist ausschließlich eine Wertungsfrage. Dazu zählen jedenfalls der Charakter der konkurrierenden Veranstaltung sowie ihre räumliche und zeitliche Nähe. So dürfte eine öffentliche Veranstaltung kaum mit einer nicht öffentlichen (zB einer Firmenveranstaltung) konkurrieren. Und selbst die geringe Entfernung zwischen zwei Veranstaltungsorten bedingt nicht zwangsläufig eine Konkurrenz in ihnen stattfindender öffentlicher Aufführungen des gleichen Programms. Obwohl die Städte Essen, Dortmund und Wuppertal nur wenige Kilometer voneinander entfernt sind, besuchen ihre Einwohner erfahrungsgemäß allenfalls Großveranstaltungen in der jeweils anderen Stadt. Die Städte zählen mithin – jedenfalls für kleinere und mittlere Konzerte – nicht zum typischen Einzugsgebiet der jeweils anderen. Anders kann die Wertung einer Veranstaltungskonkurrenz in einem 547

---

[585] Bachmann in MüKo BGB § 241 Rn. 24.

Flächenstaat mit geringeren Einwohnerzahlen ausfallen, in dem es nur ein eingeschränktes Veranstaltungsangebot gibt.

548 Um das Risiko der vorbeschriebenen Wertungsfrage und die Konsequenzen einer Schutzpflichtverletzung zu vermeiden empfiehlt sich eine schriftliche Vereinbarung, die den Umfang des zu gewährenden Gebietsschutzes justiziabel definiert. Wesentliche Voraussetzung ist dafür jedenfalls die exakte Definition des zeitlichen Umfangs und des Territoriums des zu gewährenden Schutzes.[586]

549 Die Verletzung einer aufgrund geschuldeter Vertragstreue zu gewährenden Gebietschutzes begründet Schadensersatzansprüche des Veranstalters gem. §§ 280 Abs. 1, 241 Abs. 2 BGB.

2. Leistungsstörungen in der Sphäre des Veranstalters

a) Nichterfüllung von Leistungspflichten

aa) Nichtleistung der Vorauszahlung

550 Um den Künstler gegen Zahlungsausfälle des Veranstalters abzusichern, wird in Veranstaltungsverträgen regelmäßig vereinbart, dass vor dem Konzert zu festgelegten Terminen eine oder mehrere Vorauszahlungen zu leisten sind. Dabei ist es – insbesondere bei ausländischen Künstlern – durchaus branchenüblich, dass sogar 100 % des Veranstaltungshonorars vor dem Veranstaltungstermin zu zahlen sind.

551 Lehnt der Veranstalter die Zahlung einer vereinbarten Vorauszahlung endgültig ab, liegen die Voraussetzungen der §§ 281 Abs. 2 und 323 Abs. 2 Nr. 1 BGB vor. Eine Nachfristsetzung ist dann obsolet. Der Schadensersatz statt der Leistung umfasst das positive Interesse. Damit ist dem Künstler auch der entgangene Gewinn zu erstatten.[587] Als entgangen gilt der Gewinn, welcher nach dem gewöhnlichen Lauf der Dinge oder nach den besonderen Umständen mit Wahrscheinlichkeit erwartet werden konnte. Darunter fallen alle Vermögensvorteile die im Zeitpunkt des schädigenden Ereignisses noch nicht zum Vermögen des Verletzten gehörten, die ihm ohne das schädigende Ereignis aber zugeflossen wären.[588] Das bedeutet, dass der Künstler das vereinbarte Honorar (ohne Umsatzsteuer) abzüglich ersparter Kosten wie zB vertragsgemäß von ihm zu tragender Reise- und Übernachtungskosten fordern kann.

552 Hat der Veranstalter bereits eine erste Vorauszahlung geleistet, lehnt er dann jedoch die Zahlung der vereinbarten zweiten Vorauszahlung trotz Nachfristsetzung ab können die Voraussetzungen der §§ 281 Abs. 1 S. 2 und 323 Abs. 5 S. 1 BGB vorliegen. Der Künstler könnte dann Schadensersatz bezüglich der ganzen Leistung nur verlangen bzw. vom Vertrag nur zurücktreten, sofern er an der bereits erfolgten Teilleistung kein Interesse hat. Die Vorschrift ist grundsätzlich nur anwendbar, sofern es sich um eine teilbare Leistung handelt. Die Teilbarkeit richtet sich nach der wirtschaftlichen Zweckmäßigkeit einer getrennten Erbringung von Teilleistungen und ist auch davon abhängig, ob die Leistung des Gläubigers teilbar ist.[589] Zwar sind Geldleistungen grundsätzlich teilbar. Wie bereits dargestellt, wird hier auch von der grundsätzlichen Teilbarkeit einer Veranstaltungsleistung ausgegangen. Gleichwohl ist es schlechterdings nicht denkbar, dem Veranstalter als Gegenleistung für eine Teilzahlung nur eine anteilige Darbietung zu liefern. Das Interesse des Künstlers besteht im vollständigen Erhalt der vereinbarten Vorleistung ebenso wie das Interesse des Veranstalters sich nicht lediglich auf den Erhalt einer Teilleistung beschränkt. Erfolgt nur eine teilweise Leistung einer vereinbarten Vorauszahlung, ist der Künstler daher zum Rücktritt vom gesamten Vertrag berechtigt.[590]

---

[586] Vgl. Mustervertrag s. Anh. 1, S. 363.
[587] Grüneberg in Palandt BGB § 281 Rn. 26.
[588] Grüneberg in Palandt BGB § 252 Rn. 1.
[589] Westermann in Erman/Westermann BGB § 323 Rn. 25 f.
[590] BGH NJW 2010, 146.

Sofern der Künstler die erste Vorauszahlung bereits angenommen hat, ist er aus Rücktrittsgrundsätzen verpflichtet, diese zurückzugeben.[591] In der Praxis wird dies derart erfolgen, dass im Falle des Rücktritts die erhaltene erste Vorauszahlung zurückgewährt und dabei mit der Forderung auf Schadensersatz statt der Leistung die Aufrechung erklärt wird. 553

bb) Nichtleistung vereinbarter Auftrittsvoraussetzungen

Beispiel 8:

Veranstalter V hat die Gesangsgruppe K und deren Band für ein Konzert verpflichtet. Neben der Zahlung der Vergütung hat V sich gegenüber K verpflichtet, für den Auftritt eine Ton- und Lichtanlage ‚mit separatem Monitormix' zu stellen. Als die Mitglieder von K feststellen, dass V nur über eine sog ‚Front of House-Beschallung' verfügt, teilen sie ihm mit, dass sie als Gesangsgruppe, die mehrstimmigen Gesang darbietet, darauf angewiesen seien, den Gesang ihrer mitwirkenden Partner zu hören. Da sie von einer Band begleitet würden, könnten sie sich gegenseitig ohne eine technische Verstärkung der Darbietung der jeweiligen Gesangspartner nicht hören. Ohne den Monitor-Mix könnten sie daher den Auftritt nicht durchführen. Die Veranstaltung fällt aus. K fordert die Zahlung der vereinbarten Vergütung.

Hat sich der Veranstalter im Veranstaltungsvertrag zu Leistungen verpflichtet, deren Erbringung conditio sine qua non für die Erbringung der Darbietung ist (zB Stellung der Ton- und Lichttechnik), kann deren Nichterfüllung die Leistungserbringung des Künstlers unmöglich werden lassen. Der Künstler wäre dann gem. § 275 Abs. 1 BGB von seiner Leistungspflicht befreit. Allerdings wird im Einzelfall zu entscheiden sein, ob der Künstler ggf. im Wege der Schadensminderungspflicht zumindest zur eingeschränkten Leistungserbringung verpflichtet ist. Dagegen wird im Regelfall sprechen, dass ihm grundsätzlich nicht zugemutet werden kann, wegen Fehlens vom Veranstalter zu stellenden Equipments bei seinem Auftritt eine Abweichung von seinem üblichen Qualitätsstandard in Kauf zu nehmen. 554

Die Weigerung des Künstlers K in Beispiel 8, die Auftrittsleistung zu erbringen, stellt eine konkludente Rücktrittserklärung iSd § 349 BGB dar. K hätte gem. § 326 Abs. 5 BGB einen Rücktrittsgrund, wenn Veranstalter V die Stellung der vereinbarten Technik gem. § 275 Abs. 1 BGB unmöglich wäre. Da es sich bei dem Veranstaltungsvertrag um ein absolutes Fixgeschäft handelt, war im Beispiel 8 die entsprechende Leistung des V nicht nachholbar und damit unmöglich. Neben dem Rücktrittsanspruch stehen K Ansprüche auf Schadensersatz zu. 555

cc) Nichtvorliegen erforderlicher Genehmigungen

Die Einholung etwa erforderlicher behördlicher Genehmigungen für die Durchführung von Veranstaltungen zählt zu den Obliegenheiten des Veranstalters. Allein er trägt das Risiko einer Versagung der Genehmigung bzw. eines behördlichen Verbots der Veranstaltung. 556

Kann die Veranstaltung wegen Fehlens erforderlicher behördlicher Genehmigungen nicht stattfinden, hat der Veranstalter die Unmöglichkeit zu vertreten. Der Anspruch des Künstlers auf die Zahlung der vereinbarten Vergütung entfällt gem. § 326 Abs. 1 BGB. Ihm stehen stattdessen Schadensersatzansprüche gem. §§ 280 ff. BGB zu. Allerdings verliert der Künstler den Umsatzsteueranspruch, da ein **umsatzsteuerpflichtiges Austauschgeschäft** mangels Entfallens der Leistung des Künstlers nicht vorliegt.[592] 557

b) Verzug

Die Hauptleistungspflicht des Veranstalters besteht in der Zahlung der geschuldeten Vergütung sowie etwa von ihm zusätzlich ausdrücklich übernommener Leistungspflichten. 558

---

[591] Westermann in Erman/Westermann BGB § 323 Rn. 26.
[592] BGH NJW-RR 1986, 1026.

aa) Verzug der Vorauszahlungsleistung

559 Ist der Veranstalter mit der Zahlung der vereinbarten Vorauszahlung säumig, ist ihm gem. § 323 Abs. 1 BGB eine Nachfrist zu setzen. Eine Nachfristsetzung wäre gem. § 323 Abs. 2 Nr. 2 BGB nur dann entbehrlich, wenn der Fortbestand des Vertrages ausdrücklich durch den Künstler von der Rechtzeitigkeit der Leistung abhängig gemacht wurde. Dafür reicht die bloße kalendarische Terminvereinbarung nicht aus.[593] Die Einhaltung der festgelegten Leistungszeit muss nach dem Parteiwillen derart wesentlich sein, dass mit der zeitgerechten Leistung das Geschäft stehen und fallen soll.[594] Als Indiz für den nach gem. § 323 Abs. 2 Nr. 2 BGB vorausgesetzten Willen gelten Klauseln wie ‚fix', ‚genau', ‚präzise', ‚prompt' oder ‚spätestens' in Verbindung mit einer bestimmten Leistungszeit.[595] Dabei geht es ausschließlich um den etwaigen **Fixgeschäftscharakter der Zahlungsvereinbarung**, der von dem festgestellten **Fixgeschäftscharakter der Leistungsverpflichtung** des Künstlers zu unterscheiden ist. Da derartige Klauseln in Veranstaltungsverträgen kaum zu finden sind, bleibt es für den Regelfall bei dem Erfordernis einer **angemessenen Nachfristsetzung**.

560 Dem Setzen einer angemessenen Nachfrist kann im Einzelfall entgegenstehen, dass aufgrund banküblicher Überweisungslaufzeiten ein Zahlungseingang bis zum Veranstaltungstag nicht mehr bewirkt werden kann. Grundsätzlich muss die Frist so bemessen werden, dass der Schuldner die geschuldete Leistung erbringen kann.[596] Das OLG Köln hat eine zweitägige Nachfrist bei besonderer Eilbedürftigkeit nach bereits mehrtägigem Verzug des Schuldners für angemessen erachtet.[597] Da die Erbringung der geschuldeten Vorauszahlung zB durch eine telegrafische Banküberweisung innerhalb weniger Stunden bewirkt werden kann, dürfte im Falle des Zahlungsverzuges auch eine nach Stunden bemessene Zahlungsfrist noch angemessen sein. Um die vom Empfänger gewünschte Zahlungssicherheit zu erreichen, bietet sich notfalls auch ein unwiderrufliches fernschriftliches Avis der die Zahlung ausführenden Bank an die Bank des Empfängers an, welches eine nicht mehr leistbare Buchung des Zahlungseingangs verzichtbar machen kann.

bb) Drohende Zahlungsunfähigkeit des Veranstalters

561 Gelegentlich stellt sich Künstlern als Vertragspartner von Veranstaltungsverträgen die Frage, ob sie noch zu einem tatsächlichen Angebot ihrer Leistung verpflichtet sind, wenn Anzeichen dafür vorliegen, dass die Durchsetzung ihres Anspruchs auf Zahlung der vereinbarten Vergütung gefährdet ist. Das kann zB der Fall sein, wenn sie als Teil einer Veranstaltungsreihe gebucht sind und erfahren, dass der Veranstalter bereits an den vor ihrem Auftritt liegenden Veranstaltungstagen Honorarzahlungen nicht leisten konnte.

562 **(1) Unsicherheitseinrede.** Erkennt ein vorleistungsverpflichteter Künstler, dass sein Honoraranspruch zB aufgrund drohender Zahlungsunfähigkeit des Veranstalters gefährdet ist, kann ihm die Einrede des § 321 BGB zustehen. Danach kann er die ihm obliegende Leistung verweigern, bis die Gegenleistung bewirkt oder dafür Sicherheit geleistet wurde.

563 Die Rechte aus § 321 BGB stehen nur dem aus einem gegenseitigen Vertrag Vorleistungsverpflichteten zu. Das ist zB der gegenüber dem Veranstalter zur Vorleistung verpflichtete Künstler. Deren Gefährdung darf erst nach Vertragsschluss erkennbar geworden sein. Sie setzt eine Verschlechterung der Vermögensverhältnisse des Anspruchsgegners voraus. Für ihre Prüfung ist eine wirtschaftliche Beurteilung maßgeblich.[598] Eine solche Verschlechterung wird zB im Falle der Eröffnung des Insolvenzverfahrens über das Vermögen des An-

---

[593] BGH NJW 2001, 2878.
[594] BGHZ 110, 88 (96); BGH NJW-RR 1989, 1373.
[595] Grüneberg in Palandt BGB § 323 Rn. 20.
[596] Grüneberg in Palandt BGB § 323 Rn. 14.
[597] OLG Köln NJW-RR 1993, 949.
[598] Grüneberg in Palandt BGB § 321 Rn. 5.

spruchsgegners[599] oder bei der Hingabe ungedeckter Schecks angenommen.[600] Hat der Anspruchsgegner eine hinreichende Sicherheit geleistet, ist § 321 BGB nicht anwendbar.[601]

(2) Fristlose Lösung vom Vertrag. Der BGH hat in einem Rechtsstreit eines Bauherrn **564** mit einem unzuverlässigen Unternehmer festgestellt, dass der Besteller auch ohne Fristsetzung vom Vertrag zurücktreten kann, wenn die Fortsetzung des Vertrages, auch unter Berücksichtigung der Interessen des Unternehmers an der Vertragserfüllung, für ihn unzumutbar ist. Wenn die Leistung bereits fällig war, ergäbe sich dies aus § 323 Abs. 2 Nr. 3 BGB, bei einer noch nicht fälligen Leistung aus § 323 Abs. 4 BGB.[602]

Ebenso wie der Besteller unter den dargestellten Voraussetzungen vom Vertrag zurücktre- **565** ten kann, muss dies auch dem Unternehmer möglich sein, wenn für ihn unter Berücksichtigung der Interessen des Bestellers die Fortsetzung des Vertrags unzumutbar ist. In entsprechender Anwendung der BGH-Entscheidung kann allerdings nicht davon ausgegangen werden, das bereits das Hörensagen von einer drohenden oder möglicherweise bereits vorhandenen Zahlungsunfähigkeit eines Veranstalters den Künstler zum fristlosen Rücktritt berechtigt. Etwas anderes kann allerdings gelten, wenn der Veranstalter bereits das Insolvenzverfahren beantragt hat. In einem derartigen Fall wird regelmäßig sowohl die vom BGH geforderte Prognoseentscheidung bzgl. der Rücktrittsvoraussetzungen als auch – jedenfalls vor Einschaltung eines Insolvenzverwalters – über die Einrede des § 321 BGB hinausgehend die Unzumutbarkeit einer Fristsetzung die fristlose Lösung vom Vertrag rechtfertigen.

cc) Sonstige Leistungspflichten

Ist dem Künstler der vertragsgemäße Auftritt oder die Durchführung vereinbarter Proben **566** nicht möglich, da der Veranstalter zB den geschuldeten Aufbau der Ton- und Lichttechnik nicht rechtzeitig fertig gestellt hat, befindet sich der Veranstalter im Annahmeverzug. Er liegt ua vor, wenn die Erfüllung des Schuldverhältnisses dadurch verzögert wird, dass der Gläubiger die seinerseits erforderliche Mitwirkung unterlässt.[603] Der Gläubigerverzug endet entweder durch Annahme der Leistung bzw. Erbringung der Mitwirkungshandlung durch den Gläubiger oder durch Unmöglichwerden der Leistung[604], die durch Ablauf des Erfüllungszeitraums eintreten kann.

c) Schlechtleistung

aa) Schlechterfüllung von Leistungspflichten beim Werkvertrag

Stellt der Veranstalter anstatt der vereinbarten Tonanlage eines Markenherstellers eine tech- **567** nisch unzureichende, ‚selbst gebastelte' Anlage, ist die vereinbarte Anzahl von Garderobenräumen nicht verfügbar oder stellt er als Catering Fast Food anstatt des vereinbarten 3-Gänge Menüs, hat er seine Leistungspflichten zwar ‚irgendwie', aber nicht in vereinbarter Weise erfüllt.

Der aus einem Vertrag Leistungsverpflichtete hat bei einer Schlechterfüllung von Haupt- **568** leistungspflichten grundsätzlich das Recht, gem. § 320 Abs. 1 BGB die Einrede des nicht erfüllten Vertrages geltend zu machen. Liegt eine Teilleistung des anderen Teils vor, kann er seine Leistung nach Maßgabe des § 320 Abs. 2 BGB bis zur Bewirkung der Gegenleistung zurückhalten. Dabei ist – wie in § 320 Abs. 2 BGB ausdrücklich erwähnt – auch im Falle des § 320 Abs. 1 BGB das Gebot von Treu und Glauben zu berücksichtigen.[605]

Bei der Schlechterfüllung von Nebenleistungspflichten steht dem Leistungsverpflichte- **569** ten gem. § 273 BGB ein Zurückbehaltungsrecht zu. Unterschieden werden kann zwischen

---

[599] Kornmeier BB 1983, 1312.
[600] BGH WM 1961, 1372.
[601] Grüneberg in Palandt BGB § 321 Rn. 5.
[602] BGH NJW-RR 2008, 1052.
[603] Grüneberg in Palandt BGB § 293 Rn. 2.
[604] Grüneberg in Palandt BGB § 293 Rn. 11.
[605] Grüneberg in Palandt BGB § 320 Rn. 10.

Leistungen, deren Nichterfüllung die Vorbereitung und Erbringung der Darbietung zumindest mittelbar beeinträchtigen können, und der Nichterfüllung von Leistungspflichten, welche dem Künstler den Aufenthalt am Veranstaltungsort lediglich angenehmer gestalten sollen. Entsprechend würde die Ausübung des Zurückbehaltungsrechts bei einem Fast Food Catering anstelle des vereinbarten Menüs angesichts der für die geschuldete Hauptleistung – die Erbringung der Darbietung – vergleichsweise Bedeutungslosigkeit der Nichterfüllung von Cateringleistungen jedenfalls gegen Treu und Glauben verstoßen. Etwas anderes kann gelten, sofern zur Vorbereitung einer Veranstaltung – zB bei einem größeren Ensemble – eine Mehrzahl von Garderobenräumen benötigt wird. Sind diese Räume nicht vorhanden, kann dies die Vorbereitung der Veranstaltung durchaus auch gravierend beeinträchtigen, sodass diese Nichtleistung nicht als lediglich geringfügig zu betrachten wäre.

570 Da es sich bei dem Veranstaltungsvertrag um ein absolutes Fixgeschäft handelt, ist zu berücksichtigen, dass die vom Veranstalter geschuldete Gegenleistung derart rechtzeitig erbracht werden muss, dass die Darbietung noch innerhalb des vereinbarten Erfüllungszeitraums erfolgen kann. Ist dies nicht der Fall, tritt Unmöglichkeit ein.

bb) Verletzung von Rücksichtspflichten

571 Der Schuldner hat sich bei Abwicklung des Schuldverhältnisses so zu verhalten, dass Körper, Leben, Eigentum und sonstige Rechtsgüter des anderen Teils nicht verletzt werden.[606] Dem Schutz dieser sonstigen Rechtsgüter und damit dem **Schutz des Integritätsinteresses** des Vertragspartners dient eine Vielzahl von Pflichten.[607] Deren Verletzung kann zwar grundsätzlich Schadensersatzansprüche des Vertragspartners auslösen. Die Abgrenzung zwischen Rücksichtpflichten und Haupt- bzw. Nebenleistungspflichten ist jedoch zur Begründung von Schadensersatzansprüchen ohne Bedeutung, da § 280 Abs. 1 BGB die Verletzung von Leistungs- und Verhaltenspflichten gleich behandelt.[608]

572 Neben der Geltendmachung von Schadensersatzansprüchen gem. §§ 280 Abs. 1, 241 Abs. 2 BGB steht dem Künstler bei Verletzung von Rücksichtpflichten durch den Veranstalter gem. § 324 BGB auch das Recht zum Rücktritt zu.

cc) Schlechtleistung bei selbstständigen Dienstverträgen

573 Während das Werkvertragsrecht in § 634 BGB einen ganzen Katalog von Rechtsfolgen für den Fall der Schlechterfüllung vorsieht, stehen dem Vertragspartner bei der Schlechterfüllung von Dienstverträgen nur eingeschränkte Rechte zur Verfügung. So stehen dem Auftraggeber bei Vertragsverletzungen eines Dienstvertrags gegen den Dienstnehmer weder ein Minderungsrecht[609], noch ein Nacherfüllungs- oder Selbstbeseitigungsrecht zu. Möglich sind die außerordentliche Kündigung nach § 626 BGB[610], bei längerfristigen Dienstverhältnissen nach §§ 620, 621 BGB und, soweit die einschränkenden Voraussetzungen vorliegen, nach § 627 BGB. Schließlich kann ein Erfüllungsanspruch auf Unterlassung bestehen.[611] Schadensersatzansprüche stehen dem Auftraggeber unter den Voraussetzungen des § 276 BGB aus §§ 280, 281 BGB und nach Kündigung des Dienstvertrags aus § 628 Abs. 2 BGB zu.[612]

3. Höhere Gewalt

574 Unter Höherer Gewalt versteht die Rechtsprechung ein von außen kommendes, nicht vorhersehbares und auch durch äußerste vernünftigerweise zu erwartende Sorgfalt nicht ab-

---

[606] Grüneberg in Palandt BGB §§ 280 Rn. 28, 242 Rn. 35.
[607] Grüneberg in Palandt BGB § 280 Rn. 24 ff.
[608] Grüneberg in Palandt BGB § 280 Rn. 24 ff.
[609] Vgl. BGH NJW 2004, 2817.
[610] Weidenkaff in Palandt BGB § 611 Rn. 16.
[611] Weidenkaff in Palandt BGB § 611 Rn. 15.
[612] Weidenkaff in Palandt BGB § 611 Rn. 15 ff.

wendbares Ereignis.⁶¹³ Durch dieses Ereignis muss sich ein Risiko verwirklichen, das von keiner der Vertragsparteien übernommen werden sollte.⁶¹⁴

Häufigstes Beispiel für einen derartigen Fall höherer Gewalt sind **Naturkatastrophen** 575 und **extremes Unwetter**, welche die Durchführung von Open-Air-Veranstaltungen unmöglich machen. Weitere Beispiele sind **behördliche Verbote** von Veranstaltungen bei Krankheitsepidemien oder zB der zeitweilige Komplettausfall des Flugverkehrs wegen einer isländischen Vulkanaschewolke im Jahre 2010.

Zwar wird auch **Streik** regelmäßig als Fall Höherer Gewalt behandelt.⁶¹⁵ Dabei ist jedoch zu differenzieren zwischen streikbedingten Beeinträchtigungen, auf welche der Veranstalter Einfluss nehmen kann und solchen, die bei Dritten – zB Fluggesellschaften – stattfinden. Streikt zB das Personal eines Theaters, bleibt das Theater grundsätzlich verpflichtet, die gegenüber dem Besucher geschuldete Leistung zu erbringen.⁶¹⁶ Entsprechend bleibt der Veranstalter auch gegenüber dem Künstler aus dem Veranstaltungsvertrag verpflichtet. Diese Verpflichtung findet allerdings ihre Grenze in § 275 Abs. 2 BGB. Sofern die Überwindung der streikbedingten Behinderung einen unzumutbaren Aufwand erfordert oder die Streikverhinderung außerhalb der Einflusssphäre des Veranstalters liegt, hat der Veranstalter den Ausfall der Veranstaltung nicht zu vertreten und wird von seiner Leistungsverpflichtung gegenüber dem Künstler frei. 576

In der Praxis der Veranstaltungsbranche und insbesondere in internationalen Verträgen 577 wird das Rechtsinstitut der Höheren Gewalt zumeist sehr großzügig ausgedehnt. Es wird dabei versucht, höhere Gewalt auch dann zu fingieren, wenn bei rechtlicher Wertung eigentlich Verschulden gegeben wäre. Im deutschen Recht wird das Vorliegen Höherer Gewalt allerdings nur auf die vorerwähnten Ausnahmefälle reduziert. Dieser enge Anwendungsbereich zur Begründung nicht zu vertretender Unmöglichkeit wird durch ein Urteil transparent, welches das OLG Karlsruhe im Jahre 1992 verkündete. Während des Golfkriegs 1990/1991 kündigte ein Veranstalter den mit einem Künstler geschlossenen Veranstaltungsvertrag, da ihm die für die Veranstaltung gemietete gemeindeeigene Halle wegen moralischer Bedenken seitens der Gemeinde nicht zur Verfügung gestellt wurde. Der Veranstalter stützte seine Vertragskündigung auf das Vorliegen Höherer Gewalt. Das OLG Karlsruhe entschied hingen, dass der Vergütungs-, Entschädigungs- oder Schadensersatzanspruch der Künstler gegen den Veranstalter wegen **Wegfalls der Geschäftsgrundlage** nicht bestehe. Hätten die Parteien beim Vertragsschluss die späteren Kriegsereignisse und den dadurch ausgelösten Umschwung der Stimmungslage in der Bevölkerung in Bezug auf Faschingsveranstaltungen in Erwägung gezogen, hätten sich die Künstler auf die Bedingung einlassen müssen, dass der Vertrag nur Geltung haben solle, wenn die öffentliche Meinung die Abhaltung der Veranstaltung rechtfertige.⁶¹⁷

IV. Ansprüche bei Leistungsstörungen des Veranstaltungsbesuchsvertrags

Beim Veranstaltungsbesuchsvertrag als relativem Fixgeschäft führt die Nicht- oder Schlechterbringung der vertragsgemäß geschuldeten Leistung nicht automatisch zur Unmöglichkeit, sondern begründet Leistungsverzug. Wie dargestellt, kann eine ausgefallene Veranstaltung im Regelfall nachgeholt werden. Das Interesse des Veranstaltungsbesuchers an einer nach Ablauf des vereinbarten Erfüllungszeitraums verspätet erbrachten Leistung des Veranstalters kann, muss aber nicht entfallen.⁶¹⁸ Unmöglichkeit tritt allerdings auch beim relativen Fixgeschäft stets dann ein, wenn der Veranstalter mitteilt, dass er sich zur Erfüllung 578

---

613 BGHZ 100, 185; OLG Köln NJW-RR 1992, 1014; Sprau in Palandt BGB § 651j Rn. 3.
614 Fikentscher/Heinemann Rn. 1238.
615 Fikentscher/Heinemann Rn. 1238.
616 Fessmann NJW 1983, 1164 (1165).
617 OLG Karlsruhe NJW 1992, 3176.
618 Vgl. Gernhuber, Erfüllung S. 85.

endgültig außer Stande sieht. Unterbleibt eine solche Erklärung, stellt sich die Frage, wie lange der Verzug andauern kann und ob nicht nach Ablauf einer angemessenen Frist automatisch Unmöglichkeit eintritt.

579 Ob im Falle eines Mangels allgemeines oder besonderes Schuldrecht anwendbar ist, hängt – wie dargestellt – davon ab, ob der **Mangel vor oder nach Vollendung** eingetreten ist. Da es sich beim Veranstaltungsbesuchsvertrag um einen typengemischten Vertrag handelt, ist zudem abzugrenzen, wann Mietvertragsrecht oder Werkvertragsrecht anzuwenden ist.

1. Abgrenzung zwischen Verzug und Unmöglichkeit

580 Handelt es sich noch um Verzug oder liegt Unmöglichkeit vor, wenn nach Absage eines Konzerts im März der Veranstalter mitteilt, dass das Konzert im Oktober nachgeholt werde? Grundsätzlich kann die Nachholung einer nicht fristgerecht erfolgten Leistung nicht auf unbegrenzte Zeit hinausgeschoben werden.[619] Eine Nachholung ist nur innerhalb des Erfüllungszeitraums möglich.[620] Während beim absoluten Fixgeschäft die Erfüllung nur innerhalb des vereinbarten Erfüllungszeitraums, allenfalls aber unter Hinzurechnung einer gewissen Kulanzspanne erfolgen kann, ist beim relativen Fixgeschäft zwischen dem vereinbarten Erfüllungszeitraum und dem zumutbaren Erfüllungszeitraum zu unterscheiden, in dem die Leistung noch nachgeholt werden kann. Zur Unterscheidung wird im Folgenden zwischen dem ‚**vereinbarten Erfüllungszeitraum**' und dem ‚**erweiterten Erfüllungszeitraum**' gesprochen.

a) Vereinbarter Erfüllungszeitraum

581 Da regelmäßig weder die Veranstaltungswerbung noch die Eintrittskarte Angaben zur Dauer der Veranstaltung enthalten, lässt sich objektiv nur der Beginn des Erfüllungszeitraums, nicht jedoch dessen Ende bestimmen. Die Ermittlung der voraussichtlichen Dauer der Veranstaltung und damit der Zeitraum, der für die Erfüllung des Veranstaltungsbesuchsvertrags vereinbart wurde, lassen sich daher nur nach **Durchschnittswerten** schätzen. Eine übliche Dauer von Veranstaltungen gibt es daher nicht. Bei Konzerten der Unterhaltungsmusik wird man unterstellen können, dass ein Konzert maximal eine Dauer von 2 ½ bis 3 Stunden hat. Eine gleiche Dauer wird man bei Schauspielaufführungen und Musicals annehmen können. Von einer längeren Dauer kann man bei Festivals ausgehen.

b) Erweiterter Erfüllungszeitraum

582 Wie lange der Zeitraum bemessen ist, in welchem nach Verstreichen des vereinbarten Erfüllungszeitraums die Erfüllung noch nachgeholt werden kann, muss jeweils nach der Natur, dem besonderen Inhalt und dem Zweck des Vertrages bestimmt werden. Unmöglichkeit liegt jedenfalls dann vor, wenn nicht abzusehen ist, ob und wann das Leistungshindernis behoben werden kann und es dem Gläubiger nicht zuzumuten ist, so lange zu warten, bis das geklärt ist.[621] Für die Beurteilung der Frage, ob eine nur zeitweilige Unmöglichkeit vorliegt oder diese sich zu einer dauernden entwickelt kommt es auf den Zeitpunkt an, in dem das Leistungshindernis eingetreten ist. Ist bereits in diesem Zeitpunkt eine Beendigung des Leistungshindernisses nicht abzusehen und dem Gläubiger nach der Sachlage ein Festhalten am Vertrag nicht zuzumuten, ist von dauernder Unmöglichkeit auszugehen.[622] Beim Veranstaltungsbesuchsvertrag bedeutet das, dass Unmöglichkeit jedenfalls dann gegeben ist, wenn der Veranstalter sofort mitteilt, dass eine Nachholung nicht stattfindet. Gleiches gilt, wenn er nicht kurzfristig nach dem Ausfall einer Veranstaltung einen Nachholtermin be-

---

[619] Larenz I S. 306.
[620] Larenz I S. 306 f.
[621] Larenz I S. 307.
[622] Larenz I S. 307.

nennen kann, der in einem überschaubaren zeitlichen Zusammenhang des ausgefallenen Termins stattfindet.

Wie schnell die Mitteilung zu erfolgen hat und welcher Zeitraum für die Nachholung noch zumutbar ist, wird von den Umständen des Einzelfalls abhängen. Jedenfalls die Mitteilung, ob überhaupt ein Nachholtermin stattfinden wird, darf der ‚verhinderte' Besucher unverzüglich erwarten. Als Zeitrahmen für die Nachholung wird man – abhängig von der Bedeutung der Darbietung – 1–2 Monate für vertretbar und zumutbar halten können. **583**

2. Ansprüche bei Unmöglichkeit

Ist die vertragsgemäße Leistungserbringung des Veranstalters unmöglich geworden, hängen die Ansprüche des ‚verhinderten' Besuchers davon ab, ob die Unmöglichkeit vom Veranstalter zu vertreten ist oder nicht. Liegt ein Verschulden des Veranstalters vor, bestehen Ansprüche auf Schadensersatz gem. §§ 280 Abs. 1 u. 3, 283 und/oder auf Rücktritt vom Vertrag gem. §§ 323, 346 BGB. Daneben kann ein Anspruch auf Ersatz vergeblicher Aufwendungen gem. § 284 BGB gegeben sein. **584**

a) Veranstalter hat die Unmöglichkeit nicht zu vertreten

Findet eine Veranstaltung aus Gründen nicht statt, die der Veranstalter nicht zu vertreten hat, hat der ‚verhinderte' Besucher lediglich einen Anspruch auf Rückabwicklung des Vertrages. Der Veranstalter muss ihm gem. §§ 323, 326 Abs. 1, 346 BGB das gezahlte Eintrittsgeld und damit die erhaltene Leistung erstatten. Der Besucher verliert seinen Anspruch auf Erfüllung. Fraglich ist dabei, welche Leistungen von dem Rückabwicklungsverhältnis erfasst sind. **585**

aa) Vorverkaufsgebühr

In der Veranstaltungsbranche wurde jahrzehntelang die Auffassung vertreten, dass vom Kartenkäufer an eine Vorverkaufsstelle gezahlte Vorverkaufsgebühren nicht von einem gegen den Veranstalter bestehenden Rückabwicklungsanspruch erfasst seien. Es entsprach der Rechtsauffassung, dass der Vorverkaufsvertrag ausschließlich zwischen Vorverkaufsstelle und Kartenkäufer zustande kommt und es sich dabei somit um einen von der Eintrittsberechtigung unabhängigen Vertrag handelt. Entsprechend wurde die Vorverkaufsgebühr auch als verdient betrachtet, wenn der Vertrag über die Eintrittsberechtigung nicht erfüllt wurde. **586**

Mit dieser Interpretation der Rechtsbeziehungen zwischen Veranstalter, Vorverkaufsstelle und Kartenkäufer räumt eine Entscheidung des BFH aus dem Jahre 2011 auf.[623] Anlässlich eines Streits über die Steuerbarkeit von Vorverkaufsleistungen entschied das Gericht, dass die Vorverkaufsgebühr Teil des vom Kunden dem Veranstalter für die Konzertkarte geschuldeten Entgelts und damit Teil der Gegenleistung für die veranstalterische Leistung sei. Die Entscheidung des BFH ist nachvollziehbar. Soweit in der Vergangenheit davon ausgegangen wurde, dass es sich bei dem Vorverkauf um ein Eigengeschäft der Vorverkaufsstelle handelte, hätte dies vorausgesetzt, dass die Vorverkaufsstellen Eintrittskarten im eigenen Namen verkauft hätten. Das wiederum hätte zur Voraussetzung gehabt, dass die Vorverkaufsstellen ihrerseits die Karten vom Veranstalter erworben hätten. Dass entsprach jedoch auch vor der Entscheidung des BFH nicht der Praxis. Vielmehr sind die Vorverkaufsstellen faktisch stets als Vermittler des Veranstalters aufgetreten, der ihnen ein bestimmtes Eintrittskartenkontingent in Kommission überließ und nicht verkaufte Karten später zurücknahm. Dafür spricht bereits, dass die Höhe der Vorverkaufsgebühr und die sonstigen Konditionen des Vorverkaufsvertrags letztlich zwischen Veranstalter und Vorverkaufsstelle und nicht etwa mit dem Kartenkäufer vereinbart werden. Für Letzteren ist die Vorverkaufsgebühr nicht verhandelbar. Zudem weiß der Kartenkäufer, dass allein der Ver- **587**

---

[623] BFHE 235, 547; vgl. dazu auch Kap. § 8 u. § 18.

anstalter, aber nicht die Vorverkaufsstelle die ordnungsgemäße Durchführung des Konzerts und somit die Erfüllung des Veranstaltungsbesuchsvertrags schuldet. Die Vorverkaufsstellen haben hingegen keinen Einfluss darauf, ob und wie die Veranstaltung durchgeführt wird. Sie treten somit stets nicht im eigenen, sondern im fremden Namen auf.

588 Die Entscheidung des BFH liefert somit die rechtliche Begründung dafür, dass es sich bei vom Kartenkäufer gezahlten Vorverkaufsgebühren um einen Teil der von ihm zu erbringenden Gegenleistung handelt, der auch im Falle eines vom Veranstalter nicht zu vertretenden Ausfalls einer Veranstaltung dem Karteninhaber im Rahmen eines Rückgewährschuldverhältnisses zu erstatten ist.

589 In dem vom BFH entschiedenen Fall ging es um die Rechtsbeziehung zwischen Veranstaltern und Kartenkäufern zu einer stationären Vorverkaufsstelle. Fraglich kann sein, ob die vom BFH festgestellten Rechtsbeziehungen auch uneingeschränkt übertragbar sind, sofern die Eintrittskarten über eine Internetplattform erworben werden. Grundsätzlich besteht für eine differenzierte Behandlung des Vorverkaufs über das Internet einerseits und des Verkaufs in stationären Vorverkaufsstellen andererseits kein Anlass. Etwas anderes kann nur gelten, sofern der Internetbetreiber mit den Kartenkäufern durch seine AGB eine besondere Regelung über die entstehenden Rechtsbeziehungen trifft. Individuelle Vereinbarungen bleiben den Parteien – und darauf verwies auch der BFH in seinem Urteil – grundsätzlich vorbehalten.

590 Da somit auf der Grundlage der zitierten BFH-Entscheidung für den Regelfall davon auszugehen ist, dass die Vorverkaufsgebühr Teil des vom Kunden dem Veranstalter für die Konzertkarte geschuldeten Entgelts ist, wird diese – ebenso wie das Eintrittsgeld – bei Rückabwicklung des Vertrages zwischen Veranstalter und Kartenkäufer vom Rückgewährschuldverhältnis erfasst. Der Kartenkäufer kann von dem Veranstalter Rückzahlung des gesamten Betrages einschließlich der Vorverkaufsgebühr verlangen.

bb) Sonstige Aufwendungen

591 Soweit ein Kartenkäufer im Vertrauen auf das Stattfinden eines Konzertes sonstige Aufwendungen wie zB die Buchung von An- und Abreisen oder Übernachtungen tätigt, steht ihm im Falle des vom Veranstalter unverschuldeten Ausfalls einer Veranstaltung kein Erstattungsanspruch zu.

b) Veranstalter hat die Unmöglichkeit zu vertreten

aa) Rücktritt

592 Wählt der Karteninhaber bei vom Veranstalter zu vertretendem Veranstaltungsausfall gem. § 323 Abs. 1 BGB das Rücktrittsrecht, sind ihm die erbrachten Leistungen zurück zu gewähren. Dazu zählt jedenfalls das gezahlte Eintrittsentgelt. Zusätzlich können ersparte Schuldzinsen als gezogene Nutzungen zu erstatten sein.[624] Bezüglich gezahlter Vorverkaufsgebühren wird auf die vorstehenden Erläuterungen verwiesen.[625] Auch sie sind, sofern keine anderen Vereinbarungen getroffen wurden, als Teil der Gegenleistung für die nicht erbrachte Leistung zurück zu gewähren.

bb) Schadensersatzanspruch

593 Neben bzw. trotz des Rücktritts bleiben dem Karteninhaber bei einem vom Veranstalter zu vertretenden Veranstaltungsausfall auch Schadensersatzansprüche aus §§ 281, 282, 283 iVm 280, § 311a II BGB vorbehalten. Der Veranstalter schuldet dem Besucher die Aufführung der angekündigten Darbietung und ist verpflichtet, ihm die Wahrnehmung der Veranstaltung in der auf der Eintrittskarte ausgezeichneten Weise zu ermöglichen. Hat er den Ausfall der Veranstaltung zu vertreten, verletzt er die Pflichten aus dem Werkvertrag. Da das

---

[624] Grüneberg in Palandt BGB § 346 Rn. 6.
[625] S. Rn. 586 ff.

Werk noch nicht hergestellt ist, Vollendung also nicht vorliegt, richten sich die Ansprüche nach allgemeinem Leistungsstörungsrecht.

(1) Eintrittsentgelt als Schaden. Mit dem Schadensersatz ist der Geschädigte so zu stellen, wie er stehen würde, wenn der Vertrag ordnungsgemäß erfüllt worden wäre.[626] Die Schadensermittlung findet bei gegenseitigen Verträgen entweder durch Anwendung der Surrogationstheorie oder der Differenztheorie statt. Bei der **Surrogationstheorie** tritt an die Stelle der nichterbrachten Leistung des Schuldners als Surrogat ihr Wert. Die Verpflichtung des Gläubigers zur Gegenleistung bleibt bestehen. Nach der **Differenztheorie** ist Schadensersatz wegen Nichterfüllung des ganzen Vertrags zu leisten.[627] Zur Schadensberechung bedarf es danach eines Vergleichs zwischen der Vermögenslage, die bei ordnungsmäßer Erfüllung bestanden hätte und der durch die Nichterfüllung tatsächlich entstandenen Vermögenslage.[628] Der Gläubiger kann im Einzelfall frei zwischen der Anwendung der beiden Theorien wählen.[629] Entscheidet sich der Kartenkäufer für die Schadensberechung nach der Differenztheorie, kann er den Kartenpreis zurückverlangen und sich diesen auf den Gesamtanspruch anrechnen lassen.[630] Zusätzlich kann er die Vorverkaufgebühr in den Schadensersatzanspruch jedenfalls dann einbeziehen, wenn zwischen Vorverkaufsstelle und Kartenkäufer kein Eigengeschäft der Vorverkaufsstelle vereinbart wurde.

Geht der Kartenkäufer nach der Surrogationstheorie vor, muss er auf die Rückzahlung des Eintrittspreises und der Vorverkaufsgebühr verzichten, kann diesen aber als Wert der vom Veranstalter geschuldeten Leistung zuzüglich aller Folgeschäden ersetzt verlangen. Sein Schaden entspricht dann also dem Wert der nicht erbrachten Leistung.

Zu unterschiedlichen Ergebnissen führen beide Theorien nur, sofern der Wert der geschuldeten Leistung nicht dem Wert der Gegenleistung entspricht. Grundsätzlich gilt bei der Berechnung des Nichterfüllungsschadens die Vermutung, dass die vom Schuldner nicht erbrachte Leistung der Gegenleistung gleichwertig ist.[631] An die Stelle der unmöglich gewordenen Leistung tritt die dafür erbrachte Gegenleistung, die dem Gläubiger zu erstatten ist. Diese von der Rechtsprechung zugunsten des Gläubigers aufgestellte Vermutung entspricht der Realität beim Veranstaltungsbesuchsvertrag, bei dem der Wert der Veranstaltungsleistung typischerweise dem Kartenpreis und der Vorverkaufsgebühr entspricht. Daher führt die Anwendung beider Theorien bei Nichterfüllungsschäden von Veranstaltungsbesuchsverträgen zu gleichen Ergebnissen. Im Wege des Schadensersatzanspruches statt der Leistung kann der ‚verhinderte' Veranstaltungsbesucher mithin also jedenfalls den Kartenpreis und im Regelfall die Vorverkaufsgebühr geltend machen.

(2) Aufwendungen als Schaden. Regelmäßig werden anlässlich des Besuchs von Veranstaltungen weitere Aufwendungen – wie zB Vorverkaufsgebühren, Reise-, Übernachtungskosten, Verpflegungskosten, Verpflichtung eines Babysitters für die zu Hause gebliebenen Kinder – getätigt, die Gegenstand der Ersatzforderung des Karteninhabers sein können.

Grundsätzlich erfasst der Schadensersatz wegen Nichterfüllung im Bereich der vertraglichen Haftung als Mindestschaden auch die mit dem Vertragsschluss verbundenen Aufwendungen.[632] Die schadensrechtliche Problematik bei der Frage der Ersatzfähigkeit nutzlos gewordener Aufwendungen besteht allerdings darin, dass sie beim Geschädigten auch im Falle einer ordnungsgemäßen Erbringung der Leistung angefallen wären. Der Kartenkäufer ist aber nur so zu stellen, wie er stehen würde, wenn ordnungsgemäß erfüllt worden wäre.

---

[626] Grüneberg in Palandt BGB § 281 Rn. 17, 25.
[627] Grüneberg in Palandt BGB § 281 Rn. 18.
[628] BGH JZ 2010, 44.
[629] Ernst in MüKo BGB Vorbem. § 281 Rn. 35 (2007).
[630] Grüneberg in Palandt BGB § 281 Rn. 22.
[631] Grüneberg in Palandt BGB § 281 Rn. 23.
[632] Grüneberg in Palandt BGB § 281 Rn. 23.

§ 7   Leistungsstörungen bei Veranstaltungs- und Veranstaltungsbesuchsverträgen

599   Nach der vom BGH in ständiger Rechtsprechung geprägten **Rentabilitätsvermutung** kann der Gläubiger eines Schadensersatzanspruches wegen Nichterfüllung den Ersatz vergeblicher Aufwendungen nur verlangen, soweit er bei Abwicklung des Vertrages Vorteile erlangt hätte, die seine Aufwendungen ausgeglichen hätten. Dabei besteht eine Vermutung dafür, dass alle zur Erlangung der Gegenleistung erbrachten Aufwendungen sowie damit verbundenen Kosten durch den erwarteten Vorteil aufgewogen worden wären.[633] Diese zugunsten des Gläubigers anzuwendende Rentabilitätsvermutung bezieht sich jedoch nur auf das Austauschverhältnis von Leistung und Gegenleistung. Während alle Aufwendungen, die zu erwerbswirtschaftlichen Zwecken getätigt wurden, regelmäßig von der Rentabilitätsvermutung erfasst werden, gilt dies nicht für Aufwendungen, die zu **ideellen Zwecken** im Vertrauen auf den Bestand eines Vertrages getätigt wurden.[634]

600   Aufwendungen wie zB Reise- und Übernachtungskosten, die anlässlich eines Veranstaltungsbesuchs zu ideellen Zwecken getätigt werden, sind keine Gegenleistung für die veranstalterische Leistung, sondern werden regelmäßig getätigt, um den Veranstaltungsbesuch entsprechend eigenen Bedürfnissen angenehm zu gestalten.[635] Bei Abwicklung des Veranstaltungsbesuchsvertrages steht derartigen Aufwendungen ein sie ausgleichender Vorteil regelmäßig nicht gegenüber. Da der Geschädigte über den Anspruch aus § 281 BGB (nur) so gestellt werden soll, wie er stehen würde, wenn ordnungsgemäß erfüllt worden wäre, könnte er solche Aufwendungen jedenfalls nicht über §§ 280, 281 BGB als Schadensersatz geltend machen. Eine Kompensation zB von anlässlich des Veranstaltungsbesuchs aufgewandten Reise- und Übernachtungskosten wäre auch im Falle des Stattfindens der Veranstaltung nicht erfolgt.

601   **(3) Immaterieller Schaden.** Neben dem Anspruch auf Schadensersatz statt der Leistung oder (alternativ) Ersatz vergeblicher Aufwendungen ist ein Anspruch auch auf Ersatz des immateriellen Schadens denkbar. Verschenkt zB jemand eine Eintrittskarte für einen Konzertbesuch anlässlich eines Geburtstages und wird das Konzert abgesagt, könnte ein Anspruch wegen vertaner bzw. vereitelter Freizeit in Betracht gezogen werden. Gleiches gilt zB für den Arbeitnehmer, der sich zum Besuch einer Veranstaltung einen Tag Urlaub nimmt.

602   § 253 BGB beschränkt den Ersatz von Schäden, die keine Vermögensschäden sind, auf die Fälle entsprechender gesetzlicher Regelungen. Eine entsprechende gesetzliche Regelung gibt es im Reisevertragsrecht, welches mit § 651f Abs. 2 BGB einen Anspruch auf Schadensersatz wegen entgangener Urlaubsfreuden für den Fall vorsieht, dass die Reise erheblich beeinträchtigt oder vereitelt ist. Diese Vorschrift ist jedoch auf den Veranstaltungsbesuchsvertrag nicht anwendbar. Hier käme allenfalls § 253 Abs. 2 BGB in Betracht, der jedoch für einen derartigen Anspruch keine Grundlage bietet. Mangels entsprechender gesetzlicher Regelungen sind immaterielle Schäden infolge Absage von Veranstaltungen nicht ersatzfähig.[636]

603   Als ersatzfähiger Schaden wurde von der Rechtsprechung in Einzelfällen **vertane Freizeit** behandelt. Das AG Berlin-Schöneberg[637] hat die vertane Freizeit eines Kartenkäufers, der zu einem Silvesterball wegen Überfüllung nicht eingelassen wurde, gem. § 251 BGB als Vermögensschaden behandelt. In gleicher Weise urteilte das AG Herne-Wanne[638] in einem Fall, bei dem der Kläger die Veranstaltung verließ, da ihm anstatt der ihm verkauften Sitzplatzkarte nur ein Stehplatz angeboten wurde. Beide Gerichte sprachen den Klägern einen Schadensersatzanspruch zu. Dies begründeten sie damit, dass es sich aufgrund der Aufwendungen, welche die Kläger für den Besuch der Veranstaltung getätigt habe, um

---

[633] Grüneberg in Palandt BGB § 281 Rn. 23 f.; § 284 Rn. 1.
[634] BGH NJW 1987, 831 (834); Grüneberg in Palandt BGB § 281 Rn. 24.
[635] LG Lüneburg NJW 2002, 614; Kreile/Hombach ZUM 2001, 731 (733 f.).
[636] AG Herne-Wanne NJW 1998, 3651 (3652); vgl. auch Huff, VuR 1990, 166 (169).
[637] AG Schöneberg NJW 1989, 2824.
[638] AG Herne-Wanne NJW 1998, 3651.

kommerzialisierte Freizeit gehandelt habe. Durch die nutzlos aufgewendete Freizeit sei das mit den finanziellen Aufwendungen erstrebte vermögenswerte Äquivalent beeinträchtigt worden.[639] Es bestehe ein enger Bezug zwischen der vertraglichen Verhaltenspflicht und dem Interesse am Freizeitgenuss, welches dem Vertragspartner anvertraut worden sei.[640]

(4) Ersatz vergeblicher Aufwendungen. Bezüglich der nutzlos gewordenen Aufwendungen kann ein Aufwendungsersatzanspruch gem. § 284 BGB bestehen. Diese Norm erweitert die von der Rechtsprechung entwickelte Rentabilitätsvermutung ganz erheblich: Anstelle des Schadensersatzes statt der Leistung kann der Gläubiger alternativ den Ersatz der nutzlosen Aufwendungen verlangen, die er im Vertrauen auf den Erhalt der Leistung gemacht hat, sofern er diese ‚billigerweise' machen durfte. Der Schuldner kann dem nur entgegen treten, indem er nachweist, dass der (auch ideelle!) Zweck der Aufwendungen auch bei ordnungsgemäßer Leistung nicht erreicht worden wäre.[641] Unter derartige Aufwendungen fallen zB nutzlos gewordene Fahrt- und Übernachtungskosten, die anlässlich des Veranstaltungsbesuchs entstanden sind. Zu den Aufwendungen, deren Ersatz über § 284 BGB gefordert werden kann, zählen allerdings auch Vertragskosten[642] und damit ließen sich auch die Vorverkaufsgebühren ebenfalls über § 284 BGB zurückfordern. Bezüglich der Vorverkaufsgebühren erlangt § 284 insbesondere Bedeutung, sofern im Einzelfall der Vorverkaufsvertrag nicht mit dem Veranstalter zustande gekommen ist. 604

(a) Alternativität von Schadensersatz statt der Leistung und Aufwendungsersatz. Grundsätzlich kann der Aufwendungsersatzanspruch nach § 284 BGB nur anstelle des Schadensersatzes statt der Leistung geltend gemacht werden. Daher müssen alle Voraussetzungen eines Schadensersatzanspruchs nach §§ 281 ff. BGB vorliegen.[643] 605

Im Ergebnis führt die Alternativität der Ansprüche aus §§ 281 und 284 BGB dazu, dass der ‚verhinderte' Besucher entweder das Eintrittsentgelt und die Vorverkaufsgebühr über den Anspruch aus § 281 Abs. 1 BGB fordern kann, auf Aufwendungsersatz dann aber verzichten muss. Erklärt er zusätzlich den Rücktritt vom Vertrag, muss er sich dabei den Wert des im Wege der Rückabwicklung erhaltenen Betrages auf den Anspruch aus § 281 BGB anrechnen lassen.[644] 606

Da der Rücktritt neben dem Anspruch aus § 284 BGB möglich bleibt, hat der ‚verhinderte' Besucher die Alternative, vom Vertrag zurückzutreten und auf diesem Wege das Eintrittsgeld und – zumindest im Regelfall – die Vorverkaufsgebühr erstattet zu verlangen. Zusätzlich kann er dann nach § 284 BGB nutzlos gewordene Aufwendungen wie zB Reise- und Übernachtungskosten sowie ggfs die Vorverkaufsgebühren fordern. 607

(b) Alternativität von Schadensersatz neben der Leistung und Aufwendungsersatz. Es entspricht der hM, dass bei Anwendung des § 284 BGB Ansprüche aus § 280 I BGB anwendbar bleiben.[645] Daher bleibt die Geltendmachung eines Schadensersatzanspruches neben der Leistung auch neben Ansprüchen aus § 284 BGB möglich. 608

(5) Schadensersatz wegen Informationsverschulden. Selbst wenn der Veranstaltungsausfall vom Veranstalter nicht zu vertreten ist, kann dennoch ein Anspruch des ‚verhinderten Besuchers' auf Ersatz vergeblicher Aufwendungen aus § 284 BGB gegeben sein. So kann ein (Mit-)Verschulden des Veranstalters darin bestehen, dass er es unterlassen hat, die Kartenkäufer rechtzeitig über den Ausfall des Konzertes zu informieren. 609

---

[639] AG Herne-Wanne NJW 1998, 3651(3653).
[640] AG Schöneberg NJW 1989, 2824.
[641] Vgl. Grüneberg in Palandt BGB § 284 Rn. 9.
[642] Grüneberg in Palandt BGB § 284 Rn. 5.
[643] Grüneberg in Palandt BGB § 284 Rn. 4.
[644] Vgl. Grüneberg in Palandt BGB § 281 Rn. 22.
[645] BGH NJW 2005, 2848 (2850); Grüneberg in Palandt BGB § 284 Rn. 4.

§ 7   Leistungsstörungen bei Veranstaltungs- und Veranstaltungsbesuchsverträgen

610   Das LG Lüneburg[646] hatte im Jahr 2000 folgenden Fall zu entscheiden:

Beispiel 9:
Der schwerbehinderte Kläger hatte Fahrt- und Übernachtungskosten aufgewendet, um ein Konzert zu besuchen, das dann wegen der von dem beklagten Veranstalter unter Beweis gestellten Erkrankung der Solistin abgesetzt wurde. Seine Klage auf Erstattung dieser Kosten wurde vom AG abgewiesen. Die dagegen beim LG Lüneburg eingelegte Berufung hatte keinen Erfolg.[647]

611   Grundsätzlich ist der Schuldner verpflichtet, dem Gläubiger die Unmöglichkeit der Leistung anzuzeigen, damit dieser Aufwendungen im Vertrauen auf die ordnungsgemäße Durchführung des Vertrages unterlässt. Die vom Schuldner zu ergreifenden Maßnahmen, um den anderen Vertragsteil nach Eintritt der Unmöglichkeit über diesen Umstand zu informieren, müssen zumutbar sein.[648] Welche Maßnahmen zumutbar sind, ist abhängig vom Einzelfall und lässt sich nicht grundsätzlich festlegen.

612   Da dem Veranstalter die Namen der Kartenkäufer regelmäßig nicht bekannt sind, ist eine persönliche Benachrichtigung von vornherein unmöglich. Zumutbar erscheint es allerdings, dass der Veranstalter die Konzertabsage über die gleichen Medien bekannt macht, über die er im Vorwege die Veranstaltung beworben hat.[649] Dies wird ihm grundsätzlich ua durch eine entsprechende Anzeige in Zeitungen oder auch über Ticketvertriebssysteme im Internet möglich sein, über welche Karten für die betreffende Veranstaltung verkauft wurden. Schwieriger ist es bereits, eine Mitteilung über den Hörfunk zu veranlassen, da der Veranstalter auf deren tatsächliche Sendung ohne Mitwirkung Dritter keinen Einfluss nehmen kann.[650] Auch erscheint es zu weitgehend, dem Veranstalter zuzumuten, die Absage zB über eine Plakatierung zu kommunizieren oder eine Nachforschung vorzunehmen, wo im Bundesgebiet Karten erworben wurden.[651]

613   Abgesehen davon, dass in dem vom LG Lüneburg entschiedenen Fall kein Verschulden des Veranstalters vorlag, lehnte das Gericht nach altem Schuldrecht den Ersatz von Fahrt- und Übernachtungskosten bei Absage einer Veranstaltung noch mit der Begründung ab, dass diese auch im Falle ordnungsgemäßer Erfüllung angefallen wären. Mit der Fahrt zum Konzertort und den Übernachtungen vor und nach dem Konzert habe der Kläger allein das Ziel verfolgt, die von der Beklagten geschuldete Aufführung nach seinen individuellen Bedürfnissen und Vorstellungen optimal zu genießen.[652] Nach geltendem Recht kann der Kläger allerdings, sofern der Veranstalter es unterlässt, den Ausfall einer Veranstaltung in ihm zumutbarer Weise bekannt zu machen, gem. §§ 280, 281 Abs. 1 BGB Schadensersatz statt der Leistung und/oder vom Vertrag zurücktreten oder alternativ vom Vertrag zurückzutreten und Ersatz seiner Aufwendungen nach § 284 BGB verlangen. Eine Kombination des Schadensersatzanspruches nach § 281 BGB und des Anspruchs auf Ersatz vergeblicher Aufwendungen ist dabei, wie dargestellt, ausgeschlossen. Das Rücktrittsrecht bleibt dem Kläger allerdings neben der Geltendmachung von Schadensersatzansprüchen ebenso wie das Recht, ein Nacherfüllungsangebot des Veranstalters zu akzeptieren, vorbehalten.

3. Teilunmöglichkeit

614   Insbesondere bei einem vorzeitigen Veranstaltungsabbruch stellt sich die Frage, ob lediglich eine Teilunmöglichkeit oder die Unmöglichkeit der Gesamtleistung vorliegt. Die Teilbarkeit von Darbietungen und das an einer Teilleistung des Künstlers ggf. noch bestehende

---

[646] LG Lüneburg NJW 2002, 614.
[647] Dargestellt in Kreile/Hombach ZUM 2001, 731 ff.
[648] Kreile/Hombach ZUM 2001, 731 (736).
[649] Kreile/Hombach ZUM 2001, 731 (736).
[650] Vgl. Grüneberg in Palandt BGB § 275 Rn. 26.
[651] Kreile/Hombach ZUM 2001, 731 (736).
[652] LG Lüneburg NJW 2002, 614; anders bereits vor der Schuldrechtsreform in einem vergleichbaren Fall OLG Köln NJW-RR 1994, 687.

Interesse des Veranstalters wurden bereits oben erörtert.[653] Die entsprechenden Ausführungen lassen sich uneingeschränkt auf den Veranstaltungsbesuchsvertrag übertragen.

Abzustellen ist auch beim vorzeitigen Veranstaltungsabbruch auf die Frage, ob es im Einzelfall im Interesse des Besuchers liegt, lediglich – bzw. immerhin einen Teil – der Veranstaltung erlebt zu haben. In diesem Fall wäre es nicht interessengerecht, ihm den vollständigen Eintrittspreis zurück zu zahlen.[654] **615**

Hat der Besucher an der Teilleistung kein Interesse, stehen ihm ein Rücktrittsrecht nach § 323 Abs. 5 S. 1 iVm § 326 Abs. 5 BGB zu. In beiden Fällen hat der ‚verhinderte' Besucher daneben Schadensersatzansprüche gem. §§ 280 Abs. 1 u. 3, 281 Abs.1 S. 2 BGB. Die Anwendung der Gewährleistungsansprüche des Werkvertragsrechts scheidet aus, da bezüglich des nicht aufgeführten Teils, den der Veranstalter beanstandet, gerade keine Vollendung eingetreten ist. **616**

4. Ansprüche bei Verzug

Der Veranstalter gerät mit der Veranstaltungsleistung in Verzug, sofern sie nicht innerhalb des vereinbarten Erfüllungszeitraums erbracht wird. Gleiches gilt, wenn die Veranstaltung zwar stattfindet, jedoch erst mit erheblicher Verspätung beginnt. Grundsätzlich ist der Veranstaltungsbesucher in beiden Fällen nicht verpflichtet, die Nachholung als Erfüllung anzunehmen. **617**

Hat der ‚verhinderte' Konzertbesucher an dem verspäteten Veranstaltungserlebnis bzw. der Nachholung der Veranstaltung kein Interesse, stehen ihm gem. §§ 323 I, 346 BGB das Recht zum Rücktritt, gem. §§ 280 Abs. 1 u. 3, 281 BGB der Anspruch auf Schadensersatz bzw. an dessen Stelle ggf. ein Anspruch auf Ersatz vergeblicher Aufwendungen gem. § 284 BGB zu. Der Erfüllungsanspruch des (‚verhinderten') Besuchers bleibt bis zur Ausübung dieses Wahlrechts bestehen.[655] **618**

Fraglich kann schließlich sein, ob es zur Geltendmachung des Rücktritts- und Schadensersatzanspruchs beim Veranstaltungsbesuchsvertrag als relativem Fixgeschäft einer Fristsetzung bedarf. **619**

a) Rücktritt

Es entspricht der hM, dass es sich beim relativen Fixgeschäft um einen Fall des § 323 Abs. 2 Nr. 2 BGB handelt.[656] Die in dieser Vorschrift an die Entbehrlichkeit einer Fristsetzung geknüpfte Voraussetzung, wonach der Gläubiger den Fortbestand seines Leistungsinteresses an die Rechtzeitigkeit der Leistung gebunden hat, kann beim relativen Fixgeschäft – und damit beim Veranstaltungsbesuchsvertrag – unterstellt werden. Wer für eine Veranstaltung eine Eintrittskarte erwirbt, erklärt mit dem Abschluss des Vertrages, dass er die Veranstaltung nicht irgendwann, sondern zum angekündigten Zeitpunkt erleben will. Mit dem Kauf einer Eintrittskarte für eine an einem bestimmten Termin stattfindende Veranstaltung knüpft er konkludent den Fortbestand seines Leistungsinteresses an die Rechtzeitigkeit der Leistung. Das bedeutet allerdings nicht, dass bei einem Ausfall oder einer Verlegung einer Veranstaltung das Interesse an der Veranstaltungsleistung als tatsächlich entfallen zu betrachten ist. Das kann zwar der Fall sein, ist es aber eben nicht zwangsläufig. Das Vorliegen der Voraussetzungen des § 323 Abs. 2 Nr. 2 BGB hat lediglich zur Folge, dass eine Fristsetzung als Voraussetzung für die Ausübung des Rücktrittsrechts nicht mehr erforderlich ist. **620**

---

[653] S. Rn. 515 ff.
[654] Kreile/Hombach ZUM 2001, 731 (741).
[655] Vgl. Grüneberg in Palandt BGB § 323 Rn. 33.
[656] Westermann in Erman/Westermann BGB § 323 Rn. 19, 23; Grüneberg in Palandt BGB § 323 Rn. 19; Dauner-Lieb in DHR BGB § 323 Rn. 25; Lorenz/Riehm Rn. 202.

b) Schadensersatz

621 Befindet sich der Veranstalter mit seiner Leistungspflicht im Verzug – die Veranstaltung beginnt verspätet oder fällt aus und wird zu einem späteren Termin nachgeholt – kommen Schadensersatzansprüche des ‚verhinderten' Veranstaltungsbesuchers neben der Leistung, wegen Verzögerung der Leistung und statt der Leistung in Betracht.

aa) Schadensersatz statt der Leistung

622 Lehnt der Besucher eine verspätete Leistung des Veranstalters ab und macht er Schadensersatz statt der Leistung geltend, ist er so zu stellen, wie er stehen würde, wenn der Veranstalter ordnungsgemäß erfüllt hätte.[657]

623 Gemäß § 281 Abs. 1 S. 1 BGB setzt die Geltendmachung von Schadensersatz statt der Leistung eine Fristsetzung voraus. Das Erfordernis der Fristsetzung wird von denjenigen, die den Veranstaltungsbesuchsvertrag als absolutes Fixgeschäft behandeln, als Argument gegen die Annahme eines relativen Fixgeschäfts verwandt. Es sei kaum vorstellbar, dass tausende von Besuchern zB einer ausgefallenen Veranstaltung dem Veranstalter eine Frist setzen müssten, bevor sie Schadensersatzansprüche geltend machen könnten.[658] Das Argument ist jedoch beim relativen Fixgeschäft unbegründet, da gem. § 281 Abs. 2 2. Alt. BGB besondere Umstände vorliegen, die unter Abwägung der beiderseitigen Interessen die Fristsetzung in einem derartigen Fall entbehrlich machen.

624 Das Erfordernis der Fristsetzung dient dem Schutz des Schuldners. Er soll nicht ohne vorherige Ankündigung mit Schadensersatzansprüchen ‚überrascht' werden, sondern eine letzte Chance zur Leistung bekommen. Dieser Schutzzweck zugunsten des Schuldners entfällt allerdings, wenn abzusehen ist, dass dieser mit an Sicherheit grenzender Wahrscheinlichkeit die Leistung nicht erbringen kann.[659] Nichts anderes kann gelten, wenn für die Parteien eines Veranstaltungsbesuchsvertrags evident ist, dass die Leistungsfähigkeit des Veranstalters nicht durch eine Fristsetzung des ‚verhinderten' Besuchers beeinflusst werden kann. Die Nachholbarkeit einer Veranstaltung und die Festlegung eines Nachholtermins hängen von vielen Faktoren ab (Verfügbarkeit des Künstlers, der Spielstätte etc), auf die auch der Veranstalter nur bedingt Einfluss nehmen kann. Zwar liegt die Nachholung einer ausgefallenen Veranstaltung – wie dargestellt – regelmäßig auch in seinem Interesse. Da der Veranstalter jedoch sehr wohl weiß, dass er im Falle einer nicht innerhalb angemessener Frist erfolgenden Nachholung mit Schadensersatzansprüchen verärgerter Besucher rechnen muss, bedarf es der mit einer Fristsetzung bezweckten Mahnfunktion nicht. Kann oder will der ‚verhinderte' Veranstaltungsbesucher eine Nachholleistung des Veranstalters nicht annehmen, bedarf es zur Geltendmachung von Schadensersatzansprüchen vorab keiner Fristsetzung.

bb) Verzögerungsschaden

625 Als Verzögerungsschaden kann gem. § 280 Abs. 2 BGB nur der Schaden ersetzt verlangt werden, der allein durch die Verzögerung entstanden ist.[660] Der Anspruch setzt zusätzlich das Vorliegen der Tatbestandsmerkmale des § 286 BGB und damit voraus, dass sich der Veranstalter mit seiner Leistung im Verzug befindet. Der Anwendungsbereich dieses Anspruches bei einer verspätet begonnenen oder nachgeholten Veranstaltung ist in der Praxis gering. Zu denken wäre allenfalls an den Zinsaufwand oder Verlust, den der Kartenkäufer hat, weil die Veranstaltung nicht zum vorgesehenen, sondern zu einem späteren Termin stattfindet. Aufgrund seiner geringen praktischen Bedeutung kann hier auf eine tiefer gehende Erörterung verzichtet werden.

---

[657] Grüneberg in Palandt BGB Vorbem. § 249 Rn. 16.
[658] Vgl. Kreile/Hombach ZUM 2001, 731 (739.)
[659] Rühle S. 40.
[660] Grüneberg in Palandt BGB § 280 Rn. 13.

cc) Schadensersatz neben der Leistung

Ein Schadenseratzanspruch neben der Leistung gem. § 280 Abs. 1 BGB kann dem (verhin- 626
derten) Veranstaltungsbesucher zustehen, wenn der entstandene Schaden durch Nacherfüllung nicht beseitigt werden kann. Der Schadensersatz umfasst alle Schäden, die durch die Pflichtverletzung endgültig entstanden sind und durch Nachbesserung bzw. Ersatzleistung nicht beseitigt werden können.[661] Im Falle des verspäteten Veranstaltungsbeginns könnte ein entsprechender Schaden zB darin bestehen, dass infolge der Verspätung öffentliche Verkehrsmittel nicht mehr genutzt werden können, da sie nicht mehr fahren und der Besucher stattdessen ein Taxi nehmen muss. Die Mehrkosten kann der Besucher ohne Erfordernis einer Fristsetzung gem. § 280 Abs. 1 BGB gegen den Veranstalter geltend machen.

Anstelle des Schadensersatzanspruches kann der Besucher gem. § 284 BGB den Ersatz 627
sonstiger Aufwendungen geltend machen.

5. Ansprüche bei Schlechtleistung

a) Vor Vollendung

Tritt während einer Veranstaltung ein Mangel auf, findet allgemeines Leistungsstörungs- 628
recht Anwendung. Wird die Leistung nicht vertragsgemäß erbracht, hat der Veranstaltungsbesucher gem. § 323, 346 BGB das Recht zum Rücktritt. Wie dargestellt, bedarf es beim relativen Fixgeschäft gem. § 323 Abs. 2 Nr. 2 BGB keiner Fristsetzung zur Ausübung des Rücktrittsrechts. Erklärt der Veranstaltungsbesucher den Rücktritt bereits vor Vollendung, sind allerdings die Voraussetzungen des § 323 Abs. 5 S. 1 BGB zu berücksichtigen. Da der Veranstalter eine Teilleistung erbracht hat, kann der Gläubiger vom ganzen Vertrag nur zurücktreten, sofern er an der Teilleistung kein Interesse hat. Im Falle einer nicht vertragsgemäßen Leistung ist der Rücktritt gem. § 323 Abs. 5 S. 2 BGB ausgeschlossen, sofern der Mangel unerheblich ist.

Vor der Geltendmachung von Schadensersatzansprüchen ist gem. § 281 Abs. 1 BGB zwar 629
grundsätzliche eine Nachfristsetzung erforderlich. Wie bereits erörtert, ist diese jedoch beim Veranstaltungsbesuchsvertrag entbehrlich, da es des mit der Fristsetzung bezweckten Schutzes des Veranstalters angesichts der evidenten Vertragsverletzung nicht bedarf. Werden die Ansprüche geltend gemacht, nachdem bereits eine – wenn auch mangelhafte – Teilleistung erbracht wurde, ist ferner gem. § 281 Abs. 1 S. 2 im Einzelfall das Interesse des Besuchers an der Teilleistung zu prüfen.

b) Nach Vollendung

aa) Werkvertragliche Ansprüche

Aus Werkvertragsrecht kann der Besucher bei Schlechtleistung des Veranstalters Ansprüche 630
aus §§ 634 ff. BGB geltend machen

Der Nacherfüllungsanspruch ist gerichtet auf die endgültige Herstellung eines vertrags- 631
gemäßen mangelfreien Werks. Sie ist möglich entweder durch **Nachbesserung**, also Beseitigung der vorhandenen Mängel oder durch **Neuherstellung**, also der Herstellung eines neuen vertragsgemäßen Werks.[662]

Die Nachbesserung einer vollendeten Veranstaltung oder eines bereits zur Aufführung 632
gebrachten Veranstaltungsteils würde bedeuten, dass der mangelhafte Teil nochmals aufgeführt wird. Damit käme die Nachbesserung einer Neuherstellung gleich. Eine Neuherstellung scheidet jedoch bei Veranstaltungen als unkörperlichen Werken von der Natur der Sache her aus. Selbst wenn ein Mangel nach Beginn und einer teilweisen Darbietung für die Zukunft behoben werden kann, kann nicht nachträglich für einen schon beendeten Teil nachgebessert werden.[663]

---

[661] Grüneberg in Palandt BGB § 280 Rn. 18.
[662] Sprau in Palandt BGB § 635 Rn. 4.
[663] Kolberg S. 146.

§ 7 Leistungsstörungen bei Veranstaltungs- und Veranstaltungsbesuchsverträgen

633 Soweit man bei einer mangelhaften Aufführung tatsächlich über eine Neuherstellung, also eine **mangelfreie Wiederholung** nachdenkt, wird sich der Veranstalter – sofern nicht bereits Unmöglichkeit der Leistungserbringung vorliegt – zumeist auf die Einrede des § 635 Abs. 3 BGB berufen können. Danach steht dem Unternehmer ein Verweigerungsrecht zu, wenn der mit der Mängelbeseitigung verbundene Aufwand, berechnet nach dem Zeitpunkt in dem die vertragsgemäße Leistung geschuldet war, in keinem vernünftigen Verhältnis zu dem durch die Beseitigung der Mängel erzielbaren Erfolg stünde.[664] Im Gegensatz zur Nachholung eines ausgefallenen Konzertes fielen bei der Nachholung eines mangelhaften Konzertes nahezu alle Kosten doppelt an. Selbst wenn man davon ausgeht, dass der Künstler für eine mangelhafte Darbietung keine Vergütung erhält, muss der Veranstalter bei Nachholung der Veranstaltung jedenfalls die Spielstättenmiete, die Werbekosten, Personalkosten etc für die Nachholveranstaltung erneut entrichten, was zwangsläufig regelmäßig eine Unzumutbarkeit der Nachholung begründet.

634 Mit Vollendung und auch bereits bei Abbruch einer Veranstaltung nach deren Teilvollendung tritt daher auch beim relativen Fixgeschäft stets Unmöglichkeit ein. Etwas anderes kann im Ausnahmefall nur dann gelten, wenn ein gänzlich anderes als das geschuldete Werk aufgeführt wurde und daher nicht Vollendung eintreten konnte.

bb) Anwendung mietvertraglicher Ansprüche

635 Da es sich beim Veranstaltungsbesuchsvertrag um einen Vertrag mit sowohl werkvertraglichen als auch mietvertraglichen Anteilen handelt, bleibt im Einzelfall zu prüfen, ob werk- oder mietvertragliche Ansprüche anzuwenden sind. Bedeutung erlangt das mietvertragsrechtliche Element des Veranstaltungsbesuchsvertrags nur, sofern Karten in verschiedenen Preiskategorien für **unterschiedliche Platzkategorien** angeboten werden.

636 Gemäß der Rechtsprechung des BGH finden die mietrechtlichen Gewährleistungsansprüche wegen eines Sachmangels erst Anwendung, wenn die Mietsache übergeben worden ist.[665] Daher scheiden diese stets dann aus, wenn kein Sitzplatz mehr verfügbar ist oder es ihn gar nicht gibt. In diesem Fall liegt Unmöglichkeit mit der Folge vor, dass nicht Mietvertragsrecht sondern die Regeln des allgemeinen Schuldrechts anwendbar sind.[666]

637 Kann der Besucher den bezahlten Platz nicht nutzen, zB weil er defekt oder aus sonstigen Gründen mangelhaft ist, können – soweit der Platz grundsätzlich vorhanden und überlassen ist – wegen Schlechterfüllung der mietvertraglichen Pflichten Ansprüche aus den §§ 536 ff. BGB bestehen. Da der Veranstalter in einem derartigen Fall die werkvertragliche Verpflichtung – die Erbringung der Aufführung – erfüllt und es dem Besucher grundsätzlich auch möglich ist, von einem Stehplatz aus die Darbietung wahrzunehmen, betrifft die Schlechterfüllung des Veranstalters nur den mietvertraglichen Teil.

638 Nachdem mit der Schuldrechtsreform auch für mietvertragliche Ansprüche die Regelverjährung von drei Jahren gilt, führt die Anwendung von Mietvertragsrecht jedenfalls insoweit nicht zu unterschiedlichen Ergebnissen. Zu berücksichtigen ist allerdings, dass es sich bei den Ansprüchen aus §§ 536, 536a BGB um eine Garantiehaftung handelt, die kein Verschulden voraussetzt.

639 Der Vermieter ist verpflichtet, dem Mieter den vertragsgemäßen Gebrauch zu ermöglichen, also bestehende Mängel zu beheben. Unterbleibt die Mängelbehebung, kann der Mieter gem. § 536 BGB kraft Gesetzes die Miete mindern, gem. § 536 a BGB vom Vertrag zurücktreten, Schadensersatz statt der Leistung oder Ersatz vergeblicher Aufwendungen verlangen.

---

664 BGH NJW 1995, 1836; Sprau in Palandt BGB § 635 Rn. 10.
665 BGHZ 136, 102; Weidenkaff in Palandt BGB § 536 Rn. 3.
666 Kreile/Hombach ZUM 2001, 731 (752).

V. Fallkonstellationen von Leistungsstörungen beim Veranstaltungsbesuchsvertrag

1. Organisatorische Mängel

a) Verspäteter Beginn

Wie bereits dargestellt, schuldet der Veranstalter dem Besucher die Erbringung der Veranstaltungsleistung innerhalb des vereinbarten Erfüllungszeitraums. Wird dieser Zeitraum überschritten, tritt nicht automatisch Unmöglichkeit sondern zunächst **Verzug** ein. Dem Veranstaltungsbesucher steht daher das Recht zum Rücktritt und/oder Schadensersatz bzw. an dessen Stelle alternativ ein Anspruch auf Rücktritt und Ersatz vergeblicher Aufwendungen zu. 640

Entsprechend hat das AG Passau bei einem für 17.00 bis 22.00 Uhr angesetzten Konzert, welches erst um 21.30 Uhr begann, einem Besucher, der das Konzert verärgert um 22.30 Uhr verließ, lediglich die Rückzahlung eines Teilbetrages des Eintrittsgeldes zugesprochen.[667] Das Amtsgericht nahm keine Unmöglichkeit der Veranstaltungsleistung an, sondern gewährte dem Besucher ein Rücktrittsrecht bzw. Minderungsrecht aus Werkvertragsrecht. 641

Der vom AG Passau beurteilte Fall veranschaulicht ein weiteres Mal, dass die Behandlung des Veranstaltungsbesuchsvertrags als relatives Fixgeschäft der Annahme eines absoluten Fixgeschäfts vorzuziehen ist. Die Annahme eines absoluten Fixgeschäfts machte im dargestellten Fall den Abschluss eines neuen Vertrages, zumindest aber eine konkludente Vertragsänderung erforderlich.[668] Demgegenüber erscheint es vorzugswürdiger und realitätsnäher, davon auszugehen, dass es dem mutmaßlichen Willen der Parteien entspricht, den ursprünglichen Vertrag zunächst weiterhin als wirksam zu betrachten. Alternativ bleibt es den Parteien dann unbenommen, sich vom Vertrag zu lösen. 642

Hat der Besucher während des vereinbarten Erfüllungszeitraums die Veranstaltung miterlebt, verlässt sie aber wegen der Verspätung frühzeitig, kann allerdings fraglich sein, ob er den Rücktritt von der Gesamt- oder nur von der Teilleistung erklären kann. Abzustellen ist gem. § 323 Abs. 5 BGB auf das Interesse an der Teilleistung. 643

Ein entsprechendes Interesse wird unproblematisch regelmäßig dann zu unterstellen sein, wenn der Besucher trotz Kenntnis der Verspätung bzw. zum Ablauf des vereinbarten Erfüllungszeitraums den erbrachten Darbietungsteil entgegennimmt. Da ihm bereits zu diesem Zeitpunkt bekannt sein muss, dass die vollständige Leistung innerhalb des vereinbarten Erfüllungszeitraums nicht mehr erbracht werden kann, indiziert sein Verbleiben am Veranstaltungsort sein Interesse an der Teilleistung. Daher kann in einem derartigen Fall allenfalls der Rücktritt bezüglich des während des vereinbarten Erfüllungszeitraums nicht vollendeten Teils der Aufführung erklärt werden. 644

b) Terminverschiebung

Nach hier vertretener Auffassung führt die Verlegung eines Veranstaltungstermins auf einen anderen Tag nicht zur Anwendung der Unmöglichkeitsregeln. Im Falle der Veranstaltungsverschiebung gibt es drei Möglichkeiten: (1) Der Karteninhaber erklärt ohne Abwarten den Rücktritt vom Vertrag. (2) Der Veranstalter benennt einen Ersatztermin, den der Karteninhaber aber aus persönlichen Gründen nicht wahrnehmen kann und daher zurücktritt. (3) Der Veranstalter benennt einen Nachholtermin, den der Karteninhaber wahrnimmt. 645

Aufgrund des relativen Fixgeschäftscharakters des Veranstaltungsbesuchsvertrags ist der ‚verhinderte' Veranstaltungsbesucher keineswegs ‚verpflichtet', die Nachholung an einem anderen Termin als Erfüllung anzunehmen.[669] Vielmehr steht ihm auch bei einem relativen Fixgeschäft gem. § 323 Abs. 2 Nr. 2 BGB ein sofortiges Rücktrittsrecht zu. 646

---

[667] AG Passau NJW 1993, 1473; dargestellt von Kreile/Hombach ZUM 2001, 731 (739 ff.).
[668] vgl. Kreile/Hombach ZUM 2001, 731 (739).
[669] Kreile/Hombach ZUM 2001, 731 (738 f.).

§ 7   Leistungsstörungen bei Veranstaltungs- und Veranstaltungsbesuchsverträgen

647   Ist der ‚verhinderte' Veranstaltungsbesucher hingegen daran interessiert, die Veranstaltung an einem angebotenen Nachholtermin zu besuchen, muss er das Beharren auf weiterer Erfüllung klar zum Ausdruck bringen. Dies kann grundsätzlich durch eine Nachfristsetzung geschehen. Damit wird die Erklärung zum Ausdruck gebracht, dass Rücktritts- und Schadensersatzrechte aus dem Fixgeschäft nicht geltend gemacht werden, sondern trotz eingetretener Verzögerung der Leistung weiterhin auf Erfüllung des Vertrages bestanden wird.[670] Wie bereits dargestellt, kann allerdings davon ausgegangen werden, dass eine derartige Erklärung des ‚verhinderten' Veranstaltungsbesuchers regelmäßig konkludent dadurch erfolgt, dass entweder beim Veranstalter nachgefragt wird, ob ein Ersatztermin stattfindet oder aber rügelos der Ersatztermin wahrgenommen wird.

c) Verspäteter Besucher wird nicht eingelassen

648   Insbesondere bei Konzerten der klassischen Musik und bei Theateraufführungen wird verspätet kommenden Besuchern häufig der Eintritt bis zum Einsetzen eines Applauses oder sogar bis zur Pause verweigert, um Störungen der übrigen Veranstaltungsbesucher zu vermeiden.

649   Das AG Aachen begründet in einer Entscheidung aus dem Jahre 1997 den Nichteinlass bei Zuspätkommen mit einer „jahrhundertealten und internationalen Gepflogenheit", die dem Vertragsverhältnis zwischen Besucher und Veranstalter immanent sei.[671] Es verwehrte einem Theaterbesucher, der zu einer (Musical-)Aufführung erst 10 Minuten nach Beginn der Vorstellung erschien und vom Theaterpersonal zunächst nicht eingelassen wurde, den Anspruch auf Teilrückzahlung des Eintrittspreises. Zwecks Vermeidung einer Störung der Aufführung und des Publikums erlaubte das Personal erst zu einem als passend erscheinenden Zeitpunkt 35 Minuten nach Vorstellungsbeginn das Betreten des Veranstaltungssaales. Das Gericht entschied, dass der Veranstaltungsbesucher es durch sein verspätetes Eintreffen selbst verursacht habe, dass er einen Teil der Vorstellung verpasst habe.[672]

650   Rechtlich stützt das AG Aachen seine Entscheidung darauf, dass der zu spät kommende Besucher seine gem. § 642 Abs. 1 BGB bestehende Mitwirkungspflicht verletze. Dabei übersieht es ebenso wie das AG Hamburg[673], dass der Nichteinlass von Besuchern jedenfalls auch eine Verletzung der Hauptpflicht des Veranstalters bedeutet. Das Angebot, allein den verbleibenden Teil der Aufführung zu sehen, ist lediglich das Angebot einer Teilleistung, welches vom Besucher zurückgewiesen werden kann. Damit wäre jedenfalls die Erfüllung des bereits aufgeführten Teils mit der Folge unmöglich geworden, dass der Besucher zum Rücktritt und zum Schadensersatz statt der Leistung bzw. zu Aufwendungsersatzansprüchen berechtigt wäre.[674]

651   Zwar kann dem Ergebnis der Entscheidung, nicht jedoch ihrer Begründung zugestimmt werden. Die Annahme der aufgrund des Veranstaltungsbesuchsvertrags geschuldeten Leistung des Veranstalters erfolgt durch den Besuch der Veranstaltung. Nehmen Veranstaltungsbesucher die zum vertraglich geschuldeten Zeitpunkt angebotene Leistung des Veranstalters nicht oder verspätet an, geraten sie gem. § 293 BGB in Annahmeverzug. Der Verzug beginnt mit Verstreichen des letzten Einlasszeitpunktes.[675] Mit Beginn der Veranstaltung wird deren Erbringung für einen nicht anwesenden Karteninhaber unmöglich. Da der Annahmeverzug vom Besucher zu vertreten ist, liegen die Voraussetzungen des § 326 Abs. 2 BGB vor. Der Veranstalter behält den Anspruch auf die Gegenleistung.[676]

---

[670] BGH DB 1983, 385 (386); Hopt in Baumbach//Hopt HGB § 376 Rn. 7.
[671] AG Aachen NJW 1997, 2058.
[672] So im Ergebnis auch AG Hamburg MDR 1994, 665.
[673] AG Hamburg MDR 1994, 665.
[674] Deckers JuS 1999, 1160 (1162).
[675] Kolberg S. 107.
[676] So auch Deckers JuS 1999, 1160 (1162).

Fraglich kann bei derartigen Fallgestaltungen wiederum sein, ob eine vom Veranstalter 652
zu vertretende Teilunmöglichkeit vorliegt, sofern das Einlasspersonal des Veranstalters nicht
lediglich den nächst größeren Applaus oder das Fallen eines Zwischenvorhangs abwartet,
sondern dem Besucher den Zutritt erst zur Pause gewährt. Zutreffend wird dazu festgestellt, dass dem Veranstalter nicht abverlangt werden könne, Personal bereitzustellen, welches im Interesse der spät kommenden Besucher den Veranstaltungsablauf derart lange beobachtet, bis der optimal geeignete Zeitpunkt für den Einlass gefunden wird.[677]

d) Verlegung des Veranstaltungsorts

Ist die Nachfrage für eine Veranstaltung unerwartet groß oder klein, kann ein Wechsel der 653
Veranstaltungslokalität geboten sein. Dabei stellt sich die Frage, ob und wenn ja unter welchen Voraussetzungen der Veranstaltungsbesucher dies hinnehmen muss.

Grundsätzlich schuldet der Veranstalter ‚lediglich' die Durchführung der Veranstaltung. 654
Die Lokalität ist hingegen kein prägendes Element des Veranstaltungsbesuchsvertrages. Etwas anderes kann im Einzelfall gelten, wenn die neue Lokalität erheblich von der bisherigen
entfernt ist oder qualitative Beeinträchtigungen mängelbegründend wirken.[678] Dies könnte
der Fall sein, wenn sich die bisherige Lokalität durch eine besondere Akustik auszeichnet,
die in der neuen Lokalität nicht gegeben ist oder wenn für die ursprüngliche Spielstätte
Sitzplatzkarten erworben wurden, die neue Spielstätte jedoch über keine Sitzplätze verfügt.
In diesem Fall stehen dem Kartenkäufer vor Vollendung die Rechte aus §§ 281 Abs. 1, 323
Abs. 2 Nr. 3 BGB und nach Vollendung aus § 634 BGB zu. Ohne Hinzutreten besonderer
Umstände begründet der Wechsel der Spielstätte jedoch keinen Mangel.

Hat der Besucher zB die Verlegung akzeptiert, macht dann aber später wegen schlechte- 655
rer Akustik Mängelansprüche geltend, ist die Maßgabe des § 323 Abs. 5 BGB zu berücksichtigen.

e) Besucher erhält gar keinen Platz

Kann der Veranstalter dem Besucher gar keinen Platz zuweisen – zB weil die Veranstaltung 656
ausverkauft ist und einzelne Plätze doppelt verkauft wurden – liegt Unmöglichkeit vor.
Mangels Übergabe der Mietsache ist Mietvertragsrecht nicht anwendbar.[679] Vollendung der
Veranstaltungsleistung, zu der sich der Veranstalter gegenüber dem ‚verhinderten' Besucher
verpflichtet hat, konnte infolge der Unmöglichkeit nicht eintreten. Eine Nachholung
scheidet in derartigen Fällen aus, da die Veranstaltung stattgefunden hat. Daher scheitert
auch die Anwendung von Gewährleistungsansprüchen aus Werkvertragsrecht. Dem Besucher bleiben daher die Ansprüche des Allgemeinen Schuldrechts.

f) Stehplatz anstatt Sitzplatz

Wird einem Besucher lediglich einen Stehplatz zugewiesen, obwohl er eine Karte für einen 657
Sitzplatz erworben hat, bleibt ihm zwar die Wahrnehmung der Veranstaltung möglich. Der
Wert des überlassenen Platzes entspricht jedoch nicht dem Wert des Platzes, den der Veranstaltungsbesucher bezahlt hat. Der Mangel betrifft mithin den mietvertraglichen Aspekt des
Veranstaltungsbesuchsvertrages.

Das AG Herne-Wanne hatte 1998 den in anderem Zusammenhang bereits erwähnten 658
Fall zu beurteilen, bei dem einer Veranstaltungsbesucherin anstatt der von ihr erworbenen
teureren Sitzplatzkarte nur ein Stehplatz angeboten werden konnte.[680] Die Klägerin verließ
daraufhin die Veranstaltung vor deren Beginn. Das Gericht kam zu dem Ergebnis, dass die
mietvertraglich geschuldete Leistung unmöglich geworden sei. Zwar sei der werkvertrag-

---

[677] Kolberg S. 107 f.
[678] Kolberg S. 133.
[679] Weidenkaff in Palandt BGB § 536 Rn. 3.
[680] AG Herne-Wanne NJW 1998, 3651; dargestellt von Kreile/Hombach ZUM 2001, 731 (752);
Roth JuS 1999, 220.

liche Leistungsteil – die Aufführung – erbracht worden, sodass nur Teilunmöglichkeit vorliege. Da die Leistungsanteile jedoch unteilbar seien und die Klägerin an einer teilweisen Erfüllung kein Interesse gehabt habe, bestünde ein Schadensersatzanspruch wegen Unmöglichkeit des Gesamtvertrages. Das Gericht verurteilte den Veranstalter daher zur Zahlung von Schadensersatz in Höhe des Gesamtwertes einer Sitzplatzkarte und sprach der Klägerin Ersatz der aufgewandten Freizeit zu. Zwar ist dem Gericht zuzustimmen, soweit es die Unmöglichkeit des mietvertraglichen Teils annimmt. Ohne dies näher zu begründen unterstellt das Gericht damit nachvollziehbar, dass ein Interesse des Klägers an einer Teilleistung – der Leistung des werkvertraglichen Teils – nicht besteht. Das Desinteresse des Besuchers an dem ihm ersatzweise angebotenen Stehplatz sowie das Verlassen der Veranstaltung indizieren sowohl den Interessenfortfall iSd § 281 Abs. 1 S. 2 BGB als auch des § 323 Abs. 5 BGB. Das Gericht gewährte dem Kläger daher einen Schadensersatzanspruch statt der (gesamten) Leistung. Nach heutigem Recht wäre der Besucher sowohl zum Rücktritt als auch zum Schadensersatz bzw. alternativ zur Forderung auf Ersatz nutzloser Aufwendungen berechtigt, wobei eine Fristsetzung beim Rücktritt bei einem relativen Fixgeschäft entbehrlich ist. Bezüglich der Entbehrlichkeit der Fristsetzung beim Schadensersatzanspruch nach § 281 Abs. 1 BGB wird auf die obigen Ausführungen verwiesen.

659 Falsch ist allerdings der Weg über die Anwendung mietvertraglichen Gewährleistungsrechts, da dieses nach herrschender Rechtsauffassung erst nach Übergabe der Mietsache Anwendung finden kann. Mangels Übergabe wäre daher ausschließlich allgemeines Schuldrecht anwendbar gewesen.

g) Getrennte Plätze

660 Das LG Frankfurt gewährte 1997 einem Besucher wegen ‚Vereitelung des Reisezwecks' eines in einem Reisebüro gebuchten Musical-Arrangements einen Anspruch auf Minderung in Höhe des vollen Eintrittspreises sowie einen Anspruch auf Erstattung seiner Anreisekosten, weil er für sich und seine Lebensgefährtin nicht zwei nebeneinander liegende, sondern zwei weit auseinander liegende Plätze erhielt.[681] Als Begründung führte das Gericht an, dass der mit dem besonderen Charakter der Reise verfolgte Zweck nicht erreicht werden konnte. Biete ein Reiseveranstalter ein sog ‚Arrangement' wie im zu entscheidenden Fall mit Hotelübernachtung in einem Doppelzimmer mit einer Belegung von zwei Personen inklusive Frühstücksbuffet und zwei Karten für einen Musicalbesuch an, könne der Kunde davon ausgehen, dass grundsätzlich Karten für nebeneinander liegende Plätze gewährt würden. Dazu bedürfe es auch keines besonderen Hinweises des Kunden. Soweit das Reisebüro seinerseits keinen besonderen Hinweis gebe, schulde es zwei nebeneinander liegende Plätze.

661 Die veranstaltungsrechtliche Bedeutung des Urteils beschränkt sich auf den Sonderfall der **Arrangement-Buchung**, also der Buchung eines quasi ‚Rundum-Sorglos-Pakets', für welches ein Komplettpreis gezahlt wird. Nur aufgrund dieser besonderen Buchungssituation – der Zahlung eines Gesamtpreises – kann eine Abgrenzung zwischen Schadensersatz- und Aufwendungsersatzansprüchen außer Betracht bleiben. Nicht zuzustimmen ist der Entscheidung des Gerichts insoweit, als sie den Eindruck erweckt, dass grundsätzlich bei jedem Kartenkauf ein Hinweis darauf erwartet werden könne, dass die Plätze für mehrere Personen nicht zusammen liegen. Zwar mag dies eine dienstleistungsbewußte Vorverkaufsstelle besonders auszeichnen. Im Regelfall wird man Minderungsansprüche jedoch nicht auf das Unterbleiben eines entsprechenden Hinweises gründen können.

h) Schlechte Sicht

662 Um einen Mangel kann es sich auch handeln, wenn der Besucher an dem ihm zustehenden Sitzplatz (zB durch das in der Reihe vor ihm platzierte Ton-/Lichtmischpult) in der Sicht gehindert ist oder an seinem Platz eine Hörbeeinträchtigung besteht.

---

[681] LG Frankfurt NJW-RR 1999, 57.

Das AG Hannover[682] hat sich in einer Entscheidung damit beschäftigen müssen, dass einem Besucher, der einen Sitzplatz in der teuersten Preiskategorie erworben hatte, die Sicht durch von den hinteren Stuhlreihen nach vorne drängenden Besuchern versperrt wurde. Der Kläger verlangte Minderung der Vergütung. Fraglich ist wiederum, ob Gewährleistungsansprüche auf Miet- oder aber auf Werkvertragsrecht zu stützen sind. 663

Das Gericht hat ausgehend von Werkvertragsrecht mietvertragliche Maßstäbe nach § 537 aF BGB angewandt. Wenn Zuschauerplätze zu abgestuften Preisen vermietet würden, gehöre die bessere Sicht auf die Bühne zum Gebrauchswert des höher bezahlten Eintrittspreises. Zahle der Besucher für einen Platz einen erhöhten Preis, habe der Veranstalter ihm die Sicht auf die Bühne zu gewährleisten, sodass es auch auf ein Verschulden des Veranstalters nicht ankäme. Das Gericht legte für die Berechnung der Minderung den Differenzbetrag zwischen dem niedrigsten Eintrittspreis und dem ‚Aufpreis' für den besseren Sitzplatz zugrunde.[683] 664

Dem ist uneingeschränkt zuzustimmen. Die Entscheidung zeigt, dass es im Ergebnis keinen Unterschied macht, ob bei Sicht- ebenso wie bei Hörbeeinträchtigungen in Sitzplatzkategorien auf Werk- oder auf Mietvertragsrecht abgestellt wird. Der werkvertragliche Lösungsweg über die Annahme eines Mangels der vereinbarten Beschaffenheit bzw. der mangelhaften Wahrnehmbarmachung hätte zum gleichen Ergebnis geführt. 665

Letztlich kommt die mietvertragliche Komponente ohnehin nur in Betracht, sofern es einerseits überhaupt unterschiedliche Preiskategorien gibt und andererseits im konkreten Fall eine besondere Beeinträchtigung (Lautsprecher steht direkt neben Sitzplatz) vorliegt, die selbst in der schlechtesten Sitzplatzkategorie so nicht gegeben wäre. In einem solchen Fall wäre die Minderung durch das Gericht nach billigem Ermessen zu bestimmen.[684] 666

Das AG Bremen hatte sich 2002 mit der Frage zu beschäftigen, in welchem Maße insbesondere für **kleinwüchsige Personen** bestehende Sichtbeschränkungen bei unbestuhlten Konzerten einen Mangel begründen können.[685] Es kam zu dem Ergebnis, dass bei Stehplatzveranstaltungen immer damit zu rechnen sei, dass die Sicht auf die Bühne mehr oder minder eingeschränkt oder gar vollständig aufgehoben sein kann. Ein werkvertraglicher Mangel liege daher nicht vor. Auch bestünde keine Nebenpflicht des Veranstalters, durch besondere Bühnenkonstruktionen vor allem kleinwüchsigen Personen eine ungehinderte Sicht auf die Bühne zu verschaffen. 667

Da bei der vom AG Bremen zu beurteilenden Veranstaltung eine Videoleinwand aufgestellt war, konnte das Gericht die Frage außer Betracht lassen, ob der Veranstalter grundsätzlich verpflichtet ist, bei problematischen Sichtverhältnissen das Bühnengeschehen zumindest auf diese Weise sichtbar(er) zu machen. Angesichts der Größe der heutige Arenen und den darin bestehenden Kapazitäten für Stehplätze vor Szenenflächen erscheint es allerdings zu weitgehend, tatsächlich jede entfernungsbedingte Sichtbehinderung als hinnehmbar zu betrachten. Der Inhaber einer Eintrittskarte darf erwarten, dass ihm die Karte nicht nur das Recht gewährleistet, den Veranstaltungssaal zu betreten sondern dass er zudem die Möglichkeit erhält, das Bühnengeschehen auch optisch wahrnehmen zu können. Dies muss grundsätzlich auch für unbestuhlte Veranstaltungen gelten. Zwar ist dem AG Bremen zuzustimmen, wenn es feststellt, dass diejenigen Konzertbesucher, die bei einer Großveranstaltung als letzte eintreffen, dann auch mit den hintersten Plätzen vorlieb nehmen müssen. Gleichwohl wird im Einzelfall zu prüfen sein, ob bei einer großen Anzahl von Stehplätzen auf gleicher Höhe bei einer zB nicht hinreichend erhöhten Szenenfläche zumindest der 668

---

[682] AG Hannover NJW 1981, 1219; dargestellt bei Huff VuR 1990, 166 (169); Kreile/Hombach ZUM 2001, 731 (753).
[683] Abweichend Kreile/Hombach ZUM 2001, 731 (754), welche die Differenz zwischen der Preisklasse erstatten wollen, aus der das Ticket erworben wurde und derjenigen, die qualitativ dem Wahrgenommenen entspricht.
[684] Kreile/Hombach ZUM 2001, 731 (754).
[685] AG Bremen ZUM-RD 2001, 621.

durchschnittlich gewachsene Besucher noch die Möglichkeit hat, Einblick auf die Bühne zu nehmen bzw. zumindest das Bühnengeschehen auf einem Bildschirm zu verfolgen. Ist dies nicht gewährleistet, ist von einem Sachmangel auszugehen. Dem Besucher können dann die Rechte aus §§ 536 ff. BGB zustehen.

2. Qualitative Mängel der Darbietung

669 Mängel des Programms können sich sowohl aus der künstlerischen Qualität der Darbietung als auch aus der Qualität ihrer Wahrnehmbarmachung ergeben.

a) Künstlerische Qualität der Darbietung

670 Wie selten zuvor wurden qualitative Mängel einer Konzertaufführung bei den Comeback-Auftritten der amerikanischen Sängerin Whitney Houston im Jahre 2010 öffentlich diskutiert. Ausführlich wurde in zahlreichen Medien nicht nur ihre gesundheitliche und physische Verfassung sondern auch ihre gesangliche Leistung kritisiert. Besucher sollen „scharenweise" die Konzerte verlassen haben.[686] Soweit ersichtlich, ist es zu gerichtlichen Auseinandersetzungen über die Rückzahlung von Eintrittsgeldern indes nicht gekommen, da die Veranstalter sich offenbar im Einzelfall außergerichtlich geeinigt haben. Allerdings wären rechtliche Ansprüche ohnehin wohl auch kaum durchsetzbar gewesen. Abgesehen von der Frage, ob die Überprüfung der künstlerischen Qualität nicht per se jeder gerichtlichen Überprüfung entzogen ist[687], vermag eine künstlerisch mangelhafte Leistung Ansprüche der Veranstaltungsbesucher bereits deshalb nicht zu begründen, da der Veranstalter lediglich die Aufführung als solche und keine bestimmte künstlerische Qualität schuldet.[688] Daher dürften Mängelansprüche des Veranstaltungsbesuchers regelmäßig selbst dann scheitern, wenn der Künstler eine hinreichende Motivation und ein zumindest geringes Bemühen um das Gelingen der Veranstaltung vermissen lässt.[689] Etwas anderes könnte allenfalls gelten, wenn eine Darbietung ihrem Wesen nach nicht mehr als solche zu betrachten ist, zB wenn Schauspieler ihre Rollen nur ablesen ohne zu spielen.[690]

b) Qualität der technischen Übertragung

671 Im Regelfall wird es sich bei einer schlechten technischen Übertragung einer Darbietung (zu laut, zu leise, Tonrauschen) um einen Mangel der Veranstaltung und nicht um Unmöglichkeit handeln. Zu unterscheiden ist zwischen technischen Mängeln bei der Übertragung einerseits und Wahrnehmbarkeitsmängeln aufgrund akustisch schlechter Platzierung andererseits.[691] Da eine mangelhafte technische Übertragung einer Darbietung die Qualität der Veranstaltung betrifft, sind die Gewährleistungsansprüche des Werkvertragsrechts anzuwenden. Bei Hörbeeinträchtigungen, die von der Lage des Sitzplatzes abhängen (zB wegen Platzierung unterhalb einer Brüstung), ist hingegen Mietvertragsrecht anwendbar.[692]

672 Die Erwartungen an die vom Veranstalter geschuldete Qualität der Tonübertragung sind unterschiedlich. Während einigen ein Rockkonzert nicht laut genug sein kann, sehen sich andere wegen zu hoher Lautstärke genötigt, die Veranstaltung zu verlassen. Entsprechend unterschiedliche Erwartungen gibt es auch an die Tonqualität wie zB die Aussteuerung von Bässen oder Höhen. Gemäß § 633 BGB liegt ein Mangel bei einer Abweichung von den vertraglich dem Unternehmer auferlegten Pflichten vor. Abzustellen ist dabei auf die

---

[686] Vgl. zB einen Artikel in der Süddeutschen Zeitung, abrufbar unter: http://www.sueddeutsche.de/kultur/whitney-houston-konzert-fiasko-und-ploetzlich-ein-ruelpser-1.944349.
[687] BSG Urt. v. 25.11.2010 – B 3 KS 1/10 R; anders aber wohl BFH NJW 1960, 2359; BFH BB 1992, 1774.
[688] So auch Kolberg S. 143; Fessmann NJW 1983, 1164 (1168).
[689] Anders aber offenbar Kreile/Hombach ZUM 2001, 731 (750).
[690] Kolberg S. 144.
[691] Kreile/Hombach ZUM 2001, 731 (749).
[692] Vgl. Rn. 635 ff.

von den Parteien vorausgesetzte bzw. auf die übliche Funktionstüchtigkeit.[693] In der Praxis ist allerdings regelmäßig kaum feststellbar, wo die Grenzlinie zwischen noch hinnehmbaren und nicht mehr hinnehmbaren Darbietungen liegt.[694] Eine lediglich als ‚schlecht' empfundene Tonqualität lässt sich in Ermangelung einer Durchschnittsnorm nur schwer nachweisen. Hingegen lässt sich die Zumutbarkeitsgrenze der Lautstärke einer Veranstaltung unter Zugrundelegung als gesundheitsschädlich anerkannter Grenzwerte objektiv ermitteln.

Eine Problematik besteht allerdings in der grundsätzlichen Beweislast von Mängeln der Tonqualität. So wird es dem Besucher nach Beendigung der Veranstaltung regelmäßig schwer fallen, dem Veranstalter Mängel der technischen Qualität nachzuweisen. **673**

c) Werktreue

Das AG Hamburg hatte 2008 über die Klage eines Besuchers zu entscheiden, der das für eine Theateraufführung gezahlte Eintrittsgeld mit der Begründung zurückforderte, dass die Aufführung des Werkes „Viel Lärm um Nichts" von William Shakespeare nicht wort- und werkgetreu erfolgt sei.[695] Die Klage hatte keinen Erfolg. Das Gericht begründete seine Entscheidung damit, dass jede Theateraufführung notwendigerweise eine Interpretation sei, die als künstlerische, der Fantasie des Regisseurs und der sonstigen Beteiligten erwachsene Werke stets neuartig seien.[696] Da kein Mangel vorliege, bestünden Ansprüche des enttäuschten Besuchers weder nach Werkvertragsrecht noch wegen Verletzung von Schutzgesetzen. Das AG Bonn lehnte in einem vergleichbaren Fall bereits 1982 den Anspruch eines Theaterbesuchers auf Rückzahlung des Eintrittspreises mit der Begründung ab, dass dem Regisseur eine Gestaltungsfreiheit einzuräumen sei, die seiner künstlerischen Eigenart entspreche und es ihm erlaube, in seinem Werk seine individuelle Schöpferkraft und sein Schöpferwollen zum Ausdruck zu bringen.[697] Beide Urteilsbegründungen sind nicht zu beanstanden. Sie liefern zutreffende Argumente für die künstlerische Freiheit bei Inszenierungen und Werkinterpretationen.[698] **674**

d) Witterungsbedingte Mängel

Bei Open Air Veranstaltungen stellt sich immer wieder die Frage, ob Veranstaltungsbesuchern ein Rücktrittsrecht wegen schlechten Wetters zusteht. Dies ließe sich mit der Begründung vertreten, dass eine ordnungsgemäße Leistungserbringung des Veranstalters voraussetzt, dass der Zuschauer die Leistung unter angemessenen Bedingungen verfolgen kann. In der Literatur wird daher vertreten, dass die Leistung des Veranstalters unmöglich werde, sofern die Besucher sie nur unter Inkaufnahme mehrstündigen Regens wahrnehmen könnten.[699] Dieser Auffassung ist zu widersprechen. Wer sich in den Breitengraden Mitteleuropas zum Besuch einer Veranstaltung unter freiem Himmel entschließt, nimmt billigend in Kauf, dass es am Veranstaltungstag regnen kann. Eine Beschaffenheitsvereinbarung dergestalt, dass die Leistung des Veranstalters nur bei trockenem Wetter ordnungsgemäß erfüllt werden könne, ist dem Veranstaltungsbesuchsvertrag nicht immanent. Es liegt daher weder Schlechterfüllung noch Unmöglichkeit vor, wenn die Besucher einer Veranstaltung diese nur im Regen miterleben können. **675**

---

[693] Sprau in Palandt BGB § 633 Rn. 5.
[694] Fessmann NJW 1983, 1164 (1171).
[695] AG Hamburg NJW 2009, 782.
[696] AG Hamburg NJW 2009, 782 (783).
[697] AG Bonn NJW 1983, 1200.
[698] Vgl. auch Fessmann NJW 1983, 1164 (1169).
[699] Hirte JuS 1992, 401 (402).

3. Mängel des Veranstaltungsprogramms

a) Vorzeitiger Abbruch

676 Mangels Vollendung ist werkvertragliches Gewährleistungsrecht nicht anwendbar, wenn eine Veranstaltung vorzeitig abgebrochen wird. Daran ändert auch die Tatsache nichts, dass bereits eine Teilvollendung vorliegt, da sich die Ansprüche des Besuchers nicht auf den vollendeten, sondern auf den unvollendet gebliebenen Aufführungsteil beziehen.

677 Wird eine Veranstaltung vorzeitig abgebrochen, behält der Besucher seinen Anspruch auf Erfüllung. Hat er daran kein Interesse, stellt sich die Frage ob er den Rücktritt wegen der Gesamtleistung erklären kann oder sich die anteilige Wahrnehmung des Konzerts anspruchsmindernd anrechnen lassen muss.

678 Bezüglich der grundsätzlichen Teilbarkeit einer Darbietung wird auf die insoweit zum Veranstaltungsvertrag erfolgten Ausführungen verwiesen.[700] Je nachdem, ob ein Interesse an der Teilleistung unterstellt werden kann oder nicht, kann der Besucher einen Teilrücktritt erklären oder aber vom ganzen Vertrag zurücktreten.

b) Künstlertausch

679 Wie bereits zum Veranstaltungsvertrag dargestellt, ist auch beim Veranstaltungsbesuchsvertrag die Beurteilung der rechtlichen Konsequenzen eines Wechsels der angekündigten Künstler abhängig vom Einzelfall. In Frage kommt entweder Unmöglichkeit oder Mangelhaftigkeit der Leistung des Veranstalters. Ob allgemeines Leistungsstörungsrecht oder besonderes Schuldrecht anwendbar ist, richtet sich auch hier nach der Frage, ob trotz des Darstellerwechsels Vollendung eintreten kann oder die Leistung unmöglich geworden ist.

680 Letztlich geht es dabei um die Gleichwertigkeit des Ersatzes gegenüber dem angekündigten Künstler. Das AG Mannheim hatte 1991 einen Fall zu beurteilen, bei dem infolge Todes des ursprünglich angekündigten Dirigenten eine Umbesetzung vorgenommen wurde.[701] Das Gericht bestätigte den Anspruch eines Kartenkäufers auf Rückzahlung des Eintrittsgeldes. Es begründete das Urteil damit, dass ein Fall vom Veranstalter nicht zu vertretender Unmöglichkeit vorgelegen habe, bei dem der Veranstalter den Anspruch auf die Gegenleistung verloren habe.[702] Das AG Hamburg ging bei einer krankheitsbedingten Verhinderung eines angekündigten Künstlers nicht von Unmöglichkeit der Veranstaltungsleistung aus, sondern beurteilte die Leistung des Veranstalters als mangelhaft und gewährte daher lediglich einen Anspruch auf Minderung.[703]

681 Im Einzelfall ist mithin zu entscheiden, ob Unmöglichkeit oder lediglich ein Mangel vorliegt, ob der Besucher also vom Vertrag zurücktreten oder nur Minderung des Eintrittspreises beanspruchen kann. Während das AG Hamburg und das AG Düsseldorf nach der damaligen Rechtslage auf Fehler oder das Fehlen zugesicherter Eigenschaften abstellten, gilt als Sachmangel heute jede Abweichung der Istbeschaffenheit des Werks von seiner Sollbeschaffenheit. Die zugesicherte Eigenschaft ist Teil der Beschaffenheitsvereinbarung. Geschuldet ist das gesamte vereinbarte Werk. Dazu gehören alle Eigenschaften des Werks, die den vertraglich geschuldeten Erfolg herbeiführen sollen.[704] Entscheidend ist dabei, was zwischen den Vertragspartnern vereinbart wurde. Dies kann nur im Wege einer Auslegung der Ankündigungen des Veranstalters geschehen. Soweit der Veranstaltungsbewerbung und der Eintrittskarte keine konkreten Zusicherungen zu entnehmen sind, ist im Einzelfall zu ermitteln, wie der Besucher die Ankündigung des Veranstalters verstehen musste.

---

[700] S. Rn. 515 ff.
[701] AG Mannheim NJW 1991, 1490; dargestellt bei Kreile/Hombach ZUM 2001, 731 (746).
[702] entsprechend AG Rüdesheim NJW 2002, 615.
[703] AG Hamburg Urt. v. 15.5.1996 – 18 a C 243/95 (nv); Ankermann NJW 1997, 1134; entsprechend AG Düsseldorf NJW 1990, 2559.
[704] Sprau in Palandt BGB § 633 Rn. 1, 5.

Die Frage, ob in einem derartigen Fall allgemeines oder besonderes Schuldrecht anzuwenden ist, ist auch hier letztlich von der Bedeutung der Abweichung abhängig. Entscheidend muss letztlich sein, ob die stattgefundene Darbietung trotz des Künstlerwechsels noch wesensgleich mit der angekündigten Darbietung oder die Abweichung so groß ist, dass Erfüllung nicht mehr angenommen werden kann.[705] Wird eine Orchesteraufführung anstatt mit dem angekündigten mit einem anderen Dirigenten aufgeführt, handelt es sich gleichwohl um die Darbietung des angekündigten Orchesterwerks. In einem derartigen Fall wird man also jedenfalls nicht Unmöglichkeit annehmen können. Findet hingegen anstatt des angekündigten Konzerts eines bekannten Künstlers ein Konzert mit einem ganz anderen Künstler statt, führt dies zur Unmöglichkeit der geschuldeten Leistung des Veranstalters. Damit geht es also erneut um die Abgrenzung, ob mit dem Künstlerersatz ein Aliud geleistet wird – dann Unmöglichkeit – oder aber zwar nicht die angekündigten Künstler auftraten, die Veranstaltung in ihrem **Wesensgehalt** jedoch keine Änderung erfahren hat – dann liegt lediglich ein Mangel vor.[706] 682

Grundsätzlich kann eine Leistungsstörung nur angenommen werden, sofern Umbesetzungen nicht ohnehin üblich sind. Das ist zB im Theater-, Opern- und Musicalbereich wie auch bei Orchesterkonzerten durchaus der Fall. Sowohl der Austausch von Orchestermusikern als auch der Wechsel zwischen Erst- und Zweitbesetzungen bei Bühnenwerken kann regelmäßig nicht beanstandet werden, da mit Abschluss des Veranstaltungsbesuchsvertrags keine Vereinbarung über eine konkrete Besetzung getroffen wird. 683

c) Programmänderung

Bei Programmabweichungen oder -änderungen gilt im Wesentlichen das bereits oben zu Programmänderungen des Künstlers beim Veranstaltungsvertrag Ausgeführte.[707] Auch bezüglich der Erfüllung der aus einem Veranstaltungsbesuchsvertrag geschuldeten Leistung kommt es nicht auf die Erwartung des Besuchers, sondern allein auf den Inhalt der geschuldeten Leistung an. Dazu wird im Einzelfall vor allem auf die Ankündigung des Programms in der Veranstaltungswerbung aber auch darauf zurückzugreifen sein, was der durchschnittliche Veranstaltungsbesucher darunter verstehen durfte. Zutreffend wird in der Literatur auch hierzu festgestellt, dass bei Konzerten eher Abweichungen zu dulden sind als bei Oper und Theater. Dort wird typischerweise nur ein Stück geboten, das im Regelfall die Entscheidung des Besuchers zum Besuch der Veranstaltung maßgeblich prägt.[708] Schadensersatz- oder Rücktrittsansprüche stehen dem Besucher bei Programmabweichungen grundsätzlich nur zu, wenn das gebotene Programm wesentlich von der Programmankündigung abweicht oder gar etwas völlig anderes geboten wurde. 684

d) Änderung des Vorprogramms

Fraglich kann sein, ob ein Aliud bereits dann vorliegt, wenn das in der Veranstaltungswerbung angekündigte Vorprogramm ausfällt oder die angekündigte Vorgruppe durch eine andere ersetzt wird. Falsch wäre es jedenfalls, davon auszugehen, dass der Erfüllungsanspruch die Aufführung des angekündigten Vorprogramms nicht umfasst. Das angekündigte Vorprogramm ist Teil des Gesamtprogramms, für welches der Besucher eine einheitliche Vergütung zahlt. Ebenso falsch wäre es aber auch, davon auszugehen, dass die Änderung des Vorprogramms tatsächlich derart wesentlich ist, dass trotz Aufführung des Hauptprogramms Unmöglichkeit der Gesamtleistung eintritt. Vielmehr entspricht es der allgemeinen Verkehrsanschauung in der Veranstaltungsbranche, dass der Vertrag mit Aufführung des ‚Hauptprogramms' als im Wesentlichen ordnungsgemäß erfüllt zu betrachten ist. Ein Anspruch auf Rücktritt vom Veranstaltungsbesuchvertrag wegen eines geänderten Vorpro- 685

---

[705] Kreile/Hombach ZUM 2001, 731 (747).
[706] Kreile/Hombach ZUM 2001, 731 (748).
[707] S. Rn. 536 f.
[708] Kreile/Hombach ZUM 2001, 731 (749).

gramms ist daher gem. § 323 Abs. 5 S. BGB wegen Unerheblichkeit des Mangels ausgeschlossen. Dem Besucher verbleibt jedoch gem. §§ 634 Nr. 3, 2. Alt, 638 BGB – sicher auch abhängig vom Einzelfall – ein Minderungsanspruch.

§ 8 Kartenvorverkauf

I. Grundlagen

Die Berechtigung zum Besuch einer Veranstaltung wird durch eine **Eintrittskarte** erworben. Sie ist – wie dargestellt – typischerweise ein **Inhaberpapier**, welches das Recht verbrieft, eine Veranstaltung zu besuchen und die dort gezeigte Darbietung wahrzunehmen. 686

Noch bis Anfang der 90er Jahre erwarben Veranstaltungsbesucher Eintrittskarten für Veranstaltungen vornehmlich entweder unmittelbar beim Veranstalter oder in sog ‚**Vorverkaufsstellen**'. Vorverkaufsstellen sind Gewerbebetriebe, deren Geschäftszweck im Vertrieb und Verkauf von Eintrittskarten für Veranstaltungen besteht. Für jede Veranstaltung wurde ihnen vom Veranstalter ein bestimmtes Kartenkontingent gedruckter individuell gestalteter Eintrittskarten – sog ‚Hardtickets' – überlassen, die sie entweder als Stellvertreter, Kommissionär oder Handelsvertreter des Veranstalters verkauften. 687

Der Verkauf von Hardtickets gibt es seitdem allenfalls noch in Ausnahmefällen. Sie wurden durch für jedes einzelne Verkaufsgeschäft ausgedruckte standardisierte Computer-Tickets abgelöst. Diese werden entweder vom Veranstaltungsbesucher über **Online-Ticketportale** bei Ticketingunternehmen bestellt oder aber in einer Vorverkaufsstelle erworben, die dann ihrerseits die Karten über das Computersystem eines Ticketingunternehmens abruft. Europäischer Marktführer unter den Ticketingunternehmen ist die ‚CTS Eventim AG', Weltmarktführer das US-amerikanische Unternehmen ‚ticketmaster'. Der Eintrittskartenkauf unmittelbar beim Veranstalter beschränkt sich auf Veranstalter mit eigenem Vorverkaufsservice (zB im Wege eines telefonischen Kartenversandservices) und den Erwerb von Eintrittskarten an der Abendkasse. Schließlich lassen sich Eintrittskarten über sog ‚**Weiterverkaufs-Plattformen**' wie ‚viagogo', ‚fansale' oder auch ‚ebay' erwerben. 688

Während ursprünglich der Veranstalter als derjenige, der die Eintrittskarten in den Verkehr bringt, Vertragspartner der Vorverkaufsstelle war, ist infolge der Zwischenschaltung von Ticketingunternehmen die rechtliche Konstruktion des Kartenverkaufs heute komplexer. Zwischen dem Veranstalter und der einzelnen Vorverkaufsstelle besteht regelmäßig keine Rechtsbeziehung mehr. Vielmehr ist die Vorverkaufsstelle Vertragspartner des Ticketingunternehmens, welches seinerseits Vertragspartner des Veranstalters ist. Die meisten Veranstalter arbeiten zumeist weitgehend exklusiv mit einem bestimmten Ticketingunternehmen zusammen, um auf diese Weise dessen gesamtes Netz an Vorverkaufsstellen und sonstigen Vertriebskanälen – wie insbesondere auch das Werbepotential der Internetplattform des Unternehmens – nutzen zu können. 689

Die Vorverkaufsstelle ist allerdings nach wie vor der wichtigste Verkaufsort für Eintrittskarten. An zweiter Stelle steht der Bezug von Eintrittskarten über das Internet und an dritter Position der unmittelbare Kauf beim Veranstalter. Erst an vierter Stelle rangiert der Erwerb von Eintrittskarten an der Abendkasse der Veranstaltung.[709] 690

Die Vergütung der Vorverkaufsstelle für ihre Leistung – regelmäßig **Vorverkaufsgebühr** genannt – beträgt regional in der Höhe unterschiedlich 10–15% des Kartenpreises zzgl. USt. 691

II. Vorverkaufsgeschäft

In Literatur und Rechtsprechung wurden lange Zeit unterschiedliche Auffassungen zur Rechtsbeziehung zwischen dem Veranstalter, der Vorverkaufsstelle und dem Kartenkäufer vertreten.[710] Unklar ist bereits, ob beim Kartenkauf zwischen Vorverkaufsstelle und Kartenkäufer überhaupt vertragliche Beziehungen entstehen oder ob nicht sowohl der Veranstaltungsbesuchsvertrag als auch der Vertrag über die Leistung der Vorverkaufsstelle ausschließ- 692

---

[709] Vgl. dazu GfK Studie 2012 S. 13 (Statistik 22).
[710] Kolberg S. 59 ff. im Überblick.

lich zwischen dem Kartenkäufer und dem Veranstalter zustande kommen. Damit stellt sich die Frage, ob die Vorverkaufsstelle die Karten im Rahmen eines Eigengeschäfts an den Kartenkäufer veräußert, oder ob sie im fremden Namen tätig wird. Liegt ein Tätigwerden im fremden Namen vor, ist sodann weiter zu klären, ob die Vorverkaufsstelle im Auftrag des Veranstalters oder im Auftrag des Kartenkäufers tätig wird und ob sie dabei Handels- oder Zivilmakler, Handelsvertreter oder Kommissionär ist.

693 In der Vergangenheit wurde verschiedentlich die Auffassung vertreten, dass der Käufer beim Kartenkauf zwei Verträge schließt: einen Vermittlungsvertrag mit der Vorverkaufsstelle und einen Veranstaltungsbesuchsvertrag mit dem Veranstalter.[711] Dazu lässt sich den Umständen des Geschäftsvorgangs im Einzelfall zumeist nichts entnehmen. Man könnte daher auch daran denken, dass die Vorverkaufsstelle die gesamte Zahlung des Kartenkäufers – Kartenpreis und Vorverkaufsgebühr – für den Veranstalter vereinnahmt und sodann vom Veranstalter mit einer Provision vergütet wird. Denkbar ist also, dass die Kartenvorverkaufsstelle entweder **im eigenen Namen, im Auftrag des Kartenkäufers** oder **im Auftrag des Veranstalters** tätig wird. Bestenfalls – aber leider keinesfalls ausnahmslos – lässt sich das den entsprechenden Hinweisen auf der Karte oder den AGB der Vorverkaufsstelle entnehmen. Eine allgemeingültige Antwort auf die Frage nach der rechtlichen Stellung des Vorverkaufsunternehmens wird dadurch erschwert, dass seine rechtliche Stellung von Fall zu Fall im Rahmen des zivilrechtlich Zulässigen unterschiedlich ausgestaltet werden kann.

1. Vertragspartner des Vorverkaufsunternehmens

694 Ganz überwiegend ist der Veranstaltungsbesuchsvertrag auch in der Praxis bisher als Vertrag zwischen dem Veranstalter und dem Veranstaltungsbesucher behandelt worden. Wird eine Eintrittskarte in einer Vorverkaufsstelle oder über ein Ticketportal im Internet erworben, ließe sich allerdings auch vertreten, dass die Vorverkaufsunternehmen die Karten vom Veranstalter einkaufen und im eigenen Namen weiterverkaufen. Dann wäre zu unterscheiden zwischen dem Recht aus dem Veranstaltungsbesuchsvertrag als dem Vertrag über das ‚**Recht aus dem Papier**' und dem Kaufvertrag über die Eintrittskarte als dem Vertrag über das ‚**Recht am Papier**'. Treten die Vorverkaufsunternehmen hingegen als Stellvertreter auf, ist zunächst zu klären, ob sie im Auftrag des Kartenkäufers oder im Auftrag des Veranstalters tätig werden.

a) Tätigwerden im eigenen Namen

695 Erwerber von Eintrittskarten in Vorverkaufsstellen mögen gelegentlich davon ausgehen, dass der Veranstaltungsbesuchsvertrag unmittelbar mit dem Inhaber der Vorverkaufsstelle zustande kommt. Wird eine Veranstaltung abgesagt oder ist eine Veranstaltungsleistung mangelhaft, wenden sie sich daher mit ihren Ansprüchen gelegentlich an die Vorverkaufsstelle, bei der sie die Karten erworben haben. Bei rechtlicher Betrachtung ist die Annahme, dass die Kartenvorverkaufsstelle selbst die Erfüllung des Veranstaltungsbesuchsvertrags schuldet, jedoch kaum haltbar. Erkennbar hat sie keinen Einfluss darauf, ob die Veranstaltung vertragsgemäß durchgeführt wird oder nicht. Der Veranstaltungsbesucher kann vernünftigerweise nicht erwarten, dass die Vorverkaufsstelle die Haftung dafür übernimmt, dass die Veranstaltung wie geplant stattfindet. Tatsächlich wissen die Vertragsparteien beim Kauf von Eintrittskarten, dass die Vorverkaufsstelle ein breites Sortiment von Veranstaltungstickets anbietet, ohne dabei die jeweiligen Veranstalter näher zu kennen. Ein Eigengeschäft der Vorverkaufsstelle kommt somit nicht in Betracht.

b) Vorverkaufsstelle als Kommissionär

696 Schließlich ließe sich die Vorverkaufsstelle auch Kommissionär des Veranstalters betrachten. Gemäß § 383 HGB ist Kommissionär, wer es gewerbsmäßig übernimmt, Waren oder Wert-

---

[711] Vgl. etwa FG Berlin-Brandenburg EFG 2009, 1346.

papiere für Rechnung eines anderen – des Kommittenten – im eigenen Namen zu kaufen oder zu verkaufen. Der Kommissionär verkauft also im eigenen Namen, aber auf fremde Rechnung. Tatsächlich gestalten Betreiber von Vorverkaufsplattformen ihre Verträge mit den Veranstaltern regelmäßig als Kommissionsverträge aus. Dies ist im Falle einer Insolvenz eines Veranstalters oder bei der Absage einer Veranstaltung nach Eröffnung des Kartenvorverkaufs für die Vorverkaufsstelle in aller Regel vorteilhaft, da sie selbst Vertragspartner der Kartenkäufer ist. Da die Eintrittskartenerlöse bis zur Auskehrung an den Veranstalter nicht in seinem Eigentum stehen, werden sie nicht Teil der Insolvenzmasse. Das ermöglicht es der Vorverkaufsstelle, die Verträge mit den Kartenkäufern rückabzuwickeln und dadurch Rufschäden und Verärgerung des Publikums zu vermeiden. Auf den Kommissionsvertrag findet ergänzend das Geschäftsbesorgungsrecht der §§ 675, 662 ff. BGB Anwendung, denn der handelsrechtliche Kommissionsvertrag der §§ 383 ff. HGB ist ein kaufmännischer Geschäftsbesorgungsvertrag.[712]

c) Tätigwerden im fremden Namen

Bei praxisnaher Betrachtung ist davon auszugehen, dass sowohl Vorverkaufsstellen als auch Ticketportale nicht im eigenen, sondern im fremden Namen auftreten.[713] Damit stellt sich also die Frage, ob die Vorverkaufsstelle im Namen des Kartenkäufers oder im Namen des Veranstalters tätig wird. Da alle Einzelheiten über das ‚Ob und Wie' ausschließlich zwischen Vorverkaufsstelle und Veranstalter ausgehandelt werden, arbeitet die Vorverkaufsstelle im Auftrag des Veranstalters. Deshalb ist die Vereinbarung über die Höhe ihrer Vergütung von ihr selbst mit dem Veranstalter zu treffen. Der Kartenkäufer hat insoweit keinen Verhandlungsspielraum. Daher kommt allein ein Auftreten im Namen des Veranstalters in Betracht.[714] Vertragliche Grundlage für das Tätigwerden der Vorverkaufsstelle könnte entweder ein mit dem Veranstalter geschlossener Maklervertrag oder ein Handelsvertretervertrag sein.

697

aa) Vorverkaufsstelle als Makler

In Betracht kommt, dass die Vorverkaufsstelle für den Veranstalter auf der Grundlage eines Maklervertrags tätig wird. Dabei kann es sich entweder gem. §§ 652 ff. BGB um einen **Zivilmaklervertrag** oder gem. § 93 HGB um einen **Handelsmaklervertrag** handeln. Da Eintrittskarten kein typisches Handelsgut sind, scheidet die Annahme eines Handelsmaklervertrags aus.[715] Naheliegend ist hingegen die Annahme eines Zivilmaklervertrags. Atypisch ist gegenüber typischen Maklerverträgen, dass die Maklerprovision entgegen der gesetzlichen Regel des § 652 BGB nicht vom Auftraggeber – also dem Veranstalter –, sondern vom Kartenkäufer als Vorverkaufsgebühr entrichtet wird. Gewisse Abweichungen vom gesetzlichen Leitbild sind aber bei sämtlichen Vertragstypen des Schuldrechts üblich. Die Vorverkaufsstelle kann daher durchaus iSd § 652 BGB Makler sein.

698

bb) Vorverkaufsstelle als Handelsvertreter

Gemäß eines Urteils des BGH war die Vorverkaufsstelle im zu beurteilenden Fall als Handelsvertreter des Veranstalters tätig.[716] Die Handelsvertretereigenschaft setzt gem. §§ 84, 86 HGB ein ständiges Betrautsein voraus, für den Vertretenen Geschäfte abzuschließen oder zu vermitteln und so für diesen einen Kundenstamm aufzubauen und zu pflegen. Diese Voraussetzungen mögen zwar in dem vom BGH entschiedenen Sonderfall erfüllt gewesen sein. Die typische Vorverkaufsstelle ist jedoch nicht veranstaltergebunden und daher nicht

699

---

[712] Bereits RGZ 110, 123; 71, 77; v. Hoyningen-Huene in MüKo HGB § 84 HGB Rn. 5; Krüger in EBJS § 383 HGB Rn. 13.
[713] So etwa auch AG Schleswig RRa 2003, 127.
[714] FG Berlin-Brandenburg EFG 2009, 1346.
[715] Hopt in Baumbach/Hopt § 93 Rn. 12; Kolberg S. 68.
[716] BGH NJW-RR 1986, 709; Kolberg S. 59.

ständig damit betraut, den Kundenstamm bestimmter Veranstalter aufzubauen und zu pflegen. Sie bietet Karten für eine Vielzahl von Veranstaltungen und damit auch Karten von Veranstaltern an, die in direkter Konkurrenz zueinander stehen. Der Handelsvertreter unterliegt hingegen gem. § 86 HGB gegenüber seinem Geschäftsherrn einem Konkurrenzverbot.[717]

d) Grundsatzentscheidung des BFH

700 Die dargestellten Unsicherheiten bezüglich der Frage, wie die Tätigkeit der Vorverkaufsstelle rechtlich einzuordnen ist, hat der BFH in einer Grundsatzentscheidung vom 3.11. 2011 weitgehend ausgeräumt. Das Gericht stellte fest, dass die Kartenvorverkaufskasse jedenfalls im Normalfall als **Handelsvertreter** oder **Makler** im Auftrag des Veranstalters tätig wird.[718] In dem konkreten Fall betrachtete der BFH – ebenso wie die Vorinstanz – als Vertragspartner des Kartenkäufers für den Erwerb der Eintrittsberechtigung mithin nicht die Vorverkaufsstelle, sondern den Veranstalter. Das schloss der BFH daraus, dass auf den Karten der Veranstalter als Konzertveranstalter genannt wurde sowie daraus, dass der Kartenkäufer regelmäßig ein erkennbares Interesse an einem Vertragsschluss mit dem Veranstalter und nicht mit der Vorverkaufsstelle habe.

701 Die Feststellungen des BFH lassen sich jedoch nicht auf alle in der Praxis vorkommenden Fallgestaltungen übertragen. Sie enthalten mithin keine allgemeinverbindlichen Aussagen über die Vertragsbeziehungen von Veranstaltern, Vorverkaufsstellen und Kartenkäufern. Allerdings würdigt das Urteil eine konkrete Vertragskonstellation, die der ganz überwiegenden Praxis in der Veranstaltungsbranche entspricht. Sofern im Einzelfall keine abweichenden Regelungen getroffen wurden, dürften daher zwischen Veranstalter und Vorverkaufsstelle die vom BFH angenommenen Vertragsbeziehungen gegeben sein.

702 Für nicht plausibel hielt der BFH die Annahme, dass beim Kartenvorverkauf vom Kartenkäufer zwei separate Verträge, nämlich neben dem Veranstaltungsbesuchsvertrag zusätzlich ein Vorverkaufsvertrag, geschlossen wird. Daher kam das Gericht zu dem Ergebnis, dass der Veranstalter alleiniger Vertragspartner des Kartenkäufers ist und von diesem sowohl für die veranstalterische Leistung als auch das Vorverkaufsgeschäft einheitlich vergütet wird.

2. Steuerliche Konsequenzen des BFH-Urteils

703 Die steuerrechtliche Bedeutung des Urteils liegt darin, dass festgestellt wurde, dass die Vorverkaufsgebühr als Nebenleistung zum Erwerb der Eintrittsberechtigung ebenfalls mit dem ermäßigten Steuersatz steuerbar ist.

704 Im Ergebnis dürfte das Urteil eine wirtschaftliche Verbesserung für Veranstaltungen bedeuten, die dem ermäßigten Umsatzsteuersatz unterfallen. Denn der gilt bei Zugrundelegung des BFH-Urteils auch für die Vorverkaufsgebühr. Für umsatzsteuerbefreite Veranstaltungen hingegen bringt das Urteil in den meisten Fällen eine Verschlechterung mit sich. Die vom Veranstalter der Vorverkaufsstelle zu zahlende Vergütung ist steuerbar, der Veranstalter kann die gezahlte Umsatzsteuer jedoch nicht als Vorsteuer geltend machen.[719] Geht man – anders als der BFH – davon aus, dass es sich bei dem Vorverkaufsgeschäft ausschließlich um eine Rechtsbeziehung zwischen Vorverkaufsstelle und Kartenkäufer handelt, wäre die Umsatzsteuer auf den Kartenpreis allein vom Kartenkäufer geschuldet.

III. Vorverkaufsgebühr

705 Zwar wurde mit dem BFH-Urteil festgestellt, dass der Kartenkäufer sowohl die Leistung aus dem Veranstaltungsbesuchsvertrag als auch die Kartenvorverkaufsleistung als einheitliche Gesamtleistung vom Veranstalter bezieht. Diese juristisch und steuerlich klare Vorgabe

---

[717] OLG München Urt. v. 19.12.2012 – 7 U 465/12.
[718] BFHE 235, 547.
[719] S. Rn. 587.

Kartenvorverkauf   § 8

wird jedoch in der Praxis kaum transparent gemacht. So wird die Vorverkaufsgebühr immer wieder gesondert auf der Eintrittskarte ausgewiesen und damit suggeriert, dass der Kartenkäufer zwei Rechtsgeschäfte abschließt.

Ebenso häufig werden vom Kartenkäufer unterschiedlichste Gebühren verlangt, ohne auf der Karte ausgewiesen zu sein. Die Praxis bei der **Preisauszeichnung** von Eintrittskarten ist nach wie vor keineswegs einheitlich. Gemäß § 1 PAngV ist derjenige, der Endverbrauchern Waren anbietet, verpflichtet, den Endpreis einschließlich Umsatzsteuer und aller ggf. zusätzlich anfallenden Preisbestandteile kenntlich zu machen. Dennoch trifft man auch immer wieder auf Eintrittskarten, die keine Endpreise, sondern eine Aufzählung verschiedener einzelner Kostenpositionen wie zB neben dem Kartenpreis die Umsatzsteuer, die Vorverkaufsgebühr oder zB eine Systemgebühr enthalten. 706

1. System- und Buchungsgebühren

Neben der Vorverkaufsgebühr – also der Vergütung für das Vermittlungsgeschäft – wird vom Kartenkäufer zumeist noch die Zahlung einer Systemgebühr verlangt. Diese wird vom Betreiber des Ticketingsystems erhoben und liegt regelmäßig zwischen 0,5 und 2 EUR pro Karte. Hinzu kommen gelegentlich weitere Gebühren wie zB eine Dienstleistungsgebühr für die Datenpflege des Systems oder die Buchungsgebühr. Diese berechnen Ticketingsysteme bei Buchungen über das Internet, um Preisdifferenzen zum Nachteil der herkömmlichen Vorverkaufsstellen zu vermeiden. Die Buchungsgebühr beträgt regelmäßig 1 bis 2 EUR.[720] 707

2. Versandkosten und Ticketdirekt-Gebühren

Beim Online-Kauf fallen zusätzlich Versandkosten oder – wenn der Kartenkäufer sich das Ticket auf dem heimischen Drucker selbst ausdruckt – eine sog Ticketdirekt-Gebühr an. Hierfür sind weitere 10 % des Kartenpreises zu zahlen, so dass – wie der Konzertveranstalter Berthold Seliger in einem Artikel in der ‚Berliner Zeitung' vorrechnet[721] – für den Kartenkäufer insgesamt bis zu 45 % Nebengebühren anfallen können. 708

IV. Allgemeine Geschäftsbedingungen des Eintrittskartenverkaufs

1. Einbeziehung von AGB in den Veranstaltungsbesuchsvertrag

Die vertraglichen Hauptleistungspflichten des Veranstaltungsbesuchsvertrags bestehen in der Zutrittsgewährung und Wahrnehmbarmachung der Veranstaltung einerseits und in der Zahlung des entsprechenden Kartenpreises andererseits. Die Vereinbarung darüber hinausgehender AGB zwischen Veranstaltern und Kartenkäufern scheitert in vielen Fällen bereits daran, dass es dem Veranstalter, soweit der Kartenerwerb nicht über das Internet erfolgt, rechtlich nicht gelingt, gewünschte AGB zum Vertragsinhalt werden zu lassen. Da Vertragspartner des Kartenkäufers – wie dargestellt – nicht die Vorverkaufsstelle, sondern allein der Veranstalter wird, stehen die Vertragsparteien beim Vorverkaufsgeschäft in keinem direkten Kontakt. Der Kartenkäufer hat häufig nicht einmal Kenntnis davon, wer Veranstalter und damit sein Vertragspartner ist. Die Einbeziehung von AGB ist unter diesen Umständen schwierig, wenn nicht sogar unmöglich. Im Ergebnis untauglich blieb der Lösungsansatz einer Einbeziehung von AGB durch einen Aufdruck auf der Eintrittskarte. Zwar wurden Eintrittskarten zu Zeiten des bis in die 90er Jahre üblichen Hardticket-Verkaufs immer wieder mit AGB versehen, die – abgesehen von ihrer rechtlichen Wirksamkeit – mangels Einbeziehung in den Vertrag jedoch nie Vertragsgegenstand wurden. Die höchstrichterliche Rechtsprechung verneint daher die Einbeziehung von AGB-Klauseln auf Eintrittskar- 709

---

[720] Alle Gebühren entsprechen dem Stand von Sommer 2011.
[721] Abrufbar unter: http://www.berliner-zeitung.de/kultur/konzerttickets-40-euro-fuers-ticket--vier-fuer-die-kuenstler,10809150,21027816.html.

ten, da der Kartenkäufer die Klausel erst nach erfolgtem Vertragsschluss zur Kenntnis nehmen kann, wenn er die Eintrittskarte ausgehändigt erhält.[722]

710 AGB auf Eintrittskarten stellen auch keine **Urkundsbedingungen** iSd § 796 BGB dar, denn Urkundsbedingungen sind lediglich Einwendungen, die dem Aussteller gegenüber dem jeweiligen Inhaber der Urkunde ein Leistungsverweigerungsrecht einräumen, aber keine für AGB typische Reglementierungen des Veranstaltungsablaufs oder Haftungsbeschränkungen.[723]

711 Beim Verkauf von Eintrittskarten über das Internet lässt sich die Einbeziehung von AGB in den Kaufvertrag allerdings relativ einfach regeln, indem das Kaufangebot nur durch Akzeptanz der Bedingungen durch den Käufer angenommen werden kann. Doch auch hier verlangen große Ticketportale wie ‚eventim.de' ausschließlich die Akzeptanz der AGB des Portalbetreibers, enthalten jedoch regelmäßig keine Geschäftsbedingungen des Veranstalters. Sie bieten häufig nicht einmal die technische Möglichkeit, dass der Veranstalter seine eigenen AGB einbezieht.

2. Inhaltskontrolle von AGB bei Eintrittskartenverkäufen

712 Nun ließen sich zwar AGB für Veranstaltungsbesuchsverträge iSd § 305 Abs. 2 Nr. 2 BGB auch durch Aushang in den Vorverkaufsstellen bekannt und auf diesem Wege auch ohne ausdrücklichen Hinweis zum Vertragsgegenstand machen. Die deutschen Veranstalter haben sich jedoch bisher nicht auf einheitliche Vertragsbedingungen geeinigt. Dies mag seinen Grund bereits darin haben, dass die meisten aus Veranstaltersicht wünschenswerten AGB gegen die Regelungen der §§ 305 ff. BGB verstoßen würden. Insbesondere Haftungsbeschränkungen zB bei Hör- oder Gesundheitsschäden sind durch AGB kaum wirksam zu vereinbaren.[724]

a) Absage der Veranstaltung

713 Eine Vereinbarung, mit welcher der Veranstalter die Rückerstattung des Kaufpreises auf die Fälle der generellen Absage der Veranstaltung beschränkt, verstieße gegen §§ 309 Nr. 7b und Nr. 8a BGB. Die Klausel führte dazu, dass selbst bei einem Veranstaltungsausfall, der auf einer grob fahrlässigen Pflichtverletzung des Verwenders beruht, Ansprüche des anderen Teils ausgeschlossen werden. Sie führte ferner dazu, dass der Verwender das Recht des anderen Teils ausschließt, sich bei einer vom Verwender zu vertretenden, nicht in einem Mangel des Werks bestehenden Pflichtverletzung vom Vertrag zu lösen.

b) Erstattung von Vorverkaufsgebühren

714 Ebenso wie der Ausschluss bzw. die Beschränkung der Rückzahlung des Kartenpreises verstoße auch der Ausschluss von Ansprüchen auf Schadens- oder Aufwendungsersatz wegen gezahlter Vorverkaufsgebühren gegen § 309 Nr. 7b und Nr. 8b BGB.[725] Gleiches würde für eine Klausel gelten, mit welcher der Veranstalter den Vertragspartner bezüglich etwaiger Erstattungsansprüche für die Vorverkaufsgebühren an die Vorverkaufsstelle verweist.

c) Verlegung des Veranstaltungsorts/-termins

715 Die Rechtsprechung hält eine AGB-Klausel, wonach der Kartenkäufer im Fall der zeitlichen Verlegung der Veranstaltung den Kartenpreis nicht zurückerstattet erhält, für unwirksam.[726] Da der Veranstalter nach dieser Klausel auch dann nicht haften würde, wenn die

---

[722] BGH NJW 1984, 801.
[723] BGH GRUR 2009, 173 – bundesligakarten.de.
[724] Vgl. Rn. 1158.
[725] LG Hannover VuR 1994, 276.
[726] LG München I NJW 1991, 1491 f.; LG München I NJW-RR 1991, 1143; LG Hannover VuR 1994, 276 ff.; LG Dortmund, VuR 1995, 137 ff.

Verlegung von ihm vorsätzlich oder grob fahrlässig verschuldet wurde, verstieße die Klausel gegen § 309 Nr. 7b BGB. Tatsächlich würde damit dem Kartenkäufer das Risiko auferlegt, dass er am neuen Veranstaltungstermin verhindert ist und somit die vertragsgemäße Leistung nicht abnehmen kann, gleichwohl aber die Leistung bezahlen muss. Das wäre unzulässig, denn die Einhaltung des konkreten Veranstaltungstermins ist auch bei einem relativen Fixgeschäfts eine Hauptleistungspflicht aus dem Veranstaltungsbesuchsvertrag und kann deshalb gem. § 309 Nr. 7b BGB nicht durch AGB abbedungen werden.[727]

d) Wechsel der Vorgruppe

716 Das LG Hannover hat eine AGB-Klausel für unwirksam erklärt, mit welcher dem Veranstalter das Recht eingeräumt wurde, die Vorgruppe eines Konzertes auszutauschen.[728] Das Gericht betrachtete die Vorgruppe als einen vertragswesentlichen, unabänderlichen Leistungsbestandteil, da anzunehmen sei, dass zumindest ein bestimmter Teil der Konzertbesucher – insbesondere auch der Bekanntenkreis der Vorgruppe – hauptsächlich wegen ihres Auftrittes die Veranstaltung besuche. Dieser Besucherkreis werde benachteiligt, wenn eine Rückgabe der Eintrittskarte bei Wechsel der Vorgruppe ausgeschlossen werde. Zutreffend wenden Kreile/Hombach gegen diese Argumentation ein, dass dann bei jedem Mitwirkenden angenommen werden müsse, dass seine Mitwirkung vertragswesentlich sei.[729] Jeder Mitwirkende wird Bekannte, Freunde oder Fans haben, die gerade seinetwegen die Veranstaltung besuchen. Letztlich bleibt es eine Frage des Einzelfalls, wie wesentlich die Vorgruppe als Leistungsbestandteil des Veranstaltungsbesuchsvertrages ist. Eine generelle Beantwortung der Frage, ob dem Veranstalter das Recht auf Austausch der Vorgruppe per AGB-Klausel eingeräumt werden kann, verbietet sich deshalb.[730]

V. Ticketzweitmarkt

717 Neben dem offiziellen Markt für Eintrittskarten ist etwa seit 2004 ein inoffizieller sog ‚grauer' Zweitmarkt entstanden, auf dem Eintrittskartenkontingente von gewerblichen Händlern erworben und anschließend mit Preisaufschlag an die Konzertbesucher weiterverkauft werden. Im Ergebnis werden die Eintrittskarten für die Konzertbesucher dadurch teurer. Die Künstler und Veranstalter sind an diesen zusätzlichen Einnahmen nicht beteiligt. Sie verbleiben daher vollständig den gewerblichen Ticketweiterverkäufern als Gewinn.

718 Beim Weiterverkauf von Tickets lässt sich in vielen Fällen eine erhebliche Profitspanne generieren. Das liegt daran, dass bei vielen Veranstaltungen – vor allem auch bei Fußballspielen und anderen Sportevents – die Nachfrage nach Eintrittskarten aufgrund begrenzter Zuschauerkapazitäten größer ist als das Angebot. Zudem werden die regulären Eintrittskartenpreise vom Veranstalter regelmäßig so niedrig wie möglich gehalten, um auch weniger zahlungskräftigen Fans den Besuch der Veranstaltung zu ermöglichen. Hinzu kommt, dass jeder Künstler aus Imagegründen möglichst einen Ausverkauf seiner Konzerte wünscht, weshalb im Zweifel eher eine kleinere als eine größere Veranstaltungsstätte gebucht wird.

719 Gewerbliche Weiterverkäufer nutzen die Lücke zwischen Angebot und Nachfrage. Der Ticketweiterverkäufer, der ein größeres Kartenkontingent zum Zweck des Weiterverkaufs erwirbt, übernimmt dabei nur ein geringes wirtschaftliches Risiko. Selbst wenn die Nachfrage nach Konzerttickets unerwartet niedrig sein sollte, kann der Ticketweiterverkäufer sein Kontingent zumeist ohne großes Defizit immer noch absetzen, indem er die Tickets zu einem Preis knapp unterhalb des offiziellen Kartenpreises verkauft. Denn dann werden die wenigen Kartenkäufer bevorzugt die günstigen Tickets des Weiterverkäufers anstatt der dann teureren Tickets aus offiziellen Quellen kaufen. Der Großteil des wirtschaftlichen

---

[727] Kreile/Hombach S. 756.
[728] LG Hannover VuR 1994, 276 ff.
[729] Kreile/Hombach S. 758.
[730] So im Ergebnis auch Kreile/Hombach S. 758.

Schadens verbleibt bei ihnen, nicht beim Weiterverkäufer. Viele Künstler und Veranstalter sehen die gewerblichen Weiterverkäufer deshalb als Trittbrettfahrer, die einen Teil des Budgets der Veranstaltungsbesucher vereinnahmen, ohne hierbei eine eigene wirtschaftliche Leistung zu erbringen. Vor allem wirkt sich ihr Geschäft nachteilig auf das Image des Künstlers aus, da das Publikum die hohen Eintrittpreise der Ticketweiterverkäufer als durch den Künstler gewollt und veranlasst wahrnimmt. Die Differenz zwischen dem regulären Eintrittskartenpreis und dem Weiterverkaufspreis ist auch nicht Ausdruck einer marktwirtschaftlichen Preisbildung. Die setzte nämlich voraus, dass auf eine erhöhte Nachfrage mit einer Erhöhung des Angebots reagiert werden kann. Das ist im Fall der Ticketzweitmärkte nicht möglich, da die Weiterverkäufer erst tätig werden, wenn die Veranstaltungstermine bereits feststehen und in aller Regel der Tourneeplan nicht mehr erweitert werden kann.

720 Bei der rechtspolitischen Diskussion darüber, ob der gewerbliche Ticketweiterverkauf zulässig sein soll, ist auffällig, dass ausschließlich pauschal ohne ein Abstellen auf die konkrete Veranstaltung diskutiert wird. So kann es bei der Bewertung durchaus einen Unterschied machen, um welche Art von Veranstaltung es sich handelt. Der gewerbliche Weiterverkauf von Eintrittskarten für eine mit öffentlichen Mitteln finanzierte Veranstaltungsreihe mit geringer Zuschauerkapazität – wie zB die Wagner-Festspiele in Bayreuth – ist anders zu beurteilen als der Weiterverkauf von Eintrittskarten für ein Musical, welches dauerhaft täglich in einer bestimmten Spielstätte aufgeführt wird und deshalb nicht durchgängig ausgelastet ist. Sinnvoller als ein generelles Verbot[731] oder eine generelle Erlaubnis des Ticketzweitmarkts erscheint es daher, den Künstlern und Veranstaltern im Einzelfall selbst die Entscheidung zu überlassen, ob und – falls ja – zu welchen Konditionen die Eintrittskarten zu ihren Konzerten weiterverkauft werden dürfen.

1. Rechtliche Ausgestaltung der Eintrittskarte

721 Das geltende Recht bietet Veranstalter und Künstlern mit der Wahlmöglichkeit, Eintrittskarten als Inhaberpapiere oder auch personalisiert in den Verkehr zu bringen, die Option, sich für oder gegen die Weiterverkaufsmöglichkeit zu entscheiden. Eintrittskarten sind – wie mehrfach dargestellt – im Regelfall gem. § 807 BGB **kleine Inhaberpapiere**.[732] Der Aussteller erweckt beim Inverkehrbringen den Eindruck, dass er dem jeweiligen Inhaber der Eintrittskarte gegenüber zur Leistung verpflichtet sein will. Das gilt jedenfalls bei herkömmlichen, nicht-personalisierten Eintrittskarten.[733] Um ein personalisiertes Ticket handelt es sich stets dann, wenn sich der Veranstalter jedenfalls grundsätzlich nur zur Leistung gegenüber dem Ersterwerber der Karte verpflichtet.

722 Wenn Eintrittskarten – wie inzwischen immer häufiger – über das Internet gekauft und vom Käufer über den heimischen Computer selbst ausgedruckt werden, lässt sich daran zweifeln, ob ein solches Dokument noch ein Inhaberpapier iSd § 807 BGB sein kann. Denn es gibt kein ‚Originalexemplar' des Tickets mehr. Vielmehr ist den Umständen nach offensichtlich, dass das Ticket beliebig oft ausgedruckt werden kann. Durch einen Barcode auf dem Ticket wird sichergestellt, dass nur der erste Veranstaltungsbesucher, der diesen Barcode am Eingang einscannen lässt, den Zutritt erhält. Falls nach ihm weitere Veranstaltungsbesucher denselben Barcode verwenden, wird ihnen der Zutritt verwehrt. Obwohl man von einem ‚Inhaber' des Tickets in derartigen Fällen kaum sprechen kann, kann man nach wie vor ein kleines Inhaberpapier mit dem Argument annehmen, dass der erkennbare Wille des Veranstalters nicht dahin geht, an eine bestimmte Person zu leisten, sondern darauf gerichtet ist, an den jeweiligen Inhaber des Tickets zu leisten. Der Weiterverkauf von Eintrittskarten ist damit grundsätzlich rechtmäßig. Wird eine Eintrittsberechtigung jedoch

---

[731] Ein solches Verbot – sogar mit strafrechtlicher Relevanz – wurde bspw. in Frankreich auf Betreiben des Veranstalterverbands PRODISS in Artikel 313-6-2 des Französischen Strafgesetzbuchs verankert, wobei allerdings auch hier der Veranstalter die Möglichkeit behält, den Weiterverkauf zu erlauben.
[732] Vgl. auch OLG München NJW-RR 2011, 1359; OLG Köln NJW-RR 1994, 687; s. Rn. 229.
[733] S. Rn. 230.

nicht als kleines Inhaberpapier, sondern personalisiert in Verkehr gebracht, kann der Weiterverkauf wirksam untersagt werden.

Bei der Wirksamkeit des Weiterverkaufsverbots ist zwischen dem Weiterverkäufer selbst **723** und dem Online-Marktplatz, auf der der Weiterverkauf durchgeführt wird, zu differenzieren. Keine Rolle spielt es hingegen, ob es sich bei dem Online-Marktplatz um eine spezialisierte Ticketzweitmarktplattform handelt oder um einen ‚Generalisten' wie ‚ebay'.

2. Wirkung des Weiterverkaufsverbots

Der BGH hat in der Entscheidung ‚bundesligakarten.de'[734] grundsätzlich geklärt, dass der **724** Veranstalter dem Kartenkäufer in AGB untersagen kann, die Eintrittskarte gewerblich weiter zu veräußern. Der nichtkommerzielle Weiterverkauf oder die sonstige Weitergabe der Eintrittskarte muss jedoch für den Fall erlaubt bleiben, dass der ursprüngliche Kartenkäufer die Eintrittskarte verschenken will oder wegen Erkrankung oder sonstiger Verhinderung selbst nicht nutzen kann.[735]

a) Ersterwerber

Das in den AGB enthaltene Weiterverkaufsverbot wirkt allerdings bei nicht personalisierten **725** Eintrittskarten – also Eintrittskarten, die nicht auf eine bestimmte Person ausgestellt sind – nur gegenüber dem Ersterwerber der Karte. Ersterwerber ist derjenige, der die Karte unmittelbar vom Veranstalter oder von einer offiziellen Vorverkaufsstelle erwirbt.

Nur der Ersterwerber ist Vertragspartner des Veranstalters. Nur in den mit ihm geschlos- **726** senen Vertrag wurden die AGB einschließlich des darin enthaltenen Weiterverkaufsverbots wirksam einbezogen. Der Ersterwerber von zum gewerblichen Weiterverkauf bezogenen Eintrittskarten ist für den Veranstalter regelmäßig nur schwer greifbar. In der Praxis agieren die meisten gewerblichen Weiterverkäufer unter Scheinfirmen und zumeist aus dem Ausland. Ein in den AGB enthaltenes – juristisch an sich wirksames – Weiterverkaufsverbot ist dann nur in Ausnahmefällen durchsetzbar.

Falls der Ersterwerber eine Eintrittskarte an einen Zweiterwerber weiterveräußert oder **727** verschenkt, ist dieser Zweiterwerber nicht an die AGB gebunden, da er nicht Vertragspartner des Veranstalters ist. Der Zweiterwerber handelt deshalb nur in Ausnahmefällen rechtswidrig, so etwa dann, wenn ihm die Mitwirkung an einem wettbewerbswidrigen **Schleichbezug** nachgewiesen werden kann.[736] Unter Schleichbezug versteht man den Bezug von Waren oder Dienstleistungen unter Verschleierung der Tatsache, dass der Bezug nicht durch einen Verbraucher, sondern gewerblich geschieht.[737] Ein Schleichbezug liegt gem. der Rechtsprechung des BGH allerdings nicht nur beim Ersterwerber, sondern auch beim Zweiterwerber vor, wenn dieser die Eintrittskarten durch von ihm beauftragte Dritte oder Strohmänner aus einer offiziellen Vorverkaufsstelle erwerben lässt.[738]

Zudem wurde in einer Entscheidung des LG Nürnberg-Fürth der gewerbliche Weiter- **728** verkauf gem. § 4 Nr. 10 UWG unter dem Gesichtspunkt der **gezielten Behinderung** jedenfalls dann als wettbewerbswidrig beurteilt, wenn er mit einem erheblichen Preisaufschlag zu dem normalen Kartenpreis erfolgte.[739]

b) Zweiterwerber

Der Zweiterwerber – also derjenige, der die Eintrittskarte vom Ersterwerber erhalten hat – **729** ist für den Veranstalter zumeist leichter erreichbar, da er es ist, der den Zugang zur Veran-

---

[734] BGH GRUR 2009, 173 – bundesligakarten.de.
[735] Vgl. für den Parallelfall des KFZ-Kaufs BGHZ 117, 280.
[736] LG München I Urt. v. 6.5.2009 – 11 HK O 19331/08 (nv).
[737] BGH GRUR 2009, 173.
[738] BGH GRUR 2009, 173 – bundesligakarten.de.
[739] LG Nürnberg-Fürth SpuRt 2008, 35.

staltung begehrt. Lässt sich bei einem personalisierten Ticket zB über einen Barcode feststellen, dass die Eintrittskarte von einem gewerblichen Weiterverkäufer bezogen wurde, kann dem Zweiterwerber der Zutritt zur Veranstaltung versagt werden. Das LG Essen geht allerdings in einer Entscheidung davon aus, dass die Drohung, dem Zweiterwerber den Zutritt zur Veranstaltung zu versagen, eine wettbewerbswidrige Behinderung des Ersterwerbers darstellt. Da die auf der Karte enthaltene AGB-Klausel jedenfalls gegenüber dem Zweiterwerber keine Wirksamkeit entfalten könne, fehle die rechtliche Grundlage für eine derartige Drohung.[740] Das LG Hamburg kommt hingegen – entgegen der Entscheidung des LG Essen – zu dem Ergebnis, dass die Wirksamkeit des auf der Eintrittskarte enthaltenen Weiterverkaufsverbots zu bejahen ist, da es sich hierbei um eine Urkundsbedingung handele. Da eine Eintrittskarte iSv § 807 BGB als kleines Inhaberpapier anzusehen sei, seien die auf ihr enthaltenen AGB nicht nur gegenüber dem Ersterwerber, sondern gegenüber dem jeweiligen Inhaber der Eintrittskarte wirksam.[741] Hingegen sehen andere Gerichtsentscheidungen die Frage der Wirksamkeit von auf der Eintrittskarte enthaltenen AGB-Klauseln gegenüber dem Zweiterwerber weitaus kritischer.[742] Der BGH lehnte nachvollziehbar die wirksame Einbeziehung von AGB-Klauseln auf Eintrittskarten sogar gegenüber dem Ersterwerber ab, da dieser die Klausel erst nach Vertragsschluss zur Kenntnis nehmen kann, wenn er die Eintrittskarte ausgehändigt erhält.[743] Dabei ging es um eine AGB-Klausel, die die Haftung des Veranstalters gegenüber dem Besucher im Fall von Unfällen bei der Veranstaltung beschränken sollte. An die Einbeziehung einer Haftungsbeschränkung sind allerdings naturgemäß besonders hohe Anforderungen zu stellen. In der Entscheidung ‚bundesligakarten.de' lässt der BGH ausdrücklich die von ihm als zweifelhaft bezeichnete Frage offen, ob ein auf der Karte enthaltenes Weiterverkaufsverbot eine **Urkundsbedingung** darstellt, die gegenüber dem Zweiterwerber wirksam ist.[744] Gegen die Einordnung eines Weiterverkaufsverbots als Urkundsbedingung spricht allerdings, dass sich gem. § 796 2. Alt. BGB die tatsächlichen Grundlagen derartiger Einwendungen aus dem Inhalt der Karte selbst ergeben müssen.[745] Ob eine Eintrittskarte mit Preisaufschlag weiterverkauft wurde, kann dem Inhalt der Karte allerdings nicht entnommen werden.[746]

730 Als Zwischenergebnis ist damit festzuhalten, dass bei nicht personalisierten Eintrittskarten ein Weiterverkaufsverbot juristisch wirksam nur mit Wirkung gegenüber dem Ersterwerber vereinbart werden kann. Der Zweiterwerber ist hingegen nicht an das Weiterverkaufsverbot gebunden. Ein effektives Vorgehen gegen den Ticketzweitmarkt setzt allerdings voraus, dass das Weiterverkaufsverbot auch Wirkung gegenüber dem Zweiterwerber entfaltet.

c) Vorteile personalisierter Eintrittskarten

731 Beim Verkauf personalisierter Tickets will der Veranstalter nicht dem jeweiligen Inhaber der Eintrittskarte zur Leistung verpflichtet sein. Vielmehr geht sein erkennbarer Wille dahin, dass er der jeweiligen in der Eintrittskarte bezeichneten Person zur Leistung verpflichtet sein will.

732 Bei personalisierten Eintrittskarten kann der Veranstalter mit dem Kartenkäufer in den AGB des Veranstaltungsbesuchsvertrags ein **Abtretungsverbot** gem. § 399 2. Alt. BGB vereinbaren. Die Rechte aus dem Veranstaltungsbesuchsvertrag können dann nicht oder nur unter bestimmten Voraussetzungen an einen Dritten abgetreten werden. Sofern der Veranstalter dem Kartenkäufer die Möglichkeit offen lässt, das Zugangsrecht zur Veranstal-

---

[740] LG Essen CR 2009, 395.
[741] LG Hamburg MMR 2010, 410; So auch OLG München NJW-RR 2011, 1359.
[742] Vgl. Kolberg S. 85 ff.
[743] BGH NJW 1984, 801.
[744] BGH GRUR 2009, 173 – bundesligakarten.de.
[745] Marburger in Staudinger BGB § 796 Rn. 7 (2009).
[746] BGH GRUR 2009, 173 – bundesligakarten.de.

tung ohne Preisaufschlag auf einen Dritten zu übertragen, damit die Eintrittskarte im Fall der Verhinderung des Kartenkäufers nicht verfällt, bestehen an der grundsätzlichen Wirksamkeit eines derartigen Abtretungsverbots keine Bedenken. Ein Abtretungsverbot verstößt auch nicht gegen AGB-Recht: Der BGH hat es in der Entscheidung ‚bundesligakarten.de' ausdrücklich als ein legitimes Ziel des Veranstalters bezeichnet, den Ticketzweitmarkt zu unterbinden, um die Ticketpreise erschwinglich zu halten.[747]

Zu Recht stellen die Gerichte keine hohen Anforderungen an die Durchsetzbarkeit der Personalisierung. Entscheidend ist lediglich, dass der Veranstalter in erkennbarer Weise seinen Willen zum Ausdruck bringt, dass das Zutrittsrecht zur Veranstaltung nicht jedem beliebigen Karteninhaber, sondern nur dem ursprünglichen Kartenkäufer zustehen soll. Es kommt deshalb nicht darauf an, ob die Personalisierung tatsächlich überprüft und durch Einlasskontrollen oÄ durchgesetzt wird. Erforderlich ist also keine echte Personalisierung, sondern lediglich eine Personalisierungsmöglichkeit. Dazu genügt es zB, dass der Kartenkäufer seinen Namen in einer Leerzeile auf der Kartenrückseite eintragen kann. Gemäß einer Entscheidung des OLG Hamburg ist es sogar ausreichend, wenn diese Leerzeile leer bleibt – also von der Personalisierungsmöglichkeit kein Gebrauch gemacht wird.[748] 733

d) Formulierungsbeispiele für das Weiterverkaufsverbot
Ein Weiterverkaufsverbot lässt sich etwa folgendermaßen formulieren: 734

> Die Karten sind personalisiert. Der Name des Zugangsberechtigten ist in der Leerzeile auf der Karte einzutragen.
> Die Zugangsberechtigung ist nur unter den nachfolgenden Bedingungen auf Dritte übertragbar:
> Der Dritte darf keinen höheren Preis als den auf der Karte aufgedruckten Preis zzgl. Vorverkaufs- und Systemgebühren zahlen und muss alle Rechte und Pflichten aus dem Veranstaltungsbesuchsvertrag – einschließlich des Weiterverkaufsverbots – übernehmen. Die Zugangsberechtigung ist nicht übertragbar, wenn sie in einem Paket mit anderen Waren/Dienstleistungen (mit Ausnahme von Ticketingdienstleistungen zum marktüblichen Preis) veräußert wird.
> Nur wenn diese Voraussetzungen erfüllt sind, darf der Name des ursprünglich Zugangsberechtigten in der og Leerzeile durchgestrichen werden und mit dem Namen des Dritten, der die Zugangsberechtigung erwirbt, ersetzt werden.

Entscheidend ist, dass das Weiterverkaufsverbot wirksam in den Veranstaltungsbesuchsvertrag einbezogen wird. Es muss dem Kartenkäufer somit bereits vor dem Vertragsschluss zugänglich gemacht werden.

Wenn Eintrittskarten trotz eines Weiterverkaufsverbots gewerblich zu einem höheren Preis als dem normalen Kartenpreis angeboten werden, liegt ein Verstoß gegen das Wettbewerbsrecht vor. Durch das Angebot der Tickets am Markt erweckt der Veräußerer den unzutreffenden Eindruck, dass diese verkehrsfähig seien.[749] Er verschleiert dabei, dass der Erwerber gar keine wirksame Eintrittsberechtigung erwerben kann. Da der Veräußerer damit einen irreführenden Eindruck erweckt, verstößt er zudem gegen § 5 Abs. 1 UWG. Bei der Verkehrsfähigkeit der Eintrittskarten handelt es sich um ein wesentliches Merkmal iSv § 5 Abs. 1 Nr. 1 UWG. Zudem verstößt der Veräußerer gegen § 5a Abs. 2 UWG, indem er die Kartenkäufer nicht über das Weiterverkaufsverbot und die hieraus resultierende Nichtverkehrsfähigkeit informiert. 735

Ist die Eintrittskarte mit einem Weiterverkaufsverbot versehen, geschieht dies lediglich informatorisch. Es soll den Zweiterwerber darauf hinweisen, dass das Zutrittsrecht zur Veranstaltung und die sonstigen Rechte aus dem Veranstaltungsbesuchsvertrag nicht jedem 736

---

[747] BGH GRUR 2009, 173 – bundesligakarten.de.
[748] OLG Hamburg Beschluss v. 29.4.2010 – 3 W 23/10 (nv); LG Hamburg Urt. v. 9.3.2011- 315 O 489/10.
[749] Köhler/Bornkamm in Köhler/Bornkamm UWG Anh zu § 3 III Rn. 9.3.

Karteninhaber zustehen. Ein solcher informatorischer Hinweis auf der Eintrittskarte kann bspw. folgendermaßen lauten:

> *Eintrittsberechtigt zur Veranstaltung ist _____ (Name ist einzutragen)*
>
> *Das Recht zum Veranstaltungsbesuch steht grundsätzlich nur dem Vertragspartner des Veranstalters zu. Auf einen Dritten ist die Zugangsberechtigung nur übertragbar, wenn der Dritte keinen höheren Preis als den auf der Karte aufgedruckten Preis zzgl. Vorverkaufs- und Systemgebühren zahlt und alle Rechte und Pflichten aus dem Veranstaltungsbesuchsvertrag – einschließlich des Weiterverkaufsverbots – übernimmt. Die Zugangsberechtigung ist nicht übertragbar, wenn sie in einem Paket mit anderen Waren/Dienstleistungen (mit Ausnahme von Ticketingdienstleistungen zum marktüblichen Preis) veräußert wird. Unter diesen Voraussetzungen darf der Name des ursprünglich Zugangsberechtigten in der og Leerzeile durchgestrichen werden und mit dem Namen des Dritten, der die Zugangsberechtigung erwirbt, ersetzt werden.*

3. Ansprüche gegen Plattformbetreiber

737 Weitaus erfolgreicher als gegen die gewerblichen Händler lassen sich zumeist Ansprüche gegen Betreiber von Internet-Plattform durchsetzen, sofern dort gewerblich Eintrittskarten zum Weiterverkauf angeboten werden. Allerdings lässt sich ein bestehendes Weiterverkaufsverbot für den Plattformbetreiber nicht ohne Weiteres erkennen. Es kann daher für ihn schwer sein, die Verkaufsangebote auf seiner Plattform zu identifizieren, die nach den og Kriterien wettbewerbswidrig sind. Der Plattformbetreiber kann sich somit auf das **Haftungsprivileg** des § 10 S. 1 TMG berufen. Allerdings gilt dieses Haftungsprivileg lediglich für Schadensersatzansprüche und in Hinblick auf eine etwa gegebene strafrechtliche Verantwortlichkeit. Unterlassungsansprüche sind hingegen von § 10 S. 1 TMG nicht erfasst.[750] Voraussetzung für die Inanspruchnahme des Haftungsprivilegs ist, dass der Plattformbetreiber unmittelbar nach Kenntniserlangung von den rechtswidrigen Inhalten Maßnahmen ergreift und tätig wird, um diese zB durch Löschung oder Sperrung unzugänglich zu machen. Diese Verpflichtung greift allerdings erst dann, wenn er im konkreten Einzelfall Kenntnis davon erlangt, um welche Inhalte es sich handelt und aus welchen Gründen sie rechtswidrig sind. Die abstrakte Kenntnis davon, dass unter den zahlreichen Inhalten auf seiner Plattform neben rechtmäßigen Inhalten auch rechtswidrige Inhalte sind, begründet keine Verpflichtung zur Löschung oder Zugangssperrung.[751]

738 Bevor ein Veranstalter juristisch gegen eine Weiterverkaufsplattform vorgehen kann, muss er zunächst konkret auf die rechtswidrigen Weiterverkaufsangebote hinweisen und den Betreiber zur Löschung auffordern. Ab Kenntnis haftet der Plattformbetreiber unter dem Gesichtspunkt der **Störerhaftung**.[752] Da der Betreiber der Weiterverkaufsplattform iSd § 8 Abs. 3 Nr. 1 UWG Mitbewerber des Veranstalters ist, handelt er wettbewerbswidrig, wenn er rechtswidrige Angebote trotz Aufforderung nicht löscht.

739 Ohne eine solche Aufforderung ist eine Haftung des Plattformbetreibers nur dann gegeben, wenn der Verstoß gegen das Weiterverkaufsverbot vom Plattformbetreiber mit **Unterstützungshandlungen** gezielt gefördert wird, die über das bloße Bereitstellen einer Verkaufsplattform hinausgehen: Da der Betreiber einer Verkaufsplattform im Internet in aller Regel auch nicht erkennen kann, ob es sich bei einem Eintrittskartenangebot um ein privates oder um ein gewerbliches Angebot handelt, stellt das Bereitstellen einer Ticket-Weiterverkaufsplattform für sich gesehen kein wettbewerbswidriges Verleiten zum Vertragsbruch dar.[753] Wettbewerbswidrig wäre das Verhalten des Plattformbetreibers allerdings, wenn er den gewerblichen Weiterverkauf unterstützt und durch Schritte fördert, die über das bloße Bereitstellen der Verkaufsplattform hinausgehen.[754] So kann es sich zB um ein

---

[750] Gefestigte Rechtsprechung des BGH GRUR 2004, 860 – Internet-Versteigerung; GRUR 2007, 708; GRUR 2007, 724; GRUR 2008, 702 – Internet-Versteigerung III.
[751] BGH GRUR 2007, 890 – Jugendgefährdende Schriften.
[752] LG Hamburg Urt. v. 9.3.2011 – 315 O 489/10.
[753] BGH GRUR 2009, 173 – bundesligakarten.de.
[754] OLG Düsseldorf CR 2011, 127.

Verleiten zum Vertragsbruch handeln, wenn er die Identifizierung des Weiterverkäufers gezielt erschwert oder dem Verkäufer den Handel aus der Anonymität heraus erleichtert, indem er ihn vor Risiken schützt, die sich beim Kauf aus einer anonymen Quelle zwangsläufig ergeben. Um ein Verleiten zum Vertragsbruch handelt es sich auch, wenn der Plattformbetreiber – wie zB die Ticket-Verkaufsplattform ‚viagogo' – dem Käufer die Echtheit der erworbenen Tickets garantiert. Letztlich will er damit den Käufer vor den Risiken zu schützen, die sich beim Kauf aus einer anonymen Quelle zwangsläufig ergeben. Mit einer derartigen Garantie soll die Kaufbereitschaft der Käufer beeinflusst werden. Die Garantie macht es für den Käufer überflüssig, den Verkäufer zu identifizieren und zu erreichen. Damit wird es anonymen Verkäufern erleichtert, sich jeglicher rechtlichen Verantwortlichkeit zu entziehen. Die wettbewerbsrechtliche Verantwortlichkeit ergibt sich unter dem Gesichtspunkt der **Gefahreröffnung**.[755] Nach der höchstrichterlichen Rechtsprechung muss derjenige, der durch die Eröffnung einer Handelsplattform im Internet die Gefahr von Rechtsverletzungen schafft, zumutbare Maßnahmen zur Prävention künftiger Rechtsverletzungen ergreifen. Dies gilt auch im Fall von Ticketzweitmärkten, da hier der Betreiber nicht vor der naheliegenden Möglichkeit die Augen verschließen darf, dass gewerbliche Weiterverkäufer die Plattform nutzen.[756]

Allerdings kann auch ohne eine konkrete Unterstützungshandlung ein Verleiten zum Vertragsbruch stets dann angenommen werden, wenn eine wirtschaftliche Interessengemeinschaft zwischen Plattformbetreiber und Verkäufer besteht, durch die der Plattformbetreiber direkt vom gewerblichen Weiterverkauf der Tickets profitiert. Dies könnte etwa dann der Fall sein, wenn er prozentual an der Gewinnspanne des Weiterverkäufers vom gewerblichen Weiterverkauf beteiligt wird.

---

[755] BGH GRUR 2007, 890 – Jugendgefährdende Medien bei Ebay.
[756] LG Dortmund SpuRt 2010, 211.

§ 9 Marken- und Wettbewerbsrecht

I. Markenrecht

1. Funktion des Markenrechts in der Veranstaltungsbranche

741 Bei keinem anderen Produkt ist die Spanne zwischen dem Herstellungspreis und dem Verkaufspreis so groß wie bei einer Konzertkarte. Der Wert der Karte liegt allein in dem aufgedruckten Künstlernamen. In diesem Aufdruck ist das Versprechen eines einmaligen Erlebnisses für das Publikum enthalten. Um dieses Versprechen abgeben zu können, muss der Veranstalter regelmäßig erhebliche Vorleistungen erbringen.

742 Mit der Ankündigung der Darbietung eines Künstlers wird grundsätzlich in dessen Persönlichkeitsrechte eingegriffen. Auch wenn dieser Eingriff mangels Einwilligung des angekündigten Künstlers rechtswidrig erfolgt, kann der Veranstalter dennoch Einnahmen durch Kartenverkäufe erzielen, ohne nennenswerte Investitionen tätigen zu müssen. Die Versuchung, sich mit diesem Ziel in markenrechtliche Grauzonen zu begeben, ist daher groß.

743 Dem Markenrecht kommt somit die entscheidende Funktion zu, sicher zu stellen, dass das Publikum die Veranstaltung, für die es Karten erwirbt, korrekt identifizieren kann. Dadurch wird gewährleistet, dass nur derjenige erfolgreich Karten verkaufen kann, der auch tatsächlich das angekündigte Programm zur Aufführung bringt und nicht derjenige, der zwar viel verspricht, aber wenig davon einhält. Das Markenrecht schützt somit den Leistungswettbewerb zwischen den Veranstaltern. Dieser Schutz ist in der Veranstaltungsbranche deshalb besonders wichtig, weil hier stets zuerst die Eintrittskarte erworben und bezahlt wird bevor der Käufer die Gegenleistung – mithin die Zulassung zur Veranstaltung – erhält. Die gerichtliche Durchsetzung daraus resultierender Ansprüche gestaltet sich zumeist aufwändig. Der Zeit- und Kostenaufwand steht häufig nicht im Verhältnis zum Streitwert.

744 Das Markenrecht schützt aber nicht nur das Publikum vor Verwechslung und Irreführung, sondern auch Veranstalter und Künstler davor, dass ihr guter Ruf rechtswidrig ausgenutzt und beschädigt wird.

2. Risiken markenrechtlicher Angriffe

745 Markenrechtliche Auseinandersetzungen in der Veranstaltungsbranche sind für beide Seiten – den Angreifer und den Angegriffenen – nicht nur kostenintensiv, sondern zumeist auch riskant. Das liegt an dem Zeitdruck, der durch den näher rückenden Veranstaltungstermin entsteht. Er macht eine nachträgliche Korrektur von gerichtlichen Eilentscheidungen zumeist unmöglich. Unterbleibt die Durchführung einer Veranstaltung als Folge einer ergangenen einstweiligen Verfügung und wird sie später wieder aufgehoben oder wird eine bereits im Vorverkauf befindliche Veranstaltung wegen einer ergangenen einstweiligen Verfügung abgesagt, ist die Beseitigung des eingetretenen Schadens zumeist sehr kostenintensiv. Riskant sind markenrechtliche Auseinandersetzungen in der Veranstaltungsbranche auch deshalb, weil die Veranstaltungswerbung – anders als bspw. eine Webseite – meist nur mit erheblichem finanziellem und zeitlichem Aufwand korrigiert werden kann. Muss während einer laufenden Konzerttournee der Name einer Produktion – zB auf im Aushang befindliche Plakate -geändert werden, riskiert der Verletzer die Verwirkung des Ordnungsgeldes, sofern ihm nicht für die Beseitigung der angegriffenen Werbung eine hinreichende **Aufbrauchsfrist** gewährt wird.[757] Selbst ein Überplatierung angegriffener Plakate ist regelmäßig nicht kurzfristig realisierbar. Aus dem Grundsatz von Treu und Glauben kann sich nach inzwischen gefestigter Rechtsprechung ein Anspruch auf eine solche Frist erge-

---

[757] Fezer MarkenG § 14 Rn. 1013 mwN.

ben.[758] Die Anforderungen für die Zubilligung einer Aufbrauchsfrist sind allerdings hoch. Ein unbefristetes Verbot mit sofortiger Wirkung muss beim Verletzer unverhältnismäßige Nachteile bewirken. Gleichzeitig dürfen durch die Gewährung einer Aufbrauchsfrist keine schutzwürdigen Belange des Markeninhabers in unzumutbarer Weise beeinträchtigt werden.[759]

Eine Aufbrauchsfrist ist aus Sicht der Rechteinhaber tatsächlich problematisch. Denn jeder weitere Tag, an dem (ggf. überregional) eine irreführende Werbung auf Plakaten, Flyern, Zeitschriftenanzeigen, im Internet usw für das Publikum zugänglich bleibt, kann nicht nur finanzielle Schäden, sondern vor allem auch Rufschäden verursachen. Dadurch werden Fakten geschaffen deren nachträgliche Korrektur unmöglich ist. Ein Besucher, der einmal einer Verwechslung unterlegen ist und ein Konzert des ‚falschen' Künstlers in der Erwartung besucht hat, es trete dort der ‚echte' Protagonist auf, verzichtet möglicherweise bei der nächsten Gelegenheit auf den Besuch. Umgekehrt muss auch jeder Veranstalter mit dem Risiko leben, dass er, wenn er (ggf. auch nur leicht fahrlässig) einen markenrechtlich geschützten Begriff in beschreibender Absicht verwendet, im Falle einer einstweiligen Verfügung sämtliche – und damit ggf. auch überregional veranlasste Werbemaßnahmen – kurzfristig kostenintensiv beseitigen muss.

746

Es ist nicht auszuschließen, dass eine im einstweiligen Rechtsschutzverfahren erfolgte Untersagung später wieder aufgehoben wird und sich damit als rechtsgrundlos erweist. Zudem ist zu berücksichtigen, dass zahlreiche Künstler- und Veranstaltungsnamen – anders als Markennamen im Industriebereich – wenig kennzeichnungskräftig und keineswegs immer besonders originell sind. In vielen Fällen beschreiben sie lediglich den künstlerischen Inhalt der Produktion. Die Zugkraft liegt nicht unbedingt in der Kennzeichnung des auftretenden Künstlers, sondern kann auch in dem dargestellten Inhalt liegen. Wenn ein Veranstalter ein zugkräftiges Thema entdeckt hat, will er möglichst verhindern, dass Konkurrenten sein Erfolgsrezept kopieren. Er möchte das zugkräftige Thema für sich monopolisieren. Deshalb ist es nicht ungewöhnlich, dass ein Produzent versucht, sich einen attraktiven beschreibenden Begriff als Marke schützen zu lassen. Eine Kollisionsgefahr kann also vom Inhaber des prioritätsälteren Namens durchaus mitverursacht, in manchen Fällen sogar beabsichtigt sein.

747

3. Künstlernamen und Veranstaltungstitel als Marken

Marken- und wettbewerbsrechtliche Streitigkeiten in der Veranstaltungsbranche haben ihre Ursache zumeist darin, dass Veranstalter die für ihre Aufführung erforderlichen Rechte entweder gar nicht oder nicht im erforderlichen Umfang erworben haben. Sie können aber auch darin bestehen, dass Veranstalter diese Rechte zwar besitzen, aber sich bei der Bewerbung ihrer Aufführung an (bekannte) Produktionen anderer Veranstalter anlehnen, um von deren Ruf zu profitieren. Und nicht zuletzt können Streitigkeiten dadurch verursacht werden, dass jemand irrig der Auffassung ist, er könne anderen den Gebrauch eines bestimmten Begriffs als Veranstaltungstitel oder die Nutzung als Künstlername verbieten, obwohl sich aus dem Marken- und Namensrecht eine derartige Befugnis nicht ergibt.

748

Typischer Gegenstand von markenrechtlichen Auseinandersetzungen sind die Namen von bekannten Künstlern, Bands und Orchestern. Gleiches gilt für Musicaltitel oder Showprogramme wie zB ‚Holiday on Ice' oder ‚Night of the Jumps' oder die Namen bekannter Festivals. Nicht jeder Veranstaltungstitel oder Künstlername genießt zwangsläufig nur infolge seiner Bekanntheit Schutz nach dem Markengesetz. Sieht man sich einige der bekanntesten Veranstaltungsnamen – wie bspw. das Münchner ‚Oktoberfest'[760], das ‚Schleswig-

749

---

[758] Vgl. BGH GRUR 1969, 690 (693) – Faber; BGH GRUR 1957, 499 (504) – Wipp; Ingerl/Rohnke MarkenG Vorbem. §§ 14–19d Rn. 384; verneinend dagegen BGH GRUR 1982, 420 (423)– BBC/DDC; BGH GRUR 1967, 355 (359) – Rabe; BGH NJW 1966, 1560 – Uniplast.
[759] Fezer MarkenG § 14 Rn. 1013 mwN.
[760] Größtes Volksfest der Welt in München.

Holstein Musikfestival' oder auch die Namen großer Open-Airs wie ‚Rock am Ring'[761] oder das Parallelfestival ‚Rock im Park'[762] – einmal auf ihre markenrechtliche Schutzfähigkeit hin an, fällt auf, dass derartige Namen in vielen Fällen ein starkes beschreibendes Element haben. Auch bei vielen Künstlernamen ist dies der Fall, wie zB bei den ‚Berliner Philharmonikern' oder den ‚Drei Tenören'. Marken sind ihrer Natur nach allerdings nicht beschreibend, sondern bezeichnend. Veranstaltungstitel oder Künstlernamen sind nur dann eine Marke, wenn sie geeignet sind, Waren oder Dienstleistungen eines Anbieters von den Waren oder Dienstleistungen der Konkurrenz zu unterscheiden.[763] Künstlernamen sind in aller Regel auch Marken. Entscheidend ist hierbei, dass Waren und Dienstleistungen wie bspw. Tonträger und Konzertkarten über den Namen des Künstlers bezeichnet werden. Nicht entscheidend ist hingegen für den Markenschutz, ob eine Marke als sog **Registermarke** in den Markenregistern beim DPMA in München oder beim Europäischen Markenamt in Alicante eingetragen ist. Denn auch ohne eine solche Eintragung kann eine Marke als sog **Benutzungsmarke** oder **notorisch bekannte Marke** Markenschutz genießen.[764] Selbst wenn es im Einzelfall an den Erfordernissen einer Marke fehlen sollte, ist damit noch nicht gesagt, dass kein Schutz nach dem Markengesetz besteht. Denn das Gesetz schützt außer Marken auch sonstige Kennzeichen, nämlich **geschäftliche Bezeichnungen** und **geografische Herkunftsangaben**.[765]

750 Bei genauerer Betrachtung der gesetzlichen Regelungen zur Markenfähigkeit gem. § 3 MarkenG, zum Markenschutz gem. § 4 MarkenG und der einschlägigen Rechtsprechung ist festzustellen, dass der Gesetzgeber und die Rechtsprechung bei diesen Regelungen in erster Linie industrielle Produkte im Auge haben. Auf Veranstaltungstitel und Künstlernamen passen diese Regelungen deshalb nicht immer.

a) Markenfähigkeit

751 Nicht jeder beliebige Begriff kann eine Marke sein. § 3 Abs. 1 MarkenG enthält zwar keine Legaldefinition des Begriffs der Marke, nennt aber als zentrale Grundvoraussetzung für die Markenfähigkeit, dass der Slogan oder das Zeichen geeignet sein muss, Waren oder Dienstleistungen eines Unternehmens von denjenigen anderer Unternehmen zu unterscheiden. Die Marke ist also ein **produktidentifizierendes Unterscheidungszeichen**.[766] Viele Künstler würden es aber ablehnen, ihren Künstlernamen als ‚Unternehmen' anzusehen und ihre Auftritte als ‚Waren oder Dienstleistungen'. Und auch bei nichtkünstlerischen Veranstaltungen kann es höchst unklar sein, welches Unternehmen denn nun dort welche Waren und Dienstleistungen anbietet. Beim Oktoberfest bieten eine Vielzahl von Unternehmen – Schausteller, Brauereien und Zeltbetreiber – die unterschiedlichsten Waren und Dienstleistungen an. Der Begriff ‚Oktoberfest' ist wegen des Kultcharakters dieser Veranstaltung werbewirksam und führt Touristen aus dem In- und Ausland nach München. Aber geht es hierbei wirklich um die Unterscheidung bestimmter Waren und Dienstleistungen von anderen? Dass es dasselbe Bier auch woanders gibt, weiß jeder Oktoberfestbesucher. Er kommt aber trotzdem. Anders liegt der Fall beim ‚Schleswig Holstein Musikfestival', denn dieses steht durchaus für ein ganz bestimmtes Programm. Das Festival hat sich durch seine Programmauswahl und die ungewöhnlichen Veranstaltungsorte im Laufe der Zeit eine besondere Reputation aufgebaut, so dass es tatsächlich beim Publikum die Erwartung geben mag, ein Konzert dieses Festivals sei herausragend. Aber auch hier wird für den Besuch letztlich ausschlaggebend bleiben, welche Künstler auftreten und welches Repertoire auf-

---

[761] Seit 1985 jährlich auf dem Nürburgring in der Eifel stattfindendes Musikfestival.
[762] Seit 1993 jährlich im Mai oder Juni im Volkspark Dutzenbach in Nürnberg stattfindendes Musikfestival.
[763] BGH GRUR 2000, 502 (503) – St. Pauli-Girl.
[764] Die Markenformen stehen sich gleichwertig gegenüber vgl. Fezer MarkenG § 4 Rn. 21.
[765] Fezer MarkenG § 1 Rn. 1 ff.; Ingerl/Rohnke MarkenG § 1 Rn. 4 ff.
[766] Fezer MarkenG § 3 Rn. 9.

geführt wird. Auch ohne den Begriff ‚Schleswig Holstein Musikfestival' erkennt der Konzertbesucher bei der Programmlektüre, was ihn erwartet. Eine echte **Individualisierungsfunktion** wie eine Industriemarke hat der Begriff ‚Schleswig Holstein Musikfestival' also jedenfalls nicht uneingeschränkt. Genauso ist das auch bei den großen deutschen Open-Air-Festivals wie ‚Rock im Park' oder ‚Rock am Ring': Welche Künstler dort auftreten, erfährt das Publikum allein durch die Veranstaltungswerbung. Eine Individualisierungsfunktion im Sinne einer Herkunftsbezeichnung für bestimmte Produkte oder Dienstleistungen haben diese Namen also nicht. Es kann kaum davon ausgegangen werden, dass Besucher ohne eine konkrete Erwartungshaltung an das Programm sich für den Veranstaltungsbesuch nur aufgrund des bekannten Festivalnamens entscheiden. Das sieht man auch daran, dass die Besucherzahlen bei solchen Veranstaltungen von Jahr zu Jahr stark schwanken, je nachdem, wie zugkräftig die auftretenden Künstler sind.

Im Ergebnis erscheint es deshalb selbst bei bekannten Veranstaltungsnamen durchaus 752 zweifelhaft, ob sie überhaupt markenfähig sind. Letztlich wird die Markenfähigkeit aber zu bejahen sein, da diese Begriffe im Ergebnis jedenfalls aufgrund der Bekanntheit der Veranstaltung inzwischen vom Publikum als Marke verstanden werden.

Vor diesem Hintergrund kommt dem Markenschutz bei Veranstaltungen im Vergleich 753 zu anderen Branchen besondere Bedeutung zu. Es ist deshalb kein Wunder, dass Veranstaltungsmarken in der Literatur[767] und Rechtsprechung[768] intensiv erörtert werden.

b) Markeninhaber

Ein weiteres markenrechtliches Sonderproblem der Veranstaltungsbranche liegt darin, dass 754 keineswegs klar ist, wer im Einzelfall Inhaber einer Benutzungsmarke ist. Denn anders als bei klassischen Industrieprodukten gibt es bei Veranstaltungen meist mehrere Personen und Firmen, die als ‚Hersteller' und damit Markeninhaber in Betracht kommen. Man kann sich durchaus über die Frage streiten, welches ‚Unternehmen' tatsächlich im Einzelfall Erbringer der Veranstaltungsleistung ist. Auch hier passt das Markenrecht mit seiner Orientierung an industriellen Fertigungsprozessen, bei denen die Waren ohne Weiteres einem Hersteller zugeordnet werden können, nicht. Bei einem Konzert oder einer sonstigen Veranstaltung gibt es regelmäßig nicht lediglich einen einzigen Hersteller, sondern stets mehrere Unternehmer, die arbeitsteilig zusammenwirken und die erfolgreiche Aufführung jeweils als ‚ihr Werk' ansehen:
– Der Künstler oder die Künstlergruppe selbst;
– der internationale Tourneeveranstalter;
– der nationale Tourneeveranstalter;
– der Örtliche Veranstalter.

Neben den Vorgenannten können auch die Tonträgerfirma oder das Management – zB 755 bei Fernsehproduktionen oder gecasteten Künstlerprojekten – der eigentliche ‚geistige Vater' des künstlerischen Konzepts sein. Es kommt durchaus vor, dass von einer Produktion mehrere Besetzungen gleichzeitig an verschiedenen Auftrittsorten auftreten. Damit gibt es dann gar keinen ‚Original-Künstler' mehr. Die Markenrechte liegen dann nicht bei den Künstlern, sondern bei dem Produzenten. Für Dritte ist also regelmäßig nicht erkennbar, wer denn nun Inhaber des Markenrechts ist.

Außerdem unterliegen viele Künstler und ihre Darbietungen im Laufe der Zeit perso- 756 nellen Veränderungen. Bei einer Auflösung einer Musikgruppe oder dem Ausscheiden einzelner Gruppenmitglieder gibt es immer wieder Streit über die Frage, wem die Rechte am Bandnamen zustehen.[769] Kann das ausscheidende Gruppenmitglied die wirtschaftliche Auseinandersetzung auch bezüglich des Künstlernamens verlangen oder verbleibt dieser bei dem restlichen Teil der Gruppe? Dabei liegt ein entscheidendes Problem bei markenrecht-

---

[767] Fezer MarkenG § 3 Rn. 100 ff. mwN.
[768] Fezer MarkenG § 3 Rn. 131 ff. mwN.
[769] S. bspw. KG Berlin WRP 1990, 37.

lichen Auseinandersetzungen in der Veranstaltungsbranche in der Prüfung der Frage, wer der originäre Markeninhaber ist. Dies richtet sich nach § 4 MarkenG. Die Vorschrift sieht drei grundsätzliche Möglichkeiten der Entstehung des Markenschutzes vor, nämlich durch **Registereintragung**, durch **Benutzung** und durch **notorische Bekanntheit**.

757 Erschwert wird diese Rechtsunsicherheit noch dadurch, dass Künstlernamen in manchen Fällen auch beschreibend von Dritten benutzt werden. Wenn bspw. die Lebensgeschichte eines berühmten Künstlers in einem Film oder Musical erzählt wird, darf der Name des Künstlers ohne Weiteres im Titel verwendet werden. Ähnliches gilt zB bei Cover-Bands, konzertanten Musical-Shows, in denen ‚Highlights' aus berühmten Broadway-Produktionen dargeboten werden.

Beispiel 11:
Eine Cover Band – also eine Musikgruppe, die das Repertoire bekannter Künstler nachspielt – möchte unter dem Namen ‚The Second Best Beatles' auftreten. Die Mitglieder fragen sich, ob sie dies dürfen. Nachdem sie bereits bundesweite Bekanntheit erworben haben, wollen sie wissen, ob sie einem Mitbewerber die Nutzung des Namens ‚The Second Most Genuine Beatles' untersagen können.

758 Einerseits ist natürlich der Künstlername ‚The Beatles' als Marke geschützt.[770] Andererseits kann man über die GEMA eine Lizenz für die konzertmäßige Aufführung des Beatles-Repertoires erwerben, woraus zwangsläufig auch das Recht zu einer entsprechend aussagekräftigen Bewerbung des Konzerts folgt.[771] Häufig gibt die Ankündigung des Namens eines bekannten Künstlers auch Aufschluss über das von ihm dargebotene Programm. Daher wird auch in der Werbung neben dem Künstlernamen das Programm zumeist nicht mehr separat erwähnt. Es wäre deshalb im Beispiel 11 schlicht unpraktikabel, wenn man verlangen würde, dass die Beatles-Cover-Band den Begriff ‚Beatles' nicht als Namensbestandteil verwenden darf sondern dass man stattdessen von ihr erwartet, dass sie unter einem anderen Namen auftritt und zB folgendermaßen für sich wirbt: ‚The Genuine Maiers& Müllers playing Beatles Songs'. Eine solche Ankündigung würde jedenfalls nicht erkennen lassen, dass die Band Beatles-Songs originalgetreu nachspielt. Sie ließe vielmehr den Deutungsspielraum, dass diese Band das Beatles-Repertoire in ihrem eigenen Stil lediglich verfremdet interpretiert. Während im Beispiel 11 nur derjenige den Stil der Maiers&Müllers zutreffend beurteilen kann, der diesen bereits kennt, lässt der Name ‚Beatles Revival Band' weitaus mehr darauf schließen, dass hier Beatles-Repertoire im Stile der Beatles – also möglichst originalgetreu – ‚wiederbelebt' wird. Das Bezeichnungsrecht muss sich daher auch auf Künstlernamen und nicht nur auf das dargebotene Programm erstrecken. Eine Beatles-Cover-Band darf deshalb den Begriff ‚Beatles' als Bestandteil ihres Bandnamens verwenden, solange für jedermann deutlich wird, dass es sich eben nicht um die Original-Beatles handelt. Entscheidend ist, dass eine **hinreichende Unterscheidungskraft** vorhanden ist. Die Inhaber der Markenrechte am Bandnamen ‚The Beatles' hätten deshalb zB nicht gerichtlich die Anmeldung einer Wort-Bild-Marke ‚The Beatles Revival Band' verhindern können. Auch bei dem Namen ‚The Second Best Beatles' wird zweifellos deutlich, dass es sich nicht um die Original-Beatles handelt.

759 Wenn die ‚Second Best Beatles' einmal unter diesem Namen bekannt geworden sind, sollte man meinen, dass ihnen – neben einem möglichen Markenrecht – ein entsprechendes **Namensrecht** an dem Coverband-Namen zusteht. Das ist allerdings aus wettbewerbsrechtlicher Sicht nicht unproblematisch: Der Name beinhaltet den Anspruch auf eine Spitzenstellung dahingehend, dass es sich um die ‚Zweitbesten Beatles nach den echten Beatles' handelt. Andere Beatles-Cover-Bands könnten sich dadurch zurückgesetzt fühlen und ebenfalls beanspruchen, die Zweitbesten zu sein.

---

[770] Zum kennzeichnungsmäßigen Gebrauch von „The Beatles" siehe: OLG München NJW-RR 1996, 1260.
[771] Vgl. LG Hamburg Urt. v. 1.10.2002 – 407 O 136/02.

Im Ergebnis lässt sich im Beispiel 11 somit festhalten, dass die Bezeichnung ‚The Second Best Beatles' zwar namens- und auch markenrechtlichen Schutz genießen kann, sich dieser Schutz jedoch nicht darauf erstreckt, Dritten die Verwendung von Bandnamen zu untersagen, die ebenfalls den Bestandteil ‚Beatles' aufweisen und deshalb ähnlich sein können. **760**

4. Entstehung des Markenschutzes

Aus § 4 MarkenG ergibt sich, dass der Schutz der Marke entweder durch Eintragung (Nr. 1) oder kraft Benutzung (Nr. 2) entsteht. Obwohl die Benutzung einer Marke mit Verkehrsgeltung als eigenständige Markenkategorie in § 4 Nr. 2 MarkenG vorgesehen ist, dh gleichwertig neben einer eingetragenen Marke nach § 4 Nr. 1 MarkenG steht[772], ist die **Eintragungsmarke** gerade angesichts der besonderen Rechtsunsicherheiten und Beweisschwierigkeiten die bzgl. der Rechtssicherheit überlegene Alternative. Dies gilt umso mehr, da man in vielen ausländischen Staaten einen Markenschutz durch reine Benutzung nicht kennt.[773] Auch der Europäischen Gemeinschaftsmarke ist ein Schutz kraft Benutzung fremd.[774] Dennoch ist die **Benutzungsmarke** de facto der weitverbreitete Regelfall. **761**

Die dritte Alternative des § 4 MarkenG ist die sogenannte **Notorietätsmarke**. Sie ist für die Veranstaltungsbranche besonders relevant, da oft erfolgreiche Veranstaltungskonzepte aus anderen Ländern von Trittbrettfahrern für den deutschen Markt rezipiert werden, ohne dass dabei eine Lizenz erworben wird. Vor allem im Musicalbereich beobachten inländische Produzenten, welche neuen Musicals in den Musical-Hochburgen London und New York reüssieren, da ein Erfolg dort häufig auch Erfolg in Deutschland verspricht. Es liegt deshalb nahe, einen im Ausland erfolgreichen Musicaltitel zu einem Zeitpunkt, zu dem das Musical in Deutschland noch unbekannt ist und auch keinen formellen Markenschutz genießt, auf dem inländischen Markt zu etablieren. Soweit dies ohne Einholung einer Lizenz erfolgt, steht dem allerdings der Schutz der Notorietätsmarke entgegen. **762**

Voraussetzung für den Markenschutz ist dabei die notorische Bekanntheit einer Marke im Inland oder Ausland, was in aller Regel – aber nicht zwangsläufig – eine vorausgegangene Benutzung der Marke bedingt.[775] Der Begriff ‚notorische Bekanntheit' wird im Wesentlichen im Sinne einer **gesteigerten Verkehrsgeltung** verstanden, die grundsätzlich in allen angesprochenen Verkehrskreisen (zB Konsumenten, Örtliche Veranstalter, ggf. Sponsoren) vorliegen muss, die mit den betreffenden Waren/Dienstleistungen befasst sind. Die Bekanntheit muss dabei deutlich über 50% liegen. Lokale Notorietät reicht nicht aus.[776] Fälle, in denen eine Notorietätsmarke iSd § 4 Nr. 3 MarkenG entsteht, ohne dass zuvor bereits Markenschutz durch Benutzung nach § 4 Nr. 2 MarkenG erworben wurde, sind vor allem in den erwähnten Fällen denkbar, in denen ein im Ausland bereits bekannter Künstler oder ein im Ausland bekanntes Showprogramm mit dort markenrechtlich geschütztem Namen im Inland noch nicht bekannt ist. Dann besteht ggf. inländischer Schutz als Notorietätsmarke.[777] Von solchen Fällen abgesehen erscheint es – jedenfalls innerhalb der Veranstaltungsbranche – angemessen, die Notorietätsmarke als einen Unterfall der Benutzungsmarke anzusehen. Die Benutzungsmarke hat also weniger strenge Voraussetzungen als die Notorietätsmarke, da keine notorische Bekanntheit sondern lediglich Verkehrsgeltung verlangt wird. **763**

Im Unterschied zur notorischen Bekanntheit muss die Verkehrsgeltung nicht bei allen angesprochenen Verkehrskreisen, sondern nur soweit vorliegen, dass die angesprochenen Verkehrskreise, bei denen die Bekanntheit gegeben ist, für den betroffenen wirtschaftlichen **764**

---

[772] Fezer MarkenG § 4 Rn. 21.
[773] Zum Recht anderer EU Staaten siehe Klaka in FS Gamm S. 271 (272 ff.).
[774] Hasselblatt MAH GewRS § 37 Rn. 18 f.
[775] Ingerl/Rohnke MarkenG § 4 Rn. 29.
[776] Hacker in Ströbele/Hacker MarkenG § 4 Rn. 73.
[777] BGH GRUR Int. 1969, 257 – Recrin; Ingerl/Rohnke MarkenG § 4 Rn. 29.

Verkehr nicht unerheblich sind.⁷⁷⁸ Es genügt ein geringerer Durchsetzungsgrad, sofern das Zeichen von Haus aus unterscheidungskräftig ist und keinem **Freihaltebedürfnis** unterliegt.⁷⁷⁹ Dies ist allerdings gerade im Veranstaltungsbereich oft nicht unproblematisch, da Veranstaltungsmarken in aller Regel starke beschreibende Elemente enthalten und ein Freihaltebedürfnis daher naheliegt.

765 Eine **örtliche Verkehrsgeltung** kann genügen, es muss sich dabei aber um einen einheitlichen Wirtschaftsraum handeln.⁷⁸⁰ Dies kann dann von großer praktischer Bedeutung sein, wenn eine bestimmte Veranstaltungsstätte oder ein jährlich wiederkehrendes Festival zwar in einer bestimmten Region Bekanntheit genießt, aber außerhalb dieser Region noch andere Unternehmen mit dem selben oder zumindest einem ähnlichen Namen existieren, die in ihrer jeweiligen Region ebenfalls bekannt sind.

a) Vorteile der Eintragungsmarke

aa) Beweiserleichterung

766 Einer der wichtigsten Vorteile der Markenregistrierung liegt in der Beweiserleichterung: Der Inhaber verfügt nach erfolgter Eintragung über eine Urkunde, welche als Beweismittel verwandt werden kann. Das kann ein entscheidender Vorteil sein, da Markenrechtsstreitigkeiten oft von Beweisfragen abhängen. Die Verkehrsgeltung einer nicht eingetragenen Marke lässt sich unter Umständen nur schwer nachweisen, zumal häufig zweifelhaft bleibt, bei welchen Verkehrskreisen und ggf. in welchem geographischen Raum diese Verkehrsgeltung gegeben sein muss. Hinzu kommt, dass Marken im Veranstaltungsbereich, wie bereits ausgeführt, oft ein stark beschreibendes Element beinhalten. Deshalb kann der besondere Bekanntheitsgrad eines Veranstaltungstitels nicht in der Herkunftsangabe sondern darin liegen, dass er als beschreibender Hinweis auf den Inhalt oder das Thema der Veranstaltung dient. Hier lässt sich vor Gericht zwar über die Aussagekraft von **demoskopischen Gutachten** streiten, mit denen die Verkehrsgeltung einer nicht eingetragenen Marke unter Beweis gestellt werden soll. Häufig wird dabei allerdings nur bewiesen, dass ein bestimmter Veranstaltungstitel bekannt ist. Durch ein solches Gutachten wird hingegen nicht bewiesen, dass der Veranstaltungstitel tatsächlich als Marke bekannt und somit kennzeichnend und nicht lediglich rein beschreibend ist. Selbst mit einem demoskopischen Gutachten kann man den Beweis darüber, dass eine Benutzungsmarke tatsächlich entstanden ist, nicht stets erfolgreich führen. Diese Unsicherheiten lassen sich allein durch eine rechtzeitige Markenanmeldung vermeiden.

767 Und noch eine weitere Unsicherheit lässt sich durch eine rechtzeitige Markenanmeldung vermeiden: Anders als bei industriellen Waren und herkömmlichen Medien (wie Büchern oder CDs) ist es bei Veranstaltungstiteln schwer, den Nachweis zu erbringen, dass ein bestimmter Titel ab einem bestimmten Datum erstmalig genutzt wurde. Das aber ist rechtlich von erheblicher Bedeutung: Mit dem ersten Auftritt im örtlichen Jugendzentrum erwirbt eine Schüler-Band zwar keine Markenrechte am Bandnamen, weil die erforderliche Verkehrsgeltung hierdurch in aller Regel nicht geschaffen wird. Allerdings erwirbt sie möglicherweise ein prioritätsälteres Titelrecht am Bandnamen, und zwar unabhängig davon, ob und ggf. wie intensiv dieses Konzert beworben wurde und wie viele Zuhörer sich tatsächlich im Jugendzentrum eingefunden haben. Denn der **Titelschutz** verlangt lediglich Priorität am Markt, ohne dass es hierbei auf die Bekanntheit bzw. Verkehrsgeltung ankommt.⁷⁸¹ Deshalb ist es bei markenrechtlichen Streitigkeiten zwischen Veranstaltungsunternehmen eine beliebte Verteidigungsstrategie, die Priorität der gegnerischen Rechte in Zweifel zu ziehen. Auch hier schafft nur die Markenregistrierung ein verlässliches Beweismittel, da das

---

⁷⁷⁸ BGH GRUR 1969, 681, (682).
⁷⁷⁹ BGH GRUR 1960, 83 (86 f.).
⁷⁸⁰ Hacker in Ströbele/Hacker MarkenG § 4 Rn. 32.
⁷⁸¹ Deutsch GRUR 2004, 642.

Datum der Anmeldung dem Markenregister zweifelsfrei entnommen werden kann. Der Markenrechtsschutz wirkt dann auf das Datum der Anmeldung zurück. Auf das Datum der Eintragung kommt es entgegen dem Wortlaut des § 4 Nr. 1 MarkenG hingegen nicht an, da der Antragsteller keinen Einfluss auf die Dauer des Eintragungsverfahrens (also die Dauer zwischen Anmeldung und Eintragung) hat.[782]

bb) Kollision von eingetragener Marke und Benutzungsmarke
Ein weiterer Vorteil der Markeneintragung besteht darin, dass mit ihr klargestellt wird, wer Inhaber der Marke ist. Wie bereits ausgeführt, gibt es bei Veranstaltungen meist mehrere Personen und Firmen, die als ‚Hersteller' und damit Markeninhaber in Betracht kommen. Das gilt insbesondere auch dann, wenn ausländische Produktionen unter ihrem Markennamen an inländische Tourneeveranstalter lizenziert werden. Erst durch die Markeneintragung wird eine Marke zu einem handelbaren Gut, über das man Lizenzverträge abschließen kann, ohne dabei Gefahr zu laufen, dass der Gebrauch der Marke durch den Markenlizenznehmer nicht zu einer Verwässerung der Rechte des ursprünglichen Markeninhabers führen kann. Ohne eine Markeneintragung besteht die Gefahr, dass die Marke als eigene Benutzungsmarke des Markenlizenznehmers erstarkt. Die Markeneintragung sagt allerdings nichts darüber aus, ob der Marke gem. § 9 MarkenG **relative Schutzhindernisse** entgegenstehen – also kollidierende eingetragene oder nicht-eingetragene prioritätsältere Markenrechte Dritter vorhanden sind. 768

(1) Jüngere eingetragene Marke. Da der Entstehungszeitpunkt einer Benutzungsmarke oder der Zeitpunkt, zu dem eine Benutzungsmarke zu einer sog ‚**bekannten Marke**' erstarkt, aufgrund der besonderen Gegebenheiten der Veranstaltungsbranche regelmäßig schwer festzustellen ist, sind Konflikte zwischen älteren Benutzungsmarken mit jüngeren eingetragenen Marken keineswegs selten. § 22 MarkenG regelt den Ausschluss von Ansprüchen bei Bestandskraft der Eintragung einer Marke mit jüngerem Zeitrang. Aus dieser Norm ergibt sich, dass der Inhaber einer prioritätsälteren Marke dann keine Unterlassungs- und Schadensersatzansprüche gegen den Gebrauch einer eingetragenen prioritätsjüngeren Marke geltend machen kann, wenn die Voraussetzungen für diese Ansprüche erst nach Anmeldung der prioritätsjüngeren Marke entstanden sind. Diese Regelung ist in der Veranstaltungsbranche besonders relevant, da es hier besonders oft vorkommt, dass ein erfolgreicher Veranstaltungs- oder Künstlername innerhalb kürzester Zeit zu einer sog ‚bekannten Marke' erstarkt und auf diese Weise besonderen Schutz genießt. Der Inhaber einer Benutzungsmarke muss deshalb stets damit rechnen, dass eine ähnliche Marke über Nacht zu einer ‚bekannten Marke' erstarkt, was zu Lasten seiner eigenen Benutzungsmarke geht. 769

Falls die Marke allerdings eingetragen ist, schützt § 22 MarkenG den Inhaber vor dem nachträglichen Erstarken einer ähnlichen Marke. Der Inhaber wird durch diese Regelung nicht nur dagegen geschützt, dass die prioritätsältere Marke nachträglich zu einer bekannten Marke erstarkt. Durch die Regelung des § 22 MarkenG wird der Eingetragene auch dagegen geschützt, dass **absolute Schutzhindernisse**, die der prioritätsälteren Marke ursprünglich entgegenstanden, später wegfallen, indem zB ein rein beschreibender Begriff wie etwa ‚Drei Tenöre' nachträglich aufgrund gesteigerter Bekanntheit markenmäßig wird. Die Vorschrift ist restriktiv auszulegen und nur dann anzuwenden, wenn die Kennzeichenverletzung gerade eine Folge des Rechtszuwachses der bekannten prioritätsälteren Marke ist.[783] Von praktischer Relevanz für die Veranstaltungsbranche ist hierbei vor allem der Ausschluss von Unterlassungs- und Schadensersatzansprüchen, wenn die prioritätsältere Marke zum Zeitpunkt der Anmeldung der prioritätsjüngeren Marke noch nicht den Status einer bekannten Marke iSd §§ 9 Abs. 1 Nr. 3, 14 Abs. 2 Nr. 3, 15 Abs. 3 MarkenG hatte, aber spä-

---

[782] Raab in MAH GewRS § 35 Rn. 262.
[783] Fezer MarkenG § 22 Rn. 2.

ter eine solche gesteigerte Bekanntheit erlangt, was bei erfolgreichen Künstler- und Veranstaltungsnamen oft vorkommt.

Entscheidend für die Frage, ob die ältere Marke materiell den Status einer bekannten Marke hat, ist somit der Zeitpunkt, zu dem die prioritätsjüngere Marke formell angemeldet wird. Da eine bekannte Marke eine gesteigerte Verkehrsgeltung erfordert (als Faustregel gilt: 30–50% der relevanten Verkehrskreise müssen die Marke kennen[784]), kann eine solche bekannte Marke bei gründlicher Vorabrecherche im Vorfeld der Markenanmeldung kaum übersehen werden. Der Eintritt der Bestandskraft nach § 22 MarkenG führt gem. § 22 Abs. 2 MarkenG im Ergebnis dazu, dass die prioritätsältere und die prioritätsjüngere Marke miteinander koexistieren.[785]

770 **(2) Verwirkung von Rechten.** Häufig existieren **namensgleiche** oder **namensähnliche Veranstaltungen** über einen längeren Zeitraum nebeneinander, ohne dass es zu rechtlichen Konflikten kommt. Dies birgt die Gefahr der Verwirkung von Rechten. Wenn der Inhaber der prioritätsälteren Marke oder geschäftlichen Bezeichnung den Gebrauch der prioritätsjüngeren Marke oder geschäftlichen Bezeichnung über fünf Jahre hinweg wissentlich duldet, hat er gem. § 21 MarkenG seine Ansprüche verwirkt. Die Verwirkung greift allerdings gem. § 21 Abs. 1 bzw. Abs. 2 MarkenG dann nicht, wenn der Inhaber der prioritätsjüngeren Marke bei der Markenanmeldung oder beim Rechteerwerb bösgläubig war, dh von der Existenz der prioritätsälteren Marke oder geschäftlichen Bezeichnung wusste. In der Veranstaltungsbranche sind die erforderlichen fünf Jahre eine lange Frist. Zudem kann es schwierig sein, die Voraussetzungen der Verwirkung unter Beweis zu stellen. Insbesondere ist es schwer nachzuweisen, dass der Inhaber der prioritätsälteren Marke oder geschäftlichen Bezeichnung positive Kenntnis von der Anmeldung hatte. Grobe Fahrlässigkeit genügt hingegen nicht.[786] Also gibt auch der Ablauf der Fünfjahresfrist dem Markeninhaber noch immer keinen abschließenden Schutz vor den Ansprüchen aus prioritätsälteren Benutzungsmarken. Außerhalb der sehr streng zu handhabenden Verwirkung nach § 21 MarkenG kommt aber eine Verwirkung nach den allgemeinen Rechtsgrundsätzen von Treu und Glauben in Betracht.[787] Zudem besteht die Möglichkeit einer Verjährung nach § 20 MarkenG.

771 Solange weder Verwirkung noch Verjährung eingetreten sind, kann der Inhaber des prioritäts-älteren Zeichens die Unterlassungs- und Schadensersatzansprüche aus den §§ 14, 15 MarkenG geltend machen.

cc) Widerspruchsverfahren

772 Wegen des dargestellten starken Gewichts der eingetragenen Marke wird ein Markeninhaber in aller Regel verhindern wollen, dass eine prioritätsjüngere gleiche oder ähnliche Marke eingetragen wird. Wenn der Inhaber eines prioritätsälteren Zeichens feststellt, dass ein prioritätsjüngeres kollidierendes Zeichen ins Markenregister eingetragen wurde, hat er neben den materiellrechtlichen Unterlassungsansprüchen nach §§ 14, 15 MarkenG auch den formellrechtlichen Weg des Widerspruchsverfahrens nach § 42 MarkenG.

773 Der Widerspruch kann allerdings nur darauf gestützt werden, dass das prioritätsjüngere eingetragene Zeichen mit einem prioritätsälteren Zeichen kollidiert, das eingetragen oder zur Eintragung angemeldet wurde.[788] Somit ist der Markeninhaber der Benutzungsmarke iSd § 42 MarkenG nicht aktivlegitimiert. Allerdings ist gem. § 24 Abs. 2 Nr. 2 MarkenG ein Widerspruch aus einer notorisch bekannten Marke möglich.

---

[784] Fezer MarkenG § 14 Rn. 420.
[785] Fezer MarkenG § 22 Rn. 2.
[786] Fezer MarkenG § 21 Rn. 13.
[787] Fezer MarkenG § 21 Rn. 22.
[788] Hacker in Ströbele/Hacker MarkenG § 4 Rn. 70.

… § 9

dd) Löschungsklage und Löschungsantrag

Wegen der dargestellten Vorteile einer Markeneintragung kommt es in der Veranstaltungs- 774
branche oft vor, dass die Eintragung eines Künstlernamens oder Veranstaltungstitels als
Marke beantragt wird, obwohl bereits eine verwechslungsähnliche Marke mit Bezug zur
Veranstaltungsbranche im Markenregister eingetragen ist. Dabei stellt sich die Frage, wie
sich der Inhaber der älteren eingetragenen Marke gegen den späteren Eintrag wehren kann.
Eine Möglichkeit ist die Löschungsklage. Sie ist gem. § 55 Abs. 1, 51 MarkenG vor den ordentlichen Gerichten zu erheben. Vor dem DPMA kann der Löschungsantrag aus relativen
Rechten gegen eine eingetragene Marke nicht gestellt werden, da er gem. § 50 MarkenG
nur bei absoluten Schutzhindernissen zulässig ist. Man kann mit dem Löschungsantrag also
nicht rügen, dass die von einem Dritten beantragte Marke gegen eigene, ältere Rechte verstößt. Vielmehr dient der Löschungsantrag allein dazu, absolute Schutzhindernisse durchzusetzen. Das gilt zB, wenn die beantragte Marke nicht eintragungsfähig, da freihaltebedürftig
ist. Wenn die Marke jedoch wegen relativer Schutzhindernisse beanstandet wird, kann man
keinen Löschungsantrag erheben, sondern muss vor den ordentlichen Gerichten eine Löschungsklage einreichen. Der Verweis auf die Klage verursacht für den Klagenden allerdings deutlich höhere Kosten als der Löschungsantrag.

Die Löschungsklage wegen Bestehens älterer Rechte kann neben dem Markeninhaber 775
mit dessen Zustimmung auch der **Lizenznehmer** erheben, obwohl in § 55 Abs. 2 Nr. 2
MarkenG eine dem § 30 Abs. 3 MarkenG entsprechende Bestimmung fehlt.[789]

Der Löschungsanspruch bei der Löschungsklage aus einer prioritätsälteren Benutzungs- 776
marke ergibt sich aus §§ 12, 14, 51 MarkenG.[790] Als Löschungsgrund kommt ein **relatives
Schutzhindernis** iSd §§ 9–13 MarkenG in Betracht. Nach § 12 MarkenG besteht ein Löschungsanspruch desjenigen, der eine Benutzungsmarke mit Verkehrsgeltung erworben hat.
Der Benutzungsmarke muss der ältere Zeitrang gegenüber der eingetragenen jüngeren Registermarke zukommen. Weiter muss es dem Inhaber des älteren Rechts zustehen, die Benutzung der eingetragenen Marke zu untersagen.[791] Auf Gut- oder Bösgläubigkeit des
Markenanmelders kommt es beim Löschungsanspruch hingegen nicht an. Selbst eine noch
so sorgfältige Markenrecherche des Markenanmelders kann also nichts daran ändern, dass
die Marke ggf. gelöscht werden muss. Sie kann gem. § 14 Abs. 6 MarkenG allenfalls im
Rahmen des Schadensersatzanspruchs für die Frage des Verschuldens eine Rolle spielen.

b) Benutzungsmarke

Der Markenschutz gem. § 4 Nr. 2 MarkenG entsteht durch die Benutzung eines Zeichens 777
im geschäftlichen Verkehr unter drei Voraussetzungen, die kumulativ vorliegen müssen: Das
Zeichen muss im inländischen geschäftlichen Verkehr benutzt worden sein, es muss als
Marke benutzt worden sein und es muss als Marke innerhalb beteiligter Verkehrskreise Verkehrsgeltung erlangt haben.[792]

aa) Benutzung im geschäftlichen Verkehr

Eine Benutzung eines bestimmten Veranstaltungstitels, eines Künstlernamens oder einer 778
sonstigen Marke im Bereich der Veranstaltungswirtschaft im geschäftlichen Verkehr ist
nicht erst dann gegeben, wenn die Veranstaltung öffentlich beworben wird oder Karten in
den Vorverkauf gebracht werden. Vielmehr erfolgt die Benutzung bereits, wenn eine Produktion innerhalb der Veranstaltungsbranche angeboten wird – also örtlichen Veranstaltern oder Konzertagenturen vorgestellt wird. Es ist nicht erforderlich, dass die Bezeichnung
gegenüber dem Endverbraucher bzw. dem Publikum benutzt wird. Vielmehr genügt auch
die Benutzung gegenüber kommerziellen Abnehmern wie Agenturen und Veranstaltern,

---

[789] BGHZ 138, 349 (354).
[790] Lange Rn. 300.
[791] Fezer MarkenG § 12 Rn. 7.
[792] Fezer MarkenG § 4 Rn. 21; Hacker in Ströbele/Hacker MarkenG § 4 Rn. 15 ff.

sofern die Identifikationsfunktion des benutzten Begriffs für deren wirtschaftliche (Kauf-) Entscheidung relevant ist.[793] Voraussetzung ist allerdings, dass der Veranstaltungstitel im inländischen geschäftlichen Verkehr benutzt worden sein muss. Die Benutzung im Ausland genügt für einen Schutz im Inland nicht. Die Verkehrsgeltung im Ausland kann allenfalls bei der Beurteilung der Unterscheidungskraft – und damit der erforderlichen Höhe der Verkehrsgeltung – Berücksichtigung finden.[794] Das kann eine große Rolle spielen, wenn – was in der Praxis oft der Fall ist – erfolgreiche ausländische Musicals oder Show-Konzepte nach Deutschland importiert werden. Auch wenn der Titel der erfolgreichen Produktion innerhalb der Veranstaltungsszene zB bereits über ausländische Fachzeitschriften Bekanntheit erlangt hat, hat der Produzent ihn damit noch nicht im Inland benutzt. Dies geschieht erst mit einem aktiven Auftreten am inländischen Markt.

bb) Benutzung als Marke

779 Es genügt nicht jede Benutzung eines Veranstaltungstitels, eines Künstlernamens oder einer sonstigen Marke im Bereich der Veranstaltungsbranche, sondern es ist eine **markenmäßige Benutzung** erforderlich.[795] Der Begriff muss also in einer herkunftsbezeichnenden Art und Weise benutzt worden sein, die geeignet ist, die Waren und Dienstleistungen des Benutzenden von denen seiner Konkurrenten zu unterscheiden.[796] Dies ist in der Veranstaltungspraxis regelmäßig durchaus problematisch: Gerade neue und deshalb noch unbekannte Künstler-namen oder Veranstaltungstitel sind nur dann plakativ, wenn sie dem Publikum eine bestimmte Vorstellung von der inhaltlichen Natur des dahinterstehenden Künstlerprogramms verschaffen. Deshalb sind sie oft – wenn auch natürlich keineswegs immer – nicht reine Eigennamen, sondern weisen auch ein beschreibendes Element auf. Dieses beschreibende Element kann dann im Laufe der künstlerischen Karriere zu einem Teil des Künstlernamens erstarken. Wenn das Publikum den Künstlernamen oder Programmtitel kennt, tritt das beschreibende Element hinter das marken- oder namensmäßige Element zurück. Das Publikum weiß dann, dass nicht irgendwelche Tenöre auftreten sondern die ‚Drei Tenöre'[797]. Hinter der Ankündigung ‚Klostertaler'[798] verstecken sich nicht irgendwelche Volksmusiker aus dem Klostertal sondern die bekannte Musikgruppe ‚Klostertaler'. Die Ankündigung ‚Beatles-Revival-Band'[799] darf das Publikum dahingehend verstehen, dass nicht irgendeine Beatles-Cover-Band, sondern die bekannte ‚Beatles-Revival-Band' auftritt.

780 Solange aber ein gewisses Maß an Bekanntheit noch nicht erreicht ist, besteht die Gefahr, dass Konkurrenten ein erfolgreiches Veranstaltungskonzept kopieren und dabei auch einen ähnlichen Namen verwenden, der identische beschreibende Elemente aufweist. Die zivilprozessualen Beweislastregeln sind allerdings ungünstig für denjenigen, der sich in solchen Fällen auf eine Benutzungsmarke beruft.[800] Falls es vor Gericht um die Frage geht, ob die Benutzungsmarke prioritätsälter als eine Registermarke ist, reicht der Nachweis nicht aus, dass die Benutzungsmarke bereits zum prioritätsälteren Datum bei den relevanten Verkehrskreisen bekannt war. Vielmehr muss bewiesen werden, dass die Benutzungsmarke nicht lediglich als beschreibender Begriff sondern als markenmäßiges **Herkunftskennzeichen** bekannt war – also vom Publikum als Identifikationsmerkmal eines ganz bestimmten Anbieters verstanden wurde. Da die Grenze zwischen dem beschreibenden und dem namens- oder markenmäßigen Bedeutungsinhalt bei Veranstaltungsnamen fließend ist, wird selbst das Pub-

---

[793] Fezer MarkenG § 4 Rn. 124.
[794] BGH GRUR 1974, 777 – Lemonsoda; Ingerl/Rohnke MarkenG § 4 Rn. 24.
[795] Ingerl/Rohnke MarkenG § 8 Rn. 324.
[796] Hacker in Ströbele/Hacker MarkenG § 8 Rn. 42.
[797] Gesangstrio aus den drei Opernsängern Placido Domingo, Luciano Pavarotti und Jose Carreras.
[798] Österreichische Volksmusikgruppe.
[799] Beatles Coverband aus Frankfurt a.M.
[800] Kochendörfer WRP 2007, 258.

likum nicht mit Sicherheit sagen können, ob es den Namen eher als Identifikationsmerkmal oder als beschreibenden Begriff verstanden hat. Deshalb lässt sich auch durch ein demoskopisches Gutachten zumeist kaum belegen, dass das Publikum einen bestimmten Veranstaltungsnamen zu einem bestimmten Zeitpunkt als identifizierenden Herkunftshinweis verstanden hat. Anders kann es aber sein, wenn die angesprochenen Verkehrskreise nicht das Publikum sondern Fachkreise wie zB Örtliche Veranstalter oder Künstleragenturen waren, denen eine bestimmte Veranstaltungsproduktion angeboten wurde.

Professionelle Adressaten verstehen den Namen einer Produktion regelmäßig als identifizierenden Herkunftshinweis und nicht lediglich beschreibend. Denn sie verfügen über die erforderlichen Hintergrundinformationen und treffen wesentliche geschäftliche Entscheidungen wie den Einkauf einer solchen Produktion nicht allein aufgrund eines wohlklingenden Namens. Diesen Kenntnisstand hat der Kartenkäufer nicht. 781

Schwieriger wird es, wenn sich nicht rückwirkend belegen lässt, dass ein bestimmter Veranstaltungstitel vom Publikum nicht lediglich beschreibend, sondern als identifizierendes Herkunftsmerkmal verstanden wird. Diese Beweisschwierigkeit lässt sich unter Umständen dadurch ausräumen, dass man nicht auf die Bekanntheit beim Publikum sondern auf die Bekanntheit in der Branche – zB bei Örtlichen Veranstaltern, Künstleragenturen und anderen potenziellen Geschäftspartnern – abstellt. Die für eine Benutzungsmarke erforderliche Bekanntheit in den beteiligten Verkehrskreisen lässt sich keineswegs nur auf die Bekanntheit beim Publikum als dem eigentlichen Endverbraucher reduzieren. Sie kann vielmehr auch in einer Bekanntheit bei einer informierten Fachöffentlichkeit bestehen. Diese erkennt einen Veranstaltungstitel bereits dann als identifizierendes Herkunftsmerkmal, wenn ihn das breite Publikum (noch) lediglich als beschreibende oder anpreisende Kurzbeschreibung des Veranstaltungsinhalts ansieht. 782

cc) Verkehrsgeltung

Verkehrsgeltung bedeutet, dass ein nicht unerheblicher Teil der angesprochenen Verkehrskreise eine Verbindung zwischen dem Zeichen und einem bestimmten Unternehmen herstellt und das Erscheinungsbild des Zeichens wiedererkennt.[801] Im Bereich der Veranstaltungswirtschaft lässt sich der Begriff der Verkehrsgeltung ohne Weiteres mit ‚Bekanntheit in der Branche und beim Publikum' übersetzen. Der Begiff der Verkehrsgeltung in § 4 Nr. 2 MarkenG und § 5 Abs. 2 Satz 2 MarkenG ist identisch. Er ist aber nicht gleichzusetzen mit dem Begriff der bekannten Marke gem. §§ 9 Abs. 1 Nr. 3, 14 Abs. 2 Nr. 3 MarkenG, der notorisch bekannten Marke gem. §§ 10, 14 Abs. 2 Nr. 3 MarkenG oder mit dem Begriff der Verkehrsdurchsetzung gem. § 8 Abs. 3 MarkenG. Die Anforderungen sind beim Begriff der Verkehrsgeltung niedriger, da für ihr Vorliegen schon ein **geringerer Durchsetzungsgrad** genügen kann.[802] Zudem reicht es aus, wenn lediglich ein nicht unerheblicher Teil der angesprochenen Verkehrskreise die Marke als Identifikationsmerkmal kennt.[803] Bei einer Veranstaltungsproduktion zählt nicht die gesamte Bevölkerung zu den angesprochenen Verkehrskreisen sondern lediglich die sog. **fragmentierte Öffentlichkeit.** Darunter verstehen sich diejenigen, die aufgrund ihrer finanziellen Möglichkeiten, ihres Wohnsitzes und vor allem auch aufgrund ihrer generellen kulturellen Interessen als potenzielle Kartenkäufer in Betracht kommen. Kinder und Jugendliche sind als Käufer von Volksmusik-Konzertkarten deshalb bei der Ermittlung des Grades der Verkehrsdurchsetzung ebenso zu vernachlässigen wie die Einwohner der ländlichen Gegenden als Käufer von Karten für Konzerte in den Metropolen. Auch hier kann es Beweisprobleme geben, wenn sich beschreibende Funktion und Identifizierungsfunktion bei Veranstaltungsnamen überlagern. Der Ausgang eines markenrechtlichen Gerichtsverfahrens steht und fällt nicht selten damit, wie die – kaum justiziable – Frage der Bestimmung der **relevanten Verkehrskreise** ent- 783

---

[801] BGH GRUR 2008, 917 (920) – EROS; Hacker in Ströbele/Hacker MarkenG § 4 Rn. 17.
[802] BGH GRUR 1960, 83 (86 f.) – Nährbier.
[803] BGH GRUR 1969, 681 (682) – Kochendwassergerät.

schieden wird. Hinzu kommen weitere Unsicherheiten in Hinblick darauf, in welchem geographischen Gebiet die Benutzungsmarke zu einem bestimmten Zeitpunkt bekannt war. Selbst wenn in einem regionalen Teil Deutschlands die Verkehrsgeltung zu einem bestimmten Zeitpunkt nachgewiesen werden kann, folgt daraus nicht zwangsläufig, dass der Begriff zu diesem Zeitpunkt in den übrigen Regionen ebenfalls Verkehrsgeltung hatte. Allein die Tatsache, dass Werbung und Kartenvorverkauf über das Internet getätigt wurden, kann kaum zum Nachweis der deutschlandweiten Bekanntheit ausreichen: Veranstaltungen sind regionale Ereignisse, mit denen vornehmlich das Publikum in der Region des Aufführungsorts angesprochen wird. Die theoretische Möglichkeit einer Anreise aus anderen Regionen des Landes ändert hieran nichts.

5. Markenformen im Veranstaltungsrecht

784 Die klassische Form der Marke – also die Verbindung von Markenname, Markenlogo und ggf. Slogan – ist keineswegs die einzige Form der Marke. Tatsächlich gibt es gerade in der Veranstaltungsbranche eine große Vielfalt an Markenformen, die ggf. auch kombiniert verwendet werden.

a) Hörzeichen

785 Hörzeichen (akustische oder auditive Marken) sind ausdrücklich in § 2 I MarkenG geregelt. Darunter sind Zeichen zu verstehen, die vom Gehör wahrgenommen werden, ohne Sprache zu sein. Hörmarken sind Zeichen von nichtsprachlichen Schallwellen an das menschliche Gehörorgan.[804] Sie können musikalisch (Töne, Tonfolgen und Melodien) oder nichtmusikalisch (Klänge und Geräusche) sein. Entscheidend ist wiederum, dass die Hörmarken kennzeichnend und nicht lediglich beschreibend sind, wie dies gerade bei Klängen und Geräuschen häufig der Fall ist. Hörmarken haben mit der zunehmenden Ausbreitung audiovisueller Darstellungen stark an Bedeutung gewonnen. Beispiele hierfür sind die Windows-Startmelodie oder der charakteristische Nokia-Klingelton. Zu den Hörmarken zählen auch Jingles – definiert als kurze musikalische Erkennungsmelodie –, die eine bestimmte Veranstaltung charakterisieren.[805] Längere Melodien hingegen sind keine Hörzeichen iSd § 2 Abs. 1 MarkenG.

786 Die Einzelheiten der Anmeldung einer Hörmarke regelt § 11 MarkenV. Musikalische Hörmarken sind als Notenschrift beim DPMA anzumelden, bei nicht-musikalischen Hörmarken ist die Einreichung eines Sonogramms (dh einer Aufzeichnung der Schallwellen) erforderlich.[806]

b) Lichtmarke

787 Auch Lichtzeichen in Form von Lichtinszenierungen oder Lichtinstallationen, wie sie aus der bildenden Kunst als Lichtperformance oder Lightshows im Rahmen von Popkonzerten, in Diskotheken, bei Ausstellungseröffnungen und anderen Events bekannt sind, können als Marke angemeldet werden.[807] Bisher waren Lichtmarken in Deutschland noch nicht Gegenstand eines Anmeldeverfahrens.[808] Daher kann davon ausgegangen werden, dass sie auch in der Veranstaltungspraxis bisher so gut wie keine Bedeutung haben.

c) Slogans

788 In der Veranstaltungsbranche haben Werbeslogans geringere Bedeutung als bei klassischen Konsumgütern. Veranstaltungen werden vornehmlich über Plakate, Zeitschriftenanzeigen

---

[804] Fezer MarkenG § 3 Rn. 591.
[805] Fezer MarkenG § 3 Rn. 590 ff.
[806] Risch/Kerst S. 249 f.
[807] Risch/Kerst S. 250 mwN.
[808] BDS MarkenG § 3 Rn. 40.

und das Internet beworben und zumeist nur ergänzend durch Rundfunk und Fernsehen, wo Werbeslogans eine große Rolle spielen. Von Bedeutung sind Slogans allerdings bei Großereignissen wie Olympiaden, Welt- oder Europameisterschaften.

Die beispielhafte Aufzählung der markenfähigen Zeichen in § 3 I MarkenG zeigt, dass eine Marke aus mehreren Worten bestehen kann. Man spricht dabei von einer **Mehrwortmarke**.[809] Soweit ein Slogan für bestimmte Waren und Dienstleistungen zur Unterscheidung geeignet ist, liegt Markenfähigkeit nach § 3 I MarkenG vor. Auch das Erfordernis der **Einheitlichkeit der Marke**, dh der Erkennbarkeit der Marke als Einheit, wird in der Regel nicht entgegenstehen, da es gerade der Zweck eines Slogans ist, sich schlagwortartig im Gedächtnis des Verbrauchers einzuprägen.[810] Eine prägnante kurze Wortfolge reicht aus, eine besondere Originalität wird nicht gefordert.[811] Ausreichend – allerdings auch erforderlich – ist, dass der Slogan aus Sicht der Verkehrskreise als **markenmäßiger Herkunftshinweis** verstanden wird und nicht lediglich als Anpreisung.[812] Das kann zu Problem führen, weil Werbeslogans in aller Regel lediglich die Wiedergabe eines anpreisenden Aussagegehalts sind. Bei sehr bekannten Werbeslogans tritt der informative oder anpreisende Aussagegehalt allerdings ggf. hinter die markenmäßige Herkunftsfunktion zurück. Markenanmeldungen für Werbeslogans weist das DPMA erfahrungsgemäß regelmäßig zurück, solange der Slogan noch nicht so bekannt ist, dass er vom Publikum als Herkunftshinweis verstanden wird.

789

Allerdings können selbst Allerweltssätze wie „Ich liebe es" als Slogan geschützt werden.[813] Selbstverständlich bedeutet dies nicht, dass derartige Sätze dem allgemeinen Sprachgebrauch entzogen und als Produktbezeichnung monopolisiert werden können. Vielmehr hat der Schutz lediglich zur Folge, dass die markenmäßige Nutzung allein dem Markeninhaber vorbehalten bleibt. Zur Bezeichnung von Waren und Dienstleistungen im Geschäftsbereich des Markeninhabers darf also allein er den Slogan verwenden oder verwenden lassen, für andere Zwecke besteht kein Schutz.

790

In der Veranstaltungsbranche spielen Werbeslogans eine vergleichsweise kleine Rolle, da sich das Publikum hier in erster Linie am Künstlernamen oder Programmnamen orientiert. Es gibt aber auch hier Beispiele für markenmäßige Werbeslogans wie etwa „Eure Gunst unser Streben".[814] Auch bei Musicalproduktionen und insbesondere herausragenden Sportereignissen wie Weltmeisterschaften werden regelmäßig Werbeslogans eingesetzt. So lautet bspw. der offizielle Slogan für die WM 2010 in Südafrika „Ke Nako. Celebrate Africa's Humanity." Ke Nako bedeutet auf Afrikanisch „Es ist an der Zeit". Dieser Slogan wurde bereits am 25.11.2007 offiziell bekannt gegeben. Der offizielle Slogan der WM 2006 in Deutschland war „Die Welt zu Gast bei Freunden". Schöpfer dieses Slogans war der österreichische Künstler André Heller. Der Slogan wurde am 19.11.2002 offiziell vorgestellt. Als Marke wurde er bereits am 24.01.2001 beim DPMA angemeldet. Am 16.05.2002 wurde die Marke eingetragen. Neben den Markenrechten der FIFA dürften an dem Slogan auch Urheberrechte seines Autors André Heller bestehen, da ein derartiger Slogan trotz seiner Kürze ein hinreichendes Maß an eigenschöpferischer Qualität aufweist.

791

d) Buchstaben und Zahlen

Nach dem neuen MarkenG sind Zahlen und Buchstaben in Alleinstellung gem. § 3 Abs. 1 MarkenG grundsätzlich markenfähig. Bedeutung kann dies bspw. für Bandnamen – wie zB den Namen der irischen Rockband ‚U2' oder den Künstlernamen ‚Drei Tenöre' oder die

792

---

[809] Fezer MarkenG § 3 Rn. 506.
[810] Kaulmann GRUR 2008, 854.
[811] EuGH GRUR 2004, 1027 (1029); BGH GRUR 2000, 321 (322); Ströbele in Ströbele/Hacker MarkenG § 8 Rn. 143.
[812] EuGH GRUR 2004, 1027 (1029).
[813] Ströbele in Ströbele/Hacker MarkenG § 8 Rn. 143.
[814] Werbe-Slogan des Circus Krone, größter Europäischer Zirkus.

‚Zwölf Tenöre' – haben. Zahlen und Einzelbuchstaben sowie deren Kombination sind als unterscheidungskräftig anzusehen, wenn sie weder **beschreibende Abkürzungen** darstellen noch aus sonstigen branchenbedingten Gründen ungeeignet zur Erfüllung der Herkunftsfunktion erscheinen.[815] Unter diesen Voraussetzungen ist die grundsätzliche Markenfähigkeit zu bejahen.

793 Besondere Bedeutung erlangen Buchstaben und Zahlen bei regelmäßig wiederkehrenden Ereignissen wie Sportmeisterschaften, Tourneen usw. Hier wird in vielen Fällen versucht, die fehlende Schutzfähigkeit eines rein beschreibenden Begriffs durch die Hinzufügung einer Jahreszahl zu überwinden. Im Zusammenhang mit der WM 2006 in Deutschland hatte die FIFA ua die Wortmarke ‚Weltmeisterschaft 2006' beim DPMA angemeldet. Die Anmeldung scheiterte, da die Begriffe ‚Weltmeisterschaft' und ‚2006' sowohl für sich gesehen als auch in ihrer Gesamtheit lediglich rein beschreibend sind und keine Unterscheidungskraft haben.[816] Sie sind nicht geeignet, die Waren oder Dienstleistungen eines Marktteilnehmers von Konkurrenzprodukten zu unterscheiden.[817] Die FIFA hatte im Kontext der Weltmeisterschaft 2006 noch weitere Marken angemeldet, von denen ein nicht unerheblicher Teil zwischenzeitlich wurde. Nach einer Entscheidung des Bundesgerichtshofs war dies geboten, da es sich dabei um sprachübliche Bezeichnungen für das Ereignis selbst handelte. Daher fehlte die erforderliche Unterscheidungskraft.[818]

e) Bildmarken

794 Als Bildmarken kommen alle Abbildungen in Betracht (Logos, Etiketten, Schriftzüge, abstrakte Bilder, Abbildungen von Waren oder Personen). Auch sie sind grundsätzlich nur markenfähig, wenn ihnen Unterscheidungskraft zukommt.[819] Bestehen die Bildmarken aus Symbolen – zB geometrischen Formen – wird mangels Originalität zumeist die Markenfähigkeit verneint.[820]

795 Bildmarken werden in der Veranstaltungsbranche gerne wegen ihres **Blickfangcharakters** eingesetzt. Nicht nur die charakteristischen Motive von Musical- und Showplakaten sondern auch Kostümierungen, Bühnenbilder oder Masken können Bildmarken sein, soweit sie in der Werbung in markenmäßiger Weise eingesetzt werden. Rechtlich zweifelhaft können Fälle sein, in denen zwar durch eine bekannte graphische Gestaltung eine gedankliche Assoziation mit der Original-Produktion erzeugt, aber durch unterscheidungskräftige Elemente bei näherem Hinsehen deutlich wird, dass es sich nicht um das Original handelt. Gleichwohl wird die Bekanntheit und Zugkraft des Originals in diesem Fall ausgenutzt, um eine andere, ggf. konkurrierende Produktion bekannt zu machen.

f) Wortbildmarken

796 Erhebliche praktische Bedeutung in der Veranstaltungsbranche hat die Wortbildmarke. Eine Wortbildmarke ist die klassische **Verbindung eines textlichen Elements mit einer bestimmten grafischen Gestaltung**, wie man es von ‚klassischen' Markenlogos kennt. Das textliche Element kann aus einem Eigennamen wie ‚Adidas' oder einem beschreibenden Begriff wie ‚Volkswagen' bestehen, wobei letzterer – wie das Beispiel VW zeigt – durch überragende Bekanntheit eine ursprünglich schwache Kennzeichnungskraft überwinden kann.[821] Denkbar ist aber auch, dass das textliche Element aus einem Slogan oder einem allgemeinsprachlichen Satz besteht – Beispiel: „Wir sind für Sie da".[822]

---

[815] Fezer MarkenG § 3 Rn. 522 ff.
[816] BGH GRUR 2006, 850 (853 ff.).
[817] Vgl. BGH SpuRt 2010, 201.
[818] BGH NJW 2006, 3002.
[819] Fezer MarkenG § 3 Rn. 525 ff.
[820] Risch/Kerst S. 253 f.
[821] Fezer MarkenG § 14 Rn. 390 ff.
[822] Eine entsprechende Wortmarkenanmeldung wurde vom DPMA zurückgewiesen.

Marken- und Wettbewerbsrecht §9

Bei kombinierten Wort-/Bildmarken ist die Schutzfähigkeit bereits dann zu bejahen, 797
wenn einer der Zeichenbestandteile die erforderliche Unterscheidungskraft aufweist. Man
spricht von einer Wortbildmarke, wenn es sich formal gesehen um eine Bildmarke handelt,
bei der ein graphisch gestaltetes Wort Hauptbestandteil des Bildes ist.[823] Ist der textliche
Bestandteil nicht hinreichend kennzeichnungskräftig, kann dies durch eine originelle graphische Gestaltung ausgeglichen werden. Damit ist die Wortbildmarke insgesamt auch dann
markenschutzfähig, wenn es das textliche Element bei isolierter Betrachtung nicht wäre.[824]
Hieraus resultiert die praktische Bedeutung der Wortbildmarke. Veranstaltungstitel oder
Künstlernamen mit überwiegend beschreibendem, nicht kennzeichnungskräftigem Sinngehalt können durch eine markante grafische Gestaltung die notwendige Unterscheidungskraft gewinnen und damit zur Marke erstarken. Im Übrigen gibt es ein allgemeines Verständnis beim Publikum dahingehend, dass ein beschreibender Begriff dann im Sinne eines
Eigennamens zu verstehen ist, wenn er grafisch besonders gestaltet ist – Beispiele hierfür
sind die Veranstaltungstitel der Eisrevue ‚Holiday on Ice', der irischen Dance-Show ‚Lord
of the Dance' oder der Bühnenproduktion des Hamburger Musical-Unternehmens Stage
Entertainment GmbH ‚Best of Musicals'. Diese Begriffe könnten durchaus als rein beschreibend aufgefasst werden, wenn sie ausschließlich textlich präsentiert würden. Durch
die besondere grafische Aufmachung werden sie jedoch auf den ersten Blick als kennzeichnungskräftige Marken wahrgenommen. Diese Begriffe sind somit nur als Wortbildmarke,
nicht jedoch als reine Wortmarke schutzfähig.

Der markenrechtliche Schutz bei der Wortbildmarke beschränkt sich allerdings aus- 798
schließlich auf die besondere Verbindung des Textbestandteils mit der grafischen Aufmachung. Der Textbestandteil für sich gesehen bleibt weiterhin für jedermann frei benutzbar.
Mitbewerber können somit – vorbehaltlich der nachfolgend dargestellten Sonderregeln
beim Namens- und Titelschutz[825] – einen gleichen oder verwechslungsähnlichen Textbestandteil verwenden, wenn die grafische Gestaltung sich hinreichend stark unterscheidet.
Das ist von praktischer Bedeutung, da Veranstaltungen über Plakate, Anzeigen, Werbespots
usw. beworben werden, wobei das Publikum die Verbindung des Textbestandteils mit
der grafischen Gestaltung erkennt. Während dies bis in die 90er Jahre auch bei der Gestaltung
von Eintrittskarten eine erhebliche Rolle spielte, deren herausragende Gestaltung sie nicht
selten zu Sammlerstücken werden ließen, bestehen Eintrittskarten heutzutage fast ausnahmslos nur noch aus Textbestandteilen. Daraus ergibt sich eine erhebliche Gefahr von
Verwechslungen: Selbst wenn das Publikum den schwach kennzeichnungskräftigen Veranstaltungsnamen ‚Best of Musicals' wegen der markanten grafischen Gestaltung in der Werbung als die Bezeichnung einer bestimmten Veranstaltung erkennt, besteht beim Kartenkauf die Gefahr, dass versehentlich Karten für eine Konkurrenzproduktion mit gleichem
oder ähnlichem Namen erworben werden. Der markenrechtliche Schutz der Wortbildmarke ist somit zwar leicht zu erhalten, aber in der Wirkung begrenzt.

6. Beschreibender und kennzeichnender Gebrauch

Marken und Namen in der Veranstaltungsbranche haben – wenn es sich nicht um reine 799
Eigennamen handelt – häufig eine Doppelfunktion. Sie sind kennzeichnend, gleichzeitig
aber auch beschreibend. Demjenigen, der das beworbene Veranstaltungsangebot bereits
kennt, dienen sie als rein kennzeichnender Herkunftshinweis. Denn er weiß, was ihn erwartet und orientiert sich nicht mehr an der vagen Beschreibung, die der Künstler- oder
Produktionsname, dessen grafische Aufmachung oder ggf. auch ein dazugehöriger Slogan
vermitteln kann. Für diesen Teil des Publikums tritt der beschreibende Gehalt hinter dem
kennzeichnenden Gehalt in den Hintergrund. Umgekehrt ist es allerdings bei dem Teil des
Publikums, welches den Künstler bzw. das Programm noch nicht kennt. Für sie kann die

---

[823] Samland S. 101.
[824] Eine Wortbildmarke „Wir sind für Sie da" ist im Markenregister des DPMA eingetragen.
[825] S. Rn. 892 ff.

werbliche Ankündigung der auslösende Faktor für den Veranstaltungsbesuch sein. Das funktioniert aber nur, wenn bei der Bewerbung neuer Veranstaltungsangebote Assoziationen mit bereits bekannten Produktionen hergestellt werden. Das Publikum muss durch die Aussage und Gestaltung der werblichen Ankündigung sofort erkennen können, in welches musikalische oder sonstige Genre die beworbene Veranstaltung gehört und mit welchem anderen Programmen oder welcher Produktion sie vergleichbar ist oder sein könnte. Dieses Bedürfnis nach einer Klassifizierung eines unbekannten Programms kollidiert aber mit dem Bedürfnis der Produzenten etablierter Produktionen, ein zugkräftiges Erfolgsrezept möglichst umfassend zu monopolisieren und – soweit möglich – allein auszuwerten. Für ein neues Veranstaltungsangebot kann in aller Regel nur mit dem Versprechen geworben werden, dass die Darbietung ein vielleicht nicht identisches, aber zumindest gleichwertiges Erlebnis bietet wie eine bereits etablierte. Umgekehrt kann eine bekannte Produktion ihre hervorgehobene Stellung im Veranstaltungsmarkt nur halten, wenn das Publikum davon überzeugt ist bzw. wird, dass sie ein tatsächlich einzigartiges Erlebnis ist.

800 Wenn die Ähnlichkeit zwischen zwei Veranstaltungsangeboten allein daraus resultiert, dass sie das gleiche Thema besetzen, muss diese Ähnlichkeit hingenommen werden und ist markenrechtlich nicht zu beanstanden. Deshalb gibt es bspw. in Deutschland schon seit Jahren mehrere Musicals mit dem Titel ‚Das Phantom der Oper' – dieser Titel ist der Titel eines (inzwischen gemeinfreien) Romans von Gaston Leroux, weshalb ihn nicht nur Andrew Lloyd Webber für seine inzwischen weltberühmte Musicalproduktion, sondern auch die Konkurrenz nutzen darf. Umgekehrt gilt aber: Wenn die Ähnlichkeit zwischen zwei Veranstaltungsangeboten nicht zwangsläufige Folge der thematischen Nähe beider Produktionen zueinander ist, sondern Folge eines gezielten Versuchs, Verwechslungen beim Publikum herbeizuführen, überwiegt das markenrechtliche Schutzbedürfnis.

801 Kompliziert wird diese – im Kern einfache – Güterabwägung allerdings dadurch, dass ein ursprünglich beschreibender Titel im Erfolgsfall vom Publikum schon bald nicht mehr im beschreibenden sondern im kennzeichnenden Sinn verstanden wird. Wenn ein Produzent ein gemeinfreies Thema so attraktiv aufbereitet, dass es gerade dadurch und in genau dieser Aufbereitung eine bislang unbekannte Zugkraft entfaltet, tritt das gemeinfreie Thema in der Wahrnehmung des Publikums hinter der spezifischen Umsetzung dieses Themas zurück. Prominente Beispiele hierfür sind die ‚Disney'-Filme und -Musicals, die fast alle auf gemeinfreien Storys basieren (zB ‚Cinderella', ‚Aladin' oder ‚Das Dschungelbuch') Sie hauchen diesen ‚klassischen' – und in vielen Fällen halbvergessenen – Themen so intensives neues Leben ein, dass das Publikum bei dem gemeinfreien Werktitel in aller Regel nicht mehr an diesen und damit das Original sondern an die ‚Disney'-Interpretation denkt. Hier ist die Wandlung von einem ursprünglich beschreibenden Titel zu einem markenrechtlich kennzeichnenden Titel besonders augenfällig. Konkurrenten, die diese Titel ebenfalls neu interpretieren wollen, werden durch das Markenrecht allerdings nicht gehindert, dies zu tun. Denn auch im Fall erheblicher Bekanntheit einer Bearbeitung kann der gemeinfreie Original-Werktitel von jedermann genutzt werden.[826] Das gilt aber nur unter der Voraussetzung, dass für das Publikum stets die Unterscheidbarkeit beider Interpretationen voneinander gewährleistet bleibt. Dies kann durch unterscheidungskräftige Zusätze wie Untertitel, optische Hervorhebung der Mitwirkenden auf den Plakaten oder deutlich andere grafische Gestaltung der Werbung erreicht werden. Es bleibt dann allerdings die Gefahr, dass das Publikum beide Produktionen beim Kartenkauf an der Kartenvorverkaufsstelle oder im Internet miteinander verwechselt.

---

[826] BGH NJW 2003, 1869 – Winnetous Rückkehr; OLG Frankfurt ZUM 2008, 963; BGH ZUM 2008, 953.

Marken- und Wettbewerbsrecht § 9

7. Anspruchskonkurrenzen bei Markenrechtsverletzung

Eine vorsätzliche Kennzeichenverletzung ist gem. § 143 MarkenG strafbar. Ausreichend ist 802
dafür bereits bedingter Vorsatz. Waren, die in markenrechtsverletzender Weise gekennzeichnet sind, unterliegen der Beschlagnahme gem. § 146 MarkenG.

Ferner stehen dem Verletzten bei einer Markenverletzung gem. § 14 Abs. 5 MarkenG ein 803
Unterlassungsanspruch,[827] gem. § 14 Abs. 6 MarkenG ein **Schadensersatzanspruch**[828], gem. § 18 MarkenG ein **Vernichtungsanspruch**[829] sowie der **selbständige Auskunftsanspruch** aus § 19 MarkenG[830] zu. Entsprechende Ansprüche sieht § 15 MarkenG bei der Verletzung der Rechte an einer geschäftlichen Bezeichnung vor.

Für die weiteren Verletzungsansprüche, insbesondere auf **Beseitigung**[831] und **Aus-** 804
kunft[832] gelten die von der Rechtsprechung entwickelten Grundsätze: In Fällen, in denen das Recht auf Auskunft dem Markeninhaber die Durchsetzung und Wahrung seiner Rechte erleichtert oder ggf. sogar erst ermöglicht, ergibt sich der Auskunftsanspruch gegen den Rechtsverletzer gem. § 242 BGB aus dem Grundsatz von Treu und Glauben. Dies gilt jedenfalls dann, wenn der Auskunftsverpflichtete die Auskunft erteilen kann, ohne hierdurch unbillig belastet zu werden. Zur Auskunft verpflichtet ist allerdings nur der Verletzer und nicht etwa jeder beliebige Dritte, der ggf. über Informationen verfügt, die zur Durchsetzung und Wahrung der Rechte des Markeninhabers hilfreich sein können. Der Auskunftsanspruch gilt daher nur innerhalb rechtlicher Sonderbeziehungen. Eine solche Sonderbeziehung ist jedes vertragliche oder gesetzliche Schuldverhältnis. Das gesetzliche Schuldverhältnis, das zwischen Markeninhaber und Markenverletzer durch die Markenverletzung begründet wird, reicht somit zur Begründung des Auskunftsanspruchs aus. Auskunft muss bei Markenverletzung auch dann erteilt werden, wenn diese für die Berechnung der Höhe des Schadensersatzanspruchs erforderlich oder hilfreich ist.

a) Anspruch auf Drittauskunft

Neben den bereits dargestellten Ansprüchen des Immaterialgüterrechts gewährt das Mar- 805
kenG in § 19 Abs. 2 MarkenG einen **verschuldensunabhängigen** Anspruch auf Drittauskunft. Hierdurch wird die Lücke geschlossen, die dadurch entsteht, dass der allgemeine zivilrechtliche Auskunftsanspruch nur innerhalb vertragsrechtlicher oder deliktsrechtlicher Sonderbeziehungen – mithin nicht gegenüber beliebigen Dritten – besteht. Der verschuldensunabhängige Anspruch auf Drittauskunft wird somit relevant, wenn der eigentliche Markenverletzer im Hintergrund bleibt und die markenverletzenden Waren oder Dienstleistungen über neutrale Händler oder sonstige Dritte vertreiben lässt, die ggf. keinen Vorsatz bezüglich einer etwaigen Markenrechtsverletzung haben und damit nicht die Tatbestände der §§ 14, 15 MarkenG verwirklichen. Mangels Tatbestandsverwirklichung fehlt es dann an einem deliktischen Schuldverhältnis als Voraussetzung für den allgemeinen zivilrechtlichen Auskunftsanspruch. Dies ist bspw. dann denkbar, wenn der Dritten keine eigenen Werbemaßnahmen durchführen – wie etwa bei Vertriebsplattformen im Internet oder bei Kartenvorverkaufssystemen. In solchen Fällen kann es an einem vertraglichen oder gesetzlichen Schuldverhältnis zwischen dem Dritten und dem Markenrechtsinhaber fehlen, so dass die **erforderliche Sonderbeziehung** als Voraussetzung des Auskunftsanspruchs nicht besteht. Der Markeninhaber ist dann auf Auskünfte seitens der Dritten angewiesen, um den eigentlichen Markenverletzer zu ermitteln. Voraussetzung für den Anspruch aus Drittauskunft gem. § 19 Abs. 2 MarkenG ist, dass der Markeninhaber entweder

---

[827] Fezer MarkenG § 14 Rn. 988 ff.
[828] Fezer MarkenG § 14 Rn. 1015 ff.
[829] Fezer MarkenG § 18 Rn. 31 ff.
[830] Fezer MarkenG § 19 Rn. 20 ff.
[831] Ingerl/Rohnke MarkenG Vorbem. §§ 14–19d Rn. 101 ff.
[832] Ingerl/Rohnke MarkenG Vorbem. §§ 14–19d Rn. 126 ff.

bereits Klage gegen den Verletzer erhoben hat oder dass die Markenverletzung offensichtlich ist.

806 Der Anspruch auf Drittauskunft hat in der Veranstaltungsbranche vor allem Bedeutung, wenn es darum geht, Auskunft von Kartenvorverkaufsunternehmen zu erhalten. Denn sie verfügen naturgemäß über alle für den Schadensersatzanspruch relevanten Verkaufszahlen und sonstigen Daten. Da derartige Unternehmen an von ihren Auftraggebern begangenen Markenrechtsverletzungen in aller Regel weder vorsätzlich noch fahrlässig mitwirken, entsteht zwischen ihnen und dem Markeninhaber kein deliktisches Schuldverhältnis. Die hierdurch entstehende Lücke schließt der verschuldensunabhängige Anspruch auf Drittauskunft.

807 Der Anspruch auf Drittauskunft hat hingegen nur geringe Bedeutung, wenn es darum geht, Auskunft von Örtlichen Veranstaltern, Agenturen oder Gastspieldirektionen zu erlangen. Denn im Unterschied zu anderen Branchen betätigen sich die ‚Händler und Zwischenhändler' der Veranstaltungsbranche – also Agenturen, Örtliche Veranstalter usw. – in aller Regel selbst werblich und sind daher an der Verletzungshandlung unmittelbar beteiligt. Auch sie verwenden zumeist zwangsläufig den markenrechtsverletzenden Künstler- oder Programmnamen in markenmäßiger Weise, handeln hierbei zumindest fahrlässig und verwirklichen damit in aller Regel ebenfalls gem. §§ 14, 15 MarkenG deliktische Tatbestände des Markenrechts. Damit entsteht zwischen ihnen und dem Markeninhaber ein **deliktisches Schuldverhältnis**, so dass der allgemeine Auskunftsanspruch greift.

b) Verletzungsunterlassungsanspruch

808 Materiellrechtliche Voraussetzungen des Verletzungsunterlassungsanspruchs sind nach § 14 Abs. 5 S. 1 MarkenG das Vorliegen einer objektiv rechtswidrigen **Verletzungshandlung** und einer bestehenden **Wiederholungsgefahr**. Beide Voraussetzungen müssen kumulativ vorliegen, damit ein materiellrechtlicher Anspruch auf Unterlassung besteht.

809 Der Verletzungsunterlassungsanspruch gem. § 14 Abs. 5 MarkenG dient der Verhinderung von weiteren Rechtsverletzungen in der Zukunft. Daher muss bereits eine Verletzungshandlung vorliegen. Der Anspruch ist ebenfalls **verschuldensunabhängig**.[833]

aa) Wiederholungsgefahr

810 Die Wiederholungsgefahr ist gegeben, wenn eine in der Vergangenheit begangene Rechtsgutverletzung die Besorgnis begründet, dass zukünftig dieselbe oder eine im Wesentlichen gleichartige Verletzungshandlung vom Störer begangen wird.[834] Es entspricht ständiger Rechtsprechung, dass beim Gegebensein einer Verletzungshandlung die Wiederholungsgefahr vermutet wird,[835] da die Verletzung die ernsthafte und greifbare Besorgnis weiterer Verletzungen begründet.[836]

811 Fehlt es an der Wiederholungsgefahr, ist ein Anspruch trotz Vorliegens einer Verletzungshandlung nicht entstanden.[837] Entfällt die Wiederholungsgefahr nachträglich, erlischt der Unterlassungsanspruch.[838] Grundsätzlich entfällt diese entweder durch die Abgabe einer **strafbewehrten Unterlassungsverpflichtungserklärung** oder durch eine **einstweilige Verfügung**, die dem Verletzer das inkriminierte Verhalten untersagt. Bloße Erklärungen des Verletzers, zukünftig von Verletzungshandlungen Abstand nehmen zu wollen, reichen – auch wenn es sich um ein renommiertes Unternehmen[839] oder eine öffentlich-rechtliche

---

[833] BGHZ 8, 387 (399) – Fernsprechnummer; BGHZ 37, 30 (37) – Selbstbedienungsgroßhandel
[834] Spuhler/Vykydal in MAH GewRS § 3 Rn. 7.
[835] BGH GRUR 1955, 342 (345) – Holländische Obstbäume; BGH GRUR 1973, 208 (210) – Neues aus der Medizin; BGH GRUR 2000, 605 (607) – comtes/ComTel.
[836] BGH GRUR 1992, 318 (319) – Jubiläumsverkauf.
[837] Teplitzky Kap. 5 Rn. 1.
[838] Zum Wegfall der Wiederholungsgefahr allg. vgl. Teplitzky Kap. 7 Rn. 1 ff.
[839] OLG Köln GRUR 1964, 560; OLG Frankfurt WRP 1969, 495.

Körperschaft[840] handelt – zur Beseitigung der Wiederholungsgefahr nicht aus. Das gilt selbst dann, wenn diesen Erklärungen dadurch Glaubwürdigkeit verliehen wird, dass der Verletzer konkrete Schritte zur Beseitigung der Rechtsverletzung – wie zB die Vernichtung inkrimierter Waren – einleitet.[841] Das ist nachvollziehbar, da es den Gerichten unmöglich ist, die Ernsthaftigkeit der Erklärung des Verletzers im Einzelfall zu beurteilen.[842]

bb) Vertragsstrafe

Zur Abwendung der Wiederholungsgefahr ist es erforderlich, dass sich der Verletzer nicht nur zur Unterlassung sondern für den Fall eines erneuten Verstoßes zur Zahlung einer angemessenen Vertragsstrafe verpflichtet.[843] Setzt der Verletzer nach Abgabe einer Unterlassungsverpflichtungserklärung oder Erlass einer einstweiligen Verfügung das markenrechtsverletzende Verhalten fort, kann der Markenrechtsinhaber die Vertragsstrafe im ordentlichen Gerichtsverfahren einklagen. Ist eine einstweilige Verfügung ergangen und ignoriert der Verletzer diese, kann der Markenrechtsinhaber gerichtlich die **Verhängung eines Ordnungsgeldes** beantragen. Dabei besteht der praktisch wesentliche Unterschied darin, dass über den Antrag auf Verhängung eines Ordnungsgeldes schneller entschieden wird als über die Klage auf Vertragsstrafe. Die Durchsetzung einer Vertragsstrafe erfordert ein Zivilverfahren vor den ordentlichen Gerichten mit Gütetermin und ggf. Beweisaufnahme. Trotzdem ist aus Sicht des Markenrechtsinhabers eine Vertragsstrafe vielfach attraktiver als die Verhängung eines Ordnungsgeldes, denn die Vertragsstrafe kommt dem Markenrechtsinhaber zugute, während das Ordnungsgeld zugunsten einer wohltätigen Einrichtung zu leisten ist.

cc) Kerntheorie

Markenrechtsverletzer im Veranstaltungsbereich, die sich in einer markenrechtlichen Grauzone bewegen und deshalb eine Unterlassungsverpflichtungserklärung abgeben mussten oder gegen die bereits eine einstweilige Verfügung ergangen ist, versuchen gelegentlich, ihr Verhalten in modifizierter Form fortzusetzen. Sie werden dabei versuchen, ihre Produktion derart zu ändern, dass sie mit dem Verfügungstenor nicht mehr kollidiert. Der markenrechtlich angreifbare Slogan kann geringfügig modifiziert, das Werbeplakat überplakatiert und dadurch leicht verändert werden. Wenn der Markeninhaber gegen derartige zumeist nur marginal modifizierte Inhalte ebenfalls vorgehen will, stellt sich für ihn die Frage, ob es sich bei der modifizierten Werbung um einen Verstoß gegen die bereits abgegebene Unterlassungsverpflichtungserklärung oder gegen die einstweilige Verfügung handelt, oder ob eine neue Rechtsverletzung vorliegt. Diese Frage ist nach der sog Kerntheorie zu beurteilen. Sie besagt, dass von einer Unterlassungverpflichtungserklärung oder einer einstweiligen Verfügung nicht nur identische weitere Verstöße erfasst sind, sondern auch solche, die zwar nicht identisch sind, aber im Kern wesensgleich.[844]

Ein besonderes Risiko der Kerntheorie besteht darin, dass sie dem Markeninhaber die riskante Beurteilung auferlegt, ob ein Verstoß im Kern wesensgleich zum vorangegangenen Verstoß ist oder nicht. Im Zweifel sollte der Markeninhaber davon ausgehen, dass die beiden Verstöße im Kern nicht wesensgleich sind. Denn wenn der Markeninhaber zunächst die Kerngleichheit des Verstoßes behauptet, droht ihm eine erhebliche Verschlechterung seiner prozessualen Möglichkeiten, falls ein Gericht dann die Andersartigkeit des zweiten Verstoßes annimmt. In diesem Fall gelangt es nämlich zu dem Ergebnis, dass der zweite Verstoß von der einstweiligen Verfügung bzw. der abgegebenen Unterlassungsver-

---

[840] BGH GRUR 1991, 769 (771) – Honoraranfrage; BGH GRUR 1994, 516 (517) – Auskunft über Notdienste.
[841] Teplitzky Kap. 7 Rn. 11 mwN.
[842] BGH GRUR 1965, 198 (202).
[843] Teplitzky Kap. 41 Rn. 14.
[844] BGH NJW 2008, 1593; BLAH ZPO § 890 Rn. 4.

pflichtungserklärung nicht erfasst ist. Dann wird nicht nur die Klage auf Vertragsstrafe bzw. der Antrag auf Verhängung eines Ordnungsgeldes kostenpflichtig zurückgewiesen. Vielmehr ist zudem auch die erforderliche **Eilbedürftigkeit** nicht mehr gegeben, da es der Markenrechtsinhaber versäumt hat, rechtzeitig im Eilverfahren gegen den zweiten Verstoß vorzugehen. Die irrtümliche Annahme des Markenrechtsinhabers, dass der zweite Verstoß kerngleich mit dem ersten Verstoß und somit von der abgegebenen Unterlassungsverpflichtungserklärung bzw. der einstweiligen Verfügung erfasst sei, ist nicht geeignet, ein Zuwarten zu entschuldigen. Die Eilbedürftigkeit ist dann nämlich nicht mehr gegeben.[845] Daher sollte jede nicht hinreichende Reaktion des Verletzers auf eine einstweilige Verfügung mit einem weiteren Verfügungsantrag verfolgt werden.

c) Vorbeugender Unterlassungsanspruch

815 Der vorbeugende Unterlassungsanspruch dient der Rechtsdurchsetzung zu dem Zeitpunkt, in dem eine Rechtsverletzung zwar noch nicht stattgefunden hat, aber konkrete Anzeichen darauf schließen lassen, dass sie unmittelbar bevorsteht.

816 In der Veranstaltungsbranche lassen sich Verletzungshandlungen häufig bereits frühzeitig erkennen. Erste Hinweise können sich zB aus Anzeigen, Plakaten oder sonstiger Werbung ergeben. Eine **Erstbegehungsgefahr** liegt sogar bereits dann vor, wenn sich der potenzielle Markenverletzer gegenüber dem Markeninhaber oder ggf. auch gegenüber Dritten berühmt, zur Zeichenbenutzung berechtigt zu sein. Bereits im Falle der Ablehnung einer Lizenzanfrage durch den Rechteinhaber kann sich eine Verletzungshandlung dann ergeben, wenn der Anfragende nach Scheitern der Verhandlungen erklärt, dass er einen Weg gefunden habe, wie er das Erfordernis eines Lizenzerwerbs umgehen könne.[846] Allerdings ist zwischen einer echten Berühmung und solchen Äußerungen zu differenzieren, die üblicherweise bei der Rechtsverteidigung oder bei Vergleichsverhandlungen getätigt werden. Denn der vorbeugende Unterlassungsanspruch darf nicht dazu missbraucht werden, die Verteidigung des Rechtsstandpunkts des vermeintlichen Verletzers zu pönalisieren.[847] Die Einreichung einer Markenanmeldung beim DPMA oder beim Europäischen Patentamt ist – ebenso wie die Schaltung einer Titelschutzanzeige oder das Registrieren eines Domainnamens[848] – in jedem Fall ein objektives Zeichen für die Erstbegehungsgefahr.[849] Selbst wenn eine Markenverletzung noch nicht vorliegt, kann dennoch bereits ein vorbeugender Unterlassungsanspruch gem. § 14 Abs. 5 Satz 2 MarkenG bestehen. Für geschäftliche Bezeichnungen ist der vorbeugende Unterlassungsanspruch in § 15 Abs. 4 S. 2 MarkenG geregelt. Zur Begründung des vorbeugenden Unterlassungsanspruchs ist es ausreichend, dass konkrete Anzeichen für eine Erstbegehungsgefahr objektiv erkennbar sind.[850]

817 Die Erstbegehungsgefahr kann im Übrigen – anders als die Wiederholungsgefahr – nicht nur durch eine strafbewehrte Unterlassungsverpflichtungserklärung beseitigt werden sondern auch dadurch, dass der Verletzer deutlich macht, dass er die Rechte des Markeninhabers nicht verletzen werde. Dies ist konsequent, da die Anforderungen an die Erstbegehungsgefahr geringer sind als die Anforderungen an die Wiederholungsgefahr in Fällen, in denen bereits eine Markenverletzung stattgefunden hat.[851] Bei der Erstbegehungsgefahr kann es nämlich ausreichend sein, wenn der Verletzer rein tatsächlich von dem inkriminierten Verhalten Abstand nimmt. Dies ist unter Kostengesichtspunkten von erheblicher Bedeutung.

---

[845] Vgl. OLG Hamm Urt. v. 1.10.2009 – 4 U 119/09.
[846] BGH GRUR 1987, 125 – Berühmung.
[847] BGH GRUR 1992, 116 – Topfgucker; BGH GRUR 1992, 627 (629) – Pajero.
[848] OLG Dresden CR 1999, 589 – cyerspace.de; LG Düsseldorf GRUR 1998, 159 (165) – epson.de.
[849] BGH GRUR 1993, 556 – Triangle.
[850] Fezer MarkenG § 14 Rn. 997.
[851] Fezer MarkenG § 14 Rn. 998.

d) Schadensersatzanspruch

Gemäß § 14 Abs. 6 MarkenG hat der Verletzer dem Markeninhaber den Schaden zu ersetzen, der diesem durch die Markenverletzung entsteht. Gegenüber dem Anspruch auf Unterlassung ist dieser Anspruch verschuldensabhängig. § 15 Abs. 5 MarkenG sieht einen entsprechenden Schadensersatzanspruch bei vorsätzlicher oder fahrlässiger Verletzung des Rechts an einer geschäftlichen Bezeichnung vor. 818

aa) Verschulden

Der Schadensersatzanspruch setzt als subjektives Element Vorsatz oder Fahrlässigkeit voraus. Damit Vorsatz beim Verletzer unterstellt werden kann, muss dieser nicht nur Eventualvorsatz bezüglich aller Tatbestandsmerkmale der Markenverletzung haben sondern auch auf der rechtlichen Ebene erkennen, dass er gegen das Markenrecht eines Anderen verstößt. Ein Irrtum über die Rechtmäßigkeit schließt den Vorsatz also aus.[852] Es ist daher angesichts der Komplexität markenrechtlicher Fragestellungen ohne Weiteres möglich, dass ein Markenverletzer zunächst zwar objektiv eine Markenverletzung begeht, aber subjektiv irrig sein Tun für erlaubt hält. 819

Natürlich kann das nicht bedeuten, dass sich Markenverletzer lediglich auf ein angebliches Nichtwissen berufen müssen, um sich so ihrer rechtlichen Verantwortlichkeit zu entziehen. Vor diesem Hintergrund bejaht die Rechtsprechung Fahrlässigkeit jedenfalls von dem Zeitpunkt an, in dem der Markenverletzter erstmalig durch eine Abmahnung, einen Widerspruch oder eine informelle Beschwerde des Markeninhabers mit dessen Position konfrontiert wird.[853] Wenn er sich entgegen dem ausdrücklichen Widerspruch des Berechtigten dafür entscheidet, die Ansprüche des Markeninhabers zurückzuweisen und sein Handeln fortzusetzen, tut er dies auf eigenes (ggf. auch persönliches) finanzielles Risiko. Dies erscheint folgerichtig, denn er profitiert auch persönlich in aller Regel von den möglichen Ertragschancen, die sich ggf. in den Grauzonen des Markenrechts auftun. 820

bb) Haftungsumfang

Bereits der Gesetzeswortlaut der §§ 14 Abs. 6, 15 Abs. 6 MarkenG eröffnet dem Markeninhaber drei **Berechnungsalternativen** für die Bemessung des Schadensersatzes: Der Markeninhaber kann wählen zwischen der 821
– Herausgabe des Verletzergewinns,
– Ersatz des tatsächlich entstandenen Schadens und
– Schadensersatz im Wege der Lizenzanalogie.

Bei den ersten beiden dieser drei Wahlmöglichkeiten – also **Herausgabe des Verletzergewinns** und **Ersatz des tatsächlich entstandenen Schadens** – ergeben sich für den Markeninhaber gerade angesichts der wirtschaftlichen Gegebenheiten der Veranstaltungsbranche erhebliche Beweisschwierigkeiten, denn der tatsächlich entstandene Schaden lässt sich regelmäßig kaum beziffern. Bei der Ermittlung des Verletzergewinns ist der Markeninhaber – vorbehaltlich der dargestellten Möglichkeit, das Kartenvorverkaufssystem im Wege der Drittauskunft gem. § 19 Abs. 2 MarkenG in Anspruch zu nehmen[854] – darauf angewiesen, dass der Verletzte ihm richtig und vollständig Auskunft erteilt. Die Rechtsprechung unterstützt den Markeninhaber allerdings, indem sie ihm verschiedene Beweiserleichterungen zuerkennt.[855] Insbesondere ist es zulässig, dass das Gericht die Höhe des Schadens nach freier Überzeugung gem. § 287 ZPO festsetzt.[856] 822

Trotz dieser Beweiserleichterungen bleiben die Schwierigkeiten bei der Darlegung und Beweisführung so groß, dass die **Lizenzanalogie** die attraktivste Art der Schadensersatz- 823

---

852 Fezer MarkenG § 14 Rn. 1016.
853 BGH GRUR 1961, 535 (538) – arko.
854 S. Rn. 805 ff.
855 Ingerl/Rohnke MarkenG Vorbem. §§ 14–19 Rn. 114.
856 Fezer MarkenG § 14 Rn. 1026.

berechnung ist. Ihr Grundgedanke besteht darin, dass der Markeninhaber so gestellt werden soll, als hätte er die Nutzung seines Markenrechts durch den Verletzer gegen Zahlung einer **marktüblichen Lizenzgebühr** gestattet.[857] Dies bringt allerdings immer noch keine vollwertige Kompensation des erlittenen Schadens, da nicht berücksichtigt wird, dass der Verletzer die Entscheidung des Markeninhabers, die Lizenz zu diesen Bedingungen ggf. grundsätzlich nicht vergeben zu wollen, ignoriert hat. Der Eingriff des Verletzers in die Verfügungsgewalt des Markeninhabers wird nicht sanktioniert. Wenn als gravierendste Rechtsfolge einer Markenrechtsverletzung lediglich die Zahlung einer marktüblichen Lizenzgebühr droht, ist dies für den Verletzer zumeist keine hinreichende Abschreckung.

8. Weitere Schutzrechte

824 Neben dem Markenrecht gibt es noch weitere Rechte, die dem Inhaber Schutz gegen die Verwendung ähnlicher oder identischer Veranstaltungsnamen bieten. Bei Künstler- und Veranstaltungsnamen sind neben dem Markenrecht auch das Urheberrecht, das **Namensrecht** gem. § 12 BGB, das **Unternehmenskennzeichenrecht** gem. § 5 Abs. 2 MarkenG, das **Werktitelrecht** gem. § 5 Abs. 3 MarkenG und die **geographischen Herkunftsangaben** gem. § 1 Nr. 3 MarkenG von großer Bedeutung. Vorgenannte Rechte haben allerdings zum Teil andere Schutzrichtungen und damit auch andere Schutzbereiche als das Markenrecht. Es kommt aber durchaus auch vor, dass etwas nach dem Markenrecht erlaubt ist, was nach den Regeln der vorgenannten weiteren Schutzrechte verboten ist.

825 Hier macht sich nachteilig bemerkbar, dass der gewerbliche Rechtsschutz den Besonderheiten der Veranstaltungsbranche bislang nicht hinreichend Rechnung trägt. Gesetzgeber, Rechtsprechung und Rechtswissenschaft hatten bei der Ausgestaltung des geltenden Marken- und Wettbewerbsrechts in erster Linie den Vertrieb physikalischer Waren vor Augen. Im Werktitelrecht wird stillschweigend davon ausgegangen, dass das Werk ein – digitales oder analoges – Medienprodukt wie bspw. ein Buch oder ein Tonträger ist.[858] Die juristische Dogmatik passt deshalb oft nicht auf die Besonderheiten der Veranstaltungsbranche.[859] Viele praktisch wichtige Fragestellungen lassen sich selbst unter Zuhilfenahme einschlägiger Markenrechts-Kommentare nicht zweifelsfrei beantworten.

Beispiel 12:
Eine Musical-Interpretin ist durch eine Hauptrolle in einer berühmten Musicalproduktion bekannt geworden. Diese Bekanntheit nutzt die Künstlerin für eine eigene Konzerttournee. Dabei trägt sie die bekanntesten Werke des Musicals vor. Auf der Bühne trägt sie ein Kostüm, welches dem Originalkostüm nachgebildet ist. Auf dem Konzertplakat wirbt sie damit, dass sie die „Highlights aus dem weltberühmten XXX-Musical" darbietet.

826 An diesem Beispiel sieht man, wie sich die verschiedenen Rechtsbereiche überlagern. Die Beantwortung der Frage, ob die durch ein bestimmtes Musical bekannt gewordene Interpretin im Rahmen ihrer eigenen Tournee in dem Musical nachgebildeten Kostümen auftreten darf, ist davon abhängig, ob dieses Kostüm **urheberrechtlichen Schutz** genießt. Ob die Interpretin Werke aus dem Musical darbieten darf, ist ebenfalls eine urheberrechtliche Frage. In aller Regel wird sie das erforderliche Nutzungsrecht an den Werken entweder über die Verwertungsgesellschaft GEMA[860] oder über den Musikverlag als Vertreter der Autoren erwerben können. Aus dieser Lizenz ergibt sich ein **Bezeichnungsrecht**, so dass es der Interpretin erlaubt sein muss, auch auf das von ihr aufgeführte Repertoire in einer Weise hinzuweisen, die der durchschnittliche Besucher versteht.[861] Denn dieser kennt

---

[857] BGH GRUR 1966, 375 (377) – Messmer Tee II; BGH GRUR 1973, 375 (377) – Miss Petit.
[858] Zum Anwendungsbereich des Werktitelrechts siehe Fezer GRUR 2001, 369.
[859] Zum Titelschutz bei Veranstaltungen vgl. Fezer MarkenG § 3 Rn. 156, § 15 Rn. 257.
[860] Vgl. Schulze in Dreier/Schulze UrhG § 11 UrhWahrnG Rn. 5 ff.
[861] Vgl. LG Hamburg Urt. v. 1.10.2002 – 407 O 136/02.

möglicherweise die Namen der Werke nicht, kann sich aber etwas unter der Bezeichnung „Highlights aus dem XXX-Musical" vorstellen.

Bei der Frage, ob das erforderliche Nutzungsrecht für die Aufführung der Werke über den Musikverlag oder über die GEMA erworben werden muss, ist zu differenzieren: Handelt es sich um eine lediglich konzertante Präsentation der Höhepunkte des Musicals, nimmt in der Regel die GEMA die Rechte der jeweiligen Autoren wahr. Bei einer **bühnenmäßigen Aufführung** hingegen ist dies nicht der Fall, da die dafür erforderlichen Rechte nicht von der GEMA wahrgenommen werden. Um eine bühnenmäßige Aufführung handelt es sich, wenn bei der Wiedergabe von Werken aus Opern, Operetten oder Musicals – also vor bestehenden Werken des sog ‚Großen Rechts'[862] – der gedankliche Inhalt des entsprechenden Werks oder seiner Bestandteile durch bewegtes Spiel für Auge und Ohr als eine gegenwärtig sich vollziehende Handlung vermittelt wird.[863]

Allerdings ist auch zu berücksichtigen, dass die Interpretin im Beispiel 12 letztlich die Bekanntheit des erfolgreichen Musicals zur Bewerbung ihrer eigenen Konzerte nutzt, die möglicherweise eine Alternative zum Besuch der Musicalproduktion sind und somit eine Konkurrenz darstellen. Dies kann nicht nur markenrechtlich problematisch sein – zB wenn der Musicalname eine geschützte Marke ist – sondern auch wettbewerbsrechtlich. So kann die werbliche Ankündigung, dass nur die „Highlights aus dem XXX-Musical" aufgeführt werden, dahingehend verstanden werden, dass es sich um eine qualitativ hochwertigere Aufführung handele, da etwaiges ‚Füll-Repertoire' der Originalaufführung nicht zur Aufführung gelangt.

a) Namensrecht

Das Namensrecht aus § 12 BGB schützt den Einzelnen vor **Namensanmaßung**. Sie liegt vor, wenn ein Anderer unbefugt den gleichen oder zumindest verwechselungsähnlichen[864] Namen gebraucht, dadurch eine Zuordnungsverwirrung auslöst und schutzwürdige Interessen des Namensträgers verletzt.[865]

§ 12 BGB ist nicht nur auf natürliche sondern auch auf juristische Personen anwendbar.[866] Somit können auch Musikgruppen oder Event- und Künsteragenturen, die als juristische Personen firmieren, bei Verletzung ihres Firmennamens aus § 12 BGB gegen den Verletzer vorgehen. Den Namensschutz aus § 12 BGB genießen auch Personen, die in der Öffentlichkeit unter einem Pseudonym bekannt sind.[867] Dabei kann sich nicht nur die einzelne natürliche Person auf das Namensrecht berufen, sondern auch eine Personengruppe kann als solche unter einem (gemeinsamen) Namen bekannt und insoweit Inhaber der Rechte aus § 12 BGB sein.

aa) Prioritätsprinzip

Wie im Markenrecht gilt auch im Namensrecht grundsätzlich das Prioritätsprinzip.[868] Bei Künstlernamen und anderen Wahlnamen hat der Prioritätsältere grundsätzlich einen Unterlassungsanspruch gegen den Prioritätsjüngeren. Allerdings besteht im Namensrecht – anders als im Markenrecht – die Notwendigkeit, Fälle ungewollter Gleichnamigkeit durch einen Interessenausgleich positiv aufzulösen und hierbei die Interessen beider Seiten gleichermaßen zu berücksichtigen. Hat ein Name Bekanntheit erlangt, lässt er sich nur sehr schwer nachträglich ändern.

---

[862] Ehrhardt in Wandtke/Bullinger UrhG § 19 Rn. 19.
[863] BGH GRUR 1960, 605 – Eisrevue I; OLG Frankfurt ZUM 2008, 963.
[864] BGH NJW 1970, 1270.
[865] BGH NJW 2003, 2978 – maxem.de; Ellenberger in Palandt BGB § 12 Rn. 22.
[866] Ellenberger in Palandt BGB § 12 Rn. 9; aA Fabricius JR 1972, 15.
[867] Schon RGZ 101, 226 (228); aA Fabricius JR 1972, 15.
[868] BGHZ 24, 238.

bb) Recht der Gleichnamigen

832 In der Veranstaltungsbranche spielen rein individualisierende Namen ohne beschreibenden Inhalt naturgemäß nur eine geringe Rolle. Zwar gibt es zahlreiche Künstler, die unter ihrem natürlichen Namen bekannt werden. Dies führt aber in aller Regel nicht zu rechtlichen Konflikten, da sich natürliche Namen zumeist unproblematisch voneinander unterscheiden lassen. Gleiches gilt für das anstatt seines eigenen Namens vom Künstler verwandte Pseudonym. Der typische namensrechtliche Streit in der Veranstaltungsbranche ist der Streit zwischen Künstlern oder Künstlergruppen, die gleiche oder verwechslungsähnliche beschreibende Künstlernamen verwenden. Hierbei ist zwischen Fällen zu unterscheiden, in denen ein unbekannter Künstler sich gezielt an einen bekannten Künstlernamen anlehnt oder diese ggf. sogar vollständig übernimmt (intendierte Namensgleichheit) und Fällen, in denen beide Namensträger gutgläubig sind (zufällige Namensgleichheit).

833 **(1) Intendierte Namensgleichheit.** Rechtlich einfach sind die Fälle der intendierten Namensgleichheit: Wenn der prioritätsjüngere durch die Verwendung eines gleichen oder ähnlichen[869] Namens die Verwechslungsgefahr mit dem Prioritätsälteren gezielt herbeiführt, um dessen Bekanntheit für eigene werbliche Zwecke auszunutzen, ist er gem. § 12 BGB zur Unterlassung verpflichtet.[870] Die Schwierigkeit liegt dann allein darin, die Absicht der Verwechslungsgefahr zu beweisen.

834 **(2) Zufällige Namensgleichheit.** Auch bei der zufälligen Namensgleichheit ergeben sich die Probleme weniger aus der Rechtslage selbst als aus Beweisschwierigkeiten. So kann es bspw. schwer sein, zu ermitteln, welcher der beiden Namensträger zuerst mit seinem (beschreibenden) Namen Verkehrsgeltung erlangt hat. In aller Regel werden beide Namensträger in jeweils unterschiedlichen Verkehrskreisen Verkehrsgeltung mit ihrem Namen erlangt haben, bevor dann später beide Verkehrskreise mit der Folge in Berührung kommen, dass Verwechslungen und Konflikte entstehen. Dabei kann allerdings nicht der bekanntere Namensträger pauschal vor dem weniger bekannten Gleichnamigen bevorzugt werden, zumal bei unterschiedlichen Verkehrskreisen ein quantitativer Vergleich der Bekanntheit schwierig oder sogar unmöglich ist. Wenn zwei Künstler mit demselben Künstlernamen in unterschiedlichen Regionen oder unterschiedlichen Publikumskreisen oder -szenen bekannt geworden sind, lässt sich kaum objektiv beurteilen, wer denn nun der ‚Bekanntere' von beiden ist. Auch hier zeigt sich nachteilig, dass das bestehende Markenrecht auf industrielle Waren zugeschnitten ist, bei denen unterschiedliche Produkte derselben Warenklasse zwangsläufig miteinander konkurrieren. Bei Künstlernamen ist dies anders. Hinzu kommt, dass der Verlust des eigenen Künstlernamens gleichbedeutend ist mit dem Verlust der eigenen künstlerischen Identität und Bekanntheit, die ggf. mühevoll aufgebaut wurde. Eine Marke kann man leichter ändern als den eigenen Namen, unter dem man bekannt ist. Deshalb ist es unumgänglich, dass man im Namensrecht einen beidseitigen Interessenausgleich sucht, anstatt – wie im Markenrecht – den Interessen des Bekannteren oder des Prioritätsälteren einen absoluten Vorrang einzuräumen.

835 **(3) Interessenausgleich zwischen Gleichnamigen.** Der Interessenausgleich zur positiven Auflösung von Fällen unbeabsichtigter Konflikte zwischen zwei Personen mit identischem oder verwechslungsähnlichem Namen (sog ‚**Recht der Gleichnamigen**'[871]) sieht typischerweise vor, dass beide Namensträger weiterhin zur Verwendung ‚ihres' Namens berechtigt bleiben, aber der Jüngere alle zumutbaren Vorkehrungen treffen muss, um die Verwechslungsgefahr zumindest zu reduzieren.[872] Dass kann bspw. dadurch erreicht werden, dass der Prioritätsjüngere seinem Namen einen unterscheidungskräftigen Zusatz beifügt.[873]

---

[869] BGH NJW 1970, 1270 – Weserklause.
[870] BGH NJW 1993, 459 – Columbus.
[871] Ingerl/Rohnke MarkenG § 23 Rn. 26 ff.
[872] BGH NJW 1966, 343 – Kupferberg; NJW-RR 1988, 95; NJW-RR 1990, 618 – Baelz.
[873] BGH DB 1985, 1934.

Er muss seinen Künstlernamen also nicht völlig aufgeben, sondern ihn mit einem Zusatz versehen oder auf andere Weise abwandeln, so dass die Unterscheidbarkeit beider Namensträger gewährleistet wird. Es gibt aber auch Fälle, in denen das Recht des Prioritätsälteren nachrangig ist. Dies ist dann der Fall, wenn er durch die räumliche oder sachliche Änderung seines Tätigkeitskreises den Konflikt erst hervorgerufen hat[874] – also etwa durch einen Umzug oder Berufswechsel so in die Nähe des Lebensbereichs des Prioritätsjüngeren gerückt ist, dass es zu Verwechslungen kommt. In der Veranstaltungsbranche kommt so etwas bspw. vor, wenn ein ursprünglich nur regional bekannter Künstler überregionale Bekanntheit erlangt und dadurch eine Verwechslungsgefahr mit einem gleichnamigen Künstler entsteht, der bereits vorher überregional bekannt war.

(4) Priorität in Fällen der Gleichnamigkeit. Die Ausnahmefälle, in denen das ‚Recht der Gleichnamigen' zur Anwendung kommt, ändern aber nichts an der grundsätzlichen Geltung des Prioritätsprinzips auch bei namensrechtlichen Konflikten zwischen Gleichnamigen. Damit stellt sich die Frage, welches der für die Priorität entscheidende Moment ist, in dem das Namensrecht entsteht. Ist dies der Zeitpunkt, in dem ein Künstler erstmalig entscheidet, sich einen bestimmten Künstlernamen beizulegen? Oder ist es der Zeitpunkt des ersten öffentlichen Auftretens unter diesem Künstlernamen? Oder ist auf den Zeitpunkt abzustellen, in dem der Künstler unter seinem Pseudonym Bekanntheit erlangte? Anders als im Markenrecht kann es hierbei jedenfalls nicht in allen Fällen auf den Zeitpunkt der öffentlichen Bekanntheit im Sinne der Verkehrsgeltung ankommen, da die allermeisten Namensträger überhaupt niemals öffentliche Bekanntheit erlangen. Es ließe sich auch auf den Zeitpunkt abstellen, in dem sich der Namensträger seinen Namen gegeben hat. Das würde dann wiederum Beweisunsicherheiten aufwerfen und bekannte Namensträger dem permanenten Risiko aussetzen, dass ihnen der Name nachträglich durch einen unbekannten Namensträger streitig gemacht wird, der – angeblich oder tatsächlich – früher auf die Idee gekommen ist, den nun gemeinsamen Namen zu tragen. Zwischen diesen beiden Extrempositionen hat die Rechtsprechung einen Mittelweg gefunden. Wenn der Name von Natur aus individualisierende Unterscheidungskraft hat – also nicht beschreibend sondern rein kennzeichnend ist – entsteht das Namensrecht bereits mit dem Gebrauch.[875] Wer sich als Künstler einen Künstlernamen gibt, der als Eigenname verstanden wird und deshalb geringe Verwechslungsgefahr in sich birgt, genießt bereits vom erstmaligen Gebrauch an den Schutz des Namensrechts. Weist der Name allerdings starke beschreibende Elemente auf, so dass er erst aufgrund der Bekanntheit des Namensträgers als Name im Verkehr verstanden und anerkannt wird, entsteht der Namensschutz erst mit Verkehrsgeltung.[876] Diese Lösung schützt einerseits denjenigen Namensträger, der sich einen rein individualisierenden Namen beilegt davor, aufgrund einer zufälligen Namensgleichheit nachträglich seines Namens verlustig zu werden. Andererseits legt sie demjenigen, der einen beschreibenden Namen wählt, das Risiko auf, dem prioritätsälteren Gleichnamigen weichen zu müssen.

Beispiel 13:
Eine Rockband mit dem Namen ‚Subway Kings' existiert bereits seit mehreren Jahren, ist aber nur bei einem Nischenpublikum im süddeutschen Raum bekannt. Sie hat inzwischen auch zwei CDs veröffentlicht. Von der ersten CD wurden einige tausend Stück verkauft, die zweite CD war – wohl bedingt durch Schwierigkeiten beim Vertrieb – mit einem Verkauf von nur 300 Exemplaren weniger erfolgreich. Der deutliche Unterschied bei den Verkaufszahlen ist aber kein Zeichen für nachlassenden Erfolg beim Publikum, denn die Besucherzahlen der Konzerte der Band wachsen stetig, obwohl die Kartenpreise inzwischen erheblich gestiegen sind.
Nun beginnt in England der kometenhafte Aufstieg der Boygroup ‚Subway Kings'. Der Tonträgerhersteller der britischen Boygroup hat allerdings gleich zu Beginn der Erfolgswelle den Namen als Marke in Großbritannien schützen lassen. Dort – wo noch niemand etwas von der

---

[874] BGH MDR 1967, 378.
[875] Ellenberger in Palandt BGB § 12 Rn. 13.
[876] BGHZ 11, 214; 21, 85; 43, 245.

gleichnamigen deutschen Rockband gehört hat – erreicht bereits die erste Single der ‚Subway Kings' hohe Chartplatzierungen. Erst als die ‚Subway Kings' auch in Deutschland bekannt werden, wird die Verwechslung zum Problem.

837 Bei diesem Beispiel führt die Anwendung von Markenrecht bzw. Namensrecht zu unterschiedlichen Ergebnissen:

838 Der **Grundsatz der markenrechtlichen Priorität** besagt, dass demjenigen der Vorrang gebührt, der als erster Inhaber eines Markenrechts geworden ist. Die englische Boygroup ist mit dem Datum der Markenanmeldung nachweisbar Inhaber der Marke geworden. Die deutsche Rockband müsste beweisen, dass sie bereits zu einem früheren Zeitpunkt eine Benutzungsmarke erworben hatte. Dies setzt den Nachweis voraus, dass sie mit ihrem Namen bereits zu einem früheren Zeitpunkt Verkehrsgeltung bei den relevanten Verkehrskreisen erlangt hat. Da der Name ‚Subway Kings' nur schwache beschreibende Elemente enthält und überwiegend kennzeichnend ist, spricht viel dafür, dass auch eine markenmäßige Verkehrsgeltung beim Publikum erlangt wurde. Zu beweisen wäre somit lediglich, wann der Bandname Bekanntheit erlangt hat. Dazu kann zB ein Nachweis über die Konzertbesucherzahlen und die Tonträgerverkäufe der Vergangenheit dienen. Nach dem Grundsatz der markenrechtlichen Priorität würde im geschilderten Fall dann der Rockband ein Unterlassungsanspruch gegen die englische Band zustehen.

839 Der Grundsatz der **namensrechtlichen Priorität** stellt hingegen entscheidend darauf ab, wer als erstes Inhaber eines Namensrechts am Bandnamen geworden ist.[877] Der Zeitpunkt der Entstehung des Namensrechts richtet sich bei schwach kennzeichnungskräftigen beschreibenden Namen danach, wann der Namensinhaber unter seinem Namen bei den relevanten Verkehrskreisen bekannt geworden ist. Es gelten somit ähnliche Grundsätze wie bei der Benutzungsmarke. Bei stark kennzeichnungskräftigen, wenig beschreibenden Namen hingegen richtet sich der Zeitpunkt der Entstehung des Namensrechts danach, wann sich der Namensinhaber den Namen zugelegt hat. Da der Bandname ‚Subway Kings' keinen allgemeinsprachlichen Bedeutungsinhalt hat, wird man ihn als nicht oder kaum beschreibend ansehen. Dem steht auch nicht entgegen, dass dieser Bandname – wie ja die meisten Künstlernamen – eine gewisse ‚Klangfarbe' hat, also bestimmte Assoziationen beim Publikum wecken mag. Da der Name überwiegend kennzeichnungskräftig ist, ist ein Namensrecht der Rockband bereits entstanden, als sie diesen Namen angenommen hat. Sie muss somit nicht den Nachweis erbringen, dass und ggf. wann sie beim Publikum unter diesem Namen bekannt geworden ist. Hinzu kommt, dass die englische Band durch Ausweitung ihres Bekanntheitskreises nach Deutschland in den Bereich der deutschen Band eingedrungen ist. Hieraus ergibt sich allerdings noch kein Unterlassungsanspruch der Rockband gegen die Boygroup sondern lediglich eine Verpflichtung letzterer, sich deutlich gegenüber der Rockband abzugrenzen. Das könnte zB durch unterscheidungskräftige Namenszusätze geschehen.

840 Der Grundsatz, wonach ein Namensträger mit überragender Bekanntheit vor einem unbekannten Namensträger mit gleichem oder ähnlichem Namen privilegiert wird, gilt sowohl im Namens- als auch im Markenrecht. Im Markenrecht findet er sich ua in § 4 Nr. 1, § 3 MarkenG, § 10 MarkenG (notorisch bekannte Marke), § 14 Abs. 2 Nr. 3, § 15 Abs. 3 MarkenG (erweiterter Schutzbereich der bekannten Marke). Auch im Namensrecht kommt es für den Zeitpunkt der Entstehung des Markenschutzes bei beschreibenden Namen auf den Zeitpunkt an, in dem der Name bekannt wurde.[878] Bei Namen von Musikgruppen ist aber ein rein quantitativer Vergleich der Bekanntheit kaum möglich, wenn zwei gleichnamige Bands auf unterschiedliche Publikumskreise abzielen. Zudem kann die Bekanntheit eines Künstlers und damit auch die seines Namens Schwankungen unterliegen. Zwar würde die englische Band im Beispiel 13 vermutlich damit argumentieren, dass sie bedeutend mehr Tonträger und Konzertkarten verkauft als die deutsche Band. Die Ton-

---

[877] Vgl. Säcker in MüKo BGB § 12 Rn. 132.
[878] BGHZ 11, 214; 21, 85; 43, 245.

träger-Verkaufszahlen der britischen Band spiegeln aber letztlich nur den einen erfolgreichen Hit der Gruppe wieder und geben daher nichts für eine Gesamtbewertung des Bekanntheitsgrades her.

Die deutsche Musikgruppe im Beispiel 13 kann sich somit auf ihr älteres Namensrecht 841 berufen. Sie kann verlangen, dass die englische Boygroup zumindest in Deutschland auf CDs, Konzertplakaten und in der sonstigen Werbung einen anderen Namen verwendet oder ihrem Namen zumindest einen unterscheidungskräftigen Zusatz hinzufügt.

b) Werktitel und andere geschäftliche Bezeichnungen

Als geschäftliche Bezeichnungen werden gem. § 5 Abs. 1 MarkenG Unternehmenskennzei- 842 chen und Werktitel geschützt. Eine Legaldefinition der Unternehmenskennzeichen findet sich in § 5 Abs. 2 MarkenG. **Unternehmenskennzeichen** sind danach Zeichen, die im geschäftlichen Verkehr als Name, als Firma oder als besondere Bezeichnung eines Geschäftsbetriebs benutzt werden.

Während Marken die Identifikation einer Ware oder Dienstleistung ermöglichen, be- 843 zeichnet das Unternehmenskennzeichen nicht die Ware oder Dienstleistung selbst sondern das Unternehmen, aus dem die Ware oder Dienstleistung stammt. Diese Unterscheidung mag bei Industrieprodukten eine erhebliche praktische Bedeutung spielen, in der Veranstaltungsbranche hingegen ist sie irrelevant.[879] Bei Veranstaltungen ist der Künstler in aller Regel sowohl das Produkt als auch das ‚Unternehmen' aus dem dieses Produkt stammt – die Schutzbereiche von Marke und geschäftlicher Bezeichnung sind damit kongruent.

aa) Entstehung des Schutzes von Werktiteln

Die Voraussetzungen für die Entstehung des Werktitelrechts sind weitgehend deckungs- 844 gleich mit den Voraussetzungen des Entstehens einer Marke. Der Schutz als geschäftliche Bezeichnung setzt wie der Markenschutz das Vorliegen von Unterscheidungskraft und Namensfunktion des Zeichens voraus.[880]

Ähnliche Grundsätze gelten auch bei dem markenrechtlichen Werktitelrecht. Als Werk- 845 titel, denen als geschäftliche Bezeichnungen der Schutz nach dem Markengesetz gewährt wird, werden nach § 5 Abs. 3 MarkenG Namen und besondere Bezeichnungen von Druckschriften, Filmwerken, Tonwerken, Bühnenwerken oder sonstigen vergleichbaren Werken geschützt. Dass Konzerte und andere Veranstaltungen und Veranstaltungsreihen Werke sein können, die dem markenrechtlichen Werktitelschutz zugänglich sind, ist anerkannt.[881] Das gilt auch dann, wenn das Werk nicht die Gestaltungshöhe aufweist, die für den urheberrechtlichen Schutz erforderlich ist.[882]

Erforderlich ist lediglich, dass das Werk seiner Natur nach dem urheberrechtlichen 846 Schutz zugänglich sein muss, also einen bestimmten geistigen Gehalt aufweisen muss. Dies kann zB bei Volksfesten oder bei Musikfestivals mit ständig wechselndem Programm problematisch sein. Der BGH hat in einer Grundsatzentscheidung festgestellt, dass ein Festival als solches kein bezeichnungsfähiges Werk ist, sondern lediglich eine Dienstleistung, die ggf. dem Markenschutz zugänglich sein kann.[883] Es macht allerdings in aller Regel keinen praktischen Unterschied, ob ein Festivalname lediglich als Marke geschützt ist oder zusätzlich auch als Werktitel. Denn die Voraussetzungen für die Entstehung des Schutzes sind im Werktitelrecht ähnlich wie im Namensrecht: bei kennzeichnenden, stark individualisierenden Werktiteln entsteht der Schutz bereits bei erstmaliger Verwendung des Titels. Bei beschreibenden, schwach individualisierenden Werktiteln entsteht er hingegen erst dann, wenn der Werktitel bei den angesprochenen Verkehrskreisen **Verkehrsgeltung** erlangt

---

[879] LG Stuttgart Urt. v. 31.10.2005 – 17 O 441/05.
[880] Fezer MarkenG § 5 Rn. 3.
[881] Hacker in Ströbele/Hacker MarkenG § 5 Rn. 78f.
[882] LG Berlin GRUR-RR 2011, 137; Hacker in Ströbele/Hacker MarkenG § 5 Rn. 79.
[883] BGH GRUR 1989, 626 (627) – Festival Europäischer Musik.

§ 9

hat.[884] Entscheidend ist somit die Frage, ob ein Veranstaltungsname bei den angesprochenen Verkehrskreisen als Werktitel Verkehrsgeltung erlangt hat. Das kann daran scheitern, dass der Titel zwar bekannt geworden ist, aber vom Publikum nicht als individualisierende marken- oder titelmäßige Bezeichnung sondern lediglich als eine Art Kurzbeschreibung für den Programminhalt verstanden wird (zB ‚Ü-30-Party').

847 In den meisten Fällen hat der Werktitelschutz somit neben dem Markenschutz keine selbstständige Bedeutung, weshalb es nicht auf die Frage ankommt, ob ein Titel zusätzlich zum Markenschutz auch Werktitelschutz genießt.[885] Ein wichtiger praktischer Unterschied besteht allerdings darin, dass der Werktitelschutz gem. § 5 Abs. 3 MarkenG bereits mit Erscheinen des betitelten Werks beginnt. Jedenfalls für einen stark individualisierenden Werktitel – anders als bei der Benutzungsmarke – ist daher **keine Verkehrsgeltung** erforderlich. Deshalb erlangt der Werktitelschutz erst Bedeutung, wenn der Schutz als Benutzungsmarke an der fehlenden Verkehrsgeltung scheitert.

848 Die Frage, ob ein Veranstaltungsname zusätzlich zum Markenschutz auch Werktitelschutz genießt, ist dann von Bedeutung, wenn bei dem prioritätsälteren Verwender dieses Namens die folgenden drei Voraussetzungen vorliegen:
– Der Veranstaltungsname ist kennzeichnend und nicht beschreibend;
– der prioritätsältere Verwender des Veranstaltungsnamens hat keine Markenanmeldung vorgenommen;
– der Veranstaltungsname erlangt erst später (oder ggf. auch überhaupt nicht) Verkehrsgeltung als der Name der konkurrierenden gleichnamigen Veranstaltung.

849 Liegen diese Voraussetzungen vor, kann sich der prioritätsältere Verwender des Veranstaltungsnamens nicht auf eine Benutzungsmarke berufen. Von dem Vorliegen eines Werktitelschutzes kann es dann aber abhängen, ob sich der prioritätsältere Verwender des Titels wirksam dagegen schützen kann, dass ein prioritätsjüngerer Gleichnamiger den Titel bekannt macht und hierdurch eigene Rechte erlangt, die ihm einen Unterlassungsanspruch gegen den Prioritätsälteren gewähren.

bb) Ende des Werktitelschutzes

850 Wenn sich eine Musikgruppe auflöst, stellt sich die Frage, was mit dem Namensrecht geschieht. Das Kammergericht Berlin hatte über die Namensrechte von Musikern zu entscheiden, die sich zu einem Streichquartett mit der Bezeichnung ‚Philharmonisches Quartett Berlin' formiert hatten. Vier Jahre später löste sich das Quartett im gegenseitigen Einverständnis auf. Der Kläger, ein ehemaliges Mitglied des Quartetts, stellte ein neues Quartett mit dem Namen ‚Streichquartett Berlin' zusammen. Seine ehemaligen Mitmusiker, die Beklagten, suchten sich einen neuen vierten Mann und veranstalteten in der Folgezeit weitere Konzerte unter dem ursprünglichen Namen ‚Philharmonisches Quartett Berlin'. Der Kläger beantragte die Unterlassung dieser Bezeichnung im öffentlichen Musikleben. Er behauptete, dass das Konzertpublikum irre geführt werde. Er sei befugt, die Benutzung der angeblich irreführenden Bezeichnung zu untersagen. Diese Befugnis leitete er aus seiner Stellung als Gründer und als Gesellschafter des aufgelösten Quartetts ab. Die vermögensrechtlichen Belange des Quartetts seien noch nicht abgewickelt.[886]

851 Das Kammergericht hat sich der ersten Instanz angeschlossen und die Klage abgewiesen. Aus dem Urheberrecht stünden dem Kläger keine Ansprüche zu. Der Bezeichnung ‚Philharmonisches Quartett Berlin' mangele es an schöpferischer Gestaltungskraft. Sie sei daher nicht schutzfähig. Auch ein Anspruch aus § 12 BGB scheitere, da der Kläger mit der neu gegründeten Besetzung eine neue Bezeichnung gewählt habe. Die ursprüngliche BGB-

---

[884] BGH GRUR 2001, 1050 (1051) – Tagesschau; Hacker in Ströbele/Hacker MarkenG § 5 Rn. 87 mwN.
[885] Vgl. zum Verhältnis zwischen Marke und Titel bei Musicals OLG München GRUR-RR 2011, 466 – Moulin Rouge Story I; KG Berlin GRUR-RR 2011, 468 – Moulin Rouge Story II.
[886] Vgl. KG Berlin WRP 1990, 37 ff.

Gesellschaft bestehe nicht mehr fort, da bei einer GbR wegen der engen persönlichen Verbundenheit der Gesellschafter durch Ausscheiden eines Gesellschafters die Auflösung erfolgt sei.[887] Somit endete der Namensschutz mit dem Zeitpunkt der einvernehmlichen Auflösung. Damit wurde die Bezeichnung wieder für die Benutzung durch Dritte frei. Auch ein wettbewerbsrechtlicher Unterlassungsanspruch sei nicht gegeben, da das Publikum nicht erwarten könne, dass eine Musikgruppe stets aus derselben Besetzung bestehe. Das Gegenteil sei der Fall, da bekannt sei, dass sich Musikgruppen in ihrer personellen Zusammensetzung im Laufe der Zeit verändern. Anders wäre allerdings die Sachlage zu beurteilen, wenn das Publikum die Bezeichnung ‚Philharmonisches Streichquartett Berlin' derart mit der Person des Klägers verbunden hätte, dass seine Zugehörigkeit zwangsläufig an diese Bezeichnung geknüpft war.

c) Geografische Herkunftsangaben

Der Schutz geographischer Angaben gem. § 1 Nr. 3 MarkenG spielt im Veranstaltungsrecht eine erhebliche Rolle.[888] Solche Angaben bestimmen zB die Namen von Volksmusikgruppen wie den ‚Wildecker Herzbuben'[889] oder den ‚Kastelruther Spatzen'.[890] Auch im Bereich der klassischen Musik weisen Orchester- und Festivalnamen häufig geographische Bezüge auf. Im Rock- und Popbereich werden viele größere Open-Airs über einen geographischen Namensbestandteil identifiziert. Zunächst stellt sich dabei die Frage, ob diese geographischen Elemente in Künstler- oder Programmnamen überhaupt **kennzeichnend** sein können oder ob sie lediglich rein **beschreibend** sind. Der Sinngehalt des geographischen Elements, also die Bezugnahme auf eine bestimmte Stadt oder Region oder ein bestimmtes Land ist als solcher rein beschreibend und dem Schutz nach dem Markenrecht nicht zugänglich. Jedermann darf eine solche oder ähnliche Bezugnahme verwenden. Dies bedeutet für die Veranstalter, dass sie gem. § 23 Nr. 2 MarkenG Veranstaltungsnamen beschreibender Art wie bspw. einen ‚Tiroler Abend', eine ‚Türkische oder Russische Nacht' nicht schützen können.[891] So hat das BPatG auch den Schutz für ‚Klassik am Odeonsplatz'[892] mit der Begründung abgelehnt, dass es sich hier lediglich um eine Sachaussage handele, welche beinhalte, dass an einem bestimmten Ort eine Veranstaltung stattfinde.[893]

852

In der Praxis kommt es vor, dass ein Künstler- oder Programmname anfangs lediglich aus einer geographischen Beschreibung besteht und dann im Laufe der Zeit mit zunehmender Bekanntheit als **Eigenname** verstanden wird (‚Berliner Symphoniker' oder ‚Schleswig-Holstein Musikfestival'). Insoweit gelten die bereits zum Werktitelschutz dargestellten Grundsätze für beschreibende Namen entsprechend. Der Name ist von dem Zeitpunkt an, ab dem er bei den angesprochenen Verkehrskreisen Verkehrsgeltung als Künstlername genießt, geschützt. Dies gilt aber nur für den ganz spezifischen Wortlaut. Bereits kleinere Abweichungen oder Zusätze können ausreichen, um die notwendige Abgrenzung zweier Künstler- oder Programmnamen voneinander sicherzustellen, wenn diese allein wegen der gleichen geographischen Herkunftsangabe zwangsläufig ähnlich sind.[894] Dies entspricht der Linie der höchstrichterlichen Rechtsprechung bei Produktmarken[895], die einen geographischen Namensbestandteil enthalten. Auch in derartigen Fällen ist entscheidend, ob die Ähnlichkeit beider Marken allein durch den gemeinsamen geographischen Herkunftshinweis erzeugt wird und im Übrigen – wie zB bei der Gestaltung von Verpackungen, Etiket-

853

---

[887] Vgl. Sprau in Palandt BGB Vorbem. §§ 723–735 Rn. 1.
[888] Knaak GRUR 1995, 103.
[889] Aus Wildeck in Nordhessen stammendes Musikduo des volkstümlichen Schlagers.
[890] Musikgruppe aus Südtirol auf dem Gebiet des volkstümlichen Schlagers.
[891] LG Köln GRUR-RR 2006, 187.
[892] Klassikereignis in München.
[893] BPatG Urt. v. 5.7.2005 – 27 W (pat) 272/03 – Klassik am Odeonsplatz.
[894] Beispielhaft die Entscheidung des BGH Wortelement „Festspielhaus" für Kulturveranstaltungen BGH GRUR 2002, 814 (815) – Festspielhaus I.
[895] Fezer MarkenG § 3 Rn. 26, 515.

ten usw. – eine Abgrenzung stattfindet.[896] Konsequenterweise genügt bei Titeln von Tages- oder Wochenzeitungen oder Zeitschriften bereits eine geringfügige Abweichung, um die notwendige Differenzierung zu gewährleisten.[897] Da solche Titel im Wesentlichen aus beschreibenden Bestandteilen bestehen, ist der Verbraucher gewohnt, hier auf kleine Unterschiede zu achten.[898]

d) Urheberrechtlicher Werktitelschutz

854 Neben dem marken- und namensrechtlichen Titelschutz gibt es den urheberrechtlichen Werktitelschutz. Der urheberrechtliche Werktitelschutz soll nicht Verwechslungen verhindern, sondern die kreative Leistung bei der Entwicklung eines besonders gehaltvollen Titels schützen. Er wird ergänzend zum Markenrecht und den og sonstigen Rechten herangezogen, um Exklusivrechte an einem Programmtitel zu begründen. Damit ein Programmtitel urheberrechtlichen Werktitelschutz genießt, muss er ein gewisses Maß an eigenschöpferischer Originalität aufweisen.[899] In aller Regel genügen Titel schon wegen ihrer Kürze nicht den Anforderungen an urheberrechtlich schutzfähige Werke, so dass nur im Ausnahmefall die Werkqualität unterstellt werden kann.[900] Dies kann der Fall sein, wenn er durch ein Wortspiel oder eine besonders treffende Kurzaussage über seinen kennzeichnenden oder beschreibenden Aussagegehalt hinaus eine eigene kreative Leistung verkörpert.

9. Abwehr marken- und namensrechtlicher Verletzungshandlungen

855 Lassen sich marken- und namensrechtliche Konflikte durch die Beteiligten nicht einvernehmlich ausräumen, folgen zumeist gerichtliche Auseinandersetzungen. Ist eine Tournee mit einer markenrechtsverletzenden Werbung durchgeführt und abgewickelt und der Schaden auf Seiten des Verletzten entstanden, ist das Druckmittel eines Aufführungsverbots allerdings nicht mehr vorhanden. Der Geschädigte bleibt allein auf die Durchsetzung von Schadensersatzansprüchen angewiesen. Hinzu kommt, dass er bei einer Schadensersatzklage nicht nur das schadensbegründende Ereignis, sondern auch die Höhe des entstandenen Schadens nachweisen muss. Das setzt den Nachweis der hypothetischen wirtschaftlichen Situation voraus, in der sich der Geschädigte bei ordnungsgemäßer Lizenzierung befunden hätte. Ein solcher Nachweis lässt sich nicht ohne Beweisrisiken führen, da die Konditionen eines hypothetischen Lizenzvertrags für ein Gericht nur schwer ersichtlich sind. Im Fall einer Schadensersatzklage ergibt sich hieraus ein Prozess- und damit auch Kostenrisiko.

856 Allein die Gefahr von Schadensersatzansprüchen reicht daher zur Abschreckung des Verletzers in vielen Fällen nicht aus. Eine viel effektivere Wirkung zur schnellen Unterbindung von Verletzungshandlungen hat die **einstweilige Verfügung**. Wenn infolgedessen Veranstaltungstermine abgesagt werden müssen, können diese zumeist kaum nachgeholt werden. Der Einnahmeverlust ist überschaubar, weil er sich auf die einzelnen Veranstaltungstermine beschränkt. Aber etwaige örtliche Veranstalter, Werbepartner und Sponsoren können abspringen, wodurch ein dauerhafter wirtschaftlicher Schaden entsteht. Die Unterlassungsverfügung kann daher ein sehr wirksames Druckmittel sein. Erfolg verspricht sie jedoch nur, wenn der Markeninhaber **unverzüglich** von ihr Gebrauch macht. Wenn er nach Kenntniserlangung einer Verletzungshandlung hingegen zögert oder sich auch nur auf längere Verhandlungen mit dem Verletzer einlässt[901], droht die **Eilbedürftigkeit** verloren

---

[896] EuGH GRUR 2004, 237 – Gerolsteiner Brunnen; EuGH GRUR Int. 2005, 231 – Anheuser Busch; Fezer MarkenG § 14 Rn. 111 ff.
[897] Grundlegend BGH GRUR 1956, 376 – Berliner Illustrierte; umfassender Rechtsprechungsüberblick bei Fezer MarkenG § 15 Rn. 377 ff.
[898] BGH GRUR 1957, 275 – Star Revue.
[899] BGH GRUR 1990, 218 (219); Nordemann in Fromm/Nordemann UrhG § 2 Rn. 53.
[900] Nordemann in Fromm/Nordemann UrhG § 2 Rn. 112 mwN.
[901] Vgl. OLG Köln GRUR-RR 2010, 448; OLGR Hamburg 2008, 298.

zu gehen. Sie ist aber zwingende Voraussetzung für den vorläufigen Rechtsschutz.[902] Der Markeninhaber muss also unverzüglich tätig werden. Soweit er eine Markenrechtsverletzung auch nur vorübergehend wissentlich duldet, verliert er die Möglichkeit, Maßnahmen im einstweiligen Rechtsschutz zu ergreifen und wird auf den zumeist langen Weg des zivilprozessualen Hauptsacheverfahrens verwiesen, während dessen er weitere Verletzungshandlungen hinnehmen muss.

Zur Vermeidung eines unnötigen Gerichtsverfahrens empfiehlt sich im Markenrecht vor Beantragung einer einstweiligen Verfügung zunächst den Verletzer abzumahnen. Anders als im Wettbewerbsrecht, wo die Abmahnung in § 12 Abs. 1 UWG obligatorisch ist, ist dies jedoch im Markenrecht keine unabdingbare Voraussetzung, sondern in vielen Fällen entbehrlich.[903] Mit der **Abmahnung** wird dem Verletzer unter Meidung der Kosten eines gerichtlichen Verfahrens Gelegenheit gegeben, das beanstandete Verhalten einzustellen und die Wiederholungsgefahr durch Abgabe einer Unterlassungsverpflichtungserklärung auszuräumen. Durch die Antwort des Verletzers auf die Abmahnung erhält der Verletzte Gelegenheit, den eigenen Rechtsstandpunkt zu überprüfen und die Erfolgsaussichten eines Gerichtsverfahrens zutreffend einzuschätzen. Falls der Verletzte ohne vorherige Abmahnung eine einstweilige Verfügung beantragt, muss der Verletzer die hierbei entstehenden Kosten dann nicht tragen, wenn er die Ansprüche des Verletzten in der ersten mündlichen Verhandlung sofort anerkennt.[904] Von dem Grundsatz, dass zur Vermeidung der Kostenrisiken aus § 93 ZPO vor Beantragung einer einstweiligen Verfügung abzumahnen ist, ist allerdings dann abzuweichen, wenn die Abmahnung offensichtlich erfolglos wäre, so etwa bei einer offenkundig vorsätzlichen und im vollen Bewusstsein der Rechtswidrigkeit begangenen Verletzung.[905] Auch bei besonderer Eilbedürftigkeit oder dann, wenn die Anspruchsdurchsetzung durch den mit der Abmahnung verbundenen Warneffekt erschwert würde[906], kann die Abmahnung ausnahmsweise entbehrlich sein.

a) Abmahnung

Die Abmahnung ist ein formalisiertes Mittel zur vorgerichtlichen Durchsetzung von Unterlassungsansprüchen. Im Markenrecht gibt es keine ausdrückliche Regelung – wie bspw. in § 12 UWG – die den Abgemahnten zur Tragung der Anwaltskosten verpflichtet. Deshalb sind die allgemeinen Grundsätze aus Rechtsprechung und Literatur weiter mit der Folge anwendbar, dass sich die Kostentragungspflicht aus den Regeln über die Geschäftsführung ohne Auftrag ergibt.[907]

Die Abmahnung soll dazu dienen, durch Androhung gerichtlichen Vorgehens und das Aufzeigen seiner Konsequenzen eine rasche außergerichtliche Klärung herbeizuführen und – gerade auch in Hinblick auf den Streitwert und vor allem auch die dargestellten Anmahnungsrisiken beider Seiten – weitere Verfahrenskosten zu vermeiden. Die Abmahnung soll dem Abgemahnten Gelegenheit geben, die Vorwürfe zu prüfen, ggf. auszuräumen und damit unnötige Prozesskosten zu vermeiden.[908]

aa) Form und Frist

Die Abmahnung ist an keine bestimmte Form gebunden.[909] Erforderlich ist lediglich die hinreichend deutliche Beanstandung, die aufzeigt, weshalb der Abgemahnte als Störer oder ggf. auch Mitstörer betrachtet wird, insbesondere durch die unberechtigte Benutzung einer

---

[902] OLG Hamburg NJW-RR 1986, 716.
[903] Fezer MarkenG § 14, Rn. 1174, 1175.
[904] Hartmann in BLAH ZPO § 93 Rn. 67 ff.
[905] Vgl. OLG Frankfurt GRUR 1985, 240.
[906] OLGR Düsseldorf 1998, 270; OLG Düsseldorf WRP 1997, 471.
[907] Köhler in Köhler/Bornkamm UWG § 12 Rn. 1.90.
[908] Teplitzky Kap. 41 Rn. 7.
[909] Teplitzky Kap. 41 Rn. 10.

fremden Marke, und welches Unterwerfungsverlangen konkret geltend gemacht wird.[910] Mit der Abmahnung muss also die Aufforderung zur Abgabe einer bestimmten Unterlassungsverpflichtungserklärung verbunden werden, wobei diese allerdings nicht notwendigerweise vorformuliert werden muss.[911] Als rechtserhebliches Verhalten kommen sämtliche markenrechtliche Verletzungshandlungen iSd § 14 Abs. 2–4 MarkenG in Betracht.[912] In der Abmahnung wird dem Abgemahnten typischerweise eine **kurze Frist** zur Unterzeichnung und Rücksendung einer vorformulierten Unterlassungsverpflichtungserklärung gesetzt. Als angemessene Frist für die Reaktion auf die Abmahnung gelten entsprechend den Usancen der Gerichte zumeist bereits wenige Tage. Aber auch kürzere Fristen können angemessen sein, wenn dies die Umstände des Einzelfalls erforderlich machen.[913]

861   Die Frist muss allerdings so bemessen sein, dass der Abgemahnte die Vorwürfe tatsächlich und rechtlich prüfen und bei Bedarf auch rechtliche Hilfe in Anspruch nehmen kann. Ist die Frist zu großzügig bemessen, droht die Eilbedürftigkeit als entscheidende Zulässigkeitsvoraussetzung des vorläufigen Rechtsschutzes verloren zu gehen. Der Abmahnende darf daher nicht zulassen, dass der Abgemahnte das Verfahren aus taktischen Gründen hinauszögert.

bb) Erfordernis der Originalvollmacht

862   Einen Zeitgewinn versucht der Abgemahnte gelegentlich bereits dadurch zu erreichen, dass er eine anwaltliche Abmahnung wegen Fehlens einer original unterzeichneten Vollmacht zurückweist. Die Auffassung allerdings, dass einseitige Willenserklärungen – zu denen auch die Abmahnung gehört – vom Abgemahnten wegen Nichtvorlage der Originalvollmacht gem. § 174 BGB zurückgewiesen werden können, ist höchst umstritten und mittlerweile wohl eine Mindermeinung.[914] Auch eine Kopie der Vollmacht bzw. die Übersendung der Kopie per Telefax oder Email soll nach heute überwiegender Auffassung ausreichen.[915] Diese Streitfrage hat inzwischen an Bedeutung verloren, da nach inzwischen nach höchstrichterlicher Rechtsprechung eine Originalvollmacht jedenfalls dann nicht erforderlich ist, wenn die Unterlassungsverpflichtung nicht in Form einer einseitigen Unterwerfungserklärung sondern in Form eines **zweiseitigen Vertrags** abgegeben wird.[916] Denn dann stellt die Abmahnung ein Angebot zum Abschluss eines solchen Vertrags dar und bedarf somit – wie Vertragsangebote stets – keiner Originalvollmacht, da § 174 BGB nur bei einseitigen Willenserklärungen einschlägig ist.

cc) Inhalt der Abmahnung

863   Wenn einer Abmahnung der Entwurf einer strafbewehrten Unterlassungsverpflichtungserklärung beigefügt wird, wird das zu unterlassende Verhalten meist möglich weit gefasst. In der Praxis werden häufig auch Anerkenntnisse bezüglich der Schadensersatz- und Kostenerstattungspflicht mit der Unterlassungsverpflichtungserklärung verbunden. Dem Abgemahnten steht es allerdings frei, eine eigene eingeschränkte Unterlassungsverpflichtungserklärung zu formulieren, die lediglich das tatsächlich rechtswidrige Handeln oder das geforderte Unterlassen erfasst.

dd) Kostenerstattungsanspruch

864   Der Abgemahnte kann ausdrücklich klarstellen, dass die Unterlassungserklärung von ihm ohne Präjudiz für die Sach- und Rechtslage und ohne jegliches Anerkenntnis abgegeben

---

[910] Teplitzky Kap. 41 Rn. 14.
[911] OLG Hamburg WRP 1989, 32.
[912] Fezer MarkenG § 14 Rn. 1072f.
[913] Teplitzky Kap. 41 Rn. 17.
[914] OLGR Frankfurt 2001, 270; OLG Karlsruhe NJW-RR 1990, 1323.
[915] OLG Dresden GRUR 1999, 377.
[916] BGH NJW-RR 2011, 335.

wird.⁹¹⁷ Da es an einem vertraglichen Erstattungsanspruch bezüglich der Abmahnkosten fehlt, stellt sich die Frage nach einer gesetzlichen Anspruchsgrundlage.

Ein Kostenanspruch bei außergerichtlicher Erledigung der Markenstreitsache nach einer vorprozessualen Abmahnung besteht regelmäßig nach den Vorschriften der **Geschäftsführung ohne Auftrag** nach §§ 683 S. 1, 677, 670 BGB. Voraussetzung ist, dass die Abmahnung für den Störer objektiv nützlich war und seinem wirklichen oder mutmaßlichen Willen entsprach.⁹¹⁸ Die Abmahnkosten sind somit nur zu erstatten, wenn die Abmahnung berechtigt ist bzw. das beanstandete Verhalten des Abgemahnten tatsächlich Rechte des Abmahnenden verletzt hat. 865

Der Streit um die Abmahnkosten muss im Wege einer **Hauptsacheklage** geführt werden, falls der Abgemahnte die Unterlassungserklärung lediglich ohne Präjudiz für die Sach- und Rechtslage abgibt, um ein riskantes und kostenintensives einstweiliges Verfügungsverfahren zu vermeiden. Im Hauptsacheverfahren wird dann inzident geprüft, ob die Abmahnung berechtigt und das beanstandete Verhalten tatsächlich rechtswidrig war. Aber auch wenn das Gericht zu der Auffassung gelangt, dass die Abmahnung unberechtigt war, bleibt der Abgemahnte an die von ihm abgegebene Unterlassungsverpflichtungserklärung gebunden. Neben der Frage, ob die Abmahnung berechtigt war, geht es in derartigen Kostenklagen meist auch um die Frage, welcher Streitwert bei der Berechnung der Abmahnkosten zugrunde zu legen ist. 866

Nach hM sind die Anwaltskosten, die dem Abgemahnten für die rechtliche Prüfung und Zurückweisung einer unberechtigten Abmahnung entstehen, nicht erstattungsfähig.⁹¹⁹ In Ausnahmefällen kann jedoch ein Schadensersatzanspruch aus § 823 Abs. 1 BGB und aus § 678 BGB vorliegen. Dies ist eine Frage des **Übernahmeverschuldens**.⁹²⁰ Gemäß § 678 BGB haftet bei einer Geschäftsführung ohne Auftrag der Geschäftsführer unter dem Gesichtspunkt des Übernahmeverschuldens dann, wenn die Geschäftsführung nicht dem tatsächlichen oder mutmaßlichen Willen des Geschäftsherrn entspricht. Allerdings setzt auch die Haftung aus Übernahmeverschulden gem. § 678 BGB beim Geschäftsführer zumindest Fahrlässigkeit voraus. Der Abmahnende handelt allerdings nicht bereits dann fahrlässig, wenn er durch die Abmahnung eine bestehende rechtliche Unsicherheit klären will. Fahrlässigkeit liegt daher nicht bereits deshalb vor, weil der Abmahnende wegen einer unsicheren Tatsachen- oder Rechtslage bewusst ein Unterliegensrisiko eingeht.⁹²¹ Das Übernahmeverschulden besteht also nicht schon deswegen, weil dem Abmahnende Zweifel an der Berechtigung der Abmahnung hatte.⁹²² Derjenige, der zu Unrecht abgemahnt wird, muss somit grundsätzlich die außergerichtlichen Kosten selbst tragen. Diese asymmetrische Kostenverteilung privilegiert denjenigen, der sich mit anwaltlicher Hilfe gegen echte oder vermeintliche Rechtsverletzer wehrt vor demjenigen, der sich – ebenfalls mit anwaltlicher Hilfe – gegen unberechtigte Ansprüche von Markeninhabern behauptet. Nur der berechtigt Abmahnende – nicht der zu Unrecht Abgemahnte – kann Erstattung seiner Anwaltskosten verlangen. Dies widerspricht dem in § 81 ZPO normierten Grundgedanken, wonach derjenige, dessen Rechtsauffassung sich als unzutreffend erweist, sämtliche Anwaltskosten der obsiegenden Partei übernehmen muss. Danach hat die unterliegende Partei die Kosten des Rechtsstreits zu tragen, insbesondere die dem Gegner erwachsenen Kosten, soweit sie zur zweckentsprechenden Rechtsverfolgung oder Verteidigung notwendig waren. Zu Recht wird kritisiert, dass diese Kostentragungsgrundsätze im vorprozessualen Bereich nicht angewandt werden.⁹²³ 867

---

⁹¹⁷ Wanckel NJW 2009, 3497 (3498).
⁹¹⁸ BGH GRUR 1980, 1074 – Aufwendungsersatz.
⁹¹⁹ BGH GRUR 2004, 790 (792) – Gegenabmahnung; BGH GRUR 2006, 168 (169) – Unberechtigte Abmahnung; Teplitzky Kap. 41 Rn. 67 ff. (insbes. Rn. 80); Ahrens NJW 1982, 2477 ff.
⁹²⁰ OLG München GRUR-RR 2008, 461.
⁹²¹ LG Hamburg Urt. v. 13.8.2010 – 324 O 145/08.
⁹²² OLG Hamburg NJW-RR 2003, 857.
⁹²³ Vgl. Eser GRUR 1986, 35 ff.

b) Einstweilige Verfügung

868 Stellt der Verletzer das beanstandete Verhalten aufgrund der Abmahnung nicht ein und gibt er die geforderte Unterlassungsverpflichtungserklärung nicht ab, wird der Verletzte in aller Regel eine einstweilige Verfügung beantragen. Aufgrund der besonderen Gegebenheiten der Veranstaltungsbranche stellen sich allerdings Praxisprobleme, die es bei physikalischen Medienprodukten wie zB Büchern oder CDs und bei Industrieprodukten als dem ‚typischen' Gegenstand einstweiliger Verfügungen nicht in dieser Form gibt. Da eine Veranstaltungsproduktion in all ihren Bestandteilen – Musik, Handlung und sogar Titel – jederzeit während der laufenden Tournee abgeändert werden kann, ist häufig unklar, wie weit das Verbot einer einstweiligen Verfügung reicht und ob bzw in welchem Umfang es auch eine abgeänderte Produktion erfasst.

aa) Problem der Auslandszustellung

869 Besondere Probleme bei der Abwehr von und der Verteidigung gegen markenrechtliche Verletzungshandlungen stellen sich, sofern der Verletzer seinen Sitz im Ausland hat. Insbesondere die Zustellung einer einstweiligen Verfügung und ggf. auch deren Durchsetzung mit Zwangsmitteln sind erheblich schwerer, wenn sie im Ausland erfolgen müssen. Dann wird es erforderlich, die Verfügung formell ordnungsgemäß im Ausland zuzustellen. Dies ist nicht nur zeitintensiv sondern setzt die amtliche Übersetzung der Verfügung in die jeweilige Landessprache und die Einhaltung unterschiedlichster gesetzlicher Bedingungen voraus, ohne die eine Durchsetzung der Verfügungsinhalte scheitert. Die Vollstreckung und Durchsetzung von Unterlassungsverfügungen im EU-Ausland wird allerdings durch die neuere Rechtsprechung des EuGH[924] erleichtert. Der Begriff „Zivil- und Handelssachen" in Art. 1 EuGVVO ist demnach dahingehend auszulegen, dass diese Verordnung auf die Anerkennung und Vollstreckung eines Ordnungsgelds anzuwenden ist, mit dem eine gerichtlicher Titel in einer Zivil- oder Handelssache durchgesetzt werden soll.

870 Da der Unterlassungsanspruch des Markeninhabers verschuldensunabhängig besteht[925], bietet es sich in derartigen Fällen an, auch gegen etwaige inländische Vertragspartner des Produzenten einer inkriminierten Produktion rechtlich vorzugehen. Soweit auch sie Markenrechtsverletzungen begangen haben, können sie sich nicht darauf berufen, dass sie von der rechtsverletzenden Natur der Produktion keine Kenntnis hatten oder die Rechtslage nicht beurteilen konnten. Auch sie sind also zur Unterlassung verpflichtet. Da auch der Anspruch aus Geschäftsführung ohne Auftrag gem. §§ 683 S. 1, 677, 670 BGB, aus dem sich der Kostenerstattungsanspruch bezüglich der Abmahnkosten ergibt, verschuldensunabhängig ist, sind auch sie verpflichtet, dem Anspruchsteller die entstandenen Kosten zu erstatten.

bb) Inanspruchnahme von Mittätern

871 Probleme bereitet häufig die Durchsetzung von Verfügungsinhalten, wenn als Veranstalter oder Produzent eine juristische Person mit lediglich geringer finanzieller Ausstattung auftritt. Dann lassen sich Ordnungsgelder zumeist nicht vollstrecken. In der Veranstaltungsbranche lassen sich – wie bereits ausgeführt[926] – im Wege der unerlaubten Nutzung fremder Marken- und Urheberrechte ohne großen Kostenaufwand schnell Wertschöpfungen erzielen. Hat der Verletzer diese dem Zugriff des Verletzten entzogen, lassen sich weitere Verletzungshandlungen kaum noch effektiv unterbinden. Erschwerend kommt hinzu, dass der Verletzer zukünftige Aktivitäten auf Dritte auslagern kann. Daher ist es bei Verletzungshandlungen juristischer Personen sinnvoll, Ansprüche nicht lediglich gegen diese sondern auch gegen deren Inhaber, Mehrheitsgesellschafter oder Geschäftsführer geltend zu ma-

---

[924] EuGH Urt. v. 18.10.2011 – C-406/09 – Realchemie Nederland.
[925] BGHZ 8, 387 (399); Teplitzky Kap. 5 Rn. 20.
[926] S. Rn. 742.

chen. Sie können als Gesamtschuldner gem. § 421 BGB gemeinsam mit der juristischen Person in Anspruch genommen werden, da sie im Falle einer derartigen Auslagerung als Mittäter zu behandeln sind.[927] Die Unterlassungs- und Schadensersatzansprüche des Markenrechts, Urheberrechts und Wettbewerbsrechts sind deliktischer, nicht vertraglicher Natur. Die in § 13 Abs. 2 GmbHG geregelte gesellschaftsrechtliche Haftungsbeschränkung juristischer Personen auf ihr Stammkapital greift bei deliktischen Ansprüchen daher nicht. Die handelnden Personen haften somit unbeschränkt mit ihrem Privatvermögen selbst dann, wenn sie nicht im eigenen Namen sondern für eine juristische Person aufgetreten sind.[928]

cc) Haftung für Beauftragte

Sofern Markenverletzer versuchen, das rechtliche Risiko auf – angestellte oder selbständige – Dritte abzuwälzen, wird gem. § 14 Abs. 7 MarkenG deren ggf. wettbewerbswidriges Verhalten dem Inhaber des Unternehmens als eigenes Verhalten zugerechnet.[929] Die Begriffe ‚Angestellter oder Beauftragter' des § 14 Abs. 7 MarkenG sind weit auszulegen.[930] Sie beschränken sich keineswegs nur auf den arbeitsrechtlichen Bereich sondern erfassen jeden, der in einem Dienstverhältnis zu dem geschäftlichen Betrieb steht oder in sonstiger Weise faktisch ein Glied der Unternehmensorganisation ist.[931] Auch der Begriff der **Unternehmensorganisation** ist weit zu interpretieren und umfasst nicht nur die interne Unternehmensorganisation sondern auch ausgelagerte Bereiche wie insbesondere externe Vertriebsbeauftragte oder Werbeagenturen.[932]

872

Ebenso weit ist der Begriff des ‚Beauftragten'. Beauftragter ist ein Dritter keineswegs nur dann, wenn ein Auftragsverhältnis im Sinne des § 662 BGB besteht.[933] Es ist auch kein sonstiges zivilrechtliches Vertragsverhältnis erforderlich, vielmehr genügt es, dass der Dritte rein faktisch in einer Weise tätig wird, deren Arbeitsergebnis dem Unternehmen zugute kommt[934] und die vom Unternehmen faktisch beeinflusst werden kann. Sind diese Voraussetzungen erfüllt, haftet der Dritte (also zB der Angestellte oder Beauftragte) gesamtschuldnerisch neben dem beauftragenden Betrieb und ggf. dessen Inhaber sowie seinen handelnden Personen. Das Tatbestandsmerkmal des geschäftlichen Betriebes macht es nicht erforderlich, dass die Kennzeichenrechtsverletzung räumlich innerhalb des Geschäftsgebäudes des Betriebsinhabers erfolgen muss. Abzustellen ist vielmehr auf den Sachzusammenhang des betrieblichen Aufgabenbereichs des Angestellten oder Beauftragten. Sie müssen die Markenrechtsverletzung im Rahmen der ihnen obliegenden Aufgaben begangen haben. Dabei muss ein unmittelbarer innerer Zusammenhang mit den betrieblichen Aufgaben des Angestellten oder Beauftragten bestehen.[935]

873

dd) Schadensersatz bei nachträglicher Aufhebung einer einstweiligen Verfügung

Wird eine einstweilige Verfügung im Widerspruchsverfahren oder im Hauptsacheverfahren aufgehoben, ist der Antragsteller gem. § 945 ZPO zum Schadensersatz verpflichtet. Er muss dem Verfügungsgegner sämtliche Schäden ersetzen, die diesem durch den Vollzug der einstweiligen Verfügung entstanden sind. Die Schadensersatzpflicht besteht auch dann, wenn die einstweilige Verfügung nicht aufgrund neuer Tatsachenerkenntnisse aufgehoben

874

---

[927] Ingerl/Rohnke MarkenG Vorbem. §§ 14–19d Rn. 33 ff.
[928] Altmeppen in Roth/Altmeppen GmbHG § 13 Rn. 69, insbes. § 43 Rn. 54 ff.
[929] Teplitzky Kap. 6 Rn. 11.
[930] BGH GRUR 1959, 38 (44) – Buchgemeinschaft II; BGH GRUR 2005, 864 – Meißner Dekor II; Fezer MarkenG § 14 Rn. 1060 mwN.
[931] Fezer MarkenG § 14 Rn. 1061.
[932] BGH GRUR 1995, 605 (607) – Franchise-Nehmer.
[933] Fezer MarkenG § 14 Rn. 1062.
[934] BGH GRUR 1973, 208 (209).
[935] Fezer MarkenG §14 Rn. 1057.

wird, sondern weil das aufhebende Gericht die Rechtslage anders beurteilt als das Gericht, welches die einstweilige Verfügung erlassen hat.[936] Die unterschiedliche rechtliche Beurteilung ein- und desselben Sachverhalts durch verschiedene Gerichte ist zumeist allerdings nicht auf Verschulden des Antragstellers zurückzuführen. Dennoch hat er es zu vertreten, wenn infolge dessen dem Verfügungsgegner ein Schaden entsteht.[937] Da dies zu unbilligen Ergebnissen führen kann, ist § 945 ZPO einschränkend so auszulegen, dass die Schadensersatzpflicht nur gegeben ist, wenn die rechtlichen Voraussetzungen für den Erlass der aufgehobenen einstweiligen Verfügung von Anfang an objektiv gefehlt haben.[938] Zudem ist ein allfälliges Mitverschulden des Verfügungsgegners bei der Höhe des Schadensersatzes nach billigem Ermessen zu berücksichtigen.[939] Gleichwohl bleibt das Risiko einer Schadensersatzpflicht von der Wahrscheinlichkeit und der Höhe nach zumeist schwer kalkulierbar und kann ggf. den Markenrechtsinhaber davon abhalten, seine Rechte konsequent zu verfolgen.

875 Die Schadensersatzpflicht nach § 945 ZPO besteht allerdings nur im Fall einer einstweiligen Verfügung, nicht bereits bei einer Abmahnung. Letztere begründet – wenn nicht im Einzelfall besondere Umstände vorliegen – auch dann keine Schadensersatzpflicht, wenn die Abmahnung in tatsächlicher oder rechtlicher Hinsicht unzutreffend ist. Vielmehr obliegt es dem Adressaten einer Abmahnung, eigenverantwortlich zu prüfen, ob die rechtlichen Vorwürfe, die der Abmahnende erhebt, zutreffen.[940]

II. Internationales Markenrecht

876 Eine deutsche Markenanmeldung gewährt nur Schutz innerhalb Deutschlands. Daher kann der Inhaber einer deutschen Marke gegen den Gebrauch einer identischen oder verwechslungsähnlichen Marke für die geschützten Waren und Dienstleistungen in einem anderen Land nicht aus dem deutschen Markenrecht vorgehen. Es ist deshalb sinnvoll, zusätzlich zu der deutschen Markenanmeldung weitere Markenanmeldungen in anderen Ländern vorzunehmen. Dies kann gerade im Veranstaltungsrecht, bspw. bei **grenzüberschreitenden Leistungen** wie Tourneen relevant sein. Da Waren und Dienstleistungen innerhalb des europäischen Binnenmarktes frei gehandelt werden dürfen, schützt ein national beschränktes Markenrecht naturgemäß nur sehr begrenzt gegen Konkurrenten, die im europäischen Ausland gleiche oder verwechslungsähnliche Marken verwenden. Um diese Schutzlücke zu schließen und das Funktionieren des Europäischen Binnenmarktes zu sichern, gibt es parallel zur Deutschen Markenanmeldung die Möglichkeit der Anmeldung einer Gemeinschaftsmarke beim Europäischen Markenamt in Alicante oder bei einer der Zentralbehörden der EU-Mitgliedstaaten.

1. Gemeinschafts-/EU-Marke

877 Eine Europäische Gemeinschaftsmarke ist eine Marke, die innerhalb des gesamten Binnenmarkts der EU Schutz genießt. Das Gemeinschaftsmarkensystem ermöglicht es zu relativ geringen Kosten in einem Anmelde- und Registrierungsverfahren gemeinschaftsweit geltende Markenrechte zu erwerben. In den jeweiligen Ländern der Gemeinschaft richtet sich der Inhalt der Gemeinschaftsmarkenrechte, deren Schutzumfang und -schranken nicht nach dem jeweiligen nationalen Recht, sondern nach der GMV.[941] Das Europäische Markenrecht ist also ein materiellrechtlich eigenständiges System, welches parallel zum MarkenG gilt und dieses ggf. überlagert. Die GMV ist allerdings von ihrem materiellrechtlichen Aussagegehalt weitgehend deckungsgleich mit dem MarkenG und nimmt auf dieses teil-

---

[936] Huber in Musielak ZPO § 945 Rn. 4 f.
[937] Huber in Musielak ZPO § 945 Rn. 1.
[938] BGH MDR 1996, 452; BLAH ZPO § 945 Rn. 7.
[939] BGH NJW 2006, 2769.
[940] Sosnitza in POS UWG § 12 Rn. 15.
[941] Fezer MarkenG Einl. F Rn. 22 ff.

weise auch ausdrücklich Bezug – so verweist etwa Art. 14 Abs. 1 und Abs. 2 iVm Art 98 Abs. 2 GMV bezüglich der Verletzungsansprüche auf das jeweilige nationale Markenrecht.

Die Gemeinschaftsmarke gilt überall in der Gemeinschaft und entfaltet in allen Mitgliedsstaaten einheitliche Wirkungen. Sie tritt als gleichrangiges Markenschutzsystem neben die nationalen Markenrechtsordnungen, so dass grundsätzlich aus einer älteren Gemeinschaftsmarke gegen eine jüngere verwechslungsähnliche nationale Markenanmeldung und/oder -benutzung vorgegangen werden kann und umgekehrt.[942] **878**

Obwohl das Europäische Markenrecht dem Deutschen Markenrecht formell und materiell ähnlich ist, gibt es auch eine entscheidende Ausnahme: Es gibt bei der Gemeinschaftsmarke keine Marke kraft Benutzung. Als Gemeinschaftsmarke kann eine Marke somit nur dann geschützt sein, wenn sie beim Europäischen Markenamt in Alicante eingetragen wurde. **879**

2. Internationale Markenregistrierung

Eine internationale Markenregistrierung ist ein Weg, um in einer Vielzahl von Judikaturen mit einem einzigen Registrierungsvorgang jeweils Schutz nach dem jeweiligen nationalen Markenrecht zu erlangen. **880**

Eine internationale Registrierung – abgekürzt **IR-Marke** – setzt stets eine nationale Marke voraus. Mit Eintragung einer IR-Marke wird dieser Schutz kann auf andere Staaten ausgedehnt. Verwaltet wird dieses System durch das internationale Büro der World Intellectual Property Organziation. Diesem Abkommen gehören 74 Mitgliedsstaaten an. Der Antrag ist zur Ursprungsbehörde – also zur jeweiligen nationalen Marke, bei der die erste Registrierung erfolgte – zu senden. **881**

Wichtige rechtliche Grundlagen der IR-Marke sind das Madrider Markenabkommen (MMA) und das Protokoll zum Madrider Abkommen (PMMA). Die IR-Marke ist anders als die Europäische Gemeinschaftsmarke kein materiell eigenständiges Schutzrecht sondern lediglich ein vereinfachtes Anmeldeverfahren, durch welches die Vielzahl nationaler Markenanmeldungen bei einer Zentralstelle gebündelt wird. Die einzelnen nationalen Markenanmeldungen unterliegen dann bezüglich des Anmeldeverfahrens, bezüglich Schutzumfang und -schranken und auch ansonsten dem jeweiligen nationalen Recht. **882**

3. Zusammenspiel von Gemeinschaftsmarke und IR-Marke

Die Rechte aus einer Gemeinschaftsmarke werden – wie im nationalen Markenrecht – durch Schutzhindernisse wie Verwirkung, die Erschöpfung, zulässigen Drittgebrauch und den Benutzungszwang begrenzt.[943] **883**

Außerhalb der Europäischen Union hat der Markeninhaber die Möglichkeit, erweiterten Schutz seiner deutschen Marke durch das Madrider Markenabkommen bzw. durch das Protokoll zum Madrider Markenabkommen zu erlangen. Insoweit gelten hinsichtlich der Grenzen eines derartigen internationalen Markenschutzes die Bestimmungen des jeweiligen Mitgliedstaates des MMA bzw. des Protokolls zum MMA. **884**

Die Gemeinschaftsmarke ist ein einheitliches Schutzrecht, kein Bündel nationaler Rechte. Sie folgt dem ‚Alles oder Nichts-Prinzip': existiert auch nur in einem der EU-Länder eine gleiche oder verwechselungsfähig Marke, kann der Inhaber dieses Zeichens die Eintragung der EU-Marke verhindern bzw. die schon eingetragene EU-Marke löschen lassen.[944] Daher ist die IR-Marke, sofern offensichtlich ist, dass der Markenschutz nur in bestimmten EU-Ländern benötigt wird, grundsätzlich der EU-Markenanmeldung vorzuziehen. Zu beachten ist aber, dass durch eine IR-Markenanmeldung erhebliche Kosten entstehen können, da sich die Anmeldegebühren der einzelnen nationalen Markenbehörden kumulieren. **885**

---

[942] Hasselblatt in MAH GewRS § 37 Rn. 4.
[943] Berlit GRUR 1998, 423 (433).
[944] Schork in Stöckel/Lüken S. 158.

III. Wettbewerbsrecht

1. Verhältnis von Marken- und Wettbewerbsrecht

886 Klärungsbedürftig ist das Verhältnis zwischen dem Markenrecht und dem Wettbewerbsrecht.[945] Dieser Streit hat seinen Ursprung in der Frage, ob man – so die hM[946] – dem Markenrecht gegenüber dem Wettbewerbsrecht grundsätzlich Vorrang einräumt (**sog ‚Vorrangthese'**), oder ob man die ‚Vorrangthese' ablehnt und von einer **Normenkonkurrenz** zwischen Marken- und Wettbewerbsrecht ausgeht.[947] Da die meisten markenrechtlichen Auseinandersetzungen gleichzeitig auch wettbewerbsrechtliche Auseinandersetzungen zwischen konkurrierenden Marktteilnehmern sind, liegt der Versuch nahe, Schutzlücken des Markenrechts über einen ergänzenden Rückgriff auf das Wettbewerbsrecht zu schließen. Wenn ein Musical-Anbieter in urheberrechtlich zulässiger Weise eine im Musicalbereich bekannte, aber gemeinfreie Vorlage wie bspw. den Roman von Gaston Leroux ‚Das Phantom der Oper' neu inszeniert, um sich auf diese Weise an die Bekanntheit einer anderen Inszenierung anzuhängen, ist dies markenrechtlich zulässig. Es kommt dann darauf an, ob die so entstehende Schutzlücke durch einen Rückgriff auf das Wettbewerbsrecht geschlossen werden kann. Allerdings ist nicht jeder markenrechtliche Freiraum eine planwidrige Schutzlücke, die im Interesse eines funktionierenden Markenrechts geschlossen werden muss. Aufgabe des Markenrechts ist vielmehr der Interessenausgleich zwischen dem proprietären Interesse des Markeninhabers einerseits und dem Interesse der Allgemeinheit andererseits. Im Einzelfall stellt sich bei einem ergänzenden Rückgriff auf das Wettbewerbsrecht deshalb regelmäßig die Frage, ob hierdurch Wertungen des Markenrechts umgangen werden.

887 Einerseits muss durch das Markenrecht sicher gestellt werden, dass das Publikum verschiedene Anbieter voneinander unterscheiden kann. Andererseits muss die beschreibende Verwendung von sprachlichen Begriffen für jedermann frei zugänglich bleiben. Aufgabe des Markenrechts ist es also, zu verhindern, dass gerade sprachliche Begriffe mit besonders attraktivem und zugkräftigem Sinngehalt nicht von einem Anbieter monopolisiert werden. Die Grenzen, die das Markenrecht zwischen dem beschreibenden und dem kennzeichnenden Gebrauch zieht, bezwecken die Austarierung dieses Interessenkonflikts.

888 Tatsächlich haben das Marken- und Wettbewerbsrecht aber in weiten Bereichen ähnliche Schutzrichtungen.[948] In Anspruchskonkurrenz zu bestehenden markenrechtlichen Ansprüchen stehen deshalb meist auch Ansprüche nach dem UWG. Der BGH verneint allerdings in ständiger Rechtsprechung die Zulässigkeit eines ergänzenden Rückgriffs auf das Wettbewerbsrecht, da das MarkenG als lex specialis zum Gesetz UWG anzusehen sei.[949] Daher ist für die gleichzeitige Anwendung des UWG neben dem Markengesetz kein Raum mehr. Ein Rückgriff auf das UWG ist allerdings dann zulässig, wenn der Anwendungsbereich des MarkenG nicht erfasst ist.[950] Das ist dann der Fall, wenn es nicht um die Herbeiführung einer Verwechslungsgefahr oder Identitätstäuschung geht.

2. Ansprüche gegen Wettbewerbsstörer

889 Bei einem Verstoß gegen eine konkrete wettbewerbsrechtliche Verbotsnorm oder eine Generalklausel kann der Wettbewerbsstörer gem. § 8 UWG auf Beseitigung und Unterlassung

---

[945] Zum Streitstand siehe Büscher GRUR, 2009, 230.
[946] BGH GRUR 1999, 161 – MAC Dog; BGHZ 149, 191 (195 f.), Köhler in Köhler/Bornkamm UWG § 4 Rn. 9.9 ff.
[947] Fezer MarkenG § 2 Rn. 2 ff.; Fezer WRP 2008, 1 ff.; Köhler GRUR 2007, 548; neuerdings auch Ingerl/Rohnke MarkenG § 2 Rn. 2.
[948] Büscher GRUR 2009, 230 ff.
[949] BGH GRUR 1999, 161 (162); BGH GRUR 1999, 252 (253); BGH GRUR 2005, 583 (585).
[950] BGH GRUR 2001, 73 (76); BGH GRUR 2005, 419 (422); BGH GRUR 2007, 339 (342); Ingerl/Rohnke MarkenG § 2 Rn. 2; Hacker in Ströbele/Hacker MarkenG § 2 Rn. 10 f.

in Anspruch genommen werden. Dieser Anspruch ist verschuldensunabhängig. Bereits der erste Wettbewerbsverstoß begründet eine Wiederholungsgefahr, die nur durch die Abgabe einer strafbewehrten Unterlassungsverpflichtungserklärung beseitigt werden kann.[951] Wird der Wettbewerbsverstoß von einem Mitarbeiter oder einem Beauftragten eines Unternehmens begangen, sind die Ansprüche auf Unterlassung und Beseitigung gem. § 8 Abs. 2 UWB auch gegen den Inhaber des Unternehmens gegeben. Wie im Markenrecht kann der Störer also auch im Wettbewerbsrecht die rechtlichen Risiken nicht auf einen Angestellten oder Subunternehmer abwälzen. Außerdem ist der schuldhaft handelnde Wettbewerbsstörer gem. § 9 UWG schadensersatzpflichtig. Da die tatsächliche Schadenshöhe in aller Regel nur äußerst schwer darzulegen und zu beweisen ist, ist gem. § 287 ZPO eine **Schadensschätzung** durch das Gericht zulässig.[952] Anhaltspunkte für das Gericht bei der Schadensschätzung sind Art, Inhalt, Zeitpunkt, Dauer und Intensität der Verletzungshandlung.

Hervorzuheben ist, dass die Ansprüche auf Unterlassung, Beseitigung und Schadensersatz gem. § 11 Abs. 1 UWG bereits innerhalb einer kurzen Frist von sechs Monaten verjähren. Gemäß § 11 Abs. 2 UWG beginnt die Verjährungsfrist ab dem Zeitpunkt, in dem der Anspruchsinhaber von den anspruchsbegründenden Umständen (dh der wettbewerbswidrigen Störung) und der Person des Anspruchsgegners Kenntnis erlangt hat oder nur aufgrund grober Fahrlässigkeit nicht erlangt hat. Durch diese kurze Verjährungsfrist soll im Interesse des Rechtsfriedens eine rasche Beilegung wettbewerbsrechtlicher Streitfragen bewirkt werden. Aber auch in Fällen, in denen der Anspruchsinhaber aufgrund leichter Fahrlässigkeit von der wettbewerbswidrigen Störung oder der Person des Störers keine Kenntnis erlangt, verjähren Ansprüche auf Schadensersatz jedenfalls zehn Jahre nach ihrer Entstehung. Andere Ansprüche unterliegen gem. § 11 Abs. 4 UWG einer dreijährigen Verjährungsfrist ab Entstehung.

890

---

[951] BGH GRUR 1987, 640 (642) – Wiederholte Unterwerfung II.
[952] BGH GRUR 1987, 364 (365) – Vier-Streifen-Schuh.

§ 10 Urheber- und Leistungsschutzrecht

I. Wirtschaftliche Relevanz des Urheber- und Leistungsschutzrechts

891 Bei jeder öffentlichen Aufführung werden Urheber- und Leistungsschutzrechte genutzt. Die Aufführung eines Konzertes oder Bühnenwerkes setzt ein Aufführungsrecht nach § 19 Abs. 2 UrhG voraus. Die öffentliche Aufführung eines Sprachwerks – also eines literarischen oder wissenschaftlichen Werks – erfordert das Vortragsrecht gem. § 19 Abs. 1 UrhG. Bei Sprachwerken sind die Anforderungen zur Erreichung der urheberrechtlichen Schutzfähigkeit allerdings so gering, dass sie bereits bei Stehgreifvorträgen oder bei Briefen oder einfachen Texten erfüllt sind. Das Vorführungsrecht gem. § 19 Abs. 4 UrhG hingegen ist tangiert, wenn ein Werk der bildenden Kunst, ein Filmwerk, Lichtbildwerk oder eine Darstellung wissenschaftlicher oder technischer Art öffentlich wahrnehmbar gemacht wird.

892 Bei einer Veranstaltung wird allerdings regelmäßig nicht nur ein einzelnes Sprachwerk vorgetragen, ein einzelnes musikalisches Werk oder ein einzelnes Lichtbildwerk aufgeführt, sondern es werden zumeist eine Vielzahl von Rechten unterschiedlicher Rechteinhaber genutzt. So müssen zB bei einer Musicalaufführung neben dem Recht zur Nutzung der Kompositionen und Texte auch Nutzungsrechte zB der urheberrechtlich schutzfähigen Kostüme, des Bühnenbilds oder der Choreographie eingeholt werden. Angesichts der Vielzahl kreativer Leistungen, die bei einer Veranstaltung zusammengeführt werden, kommt es daher bei der Frage, welche dieser Leistungen Urheberrechtsschutz genießen, entscheidend auf den Werkbegriff des § 2 UrhG an.

1. Urheberrechtlicher Werkbegriff

893 Der Begriff ‚Werk' bezeichnet das Ergebnis einer **persönlichen Schöpfung**, die einen **geistigen Gehalt** aufweist und eine **wahrnehmbare Formgestaltung** gefunden hat. Für den Veranstaltungsbereich, in dem die dargebotenen Werke naturgemäß flüchtig sind, ist von Bedeutung, dass für den Werkbegriff eine körperliche oder dauerhafte Festlegung nicht erforderlich ist.[953] Ein urheberrechtlich geschütztes Werk entsteht somit nicht erst dann, wenn eine Veranstaltung in Ton und/oder Bild aufgezeichnet wird. Eine weitere wesentliche Anforderung an das Vorliegen eines Werks besteht darin, dass im Werk die **Individualität des Urhebers** zum Ausdruck kommen muss. Hierdurch werden rein **(kunst-)handwerkliche Leistungen** vom Urheberrechtsschutz ausgeschlossen, weshalb etwa die Leistung eines Maskenbildners[954] oder Tontechnikers[955] in aller Regel nicht urheberschutzfähig ist. Dass es sich hierbei um anspruchsvolle kreative Leistungen handeln kann, steht dem nicht entgegen.

894 Der urheberrechtliche Schutz an Musik- oder Sprachwerken besteht grundsätzlich kraft Gesetzes, es sei denn, dass die Werke ausnahmsweise wegen Ablaufs der urheberrechtlichen Schutzfrist gem. den §§ 64 ff. UrhG gemeinfrei geworden sind. Außerhalb des Bereichs der klassischen Musik sind gemeinfreie Werke ein seltener Ausnahmefall. Die Aufführung urheberrechtlich geschützter Werke setzt also regelmäßig die Einholung von Nutzungsrechten an allen tangierten Urheberrechten voraus. Da gem. § 13b UrhWahrnG Veranstalter von öffentlichen Wiedergaben urheberrechtlich geschützter Werke verpflichtet sind, vor der Veranstaltung die Einwilligung der betreffenden Verwertungsgesellschaft – und damit der Urheber – einzuholen, gehört die Lizenzierung von Urheberrechten zum typischen Aufgabenbereich eines jeden Veranstalters. Dabei wird die Handhabbarkeit der Lizenzie-

---

[953] BGHZ 37, 1; OLG München ZUM 1989, 588; Loewenheim in Schricker/Loewenheim UrhG § 2 Rn. 9.
[954] BGH MDR 1974, 292.
[955] BGH GRUR 1983, 22.

rung durch die Zwischenschaltung von Verwertungsgesellschaften – in erster Linie der GEMA und der GVL – entscheidend vereinfacht.

2. Öffentlichkeit

Die Rechte aus § 19 UrhG werden allerdings nur dann tangiert, wenn es sich um einen **öffentlichen Vortrag** oder eine **öffentliche Aufführung oder Darbietung** handelt. Der Vortrag oder die Darbietung von urheberrechtlich geschützten Werken im rein privaten Kreis ist hingegen nicht erlaubnispflichtig. Es entsteht bei nichtöffentlichen Veranstaltungen somit kein Vergütungsanspruch des Urhebers oder des ausübenden Künstlers. Abzugrenzen ist mithin zwischen öffentlichen und nichtöffentlichen Veranstaltungen. Gemäß § 15 Abs. 3 UrhG ist eine Veranstaltung dann öffentlich, wenn die Anwesenden nicht durch persönliche Beziehungen miteinander oder mit dem Veranstalter verbunden sind.[956] Für die **persönliche Verbundenheit** reicht es nicht aus, wenn sich die Gemeinschaft daraus ergibt, dass Räumlichkeiten oder Einrichtungen gemeinsam genutzt werden, wie dies bspw. bei Schulen, Krankenhäusern oder Altersheimen der Fall ist.[957] Auch das künstlerische Interesse an einem Musikstil oder die Austauschbeziehung, in der die Nutzer eines Filesharing-Systems stehen, reicht nicht aus.[958] Es ist daher auch die Aufführung von Werken als sog **Cover-Version** stets erlaubnispflichtig, wenn die entsprechende Darbietung nicht öffentlich beworben, sondern lediglich über soziale Netzwerke im Kreise der Fans des gecoverten Werkes bekannt gemacht wird. Im digitalen Zeitalter verschwimmen die Grenzen zwischen Individualkommunikation und Massenkommunikation, weshalb der Begriff der Öffentlichkeit unscharf wird. Die Rechtsprechung stellt deshalb zu Recht zunehmend strengere Anforderungen an den Begriff der Öffentlichkeit.[959] Grundsätzlich wird eine öffentliche Darbietung immer dann anzunehmen sein, wenn der Veranstalter, der Darbietende oder andere Mitwirkende an der Darbietung ein kommerzielles oder werbliches Interesse an einem möglichst großen Zuhörerkreis haben und deshalb daran interessiert sind, auch weitere hinzukommende Dritte in diesen aufzunehmen.

3. Änderung und Entstellung von Werken

Über die Verwertungsgesellschaft können lediglich die Rechte aus § 19 UrhG zur öffentlichen Wiedergabe bzw. dem öffentlichen Vortrag erworben werden, nicht jedoch das Recht zur Abwandlung der dargebotenen Werke. Die Werke müssen also so aufgeführt werden, wie sie vom Urheber geschaffen wurden, mithin buchstaben- oder notengetreu. Das ist allerdings bei Live-Darbietungen bereits von der Natur der Sache her ausgeschlossen, da die Aufführung eines Werkes durch unterschiedliche Künstler zwangsläufig nie identisch erfolgen kann. Naturgemäß differieren bei der Aufführung eines Musikwerks eines Künstlers durch einen anderen regelmäßig die Stimmen. Und auch Tempi und Instrumentierung werden so gut wie nie absolut identisch sein.[960] Der aufführende Künstler muss Interpretationsspielräume behalten. Diese müssen die beteiligten Autoren im Rahmen des § 39 UrhG zubilligen.

Dem Spannungsfeld zwischen dem urheberrechtlichen Schutz der Integrität des dargebotenen Werks einerseits und dem künstlerischen sowie kommerziellen Interesse des Nutzers an gewissen **Interpretationsspielräumen** andererseits trägt die Vorschrift des § 39 Abs. 2 UrhG Rechnung. Danach ist im Einzelfall eine Interessenabwägung vorzunehmen. Hierbei ist das Interesse des Urhebers an der Integrität seines Werks mit den Verwertungsinteressen des Werknutzers abzuwägen, wobei der künstlerische Rang des Werks, der ver-

---

[956] Vgl. Dustmann in Fromm/Nordemann UrhG § 15 Rn. 27 ff.
[957] Dustmann in Fromm/Nordemann UrhG § 15 Rn. 35 mwN.
[958] Dustmann in Fromm/Nordemann UrhG § 15 Rn. 34.
[959] v. Ungern-Sternberg in Schricker/Loewenheim UrhG § 15 Rn. 78.
[960] Vgl. dazu auch Nordemann in Fromm/Nordemann UrhG § 39 Rn. 25.

traglich eingeräumte Nutzungszweck und die Intensität des Eingriffs zu berücksichtigen sind.[961] Da es keine allgemeingültigen Maßstäbe bei dieser Interessenabwägung gibt, bleibt ihre Beurteilung der richterlichen Einzelfallwürdigung vorbehalten. Dabei sind die Gerichte zumeist auf Sachverständigengutachten angewiesen. Nur wenn diese Interessenabwägung im Einzelfall zu dem Ergebnis führt, dass das **Integritätsinteresse des Urhebers** gegenüber dem Interesse des Nutzers an der vertragsgemäßen Verwertung der geänderten Werkfassung überwiegt, handelt es sich um eine gem. § 23 UrhG genehmigungspflichtige **Bearbeitung**.

898 Eine Interessenabwägung nach § 39 Abs. 2 UrhG ist allerdings stets dann entbehrlich, wenn eine **Entstellung** gem. § 14 UrhG vorliegt. Das ist der Fall, wenn berechtigte geistige oder persönliche Interessen des Urhebers durch den Eingriff beeinträchtigt werden und damit sein Persönlichkeitsrecht verletzt wird. Ist eine Werkwiedergabe – insbesondere im Live-Bereich – qualitativ mangelhaft, zB weil der Darbietende schlecht spielt oder interpretiert, rechtfertigt dies den Vorwurf einer Entstellung allenfalls in Ausnahmefällen. Denn das Publikum erlebt schlechte handwerkliche Qualität nicht als eine Verfälschung des Werks sondern als mangelhafte Leistung des Interpreten. Wird zB eine Schul- oder Laienorchesterdarbietung besucht, werden Darbietungsfehler nicht dem Komponisten, sondern den Aufführenden zugerechnet. Eine buchstaben- und notengetreue Originalwiedergabe erwartet das Publikum nicht.[962]

899 Eine Entstellung wird von der Rechtsprechung allerdings stets dann angenommen, wenn Wesenszüge des Originalwerks tiefgreifend auf verfälschende, verzerrende oder zerstückelnde Weise verändert werden, so dass das Werk eine andere Aussage, Farbe oder Tendenz erhält.[963] Hierbei ist auf den objektiven Betrachter und nicht auf das subjektive Empfinden des Urhebers abzustellen.[964] Bei Bühnenwerken liegt regelmäßig eine Entstellung vor allem dann vor, wenn das Handlungsgeschehen des Originalwerks durch Veränderungen im Text, dramaturgische oder inhaltliche Eingriffe in eine gegenteilige Aussage verkehrt wird. Das kann auch dadurch geschehen, dass zwar der ursprüngliche Text erhalten bleibt, aber das sonstige Bühnengeschehen einschließlich Bühnenbild, Kostümen usw gegensätzlich zur ursprünglichen künstlerischen Intention gestaltet wird.[965] Bei der Darbietung musikalischer Werke kann eine Entstellung nicht nur durch Veränderungen des Textes und Aussagegehalt, sondern auch durch Veränderungen von Stil und Klangfarbe eines Musikwerkes und durch den Rahmen, in dem es aufgeführt wird, erfolgen. Eine Entstellung kann daher vor allem darin bestehen, dass ein Werk in einem radikalpolitischen, pornographischen oder gewaltverherrlichenden Kontext aufgeführt wird.[966]

900 Rechtsfolge der Entstellung nach § 14 UrhG ist ein Beseitigungs- und Unterlassungsanspruch des Urhebers. Alternativ zu diesen Ansprüchen kann der Urheber gem. § 13 S. 2 UrhG bestimmen, dass sein Name nicht im Zusammenhang mit dem entstellten Werk genannt wird. Schadensersatzansprüche nach den § 97 UrhG scheitern hingegen zumeist daran, dass kein Vermögensschaden des Urhebers gegeben ist. Bei dem Verbotsanspruch des § 14 UrhG handelt es sich um einen urheberpersönlichkeitsrechtlichen Anspruch, der nicht auf finanzielle Entschädigung abzielt. Nur im Fall einer besonders schweren und nachhaltigen Beeinträchtigung kann ausnahmsweise eine Verletzung von urheberpersönlichkeitsrechtlichen Interessen einen Anspruch auf Geldentschädigung begründen.[967]

---

[961] BGH GRUR 1971, 35 – Maske in Blau.
[962] Vgl. für Abweichungen vom ursprünglichen Regiekonzept bei der Operninszenierung: LG Leipzig ZUM 2000, 331; sowie in der Folge OLG Dresden Urt v. 16.5.2000 – 14 U 729/2000.
[963] BGH GRUR 1986, 458 – Oberammergauer Passionsspiele; BGH ZUM 1989, 84 – Oberammergauer Passionsspiele II.
[964] OLG Frankfurt NJW 1976, 678 (679).
[965] LG Leipzig ZUM 2000, 331.
[966] OLG Frankfurt GRUR 1995, 215 – Springtoifel.
[967] OLG Hamburg GRUR 1990, 37.

4. Leistungsschutzrechte

Neben den Urheberrechten von Werkautoren ist für die Durchführung von Veranstaltungen regelmäßig auch der Erwerb von Leistungsschutzrechten ausübender Künstler erforderlich, die an der Veranstaltung nicht unmittelbar mitwirken. Die Leistungsschutzrechte der mitwirkenden ausübenden Künstler hingegen werden vom Veranstalter zwar wirtschaftlich aber nicht im juristischen Sinne genutzt. Denn der Veranstalter nimmt keine Nutzunghandlung vor, die nach dem UrhG erlaubnispflichtig wäre. Das Leistungsschutzrecht des ausübenden Künstlers schützt dessen werkinterpretierende Leistung.[968] Das Leistungsschutzrecht des Tonträgerherstellers hingegen schützt seine unternehmerisch-organisatorische Leistung und die hierbei von ihm getätigten Investitionen.[969] Das gilt insbesondere bei der Aufführung von Ton- und Bildtonträgern. Dabei werden sowohl die Leistungsschutzrechte der ausübenden Künstler als auch der Hersteller tangiert. Das geschieht nicht nur durch die Darbietung als solche, sondern ua auch bei Werbemaßnahmen oder der Berichterstattung über Veranstaltungen und ihrer werblichen Auswertung durch Sponsoren. Wenn dabei Tonaufnahmen aus der Veranstaltung ganz oder ausschnittsweise wiedergegeben werden, werden die Leistungsschutzrechte der ausübenden Künstler genutzt. Deren Erlaubnis ist also jedenfalls erforderlich und praktisch zumeist auch ohne großen organisatorischen Aufwand einholbar: Leistungsschutzrechte werden entweder unmittelbar über den Rechteinhaber oder über die Verwertungsgesellschaft GVL lizenziert. Da der Veranstalter ohnehin in direktem Kontakt mit dem ausübenden Künstler als dem Rechteinhaber steht, kann er die Leistungsschutzrechte auch dann lizenzieren, wenn der Künstler diese nicht der GVL übertragen hat.

Zur Durchführung von Veranstaltungen müssen aber nicht nur Rechte lizenziert werden; mit der Durchführung entstehen auch neue kommerziell verwertbare Rechte. Zunächst ist hier das – lange Zeit vernachlässigte – **Leistungsschutzrecht des Veranstalters** gem. § 81 UrhG zu nennen. Aber auch die mitwirkenden Musiker und Schauspieler genießen Schutz für ihre Leistung als ausübende Künstler, soweit diese über die Veranstaltung hinausgehend genutzt wird. Sie haben deshalb grundsätzlich Anspruch auf eine Vergütung, wenn die Aufführung aufgezeichnet, gesendet oder in anderer Weise kommerziell ausgewertet wird. Wenn eine Veranstaltung fotografiert, gefilmt oder auf Tonträger aufgezeichnet wird, entstehen zudem Leistungsschutzrechte des Fotografen, Laufbild-, Film- oder Tonträgerherstellers.

5. Verletzeransprüche und Schadensberechnung

Der Schadensersatzanspruch aus § 97 Abs. 2 UrhG setzt ein Verschulden des Verletzers voraus. Neben dem Schadensersatzanspruch steht dem Verletzten ein Unterlassungsanspruch zu. Die Anforderungen an den Unterlassungsanspruch sind geringer als an den Schadensersatzanspruch, da die Abwehr fremder Eigentumsbeeinträchtigungen auch dann möglich sein muss, wenn der Störer nicht schuldhaft handelt. Deshalb ist für den Anspruch auf Unterlassung künftiger Beeinträchtigungen aus §§ 97 Abs. 1 S. 1, 96 UrhG, § 1004 BGB analog ein Verschulden nicht erforderlich. Auch der Anspruch auf Beseitigung fortbestehender Beeinträchtigungen aus §§ 97 Abs. 1 S. 1, 96 UrhG, § 1004 BGB ist nicht verschuldensabhängig. Neben den vorstehenden Ansprüchen besteht der Anspruch auf Herausgabe und Vernichtung gem. § 98 UrhG. Letztgenannter Anspruch ist allerdings wiederum verschuldensabhängig, setzt also auf Seiten des Anspruchsgegners mindestens Fahrlässigkeit voraus.

---

[968] Dreier in Dreier/Schulze UrhG § 73 Rn. 1.
[969] Schulze in Dreier/Schulze UrhG § 85 Rn. 1.

a) Verschulden

904 Wer für eigene kommerzielle Zwecke Urheberrechte oder sonstige gewerbliche Schutzrechte anderer nutzt, muss von dem Rechteinhaber die entsprechenden Rechte einholen.[970] Unterlässt er dies, muss er die Rechtslage vorab professionell klären lassen, um sich nicht eine schuldhaft begangene Verletzung vorwerfen zu lassen. In rechtlichen Zweifelsfällen handelt nur derjenige nicht fahrlässig, der vorab anwaltlichen Rat einholt.[971]

905 Ein ausübender Künstler, der urheberrechtlich geschützte musikalische Werke darbietet, nimmt eine erlaubnispflichtige Nutzungshandlung vor, mit welcher er das Aufführungsrecht gem. § 19 Abs. 2 UrhG berührt. Der Künstler selbst handelt jedenfalls fahrlässig, wenn er musikalische Werke darbietet, ohne die erforderlichen Rechte eingeholt zu haben.

906 Verletzer, denen Urheberrechtsverletzungen vorgeworfen werden, berufen sich häufig darauf, dass sie von der Rechtsverletzung keine Kenntnis gehabt hätten und komplexe urheberrechtliche Fragestellungen auch nicht aus eigener Sachkenntnis beurteilen könnten. Fälle, in denen der Veranstalter nachweislich vorsätzlich und somit unproblematisch schuldhaft handelt, sind in der Praxis die Ausnahme. Die Rechtsprechung stellt keine hohen Anforderungen an das Vorliegen von Fahrlässigkeit und verneint ein Verschulden nur ausnahmsweise.[972] Dennoch kann es im Einzelfall fehlen, wenn die inkriminierte urheberrechtliche Nutzungshandlung in der Sphäre des auftretenden Künstlers erfolgte, in die der Veranstalter naturgemäß keinen Einblick hat.

907 Bspw. kann Fahrlässigkeit abzulehnen sein, wenn die Nutzungshandlung anlässlich der Bewerbung und damit ‚am Rande' der eigentlichen Veranstaltung erfolgt. Werden zB auf Werbeplakaten unlizenzierte Fotos eines Künstlers verwendet, die dem Veranstalter vom Vertreter des Künstlers als dessen offizielle Pressefotos zur Verfügung gestellt wurden, wird man ihm kaum vorwerfen können, dass er die Urheberrechte nicht nochmals selbst recherchiert hat. Der Veranstalter muss darauf vertrauen dürfen, dass die ihm zu Werbezwecken zur Verfügung gestellten Werbeunterlagen frei von Rechten Dritter – insbesondere auch des Fotografen – sind. Fehlt ein Verschulden, entfällt zwar die Schadensersatzpflicht. Der Unterlassungsanspruch ist hingegen verschuldensunabhängig.

908 Besteht gem. § 97 Abs. 2 UrhG ein Schadensersatzanspruch, hat der Verletzte die Wahl zwischen den üblichen Alternativen der Schadensberechnung.[973] Er kann gem. § 252 BGB seinen konkreten Vermögensschaden einschließlich des entgangenen Gewinns nachweisen, gem. § 97 Abs. 2 S. 2 UrhG die Herausgabe des Verletzergewinns oder gem. § 97 Abs. 2 S. 3 UrhG eine angemessene Lizenzgebühr im Wege der Lizenzanalogie verlangen.

b) Vermögensschaden

909 Der Ersatz des konkreten Vermögensschadens wird in der Praxis nur selten gefordert, da der Schadensnachweis zumeist schwierig ist.[974] Allerdings kann das Gericht den Vermögensschaden gem. § 287 ZPO schätzen.[975] Dafür kann zB ein Vergleich mit den dem Rechteinhaber in anderen Fällen gezahlten Vergütungen für die Nutzung des jeweiligen Werkes vorgenommen werden. Anhaltspunkt für die richterliche Schätzung können auch die Einnahmen sein, die andere Urheber mit vergleichbarem Bekanntheitsgrad mit vergleichbaren Werken erzielen.

910 Der Ersatz des konkreten Vermögensschadens bietet auch keine Grundlage für die Schadenskompensation bei dauerhafter Schädigung der Marktstellung des Verletzten. Denn der **Image-** oder **Marktverwirrungsschaden** ist bei der urheberrechtlichen Schadensersatz-

---

[970] BGH GRUR 1959, 331 – Dreigroschenroman II; BGH GRUR 1960, 606 (608) – Eisrevue II.
[971] OLG Düsseldorf ZUM 1988, 688.
[972] BGH GRUR 1999, 49 – Bruce Springsteen and his Band; BGH GRUR 1998, 568 – Beatles-Doppel-CD.
[973] Nordemann in Fromm/Nordemann UrhG § 97 Rn. 68 ff.
[974] Nordemann in Fromm/Nordemann UrhG § 97 Rn. 70.
[975] BGH GRUR 1993, 757 – Kollektion „Holiday".

berechnung nicht zu berücksichtigen, da das Urheberrechtsgesetz nicht den Schutz vor Marktverwirrung bezweckt.[976] In Fällen gewerblicher Urheberrechtsverletzung wird allerdings meist neben dem urheberrechtlichen Schadensersatzanspruch auch ein wettbewerbsrechtlicher Schadensersatzanspruch bestehen. In dessen Rahmen kann dann auch ein Ruf- oder Marktverwirrungsschaden geltend gemacht werden.

c) Herausgabe des Verletzergewinns

Eine alternative Form der Schadensberechnung ist der Anspruch auf Herausgabe des Verletzergewinns. Dabei lassen sich die wirtschaftlichen Vorteile, die der Verletzer aus der Verletzungshandlung gezogen hat, meist überzeugend nachweisen und beziffern. Das gilt zB für die Einnahmen eines Veranstalters aus dem Kartenverkauf oder sonstige mit der nicht genehmigten Werknutzung erzielten Vorteile, die mit einer Auskunftsklage in aller Regel eindeutig festgestellt werden können. **911**

Allerdings resultieren Verletzergewinne in der Veranstaltungsbranche nicht nur aus dem Verkauf von Eintrittskarten, sondern auch aus anderen Einnahmequellen. Dazu zählen zB bei einer eintrittsfreien Veranstaltung – wie bei Stadtfesten – Gastronomieumsätze. Allerdings werden derartige Einnahmen des Verletzers nicht unmittelbar durch die Urheberrechtsverletzung erzielt. Die Urheberrechtsverletzung wird lediglich dazu genutzt, Umsätze durch eigene Leistungen des Veranstalters zu generieren. In derartigen Fällen lässt sich der tatsächliche Verletzergewinn nicht eindeutig feststellen. Dann ist zu ermitteln, welcher Anteil des Gesamtgewinns auf die Urheberrechtsverletzung entfällt. Da die Gerichte hierbei kaum auf gesetzliche oder höchstrichterliche Vorgaben zurückgreifen können, bleibt ihnen nur die Entscheidung aufgrund tatrichterlicher Würdigung des Einzelfalls.[977] Regelmäßig ist dabei der marktübliche Kostenanteil, der auf die Lizenzierung der rechtswidrig genutzten Urheberrechte entfällt, den Gesamtkosten der Veranstaltung gegenüber zu stellen und auf diesem Wege zu ermitteln, welcher prozentuale Anteil des Gesamtgewinns an den Verletzten herauszugeben ist.[978] **912**

Grundsätzlich abzugsfähig sind die Kosten des Verletzers bei der Verletzungshandlung wie bspw. Herstellungs- und Vertriebskosten für rechtswidrig hergestellte Werkstücke.[979] Gemeinkosten des Verletzers – wie etwa Büromiete, Telefon, Heizung, Gehälter für Mitarbeiter und Geschäftsführer usw – finden dabei allerdings keine Berücksichtigung.[980] Wegen der Abgrenzungsschwierigkeiten zwischen den Kosten, die auf die Verletzungshandlung entfallen, den Gemeinkosten und der Gefahr, dass der Verletzter die abzugsfähigen Kosten künstlich hochrechnet, ist die Herausgabe des Verletzergewinns eine unsichere Berechnungsalternative. Das gilt insbesondere bezüglich der bereits dargestellten Frage, ob der Verletzergewinn unmittelbar oder nur mittelbar aus der Rechtsverletzung resultiert. Die Forderung der Herausgabe des Verletzergewinns führt stets dann nicht zu befriedigenden Ergebnissen, wenn aufgrund der Verletzungshandlung weitere Einnahmen durch grundsätzlich rechtmäßige Handlungen erzielt werden. Während sich zB bei Urheberrechtsverletzungen im Internet oder in klassischen Medien die abzugsfähigen Kosten leicht ermitteln lassen, ist dies bei Verletzungshandlungen im Veranstaltungsbereich aufgrund der regelmäßig vielfältigen Kostenpositionen weitaus schwerer. **913**

d) Angemessene Lizenzgebühr

Eine weitere Alternative der Schadensersatzberechnung ist gem. § 97 Abs. 2 S. 3 UrhG die Feststellung einer angemessenen Lizenzgebühr. Grundlage dieser zunächst richterrechtlich entwickelten und später gesetzlich geregelten Berechnungsalternative ist die Überlegung, **914**

---

[976] BGH GRUR 2000, 226 – Planungsmappe.
[977] BGH GRUR 2002, 532 – Unikatrahmen; BGH GRUR 2007, 431 – Steckverbindergehäuse.
[978] BGH GRUR 1987, 37 – Videolizenzvertrag.
[979] OLG Köln GRUR 1983, 752 (753).
[980] BGH GRUR 2001, 329 – Gemeinkostenanteil.

dass jemand, der unerlaubt in fremde Rechte eingreift, nicht besser gestellt werden soll als derjenige, der die von ihm genutzten Rechte ordnungsgemäß erwirbt.[981] Allerdings darf der rechtswidrige Nutzer – vom Risiko der Kostentragungspflicht bezüglich eigener und fremder Anwalts- und Gerichtskosten einmal abgesehen – auch nicht schlechter gestellt werden, als der rechtmäßige Nutzer. Denn ein präventives oder pönales Element ist dem deutschen Zivilrecht fremd.[982] Dies ist allein Aufgabe des Strafrechts.

aa) Ermittlung der Lizenzhöhe

915 In der Veranstaltungsbranche bereitet die Ermittlung einer angemessenen Lizenzgebühr Schwierigkeiten. Im Buch-, Film- oder Tonträgerbereich gibt es feste Richtwerte für die prozentuale Höhe einer angemessenen Lizenzgebühr, die ggf. durch ein Sachverständigengutachten oder durch einen Vergleich mit gemeinsamen Vergütungsregeln zwischen Urheber- und Werknutzervereinigungen gem. § 36 UrhG ermittelt werden können.[983] Diese Richtwerte für den prozentualen Anteil des Urhebers an den Erlösen sind bei herkömmlichen Medien deshalb relativ einheitlich, weil die Rolle des Urhebers und der Verlage, Vertriebe und sonstigen Beteiligten meist ähnlich ist und auch der territoriale Umfang der Rechtenutzung stets gleich bleibt. In aller Regel geht es bei Medienprodukten um das exklusive Herstellungs- und Vertriebsrecht mit den urheberrechtlich geschützten Inhalten in einem bestimmten Auswertungsgebiet.

916 Bei Veranstaltungen wird das Urheberrecht nicht zwangsläufig im gesamten deutschsprachigen Raum, sondern auch häufig nur lokal genutzt. Ein Theaterstück oder Musical kann in zahlreichen Städten oder aber nur an einem einzelnen Spielort aufgeführt werden. Das hat jedoch keine zwingenden Auswirkungen auf die Lizenzhöhe. Die Verletzung des Urheberrechts ist also nicht deshalb risikoloser, weil das Recht nur lokal oder in kleineren Spielstätten genutzt wird.

917 Bei der Ermittlung der marktüblichen Lizenzgebühr ist auf die Vertragspraxis des Verletzten abzustellen. Wenn der Verletzte regelmäßig nur zu einem bestimmten Preis kontrahiert und dieser Preis auch tatsächlich – wenn auch selten – von Verwertern gezahlt wird, ist er bei der Ermittlung der marktüblichen Lizenzgebühr auch dann zugrunde zu legen, wenn diese Lizenzgebühr höher liegt als die Lizenzgebühr, die andere Rechteinhaber fordern.[984] Lässt sich aus der Vertragspraxis des Verletzten belegen, dass er die Rechte immer nur in einem bestimmten zeitlichen oder territorialen Umfang vergibt, ist dieser Umfang bei der Ermittlung der Lizenzgebühr auch dann zugrunde zu legen, wenn dieser Umfang vom Verletzer nicht ausgenutzt wurde.[985] Im Übrigen sind sämtliche Umstände des Einzelfalls zu berücksichtigen, so etwa ein Imageschaden beim Verletzten[986] oder etwa die künstlerische Qualität und Bekanntheit des Werks.[987]

bb) Kontrollkosten als Teil des Schadens

918 Für die Nutzung von Musikwerken ohne vorherige Meldung bei der Verwertungsgesellschaft durch den Veranstalter gem. § 13b UrhWahrnG hat die Rechtsprechung allerdings tatsächlich eine Ausnahme von dem Grundsatz anerkannt, wonach der Schadensersatz auf den konkret nachweisbaren Schaden nach den drei obigen Berechnungsalternativen zu beschränken ist.[988] Diese Ausnahme besteht in einem Kontrollaufschlag oder Verletzerzuschlag, den die GEMA im Fall der Verletzung der **Meldepflicht** aus § 13b UrhWahrnG in

---

[981] BGHZ 20, 345 – Paul Dahlke; BGH GRUR 1987, 37 – Videolizenzvertrag.
[982] Vgl. BGH GRUR 1986, 376 – Filmmusik; OLG Frankfurt ZUM 2004, 924.
[983] Nordemann in Fromm/Nordemann UrhG § 97 Rn. 94.
[984] OLG München NJW-RR 1999, 1497.
[985] BGH GRUR 1990, 1008 – Lizenzanalogie.
[986] GRUR 2006, 143 – Catwalk.
[987] OLG Hamburg GRUR-RR 2001, 260.
[988] S. Rn. 908 ff.

Urheber- und Leistungsschutzrecht § 10

Höhe einer Verdoppelung der Lizenzgebühr erheben darf. Hiermit soll dem erhöhten Kontroll- und Verwaltungsaufwand bei der Ermittlung und Verfolgung von Rechtsverletzungen im Veranstaltungsbereich Rechnung getragen werden.[989] Konsequenterweise beschränkt die Rechtsprechung den Verletzerzuschlag auf den Veranstaltungsbereich, da dort ein besonders aufwändiger Überwachungs- und Kontrollapparat erforderlich sei.[990] In anderen Bereichen wie etwa der Tonträgervervielfältigung wird der Verletzerzuschlag nicht zugelassen.[991]

Da das **Bühnenaufführungsrecht** (sog großes Recht) nicht über die GEMA sondern 919 individualvertraglich vom Urheber selbst oder dessen Bühnen- bzw. Musikverlag wahrgenommen wird, ist auch in diesem Bereich der Verletzerzuschlag nicht statthaft.[992] Und selbst im Veranstaltungsbereich ist der Verletzerzuschlag überhaupt nur dann statthaft, wenn die Veranstaltung unangemeldet durchgeführt wird. Unangemeldet ist eine Veranstaltung dann, wenn deren Durchführung oder wesentliche Abrechnungsparameter der GEMA nicht bekanntgegeben werden.[993] Verzögerungen bei der Meldung der Umsatzzahlen oder ähnliche Defizite rechtfertigen den Verletzerzuschlag hingegen nicht.

Rechtspolitisch ist das Fehlen präventiver oder pönaler Elemente bei der urheberrechtli- 920 chen Schadensberechnung unbefriedigend, da hierdurch Geschäftsmodelle begünstigt werden, bei denen der Verletzer sich über den Willen des Verletzten hinwegsetzt und darauf baut, dass der Rechteinhaber die Kostenrisiken scheut, die mit urheberrechtlichen Klagen regelmäßig verbunden sind. Diese Risiken resultieren aus den Beweisunsicherheiten und den Wertungsspielräumen, die es im Urheberrecht zwangsläufig gibt. Hinzu kommen ggf. Vollstreckungsrisiken. Es erscheint deshalb nach deutschem Recht leider in vielen Fällen wirtschaftlich lohnend, Urheberrechtsverletzungen zu begehen oder zumindest urheberrechtliche Grauzonen so weit als nur möglich auszuloten. In vielen anderen Rechtsordnungen wird der Verletzer hingegen durch das Risiko eines Strafaufschlags von Rechtsverletzungen abgeschreckt, wie dies zB nach Art. 3 Abs. 2 und Art. 13 Abs. 1b der **Europäischen Enforcement-Richtlinie**[994] zulässig ist.

II. Urheberrechtlicher Schutz von Veranstaltungsinhalten

Gegenstand urheberrechtlicher Streitigkeiten in der Veranstaltungsbranche ist überwiegend 921 die Art und Weise der Ankündigung und Bewerbung von Veranstaltungen. Dabei geht es einerseits um den wegen seines engen inhaltlichen Zusammenhangs mit dem Marken- und Wettbewerbsrecht bereits in § 9 dargestellten Werktitelschutz. Andererseits geht es um den Schutz der künstlerischen Inhalte – also bspw. bei einem Musical der Story bzw. Plots, der tänzerischen, schauspielerischen und musikalischen Leistungen der Mitwirkenden, des Bühnenbildners, des Choreographen oder des Regisseurs. Sie bilden den eigentlichen Wert einer Produktion, den das Publikum mit dem Erwerb einer Eintrittskarte bezahlt. In jedem Einzelfall stellt sich immer wieder die Frage, ob und in welchem Umfang urheberrechtlicher Schutz besteht. Dürfen Dritte ungefragt die ‚tragende Säule' einer Produktion übernehmen, also etwa die Story einer dramatischen Bühnenhandlung oder das Konzept, welches die Einzigartigkeit einer Show ausmacht?

---

[989] BGH GRUR 1986, 376 – Filmmusik; BGH GRUR 1973, 379 – Doppelte Tarifgebühr; OLG Hamburg GRUR 2001, 832.
[990] BGHZ 17, 376 – Betriebsfeiern; LG Düsseldorf ZUM-RD 2011, 105 mwN.
[991] Riesenhuber/v. Vogel in KBR GEMA Kap. 14 Rn. 90.
[992] BGH GRUR 1966, 570 – Eisrevue.
[993] BGH GRUR 1986, 376 – Filmmusik; BGH GRUR 1980, 841 – Tolbutamid.
[994] RL 2004/49/EG.

§ 10 Urheber- und Leistungsschutzrecht

1. Schutz von Handlung und Konzept

922 Das Urheberrecht lässt die Übernahme fremder Storys nur in engen Grenzen zu, erlaubt aber andererseits das Aufgreifen fremder Ideen oder Themen. Theaterstücke oder Musicals sind als Sprachwerk gem. § 2 Abs. 1 Nr. 1 UrhG geschützt.[995] Schutz gegen die unveränderte Übernahme genießt dabei nicht nur das komplette Libretto einer Bühnenproduktion, sondern bereits das dramaturgische Grundgerüst der Handlung, die sog Fabel.[996] Der BGH hat eine Urheberrechtsverletzung selbst in einem Fall angenommen, bei dem ein Urheber den Plot eines Theaterstücks in groben Zügen einem Verleger oder Produzenten in einem Straßencafé erzählte und dieser von einem Auftrags-Drehbuchautor ohne Beteiligung des ursprünglichen Urhebers ausarbeiten ließ und zur Aufführung brachte.[997] Diese niedrige Schutzschwelle des Urheberrechts ist konsequent und zur Verhinderung von Plagiaten zwingend erforderlich. Anderenfalls könnte der Schutz einfach dadurch umgangen werden, dass ohne eigene kreative Leistung sämtliche Texte und Dialoge umformuliert werden. Andererseits rückt diese niedrige Schutzschwelle den Beginn des urheberrechtlichen Schutzes in gefährliche Nähe zu einem Ideenschutz, der vom Gesetzgeber ausdrücklich nicht gewollt und dem Urheberrecht fremd ist.[998] Die Grenze zwischen – urheberrechtlich verbotener – Übernahme der Fabel und – urheberrechtlich erlaubter – Übernahme einer Idee lässt sich nur schwer anhand abstrakter Maßstäbe ziehen. Das thematische (historische oder fiktionale) ‚Setting' genießt für sich gesehen jedenfalls keinen Schutz. In den 90er Jahren hat der amerikanische Tänzer Michael Flatley mit seiner Aufführung ‚Lord of the Dance' den sog Tapdance weltweit bekannt gemacht. In kürzester Zeit wurde der Markt von einer Vielzahl von Nachahmern mit vergleichbaren Tanzshows überschwemmt, deren Unterschiede allenfalls noch im Namen, der Musikauswahl und dem Talent der Tänzerinnen und Tänzer bestanden. Das Urheberrecht bietet ‚dem Erfinder' des Tabdance-Konzepts keine Möglichkeiten, sich dagegen zur Wehr zu setzen. Das gilt aber nur für die Grundidee, nicht für diem konkrete Ausformung dieser Grundidee und die Details der Umsetzung.

923 Am Anfang eines jeden Werks steht die **Idee**. Erst bei deren Realisierung entsteht eine urheberrechtlich schutzfähige konkrete Ausformung.[999] Eine solche konkrete Ausformung kann allerdings nicht nur das fertige Werk sein, sondern auch bereits dessen Vorstufe in Form eines ausgearbeiteten Konzepts. Für den Schutz von Filmexposés[1000] und Fernsehkonzepten reicht es bereits aus, dass sich in dem Konzept die schöpferische Individualität des Urhebers manifestiert. Gleiches gilt auch für Veranstaltungskonzepte. Allerdings ist es in der Praxis eher die zugrunde liegende Idee als ihre konkrete Umsetzung im Detail, die den Erfolg eines Veranstaltungskonzepts begründet. Dennoch kann das Urheberrecht die Erfinder erfolgreicher Veranstaltungskonzepte deshalb nicht generell vor Nachahmern schützen.

924 Ein gutes Beispiel für die schwierige Grenzziehung zwischen – urheberrechtlich freier – Idee und – urheberrechtlich schutzfähigem – Konzept sind Veranstaltungen, die an ein urheberrechtlich geschütztes Lizenzthema anknüpfen. Das ist zB bei Party-Veranstaltungen wie die ‚WM-Fan-Party' oder die ‚Mallorca-Party' oder bei Konzerten der Fall, bei denen die Musik erfolgreicher Filme aufgeführt wird. Grundsätzlich gilt, dass das Aufgreifen eines populären Themas für sich gesehen keine Urheberrechtsverletzung darstellt, selbst wenn sich dieses Thema – wie im Beispiel einer ‚World of Warcraft Party' oder einer ‚Herr der Ringe-Party' auf ein urheberrechtlich geschütztes Werk stützt. Das Aufgreifen eines bekannten Themas zum Zweck der kommerziellen Auswertung ist grundsätzlich erlaubt, wo-

---

[995] Nordemann in Fromm/Nordemann UrhG § 2 Rn. 56.
[996] BGH GRUR 1999, 984 (987) – Laras Tochter.
[997] BGH GRUR 1962, 531 (533) – Bad auf der Tenne II; OLG München GRUR 1956 432 (434) – So lange Du da bist.
[998] BGH GRUR 2003, 876 (878) – Sendeformat; OLG München GRUR 1990, 674 (676) – Forsthaus Falkenau.
[999] Bullinger in Wandtke/Bullinger UrhG § 2 Rn. 39.
[1000] Nordemann in Fromm/Nordemann UrhG § 2 Rn. 79.

bei dessen Vermarktung allerdings Einschränkungen unterliegt: Bei der Werbung für die Veranstaltung darf der – markenrechtlich geschützte – Titel des Originalwerks nur in beschreibender oder bezeichnender Weise genannt werden. Es muss für jedermann deutlich werden, dass es sich nicht um ein offizielles Lizenzprodukt handelt. Weder in der Aufführung noch in der Werbung dürfen urheberrechtlich geschützte Figuren, Kostüme oder Dramaturgien genutzt werden. Die Wiedergabe geschützter Elemente wird auch nicht etwa über das **Zitatrecht** gem. § 51 UrhG gerechtfertigt. Ein Zitat hat lediglich Belegfunktion, aber keine schmückende Funktion.[1001] Wenn die Wiedergabe geschützter Elemente nicht zum Beleg eigener Aussagen sondern lediglich zur Steigerung des Bekanntheitsgrads dienen soll, lässt sich das Recht zur Wiedergabe nicht mit dem Zitatrecht begründen.

2. Schutz einzelner Veranstaltungselemente

Einzelne Veranstaltungselemente wie das Bühnenbild[1002] oder Bühnenkostüme[1003] können, falls im Einzelfall die erforderliche Schöpfungshöhe gegeben ist, selbständigen Schutz als urheberrechtliche Werke genießen.[1004] Der urheberrechtliche Schutz choreographischer Werke ergibt sich aus dem Wortlaut des § 2 Abs. 1 Nr. 3 UrhG. Während der Choreograph Urheber ist[1005], steht dem ausübenden Künstler lediglich ein Leistungsschutzrecht zu.[1006] Demgegenüber verneint die Rechtsprechung zB bei den Arbeiten von **Maskenbildnern** in aller Regel das Leistungsschutzrecht als ausübender Künstler nach § 73 UrhG, da ihre Tätigkeit in erster Linie handwerklich und nur in geringem Maß schöpferisch sei.[1007] Das heißt aber natürlich nicht, dass der Arbeit eines Maskenbildners nicht doch im Einzelfall Urheberrechtsschutz zukommen kann, wenn diese aufgrund besonderer Umstände eine hinreichende Schöpfungshöhe aufweist. **925**

Da für den Veranstaltungsproduzenten oder Veranstalter die Verwendung einzelner Veranstaltungselemente für den kommerziellen Erfolg zumeist nicht ‚kriegsentscheidend' ist, stehen sie beim juristischen Streit zB zwischen konkurrierenden Veranstaltern nicht im Zentrum, sondern stellen eher Nebenkriegsschauplätze dar. Diese Nebenkriegsschauplätze gewinnen allerdings an Bedeutung, wenn sich der Inhaber der Urheberrechte am Originalwerk gegen die Nachahmung eines erfolgreichen, aber nicht schutzfähigen Konzepts wehrt, indem er die Nachahmer bei ‚Fehlern im Detail' ertappt. **926**

Im Zuge des Michael-Jackson-Booms nach dem Tod des Künstlers nutzten zahlreiche Veranstalter dessen Bekanntheitsgrad für Veranstaltungsprojekte, in denen die Musik aufgeführt und das Leben des Künstlers dargestellt wurde. Nur wenige dieser Aufführungen waren von den Rechtsnachfolgern von Michael Jackson autorisiert. Sie versuchten daher, die unlizenzierte Nutzung des Namens verbieten zu lassen. Da die Persönlichkeit Michael Jacksons grundsätzlich aufgrund der zeitgeschichtlichen Bedeutung des Künstlers in einem Musical oder einer Show dargestellt und auch sein Name in beschreibender Weise genutzt werden darf, richteten sich die Angriffe nicht gegen die grundsätzliche Zulässigkeit derartiger Produktionen an sich, sondern gegen Detailpunkte wie die Übernahme von Kostümen und Choreographie aus den Shows des Verstorbenen.[1008] **927**

Die Darstellung berühmter lebender oder verstorbener **Personen der Zeitgeschichte** in Bühnenproduktionen ist zwar grundsätzlich zulässig, aber nur innerhalb enger Grenzen. **928**

[1001] BGH GRUR 1968, 1875 – Kandinsky I; BGH GRUR 1968, 131 – Geistchristentum.
[1002] LG Hamburg Urt. v. 11.1.2008 – 308 O 702/05 (nv).
[1003] LG Hamburg Urt. v. 11.1.2008 – 308 O 702/05 (nv).
[1004] BGH GRUR 1986, 458 – Oberammergauer Passionsspiele; BGH GRUR 2005, 937 (938) – Der Zauberberg; LG Leipzig GRUR 2002, 424 (425).
[1005] LG Köln ZUM 2006, 958.
[1006] Schaefer in Fromm/Nordemann UrhG § 73 Rn. 13.
[1007] BGH GRUR 1974, 672 (673) – Celestina.
[1008] LG Mannheim GRUR Int 2010, 75.

Denn es besteht die Gefahr der Verletzung des **Persönlichkeitsrechts**, welches nicht nur ideelle sondern auch kommerzielle Interessen schützt.[1009] Die Bekanntheit eines Künstlers darf auch nach seinem Tode nicht zu Werbezwecken genutzt werden. Dies gilt auch dann, wenn sein Leben und Werk in einem Musical oder Theaterstück thematisiert wird. Das LG Mannheim betrachtete es allerdings nicht als Verletzung des **postmortalen Persönlichkeitsrechts**, dass Name und Abbild des Künstlers in einem Musical verwendet wurden, bei dem die Lebensgeschichte und Karriere eines bekannten Künstlers dargestellt wurde. Selbst den Einsatz eines verwechslungsähnlichen Doppelgängers von Michael Jackson in einem Musical beurteilte das Gericht als legitimen Ausdruck der Kunstfreiheit und somit als rechtmäßig.[1010] Das stellt keinen Widerspruch zu der Marlene-Dietrich-Entscheidung des BGH dar: Zwar ist die Verwendung von Name und Abbild eines Künstlers zur Darstellung seiner Lebensgeschichte erlaubt, allerdings nicht, um **Werbung für Waren oder Dienstleistungen Dritter** zu machen.

a) Look-Alikes

929 In vielen Fällen erfolgt die Darstellung von Personen der Zeitgeschichte in Veranstaltungen durch sog ‚Look-Alikes' oder ‚Doubles'- also durch Personen, die so weit wie möglich in Figur und Aussehen dem Original ähneln. Falls – wie nur in Ausnahmefällen denkbar – bei der Ankündigung einer Veranstaltung nicht deutlich gemacht wird, dass es sich lediglich um ein Double handelt, ergibt sich bereits aus der hiermit verbundenen Täuschung des Publikums die Rechtswidrigkeit. Der ‚gedoubelte' Künstler oder Prominente wird durch die falsche Ankündigung seines Auftritts in seinem Namens- und Persönlichkeitsrecht verletzt und kann somit gegen derartige, für ihn rufschädigende Täuschungen rechtlich vorgehen.

930 Aber auch der für jeden Besucher wahrnehmbare Einsatz von Look-Alikes ist stets dann rechtswidrig, wenn es sich um ein verwechslungsähnliches Double – also quasi um einen ‚billigen Ersatz für das Original' handelt.[1011] Denn in der verwechslungsähnlichen Nachstellung oder Nachbildung einer Person liegt ein Bildnis des Originals.[1012] Das gilt selbst dann, wenn der Betrachter zB aufgrund eines textlichen Hinweises erkennen kann oder es „auf der Hand liegt", dass es sich nicht um die Person der Zeitgeschichte sondern lediglich um eine ähnlich aussehende Person handelt. Anders könnte – gerade in Zeiten der digitalen Bildbearbeitung – das allgemeine Persönlichkeitsrecht nicht gewahrt werden. Ein Künstler oder Prominenter muss es nicht hinnehmen, dass sein durch einen Doppelgänger vermitteltes Abbild für kommerzielle und schon gar nicht für Werbezwecke genutzt wird. Ein Look-Alike muss deshalb eindeutig von dem imitierten Protagonisten unterscheidbar sein. Er muss eine eigene Identität aufweisen, die über die bloße Nachstellung des Vorbilds hinausgeht. Zulässig ist daher bspw., dass ein Doppelgänger die imitierte Person in satirischer Art und Weise karikiert.

931 Abzugrenzen von dem Einsatz von Look-Alikes zur Darstellung Lebender ist ihr Einsatz zur Darstellung verstorbener Personen der Zeitgeschichte.[1013] Eine Verwechslung ist dabei bereits aufgrund der Tatsache ausgeschlossen, dass der Tod des Protagonisten bekannt ist. Häufig ist dann der Einsatz eines verwechslungsähnlichen Doppelgängers von der Kunstfreiheit gedeckt und bereits daher grundsätzlich zulässig. Dies gilt aber nur, sofern das postmortale Persönlichkeitsrecht nicht durch besondere Umstände des Einzelfalls verletzt wird. In der sog ‚Marlene-Dietrich-Entscheidung' hat der BGH solche besonderen Umstände in der Ausschlachtung der Person von Marlene Dietrich für werbliche Zwecke erblickt und

---

[1009] BGH GRUR 2000, 709 – Marlene Dietrich.
[1010] LG Mannheim GRUR Int 2010, 75.
[1011] LG Siegen Urt. v. 6.5.2013 – 3 S 45/12 (nv).
[1012] BGH GRUR 2000, 709 – Marlene Dietrich.
[1013] LG Mannheim GRUR Int 2010, 75.

daher trotz nicht gegebener Verwechslungsgefahr eine postmortale Persönlichkeitsrechtsverletzung angenommen.[1014]

b) Virtuelle Personen

Nach gefestigter Rechtsprechung genießt auch der Schöpfer der virtuellen Figur urheberrechtlichen Schutz. Das ist jedenfalls dann der Fall, wenn die Figur eine eigenständige – also unabhängig von der zugrundeliegenden Fabel – und unverwechselbare Kombination äußerer Merkmale sowie Eigenschaften, Fähigkeiten und typischen Verhaltensmustern aufweist.[1015] Von praktischer Relevanz ist dabei die Frage, ob bekannte Figuren aus Romanen, Filmen oder anderen urheberrechtlich geschützten Werken für einen ‚unfreiwilligen Gastauftritt' im Werk eines fremden Autors entlehnt werden dürfen. Die kommerzielle Zugkraft, die eine bekannte fiktionale Figur auf das Publikum auszuüben vermag, kann beachtlich sein. Beispiele hierfür wären ein ‚Pippi Langstrumpf-Musical' oder ein Bühnenstück mit den Charakteren aus ‚Star Wars' oder ‚Herr der Ringe'. Die Nutzung einer fiktionalen Figur bleibt auch unzulässig, wenn ansonsten weder das Werk, aus dem sie entlehnt ist, noch andere geschützte Elemente des Werks übernommen werden. Figuren aus Comics, Zeichentrickfilmen oder Computerspielen werden in der Regel allerdings weniger durch ihre typischen Verhaltensmuster oder inneren Wesenszüge charakterisiert als durch ihr markantes Äußeres. In solchen Fällen ist ein Schutz als Werk der bildenden Kunst denkbar.[1016] Eine Urheberrechtsverletzung kommt auch dann in Betracht, wenn deutlich erkennbar gemacht wird, dass zwischen dem Autor des Originalwerks und dem Autor des Werks, in welches die Figur integriert wird, keine Lizenzbeziehung existiert. Vom grundsätzlichen Schutz der Schöpfer virtueller Figuren sind in Einzelfällen – etwa bei Parodien – Ausnahmen denkbar, die in der Praxis aber nur eine geringe Rolle spielen.

III. Vertragliche Einräumung von Urheber- und Leistungsschutzrechten

Produktionen wie zB Theateraufführungen oder Musicals haben mit Filmen gemein, dass die Leistungen zahlreicher Mitwirkender und Urheber in einer für die jeweilige Aufführung prägenden Weise zusammengeführt werden. Wenn ein Schauspieler oder Musiker aus der Produktion ausscheidet und dann von einem Tag auf den anderen verlangt, dass sein Abbild nicht mehr zB auf Werbefotos, Veranstaltungsplakaten verwendet wird oder dass die von ihm eingespielte Musik nicht mehr genutzt werden darf, kann das erhebliche Probleme aufwerfen. Die fehlende Erlaubnis, seine Leistung auch nach seinem etwaigen Ausscheiden aus der Produktion fortzunutzen, lässt sich dann damit vergleichen, dass ein Schauspieler kurz vor Abschluss der Dreharbeiten fordert, dass man infolge seines Ausscheidens aus der Produktion seinen Beitrag aus dem Film herausschneiden möge.

1. Vermögens- und persönlichkeitsrechtliche Ansprüche des Urhebers

a) Unterschiede zur Filmherstellung

Im Bereich des Films sieht das Urheberrecht in den §§ 88, 89, 90, 93 UrhG vor, dass die für die Auswertung des Films erforderlichen vorbestehenden Nutzungsrechte in der Hand des Filmherstellers konzentriert werden.[1017] Hierdurch trägt der Gesetzgeber dem Investitionsaufwand bei der Filmherstellung sowie der Komplexität Rechnung, die sich aus der Koordination zahlreicher Mitwirkender und vorbestehender Werke ergibt. Es soll verhindert werden, dass die Auswertung des Films an einem einzigen Fehler beim Rechteclearing

---

[1014] BGH GRUR 2000, 709 – Marlene Dietrich.
[1015] BGH GRUR 1994, 191 (192f.) – Asterix-Persiflagen; KG Berlin ZUM 2003, 867 (869) – Anna Marx; OLG München GRUR-RR 2008, 37 (39) – Pumuckl-Illustrationen II; Nordemann in Fromm/Nordemann UrhG § 2 Rn. 102 mwN.
[1016] BGH GRUR 1995, 47 (48) – Rosaroter Elefant; BGH GRUR 2004, 855 (857) – Hundefigur.
[1017] Nordemann in Fromm/Nordemann UrhG § 88 Rn. 1.

scheitert und dass einzelne Mitwirkende ihre Rechte als Druckmittel einsetzen.[1018] Obwohl Musical- und Showproduktionen von der Komplexität her durchaus Filmproduktionen entsprechen und in gleicher Weise zahlreiche vorbestehende Werke zu einem Gesamtwerk zusammenführen, fehlt für den Veranstaltungsbereich eine vergleichbare Regelung. Deshalb kann fehlerhaftes Rechteclearing bei einem einzelnen Mitwirkenden die gesamte Produktion gefährden. Wenn etwa ein Protagonist, der auf Plakaten und sonstigen Werbematerialien einer Veranstaltungsproduktion abgebildet wird, den Vertrag überraschend kündigt und vertraglich vereinbart wurde, dass die Nutzung seines Abbilds nur während der Zusammenarbeit zulässig ist, müssen die Werbematerialien ausgetauscht werden..

935 Allerdings ist ein Veranstalter im Vergleich zum Filmproduzenten in einer günstigeren Situation, da bei einer laufenden Veranstaltungsproduktion immerhin die Möglichkeit besteht, jederzeit Änderungen beim Programmablauf vorzunehmen und einzelne Elemente auszutauschen. Denn anders als ein Film wird die Veranstaltungsproduktion nicht dauerhaft fixiert. Es besteht somit regelmäßig nicht die Gefahr, dass einzelne Mitwirkende ihre Rechte als Druckmittel einsetzen und die gesamte Veranstaltungsproduktion scheitern lassen. Es wäre dennoch aus Sicht der Veranstaltungsproduzenten wünschenswert, dass eine den §§ 88, 89, 90, 93 UrhG entsprechende Regelung zukünftig auch im Veranstaltungsbereich geschaffen wird.

b) Zweckübertragungstheorie

936 Ein tragender Grundsatz des kontinentaleuropäischen Urheberrechts ist die in § 31 Abs. 5 UrhG geregelte Zweckübertragungstheorie.[1019] Sie kommt zur Anwendung, wenn – zB mangels vertraglicher Vereinbarungen – Zweifel daran bestehen, ob überhaupt oder in welchem Umfang Nutzungsrechte eingeräumt wurden. Dann bestimmt sich gem. § 31 Abs. 5 UrhG nach dem von beiden Partnern zugrunde gelegten Vertragszweck, auf welche Nutzungsarten sich der Vertrag erstreckt.

937 Da der Urheber möglichst umfassend und lückenlos an den Erträgen aus der Verwertung seiner Werke beteiligt werden soll, hat das Urheberrecht die generelle Tendenz, beim Urheber zu verbleiben.[1020] Urheberrechte werden im Zweifel also nicht ‚auf Vorrat' übertragen sondern lediglich insoweit, wie dies zur Erreichung des konkreten Vertragszwecks erforderlich ist. Allerdings handelt es sich bei der Zweckübertragungstheorie um eine bloße Auslegungsregel, für die kein Raum verbleibt, wenn die Parteien den Umfang der Rechtsübertragung ausdrücklich und schriftlich geregelt haben. Entgegen der weitverbreiteten Vorstellung wirkt die Zweckübertragungslehre keineswegs zwangsläufig stets nur für den Urheber, sondern sie kann auch die Erreichung des vereinbarten Vertragszwecks für den Lizenznehmer sichern.[1021]

2. Anspruch auf angemessene Vergütung

938 Das Recht auf angemessene Vergütung gem. § 32 UrhG gilt nicht nur für Urheber, sondern gem. § 79 Abs. 2 S. 2 UrhG auch für ausübende Künstler. Gemäß § 32 Abs. 1 S. 3 UrhG kann der Urheber ebenso wie der ausübende Künstler auch nachträglich eine höhere Vergütung als die ursprünglich vertraglich Vereinbarte verlangen, falls im Nachhinein festgestellt wird, dass die vereinbarte bzw. geleistete Vergütung nicht angemessen war.[1022] Die Ermittlung der Angemessenheit ist allerdings schwierig. Gemäß § 32 Abs. 2 S. 2 UrhG ist dazu auf die Marktüblichkeit abzustellen. Zurückgreifen kann man daher bspw. gem.

[1018] Nordemann in Fromm/Nordemann UrhG Vorbem. §§ 88 ff. Rn. 1, 2.
[1019] Nordemann in Fromm/Nordemann UrhG § 31 Rn. 108 ff.
[1020] BGH GRUR 1998, 680 (682) – Comic-Übersetzungen I; BGH GRUR 2002, 248 (251) – Spiegel-CD-ROM; BGH GRUR 1996, 121 (122) – Pauschalierte Rechtseinräumung.
[1021] BGH GRUR 1998, 680 – Comic Übersetzungen I.
[1022] Schricker GRUR 2002, 737 (738).

§ 36 UrhG auf gemeinsame Vergütungsregeln von Vereinigungen von Urhebern mit Vereinigungen von Werknutzern oder entsprechende Regeln von einzelnen Werknutzern.

Diese Anhaltspunkte taugen allerdings kaum zur Ermittlung der marktüblichen Vergütung im Veranstaltungsbereich. Während es bspw. im Literaturbetrieb durchaus feste Marktpreise für Übersetzer gibt, sind die Schwankungen im Veranstaltungsbereich weitaus größer. Die Beurteilung der Angemessenheit hängt ua vom Nutzungsumfang, dem Umsatzvolumen der Produktion und ihrer Bedeutung ab. Deshalb wird sich ein Urheber oder Leistungsschutzberechtigter schwer tun, die Unangemessenheit der vertraglich vereinbarten Vergütung unter Beweis zu stellen. Wegen des Prozessrisikos sind Klagen auf Vertragsanpassung gem. § 32 UrhG im Veranstaltungsgeschäft eine Ausnahme, zumal dem ausübenden Künstler stets die Verweigerung seiner Mitwirkung als Druckmittel für die Durchsetzung seiner Ansprüche verbleibt. 939

IV. Wahrnehmung des Leistungsschutzrechts des Veranstalters

Wie zB dem ausübenden Künstler steht gem. § 81 UrhG auch dem Veranstalter von Konzerten oder anderen Veranstaltungen, bei denen ausübende Künstler auftreten, ein Leistungsschutzrecht zu.[1023] Es entsteht allerdings nur dann, wenn die Darbietung eines ausübenden Künstlers veranstaltet wird.[1024] 940

Die Veranstalter von Sportveranstaltungen oder sonstigen nicht-künstlerischen Aufführungen können mithin kein Leistungsschutzrecht an ihren Veranstaltungen beanspruchen.[1025] Sie können sich lediglich auf das aus den §§ 858 ff., 1004 BGB abgeleitete Hausrecht berufen, welches auch die Entscheidungsbefugnis mit umfasst, Aufzeichnungen von Sportereignissen und anderen Veranstaltungen zu erlauben oder zu verbieten.[1026] Allerdings begründet das Hausrecht kein dingliches Recht an den hergestellten Aufnahmen, ist also deutlich schwächer als das Leistungsschutzrecht. Ein Verstoß gegen das Hausrecht löst lediglich Schadensersatzansprüche des Veranstalters gegen denjenigen aus, der die unerlaubte Aufzeichnung vornimmt. Ein Unterlassungsanspruch gegen Dritte, die die unerlaubten Aufzeichnungen weiter verbreiten, ergibt sich daraus nicht.[1027] 941

Da der ‚Bootlegger' in der Regel anonym bleiben will und kann, ist das Hausrecht des Veranstalters kein wirksames Mittel, um die Verbreitung von Live-Mitschnitten zu verhindern. Das Leistungsschutzrecht des Veranstalters hingegen ist in Inhalt und Umfang vergleichbar mit dem Leistungsschutzrecht des Tonträgerherstellers. Der wesentliche Unterschied zwischen dem Leistungsschutzrecht des Tonträgerherstellers und dem Leistungsschutzrecht des Veranstalters besteht darin, dass dem Veranstalter bestimmte gesetzliche Vergütungsansprüche – wie zB der Vergütungsanspruch nach § 78 Abs. 2 UrhG im Fall des **Senderprivilegs** § 78 Abs. 1 Nr. 2 UrhG – nicht zustehen. 942

Bemerkenswert ist, dass deutsche Veranstalter ihr Leistungsschutzrecht in der Vergangenheit nur in Ausnahmefällen wirtschaftlich genutzt haben. Der Grund hierfür könnte möglicherweise darin liegen, dass sie zu abhängig vom kurzfristigen Erfolg der Veranstaltung – also dem mindestens kostendeckenden Kartenverkauf – sind, um daneben noch langfristige wirtschaftliche Ziele wie die Verwertung des Leistungsschutzrechts im Auge zu behalten. Wenn ein Medienpartner anbietet, den Kartenverkauf werblich zu unterstützen, ist diese Unterstützung für den Veranstalter so wichtig, dass er als Gegenleistung hierfür regelmäßig bereit ist, sein Leistungsschutzrecht unentgeltlich aus der Hand zu geben. 943

[1023] Dazu Glimski.
[1024] Schaefer in Fromm/Nordemann UrhG § 81 Rn. 6.
[1025] BGH GRUR 1990, 702 – Sportübertragungen.
[1026] BGH GRUR 2006, 249 (250) – Hörfunkrechte.
[1027] Anders BGH GRUR 2011, 323.

§ 11 Verwertungsgesellschaften

I. Die GEMA

944 Die unter der Abkürzung GEMA bekannte Gesellschaft für musikalische Aufführungs- und mechanische Vervielfältigungsrechte nimmt in Deutschland gem. § 22 BGB in der Rechtsform eines wirtschaftlichen Vereins kraft staatlicher Verleihung die Rechte der Urheber von musikalischen Werken wahr. Die GEMA erteilt den Repertoirenutzern das Nutzungsrecht, kassiert bei ihnen die dafür zu zahlende Vergütung und leitet diese nach Abzug von Verwaltungskosten an die Rechteinhaber weiter. Sie kontrolliert, ob erlaubnispflichtige Nutzungen ihres Repertoires ordnungsgemäß lizenziert werden und geht gegen Rechtsverletzer vor. Da es in Deutschland neben der GEMA im Bereich der Wahrnehmung der Rechte für die Nutzung von Musikwerken keine Mitbewerber gibt, nimmt sie – was häufig kritisiert wird – faktisch eine Monopolstellung ein.

945 Die GEMA vertritt die Rechte von 64.000 inländischen Komponisten, Textdichtern und Musikverlegern.[1028] Nicht zum GEMA-Repertoire gehören lediglich die Werke von Urhebern, die nicht Mitglied einer Verwertungsgesellschaft sind sowie gemeinfreie Werke, dh musikalisches Allgemeingut[1029] wie zB Volkslieder oder Werke, bei denen die urheberrechtliche Schutzfrist gem. §§ 64 ff. UrhG bereits abgelaufen ist.[1030] Da weltweit zwischen allen Verwertungsgesellschaften Repertoire-Austauschverträge bestehen, repräsentiert die GEMA auch die Rechte von über 2 Millionen ausländischen Berechtigten. Insgesamt vertritt die GEMA damit in Deutschland über 2,5 Millionen Musikurheber und Berechtigte aus aller Welt und pflegt in ihren Datenbankbeständen ein Repertoire von mehr als 8 Millionen Werken.

1. Musikalische Urheberrechte

946 Bei der Aufführung musikalischer Werke ist zwischen der Leistung des ausübenden Künstlers und der Leistung der Autoren zu unterscheiden. Während der ausübende Künstler gem. §§ 73 ff. UrhG lediglich Leistungsschutzberechtigter ist, verfügen Komponisten, Textdichter und Bearbeiter über das Urheberrecht. Während das Urheberrecht die schöpferische Leistung des kreativen Individuums schützt, schützt das Leistungsschutzrecht die werkinterpretierende Leistung des ausübenden Künstlers und die wirtschaftlich-organisatorische Leistung und die Investitionen, die der Veranstalter oder Tonträgerhersteller tätigt. Urheber- und Leistungsschutzrechte wirken nicht nur gegenüber bestimmten Dritten, wie dies für vertragliche Ansprüche und sonstige relative Rechte typisch ist, sondern wie das Eigentum als **absolute Rechte** gegenüber jedermann.

947 Da zwischen dem Veranstalter und den Autoren der aufgeführten Werke in aller Regel keine direkte Vertragsbeziehung besteht, sind die Autoren genutzter Werke dem Veranstalter zumeist nicht bekannt. Die GEMA bietet dem Veranstalter den Vorteil, alle erforderlichen Urheberrechte aus einer Hand erwerben zu können. Jegliche Recherche der Rechteinhaber und individualvertragliche Rechteeinholung erübrigt sich daher.

2. GEMA-Vermutung

948 Da nahezu alle Urheber von Musikwerken entweder Mitglied der GEMA sind oder als Mitglied einer ausländischen Verwertungsgesellschaft mittelbar durch die GEMA vertreten werden, können die die **Aufführungs-** und **Vervielfältigungsrechte** an beinahe jedem musikalischen Werk über die GEMA lizenziert werden. Im deutschen Urheberrecht gilt deshalb die von der Rechtsprechung entwickelte GEMA-Vermutung. Sie besagt, dass zu-

---

[1028] Abrufbar unter: http://www.gema.de.
[1029] BGH GRUR 1991, 533 (534); Nordemann in Fromm/Nordemann UrhG § 2 Rn. 130.
[1030] Vgl. Nordemann in Fromm/Nordemann UrhG § 64 Rn. 18.

gunsten der GEMA angesichts ihres umfassenden In- und Auslandsrepertoires eine tatsächliche Vermutung ihrer Wahrnehmungsbefugnis für die Aufführungsrechte an in- und ausländischer Tanz- und Unterhaltungsmusik sowie für die sogenannten mechanischen Rechte[1031] besteht. Die Vermutung erstreckt sich weiter darauf, dass diese Werke urheberrechtlich geschützt sind. Sie umfasst auch die bei der musikalischen Synchronisation von Filmen verwendete Musik.[1032] Die GEMA sieht die GEMA-Vermutung nicht nur richterrechtlich gefestigt, sondern auch in der die Pflichten des Veranstalters regelnden Vorschrift des § 13b UrhWahrnG kodifiziert.[1033] Der überzeugende Nachweis, dass ein Werk ‚GEMA-frei' ist, kann daher in aller Regel nur gelingen, sofern unter Beweis gestellt wird, dass der GEMA keine Rechte an dem jeweiligen Werk übertragen wurden Nur falls dieser Nachweis gelingt, ist die GEMA unzuständig. Die Rechte können dann individualvertraglich und unmittelbar vom Urheber erworben werden.

3. Materiellrechtliche Anforderungen an Tarife

Verwertungsgesellschaften unterliegen in Deutschland der ständigen Aufsicht durch das DPMA und müssen die Vorgaben des UrhWahrnG beachten. Das Gesetz enthält die prozeduralen und materiellrechtlichen Vorgaben für ihre Arbeit. 949

Aus § 13 UrhWahrnG ergibt sich zunächst die grundsätzliche Pflicht der Verwertungsgesellschaften zur Aufstellung von Tarifen.[1034] Gemäß § 13 Abs. 3 S. 1 UrhWahrnG sollen (nicht: müssen) deren Berechnungsgrundlage im Regelfall die **geldwerten Vorteile** sein, die durch die Verwertung erzielt werden. Geldwerter Vorteil im Sinne dieser Vorschrift ist die sich aus der Werknutzung ergebende Vermögensmehrung.[1035] Tarife orientieren sich daher an dem Umsatz, der vom Verwerter mit der Verwertungshandlung erzielt wird.[1036] Auf eine Gewinnerzielungsabsicht kommt es nicht an. Liegt sie nicht vor, können gem. § 13 Abs. 3 S. 2 UrhG allerdings auch andere Bemessungsgrundlagen herangezogen werden. Erforderlich ist lediglich, dass die Berechnungsgrundlage hinreichende Anhaltspunkte für die Ermittlung der erzielten Vorteile bietet.[1037] Im Veranstaltungsbereich werden dazu ua der Veranstaltungsumsatz, die Dauer der Musiknutzung, die Größe und Sitzplatzzahl der Veranstaltungsstätte, die Höhe der Eintrittspreise und neuerdings auch Sponsoring- und Werbeeinnahmen als Kriterien verwandt.[1038] 950

Damit Verwertungsgesellschaften ihre faktische Monopolstellung[1039] nicht einseitig zu Gunsten einzelner Nutzer missbrauchen, sind sie gem. § 10 UrhWahrnG verpflichtet, jedermann auf schriftliches Verlangen Auskunft darüber zu erteilen, ob sie Nutzungsrechte an einem bestimmten Werk wahrnehmen. Aufgrund des **Kontrahierungszwangs** nach § 11 UrhWahrnG sind Verwertungsgesellschaften ferner verpflichtet, jedermann zu angemessenen Bedingungen die von ihr wahrgenommenen Rechte einzuräumen.[1040] 951

a) Tarife und Gleichbehandlungsgebot

In der Praxis gleich gelagerte Fälle sind von den Verwertungsgesellschaften bei der Ermittlung der angemessenen Lizenzierungsbedingungen grundsätzlich gleich zu behandeln.[1041] 952

[1031] Dh die Rechte zur Vervielfältigung und Verbreitung musikalischer Werke auf Tonträgern und Bildtonträgern.
[1032] BGHZ 95, 274 (276 f.); 95, 285 (288) – GEMA-Vermutung I u. II mwN.
[1033] Riesenhuber/v. Vogel in KBR GEMA Kap. 14 Rn. 12 f.
[1034] Abrufbar unter: www.gema.de/ad-tarife.
[1035] BGH GRUR 2012, 711 – Barmen Live.
[1036] BGH GRUR 1986, 376 – Filmmusik; BGH GRUR 1988, 373 – Schallplattenimport III.
[1037] Schulze in Dreier/Schulze UrhG § 13 UrhWahrnG Rn. 19.
[1038] Schiedsstelle ZUM 1990, 260.
[1039] Riesenhuber/v. Vogel in KBR GEMA Kap. 14 Rn. 31 ff.
[1040] S. Rn. 1035 ff.
[1041] Riesenhuber/v. Vogel in KBR GEMA Kap. 14 Rn. 46 f.

§ 11   Verwertungsgesellschaften

Diesem Gleichbehandlungsgebot soll durch die Tarifaufstellungspflicht Rechnung getragen werden.[1042] Durch die Tarife wird die Lizenzierung erheblich vereinfacht. Es ist im Einzelfall lediglich zu prüfen, welcher Tarif Anwendung findet und ob er angemessen ist. Hat sich ein bestimmter Tarif in der Praxis durchgesetzt und wird er sowohl von Seiten der Rechteinhaber als auch der Werknutzer als angemessen akzeptiert, spricht eine tatsächliche Vermutung für seine grundsätzliche Angemessenheit.[1043]

953 Die Vermutung, dass am Markt durchgesetzte und allgemein akzeptierte Tarife angemessen sind, gilt allerdings nur solange, wie sich die Geschäftsmodelle einschließlich der Kosten- und Einnahmenanteile auf Seiten der Rechtenutzer nicht wesentlich verändern. Bei Marktveränderungen mit Auswirkungen auf die Kosten- und Einnahmenanteile – wie bspw. in der Tonträgerwirtschaft bedingt durch die Entstehung neuer digitaler Geschäftsmodelle – kann ein bislang angemessener Tarifsatz jedoch unangemessen werden. Entscheidend für die Angemessenheit sind die realen Marktgegebenheiten, aus denen die Einnahmen und Kostenanteile des Werknutzers resultieren.

954 Sowohl bei der Einführung neuer Tarife als auch bei der Feststellung von Veränderungen der Marktgegebenheiten besteht die wesentliche Aufgabe der GEMA als Vertreter der Rechteinhaber einerseits und Partner der Rechtenutzer andererseits darin, im Rahmen der Tarifverhandlungen einen Konsens über die Angemessenheit der Vergütung zu erzielen.

b) Angemessenheit des Tarifs

955 Das UrhWahrnG enthält keine konkreten Aussagen zur maximalen Lizenzhöhe. In § 11 Abs. 1 UrhWahrnG ist lediglich geregelt, dass die Verwertungsgesellschaft verpflichtet ist, jedermann auf Verlangen Nutzungsrechte „zu angemessenen Bedingungen" einzuräumen. Damit stellt sich die Frage, was als angemessen zu betrachten ist.

956 Immer wieder wird versucht, aus bestehenden Tarifen Folgerungen für deren Angemessenheit auch für neue Lebenssachverhalte herzuleiten. Neue Lebenssachverhalte erfordern jedoch Tarife, welche die jeweils aktuellen wirtschaftlichen Gegebenheiten berücksichtigen. Entsprechende Modifikationen bestehender und die Schaffung neuer Tarife waren aufgrund der technischen Entwicklungen der letzten Jahre wiederholt erforderlich. So wurden spezielle Tarife für die Nutzung von Musik als Handyklingelton, auf Webseiten, in Podcasts und in Computerspielen geschaffen.

957 Ändern sich die wirtschaftlichen Gegebenheiten, kann dies auch Auswirkungen auf die Angemessenheit eines Tarifs haben. Darauf berief sich die GEMA bspw., als sie die jahrzehntelang als angemessenen betrachteten Tarife für das konzertmäßige Aufführungsrecht mit der Begründung für unangemessen erklärte, dass sich aufgrund der Krise der Tonträgerwirtschaft eine Verlagerung des wirtschaftlichen Schwerpunkts der Musikwirtschaft hin zum Veranstaltungsgeschäft ergeben habe. Da das Veranstaltungsgeschäft inzwischen eine Haupteinnahmequelle der Autoren geworden ist, betrachtete die GEMA die bislang gültigen Tarife als unangemessen niedrig. Die Schiedsstelle beim DPMA ist in einem Verfahren der Veranstalterverbände gegen die GEMA dieser Begründung für die geforderte Tarifänderung allerdings nicht gefolgt. In ihrem Schiedsspruch stellte sie fest, dass es nicht Aufgabe der Veranstalter sei, die Einnahmenrückgänge der Urheber und Verleger in anderen Bereichen zu kompensieren.[1044]

958 Der Begründung ist uneingeschränkt zuzustimmen, da zur Beurteilung der Angemessenheit eines Tarifs nur auf die etwa geänderten Marktgegebenheiten des tarifgegenständlichen

---

[1042] BGH GRUR 1974, 35 – Musikautomat; Nordemann in Fromm/Nordemann UrhG § 13 UrhWahrnG, Rn. 1; Kröber in KBR GEMA Kap. 14 Rn. 47.
[1043] BGH GRUR 1984, 565 – Tarifüberprüfung I; BGH GRUR 1983, 565 – Tarifüberprüfung II; OLG Hamm GRUR 1988, 858.
[1044] Schiedsstelle v. 17.11.2009 – Sch-Urh 03/09 (nv) (Entscheidungen der Schiedsstelle können bezogen werden über: Schiedsstelle nach dem Gesetz über die Wahrnehmung von Urheberrechten und verwandten Schutzrechten beim DPMA, 80297 München).

und nicht eines anderen Marktsegments abgestellt werden kann. Nur wenn sich die wirtschaftlichen Rahmenbedingungen gerade in dem Marktsegment verändern, auf den sich ein Tarif bezieht, kann dies die Rechtfertigung dafür bieten, dass ein bislang als angemessen erachteter Tarif einer aktuellen Entwicklung anzupassen ist.

c) Maximal-10%-Regel

Bezugsgröße für die Höhe der Vergütung ist grundsätzlich der **wirtschaftliche Erfolg** des Verwerters[1045], wobei allerdings sein Geschäftsrisiko nicht vollständig auf den Rechteinhaber bzw. dessen Verwertungsgesellschaft verlagert werden soll. Viele Tarife sehen deshalb eine prozentuale Beteiligung des Urhebers an den Einnahmen des Verwerters vor. 959

Sofern sich noch keine festen Maßstäbe für die Angemessenheit eines Tarifs herausgebildet haben, lässt diese sich naturgemäß nur schwer beurteilen. In der Literatur und Rechtsprechung findet sich regelmäßig die Faustregel, dass eine Lizenzgebühr in Höhe von 10% der Einnahmen des Verwerters als Obergrenze der Angemessenheit im Sinn des UrhWahrnG gelten soll. Verwiesen wird zur Begründung auf Märkte der Musikwirtschaft – wie bspw. die Tonträgerwirtschaft – in denen diese Regel bereits umgesetzt wurde.[1046] Auch außerhalb der Musikbranche seien derartige Lizenzsätze üblich, so bspw. bei den Verlagsverträgen für Autoren belletristischer Werke oder der Lizenzierung von Bühnenwerken.[1047] 960

Wichtig ist, dass es sich bei der 10%-Regel um einen **Höchstlizenzsatz** handelt. Das bedeutet, dass ein die Grenze von 10% überschreitender Tarif jedenfalls im Regelfall als unangemessen erachtet wird.[1048] Etwas anderes kann ausnahmsweise dann gelten, wenn eine für den Urheber ertragreiche Primärverwertung durch eine Zweitverwertung substituiert wird, mit der der Lizenznehmer nur geringe Einnahmen erzielt. Wenn bspw. die Primärverwertung von Tonträgern zunehmend durch die Zweitverwertung des Musik-Streamings ersetzt wird, orientiert sich die Angemessenheit nicht an den – möglicherweise geringeren – Einnahmen aus der Verwertung des Streamings sondern an den Einnahmeverlusten, die sich daraus ergeben, dass das Streaming den physikalischen Tonträger verdrängt. Der Verlust, den der Urheber dadurch erleidet, dass eine ertragreichere Primärverwertung substituiert wird, kann unter Umständen besonders hohe Beteiligungen an den Einnahmen aus der substituierenden Zweitverwertung rechtfertigen.[1049] Im Veranstaltungsbereich könnte diese Ausnahmekonstellation möglicherweise dann gegeben sein, wenn sich neue Geschäftsmodelle etablieren, bei denen Konzerte nicht mehr durch Eintrittsgelder des Publikums sondern ausschließlich durch Sponsorenzahlungen, Gastronomieerlöse oÄ finanziert werden. Nur wenn – was nur in wenigen Ausnahmefällen wie den Tarifen VR-OD-1 (für Ruftonmelodien bzw. Handyklingeltöne) und im Veranstaltungsbereich nur bei dem Tarif U-Büh gegeben sein dürfte – ein Tarif mit einem Satz von mehr als 10% langjährig etabliert und von der überwiegenden Zahl der Marktteilnehmer akzeptiert ist, wird man dessen Angemessenheit unterstellen können. Hierbei muss man allerdings im Auge behalten, dass die Akzeptanz eines Tarifs oberhalb von 10% auch lediglich die Folge der Tatsache sein kann, dass ein an sich unangemessen hoher Tarifsatz durch zahlreiche Zugeständnisse an die Lizenznehmer in der praktischen Anwendung abgemildert wird. Im Fall der höheren Lizenz des Tarifs U-Büh ist dessen grundsätzliche Akzeptanz nur darauf zurückzuführen, dass der ohnehin unklare Anwendungsbereich dieses Ta- 961

[1045] Reinbothe in Schricker/Loewenheim UrhG § 11 Rn. 5.
[1046] BGH GRUR 1988, 373 (376) – Schallplattenimport II; Nordemann in Fromm/Nordemann UrhG § 13 UrhWahrnG Rn. 11; Schiedsstelle ZUM 1989, 426 (429f.).
[1047] LG Hamburg ZUM 2012, 345.
[1048] So der BGH GRUR 1986, 376 – Filmmusik; sowie die ständige Praxis der Schiedsstelle v. 17.11.2009 – Sch-Urh 03/09 (nv); Schiedsstelle v. 4.6.2009 – Sch-Urh 29/08 (nv); Schiedsstelle ZUM 1987, 183; Schulze in Dreier/Schulze UrhG § 13 Rn. 17 mwN.
[1049] BGH GRUR 2004, 669 – Mehrkanaldienste.

rifs von der GEMA als Tarifrahmen betrachtet und daher weitgehend kulant gehandhabt wird.

962 Es entspricht allerdings der Regel, dass die Höhe eines Tarifs hinter dem Maximalwert zurückbleibt. Konsequenterweise hat auch der BGH in mehreren Fällen deutlich niedrigere Tarife als 10% für angemessen erklärt – so zB etwa 5% im Bereich der Rechtenutzung durch private Rundfunkanstalten.[1050] Eine starre 10%-Regel ist schon deshalb abzulehnen, weil sie den unterschiedlichen wirtschaftlichen Gegebenheiten der verschiedenen Auswertungsformen keine Rechnung tragen kann.[1051] Der Gesetzgeber hat im UrhWahrnG keine Maximalvergütung von 10% vorgesehen, sondern verlangt eine Auseinandersetzung mit den wirtschaftlichen Gegebenheiten[1052]

963 Bei der Lizenzierung von Nutzungsrechten für öffentliche Aufführungen wurden bis zur Einführung des Tarifs U-K jahrzehntelang beidseitig Tarife von deutlich weniger als 10% für angemessen betrachtet. Nachdem die Schiedsstelle einen niedrigeren Prozentsatz für angemessen erklärte, einigte sich die GEMA mit den Veranstalterverbänden auf den am 1.1.2011 in Kraft getretenen aktuellen Tarif U-K.

aa) Der Streit um die Bemessungsgrundlage

964 Neben der Frage der grundsätzlichen Angemessenheit der Tarifhöhe im Konzertveranstaltungsbereich konzentrierte sich der Streit im Schiedsstellenverfahren zwischen der GEMA und den Veranstalterverbänden auf die Frage, welche Einnahmen der Veranstalter als Bemessungsgrundlage herangezogen werden sollen. Die GEMA vertritt dazu grundsätzlich den Standpunkt, dass sämtliche geldwerten Vorteile des Veranstalters zu berücksichtigen sind. Eine Berücksichtigung von **Veranstaltungskosten** lehnt sie grundsätzlich ab, um jedes Risiko der Manipulation der Bemessungsgrundlage zu vermeiden. Und sogar die Umsatzsteuer wird von der GEMA stets als Teil der Bemessungsgrundlage durchgesetzt. Der überwiegende Teil der Literatur folgt der Sichtweise der GEMA und vertritt die Auffassung, dass sich die Vergütung der Autoren an allen Einnahmen und nicht lediglich an Gewinnen zu orientieren habe.[1053]

965 Tatsächlich soll gem. § 13 Abs. 3 S. 1 UrhWahrnG Berechnungsgrundlage für die Tarife der **geldwerte Vorteil** sein, der durch die Verwertung erzielt wird. Daher besteht der Grundsatz, dass eine Berücksichtigung der Kosten des Werknutzers nicht zulässig sei. Der Urheber soll nicht am unternehmerischen Risiko des Werknutzers beteiligt werden.[1054] Das bedeutet allerdings nicht, dass Nutzungsvorgänge, die mit geringen Kosten und entsprechend auch mit nur geringem wirtschaftlichen Risiko verbunden sind, bei der Ermittlung der angemessenen Lizenzgebühr genauso zu behandeln sind wie Nutzungsvorgänge mit erheblichem Risiko. Wenn man unterschiedliche Lebenssachverhalte pauschal ‚über einen Kamm scheren' würde, würde man die tatsächlichen wirtschaftlichen Gegebenheiten unberücksichtigt lassen, obwohl sie der Kern jeder Angemessenheitsprüfung sind. Es ist in der Praxis ein erheblicher Unterschied, ob eine Nutzung lediglich darin besteht, dass Handyklingeltöne mit vernachlässigbaren Kosten eingespielt und zum Online-Abruf bereitgestellt werden oder ob Konzerte mit erheblichen Investitionen und damit verbundenen Risiken veranstaltet werden. Gemäß der Rechtsprechung des BGH sind daher zwangsläufige Kosten bei der Verwertung tarifmindernd zu berücksichtigen.[1055] Dies entspricht auch der ständigen Spruchpraxis der Schiedsstelle.[1056] Im Gegensatz zu dieser Spruchpraxis und der

---

[1050] BGH GRUR 2001, 1139 – Gesamtvertrag privater Rundfunk.
[1051] Schricker GRUR 2002, 737.
[1052] Riesenhuber/v. Vogel in KBR GEMA Kap. 14 Rn. 47.
[1053] Gerlach in Wandtke/Bullinger UrhG § 13 UrhWahrnG Rn. 7; Schulze in Dreier/Schulze UrhG § 13 UrhWahrnG Rn. 16.
[1054] Schiedsstelle ZUM 1989, 533; Reinbothe in Schricker/Loewenheim UrhG § 13 Rn. 7.
[1055] BGH GRUR 2001, 1139.
[1056] Schiedstelle v. 9.11.2005 – Sch-Urh 38/02 (nv).

Rechtsprechung des BGH wird in der Literatur allerdings immer wieder vertreten, dass ein Kostenabzug grundsätzlich nicht zulässig sei. Da sich damit die Bemessungsgrundlage durch den Werknutzer willkürlich gestalten ließe, ist jedenfalls bezüglich variabler Kosten die Auffassung der Literatur und die Praxis der GEMA nachvollziehbar.

Die Veranstalter lehnten eine nicht kostenorientierte Bemessungsgrundlage stets mit der Begründung ab, dass ua Werbekosten den Gewinnanteil des Veranstalters zunächst zumindest potentiell reduzierten, während sie sich bei der Vergütung der Autoren ausschließlich einnahmesteigernd auswirken können. Sie wiesen ferner darauf hin, dass die Besucher von Konzerten der Pop- und Rockmusik zunehmend mehr Wert auch auf visuelle Showelemente legten. Daher würden neben der Vergütung der ausübenden Künstler und den Durchführungskosten der Veranstaltung erhebliche weitere Kosten für Bühnenaufbauten sowie aufwendige Video- und Beleuchtungstechnik investiert. Die Attraktivität einer Veranstaltung für das Publikum könne – jedenfalls im Bereich der Unterhaltungsmusik – daher nicht allein auf das dargebotene Repertoire und damit die Leistung der Autoren zurückgeführt werden. Der Besucher bezahle mit dem Eintrittspreis auch andere Leistungen, an denen die Autoren nicht zu beteiligen seien. Tatsächlich ist allgemein anerkannt, dass sich aus § 13 Abs. 3 S. 3 UrhWahrnG zwingend ergibt, dass stets dann, wenn die Gesamtleistung des Veranstalters aus der Verbindung mehrerer schöpferischer Beiträge besteht, das Verhältnis dieser Beiträge zueinander zu berücksichtigen ist.[1057] Dies muss heute mehr denn je bei der Höhe des GEMA-Tarifs für die Nutzung von Musikwerken bei Konzertaufführungen berücksichtigt werden. Die GEMA begegnete dieser Argumentation mit der Forderung, dass dann entweder der Vergütungssatz über die 10% hinaus angehoben werden müsse oder die Bemessungsgrundlage auf alle sonstigen geldwerten Vorteile wie zB Werbe- oder Gastronomieeinnahmen zu erweitern sei, die mit einer Veranstaltung erzielt werden.

966

Diese Forderung steht bereits im Gegensatz zu den Vorgängertarifen. Die in den Jahren 1991–2009 geltenden und doch in dieser Zeit durchaus als angemessen betrachteten Tarife VK und VK-G trugen durchaus der besonderen Kostensituation bei Live-Veranstaltungen Rechnung, ohne dass es einer Erweiterung der Bemessungsgrundlage bedurfte. Einerseits handelt es sich zB bei Sponsorenleistungen ohnehin regelmäßig nicht um Einnahmen des Veranstalters sondern des Künstlers oder zB des Gastronomiebetreibers. Andererseits sind sie keine Gegenleistung für die Nutzung des musikalischen Werks. Und insbesondere die vorher jahrzehntelang geltenden Tarife VK und VK-G trugen bis 2005 mit ihrem Teilungsfaktor 2 – der sog ‚Vieregg'schen Formel' – der Tatsache Rechnung, dass durchschnittlich weit mehr als die Hälfte der Einnahmen des Veranstalters zur Kostendeckung aufgewandt werden. Dem Vorhaben der GEMA, diese Tarife als nicht mehr angemessen zu behandeln, die Berücksichtigung von Kosten grundsätzlich abzulehnen und die Bemessungsgrundlage völlig neu zu definieren konnte auf der Grundlage des Vorschlags der Schiedsstelle erfolgreich entgegengetreten werden. Sie regte an, den Kostenanteil der Veranstalter für Licht- und Tontechnik, Hallenmiete, Aufbauhelfer und Sicherheitskräfte usw bei der Festsetzung der Höhe des Tarifs zu berücksichtigen. Einnahmen aus Gastronomie und Merchandising zählte die Schiedsstelle ausdrücklich nicht zur Bemessungsgrundlage, da sie mit der Nutzung der musikalischen Werke nicht in unmittelbarem Zusammenhang stünden.[1058]

967

bb) Anteil der Werknutzung an der Gesamtleistung

Gemäß § 13 Abs. 3 S. 3 UrhWahrnG ist bei der Ermittlung der angemessenen Vergütung zwingend auch der Anteil der Werknutzung an der Gesamtleistung einer Veranstaltung zu berücksichtigen.[1059] Dazu ist zunächst die bei einer Veranstaltung bestehende Proportion

968

[1057] Reinbothe in Schricker/Loewenheim UrhG § 13 Rn. 9.
[1058] Schiedsstelle v. 17.11.2009 – Sch-Urh 03/09 (nv).
[1059] Schulze in Dreier/Schulze UrhG § 13 Rn. 20.

zwischen geschütztem und nicht geschütztem Repertoire bzw nicht musikalischen Zeitanteilen zu ermitteln. Wird bei einer konzertmäßigen Darbietung nur zu einem Teil geschütztes Werkmaterial aus dem Repertoire der Verwertungsgesellschaft und im Übrigen freies oder nicht musikalisches Repertoire zur Aufführung gebracht, ist die zu zahlende Lizenzgebühr pro rata zu reduzieren. Es ist nicht nachvollziehbar, weshalb die GEMA diese Regel, die sich aus dem Gesetzeswortlaut ergibt, zwar beim Tarif U-Büh praktiziert, jedoch beim Tarif U-K nicht berücksichtigen will. Zuzugeben ist allerdings, dass die genaue Ermittlung der Zeitanteile zwischen GEMA-pflichtigen und GEMA-freien Werken im Einzelfall unverhältnismäßigen Aufwand verursachen kann, weshalb eine gewisse Pauschalierung geboten sein mag.[1060] Das rechtfertigt allerdings nicht, dass der Zeitanteil der Nutzung GEMA-pflichtiger im Verhältnis zur Nutzung von nicht durch die GEMA wahrgenommenen Werken völlig unberücksichtigt bleibt.[1061] Derartige Praktikabilitätserwägungen erlauben es nicht, vom eindeutigen und zwingenden Wortlaut des § 13 Abs. 3 S. 3 UrhWahrnG abzuweichen.[1062] Außerdem berücksichtigt die GEMA durchaus bei verschiedenen Arten von Veranstaltungen wie bspw. Wortkabarett mit Musikanteil, Musical-Aufführungen und ähnlichen Veranstaltungen im Tarifbereich U-Büh den Zeitanteil des GEMA-Repertoires an der Gesamtheit und legt dieses Verhältnis pro rata bei der Abrechnung zu Grunde. So kann und muss sie auch bei den übrigen Tarifen und insbesondere auch bei dem Konzerttarif U-K verfahren. Der Gesetzgeber hat § 13 Abs. 3 S. 3 UrhWahrnG eben gerade nicht als Soll-Vorschrift, sondern zwingend ausgestaltet. Außerdem ist das Verhältnis zwischen GEMA-pflichtigen und GEMA-freien Werken nicht schwerer zu erfassen als andere Veranstaltungsparameter.[1063]

d) Gesamtverträge

969 Ein Gesamtvertrag ist gem. § 12 UrhWahrnG ein Rahmenvertrag zwischen einer Verwertungsgesellschaft und einer Nutzervereinigung. Mit Abschluss des Vertrages verpflichtet sich die Nutzervereinigung zur Vertragshilfe. Dazu zählen die Information und Aufklärungsarbeit bei den Mitgliedern der Vereinigung, die Schlichtung bei Streitfällen und vor allem die Verpflichtung des Gesamtvertragspartners, seine Mitglieder zur rechtzeitigen Anmeldung der Veranstaltung und zur regelmäßigen Einreichung der Aufstellung aufgeführter Werke (sog. **Musikfolge**) anzuhalten. Als Gegenleistung erhalten die Mitglieder der Nutzervereinigung einen sog **Gesamtvertragsnachlass** iHv von regelmäßig bis zu 20% auf die Normalvergütungssätze.

970 Die Mitglieder der Nutzervereinigung verpflichten sich bei Inanspruchnahme des Gesamtvertrags, den Tarif, auf den er sich bezieht, als angemessen anzuerkennen. Stellt ein Mitglied die Angemessenheit des Tarifs in Frage, kann es den Rabatt nicht in Anspruch nehmen. Unter Inkaufnahme dieser Konsequenz bleibt es jedem Mitglied einer Nutzervereinigung allerdings vorbehalten, die Angemessenheit von Tarifen zu bestreiten.[1064] Die Verwertungsgesellschaft bleibt dann allerdings gem. § 11 UrhWahrnG weiterhin verpflichtet, an ihn zu angemessenen – mithin tarifmäßigen – Bedingungen zu lizenzieren.[1065]

4. Der urheberrechtliche Veranstalterbegriff, Passivlegitimation

971 Häufig stellt sich in der Praxis die Frage, wer von mehreren an einer Veranstaltung beteiligten Unternehmern verpflichtet ist, die Lizenz für die Repertoirenutzung einzuholen. Gemäß § 13b UrhWahrnG ist dies zunächst der Veranstalter. Der Veranstalterbegriff des § 13b

---

[1060] Reinbothe in Schricker/Loewenheim UrhG § 13 Rn. 9.
[1061] Kröber in KBR GEMA Kap. 15 Rn. 13.
[1062] So auch Schiedsstelle ZUM 1987, 187; Schiedsstelle ZUM 1988, 471.
[1063] So etwa beim Tarif E für Ernste Musik; vgl. Kröber in Moser/Scheuermann S. 750.
[1064] OLG München GRUR 1990, 358 – Doppelmitgliedschaft.
[1065] BGH GRUR 1974, 35 – Musikautomat.

Verwertungsgesellschaften **§ 11**

UrhWahrnG ist deckungsgleich mit dem des § 81 UrhG. Allerdings ist er nicht gesetzlich definiert.[1066] Auf die obigen umfassenden Ausführungen zur Definition des Veranstalters wird verwiesen.[1067]

Regelmäßig beteiligt sich der Veranstalter am wirtschaftlichen Risiko und den Gewinnchancen der Veranstaltung oder trägt deren Risiken vollständig allein.[1068] Wer hingegen lediglich die Räumlichkeiten für eine Veranstaltung gegen Zahlung einer Mietgebühr zur Verfügung stellt, wird dadurch noch nicht zum Veranstalter. 972

5. Meldepflicht

Gemäß § 13b Abs. 1 UrhWahrnG sind Veranstalter verpflichtet, die Veranstaltung vor deren Stattfinden der GEMA anzuzeigen und von ihr die erforderlichen Rechte einzuholen. Diese Pflicht ist bereits dann erfüllt, wenn der Veranstalter die GEMA – regelmäßig über eine ihrer Bezirksdirektionen – über die Tatsache informiert, dass und wo eine öffentliche Veranstaltung stattfindet, bei der geschützte Werke wiedergegeben werden. Dabei lässt sich die GEMA die für die Findung und Berechnung des anwendbaren Tarifs erforderlichen Daten mitteilen – regelmäßig die Besucherzahl, die bespielte Fläche der Veranstaltungsstätte und die Höhe des Eintrittspreises.[1069] Da die GEMA wegen des Kontrahierungszwangs gem. § 11 UrhWahrnG verpflichtet ist, jedem Nutzer eine Nutzungs- bzw. Verwertungslizenz der Werke ihres Repertoires zu erteilen, ist der Abschluss eines besonderen Lizenzvertrags nicht erforderlich.[1070] 973

6. Verletzerzuschlag

Unterlässt der Veranstalter die Anmeldung einer Veranstaltung, hat die GEMA nach gefestigter Rechtsprechung Anspruch auf Zahlung eines Kontrollzuschlags in Höhe von 100% der tariflichen Vergütung.[1071] Dieser Zuschlag lässt sich rechtsdogmatisch nur schwer begründen, da dem deutschen Zivilrecht – anders als etwa im angloamerikanischen Recht – pönale Elemente fremd sind. Der Geschädigte soll lediglich so gestellt werden, wie er ohne das schädigende Ereignis gestanden hätte. Die überwiegende Literatur rechtfertigt die doppelte Vergütung mit den Kosten des aufwändigen Kontrollapparats, den die GEMA unterhalten muss, um unlizenzierte Nutzungen aufzudecken.[1072] Allein der besondere Aufwand, der erforderlich ist, um sämtliche Veranstaltungsstätten zu überwachen, lässt es vertretbar erscheinen, die hierbei notwendigerweise entstehenden Kosten anteilig auf die Rechtsverletzer umzulegen, da sie andernfalls unbilligerweise vom ‚redlichen Nutzer' oder den Urhebern getragen werden müssten.[1073] Das muss aber auch zur Konsequenz haben, dass der Anwendungsbereich der doppelten tariflichen Vergütung auf diejenigen Bereiche beschränkt wird, in denen die außergewöhnlich hohen Überwachungskosten tatsächlich entstehen. Dabei ist im Auge zu behalten, dass selbst ein vorsätzlicher Urheberrechtsverletzer lediglich zum einfachen Schadensersatz verpflichtet ist. Nur ein vorsätzlicher oder grobfahrlässiger Verstoß gegen die Meldepflicht kann daher geeignet sein, eine Verdopplung der tariflichen Vergütung zu rechtfertigen. In Zweifelsfällen ist hingegen zu Gunsten des Veranstalters davon auszugehen, dass sie nicht angemessen ist. 974

Leider existiert bislang nur wenig höchstrichterliche Rechtsprechung zum Kontrollzuschlag und dessen Grenzen. In der BGH-Entscheidung ‚Betriebsfeiern' ging es um eine 975

[1066] Nordemann in Fromm/Nordemann UrhG § 13b Rn. 1 UrhWahrnG.
[1067] S. Rn. 45 ff.
[1068] BGH GRUR 1971, 46 (47) – Bubi Scholz; Schaefer in Fromm/Nordemann UrhG § 81 Rn. 15.
[1069] BGH GRUR 1973, 379 (380) – Doppelte Tarifgebühr.
[1070] LG Erfurt ZUM-RD 1997, 25 (26).
[1071] BGH GRUR 1973, 379 (381) – Doppelte Tarifgebühr.
[1072] So etwa Wild in Schricker/Loewenheim UrhG § 97 Rn. 161 f.
[1073] Kröber in KBR GEMA Kap. 15 Rn. 17.

Musikaufführung bei einer Betriebsfeier, deren Stattfinden der GEMA nicht gemeldet wurde, da die Veranstalter der Betriebsfeier davon ausgingen, dass für nicht öffentliche Veranstaltungen keine GEMA-Vergütung zu zahlen sei. Der BGH führt aus, dass der doppelte Kontrollzuschlag von demjenigen zu tragen ist, der der GEMA die Existenz einer Veranstaltung nicht mitgeteilt hat, weil die GEMA ohne seine Mitwirkung von der Existenz der Veranstaltung nur auf Grund ihres aufwändigen Kontrollsystems erfahren kann.[1074] Demnach wäre die doppelte Vergütung nur beim vollständigen Unterlassen jeglicher Meldung verwirkt, aber nicht bereits dann, wenn einzelne Veranstaltungsparameter wie bspw. die Veranstaltungsfläche nicht oder unrichtig gemeldet werden. Denn derartige Fehler lösten keinen besonderen Verwaltungsaufwand bei der GEMA aus, der eine Verdopplung der Vergütung rechtfertigen könnte.

976 In der Entscheidung ‚doppelte Tarifgebühr' setzt sich der BGH damit auseinander, dass eine Reihe kritischer Stellungnahmen im Schrifttum den Kontrollzuschlag für generell unzulässig halten, da die Kontrollkosten unabhängig von dem einzelnen Schadensfall entstünden und nicht durch diesen veranlasst seien.[1075] Zwar bestätigt der BGH, dass auch im immateriellen Güterrecht allgemeine Überwachungskosten bei der Schadensberechnung in der Regel nicht berücksichtigt werden können. Da allerdings Musikaufführungsrechte oft nicht in typischen Spielstätten, sondern in schwerer kontrollierbaren Orten wie Hotels, Gaststätten, Barbetrieben usw genutzt werden, sei es – so der BGH – ausnahmsweise zulässig, die Kosten für die Überwachung sämtlicher potentieller Veranstaltungsstätten und Aufführungsstätten von Tonträgermusik im Wege des Kontrollzuschlags auf den Verletzer umzulegen. Diese Entscheidung bestätigt wiederum, dass der Kontrollzuschlag eine Ausnahme für Fälle darstellt, in denen die Existenz der Veranstaltung oder essentielle Parameter, die für die Abrechnung von Tonträgermusik relevant sind, verschwiegen werden. Das ist insbesondere vor dem Hintergrund vertretbar, dass die Überwachung von Musiknutzungen auf Tonträgern aufwändiger ist als die Überwachung von Rechtenutzungen bei öffentlichen Darbietungen. Nicht ableiten lässt sich somit aus dieser Entscheidung, dass jedwede Verzögerung bei der Meldung von Umsatzzahlen oder anderen tarifrelevanten Parametern den Kontrollzuschlag auslöst, zumal die abrechnungsentscheidenden Umsatzzahlen ja ohnehin erst nach der Veranstaltung gemeldet werden können.

977 Kein Kontrollzuschlag fällt allerdings an, wenn der Veranstalter seiner Verpflichtung aus § 13 Abs. 2 UrhWahrnG nicht nachkommt, der GEMA nach Durchführung der Veranstaltung eine Aufstellung der genutzten Werke – die sog. Musikfolge – zu übermitteln. Diese Aufstellung ist lediglich für die korrekte Verteilung der Lizenzeinnahmen an die Urheber erforderlich.

7. Hinterlegung

978 Besteht bereits vor Durchführung der Veranstaltung zwischen dem Veranstalter und der GEMA Uneinigkeit über die Angemessenheit eines Tarifs und weigert sich der Veranstalter, die Vergütung in der geforderten Höhe zu zahlen, hat er gem. § 11 Abs. 2 UrhWahrnG den unstreitigen Vergütungsteil zu hinterlegen. Mit der Hinterlegung gelten die erforderlichen Nutzungsrechte kraft gesetzlicher Fiktion als eingeräumt.[1076] Die Möglichkeit der Hinterlegung soll den Veranstalter davor schützen, dass die GEMA ihm in Streitfällen die benötigte Lizenz verweigert, solange er nicht den Rechtsstandpunkt der GEMA akzeptiert und einen entsprechenden Lizenzvertrag abschließt. Es soll also verhindert werden, dass die GEMA ihre Monopolstellung ausnutzt, um unangemessen hohe Lizenzforderungen durchzusetzen.[1077] § 11 Abs. 2 UrhWahrnG erfasst allerdings nur den Fall, dass Uneinigkeit über

---

[1074] BGHZ 17, 376 – Betriebsfeiern.
[1075] BGH GRUR 1973, 379 – Doppelte Tarifgebühr.
[1076] BGH GRUR 1974, 35 (38) – Musikautomat.
[1077] OLG Naumburg ZUM 1997, 937.

die Höhe der angemessenen Vergütung besteht. Wenn hingegen Uneinigkeit darüber besteht, ob die aufgeführten Werke überhaupt zum Repertoire der GEMA gehören, ist § 11 Abs. 2 UrhWahrnG nicht einschlägig.[1078]

Regelmäßige Hinterlegungsstelle gem. § 374 BGB ist das Amtsgericht am Ort des Vergütungsschuldners. Die Hinterlegung stellt sicher, dass Differenzen über die Höhe der Vergütung auf Seiten der GEMA nicht zu einem Liquiditätsrisiko führen. 979

8. Gesamtschuldnerische Haftung der Beteiligten

Die deliktische Haftung für unerlaubte Werknutzungen bei Veranstaltungen knüpft – ähnlich wie im Marken- und Wettbewerbsrecht – an die rein tatsächliche Verantwortlichkeit an. Passiv legitimiert ist zunächst gem. §§ 97 UrhG, 830 BGB derjenige, der die Rechtsverletzung als Allein- oder Mittäter begangen hat.[1079] Neben der Begehung durch aktives Tun ist die Begehung durch Unterlassen möglich, wobei zur Begründung einer Haftung durch Unterlassen eine Überwachungs- oder Verkehrssicherungspflicht verletzt worden sein muss. Eine solche Verkehrssicherungspflicht kann sich aus dem wirtschaftlichen Interesse an der Durchführung der Veranstaltung oder aus der tatsächlichen Einflussmöglichkeit auf den Ablauf der Veranstaltung ergeben (Grundsatz der **Verkehrseröffnung**).[1080] Allerdings wird dem Veranstalter insoweit keine umfassende Kontrollpflicht auferlegt. Er haftet nicht für Urheberrechtsverletzungen, auf die er trotz sorgfältigem Verhalten keine Einflussmöglichkeit hat. Das ist bspw. der Fall, wenn ein Orchester nicht lizenzierte Partituren verwendet, was vom Veranstalter nicht erkannt und somit auch nicht verhindert werden kann.[1081] Für eine **Urheberrechtsverletzung** haftet nicht nur der Veranstalter iSv § 13b UrhWahrnG.[1082] Die Beantwortung der Frage, wer neben dem Veranstalter haftet, hängt auch davon ab, ob ein Unterlassungs- oder ein Schadensersatzanspruch geltend gemacht wird. Beim Unterlassungsanspruch ist der Kreis der Anspruchsgegner weiter als beim Schadensersatzanspruch. Bei der Frage der Passivlegitimation ist somit zwischen dem Unterlassungs- und dem Schadensersatzanspruch zu differenzieren. 980

a) Unterlassungsanspruch

Wer beim Unterlassungsanspruch gem. § 97 Abs. I UrhG passivlegitimiert ist, richtet sich nach allgemeinen deliktsrechtlichen Regeln.[1083] Passivlegitimiert sind somit zunächst Täter und Teilnehmer. Täter ist, wer den objektiven Tatbestand selbst durch Handeln oder Unterlassen verwirklicht.[1084] Teilnehmer ist derjenige, dem – ohne Täter zu sein – bei wertender Betrachtung die Handlung als Eigene zugerechnet werden kann.[1085] Da ein Allein- oder Mitveranstalter das Vortragsrecht gem. § 19 Abs. 1 UrhG oder das Aufführungsrecht gem. § 19 Abs. 2 UrhG selbst nutzt, ist er stets Täter. 981

Beim Unterlassensanspruch gem. § 97 Abs. I UrhG sind die Anforderungen im Vergleich zum Schadensersatzanspruch im Interesse einer effektiven Verhinderung von Rechtsverletzungen niedrig angesetzt. Neben dem unmittelbaren Verletzer ist beim Anspruch auf Unterlassung gem. § 97 Abs. I UrhG auch der **Störer** Anspruchsgegner, wobei er stets und nicht etwa lediglich subsidiär herangezogen werden kann, wenn ein Vorgehen gegen den unmittelbaren Verletzer unmöglich oder unverhältnismäßig schwer ist.[1086] Störer ist, wer – 982

[1078] BGH GRUR 2012, 71 – Barmen Live.
[1079] Nordemann in Fromm/Nordemann UrhG § 97 Rn. 145 ff.
[1080] BGH GRUR 1956, 515 (516) – Tanzkurse.
[1081] BGH GRUR 1972, 141 (142) – Konzertveranstalter.
[1082] Nordemann in Fromm/Nordemann UrhG § 97 Rn. 145 ff.
[1083] Nordemann in Fromm/Nordemann UrhG, § 97 Rn. 144.
[1084] Nordemann in Fromm/Nordemann UrhG § 97 Rn. 145.
[1085] Nordemann in Fromm/Nordemann UrhG § 97 Rn. 148.
[1086] BGH GRUR 2007, 724 (725); BGH GRUR 2007, 890 (894) – jugendgefährdende Medien bei ebay.

ohne Täter oder Teilnehmer zu sein – willentlich und adäquat kausal zur Verletzung des geschützten Rechtsguts beiträgt und die Möglichkeit hat, die Rechtsverletzung zu verhindern.[1087]

983 Willentlich handelt der Störer jedenfalls dann, wenn die Rechtsverletzung bzw deren Gefahr für den Störer erkennbar ist. Das ist der Fall, wenn er eine entsprechende Prüfungspflicht verletzt hat.[1088] Eine Haftung setzt voraus, dass die Prüfung dem Störer zumutbar gewesen wäre. Zweifel bezüglich der Annahme der Zumutbarkeit eine solchen Prüfung bestehen insbesondere, wenn im Rahmen der Störerhaftung Dienstleister wie bspw. die Vermieter von Veranstaltungsstätten, von Licht- und Tontechnik oder die Betreiber von Kartenvorverkaufssystemen in Anspruch genommen werden. Derartigen Dritten ist es regelmäßig unzumutbar, ein Veranstaltungsprogramm, an dem sie lediglich als Dienstleister beteiligt sind, vorab auf dessen urheberrechtliche Unbedenklichkeit zu überprüfen. Sie haben auf die Veranstaltungsinhalte naturgemäß keinen Einfluss. Wenn die Störerverantwortlichkeit in derartigen Fällen mangels Zumutbarkeit einer Prüfung entfällt, kann sie allerdings dann wieder aufleben, wenn der Erbringer der Dienstleistung durch den Rechteinhaber von der Rechtsverletzung bzw der Gefahr einer Rechtsverletzung in Kenntnis gesetzt wurde.[1089]

984 In der Praxis stellt sich häufig die Frage, ob ein Störer auch dann haftet, wenn er nach sorgfältiger Prüfung zu der Auffassung gelangt ist, dass das beanstandete Verhalten rechtmäßig gewesen sei. Wenn bereits damit die Verantwortlichkeit des Störers entfallen würde, würde dies einen effektiven Urheberrechtsschutz erschweren. Um den Störer aus seiner Verantwortung zu entlassen, genügt es daher nicht, dass er lediglich annimmt, dass sein Verhalten rechtmäßig sei.[1090] Dies entspricht dem Grundsatz der Störerhaftung, wonach vorsätzliches Handeln beim Störer nicht erforderlich ist. Ausreichend ist, dass für den Störer eine Gefahr für das geschützte Rechtsgut erkennbar war. Eine solche Gefahr ist in urheberrechtlichen Zweifelsfällen auch dann gegeben, wenn der Störer davon ausgeht, dass die Grenze zur Rechtsverletzung noch nicht überschritten ist.

b) Schadensersatzanspruch

985 Die Passivlegitimation beim Schadensersatzanspruch gem. § 97 Abs. 2 UrhG richtet sich ebenfalls nach allgemeinen deliktsrechtlichen Regeln. Passivlegitimiert sind der Täter und der Teilnehmer. Der Störer hingegen haftet grundsätzlich nicht auf Schadenersatz, solange er nicht durch die Verletzung von Verkehrssicherungspflichten zum Täter oder Teilnehmer wird.[1091] Wenn der Störer hingegen trotz Kenntnis von der Rechtsverletzung oder zumindest deren Möglichkeit keine zumutbaren Maßnahmen ergreift, um die Rechtsverletzung zu verhindern, wird er zum Täter. Dem Störer obliegt also eine Prüfungspflicht in Hinblick auf die Rechtswidrigkeit, sobald er vom Verletzten über die Verletzung in Kenntnis gesetzt wurde.[1092] Wer bei einer Veranstaltung zwar nicht Alleinveranstalter oder Mitveranstalter ist, aber an ihr durch unterstützende Leistungen – bspw. als Vermieter der Veranstaltungsstätte – mitwirkt, kann somit schadensersatzpflichtig werden, wenn er trotz Kenntnis von der Rechtsverletzung seine Mitwirkungshandlungen nicht einstellt.[1093] Auf diese Weise wird der gutgläubige Störer privilegiert, solange er die drohende Rechtsverletzung nicht erkennen kann.

[1087] BGH GRUR 1999, 518 – Möbelklassiker.
[1088] BGH GRUR 1984, 54 (55) – Kopierläden; BGH GRUR 1999, 418 (419) – Möbelklassiker.
[1089] Nordemann in Fromm/Nordemann UrhG § 97 Rn. 158, 174 mwN.
[1090] BGH GRUR 1974, 669 (672) – Tierfiguren; Nordemann in Fromm/Nordemann UrhG § 97 Rn. 65 mwN.
[1091] BGH GRUR 2007, 708 – Internetversteigerung II; vgl. LG Köln Urt. v. 24.10.2012 – 28 O 391/11.
[1092] BGH GRUR 1999, 418 – Möbelklassiker.
[1093] AG Düsseldorf Urt. v. 9.9.2011 – 57 C 465/11.

Im digitalen Zeitalter sind fast jeder Unternehmer und sogar die meisten Privatpersonen zum weltweiten Anbieter urheberrechtlich geschützter Inhalte im Internet geworden. Lizenzstreitigkeiten sind daher weitverbreitet und in manchen Fällen kaum zu vermeiden. Die Schwelle, ab der die Gefahr von Schadensersatzansprüchen droht, darf deshalb nicht zu niedrig ausfallen; vor allem muss sie klar definiert sein.[1094] Der BGH vertritt die Auffassung, dass das für den Schadensersatzanspruch erforderliche Verschulden auch dann gegeben ist, wenn der Nutzer sich bewusst in eine rechtliche Grauzone begibt und eine Nutzungshandlung vornimmt, deren rechtliche Zulässigkeit bekanntermaßen strittig ist und noch nicht höchstrichterlich beurteilt wurde.[1095] Der Störer kann sich somit nur dann aus seiner rechtlichen Verantwortung lösen, wenn er die Rechtslage qualifiziert – etwa durch Einholung eines Gutachtens – überprüft hat bzw überprüfen ließ.[1096] Fahrlässig handelt demgemäß, wer sich erkennbar in einem Grenzbereich des rechtlich Zulässigen bewegt und dabei in Kauf nimmt, dass seine Rechtsauffassung im Widerspruch zur Rechtsprechung steht.[1097] Diese Auffassung wird durch die Literatur mit dem Argument bestätigt, dass das rechtliche Risiko sonst dem Rechteinhaber aufgebürdet würde.[1098] Allerdings führt dies zu dem wenig befriedigenden Ergebnis, dass die höchstrichterliche Klärung urheberrechtlicher Zweifelsfragen nur aus Sicht der Rechteinhaber aber nicht aus Sicht der Nutzer wirtschaftlich lohnend ist.

9. GEMA-freie Musik

Da aufgrund der GEMA-Vermutung inländische Werknutzer oder Verwerter davon ausgehen müssen, dass die GEMA die Aufführungsrechte an allen musikalischen Werken wahrnimmt, obliegt ihnen, wie bereits dargestellt, der Beweis des Gegenteils. Ein Werk gehört dann nicht zum GEMA-Repertoire, wenn es **gemeinfrei** ist. Das ist im Genre der klassischen Musik bei den meisten bekannten Werke der Fall, da für sie die siebzigjährige urheberrechtliche Schutzfrist gem. §§ 64 ff. UrhG abgelaufen ist. Das gilt allerdings nur für die Originalfassung der Werke. Wurden diese bearbeitet, genießt der Bearbeiter ein wissenschaftliches oder künstlerisches **Bearbeiterurheberrecht** gem. § 23 UrhG. Es kann auch ein Leistungsschutzrecht bei einer wissenschaftlichen Ausgabe gem. § 70 UrhG entstanden sein. Musikverlage und die Verwertungsgesellschaft VG Musikedition haben in verschiedenen Fällen die Verletzung von Bearbeiterrechten an gemeinfreien musikalischen Werken sogar bei Aufführungen von Amateuren abgemahnt, denen nur an der Aufführung des Originalwerks und nicht einer Bearbeitung gelegen war. Um insbesondere die ehrenamtlich im Kulturbereich Tätigen vor nur schwer erkennbaren Aufführungsrisiken zu schützen, erscheint es geboten, höhere Anforderungen an das Vorliegen von Fahrlässigkeit bei Urheberrechtsverletzungen zu stellen. Sie sollte stets dann verneint werden, wenn die Existenz des Urheber- oder Leistungsschutzrechts auf Partituren nicht anhand eines Urhebervermerks gem. § 10 UrhG erkennbar gemacht wurde. Wenn der Musikverlag oder Bearbeiter nicht durch einen solchen Vermerk auf das von ihm beanspruchte Recht hinweist, obwohl dies unproblematisch möglich wäre, kann er vom Nutzer billigerweise nicht verlangen, dass er das Vorliegen von Urheberrechten erkennt. Der als Voraussetzung für die deliktische Haftung gem. § 97 UrhG erforderliche Verstoß gegen die gebotene Sorgfalt liegt dann nicht vor.

[1094] So früher BGH GRUR 1975, 33 (35) – Alters-Wohnheim I; BGH GRUR 1972, 614 (616) – Landesversicherungsanstalt.
[1095] BGH GRUR 2002, 248 (252) – Spiegel-CD-ROM.
[1096] BGH GRUR 1999, 49 – Bruce Springsteen and his Band.
[1097] BGH GRUR 1990, 1035 (1038) – Urselters II; BGHZ 130, 205 (220) – Feuer, Eis & Dynamit I; BGHZ 131, 308 (318) – Gefärbte Jeans; BGH GRUR 1998, 568 (569) – Beatles-Doppel-CD.
[1098] Nordemann in Fromm/Nordemann UrhG § 97 Rn. 65.

10. Recht auf Kurzberichterstattung

988 Bei der Berichterstattung über Veranstaltungen gilt grundsätzlich, dass für die Aufzeichnung eines Rundfunk- oder TV-Beitrags sowie dessen Vervielfältigung und Verbreitung neben den Urheberrechten auch das Leistungsschutzrecht des ausübenden Künstlers und des Veranstalters eingeholt werden müssen. Eine Ausnahme von dem Grundsatz, dass jegliche Berichterstattung über Veranstaltungen lizenziert werden muss, ergibt sich allerdings aus dem Recht auf Kurzberichterstattung gem. § 50 UrhG. Danach ist die Bild- und Tonberichterstattung über Tagesereignisse in einem durch den Zweck gebotenen Umfang zulässig, ohne dass es hierfür einer Erlaubnis bedarf. Das Tagesereignis, welches die Kurzberichterstattung rechtfertigt, kann auch die Veranstaltung selbst sein.[1099] Allerdings darf im Rahmen des Rechts auf Kurzberichterstattung das aufgeführte Werk allenfalls in kleinen Ausschnitten wiedergegeben werden.[1100] Wenn bei einer Veranstaltung allerdings eine Vielzahl von Werken aufgeführt wird, soll das Recht auf Kurzberichterstattung sogar umfassen, ein vollständiges Werk wiederzugeben.[1101] Das wird allerdings nur in Ausnahmefällen zu rechtfertigen sein. § 50 UrhG beschränkt seinem klaren Wortlaut nach den Umfang der Wiedergabe auf dasjenige, was durch den Zweck der Kurzberichterstattung geboten ist. Meist wird die Wiedergabe eines ganzen Liedes diesen Umfang überschreiten.[1102] Es dürfen nur Werke wahrnehmbar gemacht werden, die bei dem Tagesereignis, über das berichtet wird, auch tatsächlich aufgeführt wurden.[1103] Das muss allerdings nicht in genau derselben Gestalt geschehen, wie dies bei dem Tagesereignis erfolgte, sondern es dürfen zB auch Archivaufnahmen verwendet werden.[1104] Beim Bericht über eine Konzerttournee eines Künstlers ist es somit gestattet, die Studioaufnahme eines seiner Werke oder zumindest einen Ausschnitt der Studioaufnahme und nicht lediglich eine Live-Aufnahme der aktuellen Tournee zu senden.

11. Die wichtigsten Tarife im Überblick

989 Die Unterschiedlichkeit der wirtschaftlichen Rahmenbedingungen in den verschiedenen Veranstaltungsgenres bedingt im Veranstaltungsbereich zwangsläufig unterschiedliche Tarife.

a) Der Tarif E

990 Für den Bereich der Klassik wurde mit dem Tarif E ein spezieller Tarif geschaffen.[1105] Der Vergütungssatz E wird auf Konzerte der ‚ernsten Musik' angewendet. Ernste Musik iSd Tarifs E liegt vor, wenn bei der entsprechenden Darbietung der Gedanke des Musikgenusses und der Musikverbreitung im Vordergrund steht und die Veranstaltung der Wahrung kultureller Belange dient.[1106]

991 Die Vergütungssätze des Tarifs E sind deutlich niedriger als die Vergütungssätze im Bereich der Rock- und Popmusik. Dies ist nachvollziehbar, da es in der Klassik eine große Zahl attraktiver und bekannter Werken gibt, bei denen die urheberrechtliche Schutzdauer gem. § 64 UrhG längst abgelaufen ist. Da diese Werke gemeinfrei geworden sind, dürfen sie von jedermann unentgeltlich genutzt werden. Neue Komponisten im Bereich der klassischen Musik sehen sich wegen dieser starken kostenlosen Konkurrenz einer schwierigen Marktlage ausgesetzt, weshalb höhere Tarife nicht durchsetzbar sind. Für Konzerte der

---

[1099] OLG Frankfurt GRUR 1985, 380 – Operneröffnung.
[1100] OLG Frankfurt GRUR 1985, 380 – Operneröffnung.
[1101] Nordemann in Fromm/Nordemann UrhG § 50 Rn. 1.
[1102] Lüft in Wandtke/Bullinger UrhG § 50 Rn. 7.
[1103] BGH GRUR 1983, 28 – Presseberichterstattung und Kunstwerkwiedergabe II.
[1104] BGH GRUR 1983, 28 – Presseberichterstattung und Kunstwerkwiedergabe II.
[1105] Vgl. Risch/Kerst S. 321 f.; Strittmatter in Moser/Scheuermann S. 755.
[1106] Vgl. LG Mannheim NJW 1998, 1417.

ernsten Musik, die ausschließlich pädagogischen Zwecken dienen, gibt es den besonders günstigen Tarif E-P.

Die GEMA will den Tarif E allerdings nicht bei allen Konzerten klassischer Musik anwenden, sondern nur dann, wenn die Zuhörerzahl sich im Rahmen dessen hält, was bei Klassik-Konzerten üblich ist. Der günstige Tarif rechtfertigt sich nach Auffassung der GEMA vor allem durch die vergleichsweise geringe Besucherzahl bei Klassik-Konzerten. Im Fall ‚Drei Tenöre' wollte die GEMA deshalb bei Klassik-Konzerten in Stadien und ähnlichen Großveranstaltungsstätten nicht den Klassik-Tarif, sondern den regulären Konzerttarif für Großveranstaltungen in Ansatz bringen. Das LG Mannheim hat unter Bezugnahme auf eine Schiedsstellenentscheidung die Rechtsauffassung der GEMA bestätigt, da bei den Konzerten der ‚Drei Tenöre' nicht der Musikgenuss, sondern die Musikvermarktung im Vordergrund stehen würde und zudem ein Klassik-Open-Air in einer Großveranstaltungsstätte von der Kostenstruktur her nicht in den Tarif E, sondern in den regulären Konzerttarif einzuordnen sei.[1107] Das müsste allerdings dann im Umkehrschluss auch bedeuten, dass Konzerte der Unterhaltungsmusik dann dem Tarif E unterfallen, wenn sie aufgrund geringer Zuhörerzahl eine Kostenstruktur aufweisen, die einem Klassik-Konzert entspricht. Wenn die Anwendung eines GEMA-Tarifs tatsächlich von der Kostenstruktur der Veranstaltung abhängig gemacht würde, ergäben sich Abgrenzungsschwierigkeiten und Rechtsunsicherheiten. Erst recht ist es eine reine Wertungsfrage, ob bei einem Konzert der Musikgenuss oder die Musikvermarktung im Vordergrund steht. Eine derartige Einzelfallwertung verstößt gegen den eindeutigen Wortlaut der Tarife, die ja hinreichend bestimmt bezeichnen, auf welche Sachverhalte sie Anwendung finden. Auf den definierten Anwendungsbereich der Tarife muss der Lizenznehmer sich zur Kalkulation der Veranstaltungskosten uneingeschränkt verlassen können.

b) Der Tarif U-K

Der 2010 in Kraft getretene Tarif U-K ist der zentrale Tarif im Veranstaltungsbereich. Er löste die früheren Tarife VK und VK (G) ab und gilt für Musikdarbietungen im Rahmen von Konzerten und Tourneen, sofern nicht die Sondertarife für Konzerte der klassischen Musik Anwendung finden. Nicht vom Tarif U-K erfasst werden die Wiedergabe von Tonträgern bei Veranstaltungen, sofern sie nicht im Zusammenhang mit Konzerten erfolgt, sowie die Aufführung von Musik außerhalb von Konzerten und Tourneen, also zB bei Veranstaltungen in Discotheken oder Gaststätten. Auch die Nutzung von GEMA-Repertoire bei geschlossenen Veranstaltungen (Firmenevents), bei Comedy- und Kabarettveranstaltungen, Stadt- und Straßenfesten sowie bei Show- und Sportveranstaltungen werden inzwischen über U-K und nicht, wie früher, über separate Tarife lizenziert.

Dass über den Tarif U-K auch Nutzungsrechte für mechanische Werkwiedergaben bei Konzerten lizenziert werden, findet im Tarif zwar keine ausdrückliche Erwähnung. Die Tatsache ergibt sich aber aus dem Umkehrschluss der Regelung in Zif. 4 des Tarifs. Dort ist geregelt, dass die Einwilligung für Tonträgerwiedergaben nur unter der Voraussetzung erteilt wird, dass es sich um legale Tonträger handelt. Im Übrigen entspricht es dem jahrzehntelang praktizierten allgemeinen Tarifverständnis.

Ziel der Einführung des Tarifs U-K war vor allem, wie dargestellt, eine deutliche Erhöhung der bis dahin für den Anwendungsbereich geltenden Vergütungssätze. Tatsächlich bedeutet der Tarif im Ergebnis für die Veranstalter eine Vervielfachung der bis 2009 geltenden Tarifsätze. Um den Tarifwechsel für die Veranstalter ‚schonender' zu gestalten und ihnen eine gewisse Planungssicherheit zu geben, wurde für die Jahre 2010–2014 eine Einführungsphase mit jährlich sukzessiv ansteigenden Vergütungssätzen festgeschrieben. Die angestrebte Lizenzhöhe wird damit erst 2014 erreicht. Nach Abschluss der Einführungsphase beträgt ab 1.1.2014 die Vergütung für Veranstaltungen mit bis zu 2.000 Besuchern 5 % der Bruttoeinnahmen, für Veranstaltungen mit über 2.000 jedoch weniger als 15.000

[1107] LG Mannheim NJW 1998, 1417.

Besuchern 7,2% der Bruttoeinnahmen und bei Veranstaltungen mit über 15.000 Besuchern 7,65% der Bruttoeinnahmen.

996 Die umsatzorientierte Vergütung nach dem Tarif U-K findet ihre Untergrenze in festgeschriebenen besucherzahlorientierten Mindestvergütungen. Die Nutzung des musikalischen Werks ist also auch dann zu vergüten, wenn der Veranstalter bei der Veranstaltung keine oder geringe Einnahmen generiert. Denn die prozentuale Vergütung ist fast immer höher als die Mindestvergütung und somit ganz überwiegend geschuldet.

aa) Bemessungsgrundlage

997 Bemessungsgrundlage für die Tarifanwendung ist die Bruttoeinnahme des Veranstalters aus dem Kartenverkauf einschließlich Umsatzsteuer ohne Berücksichtigung der Vorverkaufs- und Systemgebühren.

998 Ein zentrales Anliegen der GEMA bei den Verhandlungen über den Tarif U-K war – wie dargestellt – neben der erheblichen Tariferhöhung ihre Forderung, die Bemessungsgrundlage so zu erweitern, dass – erstmalig bei entsprechenden Tarifen – auch geldwerte Vorteile des Veranstalters zB durch Werbe- und Sponsoringeinnahmen Teil der Bemessungsgrundlage sein sollten. Zumindest aber sollten sie sich auf die Tarifhöhe auswirken. Die Einigung über diese Forderung mündete in eine komplexe Regelung:

999 **(1) Umsatzsteuer.** Kritisch zu beurteilen ist bereits die Einbeziehung der Umsatzsteuer in die Bemessungsgrundlage. Die Schiedsstelle setzt sich in ihrem Einigungsvorschlag recht ausführlich mit der Forderung der Veranstalterverbände auseinander, lediglich die Netto-Umsätze ohne Umsatzsteuer als Bemessungsgrundlage zu definieren. Sie lehnt dies im Ergebnis aber ab.[1108] Die Umsatzsteuer sei deshalb einzubeziehen, weil Nutzer mit Vorsteuerabzugsberechtigung sonst auf Kosten der Urheber einen zusätzlichen geldwerten Vorteil erlangen würden. Der Nutzer würde gegenüber dem Vergütungsanspruch der GEMA den gesamten Umsatzsteuersatz in Abzug bringen, während er nur einen Teil der vereinnahmten Umsatzsteuer an das Finanzamt abführen müsse. Die Argumentation ist rechtsdogmatisch nur eingeschränkt nachvollziehbar. Zunächst einmal führt damit jede Änderung des Umsatzsteuersatzes zu einer nicht zwischen den Tarifvertragspartnern verhandelten Tarifänderung. Im Übrigen zählt die Umsatzsteuer zwar steuerrechtlich zur Einnahme des Veranstalters, ist jedoch kein geldwerter Vorteil. Zudem werden durch die Einbeziehung der Umsatzsteuer in die Bemessungsgrundlage Veranstaltungen, die über eine Umsatzsteuerbefreiung nach § 4 Nr. 20a UStG verfügen, tariflich besser gestellt als Veranstaltungen, die dem ermäßigten oder dem vollen Umsatzsteuersatz unterliegen. Während bei umsatzsteuerbefreiten Veranstaltungsumsätzen die Vergütung von der Gesamteinnahme bezahlt werden kann, steht bei einer steuerbaren Veranstaltungseinnahme dafür nur der um die Umsatzsteuer reduzierte Einnahmeanteil zur Verfügung. Für diese unterschiedliche Behandlung ist kein Grund ersichtlich. Auch bei anderen Tarifen wie bspw. den Streaming-Tarifen VR-OD7, VR-OD-8, VR-OD oder dem Tarif für Tonträgerherstellung VR-T-H 1 ist die Umsatzsteuer von der Bemessungsgrundlage ausgenommen. Es ist daher anzunehmen, dass die Berücksichtigung der Umsatzsteuer beim Tarif U-K einer gerichtlichen Überprüfung nicht Stand halten würde. Dass die Vertreter der Veranstalter sich bei den Verhandlungen über den Tarif U-K gleichwohl mit der Einbeziehung der Umsatzsteuer in die Bemessungsgrundlage einverstanden erklärten, ist nur vor dem Hintergrund verständlich, dass bereits die Vorgängertarife V-K und V-K (G) ebenfalls eine Einbeziehung der Umsatzsteuer vorsahen. Im Übrigen wäre eine außergerichtliche Einigung gescheitert, sofern die Veranstalter an dieser Stelle nicht nachgegeben hätten.

1000 **(2) Vorverkaufs- und Systemgebühren.** Vom Veranstalter vereinnahmte Vorverkaufs- und Systemgebühren zählen beim Tarif U-K – wie bereits bei den Vorgängertarifen – nicht zur Bemessungsgrundlage. Die Schiedsstelle führt dazu zutreffend aus, dass diese Vergütun-

---

[1108] Schiedsstelle v. 17.11.2009 – Sch-Urh 03/09 (nv).

gen kein Entgelt für die Nutzung der musikalischen Werke darstellen. Das ist zutreffend: Vorverkaufs- und Systemgebühren fallen bei nicht-musikalischen Veranstaltungen und bei Veranstaltungen mit GEMA-freier Musik in gleicher Weise an. Sie vergüten lediglich die Leistung der Vorverkaufsstelle und des Ticketingsystembetreibers, aber nicht die Leistung des Urhebers.

(3) Sonstige geldwerte Vorteile. Grundsätzlich sind andere geldwerte Vorteile als die Erlöse aus dem Kartenverkauf nur zu berücksichtigen, sofern es sich um steuerpflichtige Umsätze im Sinne des UStG handelt und sie sonstigen Einnahmen des Veranstalters wirtschaftlich gleichwertig sind. Damit bleiben solche Einnahmen außer Betracht, die nicht auf der Grundlage eines unmittelbaren Austauschgeschäfts mit dem Veranstalter getätigt werden. Dazu zählen zB Förderleistungen der öffentlichen Hand, die auf der Grundlage von Kultur- oder Wirtschaftsförderungsprogrammen gewährt werden.[1109]   1001

(a) Werbe- und Sponsoreneinnahmen. Um typische anlässlich von Veranstaltungen erzielte sonstige **geldwerte Vorteile** des Veranstalters handelt es sich bei Einnahmen aus der Vermietung von Werbeflächen oder bei Geldleistungen von Sponsoren.   1002

Allerdings erhält der Veranstalter von den Werbetreibenden und Sponsoren als Gegenleistung in vielen Fällen keine Geldmittel sondern lediglich eine Sachleistung. Auch dabei handelt es sich um umsatzsteuerpflichtige Geschäfte und damit um geldwerte Vorteile iSd Tarifs. Die Leistung des Sponsors besteht dabei zB in der kostenfreien Bereitstellung von Veranstaltungstechnik, Catering, Werbe- oder Anzeigenflächen. Zwar werden auch derartige Leistungen aus steuerrechtlichen Gründen und zur Bemessung der vom Veranstalter erwarteten Gegenleistung regelmäßig preislich bewertet. Dabei wird aber als Wert der Leistung allenfalls in Ausnahmefällen der übliche Listenpreis einer Rundfunkwerbung oder einer Anzeigenschaltung zu Grunde gelegt. Aufgrund dieser Tatsache wurde bei den Tarifverhandlungen kontrovers darüber verhandelt, ob derartige Leistungen überhaupt und ggfs in welchem Umfang sie bei der Ermittlung der Tarifhöhe berücksichtigt werden sollen.   1003

Im Ergebnis haben sich die Tarifvertragspartner darauf geeinigt, dass Sachzuwendungen nur dann geldwerte Vorteilen iSd Tarifs darstellen, wenn dafür – ggf. auch von einem Dritten – Zahlungen geleistet werden. Fließt für entsprechende Leistungen weder unmittelbar noch mittelbar Geld durch Dritte, sind Sachzuwendungen von der Bemessungsgrundlage ausgenommen. Mietet zB eine Brauerei Räumlichkeiten an, die sie dem Veranstalter für die Durchführung der Veranstaltung überlässt, findet bezüglich der Mietkosten zwar kein Leistungsaustausch mit dem Veranstalter statt. Da die Brauerei jedoch die Mietkosten übernimmt, handelt es sich bei der Überlassung der Spielstätte um eine zur Bemessungsgrundlage zählende Sachleistung. Stellt die Brauerei hingegen Freibier aus ihrem eigenen Bestand bereit, zählt diese Sachzuwendung nicht zur Bemessungsgrundlage. Das gilt selbst dann, wenn der Veranstalter dafür seinerseits eine Gegenleistung in Form einer Sachleistung erbringt. Zwar mag der Erhalt des Bieres für den Veranstalter ein geldwerter Vorteil sein. Solange dafür keine Zahlungen geleistet werden, gilt die Leistung jedoch nicht als geldwerte Leistung iSd Tarifs.   1004

(b) Medienpartnerschaften. Ausdrücklich ausgenommen von der Bemessungsgrundlage sind auch geldwerte Vorteile des Veranstalters, die er durch Kooperationen mit Medienpartnern wie zB Presse, TV oder Rundfunk erhält. Indem ein Sender oder eine Zeitung dem Veranstalter gratis oder zu günstigeren Konditionen Werbeschaltungen ermöglicht, erhält der Medienpartner als Gegenleistung bspw. das Recht, sich als Präsentator der Veranstaltung zu nennen, unter Abdruck seiner Marke als Veranstaltungspartner auf Plakaten und Eintrittskarten erwähnt zu werden oder Freikartenkontingente zu erhalten. Auch dabei resultiert aus dem Austauschverhältnis die Umsatzsteuerpflichtigkeit der Leistung.   1005

[1109] Korn in Bunjes UStG § 10 Rn. 62.

1006 Die Tarifvertragsparteien konnten sich jedoch auf die grundsätzliche Nichtberücksichtigung von Medienpartnerschaften vor dem Hintergrund einigen, dass derartige Kooperationen bei vielen Veranstaltungen eine ‚conditio sine qua non' für deren wirtschaftlich sinnvolle Durchführbarkeit sind. Anzeigenschaltungen und Rundfunk- und Fernsehspots sind für die meisten Veranstaltungen im Unterhaltungsbereich ein unverzichtbarer Werbefaktor. Müssten dafür Listenpreise gezahlt werden, hätte dies eine vom Markt sicher nicht mehr verkraftbare Steigerung der Kartenpreise zur Folge. In der Folge würden die Besucherzahlen zurückgehen. Da geringere Veranstaltungseinnahmen eine geringere Bemessungsgrundlage und damit auch eine geringere Basis für die Vergütung der Einnahmen der Autoren zur Folge hätten, lag es in beidseitigem Interesse, geldwerte Vorteile, die dem Veranstalter aus Medienkooperationen zufließen, grundsätzlich von der Bemessungsgrundlage auszunehmen.

1007 **(c) Gastronomie und Merchandising.** Umsätze aus Gastronomie, Merchandising oder ähnlichen Verkäufen, die bei Gelegenheit eines Konzerts erfolgen, zählen auch bei dem Tarif U-K nicht zur Bemessungsgrundlage für die Berechung der Vergütung. Sie wurden ausdrücklich von den vergütungspflichtigen Einnahmen ausgenommen. Die Schiedsstelle stellte – wie bereits dargelegt – dazu zutreffend fest, dass diese Geschäfte nicht im unmittelbaren Zusammenhang mit der Nutzung des musikalischen Werks stehen.[1110] Außerdem werden diese Einnahmen in der Regel nicht durch den Veranstalter getätigt, da die Spielstättenbetreiber die Gastronomie zumeist verpachtet haben. Und auch bei Merchandisingeinnahmen handelt es sich jedenfalls im Tourneegeschäft regelmäßig nicht um Einnahmen des Veranstalters sondern des Künstlers. Nur ausnahmsweise – etwa bei Festivals – verkauft der Veranstalter auf eigene Rechnung Merchandisingmaterial.

1008 Nicht einmal bei Discotheken sieht der Tarif U-V eine Einbeziehung der Gastronomieeinahmen in die Bemessungsgrundlage vor, obwohl der Konsum von Getränken und Speisen im Discothekenbereich eine weitaus größere Bedeutung hat als bei Konzerten, wo das Publikum auf die Bühne konzentriert ist und schon deshalb nur eingeschränkte Möglichkeiten hat, gastronomische Angebote wahrzunehmen.

1009 **(d) Tarifzuschlag.** Wenn nach vorstehenden Kriterien im Einzelfall feststeht, dass es sich bei den vom Veranstalter empfangenen Leistungen um geldwerte Vorteile iSd Tarifs handelt, werden diese nicht Teil der Bemessungsgrundlage, sondern durch einen **prozentualen Zuschlag** auf die Bruttoumsätze und damit letztlich durch einen prozentual erhöhten Tarif abgegolten. Dieser Weg war erforderlich, da sich insbesondere der Wert von Sach-, Sponsoring- und Werbeleistungen kaum zuverlässig ermitteln lässt. Der prozentuale Zuschlag ist ein sachgerechter Weg der Pauschalierung. Generell sind Pauschalierungen bei den Tarifen der Verwertungsgesellschaften nicht nur als Mittel zur Begrenzung des Verwaltungsaufwands zulässig, sondern sogar dem System der Rechtewahrnehmung durch Verwertungsgesellschaften immanent. Dass hierbei im Einzelfall gewisse Verzerrungen auftreten können, ist deshalb nach der ständigen Spruchpraxis der Schiedsstelle hinzunehmen.[1111]

1010 Im Tarif bis 2.000 Zuschauer beträgt der für die Erzielung geldwerter Vorteile zu entrichtende Zuschlag 0,35 Prozentpunkte, im Tarif von 2.001 bis 15.000 Personen 0,38 Prozentpunkte und im Tarif über 15.000 Personen 0,42 Prozentpunkte. Der Veranstalter ist verpflichtet, bei der Meldung der Veranstaltung gegenüber der GEMA – mithin im Vorwege – anzugeben, ob Werbe- oder Sponsoring-Einnahmen im Sinne des Tarifs erwartet werden.

bb) Jahrespauschalverträge und Benefizveranstaltungen

1011 Veranstalter, die mit der GEMA einen Jahrespauschalvertrag abgeschlossen haben, werden bei der Durchführung von mehr als 15 Veranstaltungen **Mengenrabatte** eingeräumt. Sie

---

[1110] Schiedsstelle v. 17.11.2009 – Sch-Urh 03/09 (nv).
[1111] Schiedsstelle ZUM 1990, 259; ZUM 2007, 587.

betragen bei mehr als 15 bis zu 30 Veranstaltungen 10% und bei mehr als 30 Veranstaltungen 15% der im jeweiligen Jahr gezahlten Vergütungssumme, wobei der entsprechende Rabatt jeweils ab der ersten Veranstaltung gewährt wird.

Für Benefizveranstaltungen sieht der Tarif U-K einen Nachlass in Höhe von 10% auf die zugrundeliegende tarifliche Vergütung vor. Damit trägt die GEMA der Soll-Vorschrift des § 13 Abs. 3 S. 4 UrhWahrnG Rechnung, wonach religiöse, kulturelle und soziale Belange tarifmildernd berücksichtigt werden können.

c) Die Tarife U-V und M-V

Die Vielzahl der GEMA-Tarife im Veranstaltungsbereich und die damit verbundene Unübersichtlichkeit hat die GEMA zu Anstrengungen veranlasst, das Tarifgeflecht zu vereinheitlichen und in wenigen Tarifen zusammenzuführen. Während der Tarif U-V die **nicht-konzertante Nutzung von Live-Musik** bei Veranstaltungen regeln soll, soll der Tarif M-V die Nutzung von **mechanischen Musikaufzeichnungen** bei Veranstaltungen regeln. Beide Tarife enthalten weitgehend identische Regelungen, sodass man bei wirtschaftlicher Betrachtungsweise von nur einem einzigen Tarif sprechen könnte.

Nach gescheiterten Verhandlungen mit der Bundesvereinigung der Musikveranstalter[1112] setzte die GEMA die beiden neuen Tarife U-V und M-V zwar zunächst mit Wirkung zum 1.4.2013 fest. Aufgrund erheblicher Proteste der betroffenen Veranstalter und insbesondere des Bundesverbands der Musikveranstalter und eines Einigungsvorschlags der von dem Verband angerufenen Schiedsstelle setzte die GEMA den Tarif jedoch wieder aus, vereinbarte mit dem Verband eine Übergangsregelung für das Jahr 2013 und kündigte eine **neue Tarifstruktur für das Jahr 2014** an.

Am 10.04.2013 erließ die Schiedsstelle einen Einigungsvorschlag, der die Tariflinearisierung im Grundsatz bestätigt, allerdings vorsieht, dass die Ausdifferenzierung auf eine Vielzahl von Tarifen beibehalten wird. Sie schlägt ebenfalls zwei Tarife vor, die sie mit U-VK und M-U bezeichnet. U-VK regelt danach die **nicht-konzertante Nutzung von Live-Musik** bei Veranstaltungen. Gegenstand des Tarifs M-U ist die Nutzung von **mechanischen Musikaufzeichnungen** bei Veranstaltungen. Diese Tarife sieht die Schiedsstelle als Standard-Tarife für Musiknutzungen bei nicht konzertmäßigen Veranstaltungen vor. Für Konzerte und Tourneen gilt weiterhin der Tarif U-K.

Neben diesen drei Tarifen (U-K – U-VK und M-U) wird es voraussichtlich weiterhin Sondertarife für bestimmte Ausnahmefälle geben. Der Tarif U-VK hat dabei allerdings den weitesten Anwendungsbereich. Er ist für die meisten **nicht-konzertanten Veranstaltungen mit Live-musik** anwendbar. Dazu zählen Unterhaltungs- und Tanzmusikveranstaltungen mit Musikern bei Festzeltveranstaltungen, Festzügen, Sportveranstaltungen, Kundgebungen, Modenschauen und ähnlichen Veranstaltungen.[1113]

Da auch konzertähnliche Veranstaltungen wie DJ-Auftritte in Clubs, Stadtfeste mit Live-Musik, sog ‚Platzkonzerte im Freien' von dem Tarif U-VK erfasst werden sollen, kann die Abgrenzung zwischen diesem Tarif und dem Konzert- und Tourneeveranstaltertarif U-K zukünftig im Einzelfall schwierig werden. Abzustellen ist dabei vorrangig darauf, dass der Tarif U-VK für Veranstaltungen konzipiert wurde, bei denen die Musik nicht im Vordergrund steht. Er erfasst somit nicht das **konzertmäßige Veranstaltungsgeschäft.**

Aus dem Schiedsstellenverfahren wurden diverse Spezialtarife ausgeklammert, weshalb die Entscheidung der Schiedsstelle keine Aussage dazu enthält, ob diese Tarife zukünftig

---

[1112] Mitglieder der Bundesvereinigung der Musikveranstalter sind der Deutsche Hotel- und Gaststättenverband e.V. (DEHOGA Bundesverband), der Internationale Fachverband Show- und Unterhaltungskunst e.V. (IFSU), der Bundesverband Automatenunternehmer e.V. (BA), der Europäische Verband der Veranstaltungs-Centren e.V. (EVVC), der Allgemeine Deutsche Tanzlehrerverband e.V. (ADTV), der Hauptverband des Deutschen Einzelhandels e.V. (HDE), die Tanzschulinhabervereinigung im ADTV e.V. (TSIV), die MUZAK Funktionelle Musik GmbH und die INTERHOGA GmbH.
[1113] Strittmatter in Moser/Scheuermann S. 755.

fortbestehen werden oder nicht: Für regelmäßige Live-Musikaufführungen ohne Tanz und ohne Veranstaltungscharakter (dh Musikclub-, Kneipen- und Straßenmusik) gibt es den Tarif U. Der Tarif U-T erfasste Live-Musik in Tanzlokalen. Der Tarif VK deckte Live-Musikveranstaltungen bei Kabarett- und Variétéveranstaltungen ab. Der Tarif WR-VR-B1 erfasste die nicht-konzertante Live-Musikaufführung in Kleinkunstbühnen. Für konzertante Musikeinlagen in Bühnenwerken galt der Tarif BM. Und mit dem Tarif WR-N gab es bislang sogar einen eigenen Tarif für Striptease-Lokale.

1019 Wenn bei einer Veranstaltung keine Live-Musik zur Aufführung gebracht wird, sondern lediglich Tonträgeraufnahmen abgespielt werden, soll gem. dem Vorschlag der Schiedsstelle auch weiterhin **der Tarif M-U** zur Anwendung kommen.[1114] Bei diesem Tarif errechnet sich die GEMA-Vergütung – wie bei dem Tarif U-VK und auch vielen anderen Tarifen – nicht über eine prozentuale Beteiligung an den Einnahmen aus dem Kartenverkauf, sondern über den **Eintrittspreis** und die **qm-Zahl der Veranstaltungsstätte**. Dabei trägt der Veranstalter das Risiko einer ausbleibenden Publikumsnachfrage auch in Bezug auf die GEMA-Vergütung, dh er zahlt bei leerem genau so viel wie bei vollem Haus. Die GEMA entledigte sich damit der Notwendigkeit, konkrete Umsätze als Abrechnungsgrundlage zu ermitteln.

1020 Die Vergütung für Tonträgerwiedergaben nach dem Tarif M-U war bislang im Vergleich zu den og Tarifen für Live-Musik deutlich niedriger. Tatsächlich entspricht es einer jahrzehntelangen Praxis der GEMA, dass die Tarife für Live-Musik erheblich höher sind als für Tonträgermusik. Denn häufig dient Musik von Tonträgern vornehmlich als Hintergrundbeschallung. Der Tarif M-U war daher für Veranstalter ein Kostenfaktor von untergeordneter Bedeutung und wurde akzeptiert. Die Schiedsstelle schlug allerdings vor, dass mit den neuen Tarifen M-V bzw. M-U zukünftig die Tonträgerwiedergabe eines musikalischen Werks bei einer Veranstaltung in gleicher Höhe abgerechnet werden soll wie eine Live-Aufführung. Die Umsetzung dieses Vorschlags der Schiedsstelle wäre ein überraschendes Novum im bisherigen Tarifsystem. Besondere Bedeutung hat das neue Tarifkonzept daher für Discotheken und Clubs, welche mechanische Musikaufzeichnungen zur Aufführung bringen. Zwar lässt sich vertretbar argumentieren, dass die Wiedergabe von Musiktonträgern in vergleichbaren Umfang für den mit einer Veranstaltung erzielten Umsatz ursächlich ist wie die Live-Darbietung bei einem Konzert. Allerdings ist nicht nachvollziehbar, weshalb bei Repertoirenutzungen in Diskotheken die dort regelmäßig erheblichen Ausstattungskosten für Licht- und Tontechnik und Einrichtung und die Tatsache gar keine Berücksichtigung finden sollten, dass insbesondere der Besuch von Diskotheken nicht nur wegen des Musikprogramms erfolgt.

1021 Da die bisherigen Tarife M-V und M-U sich nicht an der Einnahme des Veranstalters sondern an der Größe des Veranstaltungsortes und dem Höchsteintrittsgeld orientierten, war die Belastung des Veranstalters bei nicht kostendeckenden Einnahmen besonders groß. Er musste nach dem Tarif die gleiche Vergütung zahlen wie bei einer gut besuchten Veranstaltung. Deshalb konnte bereits nach dem alten Tarif M-U ein Missverhältnis zwischen dem Tarifsatz und den tatsächlichen wirtschaftlichen Vorteilen des Veranstalters entstehen. Dann war die GEMA-Vergütung gem. § 315 BGB auf einen Betrag unterhalb des regulären Tarifsatzes zu ermäßigen. Die Tarife U-V bzw. U-VK und M-V bzw. M-U sehen nunmehr ebenfalls grundsätzlich eine Abrechnung nach Veranstaltungsfläche und Höchsteintrittsgeld vor. Aufgrund der nun gegenüber den Vorgängertarifen beabsichtigten deutlichen Anhebung der Tarife kann es häufig weitaus häufiger als bisher zu derartigen **Härtefällen** kommen. Daher ist vorgesehen, dass die neuen Tarife U-V und M-V dem Veranstalter das Recht ein, nachzuweisen, dass seine Bruttoeinnahme in grobem Missverhältnis zu der tarifgemäßen Vergütung steht. Wenn ihm dieser Nachweis gelingt, soll die Vergütung auf 10% der Bruttoeinnahme ermäßigt werden. Hierbei sind neben den Eintrittsgeldern auch alle sonstigen Einnahmen wie Sponsoren- und Werbeeinnahmen zu berücksichtigen.

[1114] Vgl. Risch/Kerst S. 323.

Für Veranstaltungen, die ausschließlich **wohltätige Zwecke** verfolgen, existieren auch bei dem Tarif U-VK bzw. U-V besonders günstige Sozialtarife und -rabatte. Allerdings ist bei reinen Benefizveranstaltungen stets zu prüfen, ob diese nicht bereits gem. § 52 UrhG qua Gesetzes vergütungsfrei sind.

d) Tarif U-Büh

Der Tarif U-Büh ist ein Sondertarif, der bei bestimmten Veranstaltungen, die im Tarif als ‚Shows, Revuen, Musical Galas' benannt werden, einen auffällig hohen Vergütungssatz von 15 % vorsieht. Dies erscheint auf den ersten Blick systemwidrig, da sich derartige Shows von Konzerten oftmals nur dadurch unterscheiden, dass die Musik mit einer Handlung verknüpft wird. § 13 Abs. 3 S. 3 UrhWahrnG sieht vor, dass auf den Anteil der Werknutzung am Gesamtumfang des Verwertungsvorgangs angemessen Rücksicht zu nehmen ist. Daher ist die Lizenzgebühr grundsätzlich zu ermäßigen, wenn die musikalische Darbietung lediglich Teil einer Gesamtleistung ist. Das hat zB bei Shows, Revuen usw zu geschehen, da hier die musikalische Darbietung mit einem visuellen Geschehen verbunden wird. Deshalb müsste die Vergütung nach dem Tarif U-Büh eigentlich niedriger und nicht höher sein als die Vergütung für Rechtenutzungen in Konzerten. Die GEMA erklärt diesen Widerspruch damit, dass der Tarif U-Büh Werknutzungen erfasse, die an der **Schwelle zum Großen Recht** bzw dem Synchronisationsrecht stünden. Deshalb sei es angemessen, für derartige Werknutzungen einen Tarif anzusetzen, der der Höhe nach der üblichen Lizenzvergütung entspricht, die ein Bühnenverlag für die Einräumung des Großen Rechts verlangt. Diese Begründung kann allerdings nicht nachvollzogen werden. Die hohe Vergütung, die Bühnenverlage für die Einräumung des Großen Rechts üblicherweise verlangen, rechtfertigt sich daraus, dass nicht nur das Aufführungsrecht an der Musik lizenziert wird, sondern auch das Recht zur Wiedergabe eines mit der Musik verbundenen **dramaturgischen Handlungsgeschehens**. Eine derartige Verbindung gibt es nur bei dramatisch-musikalischen Bühnenstücken wie Opern, Operetten und Musicals. Hier bilden das Handlungsgeschehen und die Musik eine untrennbare Einheit, denn nicht nur das Libretto sondern die Musik selbst erzählt das Bühnengeschehen fort. Diese dramatisch-musikalische Verbindung rechtfertigt eine höhere Lizenzvergütung. Der besonders hohe Tarifsatz bei U-Büh ist nur vor diesem Hintergrund sowie vor dem Hintergrund der Rechtsprechung des BGH verständlich. In der Entscheidung ‚Musical-Gala' hat der BGH festgestellt, dass die Integration von vorbestehenden Werken des Kleinen Rechts in ein Bühnengeschehen auch über die GEMA lizenziert werden kann.[1115] Es war nach dieser Entscheidung also bspw. möglich, für ein Musical Rechte an Musikwerken über die GEMA zu lizenzieren, auch wenn die Werke nicht lediglich als Hintergrundmusik oder musikalische Einlage, sondern als integraler Teil eines Handlungsstrangs verwendet werden.[1116] Auf diese Weise konnte zB ein Musical über die Lebensgeschichte eines Künstlers mit dessen Werken musikalisch gestaltet und damit der Handlungsstrang weitergetragen werden. Da eine derartige Werknutzung zumindest in die Nähe der Vergabe des Großen Rechts rückt, mag zwar grundsätzlich eine höhere Vergütung als die für die konzertmäßige Aufführung von Musikwerken gerechtfertigt sein. Angesichts der Tatsache jedoch, dass mit dem Großen Recht ein Nutzungsrecht an einem Gesamtwerk eingeräumt wird und dafür durchaus Vergütungen auch von weniger als 15 % üblich sind, schöpft der Tarif U-Büh bereits die Obergrenze des denkbar Angemessenen aus.

Zwischenzeitlich wurde § 1 lit. a des Berechtigungsvertrag der GEMA allerdings neu gefasst. Hierdurch soll sicher gestellt werden, dass – entgegen der vorerwähnten BGH-Entscheidung – das Recht zur Aufführung vorbestehender Werke des Kleinen Rechts als Teil eines dramatisch-musikalischen Handlungsgeschehens nicht über die GEMA erworben werden kann.

[1115] BGH GRUR 2000, 228 – Musical – Gala.
[1116] Vgl. Staudt in KBR GEMA Kap. 10 Rn. 37.

§ 11 Verwertungsgesellschaften

1025 Gemäß § 1 lit. a des Berechtigungsvertrags nimmt die GEMA wahr:

„Die Aufführungsrechte an Werken der Tonkunst mit oder ohne Text, jedoch unter Ausschluss des Rechts zur bühnenmäßigen Aufführung dramatisch-musikalischer Werke (vollständig, als Querschnitt oder in größeren Teilen). Der Ausschluss umfasst auch die bühnenmäßige Aufführung sonstiger Werke der Tonkunst (mit oder ohne Text) als integrierende Bestandteile dramatisch-musikalischer Bühnenstücke, zB im Rahmen von Balletten oder Hit-Musicals. Unerheblich ist, ob die Werke eigens für die Umsetzung auf der Bühne geschaffen worden sind. Bühnenmusiken, soweit sie nicht integrierender Bestandteil des Bühnenwerkes sind, Bühnenschauen, Filmbegleitmusik, Einlagen in Revuen, Einlagen in Operetten, Possen und Lustspielen, melodramatische und Kabarettaufführungen sind Gegenstand dieses Vertrages, soweit es sich nicht um die Aufführung von Bestandteilen dramatisch-musikalischer Werke in anderen Bühnenwerken handelt."

1026 Es ist unklar, welchen Anwendungsbereich der Tarif U-Büh nach der Neufassung von § 1 lit. a des Berechtigungsvertrags noch haben soll. Die GEMA will den Tarif U-Büh allerdings auch anwenden, sofern eine dramaturgisch gestaltete Darbietung fehlt. So zählt sie zu seinem Anwendungsbereich auch Shows, Compilation-Shows und Revuen. Diese Veranstaltungsformate haben zwar zumeist ebenfalls einen gewissen Handlungsstrang und enthalten Darbietungen, die über die konzertmäßige Aufführung hinausgehen. Allerdings fehlt es an einer integralen Verbindung von Handlung und Musik. Es ist aber nicht nachvollziehbar, dass die Tatsache, dass zusätzlich zur Darbietung des musikalischen Werks auch ein visuelles Element geboten wird, vergütungserhöhend wirken soll. Da ein erheblicher Teil der veranstalterischen Gesamtleistung nicht in der Wiedergabe des musikalischen Werks sondern in der visuellen Komponente besteht, müsste gem. § 13 Abs. 3 S. 3 UrhWahrnG genau das Gegenteil der Fall sein. Die prozentuale Vergütung müsste niedriger und nicht höher sein als der normale GEMA-Tarif bei konzertanter Wiedergabe. Der Tarif U-Büh dürfte daher unter den gegebenen Umständen allenfalls in Ausnahmefällen angemessen sein. Hinzu kommt, dass sich der definierte Anwendungsbereich dieses Tarifs kaum gegenüber dem Anwendungsbereich des Tarifs U-K abgrenzen lässt. Angesichts der erheblichen Differenz zwischen der Höhe beider Tarife – immerhin beträgt der Tarif U-Büh ja etwa das Doppelte des Tarifs U-K – erscheinen diese Abgrenzungsschwierigkeiten kaum hinnehmbar.

1027 Viele Konzerte der Unterhaltungsmusik – die ja unstreitig nach U-K abgerechnet werden – weisen häufig ebenso starke visuelle Elemente auf wie Show- oder Revueprogramme, auf welche Tarif U-Büh Anwendung finden soll. Dazu zählen neben der Musik häufig viele nicht musikalisch mitwirkende Bühnenakteure, aufwendige Bühnenaufbauten und Bühnentechnik, Videoeinwände usw. Diese visuellen Elemente bei solchen Konzerten bleiben quantitativ nicht hinter dem visuellen Element bei ‚klassischen' Shows und Revuen zurück. Das Verhältnis zwischen U-K und U-Büh erscheint deshalb als nicht stimmig. Es gibt in vielen Fällen Abgrenzungsschwierigkeiten zwischen beiden Tarifen.

e) Härtefallregel

1028 Grundsätzlich kann zur Korrektur aller GEMA-Tarife eine sog Härtefallregel Anwendung finden. Sofern die Eintrittseinnahmen sowie erhaltene geldwerte Vorteile gem. § 13 Abs. 3 S. 1 UrhWahrnG im groben Missverhältnis zu einer nach dem einschlägigen Tarif geschuldeten Vergütung stehen, kann eine Ermäßigung der Vergütung verlangt werden. Dazu ist bis zum 15. Tag des auf die Rechnungsstellung folgenden Monats bei der zuständigen Bezirksdirektion der GEMA ein entsprechender schriftlicher Antrag zu stellen, in welchem sämtliche Einnahmen anzugeben und aufzuschlüsseln sind.

12. Schiedsstellenverfahren und gerichtliche Tarifstreitigkeiten

1029 Gemäß § 14 UrhWahrnG kann die Schiedsstelle bei Streitfällen angerufen werden, an denen eine Verwertungsgesellschaft beteiligt ist, wenn der Streitfall die Nutzung von Werken oder Leistungen, die nach dem Urheberrechtsgesetz geschützt sind oder den Abschluss oder die Änderung eines Gesamtvertrags betrifft.

Gemäß § 16 iVm § 14 UrhWahrnG ist die Schiedsstelle bei einem Streit über die Anwendbarkeit oder Angemessenheit eines Tarifs oder Gesamtvertrags obligatorisch anzurufen, bevor ein gerichtliches Klagverfahren durchgeführt wird. Stellt sich erst im Verlauf des Gerichtsverfahrens heraus, dass die Anwendbarkeit oder Angemessenheit eines Tarifs oder Gesamtvertrags strittig ist, muss das Gericht den Rechtsstreit aussetzen, damit die Schiedsstelle angerufen werden kann. 1030

Das Verfahren vor der Schiedsstelle ist in der UrhSchiedsV geregelt. Die Schiedsstelle ist mit einem Vorsitzenden und zwei Beisitzern besetzt. Ein Anwaltszwang besteht nicht. 1031

Sofern das Schiedsstellenverfahren nicht mit einem Vergleich endet, hat die Schiedsstelle gem. § 14a UrhWahrnG einen begründeten **Einigungsvorschlag** vorzulegen. Dieser Einigungsvorschlag gilt gem. § 14a Abs. 3 UrhWahrnG als verbindlicher, vollstreckbarer Vergleich, wenn nicht eine Partei innerhalb eines Monats nach Zugang schriftlich Widerspruch einlegt. Er enthält eine Entscheidung über die Kosten des Schiedsstellenverfahrens, wobei gem. § 14 UrhSchiedsV eine Kostenerstattung der notwendigen Auslagen der Gegenseite angeordnet werden kann. 1032

13. Großes Recht

Vom sog ‚Großen Recht' spricht man, sofern es sich bei einer Aufführung nicht um eine konzertmäßige Darbietung, sondern um ein dramaturgisches Bühnengeschehen wie zB bei einer Oper oder einem Musical handelt.[1117] Entscheidendes Charakteristikum des Großen Rechts ist es, dass die Musik mit der dramaturgischen Bühnenhandlung zu einer erzählerischen Einheit verbunden wird. Dabei wird die Musik regelmäßig zu einem tragenden Element der Dramaturgie und trägt dazu bei, das Handlungsgeschehen fortzuentwickeln und für das Publikum erlebbar zu machen. 1033

Die Wahrnehmung des Großen Rechts ist nicht der GEMA übertragen, der Berechtigungsvertrag nimmt es in § 1a sogar ausdrücklich aus. Der Erhalt von Nutzungsrechten für die bühnenmäßige Aufführung dramatisch-musikalischer Werke ist dann mit den Autoren selbst oder dem sie repräsentierenden Musikverlag zu verhandeln. Wenn hingegen lediglich eine Show ohne Handlungsgeschehen dargeboten wird – bspw. eine Tanzshow oder ein Cover-Konzert, bei dem die Musiker sich optisch an Aussehen und Auftreten ihres Vorbilds anlehnen – genügt die Lizenzierung über die GEMA. 1034

14. Kontrahierungszwang

Gemäß § 11 UrhWahrnG besteht für Verwertungsgesellschaften Kontrahierungszwang. Nicht nur der Sinn und Zweck einer Verwertungsgesellschaft – nämlich die zentrale Lizenzierung von Autorenrechten – sondern auch der nach den Vorschriften des UrhWahrnG bestehende regulative Rahmen gebietet, dass die von ihr wahrgenommenen Rechte gegen Zahlung der tarifmäßigen Vergütung jedermann einzuräumen sind. 1035

Die Lizenzierung über die Verwertungsgesellschaft muss abschließend sein, da sie ansonsten wertlos wäre. Wäre der Nutzer gezwungen, stets noch eine weitere Lizenz vom Urheber zu erwerben, könnte dieser die zweite Lizenz nach Belieben versagen. Auf diese Weise könnten der gesetzlich geregelte Kontrahierungszwang und der Grundsatz der Tarifbindung gem. § 13 UrhWahrnG willkürlich unterlaufen werden. 1036

Die Tarifbindung von Verwertungsgesellschaften gewährleistet, dass eine Verwertungsgesellschaft ihre Monopolstellung nicht ausnutzt, um eine unangemessen hohe Nutzungsvergütung zu fordern. Die Tarife und ihre Anwendung unterliegen allein der Aufsicht des DPMA. Die Überprüfung auf ihre Angemessenheit wäre aber unmöglich, wenn die tarifgemäße Vergütung lediglich ein Teil der Gesamtvergütung wäre, zu dem als zweiter Teil eine Lizenzvergütung hinzukäme, die individualvertraglich mit dem Urheber vereinbart werden muss und damit der Aufsicht durch das DPMA entzogen wäre. 1037

1117 Ehrhardt in Wandtke/Bullinger UrhG § 19 Rn. 19.

§ 11

1038   In der Literatur wird vertreten, dass Ausnahmen vom Kontrahierungszwang dann anzuerkennen sind, wenn die konkrete Gefahr einer **Urheberpersönlichkeitsrechtsverletzung** erkennbar ist. Wenn bspw. bei einem rechtsradikal geprägten Konzert GEMA-pflichtige Musik gespielt werden soll, soll die GEMA das erforderliche Aufführungsrecht nicht erteilen müssen.[1118] Das OLG München hat in einer Entscheidung[1119] eine derartige Ausnahme vom Kontrahierungszwang nach § 11 UrhWahrnG wegen der konkreten Gefahr einer Urheberpersönlichkeitsrechtsverletzung zu beurteilen gehabt. In der Literatur wird diese Entscheidung als (wohl einziger) Rechtsprechungsbeleg dafür zitiert, dass eine Verwertungsgesellschaft in entsprechenden Fällen nicht dem Kontrahierungszwang unterliegt. Damit wird die OLG-Entscheidung allerdings nicht korrekt wiedergegeben: Das Gericht hatte es einerseits für denkbar gehalten, dass es bestimmte, nicht näher spezifizierte Ausnahmen vom Kontrahierungszwang geben könne. Andererseits hat es festgestellt, dass der Wortlaut von § 11 UrhWahrnG gegen die Zuerkennung solcher Ausnahmen spricht. Da es im damaligen Fall an sustantiiertem Vortrag zur drohenden Urheberpersönlichkeitsrechtsverletzung fehlte, hat das Gericht die Frage offen gelassen, ob die Gefahr von Urheberpersönlichkeitsrechtsverletzungen eine Ausnahme vom Kontrahierungszwang rechtfertigen kann.[1120] Außerdem ist eine solche Ausnahme auch nicht zur Wahrung urheberpersönlichkeitsrechtlicher Belange erforderlich. Denn der Umfang der von der GEMA wahrgenommenen Rechte umfasst lediglich die Vermögensrechte.[1121] Mit der urheberpersönlichkeitsrechtlichen Seite hingegen hat die GEMA nichts zu tun.[1122] Sie kann mangels einer engen Beziehung zum Urheber und mangels Kenntnis von dessen urheberpersönlichkeitsrechtlichen Belangen überhaupt nicht als Wächterin der Urheberpersönlichkeitsrechte fungieren. Wenn die GEMA Anzeichen für eine drohende Urheberpersönlichkeitsrechtsverletzung wahrnimmt, kann sie lediglich den Urheber hiervon unverzüglich in Kenntnis setzen. Dann hat dieser selbst zu entscheiden, ob er im Wege des einstweiligen Rechtsschutzes gegen die drohende Rechtsverletzung vorgehen will.

II. Gesellschaft zur Verwertung von Leistungsschutzrechten

1039   Die GVL ist die Verwertungsgesellschaft der Leistungsschutzrechte der ausübenden Künstler und der Tonträgerhersteller. Zu den ausübenden Künstlern zählen Musiker, Tänzer, Schauspieler etc. Tonträgerhersteller sind gemäß § 85 UrhG die Produzenten von Tonträgern. Unternehmen, die ausschließlich Tonträger vertreiben aber nicht selbst herstellen sind nicht leistungsschutzberechtigt.

1040   Die GVL nimmt – anders als die GEMA – lediglich die sog **Zweitverwertungsrechte** für die Rechteinhaber wahr. Zweitverwertungsrechte sind Rechte für Werknutzungen, denen bereits eine dem Urheber vorbehaltene Werkverwertung vorausgegangen ist.[1123] Ein Beispiel für eine Zweitverwertung ist die **Sendung** eines legal hergestellten Tonträgers im Rundfunk, der als Erstverwertung die **Tonträgerherstellung** vorausgeht. Die GVL zieht für die Zweitverwertung auf der Basis der von ihr aufgestellten Tarife und abgeschlossenen Verträge die Vergütungen ein und verteilt sie an die Berechtigten. Zu den Zweitverwertungsrechten, die die GVL wahrnimmt, gehören die gesetzlichen Vergütungsansprüche, die ausübende Künstler ua gegen Hörfunk- und Fernsehsender für die Nutzung von Tonträgermusik in Funk- oder Fernsehsendungen, gegen Kabelbetreiber für die Einspeisung von Fernseh- und Hörfunkprogrammen ins Kabelnetz, gegen Diskotheken, Gaststätten, Hotels etc für die öffentliche Wiedergabe von Tonträgern und von Radio- und Fernsehsendungen zustehen. Die Erstverwertung hingegen wird nicht durch die GVL wahrgenommen, son-

---

[1118] Riesenhuber/v. Vogel in KBR GEMA Kap. 14 Rn. 34 ff.
[1119] OLG München GRUR 1994, 118 (120) – Beatles-CD's.
[1120] OLG München GRUR 1994, 118 (120) – Beatles-CD's.
[1121] S. Rn. 1025.
[1122] Riesenhuber/v. Vogel in KBR GEMA Kap. 14 Rn. 34 ff.
[1123] Dustmann in Fromm/Nordemann UrhG § 15 Rn. 7.

dern durch die Berechtigten selbst – zB durch den Abschluss eines Lizenzvertrages mit einem Tonträgerunternehmen.

Beim Aufführungsrecht sowie der öffentlichen Wiedergabe von Tonträgern lässt die **1041** GVL das Inkasso durch die GEMA wahrnehmen. Durch dieses Inkassomandat kann die GVL die Infrastruktur nutzen, die die GEMA zur Überwachung und zum Inkasso von Live-Veranstaltungen aufgebaut hat. Die Ansprüche der GVL werden durch einen prozentualen Aufschlag innerhalb der GEMA-Tarife mit abgegolten. Lizenzierungspartner der Veranstalter bei der Lizenzierung von Leistungsschutzrechten für die Tonträgerwiedergabe bei Veranstaltungen ist also die GEMA, nicht die GVL.

Jahrzehntelang gingen die Tarifparteien davon aus, dass der GVL-Aufschlag in Höhe von **1042** 20% der GEMA-Vergütung ein angemessener Tarifsatz war, um die Leistungsschutzrechte der ausübenden Künstler und Tonträgerhersteller zu vergüten. Da Bemessungsgrundlage für den GVL-Aufschlag die GEMA-Vergütung war, profitierten die Mitglieder der GVL direkt von den erheblichen Tariferhöhungen der GEMA bei Einführung des Tarifs M-V. Die GVL strebte aber zusätzlich eine Erhöhung des Aufschlags auf 100% der GEMA-Vergütung an. Die geplante Verfünffachung des Tarifs wurde allerdings mit Urteil des OLG München für unangemessen erklärt. Das OLG hielt lediglich 30% der GEMA-Vergütung für angemessen und bestätigte damit eine Entscheidung der Schiedsstelle vom August 2010.[1124] Tatsächlich fehlt jedes Argument dafür, weshalb die allgemein anerkannten Maßstäbe für die Angemessenheit über Bord geworfen werden und der Tarif – zusätzlich zu den Steigerungen, die sich bereits aufgrund der GEMA-Tariferhöhung ergeben – verfünffacht werden sollte.

III. Wahrnehmung des Leistungsschutzrechts des Veranstalters

Wird die Darbietung eines ausübenden Künstlers von einem Unternehmen veranstaltet, **1043** steht gem. § 81 UrhG auch diesem Unternehmen ein Leistungsschutzrecht nach § 77 Abs. 1, 2 S. 1 sowie § 78 Abs. 1 UrhG zu. Derartige Rechte können die Veranstalter insbesondere bei der Vervielfältigung und Sendung von Aufnahmen ihrer Veranstaltung geltend machen. Bisher existiert allerdings keine Verwertungsgesellschaft, welche diese Rechte umfassend wahrnimmt. Zwar beteiligt die GVL die Veranstalter am sog **Pauschalabgabenaufkommen**. Im Übrigen läuft das den Veranstaltern zustehende Recht derzeit jedoch leer. Insbesondere eine Lizenzierung der Veranstalterrechte an Rundfunksender und Tonträgerhersteller findet derzeit nicht statt.

Von den ca. 175 Mio. EUR Gesamteinnahmen der GVL in 2009 wurden an Veranstalter **1044** mangels eines ihre Interessen hinreichend wahrenden Beteiligungsschlüssels lediglich ca. 25.000 EUR ausgeschüttet.[1125] Dieses Missverhältnis ist der GVL nicht anzulasten, sondern resultiert daraus, dass die Veranstalter das ihnen zustehende Recht bislang nur unzureichend mit wirtschaftlichem Leben gefüllt haben. Es illustriert die Notwendigkeit einer eigenen Verwertungsgesellschaft für Veranstalter.

1. Die GWVR

Auf Initiative des bdv haben im Jahr 2011 zahlreiche Veranstalter die GWVR gegründet. **1045** Die neugegründete Verwertungsgesellschaft soll nach Zulassung durch das DPMA als Aufsichtsbehörde Tarife mit den Nutzern des Leistungsschutzrechts nach § 81 UrhG aushandeln. Zukünftige Tarifpartner der GWVR sind für die Ton- und Bildtonträgerhersteller der Bundesverband Musikindustrie und der Bundesverband Audiovisuelle Medien, für die öffentlichen Rundfunksender der Verband der privaten Rundfunksender (VPRT) sowie schließlich Online-Nutzer wie Google.

[1124] OLG München Urt. v. 27.9.2012 – 6 Sch 13/10 WG (nv).
[1125] Gesellschaft zur Verwertung von Leistungsschutzrechten mbH (GVL), Podbielskiallee 63, 14195 Berlin.

1046 Angesichts der gestiegenen wirtschaftlichen Bedeutung von Live-Mitschnitten, die mittlerweile einen sehr erheblichen Teil der Umsätze von Musikbildtonträgern ausmachen, ist es aus Sicht der Veranstalter geboten, das Veranstalterrecht wirtschaftlich nutzbar zu machen. Hierfür war die Gründung einer eigenen Verwertungsgesellschaft der Veranstalter erforderlich. Sie wird im Gegensatz zur GVL ihren Aufgabenkreis auch auf das den Veranstaltern zustehende Erstverwertungsrecht ausdehnen. Die Veranstalter werden es gleichwohl dabei belassen, das sog Zweitverwertungsrecht weiterhin durch die GVL wahrnehmen zu lassen und damit die dafür vorgesehene gesetzlich vorgesehene Beteiligung der Veranstalter auf das Pauschalabgabenabkommen (dh die Einnahmen aus den Abgaben auf CD-Rohlinge, PC und Handy, Kopiergeräte usw) beschränken.

2. Veranstalter als Berechtigter

1047 Da an Veranstaltungen regelmäßig mehrere Unternehmer beteiligt sind – zB Tournee- und Örtlicher Veranstalter – wird zu regeln sein, wer im Einzelfall das Leistungsschutzrecht gem. § 81 UrhG beanspruchen kann. Das Recht entsteht gem. der Rechtsprechung des BGH originär bei dem Unternehmen, dem die organisatorische und wirtschaftliche Verantwortlichkeit für die Durchführung der Veranstaltung obliegt.[1126] Indizien hierfür sind die Programmgestaltung, Gestaltung des Veranstaltungstitels und der Werbemittel, Abschluss der Verträge mit den Künstlern und Anmietung der Veranstaltungsstätte, Organisation des Kartenvorverkaufs, Bereitstellung von Bühnen- Ton- und Lichttechnik bzw. deren Anmietung.[1127] Da allerdings hierbei in der Praxis meist mehrere Unternehmen arbeitsteilig zusammenwirken, wird es – wie es ja auch bei der Verteilung von Vergütungen bei der Urheberrechtswahrnehmung üblich ist – in vielen Fällen erforderlich sein, die Vergütung für das Leistungsrecht unter mehreren Berechtigten aufzuteilen.

[1126] Schaefer in Fromm/Nordemann UrhG § 81 Rn. 15.
[1127] BGH GRUR 1971, 46 – Bubi Scholz.

§ 12 Arbeitsrecht

I. Branchentypische Arbeits- und Dienstverhältnisse

Es entspricht dem Leitbild künstlerischer Berufe, dass der Künstler in der Ausübung oder Ausformung seiner Tätigkeit frei, weisungsunabhängig und selbstständig ist. Wie dargestellt, ist Rechtsgrundlage der Leistungserbringung von Künstlern in der Veranstaltungsbranche daher vornehmlich der selbstständige Dienst- bzw. Werkvertrag.[1128] Leistungserbringungen ausübender Künstler auf der Grundlage von Arbeitsverhältnissen beschränken sich überwiegend auf die Bereiche Theater, Oper, Musical sowie Rundfunk- und Fernsehanstalten – und zwar sowohl an festen Häusern als auch im Tourneegeschäft. Allerdings liegt eine abhängige Beschäftigung auch bei konzertmäßig auftretenden ausübenden Künstlern regelmäßig dann vor, wenn sie dauerhaft in den Betrieb des Arbeitgebers eingegliedert und weisungsgebunden beschäftigt werden, zB als Pianist in einer Bar oder auf einem Kreuzfahrtschiff. 1048

II. Rechte und Pflichten aus dem Arbeitsvertrag

Die Hauptpflichten des Arbeitsvertrags hängen von der tatsächlichen Funktion des Arbeitnehmers im Arbeitsbetrieb ab. Neben den synallagmatischen Hauptpflichten – also der Lohnzahlungspflicht einerseits und der Pflicht zur Erbringung der Arbeitsleistung andererseits – gibt es einige für Arbeitsverträge typische Nebenpflichten, die für die Veranstaltungsbranche Relevanz haben. 1049

a) Arbeitsrechtliches Wettbewerbsverbot

Der Grundsatz des arbeitsrechtlichen Wettbewerbsverbots ist lediglich in seiner besonderen handelsrechtlichen Ausprägung für Verhandlungsgehilfen in §§ 60, 61 HGB normiert, gilt allerdings für alle Arten von Arbeitnehmern gleichermaßen. 1050

Generell gilt, dass ein Arbeitnehmer während der Dauer des Arbeitsverhältnisses im Tätigkeitsbereich des Arbeitgebers keine Geschäftsaktivitäten für eine andere Person oder Firma – dazu gehören auch Geschäftsaktivitäten auf eigene Rechnung – entfalten darf. In Hinblick auf die Bedeutung des Grundrechts der Berufsfreiheit gem. Art. 12 GG ist nach höchstrichterlicher Rechtsprechung allerdings eine einschränkende verfassungskonforme Interpretation des Grundsatzes geboten. Da auch das Recht zur Aufnahme einer Nebenbeschäftigung von Art. 12 GG mit erfasst wird, ist nicht jede Nebentätigkeit im Tätigkeitsbereich des Arbeitgebers vom Wettbewerbsverbot erfasst, sondern nur eine solche, die geeignet ist, den Arbeitgeber zu schädigen.[1129] Mit der Kündigung des Arbeitsvertrags erlischt allerdings das allgemeine arbeitsrechtliche Wettbewerbsverbot, so dass der Arbeitnehmer vom Zeitpunkt der Vertragsbeendigung an frei wird, Geschäftsaktivitäten auf eigene Rechnung oder für einen Dritten zu entfalten. 1051

b) Nachvertragliches Wettbewerbsverbot

Insbesondere in der Agenturbranche entsteht gelegentlich Streit darüber, in welchem Umfang ein Arbeitnehmer nach Beendigung seines Arbeitsverhältnisses Kenntnisse und Kontakte nutzen darf, die er während seiner Beschäftigung erlangte. Es geht dabei um das Rechtsproblem des nachvertraglichen Wettbewerbsverbotes. Wenn von einem Arbeitnehmer erworbenes Know-how zB bezüglich Einkaufs- und Verkaufspreisen, Kundendaten und sonstiger Geschäftskontakten bei einem Mitarbeiterwechsel den internen Bereich verlässt, kann dies für den bisherigen Arbeitgeber erhebliche wirtschaftliche Konsequenzen haben. 1052

[1128] S. Rn. 102 ff.
[1129] BAG NZA 2010, 693; BAG NZA 1997, 41; BAGE 124, 133.

1053 Gesetzlich kodifiziert ist das nachvertragliche Wettbewerbsverbot lediglich in § 110 GewO iVm §§ 74, 75 HGB. Allerdings wurde dieser grobe gesetzliche Rahmen wegen der hohen Praxisrelevanz durch die Judikatur konkretisiert. Danach gilt: Gemäß § 74a Abs. 1 S. 3 HGB kann ein Wettbewerbsverbot höchstens für einen Zeitraum von zwei Jahren ab Beendigung des Arbeitsverhältnisses wirksam vereinbart werden. Ein längeres Wettbewerbsverbot ist nicht insgesamt unwirksam, sondern ist im Wege der geltungserhaltenden Reduktion auf die Maximaldauer von zwei Jahren zu reduzieren.[1130] Im Einzelfall kann auch eine kürzere Höchstdauer als die gesetzliche Zweijahresfrist vom Gericht als angemessen befunden werden, wobei bei deren Ermittlung recht unbestimmte Rechtsbegriffe gegeneinander abzuwägen sind. Das Wettbewerbsverbot ist gem. § 74a HGB unwirksam, wenn es nicht zum Schutze eines berechtigten geschäftlichen Interesses des Arbeitgebers erforderlich ist oder das Fortkommen des Arbeitnehmers unbillig erschwert. Die Rechtsunsicherheit, die sich aus diesen unbestimmten Rechtsbegriffen ergibt, geht in der Praxis meist zu Lasten des Arbeitgebers, denn er ist derjenige, der sich vor Gericht auf die Wirksamkeit des Wettbewerbsverbots beruft.

1054 Gemäß § 74 Abs. 1 HGB bedarf ein nachvertragliches Wettbewerbsverbot der Schriftform. Während der Dauer des Wettbewerbsverbots ist eine monatliche Entschädigung vom Arbeitgeber zu zahlen, die gem. § 74 Abs. 2, § 74b HGB mindestens die Hälfte des letzten Monatsgehalts zu betragen hat. Gemäß § 74c HGB muss sich der Empfänger der Entschädigung allerdings dasjenige anrechnen lassen, was er während des Zeitraums, in dem die Entschädigung gezahlt wird, durch anderweitige Verwertung seiner Arbeitskraft erwirbt oder zu erwerben böswillig unterlässt. Das gilt allerdings nur, soweit die Entschädigung unter Hinzurechnung dieses Betrags den Betrag der zuletzt von ihm bezogenen vertragsgemäßen Leistungen um mehr als ein Zehntel übersteigen würde.

c) Rechteinhaberschaft

1055 Bei kreativ tätigen Arbeitnehmern stellt sich zudem die Frage nach der Rechteinhaberschaft an urheberrechtlich oder leistungsschutzrechtlich geschützten Arbeitsergebnissen. Die urheberrechtliche Rechtslage an Werken, die von einem Urheber in Erfüllung seiner Pflichten aus einem Dienst- oder Arbeitsverhältnis geschaffen werden, ist gesetzlich in § 43 UrhG geregelt. Danach überträgt der Arbeits- oder Dienstverpflichtete dem Arbeitgeber die Urheberechte an den Arbeitsergebnissen in dem Umfang, in dem sie vom Arbeitgeber für dessen betriebliche Zwecke benötigt werden. § 43 UrhG bietet lediglich einen groben Rahmen, der im Einzelfall individualvertraglich ausgefüllt werden muss.[1131] Der Umfang der Rechteübertragung nach § 43 UrhG umfasst lediglich diejenigen betrieblichen Zwecke, die dem Urheber zum Zeitpunkt des Rechteübergangs konkret erkennbar sind. So werden bspw. bei der Erstellung von Veranstaltungsplakaten im Rahmen eines Dienst- oder Arbeitsverhältnisses dem Auftraggeber oder Arbeitgeber regelmäßig konkludent einfache, zeitlich unbefristete Vervielfältigungs- und Verbreitungsrechte hieran eingeräumt.[1132] Die Rechteübertragung nach § 43 UrhG umfasst aber nicht weitergehende zukünftige Nutzungen, die ggf. aufgrund von Veränderungen im Marktumfeld oder aufgrund von Ausweitungen im Tätigkeitsbereich des Unternehmens entstehen können.[1133] Wird eine Orchesteraufführung für den Rundfunk aufgezeichnet und ausgestrahlt, sind den Orchestermusikern deshalb hierfür gesonderte Vergütungen für ihre Leistungsschutzrechte zu zahlen.[1134] Denn die Rundfunksendung ist eine weitere Verwertungshandlung, die zusätzlich zu der konzertanten Aufführung erfolgt und zusätzliche Einnahmen generiert, an denen die ausübenden Künstler zu beteiligen sind. Die Zweckübertragungslehre gem. § 31

[1130] LAG Rheinland-Pfalz Urt. v. 12.1.2012 – 8 Sa 445/11.
[1131] Nordemann in Fromm/Nordemann UrhG § 43 Rn. 29.
[1132] Thüringer OLG ZUM 2003, 55.
[1133] BGH GRUR 1974, 480 (482) – Hummel-Rechte; OLG Hamburg GRUR 1977, 556 (558).
[1134] FG Berlin NVwZ 1991, 184.

Abs. 5 UrhG gilt als allgemeiner urheberrechtlicher Grundsatz auch bei der Auslegung von § 43 UrhG. Auch im Dienst- oder Arbeitsverhältnis ergibt sich für das Urheberrecht somit die Tendenz, möglichst weitgehend beim Urheber zu verbleiben.[1135]

d) Verschwiegenheitsverletzung

In § 17 UWG wird die Weitergabe von Geschäfts- oder Betriebsgeheimnissen, welche einer bei einem Unternehmen beschäftigten Person im Rahmen des Dienstverhältnisses anvertraut oder zugänglich gemacht wurden, für den Fall strafrechtlich sanktioniert, dass die Weitergabe während der Geltungsdauer des Dienstverhältnisses zu Zwecken des Wettbewerbs, aus Eigennutz oder in der Absicht geschieht, dem Inhaber des Unternehmens Schaden zuzufügen. Während das Wettbewerbsverbot den Arbeitgeber davor schützt, dass sein Mitarbeiter betriebsinternes Know-how selbst nutzt, um ihm Konkurrenz zu machen, schützt die Pflicht zur Verschwiegenheit davor, dass das Know-how vom Arbeitgeber an Dritte weitergegeben wird. 1056

Voraussetzung für die Verschwiegenheitspflicht gem. § 17 Abs. 1 UWG ist allerdings, dass der Arbeitgeber seinen **Geheimhaltungswillen** bezüglich der vertraulich zu behandelnden Informationen deutlich zum Ausdruck gebracht haben muss, soweit das Geheimhaltungsinteresse nicht bereits angesichts der Umstände offensichtlich ist. Ein zivilrechtlicher Schadensersatzanspruch ergibt sich dann aus § 17 UWG Abs. 1 iVm § 823 Abs. 2 BGB. 1057

Durch § 17 UWG sind allerdings nur Verschwiegenheitsverletzungen während der Dauer des Arbeitsverhältnisses erfasst, nicht hingegen die Preisgabe vertraulicher Informationen nach Beendigung des Arbeitsverhältnisses. Nach gefestigter höchstrichterlicher Rechtsprechung bleibt der Arbeitnehmer frei, nach Beendigung des Arbeitsverhältnisses redlich erworbene Betriebsgeheimnisse weiterzugeben und zu verwerten, sofern eine nachvertragliche Geheimhaltungspflicht nicht ausdrücklich vereinbart wurde.[1136] Eine solche nachvertragliche Geheimhaltungspflicht lässt sich, sofern die Geheimhaltungspflicht objektiv wie ein Wettbewerbsverbot wirkt, allerdings nur in den engen Grenzen vereinbaren, die für ein nachvertragliches Wettbewerbsverbot gelten.[1137] Ist die Geheimhaltungspflicht hingegen so konkretisiert, dass sie nicht wie ein Wettbewerbsverbot wirkt, gelten diese Hürden nicht.[1138] 1058

Aber auch außerhalb der arbeitsrechtlichen oder nachvertraglichen Geheimhaltungspflicht ist der Arbeitgeber nicht zwangsläufig schutzlos, wenn bei dem Wechsel eines Mitarbeiters zur Konkurrenz Firmeninterna in fremde Hände gelangen: Kundenadresslisten, Künstleradresslisten und Preislisten als praktisch wichtigster Fall von geheimhaltungsbedürftigen Informationen können als **Datenbank** urheberrechtlichen Schutz genießen. Dann steht dem Ersteller der Datenbank – mithin gem. der Legaldefinition des § 87a UrhG demjenigen, der die Investitionen für den Aufbau der Datenbank getätigt hat – gem. § 87b UrhG ein dingliches, also gegen jedermann wirkendes exklusives Recht zu, die unerlaubte Vervielfältigung, Verbreitung und öffentliche Zugänglichmachung der Datenbank oder wesentlicher Teile der Datenbank zu untersagen. Der reine Gebrauch der Datenbank – und damit der praktisch wichtigste Fall – ist dem Gesetzeswortlaut nach aber nicht vom Wortlaut des § 87b UrhG erfasst. Da allerdings die urheberrechtlichen Ansprüche des Datenbankherstellers in den §§ 87a ff. UrhG in Umsetzung einer EU-Richtlinie in das deutsche Recht aufgenommen wurden, sind sie europarechtskonform so auszulegen, dass auch der 1059

1135 Nordemann in Fromm/Nordemann UrhG § 31 Rn. 108.
1136 BGH GRUR 1964, 215 (216) – Milchfahrer; BGH GRUR 1983, 179 (181) – Stapel-Automat; BGH GRUR 2002, 91 (92) – Spritzgießwerkzeuge; BGH GRUR 2003, 356 (358) – Präzisionsmessgeräte; BGH GRUR 2006, 1044 – Kundendatenbank; BGH GRUR 2009, 603 – Versicherungsuntervertreter.
1137 BGH GRUR 2002, 91 (93) – Spritzgießwerkzeuge; s. Rn. 1052 ff.
1138 Ohly in POS UWG § 17 Rn. 39.

reine Gebrauch miterfasst ist.[1139] Eine Vervielfältigung von Adresslisten findet zB mit der Verwendung der Adressen bei der Aussendung von Werbeschreiben statt.

III. Alternative Beschäftigungsformen

1. Geringfügige Beschäftigung

1060 Eine geringfügige Beschäftigung ist eine Beschäftigung, die sozialversicherungsrechtlich und lohnsteuerrechtlich privilegiert ist, um die Zutrittsschwelle zur Arbeitswelt abzusenken. Sie liegt entweder bei einem Arbeitsentgelt von maximal bis zu 450 EUR monatlich vor (geringfügig entlohnte Beschäftigung) oder bei einer **kurzfristigen Beschäftigung**. Kurzfristig ist eine Beschäftigung gem. § 8 Abs. 1 Nr. 2 SGB IV dann, wenn sie innerhalb eines Kalenderjahres längstens zwei Monate oder fünfzig Arbeitstage dauert.

1061 Eine geringfügige Beschäftigung ist für den Arbeitnehmer mit Ausnahme der Rentenversicherungspflicht sozialversicherungsfrei. Auch im Lohnsteuerrecht werden geringfügige Beschäftigungen privilegiert. Die geringe Verdienstgrenze begrenzt allerdings den Anwendungsbereich von geringfügigen Beschäftigungen in der Veranstaltungsbranche. Sie lässt aufgrund der durchschnittlichen Einsatzdauer bspw. nur wenig Raum für Einsatzmöglichkeiten geringfügig Beschäftigter als technische Hilfskraft. Im Übrigen lässt sich bei der Vielzahl der für Veranstaltungen benötigten Hilfskräfte und aufgrund der Kurzfristigkeit, mit der sie verpflichtet werden, die in jedem Einzelfall erforderliche Anmeldung des Beschäftigungsverhältnisses bei der Sozialversicherung durch den Arbeitgeber kaum leisten.

2. Arbeit auf Abruf

1062 Eine weitere Möglichkeit zur Vermeidung von Scheinselbstständigkeit besteht in der Gestaltung des Beschäftigungsverhältnisses im Wege der sog ‚Arbeit auf Abruf' nach § 12 TzBfG. Die Arbeit auf Abruf ist ein **Teilzeitarbeitsverhältnis** mit unregelmäßig anfallender Arbeit, bei dem zwischen den Parteien nur ein einziger Arbeitsvertrag geschlossen wird, der sämtliche Arbeitseinsätze abdeckt.[1140] Der Arbeitgeber muss die Einsätze jeweils vier Tage vorher ankündigen, anderenfalls ist der Arbeitnehmer nicht zur Wahrnehmung des Arbeitseinsatzes verpflichtet. Die Dauer der wöchentlichen Arbeitszeit muss im Arbeitsvertrag ausdrücklich geregelt sein, sonst gelten mindestens 10 Wochenstunden als vereinbart. Auch die Arbeitszeit pro Arbeitseinsatz muss ausdrücklich im Arbeitsvertrag geregelt werden. Geschieht dies nicht, hat der Arbeitgeber auch bei sehr kurzen Arbeitseinsätzen mindestens drei Stunden zu vergüten. Angesichts dieser gesetzlichen Restriktionen dürfte leicht nachvollziehbar sein, dass auch dieses Beschäftigungsverhältnis kaum eine in der Branche praktikable Beschäftigungsbasis bietet.

IV. Arbeitsrechtsprobleme der Veranstaltungsbranche

1063 An der Durchführung von Veranstaltungen wirken neben dem Künstler regelmäßig eine Vielzahl von technischen und sonstigen Hilfskräften mit. Diese werden überwiegend nicht dauerhaft beschäftigt, sondern – insbesondere bei Tourneeproduktionen – je nach Bedarf im Einzelfall und von Stadt zu Stadt personell wechselnd von ihren Auftraggebern verpflichtet. Insbesondere für den Auf- und Abbau technischer Anlagen und Bühnenaufbauten wird Personal häufig kurzfristig und nur für Stunden oder wenige Tage benötigt. In der Veranstaltungsbranche herrschte in der Vergangenheit bisher uneingeschränkt die Auffassung, dass für die Auf- und Abbauarbeiten bei Veranstaltungen verpflichtetes Personal als selbstständiger Dienstleister tätig wird. Sie berechneten dem Veranstalter die geleisteten Dienste, versicherten sich und versteuerten ihre Einnahmen selbst. Erst Mitte des letzten

---

[1139] Czychowski in Fromm/Nordemann UrhG § 8b Rn. 20 mwN.
[1140] Vgl. Preis in ErfK § 12 TzBfG Rn. 1 ff.

Jahrzehnts reifte als Folge intensiver Kontrollen der Bundeszollverwaltung (**Finanzkontrolle Schwarzarbeit**) auf Veranstalterseite das Verständnis, dass auch beim Einsatz technischer Hilfskräfte sorgfältig zu prüfen ist, ob die Beschäftigung tatsächlich selbstbestimmt oder weisungsgebunden erfolgt. In der Folge wurde klar, dass jedenfalls Auf- und Abbauhelfer im Regelfall weisungsgebunden sind, während bei Produktionsleitern, Lichtdesignern und Tontechnikern vor allem wegen des hohen Maßes an Selbstbestimmtheit viel für eine selbstständige Tätigkeit spricht. Damit wurde das Thema ‚Scheinselbstständigkeit' zu einem beherrschenden Thema im Bereich der Veranstaltungsproduktionen.

1. Scheinselbstständigkeit

Das Arbeitsrecht erfordert eine deutliche Festlegung bei der Frage, ob ein Arbeitsverhältnis 1064 begründet werden soll oder nicht. Entscheidend ist hierbei nicht die Bezeichnung im Vertrag, sondern die gelebte vertragliche Zusammenarbeit. Ursprünglich stellte das Arbeitsrecht bei der Abgrenzung zwischen Arbeitnehmerschaft und Selbstständigkeit auf die Frage der Weisungsgebundenheit ab.[1141] Arbeitnehmer war demnach, wer weisungsgebunden war; selbstständig war hingegen, wer über das ‚Ob' und ‚Wie' seiner Tätigkeit im Einzelfall frei von Weisungen bestimmen konnte. Das Abgrenzungskriterium der Weisungsgebundenheit hat sich aber zunehmend als unscharf und deshalb wenig praktikabel erwiesen, da auch bei Fehlen einer formalrechtlichen Weisungsgebundenheit ein wirtschaftliches Abhängigkeitsverhältnis bestehen kann, das einem Arbeitsverhältnis in jeder Hinsicht gleichwertig ist.

Nach neuerer höchstrichterlicher Rechtsprechung sprechen folgende Kriterien für eine 1065 selbstständige Tätigkeit:
– die Übernahme eines Unternehmerrisikos,
– der Einsatz eigener Betriebsmittel,
– der Einsatz eigener Arbeitnehmer,
– eigenes Auftreten am Markt,
– eigene unternehmerische Gewinnchancen, die der Höhe nach offen sind sowie
– Dispositionsfreiheit über das ‚Ob' und ‚Wie' der eigenen Tätigkeit.[1142]

Wegen der Gefahr einer Aushöhlung dieser Abgrenzungskriterien gibt es in der arbeits- 1066 rechtlichen Rechtsprechung eine Tendenz, Grauzonen zwischen Arbeitnehmerschaft und Selbstständigkeit möglichst zu vermeiden – ein Beschäftigter soll entweder Selbstständiger sein, oder Arbeitnehmer. Diese starre Zweiteilung wird der heutigen Lebenswirklichkeit aber nicht gerecht werden. Neben dem typischen Arbeitnehmer existieren inzwischen auch die Kategorien der arbeitnehmerähnlichen Personen und des arbeitnehmerähnlichen Selbstständigen. Sie erfassen Lebenssachverhalte, in denen ein Subunternehmer eben gerade kein Scheinselbstständiger ist, obwohl er sich nach den vorgenannten Abgrenzungskriterien nicht als typischer Selbstständiger klassifizieren lässt. Zwischen beiden Begriffen ist trotz der ähnlichen Terminologie sorgfältig zu trennen.

a) Arbeitnehmerähnliche Personen

Arbeitnehmerähnliche Personen sind gem. § 12a TVG Selbstständige, die wirtschaftlich ab- 1067 hängig und wie ein Arbeitgeber sozial schutzbedürftig sind.[1143] Im Unterschied zu Arbeitnehmern sind arbeitnehmerähnliche Personen nicht persönlich abhängig, da sie nicht verpflichtet sind, Weisungen des Unternehmers im Einzelfall Folge zu leisten. Wegen der wirtschaftlichen Abhängigkeit unterscheidet sich diese formalrechtliche Weisungsfreiheit faktisch allerdings meist nicht von der für einen Arbeitnehmer typischen Weisungsgebundenheit. Hierdurch wird zivilrechtlich – also wohlgemerkt nur im Verhältnis zwischen dem

---

[1141] BSG BB 1991, 1270.
[1142] BAGE 18, 87; BGH ZIP 1998, 2176; Hopt in Baumbach/Hopt HGB § 84 Rn. 35 ff. mwN.
[1143] Waetke S. 438.

Unternehmer und der arbeitnehmerähnlichen Person – die Unsicherheit bei der Unterscheidung von Arbeitnehmern und Selbstständigen verringert und damit ein gewisses Maß an Rechtssicherheit geschaffen.

1068 Auf arbeitnehmerähnliche Personen finden Arbeitsschutzbestimmungen wie bspw. gem. § 2 S. 2 BUrlG die Regeln über Bildungsurlaub und Mindesturlaub Anwendung. Kündigungsschutzbestimmungen gelten grundsätzlich nicht für arbeitnehmerähnliche Selbstständige, allerdings können sie Anspruch auf die gleichen Kündigungsfristen haben, die für Arbeitnehmer und Angestellte gelten.[1144] Andere Arbeitsschutzbestimmungen wie bspw. die Sonderkündigungsbestimmungen des § 9 MSchuG sowie des SGB IX gelten hingegen nicht für arbeitnehmerähnliche Personen. Gemäß § 5 Abs. 1 S. 2 ArbGG ist für Streitigkeiten zwischen der arbeitnehmerähnlichen Person und ihrem Quasi-Arbeitgeber aus dem Dienstvertrag der Rechtsweg zum Arbeitsgericht eröffnet. Gemäß § 12a TVG können auch für arbeitnehmerähnliche Personen Tarifverträge geschlossen werden.

b) Arbeitnehmerähnliche Selbstständige

1069 Im Sozialversicherungsrecht gilt wie im Arbeitsrecht, dass eine Person entweder Selbstständiger oder Beschäftigter und damit sozialversicherungspflichtig ist. Aber auch im Sozialversicherungsrecht gibt es eine Zwischenkategorie zwischen Selbstständigem und Arbeitnehmer, nämlich den arbeitnehmerähnlichen Selbstständigen. Arbeitnehmerähnliche Selbstständige sind Selbstständige, die im Zusammenhang mit ihrer beruflichen Tätigkeit regelmäßig keinen versicherungspflichtigen Arbeitnehmer beschäftigen und auf Dauer und im Wesentlichen nur für einen Auftraggeber tätig sind. Sie sind grundsätzlich nicht sozialversicherungspflichtig, aber gem. § 2 S. 1 Nr. 9 SGB VI rentenversicherungspflichtig. Eine Befreiung von der Rentenversicherungspflicht ist allerdings auf Antrag möglich.

1070 Die Begriffe ‚arbeitnehmerähnliche Person' und ‚arbeitnehmerähnlicher Selbstständiger' sind voneinander zu trennen. Die Bezeichnung ‚arbeitnehmerähnliche Person' ist ein **arbeitsrechtlicher** Begriff, während es sich bei dem arbeitnehmerähnlichen Selbstständigen um einen **sozialversicherungsrechtlichen** Begriff handelt. Beide Unternehmerbegriffe erfassen ähnliche, aber keineswegs identische Sachverhalte. Die Frage der Scheinselbstständigkeit ist für das Arbeitsrecht und für das Sozialversicherungsrecht jeweils getrennt zu prüfen – eine Person kann durchaus in sozialversicherungsrechtlicher Hinsicht als scheinselbstständig anzusehen sein, obwohl sie dies in arbeitsrechtlicher Hinsicht nicht ist. Da es im Sozialversicherungsrecht entscheidend um die Pflicht zur Abführung der Sozialversicherungsbeiträge durch den Arbeitgeber geht, hat der Gesetzgeber den Begriff des Beschäftigungsverhältnisses in § 7 Abs. 1 SGB IV ausdrücklich weiter gefasst als den Begriff des Arbeitsverhältnisses nach § 5 ArbGG. Die Legaldefinition des sozialversicherungsrechtlichen Beschäftigtenbegriffs in § 7 SGB IV ist also im Zweifel weit auszulegen.[1145] Davon zu unterscheiden ist der arbeitsrechtliche Arbeitnehmerbegriff, der in § 5 ArbGG legal definiert wird. Da das Zivilrecht von dem tragenden Grundsatz der Vertragsfreiheit beherrscht wird, gibt es hier durchaus die Möglichkeit, dass die Vertragsparteien in gewissem Umfang von den starren Vorgaben des Sozialversicherungsrechts einvernehmlich abweichen.

2. Arbeitsrechtlicher Status des Hilfspersonals

1071 Technische Hilfskräfte bei Veranstaltungen sind bei ihrer Arbeit regelmäßig Weisungen unterworfen. Freiraum für selbstbestimmte Tätigkeit haben sie in der Regel nicht. Denn sie erfüllen eine fest vorgegebene Funktion im Ablaufplan der Veranstaltung. Ein arbeitsrechtlicher Status als Angestellter liegt deshalb näher als ein Tätigwerden als Selbstständiger.

1072 Die Behandlung technischer Hilfskräfte als Arbeitnehmer stellte die Branche allerdings vor ein tatsächliches Problem: die Anwerbung dieses Personals und sein Einsatz erfolgen

---

[1144] LAG Köln Urt. v. 29.5.2006 – 14 (5) Sa 1343/05.
[1145] Sächsisches LSG Urt. v. 17.5.2011 – L 5 R 368/09.

Arbeitsrecht § 12

zumeist erst kurz vor dem Veranstaltungstermin, wenn dem Veranstalter der tatsächliche Personalbedarf bekannt ist. Das Bedürfnis an Flexibilität, die kurzen Planungszeiten und die ebenso kurzen Beschäftigungszeiten machen es dem Veranstalter zumeist aus zeitlichen Gründen unmöglich, vor allem die sozial- und steuerrechtlichen Arbeitgeberpflichten vor Arbeitsantritt des Beschäftigten zu erfüllen. Die Branche steht damit vor einem faktischen Problem, für welches es nach wie vor noch keine hinreichenden Lösungen gibt. Eine Lösung besteht in der Inanspruchnahme spezialisierter Unternehmen der **Zeitarbeitsbranche**, die entsprechend qualifiziertes Personal bereitstellen. Allerdings sind spezialisierte Zeitarbeitsfirmen noch nicht flächendeckend in allen Regionen Deutschlands verfügbar. Vorallem sind sie jedenfalls bisher nicht imstande, den Personalbedarf auch in den Spitzenzeiten insbesondere zur Festivalsaison hinreichend abzudecken.

3. Arbeitsrechtlicher Status des Künstlers

Das Problem der Scheinselbstständigkeit besteht nicht lediglich bei den von Veranstaltern verpflichteten technischen Hilfskräften. Immer wieder sind bei Veranstaltungsproduktionen auch Künstler als Arbeitnehmer tätig. Das kann zB der Fall sein, wenn sie als Mitwirkender im Rahmen einer größeren Musical- oder Showproduktion oder als Background-Musiker lediglich eine fest vorgegebene Rolle auszufüllen haben, die ihnen keinen Spielraum für eine selbstbestimmte Tätigkeit lässt. 1073

4. Rechtliche Konsequenzen der Scheinselbstständigkeit

Die Nichterfüllung sozialversicherungsrechtlicher und lohnsteuerlicher Pflichten gilt gem. § 1 Abs. 2 SchwarzArbG als **Schwarzarbeit**. Gemäß §§ 8–11 SchwarzArbG drohen dem Arbeitgeber Bußgelder und ggf. auch strafrechtliche Sanktionen. Zudem sind ‚hinterzogene' Sozialversicherungsbeiträge und Lohnsteuern nachzuzahlen. Hinzu kommt der rückwirkende Verlust des Vorsteuerabzugs gem. § 14c UStG, falls der Arbeitgeber auf die Rechnungen des Scheinselbständigen Umsatzsteuer gezahlt hat. 1074

Handelt der Arbeitgeber vorsätzlich, kann auch ein Verstoß gegen § 266a Abs. 1 StGB vorliegen, weil die Arbeitnehmeranteile ‚vorenthalten' wurden. Die Haftung des Arbeitgebers ist dabei unbeschränkt. Der Geschäftsführer juristischer Personen haftet mit seinem Privatvermögen. Der Anspruch verjährt in vier Jahren, im Fall vorsätzlichen Handelns sogar gem. § 25 SBG IV erst in dreißig Jahren. 1075

Erhebliche Probleme können bei der Schwarzarbeit im Fall eines Arbeitsunfalls des Scheinselbständigen entstehen. Dann nämlich wird dessen Krankenversicherung auf die Zuständigkeit der Berufsgenossenschaft verweisen, welche die Eintrittspflicht zwar gegenüber dem Geschädigten anerkennen[1146], aber zumeist Rückgriff beim Arbeitgeber nehmen wird. 1076

5. Statusfeststellungsverfahren

Zur Ausräumung vorhandener Unsicherheiten bei der Abgrenzung zwischen Arbeitnehmern und selbstständigen Dienstleistern wurde das sog ‚Statusfeststellungsverfahren' geschaffen. Im Bereich der gesetzlichen Sozialversicherung in Deutschland dient das Verfahren dazu, den Status von Personen als abhängig Beschäftigte oder selbstständig Tätige verbindlich festzustellen. Für die Durchführung des Statusfeststellungsverfahrens ist die **Clearingstelle der Deutschen Rentenversicherung Bund** zuständig. Die Entscheidung der Clearingstelle ist für alle Träger der gesetzlichen Sozialversicherung bindend. Mit der Option des Verfahrens gewährt der Gesetzgeber dem Arbeitgeber eine Entlastung vom Nachzahlungsrisiko: Wenn innerhalb eines Monats nach Aufnahme der Tätigkeit ein Antrag auf Statusfeststellung bei der Clearingstelle gestellt wird und die Sozialversicherungspflicht nicht 1077

[1146] BSG Urt. v. 19.8.2003 – B 2 U 38/02 R.

§ 12 Arbeitsrecht

vorsätzlich oder grob fahrlässig ignoriert wurde, tritt sie erst mit dem Zeitpunkt einer rechtskräftigen Entscheidung ein. Die Möglichkeit, auf diese Weise die dargestellten Risiken der Schwarzarbeit zu vermeiden ist allerdings verwirkt, wenn der Rentenversicherungsträger bereits schriftlich die nächste Betriebsprüfung angekündigt hat oder wenn bereits eine Entscheidung über den sozialversicherungsrechtlichen Status vorliegt.[1147]

1078 Das Statusfeststellungsverfahren wird nicht nur in der Veranstaltungsbranche nur in eingeschränktem Umfang genutzt, da bei der Clearingstelle aufgrund ihrer organisatorischen Nähe zur gesetzlichen Rentenversicherung die Tendenz vermutet wird, im Zweifel eher für die Annahme eines Arbeitsverhältnisses und gegen die Annahme von Selbstständigkeit zu entscheiden. Tatsächlich haben die Sozialgerichte bereits in mehreren Fällen die Entscheidungen der Clearingstelle korrigiert und das Vorliegen eines Arbeitsverhältnisses verneint.[1148] Bis zu einer rechtskräftigen gerichtlichen Entscheidung der Sozialgerichte vergehen allerdings in aller Regel mehrere Jahre. Das hieraus resultierende Risiko erheblicher Nachzahlungen schreckt in der Praxis von Statusfeststellungsanträgen ab.

V. Öffentliches Arbeitsrecht

1079 Das zivilrechtliche Arbeitsrecht wird durch eine Reihe öffentlich-rechtlicher Vorschriften ergänzt.

1. Arbeitszeiten, Sonntags-, Feiertags- und Nachtarbeit

1080 Die Arbeitszeit von Erwachsenen ist im ArbZG geregelt. Gemäß § 3 ArbZG darf die werktägliche Arbeitszeit von acht Stunden grundsätzlich nicht überschritten werden. Pausen sowie der Hin- und Rückweg zwischen Arbeitsstätte und Wohnsitz werden nicht auf die Arbeitszeit angerechnet.[1149] Ausnahmsweise ist gem. § 3 Abs. 2 ArbZG eine Ausdehnung auf zehn Stunden zulässig, wenn innerhalb eines Ausgleichszeitraums von sechs Monaten ein Durchschnitt von acht Stunden werktäglich eingehalten wird. Nur in Notfällen und außergewöhnlichen Fällen ist gem. § 14 Abs. 1 ArbZG ein Überschreiten der Zehnstundengrenze zulässig. Dies setzt allerdings voraus, dass der außergewöhnliche Fall oder Notfall, der die Mehrarbeit erforderlich macht, unabhängig vom Willen der Betroffenen eingetreten ist und zudem keine andere Möglichkeit bestand, die Folgen des Notfalls zu beseitigen. Gemäß § 4 Abs. 3 ArbZG ist nach spätestens sechs Stunden Arbeit eine Ruhepause von mindestens 30 Minuten einzulegen. Nachtarbeit ist gem. § 6 ArbZG in der Zeit von 23:00 bis 06:00 Uhr auf das Notwendige zu beschränken und durch einen **Nachtarbeitszuschlag** auszugleichen.

1081 Gemäß § 9 Abs. 1 ArbZG ist **Sonntags- und Feiertagsarbeit** grundsätzlich verboten. § 10 ArbZG sieht allerdings eine Ausnahme für Veranstaltungen und deren Vorbereitung vor. Für die Vorbereitungstätigkeiten gilt dies allerdings nur, sofern sie zwingend an einem Sonn- oder Feiertag durchgeführt werden müssen. Gemäß § 11 ArbZG ist für Sonn- oder Feiertagsarbeit ein Ausgleich in Form von arbeitsfreien Tagen zu gewähren. Ein Verstoß gegen diese Vorschriften stellt eine Ordnungswidrigkeit dar.[1150]

2. Arbeit von Kindern und Jugendlichen

1082 Für Kinder und Minderjährige gelten strengere Vorschriften: Die Arbeit von Kindern (dh Personen unter 15 Jahren) ist grundsätzlich verboten. Gemäß § 2 Abs. 1 JArbSchG ist Kind, wer noch nicht 15 Jahre alt ist. Ausnahmen von diesem Verbot sind in den §§ 5, 6 JArbSchG normiert. Danach setzt die Mitwirkung von Kindern bei Veranstaltungen eine behördliche Erlaubnis voraus.

[1147] Vgl. LSG Baden-Württemberg Urt. v. 11.5.2011 – L 11 R 1075/11 ER-B.
[1148] So etwa SG Aachen Urt. v. 26.3.2004 – S 8 RA 87/03.
[1149] Waetke S. 485.
[1150] Waetke S. 488.

Jugendliche sind gem. § 2 Abs. 2 JArbSchG Personen zwischen 15 und 18 Jahren. Jugendliche dürfen gem. § 14 JArbSchG grundsätzlich nur in der Zeit von 06:00 bis 20:00 Uhr tätig werden, Nachtarbeit ist also verboten. Ausnahmsweise dürfen Jugendliche gem. § 14 Abs. 2 Nr. 1 JArbSchG im Gaststätten- und Schaustellergewerbe bis 22:00 Uhr beschäftigt werden und gem. § 14 Abs. 7 JArbSchG bei Musikaufführungen, Theaterveranstaltungen und ähnlichen Veranstaltungen bis 23:00 gestaltend mitwirken. Samstags und an Sonntagen dürfen gem. §§ 16 Abs. 1 bzw. 17 Abs. 1 JArbSchG Jugendliche nicht beschäftigt werden, wobei allerdings eine Ausnahme für Musikaufführungen, Theateraufführungen und ähnliche Veranstaltungen besteht. **1083**

3. Arbeitnehmerlärmschutz

Der Lärmschutz für Arbeitnehmer ergibt sich aus der LärmVibrationsArbSchV. Die Verordnung ist ein Teil des Arbeitsschutzes, den der Arbeitgeber für seine Arbeitnehmer schaffen und beachten muss. **1084**

Der Lärmschutz für Arbeitnehmer ist generell strenger geregelt als die entsprechenden Vorschriften zum Schutz der Öffentlichkeit, wie zB Besucher von Veranstaltungen. Für sie gelten lediglich die **Schallgrenzwerte** nach der – nachfolgend dargestellten – DIN-Norm 15905-5. Dies hat seine Ursache ua darin, dass Arbeitnehmer dem Konzertlärm für längere Dauer und nicht – wie der Veranstaltungsbesucher – nur vorübergehend ausgesetzt sind. Außerdem kann sich der Arbeitnehmer aufgrund seiner arbeitsvertraglichen Verpflichtungen und seiner wirtschaftlichen Abhängigkeit vom Arbeitgeber dem Konzertlärm weniger leicht entziehen als zB der Veranstaltungsbesucher es kann. Deshalb bedeutet eine Überschreitung der Schallhöchstwerte zum Schutz von Veranstaltungsbesuchern stets auch einen Verstoß gegen den Arbeitnehmerlärmschutz nach der LärmVibrationsArbSchV. **1085**

Gemäß den §§ 6–8 LärmVibrationsArbSchVO muss der Arbeitgeber bereits ab einem mittleren Pegel von 80 Dezibel **Vorsorgemaßnahmen** treffen, wie insbesondere Gehörschutz zur Verfügung stellen und eine ärztliche Vorsorgeuntersuchung anbieten. Ab einem mittleren Pegel von 85 Dezibel ist das Tragen von Gehörschutz Pflicht. Zudem muss zwingend vor Aufnahme der lärmbelasteten Tätigkeit eine Vorsorgeuntersuchung durchgeführt werden, wobei der Arbeitgeber die anfallenden Kosten zu übernehmen hat. Die Grenzwerte von 80 Dezibel bzw. 85 Dezibel sind als Durchschnitt innerhalb eines achtstündigen Arbeitstags zu ermitteln. **1086**

4. Sonstige Arbeitsschutzregelungen

Weitere Arbeitnehmerschutzregelungen finden sich in der **1087**
- Gewerbeordnung,
- der Arbeitsstättenverordnung,
- der Arbeitsstoffverordnung und dem
- Arbeitssicherheitsgesetz.

Diese Normen werden ergänzt durch zahlreiche Unfallverhütungsvorschriften (UVV) bzw. Vorschriften für Sicherheit und Gesundheitsschutz (VSG), die spezielle Lebenssachverhalte regeln. Für die Veranstaltungsbranche relevant sind dabei vornehmlich die Vorschriften **1088**
- BGV C 1 (VBG 70) „Veranstaltungs- und Produktionsstätten für szenische Darstellung" und
- BGTV C2 (VBG 72) „Schausteller- und Zirkusunternehmen",
- BGV C25 „Zelte und Traglufbauten" sowie
- BGI 810 „Sicherheit bei Produktionen und Veranstaltungen" und
- BGI 8587 „Arbeitsschutz im Kulturbereich".

§ 12

5. Haftungsfragen bei Arbeitsunfällen

1089 Grundsätzlich gelten bei Arbeitsunfällen die allgemeinen Regeln des Vertragsrechts und Deliktsrechts, die allerdings durch einige arbeitsrechtliche Spezialvorschriften überlagert werden.

a) Haftung des Arbeitgebers

1090 Der Arbeitgeber haftet dem Arbeitnehmer nach den allgemeinen deliktsrechtlichen Regeln für alle Sach- und Vermögensschäden, die dieser in Ausübung seiner beruflichen Tätigkeit aufgrund vorsätzlichen oder fahrlässigen Handelns des Arbeitgebers oder seiner Erfüllungs- oder Verrichtungsgehilfen erleidet. Dabei kann eine Schadensersatzpflicht des Arbeitgebers auch dann bestehen, wenn sich der Arbeitnehmer in Ausübung seiner Arbeitstätigkeit fahrlässig schädigt. Dies gilt insbesondere auch bei Verkehrsunfällen.[1151]

1091 Die persönliche Haftung des Arbeitgebers gegenüber dem Geschädigten für Personenschäden wird bei leichter und normaler Fahrlässigkeit allerdings dadurch ausgeschlossen, dass der Schutz durch die gesetzliche Unfallversicherung gem. §§ 104 ff. SGB VII die Anwendung des privaten Schadensersatzrechts verdrängt. Sie schützt nicht nur den Arbeitnehmer, sondern auch den Arbeitgeber. Bei grober Fahrlässigkeit oder Vorsatz kann die Unfallversicherung allerdings gem. § 110 Abs. 1 SGB VII beim Arbeitgeber Regress nehmen. Auch ein gem. § 253 Abs. 2 BGB zivilrechtlich an sich zu zahlendes Schmerzensgeld wird durch § 104 SGB VII verdrängt.[1152]

1092 Bei Verstößen gegen Arbeitnehmerschutzregelungen bzw. deren mangelhafte Umsetzung kann der Arbeitgeber gem. § 28 VVG seinen gesetzlichen Versicherungsschutz verlieren. Da es in derartigen Fällen um eine deliktische Haftung geht, haftet nicht nur das arbeitgebende Unternehmen als juristische Person mit seinem Vermögen. Auch dessen Geschäftsführer oder leitende Angestellte haften bei Verschulden persönlich unbeschränkt mit ihrem Privatvermögen.

1093 Für Sachschäden sehen die §§ 104 ff. SGB VII keine Sonderregeln vor. Insoweit haftet der Arbeitgeber dem Arbeitnehmer nach den allgemeinen Regeln des Zivilrechts.

b) Haftung des Arbeitnehmers

1094 Bei der deliktischen Haftung für Schäden, die der Arbeitnehmer in Ausübung seiner Arbeitstätigkeit fahrlässig verursacht, ist nach der Person des Geschädigten zu differenzieren.

1095 Fügt der Arbeitnehmer seinem Arbeitgeber Schäden zu, gelten die Grundsätze des **innerbetrieblichen Schadensausgleichs**.[1153] Eine Beschränkung der Arbeitnehmerhaftung gilt danach für alle Arbeiten, die durch den Betrieb veranlasst sind und aufgrund eines Arbeitsverhältnisses geleistet werden, auch wenn diese Arbeiten nicht gefahrgeneigt sind.[1154] Ob und ggf. in welchem Umfang der Arbeitnehmer haftet, hängt entscheidend vom Grad seiner Fahrlässigkeit ab. Bei leichter Fahrlässigkeit ist die Haftung ausgeschlossen. Bei mittlerer Fahrlässigkeit haftet der Arbeitnehmer zwar dem Grunde nach, der Höhe nach findet aber eine Schadensteilung zwischen Arbeitnehmer und Arbeitgeber statt, die nach Billigkeitsgesichtspunkten zu quoteln ist.[1155] Kriterien für die quotale Aufteilung des Schadens können die **Gefahrgeneigtheit** der Arbeit und ggf. ein **Organisationsverschulden** des Arbeitgebers sein, falls dieser Sicherungsmaßnahmen in Hinblick auf die Gefahrgeneigtheit unterlassen hat. Ebenso als Kriterien gelten die Qualifikation und Stellung des Arbeitnehmers sowie das von ihm in Anspruch genommene Vertrauen bezüglich der Beherrschung

---

[1151] Preis in ErfK § 619a BGB Rn. 85.
[1152] Nehls in Hauck/Noftz SGB VII K § 104 Rn. 14.
[1153] Preis in ErfK § 619a BGB Rn. 13 f.; Risch/Kerst S. 105 f.
[1154] BAGE 70, 337; BAGE 110, 195; BAG BB 1990, 64.
[1155] Preis in ErfK § 619a BGB Rn. 16.

von Risiken, die Höhe des Arbeitsentgelts und unter Umständen auch seine persönlichen Verhältnisse.[1156]

Bei grober Fahrlässigkeit und bei Vorsatz hat der Arbeitnehmer einen von ihm verursachten Schaden grundsätzlich allein zu tragen.[1157] Grobe Fahrlässigkeit ist gegeben, wenn der Arbeitnehmer die im Verkehr erforderliche Sorgfalt in ungewöhnlich hohem Maß verletzt und unbeachtet lässt, was in seiner konkreten Situation jedermann hätte einleuchten können.[1158] Bei der Frage, ob grobe Fahrlässigkeit vorliegt, sind die individuellen Fähigkeiten und Qualifikationen des Arbeitnehmers zu berücksichtigen. Es ist nachvollziehbar, dass die Haftung für einen ‚groben Sorgfaltsverstoß' und die daraus entstehenden Schäden nicht auf den Arbeitgeber verlagert werden, sondern – entsprechend den allgemeinen Haftungsregeln – beim Verursacher, also dem Arbeitnehmer verbleiben sollen. Allerdings kann dies im Einzelfall zu unbilligen Ergebnissen führen, wenn einem jahrelang sorgfältig handelnden Arbeitnehmer ein grober Fehler passiert. Nach Abwägung aller Umstände im Einzelfall kommt daher eine **Haftungserleichterung** in Betracht.[1159] Die grundsätzlich uneingeschränkte Haftung des Arbeitnehmers bei grober Fahrlässigkeit wird der Höhe nach begrenzt, wenn zwischen seinem Arbeitsentgelt und dem verursachten Schaden ein grobes Missverhältnis besteht. Ein solches grobes Missverhältnis besteht jedenfalls dann nicht, wenn die Höhe des verursachten Schadens das Dreifache des monatlichen Arbeitsentgelts nicht übersteigt.[1160]

aa) Haftung gegenüber Kollegen

Die dargestellten Haftungsmaßstäbe finden nur Anwendung bezüglich der Haftung des Arbeitnehmers gegenüber dem Arbeitgeber. Ist der Geschädigte ein Kollege des Arbeitnehmers, hat dieser dann – neben den Ansprüchen gegen den gemeinsamen Arbeitgeber – ggf. einen Schadensersatzanspruch gegen den Verursacher. Für Personenschäden ist die Haftung gem. § 105 Abs. 1 SGB VII ausgeschlossen, falls der Verursacher nicht vorsätzlich gehandelt hat. Dies gilt allerdings nicht im – praktisch häufigen – Fall des sog **Wegeunfalls**, wenn also zB der Fahrer einer Fahrgemeinschaft auf dem Weg zur Arbeitsstätte einen Unfall verursacht, bei dem mitfahrende Arbeitskollegen geschädigt werden. Der Unfallverursacher haftet dann zunächst uneingeschränkt. Bei anlässlich der Arbeitstätigkeit erfolgenden Verkehrsunfällen (einschließlich Hinweg und Rückweg zur Arbeit) gilt Gleiches auch für den Arbeitgeber. Für Sachschäden hingegen haftet der Schädiger dem Geschädigten uneingeschränkt, kann aber ggf. nach den Grundsätzen des **innerbetrieblichen Schadensausgleichs** Ausgleich vom Arbeitgeber verlangen.

bb) Haftung gegenüber Dritten

Werden durch einen Arbeitsunfall bei einer Veranstaltung Dritte geschädigt – bspw. Veranstaltungsbesucher oder Darbietende – haften Arbeitgeber und Arbeitnehmer zunächst gegenüber dem geschädigten Dritten jeweils uneingeschränkt als Gesamtschuldner. Der Haftungsausschluss des § 105 Abs. 1 SGB VII gilt hier nicht. Im Innenverhältnis zwischen Arbeitgeber und Arbeitnehmer kann der Arbeitnehmer aber nach den Grundsätzen des innerbetrieblichen Schadensausgleichs ganz oder teilweise Freistellung von den Ansprüchen des Geschädigten verlangen. Insoweit finden die oben dargestellten Grundsätze Anwendung.[1161] Selbst im Fall grober Fahrlässigkeit ist eine Begrenzung der Haftungshöhe auf drei Monatsgehälter möglich.

[1156] Vgl. Preis in ErfK BGB § 619a Rn. 16.
[1157] BAGE 90, 148; BAGE 63, 127; Grüneberg in Palandt BGB § 611 Rn. 156.
[1158] Grüneberg in Palandt BGB § 277 Rn. 5.
[1159] BAG NJW 2011, 1096.
[1160] BAGE 99, 368 (373); BAG BB 1998, 107; BAGE 63, 127.
[1161] S. Rn. 1094 ff.

VI. Tarifverträge und Betriebsvereinbarungen

1099 Von dem bisher dargestellten Individualarbeitsrecht ist das **kollektive Arbeitsrecht** zu unterscheiden. Es befasst sich mit den rechtlichen Rahmenbedingungen von Arbeitnehmer- und Arbeitgeberverbänden. Hierzu gehört auch die Frage, wie sich Entscheidungen der Verbände – bspw. der Abschluss von Tarifverträgen oder Arbeitskampfmaßnahmen – auf der individualarbeitsrechtlichen Ebene auswirken. Unterhalb der Ebene der Arbeitgeber- und Arbeitnehmerverbände (sog Koalitionen) gibt es zudem die betriebliche Ebene.

1100 Da es bislang noch keine branchenspezifischen Tarifverträge für den Bereich der Veranstaltungswirtschaft gibt, hat das kollektive Arbeitsrecht in der Praxis vergleichsweise geringe Bedeutung. Zudem sind die meisten Unternehmen dieser Branche so klein, dass sie nicht unter die Vorschriften des BetrVG fallen. Eine Ausnahme bildet allerdings der Bereich der staatlichen Theater und Orchester: Hier gelten die Sonderregeln des Bühnenrechts, die durch Tarifverträge zwischen dem Deutschen Bühnenverein und der Genossenschaft Deutscher Bühnenangehöriger ausgeformt wurden. In einem Rahmentarifvertrag haben diese beiden Tarifparteien einen gemeinsamen Tarifausschluss statuiert und eine Bühnenschiedsgerichtsbarkeit vereinbart. Zudem wurden als gemeinsame Einrichtungen die **Versorgungsanstalt der Deutschen Bühnen** und die **Versorgungsanstalt Deutscher Kulturorchester** gegründet.[1162] Die wichtigsten Bühnentarifverträge zwischen dem Deutschen Bühnenverein und der Genossenschaft Deutscher Bühnenangehöriger sind der **Normalvertrag für Solisten** (NV Solo)[1163], der trotz seines Namens nicht nur für Solisten, sondern für alle Schauspieler gilt. Für Opernchormitglieder gilt der Tarif NV Chor, für Tanzgruppenmitglieder der Tarif NV Tanz.[1164] Für technische Bühnenangestellte mit ausschließlich oder überwiegend künstlerischer Tätigkeit gilt der Bühnentechniker-Tarifvertrag (BTT). Für Musiker in Kulturorchestern gilt der Tarif TVK.

VII. Künstlerdienste der Bundesagentur für Arbeit

1101 Die Vorgängerin der heutigen Bundesagentur für Arbeit, die damalige Bundesanstalt für Arbeit, behandelte – wie bereits dargestellt[1165] – bis zum Wirksamwerden des bahnbrechenden Urteils des BSG[1166] aus dem Jahre 1988 die Vermittlungstätigkeit privater Künstleragenturen als unerlaubte Arbeitsvermittlung. Nur vor diesem historischen Hintergrund ist verständlich, dass die Bundesagentur für Arbeit nach wie vor als Abteilungen der Landesarbeitsämter sog Künstlerdienste unterhält. Die **ZAV Künstlervermittlung** ist eine Service-Einrichtung der Bundesagentur für Arbeit unter dem Dach der Zentralen Auslands- und Fachvermittlung. Sie vermittelt darstellende Künstlerinnen und Künstler sowie Bewerberinnen und Bewerber aus künstlerisch-technischen Berufen, die vorrangig ein abhängiges Beschäftigungsverhältnis suchen, rund um den Bereich Bühne und Kamera.[1167] Die ZAV Künstlervermittlung hat Standorte in Berlin, Hamburg, Hannover, Köln, Leipzig, München und Stuttgart und bietet ihren Service in den Sparten Schauspiel, Musiktheater, Orchester, Film und Fernsehen, Unterhaltung und Werbung an.[1168]

1102 Noch heute beschränken sich diese Abteilungen allerdings keineswegs lediglich auf die Vermittlung von Künstlern in Arbeitsverhältnisse, sondern vermitteln – wie jede private Agentur, allerdings ohne Kosten für den Auftraggeber und Vermittelten – durchaus auch in selbstständige Dienst- und Werkverträge. Das BSG bestätigte diese Praxis als rechtmäßig mit der Begründung, dass es den Mitarbeitern der Arbeitsverwaltung nicht möglich sei, im

---

[1162] Kurz S. 260.
[1163] Im Einzelnen zu den Regelungen des NV Solo und den sonstigen Tarifverträgen Kurz S. 263 ff.
[1164] Kurz S. 261.
[1165] Siehe dazu oben.
[1166] BSG BB 1991, 1270.
[1167] Huber/Gröbel-Zimmermann S. 137.
[1168] Abrufbar unter: http://zav.arbeitsagentur.de.

Einzelfall zwischen abhängiger und selbstständiger Tätigkeit zu differenzieren.[1169] Es ist allerdings nur schwer nachvollziehbar, weshalb diese Unterscheidung seinerzeit den privaten Künstlervermittlern abverlangt wurde, aber angeblich den Mitarbeitern der Bundesanstalt für Arbeit nicht zumutbar gewesen sein soll.

Auch die Bundesagentur für Arbeit räumt heute zumindest indirekt ein, dass die Vermittlung von Künstlern in Einzelengagements allenfalls am Rande von ihrem gesetzlichen Auftrag gem. § 1 ff. und § 36 SGB III gedeckt ist. Daher will sie sich laut der eigenen Webseite[1170] bei der Vermittlung auf solche Künstler beschränken, die „vorrangig" ein abhängiges Beschäftigungsverhältnis suchen. Wenn man sich das Künstlerangebot in der Online-Datenbank der ZAV Künstlervermittlung betrachtet, kann man allerdings den Eindruck gewinnen, dass zumindest in der Kategorie U-Musik vor allem für typische Party-Bands nach wie vor nach Auftraggebern für Einzelauftritte und damit nicht nach Arbeitgebern gesucht wird.[1171] In anderen Bereichen wie etwa dem Bereich der Schauspielervermittlung hat die ZAV Künstlervermittlung hingegen eine ausschließlich auf die Vermittlung in Arbeitsverhältnisse beschränkte und damit für Künstler wichtige und allgemein nachgefragte Funktion. 1103

VIII. Aufenthaltsrecht

Wenn ausländische Künstler für Darbietungen nach Deutschland einreisen wollen, stellen sich zwei aufenthaltsrechtliche Fragen: 1104
– Benötigt der Künstler eine **Aufenthaltsgenehmigung**?
– Benötigt er für die Durchführung seiner Tätigkeit in Deutschland eine **Arbeitserlaubnis**?

Die zweite Frage stellt sich auch dann, wenn der Künstler in Deutschland nicht als Arbeitnehmer tätig wird, sondern selbstständig wie etwa im Rahmen einer Konzerttournee. 1105

Die Antworten hängen entscheidend vom Herkunftsland des Künstlers ab. 1106

Künstler aus den alten EU-Mitgliedsstaaten[1172], den EWR-Staaten[1173] sowie aus der Schweiz, aus Malta und Zypern benötigen weder eine Aufenthalts- noch eine Arbeitserlaubnis. Künstler aus den neuen EU-Beitrittsländern[1174] benötigen ebenfalls keine Aufenthaltserlaubnis, bezüglich der Arbeitserlaubnis ist allerdings zu differenzieren: Für die selbstständige künstlerische Tätigkeit im Rahmen von Konzerttourneen oder vergleichbaren Veranstaltungen benötigen Künstler aus den neuen EU-Beitrittsländern keine Arbeitserlaubnis. Sofern der Künstler als Arbeitnehmer tätig werden will, benötigt er eine (unbefristete) Arbeitsberechtigung-EU oder eine (befristete und auf eine bestimmte Arbeitsstelle beschränkte) Arbeitserlaubnis-EU gem. § 284 SGB III iVm § 1 ASAV iVm § 23 BeschVO. Die Arbeitsberechtigung-EU ist gem. § 12a Abs. 1 ArGV zu erteilen, wenn der Künstler bereits ein Jahr lang rechtmäßig in Deutschland beschäftigt war. Die Erteilung einer Arbeitserlaubnis-EU setzt voraus, dass die Arbeitstätigkeit nicht vorrangig zu mindestens gleichen Konditionen durch Künstler aus Deutschland oder den alten EU-Mitgliedsstaaten wahrgenommen werden kann. Der Antrag ist bei der **zentralen Auslands- und Fachvermittlung der Bundesagentur für Arbeit** zu stellen. 1107

Künstler aus Drittstaaten benötigen gem. § 4 AufenthG einen Aufenthaltstitel, das bedeutet ein Visum oder eine Aufenthaltserlaubnis. Zuständig für die Erteilung von Visa sind die deutschen Botschaften und Konsulate. Für die Erteilung von Aufenthaltserlaubnissen ist 1108

[1169] BSG BB 1991, 1270.
[1170] Abrufbar unter: http://zav.arbeitsagentur.de/kv/Home/Homepage.html__nnn=true.
[1171] Abrufbar unter: http://zav.arbeitsagentur.de.
[1172] Belgien, Dänemark, Finnland, Frankreich, Griechenland, Irland, Italien, Luxemburg, Niederlande, Österreich, Portugal, Schweden, Spanien, Vereinigtes Königreich.
[1173] Neben den alten EU-Mitgliedsstaaten sind dies: Island, Norwegen, Liechtenstein.
[1174] Bulgarien, Estland, Lettland, Litauen, Polen, Rumänien, Slowakei, Slowenien, Tschechien und Ungarn.

die **Ausländerbehörde** zuständig. Falls der Künstler in Deutschland als Arbeitnehmer tätig werden will, muss das Visum als **Arbeitsvisum** beantragt werden. Auch hier gilt ein Vermittlungsvorrang, falls die Arbeitstätigkeit gem. § 39 Abs. 2 AufenthG zu mindestens gleichen Konditionen durch EU-Bürger wahrgenommen werden kann. Das Arbeitsvisum wird grundsätzlich für eine bestimmte Tätigkeit in einem bestimmten Betrieb und einer bestimmten Region erteilt.

§ 13 Versicherungsrecht

Die Kernrisiken bei einer öffentlichen Veranstaltung bestehen im Ausfallrisiko, im Risiko 1109
der Beschädigung von eigenem oder angemietetem technischen Material, im Haftpflichtrisiko und natürlich im Risiko, dass die Publikumsnachfrage nach Eintrittskarten niemals mit absoluter Sicherheit prognostiziert werden kann, mithin dem wirtschaftlichen Risiko, welches mit jeder Veranstaltungsdurchführung zwangsläufig verbunden ist.

I. Risikokategorien und Versicherungsarten

Für alle vorgenannten Risiken bieten auf die Veranstaltungswirtschaft spezialisierte Versicherungsmakler und Versicherer spezifische Versicherungen an. 1110

1. Veranstaltungsausfallversicherung

Die Veranstaltungsausfallversicherung sichert finanzielle Risiken ab, die dem Veranstalter 1111
durch den **Ausfall** oder **Abbruch**, die **Änderung** oder **Verschiebung** einer Veranstaltung entstehen.[1175]

Regelmäßig gilt die Eintrittspflicht der Versicherung nur bis zu einer bestimmten Haftungshöchstgrenze, der **Deckungssumme**.[1176] und unter der Voraussetzung, dass der Veranstalter den Ausfall nicht vorsätzlich verschuldet hat.[1177] Bei grober Fahrlässigkeit des Veranstalters übernimmt der Versicherer gem. § 81 Abs. 2 VVG nur einen Prozentanteil des Ausfallschadens. Mitversichern lässt sich der dem Veranstalter entgangene Gewinn, wobei der Schadensnachweis im Einzelfall allerdings schwierig sein kann. 1112

Fällt eine Veranstaltung aus, da der Künstler nicht erschienen ist, wird bei der Versicherung unterschieden zwischen einem Ausfall, der vom Künstler zu vertreten ist und einem Ausfall aufgrund einer vom Künstler nicht zu vertretenden Verhinderung – zB aufgrund von Flugausfällen, Krankheit, Unfall oder Tod. Während das Risiko eines Ausfalls aufgrund Verschuldens des Künstlers grundsätzlich nicht versicherbar ist, ist die Versicherung des Krankheitsrisikos heute zumeist eine conditio sine qua non jeder größeren Tournee. Nicht versicherbare Sonderfälle des Krankheitsrisikos sind der Ausfall aufgrund Erschöpfung zB aufgrund längerer Tourneen (sog. moodies), Drogen und Alkoholmissbrauchs sowie psychischer Erkrankungen. 1113

Die Versicherung wird typischerweise in zwei Deckungsbereiche eingeteilt, das sogenannte Formblatt A und das Formblatt B. Bei den Formblättern A und B handelt es sich jeweils um Allgemeine Versicherungsbedingungen. 1114

Formblatt A erfasst Schäden, die dem Veranstalter dadurch entstehen, dass die Veranstaltung abgesagt, verlegt, oder abgebrochen werden muss. 1115

Formblatt B bietet Versicherungsschutz, wenn eine oder mehrere der in der Police benannten Personen – insbesondere Musiker oder andere Künstler – aus einem der vorstehend dargestellten Gründen nicht auftreten können. 1116

In eingeschränktem Umfang lassen sich Ausfallversicherungen auch für den Fall **höherer Gewalt** abschließen. Bei Open-Air-Veranstaltungen sind entsprechende typische Risiken vor allem extremes Wetter und andere unvorhersehbare Naturereignisse. Dazu zählte zB die isländische Vulkanaschewolke, die 2011 den Flugverkehr in Europa über längere Zeit stilllegte. Zahlreiche Veranstaltungen mussten seinerzeit abgesagt werden, da die Künstler nicht zu den Veranstaltungen anreisen konnten. 1117

[1175] Kresse/Engelsberg S. 174.
[1176] Funke/Müller Rn. 863.
[1177] Vgl. § 81 Abs. 1 VVG.

1118 Grundsätzlich nicht versicherbar ist das Ausfallrisiko aufgrund von Terrordrohungen oder -anschlägen.[1178]

2. Elektronikversicherung

1119 Durch die Elektronikversicherung wird der Schaden versichert, der durch die Beschädigung von eigenem oder angemietetem technischem Material entsteht. Der Versicherungsschutz umfasst gem. § 2 der AGB für die Elektronik-Versicherung[1179] Sachschäden an den versicherten Gegenständen aufgrund von einfacher oder leichter Fahrlässigkeit des Versicherungsnehmers oder seiner Repräsentanten, wie etwa Bedienungsfehler, Überspannung, Konstruktions- oder Materialfehler, Brand oder Feuchtigkeit. Mitversichert ist auch das Abhandenkommen der versicherten Gegenstände aufgrund von Diebstahl und Vandalismus.[1180] Nicht vom Versicherungsschutz umfasst sind Schäden durch Abnutzung, Wasserdämpfe, und höhere Gewalt.[1181]

3. Veranstalterhaftpflichtversicherung

1120 Die Haftpflichtversicherung ist eine **Fremdschadensversicherung**. Sie schützt den Veranstalter vor deliktischen Regressansprüchen für den Fall, dass Veranstaltungsbesucher, außenstehende Dritte oder Vertragspartner des Veranstalters wie zB der Künstler geschädigt werden. Vertragliche Regressansprüche wie bspw. vereinbarte Vertragsstrafen werden hingegen nicht abgedeckt.[1182] Voraussetzung für den Versicherungsschutz ist, dass auf Seiten des Versicherten kein vorsätzliches Handeln vorliegt. Bei grob fahrlässigem Handeln kommt ggf. gem. § 81 Abs. 2 VVG eine eingeschränkte Haftungsübernahme in Betracht.

1121 Die Versicherung von Schadensfällen im Ausland sowie Schäden an Mietsachen, Leihsachen oder Verwahrungssachen (wie zB technisches Material der Künstler) werden von den Versicherern regelmäßig vom Haftungsumfang der Versicherung ausgeschlossen.[1183]

1122 Finden Veranstaltungen auf öffentlichen Verkehrsflächen statt, muss der Veranstalter zwingend eine Veranstalterhaftpflichtversicherung abschließen.[1184]

4. Shortfall-Versicherung

1123 Die Shortfall-Guarantee-Versicherung entlastet den Veranstalter ganz oder zumindest zum Großteil von seinem unternehmerischen Risiko. Der Eintrittsfall für die Versicherung ist dann gegeben, wenn der Kartenverkauf so sehr hinter den Erwartungen zurückbleibt, dass eine bestimmte Mindesteinnahmegrenze nicht erreicht wird. Diese im Vertrag vereinbarte Mindesteinnahmegrenze kann bei der Gewinnschwelle des Veranstalters liegen oder ggf. auch darunter, so dass er einen gewissen Teil des unternehmerischen Risikos selbst trägt.[1185] Den verbleibenden Teil übernimmt der Versicherer. Shortfall-Versicherungen werden aufgrund einerseits des Versicherungsrisikos und andererseits der daraus resultierenden hohen Prämien kaum noch am Markt angeboten.[1186]

[1178] Waetke S. 701; Funke/Müller Rn. 852.
[1179] Auch hierbei handelt es sich – wie bei den Formblättern A und B – um allgemeine Versicherungsbedingungen.
[1180] § 2 Nr. 1 Allgemeine Bedingungen für die Elektronik-Versicherung; vgl. Risch/Kerst S. 390.
[1181] Waetke S. 707.
[1182] Waetke S. 696.
[1183] Waetke S. 698.
[1184] Verwaltungsvorschrift zu § 29 StVO; vgl. Waetke S. 694.
[1185] Kresse/Engelsberg S. 174.
[1186] Waetke S. 701.

Versicherungsrecht § 13

5. Abtretung von Regressansprüchen

Kommt es aufgrund Verschuldens eines Dritten zum Schadensfall, lässt sich die Versicherung regelmäßig die Regressansprüche des Veranstalters gegen den Dritten abtreten.[1187] Das Risiko mangelhafter Vertragserfüllung seitens der Vertragspartner des Veranstalters übernimmt die Versicherung deshalb nur, wenn durch valide Verträge sicher gestellt ist, dass der Regressanspruch gegen den Vertragspartner durchsetzbar ist. 1124

II. Zustandekommen des Versicherungsvertrags

1. Versicherungsmakler

Der Abschluss von Versicherungsverträgen insbesondere im Bereich der Veranstaltungsversicherungen erfolgt fast ausnahmslos über spezialisierte Versicherungsmakler. Das hat seine Ursache darin, dass Veranstaltungsversicherungen regelmäßig nur Nischenprodukte der Versicherungsunternehmen sind. Spezialisierte Versicherer, die man direkt ansprechen könnte, gibt es kaum. Auch die Versicherungsmakler greifen daher im Einzelfall zumeist auf unterschiedliche Anbieter zurück. Der Makler ist im Unterschied zum Versicherungsagenten nicht Vertreter des Versicherungsunternehmens, sondern steht im Lager des Versicherungsnehmers, für den er auf der Grundlage eines Geschäftsbesorgungsvertrags tätig wird. Daraus haftet er dem Versicherungsnehmer für etwaige Falschberatung. 1125

2. Grundsätze des Versicherungsrechts

Das VVG sieht gegenseitige Informationspflichten bei der Durchführung des Versicherungsvertrags vor, die der Versicherte und der Versicherer zur Vermeidung von Nachteilen beachten müssen. Die Versicherung hat dem Versicherungsnehmer gem. § 3 Abs. 1 VVG einen **Versicherungsschein** zu übergeben. Gemäß § 7 VVG müssen dem Versicherungsnehmer rechtzeitig vor dem Vertragsschluss alle Vertragsbestimmungen ausgehändigt werden. 1126

Der Versicherungsnehmer muss ebenfalls bestimmte **Informations- und Meldepflichten** gegenüber der Versicherung wahren. Die Verletzung dieser Pflichten kann im Schadensfalle zum Verlust des Versicherungsschutzes führen. 1127

Typische Informations- und Meldepflichten sind 1128
- Unverzügliche Information der Versicherung über einen Wechsel der Anschrift bzw. des Sitzes des Versicherungsnehmers;
- Anzeige von Anzeichen dafür, dass sich das versicherte Risiko erhöht;
- Unverzügliche Meldung des Versicherungsfalls;
- Schadensminderungspflicht im Rahmen des Möglichen und Zumutbaren (§ 254 BGB).

Ansonsten muss der Versicherungsnehmer gem. § 19 Abs. 1 VVG vor Vertragsschluss nur solche Angaben gegenüber dem Versicherer machen, nach denen er in Textform gefragt wird. 1129

Der Versicherungsnehmer kann gem. §§ 8, 9 VVG den Abschluss des Versicherungsvertrags innerhalb von zwei Wochen nach Vertragsschluss widerrufen.[1188] Gemäß §§ 37, 38 VVG kann der Versicherungsschutz entfallen, wenn der Versicherungsnehmer die Erstprämie noch nicht gezahlt hat oder mit den Versicherungsprämien in Verzug ist. 1130

[1187] Ein gesetzlicher Forderungsübergang ist in § 86 VVG vorgesehen.
[1188] Risch/Kerst S. 275.

§ 14 Haftungsrecht

I. Die Haftung des Veranstalters gegenüber dem Publikum

1131 Primärer Anspruchsgegner bei Sach- oder Personenschäden anlässlich von Veranstaltungen ist regelmäßig der Veranstalter, da er die organisatorische Sachherrschaft über die Veranstaltung hat. Wie schwer es sein kann, im Einzelfall den rechtlich verantwortlichen Veranstalter zu ermitteln, wurde bereits aufgezeigt.[1189] Der Veranstalter haftet unter dem Gesichtspunkt der **Verkehrseröffnung** möglicherweise selbst dann, wenn ihm kein eigenes Fehlverhalten nachgewiesen werden kann. Ausreichend kann es bereits sein, dass er es unterlassen hat, zumutbare Sicherheitsvorkehrungen gegen vorhersehbare Gefahren zu treffen.

1132 Zu unterscheiden ist hierbei die deliktische Haftung nach §§ 823 ff. BGB von der vertraglichen Haftung. Vertragspartner des Veranstalters ist auf der Besucherseite typischerweise der Kartenkäufer. Besucht er die Veranstaltung nicht selbst sondern verschenkt oder verkauft er die Karte, stehen Rechte aus der Eintrittskarte als kleinem Inhaberpapier iSv § 807 BGB dem Veranstaltungsbesucher zu, soweit es sich nicht um eine personalisierte Eintrittskarte handelt. Da ein derartiger Veranstaltungsbesucher gem. § 793 BGB gleichwohl alle Rechte des Kartenkäufers geltend machen kann, besteht zwischen ihm und dem Veranstalter eine **schuldrechtliche Sonderbeziehung**. Auch aufgrund dieser Sonderbeziehung haftet der Veranstalter sowohl aus Delikt als auch aus Vertrag.

1133 Ein wesentlicher Unterschied zwischen der vertraglichen und der deliktischen Haftung besteht bei der Haftung für Mitarbeiter und sonstige Beauftragte des Veranstalters. Im Deliktsrecht sieht die Haftung für Verrichtungsgehilfen gem. § 831 BGB vor, dass der Geschäftsherr nur für das Verschulden seines **Verrichtungsgehilfen** haftet, wenn er sich bezüglich der Auswahl oder Überwachung des Gehilfen nicht nach § 831 Abs. 1 S. 2 BGB exkulpieren kann. Im Vertragsrecht hingegen haftet der Geschäftsherr gem. § 278 BGB uneingeschränkt für jegliches Verschulden seines **Erfüllungsgehilfen**, ohne dass es hierbei auf die Frage ankommt, ob ihm bei der Auswahl oder Überwachung des Erfüllungsgehilfen der Vorwurf eigenen Verschuldens gemacht werden kann.

1134 Alle an der Durchführung einer Veranstaltung Beteiligten – zB Sicherheitspersonal, Licht- und Tontechniker etc – sind aus Sicht des Publikums Erfüllungsgehilfen des Veranstalters. Sie werden im Rahmen der Durchführung der Veranstaltung in Erfüllung seiner vertraglichen Pflichten tätig. Eine Ausnahme stellt allerdings der Künstler dar, denn dieser erbringt keine vom Veranstalter geschuldete, sondern eine höchstpersönliche Leistung. Der Künstler ist somit nicht Erfüllungsgehilfe des Veranstalters.[1190]

1135 Gemäß § 278 BGB haftet der Veranstalter für jegliches Verschulden seiner Erfüllungsgehilfen.[1191] Dabei kommt es nicht darauf an, ob er deren pflichtwidriges Verhalten erkennen und ggf. verhindern konnte. Vielmehr haftet er stets, wenn es infolge pflichtwidrigen Verhaltens oder unterlassener Sicherheitsvorkehrungen zu einem Sach- oder Personenschaden bei Veranstaltungsbesuchern kommt. Der Umfang dieser Haftung lässt sich nur schwer eingrenzen. Einen abschließenden Katalog von Sicherheitsvorkehrungen, die bei Veranstaltungen zu treffen sind, gibt es nicht. Da Gerichte die Qualität der Sicherheitsvorkehrungen nicht aus eigener Sachkunde beurteilen können, wird ein Schadensfall regelmäßig als Indiz dafür gewertet, dass sie unzureichend waren. Fahrlässigkeit wird in vielen Fällen nicht konkret untersucht, sondern als gegeben unterstellt. Etwas anderes muss allerdings dann gelten, wenn der Schaden Folge eines atypischen, unvorhersehbaren und nicht beherrschbaren Geschehensablaufs ist.

1136 Die daraus entstehende Rechtsunsicherheit und Unübersehbarkeit der Haftungsrisiken besteht aber nur der bei der Veranstaltungsdurchführung. Die Sorgfaltspflichten bei der

---

[1189] S. Rn. 45 ff.
[1190] Funke/Müller Rn. 770.
[1191] Funke/Müller Rn. 773.

Haftungsrecht § 14

Vorbereitung der Veranstaltung hingegen sind in der MVStättV und ihren landesrechtlichen Umsetzungen ausdrücklich normiert.

1. Musterversammlungsstättenverordnung

a) Regelungsgegenstand und Anwendungsbereich

Regelungsinhalt der MVStättV ist in erster Linie die bau- und sicherheitstechnische Ausgestaltung der Veranstaltungsstätte und ihres Inventars. 1137

Die MVStättV ist keine Rechtsnorm, sondern eine **Entwurfsvorlage** für die jeweiligen Landesgesetzgeber zum Erlass eigener VStättVO.[1192] Daher weichen die Versammlungsstättenverordnungen der Länder auch immer wieder in Detailpunkten vom Musterentwurf ab. Bezüglich der wesentlichen Sicherheitsanforderungen stimmen die Versammlungsstättenverordnungen der Länder allerdings überein. Die VStättVO der Länder sind als Rechtsverordnungen auf Grundlage der Landesbauordnung gültige Rechtsnormen.[1193] Sie regeln Sicherheitsfragen beim Bau und beim Betrieb von Veranstaltungsstätten. Sicherheitsfragen, die bei der Durchführung der jeweiligen Veranstaltung auftreten – bspw. der Schutz des Publikums vor Hörschäden – sind nicht Gegenstand der VStättVO. Um zu vermeiden, nachfolgend in jedem Einzelfall auf die jeweilige landesrechtlichen Umsetzungen Bezug zu nehmen, orientiert sich die weitere Erörterung **ausschließlich an der MVStättV**. 1138

Als vorrangiges Ziel einer VStättVO betrachtet die MVStättV den Schutz der Veranstaltungsbesucher vor **Brandgefahren** und die Sicherstellung ausreichender **Fluchtwege**.[1194] Der Anwendungsbereich einer VStättVO ist bei Versammlungsstätten in geschlossenen Räumen gem. § 1 MVStättV bereits dann eröffnet, wenn diese mehr als 200 Besucher fassen. Sportstadien bilden eine Ausnahme: Bei ihnen sieht die MVStättV die Anwendbarkeit einer VStättVO erst ab einem Fassungsvermögen von 5000 Besuchern vor. Entscheidend ist also nur das **Fassungsvermögen** einer Veranstaltungsstätte, auf die Zahl der tatsächlich anwesenden Besucher kommt es hingegen nicht an. Bei Veranstaltungsstätten im Freien ist der Anwendungsbereich einer VStättVO gem. MVStättV hingegen nur eröffnet, wenn folgende Voraussetzungen kumulativ vorliegen: 1139
- Die Versammlungsstätte muss mehr als 1000 Besucher fassen
- Die Versammlungsstätte muss ganz oder teilweise aus **baulichen Anlagen** bestehen
- Die Versammlungsstätte muss gem. § 2 Abs. 4 MVStättV **Szeneflächen** (dh eine Bühne oder Spielfläche) aufweisen

Der Begriff der baulichen Anlage ist angesichts der Zweckrichtung der MVStättV, die Besucher vor Brandgefahren zu schützen und Fluchtwege zu sichern, weit zu verstehen. Eine Versammlungsstätte besteht deshalb bereits dann aus baulichen Anlagen, wenn der Zu- und Abgang durch provisorisch errichtete Absperrungen wie Bauzäune gelenkt wird. 1140

b) Betreiber

Hauptadressat der MVStättV ist aufgrund der dargestellten Zielrichtung gem. § 38 MVStättV nicht der Veranstalter, sondern der Betreiber einer Veranstaltungsstätte. Der Begriff ‚Betreiber' wird in der MVStättV nicht definiert. Die Rechtsprechung fasst ihn weit und versteht darunter diejenige natürliche oder juristische Person, die rechtlich befugt und tatsächlich im Stande ist, bestimmenden Einfluss auf eine Anlage auszuüben.[1195] Betreiber ist somit der **Eigentümer** der Veranstaltungsstätte bzw. deren **Pächter** oder **Dauermieter**.[1196] Ihm obliegt die primäre Organisationsverantwortung. Er muss die bauliche und technische Ausstattung der Veranstaltungsstätte so vornehmen, dass den Sicherheitsbelan- 1141

[1192] Klode S. 6.
[1193] Klode S. 6.
[1194] Waetke Rn. 1705.
[1195] Klode S. 216.
[1196] Löhr/Gröger S. 428; Klode S. 216.

gen nach dem aktuellen Stand der Technik Genüge getan wird. Zudem muss der Betreiber ausreichend qualifiziertes Sicherheitspersonal in hinreichender Anzahl vorhalten, um den gebotenen Sicherheitsstandard zu gewährleisten. Der Betreiber kann zwar einzelne Teilaufgaben an qualifizierte Fachkräfte delegieren. Auf den Fortbestand der ihm obliegenden **Organisationsverantwortlichkeit** hat dies jedoch keinen Einfluss. In jedem Fall bleibt er verpflichtet, die Einhaltung der erforderlichen Sorgfalt durch das von ihm eingeschaltete Fachpersonal laufend zu überwachen. Stichprobenartige Überprüfungen reichen dazu aus.[1197] Gemäß § 38 Abs. 2 MVStättV muss der Betreiber oder ein von ihm beauftragter Veranstaltungsleiter ständig bei der Veranstaltung anwesend sein. Diese Anwesenheitspflicht richtet sich an natürliche Personen, eine juristische Person muss sich durch einen Beauftragten vertreten lassen.[1198] Aufgrund seiner Organisationsverantwortlichkeit muss der Betreiber gem. § 38 Abs. 3 MVStättV die Zusammenarbeit von Ordnungsdienst, Brandsicherheitswache und Sanitätswache mit der Polizei, der Feuerwehr und dem Rettungsdienst gewährleisten.

c) Veranstalter

1142 Die sicherheitstechnischen Anforderungen bei der Durchführung von Veranstaltungen werden von der MVStättV nur mehr oder weniger am Rande und ausschnittsweise geregelt. Deshalb ist der Veranstalter lediglich sekundärer Adressat der Verordnung. Der Betreiber kann gem. § 38 Abs. 5 S. 1 MVStättV dem Veranstalter oder gem. Abs. 2 einem **Veranstaltungsleiter** die Betreiberpflichten übertragen. Die Übertragung bedarf der Schriftform. Die Übertragung auf den Veranstalter erfolgt regelmäßig mit dem Abschluss des Hallenmietvertrages. Sie setzt voraus, dass der Veranstalter mit der Veranstaltungsstätte und ihren Einrichtungen hinreichend vertraut ist. Im Fall einer wirksamen Übertragung haften Betreiber und Veranstalter gem. § 38 Abs. 5 S. 2 MVStättV als Gesamtschuldner.

1143 Der Auf- oder Abbau bühnen- oder beleuchtungstechnischer Einrichtungen von Großbühnen oder Szenenflächen mit mehr als 200 m² Grundfläche oder in Mehrzweckhallen mit mehr als 5000 Besucherplätzen, wesentliche Wartungs- und Instandsetzungsarbeiten an diesen Einrichtungen und technische Proben müssen gem. § 40 Abs. 2 MVStättV von einem **Verantwortlichen für Veranstaltungstechnik** geleitet und beaufsichtigt werden. Die erforderliche Qualifikation des Verantwortlichen für Veranstaltungstechnik regelt § 39 MVStättV.

d) Sicherheitsrelevante Anlagen

1144 Die herausragende Verantwortlichkeit des Betreibers zeigt sich daran, dass er die ordnungsgemäße Sicherheitsausstattung der Veranstaltungsstätte sicherstellen muss. Das umschließt die Verpflichtung, laufend zu überwachen, ob beim Betrieb der Veranstaltungsstätte alle sicherheitsrelevanten Vorschriften eingehalten werden. Sind für die Sicherheit der Versammlungsstätte notwendige Anlagen, Einrichtungen oder Vorrichtungen nicht betriebsfähig oder können Betriebsvorschriften nicht eingehalten werden, ist der Betreiber laut § 38 Abs. 4 MVStättV zur Einstellung des Betriebs der Versammlungsstätte verpflichtet. Wird festgestellt, dass die baulichen Anlagen sicherheitstechnisch ordnungsgemäß waren, haftet der Betreiber für Personenunfälle aufgrund einer Verkettung unglücklicher Umstände selbst dann nicht, wenn der Unfall durch zusätzliche Sicherheitsausstattung möglicherweise hätte vermieden werden können.[1199]

1145 Eine Liste der Anlagen, die für die Sicherheit der Versammlungsstätte notwendig sind, findet sich in den für Versammlungsstätten geltenden technischen Prüfverordnungen der Länder. In § 2 der MAnlPrüfVO[1200] sind insoweit folgende Anlagen genannt:

[1197] Löhr/Gröger S. 432.
[1198] Löhr/Gröger S. 434.
[1199] OLG Jena Urt. v. 6.10.2005 – 4 U 882/05.
[1200] Muster-Prüfverordnung vom 25.03.1999; siehe auch Löhr/Gröger S. 440.

Haftungsrecht § 14

- Lüftungsanlagen
- CO-Warnanlagen
- Rauchabzugsanlagen sowie maschinelle Anlagen zur Rauchfreihaltung von Rettungswegen
- Selbsttätige Feuerlöschanlagen wie Sprinkleranlagen, Sprühwasser-Löschanlagen und Wassernebel-Löschanlagen
- Nichtselbsttätige Feuerlöschanlagen mit nassen Steigleitungen und Druckerhöhungsanlagen einschließlich des Anschlusses an die Wasserversorgungsanlage
- Brandmelde- und Alarmierungsanlagen
- Sicherheitsstromversorgungen

Hinzu kommen die in § 46 MVStättV genannten Einrichtungen. Dieser Katalog ist allerdings nicht abschließend. Soweit im Einzelfall aufgrund besonderer Umstände weitere Anlagen oder Einrichtungen zur Aufrechterhaltung der Sicherheit erforderlich sind, werden auch diese von § 38 Abs. 4 MVStättV erfasst. 1146

2. Verkehrssicherungspflichten bei der Veranstaltungsdurchführung

Sach- und Personenschäden bei Veranstaltungen können ihre Ursache nicht lediglich in der baulichen Ausstattung der Spielstätte, sondern vor allem auch in einer Verletzung der dem Veranstalter obliegenden Verkehrssicherungspflicht haben. Zur Verkehrssicherungspflicht zählt, dass für einen angemessenen **Sanitätsdienst** gesorgt sein muss, dass die **Sicherheitskräfte** qualifiziert sind und hinreichend überwacht werden und dass die **Veranstaltungslautstärke** innerhalb der erlaubten Grenzwerte bleibt. Dies gilt vor allem bei außergewöhnlichen Veranstaltungsvoraussetzungen – zB besonderer Sommerhitze in der Spielstätte oder starkem Besucherandrang. Der Veranstalter haftet grundsätzlich für jegliches **Organisationsverschulden**. Natürlich kann dies nicht bedeuten, dass er im Schadensfall für schlechthin jeden Schaden haftet, sondern nur dann, wenn er keine ausreichenden Vorkehrungen trifft, um eine weitere Eskalation zu verhindern. 1147

Gemäß § 41 MVStättV ist bei größeren oder besonders feuergefährlichen Veranstaltungen eine **Brandsicherheitswache** einzurichten. Veranstaltungen mit voraussichtlich mehr als 5000 Besuchern sind rechtzeitig der für den Sanitäts- und Rettungsdienst landesrechtlich zuständigen Behörde anzuzeigen. Bei Großveranstaltungen kann das Zusammenwirken von Ordnungsdienst, Brandsicherheitswache und Sanitätswache mit der Feuerwehr, der Polizei und dem Rettungsdienst problematisch sein. Gemäß § 38 Abs. 3 MVStättV muss der Betreiber die Zusammenarbeit dieser Beteiligten gewährleisten. Zudem ist bei gefahrgeneigten Veranstaltungen sowie für Versammlungsstätten mit mehr als 5000 Besucherplätzen ein Sicherheitskonzept im **Einvernehmen** mit den Sicherheitsbehörden aufzustellen. Hierin mag ein Kernproblem der MVStättV liegen, insoweit sie den Sicherheitsbehörden und dem Veranstalter nur Einvernehmen abverlangt, ohne deutlich festzuschreiben, wer das letztendliche Entscheidungsrecht hat. Es wäre wünschenswert, dass der Gesetzgeber konkretisiert, wie das Einvernehmen auszusehen hat. 1148

Verstöße gegen diesen Pflichtenkatalog können gem. § 47 MVStättV als Ordnungswidrigkeiten geahndet werden. Zudem stellt jeder Verstoß eine Sorgfaltspflichtverletzung dar, die im Schadensfall eine deliktische Haftung begründet. 1149

a) Kein abschließender Katalog von Sorgfaltspflichtanforderungen

Die Haftung des Veranstalters ist umfassend, so dass er für alle erkennbaren Risiken Vorsorge treffen und sicher stellen muss, dass selbst für den unwahrscheinlichen, aber möglichen Unglücksfall Vorkehrungen getroffen sind, um die Sicherheit des Publikums zu gewährleisten.[1201] Es überrascht auf den ersten Blick, dass die Sorgfaltspflichtanforderungen bezüglich der eigentlichen Durchführung nicht spezialgesetzlich normiert sind, wie dies bezüglich 1150

[1201] Funke/Müller Rn. 774 ff.

der baulichen Sorgfaltspflichtanforderungen in der MVStättV geschehen ist. Der BGH vertritt die Auffassung, dass die Sorgfaltspflichten bei der Durchführung der Veranstaltung zu stark von den jeweiligen Umständen des Einzelfalls abhängen, als dass man sie abschließend normieren könnte.[1202] Wenn bspw. bei einer Aufführung Feuer eingesetzt wird, ergeben sich hieraus zusätzliche besondere Sicherheitsanforderungen. Allerdings obliegt dem Veranstalter keine Garantiehaftung für jeden Sach- oder Personenschaden, der bei der Veranstaltung auftritt. Vielmehr haftet er nur dann, wenn für einen vorhersehbaren Schadensfall die erforderlichen Sicherheitsvorkehrungen nicht getroffen wurden, obwohl dies möglich und zumutbar war.[1203]

1151 Da die Sorgfaltspflichtanforderungen an den Veranstalter tatsächlich von den jeweiligen Umständen des Einzelfalls abhängen, befasst sich die Rechtsprechung lediglich punktuell mit bestimmten typischen Verletzungstatbeständen im konkreten Einzelfall, kann aber keinen Gesamtkatalog an Sorgfaltspflichtanforderungen für alle denkbaren Fälle zusammenstellen.

aa) Publikumslärmschutz

1152 Gewisse Richtlinien für entsprechende Sorgfaltspflichtanforderungen gibt es inzwischen bei der Verursachung von **Hörschäden** bei den Besuchern aufgrund überhöhter Lautstärke. Da lange Zeit unklar war, wie groß die Lautstärke bei Konzerten maximal sein darf, damit Konzertbesucher nicht in die Gefahr von Hörschäden kommen, wurde über diese Frage häufig gestritten. Erstmalig nahm der BGH zu dem Problemkomplex in einem Urteil vom 13.3.2001 Stellung und stellte fest, dass der Veranstalter Sorge dafür tragen muss, dass Konzertbesucher vor Gehörschäden geschützt werden.[1204] Dies gilt nicht nur für Rock- und Popkonzerte, sondern auch für andere Veranstaltungen wie etwa Theateraufführungen.[1205] Im Falle einer gerichtlichen Auseinandersetzung obliegt es nicht dem geschädigten Konzertbesucher, sondern dem Veranstalter, den Nachweis zu erbringen, dass er insoweit seiner Sorgfaltspflicht genügt hat. Die Rechtsprechung nimmt also eine **Beweislastumkehr** vor.[1206] Der Nachweis wird regelmäßig nur durch Vorlage einer Dokumentation des Schallpegels der Veranstaltung gelingen können.

1153 Ein Mindeststandard, bei dessen Unterschreitung der Veranstalter seine Sorgfaltspflicht gegenüber dem Konzertbesucher jedenfalls verletzt, wird durch die **DIN-Norm 15905-5** definiert. Sie hat drittschützenden Charakter. Danach beträgt der maximal zulässige Schallpegel bei Veranstaltungen 99 Dezibel, wobei kurzfristig Spitzenwerte von bis zu 135 Dezibel auftreten dürfen. Der Schall ist während des gesamten Konzerts durchgängig an dem lautesten Ort zu messen, der für das Publikum zugänglich ist.

1154 Die Einhaltung dieser Höchstwerte ist eine Pflicht des Veranstalters. Er darf diese Aufgabe nicht unkontrolliert an Dritte – zB den Künstler oder dessen Tontechniker delegieren, sondern ist verpflichtet, persönlich dafür Sorge zu tragen, dass die Spitzenwerte nicht überschritten werden.[1207] Verstöße gegen diese Pflicht können bei Schadensersatzklagen – zB wegen eines Hörsturzes eines Veranstaltungsbesuchers – schadensersatzbegründend sein. Bei einer gerichtlichen Streitigkeit muss der Veranstalter den Beweis erbringen, dass die zulässigen Grenzwerte nicht überschritten wurden.[1208] In der Praxis kann dies entweder durch den Einsatz eines sog ‚Limiters' geschehen, der ein Überschreiten der Höchstlaut-

---

[1202] BGH Urt. v. 13.3.2001 – VI ZR 142/00; vgl. allgemein auch BGH MDR 1996, 592.
[1203] Funke/Müller Rn. 774a.
[1204] BGH ZIP 2001, 931; siehe auch OLG Zweibrücken Urt. v. 26.8.1999 – 6 U 40/98.
[1205] BGH Urt. v. 8.11.2005 – VI ZR 332/04.
[1206] LG Nürnberg-Fürth NJW-RR 2005, 464; anders noch LG Hamburg ZUM-RD 2005, 525.
[1207] BGH NJW 2001, 2019; OLG Karlsruhe JZ 2000, 789 ; LG Nürnberg-Fürth NJW-RR 2005, 464.
[1208] BGH NJW 2001, 2019; LG Nürnberg-Fürth NJW-RR 2005, 464; anders aber OLG Karlsruhe JZ 2000, 789.

stärke technisch unmöglich macht. Es kann aber auch unter Beweis gestellt werden, dass der Tontechniker aktiv während des gesamten Konzerts die tatsächliche Lautstärke gemessen hat. Bei Konzerten in Musik-Clubs und anderen Spielstätten mit fest installierter Lautsprecheranlage kann es genügen, wenn bei der Installation der Lautsprecheranlage überprüft wird, dass die Überschreitung der zulässigen Grenzwerte technisch ausgeschlossen ist. Ab einem mittleren Pegel von 85 Dezibel muss der Veranstalter das Publikum auf die Gefahr möglicher Hörschäden hinweisen. Ab einem mittleren Pegel von 95 Dezibel muss der Veranstalter dem Publikum Hörschutz zur Verfügung stellen und aktiv zu dessen Tragen auffordern.

bb) Mitverschulden des Besuchers

Mittlerweile ist es gefestigte Rechtsprechung, dass allein der Veranstaltungsbesuch als solcher kein Mitverschulden des Geschädigten begründet, und zwar auch dann nicht, wenn es sich dabei zB um ein Konzert einer bekanntermaßen besonders lauten Musikgruppe handelt.[1209] Ein Mitverschulden des geschädigten Veranstaltungsbesuchers iSv § 254 BGB kann auch nicht darin erblickt werden, dass er sich nicht von einer besonders lauten Stelle im Publikumsbereich zu einer weniger lauten Stelle – entfernt von den Lautsprecherboxen – zurückzieht.[1210] Ein Mitverschulden des Besuchers liegt aber zB dann vor, wenn er bei einem Heavy-Metal-Konzert den Publikumsbereich verlässt und sich unerlaubt auf die Bühne zwischen die Verstärkerboxen begibt.[1211] 1155

cc) Alleinverschulden des Besuchers

Der Veranstalter haftet grundsätzlich nicht für Schäden, die einem Konzertbesucher aus selbst verschuldetem Verhalten entstehen. Davon ging das LG Hechingen sogar im Fall eines lediglich fünfzehnjährigen Konzertbesuchers aus, der von einer Rockband aktiv zum sog ‚Stage Diving' – also dem Springen von der Bühne ins Publikum – animiert wurde.[1212] Dieses Ergebnis lässt sich aber allenfalls damit begründen, dass der Künstler regelmäßig kein Erfüllungsgehilfe des Veranstalters ist, so dass eine Haftung nach § 278 BGB nicht greift.[1213] Allerdings ist die Rechtsprechung insoweit uneinheitlich. Das OLG Hamm hat eine Verpflichtung des Veranstalters angenommen, das Stage Diving zu unterbinden und deshalb einem Konzertbesucher, der durch den Sprung eines anderen Besuchers ins Publikum verletzt wurde, einen Schadensersatzanspruch zugesprochen.[1214] Das OLG Hamm hat allerdings ein Mitverschulden des verletzten Besuchers darin gesehen, dass er sich in einem Bereich direkt vor der Bühne aufhielt, in dem erkennbar Stage Diver ins Publikum sprangen. Das OLG München hat sogar ein Alleinverschulden eines Besuchers einer Technomusikveranstaltung angenommen, der sich freiwillig in ein Wasserbassin begab und sich dabei verletzte.[1215] 1156

b) Kein Haftungsausschluss durch Allgemeine Geschäftsbedingungen

Veranstalter haben in der Vergangenheit lange Zeit versucht, ihre Haftung gegenüber dem Konzertbesucher durch AGB-Klauseln auszuschließen oder zu beschränken. Dabei stellt sich zunächst die Frage, ob die AGB-Klauseln auf Eintrittskarten überhaupt wirksam zum Vertragsbestandteil wurden. Dies ist nur der Fall, sofern sie dem Kartenverkäufer bereits bei Vertragsschluss gestellt werden. Diese Voraussetzung ist nicht gegeben, wenn der Kartenkäufer die entsprechende Bedingung erst nach Abschluss des Kaufvertrages – bspw. durch 1157

[1209] LG Trier NJW 1993, 1474; LG Nürnberg-Fürth NJW-RR 2005, 464.
[1210] OLG Koblenz NJW-RR 2001, 1604; LG Trier NJW 1993, 1474.
[1211] LG Trier NJW 1993, 1474.
[1212] LG Hechingen NJW-RR 2003, 84.
[1213] Vgl. Funke/Müller Rn. 770.
[1214] OLG Hamm MDR 2002, 518.
[1215] OLG München Urt. v. 18.4.1996 – 19 U 5469/95.

Lektüre eines Kartenaufdrucks – zur Kenntnis nehmen kann. Eine AGB-Klausel auf einer Eintrittskarte wird somit selbst dann nicht Vertragsbestandteil, wenn sie im Übrigen wirksam wäre.[1216]

1158 Das Gleiche gilt beim Aushang von **haftungsfreizeichnenden Hinweisen** in der Spielstätte wie bspw. „Eltern haften für ihre Kinder" oder „Für Hörschäden wird keine Haftung übernommen". Auch sie werden nicht Vertragsinhalt des Veranstaltungsbesuchsvertrages, da der Besucher sie ebenfalls erst nach Abschluss des Vertrages zur Kenntnis nehmen kann. Der Veranstalter zeigt mit solchen Freizeichnungsversuchen, dass er die Unfallgefahr frühzeitig erkannt, aber nicht ausgeräumt hat.

1159 Möglich ist eine gem. § 305 Abs. 2 BGB wirksame Einbeziehung von AGB-Klauseln in den Veranstaltungsbesuchsvertrag allerdings beim Eintrittskartenkauf über das Internet oder durch einen Aushang der AGB in der Kartenvorverkaufsstelle. Allerdings kann die Wirksamkeit der AGB-Klausel gegenüber dem Veranstaltungsbesucher auch in diesem Fall scheitern, wenn der ursprüngliche Kartenkäufer die Eintrittskarte an einen Dritten weiterverkauft oder verschenkt. Denn gegenüber einem Dritten entfalten die mit dem Ersterwerber vereinbarten AGB selbst dann keine Wirkung, wenn sie wirksam in den mit ihm geschlossenen Vertrag einbezogen wurden. Der Zweiterwerber hat zumeist nicht einmal Gelegenheit, die AGB-Klausel überhaupt zur Kenntnis zu nehmen. Die praktischen Schwierigkeiten bei der Einbeziehung von AGB-Klauseln in den Veranstalterbesuchsvertrag sind also erheblich.

1160 Selbst, wenn eine Einbeziehung der AGB-Klausel praktisch gelingt, setzt das Recht dem Inhalt solcher Klauseln enge Grenzen: Ein Ausschluss der – schuldrechtlichen oder deliktischen – Haftung für vorsätzliche Schäden ist gem. § 276 Abs. 3 BGB selbst dann unwirksam, wenn er nicht innerhalb von AGB sondern individualvertraglich erfolgt. Da der Vorsatz lediglich die Rechtsgutsverletzung, aber nicht den eingetretenen Schaden umfassen muss, und zudem auch den Individualvorsatz in Form von ‚billigend in Kauf nehmen' mit einschließt, ist der praktische Anwendungsbereich von § 276 Abs. 3 BGB bei Veranstaltungsbesuchsverträgen größer, als man vielleicht im ersten Moment annehmen mag. Gemäß § 309 Nr. 7b BGB ist ein Haftungsausschluss durch AGB für grob fahrlässige Pflichtverletzungen unzulässig. Unzulässig ist auch ein Haftungsausschluss bei leichter oder einfacher Fahrlässigkeit, wenn die Haftung für Schäden aus der Verletzung des Lebens, des Körpers oder der Gesundheit ausgeschlossen werden soll.[1217] Deshalb ist bspw. auch eine AGB-Klausel unwirksam, wonach der Veranstalter keine Haftung für Hör- oder Gesundheitsschäden der Besucher übernimmt.[1218] Mithin verbleibt nur ein enger Bereich, in dem ein Haftungsausschluss durch AGB-Klauseln zulässig ist. Er beschränkt sich auf die in Folge leichter Fahrlässigkeit des Veranstalters oder seiner Erfüllungsgehilfen entstandenen Sachschäden. Allerdings kann selbst in diesem engen Bereich ein vollständiger Haftungsausschluss unzulässig und lediglich eine Haftungsbegrenzung in Form einer Haftungshöchstsumme möglich sein.[1219]

c) Haftungsausschluss für eigenverantwortliche Selbstgefährdung

1161 Wesentlich weitergehend sind allerdings die Möglichkeiten des Veranstalters, die eigene Haftung für von ihm nicht beherrschbare Schäden auszuschließen, die offensichtlich in der Natur einer gefahrträchtigen Veranstaltung liegen und vom Veranstaltungsteilnehmer freiwillig in Kauf genommen werden. So hat das OLG Saarbrücken den Haftungsverzicht des Teilnehmers eines Motorradrennens für Schäden, die nicht auf Vorsatz oder Fahrlässigkeit

---

[1216] BGH NJW 1984, 801.
[1217] LG München I NJW 1991, 1491 – die Schuldrechtsreform führte insoweit zu keiner Einschränkung der Haftung.
[1218] LG München I NJW 1991, 1491.
[1219] Vgl. Funke/Müller Rn. 801.

des Veranstalters beruhen, für wirksam erklärt.[1220] Hier hat das OLG zu Recht einen Fall der eigenverantwortlichen Selbstgefährdung angenommen.

d) Haftung im Falle Höherer Gewalt

Der Veranstalter haftet zudem nicht in Fällen höherer Gewalt. Darunter versteht die Rechtsprechung ein von außen kommendes, nicht vorhersehbares und auch durch äußerste vernünftigerweise zu erwartende Sorgfalt nicht abwendbares Ereignis.[1221] Bei Veranstaltungen legt die Rechtsprechung einen sehr strengen Maßstab für die Annahme höherer Gewalt an, da es Aufgabe des Veranstalters ist, gerade auch für den unwahrscheinlichen Katastrophenfall vorzusorgen. Schlechtwetterkatastrophen sind deshalb in der Regel nicht als höhere Gewalt anzuerkennen, wohl aber Ausnahmeereignisse wie ein terroristischer Anschlag, Naturkatastrophen oder Streik.[1222] 1162

3. Strafrechtliche Verantwortlichkeit

Wenn die dargestellten Sorgfaltsmaßstäbe verletzt werden, besteht neben dem zivilrechtlichen Haftungsrisiko auch das Risiko einer strafrechtlichen Verantwortlichkeit. Betreiber, Veranstalter und deren Beauftragte und Gehilfen können hierbei nebeneinander haften. Selbst wenn der Schaden beim Publikum durch einen Fehler eines Gehilfen oder Subunternehmers des Veranstalters verursacht wurde, entlastet dies nicht zwangsläufig den Veranstalter. Vielmehr kann auch in seiner Person ein Organisationsverschulden vorliegen, das zum Vorwurf einer fahrlässigen Körperverletzung führen kann. 1163

II. Die Haftung des Veranstalters gegenüber dem Künstler und Unbeteiligten

Der Künstler weiß in aller Regel besser als der Veranstalter, welche Risiken sein Auftritt mit sich bringt und ob er diese beherrscht. Der Veranstalter haftet somit in aller Regel nicht für Schadensrisiken, die sich aus der Natur akrobatischer oder sonstiger Showelemente ergeben, die vom Künstler eigenverantwortlich gestaltet wurden. Allerdings haftet er gegenüber dem Darbietenden für Schäden, die sich aus einer sicherheitstechnisch ungenügenden Ausstattung der Bühne oder der Veranstaltungstechnik ergeben. Insoweit gelten die Grundsätze, die bezüglich der Haftung des Veranstalters gegenüber dem Publikum dargestellt wurden. 1164

Die Sorgfaltspflicht des Veranstalters umfasst es auch, zumutbare Vorkehrungen zu treffen, damit Veranstaltungsbesucher Dritte nicht schädigen. Der Veranstalter haftet für Schäden jedenfalls dann, wenn die Gefahr von mutwilligen Sach- oder Körperschäden durch Veranstaltungsbesucher erkennbar ist.[1223] Dies hat das LG Hamburg im Fall eines Techno-Umzugs festgestellt, bei der ein Teil der Besucher das Eigentum Dritter beschädigte.[1224] 1165

[1220] OLG Saarbrücken DAR 1991, 102.
[1221] BGHZ 100, 185; OLG Köln NJW-RR 1992, 1014; Sprau in Palandt BGB § 651j Rn. 3.
[1222] Vgl. BGH VuR 1987, 216; Sprau in Palandt BGB § 651j Rn. 3.
[1223] Koller RdA 1982, 48 (51).
[1224] LG Hamburg NJW 1998, 1411.

§ 15 Öffentliches Recht

I. Genehmigungen

1166 Grundsätzlich ist die Durchführung von öffentlichen Veranstaltungen nicht genehmigungspflichtig. Insbesondere sind ein Konzert oder eine ähnliche Unterhaltungs- oder Kulturveranstaltung keine **Versammlung** iSd VersammlG, da die Veranstaltungsbesucher – anders als Versammlungsteilnehmer wie zB Demonstranten – durch keine **gemeinsame Willensrichtung** miteinander verbunden werden.[1225] Wenn eine Unterhaltungs- oder Kulturveranstaltung gleichzeitig auch der Artikulation einer politischen oder weltanschaulichen Meinung dient, kommt es für die Frage, ob eine Versammlung im Sinne des VersammlG vorliegt, entscheidend darauf an, ob Hauptzweck der Veranstaltung die **Kommunikation und Artikulation der politischen oder weltanschaulichen Meinung** ist.[1226] Eine nicht politisch oder weltanschaulich, sondern kulturell oder kommerziell motivierte Veranstaltung muss also nicht gem. § 14 VersammlG vorab angemeldet werden. Allerdings können Bühnenaufbauten und technische Einrichtungen im Zusammenhang mit Veranstaltungen im Einzelfall unter den nachfolgend dargestellten Voraussetzungen genehmigungspflichtig sein. Im Übrigen sind bei der Durchführung von Veranstaltungen die nachfolgend dargestellten Normen des öffentlichen Rechts zu beachten.

1. Bau- und Nutzungsgenehmigung

1167 Nach den LBO der Länder bedarf die Errichtung oder der Umbau baulicher Anlagen grundsätzlich einer **Baugenehmigung**.[1227] Allerdings benötigt nicht jedes Bauvorhaben eine Genehmigung: Der Anhang zu § 50 der LBO Baden-Württemberg enthält etwa einen Katalog von baulichen Vorhaben, die wenig risikoträchtig und deshalb genehmigungsfrei sind. Die Bauordnungen der übrigen Bundesländer enthalten zum Teil ähnliche Kataloge.

1168 Bereits ein **ortsfester Zeltbau** kann – anders als sog ‚Fliegende Bauten' – eine baurechtlich genehmigungspflichtige **bauliche Anlage** darstellen.[1228] Einrichtungen wie eine zur dauerhaften Nutzung vorgesehene ortsfeste Bühne mit Licht- und Tontechnik, Sanitäranlagen, Gastronomiebetriebe usw sind ebenfalls bauliche Anlagen.[1229] Auch die Einrichtung von Fahrzeugstellplätzen auf Besucherparkplätzen ist ab einer gewissen Anzahl als bauliche Anlage anzusehen und bedarf einer Baugenehmigung.[1230]

1169 Bei **mobilen Veranstaltungsaufbauten**, für die als bauliche Anlagen nach der jeweiligen LBO eine Baugenehmigung erforderlich ist, muss diese nicht für jeden erneuten Auf- und Abbau erteilt werden. Vielmehr gibt es gem. § 45 Abs. 1 MVStättV die Möglichkeit, ein **Gastspielprüfbuch** zu beantragen. Gemäß § 45 Abs. 2 MVStättV wird der Veranstalter durch das Gastspielprüfbuch von der Verpflichtung entbunden, für jeden Gastspielort die Sicherheit des Szenenaufbaus und der dazu gehörenden technischen Anlagen erneut von der **Bauordnungsbehörde** abnehmen zu lassen. Gemäß § 45 Abs. 3 MVStättV ist die Geltungsdauer des Gastspielprüfbuchs auf die Dauer der laufenden Tournee beschränkt und kann auf schriftlichen Antrag verlängert werden. Gemäß § 45 Abs. 4 MVStättV ist es an jedem Gastspielort der zuständigen **Bauaufsichtsbehörde** rechtzeitig vor der ersten Veranstaltung vorzulegen. Wird eine bauliche Anlage ohne die erforderliche Baugenehmigung

---

[1225] BVerfG NJW 2001, 2459; VGH Baden-Württemberg NVwZ-RR 1995, 271; Risch/Kerst S. 402 f.
[1226] BVerfG NJW 2001, 2459.
[1227] Vgl. § 49 etwa Landesbauordnung (LBO) Baden-Württemberg.
[1228] OVG Berlin-Brandenburg Urt. v. 2.11.2011- OVG 10 S 28.11.
[1229] Vgl. Löhr in BKL BauGB § 29 Rn. 9 ff.; OVG Nordrhein-Westfalen BauR 2013, 195.
[1230] Risch/Kerst S. 445.

errichtet, kann die Bauordnungsbehörde eine Nutzungsuntersagung und Abrissverfügung nach dem jeweiligen Landesrecht verhängen.[1231]

Einfache mobile Festzelte oder mobile Bühnen sind hingegen keine baulichen Anlagen, sondern sog ‚**Fliegende Bauten**'.[1232] Ihre Errichtung bedarf keiner Baugenehmigung. Bei dem Auf- und Abbau Fliegender Bauten ist die FlBauR zu beachten. Vor ihrem ersten Aufbau bedürfen sie einer **Ausführungsgenehmigung**. Hierbei handelt es sich um eine technische Überprüfung der Stand- und Betriebssicherheit. Ab einer gewissen Größe des Zelts oder der Bühne muss zudem ein **Prüfbuch** geführt werden und es muss eine Woche vor jedem Aufbau eine **Aufbaugenehmigung** bei der Baubehörde eingeholt werden (so etwa § 69 Abs. 2, 6 LBO Baden-Württemberg). Während das Gastspielprüfbuch den Szenenaufbau und die dazugehörigen technischen Anlagen erfasst, bezieht sich das Prüfbuch auf die **mobilen Veranstaltungsräumlichkeiten**, also das mobile Festzelt und die mobile Bühne. Das Prüfbuch ist folglich nicht identisch mit dem Gastspielprüfbuch nach § 45 MVStättV. Die örtliche Baubehörde kann Nachbesserungen bei den baulichen Anlagen vorschreiben, indem sie Eintragungen in das Prüfbuch vornimmt. Derartige Eintragungen in das Prüfbuch stellen selbstständige Verwaltungsakte dar und können im Wege des einstweiligen Rechtsschutzes vor dem Verwaltungsgericht angegriffen werden.[1233] 1170

Soll ein – bebautes oder unbebautes – Grundstück oder eine bauliche Anlage anders als in der ursprünglich vorgesehenen Weise genutzt werden, ist hierfür eine **Nutzungsgenehmigung** einzuholen. Das gilt zB, wenn ein Open-Air-Konzert oder eine sonstige Veranstaltung auf öffentlichen Flächen oder in Räumlichkeiten durchgeführt werden soll, die bislang noch nicht für solche Veranstaltungen genutzt wurden oder dafür gewidmet sind.[1234] 1171

Zuständig für die Erteilung von Nutzungsgenehmigungen ist die regionale Bauordnungsbehörde. Wurde die Genehmigung nicht erteilt, ergeht eine Untersagungsverfügung.[1235] Vor Erteilung der Nutzungsgenehmigung soll die Bauordnungsbehörde Gelegenheit zur Überprüfung erhalten, ob die Veranstaltungsstätte und die baulichen und technischen Anlagen in Hinblick auf Brandschutz und Fluchtwege geeignet sind. Liegt bei einer Veranstaltung eine erforderliche Nutzungsgenehmigung nicht vor, indiziert die Nichteinholung der erforderlichen Nutzungsgenehmigung oder die Nichteinhaltung bauordnungsrechtlicher Sicherheitsvorschriften das deliktsrechtliche Verschulden des Veranstalters.[1236] Bei Schäden haftet er auch dann, wenn ihm weitergehende Pflichtverstöße nicht nachgewiesen werden können. 1172

2. Gaststätten- und Schankerlaubnis, Nichtraucherschutz

Das Angebot von gastronomischen Leistungen – also der Verkauf von Speisen und nichtalkoholischen Getränken – ist grundsätzlich nicht erlaubnispflichtig. Gemäß § 2 GastG (bzw. – falls ein Landesgesetz vorliegt – gemäß einer entsprechenden Regelung im LandesGastG) ist jedoch eine **Gaststättenerlaubnis** erforderlich, wenn alkoholische Getränke ausgeschenkt werden. Ebenso erforderlich ist gem. § 43 IfSG eine **Bescheinigung des Gesundheitsamtes** für jede Person, die gewerbsmäßig Lebensmittel herstellt oder in den Verkehr bringt und dabei mit den Lebensmitteln in Berührung kommt oder sich regelmäßig im Küchenbereich aufhält. 1173

Für den Alkoholausschank bei nicht dauerhaften Veranstaltungsörtlichkeiten gibt es gem. § 12 GastG mit der Ausschankgenehmigung (sog ‚**Schankerlaubnis**') eine vereinfachte 1174

[1231] In Hamburg bspw. sind die Nutzungsuntersagung und Abrissverfügung in § 76 der Hamburgischen Bauordnung geregelt – vgl. § 65 Landesbauordnung.
[1232] Vgl. die jeweiligen Landesbauordnungen, so etwa § 69 LBO Baden-Württemberg.
[1233] VG München Urt. v. 5.11.2012 – M 8 E 12.5374.
[1234] VG Aachen Urt. v. 8.11.2012 – 3 L 308/12.
[1235] Funke/Müller Rn. 595 ff.
[1236] LG Hamburg Urt. v. 29.9.1998 – 316 S 75/98.

Konzession. Die Schankerlaubnis ermöglicht dem Veranstalter den Alkoholausschank bei nicht dauerhaften Veranstaltungsörtlichkeiten wie zB bei Stadtfesten, Sportveranstaltungen oder Open Air-Veranstaltungen, bei denen der Gastronomiebetrieb nicht im Vordergrund steht, sondern lediglich bei Gelegenheit der Veranstaltung erfolgt.[1237] Der Alkoholausschank darf nicht Gegenstand der Veranstaltung, sondern nur **Annex zu einem anderen Ereignis** sein.[1238] Ein solches anderes Ereignis fehlt jedenfalls bei sogenannten ‚Koma- und Ballermann-Parties', denn hier prägt der Ausschank alkoholischer Getränke den Charakter der Veranstaltung.[1239] Bei einem Getränkeausschank im Rahmen einer Disco-Veranstaltung liegt regelmäßig eine untrennbare Einheit von Ausschank und Tanzgelegenheit vor, weshalb ein anderes Ereignis fehlt und somit eine Schankerlaubnis nicht in Betracht kommt.[1240] Das Ereignis muss außergewöhnlich und kurzfristig sein. Beispiele für solche Ereignisse sind Schützenfeste, Märkte und Messen.[1241]

1175 Das Gaststättenrecht (das seit der Förderalismusreform 2006 der Gesetzgebungskompetenz der Länder unterfällt) hat in den letzten Jahren nur wenige Änderungen erfahren. Eine Ausnahme ist allerdings der **Nichtraucherschutz**. Die dazu jeweiligen landesrechtlichen Regelungen in den einzelnen Bundesländern unterscheiden sich deutlich. Während zB in Bayern[1242] und dem Saarland ein nahezu ausnahmsloses Rauchverbot gilt, gibt es in anderen Bundesländern weitgehende Ausnahmen, so zum Beispiel in Rheinland-Pfalz für Festzelte.[1243] Auf bundesrechtlicher Ebene existiert das BNichtRSchG als Rahmengesetz. Das BVerfG hat mittlerweile festgestellt, dass sogar ein ausnahmsloses Rauchverbot zulässig wäre.[1244] Zu dem gleichen Ergebnis sind auch mehrere landesverfassungsrechtliche Gerichtsverfahren gekommen.[1245] Die bestehenden Nichtraucherschutzregelungen werden somit aller Voraussicht nach Bestand haben.

1176 Nach den landesrechtlichen Nichtraucherschutzregelungen können gekennzeichnete Raucherbereiche eingerichtet werden. Ausnahmen können zB – je nach Bundesland – gelten für Einraum-Gaststätten, abgetrennte Raucherräume, Festzelte, Raucherclubs und geschlossene Gesellschaften.

3. Gewerbeanmeldung

1177 Der Begriff des Gewerbes wurde nicht vom Gesetzgeber legal definiert, sondern von der Rechtsprechung und Literatur entwickelt.[1246]

1178 Ein Gewerbe ist jede
 – erlaubte,
 – auf Gewinnerzielung ausgerichtete,
 – selbstständige und
 – dauerhaft angelegte

1179 Tätigkeit.[1247] Ausgenommen sind davon
 – die Urproduktion (Landwirtschaft)
 – die Verwaltung eigenen Vermögens

[1237] Funke/Müller Rn. 654.
[1238] BVerwGE 82, 189.
[1239] Metzner GastG § 12 Rn. 11.
[1240] Metzner GastG § 12 Rn. 11.
[1241] Bayrischer VGH München NJW 1990, 2488, NJW 1998, 401.
[1242] Vgl. Art. 2 des Bayerischen Gesundheitsschutzgesetzes.
[1243] § 7 Abs. 5 des rheinland-pfälzischen Nichtrauchergesetzes – diese Vorschrift wurde vom Verfassungsgerichtshof Rheinland-Pfalz mit Urt. v. 8.4.2010 als verfassungsgemäß gebilligt.
[1244] BVerfGE 121, 317.
[1245] VerfGH Rheinland Pfalz NVwZ 2008, 552; VerfGH Saarland Urt. v. 28.3.2011- Lv 3/10, Lv 4/10, Lv 6/10.
[1246] Ennuschat in TWE GewO § 1 Rn. 1.
[1247] Ennuschat in TWE GewO § 1 Rn. 7 ff.

- wissenschaftliche, künstlerische und schriftstellerische Berufe
- freie Berufe

Gemäß § 14 GewO bedarf die Aufnahme einer gewerblichen Tätigkeit keiner Erlaubnis, sondern lediglich einer vorherigen **Anzeige**, die bei der Gemeinde am Sitz des Gewerbes zu tätigen ist. Eine Erlaubnis ist nur für bestimmte, besonders gefahrenträchtige Gewerbearten erforderlich, wie bspw. für Finanzierungs- und Immobilienmakler, Spielhallen, Privatkrankenanstalten, Reisegewerbe. 1180

a) Reisegewerbe

Für die Veranstaltungsbranche mit ihren wechselnden Veranstaltungsörtlichkeiten ist von den erlaubnispflichtigen Gewerbearten vor allem das Reisegewerbe relevant. Ein Reisegewerbe betreibt gem. § 55 Abs. 1 GewO, wer außerhalb einer gewerblichen Niederlassung Waren oder Dienstleistungen anbietet oder ein Schaustellergewerbe ausübt. Gemäß § 55 Abs. 1 Nr. 2 iVm § 55 Abs. 2 GewO benötigt der Betreiber eines Reisegewerbes für schaustellerartige Veranstaltungen, wie sie typischerweise auf Volksfesten oder im Zirkus dargeboten werden, eine **Reisegewerbekarte**. Gemäß § 33a Abs. 1 S. 2 GewO sind Darbietungen mit überwiegend künstlerischem, sportlichem, akrobatischem oder ähnlichem Charakter allerdings kein Schaustellergewerbe. Für Musikdarbietungen oder Theatervorführungen wird somit keine Reisegewerbekarte benötigt.[1248] Der Verkauf von Merchandisingartikeln bei Veranstaltungstourneen oÄ stellt allerdings auch dann ein Reisegewerbe dar, wenn er bei Musikdarbietungen oder Theatervorführungen erfolgt.[1249] Falls der Verkauf der Merchandisingartikel nur ein unwesentliches Nebengeschäft zur Tätigkeit eines Künstlers darstellt, ist keine Reisegewerbekarte erforderlich.[1250] Zudem kann der Verkauf von Merchandisingartikeln bei Veranstaltungen gem. § 55 a Abs. 1 Nr. 1 GewO auch ohne Reisegewerbekarte zulässig sein, wenn eine Erlaubnis der zuständigen Behörde vorliegt. § 55a Abs. 1 Nr. 1 GewO sieht eine Ausnahme vom Erfordernis einer Reisegewerbekarte vor, wenn Waren gelegentlich bei der Veranstaltung von Messen, Ausstellungen, öffentlichen Festen oder aus besonderem Anlass feilgeboten werden. 1181

b) Sicherheitspersonal

Gemäß § 34a GewO bedürfen Veranstaltungsunternehmen, die eigenes Sicherheitspersonal einsetzen, einer **Erlaubnis** zur gewerbsmäßigen Bewachung von Leben und Eigentum fremder Personen. Dazu wird nicht nur die persönliche Zuverlässigkeit des Betreibers des Sicherheitsunternehmens, sondern auch die des von ihm eingesetzten Personals geprüft. Zudem muss das Personal an einer Unterrichtung durch die IHK zur Vermittlung erforderlicher Kenntnisse teilgenommen haben. Ferner sind bei der Durchführung der Bewachungsaufgaben die Vorgaben der BewachV zu beachten. Gemäß § 11 BewachV müssen Sicherheitskräfte bei Kontrollgängen in der Öffentlichkeit oder Hausrechtsbereichen mit tatsächlichem öffentlichem Verkehr und damit auch bei öffentlichen Veranstaltungen zur Identifikationsmöglichkeit ein Schild mit ihrem Namen oder einer Kennnummer sowie dem Namen des Gewerbetreibenden tragen. Außerdem muss jede Sicherheitskraft stets einen Ausweis bei sich führen. § 6 BewachV sieht ferner vor, dass der Gewerbetreibende für sich selbst und seine Sicherheitskräfte eine Haftpflichtversicherung abschließen muss, die Schäden beim Auftraggeber oder Dritten abdeckt. 1182

Die Erlaubnis ist bei der örtlichen Industrie- und Handelskammer zu beantragen, die gem. § 34 a Abs. 1 GewO vor der Erteilung die persönliche Zuverlässigkeit des Antragstellers und das Vorhandensein erforderlicher Mittel und Kenntnisse prüft. 1183

[1248] Ennuschat in TWE GewO § 55 Rn. 50.
[1249] Risch/Kerst S. 408.
[1250] Risch/Kerst S. 409.

4. Sonstige Genehmigungen

1184 Für Veranstaltungen mit Live-Musik außerhalb von typischen Veranstaltungsstätten kann es – abhängig vom jeweiligen Kommunalrecht vor Ort – erforderlich sein beim Ordnungsamt eine sogenannte **Sing-Spiel-Genehmigung** oder **Einmalspielgenehmigung** einzuholen.[1251]

1185 Open-Air-Konzerte oder andere Veranstaltungen im öffentlichen Raum bedürfen einer **straßenrechtlichen Sondernutzungsgenehmigung**.[1252] Bei Veranstaltungen im Waldbereich kann zudem eine Erlaubnis nach dem jeweiligen Landeswaldgesetz erforderlich sein.[1253] Findet eine Veranstaltung auf öffentlichen Straßen – mithin im Geltungsbereich der Straßenverkehrsordnung – statt, muss eine **straßenverkehrsrechtliche Ausnahmeerlaubnis** beantragt werden, die dann die straßenrechtliche Sondernutzungsgenehmigung mit umfasst.[1254]

1186 Für bestimmte Sonderfälle gibt es weitere Genehmigungserfordernisse: Bei Sportveranstaltungen kann eine Genehmigung des jeweiligen Sportverbands erforderlich sein. Beim Aufsteigenlassen von Luftballons ist das Erfordernis einer Erlaubnis der Deutschen Flugsicherung gem. § 16a LuftVO zu prüfen.[1255] Für das gewerbsmäßige Zurschaustellen von Tieren ist eine Erlaubnis gem. § 11 TierSchG erforderlich. Bei der öffentlichen Live-Übertragung von Sportereignissen (sog ‚Public Viewing') ist eine Genehmigung des Sendeunternehmens erforderlich, da mit entsprechenden Übertragungen gem. § 87 Abs. 1 UrhG dessen Leistungsschutzrecht berührt wird. Der Aushang oder die Verteilung von Werbemitteln im öffentlichen Raum wie zB der Aushang von Plakaten oder das Verteilen von Flyern sind als Sondernutzungen genehmigungspflichtig. Der Aushang von Plakaten auf privatem Grund und Boden bedarf der Erlaubnis des Eigentümers.

II. Lärm-Immissionen

1187 Auf den arbeitsrechtlichen Lärmschutz – also die Vorschriften zum Schutz von Mitarbeitern und freiberuflichen Dienstleistern vor Gesundheitsschäden aufgrund zu großer Lautstärke – wurde bereits im Kapitel Arbeitsrecht eingegangen (Rn. 1084 ff.). Hiervon zu unterscheiden sind die Regeln zum Schutz der Veranstaltungsbesucher und Dritter wie insbesondere Anliegern vor Lärm.

1188 Im Verhältnis zu den Veranstaltungsbesuchern hat der Veranstalter die **DIN-Norm 15905** Teil 5 zu beachten. Im Verhältnis zu Anwohnern und sonstigen Dritten ergeben sich die einschlägigen Lärmschutzregeln aus dem BImSchG. Das BImSchG verweist bezüglich der zulässigen Lautstärkehöchstwerte auf die **TA Lärm**.[1256] Nach der TA Lärm dürfen – abhängig von dem bauplanungsrechtlichen Gebiet nach der BauNVO, in dem die Veranstaltung durchgeführt wird und abhängig davon, ob die Veranstaltung tagsüber (dh 06:00–22:00 Uhr) oder Nachts (22:00–06:00 Uhr) stattfindet – bei der Schallmessung im Freien bestimmte Grenzwerte nicht überschritten werden:

Tagsüber:

Industriegebiet:	70 dB
Gewerbegebiet:	65 dB
Dorf- oder Mischgebiet:	60 dB
Allgemeines Wohngebiet:	55 dB
Reines Wohngebiet:	50 dB
Kurgebiet oÄ:	45 dB

[1251] Funke/Müller Rn. 652.
[1252] Vgl. VG Düsseldorf DVBl 2012, 1315; Funke/Müller Rn. 630 ff.; Risch/Kerst S. 433 f.
[1253] OLG Stuttgart NVwZ-RR 1993, 136.
[1254] Risch/Kerst S. 433 f.
[1255] Funke/Müller Rn. 679a.
[1256] Jarass BImSchG § 48 Rn. 14 ff.

Nachts:

Industriegebiet:		70 dB
Gewerbegebiet:		50 dB
Dorf- oder Mischgebiet:		45 dB
Allgemeines Wohngebiet:		40 dB
Reines Wohngebiet:		35 dB
Kurgebiet oÄ:		35 dB

Kurzzeitige Spitzenwerte dürfen diese Werte um maximal 30 dB tagsüber und 20 dB Nachts übersteigen.

Die einzelnen bauplanungsrechtlichen Gebietstypen werden in der BauNVO näher bezeichnet. Gemäß Nummer 7.2. der TA-Lärm dürfen diese Grenzwerte bei sogenannten **seltenen Ereignissen** überschritten werden, falls die Überschreitung unvermeidbar ist und das Interesse an der Durchführung der Veranstaltung das Interesse der Anwohner an Ruhe überwiegt.[1257] Diese seltenen Ereignisse dürfen nicht häufiger als an zehn Tagen oder Nächten eines Kalenderjahres auftreten. Der durchschnittliche Lautstärkehöchstwert nach der dargestellten Messmethodik beträgt im Fall eines seltenen Ereignisses tagsüber 70 dB und nachts 55 dB. Kurzzeitige Spitzenwerte dürfen diese Werte in Gewerbegebieten um 25 dB (tagsüber) bzw. 15 dB (nachts) überschreiten. In anderen Gebieten als Gewerbegebieten sind lediglich Spitzenwerte von 20 dB (tagsüber) bzw. 15 dB (nachts) oberhalb der Höchstwerte zulässig.

Zudem ist – je nach Bundesland – die jeweilige landesrechtliche Umsetzung der **Freizeitlärmrichtlinie** zu beachten. Bei der Freizeitlärmrichtlinie handelt es sich – wie bei der MVStättV – um einen Musterentwurf, der von einigen Bundesländern landesrechtlich umgesetzt wurde, wobei es Unterschiede in der Umsetzung gibt. Die Lautstärkehöchstwerte der Freizeitlärmrichtlinie sind allerdings weitgehend deckungsgleich mit den Lautstärkehöchstwerten der TA Lärm. Allerdings sehen einige landesrechtliche Umsetzungen der Freizeitlärmrichtlinie vor, dass bei seltenen Veranstaltungen ggf. Überschreitungen der **Lautstärkehöchstwerte** zulässig sein können.

III. Jugendschutz

Von dem im Kapitel Arbeitsrecht bereits dargestellten arbeitsrechtlichen Jugendschutz sind die Regelungen des JSchG zu unterscheiden, die den Schutz minderjähriger Veranstaltungsbesucher bezwecken. Das Gesetz sieht dazu bestimmte **Sperrzeiten** vor, ab denen sich Kinder und Jugendliche in Abhängigkeit von ihrem Alter nicht mehr in bestimmten Örtlichkeiten aufhalten dürfen. Hierbei nimmt das Gesetz folgende Unterscheidungen vor:
- Gaststätten, § 4 Abs. 1 JSchG
- Nachtbars, Vergnügungsbetriebe, Nachtclubs, § 4 Abs. 3 JSchG
- Öffentliche Tanzveranstaltungen, § 5 Abs. 1 JSchG
- Tanzveranstaltungen von anerkannten Trägern der Jugendhilfe, bei künstlerischen Betätigungen oder der Brauchtumspflege, § 5 Abs. 2 JSchG
- Öffentliche Spielhallen, § 6 JSchG
- Jugendgefährdende Orte und Veranstaltungen, § 7 JSchG

Dieser Katalog von – teilweise nicht ganz dem Stand der Zeit entsprechenden – Veranstaltungs- und Örtlichkeitsbegriffen wirft die Frage auf, in welche dieser Kategorien eine Veranstaltung im Einzelfall einzuordnen ist. Grundsätzlich kann eine Veranstaltung nicht nur einer dieser Kategorien entsprechen, sondern mehreren Kategorien gleichzeitig. Für eine öffentliche Tanzveranstaltung in einer Gaststätte gelten somit die Regeln für öffentliche Tanzveranstaltungen kumulativ zu den Regeln für Gaststätten, wobei die jeweils strengere Regel Anwendung findet.

[1257] Vgl. BGH NJW 2003, 3699.

§ 15

1194 Um eine **Gaststätte** iSv § 4 JSchG handelt es sich immer dann, wenn Getränke oder Speisen zum Verzehr an Ort und Stelle angeboten werden. Somit sind iSd Gesetzes auch Bierzelte, Cafés und Restaurants Gaststätten. Kioske mit reinem Fensterverkauf sind allerdings keine Gaststätten, da hier der Verzehr in aller Regel nicht an Ort und Stelle erfolgt. Werden lediglich nichtalkoholische Getränke angeboten, handelt es sich nicht um eine Gaststätte iSv § 4 GastG.[1258] Da bei Konzerten und anderen Veranstaltungen in aller Regel Speisen und Getränke angeboten werden, sind auch bei ihnen die Regeln des JSchG für Gaststätten einschlägig.

1195 Kindern und Jugendlichen unter 16 Jahren darf der Aufenthalt in Gaststätten gem. § 4 JSchG nur gestattet werden, wenn sie von einer **personensorgeberechtigten Person** begleitet oder wenn sie in der Zeit zwischen 05:00 Uhr und 23:00 Uhr ein Getränk oder eine Mahlzeit zu sich nehmen.[1259] Gemäß § 4 Abs. 4 JSchG kann die zuständige Behörde Ausnahmen genehmigen. Jugendlichen ab 16 Jahren darf der Aufenthalt in Gaststätten ohne Begleitung einer personenberechtigten Person in der Zeit zwischen 24:00 Uhr und 5:00 Uhr nicht gestattet werden.

1196 § 9 JSchG reglementiert die Abgabe von **Alkohol** an Kinder und Jugendliche in Gaststätten: Branntwein und branntweinhaltige Getränke (hierzu zählen auch Alcopops) dürfen an Kinder und Jugendliche nicht abgegeben werden und es darf ihnen der Verzehr solcher Getränke nicht gestattet werden. Das gilt selbst dann, wenn die Getränke für sie durch einen Erziehungsberechtigten erworben wurden. Andere alkoholische Getränke (wie zB Wein und Bier) dürfen an Kinder und Jugendliche unter 16 Jahren nicht abgegeben werden. Der Verzehr darf ihnen gem. § 9 Abs. 2 JSchG allerdings gestattet werden, wenn sie von einer personensorgeberechtigten Person begleitet werden.[1260]

1197 Gemäß § 5 Abs. 1 JSchG darf **Kindern und Jugendlichen unter 16 Jahren** die Anwesenheit bei öffentlichen Tanzveranstaltungen ohne Begleitung einer personensorgeberechtigten oder erziehungsbeauftragten Person nicht gestattet werden. Jugendlichen ab 16 Jahren darf die Anwesenheit bei öffentlichen Tanzveranstaltungen längstens bis 24 Uhr gestattet werden. Konzerte gelten allerdings in aller Regel nicht als Tanzveranstaltungen, da dabei regelmäßig nicht das Tanzen, sondern das Hören und Sehen im Vordergrund steht.[1261] Die Regeln in § 5 JSchG für öffentliche Tanzveranstaltungen gelten somit regelmäßig nicht für Konzerte. Etwas anderes kann aber dann gelten, wenn nach der Zweckrichtung der Veranstaltung das Tanzen im Vordergrund steht, da es sich um eine Tanzband oder ein Tanzorchester handelt.[1262] Erst recht gilt dies bei Disco- und ähnlichen Veranstaltungen.[1263] Ausnahmen gelten für Tanzveranstaltungen, die ein anerkannter Träger der Jugendhilfe veranstaltet oder die der künstlerischen Betätigung oder der Brauchtumspflege dienen. Bei solchen Veranstaltungen dürfen gem. § 5 Abs. 2 JSchG Kinder bis 22 Uhr und Jugendliche bis 24 Uhr anwesend sein. Da diese Zeitgrenzen großzügiger sind als die Zeitgrenzen für Gaststättenbetriebe und da bei Konzerten wegen des regelmäßig dort stattfindenden Alkoholausschanks ohnehin fast immer eine Gaststätte im Sinne des JSchG vorliegt, kommt es im Ergebnis kaum darauf an, ob Konzerte als Tanzveranstaltungen im Sinne des JSchG anzusehen sind. Entscheidend sind im Ergebnis in aller Regel die og Regeln bezüglich der Gaststätten.

1198 Fahrlässige Verstöße gegen das JSchG können gem. § 28 JSchG mit einem Bußgeld von bis zu 50.000 EUR geahndet werden. Vorsätzliche Verstöße stellen gem. § 27 JSchG eine Straftat dar, wenn ein Kind oder Jugendlicher hierdurch wenigstens leichtfertig in der körperlichen, geistigen oder seelischen Entwicklung schwer gefährdet wird oder wenn der

---

[1258] Liesching/Schuster JSchG § 4 Rn. 7.
[1259] Vgl. VG München Urt. v. 23.12.2009 – M 16 S 09.6067.
[1260] Liesching/Schuster JSchG § 9 Rn. 18.
[1261] OVG Münster NVwZ-RR 1992, 580; Liesching/Schuster JSchG § 5 Rn. 3.
[1262] OVG Münster NVwZ-RR 1992, 580.
[1263] BVerwG NVwZ 2004, 1128 ff.

Verstoß aus Gewinnsucht begangen oder beharrlich wiederholt wird. Dann kann eine Freiheitsstrafe bis zu einem Jahr oder Geldstrafe verhängt werden.

IV. Sanitätsdienst und Feuerwehr

Veranstaltungen mit voraussichtlich mehr als 5000 Besuchern muss der Betreiber gem. § 41 Abs. 3 MVStättV den für den Sanitäts- und Rettungsdienst zuständigen Behörden rechtzeitig anzeigen. Gemäß § 43 Abs. 2 MVStättV muss er im Einvernehmen mit diesen Behörden sowie im Einvernehmen mit der Polizei, den Rettungsdiensten und der Feuerwehr ein **Sicherheitskonzept** aufstellen. Falls die Behörden keine Vorgaben bezüglich der Personenzahl und der Ausstattung des Sanitätsdienstes machen, bleibt es dem Veranstalter vorbehalten, dies innerhalb des Sicherheitskonzepts nach eigenem Ermessen zu entscheiden. Entsprechende gesetzliche Vorgaben gibt es insoweit nicht. Allerdings kann ein unzureichender Sanitätsdienst eine Sorgfaltspflichtverletzung des Veranstalters mit der Folge einer Schadensersatzpflicht des Veranstalters indizieren.

1199

Im Übrigen gelten die landesrechtlichen Vorschriften. Aufgaben der entsprechend § 41 Abs. 1 MVStättV einzurichtenden **Brandsicherheitswache** sind ua das frühzeitige Erkennen eines Brandes, die Alarmierung der Feuerwehr, die geordnete Evakuierung der Veranstaltungsstätte, die Einleitung von Brandbekämpfungsmaßnahmen.[1264] Die Pflicht zur Einrichtung einer Brandsicherheitswache in Abstimmung mit der Feuerwehr ergibt sich – falls der Anwendungsbereich der MVStättV nicht eröffnet ist – auch aus dem jeweiligen landesrechtlichen Brandschutzgesetz. Diese weisen ähnliche bzw. inhaltsgleiche Regelungen zur MVStättV auf.[1265]

1200

V. Anspruch auf Zulassung zu einer Spielstätte

Steht keine Spielstätte zur Verfügung – zB weil die verfügbaren Spielstätten besetzt sind – kann der Veranstalter gezwungen sein, auf eine Aufführung in der jeweiligen Region ganz zu verzichten. Gelegentlich kommt es allerdings vor, dass einem Veranstalter ein Mietgesuch abgelehnt wird, weil der Spielstättenbetreiber seine Spielstätte für die konkrete Aufführung trotz Verfügbarkeit nicht nur Verfügung stellen möchte. Das kann seinen Grund darin haben, dass zB in der Spielstätte bereits eine Veranstaltung gleichen Genres stattfindet und der Betreiber eine ‚Konkurrenzveranstaltung' vermeiden möchte oder Vorbehalte bezüglich der Qualität der Aufführung bestehen. Insbesondere wenn Betreiber der Spielstätte die öffentliche Hand ist, stellt sich die Frage, inwieweit Veranstalter einen Anspruch auf Zulassung zu einer Spielstätte haben.

1201

Ein Anspruch auf Zulassung zu öffentlichen Einrichtungen im Rahmen des Widmungszwecks und der freien Kapazitäten ergibt sich aus Art. 3 GG.[1266] Eine öffentliche Einrichtung ist jede Einrichtung der Daseinsvorsorge, die durch **Widmung** oder dauernde Übung bzw. durch konkludentes Verhalten als öffentliche Einrichtung der Allgemeinheit im öffentlichen Interesse zur Benutzung zur Verfügung gestellt wird.[1267] Wenn keine offizielle Widmung erfolgt ist, kann es eine konkludente Widmung gegeben haben. Sie kann bereits durch eine vom Widmungswillen getragene faktische Indienststellung erfolgen[1268], wobei es entscheidend darauf ankommt, was aus Nutzersicht erklärt wurde, und nicht darauf, was – möglicherweise davon abweichend – gewollt war.[1269] Selbst wenn man keine konkludente Widmung unterstellen kann, ist die sog ‚**Vermutungsregel**' zu beachten. Danach

1202

[1264] Löhr/Gröger S. 480.
[1265] Löhr/Gröger S. 485.
[1266] Bayerischer VGH München Urt. v. 29.4.2010 – 4 CE 10.835; VG Bayreuth Urt. v. 22.3.2010 – B 3 E 10.73.
[1267] BVerwG NJW 1990, 134; OVG Münster NJW 1976, 820 (821).
[1268] VGH Mannheim NVwZ-RR 1996, 681 (682).
[1269] Erichsen JURA 1986, 148 (151).

§ 15 Öffentliches Recht

spricht eine Vermutung dafür, dass für die Allgemeinheit nutzbare kommunale Einrichtungen als öffentliche Einrichtungen gewidmet wurden. Diese Vermutung kann nur durch den Nachweis entkräftet werden, dass sich aus der eindeutigen Beschränkung der Bereitstellung ergibt, dass die Einrichtung als private Einrichtung betrieben werden soll.[1270]

1203 Bei einer als öffentliche Einrichtung gewidmeten Stadthalle ist es erforderlich, dass das **Auswahlverfahren** und die **Auswahlentscheidung** bei der Terminvergabe für alle Bewerber transparent und nachvollziehbar dargelegt werden. Die Kriterien für die Auswahl und damit für die Zulassung und ihr Verhältnis zueinander müssen vor der Zulassungsentscheidung festgelegt sein, um eine einheitliche Anwendung gegenüber sämtlichen Bewerbern nachvollziehbar und damit auch im Hinblick auf die Gewährleistung effektiven Rechtsschutzes justiziabel zu machen.[1271]

1204 Der grundsätzliche Anspruch von Veranstaltern darauf, eine Stadthalle zur Durchführung von Veranstaltungen nutzen zu dürfen, kann auch nicht dadurch vereitelt werden, dass die Miet- und Benutzungsordnung der Stadthalle restriktiv ausgestaltet werden, um den Kreis potenzieller Mieter einzuschränken.[1272] Wenn allerdings der widmungsmäßige Zweck der Stadthalle lediglich eine Nutzung durch örtlich ansässige Veranstalter vorsieht, kann ein auswärtiger Veranstalter keinen Zugang verlangen.[1273]

1205 Wird die Stadthalle in privatwirtschaftlicher Rechtsform betrieben, ist für die Klage gegen die Betriebsgesellschaft auf Zulassung nicht der Verwaltungsrechtsweg, sondern der Zivilrechtsweg eröffnet.[1274] Richtet sich die Klage allerdings gegen die Stadt als Körperschaft mit dem Ziel, diese zur Einwirkung als Gesellschafterin auf die Betriebsgesellschaft zu verpflichten, ist der Verwaltungsrechtsweg eröffnet.[1275]

[1270] OVG Münster NJW 1969, 1077; NJW 1976, 820 (821).
[1271] VGH Baden-Württemberg NVwZ-RR 1992, 132; OVG Bremen Urt. v. 27.4.1993 – 1 BA 49/92.
[1272] OVG Lüneburg Urt. v. 14.4.2011 – 10 ME 47/11.
[1273] OVG Thüringen Urt. v. 16.9.2008 – 2 EO 490/08; ähnlich auch Bayerischer VGH München Urt. v. 13.06.2008 – 4 CE 08.726.
[1274] OVG Lüneburg Urt. v. 24.10.2007 – 10 OB 231/07.
[1275] BVerwG NJW 1990, 134; VGH Baden-Württemberg Urt. v. 05.10.1993 – 1 S 2333/93; VGH Baden-Württemberg NVwZ-RR 1996, 681.

§ 16 Sponsoring

I. Sponsoring als gegenseitiger Vertrag

Sponsoring wird definiert als eine in Form von Geld-, Sach- und Dienstleistungen erfolgende Förderung von Einzelpersonen, einer Personengruppe, Organisationen oder Veranstaltungen durch eine Einzelperson, eine Organisation oder ein kommerziell orientiertes Unternehmen, mit der Erwartung, eine die eigenen Kommunikations- und Marketingziele unterstützende Gegenleistung zu erhalten.[1276] Prägend für Sponsoringkooperationen ist der Austausch einer geldwerten Leistung gegen eine entsprechende Gegenleistung des Gesponserten. Das Sponsoring ist mithin ein gegenseitiger Vertrag, bei dem der Sponsor eine Werbe- oder Präsentationsleistung für eine entsprechende Gegenleistung einkauft.[1277] Altruistisches Mäzenatentum, standortpolitisch bedingte Förderung einer Veranstaltung durch eine Kommune oder staatliche Kultursubventionen sind kein Sponsoring, weil der Sponsor dabei regelmäßig keine Gegenleistung erwartet und erhält. 1206

In der Veranstaltungsbranche ist Gegenstand des Sponsorings regelmäßig die Förderung eines Künstlers oder einer Veranstaltung mit Geld-, Sach- und Dienstleistungen. Erfolgreiches Sponsoring setzt eine sorgfältige Analyse und Planung der Sponsoringmaßnahmen, die Festlegung ihrer Umsetzung sowie die Regelung voraus, wie diese Maßnahmen kontrolliert werden. Diese Regelungen sind Gegenstand des Sponsoringvertrages. 1207

Die Erscheinungsformen des Sponsorings sind vielfältig: Unterschieden wird zwischen dem **Personen-** und **Event-Sponsoring** (Künstler- oder Veranstaltungs-Sponsoring), dem **Name-Sponsoring**, bei dem der Gesponserte für einen definierten Zeitraum das Benennungsrecht für eine Veranstaltung an den Sponsor abgibt bzw. die Marke oder den Namen des Sponsors in den eigenen Namen integriert (zB Aida Night of the Proms, PRG LEA, Veltins Arena), oder dem **Testimonial-Sponsoring**, bei dem prominente Personen sich in der Werbung des Sponsors zu dessen Produkten äußern. Eine besondere Form des Sponsorings von Künstlern sind **Endorsement-Verträge**. Dabei handelt es sich zumeist um Verträge von Instrumentenherstellern, die Künstlern (Endorser) ihre Produkte kostenlos überlassen und als Gegenleistung erwarten, dass sie diese unter Ausschluss von Konkurrenzprodukten bei ihren öffentlichen Veranstaltungen einsetzen. Die wohl häufigste Form des Sponsorings im Veranstaltungsbereich besteht in der Einbindung des Sponsors in die Werbemaßnahmen des Gesponserten, zB durch Überlassung von Werbeflächen bei Veranstaltungen oder der Integration der Marke oder des Namens des Sponsors in die Gestaltung von Plakaten, Eintrittskarten und Anzeigen. 1208

Jede werbliche Einbindung eines Sponsors in eine Darbietung oder Bewerbung einer Veranstaltung tangiert zumeist die **Persönlichkeitsrechte des Darbietenden**. Dabei kommt es nicht darauf an, ob der Darbietende selbst oder sein Veranstalter Vertragspartner des Sponsors ist. Wird bei einer Veranstaltung bspw. für eine Biermarke geworben, wird diese Werbung zwangsläufig auch mit der Darbietung oder Person des Darbietenden in Verbindung gebracht. Denn genau darin bestehen die Zielsetzung und die Motivation des Sponsors. Das Publikum soll eine dauerhafte gedankliche Assoziation zwischen dem Darbietenden bzw. der Darbietung und dem Sponsor und seinen Produkten und Dienstleistungen herstellen. Daher bedarf jedes Veranstaltungs-Sponsoring grundsätzlich der Einwilligung der Darbietenden. 1209

[1276] Vgl. Waetke S. 185; Bretz in Unverzagt/Röckrath L 7.2 S. 2.
[1277] BGH 1992, 2690; OLG München SpuRt 2000, 242.

§ 16 Sponsoring

1. Vertragsrechtliche Aspekte

1210 Der Sponsoringvertrag wird gelegentlich als typengemischter Vertrag behandelt, der Elemente des Dienst-, Kauf-, Tausch- und Mietvertrags in sich vereint.[1278] Allerdings entspricht die Hauptleistung des Sponsors keinem dieser Vertragstypen. Passender erscheint es deshalb, den Sponsoringvertrag als **Vertragstyp sui generis** anzusehen.[1279] Sponsoringverträge können auch als **Markenlizenzverträge** ausgestaltet werden. Der Sponsor erwirbt dabei dann das Recht, die Marke des Gesponserten – typischerweise einen Künstlernamen oder Veranstaltungsnamen – zur Bewerbung seiner Produkte oder seines Unternehmens zu nutzen. Allerdings trifft auch die Einordnung als Markenlizenzvertrag nicht den Kern der Hauptleistung des Sponsors. Denn der Wert des Sponsorings liegt nicht lediglich in einer Markenlizenz, sondern darin, dass eine positive Assoziation zwischen dem Sponsor und der besonderen künstlerischen Qualität, Prominenz und Identität des Gesponserten hergestellt wird. Dies ist mit der Markenlizenz allein nicht zu erreichen.

1211 Die Essentialia negotii eines Sponsoringvertrags entsprechen weitgehend sowohl denen eines **Lizenz-** als auch denen des **Dienstvertrags**. Neben den Leistungspflichten der Vertragspartner kann es dem Sponsor im Einzelfall wichtig sein, ob der Gesponserte einem Wettbewerbsverbot unterliegen und wie weit dieses reichen soll. Von Bedeutung muss es ihm dabei sein, dass er durch seine markenmäßige Einbindung in eine Veranstaltung oder Tournee nicht zB als Mitveranstalter Haftungsgefahren ausgesetzt wird, die von der Veranstaltung oder Tournee ausgehen. Dazu wird jedenfalls im Innenverhältnis regelmäßig vertraglich vereinbart, dass der Gesponserte den Sponsor von Ansprüchen Dritter freihält.

1212 Wenn der Sponsor sich das Recht einräumen lässt, seinerseits den Namen oder die Marke des Gesponserten werblich zu nutzen, werden vom Gesponserten regelmäßig die dafür erforderlichen Rechte zu garantieren sein. Der Gesponserte wird dem Sponsor gewährleisten müssen, dass beim vertragsgemäßen Vollzug des Sponsoringvertrags keine Urheber- oder Markenrechte Dritter verletzt werden.[1280] Jedenfalls bei wirtschaftlich bedeutsamen Sponsoringverträgen enthalten derartige Rechtegarantien zudem Abstimmungsregelungen für das gemeinsame Vorgehen von Sponsor und Gesponsertem für den Fall, dass Dritte Schadensersatzansprüche oder Unterlassungsansprüche gegen die vertragsgemäße Durchführung der Sponsoringpräsentation geltend machen. Dazu zählt vor allem die Vereinbarung, dass der Gesponserte zur Verteidigung erforderliche Beweismittel zur Verfügung zu stellen hat. Ferner wird geregelt, unter welchen Voraussetzungen mit welcher Konsequenz die Parteien das Recht haben, Rechtsstreitigkeiten durch einen Vergleich zu beenden, ohne hierbei die Zustimmung der jeweils anderen Partei einholen zu müssen. Diese Regelung ist deshalb von Bedeutung, weil ein etwaiger Vergleich mit einem Dritten regelmäßig auch Auswirkungen auf den Vertragspartner hat. Zudem sollten die Abstimmungsregelungen klarstellen, inwieweit die Kosten, die der vergleichsbereiten Vertragspartei aus dem Vergleich mit dem Dritten erwachsen, von der anderen Vertragspartei mitgetragen werden müssen. Fehlt eine entsprechende Regelung, besteht die Gefahr, dass ein Vergleich mit dem Dritten daran scheitert, dass Sponsor und Gesponserter sich nicht über die Verteilung der aus dem Vergleich resultierenden Kosten einigen können.

1213 Von besonderer Bedeutung ist es, ob und in welchem – zeitlichen und inhaltlichen – Umfang der Sponsoringvertrag ein **Exklusivverhältnis** begründen soll.[1281] Sponsoren haben ein Interesse daran, die Einbindung anderer Sponsoren mitzusteuern. Der Sponsor will damit verhindern, dass seine Mitbewerber ebenfalls als Sponsoren auftreten.

1214 Da Ziel jedes Sponsoringvertrages der positive **Imagetransfer** vom Gesponserten zum Sponsor ist, wird der Vertragszweck gefährdet, wenn sich das Image des Gesponserten während der Laufzeit des Sponsoringvertrages verschlechtert oder das gesponserte Ereignis an-

---

[1278] Funke/Müller Rn. 274.
[1279] So auch die Rechtsprechung vgl. BGH 1992, 2690; OLG München SpuRt 2000, 242.
[1280] Weiand S. 124.
[1281] Funke/Müller Rn. 293 a.

ders als ursprünglich geplant durchgeführt wird. Soweit der Vertrag für derartige Fälle keine Regelung enthält, bleibt lediglich eine Berufung des Sponsors auf den Wegfall der Geschäftsgrundlage, soweit eine solche überhaupt hinreichend deutlich dem Vertrag zu entnehmen ist. Eine Lösung des Sponsors vom Vertrag unter Berufung auf den Wegfall der Geschäftsgrundlage wird regelmäßig allerdings nur dann Erfolg haben, wenn sich das Image des Gesponserten aufgrund äußerer unvorhersehbarer Umstände, die nicht in die Risikosphäre einer der beiden Vertragsparteien fallen, drastisch verschlechtert. Da das Image des Gesponserten naturgemäß einem steten Wandel unterliegt, ist es ein für den Sponsor unvermeidbares Risiko, dass das Image sich verschlechtert. Dieses Risiko fällt somit in die Sphäre des Sponsors. Nur wenn der Gesponserte in von ihm zu vertretender Weise sein eigenes Image beschädigt, ist dies seiner eigenen Risikosphäre zuzurechnen.

Erfolgt eine außerordentliche Kündigung des Sponsoringvertrags, kann der Sponsor gehalten sein, jegliche Werbung mit dem Namen oder der Marke des Gesponserten unverzüglich zu unterlassen. Das lässt sich vermeiden, indem mit dem Sponsoringvertrag **Aufbrauchfristen** für den Fall einer vorzeitigen Beendigung des Vertrages vereinbart werden. Ohne eine Aufbrauchfrist riskiert der Sponsor im Fall einer außerordentlichen Kündigung des Sponsoringvertrags, von heute auf morgen sämtliche Nutzungsrechte zu verlieren und sämtliche Werbematerialien kurzfristig aus dem Verkehr ziehen zu müssen. 1215

2. Steuerliche Aspekte

Die ertragssteuerliche Behandlung von Sponsoringleistungen und Gegenleistungen war lange Zeit unklar.[1282] Klarheit brachten erst der sog **Sponsoringerlass** des BMF vom 9.7.1997 sowie seine beiden Ergänzungen von Februar 1998 und Januar 2001. 1216

Der Sponsoringerlass befasst sich ausschließlich mit den ertragssteuerlichen Fragen, nicht jedoch mit der umsatzsteuerlichen Seite des Sponsorings. Er beinhaltet eine Begriffsdefinition des Sponsorings indem er es als Gewährung von Geld oder geldwerten Vorteilen durch Unternehmen zur Förderung von Personen, Gruppen und/oder Organisationen in sportlichen, kulturellen, kirchlichen, wissenschaftlichen, sozialen, ökologischen oder ähnlich bedeutsamen gesellschaftspolitischen Bereichen definiert, mit denen regelmäßig auch eigene unternehmensbezogene Ziele der Werbung oder Öffentlichkeitsarbeit verfolgt werden. Leistungen eines Sponsors beruhen häufig auf einer vertraglichen Vereinbarung zwischen dem Sponsor und dem Empfänger der Leistungen (Sponsoring-Vertrag), in dem Art und Umfang der Leistungen des Sponsors und des Empfängers geregelt sind.[1283] Der Sponsoringerlass befasst sich mit der ertragssteuerlichen Behandlung des Sponsorings beim Sponsor und beim steuerbegünstigten Empfänger.[1284] 1217

a) Steuerliche Aspekte für den Sponsor

Nach dem Sponsoringerlass sind geldwerte Leistungen eines Sponsors grundsätzlich nicht als **Spende** gem. § 10b EStG absetzbar. Tatsächlich wäre für eine Abzugsfähigkeit als Spende Voraussetzung, dass die Leistung des Sponsors kein Entgelt für eine Gegenleistung des Gesponserten ist. Dies ist aber beim Sponsoring in der veranstaltungstypischen Fallkonstellation – im Unterschied zum Mäzenatentum – gerade nicht der Fall. Vielmehr liegt ein **Austauschgeschäft** vor. Etwas anderes kann nur dann gelten, wenn der Gesponserte ohne Gegenleistung in Form eines schlichten, werblich nicht ausgestalteten Hinweises den Sponsor auf den Veranstaltungsplakaten und sonstigen Werbemitteln erwähnt. Dies ist allerdings eine seltene Ausnahme.[1285] 1218

[1282] Weiand S. 9.
[1283] Sponsoringerlass des BMF v. 18.2.1998 – IV B 2 – S 2144 – 40/98, IV B 7 – S 0183 – 62/98 Abschn. I.
[1284] Sponsoringerlass des BMF v. 18.2.1998 – IV B 2 – S 2144 – 40/98, IV B 7 – S 0183 – 62/98 Abschn. II, III.
[1285] Weiand S. 73.

1219 Da mit dem Sponsoring die Erzielung wirtschaftlicher Vorteile angestrebt wird, sind Ausgaben für Sponsoring in aller Regel betrieblich veranlasst. Nach der Rechtsprechung des BFH liegt ein wirtschaftlicher Vorteil vor, wenn eine Firma eine Sicherung oder Erhöhung ihres Ansehens erreichen will.[1286] Die dadurch veranlassten Kosten sind **Betriebsausgaben** iSd § 4 Abs. 4 EStG. Dabei kommt es grundsätzlich nicht darauf an, ob die Ausgaben für das Sponsoring üblich, notwendig oder zweckmäßig sind oder ob die Sponsoringausgaben und die Gegenleistung des Sponsors gleichwertig sind. Bei einem **krassen Missverhältnis** zwischen den Sponsoringausgaben und der Gegenleistung des Gesponserten ist der Betriebskostenabzug allerdings gem. § 4 Abs. 5 S. 1 Nr. 7 EStG zu versagen.[1287] Denn dann wendet der Sponsor dem Gesponserten eine Leistung zu, ohne hierfür eine betrieblich nutzbare Gegenleistung zu erhalten.

1220 Bezüglich der umsatzsteuerlichen Behandlung des Sponsorings aus der Sicht des Leistungsempfängers hat das Schreiben des BMF die bisherigen Abgrenzungsschwierigkeiten insoweit beseitigt, als dass festgestellt wird, wann beim Sponsoring ein Leistungsaustausch im Sinne des Umsatzsteuerrechts vorliegt.[1288]

1221 Durch die Einfügung des neuen Abs. 23 in den Abschnitt 1.1. UStAE wurde klargestellt, dass ein **umsatzsteuerlicher Leistungsaustausch** zwischen Sponsor und Gesponsertem dann nicht vorliegt, wenn sich die Nennung des Sponsors auf den Veranstaltungsplakaten und ähnlichen Werbematerialien des Gesponserten auf einen lediglichen Hinweis auf den Sponsor beschränkt.[1289] Ein umsatzsteuerlicher Leistungsaustausch liegt allerdings nicht bereits deshalb vor, weil das Firmenlogo des Sponsors in die Werbung integriert wird. Wird allerdings das Logo in hervorgehobener Form präsentiert oder erfolgt zB eine Verlinkung auf die Webseite des Sponsors, ist jedenfalls ein steuerbarer Leistungsaustausch gegeben.

1222 Sofern das Finanzamt feststellt, dass ein Leistungsaustausch nicht vorliegt, hat das zur Folge, dass dem Sponsor der Vorsteuerabzug aus der von ihm erbrachten Gegenleistung versagt ist. Um sich gegen dieses Risiko abzusichern, muss jedenfalls klargestellt werden, dass die Sponsoringleistung über eine bloße Erwähnung in Form einer Namensnennung hinaus geht.

1223 Im Übrigen hat das Fehlen eines angemessenen Leistungsaustauschs auch einkommensteuerrechtliche Bedeutung: Gemäß. § 4 Abs. 5 Nr. 7 EStG können **Betriebsausgaben** dann nicht gewinnmindernd in Abzug gebracht werden, wenn sie nach allgemeiner Verkehrsauffassung als unangemessen zu betrachten sind. Eine Unangemessenheit von Sponsoringaufwendungen iSv § 4 Abs. 5 Nr. 7 EStG besteht nach dem Sponsoringerlass des BMF vom 18.2.1998 stets dann, wenn zwischen der Leistung des Sponsors und der Gegenleistung des Gesponserten ein „**krasses Missverhältnis**" besteht. Dieses ist jedenfalls anzunehmen, wenn es an einem hinreichenden Leistungsaustausch fehlt. Insoweit beeinflusst die umsatzsteuerliche Rechtslage die einkommensteuerliche Beurteilung.

b) Steuerliche Aspekte für den Gesponserten

1224 Die Einnahmen des Gesponserten aus dem Sponsoring können je nach Ausgestaltung des Vertrags Einkünfte aus Vermögensverwaltung, aus selbstständiger oder nichtselbstständiger Tätigkeit oder aus Gewerbebetrieb sein. Wenn der Gesponserte lediglich die Nutzung seines Namens oder Abbilds gestattet, aber keine darüber hinausgehende Tätigkeit entfaltet, liegen Einnahmen aus Vermögensverwaltung nahe.[1290] Denn Persönlichkeitsrechte wie das Recht am eigenen Namen und das Recht am eigenen Bild, sind vermögenswerte Positionen iSd § 14 S. 3 AO. Besteht ein wesentlicher Teil der vertragsgemäßen Leistung des Gesponserten hingegen in einem aktiven Tätigwerden für den Sponsor, spricht Vieles dafür,

---

[1286] BFHE 170, 247.
[1287] Weiand S. 9 ff.
[1288] BMF-Schreiben v. 13.11.2012 – GZ IV D 2 – S 7100/08/10007 :003 DOK 2012/1019723.
[1289] UStAE Abschn. 1.1 Abs. 23.
[1290] Weiand S. 100.

Sponsoring § 16

dass er – falls es sich um eine natürliche Person handelt – gem. §§ 2 Abs. 1 Nr. 3, 18 EStG Einkünfte aus selbstständiger Arbeit oder gem. §§ 2 Abs. 1 Nr. 4, 19 EStG aus nichtselbstständiger Arbeit erzielt. Falls der vertragsgemäß aktiv tätig werdende Gesponserte eine juristische Person ist, liegt es nahe, dass seine Einnahmen als Einnahmen aus Gewerbebetrieb zu klassifizieren sind.

II. Sponsoring im Umfeld der Veranstaltung

Sofern der Künstler oder der Veranstalter eines Events sich nicht als Partner eines Sponsors gewinnen lässt, versuchen Sponsoren gelegentlich, Dritte zu sponsern, die im Umfeld der Veranstaltung zB als Partner oder Dienstleister auftreten. Ziel ist es, auf diese Weise eine Verbindung des Sponsors mit der Veranstaltung herstellen. In Betracht kommen zB der Betreiber der Veranstaltungsstätte oder der Betreiber der Gastronomie. 1225

Derartige Fälle kommen etwa beim Sponsoring von Großveranstaltungen wie Sportveranstaltungen und Open Airs vor, beim Sponsoring von Büchern, Bildbänden oder Zeitschriften mit Bezug auf die Veranstaltung[1291] oder auch beim Sponsoring von Stadien, die als Gegenleistung für das Sponsoring häufig den Namen eines Sponsors in ihren Namen integrieren (zB O2 Arena). 1226

Gerade bei Sportgroßereignissen wie Olympiaden oder Fußballmeisterschaften beschäftigt dieses sog **Ambush-Marketing** immer wieder die Gerichte. Mittlerweile kann als geklärt gelten, dass die Verlosung von Eintrittskarten für ein Event im Rahmen eines Werbe-Gewinnspiels für sich gesehen grundsätzlich keiner Genehmigung des Protagonisten der Veranstaltung bedarf.[1292] Allerdings kann es bei einer Verlosung von Eintrittskarten im Einzelfall dazu kommen, dass der Veranstalter des Gewinnspiels sich in unlauterer Weise an den guten Ruf des Events bzw. des dort auftretenden Künstlers anlehnt und dessen Ruf ausbeutet. Dann kann die Werbung für das Gewinnspiel wettbewerbswidrig iSd § 3 Abs. 1 UWG sein.[1293] Wenn der Sponsor den irreführenden Eindruck erweckt, er sei Sponsor des Events oder des dort auftretenden Künstlers, kann gem. § 5 Abs. 1 Nr. 4 UWG **Wettbewerbswidrigkeit** gegeben sein.[1294] 1227

III. Medienpartnerschaften

Ein Sonderfall des Sponsorings ist die Medienpartnerschaft. Als Gegenleistung für besondere Werbeaktivitäten wie zB die Schaltung von Anzeigen oder Sendung von Werbeclips erhält der Medienpartner eine – ggf. zeitlich begrenzte – Exklusivstellung.[1295] Zumeist werden ihm Freikartenkontingente für Verlosungsaktionen gewährt, seinen Zuschauern, Hörern oder Lesern zB ein Treffen mit auftretenden Künstlern ermöglicht. Häufig genügt einem Medienpartner auch das Recht, eine Veranstaltung als „seine Veranstaltung" darzustellen. 1228

Bei Medienpartnerschaften kann es auf Seiten des Sponsors zu Verstößen gegen das **Trennungsgebot** kommen, wonach Werbung und redaktionelle Inhalte voneinander getrennt werden müssen und jegliche werbliche Intention für das Publikum deutlich erkennbar gemacht werden muss. Das Trennungsgebot ist für den öffentlichen Rundfunk in § 7 Abs. 3 S. 1 Rundfunkstaatsvertrag normiert, für sonstige Telemedien in § 6 Abs. 1 Nr. 1 Telemediengesetz. Für Printmedien ergibt sich das Trennungsgebot aus den Landespressegesetzen. Medienunabhängig ist das Trennungsgebot zudem in § 4 Nr. 3 UWG normiert. Ein Verstoß gegen das Trennungsgebot ist allerdings nicht schon bei jeder – generell ja vom Aussagegehalt her regelmäßig positiven – Ankündigung anzunehmen, sondern erst dann, 1229

[1291] Vgl. zu dieser Fallkonstellation BGH SpuRt 2010, 201.
[1292] LG Stuttgart WRP 2012, 1154 – Tickets EURO 2012.
[1293] LG Stuttgart SpuRt 2012, 117 – Finaltickets Champions League.
[1294] LG Stuttgart WRP 2012, 1154 – Tickets EURO 2012.
[1295] Bretz in Unverzagt/Röckrath L 7.2 S. 1.

§ 16

1230 wenn scheinbar objektive Bewertungen wie Veranstaltungskritiken oÄ durch die Medienpartnerschaft beeinflusst werden.[1296]

Die bei einer Medienpartnerschaft ausgetauschten Leistungen sind **geldwerte Sachleistungen**. Sie unterliegen damit der **Einkommensteuerpflicht** und – da ein Leistungsaustausch vorliegt – auch der **Umsatzsteuerpflicht**. Es stellt sich somit stets die Frage, welcher Wert für die ausgetauschten Leistungen anzusetzen ist.[1297] Entscheidend wird grundsätzlich darauf zu achten sein, dass insoweit die Angemessenheit der jeweiligen Leistungsbewertung gewahrt bleibt.

[1296] Köhler in Köhler/Bornkamm UWG § 4 Rn. 3.23 ff.
[1297] Bretz in Unverzagt/Röckrath L 7.2 S. 1.

§ 17 Beschränkte Steuerpflicht

I. Relevanz

Von besonderer Bedeutung für Veranstalter künstlerischer Darbietungen und natürlich auch ihre ausländischen Vertragspartner ist das deutsche System der Besteuerung inländischer Einnahmen ausländischer Künstler und Tourneeveranstalter. Haben ausländische Künstler oder Produktionsgesellschaften weder einen Wohnsitz noch einen ständigen Aufenthalt in Deutschland, unterliegen sie mit ihren inländischen Einnahmen der beschränkten Steuerpflicht. Während typischerweise die Einkommensteuer derjenige schuldet und für die Schuld auch haftet, der das zu versteuernde Einkommen erzielt hat, wird bei der beschränkten Steuerpflicht – vergleichbar mit den Regelungen des Lohnsteuerrechts – zwischen dem Steuerschuldner und dem Vergütungsschuldner als Haftungsschuldner differenziert. **Steuerschuldner** ist bei Vorliegen beschränkter Steuerpflicht grundsätzlich der jeweilige Vergütungsgläubiger, also zB der ausländische Künstler oder ein ausländischer Tourneeveranstalter[1298], der im Inland Einnahmen durch die Verwertung künstlerischer Leistungen erzielt. **Vergütungsschuldner** ist, wer zivilrechtlich die Vergütungen schuldet, welche die Tatbestände der dem Steuerabzug unterliegenden beschränkten Einkommensteuerpflicht erfüllen. Die dem Vergütungsschuldner obliegenden Pflichten machen ihn zum **Haftungsschuldner** für den Steuerabzug und die Steuerzahlung. 1231

Eine weitere Besonderheit der Besteuerung beschränkt Steuerpflichtiger besteht darin, dass ihre Steuerschuld im Regelfall unter Anwendung eines **Pauschalsteuersatzes** ermittelt wird, der auf die volle Einnahme anzuwenden ist. Diesen Betrag hat der inländische Vergütungsschuldner von der dem beschränkt Steuerpflichtigen geschuldeten Vergütung einzubehalten und an das zuständige Finanzamt abzuführen. Das Verfahren der Pauschalbesteuerung wird mit einer Verwaltungsvereinfachung, der Reduktion der Verwaltungskosten und der Vereinfachung des Besteuerungsverfahrens für den beschränkt Steuerpflichtigen begründet.[1299] Zur grundsätzlichen Rechtfertigung der inländischen Besteuerung ausländischer Künstler und ihre Leistungen verwertender Gewerbebetriebe stützt sich der Gesetzgeber auf die hohe Mobilität von Künstlern und die Gefahr, dass sie sich der Steuerpflicht entziehen oder in Steuerparadiese fliehen.[1300] 1232

Während die Steuer von den Branchenpraktikern kurz als **Ausländersteuer** bezeichnet wird, werden im Steuer- bzw. Abkommensrecht die Begriffe **Abzugssteuer, Abgeltungsteuer** oder **Quellensteuer** verwandt. 1233

II. Beschränkte und unbeschränkte Steuerpflicht

Grundsätzlich sind gem. § 1 EStG alle natürlichen Personen, die im Inland einen Wohnsitz oder ihren gewöhnlichen Aufenthalt haben, mit ihren weltweiten Einkünften unbeschränkt einkommensteuerpflichtig. Hat eine Person weder ihren Wohnsitz noch ihren gewöhnlichen Aufenthalt im Inland, kann sie mit ihren inländischen Einkünften unter den weiteren Voraussetzungen des § 1 Abs. 4 EStG beschränkt steuerpflichtig sein. Körperschaften, Personenvereinigungen und Vermögensmassen sind mit ihren Einkünften gem. § 2 Abs. 1 KStG beschränkt steuerpflichtig, sofern sie weder ihre Geschäftsleitung noch ihren Sitz im Inland haben. Die beschränkte Steuerpflicht ist mithin stets dann gegeben, wenn eine Person weder ihren Wohnsitz oder gewöhnlichen Aufenthalt bzw. ein Gewerbebetrieb seinen Sitz im Inland hat. 1234

[1298] Soweit im Folgenden die Begriffe inländisch oder ausländisch in Verbindung mit Personen verwendet werden, sind sie iSv unbeschränkter oder beschränkter Einkommen- bzw. Körperschaftsteuerpflicht zu verstehen.
[1299] Grams S. 41.
[1300] Lüdicke Beihefter zu DStR 2008, 25.

§ 17 Beschränkte Steuerpflicht

1235 Gemäß § 1 Abs. 3 EStG können sich natürliche Personen, die im Inland weder einen Wohnsitz noch ihren gewöhnlichen Aufenthalt haben, auf Antrag für unbeschränkt steuerpflichtig erklären lassen, wenn sie mindestens 90 Prozent ihrer Einkünfte im Inland erzielen.

a) Wohnsitz

1236 Gemäß § 8 AO und § 30 Abs. 3 S. 2 SGB I hat jemand seinen Wohnsitz dort, wo er eine Wohnung unter Umständen inne hat, die darauf schließen lassen, dass er die Wohnung beibehalten und benutzen wird. Das Innehaben einer Wohnung setzt die tatsächliche Verfügungsmacht über sie voraus. Bezüglich der zusätzlichen erforderlichen Umstände stellt die Vorschrift auf das Vorliegen äußerer Merkmale – nämlich die tatsächliche Gestaltung des Innehabens – ab, ohne subjektiven Momenten oder Absichten Raum zu geben.[1301] Zu beurteilen ist, ob die Beibehaltung oder Benutzung der Wohnung auf Dauer angelegt ist und sie dem Inhaber jederzeit als Bleibe zur Verfügung steht.[1302] Der BFH wendet dazu die **Sechsmonatsfrist** des § 9 S. 2 AO an. Das Innehaben einer Wohnung unter Umständen, die darauf schließen lassen, dass der Steuerpflichtige sie beibehalten und benutzen wird, drücke ua ein Zeitmoment aus, das sich auf die in Betracht kommende Wohnsitzbegründung bezieht und von dort aus gesehen in die Zukunft gerichtet sei.[1303] Danach liegen die für den Wohnsitzbegriff erforderlichen Umstände jedenfalls dann vor, wenn eine Wohnung im Inland für mehr als sechs Monate genutzt wird.

1237 Die Sechsmonatsfrist braucht nicht in einem Kalenderjahr erfüllt zu werden.[1304] Kurzfristige Unterbrechungen bleiben unberücksichtigt. Das Innehaben einer Wohnung setzt aber eine gewisse Stetigkeit voraus. Bei einer vorübergehenden Unterbrechung des Innehabens der Wohnung – zum Beispiel wegen einer Reise ins Ausland – ist zu prüfen, ob die Umstände bestehen bleiben, die auf die Beibehaltung der – oder einer anderen inländischen – Wohnung schließen lassen.[1305] Dabei hat es der BFH auch ausreichen lassen, dass ein zum ständigen Bewohnen eingerichtetes Haus über Jahre hinweg jährlich regelmäßig zweimal zu bestimmten Zeiten lediglich für einige Wochen benutzt wurde. Das Gericht betrachtete dies als ständige oder doch mit einer gewissen Regelmäßigkeit und Gewohnheit erfolgende Nutzung.[1306]

1238 Auch ein **mehrfacher Wohnsitz** ist möglich. In diesem Fall ist gem. § 18 Abs. 1 S. 2 EStG für die Besteuerung der Wohnsitz maßgebend, an dem sich der Steuerpflichtige vorwiegend aufhält. Liegt der Wohnsitz danach im Ausland, kann der Steuerpflichtige aber im Inland seinen gewöhnlichen Aufenthalt nach § 9 AO haben und damit hier unbeschränkt steuerpflichtig sein.[1307]

b) Gewöhnlicher Aufenthalt

1239 Die unbeschränkte Steuerpflicht kann neben dem Wohnsitz auch durch den gewöhnlichen Aufenthalt begründet werden. Gemäß § 9 S. 1 AO und § 30 Abs. 3 S. 2 SGB I hat jemand seinen gewöhnlichen Aufenthalt dort, wo er sich unter Umständen aufhält, die erkennen lassen, dass er an diesem Ort oder in diesem Gebiet nicht nur vorübergehend verweilt. § 9 S. 2 AO knüpft den gewöhnlichen Aufenthalt an einen zeitlich zusammenhängenden Aufenthalt von mehr als sechs Monaten. Ein lediglich häufiger aber stets nur vorübergehender kurzfristiger Aufenthalt erfüllt nicht die Voraussetzungen des § 9 AO.[1308] Da eine ständige Anwesenheit im Inland nicht vorausgesetzt wird, hindern kurze Unterbrechungen des in-

---

[1301] Gersch in Klein AO § 8 Rn. 1; BFHE 155, 29.
[1302] Gersch in Klein AO § 8 Rn. 4; BFHE 106, 537.
[1303] BFHE 158, 118.
[1304] FG Baden-Württemberg EFG 1991, 102.
[1305] BFHE 106, 537.
[1306] BFHE 155, 29.
[1307] BFHE 139, 261.
[1308] FG Nürnberg EFG 1978, 548.

Beschränkte Steuerpflicht § 17

ländischen Aufenthalts den zeitlichen Zusammenhang nicht.[1309] Ein Aufenthalt ausschließlich zu Besuchs-, Erholungs-, Kur- oder ähnlichen privaten Zwecken, der nicht länger als ein Jahr dauert, begründet gem. § 9 S. 3 AO keinen gewöhnlichen Aufenthalt.

2. Einkunftsarten

Hat eine Person weder ihren Wohnsitz noch ihren gewöhnlichen Aufenthalt im Inland, unterliegen ihre inländischen Einkünfte gem. § 1 Abs. 4 EStG der beschränkten Steuerpflicht allerdings nur dann, wenn es sich um Einkünfte iSd § 49 EStG handelt. Die Vorschrift regelt somit die **Tatbestände der beschränkten Steuerpflicht**. Von Relevanz für die Veranstaltungswirtschaft ist insbesondere die Besteuerung folgender Einkunftsarten: 1240
– **Einkünfte aus Gewerbetrieb**, die durch im Inland ausgeübte oder verwertete künstlerische, sportliche, artistische, unterhaltende oder ähnliche Darbietungen erzielt werden, einschließlich der Einkünfte aus anderen mit diesen Leistungen zusammenhängenden Leistungen, unabhängig davon, wem die Einnahmen zufließen (§49 Abs.1 Nr. 2d EStG),
– Einkünfte aus **selbstständiger Arbeit**, die im Inland ausgeübt oder verwertet wird (§ 49 Abs.1 Nr. 3 EStG);
– Einkünfte aus **nichtselbstständiger Arbeit** (§ 49 Abs.1 Nr. 4 EStG).

III. Historie

Die bereits 1958 in das EStG integrierte Steuerabzugspflicht bei inländischen Einnahmen ausländischer Künstler und Künstlerverleihgesellschaften wurde nach einer 1996 erfolgten Anhebung des Steuersatzes von 15 auf 25% über Jahre hinaus zum Gegenstand erheblicher Kritik ausländischer Künstler und Tourneeveranstalter sowie insbesondere ihrer inländischen Vertragspartner. Auch die 2003 erfolgte Reduktion auf 20% änderte daran nur wenig. Da die Vergütungen ausländischer Künstler regelmäßig einen erheblichen Kostenanteil beinhalten, führte die Pauschalbesteuerung ihrer Bruttoeinnahme – und damit auch der Kosten – nicht selten dazu, dass der dem ausländischen Künstler oder Tourneeveranstalter verbleibende Gewinn geringer war als der Steueranteil. Die Kritiker beanstandeten nicht nur die Höhe des Steuersatzes sondern sahen in der Regelung auch einen Verstoß gegen die im EG-Vertrag[1310] garantierte **Niederlassungs-**[1311] und **Dienstleistungsfreiheit** gem. Art. 49, 56 AEUV.[1312] Das war Ursache zahlreicher Verfahren vor dem EuGH, bei dem das deutsche System der beschränkten Steuerpflicht auf dem Prüfstand stand. 1241

Die aktuellen gesetzlichen Grundlagen der beschränkten Steuerpflicht selbstständiger ausländischer Künstler und Künstlerverleihgesellschaften in Deutschland sind im Wesentlichen die Konsequenz aus den Urteilen des EuGH in den Rechtssachen Arnoud Gerritse gegen das Finanzamt Neukölln-Nord, FKP Scorpio Konzertproduktionen GmbH gegen das Finanzamt Hamburg-Eimsbüttel und Centro Equestre da Leziria Grande gegen das damalige Bundesamt für Finanzen (heute BZSt). 1242

1. Rechtssache Gerritse

In der Rechtssache Gerritse[1313] stellte der EuGH fest, dass die Artikel des EG-Vertrages – insbesondere bei vorübergehenden Leistungen das Verbot der Beschränkung der Dienstleistungsfreiheit[1314] – grundsätzlich nicht einer nationalen Regelung entgegen stehen, die anstatt des in dem Gebiet geltenden progressiven Steuertarifs für die Besteuerung der in- 1243

[1309] BFHE 75, 447.
[1310] Heute AEUV.
[1311] ex-Art 43 EGV bzw. ex-Art. 52 EGV http://de.wikipedia.org/wiki/Niederlassungsfreiheit – cite_note-1#cite_note-1.
[1312] ex-Art 49 EGV bzw. ex-Art. 59 EGV.
[1313] EuGH Urt. v. 12.6.2003 – C-234/01- Gerritse.
[1314] Art. 56 AEUV, ex-Art 49 EGV bzw. ex-Art. 59 EGV.

§ 17   Beschränkte Steuerpflicht

ländischen Einkünfte Gebietsfremder eine Pauschalbesteuerung vorsieht. Allerdings dürfe die Steuerbelastung bei der Pauschalbesteuerung nicht höher sein als die Belastung, die sich für den nicht Gebietsansässigen aus der Anwendung des progressiven Steuertarifs auf die Nettoeinkünfte zuzüglich eines Betrages in Höhe des Grundfreibetrags ergeben würde. Er stellte ferner fest, dass es eine nicht gerechtfertigte Ungleichbehandlung von vergleichbaren Situationen und eine Diskriminierung Nichtansässiger sei, wenn Deutschland Gebietsfremden bei der Abzugsbesteuerung den Abzug von Werbungskosten versage.

2. Rechtssache FKP Scorpio

1244 In der Rechtssache FKP Scorpio[1315] bestätigte der EuGH erneut, dass es den Mitgliedstaaten vorbehalten ist, die inländischen Einkünfte nicht Gebietsansässiger einem abweichenden Besteuerungsverfahren zu unterwerfen. Er bestätigte ferner, dass es nicht gegen den EG-Vertrag verstoße, dass der Dienstleistungsempfänger in Anspruch genommen wird, wenn er der Verpflichtung zum Einbehalt der Steuern des beschränkt Steuerpflichtigen nicht nachgekommen ist. Allerdings stünde das Verbot der Beschränkung der Dienstleistungsfreiheit nationalen Rechtsvorschriften entgegen, die es dem Empfänger der Dienstleistung eines beschränkt Steuerpflichtigen nicht erlauben, ihm mitgeteilte Betriebsausgaben, die im unmittelbaren Zusammenhang mit der inländischen Tätigkeit des beschränkt Steuerpflichtigen stünden, steuermindernd geltend zu machen, obwohl bei einem Gebietsansässigen die Einkünfte nach Abzug der Betriebsausgaben der Steuer unterliegen. Steuermindernd müssten aber die Betriebsausgaben berücksichtigt werden, die im unmittelbaren Zusammenhang mit den im Inland ausgeführten Tätigkeiten stehen und die der beschränkt Steuerpflichtige dem Vergütungsschuldner mitgeteilt hat.

1245 Als nicht vertragswidrig erachtete es der EuGH, dass die einem Steuerpflichtigen zustehende Steuerbefreiung nach einem Abkommen zur Vermeidung der Doppelbesteuerung oder in sonstigen Verfahren nur dann Berücksichtigung finden kann, wenn von der zuständigen Steuerbehörde eine Freistellungsbescheinigung erteilt worden ist, der zufolge die Voraussetzungen hierfür nach dem jeweiligen Besteuerungsabkommen erfüllt sind. Die damit einhergehende Beschränkung des freien Dienstleistungsverkehrs gewährleiste das ordnungsgemäße Funktionieren des Steuerabzugsverfahrens und sei deshalb hinzunehmen. Denn damit werde sichergestellt, dass der Vergütungsschuldner nur dann von der Einbehaltung der Steuer entbunden wird, wenn er die Sicherheit hat, dass der Dienstleister die Voraussetzungen für eine Steuerbefreiung erfüllt.

1246 Ferner stellte der EuGH fest, dass das Verbot der Beschränkung der Dienstleistungsfreiheit nicht zugunsten von Staatsangehörigen eines Drittstaats gelte. Staatsangehörige eines Drittstaats könnten sich auf das Verbot selbst dann nicht berufen, wenn sie innerhalb der Gemeinschaft ansässig seien. Zum einen müsse die Dienstleistung innerhalb der Gemeinschaft erbracht werden und zum anderen müsse der Dienstleister die Staatsangehörigkeit eines Mitgliedstaats besitzen und in einem Land der Gemeinschaft ansässig sein. Anderenfalls bestehe unter Berufung auf EU-Recht keine Möglichkeit, das deutsche System der beschränkten Steuerpflicht zu beanstanden.[1316]

3. Centro Equestre da Leziria Grande

1247 In der Rechtssache Centro Equestre da Leziria Grande[1317] stellte der EuGH fest, dass der damalige Art. 59 EGV[1318] einer nationalen Regelung nicht entgegensteht, welche die Erstattung der im Wege des Steuerabzugs von einem beschränkt Steuerpflichtigen erhobenen Körperschaftsteuer davon abhängig macht, ob die Betriebsausgaben, deren Berücksichti-

---

[1315] EuGH Urt. v. 3.10.2006 – C-290/04 – FKP Scorpio Konzertproduktionen.
[1316] BFH Urt. v. 17.11.2004 – I R 20/04.
[1317] EuGH Urt. v. 15.2.2007 – C 345/04 – Centro Equestre da Leziria Grande.
[1318] Heute Art. 56 AEUV.

gung dieser Steuerpflichtige zu diesem Zweck beantragt, in unmittelbarem wirtschaftlichem Zusammenhang mit den Einnahmen stehen, die im Rahmen einer im betreffenden Mitgliedstaat ausgeübten Tätigkeit erzielt worden sind. Das gelte auch, sofern alle Kosten, die sich von dieser Tätigkeit nicht trennen lassen, unabhängig vom Ort oder Zeitpunkt ihrer Entstehung als solche Betriebsausgaben betrachtet werden. Ein Verstoß gegen Art. 59 EGV aF liege allerdings vor, soweit eine Regelung die Erstattung der betreffenden Steuer an diesen Steuerpflichtigen von der Voraussetzung abhängig macht, dass die genannten Betriebsausgaben die Hälfte der erwähnten Einnahmen übersteigen.

4. Umsetzung der EuGH-Rechtsprechung

Der dargestellten Rechtsprechung des EuGH ist durchgängig zu entnehmen, dass ein Verstoß gegen das **Verbot der Beschränkung des Dienstleistungsverkehrs** jedenfalls stets dann vorliegt, wenn Personen eines Mitgliedstaats, die Dienstleistungen in einem anderen Mitgliedstaat der EU erbringen, aufgrund gesetzlicher Regelungen eine höhere Steuerlast zu tragen haben als die Gebietsansässigen des betreffenden Mitgliedstaats. Ob die Quellenstaatsbesteuerung darüber hinausgehend mit Blick auf die Richtlinie 76/308/EWG des Rates bezüglich der gegenseitigen Unterstützung der Mitgliedstaaten bei der Beitreibung von Forderungen, wie in der Literatur bezweifelt[1319], insgesamt noch gerechtfertigt ist, kann hier dahingestellt bleiben, da dies jedenfalls bisher vom EuGH noch nicht festgestellt wurde. 1248

Aufgrund der Urteile des EuGH erfolgte mit dem Jahressteuergesetz 2009 eine umfassende Novellierung der Vorschriften zur beschränkten Steuerpflicht, mit welcher die Rechtsprechung des EuGH umgesetzt wurde. Dabei wurde der Anwendungsbereich auf unterhaltende Darbietungen von Künstlern erweitert, die Bemessungsgrundlage für den Steuerabzug reduziert, die optionale Nettopauschalbesteuerung wurde eingeführt und die Besteuerung auf der zweiten Stufe gesetzlich geregelt. Der Steuersatz wurde von 20 auf 15 % reduziert und die sog. Milderungsregel mit ihren Staffelsteuersätzen auf Einkünfte beschränkt, die je Darbietung 250 Euro nicht übersteigen. Gleichzeitig eröffnet § 50 Abs. 2 EStG die Möglichkeit, anstatt des Steuerabzugsverfahrens einen Antrag auf Veranlagung zu stellen. Das bislang in § 50 Abs. 5 EStG geregelte Erstattungsverfahren wurde abgeschafft. 1249

Die Neuregelung betrifft Vergütungen, die nach dem 31.12.2008 zugeflossen sind. 1250

IV. Abzugsbesteuerung bei Einnahmen von gewerblichen und selbstständigen Unternehmern

Das **Besteuerungsverfahren** bei Vorliegen beschränkter Steuerpflicht regelt § 50a EStG. Danach wird die Einkommen- oder Körperschaftsteuer gem. § 50a Abs. 1 Nr. 1–3 EStG bei folgenden für die Veranstaltungswirtschaft relevanten Einkünften im Wege des **Steuerabzugs** erhoben: 1251

– Einkünfte, die durch im Inland **ausgeübte** künstlerische, sportliche, artistische, unterhaltende oder ähnliche **Darbietungen** erzielt werden, einschließlich der Einkünfte aus anderen mit diesen Leistungen zusammenhängenden Leistungen, unabhängig davon, wem die Einnahmen zufließen, es sei denn, es handelt sich um Einkünfte aus nichtselbstständiger Arbeit, die bereits dem Steuerabzug vom Arbeitslohn nach § 38 Abs. 1 S. 1 Nr. 1 EStG unterliegt;
– Einkünfte aus der inländischen **Verwertung von Darbietungen** die gem. § 50a Abs. 1 Zif. 1 EStG durch im Inland ausgeübte künstlerische, sportliche, artistische, unterhaltende oder ähnliche Darbietungen erzielt werden;
– Einkünfte, die aus **Vergütungen für die Überlassung der Nutzung oder des Rechts auf Nutzung von Rechten**, insbesondere von Urheberrechten und gewerblichen Schutzrechten, herrühren.

[1319] Vgl. Grams/Molenaar IStR 2010, 881 mwN.

1. Erfordernis einer Darbietung

1252 Voraussetzung für die Abzugsbesteuerung in den ersten beiden Fällen ist stets das Vorliegen einer **Darbietung**. Der Begriff der Darbietung iSd. § 50a Abs. 1 Nr. 1 EStG ist weit auszulegen. Sie liegt vor, wenn etwas aufgeführt, gezeigt oder vorgeführt wird. Das ist der Fall zB bei Ausstellungen, Konzerten, Theateraufführungen, Shows, Turnieren oder Wettkämpfen aber auch bei nichtöffentlichen Auftritten, Studioaufnahmen für Film, Funk, Fernsehen oder zur Herstellung von Bild- und Tonträgern.

1253 Die Darbietung muss im Inland stattfinden. Daher begründet die inländische Verwertung einer im Ausland erfolgten Aufzeichnung einer Live-Darbietung keine inländische Abzugsverpflichtung. Verpflichten inländische Veranstalter Künstler für Darbietungen im Ausland, mag eine Abzugspflicht nach den im jeweiligen Auftrittsland bestehenden Gesetzen gegeben sein. Allein die Tatsache, dass der Vergütungsschuldner seinen Sitz im Inland hat, begründet die Steuerpflicht des Vergütungsgläubigers im Inland mithin nicht.

2. Künstlerische, unterhaltende oder ähnliche Darbietung

1254 Unter einer ‚künstlerischen' Darbietung iSd § 50a Abs. 1 EStG ist nach ständiger Rechtsprechung des BFH[1320] eine eigenschöpferische Tätigkeit mit einer gewissen individuellen Gestaltungshöhe zu verstehen. Durch die mit dem JStG 2009 vorgenommene Ergänzung der Vorschrift durch unterhaltende Darbietungen wurde ihr Anwendungsbereich auch auf Darbietungen erweitert, die keinen spezifisch künstlerischen oder artistischen Gehalt haben. Auf die Vergleichbarkeit mit künstlerischen Leistungen kommt es daher nicht mehr an.[1321] Der Begriff der Darbietung ist weit zu verstehen. Als unterhaltende bzw. ähnliche Darbietungen gelten Talkshows, Quizsendungen, besonders choreographisch gestaltete Modenschauen sowie Feuerwerke und Lasershows. Wissenschaftliche Vorträge und Seminare sind hingegen keine Darbietungen iSd § 50a Abs. 1 Nr. 1 EStG.[1322] Ein besonderes Niveau der Darbietung ist nicht erforderlich.[1323]

1255 Der Begriff der ähnlichen Darbietung ist ausfüllungsbedürftig.[1324] Sie soll jedenfalls dann vorliegen, wenn es sich einerseits um eine Aufführung oder Vorführung vor Publikum handelt und andererseits die erbrachten Leistungen zum Grenzbereich der in § 50a Abs. 1 EStG ausdrücklich erwähnten Leistungen gehören. Sie dürften sich lediglich graduell von diesen unterscheiden und müssten Schnittstellen zu diesen aufweisen, die der Darbietung als solcher ihrerseits einen gewissen eigenschöpferischen Charakter verleihen.[1325]

3. Verwertung von Darbietungen

1256 Nicht nur unmittelbare Einkünfte aus Darbietungsleistungen sondern gem. § 50a Abs. 1 Nr. 2 EStG auch Einkünfte aus der Verwertung von Darbietungen iSd § 50a Abs. 1 Nr. 1 EStG unterliegen dem Steuerabzug. Die Regelung bezieht sich auf die finanzielle Vermarktung von Darbietungsleistungen in jeder Form.[1326] Als Verwertung ist jede eigene oder durch Dritte erfolgende Nutzbarmachung der Ergebnisse einer Darbietung durch eine zusätzliche Handlung zu betrachten.[1327] Sie begründet die Abzugsteuerpflicht insbesondere bei Einkünften ausländischer Tourneeveranstalter im Inland, die ihrerseits die Leistungen von Künstlern vermarkten. Dabei kommt es übrigens nicht darauf an, ob die durch

---

[1320] BFHE 136, 474; 141, 42.
[1321] Vgl. Loschelder in Schmidt EStG § 49 Rn. 41 mit weiteren Beispielen.
[1322] Loschelder in Schmidt EStG § 50a Rn. 11; BMF BStBl. 2010 I S. 1350 Rn. 17.
[1323] Nieland in Lademann EStG § 50a Rn. 98 mwN.
[1324] Nieland in Lademann EStG § 50a Rn. 118.
[1325] Nieland in Lademann EStG § 50a Rn. 119 ff. mwN.
[1326] BFHE 224, 353; Loschelder in Schmidt EStG § 50a Rn. 12; Nieland in Lademann EStG § 50a Rn. 88 ff.
[1327] BMF BStBl. I 2010, 1350 Rn. 19 f.

Beschränkte Steuerpflicht § 17

den Tourneeveranstalter verpflichteten Künstler ihren Wohnsitz oder ständigen Aufenthalt im Inland haben oder nicht. Entscheidendes Merkmal für das Bestehen der beschränkten Steuerpflicht des ausländischen Gewerbetriebs ist allein die Tatsache, dass Leistungen iSd § 49 Abs. 1 Nr. 2 lit. d EStG verwertet werden. Der Gewerbebetrieb muss also nicht selbst der beschränkten Steuerpflicht unterliegen.

4. Nutzungsvergütungen

Ebenso wie die Verwertung von Darbietungen unterliegen auch Einkünfte die aus der zeitlichen Überlassung von Rechten (zB Nutzung von Urheber-, gewerblichen Schutzrechten oder Persönlichkeitsrechten) herrühren, gem. § 50a Abs. 1 Nr. 3 EStG dem Steuerabzug. Der Steuerabzug nach dieser Vorschrift ist gegenüber dem Steuerabzug bei der Verwertung von Darbietungen vorrangig.[1328] 1257

Die Vergütungen für die **Nutzung von beweglichen Sachen** iSd § 49 Abs. 1 Nr. 2f EStG werden dagegen in Abweichung zur Rechtslage vor der Reform vom Steuerabzug nicht mehr umfasst. Wird also zB eine Ton- und Lichtanlage durch den inländischen Veranstalter unmittelbar bei einem ausländischen Verleiher gemietet und diesem vergütet, ist von der Einnahme – jedenfalls soweit sie nicht ausnahmsweise als mit einer beschränkt steuerpflichtigen Leistung unmittelbar zusammenhängende Leistung zu betrachten sind – keine Abzugsbesteuerung vorzunehmen. 1258

5. Mit der Darbietung zusammenhängende Leistungen

Für Praktiker stellt sich immer wieder die Frage, welche Leistungen iSd § 50 a Abs. 1 Nr. 1 EStG als ‚mit der Darbietung zusammenhängende Leistungen' zu betrachten sind. Gemäß BMF-Schreiben zum Steuerabzug gem. § 50a EStG bei Einkünften beschränkt Steuerpflichtiger aus künstlerischen, sportlichen, artistischen, unterhaltenden oder ähnlichen Darbietungen vom 25.11.2010[1329] hängt eine Leistung mit einer Darbietung zusammen, wenn sie im **sachlichen oder zeitlichen Zusammenhang** mit ihr erfolgt.[1330] Voraussetzung für die Einbeziehung der (Neben-)Leistung in die Bemessungsgrundlage ist, dass sie aufgrund des bestehenden Vertragsverhältnisses Teil einer vom beschränkt Steuerpflichtigen erbrachten **Gesamtleistung** ist, für die eine **Gesamtvergütung** gezahlt wird.[1331] 1259

Wann und unter welchen Voraussetzungen der entsprechende sachliche Zusammenhang mit der künstlerischen Leistung gegeben ist und wo die Grenze zu nicht in einem solchen Zusammenhang stehenden Kosten liegt, bleibt ausschließlich einer Wertung im Einzelfall vorbehalten. Trennscharfe Abgrenzungskriterien gibt es nicht. Daher lässt sich nur schwer erklären, warum zwar niemand auf die Idee käme, die Kosten der für das Konzert eines beschränkt Steuerpflichtigen vom Veranstalter angemieteten Spielstätte zur Bemessungsgrundlage zu zählen, während alle Einnahmen des beschränkt Steuerpflichtigen im Zusammenhang mit einer von ihm gestellten Ton- und Lichtanlage oder von ihm gestellter Bühnenaufbauten – ebenso wie alle anderen ihm vergüteten Nebenleistungen – durchaus zur Bemessungsgrundlage gezählt werden.[1332] Dabei wird nicht übersehen, dass wir vorliegend von einer Bruttobesteuerung sprechen. Es ist lediglich festzustellen, dass die Frage, wie weit bei der Eingrenzung der Bemessungsgrundlage der Bogen des sachlichen Zusammenhangs im Einzelfall zu spannen ist, weder vom BFH noch vom BMF zufriedenstellend beantwortet wird. 1260

Der BFH hat in einer Entscheidung aus dem Jahre 2011 bezüglich der Frage, wann eine mit der künstlerischen Leistung zusammenhängende Leistung vorliegt, zusätzlich auf das 1261

[1328] BMF BStBl. I 2010, 1350 Rn. 21.
[1329] Nachfolgend im Text BMF-Schreiben 2010.
[1330] BMF BStBl. I 2010, 1350 Rn. 30.
[1331] Nieland in Lademann EStG § 50a Rn. 128 mwN.
[1332] Vgl. auch Loschelder in Schmidt EStG § 50a Rn. 23.

Gegebensein eines auch **personellen Zusammenhangs** abgestellt. Allein der sachliche Zusammenhang der Nebenleistung mit der künstlerischen Leistung reiche nicht aus.[1333] An einem derartigen personellen Zusammenhang mangele es, wenn Nebenleistungen nicht durch den Künstler, sondern einen anderen Vertragspartner zu einem marktüblichen Preis und aufgrund eines eigenständigen Vertrags mit dem inländischen Veranstalter erbracht werden. Abreden der Vertragspartner des inländischen Veranstalters untereinander, die bei Vertragsschluss nicht offen gelegt werden, rechtfertigten die Annahme eines personellen Zusammenhangs allerdings noch nicht.[1334] Ein Zusammenhang soll aber dann bestehen, wenn der Darbietende selbst oder eine ihm nahestehende Person i. S. d. § 1 Abs. 2 AStG an dem die Nebenleistungen erbringenden Unternehmen unmittelbar oder mittelbar zu mindestens einem Viertel beteiligt ist. Gleiches gilt, wenn eine wirtschaftliche Abhängigkeit zwischen dem Darbietenden und dem Dritten besteht oder der Darbietende einen tatsächlich unmittelbaren Einfluss auf die Wahl und den Umfang der Leistungen des Dritten ausüben kann.[1335]

1262 Entscheidend für die Annahme eines personellen Zusammenhangs ist somit, dass sowohl die künstlerische Hauptleistung als auch die in den Tatbestand ausdrücklich einbezogene Nebenleistung von **demselben Anbieter** – und damit ‚aus einer Hand' – erbracht werden.[1336] Diese Interpretation des der beschränkten Steuerpflicht unterliegenden Leistungsumfangs unterscheidet sich deutlich von der bisherigen Rechtsauffassung der Finanzverwaltung. Danach waren nämlich – mit Ausnahme technischer Nebenleistungen – alle im unmittelbaren wirtschaftlichen Zusammenhang mit der künstlerischen Leistung stehende Leistungen grundsätzlich auch dann zur Bemessungsgrundlage für den Steuerabzug zu zählen, wenn sie von unabhängigen Dritten erbracht wurden.[1337]

a) Technische Nebenleistungen

1263 Zweifellos handelt es sich bei technischen Nebenleistungen wie Bühnenbild, Beleuchtung, Tontechnik, Kostüme usw und Vermittlungsleistungen um Leistungen, die nach der dargestellten Definition als mit der künstlerischen Leistung zusammenhängend zu betrachten sind. Dies gilt – wie dargestellt – aber nur, sofern diese Leistungen auf Grund des bestehenden Vertragsverhältnisses dem beschränkt Steuerpflichtigen als Teil seiner Gesamtleistung vergütet werden. Werden derartige Leistungen auf der Grundlage separater Verträge, die der Vergütungsschuldner mit unabhängigen Dritten abgeschlossen hat, von diesen erbracht, fehlt der konkrete und untrennbare Zusammenhang. Die dafür gezahlten Entgelte zählen dann nicht zur Bemessungsgrundlage für den Steuerabzug.[1338] Wie ebenfalls bereits dargestellt, sieht das geltende Recht die beschränkte Steuerpflicht für die Nutzungsüberlassung von beweglichen Sachen nicht mehr vor.

1264 Häufig enthalten Verträge inländischer Veranstalter mit beschränkt steuerpflichtigen Vertragspartnern Klauseln, in denen die Wahl des vom Veranstalter anzumietenden Equipments detailliert vorgeschrieben wird. Gemäß BMF-Schreiben 2010 soll der Steuerabzug auch auf die Nebenleistungen vorzunehmen sein, wenn der beschränkt Steuerpflichtige **unmittelbaren Einfluss** auf die Auswahl und die Leistung des Dritten hat.[1339] Die lediglich inhaltliche Festschreibung des vom Vertragspartner zu stellenden Equipments durch den beschränkt Steuerpflichtigen stellt allerdings noch keine derartige unmittelbare Ein-

---

[1333] BFH IStR 2011, 37.
[1334] BFH IStR 2012, 374.
[1335] BMF BStBl. I 2010, 1350 Rn. 34.
[1336] BFH IStR 2011, 37 (39).
[1337] BMF BStBl 1996 I S. 89.
[1338] BFH IStR 2011, 37; BFHE 196, 210; BFH Urt. v. 17.11.2004 – I R 20/04; BMF BStBl. 2010 I S. 1350 Rn. 33.
[1339] BMF BStBl. I 2010, 1350 Rn. 31.

flussnahme dar.¹³⁴⁰ Selbst wenn der beschränkt Steuerpflichtige vorschreibt, welches Equipment von seinem inländischen Vertragspartner zu stellen ist, nimmt er jedenfalls keinen Einfluss auf die Auswahl des Dritten.

b) Sponsoring und andere Leistungen

Zu den Nebeneinnahmen zählt die Finanzverwaltung auch Einnahmen aus Sponsoring, Werbeverträgen, Autogrammstunden und Interviews. Voraussetzung ist allerdings auch hier, dass diese Einnahmen in sachlichem Zusammenhang mit einer Darbietung bzw. deren Verwertung stehen.¹³⁴¹ Übernimmt ein Textilunternehmen die Ausrüstung eines Künstlers für dessen öffentliche Auftritte, besteht ein entsprechender sachlicher Zusammenhang mit der künstlerischen Leistung. Wird ein Künstler von einem Kaufhaus gegen Zahlung eines Entgelts ohne Verpflichtung zu einer Darbietung zu einer Autogrammstunde geladen, fehlt er. 1265

Unterliegen Gesamtvergütungen nur teilweise dem Steuerabzug, sind die **Einzelbestandteile des Vertrages** in einen dem Steuerabzug und einen nicht dem Steuerabzug unterliegenden Vergütungsbestandteil – ggf. im Schätzwege – aufzuteilen.¹³⁴² Das kann zB der Fall sein, wenn mit einer Vergütung einerseits eine nicht dem Steuerabzug unterliegende gewerbliche Leistung und andererseits die Überlassung von Rechten abgegolten werden. Unterliegt Letztere dem Steuerabzug, ist zu ermitteln, welcher Anteil der Gesamtvergütung auf diese Leistung entfällt.¹³⁴³ Es ist in derartigen Fällen mithin nicht von einer bloßen Nebenleistung auszugehen, die zwangsläufig das Rechtsschicksal der Hauptleistung teilt. Gleiches gilt, soweit die nicht der Abzugsbesteuerung unterliegende Leistung die Hauptleistung darstellt und lediglich die Nebenleistung der beschränkten Steuerpflicht unterliegt.¹³⁴⁴ 1266

6. Übernahme von Nebenleistungen durch Dritte

In der Praxis erweist es sich immer wieder als Problem, zu bestimmen, wer den Steuerabzug vorzunehmen hat, wenn der Vergütungsschuldner Nebenleistungen, zu deren Erbringung er sich gegenüber seinem beschränkt steuerpflichtigen Vertragspartner verpflichtet hat, auf Dritte abwälzt. Insbesondere bei Gastspielverträgen wird bspw. die Verpflichtung zur Erbringung von Cateringleistungen, die Übernahme von Hotel- oder Reisekosten für beschränkt steuerpflichtige Künstler von deren inländischem Vergütungsschuldner – zB einer Agentur – deren Kunden – zB einem Veranstalter – übertragen. Zwar zählen Reisekosten und Verpflegungsmehraufwand seit 2009 in den Grenzen des § 50a Abs. 2 S. 2 EStG nicht mehr zu den Einnahmen. Bei Cateringleistungen werden diese Grenzen jedoch regelmäßig überschritten, sodass eine Abzugsverpflichtung besteht. Nur wenn der Dritte im Zusammenhang mit einer Darbietung vertraglich eine selbständige **eigene Leistungsverpflichtung** gegenüber dem beschränkt Steuerpflichtigen eingegangen ist, wird auch er zum Vergütungsschuldner und wäre insoweit seinerseits zum Steuerabzug verpflichtet. Gegenüber dem beschränkt Steuerpflichtigen schuldet jedoch im Regelfall allein die Agentur die Vergütung und die vertraglich vereinbarten Leistungsverpflichtungen. Durch einen Vertrag mit dem Dritten, in welchem sich dieser verpflichtet, die Agentur von einer Leistungsverpflichtung gegenüber dem beschränkt Steuerpflichtigen freizuhalten, geht die Steuerabzugspflicht nicht auf den Dritten über.¹³⁴⁵ 1267

1340 Vgl. BFH IStR 2011, 37 (38 f.).
1341 BMF BStBl. I 2010, 1350 Rn. 31.
1342 BFHE 235, 215; 205, 174; BMF BStBl. 2009 I S. 362; s. Rn. 1270.
1343 Loschelder in Schmidt EStG § 50a Rn. 10; BMF BStBl. 2010 I S. 1350 Rn. 32.
1344 Vgl. BFHE 205, 174 (179 f.).
1345 BMF BStBl. I 2010, 1350 Rn. 97.

7. Leistungen von Agenturen

1268 Wird ein beschränkt steuerpflichtiger Künstler durch eine ausländische Agentur an einen inländischen Veranstalter vermittelt, tritt diese auf der Grundlage eines Makler- bzw. Handelsvertretervertrages gegenüber dem inländischen Veranstalter lediglich als Vertreter des ausländischen Künstlers auf. Bei den von ihr für ihre Vermittlungstätigkeit erzielten Einkünften (Provision) handelt es sich somit um Einkünfte aus einer Vermittlungsleistung und nicht aus einer künstlerischen Darbietung. Sofern die ausländische Agentur im Inland weder eine Betriebsstätte noch einen ständigen Vertreter hat, ist ihre Leistung daher nicht nach § 49 Abs. 1 Nr. 2 lit. d EStG beschränkt steuerpflichtig.[1346]

1269 Ist die Provision der Agentur Teil der von dem inländischen Veranstalter dem beschränkt steuerpflichtigen Künstler gezahlten **Gesamtvergütung**, wird sie allerdings von dem darauf vorzunehmenden Steuerabzug erfasst. Wird sie vom inländischen Veranstalter hingegen auf der Grundlage eines **separaten Vertrages** mit der Agentur an diese gezahlt, fehlt es an einem unmittelbaren wirtschaftlichen Zusammenhang mit der künstlerischen Leistung[1347], sodass insoweit kein Steuerabzug vorzunehmen ist.

8. Werkschaffende Tätigkeiten

1270 Die Einkünfte aus der Verwertung kreativer Leistungen ohne Auftrittscharakter – sog. „werkschaffende Tätigkeit" –, also z. B. die Leistungen von selbständigen Regisseuren, Malern, Bildhauern, Journalisten, unterfallen seit Inkrafttreten des JStG 2009 nicht mehr der Abzugsbesteuerung. Allerdings konnte bereits zuvor für derartige Einkünfte idR eine Freistellung aufgrund eines Doppelbesteuerungsabkommens beantragt werden. Daher bedeutet die mit dem JStG 2009 erfolgte Änderung im Ergebnis zwar keine materiellrechtliche Verbesserung, aber eine erhebliche Vereinfachung in verfahrenstechnischer Hinsicht. Allerdings bleibt im Einzelfall zu prüfen, ob mit der zB einem Regisseur gezahlten Tätigkeitsvergütung auch eine **Rechteübertragung** abgegolten wird. Die dafür gezahlte Vergütung unterliegt gem. § 50a Abs. 1 Zif. 3 EStG dem Steuerabzug, wobei auch insoweit regelmäßig eine Freistellung aufgrund der DBA erfolgen kann. Bei einheitlichen Verträgen mit werkschaffenden Künstlern mit verschiedenen Leistungsinhalten ist daher eine genaue Unterscheidung der einzelnen Komponenten erforderlich, sodass eine **Aufteilung der Gesamtvergütung** erfolgen kann.[1348]

9. Fehlende Einkünfteerzielungsabsicht

1271 Fehlt es an der Absicht des beschränkt Steuerpflichtigen, im Inland Gewinne oder Überschüsse zu erzielen, kann der Vergütungsschuldner vom Steuerabzug nur absehen, wenn ihm gegenüber die fehlende Einkünfteerzielungsabsicht gem. § 90 Abs. 2 AO durch den Vergütungsgläubiger nachgewiesen wurde. Ansonsten ist der Steuerabzug nach § 50a EStG grundsätzlich unabhängig von einer Einkünfteerzielungsabsicht des Vergütungsgläubigers vorzunehmen.[1349]

1272 Werden **Amateuren** (Amateurmannschaften, Amateurmusikern, Laienschauspielern) ausschließlich Kosten erstattet bzw. vom Veranstalter übernommen, ist entsprechend ebenfalls kein Steuerabzug nach § 50a Abs. 2 EStG vorzunehmen. Dies gilt jedoch nicht bei Preisgeldern, Siegprämien oder ähnlichen Vergütungen.[1350]

[1346] Vgl. BMF BStBl. I 2010, 1350 Rn. 99.
[1347] BMF BStBl. I 2010, 1350 Rn. 34.
[1348] Holthaus DStZ 2008, 741 (743).
[1349] BMF BStBl. 2010 I S. 1350 Rn. 15.
[1350] BMF BStBl. 2010 I S. 1350 Rn. 51.

V. Besteuerungsoptionen

Der Regelfall der beschränkten Steuerpflicht ist die sog Bruttopauschalbesteuerung. Bis 2008 war sie das einzig geregelte Verfahren des Steuerabzugs. Mit Wirkung zum 1.1.2009 erfolgte die vorstehend bereits beschriebene Novellierung der Verfahrensvorschriften zur beschränkten Steuerpflicht, durch welche daneben die Option der sog Nettopauschalbesteuerung sowie des Veranlagungsverfahrens eingeführt wurde.

1. Bruttopauschalbesteuerung

Seit 1.1.2009 beträgt gem. § 50a Abs. 2 EStG der Steuersatz bei der Bruttobesteuerung 15 vom Hundert der Einnahmen. Gemäß § 1 Solidaritätszuschlagsgesetz von 1995 ist der Steuerabzug als Einkommensteuer um den **Solidaritätszuschlag** als Ergänzungsabgabe zu erhöhen. Der Solidaritätszuschlag beträgt seit 1.1.1998 5,5%.

Mit Ausnahme der **nachgewiesenen Reisekosten** unterliegen bei der Bruttopauschalbesteuerung alle mit der künstlerischen Darbietung zusammenhängende Einnahmen unter den dargestellten Voraussetzungen dem Steuerabzug. Diesem von der sonst üblichen Gewinnbesteuerung abweichenden System wird durch eine entsprechend geringere Steuerhöhe Rechnung getragen. Die Kalkulation des pauschalen Steuersatzes basiert auf der fiktiven Annahme, dass die Einnahmen beschränkt Steuerpflichtiger durchschnittlich zur Hälfte aus Kosten bestehen und die andere Hälfte regelmäßig als Gewinn verbleibt. Dieser unterstellte Gewinn – also die Hälfte der Einnahmen – soll mit einem Mittelsatz von 30%[1351] besteuert werden, was entsprechend zu einem Steuersatz von 15% der Gesamteinnahme führt.

a) Geringfügigkeitsgrenze

Sofern die Einnahme 250 EUR nicht überschreitet, wird gem. § 50a Abs. 2 S. 3 EStG keine Steuer erhoben.

Die **Freibetragsgrenze** gilt gem. § 50a Abs. 2 S. 3 EStG nur für Einnahmen gem. § 50a Abs. 1 Nr. 1 EStG, also Einnahmen aus ausgeübten künstlerischen, artistischen und unterhaltenden Darbietungen. Sie gilt mithin nicht für die für die Verwertung entsprechender Tätigkeiten iSd § 50a Abs. 1 Nr. 2 EStG an Dritte – zB ausländische Produktionsgesellschaften – gezahlte Vergütungen.[1352] Sie kann **pro Künstler** und **pro Darbietung** in Anspruch genommen werden. Unter dem Begriff Darbietung iSd § 50a Abs. 2 S. 3 EStG versteht die Finanzverwaltung den einzelnen Auftritt. Proben sind keine Darbietung. Werden an einem Tag mit einem oder mehreren Veranstaltern mehrere Auftritte durchgeführt, gilt die Freibetragsgrenze **je Auftritt**.[1353]

Werden vom Vergütungsschuldner – mit Ausnahme der seit 1.1.2009 nicht mehr zur Einnahme zählenden Reise- und Übernachtungskosten sowie den Kosten für steuerfreien Verpflegungsmehraufwand – weitere dem Steuerabzug unterliegende Kosten übernommen, sind diese ebenfalls Teil der Bemessungsgrundlage und somit der Einnahme des Steuerschuldners hinzuzurechnen. Soweit allerdings im Ergebnis die Nettoeinnahme die Geringfügigkeitsgrenze nicht übersteigt, ist nicht etwa noch eine Hochrechnung auf einen Bruttobetrag vorzunehmen.[1354] Vielmehr gilt dann die Netto-Zahlung als Brutto-Zahlung.

Sind Gläubiger der für eine Darbietung gezahlten Vergütung mehrere Personen, ist gem. BMF-Schreiben 2010 die Milderungsregelung **für jede Person** auf die auf sie entfallende Vergütung anzuwenden.[1355] Unterschiedliche Antworten finden sich in der Literatur auf die Frage, wie insoweit die Einnahmen einer als BGB-Gesellschaft organisierten Musikgruppe zu behandeln sind. Es wird unter Verweis auf den abweichenden Wortlaut des § 50

[1351] Vgl. BR-Drs. 545/08, 95.
[1352] widersprechend Holthaus DStZ 2008, 741 (743).
[1353] Loschelder in Schmidt EStG § 50a Rn. 18; BMF BStBl. 2010 I S. 1350 Rn. 55.
[1354] Vgl. dazu Rn. 1283.
[1355] BMF BStBl. 2010 I S. 1350 Rn. 54.

§ 17 Beschränkte Steuerpflicht

Abs. 2 S. 3 EStG aF vertreten, dass die Freigrenze als darbietungsbezogen und bei Mitgliedern einer als BGB-Gesellschaft organisierten Musikgruppe nicht von jedem Mitwirkenden sondern nur für die Darbietung als Ganzes in Anspruch genommen werden könne.[1356] Dies ist jedoch abwegig und widerspricht den vorzitierten Erläuterungen des BMF-Schreibens 2010, welches für entsprechende Fälle sogar dem Vergütungsschuldner die **Aufteilung von Gesamtvergütungen** anheim stellt. Diese ist bei Musikgruppen – soweit die Empfänger keinen anderen Aufteilungsmaßstab darlegen – nach Köpfen vorzunehmen.[1357]

1280 Zuweilen erwarten Finanzämter bei der Abzugsbesteuerung von Musikgruppen separate Verträge zwischen den einzelnen Mitwirkenden und dem Vergütungsschuldner. Diese Forderung lässt sich weder auf die für die Abzugsbesteuerung einschlägigen Bestimmungen der EStDV noch auf den zur früheren vergleichbaren Rechtslage ergangenen BMF Erlass aus dem Jahre 2002[1358] stützen. Vielmehr lässt sich aus der Tatsache, dass diese Forderung im aktuellen BMF-Schreiben 2010 ausdrücklich nicht aufgestellt wurde, schließen, dass separate Verträge nicht erforderlich sind.

b) Vereinbarung von Nettohonoraren

1281 Insbesondere bei eintägigen Verpflichtungen ausländischer Künstler wird zwischen den Parteien regelmäßig ein Nettohonorar vereinbart und die Steuerlast auf den Vergütungsschuldner abgewälzt. Bei Übernahme der Abzugsteuer durch den Vergütungsschuldner zählen die Abzugsteuer und der Solidaritätszuschlag ebenfalls zu den Einnahmen des beschränkt Steuerpflichtigen. In einem derartigen Fall ist eine **Rückrechnung** derart anzustellen, dass mittels eines Kalkulationsfaktors das Bruttohonorar errechnet wird.

1282 Die maßgeblichen Berechnungssätze bei und ohne Übernahme der Abzugsteuern nach § 50a Abs. 3 EStG einschließlich des Solidaritätszuschlages durch den Schuldner der Vergütung können der nachfolgenden Tabelle entnommen werden:

Bruttobetrag	Steuersatz (%)	SolZ (%)	**Summe bei Einbehalt**	Nettobetrag	Steuersatz bei Zurückrechnung (%)	SolZ bei Zurückrechnung (%)	**Summe bei Zurückrechnung**
100	15	0,82	**15,82**	84,17	17,82	0,98	**18,80**
100	30	1,64	**31,64**	68,36	43,89	2,41	**46,30**

2. Aufspaltung von Einnahmen

1283 In einer Entscheidung aus dem Jahre 2010 hat sich der BFH mit der Frage beschäftigt, ob die beschränkte Steuerpflicht durch eine steuerlich motivierte Aufspaltung eines wirtschaftlich einheitlichen Geschäfts in zwei separate Verträge vermieden werden kann. Würden dabei Produktionskosten von der künstlerischen Leistung abgekoppelt, sei im Wege einer wirtschaftlichen Betrachtungsweise zu ermitteln, ob eine einheitliche Gesamtleistung vorliege. Bemerkenswert ist die Feststellung des BFH, dass eine einheitliche Gesamtleistung nicht bereits deswegen anzunehmen ist, weil Art und Umfang der Produktionsdienstleistungen vom Künstler in einer Bühnenanweisung festgelegt werden. Auf dieser Grundlage entschied der BFH, dass ein personeller Zusammenhang auch nicht bereits deshalb anzunehmen sei, weil Ehegatten oder andere Verwandte des Künstlers als Gesellschafter oder Geschäftsführer an dem die Nebenleistungen erbringenden Unternehmen beteiligt sind.[1359]

1284 In einem weiteren Beschluss aus dem Jahre 2011 entschied der BFH, dass ein einheitliches Pauschalhonorar für mehrere von einem beschränkt steuerpflichtigen Vergütungsgläu-

---

[1356] aA Nieland in Lademann EStG § 50a Rn. 239.
[1357] Vgl. auch Holthaus DStZ 2008, 741 (743).
[1358] BMF BStBl. 2002 I S. 709.
[1359] BFH IStR 2011, 37; Grams/Ulbricht Anm. zu BFH IStR 2011, 37 (40).

Beschränkte Steuerpflicht § 17

biger zu erbringende Leistungen zu unterschiedlichen Einkünften führen kann. Sofern einer Leistung keine nur untergeordnete Bedeutung zukäme, sei das Pauschalhonorar daher aufzuteilen. Gleiches gelte auch für die entsprechende aus § 50a Abs. 5 S. 5 EStG resultierende Haftung des Vergütungsschuldners. Selbst wenn die Einzelleistungen (wie zB eine Rechteüberlassung und aktive Werbetätigkeiten) einheitlich der Verwertung des positiven Images des Leistenden dienten, folge daraus keine Untrennbarkeit der Leistungen[1360] Mit Blick auf die Regelung des § 50a Abs. 1 Nr. 1 EStG, wonach auch andere mit der künstlerischen Leistung zusammenhängende Leistungen dem Steuerabzug unterliegen, ist eine derartige Aufspaltung allerdings nur möglich, sofern mit dem Pauschalhonorar auch Leistungen vergütet werden, die nicht mit der künstlerischen Leistung im Zusammenhang stehen.

3. Nettopauschalbesteuerung

Alternativ zur Bruttobesteuerung kann der Steuerschuldner gem. § 50a Abs. 3 EStG die sog Nettopauschalbesteuerung wählen. Dabei kann der Haftungsschuldner die Bemessungsgrundlage um **Betriebsausgaben und Werbungskosten** reduzieren, soweit diese in unmittelbarem Zusammenhang mit den der Abzugsbesteuerung unterliegenden Einnahmen stehen. Nach dem BFH ist dies bei Kosten der Fall, die nach ihrer Entstehung oder Zweckbindung mit den betreffenden steuerpflichtigen Einnahmen in einem unlösbaren Zusammenhang stehen, also ohne diese nicht angefallen wären.[1361] 1285

Die Nettopauschalbesteuerung kann gem. § 50a Abs. 3 S. 2 EStG nur von **Staatsangehörigen eines EU-Mitgliedsstaates** oder eines anderen Staates in Anspruch genommen werden, auf den das Abkommen über den Europäischen Wirtschaftsraum Anwendung findet und in dessen Hoheitsgebiet der beschränkt Steuerpflichtige seinen Wohnsitz oder gewöhnlichen Aufenthalt hat. Dazu zählen neben den Staaten der EU auch Island, Liechtenstein und Norwegen, nicht jedoch die Schweiz.[1362] 1286

a) Betriebsausgaben und Werbungskosten

Betriebsausgaben sind gem. § 4 Abs. 4 EStG **beruflich bedingte Aufwendungen**, die durch den Betrieb veranlasst sind. Als Werbungskosten werden gem. § 9 Abs. 1 EStG bei den Überschusseinkünften Ausgaben bezeichnet, die der **Erwerbung, Sicherung und Erhaltung von Einnahmen** dienen. Beide Kostenarten sind abzugrenzen von privat veranlassten Aufwendungen, die nach § 12 Nr. 1 S. 2 EStG auch dann nicht abzugsfähig sind, wenn sie zur Förderung des Berufs oder der Tätigkeit des Steuerpflichtigen erfolgen. 1287

Bei den abzugsfähigen Betriebsausgaben bzw. Werbungskosten muss es sich entweder um vom Haftungsschuldner übernommene Kosten handeln oder der Steuerpflichtige muss dem Haftungsschuldner die im unmittelbaren wirtschaftlichen Zusammenhang mit den abzugsteuerpflichtigen Einnahmen stehenden Betriebsausgaben und Werbungskosten in einer für das Finanzamt nachprüfbaren Form nachweisen. 1288

Geltend gemacht werden können bspw. vom beschränkt Steuerpflichtigen selbst erbrachte technische und sonstige Nebenleistungen oder die Kosten für Werbematerialien oder Honorare, die vom beschränkt Steuerpflichtigen an Dritte – zB Musiker oder sonstige Mitwirkende – gezahlt werden. Abzugsfähig sind auch **vorweggenommene** bzw. **nachträgliche Aufwendungen** wie zB die dem beschränkt Steuerpflichtigen im Zusammenhang mit Tourneevorbesprechungen entstandenen Kosten, soweit ein konkreter Bezug der Aufwendungen zu einer bestimmten inländischen Tätigkeit besteht.[1363] 1289

Abzugsfähig sind grundsätzlich nur Kosten, die im unmittelbaren Zusammenhang mit der im **Inland** erbrachten Leistung stehen, da es sich nur bei jener Leistung um eine Leis- 1290

[1360] BFH IStR 2012, 112 mwN.
[1361] BFHE 218, 83 (87) BFHE 170, 392 (393).
[1362] Heinicke in Schmidt ESTG § 1a Rn. 5.
[1363] Loschelder in Schmidt EStG § 50a Rn. 23 mwN.

tung isd § 50a Abs. 1 Nr. 1, 2, 4 EStG handelt. Daher ist zB bei Tourneen ausländischer Künstler, bei denen Konzerte in verschiedenen Ländern stattfinden, eine Abgrenzung bzw. Quotelung der Kosten vorzunehmen. Rechnungskopien reichen gem. BMF-Schreiben 2010 für den Nachweis von Betriebsausgaben und Werbekosten aus.[1364] Unerheblich ist, ob die Aufwendungen im Inland oder im Ausland angefallen sind.[1365]

1291 Die geltend gemachten Kosten müssen vom Vergütungsschuldner gem. § 50a Abs. 3 S. 1 EStG in einer für das BZSt ‚nachvollziehbaren Form' nachgewiesen werden. Damit wird dem Vergütungsschuldner nicht nur die Pflicht auferlegt, die Kosten seines Vertragspartners zu prüfen sondern überdies zu beurteilen, welcher Kostennachweis für das Finanzamt nachvollziehbar ist und welcher nicht.[1366] Erkennt das BZSt die Kosten nicht an, muss der Vergütungsschuldner damit rechnen, gem. §§ 50a Abs. 5 S. 4 EStG, 73g Abs. 1 EStDV[1367], 219 S. 2 AO unmittelbar durch **Haftungsbescheid** bzw. **Nacherhebungsbescheid** auf entsprechende Nachentrichtung in Anspruch genommen zu werden.[1368] Die dringend nachbesserungsbedürftige Regelung setzt den Vergütungsschuldner einem unzumutbaren Risiko aus. Zur Vermeidung des Haftungsrisikos ist daher anzuraten, die Abrechung mit dem beschränkt Steuerpflichtigen zunächst im Wege der Bruttobesteuerung vorzunehmen und erst nach abgeschlossener Belegprüfung durch das Finanzamt bzw. BZSt ein sich durch Anwendung der Nettopauschalbesteuerung etwa ergebendes Guthaben auszuzahlen.

b) Steuersatz

1292 Wird die Nettopauschalbesteuerung gewählt, erhöht sich gem. § 50a Abs. 3 S. 4 Nr. 1 EStG der Steuersatz bei der Besteuerung **natürlicher Personen** auf 30% zzgl. Solidaritätszuschlag. Den Steuersatz von 30% begründet das BMF damit, dass er bei Nichtberücksichtigung des **Grundfreibetrages** der Mitte des Spektrums der Steuersätze von 15%–45% bei unbeschränkt Steuerpflichtigen entspreche.[1369] Legt man diesen Kalkulationsansatz zu Grunde, wird die Nettopauschalbesteuerung für den Steuerschuldner nur sinnvoll sein, wenn seine Kosten mehr als 50% der Einnahme betragen. Denn nur dann würde der Gewinn de facto mit mehr als den vom Gesetzgeber gewollten 30% und damit übermäßig besteuert.

1293 Bei beschränkt steuerpflichtigen **Körperschaften** beträgt der Steuersatz von den Nettoeinnahmen 15%, weil aufgrund des 15% betragenden linearen Steuertarifs des § 23 Abs. 1 KStG ein höherer Nettosteuersatz aus europarechtlichen Gründen nicht in Betracht kommt.[1370] Die Nettopauschalbesteuerung ist allerdings nur in den hier relevanten Fällen von § 50a Abs. 1 Nr. 1 und 2 EStG – also bei Einnahmen aus ua künstlerischen Darbietungen sowie deren Verwertung – möglich. Bei Vergütungen für die Überlassung der Nutzung oder des Rechts auf Nutzung von Rechten wie zB Urheberrechten und gewerblichen Schutzrechten ist sie nicht vorgesehen.

1294 Während sich bei der Abgrenzung von § 50a Abs. 3 S. 4 Nr. 1 zu Nr. 2 EStG leicht ermitteln lässt, ob es sich um Einnahmen natürlicher Personen oder gem. Nr. 2 um Einnahmen regelmäßig rechtsfähiger Körperschaften handelt, kann die Beurteilung, wann es sich im Einzelfall um eine **Personenvereinigung** iSv § 50a Abs. 3 S. 4 Nr. 2 handelt, problematisch sein. Denn neben den voll rechtsfähigen Personenvereinigungen gibt es auch teilrechtsfähige und nicht rechtsfähige Personengesellschaften.[1371] Zu letzteren zählen auch die BGB-Gesellschaften – jedenfalls soweit sie als Außengesellschaft auftreten. Das könnte den

---

[1364] BMF BStBl. 2010 I S. 1350 Rn. 46.
[1365] BFHE 154, 465; Loschelder in Schmidt EStG § 50a Rn. 23.
[1366] Loschelder in Schmidt EStG § 50a Rn. 24.
[1367] Zur Anwendung s. § 84 Abs. 3h S. 4 EStDV.
[1368] Loschelder in Schmidt EStG § 50a Rn. 34.
[1369] BR-Drs. 545/08, 95.
[1370] BR-Drs. 545/08, 95.
[1371] Vgl. Lademann KStG § 3 Rn. 4.

Schluss rechtfertigen, dass im Falle der Nettopauschalbesteuerung auch die Einnahmen zB von Musikgruppen oder Tanzensembles als Einnahmen von Personenvereinigungen gem. Nr. 2 der Vorschrift mit lediglich 15% zu besteuern sind.

§ 50a Abs. 3 S. 4 Nr. 2 EStG erfasst ausschließlich Personen, die gem. § 3 Abs.1 KStG **1295** körperschaftsteuerpflichtig sind. Gemäß § 3 Abs.1 KStG ist die **Körperschaftssteuerpflicht** dann gegeben, wenn ein Einkommen weder nach dem KStG noch nach dem EStG unmittelbar bei einem anderen Steuerpflichtigen zu besteuern ist. Eine solche ausschließliche unmittelbare Steuerpflicht zB einer Musikgruppe besteht jedoch allenfalls in Ausnahmefällen. Unmittelbare Steuerschuldner sind regelmäßig die einzelnen Mitglieder der Gruppe.[1372]

Die unmittelbare Steuerpflicht einer Personenvereinigung besteht stets, wenn die an ihr **1296** beteiligten Personen (Mitglieder, Gesellschafter) mit den gemeinschaftlich erzielten Einkünften der **Einkommensteuerpflicht** unterliegen.[1373] Entscheidend ist dabei, wem nach den Prinzipen des EStG und KStG im Einzelfall die Einkünfte zuzurechnen sind.[1374] Eine Personenvereinigung setzt einen selbstständigen wirtschaftlichen Organismus voraus, der unabhängig von bestimmten Mitgliedern ist.[1375] Während jedes Mitglied einer Musikgruppe Gesamtgläubiger aller Forderungen der Musikgruppe ist, sind die Mitglieder einer Personenvereinigung lediglich Gesamthandsgläubiger. Personenvereinigungen sind damit abzugrenzen von einem Zusammenschluss natürlicher Personen, bei dem jeder Einzelne Unternehmer ist. Mithin handelt es sich bei Personenzusammenschlüssen in Musikgruppen und anderen Ensembles nur dann um Personenvereinigungen iSd KStG, wenn sie körperschaftlich organisiert sind und ihre Einnahmen nicht dem einzelnen Mitglied sondern der **Gesamthand** zuzurechnen sind. Dafür sprechen neben dem Vorhandensein eines selbstständigen wirtschaftlichen Organismus, der unabhängig von bestimmten Mitgliedern besteht, ein wirtschaftliches Zurücktreten der Eigentümerstellung der einzelnen Mitglieder sowie ein eigenes Auftreten der Gesellschaft nach außen.[1376] Das ist im Regelfall nur gegeben, wenn der Betrieb einer Personenvereinigung ausschließlich im Interesse der Vereinigung – zB bei einem körperschaftlichen organisierten Orchester[1377] – und nicht im vorrangigen Interesse und auf Rechnung des Einzelnen unterhalten wird.[1378]

c) Kritik

Obwohl die Einführung der Option der Nettopauschalbesteuerung eine erhebliche Verfahrenserleichterung und dort, wo sie genutzt wird, gegenüber der früheren Rechtslage auch eine erhebliche Steuersenkung zur Folge hat, findet sich in der Literatur auch vereinzelte Kritik gegen die Regelung. **1297**

So kritisieren Grams/Schön, dass beschränkt steuerpflichtige natürliche Personen mit einem Pauschalsteuersatz von 30% schlechter gestellt werden als Gebietsansässige. Sie würden aufgrund der für sie geltenden proportionalen Steuersätze erst ab einem zu versteuernden Einkommen iHv ca. 70.000 EUR mit einem Durchschnittssteuersatz von 30% belastet. Damit würden bei der Nettopauschalbesteuerung Gebietsfremde mit geringeren Einkommen benachteiligt.[1379] Die Argumentation lässt jedoch unerwähnt, dass dem beschränkt Steuerpflichtigen neben der Option der Nettopauschalbesteuerung auch der Antrag auf steuerliche Veranlagung und damit der Weg zur Anwendung der proportionalen Steuersätze offensteht. Das Verfahren unterscheidet sich nicht von der Besteuerung unbeschränkt **1298**

[1372] BFH Beschluss v. 26.7.1995 – I B 200/94; FG Düsseldorf IStR 2004, 169 (171).
[1373] Vgl. Lademann KStG § 3 Rn. 5.
[1374] Streck KStG § 3 Rn. 3.
[1375] Streck KStG § 3 Rn. 3.
[1376] Streck KStG § 3 Rn. 3.
[1377] Vgl. BMF BStBl. 2010 I S. 1350 Rn. 101.
[1378] Lademann KStG § 3 Rn. 5.
[1379] Grams/Schön IStR 2008, 656 (658).

Steuerpflichtiger. Die Nettopauschalbesteuerung bietet im Wege einer Pauschalierung ein erleichtertes Verfahren, welches – eben aufgrund der Pauschalierung – in Einzelfällen gegenüber der Veranlagung durchaus nachteilig sein kann. Die Pauschalierung hat aber auch eine Verfahrenserleichterung für den beschränkt Steuerpflichtigen zur Folge. Nicht anfallende Kosten für die Inanspruchnahme fachlicher Beratung dürften nämlich in den meisten Fällen etwaige steuerliche Nachteile kompensieren. Das gleiche Argument gilt für die Kritik von Grams/Schön, dass gem. BMF-Schreiben 2010 bei der Nettopauschalbesteuerung Betriebsausgaben oder Werbungskosten im Zeitpunkt der Vornahme des Steuerabzugs nur insoweit berücksichtigt werden, als es sich bei diesen um bereits tatsächlich geleistete Aufwendungen handelt. Soweit sie entstanden aber noch nicht abgeflossen seien, minderten sie die für den Steuerabzug maßgeblichen Einkünfte nicht. Zwar bestehe die Möglichkeit der späteren Korrektur der Anmeldung[1380] Gleichwohl führe das zu einer Benachteiligung des beschränkt Steuerpflichtigen gegenüber inländischen Steuerschuldnern, da diese das Recht zur Bildung von Rückstellungen hätten und damit nicht gezwungen seien, Einnahmeteile zu versteuern, die mit hinreichend großer Wahrscheinlichkeit noch Kosten enthalten.

1299 Uneingeschränkt zu unterstützen ist die Kritik von Grams/Schön, dass Betriebsausgaben und Werbungskosten gem. § 50a Abs. 3 S. 1 EStG grundsätzlich nur durch den Vergütungsschuldner geltend gemacht werden können. Sie stellen dazu zutreffend fest, dass dieses Erfordernis zwangsläufig die **Preisgabe von Betriebsgeheimnissen** zur Folge habe.[1381] Es kann in der Praxis kaum erwartet werden, dass zB ein beschränkt steuerpflichtiger Künstler oder Tourneeveranstalter seinem inländischen Vertragspartner seine Kosten und damit auch seinen Gewinn offenlegt. Den Bedenken ist zuzustimmen und entsprechend vom Gesetzgeber zu fordern, dass dem Gebietsfremden das Recht eingeräumt wird, seine steuerlichen Belange unmittelbar mit der Finanzbehörde im eigenen Namen zu regeln.[1382]

4. Antrag auf steuerliche Veranlagung

1300 Gemäß § 50 Abs. 2 S. 2 Nr. 5 und S. 7 EStG kann der beschränkt Steuerpflichtige als Alternative zur Brutto- bzw. Nettopauschalbesteuerung eine steuerliche Veranlagung wählen und damit in den Genuss der proportionalen Steuersätze kommen. Grundsätzlich bietet sich eine steuerliche Veranlagung als Option stets dann an, wenn die Pauschalsteuersätze der Nettopauschalbesteuerung trotz Berücksichtigung von Betriebs- und Werbekosten gegenüber den progressiven Steuersätzen der tariflichen Besteuerung zu einer höheren Belastung führen. Ebenso wie bei der Nettopauschalbesteuerung beschränkt sich auch das Recht zur Beantragung einer steuerlichen Veranlagung bei beschränkt Steuerpflichtigen auf die Fälle des § 50a Abs. 1 Nr. 1, 2, 4 EStG.

1301 Gemäß § 50 Abs. 1 S. 1 EStG können Betriebsausgaben und Werbungskosten nur abgezogen werden, sofern der beschränkt Steuerpflichtige hinreichend konkret darlegt, dass sie mit **inländischen Einnahmen** in wirtschaftlichem Zusammenhang stehen.[1383] Bei der steuerlichen Veranlagung sind **vorweggenommene** bzw. **nachträgliche Betriebsausgaben** oder Werbungskosten grundsätzlich ebenfalls abziehbar, soweit sie mit Einkünften iSd § 49 EStG in einem nachweisbaren wirtschaftlichen Zusammenhang stehen.[1384] Die Einkommensteuertarife des § 32a Abs. 1 EStG sind bei Selbstständigen sodann gem. § 50 Abs. 1 S. 2 EStG mit der Maßgabe anzuwenden, dass das zu versteuernde Einkommen vor Anwendung der inländischen Steuertarife um den **Grundfreibetrag** des § 32a Abs. 1 S. 2 Nr. 1 EStG erhöht wird. De facto kann damit ein höherer Steuersatz Anwendung finden. Nicht erzielte Einkünfte – mithin der Grundfreibetrag – werden damit jedoch nicht mitbe-

---

[1380] BMF BStBl. I 2010, 1350 Rn. 48.
[1381] Grams/Schön IStR 2008, 656 (657).
[1382] Grams/Schön IStR 2008, 656 (657).
[1383] Loschelder in Schmidt EStG § 50 Rn. 7; vgl. dazu Rn. 1285 ff.
[1384] Dazu und in diesem Zusammenhang ausführlich BFHE 215, 130; Loschelder in Schmidt EStG § 50 Rn. 9.

steuert. Die Hinzurechung des Grundfreibetrags trägt dem Umstand Rechnung, dass den Mitgliedern anderer EU-Staaten bereits im Wohnsitzstaat ein Grundfreibetrag zu Gute kommt. Sie ist auch dann vorzunehmen, wenn die beschränkt steuerpflichtigen Einkünfte unterhalb des Grundfreibetrags liegen.[1385]

Auch das Antragsrecht auf eine Veranlagung zur Einkommensteuer kann – wie die Nettopauschalbesteuerung – nur von **Staatsangehörigen eines EU-Mitgliedsstaates** oder eines anderen Staates in Anspruch genommen werden, auf den das Abkommen über den Europäischen Wirtschaftsraum Anwendung findet. 1302

Der Schuldner der Vergütung hat auch bei Wahl des Veranlagungsverfahrens den Steuerabzug nach § 50a Abs. 4 EStG vorzunehmen und die Steuer zunächst – wie im Falle der Regelpauschalbesteuerung – abzuführen. Eine Reduktion der Bemessungsgrundlage bereits an der Quelle (also bei Vornahme des Steuerabzugs) ist bei Wahl des Veranlagungsverfahrens ausgeschlossen. 1303

5. Steuerabzug auf der zweiten Stufe

Vom Steuerabzug auf der zweiten Stufe spricht man, wenn ein beschränkt steuerpflichtiger Vergütungsgläubiger seinerseits Vergütungen an einen beschränkt Steuerpflichtigen für im Inland erbrachte Leistungen zahlt. Diese Voraussetzung ist zB gegeben, wenn ein ausländischer Tourneeveranstalter einem inländischen Veranstalter ausländische Künstler für eine Tournee im Inland stellt. Beschränkt steuerpflichtig sind dann auf der **ersten Stufe** der ausländische Veranstalter gem. § 49 Abs. 1 Nr. 2d EStG sowie auf der **zweiten Stufe** der ausländische Künstler gem. § 49 Abs. 1 Nr. 3 EStG. Grundsätzlich ist dann neben dem vom inländischen Vertragspartner auf der ersten Stufe vorzunehmenden Steuerabzug vom beschränkt steuerpflichtigen ausländischen Vergütungsschuldner aufgrund der Subjektbezogenheit der Einkommen- und Körperschaftsteuer auch auf der zweiten Stufe ein Steuerabzug vorzunehmen. Gemäß § 50a Abs. 4 S. 1 EStG kann der Steuerabzug auf der zweiten Stufe allerdings gem. § 50a Abs. 4 S. 2 EStG unterbleiben, wenn bereits die Vergütung auf der ersten Stufe dem Steuerabzug unterliegt und insoweit eine Bruttobesteuerung vorgenommen wurde. Dieser Vorbehalt gilt auch, sofern die auf der zweiten Stufe verpflichteten Künstler als Arbeitnehmer tätig werden.[1386] Gemäß § 73e S. 3 iVm S. 2 EStDV[1387] wäre der Vergütungsschuldner auf der zweiten Stufe – zB der ausländische Tourneeveranstalter, der seinerseits Entgelte an beschränkt steuerpflichtige Künstler zahlt – wie der inländische Vergütungsschuldner verpflichtet, dem zuständigen Finanzamt eine Steueranmeldung für die von ihm dem Vergütungsgläubiger auf der zweiten Stufe gezahlte Vergütung einzureichen. Die Vorschrift postuliert eine Verpflichtung, die für einen Steuerausländer faktisch kaum zu erfüllen ist, da er im Inland steuerlich nirgendwo geführt wird. Zuständig wäre gem. § 24 AO das Finanzamt, in dessen Zuständigkeitsbereich die Verwertungshandlung (zB Veranstaltung) stattfand. 1304

Der Steuerabzug auf der zweiten Stufe ist hingegen vorzunehmen oder ggf. nachzuholen, wenn der beschränkt steuerpflichtige Vergütungsschuldner gem. § 50a Abs. 3 EStG auf der ersten Stufe eine **Nettopauschalbesteuerung** geltend macht, eine steuerliche Veranlagung beantragt oder aufgrund eines DBAs die Erstattung der Abzugsteuer begehrt. Beantragt der Vergütungsgläubiger auf der ersten Stufe im Nachhinein eine Veranlagung oder gibt er eine korrigierte Steuermeldung ab, lebt die Verpflichtung zum Steuerabzug auf der zweiten Stufe wieder auf.[1388] Zuständig für den Steuerabzug auf der zweiten Stufe ist dann das Finanzamt des Vergütungsschuldners auf der ersten Stufe.[1389] 1305

[1385] Loschelder in Schmidt EStG § 50 Rn. 11.
[1386] BMF BStBl. I 2010, 1350 Rn. 42, 101.
[1387] Zur erstmaligen Anwendung s. § 84 Abs. 3h EStDV.
[1388] BMF BStBl. I 2010, 1350 Rn. 37; EuGH IStR 2007, 212.
[1389] BMF BStBl. I 2010, 1350 Rn. 60.

§ 17

1306 Zutreffend weist Holthaus darauf hin, dass die Wahl der Nettopauschalbesteuerung im Einzelfall zu einer **Mehrbelastung** führen kann, da in diesem Fall der Steuerabzug auf der zweiten Ebene vorzunehmen ist. Da sich dabei für den Vergütungsschuldner auf der zweiten Ebene seine Steuerbelastung auf der ersten Ebene mit dem Steuereinbehalt (bzw. der Steuerübernahme) auf der zweiten Ebene kumuliert, kann es günstiger sein, es auf der ersten Ebene bei der Bruttobesteuerung zu belassen. Dies gilt insbesondere dann, wenn der Vergütungsgläubiger auf der ersten Ebene eine natürliche Person ist und damit für die Nettopauschalbesteuerung der Steuersatz von 30% Anwendung fände.[1390]

VI. Bemessungsgrundlage für den Steuerabzug

1307 Bei der vom beschränkt Steuerpflichtigen auf inländische Einnahmen geschuldeten Steuer handelt es sich, wie bereits dargestellt, um eine Pauschalsteuer, die auf den vollen Betrag der Einnahmen und damit regelmäßig auch auf in den Einnahmen enthaltene Kostenanteile zu entrichten ist. Um eine Einnahme des beschränkt steuerpflichtigen Vergütungsgläubigers handelt es sich auch, wenn er durch den Vergütungsschuldner von einer Verbindlichkeit gegenüber Dritten befreit wird, zB indem dieser für ihn die Bezahlung von Mitwirkenden oder Dienstleistern übernimmt. Ein vorgeschalteter Betriebskostenabzug ist vor dem Steuerabzug nur im Falle der Nettopauschalbesteuerung möglich.

1. Umsatzsteuer

1308 Nicht zur Bemessungsgrundlage zählt die Umsatzsteuer. Zwar unterliegen gem. § 1 Nr. 1 UStG auch die Umsätze ausländischer Unternehmer für Lieferungen und sonstige Leistungen, die im Inland gegen Entgelt ausgeführt werden, der Umsatzsteuer. Aufgrund des zum 1.1.2002 mit § 13b Abs. 5 UStG eingeführten **Reverse-Charge-Verfahrens** wird sie bei sonstigen Leistungen iSd § 13b Abs. 1 bzw. sonstigen Leistungen und Werklieferungen iSd § 13b Abs. 2 UStG, jedoch allein vom Leistungsempfänger geschuldet, sofern dieser Unternehmer ist. Damit ist die Umsatzsteuer nicht mehr Teil der Einnahme des beschränkt Steuerpflichtigen.

2. Reisekosten

1309 Mit dem JStG 2009 wurde geregelt, dass unter den Voraussetzungen des § 50a Abs. 2 S. 2 EStG Reisekosten nicht mehr zur Einnahme des beschränkt Steuerpflichtigen zählen. Reisekosten umfassen Fahrtkosten, Übernachtungskosten, Verpflegungsmehraufwand, Reisenebenkosten sowie Transportkosten (zB für Instrumente und Anlagen) des beschränkt Steuerpflichtigen.[1391] **Reise** ist als gleichzeitige Abwesenheit von der Wohnung und der regelmäßigen Arbeitsstätte definiert. Beruflich oder betrieblich veranlasst ist eine Reise, wenn die private Lebensführung den Zweck der Reise nicht oder nur unwesentlich berührt.[1392]

a) Fahrt- und Übernachtungskosten

1310 Fahrt- und Übernachtungskosten zählen nur dann nicht zur Bemessungsgrundlage, wenn sie in der geltend gemachten Höhe tatsächlich entstanden sind. Übersteigen sie die tatsächlichen Kosten, bleiben sie hingegen Teil der Bemessungsgrundlage. Daher ist jeweils der konkrete Aufwand darzulegen. Pauschalierungen reichen dafür nicht aus.

b) Verpflegungsmehraufwand

1311 Vergütungen für den Verpflegungsmehraufwand gem. § 50a Abs. 2 S. 2 EStG zählen nur dann nicht zur Einnahme des beschränkt Steuerpflichtigen, wenn sie die steuerfreien

---
[1390] Holthaus DStZ 2008, 741 (745).
[1391] Loschelder in Schmidt EStG § 50a Rn. 17.
[1392] Vgl. BFHE 214, 354.

Pauschbeträge gem. § 4 Abs. 5 S. 1 Nr. 5 EStG nicht übersteigen. Während mithin Fahrt- und Übernachtungskosten in der tatsächlichen entstandenen Höhe bei der Steuerbemessung außer Ansatz bleiben, gilt dies für Verpflegungskosten nur, soweit sie sich in den Grenzen von § 4 Abs. 5 S. 1 Nr. 5 EStG bewegen. Insbesondere bei den aufwändigen Cateringanforderungen von Künstlern im Pop- und Rockgeschäft kann allerdings davon ausgegangen werden, dass die maximale Grenze von derzeit 24 EUR bei 24stündiger Abwesenheit von der Wohnung nahezu ausnahmslos überschritten wird. Bewegt sich der Verpflegungsmehraufwand außerhalb dieser Grenze, bleibt der gesamte Aufwand Teil der Bemessungsgrundlage.

3. Eigenbetriebliche Aufwendungen des Vergütungsschuldners

Soweit der Vergütungsschuldner aus überwiegend eigenbetrieblichem Interesse im Zusammenhang mit der Leistung des beschränkt Steuerpflichtigen Leistungen erbringt, zählen diese nach jüngerer Rechtsprechung des BFH nicht mehr zur Bemessungsgrundlage für den Steuerabzug.[1393] Als derartig überwiegend eigenbetriebliches Interesse betrachtet es der BFH, wenn ein inländischer Veranstalter einen Tourbegleiter bezahlt, der den beschränkt steuerpflichtigen Künstler auf der Tournee begleitet und vor Ort mit diesem die Abrechungen vornimmt. Soweit die dem Steuerabzug unterliegende Bemessungsgrundlage Kostenanteile enthält, die auf den Tourbegleiter entfallen – zB dessen Teilnahme an dem Steuerabzug unterliegenden Cateringleistungen – gestattet der BFH eine angemessene **prozentuale Minderung** der Bemessungsgrundlage. 1312

VII. Verfahren

1. Steuereinbehalt

Der Vergütungsschuldner ist gem. § 50a Abs. 5 EStG verpflichtet, den Steuerbetrag von der Einnahme des beschränkt steuerpflichtigen Steuerschuldners einzubehalten. Die Abzugsverpflichtung besteht im Zeitpunkt des **Zuflusses** der Vergütung unabhängig davon, ob er im In- oder Ausland erfolgt. Das ist gem. § 73c EStDV[1394] entweder der Zeitpunkt indem die Zahlung, Verrechnung oder Gutschrift der Vergütung erfolgt oder in entsprechender Form eine Vorauszahlung geleistet wird. 1313

Zu Recht wird in der Literatur kritisiert, dass das Zuflussprinzip zu einer Benachteiligung des beschränkt steuerpflichtigen Steuerschuldners gegenüber Gebietsansässigen führt. Während diese die Ertragssteuer auf Anzahlungen gem. § 38 AO erst mit Leistungserbringung schulden, führt das Zuflussprinzip dazu, dass der beschränkt Steuerpflichtige häufig bereits Monate vor Erbringung seiner Leistung besteuert wird. Damit entsteht für das Finanzamt ein Steuervorteil, was, wie Grams/Schön zutreffend feststellen, der EuGH-Rechtsprechung zuwiderläuft.[1395] 1314

2. Steuerzahlung

Die innerhalb eines Kalendervierteljahrs einbehaltene Steuer muss der Vergütungsschuldner gem. § 50a Abs. 5 S. 3 EStG iVm § 73e Abs. 1 S. 1 EStDV[1396] bis zum Zehnten des dem Kalendervierteljahr folgenden Monats an das BZSt abführen. Bei Wahl der **Bruttopauschalbesteuerung** hat er die Höhe der Vergütung sowie die Höhe des Steuerabzugs zu übersenden. Allerdings bleibt der Zeitpunkt für den Übergang des Steuerabzugs- und Veranlagungsverfahrens auf das BZSt gem. § 52 Abs. 58a S. 2 EStG einer entsprechenden 1315

[1393] BFH Urt. v. 5.5.2010 – I R 104/08 mwN.
[1394] Zur erstmaligen Anwendung s. § 84 Abs. 3h S. 1 EStDV.
[1395] Grams/Schön IStR 2008, 656.
[1396] Zur erstmaligen Anwendung s. § 84 Abs. 3h EStDV.

Rechtsverordnung vorbehalten. Bis dahin bleibt es in den Fällen des § 50a EStG bei der Zuständigkeit des Wohnsitz- bzw. Betriebsstättenfinanzamts.[1397]

1316 Eine entsprechende Meldung ist gem. § 73e S. 3 EStDV[1398] vorzunehmen, sofern ein Steuerabzug unterbleiben kann, weil entweder die gezahlte Vergütung im Rahmen der Freibetragsgrenze des § 50a Abs. 2 S. 3 EStG liegt oder der Steuerabzug auf der zweiten Stufe gem. § 50a Abs. 4 S. 1 EStG unterlassen werden kann. Für letztere Mitteilung wäre allerdings der auf der zweiten Stufe beschränkt steuerpflichtige Vergütungsschuldner zuständig, der diese mangels Kenntnis nationaler Steuergesetze wohl allenfalls in Ausnahmefällen machen wird.

a) Nettopauschalbesteuerung

1317 Bei Wahl der Nettopauschalbesteuerung ist innerhalb der Frist des § 50a Abs. 5 S. 3 EStG ebenfalls vorläufig noch dem zuständigen Finanzamt eine Steueranmeldung und der Nachweis der von der Bemessungsgrundlage abgezogenen Betriebsausgaben und Werbungskosten zu übersenden.[1399] Zur Stellung des Antrags berechtigt ist entweder der beschränkt Steuerpflichtige selbst (Einzelperson oder Mitglied einer Musikgruppe) ein bevollmächtigter Vertreter (zB ein Steuerberater) oder der Schuldner der Vergütung, zB der Veranstalter.

b) Veranlagungsverfahren

1318 Für den Antrag auf steuerliche Veranlagung ist gem. § 50 Abs. 2 S. 8 EStG das BZSt zuständig. Da die Zuständigkeitsregelung bei Redaktionsschluss gem. 52 Abs. 58 EStG mangels Erlasses einer entsprechenden Rechtsverordnung noch nicht anwendbar war, bestimmt sich die Zuständigkeit weiterhin nach § 19 Abs. 2 S. 2 AO. Zuständig ist danach der Bezirk, in dem die Tätigkeit vorwiegend ausgeübt oder verwertet worden ist. Da es bei einer bundesweiten Tournee eine derartige ‚vorwiegende Ausübung' nicht gibt, ist gem. BMF-Schreiben 2010 das Finanzamt zuständig, in dessen Bezirk der erste Auftritt bzw. die erste Verwertung stattfand.[1400]

3. Abgeltungswirkung

1319 Grundsätzlich gilt die Einkommensteuer für Einkünfte, die dem Steuerabzug auf Grund des § 50a EStG unterliegen, gem. § 50 Abs. 2 S. 1 EStG durch den Steuerabzug als abgegolten. Damit besteht keine Pflicht mehr, diese bereits versteuerten Erträge in einer Steuererklärung anzugeben. Die Steuerbelastung kann dann auch nicht mehr im Rahmen einer Steuerveranlagung reduziert werden.[1401] Die abgeltende Wirkung des Steuerabzugs tritt allerdings nicht ein, sofern der Steuerpflichtige gem. § 50 Abs. 2 Nr. 5 EStG die Option wählt, einen Antrag auf Veranlagung zur Einkommensteuer zu stellen.

4. Aufzeichnungspflichten

1320 Der Vergütungsschuldner ist gem. § 73d Abs. 1 S. 1 EStDV[1402] verpflichtet, Aufzeichnungen über Name und Wohnung des beschränkt Steuerpflichtigen, Höhe der Vergütungen, Höhe und Art der von der Bemessungsgrundlage des Steuerabzugs abgezogenen Betriebsausgaben oder Werbungskosten des Gläubigers, den Tag, an dem die Vergütungen dem Steuerschuldner zugeflossen sind und Höhe und Zeitpunkt der Abführung der einbehaltenen Steuer zu führen.

[1397] BMF BStBl. I 2010, 1350 Rn. 65.
[1398] Zur erstmaligen Anwendung s. § 84 Abs. 3h EStDV.
[1399] Zur erstmaligen Anwendung s. § 84 Abs. 3h S. 1 EStDV.
[1400] BMF BStBl. I 2010, 1350 Rn. 73.
[1401] Loschelder in Schmidt EStG § 50 Rn. 6 f.
[1402] Zur erstmaligen Anwendung s. § 84 Abs. 3h S. 4 EStDV.

Beschränkte Steuerpflicht   § 17

Da bei Musikgruppen oder sonstigen Ensembles regelmäßig jeder einzelne Mitwirkende   1321
Steuerschuldner bezüglich seines Anteils an der Gesamteinnahme ist, wären gem. § 73d
Abs. 1 S. 1 EStDV[1403] Name und Anschrift eines jeden einzelnen Mitwirkenden aufzu-
zeichnen. Diese Verpflichtung stößt in der Praxis auf vom Vergütungsschuldner kaum zu
bewältigende Schwierigkeiten, da sie der Mitwirkung der Steuerschuldners bedarf. Da Veranstaltungsverträge regelmäßig durch Agenturen vermittelt werden, enthalten sie ausschließlich deren Adresse. Kein Agent gibt ‚seinem Kunden' freiwillig die unmittelbare Adresse der von ihm vermittelten Künstlers bekannt. Ebenso ausgeschlossen dürfte es in der
Praxis in den meisten Fällen sein, dass der Vergütungsschuldner die aufzuzeichnenden Daten unmittelbar von den Künstlern vor Ort erhält. Jedenfalls bei bekannteren Künstlern hat
er regelmäßig keinerlei persönlichen Kontakt zu ihnen sondern nur zu ihrem Agenten,
Manager oder Tourleiter. Daher wird eine entsprechende Aufzeichnung vom Vergütungsschuldner bereits aus tatsächlichen Gründen häufig nicht zu leisten sein. In der Praxis wird
sich daher auch zukünftig die Aufzeichnung von Personendaten auf Fälle reduzieren, bei
denen Betriebsausgaben und Werbungskosten aller Mitwirkenden geltend gemacht werden
und somit eine individuelle Prüfung der tatsächlichen Abgabeschuld durch das Finanzamt
erfolgt.

5. Korrektur der Steuerzahlung

Gemäß § 168 AO steht die Steueranmeldung einer **Steuerfestsetzung unter dem Vor-**   1322
behalt der Nachprüfung gleich. Gemäß § 164 Abs. 2 AO kann der Abzugsverpflichtete
diese durch die Einreichung einer geänderten Steueranmeldung korrigieren, soweit er nach
Abgabe der Steuererklärung weitere Betriebsausgaben oder Werbungskosten nachweisen
kann.

6. Anfechtung der Steueranmeldung

Die Steueranmeldung kann gem. § 347 Abs. 1 AO sowohl vom Vergütungsgläubiger als   1323
auch vom Vergütungsschuldner mit dem **Einspruch** angefochten werden.[1404] Die Steueranmeldung enthält allerdings keine Steuerfestsetzung gegen den Vergütungsgläubiger. Erklärt nur er die Anfechtung und schließt sich der Vergütungsschuldner der Anfechtung
nicht an, wird nur darüber entschieden, ob der Vergütungsschuldner berechtigt war, die
Steuerabzugsbeträge einzubehalten, anzumelden und abzuführen. Eine Erstattung der Abzugsteuer kann der Vergütungsgläubiger nicht beantragen. Sie kann grundsätzlich nur an
den Vergütungsschuldner und nur dann erfolgen, wenn dieser dem Verfahren beitritt.[1405]
Bestreitet der Vergütungsgläubiger das Vorliegen der Voraussetzungen der beschränkten   1324
Steuerpflicht, bleibt er in analoger Anwendung des § 50d EStG auf ein Freistellungsverfahren angewiesen. Lediglich in diesem Verfahren hat er dann auch die Möglichkeit, Betriebsausgaben oder Werbungskosten (nachträglich) berücksichtigen zu lassen.[1406]

7. Haftung

Soweit die Haftung des Vergütungsschuldners reicht, sind – entgegen der unter ausländi-   1325
schen Agenten weit verbreiteten Ansicht – der beschränkt Steuerpflichtige und der Vergütungsgläubiger **Gesamtschuldner** iSd § 44 Abs. 1 AO. Die Steuerschuld kann, sofern sie
nicht vorschriftsmäßig einbehalten und abgeführt wurde, gem. § 50a Abs. 5 S. 5 EStG iVm
§ 73g EStDV[1407] vom zuständigen Finanzamt bzw BZSt nach pflichtgemäßem Ermessen
gegenüber jedem der Gesamtschuldner geltend gemacht werden. Die Inanspruchnahme

---

[1403] Zur erstmaligen Anwendung s. § 84 Abs. 3h S. 1 EStDV.
[1404] BFHE 184, 92; BFHE 218, 89.
[1405] BFHE 184, 92.
[1406] BFHE 219, 300 mwN.
[1407] Zur erstmaligen Anwendung s. § 84 Abs. 3h S. 4 EStDV.

des Vergütungsgläubigers ist nicht davon abhängig, ob ihm die nicht ordnungsgemäße Einbehaltung oder Abführung der Abzugssteuer bekannt war.[1408]

1326 Bestehen Zweifel, ob der Vergütungsgläubiger beschränkt oder unbeschränkt steuerpflichtig ist, darf der Vergütungsschuldner gem. § 73e S. 6 EStDV[1409] die Einbehaltung der Steuer nur unterlassen, wenn der Vergütungsgläubiger durch eine Bescheinigung des für die Besteuerung seines Einkommens zuständigen Finanzamts nachweist, dass er unbeschränkt steuerpflichtig ist.

1327 Sofern das Finanzamt die Steuer in einem Haftungsbescheid gegen den Vergütungsschuldner festsetzte, war in der Vergangenheit streitig, wie konkret dieser Haftungsbescheid ausgestaltet sein muss, um Wirksamkeit zu entfalten. Da es den Finanzämtern häufig unmöglich war, den Vergütungsgläubiger namentlich zu ermitteln, wurde zuweilen davon ausgegangen, dass der Bescheid mangels Bezeichnung des Steuerschuldners nichtig sei. Der BFH hat dazu festgestellt, dass die Angabe des Steuerschuldners nicht zwingend erforderlich sei. Es sei ausreichend, dass die Haftungsschuld in tatsächlicher und rechtlicher Hinsicht in anderer Weise ausreichend konkretisiert werden kann.[1410] Demzufolge reicht die Identifizierbarkeit des Steuerschuldners aus, seine namentliche Benennung ist nicht erforderlich.

8. Außervollzugsetzung

1328 Sowohl der Vergütungsschuldner als auch der Vergütungsgläubiger können die Außervollzugsetzung eines Haftungsbescheids beantragen.[1411] Wird der Antrag vom Vergütungsgläubiger gestellt, bewirkt dies nur, dass der Vergütungsschuldner die Steuerbeträge einstweilen nicht an das FA abzuführen verpflichtet ist. Eine Erstattung gezahlter Steuerbeträge an den Vergütungsgläubiger erfolgt nicht. Wie die Anfechtung bewirkt auch der Antrag auf Aussetzung der Vollziehung nur, dass darüber entschieden wird, ob der Vergütungsschuldner berechtigt war, die Steuerabzugsbeträge einzubehalten, anzumelden und abzuführen. Im Falle der nachträglichen Aufhebung einer Steueranmeldung dürfen entrichtete Steuerabzugsbeträge nur an den anmeldeten Vergütungsschuldner, nicht aber an den Vergütungsgläubiger erstattet werden[1412]

VIII. Beschränkt steuerpflichtige Einnahmen aus nichtselbstständiger Arbeit

1329 Arbeitnehmer mit Wohnsitz und gewöhnlichem Aufenthalt außerhalb Deutschlands sind nach § 1 Abs. 4 EStG iVm § 49 Abs. 1 Nr. 4 a) EStG im Inland steuerpflichtig, wenn sie ihre Tätigkeit im Inland ausüben. Gleiches gilt gem. der Vorschrift für im Inland verwertete nichtselbstständige Arbeit. Von beschränkt Steuerpflichtigen für einen inländischen Arbeitgeber erbrachte künstlerische bzw. entsprechende Tätigkeiten unterliegen dem Steuerabzug vom Arbeitslohn, wenn der Arbeitgeber ein inländischer Arbeitgeber im Sinne des § 38 Abs. 1 S. 1 Nr. 1 EStG ist, der den Lohnsteuerabzug durchzuführen hat.[1413] In diesen Fällen findet gem. § 50a Abs. 1 Nr. 1 Hs. 2 EStG eine Abzugsbesteuerung nicht statt.

1330 Gemäß BMF-Schreiben vom 28. März 2013 beträgt die pauschale Lohnsteuer für in Deutschland kurzfristig abhängig beschäftigte Künstler 20% der Einnahmen, wenn der Künstler die Lohnsteuer trägt. Übernimmt der Arbeitgeber die Lohnsteuer und den Solidaritätszuschlag von 5,5% der Lohnsteuer, so beträgt die Lohnsteuer 25,35% der Einnahmen. Übernimmt der Arbeitgeber nur den Solidaritätszuschlag, beträgt die pauschale Lohnsteuer 20,22% der Einnahmen. Der Solidaritätszuschlag beträgt zusätzlich jeweils 5,5% der Lohn-

---

[1408] Vgl. BMF BStBl. I 2010, 1350 Rn. 58.
[1409] Zur erstmaligen Anwendung s. § 84 Abs. 3h S. 2 EStDV.
[1410] BFH Urt. v. 5.5.2010 – I R 104/08; BFHE 181, 562.
[1411] BFHE 184, 92.
[1412] BFHE 184, 92 mwN.
[1413] BMF BStBl. 2002 I S. 707.

Beschränkte Steuerpflicht   § 17

steuer.[1414] Die Einnahmedefinition bei den Pauschbeträgen abhängig beschäftigter beschränkt steuerpflichtiger Künstler ist weiter als die des § 50a Abs. 2 S. 2 EStG. Gemäß § 49 Abs. 1 4 lit b) EStG zählen zur Einnahme des beschränkt steuerpflichtigen Nichtselbständigen auch Bezüge iSd § 3 Nr. 13 EStG, die den inländischen Haushalt belasten. Im Übrigen entspricht sich die Einnahmedefinition. Das Schreiben ist erstmalig anzuwenden für Einnahmen, die nach dem 30. Juni 2013 zufließen.

Ob eine **nichtselbstständige Arbeit** vorliegt, richtet sich nach den in § 1 Abs. 2 LStDV 1331 genannten Merkmalen. Die Frage, wer Arbeitnehmer ist, ist unter Beachtung der Vorschrift nach dem Gesamtbild der Verhältnisse zu beurteilen. Dazu sind die für und gegen ein Dienstverhältnis sprechenden Merkmale gegeneinander abzuwägen.[1415] Der Lohnsteuerabzug darf nur dann unterbleiben, wenn der Arbeitslohn nach den Vorschriften eines Doppelbesteuerungsabkommens von der deutschen Lohnsteuer – zB bei Künstlern, die im Rahmen eines Kulturaustauschs auftreten – freizustellen ist.[1416]

Spielzeitverpflichtete Künstler sind aufgrund ihrer Eingliederung in den Spielbetrieb 1332 grundsätzlich nicht selbstständig. Bei **gastspielverpflichteten Künstlern** kommt es bezüglich des etwaigen Vorliegens einer abhängigen Beschäftigung darauf an, ob das Gastspielunternehmen während der Dauer des Vertrages im Wesentlichen über die Arbeitskraft des Gastkünstlers verfügen kann oder nicht.[1417] Das hängt von dem Maß der Einbindung in den Theaterbetrieb und nicht von der Einbindung in das Ensemble ab. Gemäß Feststellungen der Finanzverwaltung sind gastspielverpflichtete Regisseure, Choreographen, Bühnen- und Kostümbildner selbstständig tätig. Gastspielverpflichtete Dirigenten übten dagegen eine nicht selbstständige Tätigkeit aus, sofern sie nicht nur für eine kurze Zeit ‚einspringen'. Als ebenfalls nicht selbstständig betrachtet die Finanzverwaltung gastspielverpflichtete Schauspieler, Sänger, Tänzer und andere Künstler, sofern sie in einen Theaterbetrieb oder ein Orchester eingegliedert sind. Als Kriterium für die Eingliederung gelte insbesondere die Erfüllung einer Probenverpflichtung und die Pflicht zur Einarbeitung in eine Rolle. Stell- oder Verständigungsproben reichten nicht aus. Die Zahl der Aufführungen sei nicht entscheidend. Wirken gastspielverpflichtete Künstler einschließlich der Instrumentalsolisten an einer konzertanten Opernaufführung oder einem Liederabend mit, seien sie selbstständig. Das gleiche gelte für Aushilfen, die für kurze Zeit beschäftigt werden.[1418]

Kann die Lohnsteuer nicht erhoben werden, weil kein inländischer Arbeitgeber vorhan- 1333 den ist oder werden in abhängiger Beschäftigung künstlerische Leistungen für einen beschränkt steuerpflichtigen Verwerter erbracht, hat der ausländische Arbeitgeber gem. § 50a Abs. 1 Nr. 1 EStG den Steuerabzug vorzunehmen.[1419] Beschränkt steuerpflichtige Arbeitnehmer, die nicht dem Lohnsteuerabzug unterliegen, werden mit ihren inländischen Einkünften veranlagt. Nach § 50 Abs. 1 S. 5 EStG ermäßigen sich der Arbeitnehmerpauschbetrag, der Sonderausgabenpauschbetrag und die Vorsorgepauschale, wenn die Einkünfte nicht während des vollen Kalenderjahres oder Kalendermonats geflossen sind.

Gemäß § 50 Abs. 2 S. 2 Nr. 4b iVm Abs. 2 S. 7 EStG steht auch beschränkt steuerpflich- 1334 tigen Arbeitnehmern aus EU-/EWR-Staaten[1420] das Veranlagungswahlrecht zu. Die Beantragung der Veranlagung kann insbesondere vorteilhaft sei, wenn ein ausländischer Künstler sein Arbeitsentgelt von einem ausländischen Arbeitgeber erhält. Da dieser nicht die Voraussetzungen des § 38 Abs. 1 Satz 1 Nr. 1 EStG erfüllt, ist der Arbeitslohn gem. § 50a Abs. 2 EStG pauschal zu besteuern, sofern nicht die Veranlagung beantragt wird. Da bei der Veranlagung aber bei Arbeitseinkünften iSd § 49 Abs. 1 Nr. 4 EStG das zu versteuernde Ein-

---

[1414] BMF-Schreiben v. 28.3. 2013 – GZ IV C 5 – S 2332/09/10002 DOK 2013/0298100.
[1415] Vgl. FG Hamburg EFG 2007, 1437 (1438); BMF BStBl. 1990 I S. 638.
[1416] BMF BStBl. 2002 I S. 707.
[1417] BFHE 109, 357 (359f.).
[1418] BMF BStBl. 1990 I S. 638.
[1419] Entsprechend BfF BStBl. 2002 I S. 904 auf der Grundlage von § 50a EStG aF.
[1420] Vgl. § 50 Abs. 2 S. 7 EStG.

kommen gem. § 50 Abs. 1 S. 2 Hs. 2 EStG nicht um den Grundfreibetrag zu erhöhen ist und gem. § 50 Abs. 1 S. 4 EStG Sonderausgaben geltend gemacht werden können, kann dies zu einer erheblichen Steuerentlastung führen.

IX. Befreiung von der Abzugsbesteuerung

1335 Eine Befreiung von der Abzugsbesteuerung ist entweder auf der Grundlage eines Doppelbesteuerungsabkommens, auf der Grundlage des § 50 Abs. 4 EStG oder des sog Kulturorchestererlasses möglich.

1. Doppelbesteuerungsabkommen

1336 Beansprucht ein Staat – wie Deutschland mit seinen Regelungen zur beschränkten Steuerpflicht – das Besteuerungsrecht an inländischen Einkünften im Ausland ansässiger Unternehmer hat dies die Folge, dass deren Einkünfte sowohl im Ausübungs- als auch im Rahmen des Welteinkommensprinzips im Wohnsitzstaat besteuert werden können Das **Welteinkommensprinzip** besagt, dass die in einem Staat (zB aufgrund ihres Wohnsitzes) Steuerpflichtigen mit ihrem weltweiten Einkommen steuerpflichtig sind, unabhängig davon, wo die Einkünfte erzielt worden sind.[1421]

1337 Zur Vermeidung einer derartig doppelten Besteuerung haben die meisten Staaten Abkommen zur Vermeidung der DBA geschlossen, in welchen das Besteuerungsrecht abweichend vom nationalen Recht geregelt sein kann und im Ergebnis nur einem der beiden Vertragsstaaten zugewiesen wird. DBA sind zwischenstaatliche Verträge, durch welche eine doppelte Besteuerung von Steuerpflichtigen, deren Einnahmen sowohl im Wohnsitzstaat wie auch im Tätigkeitsstaat (Quellenstaat) besteuert werden können, vermieden werden soll. Sie gehen gem. § 2 AO dem innerstaatlichen Steuerrecht als Sonderregelung vor. Zur Vermeidung der Doppelbesteuerung wird durch das Abkommen im Regelfall entweder das Einkommen in einem der beiden Staaten von der Besteuerung freigestellt (**Freistellungsmethode**, ggf. unter Einbezug des Progressionsvorbehalts) oder die auf die ausländischen Einkünfte entfallende Steuer auf die inländische Steuerschuld angerechnet (**Anrechnungsmethode**). Welche Methode zur Anwendung kommt, richtet sich nach dem jeweiligen DBA iVm den steuerrechtlichen Vorschriften des Wohnsitzstaates.

1338 Um die Staaten bei der Abfassung ihrer Abkommen zu unterstützen, hat die **OECD Musterabkommen** erarbeitet. Inhalt und Aufbau der Musterabkommen sind weitgehend die Grundlage aller weltweit von Deutschland abgeschlossenen Abkommen. Das erleichtert auch den Vergleich der Abkommensinhalte, da sie bis auf Ausnahmen die gleiche Struktur haben wie das Musterabkommen. Hat Deutschland mit einem Staat kein DBA abgeschlossen, bleibt es endgültig bei den Besteuerungszuweisungen des inländischen Steuerrechts.

a) Einkünfte aus selbstständiger künstlerischer Tätigkeit

1339 Die Sonderregelungen der DBA sind für Künstler und Veranstalter von Belang, soweit sie Regelungen enthalten, welche das Besteuerungsrecht an inländischen Einnahmen beschränkt steuerpflichtiger Künstler oder Tourneeveranstalter abweichend von den Bestimmungen der §§ 49 Abs. 1 Nr. 2 lit. d, 50a Abs. 1 Nr. 2 EStG nicht Deutschland als dem Quellenstaat sondern dem Staat zuweisen, in dem der Künstler bzw. Tourneeveranstalter seinen Sitz hat.

1340 Stellt man lediglich auf die Unternehmereigenschaft von Künstlern sowie der ihre Leistungen verwertenden Gewerbebetriebe ab, findet sich – mit Ausnahme des Abkommens mit den Vereinigten Staaten von Amerika – in allen von Deutschland geschlossenen Abkommen eine dem Art 7 Abs. 1 OECD-MA entsprechende Regel, wonach die Einkünfte von Unternehmern – abgesehen vom Betriebsstättenvorbehalt – nur in dem Staat besteuert werden, in dem sie ihren Sitz haben. Allerdings enthalten auch alle mit Deutschland ge-

---

[1421] Weber-Grellet in Schmidt EStG § 2 Rn. 4.

schlossenen Abkommen die Ausnahmeregelung, dass Einkünfte, welche Künstler oder Sportler aus einer persönlich in einem Vertragsstaat ausgeübten Tätigkeit erzielen, in diesem Vertragsstaat besteuert werden können. Dieses Besteuerungsrecht besteht, sofern der Vertragsstaat – wie Deutschland – einen entsprechenden Steueranspruch geregelt hat. Die dem Art. 17 Abs. 1 DBA-MA entsprechenden Regelungen in allen von Deutschland abgeschlossenen Abkommen stützen mithin die nationalen Regelungen, sodass sich insoweit die Frage nach einer Freistellung nicht stellt.

Grundsätzlich wird in den DBA die persönlich ausgeübte Tätigkeit eines Künstlers nur dann abweichend von der Besteuerung anderer Unternehmer behandelt, wenn es sich um **persönlich ausgeübte Tätigkeiten** von Künstlern – wie Bühnen-, Film-, Rundfunk- und Fernsehkünstler sowie Musiker – handelt. Einnahmen, die einem Künstler für die Herstellung eines Werkes zufließen, fallen damit nicht unter die Vorschrift des Art. 17 Abs. 1 DBA-MA bzw. die entsprechende Vorschrift des jeweiligen DBA.[1422] **1341**

Bei Einkünften aus Werbe-, Ausrüstungs- und ähnlichen Verträgen handelt es sich gem. BMF-Schreiben 2010 stets dann um Einkünfte aus persönlich ausgeübter künstlerischer Tätigkeit[1423], wenn sie in **unmittelbarem oder mittelbarem Zusammenhang** mit dieser stehen.[1424] **1342**

b) Einkünfte aus abhängiger Beschäftigung

Nach Art. 15 Abs. 1 OECD-MA werden die Vergütungen aus unselbstständiger Arbeit, die in einem anderen Staat ausgeübt wird, ausschließlich im anderen Staat besteuert. Es steht dann grundsätzlich dem Tätigkeitsstaat das Besteuerungsrecht für die bezogenen Vergütungen zu. Art 15 Abs. 2 OECD-MA schränkt die Zuweisung des Besteuerungsrechts an den Tätigkeitsstaat allerdings auf den Fall ein, dass der Arbeitnehmer keinen Wohnsitz im Tätigkeitsstaat begründet hat. Das Besteuerungsrecht bleibt nur dann beim Ansässigkeitsstaat, wenn sich der Arbeitnehmer innerhalb von 12 Monaten weniger als 183 Tage im Tätigkeitsstaat aufhält, sein Arbeitgeber nicht im Tätigkeitsland ansässig ist und der Arbeitslohn nicht von einer Betriebsstätte des Arbeitgebers im Tätigkeitsstaat getragen wird.[1425] **1343**

c) Einkünfte anderer Personen

Die Mehrzahl der von der BRD abgeschlossenen DBA weist neben den unmittelbar vom Künstler bezogenen Einkünften das Besteuerungsrecht auch an solchen Einnahmen dem Auftrittsstaat zu, die aus vom Künstler persönlich ausgeübter Tätigkeit nicht dem Künstler selbst, sondern ‚anderen Personen' zufließen. Ist Vergütungsgläubiger und Vertragspartner eines inländischen Veranstalters zB ein ausländischer Tourneeveranstalter, der zusammen mit diesem die Leistungen durch ihn kontrahierter Künstler verwertet, steht entsprechend auch das Besteuerungsrecht an seinen Einnahmen dem Quellenstaat zu. Die Vorschrift ist eine weitere Ausnahme zur Regel des Art 7 Abs. 1 OECD-MA, wonach das Besteuerungsrecht an Einnahmen von Unternehmen stets dem Ansässigkeitsstaat zusteht. **1344**

Die dargestellte Ausnahmeregelung bezüglich der Einnahmen ‚anderer Personen', denen die Einnahmen vortragender ausübender Künstler zufließen, fehlt allerdings in einigen von Deutschland abgeschlossenen DBA. Damit bleibt es bei der Besteuerung solcher Personen bei der Regel des Art. 7 Abs. 1 OECD-MA und in der Folge einer von § 49 Abs. 1 Nr. 2d EStG abweichenden Zuweisung des Besteuerungsrechts. Enthielten in den 90er Jahren fast die Hälfte der DBA noch derartige ‚Ausnahmen', werden diese bei Novellierungsverfahren zunehmend durch Aufnahme eines dem Art. 17 Abs. 2 OECD MA entsprechenden Artikels reduziert. Von den insgesamt 93 von Deutschland abgeschlossenen DBA enthalten **1345**

[1422] BMF BStBl. I 2010, 1350 Rn. 80.
[1423] Mit Ausnahme des DBA Österreich, in dessen Art. 17 das allgemeine Persönlichkeitsrecht erfasst ist.
[1424] BMF BStBl. I 2010, 1350 Rn. 81 ff.
[1425] BMF BStBl. I 2006, 532 Rn. 28 ff.

heute – abgesehen von dem insoweit besonderen Abkommen mit den USA – nur noch 13 DBA keine dem Art. 17 Abs. 2 OECD-MA entsprechende Regelung. Für den Veranstaltungsbereich bedeutsam sind darunter insbesondere die Abkommen mit Frankreich, Irland, den Niederlanden und Spanien.

1346　Handelt es sich im konkreten Fall um ein derartiges Ausnahme- (und damit älteres) Abkommen, kann der beschränkt steuerpflichtige Dritte (die ‚andere Person') gem. § 50d EStG einen **Antrag auf Freistellung** von der inländischen Besteuerung stellen.

d) Einkünfte aus Lizenzen

1347　Eine besondere Regel enthalten die von Deutschland abgeschlossen DBA bezüglich der Besteuerung von Lizenzgebühren. Lizenzgebühren sind Gegenleistungen, die für die Gestattung der Ausübung oder der Verwertung von Rechten gezahlt werden.[1426] Während §§ 49 Abs. 1 Nr. 3 iVm 50a Abs. 1 Nr. 3 EStG den Steuerabzug auch bei Vergütungen für die Nutzung von Urheberrechten vorsehen, weist Art. 12 Abs. 1 OECD-MA das Besteuerungsrecht an Lizenzgebühren, die aus einem Staat stammen und deren Nutzungsberechtigter eine im anderen Vertragsstaat ansässige Person ist, dem anderen Staat zu. Art. 12 Abs. 1 OECD-MA bildet bezüglich des Besteuerungsrechts an Lizenzgebühren damit keine Ausnahme zur DBA-Regel, wonach das Besteuerungsrecht an Einnahmen von Unternehmen dem Ansässigkeitsstaat zugewiesen ist. Allerdings räumen einige DBA Deutschland ein begrenztes Besteuerungsrecht an Lizenzgebühren ein.

1348　Bei **Live-Übertragungen** von Darbietungen oder deren Aufzeichnung zur Verbreitung auf Tonträgern werden regelmäßig sowohl die Darbietung als auch die Einräumung einer Lizenz vergütet. Während zB das deutsche DBA mit Österreich mit Art. 17 Abs. 1 S. 2 DBA-Österreich die Regelung enthält, dass auch Einkünfte aus der Duldung von Aufzeichnungen und Übertragungen von künstlerischen und sportlichen Darbietungen durch Rundfunk und Fernsehen im Quellenstaat besteuert werden können, gilt bei allen anderen DBA abkommensrechtlich das für eine Live-Übertragung gezahlte Entgelt als Entgelt für eine persönlich ausgeübte Tätigkeit, sodass Art. 17 Abs. 1 OECD-MA Anwendung findet.[1427]

1349　Der BMF-Schreiben 2010 behandelt auch Darbietungen im Rahmen von Aufnahmen zur **Herstellung von Ton- und Bildtonträgern** als Darbietung iSd Abkommen. Handele es sich dabei um einen öffentlichen Auftritt, sei das Entgelt bei Fehlen anderer Anhaltspunkte im Verhältnis 80% für die Darbietung und 20% für deren Verwertung aufzuteilen.[1428]

e) Freistellungs- und Erstattungsverfahren

1350　Fehlt eine dem Art 17 Abs. 2 OECD-MA entsprechende Vorschrift, bedeutet das noch nicht, dass der Steuerabzug unterlassen werden kann. Grundsätzlich bleibt der Haftungsschuldner gem. § 50d Abs. 2 S. 1 EStG ungeachtet eines DBA verpflichtet, den Steuerabzug in voller Höhe vorzunehmen. Ein Unterlassen des Steuerabzugs ist gem. § 50d Abs. 2 S. 1 EStG nur zulässig, sofern dem Haftungsschuldner zum Zeitpunkt der Zahlung eine **Freistellungsbescheinigung** des BZSt vorliegt, aus der hervorgeht, dass die Voraussetzungen nach einem DBA vorliegen. Wurde die Steuer bereits entrichtet, kann auf Antrag des Vergütungsgläubigers die **Erstattung** der einbehaltenen oder abgeführten Steuer auf der Grundlage eines **Freistellungsbescheids** erfolgen. Die formellen Voraussetzungen der Antragstellung regelt § 50d Abs. 4 EStG.

1351　Da die Freistellungsbescheinigung gem. § 50d Abs. 2 S. 4 EStG maximal bis zu dem Tag zurückwirkt, an dem der Antrag beim BZSt eingegangen ist, ist sie – bezogen auf das An-

---

[1426] Gosch in Kirchhof EStG § 50g Rn. 17.
[1427] BMF BStBl. I 2010, 1350 Rn. 87.
[1428] BMF BStBl. I 2010, 1350 Rn. 87.

tragsdatum – nur für zukünftige Einkünfte möglich. In der Praxis der Veranstaltungsbranche wir daher überwiegend das **Erstattungsverfahren** genutzt.

Hat ein beschränkt Steuerpflichtiger auf der zweiten Stufe seinerseits Steuern für beschränkt Steuerpflichtige einzubehalten – also zB der ausländische Tourneeveranstalter für von ihm für eine Tournee im Inland verpflichtete beschränkt steuerpflichtige Künstler – kann das BZSt für Steuern die Erstattung einbehaltener Steuern gem. § 50d Abs. 1 S. 6 EStG davon abhängig machen, dass die Zahlung der auf der zweiten Stufe einzubehaltenden Steuern nachgewiesen wird. Alternativ kann der Vergütungsschuldner auf der zweiten Stufe seine Zustimmung mit der **Verrechnung** des zu erstattenden Betrages erklären. 1352

aa) Antragsberechtigung

Der Freistellungsantrag ist vom Steuerschuldner, also dem beschränkt Steuerpflichtigen, für jeden inländischen Vergütungsschuldner gesondert beim BZSt zu beantragen. Eine **generelle Freistellung** ist grundsätzlich nicht möglich. Allerdings kann eine Freistellung für mehrere Zahlungen des Vergütungsschuldners erfolgen. Ein unmittelbares Antragsrecht des inländischen Vergütungsschuldners besteht nicht. Der Antrag kann von einem Dritten (zB dem Vergütungsschuldner) allerdings im Namen des Steuerschuldners gestellt werden, wenn dieser eine entsprechende Vollmacht des Steuerpflichtigen vorlegt. Hat sich der Vergütungsschuldner verpflichtet, seinerseits die Steuer zu übernehmen, scheitert die Antragstellung regelmäßig an einem hinreichenden Interesse des Vergütungsgläubigers, den Antrag zu stellen und an dem Verfahren mitzuwirken, da eine etwaige Steuererstattung letztlich nicht ihm, sondern dem Vergütungsschuldner zugute käme. 1353

bb) Missbrauchsklausel

Dem Freistellungsantrag kann gem. § 50d Abs. 3 EStG grundsätzlich nur entsprochen werden, sofern an der ausländischen Gesellschaft keine Personen unmittelbar oder mittelbar beteiligt sind, denen die Steuerentlastung, wenn sie sie persönlich in Anspruch nähmen, selbst nicht zustehen würde. Beantragt zB ein ausländischer Tourneeveranstalter eines ausländischen Künstlers für eine inländische Tournee unter Bezugnahme auf ein Abkommen, welches keine dem Art 17 Abs. 2 OECD-MA entsprechende Vorschrift enthält, die Freistellung von der inländischen Besteuerung, würde dem Antrag nicht entsprochen werden, sofern der ausländische Künstler am Unternehmen des Tourneeveranstalters wirtschaftlich beteiligt wäre. Gleiches gilt auch, wenn dem Künstler Teile der dem Steuerabzug unterliegenden Einnahmen – zB als Gewinnbeteiligung – unmittelbar zufließen. 1354

Die im betreffenden Wirtschaftsjahr erzielten **Bruttoerträge** der ausländischen Gesellschaft müssen aus eigener Wirtschaftstätigkeit stammen. Bruttoerträge sind die Solleinnahmen ohne durchlaufende Posten und ohne eine evtl. gesondert ausgewiesene Umsatzsteuer. Sie sind aus der Gewinn- und Verlustrechnung der ausländischen Gesellschaft abzuleiten.[1429] Die Bruttoerträge aus eigenwirtschaftlicher Tätigkeit sind anhand des Jahresabschlusses des betreffenden Wirtschaftsjahres nachzuweisen. Sollte dieser noch nicht vorliegen, ist auf die Verhältnisse des vorangegangenen Wirtschaftsjahres abzustellen.[1430] 1355

Gemäß § 50d Abs. 3 Nr. 1 EStG dürfen gegen die Einschaltung der ausländischen Gesellschaft keine **wirtschaftlichen oder sonst beachtlichen Gründe** sprechen. Das kann zB der Fall sein, wenn ersichtlich ist, dass die Zwischenschaltung einer ausländischen Gesellschaft zwischen den inländischen Vergütungsschuldner und den ausländischen Künstler allein dem Zwecke dient, die Steuerbefreiung in Anspruch nehmen zu können. Ein wirtschaftlicher Grund liegt insbesondere dann vor, wenn mit der ausländischen Gesellschaft die Aufnahme einer eigenwirtschaftlichen Tätigkeit geplant ist und entsprechende Aktivitäten eindeutig nachgewiesen sind.[1431] 1356

[1429] BMF BStBl. 2004 I Sondernummer 1 S. 3 Rn. 9.0.1.
[1430] BMF BStBl. 2012 S. 171 Abschn. 5.
[1431] BMF BStBl. 2012 S. 171 Abschn. 6.

1357 Die ausländische Gesellschaft muss eine **eigene wirtschaftliche Tätigkeit** entfalten. Das bedeutet, dass ein ‚greifbares Vorhandensein' nachweisbar sein muss. Die Zwischenschaltung einer in einem anderen EU-Mitgliedstaat ansässigen Gesellschaft ist nur dann gerechtfertigt, wenn die Gesellschaft am dortigen Marktgeschehen im Rahmen ihrer gewöhnlichen Geschäftstätigkeit aktiv, ständig und nachhaltig teilnimmt.[1432] Schließlich muss der Antragsteller gem. § 50d Abs. 3 Nr. 2 EStG über einen für seinen Geschäftszweck **angemessen eingerichteten Geschäftsbetrieb** verfügen und am allgemeinen wirtschaftlichen Verkehr teilnehmen.[1433] Indizien dafür sind Geschäftsräume und technische Kommunikationsmittel sowie das Vorhandensein geschäftsleitenden und anderen Personals.[1434]

cc) Fristen

1358 Der Antrag auf Erteilung einer Freistellungsbescheinigung ist an keine Frist gebunden. Die Frist für den Antrag auf Erstattung beträgt gem. § 50d Abs. 1 S. 8 EStG vier Jahre nach Ablauf des Kalenderjahrs, in dem der Zufluss der Vergütung erfolgte.

Gemäß § 50d S. 6 EStG hat das BZSt über den Freistellungsantrag innerhalb von drei Monten zu entscheiden. Da der Vergütungsschuldner den Steuerabzug aber nur bei Vorliegen der Freistellungsbescheinigung unterlassen darf, sollte bei der Antragstellung eine Verfahrensdauer von bis zu 2 Monaten einkalkuliert werden.

dd) Befreiung vom Lohnsteuerabzug

1359 Ist nach einem DBA bei Vergütungszahlungen an beschränkt Steuerpflichtige Arbeitnehmer eine Befreiung vom Lohnsteuerabzug möglich, ist eine Freistellung des Arbeitslohns vom Steuerabzug beim Betriebsstättenfinanzamt des Arbeitgebers einzuholen. Nur wenn diese vorliegt, darf der Lohnsteuerabzug unterbleiben. Entsprechende DBA-Regelungen bestehen derzeit ua mit Frankreich, Österreich, Italien, Norwegen, Schweden und den USA. Das Finanzamt ist auch für die Entscheidung zuständig, ob Einkünfte aus selbstständiger Tätigkeit oder lohnsteuerpflichtige Einkünfte aus nichtselbstständiger Tätigkeit vorliegen.

ee) Rücknahme der Freistellungsbescheinigung

1360 Die Freistellungsbescheinigung, also die dem Haftungsschuldner zugehende Mitteilung, dass er den Steuerabzug unterlassen kann, ist kein Steuerbescheid, sondern ein sonstiger Verwaltungsakt, der gem. § 130 AO auch wieder zurückgenommen werden kann. Eine abschließende Entscheidung über die Steuerfreistellung wird damit nicht getroffen.[1435] Wird die gegenüber dem Vergütungsgläubiger ergangene Freistellungsbescheinigung zurückgenommen, kann auch der Verwaltungsakt unter den Voraussetzungen des § 130 AO zurückgenommen werden. Da jedoch der Vergütungsschuldner gem. § 50d Abs. 1 S. 12 EStG von der Mitwirkung an dem Freistellungsverfahren ausgeschlossen ist, ist die Rücknahme gem. § 130 Abs. 1 Nr. 4 AO nur zulässig, sofern dem Veranstalter seine Rechtswidrigkeit bekannt oder infolge grober Fahrlässigkeit nicht bekannt war.

f) Kontrollmeldeverfahren

1361 Abweichend von der Freistellung im Steuerabzugsverfahren nach § 50d Abs. 2 EStG bietet gem. § 50d Abs. 5 EStG das Kontrollmeldeverfahren ein vereinfachtes Verfahren zur Ermäßigung oder Freistellung von der Abzugssteuerpflicht. Die Vereinfachung besteht darin, dass der Freistellungsantrag vom Vergütungsschuldner gestellt werden kann und die Einkünfte dem BZSt und seinem Betriebsstättenfinanzamt nur einmal jährlich gemeldet werden müssen Das Verfahren kann allerdings nur von Gläubigern in Anspruch genommen

---

[1432] BMF BStBl. 2012 S. 171 Abschn. 5.1; EuGH DStR 2006, 1686.
[1433] Vgl. BFHE 198, 514.
[1434] BMF BStBl. 2012 S. 171 Abschn. 7 mwN.
[1435] Nieland in Lademann EStG § 50d Rn. 168.

werden, bei denen die Einzelzahlung den Bruttobetrag von 5.500 EUR und die während eines Kalenderjahres geleisteten gesamten Zahlungen den Bruttobetrag von 40.000 EUR nicht übersteigen. Es findet im Übrigen nur Anwendung, sofern das anwendbare DBA das Besteuerungsrecht eindeutig dem Wohnsitzstaat zuweist. Aufgrund dieser steuerrechtlichen Einzelfallproblematik ermächtigt das BZSt Vergütungsschuldner von ausländischen Künstler und Sportlern nicht zur Teilnahme am Kontrollmeldeverfahren.

g) DBA-USA

Eine besondere Vorschrift bzgl. der Freistellung von Einkünften ausländischer Gewerbebetriebe, die diese im Zusammenhang mit der Verwertung künstlerischer Leistungen in Deutschland erzielen, bietet das DBA mit den USA. Unter Abweichung zu allen übrigen von Deutschland abgeschlossenen Abkommen weist das DBA mit den USA in Art. 17 Abs. 1 DBA-USA das Besteuerungsrecht an Einkünften aus von Künstlern persönlich ausgeübter Tätigkeit nur eingeschränkt dem Quellenstaat zu. Und auch für den Fall, dass Einnahmen aus von Künstlern persönlich ausgeübten Tätigkeiten anderen Personen zufließen, gewährt das DBA-USA dem Quellenstaat das Besteuerungsrecht nur unter Einschränkungen. 1362

aa) Geringfügigkeitsgrenze

Nach dem DBA-USA erfolgt die Zuweisung des Besteuerungsrechts an den Quellenstaat nur unter der Voraussetzung, dass der Betrag der von dem Künstler bezogenen Einnahmen aus dieser Tätigkeit einschließlich der ihm erstatteten oder für ihn übernommenen Kosten **zwanzigtausend US-Dollar** oder den Gegenwert in Euro für das betreffende Kalenderjahr übersteigt. Letztlich ist damit in das DBA-USA entsprechend § 50a Abs. 2 S. 3 EStG eine allerdings äußerst großzügige „**Bagatellgrenze**" integriert worden. Gemäß dem Abkommensprotokoll zu Art. 17 Abs. 1 DBA-USA wird, sofern die Einnahme die Grenze nicht überschritten hat, eine in Deutschland im Abzugswege erhobene Steuer dem Steuerschuldner auf Antrag am Ende des betreffenden Kalenderjahrs erstattet. Der Begriff ‚Einnahme' ist im DBA-USA nicht definiert. Seine Auslegung richtet sich deshalb, soweit es um die Anwendung des Abkommens für Zwecke der deutschen Besteuerung geht, nach den Vorgaben des deutschen Rechts. Fraglich kann sein, ob dazu der Einnahmebegriff des § 8 Abs. 1 EStG oder aber der des § 50a Abs. 2 und 3 EStG zugrunde zu legen ist. 1363

Vor der Novellierung des § 50a EStG stellte die Rechtsprechung zur Ermittlung der Einnahme iSd Bagatellgrenze auf die damals identische Einnahmedefinition des § 8 Abs. 1 EStG ab. Die Einnahme umfasse die vom Vergütungsgläubiger erhaltene Gesamtvergütung in Geld oder Geldeswert. Einnahmen aus der persönlich ausgeübten Tätigkeit als Künstler und die dem Künstler erstatteten oder für ihn übernommenen Kosten seien zu addieren. [1436] Dabei blieben zwar solche Einnahmen unberücksichtigt, die sich nicht im weitesten Sinne als Gegenleistung für eine Leistung ihres Empfängers darstellten. Soweit jedoch Aufwendungen durch das individuelle Rechtsverhältnis mit dem beschränkt Steuerpflichtigen ausgelöst wurden, wurden sie zur Bemessungsgrundlage gerechnet. [1437] 1364

Die zitierte Argumentation kann unter Zugrundelegung der aktuellen Fassung des § 50a EStG keinen Bestand mehr haben. Es sind keine Gründe ersichtlich, weshalb die Einnahme iSd des Art. 17 Abs. 1 DBA-USA abweichend von § 50a Abs. 2 S. 2 EStG und der Ermittlung der Bagatellgrenze des § 50a Abs. 2 S 3 EStG definiert werden sollte. Anderenfalls gelangte man zu dem nicht hinnehmbaren Ergebnis, dass im Falle der Quellenbesteuerung eine andere Einnahme zugrunde gelegt würde als bei Inanspruchnahme der Bagatellgrenze des Art. 17 Abs. 1 DBA-USA. Daher erklärt sich die zitierte Rechtsprechung nur angesichts des seinerzeit geltenden uneingeschränkt dem § 8 Abs. 1 EStG entsprechenden Einnahmebegriffs der beschränkten Steuerpflicht. Da Reise- und Übernachtungskosten im 1365

[1436] Vgl. BFH Urt. v. 27.7.1988 – I R 28/87; FG Köln EFG 2002, 1154; FG Köln Urt. v. 21.2.2002 – 2 K 7905/00.
[1437] BFHE 155, 479; Loschelder in Schmidt EStG § 50a Rn. 17.

Rahmen des § 50a Abs. 2 S. 2 EStG mithin seit 2009 nicht mehr zur Einnahme zählen, also nicht mehr der Steuerpflicht unterliegen, wirken sich dafür getätigte Einnahmen oder Kostenübernahmen des Vergütungsschuldner auch nicht auf die Bagatellgrenze aus.

1366 Da das DBA-USA ohnehin nur das Besteuerungsrecht an Einnahmen aus von Künstlern persönlich ausgeübten Tätigkeiten dem Quellenstaat zuweist, können andere Einnahmen – wie zB Lizenzen für Tonträgerverkäufe – bei der Ermittlung der Bemessungsrundlage außer Betracht bleiben. Erhielt der beschränkt Steuerpflichtige jedoch innerhalb eines Kalenderjahres Einnahmen von mehreren Veranstaltern, sind diese zusammenzurechnen.

1367 Das Abkommen wirft ferner die Frage auf, wie die Bagatellgrenze bei Einnahmen von Musikgruppen zu ermitteln ist. Entsprechend den Darlegungen zur Anwendung der Besteuerungssätze bei der Nettopauschalbesteuerung ist auch die Bagatellgrenze des Art. 17 Abs. 1 DBA-USA auf jeden einzelnen Steuerschuldner und damit auf jedes einzelne Mitglied einer Musikgruppe anzuwenden, sofern keine körperschaftsrechtlichen Strukturen vorliegen. Erhält somit eine zB aus vier Personen bestehende Musikgruppe eine Bruttovergütung iHv 80.000 USD, hat jedes Mitglied als Steuerschuldner einen Anspruch auf Freistellung von der inländischen Besteuerung.

1368 Stellt sich nach erfolgter Erstattung heraus, dass die tatsächlichen Einnahmen des beschränkt Steuerpflichtigen die Bagatellgrenze überschritten haben, haftet der Vergütungsgläubiger auf Rückzahlung der erstatteten Steuer.

bb) Eingeschränktes Besteuerungsrecht an Einnahmen anderer Personen

1369 Eine weitere Abweichung vom MA enthält Art. 17 Abs. 2 DBA-USA bezüglich der Einnahmen aus von Künstlern persönlich ausgeübten Tätigkeiten, die nicht dem Künstler selbst sondern einer ‚anderen Person' zufließen. Der Artikel entspricht zwar in seiner ersten Alternative dem Wortlaut des Art. 17 Abs. 2 OECD-MA und weist damit Deutschland das Besteuerungsrecht auch an Einkünften zu, die gewerbliche Unternehmer im Zusammenhang mit im Inland persönlich ausgeübten Tätigkeiten von Künstlern erzielen. Das DBA-USA reduziert diese Ausnahme von der Regelbesteuerung des Art. 7 OECD-MA jedoch auf Fälle, in denen der ausübende Künstler oder eine ihm nahestehende Person an den Gewinnen der anderen Person beteiligt ist. Als Beteiligung gelten dabei auch später zu zahlende Vergütungen, Gratifikationen, Honorare oder jede Art von Gewinnbeteiligung.[1438] Der Begriff **nachstehende Person** kann iSv § 1 Abs. 2 AStG interpretiert werden.[1439]

1370 Wird nachgewiesen, dass eine entsprechende Beteiligung nicht vorliegt, findet der dem Art. 17 Abs. 2 OECD-MA entsprechende Teil der Regelung keine Anwendung. Damit fehlt es bei dem DBA-USA dann an einer Ausnahmeregelung zu Art. 7 OECD-MA, sodass es bei der Zuweisung des Besteuerungsrechts an den Ansässigkeitsstaat bleibt und die Voraussetzungen für einen Freistellungsantrag vorliegen. Das Abkommen enthält insoweit bereits die nahezu wortgleich auch in § 50d Abs. 3 EStG enthaltene Voraussetzung, ohne deren Vorliegen eine Freistellung auch dann nicht erfolgen kann, wenn das Abkommen selbst eine Befreiungsmöglichkeit eröffnet. Im Ergebnis enthält das Abkommen damit keine dem Art 17 Abs. 2 OECD-MA im vorstehend dargestellten Sinne entsprechende Vorschrift sondern schafft bei gewerblichen Einkünften entsprechend den auch in § 50d Abs. 3 EStG enthaltenen Bedingungen die Voraussetzung für eine Freistellung von der Besteuerung im Inland.

2. Sonstige Freistellungen aufgrund von DBA

1371 Ausnahmen zur grundsätzlichen Zuweisung des Besteuerungsrechts an von Künstlern persönlich ausgeübten Tätigkeiten an den Tätigkeitsstaat sind die in einigen DBA enthaltenen Regelungen für die Fälle eines von den Vertragsstaaten gebilligten offiziellen **Kulturaus-**

[1438] Eimermann in Wassermeyer Doppelbesteuerung Art. 17 USA Rn. 63.
[1439] Eimermann in Wassermeyer Doppelbesteuerung Art. 17 USA Rn. 64.

tauschs, sowie die Fälle der **Subventionierung** der Auftritte ausländischer Künstler **aus öffentlichen Mitteln des Entsendestaats**.

a) Staatlich geregelter Kulturaustausch

Einige wenige von Deutschland geschlossene DBA verweisen das Besteuerungsrecht an den Einkünften beschränkt steuerpflichtiger Künstler an den Wohnsitzstaat, sofern sie im Rahmen eines staatlich geregelten Kulturaustauschs stattfinden. Aktuell enthalten eine derartige Regelung allerdings nur noch die Abkommen mit China, den Nachfolgestaaten von Jugoslawien, Tschechien, der Slowakei und Vietnam. 1372

Zum Nachweis darüber, dass der Auftritt im Rahmen eines Kulturaustauschs stattfindet oder aus öffentlichen Mitteln subventioniert wird, bedarf es einer **Bescheinigung durch eine staatliche Institution** bzw. durch eine diplomatische oder konsularische Vertretung. 1373

b) Förderung aus öffentlichen Mitteln des Entsendestaats

Mehr als sechzig von Deutschland abgeschlossene Abkommen weisen dem Wohnsitzstaat des Künstlers das Besteuerungsrecht für den Fall zu, dass seine Darbietung im Inland aus öffentlichen Mitteln des Entsendestaats gefördert wird. Die Förderung muss einen bestimmten Umfang erreichen, dh der Aufenthalt des Künstlers muss vollständig oder in wesentlichem Umfang vom Entsendestaat getragen werden. Eine wesentliche Förderung liegt bereits vor, sofern der Entsendestaat zumindest **ein Drittel der Kosten des Auftritts im Inland** übernommen hat.[1440] 1374

3. Freistellung außerhalb von DBA

Außerhalb von DBA wird eine generelle Möglichkeit des Erlasses bzw. der Herabsetzung der Steuersätze für beschränkt Steuerpflichtige durch § 50 Abs. 4 EStG eingeräumt. Danach können die obersten Finanzbehörden der Länder oder die von ihnen beauftragten Finanzbehörden mit Zustimmung des BMF die Einkommensteuer bei beschränkt Steuerpflichtigen ganz oder zum Teil erlassen oder in einem Pauschbetrag festsetzen, wenn dies im besonderen **öffentlichen Interesse** liegt. 1375

Gemäß § 50 Abs. 4 Nr. 1 EStG liegt ein solches Interesse insbesondere im Zusammenhang mit der inländischen Veranstaltung international bedeutsamer und sportlicher Ereignisse vor, um deren Ausrichtung ein internationaler Wettbewerb stattfindet (zB Fußballweltmeisterschaft). Für den Erlass oder die Festsetzung eines Pauschbetrags muss ein besonderes öffentliches Interesse im Hinblick auf die Veranstaltung selbst vorliegen. Die betreffende Veranstaltung muss die genannten Voraussetzungen der im Gesetz aufgeführten Katalogfälle selbst und unmittelbar erfüllen. Ereignisse, die nur in Verbindung mit einer solchen Veranstaltung stehen, werden nicht erfasst.[1441] 1376

Gemäß § 50 Abs. 4 Nr. 2 EStG liegt ein solches besonderes öffentliches Interesse im Zusammenhang mit dem inländischen Auftritt einer ausländischen Kulturvereinigung vor, wenn ihr Auftritt **wesentlich aus öffentlichen Mitteln gefördert** wird. 1377

a) Kulturorchestererlass

Bevor § 50 Abs. 4 Nr. 1 und 2 EStG am 8.12.2010 in Kraft traten, konnten Befreiungen gem. § 50 Abs. 4 Nr. 2 EStG nur auf der Grundlage des sog Kulturorchestererlasses vom 20.7.1983 erfolgen.[1442] Der Inhalt des Erlasses fand durch die Vorschrift nunmehr seine gesetzliche Verankerung und hat nur noch insoweit Bedeutung, als dass er den Begriff der Kulturvereinigung und das Vorliegen einer wesentlichen Förderung aus öffentlichen Mitteln definiert. 1378

[1440] Stockmann in Vogel/Lehner DBA Art. 17 Rn. 94a.
[1441] BT-Drs. 17/3549, 21.
[1442] BMF BStBl. 1998 I S. 1168.

aa) Kulturvereinigung

1379 Als Kulturvereinigung gilt gem. dem BMF-Schreiben zum Kulturorchestererlass jede Gruppierung, die eine **künstlerische Gemeinschaftsleistung** darbietet (zB Theater, Musik, Tanz), sofern es sich nicht um Solisten handelt.[1443] Die zur damit erforderlichen Abgrenzung ergangene Rechtsprechung ist weitgehend widersprüchlich. Ein Ensemble soll dann als solistisch besetzt einzustufen sein, wenn die künstlerische Anforderungen an die Mitglieder einer Kulturvereinigung ein dem Solisten vergleichbares Niveau erreichen.[1444] In der Folge derart unjustiziabler Entscheidungen wird in einer Verfügung der OFD Berlin[1445] bei einem Jazz-Ensemble mit einer Gruppenstärke von bis zu acht Personen grundsätzlich von einem solistisch besetzten Ensemble ausgegangen. Das BayLfSt vertritt sogar die Auffassung, dass Jazz-Ensembles ‚erfahrungsgemäß' bereits dem Grunde nach als solistisch besetzte Ensembles anzusehen seien.[1446] Gemäß einer Verfügung der OFD München hingegen ist bei Jazz-Ensembles grundsätzlich von Kulturvereinigungen auszugehen.[1447]

1380 Gemäß der Rechtsprechung des BFH[1448] ist eine Formation als **solistisch besetztes Ensemble** jedenfalls dann anzusehen, wenn bei den einzelnen Veranstaltungen nicht mehr als fünf Mitglieder auftreten und die ihnen abverlangte künstlerische Gestaltungshöhe mit derjenigen eines Solisten vergleichbar ist. Abzustellen sei dazu aber nicht lediglich auf die Anzahl der Mitwirkenden sondern auf die Gesamtumstände des Einzelfalls.[1449]

1381 Eine Kulturvereinigung liegt grundsätzlich nicht vor, sofern es sich bei den Mitgliedern eines Ensembles um im **Abhängigkeitsverhältnis** Beschäftigte – zB angestellte Musiker eines ausländischen Symphonieorchesters – handelt. In diesen Fällen kann von einer Inlandsbesteuerung jedoch aus Gründen des öffentlichen Interesses gem. § 50 Abs. 4 EStG abgesehen werden.

bb) Wesentliche Förderung

1382 Eine wesentliche Förderung aus inländischen oder ausländischen öffentlichen Mitteln ist, wie bereits zu den DBA dargestellt, dann anzunehmen, wenn sie ein **Drittel der Kosten des Auftritts im Inland** deckt. Der Umfang der Förderung aus öffentlichen Mitteln ist durch eine **Bescheinigung** nachzuweisen, die im Fall inländischer öffentlicher Mittel von der inländischen Förderungsbehörde und im Fall ausländischer öffentlicher Mittel von der ausländischen Förderungsbehörde oder von der diplomatischen Vertretung des Herkunftslandes der Kulturvereinigung ausgestellt wird.

cc) Unmittelbarkeit der Förderung

1383 Ein weiteres Problem bei der Anwendung des Erlasses besteht darin, dass gem. Tz. 1.2 die ‚Unmittelbarkeit' der öffentlichen Förderung vorausgesetzt wird. Deshalb scheidet eine Freistellung immer dann aus, wenn die öffentliche Hand den Förderbetrag zunächst zB an einen privaten Veranstalter zahlt und dieser die Zahlung an die Künstler weiterleitet.

dd) Vorrang der DBA

1384 Grundsätzlich gehen die DBA als völkerrechtliche Vereinbarungen gem. § 2 Abs. 1 AO den Steuergesetzen und insbesondere Verwaltungsanweisungen wie dem Kulturorchestererlass vor. Für die Anwendung des Kulturorchestererlasses ergibt sich das bereits aus Tz. 1 des Erlasses. Wird eine beantragte Freistellung auf der Grundlage eines DBA allerdings abgelehnt, ist die Anwendung des § 50a Abs. 4 EStG und des Kulturorchestererlasses eröffnet. Die An-

---

[1443] BMF BStBl. 1998 I S. 1168.
[1444] OFD Berlin DStR 1999, 26.
[1445] OFD Berlin DStR 1999, 26.
[1446] Bayerisches Landesamt für Steuern v. 24.10.2011 – S 2303.1.1-5/2 St32.
[1447] OFD München DStR 2000, 1009.
[1448] BFHE 217, 430.
[1449] OFD Kiel DB 1998, 1692; OFD München DStR 2000, 1009.

Beschränkte Steuerpflicht § 17

wendbarkeit des Kulturorchestererlasses ist auch nicht auf die Fälle beschränkt, in denen das ausländische Kulturorchester seinen Sitz in einem Staat hat, mit dem Deutschland kein DBA unterhält. Gemäß einer Entscheidung des FG Köln ist die Tz. 1 des Erlasses so zu verstehen, dass er dann anzuwenden ist, wenn eine entsprechende Freistellungsregelung für Kulturvereinigungen in einem DBA nicht zur Verfügung steht.[1450]

ee) Verfahren
Zuständig für Befreiungen aufgrund des § 50 Abs. 4 Nr. 2 EStG sind die Obersten Finanzbehörden der Länder, welche diese Aufgabe jedoch regelmäßig an die Finanzämter delegieren. Örtlich zuständig für die Bescheinigung der Freistellung vom Steuerabzug ist das Finanzamt, in dessen Bezirk das Kulturorchester oder die Kulturvereinigung zu Beginn der Tournee erstmalig auftritt. Die erforderliche Zustimmung des BMF mit einem Verfahren auf der Grundlage der Vorschrift gilt aufgrund des Kulturorchestererlasses und in dessen Rahmen als erteilt. 1385

Da es sich bei der Steuerfreistellung auf Grundlage des § 50 Abs. 4 EStG um eine Billigkeitsmaßnahme handelt, die ausschließlich die Besteuerung des Vergütungsgläubigers betrifft, ist Adressat und alleiniger Antragsberechtigter der Steuerschuldner selbst, mithin allein der beschränkt steuerpflichtige Künstler.[1451] Der Vergütungsschuldner der durch die Freistellungsanträge betroffenen Künstler kann sich auf die dem Vergütungsgläubiger erteilten Bescheinigungen nicht berufen.[1452] 1386

[1450] FG Köln Urt. v. 23.7.2003 – 5 K 7239/01.
[1451] FG München EFG 2004, 1538.
[1452] Loschelder in Schmidt EStG § 50 Rn. 43 mwN.

§ 18 Umsatzsteuerrecht

1387 Das ständig unübersichtlicher werdende Dickicht des Umsatzsteuerrechts hat sich für Künstler, Agenten und Veranstalter in den letzten Jahren zunehmend zu einem wirtschaftlichen Fallstrick entwickelt. Novellierungen des UStG, des Anwendungserlasses des BMF sowie Entscheidungen der Finanzgerichte führen immer wieder zu einer Kehrtwende der Besteuerungspraxis und machen ein ständiges Umdenken erforderlich. Von besonderer Bedeutung für die Veranstaltungspraxis sind die Fragen zur **Steuerbarkeit** und zur **Steuerpflichtigkeit** von Veranstaltungsleistungen. Sie können dem Regelsteuersatz oder dem ermäßigten Steuersatz unterliegen oder steuerfrei sein. Darüber, welcher Steuersatz im Einzelfall anwendbar ist, wird häufig sogar unter Fachleuten gestritten. Die Frage ist von erheblicher Bedeutung, da bei Anwendung des falschen Steuersatzes noch nach vielen Jahren mit erheblichen Umsatzsteuernachforderungen der Finanzämter gerechnet werden muss. Dies kann insbesondere der Fall sein, wenn Leistungen von Künstlern oder Veranstaltern über Jahre hinaus irrtümlich als steuerbar behandelt wurden. Gleiches gilt, sofern anstatt des ermäßigten Steuersatzes der Regelsteuersatz gezahlt und entsprechend als Vorsteueranspruch geltend gemacht wurde.[1453] Und auch die über lange Zeit gewachsene Praxis der Umsatzbesteuerung der Leistungen von Tournee- und Örtlichen Veranstaltern, von Gastspielgeschäften und sogar von Vorverkaufsgebühren wurde in den letzten Jahren durch die Rechtsprechung und eine sich stetig wandelnde Verwaltungspraxis sprichwörtlich auf den Kopf gestellt. Erhebliche Fragen wirft schließlich die Steuerbarkeit von Veranstaltungsleistungen mit Auslandsberührung auf.

I. Steuerbare Umsätze

1388 Gemäß § 1 UStG unterliegen der Umsatzsteuer Lieferungen und sonstige Leistungen, die von einem Unternehmer im Inland gegen Entgelt im Rahmen seines Unternehmens ausgeführt werden. Damit kommt es bezüglich der Steuerbarkeit im Inland grundsätzlich darauf an, ob ein Umsatz im Inland getätigt wurde oder nicht. Die Frage, wo der Unternehmer bei einem inländischen Umsatz seinen Sitz hat – im In- oder Ausland – ist hingegen nicht entscheidend. Gegenstand des Veranstaltungsgeschäfts und dieser Ausführungen sind ausschließlich Leistungen, die keine Lieferungen sind, mithin **sonstige Leistungen** iSd § 3 Abs. 9 UStG.

1389 Grundsätzlich sind nur die Umsätze von Unternehmern steuerbar. **Unternehmer** ist gem. § 2 UStG, wer eine gewerbliche oder berufliche Tätigkeit selbständig ausübt. Nicht um eine unternehmerische Tätigkeit handelt es sich gem. § 2 Abs. 2 Nr. 1 UStG bei Arbeitnehmern.

II. Grenzüberschreitende Leistungen

1390 Da dem deutschen Umsatzsteuerrecht ausschließlich Leistungen unterliegen, die im Inland erbracht werden, sind diese von Leistungen abzugrenzen, die von Inländern im **Ausland** erbracht werden. Wann eine Leistung als im Ausland erbracht gilt, kann fraglich sein, da sich zB bezüglich der Steuerbarkeit des Provisionsumsatzes des Vermittlers auf seine den Vertragsabschluss herbeiführende Tätigkeit im Inland oder aber auf die Auftrittsleistung des Künstlers im Ausland abstellen ließe. Gleiches gilt für die Leistung inländischer Künstler, die im Ausland auftreten oder im Inland ansässiger Veranstalter, die Veranstaltungen im Ausland durchführen. Das UStG legt in § 3a Abs. 2, 3 die Bestimmung des Leistungsorts von Künstlern, Veranstaltern und Vermittlern im Wege gesetzlicher Fiktionen fest.

[1453] BFHE 185, 536.

Umsatzsteuerrecht   § 18

1. Ort der sonstigen Leistung

Gemäß § 3a Abs. 1 UStG wird eine sonstige Leistung dort erbracht, wo der leistende Unternehmer sein Unternehmen betreibt. Der Grundsatz des § 3a Abs. 1 UStG wird aber durch § 3a Abs. 2 UStG eingeschränkt: Sofern es sich bei dem Leistungsempfänger seinerseits um einen Unternehmer handelt, gilt als **Leistungsort** der Ort, an dem der Empfänger sein Unternehmen betreibt. Das ist der Ort, an dem die Handlungen zur zentralen Verwaltung des Unternehmens vorgenommen und die wesentlichen Unternehmensentscheidungen getroffen werden.[1454] Wird die sonstige Leistung an eine **Betriebsstätte** eines Unternehmers ausgeführt, ist gem. § 3a Abs. 2 S. 2 UStG der Ort der Betriebsstätte maßgebend. Gemäß § 12 AO gilt als Betriebsstätte jede feste Geschäftseinrichtung oder Anlage, die der Tätigkeit eines Unternehmens dient.   1391

Die Anwendbarkeit des § 3a Abs. 1 UStG beschränkt sich damit als Auffangtatbestand auf die Fälle, in denen der Leistungsempfänger entweder **Nichtunternehmer** ist, er die Leistung nicht für sein Unternehmen bezieht oder eine nicht unternehmerisch tätige juristische Person handelt. Somit ist § 3a Abs. 1 UStG die Grundregel für die Leistungsortbestimmung bei Leistungen an Nichtunternehmer und Abs. 2 die Grundregel für Leistungen an Unternehmer. Durch die Festlegung dieser Richtlinien für die Bestimmung des Orts der sonstigen Leistungen setzte Deutschland in § 3a UStG mit zwei Novellierungen zum 1.1.2010 und 1.1.2011 das **Verbrauchsortprinzip** der Art. 43 ff. MwStSystRL um.[1455]   1392

Die Regelung des § 3a Abs. 2 UStG verfolgt den Zweck, dass sonstige Leistungen in dem Staat besteuert werden, in dem der Rechnungsempfänger umsatzsteuerlich erfasst ist.[1456] Der Nachweis der **Unternehmereigenschaft** des Leistungsempfängers ebenso wie der Nachweis, dass die Leistung für dessen unternehmerischen Bereich erbracht wurde, obliegt grundsätzlich dem leistenden Unternehmer.[1457] Damit trägt er das Risiko, dass bei einer Umsatzsteuer-Sonderprüfung später festgestellt wird, dass der Leistungsort nicht nach § 3a Abs. 2 UStG sondern nach Abs. 1 zu bestimmen war, was entsprechende Umsatzsteuernachforderungen des Finanzamtes zur Folge haben kann. In der Regel wird es von der Finanzverwaltung als für die Nachweiserbringung ausreichend erachtet, wenn im Gemeinschaftsgebiet die dem Leistungsempfänger am Ort seines Sitzes erteilte **USt-IdNr.** vorliegt. Die USt-IdNr. ist eine eigenständige Nummer, die Unternehmerinnen und Unternehmern vom BZSt gem. § 27a Abs. 1 UStG auf Antrag zusätzlich zur Steuernummer erteilt wird. Sie dient der Kontrolle der korrekten Anwendung von umsatzsteuerrechtlichen Regelungen im europäischen Binnenmarkt. Gemäß UStAE ist zum Nachweis der Unternehmereigenschaft des Leistungsempfängers bei der erstmaligen Erfassung der Stammdaten eine Aufzeichnung von dessen USt-IdNr. vorzunehmen und ggf. die Erklärung abzufordern, dass diese bei allen zukünftigen Geschäften verwendet wird.[1458] Um die Korrektheit der USt-IdNr. zu überprüfen, kann sich der Leistende gem. § 18e UStG vom BZSt deren Richtigkeit im Wege einer **Bestätigungsanfrage** schriftlich bestätigen lassen.[1459] Sofern für den Leistenden erkennbar ist, dass eine sonstige Leistung mit hoher Wahrscheinlichkeit nicht für das Unternehmen, sondern für den privaten Gebrauch bestimmt ist – also bspw. die Buchung eines Künstlers durch einen Unternehmer für seine Geburtstagsfeier – betrachtet es die Finanzverwaltung nicht als ausreichend, dass die USt-IdNr. des Leistungsempfängers verwandt wird. Vielmehr muss der Leistende über ausreichende Informationen verfügen, welche die Verwendung der Leistung für unternehmerische Zwecke bestätigten. Als ausreichend wird allerdings bereits eine entsprechende Erklärung des Leistungsempfängers betrachtet.[1460]   1393

[1454] UStAE Abschn. 3a.1. Abs. 1.
[1455] Stadie in Rau/Dürrwächter UStG § 3a nF Rn. 28, 37 ff.
[1456] UStAE Abschn. 3a.2. Abs. 2.
[1457] Stadie in Rau/Dürrwächter UStG § 3a nF Rn. 175 ff.
[1458] UStAE Abschn. 3a.2. Abs. 10.
[1459] UStAE Abschn. 18e.1. Abs. 2; Nieskens in Rau/Dürrwächter UStG § 18e Rn. 19.
[1460] UStAE Abschn. 3a.2 Abs. 11a.

2. Ort der Leistung der Künstler

1394 Für die Leistungen der Künstler sieht § 3a Abs. 3 Nr. 3a UStG eine Ausnahme zum Auffangtatbestand des Abs. 1 für sog Veranstaltungsleistungen[1461] vor, die gegenüber einem Nichtunternehmer erbracht werden. Danach werden ua kulturelle, künstlerische, wissenschaftliche, unterrichtende, sportliche und unterhaltende Leistungen (sog **Katalogleistungen**) oder ähnliche Leistungen und damit auch Musikdarbietungen, soweit sie an Nichtunternehmer erfolgen, dort ausgeführt, wo sie vom Leistenden tatsächlich erbracht werden. Ausschlaggebend ist, wo die entscheidenden Bedingungen für den Erfolg der Tätigkeit gesetzt werden. Die Ausübung der jeweiligen Tätigkeit bestimmt dann den Leistungsort.[1462]

1395 Die Ausnahme des § 3a Abs. 3 Nr. 3a UStG gilt mithin nur, sofern der Leistungsempfänger weder ein Unternehmer noch eine Person ist, der eine USt-IdNr. erteilt wurde. Ist der Leistungsempfänger Unternehmer, bleibt es bei der Grundregel des § 3a Abs. 2 UStG mit der Folge, dass der Leistungsort an dem Ort liegt, an dem der Leistungsempfänger sein Unternehmen betreibt. Mit der Leistungsortzuweisung bei Leistungen an Endverbraucher verfolgte der Gemeinschaftsgesetzgeber das Ziel, dass stets demjenigen Staat, in dem derartige Leistungen bewirkt werden, das Besteuerungsrecht an solchen Einnahmen zustehen soll.[1463]

3. Ähnliche Leistungen

1396 Ähnliche Leistungen iSd Hs. 1 des § 3a Abs. 3 Nr. 3a UStG sind solche, die irgendeiner der in Hs. 1 aufgeführten Tätigkeiten ähnlich sind. Es muss sich dabei nicht zwangsläufig um eine freiberufliche Tätigkeit handeln. Das gemeinsame Merkmal der erwähnten Dienstleistungen besteht in ihrer Komplexität sowie der Tatsache, dass sie zumeist aus mehreren Einzelleistungen bestehen und in der Regel punktuell vor einer Vielzahl von Leistungsempfängern erbracht werden. Dazu zählen alle Personen, die in unterschiedlicher Weise an Tätigkeiten auf dem Gebiet der Kultur, der Künste, des Sports, der Wissenschaften, des Unterrichts oder der Unterhaltung teilnehmen.[1464] Diese unterschiedlichen Kategorien von Dienstleistungen haben ebenfalls gemeinsam, dass sie im Allgemeinen anlässlich punktueller Veranstaltungen erbracht werden und der Ort, an dem diese komplexen Dienstleistungen tatsächlich bewirkt werden, grundsätzlich einfach festzustellen ist, weil die Veranstaltungen an einem bestimmten Ort stattfinden.[1465]

4. Ort der Leistung der Veranstalter

1397 § 3a Abs. 3 Nr. 3a UStG stellt zur Bestimmung des Leistungsorts die Leistungen der jeweiligen Veranstalter von kulturellen, künstlerischen, unterhaltenden oder ähnlichen Leistungen an Nichtunternehmer den Veranstaltungsleistungen gleich und regelt diese damit ebenfalls abweichend von der Grundregel des Abs. 1. Auch sie gelten als dort ausgeführt, wo sie vom Unternehmer tatsächlich erbracht werden. Umsätze aus dem Verkauf von Eintrittskarten sollen daher grundsätzlich am Veranstaltungsort besteuert werden. Das gilt gleichermaßen für den Verkauf an Nichtunternehmer wie gem. § 3a Abs. 3 Nr. 5 UStG für Verkäufer von Eintrittskarten an Unternehmer. Die Anwendung des **Veranstaltungsortsprinzips** basiert – neben den fiskalischen Interessen des Veranstaltungsstaats – einerseits auf der Überlegung, dass die Leistungen am Veranstaltungsort konsumiert werden. Andererseits wäre es vom Verkäufer kaum zu leisten, im Einzelfall den Unternehmerstatus des

---

[1461] Kemper in PMW UStG § 3a Rn. 226.
[1462] Kemper in PMW UStG § 3a Rn. 228.
[1463] EuGH BStBl. II 1998, 313.
[1464] Stadie in Rau/Dürrwächter UStG § 3a nF Rn. 344, 367 mwN.
[1465] EuGH Urt. v. 9.3.2006 – C-114/05; Stadie in Rau/Dürrwächter UStG § 3a nF Rn. 344.

Kartenkäufers zu ermitteln und zu dokumentieren, um dann gegenüber nicht im Inland ansässigen Unternehmern ohne Umsatzsteuer abrechnen zu können.¹⁴⁶⁶

Bezüglich der Leistung des Veranstalters ließe sich einerseits auf den Verkauf der Eintrittsberechtigung, andererseits auf die Durchführung und Wahrnehmbarmachung der Veranstaltung abstellen. Entscheidend kann jedoch nur Letzteres sein: Die Leistung des Veranstalters besteht nicht im Verkauf des Inhaberpapiers ‚Eintrittskarte', sondern in der Durchführung der Veranstaltung und deren Wahrnehmbarmachung. Erfolgt diese Leistung im Ausland, gilt auch die Einräumung der Eintrittsberechtigung als im Ausland erbracht.¹⁴⁶⁷ Der Veranstalter schuldet dann die im Eintrittsentgelt enthaltene Umsatzsteuer am Leistungsort. In der Praxis bedeutet das, dass er bei der zuständigen Finanzbehörde am Leistungsort eine Steuernummer beantragen und dort eine Umsatzsteueranmeldung vornehmen muss. Regelmäßig geschieht das durch die freiwillige Bestellung eines **Fiskalvertreters**, der die steuerlichen Pflichten des vertretenen Unternehmers gegenüber der betreffenden Finanzverwaltung zu erfüllen hat.¹⁴⁶⁸ 1398

Die Regelung des § 3a Abs. 3 Nr. 5 UStG, in welcher die Einräumung von Eintrittsberechtigungen ausdrücklich erwähnt wird, beschränkt sich auf die Leistungserbringung an Unternehmer. Mit der von der Grundregel des § 3a Abs. 2 UStG abweichenden Regelung erfolgte damit eine Gleichstellung mit der Regelung für die Veräußerung von Eintrittskarten an Nichtunternehmer.¹⁴⁶⁹ Die Vorschrift dürfte vornehmlich für Messe- und Ausstellungs- sowie Kongressveranstalter relevant sein.¹⁴⁷⁰ Bei Konzert- und sonstigen Veranstaltungen reduziert sich ihr Anwendungsbereich auf den seltenen Ausnahmefall, dass der inländische Veranstalter für entsprechende Veranstaltungen im Ausland Eintrittskarten für seine Veranstaltung an Unternehmer verkauft. Für alle anderen Fälle bleibt es bei der Regelung des § 3a Abs. 3 Nr. 3a UStG.¹⁴⁷¹ 1399

5. Mit der Leistung des Veranstalters zusammenhängende Tätigkeiten

Eine Gleichstellung mit den Erbringern der in § 3a Abs. 3 Nr. 3a UStG aufgezählten Leistungen erfolgt auch für solche Tätigkeiten, die mit der Ausübung der Leistung der jeweiligen Veranstalter zusammenhängen und dafür unerlässlich sind. Das ist gem. einer Entscheidung des EuGH dann der Fall, wenn sie mit der objektiv betrachteten Haupttätigkeit zusammenhängen, ohne dass es auf die Person des Erbringers ankäme.¹⁴⁷² Als derartige Leistungen werden zB **Technikleistungen** sowie **sonstige Nebenleistungen** der Erbringer der Leistungen auf dem Gebiet der Künste behandelt.¹⁴⁷³ 1400

In der Literatur wird darauf hingewiesen, die Einschränkung, dass die mit der veranstalterischen Leistung zusammenhängenden Tätigkeiten nur dann unter die Vorschrift fallen, wenn sie für die Ausübung der Tätigkeit unerlässlich sind, sei nicht mehr richtlinienkonform.¹⁴⁷⁴ Die Einschränkung stamme aus einer Interpretation, die der EuGH¹⁴⁷⁵ zur Vorgängervorschrift¹⁴⁷⁶ vorgenommen habe. Entsprechend sei die nationale Vorschrift aF im Jahr 2000 angepasst worden. Da die Entscheidung des EuGH jedoch in den späteren Fassungen der Richtlinie keinen Niederschlag mehr gefunden habe, habe bei richtlinienkonformer Auslegung der aktuellen Fassung die Einschränkung unberücksichtigt zu bleiben. 1401

---

¹⁴⁶⁶ Grambeck UR 2012, 45 (51).
¹⁴⁶⁷ Stadie in Rau/Dürrwächter § 3a nF Rn. 379.
¹⁴⁶⁸ Rondorf BB 1997, 705; s. Rn. 495.
¹⁴⁶⁹ Kemper in PMW UStG § 3a Rn. 296.
¹⁴⁷⁰ s. dazu Beispiele in UStAE Abschn. 3a.6 Abs. 5.
¹⁴⁷¹ Korn in Bunjes UStG § 3a Rn. 76; UStAE Abschn. 3a.6. Abs. 13.
¹⁴⁷² EuGH BStBl II 1998, 313.
¹⁴⁷³ EuGH BStBl II 1998, 313; UStAE Abschn. 3a.6 Abs. 3.
¹⁴⁷⁴ Stadie in Rau/Dürrwächter UStG § 3a nF Rn. 384.
¹⁴⁷⁵ EuGH BStBl II 1998, 313.
¹⁴⁷⁶ Art. 9 Abs. 2 Buchst. c RL 77/388/EWG.

Für die Feststellung eines mit der veranstalterischen Leistung bestehenden Zusammenhangs sei daher allein darauf abzustellen, ob die betreffende Dienstleistung typischerweise am Veranstaltungsort verbraucht wird.

6. Ort der Leistung des Vermittlers

1402 Der Leistungsort von Vermittlungsleistungen richtet sich, sofern sie an einen Unternehmer erbracht werden, nach der Grundregel des § 3a Abs. 2 UStG. Eine Vermittlungsleistung, die an einen Nichtunternehmer erbracht wird, gilt in Ausnahme zu § 3a Abs. 1 UStG gem. § 3a Abs. 3 Nr. 4 UStG als an dem Ort erbracht, an dem der vermittelte Umsatz als ausgeführt gilt.

1403 Die Beantwortung der Frage, wer im Sinne der Vorschrift **Empfänger einer Vermittlungsleistung** ist, kann in der Praxis schwierig sein.

Beispiel 14:
Der in Großbritannien ansässige Veranstalter V sucht für eine Veranstaltung in London einen deutschen Künstler. V wendet sich an den in Hamburg ansässigen Künstleragenten A. A schlägt V diverse inländische Künstler vor, für die er auf der Grundlage eines Agenturvertrages ständig als Vermittler tätig ist. A hat mit den Künstlern vereinbart, dass er für jeden erfolgreich vermittelten Vertrag von dem jeweiligen Künstler eine Provision erhält. V entscheidet sich schließlich für das Engagement des Künstlers K und bittet A um Übersendung des Veranstaltungsvertrages. Der Veranstaltungsvertrag kommt zwischen V und K zustande, der beim Vertragsschluss durch A vertreten wird. Nach erfolgreicher Durchführung der Veranstaltung möchte K wissen, ob die A geschuldete Provision in Deutschland steuerbar ist.

Ist iSd § 3a Abs. 3 Nr. 4 UStG Empfänger der Leistung der Agentur im Beispiel der Künstler oder der ausländische Veranstalter? Empfänger der Leistung des Vermittlers ist der jeweilige Auftraggeber. Aber wer ist im vorliegenden Fall tatsächlich der Auftraggeber des Vermittlungsgeschäfts? Der Veranstalter, der die Agentur um die Vermittlung eines geeigneten Künstlers gebeten hat, oder der Künstler, der vermittelt wurde? Die Antwort muss sich zwangsläufig danach richten, welche Rechtsbeziehungen bei einer Vermittlung begründet werden. Dabei ist darauf abzustellen, zwischen welchen der drei Parteien der Vermittlungsauftrag zustande kommt. Denn nur dieser Person schuldet der Vermittler die Vermittlungsleistung. Der Leistungsempfänger in umsatzsteuerrechtlicher Sicht ist grundsätzlich derjenige, in dessen Auftrag die Leistung ausgeführt wird. Das ist ausschließlich die Person, die aus dem schuldrechtlichen Vertragsverhältnis, das dem Leistungsaustausch zugrunde liegt, berechtigt oder verpflichtet ist – mithin im Beispiel 14 der K.[1477] Eine Rechtsbeziehung zum Dritten – also zu V – besteht nur zwischen diesem und dem vermittelten K. Schließlich geht es bei dem Umsatz, dessen Leistungsort zu beurteilen ist, auch lediglich um den Umsatz des Vermittlers, also dessen Provision. Da zwischen der Agentur und dem Dritten keine Rechtsbeziehung begründet wird, kann der Dritte nicht Empfänger einer Leistung des Vermittlers sein. Etwas anderes könnte nur gelten, wenn der Agenturvertrag nicht zwischen dem Agenten und dem Künstler, sondern zwischen dem Agenten und dem Veranstalter geschlossen worden wäre. Nur dann wäre der Künstler der Dritte und Empfänger der Leistung des Agenten wäre der Veranstalter.

1404 § 3a Abs. 3 Nr. 4 UStG findet allerdings nur Anwendung, wenn der Empfänger der Vermittlungsleistung kein Unternehmer ist. In allen anderen Fällen bleibt es bei dem Grundsatz des § 3a Abs. 2 UStG. Da Auftraggeber des Künstlervermittlers regelmäßig der Künstler und nicht der ausländische Veranstalter ist, hat die Vorschrift des § 3a Abs. 3 Nr. 4 UStG für die Umsätze von Künstlervermittlungsagenturen nur geringe Bedeutung. Künstler sind gem. § 2 Abs. 1 S. 1 steuerrechtlich Unternehmer, sodass sich der Leistungsort auch bei Vermittlungen ins Ausland gem. § 3a Abs. 2 UStG und damit danach richtet, wo der Künst-

---

[1477] BFHE 142, 164; UStAE Abschn. 15.2 Abs. 16.

Umsatzsteuerrecht § 18

ler sein Unternehmen betreibt. Das ist bei Künstlern regelmäßig der Wohnsitz als der Ort, von dem sie ihre künstlerische Tätigkeit zentral organisieren.[1478]

Ist der Leistungsempfänger (zB Künstler) in einem **Drittlandsgebiet** ansässig, entfällt die Prüfung seiner Unternehmereigenschaft, wenn der Ort der vermittelten Leistung im Drittlandsgebiet liegt. Ist er Unternehmer, liegt der Leistungsort gem. § 3a Abs. 2 UStG im Drittlandsgebiet.[1479] Ist er Nichtunternehmer, gilt Gleiches gem. § 3a Abs. 3 Nr. 4 UStG. 1405

7. Leistungsort bei Gastspielgeschäften

Bei der Frage nach der Steuerbarkeit der grenzüberschreitenden Leistungen bei Gastspielgeschäften geht es darum, wo der Umsatz steuerbar ist, den eine Agentur mit einem Auftraggeber beim Verkauf von Künstlerproduktionen in das Ausland tätigt. Auftraggeber der Agentur kann in derartigen Fällen sowohl ein Unternehmer (zB Konzertveranstalter) oder ein Nichtunternehmer (Privatperson lässt sich Künstlerproduktion stellen) sein. Es geht dabei um die Steuerbarkeit einer werkvertraglichen und damit einer sonstigen Leistung iSd § 3 Abs. 9 UStG. 1406

Ist Auftraggeber der Gastspielwerkleistung ein Unternehmer, richtet sich der Leistungsort jedenfalls nach § 3a Abs. 2 UStG. Ist der Auftraggeber Nichtunternehmer, kann sich der Leistungsort entweder nach Abs. 1 oder nach der Ausnahme des § 3a Abs. 3 Nr. 3a UStG richten. Letzteres könnte der Fall sein, wenn es sich bei der Gastspielleistung entweder um eine den Katalogleistungen ähnliche Leistung, um eine veranstalterische oder damit zusammenhängende Leistung handelt. 1407

a) Gastspielleistung als den Katalogleistungen ähnliche Leistung

Den Katalogleistungen ähnliche Leistungen sind, wie dargestellt, solche Dienstleistungen, die in der Regel im Rahmen einer Veranstaltung gegenüber einer Vielzahl von Empfängern erbracht und am Ort ihrer Erbringung vom Empfänger verbraucht werden. 1408

Eine Agentur erbringt bei einem Gastspielgeschäft sowohl eine Leistung gegenüber dem Künstler als auch gegenüber dem Veranstalter. Bei beiden Leistungen handelt es sich nicht um eine Dienst-, sondern um eine erfolgsbestimmte Werkleistung, gleichwohl damit um eine sonstige Leistung iSd Umsatzsteuerrechts.[1480] Gegen die Behandlung der von der Agentur gegenüber dem Veranstalter erbrachten Gastspielleistung als ähnliche Leistung spricht, dass sie den Katalogleistungen insoweit nicht ähnlich ist, als sie eben nicht gegenüber dem Publikum, sondern als reine Dienstleistung ‚inter partes' erbracht wird. Andererseits erwähnt § 3a Abs. 3 Nr. 3a UStG entsprechend Anh. I Kategorie 8 MwStSystRL exemplarisch ausdrücklich „Leistungen im Zusammenhang mit **Messen und Ausstellungen**" als ähnliche Leistungen. Dem ist zu entnehmen, dass der Leistende nicht notwendig selbst Veranstalter oder Künstler sein muss. Vielmehr kann er auch Dienstleistungen unterschiedlichster Art gegenüber einem Veranstalter erbringen.[1481] Entsprechend dieser Argumentation handelt es sich bei der Gastspielleistung um eine ähnliche Leistung iSd § 3a Abs. 3 Nr. 3a UStG. 1409

b) Gastspielleistung als Veranstalterleistung

Veranstalter ist gem. Definition des UStAE derjenige, der im eigenen Namen die organisatorischen Maßnahmen dafür trifft, dass die Theatervorführung bzw. das Konzert abgehalten werden kann, wobei er die Umstände, den Ort und die Zeit der Darbietung selbst bestimmt.[1482] Da die Agentur bei einer Gastspielleistung daran zumindest mitwirkt, lässt sich 1410

[1478] UStAE Abschn. 3a.1 Abs. 1.
[1479] UStAE Abschn. 3a.2. Abs. 12; vgl. Rn. 1420.
[1480] Stadie in Rau/Dürrwächter UStG § 3a nF Rn. 367.
[1481] Vgl. Stadie in Rau/Dürrwächter UStG § 3a nF Rn. 379.
[1482] UStAE Abschn. 12.5. Abs. 2.

erwägen, ob auch ihre Leistung steuerrechtlich als veranstalterische Leistung zu behandeln ist. Soweit der deutsche Gesetzgeber über die Zuweisung des Leistungsorts an den Sitz des Leistungsempfängers oder den Leistungserbringungsort anknüpft, verzichtet er auf ein inländisches Besteuerungsrecht. Dies gebietet grundsätzlich eine **enge Auslegung**. Daher sind an die Definition des Veranstalterbegriffs iSd § 3a Abs. 3 Nr. 3a enge Maßstäbe anzulegen. Nur derjenige ist Veranstalter iSd Vorschrift, der die Veranstaltung veranlasst und durchführt und die Veranstaltungsleistung im eigenen Namen gegenüber den Teilnehmern der Veranstaltung erbringt.[1483] Das erfolgt durch die Gastspielleistung der Agentur jedenfalls nicht.

c) Gastspielleistung als mit der veranstalterischen Leistung zusammenhängende Leistung

1411 Die Gastspielleistung könnte eine mit der Leistung des Veranstalters zusammenhängende Leistung sein. Gemäß des Wortlauts von § 3a Abs. 3 Nr. 3a Hs. 2 UStG richtete sich der Leistungsort einer mit der veranstalterischen Leistung zusammenhängenden Leistung aber nur dann nach der Vorschrift, wenn sie für die Leistung des Veranstalters unerlässlich wäre.

1412 Bedient sich ein Veranstalter der Leistung einer Gastspieldirektion, ist ihre Leistung eine wesentliche Voraussetzung dafür, dass die veranstalterische Leistung erbracht werden kann. Grundsätzlich können auch eigenständige Leistungen von Dritten mit der veranstalterischen Leistung zusammenhängen.[1484] Ebenso wie die Leistung des Veranstalters oder des Künstlers wird auch die Leistung der Gastspieldirektion am Veranstaltungsort ‚verbraucht'.

1413 Der EuGH hat sich 2011 mit der Frage befasst, ob eine Dienstleistung, die darin besteht, für einen Kunden einen Messe- oder Ausstellungsstand zu entwerfen, vorübergehend bereitzustellen und gegebenenfalls zu befördern und aufzustellen, iSd Art. 52 Buchst. a MwStSystRL als eine mit der veranstalterischen Leistung zusammenhängende Leistung zu betrachten ist. Im Ergebnis hat er das für den Fall bestätigt, dass der betreffende Stand für eine bestimmte Messe oder Ausstellung zu einem Thema aus dem Bereich der Kultur, der Künste, des Sports, der Wissenschaften, des Unterrichts, der Unterhaltung oder einem ähnlichen Gebiet entworfen und bereitgestellt wird.[1485] Die Leistung der Agentur, die nach Anforderungen ihres Auftraggebers ein bestimmtes Künstlerprogramm ‚liefert', ist mit der vom EuGH beurteilten Leistung durchaus vergleichbar. Unter Zugrundelegung dieses Urteils des EuGH lässt sich daher die Gastspielleistung iSd § 3a Abs. 3 Nr. 3a UStG als mit der Leistung des Veranstalters zusammenhängende Leistung behandeln.

1414 Der BFH hat sich 2012 mit der Frage befasst, ob es sich bei der Leistung eines **Tourmanagers** um eine mit den Katalogleistungen zusammenhängende Leistung handelt. Er führt dazu aus, dass Art. 9 Abs. 2 Buchst. c erster Gedankenstrich der Richtlinie 77/388/EWG nur solche Leistungen erfasse, die sich unmittelbar und direkt auf die Ausübung einer der dort genannten Katalogleistungen oder die Ausübung einer ähnlichen Tätigkeit beziehen. Dies gelte auch für eine „damit zusammenhänge Tätigkeit" iS der Vorschrift. Der Zweck der Vorschrift, eine Doppelbesteuerung zu vermeiden, gebiete allerdings eine enge Auslegung des Art. 9 Abs. 2 Buchst. c erster Gedankenstrich der Richtlinie 77/388/EWG. Aus der Rechtsprechung des EuGH ergäbe sich, dass in jedem Einzelfall zu prüfen sei, ob eine der Bestimmungen des Art. 9 Abs. 2 der Richtlinie einschlägig ist; andernfalls gelte Art. 9 Abs. 1 der Richtlinie und damit nach nationalem Recht § 3a Abs. 1 UStG.[1486]

1415 Der klagende Tourmanager trug vor, dass die von ihm erbrachten und seinen Auftraggebern in Rechnung gestellten Leistungen von den Künstlern bzw. den Veranstaltern zusammen mit den Dienstleistungen anderer Anbieter sowie dem kalkulierten Gewinn letztend-

---

[1483] Stadie in Rau/Dürrwächter UStG § 3a nF Rn. 378.
[1484] Stadie in Rau/Dürrwächter UStG § 3a nF Rn. 388.
[1485] EuGH DStR 2011, 2145.
[1486] BFH Urt. v. 29.8.2012 – XI R 19/09.

lich von den Käufern der Tickets getragen wurden, somit in die Preise der Veranstalter bzw. der Tickets – zumindest mittelbar – eingegangen und damit vor Ort (im Ausland) bezahlt worden seien. Nach Auffassung des BFH begründe dieser Umstand für sich allein noch keinen Leistungsort iSd Art. 9 Abs. 2 der Richtlinie 77/388/EWG.

Bei Zugrundelegung dieser beiden Entscheidungen ließe sich die Frage, ob es sich bei der Gastspielleistung um eine mit der Veranstalterleistung zusammenhängende Leistung handelt, mit der Argumentation des EuGH bejahen, mit der des BFH aber auch verneinen. Das mag unbefriedigend sein, ist jedoch aufgrund des auslegungsbedürftigen Rechtsbegriffs der ‚zusammenhängenden Leistung' nicht anders zu beurteilen. Da einerseits, wie dargestellt, stets eine **enge Auslegung** von Vorschriften dann geboten ist, wenn der Gesetzgeber auf das inländische Besteuerungsrecht verzichtet, spricht einiges für die Argumentation des BFH. Unter Zugrundelegung des mit der Vorschrift des § 3a Abs. 3 Nr. 3a UStG umgesetzten Verbrauchsortsprinzips und der damit verbundenen Intention des Gesetzgebers scheint es jedoch gerechtfertigt, auch die Leistung der Gastspieldirektion als dort erbracht gelten zu lassen, wo sie tatsächlich erbracht wird und damit das Gastspielgeschäft steuerrechtlich mit der Leistung des Veranstalters und des Künstlers gleichzustellen. **1416**

Letztlich kann die Frage dahinstehen, sofern man – wie dargestellt – die Leistung der Gastspieldirektion bereits als eine den Katalogberufen ähnliche Leistung betrachtet. Der Leistungsort einer auf der Grundlage eines Gastspielwerkvertrags erfolgenden Leistung an einen Nichtunternehmer ist im Ergebnis mithin jedenfalls nach § 3a Abs. 3 Nr. 3a UStG zu beurteilen. Ist der Leistungsempfänger der Gastspielleistung hingegen ein Unternehmer, bestimmt sich der Leistungsort nach § 3a Abs. 2 UStG. **1417**

8. Leistungsort bei der Einräumung urheberrechtlicher Nutzungsrechte

Wird nicht die Erbringung einer künstlerischen Darbietung geschuldet sondern werden einem Nichtunternehmer lediglich urheberrechtliche Nutzungsrechte an der Leistung ausübender Künstler eingeräumt, ist § 3a Abs. 3 Nr. 3a UStG nicht anwendbar. Die Regelung des § 3a Abs. 3 Nr. 3 UStG gilt nur für sonstige Leistungen, die in einem positiven Tun bestehen.[1487] Je nachdem, ob die Nutzungsrechte einem Nichtunternehmer oder einem Unternehmer eingeräumt werden, richtet sich der Leistungsort entweder nach § 3a Abs. 1 oder Abs. 2 UStG. **1418**

9. Zusammenfassende Meldung

Gemäß § 18a Abs. 2 UStG hat der inländische Unternehmer bis zum 25. Tag nach Ablauf jedes Kalendervierteljahrs die im übrigen Gemeinschaftsgebiet erbrachten steuerpflichtigen sonstigen Leistungen iSd § 3a Abs. 2 UStG in einer zusammenfassenden Meldung dem BZSt mit den Angaben des § 18a Abs. 7 UStG zu übermitteln. Die zusammenfassende Meldung ist die Grundlage für die Überwachung der innergemeinschaftlich erfolgenden Umsätze. Die so gesammelten Daten werden den Steuerbehörden der Mitgliedsstaaten auf Anfrage übermittelt. Damit soll gewährleistet werden, in welchem Umfang die jeweiligen Leistungsempfänger steuerfreie Leistungen unter Verwendung der in dem jeweiligen Staat erteilten USt-IdNr. erhalten bzw. ihre Steuerschuld als Leistungsempfänger richtig erklärt und abgeführt haben.[1488] Meldepflichtig sind alle Unternehmer iSv § 2 UStG, die in dem jeweiligen Zeitraum steuerfreie innergemeinschaftliche sonstige Leistungen iSd § 3a Abs. 2 UStG erbracht haben. Das bedeutet im Umkehrschluss, dass andere Leistungen – und vorliegend relevant vor allem Leistungen nach § 3a Abs. 3 UStG – nicht meldepflichtig sind. Da § 18a Abs. 2 UStG die Meldepflicht ausschließlich für steuerpflichtige Leistungen statuiert, ist eine zusammenfassende Meldung für steuerfreie Leistungen nicht erforderlich. Al- **1419**

[1487] Stadie in Rau/Dürrwächter UStG § 3a Rn. 345; USTAE Abschn. 3a.6. Abs. 4; Kemper in PMW UStG § 3a Rn. 234.
[1488] Leonard in Bunjes UStG § 18a Rn. 1 ff.

lerdings ist im Einzelfall zu prüfen, ob die im Inland zB nach § 4 Nr. 20 lit. a oder b UStG steuerfreie Leistung nach der Steuergesetzgebung am Ort der Leistungserbringung steuerbar ist.[1489]

10. Leistungsort bei sonstigen Leistungen in Drittlandsgebieten

1420 Werden sonstige Leistungen von inländischen Unternehmern (zB Künstlern, Veranstaltern) im Drittlandsgebiet erbracht, ist bei der Ermittlung des Leistungsorts – anders als bei Vermittlern – ebenfalls auf den Status des Leistungsempfängers abzustellen. Wird die Leistung an einen Nichtunternehmer erbracht, ist sie gem. § 3a Abs. 3 Nr. 3a UStG im Inland ohne Umsatzsteuerausweis zu fakturieren. Zu prüfen ist allerdings, ob der Umsatz im Drittland steuerpflichtig ist. Dann ist dort die Umsatzsteuererklärung vorzunehmen. Ist der Leistungsempfänger ein Unternehmer, kann der Nachweis der Unternehmereigenschaft durch eine Bescheinigung einer Behörde des Sitzstaates geführt werden.[1490]

III. Steuerfreiheit

1421 Kaum ein steuerrechtliches Problem hat die Veranstaltungsbranche jemals so existenziell berührt wie die Mitte des letzten Jahrzehnts aufgekeimten Bestrebungen der Finanzverwaltung und in Folge auch der Gerichte, Umsätze von Künstlern und Veranstaltern auf der Grundlage von § 4 Nr. 20a bzw. b UStG ggf. auch gegen den Willen des Steuerpflichtigen als steuerfrei zu behandeln. Wird die Steuerfreiheit festgestellt, verliert der Unternehmer die Entlastung durch den Vorsteuerabzug. Hat er hohe Vorsteuern, wirkt sich das wie eine Kostenerhöhung aus. Da Allgemein- und Produktionskosten regelmäßig dem Regelsteuersatz unterliegen, während der Verkauf der Eintrittsberechtigung sowie die Honorare der ausübenden Künstler regelmäßig ermäßigt steuerbar sind, kann die daraus resultierende Belastung erheblich sein.

1422 Die Umsatzsteuerbefreiung erfolgt unter Anwendung von § 4 Nr. 20a S. 2 UStG. Gemäß S. 1 der Vorschrift sind die Umsätze der Gebietskörperschaften, die sie mit Theatern, Orchestern, Kammermusikensembles, Chören und Museen tätigen, steuerfrei. Der Vorschrift liegt die Erwägung zugrunde, dass es sich im Bereich kultureller Einrichtungen der öffentlichen Hand „um Einrichtungen handelt, die in erheblichem Umfang **staatlich subventioniert** sind und bei denen die erzielten Umsätze keine Aussagekraft hinsichtlich der Belastbarkeit ihrer Umsätze mit Umsatzsteuer besitzen. Es kommt hinzu, dass im Falle einer Steuerpflicht dieser Einrichtungen die Eintrittspreise voraussichtlich nicht erhöht werden könnten, sondern die gewährten Subventionen aufgestockt werden müssten".[1491] Durch die Steuerfreiheit der Umsätze jener Einrichtungen sollte eine Aufstockung der Subventionen vermieden werden. Übergeordneter Zweck jeder Abweichung vom Regelsteuersatz ist allerdings die Begünstigung des Verbrauchers.

1423 Neben den Umsätzen der öffentlichen Einrichtungen sind gem. § 4 Nr. 20a S. 2 UStG auch die Umsätze steuerfrei, die **andere** – mithin private – **Unternehmer mit gleichartigen Einrichtungen** tätigen, wenn die zuständige Landesbehörde bescheinigt, dass sie die gleichen kulturellen Aufgaben erfüllen wie die in S. 1 aufgeführten öffentlichen Einrichtungen. Gedacht war die Vorschrift zunächst als Form der Subventionierung von Steuerpflichtigen, die vergleichbare kulturelle Aufgaben wie öffentliche Einrichtungen wahrnehmen.[1492] Neben dem zu Recht kritisierten Subventionierungsgedanken bezweckt die Gleichstellung die Herstellung der **Wettbewerbsneutralität** und **Steuergerechtigkeit**

[1489] Leonard in Bunjes UStG § 18a Rn. 10.
[1490] UStAE Abschn. 3a.2. Abs. 11.
[1491] Bericht des FinanzA BT-Drs. V/1581 in PMW UStG Band I/2 Teil D 20 S. 9.
[1492] Bericht des FinanzA BT-Drs. V/1581 in PMW UStG Band I/2 Teil D 20 S. 9 zu § 4 Nr. 20 u. Art. 13 Teil A Abs. 2 Buchst. a RL 77/388/EWG.

zwischen den Einrichtungen der öffentlichen Hand und mit ihnen vergleichbaren Einrichtungen privater Unternehmer.[1493]

Aufgrund der Differenz zwischen Regel- und ermäßigtem Steuersatz kann der Steuernachteil bei Wegfall des Rechts zum Vorsteuerabzug allerdings den Vorteil überwiegen, der sich daraus ergibt, dass auch die Eintrittskartenerlöse steuerfrei sind. Diese Situation ist im Laufe der vergangenen Jahrzehnte vor allem durch die sukzessive Erhöhung des Regelsteuersatzes entstanden. Während in den 60er Jahren noch davon ausgegangen werden konnte, dass bei einer Diskrepanz zwischen ermäßigtem und Regelsteuersatz von nur 4% die nicht abzugsfähigen Vorsteuern durch die Preiskalkulation aufgefangen werden konnten, ist dies bei der heutigen Steuersatzdifferenz von 12% nicht mehr darstellbar. Die Steuerbarkeit der Unternehmensumsätze mit entsprechender Vorsteuerabzugsmöglichkeit ist daher in vielen Fällen günstiger. 1424

Lange Zeit ging die Branche irrtümlich davon aus, dass die Steuerfreiheit optional beantragt werden könne. Dabei übersah sie, dass in § 9 Abs. 1 UStG eine Option für die Behandlung eines steuerfreien Umsatzes als steuerpflichtiger Umsatz nur für bestimmte Umsätze eingeräumt wird. Die Umsätze gem. § 4 Nr. 20 lit. a und b UStG zählen nicht dazu. Liegen bei einem Unternehmer und dem von ihm getätigten Umsatz die Voraussetzungen der Vorschrift vor, ergibt der Umkehrschluss aus § 9 Abs. 1 UStG, dass es zwingend bei den gesetzlichen Regeln des § 4 UStG bleibt, ohne dass es auf den Willen des Steuerpflichtigen ankäme. Wenn dem privaten Unternehmer ein Wahlrecht zugunsten eines im Einzelfall für ihn vorteilhaften Vorsteuerabzugs zustünde, würde nach Auffassung des Gesetzgebers die Wettbewerbsneutralität konterkariert, da der öffentlichen Hand kein Wahlrecht zusteht. Das wird ausdrücklich durch die Rechtsprechung des BVerwG bestätigt, welches feststellte, dass die Entscheidung über die Steuerfreiheit **keinen Antrag des Unternehmers** voraussetzt und **nicht zu seiner Disposition** stehe. Dem Finanzamt oder der Behörde stehe kein Ermessensspielraum zu, der sie berechtigen könnte, von der Prüfung der an die Steuerfreiheit geknüpften Voraussetzungen abzusehen. Daher sei eine **Befreiung auch gegen den Willen des Unternehmers** möglich. Erfüllten die privaten Unternehmer die gleichen kulturellen Aufgaben wie die öffentlichen Einrichtungen, seien wegen des Steuersicherungsauftrags der Finanzverwaltung nur noch steuerfreie Umsätze möglich.[1494] 1425

Zwar ist festzustellen, dass der in der Sache seit Mitte des vergangenen Jahrzehnts zu beobachtende Aktionismus der Finanzbehörden, bei Veranstaltern mit signifikantem Vorsteuerüberhang nach Umsatzsteuersonderprüfungen Befreiungsverfahren einzuleiten, zwischenzeitlich abgenommen hat. Auch wurden die Rückwirkungsfolgen der Steuerfreiheit durch eine Verjährungsregelung abgemindert. Die existentielle Sorge, dass bei einem Künstler oder Veranstalter, der seine Umsätze als steuerbar behandelt, im Nachhinein das Vorliegen der Voraussetzungen der Steuerfreiheit festgestellt wird, ist in der Branche jedoch nach wie vor vorhanden. 1426

1. Voraussetzungen der Steuerfreiheit

§ 4 Nr. 20 lit. a UStG knüpft die Feststellung der Steuerfreiheit an zwei Voraussetzungen: Die Finanzverwaltung hat die Prüfung der **Gleichartigkeit** bezüglich des Unternehmens, die zuständige Landesbehörde die Prüfung hinsichtlich der Gleichartigkeit seiner kulturellen Aufgaben vorzunehmen. Stellt die zuständige Landesbehörde – zB eine Kulturbehörde – die Gleichartigkeit der kulturellen Aufgaben fest, hat sie einen **Gleichstellungsbescheid** zu erlassen, der dann Voraussetzung für die von der Finanzverwaltung festzustellende Steuerbefreiung ist.[1495] 1427

[1493] BVerwG DStRE 2006, 1476 (1477); PMW UStG § 4 Nr. 20 Rn. 2 (552); Vgl. Dziadkowski UR 2011, 408 (411).
[1494] BVerwG UR 2006, 517; BVerwG NJW 2007, 714; BFH BStBl. II 1999, 147; Kohlhaas DStR 2007, 138 (140).
[1495] Vgl. Grams/Schroen DStR 2007, 611.

§ 18   Umsatzsteuerrecht

a) Prüfung des Finanzamtes

1428 Grundsätzlich hat die Prüfung der Frage, ob die Leistungen eines Unternehmens steuerbefreit sind bzw. dem ermäßigten oder dem Regelsteuersatz unterliegen, durch den Steuerpflichtigen bereits vor Aufnahme seiner Tätigkeit zu erfolgen. Soweit im Nachhinein die Steuerfreiheit eines Unternehmens festgestellt wird, geschieht dies entweder auf Antrag des Steuerpflichtigen – ggf. auch nur für ein bestimmtes Projekt oder Programm – oder auf Betreiben des Finanzamtes. Damit soll vermieden werden, dass durch Nichtbeibringung der Bescheinigung durch den Unternehmer dieser sich das Recht zum Vorsteuerabzug bewahrt.[1496] In beiden Fällen obliegt dann allein dem Finanzamt die Prüfung, ob die Voraussetzungen der Gleichartigkeit zwischen privaten Einrichtungen und den Einrichtungen der Gebietskörperschaften vorliegen.[1497] Für Künstler und Veranstalter kommt eine entsprechende Gleichartigkeit allenfalls mit staatlichen Theatern, Orchestern, Kammermusikensembles und Chören in Betracht.

1429 Sofern das Finanzamt die Gleichartigkeit festgestellt hat, ist es verpflichtet, die zuständige Landesbehörde um die Ausstellung der Bescheinigung zu ersuchen, dass die Einrichtung des Privaten die gleichen kulturellen Aufgaben wahrnimmt wie entsprechende öffentliche Einrichtungen.[1498]

aa) Theater

1430 Theater ist der Sammelbegriff der für Zuschauer bestimmten Darstellungen eines **in Szene gesetzten Geschehens**. Der Begriff umfasst jede szenische Darstellung eines äußeren und inneren Geschehens sowie die künstlerische Kommunikation zwischen Darstellern und Zuschauern. Ein Theater wendet sich in der Regel an eine unbestimmte Zahl von Zuschauern und hat die Aufgabe, der Öffentlichkeit Theaterstücke in künstlerischer Form nahezubringen.[1499] Das ist gegeben, wenn genügend künstlerische und technische Kräfte und die zur Ausführung von Theaterveranstaltungen notwendigen technischen Voraussetzungen unterhalten werden, damit die Durchführung eines Spielplans aus eigenen Kräften möglich ist.[1500] Eigene oder gemietete Theaterräumlichkeiten brauchen nicht vorhanden zu sein. Es genügt, dass ein Theater die künstlerischen und technischen Kräfte nur für die Spielzeit eines Stückes verpflichtet.[1501] Damit können nicht nur private Einrichtungen, sondern auch Veranstaltungsunternehmen gem. § 4 Nr. 20a UStG freigestellt werden, deren Leistungen – zB die Aufführung einer Musicalproduktion – den dargestellten Voraussetzungen entsprechen. Als Theater behandelt die Finanzverwaltung daher unter den vorgenannten Voraussetzungen auch Freilichtbühnen, Wanderbühnen, Zimmertheater, Heimatbühnen, Puppen-, Marionetten- und Schattenspieltheater sowie literarische Kabaretts. Nicht unter die Steuerbefreiung sollen Film- und Variétéaufführungen und sonstige Veranstaltungen der Kleinkunst fallen.[1502]

1431 Der BFH entschied, dass selbst ein Ensemble wie die ‚Chippendales', in den Feststellungen der Vorinstanz als „männliche Stripgruppe" bezeichnet, deren Aufführungen sich ausschließlich an weibliche Gäste richten, grundsätzlich ein Theater sein kann. Das Finanzamt ging hingegen davon aus, dass mit den Veranstaltungen der Gruppe eine gezielte Geschlechterausgrenzung vorgenommen werde, was weder dem Sinn und Zweck der Steuerbefreiung noch dem der Gewährung des ermäßigten Steuersatzes entspräche. Es lehnte daher die Gleichartigkeit mit Theaterleistungen der öffentlichen Hand ab. Gemäß der Entscheidung des BGH besteht ein derartiger Versagungsgrund nicht. Ausreichend sei, dass

---

[1496] BFHE 187, 334.
[1497] BVerwG UR 2007, 305.
[1498] Vgl. VG Düsseldorf Urt. v. 2.12.2011 – 25 K 752/11.
[1499] BVerwG NJW 2009, 793; UStAE Abschn. 4.20.1. Abs. 1.
[1500] BFHE 71, 79; UStAE Abschn. 4.20.1. Abs. 1.
[1501] BFHE 71, 79.
[1502] UStAE Abschn. 4.20.1. Abs. 2.

Umsatzsteuerrecht § 18

sich das Theater an eine unbestimmte Zahl von Besuchern richte. Das jeweilige Geschlecht der Besucher sei ebenso wenig maßgeblich wie das Niveau des Theaters.[1503]

Die Voraussetzungen der Steuerfreiheit sind gem. einer Entscheidung des BFH bei Leistungen von **Theaterregisseuren**, die als selbständige Unternehmer auf der Grundlage eines Werkvertrags für ein Theater tätig werden, nicht gegeben. Ein Regisseur mag während jeder Vorstellung zwar durch die sich auf der Bühne befindenden Künstler mitwirken und hierdurch der Vorstellung sein Gepräge geben. Das Wirken der Akteure auf der Bühne in der Inszenierung des Regisseurs sei diesem jedoch nicht derart als eigene Leistung zuzurechnen, dass er hierdurch als eine dem Theater einer Gebietskörperschaft gleichartige Einrichtung angesehen werden kann.[1504] 1432

bb) Orchester, Kammermusikensembles, Chöre

Zu den Orchestern, Kammermusikensembles und Chören gehören alle Musiker- und Gesangsgruppen, die aus zwei oder mehr Mitwirkenden bestehen.[1505] Gemäß eines Urteils des EuGH sind die Mitgliedstaaten nicht berechtigt, bei der Definition der kulturellen Leistung im Bereich der Musik danach zu differenzieren, ob sie durch einen oder mehrere Musiker erbracht wird. Der Grundsatz der steuerlichen Neutralität verbiete es, „dass Einzelkünstler, sobald der kulturelle Charakter ihrer Leistungen anerkannt sei, nicht ebenso wie kulturelle Gruppen als Einrichtungen angesehen werden können, die den Einrichtungen des öffentlichen Rechts gleichgestellt sind, die bestimmte von Art. 13 Teil A Abs. 1 Buchst. n der Richtlinie 77/388/EWG erfasste kulturelle Dienstleistungen anbieten".[1506] 1433

Auf die Art der Musik und die Qualität der Darbietung kommt es nicht an.[1507] Auch kleinere Instrumentalensembles für Unterhaltungs- und Volksmusik können gleiche Aufgaben erfüllen wie die Orchester, Kammermusikensembles und Chöre.[1508] 1434

b) Prüfung der Landesbehörde

Geht die Finanzbehörde von der Gleichartigkeit der Einrichtung aus, hat sie bei der zuständigen Landesbehörde die Prüfung der Gleichartigkeit der von der privaten Einrichtung wahrgenommen kulturellen Aufgaben mit den Aufgaben öffentlicher Einrichtungen zu beantragen. Während in der Rechtsprechung beide Prüfungen zumeist als Gleichartigkeitsprüfungen bezeichnet werden, wird im Folgenden zur Differenzierung die der Landesbehörde obliegende Prüfung als **Gleichwertigkeitsprüfung** bezeichnet.[1509] Damit soll nicht der Eindruck erweckt werden, dass es der Behörde obliegt, die Güte der Leistung zu beurteilen und diese als ‚kulturelle Darbietung' zu qualifizieren.[1510] Auf Anregung von Kulturstaatsminister Bernd Neumann hat der **Kulturausschuss der Ständigen Konferenz der Kultusminister der Länder** in der Bundesrepublik Deutschland 2010 in einer eigens dafür eingerichteten Ad hoc-Arbeitsgruppe einheitliche Kriterien für die Beurteilung des Merkmals der ‚gleichen kulturellen Aufgaben' iSd § 4 Nr. 20a S. 2 UStG erarbeitet. Danach bestimmt sich der Kulturauftrag der staatlichen Einrichtungen ua durch **kulturelle Bildung**, das **Bewahren des kulturellen Erbes**, die **Nachwuchsgewinnung und -förderung**, die **Wahrnehmung experimenteller Kunst trotz wirtschaftlichen Risikos**, die **Zugänglichkeit für die Öffentlichkeit** sowie die **Wissenschaftlichkeit der Samm-** 1435

[1503] BFH Urt. v. 19.10.2011 – XI R 40/09.
[1504] BFHE 233, 367; anders Küntzel DStR 2006, 598.
[1505] UStAE Abschn. 4.20.2. Abs. 1.
[1506] EuGH DStR 2003, 638.
[1507] Heidner in Bunjes UStG § 4 Nr. 20 Rn. 10.
[1508] VG München Urt. v. 12.2.2009 – M 17 K 08.2969.
[1509] So auch VG Augsburg Urt. v. 29.9.2010 – Au 4 K 09.1768; VG Ansbach Urt. v. 9.6.2011 – AN 16 K 10.02605.
[1510] Vgl. VG München Urt. v. 12.2.09 – M 17 K 08.2969; BVerwG NJW 2009, 793.

lungen.¹⁵¹¹ Soweit festzustellen ist, ob von anderen Unternehmern tatsächlich „gleiche" kulturelle Aufgaben erfüllt werden geht es daher dennoch auch um eine Wertigkeitsfrage. Denn die Behörde hat zu prüfen, ob die Leistungen des Privaten ‚lediglich' der Bereicherung des kulturellen Lebens oder tatsächlich auch den vorbeschriebenen kulturellen Aufgaben der öffentlichen Einrichtungen dienen.

1436 Verfahrensvorschriften für die der Landesbehörde überantwortete Bescheidung sind bisher nicht ersichtlich. Wird die Bescheinigungsbehörde durch das Ersuchen des Finanzamts um entsprechende Prüfung in das Besteuerungsverfahren eingebunden, verbleibt ihr kein Handlungsermessen, ob sie tätig wird. Die Bescheinigung ist vielmehr zwingend zu erteilen, wenn die gesetzlichen Voraussetzungen des § 4 Nr. 20a S. 2 UStG vorliegen.¹⁵¹² Die Gleichwertigkeitsprüfung muss sich nicht an einer Gesamtschau der künstlerischen Tätigkeit orientieren, sondern kann sich auf einzelne Programme beschränken.¹⁵¹³ Von der Art der Musik her kann es sich auch um Unterhaltungsmusik handeln.¹⁵¹⁴

1437 Der Antrag an die Landesbehörde kann sowohl von dem privaten Unternehmer als auch vom Finanzamt gestellt werden. Erfolgt die Gleichwertigkeitsprüfung auf Betreiben des Finanzamts, ergeht sie nicht gegenüber dem Unternehmer, sondern gegenüber dem Finanzamt. Gastieren ausländische Theater und Orchester im Inland an verschiedenen Orten, genügt eine Bescheinigung der Landesbehörde, in deren Zuständigkeitsbereich das ausländische Ensemble erstmalig im Inland tätig wird.¹⁵¹⁵

2. Steuerfreiheit der Veranstalter steuerbefreiter Künstler

1438 Gemäß § 4 Nr. 20b UStG erstreckt sich die Steuerbefreiung auch auf Veranstalter von nach lit. a befreiten Einrichtungen. Tritt bei einer von einem privaten Unternehmer veranstalteten Theateraufführung oder einem Konzert ein gem. § 4 Nr. 20b UStG befreiter Künstler auf, dessen Umsatz gem. lit. a der Vorschrift befreit ist, ist die gesamte Veranstaltung steuerfrei. Damit entfällt dann bei dem Veranstalter auch das Recht zum Vorsteuerabzug.¹⁵¹⁶ Legt ein unter die Steuerbefreiung nach § 4 Nr. 20a S. 2 UStG fallender Künstler dem Veranstalter keine entsprechende Bescheinigung vor, kann davon ausgegangen werden, dass der Veranstalter seine Umsätze der Umsatzsteuer unterwerfen und aus der Rechnung des Künstlers den Vorsteuerabzug vornehmen kann. Allerdings trägt der Veranstalter das Risiko, dass im Nachhinein die Steuerfreiheit der Umsätze des Künstlers festgestellt wird. Soweit dann noch keine Bestandskraft der Umsatzsteuerfestsetzung eingetreten ist, muss der Veranstalter mit ihrer Änderung und damit auch mit einer Korrektur des Vorsteuerabzugs rechnen.¹⁵¹⁷

1439 Auch hinsichtlich der Steuerbefreiung nach § 4 Nr. 20b UStG besteht für den Veranstalter **kein Wahlrecht**; den Künstlern ausgestellte Bescheinigungen nach § 4 Nr. 20a S. 2 UStG dürfen daher von dem Veranstalter nicht ignoriert werden.¹⁵¹⁸

1440 Zur Frage, wie in Hinblick auf § 4 Nr. 20b UStG zu verfahren ist, wenn bei einer Veranstaltung nur einige Künstler steuerbefreit, die Mehrzahl der mitwirkenden Künstler jedoch nicht steuerbefreit sind gibt es, soweit ersichtlich, noch keine Rechtsprechung. Angesichts der dargestellten Rechtsprechung des BVerwG wäre dem Veranstalter anzuraten, dass er zunächst den Antrag auf Erlass eines **Gleichstellungsbescheids** nach § 4 Nr. 20a UStG für

---

¹⁵¹¹ Protokoll v. 4.1.2010 der Adhoc-Arbeitsgruppe des Bundes und der Länder zu § 4 Nr. 20a UStG v. 3.12.2009, bekannt gegeben durch Erlass des Sächsischen Staatsministeriums für Wissenschaft und Kunst v. 18.1.2010 – 2-7991.20/61; dazu www.bundesregierung.de/Webs/Breg/DE/Bundesregierung/BeauftragterfuerKulturundMedien/kultur/rechtsrahmen/_node.html.
¹⁵¹² BVerwG DStRE 2006, 1476.
¹⁵¹³ FG Köln EFG 2008, 1919.
¹⁵¹⁴ Heidner in Bunjes USTG § 4 Nr. 20 Rn. 10; UStAE Abschn. 4.20.2.
¹⁵¹⁵ UStAE Abschn. 4.20.5. Abs. 1.
¹⁵¹⁶ Vgl. BVerwG NJW 2009, 793.
¹⁵¹⁷ Vgl. OFD Frankfurt a.M. UR 2007, 468 (469).
¹⁵¹⁸ OFD Frankfurt a.M. UR 2007, 468 (469).

die gesamte Veranstaltung stellt. Wird der Bescheid nicht erteilt, muss sein Vertrauen in diesen Bescheid geschützt werden. Er sollte dann die Veranstaltung als umsatzsteuerpflichtig behandeln dürfen.

Werden bei Theatervorführungen mehrere Veranstalter – zB ein Tourneeveranstalter zusammen mit eine Örtlichen Veranstalter – tätig, steht gem. Verwaltungsanweisung jedem von ihnen die Steuerbefreiung zu, wenn er die Voraussetzungen des § 4 Nr. 20b UStG erfüllt.[1519] **1441**

Aufgrund der sehr großzügigen Steuerbefreiung von Künstlern und Musikgruppen hat bei Veranstaltungen auch die Steuerbefreiung nach § 4 Nr. 20b UStG erkennbar zugenommen. Problematisch ist dann bereits – wie dargestellt – ob die Mitwirkung nur einzelner steuerbefreiter Künstler die Steuerfreiheit des gesamten Veranstaltungsumsatzes begründet. Probleme können ferner entstehen, wenn der Veranstalter erst nach Eröffnung des Kartenvorverkaufs und damit nach Abschluss seiner Kalkulation von der Steuerbefreiung einer seiner Künstler erfährt. Zu Recht wird auch darauf hingewiesen, dass noch nicht einmal klar ist, worauf der Veranstalter die Information, eine bestimmte Leistung eines Künstlers sei steuerbefreit, gründen soll. Denn die auf Betreiben des Künstlers erfolgte Gleichstellungsbescheinigung einer Kulturbehörde sagt noch nichts darüber aus, ob auch das Finanzamt die Gleichartigkeit festgestellt hat.[1520] **1442**

3. Zusammenwirken steuerbefreiter Veranstalter mit steuerpflichtigen Künstlern

Verpflichtet ein gem. § 4 Nr. 20a UStG steuerbefreites Theater oder ein steuerbefreites Orchester für eine Veranstaltung umsatzsteuerpflichtige Künstler, stellt sich für das Theater bzw. Orchester die an die Künstler zu zahlende Umsatzsteuer nicht neutral, sondern als Kostenfaktor dar. Der BFH entschied bezüglich der steuerlichen Behandlung von Leistungen, die steuerpflichtige Musiker für ein nach § 4 Nr. 20a UStG umsatzsteuerbefreites Orchester erbringen, dass sich die Freistellung des Orchesters auch auf die Leistungen der mitwirkenden Musiker erstrecke.[1521] Diesem Urteil schloss sich auch der BFH unter Aufgabe seiner bisherigen Rechtsprechung[1522] an. Sofern einem Orchester eine **Gleichstellungsbescheinigung** erteilt wurde, gelte für die in dem Orchester mitwirkenden Künstler nichts anderes. Es bedürfe dazu keiner zweiten Gleichartigkeitsprüfung mehr.[1523] **1443**

4. Steuerbefreiung von Nebenleistungen

Ist ein Unternehmer gem. § 4 Nr. 20 lit. a oder b UStG von der Steuer befreit, kann sich die Frage stellen, ob Nebeneinnahmen zB aus der Gastronomie, aus Garderoben- oder Parkplatzgebühren das Schicksal der befreiten Hauptleistung teilen. Eine Leistung ist stets dann eine das Schicksal der Hauptleistung teilende Leistung, wenn sie für die Kundschaft keinen eigenen Zweck, sondern das Mittel darstellt, um die Hauptleistung des Leistungserbringers unter optimalen Bedingungen in Anspruch nehmen zu können.[1524] **1444**

Gemäß Art. 132 Buchst. n MwStSystRL sind von den Mitgliedstaaten auch die mit den kulturellen Dienstleistungen eng verbunden Lieferungen von Gegenständen von der Umsatzsteuer zu befreien. Art. 132 Buchst. o MwStSystRL schränkt die durch Buchst. n gewährte Steuerfreiheit von Nebenleistungen allerdings ein. Umsätze sind danach bei Dienstleistungen und Lieferungen bei Veranstaltungen, deren Umsätze nach Buchst. n befreit sind, nur befreit, „[…] wenn die Veranstaltungen dazu bestimmt sind, den Einrichtun- **1445**

[1519] UStAE Abschn. 4.20.1. Abs. 4.
[1520] Schroen DStR 2007, 1566; vgl. dazu auch FG Berlin-Brandenburg DStRE 2009, 669.
[1521] BGH UR 2003, 545.
[1522] BFHE 179, 477.
[1523] BFHE 228, 474; BFH Gerichtsbescheid v. 20.8.2009 – V R 28/08 (nv).
[1524] Vgl. zB EuGH DStR 2011, 515 mwN.

gen eine finanzielle Unterstützung zu bringen und ausschließlich zu ihrem Nutzen durchgeführt werden, vorausgesetzt, dass diese Befreiung nicht zu einer Wettbewerbsverzerrung führt".

a) Gastronomieleistungen

1446 Die Voraussetzung von Art. 132 Buchst. n MwStSystRL läge bei Gastronomieleistungen jedenfalls dann vor, wenn sie Teil einer mit der kulturellen Leistung einheitlichen Leistung sind. Zur Beurteilung der Frage, wann eine Nebenleistung Teil der Hauptleistung ist, stellt der EuGH darauf ab, ob die Leistungen im Wirtschaftsleben voneinander getrennt werden können.[1525] Einerseits sei dabei zu beachten, dass jede Dienstleistung in der Regel als eigene, selbständige Leistung zu betrachten ist. Andererseits dürfe aber eine wirtschaftlich einheitliche Dienstleistung im Interesse eines funktionierenden Mehrwertsteuersystems nicht künstlich aufgespalten werden.[1526]

1447 Gemäß BFH ist eine Leistung als Nebenleistung zu einer Hauptleistung anzusehen, wenn sie für den Leistungsempfänger keinen eigenen Zweck hat, sondern das Mittel darstellt, um die Hauptleistung des Leistenden unter optimalen Bedingungen in Anspruch zu nehmen. Entscheidend sei dabei die Sicht des Durchschnittsverbrauchers. Ein Theater verfolge mit Gastronomieleistungen allerdings einen eigenen selbständigen Zweck, nämlich dem Theater zusätzliche Einnahmen zu verschaffen. Die Gastronomieleistung sei daher zur Durchführung der Theatervorstellung nicht unerlässlich.[1527] Im Übrigen stellt der BFH nachvollziehbar fest, dass sich Gastronomieleistungen nicht im Rahmen der durch Art. 132 Buchst. o MwStSystRL vorgegebenen Einschränkungen bewegen. Zutreffend weist das Gericht darauf hin, dass eine Theatergastronomie mit ihren Umsätzen im Wettbewerb mit anderen Gastronomieunternehmen der Region steht. Der Grundsatz der umsatzsteuerlichen Neutralität, demzufolge Wirtschaftsteilnehmer, die gleichartige Umsätze bewirken, bei der Mehrwertsteuererhebung nicht unterschiedlich behandelt werden, gebiete es, Restaurationsumsätze eines Theaters ebenso zu behandeln wie die anderer Gastronomiebetreiber.[1528]

b) Parkplatz- und Garderobengebühren

1448 Anders als bei Gastronomieleistungen handelt es sich bei dem Angebot von Parkplätzen und Garderoben anlässlich steuerbefreiter Veranstaltungen um Leistungen, die nicht nur eng mit der Veranstaltungsleistung verknüpft, sondern deren Inanspruchnahme zur Inanspruchnahme der Hauptleistung – nämlich des Veranstaltungsbesuchs – unerlässlich sind. Daher behandelt auch die Finanzverwaltung die Aufbewahrung der Garderobe, den Verkauf von Programmen und die Vermietung von Operngläsern als Nebenleistung der steuerbefreiten Hauptleistung.[1529] Das gleiche muss auch für Parkplatzgebühren gelten.

5. Rückwirkung der Bescheinigung

1449 Da der **Gleichstellungsbescheid** bzw. die **Gleichstellungsbescheinigung** ein **Grundlagenbescheid** gem. § 171 Abs. 10 AO ist, wirkt er in die Vergangenheit mit der Konsequenz zurück, dass die Leistungen des Unternehmens auch bereits in der Vergangenheit von der Umsatzsteuer befreit waren. Da eine gem. § 17 Abs. 1 UStG mögliche Korrektur zB der auf Eintrittskarten ausgewiesenen Umsatzsteuer bereits aus tatsächlichen Gründen nicht möglich ist, führt dies zur Anwendung von § 14c Abs. 1 UStG mit der Konsequenz, dass der Unternehmer den vereinnahmten Mehrbetrag schuldet. Soweit in der Vergangen-

---

[1525] Vgl. EuGH DStR 2009, 1260 (1261 f.).
[1526] EuGH IStR 1999, 205.
[1527] BFHE 211, 85 (89); BFHE 210, 479; BFHE 186, 151; BFHE 178, 248.
[1528] BFHE 211, 85 (90); BFHE 210, 479.
[1529] UStAE Abschn. 4.20.1. Abs. 3.

heit Vorsteuern geltend gemacht wurden, gab es dafür keine Rechtsgrundlage, sodass diese an das Finanzamt zurückzuzahlen sind.[1530]

Maßgeblich für die Beurteilung der steuerfreien Leistung ist der in der Bescheinigung 1450 angegebene Zeitraum.[1531] Die Bescheinigung kann auch rückwirkend – allerdings gem. § 4 Nr. 20 Buchst. a S. 3 UStG zeitlich begrenzt – erteilt werden. Enthält die Bescheinigung keine konkrete Angabe zum beurteilten Zeitraum, ließe dies die Interpretation zu, dass dann unabhängig von einer zeitlichen Einschränkung die betreffenden Künstler jedenfalls für den ganzen Zeitraum, in dem sie tätig gewesen sind, mit den staatlichen und kommunalen Einrichtungen hinsichtlich der Erfüllung kultureller Aufgaben gleichgestellt werden sollen.[1532]

Zwar ist es der Veranstaltungswirtschaft bisher nicht gelungen, den Gesetzgeber dazu zu 1451 bewegen, die grundsätzliche Anwendbarkeit des § 4 Nr. 20 UStG auf nicht kommerzielle Veranstaltungen zu beschränken. Erreicht werden konnte jedoch mit Wirkung zum 1.11.2011 die bereits erwähnte **Begrenzung der Rückwirkung des Gleichstellungsbescheids**. Seitdem gilt eine Befristung entsprechend den Regelungen der AO zur Feststellungsverjährung. Gemäß § 4 Nr. 20 Buchst. a S. 3 UStG darf die Bescheinigung von der zuständigen Landesbehörde auf der Grundlage von § 181 Abs. 1 S. 1 iVm § 169 Abs. 1, 2 S. 1 und § 170 Abs. 1, 3 AO grundsätzlich nur für einen Zeitraum von vier Jahren nach Ablauf des für die Bescheinigung geltenden Jahres bzw. bis zum Eintritt der Festsetzungsverjährung gem. § 181 Abs. 5 AO ausgestellt oder aufgehoben werden.[1533] Damit kommt auch eine Rückabwicklung von Vorsteuerbeträgen regelmäßig nur noch für diesen Zeitraum in Betracht. Die als Grundlagenbescheide wirkenden und allein steuerlichen Zwecken dienenden Bescheinigungen werden damit verfahrensrechtlich den Feststellungsbescheiden der Finanzbehörden gleichgestellt.

6. Rechtsmittel

Der Einwand, dass der Unternehmer kein Unternehmen betreibt, das einer in § 4 Nr. 20a 1452 S. 1 UStG genannten Einrichtungen gleichartig ist, kann er ausschließlich im Einspruchsverfahren gegen den Umsatzsteuerbescheid oder im Streitfall vor dem Finanzgericht geltend machen. Im Bescheinigungsverfahren ist dies nicht möglich, da die Gleichartigkeitsprüfung der Finanzbehörde keine Außenwirkung hat. Das Verwaltungsgericht Leipzig führt dazu aus, dass Bedenken dagegen auch nicht auf Art. 19 Abs. 4 GG gestützt werden könnten. Weder sei es geboten, die der Finanzverwaltung obliegende Gleichartigkeitsprüfung als für das Bescheinigungsverfahren vorgreiflich einzustufen, um den Rechtsschutz des Steuerpflichtigen sicherzustellen, noch bestehe ein Bedürfnis dafür, im Bescheinigungsverfahren die der Finanzverwaltung obliegende Prüfung der Gleichartigkeit der Einrichtung vorzunehmen.[1534]

Bei dem **Gleichstellungsbescheid** handelt es sich hingegen um die Maßnahme einer 1453 Verwaltungsbehörde auf dem Gebiet des öffentlichen Rechts mit Regelungswirkung. Sie hat unmittelbare rechtliche Auswirkungen auf den Steuerpflichtigen und damit die einen Verwaltungsakt kennzeichnende Außenwirkung. Der belastende Charakter der Bescheinigung ergibt sich, sofern die Bescheinigung nicht aufgrund eines Antrags des Steuerpflichtigen erging, aus dem aus der Umsatzsteuerbefreiung resultierenden Verlust des Vorsteuerabzugs. Es handelt sich mithin um einen mit dem Widerspruch angreifbaren Verwaltungsakt, gegen den im Streitfalle gem. § 42 Abs. 1 Alt. 1 VwGO vor dem Verwaltungsgericht mit der Anfechtungsklage vorgegangen werden kann.[1535]

[1530] Vgl. dazu auch Kohlhaas DStR 2007, 138 (142).
[1531] BFHE 187, 334.
[1532] FG Köln EFG 2008, 1919 (1920).
[1533] vgl. BMF BStBl I 2012, 877; UStAE Abschn. 4.20.5. Abs. 2.
[1534] VerwG Leipzig Urt. v. 22.5.2012 – 6 K 287/10 (nv).
[1535] VG Augsburg Urt. v. 17.2.210 – Au 4 K 08.1370; OVG Lüneburg Urt. v. 3.12.2008 – 2 LC 267/07.

7. Die Europarechtliche Grundlage

1454 Der Kritik der Veranstalter gegen das seit Mitte des letzten Jahrzehnts zunehmende Risiko der Feststellung der Steuerfreiheit ihrer Unternehmen wird seitens des BMF stets mit dem Einwand begegnet, dass der Gesetzgeber an die Vorgaben der MwStSystRL gebunden sei und keinen **Änderungsspielraum** habe. Diese Behauptung ist jedoch nicht haltbar. Die Richtlinie räumt den Mitgliedstaaten durchaus den Spielraum ein, auf Gewinnerzielung ausgerichtete Unternehmen von der Steuerbefreiung auszunehmen.

1455 § 4 Nr. 20a UStG setzt Art. 132 Buchst. n MwStSystRL um. Dort heißt es:

„(1) Die Mitgliedstaaten befreien folgende Umsätze von der Steuer:
n) bestimmte kulturelle Dienstleistungen und eng damit verbundene Lieferungen von Gegenständen, die von Einrichtungen des öffentlichen Rechts oder anderen von dem betreffenden Mitgliedstaat anerkannten kulturellen Einrichtungen erbracht werden [...]."

1456 Der Katalog der befreiten Leistungen ist damit für die Mitgliedsstaaten bindend. Gemäß dem nachfolgend zitierten Art. 133 Buchst. a MwStSystRL ist es den Mitgliedstaaten allerdings vorbehalten, die Befreiung an Bedingungen zu knüpfen. Die Mitgliedstaaten können danach die Gewährung der Befreiungen nach Art. 132 Abs. 1 Buchst. b, g, h, i, l, m und n MwStSystRL für Einrichtungen, die keine Einrichtungen des öffentlichen Rechts sind, im Einzelfall von der Erfüllung einer oder mehrerer der folgenden Bedingungen abhängig machen:

„a) Die betreffenden Einrichtungen dürfen keine systematische Gewinnerzielung anstreben; etwaige Gewinne, die trotzdem anfallen, dürfen nicht verteilt, sondern müssen zur Erhaltung oder Verbesserung der erbrachten Leistungen verwendet werden."

1457 Gemäß dieses Vorbehalts der MwStSystRL wäre es ohne Verletzung der EU-Richtlinie mithin durchaus möglich, solche privaten Unternehmen von der Steuerbefreiung auszunehmen, deren Geschäftszweck in der systematischen Gewinnerzielung besteht. Darauf, warum dies bisher nicht geschehen ist und wohl auch in der Zukunft nicht zu erwarten ist, wird nachfolgend im Rahmen einer kritischen Würdigung der Vorschrift und ihrer Anwendung noch eingegangen werden.

8. Kritik

1458 Das in § 4 Nr. 20a UStG vorgesehene Verfahren der Steuerbefreiung auch privater Unternehmer wird in der Literatur überwiegend zu Recht erheblich kritisiert.

1459 Es wird zunächst zutreffend darauf hingewiesen, dass sich die ursprüngliche Motivation des Gesetzgebers, kulturelle Einrichtungen durch die Steuerbefreiung zu entlasten, in vielen Fällen von einer Wohltat in ihr Gegenteil verkehrt hat.[1536] Das Argument, dass bei einer Steuerpflicht der Subventionsbedarf der öffentlichen Einrichtungen größer wäre, treffe bereits bei diesen stets dann nicht zu, wenn sie höhere Kosten als Einnahmen haben.[1537] Für die kostenintensive und risikoreiche Veranstaltungsbranche muss die Versagung des Vorsteuerabzugs zwangsläufig zu einer **Erhöhung der Eintrittsentgelte** um mindestens 12% führen. Damit könnte jedenfalls bei kostendeckenden Veranstaltungen die Differenz zwischen dem Vorteil, der durch die Steuerfreiheit der Eintrittseinnahmen entsteht einerseits und dem Verlust des Vorsteuerabzugs auf die regelmäßig mit dem Regelsteuersatz besteuerten Veranstaltungskosten andererseits zumindest annähernd ausgeglichen werden. Der im Vordergrund der Gewährung der Steuerfreiheit stehende Wegfall der Steuerbarkeit der Eintrittseinnahmen alleine vermag aufgrund der erheblichen Steuerdifferenz die Versagung des Vorsteuerabzugs auf die Kosten allerdings nicht einmal bei wirtschaftlich erfolgreich verlaufenden Veranstaltungen auszugleichen.

[1536] Vgl. Dziadkowski UR 2011, 408 (411); Kohlhaas DStR 2007, 138 (140).
[1537] Dziadkowski UR 2007, 408 (411).

Ferner ist es aus Sicht der Kritiker nicht nachvollziehbar, dass gem. der Rechtsprechung **1460**
des BFH die Steuerbefreiung privater Unternehmer nicht zwangsläufig einen **Antrag des
Unternehmers** voraussetzt.[1538] Nach dem Wortlaut des Art. 131 Abs. 1 Buchst. n der
MwStSystRL müsse es sich bei den befreiten privaten Einrichtungen um eine vom Mitgliedstaat „anerkannte" Einrichtung handeln. Dies bedürfe nach üblichem Sprachgebrauch
eines Antrags der Einrichtung. Daher bliebe als einzige allen Interessen gerecht werdende
Lösung lediglich die Einräumung eines Optionsrechts. Zwar lässt sich ein derartiges Optionsrecht weder mit den bereits oben dargestellten Vorgaben der MwStSystRL noch mit
dem Wortlaut des § 9 Abs. 1 UStG in Einklang bringen, der bzgl. des § 4 Nr. 20a UStG
eben gerade kein Wahlrecht des Steuerpflichtigen vorsieht.[1539] Und dass der Gesetzgeber
de lege ferenda von dem Vorbehalt des Art. 133 Buchst. a MwStSystRL Gebrauch macht,
dürfte angesichts der insoweit erheblich divergierenden Interessen der deutschen Musik-
und Veranstaltungswirtschaft kaum zu erwarten sein. Schließlich gibt es eine Vielzahl von
Künstlern und privaten Kultreinrichtungen, die – obwohl auch sie die Gewinnerzielung
anstreben – aufgrund einer geringen Kostenlage die Steuerbefreiung durchaus in einer den
Motiven des Gesetzgebers entsprechenden Weise als Wohltat empfinden.

Erhebliche Kritik erfährt insbesondere das **Fehlen eines Kriterienkatalogs** für die **1461**
vorzunehmende Gleichwertigkeitsprüfung. Es führe dazu, dass das Prüfungsergebnis allein
einer subjektiven Wertung überlassen bliebe. Da nicht definiert sei, worin denn die kulturellen Aufgaben der öffentlichen Einrichtungen bestehen, sei für den Rechtsanwender
nicht mit hinreichender Bestimmtheit erkennbar, wann die Voraussetzungen der Gleichwertigkeit gegeben seien. Daher verstoße die Regelung des § 4 Nr. 20a UStG gegen den
verfassungsrechtlichen **Bestimmtheitsgrundsatz**.[1540] Diese Kritik dürfte sich allerdings
mit dem im Jahre 2010 durch die Ad hoc-Arbeitsgruppe aufgestellten Kriterienkatalog erledigt haben.

Einen anschaulichen Beweis für das offenbare Fehlen jeglicher Richtlinien für die den **1462**
Landesbehörden auferlegte Prüfung ist die durch die Behörde für Kultur, Sport und Medien der Hansestadt Hamburg im Februar 2008 erfolgte Ausstellung einer Gleichstellungsbescheinigung für ein Konzert des Weltstars Elton John. Die Bescheinigung wurde im Widerspruchsverfahren mit der Begründung aufgehoben, dass sich seine Darbietungen in der
Bereicherung des kulturellen Lebens erschöpften. Die typischen Aufgabenstellungen der
öffentlichen Einrichtungen[1541] erfüllten die Darbietungen von Elton John jedoch nicht.[1542]

Das Beispiel veranschaulicht die Berechtigung eines weiteren Kritikpunkts. Soweit die **1463**
Landesbehörde nach dem Gesetzeswortlaut zu beurteilen hat, ob eine private Einrichtung
gleiche kulturelle Aufgaben erfüllt, wäre zu erwarten, dass sie bekannt gibt, an welchen öffentlichen Einrichtungen sie denn die zu beurteilenden Aufgaben misst. Denn nur wenn es
öffentliche Einrichtungen gibt, die überhaupt entsprechende Leistungen wie private Einrichtungen erbringen, lässt sich ein Vergleich anstellen. Soweit ersichtlich, wird die Nennung einer Referenzeinrichtung der öffentlichen Hand von den Landesbehörden jedoch
stets für nicht erforderlich gehalten. Neben allgemein gehaltenen Vergleichen mit öffentlichen Orchestern oder Kammermusikensembles wird allenfalls noch ebenso allgemein auf
das Jugendjazzorchester oder die Big Band der Bundeswehr hingewiesen.

Auch die Urteilsbegründungen der Gerichte zur Rechtmäßigkeit von Gleichstellungs- **1464**
bescheiden zeigen anschaulich, dass es auch der Rechtsprechung bisher nicht gelungen ist,
hinreichende Abgrenzungskriterien für die Gleichwertigkeitsprüfung zu schaffen. So hält es
das VG München für ausreichend, dass die Landesbehörde zB auf die Programmgestaltung,
die Zielsetzung und den Wirkungsbereich der betreffenden Einrichtung abstellt. § 4 Nr. 20a

---

[1538] Kohlhaas DStR 2007, 138 (140).
[1539] Vgl. BVerwG DStRE 2006, 1476.
[1540] Grams/Schroen DStR 2007, 611 (612); Stadie in Rau/Dürrwächter UStG § 4 Nr. 20 Rn. 12.
[1541] S. Rn. 1435.
[1542] Nicht veröffentlicht.

§ 18 Umsatzsteuerrecht

UStG sei auch nicht zu unbestimmt, da die Gleichheit der kulturellen Aufgaben als unbestimmter Rechtsbegriff gerichtlich voll überprüfbar sei.[1543] Das VG Minden führt aus, dass privatrechtliche Träger die gleichen Aufgaben dann erfüllen, wenn sie in gleicher Weise wie öffentlich-rechtliche Träger zur Bereicherung des kulturellen Lebens Musik in öffentlich zugänglichen Konzerten darbieten und die musikalische Darbietung der Hauptzweck sei.[1544] Das OVG Hamburg stellt auf das Programm der Einrichtung ab und erachtete es als maßgeblich, dass an einem Festival bestimmte Personen beteiligt waren, die schon in der Vergangenheit mit der Leitung von kulturellen Programmen betraut waren. Im Übrigen habe die Kulturbehörde das Festival als „kulturelles Spektakel" bezeichnet, das man durchaus mit entsprechenden Veranstaltungen der öffentlichen Hand vergleichen könne.[1545]

1465 Neben den rechtlichen Bedenken wegen der hinreichenden Bestimmtheit von Gleichstellungsbescheiden wird zu Recht in Frage gestellt, ob sich eine Gleichwertigkeit kultureller privater und öffentlicher Aufgaben überhaupt annehmen lasse. Da sich der Staat nur eingeschränkt privatwirtschaftlich und auf Gewinnwirtschaft ausgerichtet betätigen dürfe, endeten die kulturellen Aufgaben der öffentlichen Hand dort, wo Bereiche primär der Privatwirtschaft überlassen seien. Entsprechend dürfe ein Gleichstellungsbescheid für Unternehmen nicht erteilt werden, deren Geschäftszweck die **kommerzielle Vermarktung von Musik** sei.[1546]

1466 Diese Kritik wurde nunmehr erstmalig durch ein Urteil des VerwG Leipzig bestätigt, welches im Einzelfall grundsätzlich eine Abwägung zwischen ‚Kommerz' und ‚Kultur' für geboten hält. In dem vom Gericht überprüften Gleichstellungsbescheid der Landesdirektion wurde bescheinigt, dass die szeneübergreifend erfolgreiche New-Wave-Band Pitchfork, die mit ihren Veröffentlichungen regelmäßig die Media-Control-Charts erreichte, die gleichen kulturellen Aufgaben wahrnehme wie vergleichbare öffentliche Einrichtungen. Das Gericht stellte zur Auslegung des unbestimmten Rechtsbegriffs der ‚gleichen kulturellen Aufgaben' auf die der normativen Regelung zugrunde liegenden Interessen ab. Es sei erforderlich, diese zu erfassen, sie zu bewerten und sie auch im Hinblick auf die Rechtsfolge gegeneinander abzuwägen. Dazu legte es den von der Adhoc-Arbeitsgruppe des Bundes und der Länder definierten kulturellen Auftrag zu Grunde. Jene Kriterien müssen gem. dem Protokoll weder kumulativ vorliegen noch sind sie abschließend. Sie sollen Richtwerte darstellen und Eingrenzungen ermöglichen. Das Gericht stellte fest, dass in jedem Einzelfall eine **Abwägung zwischen der Gewinnerzielungsabsicht und dem Kulturauftrag** vorzunehmen sei, bei dem auch die kulturpolitischen Zwecke der Vorschrift zu berücksichtigen seien.[1547] Unter Zugrundelegung dieser Kriterien hob es den Gleichstellungsbescheid auf. Eine Künstlergruppe, die seit Jahren erfolgreich am Musikgeschäft teilnehme, erfülle nicht, wie von der Landesbehörde angenommen, die gleichen kulturellen Aufgaben wie öffentliche Einrichtungen bei der Wahrnehmung experimenteller Kunst trotz wirtschaftlicher Risikos. Für die gebotene Abwägung sei es nicht ausreichend, in dem Bescheid die Gewinnerzielungsabsicht lediglich in der Feststellung zu berücksichtigen, dass es nicht ausschlaggebend sei, ob das Projekt der Musikgruppe „typischerweise subventionsbedürftig" oder „kommerziell überaus erfolgreich" ist. Angesichts des über 20 Jahre andauernden Erfolgs der Musikgruppe müsse die Abwägung zu dem Ergebnis führen, dass die Voraussetzungen für den Erlass eines Gleichstellungsbescheids nicht vorliegen.

1467 Es ist sehr zu begrüßen, dass mit dieser Entscheidung erstmalig die Anforderungen an die gebotene Abwägung postuliert wurden. Die fundierte Begründung des VerwG Leipzig

---

[1543] VG München Urt. v.12.2.2009 – M 17 K 08.2969; entsprechend auch BVerwG NJW 2007, 714.
[1544] VG Minden NJW 2006, 636; Grams/Schroen DStR 2007, 611 (613).
[1545] OVG Hamburg DÖV 2004, 626; Grams/Schroen DStR 2007, 611 (613).
[1546] Grams/Schroen DStR 2007, 611 (614).
[1547] VerwG Leipzig, Urt. v. 22.5.2012 – 6 K 287/10 (nV); nach Redaktionsschluss im Ergebnis entsprechend aber mit anderer, die Kritik weitgehend bestätigender Begründung: OVG Nordrhein-Westfalen, 31.7.2013, 14 A 2542/12 (nV).

Umsatzsteuerrecht § 18

dürfte es zukünftig schwer machen, ohne eine entsprechend sorgfältige Abwägung die Gleichwertigkeit kommerzieller Musikgruppen mit öffentlichen Einrichtungen anzunehmen.

IV. Steuerbarkeit

Soweit nicht die Voraussetzungen der Steuerfreiheit nach § 4 Nr. 20a bzw. lit. b UStG gegeben sind, unterliegen gem. § 12 Abs. 2 Nr. 7a UStG die **Eintrittsberechtigung für Theater und Konzerte sowie die den Theatervorführungen und Konzerten vergleichbaren Darbietungen ausübender Künstler** dem ermäßigten Steuersatz. Die Vorschrift hat gegenüber § 4 Nr. 20a bzw. lit. b UStG subsidiäre Bedeutung, da sie nur für steuerpflichtige Umsätze gilt und der Anwendungsbereich der Befreiungsvorschrift weiter gefasst ist.[1548]   1468

Die Ermächtigung des nationalen Gesetzgebers zur ermäßigten Besteuerung ergibt sich aus Art. 98 Abs. 2 MwStSystRL. Danach sind die Mitgliedsstaaten berechtigt, auf bestimmte Waren und Dienstleistungen einen ermäßigten Mehrwertsteuersatz anzuwenden. Nach Anh. III Kategorie 7 MwStSystRL fallen hierunter auch die „Eintrittsberechtigungen für Veranstaltungen, für Theater, Zirkus, Jahrmärkte, Vergnügungsparks, Konzerte, Museen, Tierparks, Kinos und Ausstellungen sowie ähnliche kulturelle Ereignisse und Einrichtungen". Auf diese Weise sollen die Mitgliedsstaaten die Möglichkeiten haben, durch einen niedrigeren Steuersatz zugunsten der Besucher bestimmter kultureller Veranstaltungen eine Preiserhöhung zu vermeiden.[1549] Da es sich um eine Ausnahme von dem Grundsatz handelt, dass für sonstige Leistungen der Regelsteuersatz gilt, sind die Bestimmungen **eng auszulegen**, wobei die Auslegung grundsätzlich nach der gewöhnlichen Bedeutung zu erfolgen hat.[1550]   1469

Die aktuelle Fassung des § 12 Abs. 2 Nr. 7a UStG wurde zum 16.12.2004 im Wege eines **Novellierung** der bis dahin geltenden Fassung in Kraft gesetzt. Gemäß der alten Fassung waren ermäßigt steuerbar „die Leistungen der Theater, Orchester, Kammermusikensembles, Chöre und Museen sowie die Veranstaltung von Theatervorführungen und Konzerten durch andere Unternehmer". Bis zur Novellierung der Vorschrift entsprach es der hM in Literatur und Rechtsprechung, dass der ermäßigte Steuersatz nur von Ensembles, nicht jeden von Solisten in Anspruch genommen werden durfte. Die Novellierung erfolgte in Umsetzung einer gegen die Bundesrepublik Deutschland ergangenen **Entscheidung des EuGH**. Der Gerichtshof hatte festgestellt, dass ein Mitgliedstaat gegen seine Verpflichtungen aus Art. 12 Abs. 3 Buchst. a UAbs. 3 der sechsten Mehrwertsteuerrichtlinie 77/388 zur Harmonisierung der Rechtsvorschriften der Mitgliedstaaten über die Umsatzsteuern verstoße, wenn er einen ermäßigten Mehrwertsteuersatz auf Leistungen, die Musikensembles direkt für die Öffentlichkeit oder für einen Konzertveranstalter erbringen, sowie auf Leistungen anwendet, die von Solisten direkt für die Öffentlichkeit erbracht werden, hingegen auf die Leistungen von Solisten, die für einen Veranstalter tätig sind, den Normalsatz anwendet.[1551]   1470

Die neue Fassung der Vorschrift warf für die Veranstaltungsbranche eine Reihe von Abgrenzungsfragen auf. So war zu klären, wann es sich bei den Leistungen ausübender Künstler um eine mit einem Konzert bzw. einem Theater ‚vergleichbare Darbietung' handelt. Andererseits wurde die mit der Neufassung eingeführte Begünstigung der ‚**Eintrittsberechtigung**' als eine Einschränkung der bis zum 15.12.2004 geltenden Fassung verstanden, wonach „die Veranstaltung von Theatervorführungen und Konzerten" steuerbegünstigt war. Das war darauf zurückzuführen, dass der Begriff des Veranstalters iSd § 12 Abs. 2 Nr. 7a UStG aF grundsätzlich weit ausgelegt wurde.[1552] Daher entsprach es der jahrzehntelangen   1471

[1548] Schuhmann in Rau/Dürrwächter UStG § 12 Abs. 2 Nr. 7a Rn. 4.
[1549] BFH DStRE 2004, 907; FG Baden-Württemberg DStRE 2005, 529 (530).
[1550] vgl. EuGH UR 2001, 210; BFH DStRE 2004, 907 (908).
[1551] EuGH IStR 2003, 854.
[1552] Vgl. Abschn. 166 Abs. 4 UStR 2008.

Praxis der Finanzverwaltung, bei Veranstalterkooperationen den ermäßigten Steuersatz sowohl dem Tourneeveranstalter als auch dem Örtlichen Veranstalter zuzubilligen.[1553] Und auch die Leistungen bei sog Gastspielgeschäften wurden regelmäßig mit der Begründung als ermäßigt steuerbar behandelt, dass es völlig unerheblich sei, ob ein Veranstalter seine Leistung gegenüber mehreren Personen oder nur einem Auftraggeber gegenüber erbringe.[1554] Nachdem die Neufassung ausschließlich die Verschaffung der Eintrittsberechtigung und nicht mehr die veranstalterische Leistung als solche erwähnt, stellte sich zwangsläufig die Frage, ob bei Umsätzen der Tourneeveranstalter, die sie mit den örtlichen Vertragspartnern tätigen und den Umsätzen der Agenturen aus Gastspielgeschäften die Inanspruchnahme des ermäßigten Steuersatzes versagt ist.

a) Eintrittsberechtigung für Konzert und Theater

1472 Die Steuerermäßigung des § 12 Abs. 2 Nr. 7a UStG beschränkt sich auf die Eintrittsberechtigung für Theatervorführungen und Konzerte. Unter dem Begriff ‚**Konzert**' sind alle musikalischen und gesanglichen Aufführungen zu verstehen. Die Mitwirkung eines Orchesters ist dabei nicht erforderlich. Derartige Veranstaltungen sind nur dann begünstigt, wenn Leistungen anderer Art, die in Verbindung mit diesen Veranstaltungen erbracht werden, von so untergeordneter Bedeutung sind, dass dadurch der Charakter der Veranstaltung als Theatervorführung oder Konzert nicht beeinträchtigt wird. Der Konzertcharakter von Pop- und Rockkonzerten, die den Besuchern die Möglichkeit bieten, zu der im Rahmen des Konzerts dargebotenen Musik zu tanzen, wird von der Finanzverwaltung allerdings nicht ausgeschlossen.[1555] Der BFH entschied auf der Grundlage der alten Fassung des § 12 Abs. 2 Nr. 7a UStG, dass auch eine **Techno-Veranstaltung** ein Konzert iSd § 12 Abs. 2 Nr. 7a UStG sein kann, wenn die Vorführung als konzertähnlich einzustufen sei und das Konzert den eigentlichen Zweck der Veranstaltung ausmache. Etwas anderes soll gem. einer Entscheidung des FG Berlin-Brandenburg gelten, wenn nicht der ‚Auftritt' eines DJs sondern das gemeinsame Feiern, Tanzen, Unterhalten, Sich-Vergnügen musikalisch Gleichgesinnter den eigentlichen Zweck der Veranstaltungen ausmacht. Wenn es an einem konzertanten Charakter der Darbietung fehle und das Publikum die Veranstaltung nicht gezielt wegen der Darbietung eines bestimmten DJs aufsuche, handele es sich nicht um ein Konzert, sondern um einen typischen Diskothekenbetrieb.[1556]

1473 Der Begriff ‚**Theater**' iSd Vorschrift entspricht dem bereits erörterten Theaterbegriff des § 4 Nr. 20a UStG. Auch iSd § 12 Abs. 2 Nr. 7a UStG sind unter dem Begriff der Theatervorführungen nicht nur die Aufführung von Theaterstücken, Opern und Operetten (also Theatervorführungen im engeren Sinne) zu verstehen, sondern auch Vorführungen von **pantomimischen Werken** einschließlich **Werken der Tanzkunst, Kleinkunst- und Variété-Theatervorführungen** sowie **Puppenspiele** und **Eisrevuen**. Die Theatervorführung bzw. das Konzert muss den eigentlichen Zweck der Veranstaltung ausmachen.

aa) Leistungen der Gastspieldirektionen

1474 Sowohl auf der Grundlage älterer Fassungen des UStAEs[1557] als auch unter Zugrundelegung des gesetzgeberischen Motivs der mit Wirkung zum 16.12.2004 erfolgten Neufassung des § 12 Abs. 2 Nr. 7a UStG vom 10.06.2011 ließ sich die Anwendung des ermäßigten Steuersatzes auch auf Gastspielumsätze durchaus vertreten und wurde auch von den Finanzbehörden abgesehen von Ausnahmefällen stets toleriert. Dabei konnte man sich zunächst darauf stützen, dass der Anwendungsbereich des § 12 Abs. 2 Nr. 7a UStG durch die

---

[1553] UStAE Abschn. 12.5 Abs. 4 in der Fassung v. 10.6.2011.
[1554] OFD Berlin UStR 1970, 120; OFD Frankfurt a. M. Vfg. v. 25.10.1991 – S-7238 A – 6 – St IV 22.
[1555] UStAE Abschn. 12.5 Abs. 2.
[1556] FG Berlin-Brandenburg EFG 2013, 91.
[1557] UStAE Abschn. 12.5 Abs. 4 in der Fassung vom 10.6.2011.

Umsatzsteuerrecht § 18

Novellierung der Vorschrift keine Einschränkung erfahren hat. Solange also vor Änderung der Vorschrift Umsätze als ermäßigt steuerbar behandelt wurden, sollte dies auch nach der Änderung gelten.[1558]

Nachdem jedoch im Jahre 2007 das FG Mecklenburg-Vorpommern[1559] ausdrücklich **1475** feststellte, dass Umsätze aus einem Gastspielvertrag nicht der ermäßigten Besteuerung unterliegen, bat der bdv das BMF unter Hinweis auf dieses Urteil um Klarstellung. Diese erfolgte mit einem im Erlass vom 30.9.2011 angefügten Abs. 5 in Abschn. 12.5 dahingehend, dass die Leistungen der Gastspieldirektionen, welche im eigenen Namen Künstler verpflichten und im Anschluss daran das von diesen dargebotene Programm an einen Veranstalter in einem gesonderten Vertrag verkaufen, nicht begünstigt sind. Da die Veranstalter aufgrund der in der Vergangenheit abweichenden Praxis Vertrauensschutz in Anspruch nehmen konnten, sicherte das BMF dem bdv bereits mit Schreiben vom 9.2.2011 zu, dass die Inanspruchnahme des ermäßigten Steuersatzes bis zum 31.12.2011 nicht beanstandet werde.[1560]

bb) Leistungen der Tourneeveranstalter

Bei der Kooperation eines Tourneeveranstalters mit einem Örtlichen Veranstalter obliegt **1476** der Verkauf der Eintrittsberechtigung regelmäßig dem Örtlichen Veranstalter. Gemäß § 12 Abs. 2 Nr. 7a UStG ist der damit getätigte Umsatz ermäßigt steuerbar. Zwar ist der Tourneeveranstalter – wie dargestellt[1561] – regelmäßig Mitveranstalter. Da der Wortlaut der Vorschrift aber nicht auf die Veranstaltereigenschaft abstellt, erfasst er den Anteil des Mitveranstalters am Veranstaltungsumsatz nicht.

Einschließlich der Fassung vom 30.9.2011 enthielt der UStAE v. 6.10.2010 in Abschn. **1477** 12.5 Abs. 4 die Regelung, dass bei einem Tätigwerden mehrerer Veranstalter bei einer Veranstaltung jeder Veranstalter die Steuerermäßigung in Anspruch nehmen könne. Ausdrücklich wurde in S. 2 konkretisiert, dass bei **Tourneeveranstaltungen** deshalb die Steuerermäßigung sowohl dem Tourneeveranstalter als auch dem Örtlichen Veranstalter zusteht. Nachdem allerdings das BMF im gleichen Erlass vom 30.9.2011 die vorstehend beschriebene Klarstellung zu den Gastspielumsätzen tätigte, offenbarte sich ein Widerspruch. Tourneeveranstalter verpflichten wie Gastspieldirektionen Künstler im eigenen Namen und kooperieren mit dem Örtlichen Veranstalter, indem sie diesem das von den Künstlern dargebotene Programm im Anschluss in einem gesonderten Vertrag ‚verkaufen'. Bei der ihnen vom Örtlichen Veranstalter gezahlten Vergütung handelt es sich faktisch nämlich regelmäßig nicht um den Anteil aus einem gemeinsam mit dem Örtlichen veranstalteten Konzert sondern um die Gegenleistung für die vom Tourneeveranstalter dem Örtlichen erbrachte Leistung. Sie besteht entweder in einer Festvergütung, einer Festvergütung zuzüglich einer Umsatzbeteiligung oder nur in der Gewährung einer Umsatzbeteiligung. Der Veranstaltungsumsatz dient bei einer entsprechenden Vereinbarung lediglich als Berechnungsgrundlage für die Ermittlung der zu zahlenden Vergütung. Etwas anderes könnte nur gelten, wenn beide Veranstalter auf der Grundlage einer gesellschaftsrechtlichen Vereinbarung die Veranstaltung gemeinschaftlich durchführen, was jedoch ganz überwiegend nicht der Fall ist. Letztlich unterscheidet sich damit die Vergütung des Tourneeveranstalters nicht von der Vergütung, die einer Agentur vom Veranstalter bei einem Gastspielgeschäft gezahlt wird. Vornehmlich die Agenturen stellten sich angesichts dieser Fassung des UStAEs daher die Frage, worin denn bei dem Verkauf von Produktionen der den Regelsteuersatz begründende Unterschied zwischen der Leistung des Tourneeveranstalters einerseits und der des Agenten andererseits besteht.

[1558] BMF-Schreiben an den bdv v. 14.4.2005 – GZ IV A5-S 7238-12/05 (nv).
[1559] FG Mecklenburg-Vorpommern DStRE 2008, 1020.
[1560] BMF-Schreiben an den bdv v. 30.9.2011 – GZ IV D2-S 7238/11/1001 DOK 2011/0775755 (nv).
[1561] S. § 2 Künstler, Veranstalter und Spielstätten.

1478 Der bdv wandte sich 2011 auch mit dieser Frage an das BMF und bat um Klarstellung, unter welchen Voraussetzungen von einem gemeinsamen Tätigwerden von Veranstaltern einerseits bzw. einem Gastspielgeschäft andererseits auszugehen sei. Das BMF hat daraufhin im UStAE vom 21.3.2102 den vorzitierten Abs. 4 von Abschn. 12.5 des UStAE dahingehend geändert, dass nur der Veranstalter die Steuerermäßigung in Anspruch nehmen kann, der die **Eintrittsberechtigung** verschafft. Bei Tourneeveranstaltungen stehe deshalb die Steuerermäßigung regelmäßig nur dem Örtlichen Veranstalter zu. Da das Vertrauen der Tourneeveranstalter in die jahrzehntelang abweichende Besteuerung ihrer Umsätze zu schützen war, sicherte das BMF zu, dass die Inanspruchnahme des ermäßigten Steuersatzes bei Veranstalterkooperationen bis zum 31.12.2011 nicht beanstandet werde. Angesichts der vorzitierten Änderung des UStAEs stellte sich nunmehr allerdings die weitere Frage, ob es für die Inanspruchnahme des ermäßigten Steuersatzes ausreicht, wenn – was in der Praxis häufig vorkommt – neben dem Örtlichen Veranstalter auch der Tourneeveranstalter Eintrittskarten verkauft. Dazu stellte das BMF auf erneute Anfrage des bdv mit Schreiben vom 10.12.2012 klar, dass in einem derartigen Fall ausschließlich der der vom Tourneeveranstalter erzielte Umsatz aus dem Kartenverkauf ermäßigt steuerbar sei. Es bleibe allerdings dabei, dass der mit dem Örtlichen Veranstalter getätigte Umsatz dem Regelsteuersatz unterliegt.[1562]

1479 Mit Schreiben vom 6.3.2013 teilte das BMF dem VDKD nach Abstimmung mit den obersten Finanzbehörden der Länder in Beantwortung einer Anfrage mit, dass der Regelsteuersatz auch auf Umsätze aus **gemischten Verträgen** Anwendung findet.[1563] Damit stellte der BMF klar, dass § 3a Abs. 2 Nr. 7a UStG auch dann nicht anwendbar ist, wenn der Tourneeveranstalter – nach hier vertretener Auffassung als Mitveranstalter[1564] – die Künstler zur Verfügung stellt und der Örtliche Veranstalter für die Vorbereitung, Durchführung und für den Verkauf der Eintrittsberechtigung zuständig ist. Damit reduziert sich die Anwendung des ermäßigten Steuersatzes auf die Umsätze des Tourneeveranstalters aus selbst durchgeführtem Kartenverkauf sowie den in der Praxis seltenen Fall, dass er gesellschaftsrechtlich mit dem Örtlichen Veranstalter zusammenwirkt.

b) Leistungen der ausübenden Künstler

1480 Eine Definition des Begriffs des ausübenden Künstlers findet sich nur im UrhG. Ausübender Künstler ist gem. § 73 UrhG, wer ein Werk aufführt, singt, spielt oder auf eine andere Weise darbietet oder an einer solchen Darbietung künstlerisch mitwirkt. Mitwirkung bedeutet Einflussnahme auf die Werkinterpretation; eine **bloße Einflussnahme auf das äußere Erscheinungsbild der Darbietung** wird von der Rechtsprechung nicht als ausreichend betrachtet. Die Mitwirkung an einer künstlerischen Darbietung müsse mitbestimmend sein.[1565]

1481 Während die Fassung des § 12 Abs. 2 Nr. 7a UStG dahingehend ausgelegt wurde, dass ausschließlich Künstlerensembles den ermäßigten Steuersatz in Anspruch nehmen konnten, sieht ihn die zum 16.12.2004 in Kraft getretene Neufassung der Vorschrift für alle Darbietungen ausübender Künstler im Bereich Konzert und Theater vor. Die Neufassung umfasst mit dem Begriff „ausübende Künstler" sowohl die Leistungen einzelner als auch die Leistungen der zu einer Gruppe zusammengeschlossenen ausübenden Künstler.[1566]

1482 Unter die Begünstigung des § 12 Abs. 2 Nr. 7a UStG fallen nicht nur Schauspielaufführungen, Tanzaufführungen und Musikaufführungen, sondern auch Mischformen von Sprechdarbietung, Musikdarbietung und Tanzdarbietung, wobei maßgebend für die Ver-

---

[1562] BMF-Schreiben an den bdv v. 10.12.2012 – GZ IV D2-S 7238/11/10001 DOK 2012/1115386 (nv).
[1563] BMF-Schreiben an den VDKD v. 8.3.2013 – GZ IV D2-S 7238/11/10001 DOK 2013/0210344 (nv).
[1564] S. Rn. 74 ff.
[1565] BGH GRUR 1981, 419 – Quizmaster; FG Hamburg Urt. v. 23.10.2008 – 5 K 150/07.
[1566] UStAE Abschn. 12.5 Abs. 1.

gleichbarkeit mit diesen begünstigenden Darbietungen nach der Rechtsprechung allein der Inhalt der jeweiligen Vorführung ist.[1567] Nicht begünstigt sind gesangliche, kabarettistische oder tänzerische Darbietungen im Rahmen einer Tanzbelustigung, einer sportlichen Veranstaltung oder zur Unterhaltung der Besucher von Gaststätten.[1568]

Grundsätzlich kommt es für die Steuerbarkeit der Leistung eines ausübenden Künstlers aber nicht darauf an, in welchem **Rahmen** sie erbracht wird. Gibt ein ausübender Künstler ein Konzert im Rahmen einer nicht begünstigten Veranstaltung – zB einer Tanzveranstaltung – ist seine Leistung unabhängig von dem auf das Eintrittsentgelt anzuwendende anzuwendenden Steuersatz ermäßigt zu besteuern.[1569] **1483**

c) Mitwirkung an einer Darbietung

Das von der Rechtsprechung für den ausübenden Künstler als ausschlaggebend betrachtete Kriterium der mitbestimmenden Mitwirkung an einer Darbietung wirft die Frage auf, ob bspw. auch Dirigenten, Regisseure, Choreografen und Bühnenbildner ausübende Künstler iSd § 12 Abs. 2 Nr. 7a UStG sind. Da es sich um eine Ausnahme von dem Grundsatz handelt, dass für Leistungen der Regelsteuersatz gilt, legen Finanzverwaltung und Gerichte die Vorschrift eng aus.[1570] Nach ursprünglicher Weigerung der Finanzverwaltung hat sich zwischenzeitlich die Auffassung durchgesetzt, dass die Leistungen der Dirigenten in den Anwendungsbereich der Steuerermäßigung nach § 12 Abs. 2 Nr. 7a UStG ‚fallen kann'. **1484**

aa) Regisseure, Choreografen ua

Die Leistungen von **Regisseuren, Bühnenbildnern, Tontechnikern, Beleuchtern, Maskenbildnern, Souffleusen, Cuttern oder Kameraleuten** behandeln weder die Finanzverwaltung noch die Rechtsprechung als vergleichbar mit den Leistungen der ausübenden Künstler. Sie unterlägen daher dem Regelsteuersatz.[1571] Der BFH begründet dies für den Regisseur damit, dass seine Leistung keine den Theatervorführungen oder Konzerten vergleichbare Darbietung sei.[1572] Gemäß einer Entscheidung des FG Berlin-Brandenburg stelle die Leistung des Regisseurs kein Kunstwerk dar und er habe auch nicht die Möglichkeit, sich künstlerisch ausdrücken zu können.[1573] Das FG Düsseldorf stellt fest, dass Choreographietätigkeit zwar zu der Gruppe der ausübenden Künstler iSd 2. Alt. des § 73 UrhG zähle, welche an der Darbietung eines Werkes künstlerisch mitwirken. Mitwirkung bedeute jedoch Einflussnahme auf die Werkinterpretation; eine bloße Einflussnahme auf das äußere Erscheinungsbild der Darbietung sei hingegen nicht ausreichend.[1574] Nach der Rechtsprechung des BGH müsse die Mitwirkung an einer künstlerischen Darbietung für die Werkinterpretation mitbestimmend sein. Die Tätigkeit der Masken-, Bühnen- und Kostümbildner erschöpfe sich aber zumeist in der handwerklichen Umsetzung vorgegebener Formgestaltung. Dies erfülle nicht das Erfordernis ‚künstlerischer Mitwirkung'.[1575] Allerdings wird ihre künstlerische Mitwirkung von der Rechtsprechung dann für denkbar gehalten, wenn sie Schöpfungen von künstlerischem Rang erbringen. Zu verlangen sei eine die **durchschnittliche Gestaltertätigkeit** deutlich übersteigende Leistung, die sich nicht mit einer – durch den Handlungsablauf vorgegebenen – bloßen Anordnung und Zusammenstellung der Requisiten begnügt.[1576] **1485**

[1567] Hessisches FG Urt. v. 8.7.2009 – 6 K 3559/08.
[1568] UStAE Abschn. 12.5. Abs. 2.
[1569] UStAE Abschn. 12.5. Abs. 3.
[1570] Vgl. Hessisches FG Urt. v. 8.7.2009 – 6 K 3559/08; BFHE 177, 548.
[1571] UStAE Abschn. 12.5 Abs. 1.
[1572] BFHE 233, 367.
[1573] FG Berlin-Brandenburg EFG 2009, 156.
[1574] FG Düsseldorf EFG 2010, 1079 (1080); so auch FG Hamburg Urt. v. 23.10.2008 – 5 K 150/07.
[1575] BGH MDR 1974, 292; BGH GRUR 1981, 419.
[1576] BGH GRUR 1986, 458 – Oberammergauer Passionsspiele.

bb) Zauberkünstler, Bauchredner

1486 ‚Regelmäßig' als nicht mit den Leistungen von Orchestern, Theatern oder Chören vergleichbare Leistungen betrachtet die Finanzverwaltung auch die Leistungen von Zauberkünstlern, Bauchrednern und Discjockeys.[1577] Die Aussage hält in ihrer Pauschalität einer Nachprüfung nicht stand. Zutreffend begründet das Hessische FG in einer Entscheidung, dass die Leistungen eines **Zauberkünstlers** durchaus als theaterähnliche Leistung eingestuft werden können.[1578] Das sei jedenfalls dann der Fall, wenn das ‚**Handwerk**' der Zauberkunst mit den Ausdrucksmitteln der Sprache und der Körpersprache verknüpft werde und der sprachliche Vortrag neben der Funktion der Ablenkung einen eigenen kabarettistischen bzw. satirischen Charakter habe. In diesem Fall sei die Vorführung mit den begünstigten Aufführungen einer Kleinkunstbühne oder eines Varietétheaters vergleichbar. Bei der Auslegung der Begriffe ‚Theater' und ‚den Theatervorführungen und Konzerten vergleichbaren Darbietungen' seien speziell diejenigen Leistungen einheitlich zu behandeln, die aufgrund ihrer Gleichartigkeit in einem Wettbewerb stehen. Eine ‚Zauberin' werde als ausübende Künstlerin tätig, wenn sie eigenschöpferische Leistungen erbringt, indem sie eigene Programme erstellt und aufführt, die verschiedene gestalterische Elemente enthalten, die die eigenen persönlichen Erfahrungen der Künstlerin ausdrücken. Mit der gleichen Argumentation werden sich auch überwiegend die Auftritte jedenfalls von **Bauchrednern** unter § 12 Abs. 2 Nr. 7a UStG subsumieren lassen.

cc) Discjockeys

1487 Die Feststellung der Finanzverwaltung, dass auch der **Discjockey** im Regelfall keine mit den Leistungen der ausübenden Künstler vergleichbare Leistung erbringe, scheint sich eher an dem herkömmlichen Bild des Discjockeys als ‚reinem Plattenaufleger' zu orientieren. Zutreffend stellte der BFH fest, dass ‚Instrumente' von Musik, die durch Verfremden und Mischen bestehender Musik entsteht, Plattenteller, Mischpulte und CD-Player sein können, wenn sie (wie konventionelle Musikinstrumente) zum Vortrag eines Musikstücks und nicht nur zum Abspielen eines Tonträgers genutzt werden.[1579] Zwischenzeitlich räumte auch das BMF auf Anfrage des bdv ein, dass die Regelfeststellung nicht für künstlerisch tätige DJs gelte.[1580]

dd) Kabarettisten

1488 Bezüglich der Steuerbarkeit der Leistungen von **Kabarettisten** wird – soweit ersichtlich – die Anwendung des ermäßigten Steuersatzes nicht angezweifelt. Zurückgegriffen werden kann dazu auf ein noch nicht rechtskräftiges Urteil des FG zur Steuerbarkeit der Leistung eines Schriftstellers im Rahmen einer Autorenlesung. Sofern ein literarisches Werk im Rahmen einer Lesung vorgetragen werde, sei diese Leistung einer Theatervorführung vergleichbar.[1581] Die Rechtsprechung verstehe unter Theatervorführungen iSd § 12 Abs. 2 Nr. 7a UStG nicht nur die Aufführungen von Theaterstücken, Opern und Operetten, sondern auch Darbietungen der Pantomime und Tanzkunst, der Kleinkunst und des Varietés bis zu den Puppenspielen. Begünstigt seien auch Mischformen von Sprech-, Musik- und Tanzdarbietungen, so dass selbst eine ‚Unterhaltungsshow' ebenfalls eine Theateraufführung sein könne.[1582] Mit gleicher Argumentation ist auch die ermäßigte Steuerbarkeit kabarettistischer Leistungen anzunehmen. Im Übrigen entspricht das auch der Argumentation der Finanzverwaltung zur Steuerfreistellung von Kabarettisten.

[1577] UStAE Abschn. 12.5 Abs. 1.
[1578] Hessisches FG Urt. v. 8.7.2009 – 6 K 3559/08.
[1579] BFHE 211, 557.
[1580] BMF-Schreiben an den bdv v. 17.7.2012 – GZ IV D 2 – S 7238/07/10002 DOK 2012/0656860 (nv).
[1581] FG Köln EFG 2012, 2247.
[1582] BFH Urt. v. 19.10.2011 – XI R 40/09.

Umsatzsteuerrecht § 18

d) Steuerbarkeit komplexer Leistungen

Werden bei Veranstaltungen sowohl Leistungen iSd § 12 Abs. 2 Nr. 7a UStG – zB eine Konzert- oder Theaterdarbietung – als auch Leistungen wie zB Restaurationsleistungen erbracht, die dem Regelsteuersatz unterliegen, stellt sich die Frage, ob eine Aufteilung und entsprechende Einzelbesteuerung der Umsätze erfolgen kann oder ob es sich um eine **einheitliche Leistung** handelt und somit auf den Gesamtumsatz ein einheitlicher Steuersatz anzuwenden ist. Der BFH hat 2013 die Steuerbarkeit der unterschiedlichen Leistungsinhalte einer **Dinnershow** zu beurteilen gehabt.[1583] Gemäß den Feststellungen des Gerichts unterliegen die komplexen Leistungen einer solchen Veranstaltung als einheitliche Leistung dem Regelsteuersatz. Bei einem Umsatz, der ein Bündel von Einzelleistungen und Handlungen umfasse, sei im Rahmen einer Gesamtbetrachtung zu bestimmen, ob zwei oder mehr getrennte Umsätze vorliegen oder nur ein einheitlicher Umsatz gegeben ist. Dabei seien unter Berücksichtigung eines **Durchschnittsverbrauchers**[1584] die charakteristischen Merkmale des Umsatzes zu ermitteln. Insoweit dürfe einerseits eine wirtschaftlich einheitliche Leistung nicht künstlich aufgespalten werden. Andererseits seien mehrere formal getrennt erbrachte Einzelumsätze als **einheitlicher Umsatz** anzusehen, wenn sie nicht selbständig sind.[1585]

1489

Die bei einer Dinnershow erbrachten Restaurationsleistungen und künstlerischen Darbietungen stehen gem. des Urteils des BFH nicht im Verhältnis von Haupt- und Nebenleistung. Sie seien auch kein bloßes Mittel, um die jeweils andere Leistung unter optimalen Bedingungen in Anspruch nehmen zu können. Es handle sich daher nicht um eine Nebenleistung der jeweils anderen Leistung. Show und Menü dienten unterschiedlichen und gleichgewichtigen Zwecken. Prägend sei dabei die durch den Kunden gewünschte Verbindung der einzelnen Leistungselemente.[1586] Der ermäßigte Steuersatz finde allerdings bei einer Dinnershow keine Anwendung, da Leistungen iSd § 12 Abs. 2 Nr. 7a UStG nicht den **Hauptbestandteil** der einheitlichen Leistung bildeten.[1587]

1490

Begründung und Ergebnis des Urteils sind überzeugend. Die Restaurations- und die Darbietungsleistung bei einer Dinnershow sind für die Erbringung der Gesamtleistung unerlässlich. Daher lässt sich tatsächlich nicht eine als Hauptleistung und die andere als Nebenleistung behandeln. Das Argument, dass eine einheitliche Leistung stets dann nicht vorliege, wenn auch ein Dritter bestimmte Leistungsanteile erbringen kann, wird vom BFH unter Bezugnahme auf die Rechtsprechung des EuGH[1588] entkräftet. Dies sei nicht entscheidend, da gerade dies das Konzept des zusammengesetzten einheitlichen Umsatzes ausmache.[1589]

1491

V. Steuerschuldübertragung auf den Leistungsempfänger

Gemäß § 13b Abs. 5 UStG wird die Umsatzsteuer auf Werklieferungen und sonstige Leistungen eines im übrigen Gemeinschaftsgebiet ansässigen Unternehmers im Wege des sog **Reverse-Charge-Verfahrens** vom Leistungsempfänger geschuldet. Der Leistungsempfänger haftet daher nicht lediglich für die Steuer, sondern schuldet sie selbst mit der Folge, dass Umsatzsteuerschuld und Vorsteuerabzugsberechtigung zusammen fallen. Für den leistenden Unternehmer entsteht keine Steuerschuld.[1590] Daher ist auch keine umsatzsteuerliche Registrierung des jeweiligen Dienstleisters im Ausland erforderlich. Die Vorschrift wurde eingeführt, um Steuerausfälle zu verhindern.[1591]

1492

[1583] BFH DB 2013, 677.
[1584] EuGH DStR 2012, 1601.
[1585] BFH DB 2013, 677.
[1586] anders aber Lange UR 2009, 289 (294).
[1587] BFH DB 2013, 677.
[1588] EuGH Urt. v. 27.9.2012 – C-392/11 – Field Fisher Waterhouse.
[1589] BFH DB 2013, 677.
[1590] Leonard in Bunjes UStG § 13b Rn. 2.
[1591] Leonard in Bunjes UStG § 13b Rn. 2 mwN.

1493 Für Veranstalter hatte die Steuerschuldübertragung zunächst eine damit wohl kaum beabsichtigte erfreuliche Nebenwirkung: Seit Einführung des § 13b Abs. 5 S. 1 UStG im Jahre 2002 zählt die Umsatzsteuer nicht mehr zur Einnahme ausländischer Künstler und Tourneeveranstalter und damit nicht mehr zur Bemessungsgrundlage für den Steuerabzug nach § 50a Abs. 5 EStG.

1494 Die Steuer nach § 13b UStG entsteht gem. Abs. 2 mit **Ausstellung der Rechnung**, gem. § 14a Abs. 5 UStG jedoch spätestens mit Ablauf der Ausführung der Leistung folgenden Kalendermonats.

VI. Zahlung der Umsatzsteuerschuld im Ausland

1495 Inländische Unternehmen, die Umsätze im Ausland an Nichtunternehmer mit der Folge ausführen, dass die Umsatzsteuerschuld nicht im Wege des Reverse-Charge-Verfahrens auf den ausländischen Leistungsempfänger übertragen wird, müssen sich bei den dortigen Finanzbehörden registrieren lassen.[1592] In einigen europäischen Mitgliedsstaaten ist dazu obligatorisch, in anderen fakultativ die Bestellung eines im jeweiligen Land ansässigen **Fiskalvertreters** vorgeschrieben.[1593] Hierfür gibt es weder in der EU noch im Drittlandsgebiet einheitliche Regelungen, so dass im Einzelfall mit dem Leistungsempfänger geprüft werden sollte, ob eine umsatzsteuerliche Registrierung notwendig oder die Bestellung eines Fiskalvertreters angezeigt bzw. vorgeschrieben ist.

1496 Der Fiskalvertreter hat sämtliche steuerlichen Pflichten und Rechte des von ihm vertretenen ausländischen Unternehmens als eigene Pflichten zu erfüllen. Beachtet der deutsche Unternehmer seine Registrierungspflicht nicht, verwirkt er in dem jeweiligen EU-Mitgliedstaat oder Drittland sein Recht auf Abzug der ihm dort in Rechnung gestellten Vorsteuer. Vor allem riskiert der Unternehmer strafrechtliche Sanktionen wegen Nichtbeachtung steuerrechtlicher Pflichten. Dieses Risiko wird zunehmend größer, da der internationale Informationsaustausch durch Kontrollmitteilungen stetig zunimmt.

1497 Liegt der Besteuerungsort im Drittland, sollten vorab Informationen über dessen nationale Steuerpflichten eingeholt werden. Erste Ansprechpartner hierfür können die inländischen Vertretungen oder die deutschen Auslandshandelskammern vor Ort sein. Im Einzelfall ist zu prüfen, ob das Drittland ein Umsatzsteuersystem nach europäischem Vorbild hat und ob ggf. ein Reverse-Charge-Verfahren anwendbar ist.

[1592] Rondorf BB 1997, 705.
[1593] In Deutschland gem. §§ 22a–e UStG optional.

§ 19 Künstlersozialabgabe

I. System der Künstlersozialabgabe

1. Bedeutung für die Veranstaltungswirtschaft

Das System der sozialen Sicherung selbstständiger Künstler und Publizisten in Deutschland ist weltweit einzigartig. Soweit ersichtlich, verfügt kein anderes Land über ein entsprechendes, derart umfassendes soziales Sicherungssystem. Während das Gesetz den Künstlern erhebliche Vorteile bringt, wird es von den Verwertern künstlerischer Leistungen nicht selten als ‚lästiges Übel' betrachtet. 1498

Gemäß § 1 KSVG vom 1.1.1983 sind selbstständige Künstler und Publizisten in der gesetzlichen Kranken- und Rentenversicherung und seit 1.1.1995 in der Pflegeversicherung versicherungspflichtig. Das KSVG stellt die soziale Absicherung der Künstler und Publizisten also nicht zur Disposition, sondern schreibt sie als **Pflichtversicherung** vor.[1594] 1499

Das Gesetz entfaltet jedoch nicht nur Wirkung auf Seiten der Versicherten. Es verpflichtet gem. § 23 ff. KSVG auch alle Verwerter künstlerischer Leistungen zu Zahlungen. Sie müssen auf jedes einem selbstständigen Künstler gezahlte Entgelt die sog Künstlersozialabgabe an die KSK leisten. Damit hat das KSVG wirtschaftliche Auswirkungen nicht nur für die Veranstaltungswirtschaft, sondern für alle Unternehmen, welche regelmäßig Leistungen selbstständiger Künstler in Anspruch nehmen und dafür Entgelte zahlen. 1500

Die Veranstaltungsbranche zählt als Wirtschaftsbereich ua neben Theatern, Verlagen und Tonträgerherstellern zu einem der bedeutendsten Verwerter selbstständiger künstlerischer Leistungen. Entsprechend hoch ist ihr Abgabenaufkommen und entsprechend vielfältig sind die rechtlichen Streitigkeiten zwischen den Akteuren der Branche und der Künstlersozialkasse bzw. der Deutschen Rentenversicherung. 1501

2. Künstlersozialkasse

Die KSK ist gem. § 37 KSVG die für die Durchführung des KSVG zuständige Behörde. Organisatorisch ist sie eine Abteilung der **Unfallkasse des Bundes** in Wilhelmshaven. Sie ist kein eigenständiger Versicherungsträger und erbringt damit auch keine Versicherungsleistungen. Im Versicherungsfall beziehen die Versicherten ihre Leistungen direkt von dem Rentenversicherungsträger und von der Krankenkasse.[1595] Die vornehmliche Aufgabe der KSK besteht in der Feststellung der gesetzlichen Voraussetzungen der Versicherungs- und der Abgabepflicht und in der Überwachung der Einhaltung der Zahlungsverpflichtungen der Versicherten sowie in der Beratung in allen Fragen des KSVG. Die Prüfung und Erfassung der Abgabepflichtigen erfolgt seit Juli 2007 durch die Prüfdienste der Deutschen Rentenversicherung, die neben der KSK ebenfalls für die Feststellung der Abgabepflicht zuständig ist. 1502

Die Mittel für die Künstlersozialversicherung werden gem. § 14 KSVG zu einer Hälfte durch die Beiträge der Versicherten, zur anderen Hälfte iHv 30 % durch die Künstlersozialabgabe und iHv 20 % durch einen **Bundeszuschuss** aufgebracht. Der Finanzierungsbeitrag des Bundes soll die Lücke schließen, die dadurch entsteht, dass die Verwertung künstlerischer Leistungen nicht in allen Fällen durch Unternehmer sondern in vielen Fällen auch durch die Künstler selbst erfolgt.[1596] 1503

Die KSK ist **Inkassostelle für Versicherungsbeiträge und Abgabenzahlungen** und führt diese zusammen mit dem Bundeszuschuss für die Kranken- und Pflegeversicherung an den Gesundheitsfonds sowie für die Rentenversicherung an die Rentenversicherungsträger ab. 1504

[1594] Vgl. § 2 Abs. 1 Nr. 5 SGB VI; § 5 Abs. 1 Nr. 4 SGB V; § 20 Abs. 1 Nr. 4 SGB XI.
[1595] BSG Urt. v. 8.12.1988 – 12 RK 15/87.
[1596] Vgl. BSG Urt. v. 8.12.1988 – 12 RK 15/87.

§ 19 Künstlersozialabgabe

1505 Die **Deutsche Rentenversicherung** hat das ihr übertragene Prüfungsverfahren im Wesentlichen auf Anschreibaktionen von bisher noch nicht erfassten Betrieben beschränkt. Ihnen wird ein ‚Erhebungsbogen zur Prüfung der Abgabepflicht und zur Feststellung der Abgabe' übersandt. Prüfungen von Unternehmen hat die Rentenversicherung bisher nur durchgeführt, sowie die Unternehmen trotz Aufforderung der Meldepflicht nicht nachgekommen sind. Der Entwurf eines 2013 dem 17. Bundestag zur Beschlussfassung vorliegenden BUK-NOG sah vor, dass die Deutsche Rentenversicherung die Prüfung aller 3,2 Millionen Arbeitgeber zukünftig im Vier-Jahres-Prüfungsturnus vorzunehmen hat.[1597] Bedauerlicherweise ist die entsprechende Regelung unter Hinweis auf die Möglichkeit einer Regelung durch Verwaltungsakt nicht beschlossen worden. Im Interesse der Erreichung einer Abgabengerechtigkeit bleibt dringend zu fordern, dass der 18. Bundestag dieses Versäumnis nachholt.

1506 Da die Rentenversicherung nur über Daten von Unternehmen verfügt, die Arbeitnehmer beschäftigen, wird das Prüfverfahren von Einzelunternehmern ohne Mitarbeiter weiterhin durch die Künstlersozialkasse durchgeführt.

3. Künstler im Sinne des KSVG

1507 Das KSVG findet ausschließlich bei Vorliegen einer **selbstständigen künstlerischen Tätigkeit** Anwendung. Mittlerweile werden von der Künstlersozialkasse über 100 verschiedene Berufe als künstlerische bzw. publizistische Berufe behandelt.[1598] Entscheidende Voraussetzung für das Bestehen einer Abgabepflicht ist, dass die Beschäftigung als Selbstständiger und nicht im Abhängigkeitsverhältnis erfolgt. Dies richtet sich nach den von der Rechtsprechung für die Abgrenzung von selbstständiger Tätigkeit und abhängiger Beschäftigung entwickelten Grundsätzen.[1599] Für die Beurteilung kommt es nicht allein auf den Wortlaut der Verträge an. Maßgeblich sind die tatsächlichen Verhältnisse. Künstler, die konzertmäßig auftreten, erfüllen ganz überwiegend die Kriterien der Selbstständigkeit.

1508 Die Künstlereigenschaft kommt nur solchen Personen zu, die Kunst nicht nur einmalig, sondern so **nachhaltig** ausüben, dass sie als **Wesensmerkmal der Person** angesehen werden kann. Soweit sich eine Betätigung zweifelsfrei der Privatsphäre zuordnen lässt, darf sie nicht mit der Künstlersozialabgabe belastet werden.[1600]

1509 Gemäß § 2 KSVG ist Künstler, „wer Musik, darstellende oder bildende Kunst schafft, ausübt oder lehrt". Von einem Abstellen auf die Qualität der künstlerischen Leistung hat der Gesetzgeber des KSVG wegen des ständigen Wandels und der Unschärfe des Kunstbegriffs bewusst abgesehen.[1601] Bereits das BVerwG hat festgestellt, dass es unmöglich sei, Kunst generell zu definieren.[1602] Der Begriff ist deshalb aus dem Regelungszweck des KSVG unter Berücksichtigung der allgemeinen Verkehrsauffassung und der historischen Entwicklung zu erschließen.[1603]

1510 Aus den Materialien zum KSVG ergibt sich, dass der Begriff der Kunst jedenfalls solche künstlerischen Tätigkeiten umfasst, mit denen sich der „**Bericht der Bundesregierung über die wirtschaftliche und soziale Lage der künstlerischen Berufe (Künstlerbericht**) aus dem Jahre 1975 beschäftigte.[1604] Es handelt sich dabei um Berufsgruppen aus den Bereichen Musik, Darstellende Kunst und Bildende Kunst. Ist die Tätigkeit im Künstlerbericht erwähnt, geht das BSG von der Künstlereigenschaft aus. Ist sie nicht genannt, wird darauf abgestellt, ob es die Tätigkeit 1975 bereits gab. Handelt es sich um ein damals

---

[1597] BT-Drucksache 17/122897.
[1598] Vgl. KSK Informationsschrift Nr. 6 – 01/2012 zur Künstlersozialabgabe, Künstlerkatalog und Abgabesätze.
[1599] BSGE 83, 246; s. Rn. 111.
[1600] BSG MDR 1998, 545 (546).
[1601] BSGE 83, 160 (165).
[1602] BVerwGE 91, 211; vgl. auch BSG Urt. v. 7.12.2006 – B 3 KR 11/06 R.
[1603] BSG Urt. v. 7.12.2006 – B 3 KR 11/06 R.
[1604] BT-Drs. 7/3071, 5.

Künstlersozialabgabe   §19

existierendes, in dem Bericht aber nicht genanntes Tätigkeitsbild, sei die Tätigkeit nicht der Kunst zuzuordnen. In Zweifelsfragen stellt das BSG auf die Verkehrsauffassung und darauf ab, ob fachkundige Kreise die Tätigkeit als künstlerisch betrachten.[1605]

In ständiger Rechtsprechung verwendet das BSG folgende Kriterien zur Definition der Begriffe Kunst und künstlerische Leistung: 1511
- Kunst ist eine auf zweckfreie **eigenschöpferische Gestaltung** gerichtete Tätigkeit.[1606]
- Die Gestaltung muss in der **Absicht** eigenschöpferisch sein. Ob das eigenschöpferische Moment der Gestaltung gelingt, ist unerheblich.[1607]
- In der **Nachbildung fremder Gestaltung** liegt keine Kunst.[1608]

Das BSG vertritt den Standpunkt, dass **jede Darbietung mit der Absicht zu unter-** 1512 **halten'** Kunst iSd KSVG sei. Kunst entziehe sich praktisch jeder Definition. Es könne nicht Sache der Gerichte sein, mit Begriffen wie der künstlerischen Gestaltung oder der Werkhöhe eine solche Definition zu versuchen. Es komme nach dem Gesetz auch nicht darauf an, ob die künstlerische Darbietung eine besondere Gestaltungshöhe erreiche.[1609] Der Kunstbegriff sei bereits erfüllt, wenn das zu beurteilende Werk ohne Rücksicht auf sein geistiges Niveau den Gattungsanforderungen eines bestimmten Werktyps der Kunst entspricht.[1610]

Mit den Anforderungen an eine **künstlerische Leistung** hat sich das BSG ausführlich 1513 anlässlich eines Verfahrens bezüglich der Abgabepflicht bei Damenunterwäschevorführungen befasst.[1611] Für die Frage, ob es sich um ein künstlerisches Werk oder eine künstlerische Leistung iSd § 24 Abs. 1 Nr. 3 KSVG handele, sei danach nicht die Qualifizierung der Mitwirkenden als Künstler oder gar als Berufskünstler oder ausgebildete Berufskünstler maßgebend sondern allein der **Charakter des Gesamtwerks**.

Die künstlerische Leistung ist entsprechend den vom BSG aufgestellten Grundsätzen ab- 1514 zugrenzen von einer lediglich reproduzierenden handwerklichen Leistung.[1612]

a) Abgrenzung zur handwerklichen Tätigkeit

Entgeltzahlungen an handwerklich Tätige begründen mangels Vorliegens einer künstleri- 1515 schen Tätigkeit keine Abgabepflicht. Bei der Abgrenzung künstlerischer Leistungen zu handwerklichen Tätigkeiten stellt das BSG zunächst darauf ab, ob eine Tätigkeit in der Anlage zur HandwO genannt ist. Ist sie dort erwähnt, liegt keine künstlerische sondern eine handwerkliche Tätigkeit vor.[1613]

Die Tatsache, dass eine selbstständig ausgeübte Tätigkeit einem Handwerk iSd HandwO 1516 zugeordnet wird, schließt gem. der Rechtsprechung des BSG die Bewertung der Gesamttätigkeit als künstlerisch allerdings nicht aus. Für die Bewertung als künstlerische Leistung käme es darauf an, ob eine über eine kunsthandwerkliche Gestaltung hinausgehende **eigenschöpferische Leistung** entfaltet wird.[1614] Das Gericht unterscheidet dabei regelmäßig zwischen der bloßen Anfertigung von Entwürfen und der Herstellung eines Endproduktes. Während die bloße Herstellung von Entwürfen jedenfalls einen eigenschöpferischen Anteil habe, nimmt es bei der handwerklichen Fertigung von Einzelstücken eine künstlerische Tätigkeit selbst bei Fertigung nach eigenen Entwürfen nur an, wenn der Hersteller mit seinen Werken in einschlägigen fachkundigen Kreisen **als Künstler anerkannt** und behandelt wird.[1615] Diese willkürlich anmutende Abgrenzung zeigt das Dilemma, welches

---

[1605] BSG NJW 2011, 3324; BSGE 104, 265.
[1606] BSGE 77, 21; BSG Urt. v. 25.9.2001 – B 3 KR 18/00 R.
[1607] BSG Urt. v. 7.7.2005 – B 3 KR 37/04 R.
[1608] Vgl. BSG NJW 2011, 3324.
[1609] BSG NJW 1997, 1185 (1187); BSGE 104, 265.
[1610] BSG NJW 1997, 1185 (1186).
[1611] BSG NJW 1997, 1185.
[1612] Vgl. BSGE 80, 136; BVerfG NStZ 1992, 238.
[1613] BSGE 80, 136.
[1614] BSGE 80, 136 (137 f.); BSG NJW 1999, 1990.
[1615] BSGE 80, 136 (140); BSG NJW 1999, 1990 (1991).

§ 19 Künstlersozialabgabe

sich aus dem Verzicht auf eine gesetzliche Definition des Künstler- und Kunstbegriffs ergibt – so sehr dieser Verzicht auch nachvollziehbar erscheinen mag. Der weite Wertungsspielraum der Gerichte führt häufig zu Entscheidungen, die sowohl für Versicherte als auch Verwerter nicht nachvollziehbar sind.

b) Grenzfälle zwischen künstlerischer und nicht künstlerischer Leistung

1517 Selbst wenn ein Berufsbild im Künstlerbericht erwähnt ist, kann sich dennoch die Frage stellen, ob es sich bei einer Leistung im Einzelfall tatsächlich um eine künstlerische Leistung handelt. Beispielhaft werden nachfolgend künstlerische und nichtkünstlerische Leistungen von Moderatoren, Discjockeys, Artisten und Fotografen gegeneinander abgegrenzt.

aa) Künstlereigenschaft von Moderatoren

1518 Der Begriff des Moderators ist im Künstlerbericht 1975 ausdrücklich unter der Berufsgruppenbezeichnung Schauspieler erwähnt und der Tätigkeit der Darstellenden Kunst zugerechnet. Das ist nach der Rechtsprechung des BSG aber nur dann der Fall, wenn der Moderator eigene von ihm verfasste Wortbeiträge liefert und damit eigenschöpferisch tätig wird. Um keine künstlerische Tätigkeit handelt es sich hingegen, wenn sich die Moderation allein auf die Wiedergabe vorgefertigter Texte beschränkt. Der ‚klassische Moderator' ist eine Person, die ein Gespräch lenkt und leitet oder lenkend in eine Kommunikation eingreift. Wer lediglich ihm vorgegebene Texte verliest, ist kein Moderator und wird auch nicht eigenschöpferisch tätig.[1616] Entsprechend hat das BSG in der vorzitierten Entscheidung die Juroren der DSDS Castingshows als Künstler behandelt. Die Juroren seien keine reproduzierend tätigen Moderatoren, sondern gäben der Sendung mit einer unterhaltenden und damit eigenen kreativen Leistung eine **eigene Prägung**. Im Ergebnis rechnet es die Sendungsbeiträge der Juroren daher der Unterhaltungskunst zu.

bb) Künstlereigenschaft von Discjockeys

1519 Gemäß einer rechtskräftigen Entscheidung des SG Lübeck ist ein Diskjockey, der lediglich ein Musikprogramm zusammenstellt, weitgehend unverändert abspielt und dazu verbindende Texte spricht, nicht Künstler im Sinne des KSVG. Dazu beruft sich das Gericht zunächst darauf, dass der Beruf des Discjockeys im Künstlerbericht der Bundesregierung[1617] nicht erwähnt sei. Seine Tätigkeit werde auch nicht dadurch künstlerisch im Sinne des Gesetzes, dass er ein professionelles Mischpult benutzt, mit dem er Tonlage, Tonhöhe, Tempo und Takt verändern und zusätzliche Effekte wie Echo, Chor oder Hall einspielen könne. Auch beim Einflechten dieser Effekte handelt es sich nach Auffassung des SG Lübeck schwerpunktmäßig um eine technische Arbeit, womit nicht die Voraussetzungen ‚Musik schaffen' oder ‚Musik ausüben' erfüllt würden. Das Gericht wies allerdings auch darauf hin, dass stets dann, wenn sich die Tätigkeit des Discjockeys nicht auf den Einsatz manuell-technischer Fähigkeiten beschränke, sondern eine eigenschöpferisch-gestalterische Tätigkeit vorliege, durchaus eine künstlerische Tätigkeit angenommen werden könne. Dazu sei es jedoch notwendig, dass er unter Verwendung von Tonträgern und technischen Hilfsmitteln verschiedene Musikstücke zu neuen Klangbildern und Kompositionen zusammenmischt und auf diese Weise neue Musik ‚schafft'.[1618]

1520 Zunächst ist festzustellen, dass der Beruf des Discjockeys im Künstlerbericht durchaus aufgeführt ist, jedoch nicht dem Bereich Musik, sondern dem Bereich Darstellende Kunst zuzurechnen ist.[1619] Letztlich kommt es aber – wie bereits dargestellt – nicht ausschließlich darauf an, ob ein Beruf im Künstlerbericht erwähnt ist oder nicht. Entscheidend ist allein, ob im Einzelfall tatsächlich eine **eigenschöpferische oder nur eine reproduzierende**

[1616] BSGE 104, 265 (270).
[1617] BT-Drs. 7/3071, 5.
[1618] SG Lübeck Urt. v. 2.10.2008 – S 14 KR 1066/07.
[1619] Vgl. auch SG Reutlingen Urt. v. 19.3.2009 – S 14 R 2992/08.

Tätigkeit erbracht wird. Der Katalog der vom SG Lübeck aufgestellten Anforderungen ist allerdings nicht geeignet, eine Trennlinie zwischen reproduzierender und künstlerischer Leistung zu definieren. Die Veränderung eines Tonträgers unter Verwendung von Effekten wie Echo, Chor oder Hall und die Veränderung von Tonlage, Tonhöhe, Tempo oder Takt lassen sich allenfalls in der Schöpfungshöhe von dem vom SG Lübeck exemplarisch als künstlerische Leistung erwähnten ‚Zusammenmischen von Tonträgern' unterscheiden. Auf den Grad der schöpferischen Leistung kommt es aber gem. ständiger Rechtsprechung des BSG nicht an. Daher ist allein der Discjockey, der tatsächlich ‚nur' ‚Platten auflegt', ausschließlich reproduzierend und nicht kreativ tätig.

cc) Künstlereigenschaft von Artisten

Die Begriffe Artistik, Artist und artistische Tätigkeiten werden im KSVG nicht besonders erwähnt. Das BSG stellt unter Berufung auf die allgemeine Verkehrsauffassung jedoch fest, dass seit jeher jene Artistik als sog ‚Kleinkunst' zur Kunst zählt, die in Varietés und Zirkussen dargeboten wird. Hingegen handele es sich bei Artistik, wie sie üblicherweise auf Jahrmärkten, Rummelplätzen und Volksfesten gezeigt wird, nicht um Kunst.[1620] Entsprechend behandelt das BSG die vor allem in Zirkussen und Varietés auftretenden Jongleure, Trapezkünstler, Seiltänzer, Zauberer, Dompteure, Akrobaten, Feuerschlucker, Entfesselungskünstler, Messerwerfer, Clowns und Bauchredner als Künstler. Andere Formen der Vorführung von Kunstfertigkeiten und Geschicklichkeitsübungen – das BSG erwähnt als Beispiel Steilwandfahrer, Jahrmarktsboxer, Rodeoreiter – fallen nach Auffassung des Gerichtes nicht darunter. Die Tatsache, dass das Gericht konzediert, dass es sich gleichwohl „auch hier der Sache nach um artistische Darbietungen handelt (Artistik im weiteren Sinne)", zeigt einmal mehr das dem KSVG immanente Dilemma der Definition der Begriffe Kunst und Künstler. Es ist kaum nachvollziehbar, wieso es sich bei einem Feuerschlucker oder Entfesselungskünstler um einen Künstler iSd KSVG handeln soll, bei einem Steilwandfahrer jedoch nicht. Und auch auf die Abgrenzung danach, wo und in welchem Rahmen ein Künstler auftritt, kann es letztlich nicht ankommen.

1521

dd) Künstlereigenschaft von Fotografen

Das BSG betrachtet als Kennzeichen für die künstlerische Fotografie die **Motivwahl und Motivgestaltung** nach ästhetischen Gesichtspunkten.[1621] Erschöpfe sich die Aufgabe des Fotografen in einer möglichst originalgetreuen Wiedergabe handele es sich um eine handwerkliche Tätigkeit.[1622]

1522

Als künstlerische Tätigkeit behandelt das BSG die Leistungen von Fotografen allerdings stets dann, wenn ihre Aufnahmen zu Werbezwecken erfolgen. Das Gericht begründet dies damit, dass § 24 Abs. 1 Nr. 7 KSVG die Werbung betreibenden Unternehmen erfasse. Die Einbeziehung dieser Unternehmen lasse darauf schließen, dass gerade die von ihnen typischerweise herangezogenen ‚kreativen' Selbstständigen zu dem Personenkreis zählen, der in § 2 KSVG mit ‚bildende Kunst' Schaffenden bezeichnet worden sei.[1623]

1523

4. Verwerter

Der Personenkreis der abgabepflichtigen Verwerter ist in § 24 KSVG abschließend aufgeführt. Verwerter sind gem. § 24 KSVG alle Unternehmen und Einrichtungen, die regelmäßig künstlerische oder publizistische Werke und Leistungen vermarkten und dafür ein Entgelt zahlen. Der Begriff des Unternehmens bezeichnet eine planmäßige, für eine gewisse Dauer bestimmte Vielzahl von Tätigkeiten, die auf einen einheitlichen Zweck gerichtet

1524

[1620] BSGE 83, 160 (164).
[1621] BSG Urt. v. 24.6.1998 – B 3 KR 11/97; BSGE 78, 118.
[1622] BSG Urt. 25.11.2010 – B 3 KS 1/10 R; BSG Urt. v. 12.11.2003 – B 3 KR 8/03; BSG Urt. v. 24.6.1998 – B 3 KR 11/97.
[1623] BSG Urt. v. 12.11.2003 – B 3 KR 10/03.

§ 19   Künstlersozialabgabe

sind und mit einer gewissen ‚Regelmäßigkeit' bzw. ‚Nachhaltigkeit' ausgeübt werden.[1624] Eine Gewinnerzielungsabsicht des Unternehmens ist nicht erforderlich.[1625] Das BSG hält daher selbst bei voller Subventionierung eines Unternehmens eine Abgabepflicht für annehmbar.[1626]

1525   Sofern es sich bei einem Verwerter nicht um eines der in Absatz 1 der Vorschrift regelmäßig auf Gewinnerzielung ausgerichteten Unternehmen handelt, füllt § 24 Abs. 2 als **Generalklausel** etwa bestehende Lücken. Für sie reicht bereits eine mittelbare Verbindung zwischen Kunstverwertung und Einnahmen aus. Es genügt, dass die Kunstverwertung im Zusammenhang mit der Erfüllung von Aufgaben steht, die aus Haushaltszuweisungen, aus Beiträgen oder aus anderen Einnahmen finanziert werden.[1627]

1526   Geht die Künstlersozialkasse davon aus, dass ein Unternehmen zum Kreis der in § 24 KSVG aufgeführten Unternehmen zählt, stellt sie die Abgabepflicht durch Bescheid fest.[1628] § 24 KSVG regelt jedoch lediglich die ‚**Abgabepflicht dem Grunde nach**' und damit die Frage, wer zum abgabepflichtigen Personenkreis zählt. Die dem Grunde nach unterstellte Abgabepflicht hat zur Folge, dass das Unternehmen gem. § 27 KSVG zur regelmäßigen Abgabe von Meldungen über an selbstständige Künstler und Publizisten gezahlte Entgelte verpflichtet ist. Über die Frage, ob tatsächlich auch Abgaben zu leisten sind, sagt die Vorschrift nichts aus.

1527   Die Rechtsprechung des BSG sieht die erforderliche Regelmäßigkeit der ausgeübten Veranstaltertätigkeit bereits als erfüllt an, wenn jährlich zwei bis drei Veranstaltungen ausgerichtet werden.[1629] Allerdings könnten auch Veranstaltungen, die nur im Abstand von mehreren Jahren stattfinden, wegen ihres großen Organisationsaufwands dem Leitbild des typischen Vermarkters entsprechen. Die wesentliche Unternehmenstätigkeit liege in der Vorbereitungsphase, während der typischerweise ebenfalls schon Leistungen selbstständiger Künstler in Anspruch genommen würden. Die Häufigkeit der Durchführung von Veranstaltungen sei in ihrer Bedeutung für die Abgabepflicht umso geringer, je umfangreicher und gezielter die organisatorischen Vorbereitungen seien.[1630]

1528   Zu den Verwerterberufsgruppen in der Veranstaltungswirtschaft zählen vor allem gem. § 24 Abs. 1 Nr 3 KSVG **Theater-, Konzert- und Gastspieldirektionen**. Das BSG definiert sie als Unternehmen, die dafür sorgen, das Theater gespielt oder ein Konzert veranstaltet wird, ohne selbst Träger von Theater oder Orchestern zu sein.[1631] Der Begriff der Konzertdirektion umfasst gem. der Rechtsprechung des BSG auch Handelsvertreter, Kommissionäre und Eigenhändler.[1632] Mit dieser weiten Definition wendet das BSG den Begriff der Konzertdirektion weit über den Bereich der professionellen Konzertveranstaltungsbranche an und begründet damit die Abgabepflicht zB auch von Vermittlern oder auch von Städten und Gemeinden, Jugendzentren, Volksbildungswerken oder auch Orchesterbetreibern. Die Abgabepflicht der Konzertdirektion erfordere nur eine Betätigung als Konzertdirektion und nicht die Selbsteinschätzung des Unternehmens als solche.[1633]

5. Künstlersozialabgabepflicht

1529   Gemäß § 23 KSVG wird die Künstlersozialabgabe in Form einer **Umlage** von allen am Markt für Kunst und Publizistik tätigen Verwertern erhoben. Rechtlich ist die Künstler-

---

[1624] BSG MDR 1996, 181 mwN.
[1625] BSGE 80, 141; FBN KSVG § 24 Rn. 18.
[1626] BSG MDR 1996, 181; FBN KSVG § 24 Rn. 23.
[1627] BSG Urt. v. 20.4.1994 – 3/12/ RK 66/92.
[1628] Vgl. BSGE 64, 221.
[1629] BSGE 80, 141 (142).
[1630] BSG MDR 1996, 181.
[1631] BSG MDR 1996, 181; BSGE 74, 117 (119f.); FBN KSVG § 24 Rn. 97ff.
[1632] BSGE 74, 117.
[1633] BSG MDR 1996, 181.

Künstlersozialabgabe   § 19

sozialabgabe nämlich keine Abgabe, bei der typischerweise eine Leistung einer zumindest mittelbaren Gegenleistung gegenübersteht, sondern ein Kostenausgleichsverfahren unter allen, die grundsätzlich und regelmäßig künstlerische Leistungen vermarkten. Sie sollen mit der Abgabe ähnlich wie Arbeitnehmer an der Finanzierung der Sozialversicherungsbeiträge beteiligt werden.[1634] Die an selbstständige Künstler gezahlten Entgelte dienen dabei gem. § 25 Abs. 1 KSVG lediglich als Bemessungsgrundlage.

Die Frage, ob die in § 24 KSVG aufgeführten Unternehmen auch tatsächlich Zahlungen an die KSK leisten müssen, also ob auch eine ‚**Abgabepflicht der Höhe nach**' besteht und damit tatsächlich Abgaben zu leisten sind, bestimmt sich allein nach § 25 KSVG. Sie besteht nur, sofern innerhalb eines Kalenderjahres tatsächlich Entgelte gezahlt wurden. 1530

Abgabepflichtig sind allerdings nur diejenigen Zahlungen, die sich objektiv als **Gegenleistung für eine künstlerische Leistung** darstellen. Nicht dazu gehören Entgelte, die die Künstler aus anderen Gründen und nicht im Zusammenhang mit einem künstlerischen Werk oder einer künstlerischen Leistung, etwa für die Verwertung der Namensrechte (Merchandising) erhalten.[1635] Werden mit der an einen selbständigen Künstler gezahlten Vergütung auch andere von ihm zu erbringende Leistungen abgegolten wie zB die Stellung technischer Anlagen oder werden Reisekosten pauschal abgegolten, kann allerdings keine Aufteilung der Beträge erfolgen. Vielmehr gilt eine pauschale Gesamtvergütung als Vergütung für die künstlerische Leistung und damit als dafür erbrachte Gegenleistung.[1636] 1531

Das Verfahren der Entrichtung der Abgabe richtet sich nach § 27 Abs. 1 KSVG. Danach ist der Abgabepflichtige zur Benennung lediglich der Summe der in einem Kalenderjahr gezahlten Entgelte verpflichtet. Diese hat er der Kasse bis zum 31. März des jeweiligen Folgejahres zu melden. Sie setzt dann gem. § 27 Abs. 2–4 KSVG den zu zahlenden Betrag und für das auf den Abgabezeitraum folgende Jahr eine entsprechende **Vorauszahlung** fest. Der zur Abgabe Verpflichtete ist gem. § 28 KSVG zu fortlaufenden **Aufzeichnungen** über die gem. § 25 KSVG gezahlten Entgelte verpflichtet. 1532

a) Grundsätzliche Rechtmäßigkeit der Abgabepflicht

Das BVerfG rechtfertigte in einem Beschluss aus dem Jahre 1987 die Belastung der Verwerter mit der Künstlersozialabgabe mit dem „besonderen kulturgeschichtlich gewachsenen Verhältnis zwischen selbstständigen Künstlern und Publizisten auf der einen und ihren Verwertern auf der anderen Seite". Die Abgabe verletze keine Grundrechte der Verwerter nach Art. 2 und 3 GG. Künstler und Publizisten erbrächten unvertretbare, höchstpersönliche Leistungen, die in besonderer Weise der Vermarktung bedürften, um ihr Publikum, also ihre Abnehmer zu finden. „Dieses Verhältnis hat gewisse symbiotische Züge" so das BVerfG. „Es stellt einen kulturgeschichtlichen Sonderbereich dar, aus dem eine besondere Verantwortung der Vermarkter für die soziale Sicherung der – typischerweise wirtschaftlich schwächeren – selbstständigen Künstler und Publizisten erwächst, ähnlich der der Arbeitgeber und Arbeitnehmer".[1637] 1533

b) Abgabepflicht bei Zahlungen an Nichtversicherte

Die Umlage wird gem. § 25 Abs. 1 S. 1 KSVG unabhängig davon geschuldet, ob der Künstler bei der KSK versichert ist oder nicht und damit an dem Schutz des KSVG teilnimmt. Sie besteht bei Entgeltzahlungen an selbstständig tätige Künstler unabhängig davon, ob diese selbst einen Anspruch auf den Schutz des KSVG haben. Aufgrund des **Territorialitätsprinzip** des § 30 SGB I, §§ 3, 9, 11 Abs. 2 SGB IV erstreckt sich die Versicherungspflicht und die Versicherungsberechtigung nicht auf selbstständige Künstler, die ihre Tätig- 1534

[1634] BSGE 75, 20 (23).
[1635] Vgl. BSG Urt. v. 26.1.2006 – B 3 KR 3/05 R ; LSG Schleswig-Holstein Urt. v. 30.11.2004 – L 1 KR 56/03.
[1636] S. Rn. 1544.
[1637] BVerfGE 75, 108; vgl. auch BSG Urt. v. 18.9.2008 – B 3 KS 4/07 R.

keit ohne feste Arbeitsstätte an verschiedenen Orten ausüben ohne über einen festen Wohnsitz oder gewöhnlichen Aufenthalt im Inland zu verfügen. Daher lassen sich auf solche Künstler die Vorschriften des KSVG nicht anwenden.[1638] Gleichwohl zählen auch die an sie gezahlten Entgelte zur Bemessungsgrundlage für die Abgabenschuld.

1535 Die Erhebung der Abgabe auch auf Entgelte an nicht versicherte sowie nicht versicherungsberechtigte Künstler ist in den Jahren nach Inkrafttreten des Gesetzes immer wieder Gegenstand gerichtlicher Auseinandersetzungen gewesen. Das BVerfG begründete seine die Rechtmäßigkeit des § 25 Abs. 1 KSVG bestätigende Rechtsauffassung damit, dass die Künstlersozialabgabe eine **fremdnützige Abgabe** sei, die zwar für die Vermarktung einer bestimmten künstlerischen Leistung erhoben werde, nicht aber dem Schutz desjenigen Künstlers diene, auf dessen künstlerische Leistung sie erhoben werde. Die Trennung von Abgabe- und Versicherungspflicht sei durch die allgemein bestehende Verantwortung der Vermarkter für die soziale Sicherung der selbstständigen Künstler gerechtfertigt.[1639]

1536 Entsprechend geht auch das BSG in ständiger Rechtsprechung von der Rechtmäßigkeit des § 25 Abs. 1 S. 1 KSVG aus und weist darauf hin, dass die Vorschrift auch dazu diene, **Wettbewerbsvorsprünge** jener Künstler zu vermeiden, die nicht der Versicherungspflicht nach dem KSVG unterliegen. Stellte man die Honorare ausländischer Künstler von der Abgabepflicht frei, könnten Verwerter veranlasst sein, verstärkt ausländische Künstler zu berücksichtigen.[1640]

1537 2001 hatte sich der Europäische Gerichtshof aufgrund einer Klage der Europäischen Kommission gegen die Bundesrepublik Deutschland mit der Frage zu beschäftigen, ob es mit dem EU-Vertrag vereinbar sei, dass auch Entgeltzahlungen an selbstständige Künstler, die im EU-Ausland ihren Wohnsitz haben und eine selbstständige Tätigkeit gewöhnlich sowohl dort als auch in der Bundesrepublik Deutschland ausüben, eine Abgabepflicht nach dem KSVG begründeten. Der EuGH hat eine Verletzung des Gemeinschaftsrechts im Ergebnis nicht angenommen.[1641]

c) Abgabepflicht bei Zahlungen an Amateure

1538 Die grundsätzlich bestehende Abgabepflicht auch bei Zahlungen an Nichtversicherte kann dann nicht gegeben sein, wenn in der Person des Künstlers die an den Künstlerbegriff geknüpften Voraussetzungen einer gewissen **Nachhaltigkeit des künstlerischen Wirkens** nicht gegeben sind. Daran wäre zB bei Amateurmusikern zu denken, die nur gelegentlich einer künstlerischen Tätigkeit nachgehen. Dann kann es sich zwar um die Leistung eines selbstständigen Künstlers, nicht jedoch um eine künstlerische Leistung handeln. Das BSG geht davon aus, dass die Abgabepflicht bei der Zahlung von Aufwandsentschädigungen an Amateurmusiker jedenfalls dann besteht, wenn es sich nicht um ein einmaliges Auftreten einer Musikgruppe, sondern um Personen handelt, die sich in ihrer Freizeit der Musik widmen und dazu auch – wenn auch nur gelegentlich und gegen Aufwandsentschädigung – in der Öffentlichkeit auftreten. Für die Abgabepflicht ist es nicht erforderlich, dass die künstlerische Tätigkeit erwerbsmäßig ausgeübt wird.[1642]

1539 Fraglich kann dann allerdings sein, nach welchen Kriterien der Abgabepflichtige die Abgrenzung zwischen Künstlern und iSd KSVG nicht als Künstlern zu behandelnden Personen vornehmen soll. Das BSG unterstellt, dass in aller Regel schon die Höhe des gezahlten Entgelts bei einem Vergleich mit den marktüblichen Gagen einen zuverlässigen Schluss darauf zulasse, ob es für eine künstlerische Leistung gezahlt wurde oder ob es sich im Wesentlichen um die Erstattung von Auslagen und die Abgeltung von aufgewandter Freizeit ge-

---

[1638] BSG Urt. v. 25.10.1995 – 3 RK 11/94.
[1639] BVerfGE 75, 108 (159); BSGE 101, 245 (250).
[1640] Vgl. BSGE 75, 20; BSG Urt. v. 25.10.1995 – 3 RK 11/94; FBN KSVG § 25 Rn. 9 ff.
[1641] EUGH NJW 2002, 589.
[1642] BSG NJW 1997, 1185.

Künstlersozialabgabe   § 19

handelt hat.[1643] Einmal mehr führen auch hier die Definition des Künstlerbegriffs sowie die an das Vorliegen einer künstlerischen Leistung geknüpften Voraussetzungen zu wenig trennscharfen Ergebnissen und eröffnen dem Abgabepflichtigen einen erheblichen **Beurteilungsspielraum**.

d) Abgabepflicht bei Zahlungen an anders Versicherte

Unmaßgeblich für die Beurteilung der Abgabepflicht ist es auch, ob der betreffende Künstler neben seiner selbstständigen künstlerischen Tätigkeit als Arbeitnehmer bereits sozialversichert ist. Entscheidend ist allein, ob der Entgeltempfänger **im konkreten Fall** für eine als selbstständiger Künstler oder Publizist erbrachte Leistung bezahlt wurde.[1644] Bei einem als Arbeitnehmer fest angestellten und damit sozialversicherten Orchestermusiker besteht gem. § 1 Nr. 1 KSVG keine Versicherungspflicht nach dem KSVG, da er die selbstständige künstlerische Tätigkeit regelmäßig nur vorübergehend und nicht erwerbsmäßig ausübt. Gleichwohl unterliegen an ihn gezahlte Entgelte für nebenberuflich erbrachte selbstständige künstlerische Leistungen der Abgabepflicht.[1645]

1540

e) Abgabepflicht bei Zahlungen an Arbeitgeber

Da gem. § 1 Nr. 2 KSVG eine Versicherungspflicht nicht besteht, sofern ein Künstler mehr als einen Arbeitnehmer beschäftigt, kann sich die Frage stellen, ob bei Entgeltzahlungen an derartige Künstler die Abgabepflicht entfällt. Dies wird vom BSG abgelehnt. Der Gesetzgeber verneine mit der Regelung des § 1 Nr. 2 KSVG nicht die grundsätzliche Künstlereigenschaft sondern nur die Versicherungspflicht. Daher sei auch in derartigen Fällen gem. § 25 Abs. 1 S. 2 KSVG die Abgabe geschuldet.[1646]

1541

f) Höhe der Künstlersozialabgabe

Die Höhe der Künstlersozialbgabe wird gem. § 26 Abs. 5 KSVG jährlich durch das Bundesministerium für Arbeit und Soziales im Einvernehmen mit dem Bundesministerium für Finanzen durch die **Künstlersozialabgabe-Verordnung** festgesetzt und den Abgabepflichtigen mit der Versendung des Meldebogens für das abgelaufene Jahr mitgeteilt. Sie beträgt für das Jahr 2013 die Höhe von 4,1 % der gezahlten Entgelte. Für das Jahr 2014 wird der Abgabesatz auf 5,2 % ansteigen.

1542

6. Entgelt

Entgelt ist gem. § 25 Abs. 2 S. 1 KSVG alles, was der Unternehmer aufwenden muss, um das künstlerische Werk oder die Leistung zu erhalten oder zu nutzen.

1543

Mit diesem Entgeltbegriff knüpft das KSVG an den Entgeltbegriff des Umsatzsteuerrechts (§ 10 Abs. 12 S. 2 UStG) an. Die weite Definition soll eine möglichst lückenlose Berücksichtigung aller denkbaren Entgeltzahlungen gewährleisten.[1647] Als Entgelt gilt daher auch jede Leistung an Dritte, durch welche der Künstler von einer entsprechenden Verpflichtung diesem gegenüber befreit wird. So sind auch Steuern, die zB gem. § 50a Abs. 5 EStG von der Vergütung des Künstlers einzubehalten sind, Teil des Entgelts. Gleiches gilt für Provisionen oder sonstige Zahlungen, die seitens des Veranstalters für den Künstler an Dritte gezahlt werden. Auch dem Künstler vergütete Auslagen wie zB Kosten für Telefon oder Transportkosten und Nebenkosten zB für Material, Hilfskräfte und nicht künstlerische Nebenleistungen zählen dazu.[1648] Das bedeutet im Umkehrschluss allerdings, dass Zahlungen an Künstler, die **losgelöst von der Erbringung** künstlerischer Leistungen – zB die

1544

[1643] BSG MDR 1998, 545 (546).
[1644] BSG Urt. v. 25.10.1995 – 3 RK 11/94.
[1645] S. Rn. 1507 ff.
[1646] BSG Urt. 20.7.1994 – 3/12 RK 54/93.
[1647] Schneider DB 1988, 2255 (2258).
[1648] BSG Urt. 20.7.1994 – 3/12 RK 54/93.

Vermietung technischer Anlagen – erbracht werden, nicht bereits deshalb der Abgabepflicht unterliegen, weil der Leistende ein Künstler ist. Sie sind dann nämlich nicht mehr eine Gegenleistung für eine künstlerische Leistung.

7. Steuerfreie Einnahmen und Aufwandsentschädigungen

1545 Nicht zum Entgelt zählen gem. § 25 Abs. 2 S. 1 u. Nr. 2 KSVG lediglich die gesondert ausgewiesene **Umsatzsteuer** sowie steuerfreie Aufwandsentschädigungen und die in § 3 Nr. 26 EStG genannten steuerfreien Einnahmen.

1546 Der Verweis auf die gem. § 3 Nr. 26 EStG steuerfreien Einnahmen ist von besonderer Bedeutung bezüglich der Behandlung von **Übungsleiterpauschalen**. Soweit diese von öffentlich-rechtlichen oder gemeinnützigen Einrichtungen gezahlt werden, können seit 2007 max. 2.100 EUR pro Jahr bei der Ermittlung der Bemessungsgrundlage unberücksichtigt bleiben, wenn sie auf einer **nebenberuflichen künstlerischen Tätigkeit** beruhen. Der Übungsleiterfreibetrag wird grundsätzlich nur einmal gewährt. Die Künstlersozialkasse fordert analog R 17 Abs. 10 LStR, dass sich der Auftraggeber vom Künstler schriftlich bestätigen lassen muss, in welcher Höhe er die Steuerbefreiung für die Zahlung beim Finanzamt geltend gemacht hat.

1547 Gemäß **Künstlersozialversicherungs-Entgeltverordnung** vom 22.1.1991[1649] zählen als steuerfreie Aufwandsentschädigungen folgende Nebenleistungen nicht zum Entgelt:
– nachgewiesene Reisekosten, soweit sie die Grenzen des § 3 Nr. 16 EStG nicht übersteigen sowie
– übliche Bewirtungskosten des selbstständigen Künstlers.

1548 Der Begriff der **Reisekosten** umfasst Fahrtkosten, Übernachtungskosten, Verpflegungsmehraufwand und Reisenebenkosten.[1650] Diese Kosten müssen in der Person des kontrahierten selbstständigen Künstlers bzw. Künstlerensembles entstanden sein. Von diesen an den Veranstalter weiterberechnete Reisekosten Dritter – zB der Techniker des Künstlers oder ein von ihm verpflichteter weiterer Künstler – werden von der Ausnahme des § 25 Abs. 2 Nr. 2 KSVG nicht erfasst.[1651]

1549 Sofern der Aufwand für übernommene oder erstattete Reisekosten nicht zB durch Zahlungsbelege für Bahn- oder Flugkosten nachgewiesen werden kann, zählen Reisekosten – wie zB Fahrtkosten mit eigenem PKW – nur dann nicht zum Entgelt, wenn sie sich in den Grenzen des § 9 Abs. 1 S. 3 Nr. 4 EStG halten. Gehen die Kosten über die steuerlichen Grenzen hinaus, ist entsprechend § 3 Nr. 16 EStG der überschießende Betrag als Bemessungsgrundlage für die Abgabe zu berücksichtigen.[1652]

1550 Zu den üblichen **Bewirtungskosten** gehören die Ausgaben für Speisen, Getränke und Genussmittel sowie die damit im Zusammenhang stehenden Nebenkosten. Aufgrund des Verweises auf die steuerrechtlichen Vorschriften ist entsprechend den einkommensteuerrechtlichen Vorschriften über die Absetzbarkeit von Bewirtungskosten ein Nachweis zu erbringen. Als solcher anerkannt werden nur maschinell erstellte und registrierte Belege auf denen vermerkt wurde, wer bewirtet wurde, wer die Bewirtung übernommen hat und aus welchem Anlass sie erfolgte.[1653]

1551 Fraglich kann sein, wieweit sich die gelegentlich erheblichen Cateringforderungen insbesondere von Künstlern des Popularmusikbereichs noch im Rahmen üblicher Bewirtungskosten bewegen. Die Angemessenheit von Bewirtungsaufwendungen ist unter Berücksichtigung der Umstände des Einzelfalles nach der allgemeinen Verkehrsauffassung zu beurteilen. Der so eröffnete Wertungsspielraum geht damit erheblich über die engen steuerfreien Bewirtungskostenpauschalen des EStG hinaus.

[1649] BGBl. I 1991, 156.
[1650] FBN KSVG § 25 Rn. 66.
[1651] FBN KSVG § 25 Rn. 69.
[1652] FBN KSVG § 25 Rn. 66f.
[1653] FBN KSVG § 25 Rn. 68.

8. Ausgleichsvereinigung

Gemäß § 32 KSVG können Abgabepflichtige mit Zustimmung der Künstlersozialkasse und des Bundesversicherungsamts Ausgleichsvereinigungen bilden, die die ihnen nach dem KSVG obliegenden Pflichten erfüllen und die Künstlersozialabgabe sowie die Vorauszahlungen mit befreiender Wirkung für ihre Mitglieder entrichten. Dabei kann die Kasse die Ermittlung der geschuldeten Entgelte abweichend von § 25 KSVG regeln. Für die Teilnehmer der Ausgleichsvereinigung endet damit der unmittelbare Kontakt mit der Künstlersozialkasse. Sie schulden die Abgabe und entsprechende Erklärungen nur noch der Vereinigung. Zur Führung von Aufzeichnungen gem. § 28 KSVG sind sie nicht mehr verpflichtet. Prüfungen bezüglich der Erfüllung der Abgabepflicht werden bei ihnen nicht mehr durchgeführt. 1552

Für den Wirtschaftszweig der Veranstaltungswirtschaft besteht seit 2008 die Ausgleichsvereinigung des bdv. Die Ermittlung der Bemessungsgrundlage für die Abgabeschuld der Teilnehmer erfolgt durch Anwendung eines mit der Kasse vereinbarten Prozentsatzes auf den Unternehmensumsatz. Die konkrete Abgabeschuld ermittelt sich dann durch Anwendung des jeweiligen Abgabesatzes auf diese Bemessungsgrundlage. 1553

9. Verjährung

Ansprüche der Künstlersozialkasse auf Entrichtung der Künstlersozialabgabe verjähren gem. § 31 KSVG in Verbindung mit § 25 SGB IV **vier Jahre nach Ablauf des Kalenderjahres**, in dem sie fällig geworden sind. Bei vorsätzlich vorenthaltenen Beiträgen beträgt die Verjährung gem. § 25 Abs. 1 S 2 SGB IV **dreißig Jahre nach Fälligkeit**. Da die Künstlersozialabgabe immer erst zum 31. März eines jeden Folgejahres fällig ist, tritt die Verjährung allerdings effektiv erst sechs Jahre nach Ablauf eines Prüfungszeitraums ein. 1554

10. Ordnungswidrigkeit

Macht ein Unternehmen trotz Aufforderung keine, falsche oder unvollständige Angaben, so kann die Künstlersozialkasse gem. § 27 Abs. 1 S. 3 KSVG eine **Schätzung** vornehmen und entsprechende Nachzahlungen festsetzen. Meldet der Unternehmer daraufhin seine tatsächlich gezahlten Entgelte, tritt an die Stelle der Schätzung die tatsächliche Entgeltsumme und die darauf geschuldete Abgabe. Bei Zahlungsrückständen fällt ein Säumniszuschlag von 1% pro Monat an. 1555

Kommt der Abgabepflichtige vorsätzlich oder fahrlässig der **Entgeltmeldung** gem. § 27 Abs. 1 S. 1 KSVG nicht oder nicht rechtzeitig nach, gibt er eine **unrichtige Abgabemeldung** ab, verletzt er die **Aufzeichnungspflicht** gem. § 28 S. 1 KSVG oder kommt er der **Auskunfts- oder Vorlagepflicht** nach § 29 KSVG nicht oder nicht vollständig nach, kann gegen ihn nach § 36 KSVG eine Geldbuße bis zu 50.000 EUR festgesetzt werden. 1556

II. Einzelprobleme der Abgabepflicht in der Veranstaltungsbranche

1. Künstlervermittlung

Eine Abgabepflicht besteht mangels Vorhandenseins eines Vermarkters dann nicht, wenn der Künstler seine Leistung selbst vermarktet. Die Grenze der **Selbstvermarktung** zur **Fremdvermarktung** ist gem. der Rechtsprechung des BSG bereits überschritten, wenn sich der Künstler der vermittelnden Tätigkeit eines Unternehmers bedient, der Organisationsformen zur Verfügung stellt, die Kontakte zwischen Endabnehmern herstellen oder fördern und dadurch Kaufabschlüsse ermöglichen.[1654] Beauftragt ein Künstler eine Vermittlungsagentur mit der Akquise und dem Abschluss von Auftrittsverträgen, scheidet die Annahme einer selbstvermarktenden Tätigkeit des Künstlers somit aus. 1557

[1654] BSG Urt. v. 31.8.2000 – B 3 KR 27/99 R.

§ 19 Künstlersozialabgabe

1558 Die Besonderheit der Beurteilung der Abgabepflicht des Vermittlers liegt in der Tatsache, dass bei einer Vermittlung das Entgelt für die künstlerische Leistung nicht vom Vermittler, sondern einem Dritten geschuldet wird. Soweit der Vermittler das Honorar entgegennimmt, tritt er regelmäßig als Stellvertreter im Namen des Künstlers auf und leitet es – ggf. nach Verrechnung mit der ihm zustehenden Provision – an den Künstler weiter. Damit liegt jedenfalls die Voraussetzung des § 25 Abs. 1 KSVG – die Entgeltzahlung – in der Person des Vermittlers nicht vor.

1559 Bis zu der zum 1.1.1989 in Kraft getretenen Gesetzesänderung waren ‚lediglich vermittelnde' Tätigkeiten gem. § 24 Abs. 1 Nr. 2 Hs. 2 KSVG aF ausdrücklich von der Abgabepflicht ausgenommen. Das BSG hatte allerdings bereits damals die Abgabepflicht des Vermittlers dann angenommen, wenn er in Vertretung eines Künstlers am Vertragsabschluss mit dem Veranstalter mitwirkte. Das Gericht begründete dies damit, dass der am Vertragsschluss mitwirkende Agent zumindest mittelbar für die Veranstaltung von Konzerten sorge.[1655] Mit der Gesetzesänderung 1999 entfiel der Vermittlungsvorbehalt. Stattdessen sind nunmehr auch „sonstige Unternehmen, deren wesentlicher Zweck darauf gerichtet ist, für die Aufführung oder Darbietung künstlerischer oder publizistischer Werke oder Leistungen Sorge zu tragen" dem Grunde nach abgabepflichtig. Bezüglich der Subsumtion auch der Vermittlungsagenturen unter diesen Annex des § 24 Abs. 1 Nr. 3 KSVG verweist das BSG auf § 25 KSVG. Diese Vorschrift lasse einen Rückschluss auch auf die Abgabepflicht dem Grunde nach zu. Wenn zur Bemessungsgrundlage für die Abgabe gem. § 25 Abs. 3 KSVG auch die Entgelte aus bestimmten Vertretungsgeschäften zählten, müsse derjenige, der solche Geschäfte abschließt, auch abgabepflichtiger Unternehmer sein.[1656]

1560 Das Gesetz unterscheidet allerdings auch heute noch zwischen zwei unterschiedlichen Intensitäten der Künstlervermittlung. Es nimmt eine Abgrenzung zwischen einer **lediglich vermittelnden Tätigkeit** iS eines Maklervertrages einerseits und andererseits einer Tätigkeit vor, welche die **Vertretung des Künstlers beim Vertragsschluss** mit umfasst. Das BSG begründet diese Differenzierung damit, dass bereits das KSVG 1981 die Abgabepflicht nur für die bloße Vermittlung iS einer Maklertätigkeit ausgeschlossen habe. Etwas anderes müsse aber gelten, wenn die Tätigkeit des Vermittlers über eine lediglich vermittelnde Tätigkeit hinausgehe. So habe die Abgabepflichtigkeit bei einer Tätigkeit, welche die Vertretung des Künstlers beim Abschluss des Vertrages mit umfasst, bereits in der Fassung des KSVG 1981 bestanden. Wer wie ein Handelsagent oder Handelsvertreter am Vertragsschluss mitwirke oder für den Künstler die Abrechnung mit dem Veranstalter vornähme, sorge dafür, dass ein Konzert veranstaltet wird und sei danach gem. § 24 Abs. 1 Nr. 3 KSVG bereits dem Grunde nach abgabepflichtig.[1657]

1561 Entsprechend besteht gem. § 25 Abs. 3 Nr. 2 KSVG eine Abgabepflicht bei Vermittlungsgeschäften auch in der heutigen Fassung des Gesetzes dann nicht, wenn sich die Tätigkeit des Vermittlers lediglich auf den **Nachweis der Gelegenheit** eines Vertragsschlusses beschränkt und der Vertragsschluss durch den Künstler selbst zustande gebracht wird. Aus Sicht der KSK gilt als Indiz für das Vorliegen eines solchen Gelegenheitsnachweises, dass beide Parteien – also der Künstler persönlich einerseits und der Veranstalter andererseits – eigenhändig den Veranstaltungsvertrag unterschreiben.[1658] Organisation und Vorbereitung der Veranstaltung müssten ausschließlich den Vertragsparteien obliegen. Das Entgelt müsste vom Veranstalter direkt an den Künstler gezahlt werden. Rechtlich lässt sich diese beispielhafte Abgrenzung besser durch die hier bereits erfolgte Differenzierung zwischen Nachweis- und Abschlussmakler vornehmen.[1659] Gleichwohl ist sie zur Feststellung der

---

[1655] BSG Urt. v. 16. 9. 1999 – B 3 KR 7/ 98 R; BSGE 74, 117; BSG Urt. 17.4.1996 – 3 RK 18/ 95.
[1656] BSG Urt. v. 16. 9. 1999 – B 3 KR 7/ 98 R.
[1657] BSG Urt. v. 17.4.1996 – 3 RK 18/95.
[1658] Vgl. KSK Informationsschrift Nr. 1 – 05/2011 zur Künstlersozialabgabe, Allgemeines und Verfahren.
[1659] Vgl. Rn. 250.

Abgabepflicht kaum geeignet. Denn einerseits eröffnet sie Tür und Tor für eine Umgehung durch entsprechende Gestaltungen der Zusammenarbeit zwischen Agent und Künstler. Andererseits ist auch nicht ersichtlich, wieso der Abschlussmakler rechtlich gegenüber dem Nachweismakler benachteiligt wird. Weil der Gelegenheitsnachweis allerdings in der Praxis des professionellen Agenturgeschäft so gut wie gar keine Rolle spielt, da Agenten ganz vornehmlich als Abschlussmakler tätig werden, hat die Frage allenfalls akademische Bedeutung und muss hier nicht weiter vertieft werden.

Um ua den Vermittler auch der Höhe nach zur Leistung der Abgabe heranziehen zu können, bestimmt § 25 Abs. 3 KSVG, dass als Entgelt iSd § 25 Abs. 1 KSVG auch der Preis gilt, der dem Künstler zufließt, wenn ein zur Abgabe Verpflichteter (1) den Vertrag im Namen des Künstlers mit einem Dritten oder im Namen eines Dritten mit dem Künstler abschließt oder (2) den Künstler an einen Dritten vermittelt. Die Surrogation eines nicht abgabepflichtigen Verwerters durch den am Geschäftsabschluss beteiligten Vertreter des Künstlers folgt der Intention des KSVG, dass die Künstlersozialabgabe stets dann erhoben werden soll, wenn in den Prozess der Verwertung einer künstlerischen oder publizistischen Leistung ein abgabepflichtiges Unternehmen eingeschaltet ist – unabhängig davon, ob es selbst das Entgelt an den Künstler zahlt.[1660]

1562

Neben der grundsätzlichen Abgabepflicht des Vermittlers kann auch eine Abgabepflicht des Veranstalters, dem der Künstler vermittelt wurde, gegeben sein. Damit stellt sich die Frage nach dem Umgang mit der **doppelten Abgabepflicht**[1661] bei ein und demselben Verwertungsvorgang. Gelöst wird sie durch den Vorbehalt des § 25 Abs. 3 S. 1 KSVG. Danach wird die Abgabe vom Vermittler nur geschuldet, sofern der Vertragspartner des Künstlers seinerseits nicht zur Abgabe verpflichtet ist. Der Vermittler muss daher bei jedem Vertragsschluss prüfen, ob der Vertragspartner des Künstlers seinerseits ein abgabepflichtiger Unternehmer ist oder nicht. Entscheidend für die Beurteilung der Frage, ob der Vertreter aus dem Vermittlungsgeschäft die Abgabe schuldet, ist mithin die **subjektive Beurteilung** einer bestehenden Abgabepflicht des Dritten. Die KSK verlangt, dass, sofern der Vermittler die Abgabepflicht des Dritten unterstellt, ihm dafür ‚plausible Anhaltspunkte' vorliegen müssen.[1662] Von einer Abgabepflicht könne im Regelfall ausgegangen werden, wenn sie sich bereits aus dem Namen oder anderen Umständen ergäbe, dieser also bereits Anhaltspunkte dafür biete, dass es sich um ein nach § 24 KSVG abgabepflichtiges Unternehmen handele. Mangels entsprechender Detailkenntnisse der konkreten abgaberechtlichen Umstände des Dritten kann die dem Vermittler auferlegte Beurteilung zu Fehlbeurteilungen führen. Ein zuverlässiges Ergebnis dieser Prüfungspflicht ließe sich nur erreichen, sofern der Vermittler in jedem Einzelfall die Abgabennummer des Dritten – also dessen Abgabenzeichen bei der KSK – in Erfahrung bringen müsste. Eine entsprechende Verpflichtung war zwar im Entwurf des KSVG-Änderungsgesetzes vom 13.6.2001 vorgesehen. Im Interesse der gewerblichen Agenturen, deren Arbeit durch eine solche Verpflichtung erheblich erschwert würde und der zu befürchtenden Unwilligkeit der Unternehmen, insoweit mitzuwirken, wurde darauf in der Gesetzesfassung jedoch verzichtet. De facto hat also der Vertreter einen Beurteilungsspielraum, bei dessen Ausübung ihm Fehlbeurteilungen nicht zum Vorwurf gemacht werden können. Sofern die KSK bzw. die Rentenversicherung der vom Vermittler vorgenommenen Einschätzung widersprechen, müssen sie das Beurteilungsergebnis des Vermittlers widerlegen.

1563

Soweit nach den dargestellten Kriterien die Abgabepflicht eines Vermittlers besteht, zählt zur Bemessungsgrundlage lediglich das Entgelt, welches dem Künstler ‚**aus dem Geschäft**' zusteht. Entsprechend vermindern Provisionen, die der Künstler an die abgabepflichtige Agentur auskehrt, das abgabepflichtige Entgelt und zählen daher nicht zur Bemessungsgrundlage.[1663]

1564

[1660] Vgl. BSG Urt. v. 20.4.1994 – 3/12 RK 33/92.
[1661] S. Rn. 1588 ff.
[1662] Vgl. KSK Kurz-Information zur Künstlersozialabgabe 02/2011, Vermittlung und Vertretung.
[1663] Vgl. KSK Kurz-Information zur Künstlersozialabgabe 02/2011, Vermittlung und Vertretung.

2. Gastspielgeschäfte

1565 Nach Inkrafttreten des KSVG im Jahre 1983 war zunächst umstritten, ob bei Gastspielgeschäften – also dem Ein- und Verkauf künstlerischer Leistungen durch Agenturen – überhaupt eine Abgabepflicht der Agentur bestehen könne. Diese Zweifel hatten ihre Ursache darin, dass 1981 in der Ursprungsfassung des Gesetzes in § 24 Abs. 1 Nr. 2 KSVG einerseits die Gastspieldirektion – im Gegensatz zur aktuellen Fassung des § 24 Abs. 1 Nr. 3 KSVG – nicht ausdrücklich erwähnt wurde und – wie bereits dargestellt – ausschließlich vermittelnde Tätigkeiten damals ausdrücklich von der Abgabepflicht ausgenommen waren. Es wurde argumentiert, dass es sich letztlich auch bei dem Weiterverkauf eines Künstlerprogramms ebenfalls um einen Fall der Vermittlung handele, da die künstlerische Leistung für einen Dritten und nicht für denjenigen erbracht werde, der sie bezahle.[1664] Das BSG stellte dazu klar, dass bereits auf Grundlage des KSVG 1981 auch der ‚Weiterverkäufer' selbstständiger künstlerischer Leistungen als Betreiber einer Konzertdirektion abgabepflichtig sei. Alle Tätigkeiten, welche die Verwertung künstlerischer Leistungen ermöglichen bzw. für den Künstler vereinfachen, lösten die Abgabepflicht aus. Diese Auslegung des Gerichtes war allerdings unter Zugrundelegung der alten Fassung des Gesetzes angesichts des Vermittlungsvorbehalts keineswegs selbstverständlich.

1566 Mit dem Änderungsgesetz vom 20.12.1988 trat mit Wirkung zum 1.1.1989 die aktuelle Fassung des § 24 Abs. 1 Nr. 3 KSVG in Kraft, in welchem auch die Gastspieldirektion als abgabepflichtiges Unternehmen aufgeführt ist und der Vorbehalt bezüglich ausschließlich vermittelnder Tätigkeiten entfernt wurde. Mit dem KSVG-Änderungsgesetz vom 13.6. 2001 wurde schließlich in § 25 Abs. 1 S. 2 KSVG geregelt, dass zur Bemessungsgrundlage für die Abgabe auch jene Entgelte zählen, die ein zur Abgabe verpflichtetes Unternehmen dadurch erzielt, dass es Künstler selbst unter Vertrag nimmt, an diese Honorare zahlt, das Künstlerprogramm aber an Dritte im eigenen Namen veräußert.

3. Abwälzung der Abgabepflicht

1567 Immer wieder finden sich in der Praxis in Veranstaltungsverträgen Regelungen, mit denen die in der Person eines Vertragspartners bestehende Abgabepflicht auf den anderen Vertragsteil übertragen (abgewälzt) wird. So wird bei Verträgen zwischen Verwertern und Künstlern die Abgabe dem Künstler gelegentlich vom Entgelt abgezogen. Auch beim Zusammenwirken mehrerer an einem Geschäft beteiligter Verwerter – zB bei Gastspielgeschäften – finden sich immer wieder Vereinbarungen, mit denen die Abgabeschuld auf den Vertragspartner übertragen wird.

1568 Die Kostenabwälzung auf den Künstler ist gem. § 36a KSVG iVm § 32 SGB I aufgrund des Verbots **nachteiliger Vereinbarungen zu Lasten des Sozialleistungsberechtigten** grundsätzlich nichtig. Zivilrechtliche Vereinbarungen zwischen dem Verwerter und einem Dritten entfalten jedenfalls gegenüber der KSK keinerlei Wirkung, da eine Schuldübernahme gem. § 415 BGB nur mit Zustimmung des Gläubigers – also der KSK – wirksam wäre. Da seitens der KSK mit einer entsprechenden Zustimmung nicht zu rechnen ist, wäre der Übernehmer gem. § 415 Abs. 3 BGB verpflichtet, die KSK rechtzeitig zu befriedigen. Da der KSK gem. § 27 KSVG keine Einzelbeträge und Zahlungsgründe, sondern lediglich die Summe der in einem Kalenderjahr gezahlten Entgelte gemeldet wird, lassen sich Einzelvorgänge auf diesem Wege nicht transparent machen. Sofern die **Schuldübernahme** überhaupt eine den eigentlich Abgabepflichtigen befreiende Wirkung haben soll, müsste der Übernehmer stattdessen unter Hinweis auf die Abgabeschuld und Abgabennummer des eigentlich Abgabepflichtigen eine Einzelmeldung und entsprechende Zahlung vornehmen. Solange dies – wie regelmäßig in der Praxis – nicht geschieht, bleibt es dabei, dass derartige Vereinbarungen für die KSK bedeutungslos sind und die Abgabe von demjenigen gefordert wird, der sie nach dem Gesetz schuldet. Allerdings bleibt dem ‚Abwälzenden' im Falle sei-

---

[1664] BSGE 74, 117 (119 f.); BSG Urt. v. 17.4.1996 – 3 RK 18/ 95.

4. Verträge mit ausländischen Produktionsgesellschaften

Ausländische Unternehmen unterliegen aufgrund des **Territorialitätsprinzips** gem. § 30 SGB I bereits dem Grunde nach nicht der Abgabepflicht nach dem KSVG. Wird eine selbstständige künstlerische Leistung, die für einen inländischen Verwerter erbracht wird, von einem nicht im Inland ansässigen Verwerter bezahlt (zB inländischer Veranstalter kauft Produktion von einem Tourneeveranstalter mit Sitz im Ausland), fällt der im Ausland ansässige Unternehmer daher als Abgabenschuldner aus.

Gemäß § 25 Abs. 1 S. 2 KSVG zählen zur Bemessungsgrundlage der Abgabe auch jene Entgelte, die ein nicht abgabepflichtiger Dritter für künstlerische oder publizistische Werke oder Leistungen zahlt, die für einen zur Abgabe Verpflichteten erbracht werden. Abgabeschuldner in einem derartigen Fall ist dann der inländische Verwerter. Da die von diesem an den zwischengeschalteten Unternehmer geleistete Zahlung jedoch regelmäßig höher ist als das Entgelt, welches der Dritte an den Künstler zahlt, ist als Bemessungsgrundlage für die Abgabe der Betrag zu ermitteln, den der Künstler für seine künstlerische Tätigkeit erhält. In der Praxis besteht hier allerdings das Problem, dass der inländische Verwerter diesen Betrag regelmäßig nicht kennt und dazu auch keine Informationen seitens seines Vertragspartners erhält, da dieser ansonsten seine Gewinnspanne offenlegen müsste.

Soweit der meldepflichtige Vertragspartner (zB inländischer Veranstalter) nicht in der Lage ist, das von seinem Vertragspartner an den Künstler gezahlte Entgelt zu beziffern (zB weil die ausländische Produktionsgesellschaft hierüber keine Auskunft erteilt, um ihre Kalkulationsgrundlage nicht offen zu legen), will die KSK die Abgabenhöhe von der Vertragsgestaltung abhängig machen.[1665] Sie will dann als Bemessungsgrundlage im Wege einer Schätzung 25 % Prozent aller Bruttoeinnahmen aus Kartenverkauf, Merchandising etc zugrunde legen. Dabei behält sie sich vor, auch einen höheren Betrag zu schätzen, sofern diesbezüglich Anhaltspunkte bestehen.[1666] Es versteht sich von selbst, dass in einem derartigen Fall die Abgabe erheblich höher ausfallen kann, als dies unter Zugrundelegung des tatsächlich dem Künstler zufließenden Entgelts der Fall wäre. Bisher beschränkt sich die Abrechnung der Abgabe auf dieser Grundlage jedoch auf Ausnahmefälle. Darüber hinaus stellt sich mit Blick auf die Angemessenheit eines derartigen Schätzungsverfahrens die Frage nach der rechtlichen Durchsetzbarkeit dieses Vorgehens, zumal dabei Zahlungsflüsse zugrunde gelegt werden müssen (zB Merchandisingeinnahmen, Eintrittsentgelte) an denen der inländische Vertragspartner des ausländischen Verwerters nicht zwangsläufig beteiligt ist und deren Höhe er nicht zwangsläufig kennen muss.

In der Praxis hat sich zur Vermeidung der ‚angedrohten' Schätzung stattdessen ein anderes Verfahren durchgesetzt: die inländischen Vertragspartner ausländischer Produktionsgesellschaften stellen diesen die Abgabe auf das gezahlte Entgelt in Rechnung und verrechnen es mit der für die Produktion geschuldeten Vergütung. Dieses Verfahren ist jedenfalls grundsätzlich rechtlich unbedenklich. Da die Produktionsgesellschaft nicht sozialleistungsberechtigt ist, scheitert diese Handhabung auch nicht an dem Verbot nachteiliger Vereinbarungen gem. § 32 SGB I.

5. Bescheinigung E-101

Bei der Bescheinigung E 101 handelt es sich um ein in der EU und dem EWR verwandtes Formular, mit welchem erklärt wird, dass während der Dauer der Entsendung eines Arbeit-

---

[1665] Vgl. KSK Informationsschrift Nr. 4 – 02/2011 zur Künstlersozialabgabe, Abgabepflicht von Veranstaltern.
[1666] Vgl. KSK Informationsschrift Nr. 4 – 02/2011 zur Künstlersozialabgabe, Abgabepflicht von Veranstaltern.

§ 19   Künstlersozialabgabe

nehmers nach Deutschland weiterhin das System der **sozialen Sicherheit des Heimatlandes** des Arbeitnehmers anwendbar bleibt und der Betreffende den Rechtsvorschriften seines Mitgliedsstaates unterliegt. Die Anwendung deutschen Sozialversicherungsrechts ist damit im Interesse der Vermeidung von Doppelversicherungen ausgeschlossen. Das Formular kann allerdings nicht nur von Arbeitnehmern, sondern auch von Selbstständigen beantragt werden. Es wird durch die Krankenkasse bzw. den zuständigen Rentenversicherungsträger ausgestellt und dem Antragsteller ausgehändigt.

1574   Die Sozialversicherungsträger des Entsendestaates sind dabei verpflichtet zu prüfen, ob die Voraussetzungen für die Ausstellung der Bescheinigung E 101 gegeben sind. Liegen die Voraussetzungen für die Ausstellung des Formulars vor, ist der Betreffende auch als Arbeitnehmer nicht zur Inanspruchnahme von Leistungen der deutschen Sozialversicherung berechtigt. Beschäftigte aus den Mitgliedstaaten, die eine Bescheinigung E 101 nicht vorlegen, werden nach deutschem Sozialversicherungsrecht beurteilt und sind somit hier als Arbeitnehmer sozialversicherungspflichtig.

1575   Für die Beurteilung der Abgabepflicht nach dem KSVG ist die Bescheinigung E 101 nur von Belang, wenn in dem Formular bestätigt wird, dass der ausländische Künstler im Inland als Arbeitnehmer beschäftigt wird. In diesem Fall findet das KSVG keine Anwendung, da eine selbstständige künstlerische Tätigkeit nicht vorliegt. In allen übrigen Fällen bleibt es bei der Regelung des § 25 Abs. 1 S. 1 Hs. 2 KSVG. Danach kommt es nicht darauf an, ob ein selbstständiger Künstler versicherungspflichtig ist oder nicht. Entgeltzahlungen an im Inland selbstständig tätige Künstler unterliegen also auch bei Vorlage einer Bescheinigung E 101 der Abgabepflicht. Bescheinigungen aus Ländern, in denen die Unterscheidung zwischen Arbeitnehmern und Selbstständigen nicht bekannt ist[1667], werden von der KSK nicht als Nachweis der Arbeitnehmereigenschaft akzeptiert.[1668]

6. Verwertung im Ausland

1576   Gemäß eines Urteils des SG Stuttgart aus dem Jahre 2007[1669] sprächen Sinn und Zweck der Künstlersozialabgabe auch für eine Einbeziehung jener Entgelte in die Bemessungsgrundlage, die ein Vermarkter mit Sitz im Geltungsbereich des KSVG an im Ausland ansässige Künstler für künstlerische Werke oder Leistungen zahlt, die im Ausland erbracht und verwertet werden. Das **Territorialitätsprinzip** stünde dem nicht entgegen.

1577   Die zugelassene Sprungrevision zum BSG war in Teilen erfolgreich. Das BSG entschied, das an ausländische Künstler gezahlte Entgelte für im Ausland geschaffene künstlerische Werke oder Leistungen nur dann der Abgabepflicht unterliegen, wenn die Verwertung zumindest auch in der Bundesrepublik Deutschland erfolgt oder wenigstens eine konkrete Verwertungsmöglichkeit im Inland besteht. Keine Abgabepflicht besteht, wenn eine Verwertung oder Nutzung im Geltungsbereich des KSVG ausgeschlossen ist.[1670] Soweit also jeglicher **Inlandsbezug** fehlt, entfällt die Abgabepflicht. Besteht hingegen die konkrete Möglichkeit, dass die im Ausland erbrachte künstlerische Leistung mittelbar im Inland verwertet wird – so zB durch die Ausstrahlung eines Bild-/Tonmitschnitts im Inland – soll dies bereits genügen, um die Abgabepflicht zu bejahen.

1578   Bei dem der Entscheidung zugrunde liegenden Fall wurden von einem inländischen Abgabepflichtigen einerseits Entgelte für Auftritte russischer Künstler in Italien gezahlt. Andererseits erfolgten Zahlungen für die Entwicklung einer neuen Produktion. Die Auftrittsentgelte zählen gem. Urteil des BSG nicht zur Bemessungsgrundlage, da die Aufführungen keinen denkbaren Bezug zu einer Verwertung als künstlerische Leistung im Inland hätten. Auf den inländischen Sitz der Klägerin und den Umfang ihrer die Auftritte im

---

[1667] ZB eine Bescheinigung der US-amerikanischen Social Security Adminsitration.
[1668] Vgl. KSK Informationsschrift Nr. 4 – 02/2011 zur Künstlersozialabgabe, Abgabepflicht von Veranstaltern.
[1669] SG Stuttgart IStR 2007, 551.
[1670] BSGE 101, 245.

Ausland fördernde Tätigkeit käme es ebenso wenig an wie auf die Tatsache, dass der Erfüllungsort für die Zahlungen in Deutschland lag. Die Verwertung einer neuen Produktion sei allerdings im Inland zumindest nicht ausgeschlossen. Zahlungen für die Entwicklung und Proben einer künstlerischen Aufführung unterfielen immer dann der Abgabepflicht, wenn die Aufführung in Deutschland zumindest möglich sei.[1671]

7. Abgabepflicht der Städte, Landkreise und Gemeinden

Grundsätzlich zählen auch Städte, Landkreise und Gemeinden stets dann zum abgabepflichtigen Personenkreis, wenn sie Unternehmen gem. § 24 Abs. 1 KSVG betreiben oder selbst ein entsprechendes Unternehmen sind. Unerheblich ist hierbei, ob es sich um eine öffentlich-rechtliche Körperschaft oder Einrichtung handelt, ob Gemeinnützigkeit besteht, Gewinne oder überhaupt Einnahmen erzielt werden, das Unternehmen öffentlich gefördert wird oder die Durchführung von Veranstaltungen lediglich ein Nebenzweck des Unternehmens ist.[1672]

8. Abgabepflicht von Vereinen

Vereine können entweder nach § 24 Abs. 1 Nr. 2 oder Nr. 3 oder aber nach § 24 Abs. 2 KSVG abgabepflichtig sein. Zur Vermeidung der Belastung insbesondere von Vereinen, die das **heimatliche Brauchtum** pflegen, sollen über § 24 Abs. 1 Nr. 2 oder Nr. 3 KSVG nur noch die typischen Verwerter künstlerischer Leistungen erfasst werden. Das ist bei Vereinen dann der Fall, wenn der Hauptzweck der Vereinsarbeit in der öffentlichen Aufführung oder Darbietung bzw. der Organisation von Veranstaltungen mit Künstlern besteht.[1673] Im Übrigen kommt für Vereine eine Abgabepflicht nach § 24 Abs. 2 KSVG in Betracht. Das setzt voraus, dass mindestens drei Veranstaltungen im Kalenderjahr stattfinden. Entsprechend hat das BSG zB die Abgabefreiheit von **Karnevalsvereinen** nur für den Fall bejaht, dass jährlich weniger als drei Veranstaltungen mit Künstlern durchgeführt werden.[1674]

Der Unternehmenszweck von Musikvereinen ist gem. Rechtsprechung des BSG nur dann ‚überwiegend' darauf gerichtet, künstlerische Werke oder Leistungen öffentlich aufzuführen oder darzubieten, wenn der Schwerpunkt der Interessen nach der Vereinssatzung und Praxis auf dem öffentlichen Auftreten selbstständiger Künstler liegt. Andere nicht kommerzielle Zwecke wie zB die Freizeitgestaltung dürften dabei nur untergeordneten Charakter haben.[1675] Grundsätzlich kann gem. § 24 Abs. 2 S. 3 KSVG eine Abgabepflicht von Musikvereinen allerdings nicht bereits auf die regelmäßige Beauftragung von **Chorleitern** und **Dirigenten** gegründet werden. Das bedeutet im Umkehrschluss jedoch auch, dass Musikvereine nur dann aus der Abgabepflicht herausfallen, wenn sie ausschließlich Chorleiter und Dirigenten beschäftigen. Im Übrigen gilt für sie das Vorgesagte.

Da die Unternehmereigenschaft iSd KSVG – wie dargestellt – keine Gewinnerzielungsabsicht[1676] und nicht einmal eine Einnahmeerzielungsabsicht[1677] des Vermarkters voraussetzt, können auch gemeinnützige Vereine Unternehmen iSd § 24 Abs. 2 KSVG sein.[1678]

[1671] BSGE 101, 245 (251).
[1672] BSG Urt. v. 20.4.1994 – 3/12 RK 66/92; BSG Urt. v. 8.12.88 – 12 RK 8/88.
[1673] BSGE 80, 141; BSG Urt. v. 20.11.2008 – B 3 KS 5/07 R; BSG BB 1992, 642; FBN KSVG § 24 Rn. 89 f.
[1674] BSGE 80, 141.
[1675] BSG Urt. v. 20.11.2008 – B 3 KS 5/07 R.
[1676] BSGE 80, 141; BSG Urt. v. 1.10.1991 – 12 RK 13/91.
[1677] BSG Urt. v. 20.4.1994 – 3/12 RK 66/92.
[1678] BSGE 80, 141; BSG Urt. v. 20.11.2008 – B 3 KS 5/07 R; BSG BB 1992, 642; BSG Urt. v. 31.8.2000 – B 3 KR 27/99.

§ 19 Künstlersozialabgabe

9. Ausfallhonorare

1583 Da im Falle des Ausfalls eines Konzertes eine Nutzung einer künstlerischen Leistung nicht erfolgt, stellt sich die Frage, ob auch die Zahlung für eine ‚Nichtnutzung' einer künstlerischen Leistung eine Künstlersozialabgabepflicht begründet. Das wird vom BSG ua mit der Begründung angenommen, dass die Abgabepflichtigkeit eines Entgelts nicht davon abhänge, ob es tatsächlich zu einer Verwertung kommt. Gemäß § 25 Abs. 2 KSVG komme es nur darauf an, ob die Aufwendungen erbracht werden, um das Werk oder die Leistung zu erhalten. Eine tatsächliche Vermarktung der Leistung müsse daher nicht stattfinden.[1679]

1584 Nicht zum Entgelt zählen allerdings an den Künstler zu zahlende Schadensersatzansprüche oder Vertragsstrafen, soweit diese zu zahlen sind, ohne dass eine künstlerische Leistung zu erbringen ist.[1680]

10. Abgabepflicht des Orchesterleiters

1585 Nach der Rechtsprechung des BSG führt die Organisation mehrerer Künstler in einer **Gesellschaft bürgerlichen Rechts** nicht dazu, dass die Künstlereigenschaft entfällt.[1681] Musikgruppen (Bands, Orchester) wickeln allerdings ihre Veranstaltungsverträge untereinander häufig derart ab, dass ein Mitglied der Musikgruppe als deren organisatorischer Leiter – Bandleader/Orchesterleiter – die vereinbarten Veranstaltungshonorare vom Veranstalter auf eigene Rechnung vereinnahmt und sodann die Anteile der Mitmusiker an diese gegen Rechnungsstellung zur Auszahlung bringt. Dann kann es fraglich sein, unter welchen Voraussetzungen die Tätigkeit des **organisatorischen Leiters** noch als **Selbstvermarktung** zu betrachten ist oder aber als Fremdvermarktung der Leistung der Mitmusiker zu einer Abgabepflicht des auszahlenden Bandmitglieds führt. In Betracht kommt eine Abgabepflicht nach § 24 Abs. 1 Nr. 3 KSVG, sofern man den organisatorischen Leiter als Konzertdirektion behandelt.

1586 Das BSG hat 1995 einen Fall zu beurteilen gehabt, bei dem ein Orchesterbetreiber viele Orchester mit ständig wechselnder Besetzung betrieb.[1682] Es gründete die Abgabepflicht des Orchesterleiters darauf, dass dem Orchester die gemeinsame Willensbildung und Entscheidungsbefugnis zu einem auf Dauer angelegten Zusammenwirken sowie einer bindenden Rahmenvereinbarung gefehlt habe. Zur Begründung der Unternehmereigenschaft des Orchesterleiters entweder als Orchesterbetreiber oder als Betreiber einer Konzertdirektion stellte das Gericht ua darauf ab, dass allein er die Engagements beschaffte und mit den Auftraggebern die Verträge über Ort, Zeit und Art der Darbietung schloss, das Gesamthonorar vereinbarte, die Mitglieder des Ensembles zusammenstellte, die Technik lieferte und bei alledem im eigenen Namen tätig wurde. Das Ensemble habe seinen Namen getragen, womit nicht die Musiker, sondern allein der Betreiber bezeichnet wurde. Die Rechte an diesem Namen hätten nur ihm zugestanden. Gegen die Annahme einer Fremdvermarktung spräche auch nicht, dass die Orchester jeweils als Gesellschaft bürgerlichen Rechts organisiert waren und der Orchesterleiter sowohl im eigenen Namen als auch als Mitgesellschafter der GbR handelte oder die Auftrittshonorare von ihm als Vertreter im Namen der Gesellschaft vereinnahmt wurden.

1587 Das BSG hat mit dieser Entscheidung einen umfassenden Kriterienkatalog zur Abgrenzung selbst- und fremdvermarktender Tätigkeit von Ensembleleitern geliefert. Bei der Abgrenzung von **Selbst- und Fremdvermarktung** von Musikgruppen kann weder allein auf die zivilrechtliche Organisation noch allein auf die steuerliche Abwicklung abgestellt werden. Entscheidend sei die Beurteilung der Gesamtumstände. Dabei kommt unter anderem der gemeinsamen Willensbildung und Entscheidungsbefugnis, dem Recht am Namen

---

[1679] BSGE 75, 20 (29 f.).
[1680] FBN KSVG § 25 Rn. 55.
[1681] Vgl. BSG Urt. v. 7.7.2005 – B 3 KR 29/04 R.
[1682] BSG Urt. v. 25.10.1995 – 3 RK 15/94.

der Musikgruppe sowie den Eigentumsverhältnissen am Bandvermögen eine entscheidende Bedeutung zu. Lassen diese Umstände auf eine Gleichberechtigung aller Mitwirkenden schließen, vermag allein die Tatsache, dass der Zahlungsverkehr über lediglich ein Bandmitglied abgewickelt wird, die Fremdvermarktung noch nicht zu begründen. Allerdings wird man nicht ausschließen können, dass das zumindest ein Indiz für die Annahme einer fremdvermarktenden Tätigkeit ist.

11. Vermeidung der Doppelabgabe

Beim Zusammenwirken unterschiedlicher Abgabepflichtiger kommt es immer wieder vor, dass mehrere in einer Leistungskette, die aufgrund des gleichen Veranstaltungsanlasses zusammenwirken, gem. § 25 Abs. 1 KSVG zur Abgabenzahlung herangezogen werden können. In diesem Fall kann es zu einer Doppelerhebung der Künstlersozialabgabe kommen.[1683] **1588**

Das BSG hat darauf hingewiesen, dass es allein Aufgabe der Abgabepflichtigen sei, zu klären, ob der Abnehmer oder der Zulieferer nach § 24 KSVG abgabepflichtig sei und ggf. das Entgelt bei der Abgabeberechnung unberücksichtigt gelassen werden könne.[1684] Das kann nur so verstanden werden, dass jedenfalls im Regelfall stets dann, wenn der Abnehmer der Leistung einer Konzertdirektion oder eines Orchesters abgabepflichtig ist, nicht zusätzlich noch der Orchesterbetreiber bzw. die Konzertdirektion abgabepflichtig sein soll und sie daher die von ihnen ggf. an selbstständige Künstler gezahlten Entgelte unberücksichtigt lassen können. Die Frage, wie das zB im Falle der vorstehenden geschilderten Problematik des fremdvermarktend tätigen **Orchesterbetreibers** geschehen soll, wenn dieser selbst ebenfalls als Künstler in dem Ensemble mitwirkt, lässt die Rechtsprechung des BSG leider offen. In einem derartigen Fall wäre gem. Rechtsprechung des BSG einerseits der Orchesterbetreiber abgabepflichtig, da er Entgelte an selbstständige Künstler zahlt. Andererseits müsste zwangsläufig auch der Veranstalter abgabepflichtig sein, da er das Entgelt an den Orchesterbetreiber und damit ebenfalls an einen selbstständig tätigen Künstler zahlt. Die KSK geht in der Praxis dann davon aus, dass eine zweifache Abgabeschuld gegeben ist. Das begründet sie damit, dass der Orchesterbetreiber diverse einzelne künstlerische Leistungen vermarkte, indem er sie zu einer Gesamt- und damit neuen Leistung zusammenfügt, die dann durch den Abnehmer vermarktet werde. Dies rechtfertige nach zuweilen von Prüfern der Kasse vertretener Rechtsauffassung die zweifach bestehende Abgabeschuld. Dem kann nicht zugestimmt werden. Das vorzitierte Urteil des BSG kann nur so verstanden werden, dass stets dann, wenn der Abnehmer abgabepflichtig ist, der Zwischenvermarkter das von ihm gezahlte Entgelt bei der Abgabenberechnung unberücksichtigt lassen kann. Es sind auch keine Urteile ersichtlich, in denen der BSG die doppelte Abgabeschuld angenommen hat. Die Gesamtleistung eines Orchesters entsteht zwangsläufig durch ein Zusammenwirken einzelner Musiker. Dieses Zusammenwirken ist die eigentliche künstlerische Leistung. Ein davor separat konstruierender Vermarktungsvorgang einzelner künstlerischer Leistungen, der eine separate Abgabepflicht begründen könnte, existiert nicht. **1589**

Um eine etwaige doppelte Abgabepflicht zu vermeiden, ließe sich ein Orchester als **juristische Person** organisieren, was jedoch insbesondere aus steuerlicher Sicht nachteilig wäre. Um zu vermeiden, dass die Abgabepflicht in der Person des Orchesterleiters bereits darauf gestützt wird, dass er Schuldner der Vergütung seiner Mitmusiker sei, empfiehlt sich jedenfalls die stringente Organisation von Musikensembles auch in steuerrechtlicher Hinsicht als Gesellschaft bürgerlichen Rechts mit gemeinsamer Steuernummer. Werden bei einer derartigen Konstellation Honorare durch ein Bandmitglied vereinnahmt und teilweise an die übrigen weitergeleitet, handelt es sich um eine Gewinnverteilung und nicht um interne Honorarzahlungen. **1590**

[1683] S. Rn. 1563.
[1684] BSGE 74, 117.

1591 Da für den gleichen Verwertungsvorgang die Abgabe jedenfalls nur einmal geschuldet ist, wäre die Festsetzung einer weiteren Abgabenschuld für denselben Vorgang unrechtmäßig. Damit liegen regelmäßig die Voraussetzungen des § 44 Abs. 1 S. 1 SGB X vor. Es bestünde dann ein Anspruch auf Rücknahme des die Abgabeschuld festsetzenden Verwaltungsakts.

Anhänge (Musterverträge)

ANHANG 1

KONZERT-/AUFFÜHRUNGSVEREINBARUNG
(Muster)

zwischen

1) ....

   vertreten durch ....
   nachstehend kurz „Veranstalter" genannt,

und dem Solisten / der Gesellschaft Bürgerlichen Rechts

2) ....

   vertreten durch ....
   nachstehend kurz „Künstler" genannt,

wurde am .... bereits mündlich folgender Vertrag geschlossen, der hiermit lediglich aus formellen Gründen schriftlich fixiert wird:

§ 1 Der Veranstalter verpflichtet den Künstler für folgende(n) konzertmäßige(n) Auftritt(e):

Datum: ....
Veranstaltungsort: ....
Veranstaltungsart: ....
Die Veranstaltung beginnt um: .... Einlass um: .... Uhr
Die Spielzeit/Präsenzzeit beträgt: .... in der Zeit von .... Uhr bis .... Uhr
Die Auftritte erfolgen um ca.:... Uhr
Der Künstler wird begleitet von: ....

§ 2 Vergütungsvereinbarung

Der Veranstalter zahlt dem Künstler folgende Vergütung:

☐ Als Festhonorar: EUR .... zzgl..... % Ust. = EUR ....
   mithin brutto EUR ....
☐ Eine Beteiligung an den Netto-Eintrittseinnahmen iHv .... %
   nach Abzug von ....
   bei einem Eintrittspreis von mind. EUR .... und einer Garantie von EUR ....
☐ Eine Beteiligung von .... % an den EUR .... übersteigenden Eintrittseinnahmen.
☐ Zusätzlich zahlt der Veranstalter: ....

Hinweis: Dieses Vertragsmuster gilt lediglich als Anregung für eine individualvertragliche Vertragsgestaltung

Anhang

Anhang 1

§ 3 Reise- und Bewirtungskosten

☐ Der Veranstalter trägt, wie vereinbart, die Kosten der **Übernachtung inkl. Frühstück** in einem Hotel der Kategorie ....für insg. ....Personen für folgende Nächte:
....
Zimmeraufteilung: ....
☐ Der Veranstalter bucht das Hotel und gibt die Hotelanschrift rechtzeitig bekannt.
Hoteladresse: ....e-mail ....Tel./Fax: ....
☐ Der Künstler trägt anfallende Übernachtungskosten selbst.
☐ Der Veranstalter zahlt, wie vereinbart, eine **Hotelkostenpauschale**
iHv EUR ....zzgl. ....% Ust. = EUR .... insgesamt EUR ....
☐ Der Veranstalter trägt, wie vereinbart, die Kosten der **An- und Abreise des Künstlers** wie folgt:
  ☐ Erstattung der PKW-/Bahn-/Flug-/Reisekosten des Künstlers gegen Vorlage entsprechender Belege. Der Veranstalter wird diesen Betrag zusammen mit der Gesamtvergütung des Künstlers am Veranstaltungstag auszahlen.
  ☐ Der Veranstalter bucht und zahlt den Flug/die Flüge des Künstlers wie folgt: ....
    ....
  ☐ Der Veranstalter zahlt, wie vereinbart, eine **Reisekostenpauschale**
  iHv EUR ....zzgl. ....% Ust. = EUR .... insgesamt EUR
  ....
  ☐ Der Künstler trägt eventuelle Reisekosten selbst.
☐ Der Veranstalter zahlt, wie vereinbart, eine **Catering-Pauschale**
iHv EUR ....zzgl. ....% Ust. = EUR .... insgesamt EUR ....

§ 4 Summe der vom Veranstalter an den Künstler zu zahlenden Bruttobeträge

Honorar:	....
Hotelkosten:	....
Reisekosten:	....
Cateringpauschale:	....
Sonstige Kosten:	....
Gesamtvergütung:	....
	========================
Prozentuale Einnahmebeteiligung	....

Diese Aufstellung hat lediglich klarstellende Funktion, im Zweifel haben die Vereinbarungen unter § 2 und § 3 Vorrang.

Hinweis: Dieses Vertragsmuster gilt lediglich als Anregung für eine individualvertragliche Vertragsgestaltung

Anhang 1 **Anhang**

§ 5 Fälligkeit und Steuerbarkeit der Gesamtvergütung

Die Gesamtvergütung ist wie folgt zur Zahlung fällig:

☐ Eine Vorauszahlung iHv von ....
 zahlbar an:..
 durch Überweisung bis zum ....auf das Konto ....
 Rest in bar vor dem Auftritt des Künstlers.
☐ Alle vereinbarten Einnahmebeteiligungen oder sonstige Vergütungen sind unverzgl. nach Durchführung der Veranstaltung abzurechnen und dem Künstler in bar auszuzahlen.
☐ Der Künstler hat seinen Wohnsitz /ständigen Aufenthalt in Deutschland. Er versteuert sein Einkommen in Deutschland selbst.
 Steuernummer / USt-IdNr : ....Finanzamt: ....
☐ Der Künstler ist mangels eines inländischen Wohnsitzes beschränkt steuerpflichtig.
☐ Der Veranstalter nimmt von der Gesamtvergütung des Künstlers den Steuerabzug gem. § 50a Abs. 5 EStG vor und führt die Steuer fristgemäß an das für ihn zuständige Finanzamt ab. Er erteilt dem Künstler auf Verlangen nach amtlich vorgeschriebenem Muster eine Bescheinigung über den Einbehalt und die Abführung der Steuer.
☐ Das Honorar versteht sich netto/steuerfrei. Die Steuern gem. § 50a Abs. 5 EStG werden vom Veranstalter übernommen. Dieser zahlt den Steuerbetrag fristgemäß an das zuständige Finanzamt und erteilt dem Künstler auf Verlangen darüber eine Quittung.
☐ Der Künstler wird in Zusammenhang mit dieser Vereinbarung durch die Agentur .... vertreten. Alle vereinbarten Vergütungszahlungen können mit schuldbefreiender Wirkung an die Agentur geleistet werden.

§ 6 Nebenleistungspflichten des Veranstalters

☐ Diesem Vertrag ist eine **Bühnenanweisung**, bestehend aus .... Seite(n), beigeheftet. Sie regelt entsprechend den bereits mündlich getroffenen Vereinbarungen die Details der Veranstaltungsdurchführung und vom Veranstalter übernommenen Leistungspflichten. Die Bühnenanweisung ist wesentlicher Bestandteil der hiermit bestätigten Vereinbarung. Der Veranstalter bestätigt den Empfang und die Kenntnisnahme. Sollte dem Veranstalter aus räumlichen oder technischen Gründen die Einhaltung einzelner Punkte unmöglich sein, wird er den Künstler unverzüglich nach Erhalt dieses Dokumentes informieren. Die Parteien werden sodann eine Kompromisslösung finden, die dem Zweck der in der Bühnenanweisung enthaltenen Regelung am weitesten entspricht.

 ☐ Soweit diesem Dokument eine Bühnenanweisung nicht beigefügt ist, stellt der Veranstalter dem Künstler während der Veranstaltung kostenlos zur Verfügung:
 ☐ Eine spielfertige Bühne samt aller benötigter Aufbauten, Podeste und Sicherungsabsperrungen falls benötigt.
 ☐ Strom und folgende Stromanschlüsse: ....
 ☐ Zum Aufbau ab .... und für den Abbau nach der Veranstaltung .... erfahrene Hilfskräfte.
 ☐ .... abschließbare(n), mit Spiegel, Waschgelegenheit, ausreichenden Sitzgelegenheiten und Garderobenständern ausgerüstete(n) Garderobenraum/räume mit möglichst direktem Bühnenzugang.

Hinweis: Dieses Vertragsmuster gilt lediglich als Anregung für eine individualvertragliche Vertragsgestaltung

Anhang

Anhang 1

- ☐ Ein/e/n technisch einwandfreie/s/n Klavier/Flügel/Orgel, gestimmt nach Kammerton "a" = 880–886 Hz.
- ☐ Getränke und Verpflegung in angemessenem Umfang für den Künstler und seine Begleitgruppe.
- ☐ Der Veranstalter trägt dafür Sorge, daß während der gesamten Aufbau-/Proben- und Veranstaltungszeit ein mit den Räumlichkeiten und der Veranstaltungstechnik vertrauter Veranstaltungsleiter anwesend und für ihn ansprechbar ist.
- ☐ Sonstige Leistungspflichten des Veranstalters: ....

§ 7 Nebenleistungspflichten des Künstlers

Der Künstler stellt auf seine Kosten:

- ☐ Die Beschallungsanlage einschließlich Bedienung.
- ☐ Das Bühnenlicht einschließlich Bedienung.
- ☐ Das zur Bedienung der Ton- und Lichtanlage erforderliche Personal.

§ 8 Vorbereitung der Veranstaltung

- ☐ Der Veranstaltungsraum muß am Veranstaltungstag für den Aufbau / Soundcheck des Künstlers ab .... Uhr geöffnet sein. Der Veranstalter trägt dafür Sorge, daß der Künstler ungestört einen Soundcheck im Veranstaltungssaal durchführen kann. Eine Verpflichtung des Künstlers zum Soundcheck besteht nicht.
- ☐ Der Künstler ist verpflichtet, in der Zeit von .... Uhr bis .... Uhr an einer Ablaufprobe teilzunehmen.
- ☐ Der Veranstalter wird den Saal für das Publikum nicht vor .... Uhr öffnen.

§ 9 Gebietsschutzklausel

Der Künstler verpflichtet sich, ... Tage vor und ..... Tage nach dem mit diesem Vertrag kontrahierten Veranstaltungstermin im Umkreis von ...... km Luftlinie ohne vorherige schriftliche Einwilligung des Veranstalters nicht öffentlich aufzutreten.

§ 10 Generalien

1. Der Künstler unterliegt weder in der Programmgestaltung noch in seiner Darbietung Weisungen des Veranstalters. Dem Veranstalter sind Stil und Art der Darbietung des Künstlers bekannt. Der Künstler ist nur an die vereinbarten und hier bestätigten Bedingungen gebunden. Disposition und Regie seiner Darbietung obliegen dem Künstler. Die Zahlung der Gesamtvergütung ist unabhängig von dem Erfolg des Künstlers in seiner Darbietung beim Publikum.

2. Entfällt der Auftritt durch Absage des Veranstalters oder aus einem anderen, vom Veranstalter verursachten oder in seiner Risikosphäre liegenden Grund, zahlt der Veranstalter.

Hinweis: Dieses Vertragsmuster gilt lediglich als Anregung für eine individualvertragliche Vertragsgestaltung

Anhang 1   **Anhang**

☐ die in § 2 vereinbarte Vergütung ohne Umsatzsteuer. Ersparte Aufwendungen des Künstlers werden abgezogen. Der Künstler wird dem Veranstalter die ersparten Aufwendungen mitteilen.

☐ sieht § 2 dieses Dokumentes an Stelle einer festen Vergütung eine Umsatzbeteiligung des Künstlers vor, zahlt der Veranstalter eine Konventionalstrafe in Höhe von .... Der Betrag ist nicht steuerbar.

3. Entfällt der Auftritt durch Verschulden des Künstlers, ist dieser zum Ersatz des nachgewiesenen Schadens, max. jedoch bis zur Höhe des unter § 2 vereinbarten Festhonorars verpflichtet.

5. Ist der Künstler oder ein Mitglied der Künstlergruppe durch Krankheit verhindert, so ist dies dem Veranstalter unverzüglich mitzuteilen und durch ärztliches Attest nachzuweisen. Die mit vereinbarten Leistungspflichten der Parteien entfallen. Weitere Ansprüche der Parteien werden ausgeschlossen.

6. Der Veranstalter übernimmt die Haftung für die Sicherheit des Künstlers, seiner Musiker und Hilfskräfte sowie für die vom Künstler in den Veranstaltungsort eingebrachten Anlagen und Instrumente während des Aufenthaltes der/des Künstler(s) am Veranstaltungsort.

7. Der Veranstalter verpflichtet sich, dafür Sorge zu tragen, daß weder er noch Dritte die Darbietung des Künstlers ohne dessen ausdrückliche schriftliche Genehmigung audiovisuell (Video, Film, Ton und/oder durch ein sonstiges Aufnahmesystem) aufnehmen oder aufnehmen lassen.

8. Die Unterzeichnung dieses Dokumentes durch die Parteien hat keine konstitutive Wirkung.

6. Die Rechtsbeziehungen der Vertragsparteien unterliegen deutschem Recht. Erfüllungsort und Gerichtsstand ist ....

§ 11 Zusatzvereinbarungen

....

_____, den _____   _____, den _____

_____   _____
(Unterschrift Veranstalter)   (Unterschrift Künstler)

Hinweis: Dieses Vertragsmuster gilt lediglich als Anregung für eine individualvertragliche Vertragsgestaltung

ANHANG 2

KÜNSTLERVERTRAG
(Muster)

Zwischen dem Solisten / der Gesellschaft bürgerlichen Rechts

1) ....

    vertreten durch ....
    nachstehend kurz „Künstler" genannt,

und dem dem Gastspielunternehmen

2) ....

    vertreten durch ....
    nachstehend kurz „Auftraggeber" genannt,

wird folgender Vertrag geschlossen:

Präambel

Gegenstand dieses Vertrages ist die Verpflichtung des Künstlers durch den Auftraggeber für eine Veranstaltung der/des .... Dem Künstler ist bekannt und er akzeptiert, dass der Auftraggeber die Rechte aus diesem Vertrag ganz oder teilweise auf einen Dritten (nachstehend ‚Veranstalter' genannt) überträgt. Auf die Rechte und Pflichten im Innenverhältnis der Vertragspartner dieses Vertrages hat die Weiterübertragung keinen Einfluß. Gegenüber dem Künstler bleibt allein der Auftraggeber aus diesem Vertrag verpflichtet. Ein Rechtsverhältnis zwischen dem Künstler und dem Dritten kommt nicht zustande. Insbesondere ist der Veranstalter nicht Erfüllungsgehilfe des Auftraggebers.

§ 1 Der Auftraggeber verpflichtet den Künstler für folgende(n) konzertmäßige(n) Auftritt(e):

Datum: ....
Veranstaltungsort: ....
Die Veranstaltung beginnt um: .... Einlass um: .... Uhr
Die Spielzeit/Präsenzzeit beträgt: .... in der Zeit von .... Uhr bis .... Uhr
Die Auftritte erfolgen um ca.: .... Uhr
Der Künstler wird begleitet von : ....

§ 2 Vergütungsvereinbarung

Der Auftraggeber zahlt dem Künstler folgende Vergütung:

☐ Als Festhonorar: EUR .... zzgl..... % Ust. = EUR ....
    mithin brutto EUR ....
☐ Zusätzlich zahlt der Auftraggeber: ....

Hinweis: Dieses Vertragsmuster gilt lediglich als Anregung für eine individualvertragliche Vertragsgestaltung

Anhang 2

Anhang

§ 3 Reise- und Bewirtungskosten

☐ Der Auftraggeber trägt, wie vereinbart, die Kosten der **Übernachtung inkl. Frühstück** in einem Hotel der Kategorie ....for insg. ....Personen für folgende Nächte:
....
Zimmeraufteilung: ....
☐ Der Auftraggeber bucht das Hotel und gibt die Hotelanschrift rechtzeitig bekannt.
☐ Hoteladresse: ....e-mail ....Tel./Fax: ....
☐ Der Künstler trägt evtl. Übernachtungskosten selbst.
☐ Der Auftraggeber zahlt, wie vereinbart, eine **Hotelkostenpauschale** iHv EUR ....zzgl. ....% Ust. = EUR .... insgesamt EUR ....
☐ Der Auftraggeber trägt, wie vereinbart, die Kosten der **An- und Abreise des Künstlers** wie folgt:
  ☐ Erstattung der PKW-/Bahn-/Flug-/Reisekosten des Künstlers gegen Vorlage entsprechender Belege. Der Auftraggeber wird diesen Betrag zusammen mit der Gesamtvergütung des Künstlers am Veranstaltungstag auszahlen.
  ☐ Der Auftraggeber bucht und zahlt den Flug/die Flüge des Künstlers wie folgt: ....
  ....
  ☐ Der Auftraggeber zahlt, wie vereinbart, eine Reisekostenpauschale iHv EUR ....zzgl. ....% Ust. = EUR .... insgesamt EUR ....
  ☐ Der Künstler trägt eventuelle Reisekosten selbst.
☐ Der Auftraggeber zahlt, wie vereinbart, eine **Catering-Pauschale**
☐ iHv EUR ....zzgl. ....% Ust. = EUR .... insgesamt EUR ....

§ 4 Summe der vom Auftraggeber an den Künstler zu zahlenden Bruttobeträge

Honorar:	....
Hotelkosten:	....
Reisekosten:	....
Cateringpauschale:	....
Plakate:	....
Sonstige Kosten:	....
	————————————————
Gesamtvergütung:	....
	========================

Diese Aufstellung hat lediglich klarstellende Funktion, im Zweifel haben die Vereinbarungen unter § 2 und § 3 Vorrang.

Hinweis: Dieses Vertragsmuster gilt lediglich als Anregung für eine individualvertragliche Vertragsgestaltung

Anhang

Anhang 2

§ 5 Fälligkeit und Steuerbarkeit der Gesamtvergütung

Die vom Auftraggeber zu zahlende Gesamtvergütung ist wie folgt zur Zahlung fällig:

☐ Eine Vorauszahlung iHv von …...
zahlbar an: …...
durch Überweisung bis zum ….....................auf das Konto ….........…...................
Rest in bar vor dem Auftritt des Künstlers.
☐ Alle vereinbarten Einnahmebeteiligungen oder sonstige Vergütungen sind unverzgl. nach Durchführung der Veranstaltung abzurechnen und dem Künstler in bar auszuzahlen.
☐ Der Künstler hat seinen Wohnsitz /ständigen Aufenthalt in Deutschland. Er versteuert sein Einkommen in Deutschland selbst.
Steuernummer / USt-IdNr : …...................................Finanzamt: ….....................
☐ Der Künstler ist mangels eines inländischen Wohnsitzes beschränkt steuerpflichtig.
  ☐ Der Auftraggeber nimmt von der Gesamtvergütung des Künstlers den Steuerabzug gem. § 50a Abs. 5 EStG vor und führt die Steuer fristgemäß an das für ihn zuständige Finanzamt ab. Er erteilt dem Künstler auf Verlangen nach amtlich vorgeschriebenem Muster eine Bescheinigung über den Einbehalt und die Abführung der Steuer.
  ☐ Das Honorar versteht sich netto/steuerfrei. Die Steuern gem. § 50a Abs. 5 EStG werden vom Auftraggeber übernommen. Dieser zahlt den Steuerbetrag fristgemäß an das zuständige Finanzamt und erteilt dem Künstler auf Verlangen darüber eine Quittung.
☐ Der Künstler wird in Zusammenhang mit dieser Vereinbarung durch die Agentur …............ vertreten. Alle vereinbarten Vergütungszahlungen können mit schuldbefreiender Wirkung an die Agentur geleistet werden.

§ 6 Nebenleistungspflichten des Auftraggebers

☐ Diesem Vertrag ist eine **Bühnenanweisung**, bestehend aus …........ Seite(n), beigeheftet. Sie regelt entsprechend den bereits mündlich getroffenen Vereinbarungen die Details der Veranstaltungsdurchführung und vom Auftraggeber übernommenen Leistungspflichten. Die Bühnenanweisung ist wesentlicher Bestandteil der hiermit bestätigten Vereinbarung. Der Auftraggeber bestätigt den Empfang und die Kenntnisnahme. Sollte dem Auftraggeber aus räumlichen oder technischen Gründen die Einhaltung einzelner Punkte unmöglich sein, wird er den Künstler unverzüglich nach Erhalt dieses Dokumentes informieren. Die Parteien werden sodann eine Kompromisslösung finden, die dem Zweck der in der Bühnenanweisung enthaltenen Regelung am weitesten entspricht.
☐ Soweit diesem Dokument eine Bühnenanweisung nicht beigefügt ist, stellt der Auftraggeber dem Künstler während der Veranstaltung kostenlos zur Verfügung:
  ☐ Eine spielfertige Bühne samt aller benötigter Aufbauten, Podeste und Sicherungsabsperrungen falls benötigt.
  ☐ Strom und folgende Stromanschlüsse: …........
  ☐ Zum Aufbau ab ….............. und für den Abbau nach der Veranstaltung …............ erfahrene Hilfskräfte.
  ☐ …......... abschließbare(n), mit Spiegel, Waschgelegenheit, ausreichenden Sitzgelegenheiten und Garderobenständern ausgerüstete(n) Garderobenraum/räume mit möglichst direktem Bühnenzugang.

Hinweis: Dieses Vertragsmuster gilt lediglich als Anregung für eine individualvertragliche Vertragsgestaltung

- ☐ Ein/e/n technisch einwandfreie/s/n Klavier/Flügel/Orgel, gestimmt nach Kammerton „a" = 880-886 Hz.
- ☐ Getränke in angemessenem Umfang für den Künstler und seine Begleitgruppe.
- ☐ Sonstige Leistungspflichten des Auftraggebers: ....

§ 7 Nebenleistungspflichten des Künstlers

Der Künstler stellt auf seine Kosten:

- ☐ Die Beschallungsanlage einschließlich Bedienung.
- ☐ Das Bühnenlicht einschließlich Bedienung.
- ☐ Das zur Bedienung der Ton- und Licht anlage erforderliche Personal.

§ 8 Vorbereitung der Veranstaltung

- ☐ Der Veranstaltungsraum muß am Veranstaltungstag für den Aufbau / Soundcheck des Künstlers ab .... Uhr geöffnet sein. Der Auftraggeber trägt dafür Sorge, dass der Künstler ungestört einen Soundcheck im Veranstaltungssaal durchführen kann. Eine Verpflichtung des Künstlers zum Soundcheck besteht nicht.
- ☐ Der Künstler ist verpflichtet, in der Zeit von .... Uhr bis .... Uhr an einer Ablaufprobe teilzunehmen.
- ☐ Der Auftraggeber wird den Saal für das Publikum nicht vor .... Uhr öffnen.

§ 9 Gebietsschutzklausel

- ☐ Der Künstler verpflichtet sich, ... Tage vor und .... . Tage nach dem mit diesem Vertrag kontrahierten Veranstaltungstermin im Umkreis von ...... km Luftlinie ohne vorherige schriftliche Einwilligung des Auftraggebers nicht öffentlich aufzutreten.

§ 10 Generalien

1. Der Künstler unterliegt weder in der Programmgestaltung noch in seiner Darbietung Weisungen des Auftraggebers. Dem Auftraggeber sind Stil und Art der Darbietung des Künstlers bekannt. Der Künstler ist nur an die vereinbarten und nhier bestätigten Bedingungen gebunden. Disposition und Regie seiner Darbietung obliegen dem Künstler. Die Zahlung der Gesamtvergütung ist unabhängig von dem Erfolg des Künstlers in seiner Darbietung beim Publikum.

2. Entfällt der Auftritt durch Absage des Auftraggebers oder aus einem anderen, vom Auftraggeber verursachten oder in seiner Risikosphäre liegenden Grund, zahlt der Auftraggeber die in § 2 vereinbarte Vergütung ohne Umsatzsteuer. Ersparte Aufwendungen des Künstlers werden abgezogen.

3. Entfällt der Auftritt durch Verschulden des Künstlers, ist dieser zum Ersatz des entstandenen Schadens verpflichtet.

4. Ist der Künstler oder ein Mitglied der Künstlergruppe durch Krankheit verhindert, so ist dies dem Auftraggeber unverzüglich mitzuteilen und durch ärztliches Attest nachzu-

Hinweis: Dieses Vertragsmuster gilt lediglich als Anregung für eine individualvertragliche Vertragsgestaltung

Anhang

Anhang 2

weisen. Die Auftrittspflicht des Künstlers und die Vergütungspflicht des Auftraggebers entfallen in diesem Fall. Bei Verletzung der unverzüglichen Anzeigepflicht hat der Künstler dem Auftraggeber den hieraus entstehenden Schaden zu ersetzen.

5. Änderungen und Ergänzungen dieses Vertrages bedürfen der Schriftform. Das gilt auch für die Aufhebung der Schriftformklausel. Nebenabreden sind nicht getroffen.

6. Die Rechtsbeziehungen der Vertragsparteien unterliegen deutschem Recht. Erfüllungsort und Gerichtsstand ist ....

§ 11 Zusatzvereinbarungen

....

_____, den _____   _____, den _____

_____   _____
(Unterschrift Künstler)   (Unterschrift Auftraggeber)

Hinweis: Dieses Vertragsmuster gilt lediglich als Anregung für eine individualvertragliche Vertragsgestaltung

ANHANG 3

GASTSPIELVERTRAG
(Muster)

zwischen

1) ....

    vertreten durch ....
    nachstehend kurz „Auftraggeber" genannt,

und der Agentur

2) ....

    vertreten durch ....
    nachstehend kurz „Auftragnehmer" genannt,

wurde am .... bereits mündlich folgender Vertrag geschlossen, der hiermit lediglich aus formellen Gründen schriftlich fixiert wird:

§ 1 Leistungsverpflichtung des Auftragnehmers:

Der Auftragnehmer verpflichtet sich, im Rahmen der Veranstaltung des Auftraggebers folgendes Künstlerprogramm zu Bedingungen dieses Vertrages zur Aufführung zu bringen:

Künstler: .... (nachstehend ‚Künstler' genannt)
Der Künstler wird begleitet von: ....

Veranstaltung: ....
Datum: ....
Veranstaltungsort: ....
Die Veranstaltung beginnt um: .... Einlass um: .... Uhr
Die Spielzeit/Präsenzzeit beträgt: .... in der Zeit von .... Uhr bis .... Uhr
Die Auftritte erfolgen um ca.: .... Uhr

§ 2 Vergütungsvereinbarung

Der Auftraggeber zahlt dem Auftragnehmer für die Leistung gem. § 1 folgende Vergütung:

- ☐ Als Festhonorar: EUR .... zzgl. ..... % Ust. = EUR ....
  mithin brutto EUR ....
- ☐ Eine Beteiligung iHv .... % an den Netto-Eintrittseinnahmen der Veranstaltung nach Abzug von ....
  bei einem Eintrittspreis von mind. EUR .... und einer Garantie von EUR ....
- ☐ Eine Beteiligung von .... % an den EUR .... übersteigenden Eintrittseinnahmen.
- ☐ Zusätzlich zahlt der Auftraggeber: ....

Hinweis: Dieses Vertragsmuster gilt lediglich als Anregung für eine individualvertragliche Vertragsgestaltung

Anhang

Anhang 3

§ 3 Reise- und Bewirtungskosten

- [ ] Der Auftraggeber trägt, wie vereinbart, die Kosten der **Übernachtung inkl. Frühstück** für den Auftragnehmer und die von diesem vertragsgemäß zu stellenden Künstler in einem Hotel der Kategorie ....für insg. .... Personen für folgende Nächte:
  ....
  Zimmeraufteilung: ....
- [ ] Der Auftraggeber bucht das Hotel und gibt die Hotelanschrift rechtzeitig bekannt. Hoteladresse: ....e-mail ....Tel./Fax: ....
- [ ] Der Auftragnehmer trägt anfallende Übernachtungskosten selbst.
- [ ] Der Auftraggeber zahlt dem Auftragnehmer, wie vereinbart, eine **Hotelkostenpauschale**
  iHv EUR .... zzgl. ....% Ust. = EUR .... insgesamt EUR ....
- [ ] Der Auftraggeber trägt, wie vereinbart, die **Kosten der An- und Abreise** des Auftragnehmers und der von diesem vertragsgemäß zu stellenden Künstler wie folgt:
  - [ ] Erstattung von PKW-/Bahn-/Flug-/Reisekosten gegen Vorlage entsprechender Belege. Der Auftraggeber wird diesen Betrag zusammen mit der Gesamtvergütung des Auftragnehmers am Veranstaltungstag auszahlen.
  - [ ] Der Auftraggeber bucht und zahlt den Flug/die Flüge des Auftragnehmers und der von diesem vertragsgemäß zu stellenden Künstler wie folgt: ....
  ....
  - [ ] Der Auftraggeber zahlt, wie vereinbart, eine **Reisekostenpauschale**
  iHv EUR ....zzgl. ....% Ust. = EUR .... insgesamt EUR ....
  - [ ] Der Auftragnehmer trägt eventuell anfallende Reisekosten selbst.
- [ ] Der Auftraggeber zahlt, wie vereinbart, eine **Catering-Pauschale**
  iHv EUR .... zzgl. ....% Ust. = EUR .... insgesamt EUR ....

§ 4 Summe der vom Auftraggeber an den Auftragnehmer zu zahlenden Beträge

Honorar:	....
Hotelkosten:	....
Reisekosten:	....
Cateringpauschale:	....
Sonstige Kosten:	....
Gesamtvergütung:	....
	=========================

Diese Aufstellung hat lediglich klarstellende Funktion, im Zweifel haben die Vereinbarungen unter § 2 und § 3 Vorrang.

Hinweis: Dieses Vertragsmuster gilt lediglich als Anregung für eine individualvertragliche Vertragsgestaltung

Anhang 3   **Anhang**

§ 5 Fälligkeit und Steuerbarkeit der Gesamtvergütung

Die Gesamtvergütung ist wie folgt zur Zahlung fällig:

☐ Eine Vorauszahlung iHv von ....
 zahlbar an:..
 durch Überweisung bis zum .... auf das Konto ....
 Rest in bar vor dem Auftritt des Künstlers.
☐ Alle vereinbarten Einnahmebeteiligungen oder sonstige Vergütungen sind unverzgl. nach Durchführung der Veranstaltung abzurechnen und
  ☐ am Veranstaltungstag in bar auszuzahlen.
  ☐ bis zum ...... per Banküberweisung an den Auftragnehmer zum Ausgleich zu bringen
☐ Der Auftragnehmer hat seinen Wohnsitz /ständigen Aufenthalt in Deutschland. Er versteuert sein Einkommen in Deutschland selbst.
 Steuernummer / USt-IdNr : ....Finanzamt: ....

§ 6 Nebenleistungspflichten des Auftraggebers

☐ Diesem Vertrag ist eine **Bühnenanweisung**, bestehend aus .... Seite(n), beigeheftet. Sie regelt entsprechend den bereits mündlich getroffenen Vereinbarungen die Details der Veranstaltungsdurchführung und vom Auftraggeber übernommenen Leistungspflichten. Sie ist wesentlicher Bestandteil der hiermit bestätigten Vereinbarung. Der Auftraggeber bestätigt den Empfang und die Kenntnisnahme. Sollte ihm aus räumlichen oder technischen Gründen die Einhaltung einzelner Punkte unmöglich sein, wird er den Auftragnehmer unverzüglich nach Erhalt dieses Dokumentes informieren. Die Parteien werden sodann eine Kompromisslösung finden, die dem Zweck der in der Bühnenanweisung enthaltenen Regelung am weitesten entspricht.

☐ Soweit diesem Dokument eine Bühnenanweisung nicht beigefügt ist, stellt der Auftrageber dem Auftragnehmer während der Veranstaltung kostenlos zur Verfügung:

  ☐ Eine spielfertige Bühne samt aller benötigter Aufbauten, Podeste und Sicherungsabsperrungen falls benötigt.
  ☐ Strom und folgende Stromanschlüsse: ....
  ☐ Zum Aufbau ab .... und für den Abbau nach der Veranstaltung .... erfahrene Hilfskräfte.
  ☐ .... abschließbare(n), mit Spiegel, Waschgelegenheit, ausreichenden Sitzgelegenheiten und Garderobenständern ausgerüstete(n) Garderobenraum/räume mit möglichst direktem Bühnenzugang.
  ☐ Ein/e/n technisch einwandfreie/s/n Klavier/Flügel/Orgel, gestimmt nach Kammerton „a" = 880-886 Hz.
  ☐ Getränke und Verpflegung in angemessenem Umfang für den Künstler und seine Begleitgruppe.
  ☐ Der Auftraggeber trägt dafür Sorge, dass während der gesamten Aufbau-/Proben- und Veranstaltungszeit ein mit den Räumlichkeiten und der Veranstaltungstechnik vertrauter Veranstaltungsleiter anwesend und für ihn ansprechbar ist.
  ☐ Sonstige Leistungen ....

Hinweis: Dieses Vertragsmuster gilt lediglich als Anregung für eine individualvertragliche Vertragsgestaltung

Anhang

Anhang 3

§ 7 Nebenleistungspflichten des Auftragnehmers

Der Auftragnehmer stellt auf seine Kosten:

- ☐ Eine Beschallungsanlage für die Übertragung des Künstlerauftritts einschließlich Bedienung.
- ☐ Das Bühnenlicht einschließlich Bedienung.
- ☐ Das Bedienung der Ton- und Lichtanlage erforderliche Personal.

§ 8 Vorbereitung der Veranstaltung

- ☐ Der Veranstaltungsraum muß am Veranstaltungstag für den Aufbau / Soundcheck des Künstlers ab .... Uhr geöffnet sein. Der Auftraggeber trägt dafür Sorge, dass der Künstler ungestört einen Soundcheck im Veranstaltungsaal durchführen kann und etwa vom Auftraggeber zu stellend Anlagen bis dahin betriebsfertig sind. Eine Verpflichtung des Künstlers zum Soundcheck besteht nicht.
- ☐ Der Auftragnehmer gewährleistet, dass der Künstlerin der Zeit von .... Uhr bis .... Uhr an einer Ablaufprobe teilnimmt.
- ☐ Der Auftraggeber wird den Saal für das Publikum nicht vor .... Uhr öffnen.

§ 9 Generalien

1. Der Auftragnehmer ist nicht für die Durchführung der Veranstaltung verantwortlich. Die Erfüllung der von ihm gemäß diesem Vertrag geschuldeten Leistungsverpflichtungen steht unter dem Vorbehalt der Erfüllung der Mitwirkungspflichten des Auftraggebers und seitzt die uneingeschränkte Erfüllung der vom Auftraggeber übernommenen Leistungspflichten voraus. Erfüllt der Aufraggeber diese nicht, steht dem Auftragnehmer ein Zurückbehaltungsrecht bezüglich der von ihm geschuldeten Leistungen zu.

2. Der Künstler unterliegt weder in der Programmgestaltung noch in seiner Darbietung Weisungen des Auftraggebers. Dem Auftraggeber sind Stil und Art der Darbietung des Künstlers bekannt. Auftragnehmer und Auftragnehmer sind nur an die durch diesen Vertrag vereinbarten Bedingungen gebunden. Disposition und Regie seiner Darbietung obliegt allein dem Künstler. Die Zahlung der Gesamtvergütung ist unabhängig von dem Erfolg des Künstlers in seiner Darbietung beim Publikum.

3. Erbringt der Auftraggeber eine der vereinbarten Nebenleistungen nicht oder nicht fristgerecht und wird dadurch die Durchführung der Veranstaltung dadurch unmöglich oder erheblich erschwert, so ist der Auftragnehmer zur Selbstvornahme berechtigt, ohne dass es hierzu einer Fristsetzung bedarf. Er darf in diesem Fall auf Kosten des Auftraggebers die geschuldete Nebenleistung unverzüglich selbst erbringen oder durch Dritte erbringen lassen, ist hierzu jedoch nicht – auch nicht unter dem Gesichtspunkt einer Schadensminderungspflicht - verpflichtet.

4. Entfällt der Auftritt durch Absage des Auftraggebers oder aus einem anderen, vom Auftraggeber verursachten oder in seiner Risikosphäre liegenden Grund, zahlt der Auftraggeber die in § 2 vereinbarte Vergütung ohne Umsatzsteuer. Ersparte Aufwendungen des Auftragnehmers werden abgezogen. Sieht § 2 dieses Dokumentes an Stelle einer festen Vergütung eine Umsatzbeteiligung des Auftragnehmers vor, zahlt der Veranstalter eine Konventionalstrafe in Höhe von .... Übersteigt die vereinbarte Be-

Hinweis: Dieses Vertragsmuster gilt lediglich als Anregung für eine individualvertragliche Vertragsgestaltung

teiligung des Auftragnehmers an den zum Zeitpunkt der Absage verkauften Eintrittskarten die Höhe der Konventionalstrafe, tritt die entsprechende Beteiligung an ihre Stelle. Der Betrag ist nicht steuerbar.

5. Entfällt der Auftritt durch Verschulden des Auftragnehmers, ist dieser zum Ersatz des nachgewiesenen Schadens max. jedoch bis zur Höhe der vereinbarten Vergütung verpflichtet.

6. Ist der Auftragnehmer oder einer der von ihm zu stellenden Künstler durch Krankheit verhindert und kann die geschuldete Darbietung deshalb nicht erbracht werden, ist dies dem Auftraggeber unverzügl. mitzuteilen und durch ärztliches Attest nachzuweisen. Die Leistungspflicht des Auftragnehmers und somit die Auftrittspflicht des Künstlers sowie die Vergütungspflicht des Auftraggebers entfallen in diesem Fall.

7. Der Auftraggeber übernimmt die Haftung für die Sicherheit des Auftragnehmers, der Künstler und ihrer Hilfskräfte sowie für die von ihnen in den Veranstaltungsort eingebrachten Anlagen und Instrumente während ihres Aufenthaltes am Veranstaltungsort.

8. Der Auftraggeber verpflichtet sich, dafür Sorge zu tragen, daß weder er noch Dritte die Darbietung des Künstlers ohne schriftliche Genehmigung des Auftragnehmers audiovisuell (Video, Film, Ton und/oder durch ein sonstiges Aufnahmesystem) aufnehmen oder aufnehmen lassen.

§ 10 Salvatorische Klausel

1. Änderungen und Ergänzungen dieses Vertrages bedürfen der Schriftform. Das gilt auch für die Aufhebung der Schriftformklausel. Nebenabreden sind nicht getroffen.

2. Soweit eine der Bestimmungen dieses Vertrages aus zwingenden Gründen unwirksam sein sollte, berührt dies nicht die Gültigkeit des Vertrages im übrigen. Eine derart unwirksame Bestimmung ist durch eine gesetzlich zulässige, ihrem wirtschaftlichen Zweck entsprechende Bestimmung zu ersetzen.

3. Die Rechtsbeziehungen der Vertragsparteien unterliegen deutschem Recht. Erfüllungsort und Gerichtsstand ist ....

_____, den _____   _____, den _____

_____   _____
(Unterschrift Auftaggeber)   (Unterschrift Auftragnemher)

Hinweis: Dieses Vertragsmuster gilt lediglich als Anregung für eine individualvertragliche Vertragsgestaltung

ANHANG 4

AGENTURVERTRAG
(Muster)

zwischen   Agentur

— nachstehend ‚**Agentur**' genannt —

und

dem Künstler

— nachstehend ‚**Künstler**' genannt —

wird folgender Vertrag geschlossen:

---

§ 1 VERTRAGSGEGENSTAND

1. Der Künstler überträgt hiermit der Agentur für das In- und Ausland exklusiv sämtliche Aufgaben der Planung und Koordinierung von Auftrittsverpflichtungen des Künstlers sowie die Vermittlung von Veranstaltungsverträgen. Die Agentur kann dazu auf ihre Kosten mit anderen Agenturen zusammenarbeiten und weitere Vermittler beauftragen.
2. Der Künstler wird während der Laufzeit dieses Vertrages keine andere Person mit Aufgaben beauftragen, die Gegenstand dieses Vertrages sind.
3. Dem Künstler bleibt es vorbehalten, auch selbst Veranstaltungsverträge mit Dritten zu schließen. Zur Vermeidung von Vertrags-, Termin- und Interessenkollisionen wird er bindende Vereinbarungen mit Dritten jedoch nicht schließen, ohne diese vorab mit dem Agenten abgestimmt zu haben.

§ 2 GRUNDSÄTZE DER ZUSAMMENARBEIT

1. Die Vertragspartner sind sich darüber einig, dass nur eine enge und vertrauensvolle Zusammenarbeit die Karriere des Künstlers fördern kann. Daher werden die Grundsätze der Zusammenarbeit und aller damit in Verbindung stehenden Aktionen zwischen Künstler und Agent abgestimmt, wobei vorrangig auf die künstlerischen Belange des Künstlers Rücksicht zu nehmen ist.
2. Der Künstler wird Ortsabwesenheiten, Urlaube, Reisen usw. mit der Agentur so rechtzeitig abstimmen, dass vereinbarte oder in Aussicht stehende Auftritts- oder sonstige Verpflichtungen, die im Zusammenhang mit seiner Karriere stehen, nicht beeinträchtigt werden.

Hinweis: Dieses Vertragsmuster gilt lediglich als Anregung für eine individualvertragliche Vertragsgestaltung

Anhang 4

§ 3 VOLLMACHT

1. Der Künstler erteilt dem Agenten mit Unterzeichnung dieses Vertrages unwiderruflich Verhandlungs- und Abschlussvollmacht. Der Agent ist berechtigt, im Namen des Künstlers Veranstaltungsverträge abzuschließen, in diesem Zusammenhang Erklärungen abzugeben und entgegenzunehmen. Gleichzeitig erteilt der Künstler dem Agenten für die Laufzeit des Vertrages unwiderruflich Vollmacht zum Inkasso der Einkünfte des Künstlers aus Veranstaltungsverpflichtungen.

2. Die Vollmacht umfaßt das Recht, Dritte zu außergerichtlicher und gerichtlicher Einziehung von dem Künstler zustehenden Forderungen aus Veranstaltungsverträgen zu beauftragen und zu bevollmächtigen.

§ 4 VERGÜTUNG

1. Die Agentur erhält zur Abgeltung ihrer ihr gemäß diesem Vertrag übertragenen Tätigkeiten eine Umsatzbeteiligung an allen Veranstaltungseinnahmen des Künstlers, die diesem während der Laufzeit des Vertrages zufließen, gleichgültig, ob diese auf Tätigkeiten der Agentur zurückzuführen sind oder nicht. Die Agentur erhält eine Umsatzbeteiligung auch für Einnahmen aus Verträgen, die zwar während der Laufzeit dieses Vertrages zustande gekommen sind, jedoch erst nach Ablauf dieses Vertrages zur Durchführung gelangen. Dabei kommt es ebenfalls nicht darauf an, ob diese Verträge ausschließlich auf die Agentur zurückzuführen sind oder nicht.

2. Die Umsatzbeteiligung beträgt .... % der Gesamteinnahmen des Künstlers, die er aus Konzert- und Aufführungsverträgen erzielt. Bemessungsgrundlage sind die Bruttoeinnahmen abzüglich gesetzl. Umsatzsteuer

3. Die vorgenannte Umsatzbeteiligung versteht sich jeweils zzgl. der gesetzl. Umsatzsteuer. Die Agentur stellt dem Künstler über die zu zahlenden Beträge eine ordnungsgemäße Rechnung.

4. Der Anspruch auf Umsatzbeteiligung entsteht mit Abschluss der Auftrittsvereinbarung und ist spätestens innerhalb von 14 Tagen nach Ablauf des Veranstaltungstages an die Agentur zur Zahlung fällig.

5. Die aufgrund erteilter Inkassovollmacht von der Agentur für den Künstler vereinnahmten Beträge hat die Agentur nach Erhalt etwaiger Einnahmen und Abzug ihm etwaig zustehender Umsatzbeteiligungen zeitnah, spätestens jedoch 14 Tage nach Erhalt entsprechender Einnahmen mit dem Künstler abzurechnen.

Hinweis: Dieses Vertragsmuster gilt lediglich als Anregung für eine individualvertragliche Vertragsgestaltung

Anhang

§ 5 RECHENSCHAFTSVERPFLICHTUNG

Die Agentur erhält das Recht, jederzeit sämtliche Abrechnungsunterlagen des Künstlers, die dieser von Veranstaltern erhält, einzusehen und eine Kopie der Abrechnungsoriginale zu verlangen. Der Künstler erhält das gleiche Recht, soweit sich die entsprechenden Originale im Gewahrsam der Agentur befinden.

§ 6 LAUFZEIT

1. Die Laufzeit dieses Vertrages beginnt am .... Er wird zunächst für die Dauer von .... Jahr(en), also bis zum .... geschlossen.

2. Der Vertrag ist beiderseitig kündbar mit einer Frist von .... zum Vertragsende. Eine außerordentliche Kündigung ist nur nach Maßgabe des § 626 BGB möglich. Die Anwendbarkeit von § 627 BGB wird ausgeschlossen.

3. Unterbleibt eine Kündigung des Vertrages, verlängert er sich ..... mal um jeweils .... weitere(s) Jahr(e).

§ 7 FREISTELLUNGSKLAUSEL

Der Künstler stellt die Agentur hiermit unwiderruflich von allen Ansprüchen Dritter frei, welche dadurch entstehen, daß der Künstler schuldhaft gegen Pflichten aus diesem Agenturvertrag bzw. gegen Pflichten der auf Grundlage dieses Agenturvertrages geschlossener Verträge verstößt.

§ 8 Gruppenklausel

1. Soweit es sich bei dem Künstler um eine Gesellschaft bürgerlichen Rechts handelt, wird diese gegenüber der Agentur vertreten durch ihren Sprecher .... Erklärungen, die durch den Sprecher gegenüber der Agentur abgegeben werden, gelten als Erklärungen aller Gesellschafter. Mitteilungen, die seitens der Agentur gegenüber dem Sprecher gemacht werden, gelten als Mitteilungen an alle Gesellschafter. Die Sprecherfunktion kann nur durch schriftliche Mitteilung der übrigen Gesellschafter und Benennung eines neuen Sprechers widerrufen werden.

2. Der Vertrag besteht unabhängig von einem Mitgliederwechsel zwischen den verbleibenden Gesellschaftern und der Agentur fort. Die nach dem Ausscheiden eines Gesellschafters verbleibenden Gesellschafter verpflichten sich, einen neuen Gesellschafter nur aufzunehmen, sofern er dem bestehenden Vertrag beitritt.

Hinweis: Dieses Vertragsmuster gilt lediglich als Anregung für eine individualvertragliche Vertragsgestaltung

Anhang 4

§ 9 GENERALIEN

1. Änderungen und Ergänzungen dieses Vertrages bedürfen der Schriftform. Das gilt auch für die Aufhebung der Schriftformklausel. Nebenabreden sind nicht getroffen.
2. Soweit eine der Bestimmungen dieses Vertrages aus zwingenden Gründen unwirksam sein sollte, berührt dies nicht die Gültigkeit des Vertrages im übrigen. Eine derart unwirksame Bestimmung ist durch eine gesetzlich zulässige, ihrem wirtschaftlichen Zweck entsprechende Bestimmung zu ersetzen.
3. Die Rechtsbeziehungen der Vertragsparteien unterliegen deutschem Recht. Erfüllungsort und Gerichtsstand ist ....

_____, den _____ _____, den _____

_____ _____
(Unterschrift Agentur)   (Unterschrift Künstler)

Hinweis: Dieses Vertragsmuster gilt lediglich als Anregung für eine individualvertragliche Vertragsgestaltung

Anhang 5

MANAGEMENTVERTRAG
(Muster)

zwischen   Management
            – nachstehend ‚**Manager**' genannt –

und

            dem Künstler
            – nachstehend ‚**Künstler**' genannt –

wird folgender Vertrag geschlossen:

---

§ 1 VERTRAGSGEGENSTAND

1. Der Künstler überträgt dem Manager für das In- und Ausland exklusiv sämtliche Aufgaben der Karriereförderung, soweit diese mit der Ausübung seines Berufes als Künstler in Zusammenhang stehen.
2. Der Künstler wird während der Laufzeit dieses Vertrages keine andere Person mit Aufgaben beauftragen, die Gegenstand dieses Vertrages sind.
3. Dem Künstler bleibt es vorbehalten, Aufgaben, die mit diesem Vertrag dem Manager übertragen wurden, auch selbst wahrzunehmen. Zur Vermeidung von Vertrags-, Termin- und Interessenkollisionen wird er bindende Vereinbarungen mit Dritten jedoch nicht schließen, ohne diese vorab mit dem Agenten abgestimmt zu haben.

§ 2 AUFGABEN DES MANAGERS

Im Rahmen seiner Managementtätigkeit ist der Manager verpflichtet, geeignete Tätigkeiten zur Förderung des Künstlers zu unternehmen. Er übernimmt dazu insbesondere die strategische Planung des Aufbaus und der Fortentwicklung der Karriere des Künstlers, das Marketing für den Künstler, seine künstlerischen Leistungen und Produkte, die Entwicklung und Pflege seines Image, die Kooperation der Zusammenarbeit u.a. mit Tonträgerfirmen, Musikverlagen, Medienpartnern, Veranstaltern und Agenturen sowie die Koordination der Aufgaben aller Beteiligten.

§ 3 GRUNDSÄTZE DER ZUSAMMENARBEIT

1. Die Vertragspartner sind sich darüber einig, daß nur eine enge und vertrauensvolle Zusammenarbeit die Karriere des Künstlers fördern kann. Daher werden die Grundsätze der Zusammenarbeit und aller damit in Verbindung stehenden Aktionen zwischen Künstler und Management abgestimmt, wobei auf die künstlerischen Belange des Künstlers zuförderst Rücksicht zu nehmen ist.

Hinweis: Dieses Vertragsmuster gilt lediglich als Anregung für eine individualvertragliche Vertragsgestaltung

2. Der Künstler wird Ortsabwesenheiten, Urlaube, Reisen usw. mit dem Management so rechtzeitig abstimmen, dass vereinbarte oder in Aussicht stehende Auftritts- oder sonstige Verpflichtungen, die im Zusammenhang mit seiner Karriere stehen, nicht beeinträchtigt werden.

§ 4 VOLLMACHT

1. Der Künstler erteilt dem Manager mit Unterzeichnung dieses Vertrages für dessen Laufzeit unwiderruflich Verhandlungs- und Abschlußvollmacht. Der Manager ist berechtigt, in den Grenzen der ihm mit diesem Vertrag übertragenen Aufgaben im Namen des Künstlers Verträge mit Dritten zu schließen, in diesem Zusammenhang Erklärungen abzugeben und entgegenzunehmen. Gleichzeitig erteilt der Künstler dem Manager für die Laufzeit des Vertrages unwiderruflich Vollmacht zum Inkasso der Einkünfte des Künstlers aus Veranstaltungseinnahmen.

2. Die Vollmacht umfaßt das Recht, Dritte zur außergerichtlichen und gerichtlichen Einziehung von dem Künstler zustehenden Forderungen zu beauftragen und zu bevollmächtigen.

§ 5 VERGÜTUNG

1. Das Management erhält zur Abgeltung seiner Tätigkeiten gemäß diesem Vertrag eine Umsatzbeteiligung an allen Einkünften des Künstlers, gleichgültig ob diese aus Tätigkeiten fließen, die durch Einfluß des Managements zustandegekommen sind oder nicht. Die Umsatzbeteiligung wird wie folgt vereinbart:

    a) .... Prozent vom Brutto aller Veranstaltungseinnahmen.

    b) .... Prozent aller dem Künstler zufließenden Einnahmen aus dem Bild- und Tonträgerverkauf. Zu den Einkünften aus dem Bild- und Tonträgerverkauf zählen auch Vorauszahlungen seitens der Bild- / Tonträgerhersteller und/oder Produzenten an den Künstler.

    c) .... Prozent von den Gesamteinnahmen aus der Verwertung von Autorenrechten des Künsters. Bemessungsgrundlage sind die Abrechnung der GEMA bzw. etwaige Direktzahlungen von Verwertern..

    d) .... Prozent vom Brutto aller Einkünfte aus der Verwertung von Leistungsschutzrechten. Bemessungsgrundlage ist die Abrechnung der GVL.

    Als Bemessungsgrundlage verstehen sich alle Einnahmen des Künstlers mit Ausnahme darin enthaltener Umsatzsteuerbeträge. Die vorgenannten Umsatzbeteiligungen verstehen sich jeweils zzgl. gesetzl. Umsatzsteuer. Das Management stellt dem Künstler über die zu zahlenden Beträge eine entsprechende Rechnung.

2. Sofern während der Vertragszeit Verträge wie zB Tonträgerverträge mit Dritten geschlossen werden, aus welchen dem Künstler auch nach Ablauf dieses Vertrages noch Einnahmen zustehen, hat der Manager seinen mit diesem Vertrag vereinbarten Provisionsanspruch bezgl. dieser Einnahmen auch nach Ablauf dieses Vertrages. Gleiches gilt auch für solche Einnahmen, die zwar während der Vertragszeit angefallen sind, aber erst nach Vertragsablauf zur Auszahlung gelangen.

Hinweis: Dieses Vertragsmuster gilt lediglich als Anregung für eine individualvertragliche Vertragsgestaltung

Anhang

3. Die Provision bleibt auch geschuldet, sofern vertraglich vereinbarte Honorare infolge Verschuldens des Künstlers nicht zur Auszahlung gelangen.
4. Der Anspruch auf die Umsatzbeteiligung gemäß oben Ziffer 1.a) entsteht mit Abschluss der Auftrittsvereinbarung und ist innerhalb von 14 Tagen nach einem Veranstaltungstermin zur Zahlung fällig. Die Umsatzbeteiligungen nach oben Ziffer 1.b-d) sind jeweils zu den üblichen Abrechnungsperioden des jeweiligen Vergütungsschuldners fällig und ebenfalls innerhalb von 14 Tagen nach Erhalt der Abrechnungsbeträge zahlbar.
5. Die aufgrund erteilter Inkassovollmacht vom Manager für den Künstler vereinnahmten Beträge hat der Manager innerhalb von 14 Tagen nach Erhalt nach Abzug etwaig ihm zustehenden Umsatzbeteiligungen mit dem Künstler abzurechnen.

§ 6 RECHENSCHAFTSVERPFLICHTUNG

Das Management erhält das Recht, jederzeit sämtliche Abrechnungsunterlagen des Künstlers, die er von Veranstaltern, Schallplattenfirmen bzw. seinem Produzenten usw. erhält, einzusehen und eine Kopie der Abrechnungsoriginale zu verlangen. Der Künstler erhält das gleiche Recht soweit sich die entsprechenden Originale im Gewahrsam des Managers befinden.

§ 7 LAUFZEIT

1. Die Laufzeit dieses Vertrages beginnt am .... Er wird zunächst für die Dauer von .... Jahr(en), also bis zum .... geschlossen.
2. Der Vertrag ist beiderseitig kündbar mit einer Frist von .... zum Vertragsende. Eine außerordentliche Kündigung ist nur nach Maßgabe des § 626 BGB möglich. Die Anwendbarkeit von § 627 BGB wird ausgeschlossen.
3. Unterbleibt eine Kündigung des Vertrages, verlängert er sich ...... mal um jeweils .... weitere(s) Jahr(e).

§ 8 GRUPPENKLAUSEL

1. Soweit es sich bei dem Künstler um eine Gesellschaft Bürgerlichen Rechts handelt, wird diese gegenüber dem Management vertreten durch ihren Sprecher .... Erklärungen, die durch den Sprecher gegenüber dem Management abgegeben werden, gelten als Erklärungen aller Gesellschafter. Mitteilungen die seitens des Managements gegenüber dem Sprecher gemacht werden, gelten als Mitteilungen an alle Gesellschafter. Die Sprecherfunktion kann nur durch schriftliche Mitteilung der übrigen Gesellschafter und Benennung eines neuen Sprechers widerrufen werden.
2. Der Vertrag besteht unabhängig von einem Mitgliederwechsel zwischen den verbleibenden Gesellschaftern und dem Management fort. Die verbliebenen Gesellschafter verpflichten sich, einen neuen Gesellschafter nur aufzunehmen, sofern er dem bestehenden Vertrag beitritt.

Hinweis: Dieses Vertragsmuster gilt lediglich als Anregung für eine individualvertragliche Vertragsgestaltung

Anhang 5

§ 9 GENERALIEN

1. Der Künstler stellt den Manager hiermit unwiderruflich von allen Ansprüchen Dritter frei, welche dadurch entstehen, daß der Künstler schuldhaft gegen Pflichten der auf Grundlage dieses Managementvertrages vom Manager für ihn geschlossener Verträge verstößt.
2. Änderungen und Ergänzungen dieses Vertrages bedürfen der Schriftform. Das gilt auch für die Aufhebung der Schriftformklausel. Nebenabreden sind nicht getroffen. Nebenabreden sind nicht getroffen.
3. Soweit eine der Bestimmungen dieses Vertrages aus zwingenden Gründen unwirksam sein sollte, berührt dies nicht die Gültigkeit des Vertrages im übrigen. Eine derart unwirksame Bestimmung ist durch eine gesetzlich zulässige, ihrem wirtschaftlichen Zweck entsprechende Bestimmung zu ersetzen.
4. Die Rechtsbeziehungen der Vertragsparteien unterliegen deutschem Recht. Erfüllungsort und Gerichtsstand ist ....

_____, den _____   _____, den _____

_____   _____
(Unterschrift Manger)   (Unterschrift Künstler)

Hinweis: Dieses Vertragsmuster gilt lediglich als Anregung für eine individualvertragliche Vertragsgestaltung

Sachverzeichnis

Die Zahlen verweisen auf die Randnummern.

Abendkasse 688, 690
Abgabepflicht
→ *Künstlersozialabgabe*
Abgeltungswirkung 1319
Abhängige Beschäftigung 1048
Abmahnung
– Definition **858 ff.**
– Form und Frist **860 ff.**
– Originalvollmacht **862**
– Inhalt **863**
– Hauptsacheklage 866
– Kostenerstattungsanspruch **863 ff.**
– Übernahmeverschulden 867
– Kosten des Abgemahnten 865 ff.
– Schadensersatzanspruch 875
– Vertragsstrafe 812
– Wiederholungsgefahr **810 f.**
– Werkvertrag **109**, 170, 242 f., 480
– Unterlassungsverpflichtungserklärung 811 ff., 813 f., 817, 856 f., 860, 862 f., 866, 868, 889
Abschlussvollmacht
– Definition **330 f.**, 333
– stillschweigend vereinbarte Unwiderruflichkeit **332 ff.**
– unwiderrufliche Erteilung **331**
Absolutes Schutzhindernis 769
Abwanderungsquote
→ *Handelsvertreterausgleichsanspruch*
Abzugssteuer
→ *Beschränkte Steuerpflicht*
Agent/ur
– Definition **247 f.**
– Berufsbild **245 ff.**
→ *Künstlervermittlung*
Agenturprovision
– Anspruchsentstehung **340 ff.**, **362 ff.**
– Arbeitsvermittlungsprovision **406 f.**
– Definition **338 ff.**
– für Folgegeschäfte **359 ff.**
– Mitursächlichkeit **356**, 358, 360
– Optionen nach Vertragsende 357
– Provisionshöhe **376 f.**
– Provisionsstaffelung 255
– Sittenwidrigkeit **379**
→ *Handelsvertreterprovision*
→ *Maklerprovision*
→ *Provision*
Agenturvertrag
– Definition **256 ff.**
– als Geschäftsbesorgungsvertrag **259 ff.**, 406
– als Handelsvertretervertrag **275 ff.**
– als Maklerdienstvertrag **272 f.**

– als Maklervertrag **264 ff.**, **271**, **294**
– gesellschaftsähnliches Vertragsverhältnis **274**, 333
– Kündigung 331, 382, **384 ff.**
– Rechtsnatur **256 ff.**
– Vertragslaufzeit **381**
→ *Künstlervermittlung*
Alkoholausschank 1173 ff.
Alkoholismus 503, 1113
Alleinentscheidungsrecht
→ *Management*
Alleinveranstalter
→ *Veranstalterkooperation*
Allgemeine Geschäftsbedingungen
– Definition **199 ff.**
– Gerichtsstandvereinbarung 216
– Individualvereinbarung **203 f.**, **206 f.**
– Inhaltskontrolle **200 ff.**
– Multiple Choice **205**
– Schadenspauschalierung **209 ff.**
– überraschende und mehrdeutige Klauseln 200
– unangemessene Benachteiligung 210, 213 f., 382, **394 f.**
– Vertragsstrafe 209 ff.
→ *Kartenvorverkauf*
Allround-Agentur 252, **267 f.**, **1197**
Amateure
→ *Künstlersozialabgabepflicht*
Ambush-Marketing 1227
Anderweitige Verwendung der Arbeitskraft 196
Anfechtung einer Steueranmeldung
→ *Beschränkte Steuerpflicht*
Angemessene Vergütung
– Definition **938**
→ *Künstlervermittlung*
→ *Urheberrecht*
Anrechungsmethode 1337
Arbeit auf Abruf 1062
Arbeitgeberhaftung 1089 ff.
→ *Arbeitsrecht*
→ *Arbeitsunfall*
Arbeitnehmer 111
Arbeitnehmerähnliche Person 1067
Arbeitnehmerähnlicher Selbstständiger 1069
Arbeitnehmerlärmschutz **1084 f.**
Arbeitsschutzregelungen 1087
Arbeitsberechtigung-EU 1107
Arbeitserlaubnis 1104
– für Drittlandsangehörige 1108

387

Sachverzeichnis

- für EU-Angehörige 1107
- Befristete Arbeitserlaubnis 1107

Arbeitsrecht § 12, 1048 ff.
- Arbeitszeitgesetz 1080 f.
- Arbeitnehmerschutz 1087
- Öffentliches Arbeitsrecht **1079 ff.**
- Tarifverträge 1068, **1099 f.**

Arbeitsunfall 1089
- Haftung des Arbeitgebers **1090**
- Haftung des Arbeitnehmers **1094 f.**
- Haftung gegenüber Dritten **1098**
- Haftung gegenüber Kollegen **1097**
- Schwarzarbeit 1076

Arbeitsvermittlung
- Gegenstand **402 f.**
- Historie **400**
- Künstlerdienst **1101 f.**
- Maklervertrag **404 f.**
- Provision **406 ff.**, 402
- → *Künstlervermittlung*

Arbeitsvertrag
- Definition **111 ff.**
- Rechte und Pflichten **1049 ff.**
- Kündigung 1051

Arbeitsvisum 1108
Arbeitszeiten 1080 ff.
Arrangement-Buchung 660 f.
Arrangementvertrag 66
Arrangeur 70
Aufbrauchsfrist 745
Aufenthaltsgenehmigung 1104
Aufenthaltstitel 1108
Aufführung 6 ff., 167, 232, 414, 593, 895, 946
- Aufführungsverpflichtung 418
- bühnenmässige Aufführung **14**, 827
- konzertmässige Aufführung **13**, 758
- Vollendung der Aufführung 484 ff.
- Musicalaufführung 14, 892, 916, 933, 1023, 1033
- Theateraufführung 516 f., 648, 674, 933 f.
- durchschnittliche Aufführung 539
- mangelhafte Aufführung 633 ff., 670 ff.
- nicht vollendete Aufführung 676 ff.
- Aufführung von Bild-/Tonträgern 901 f.
- → *Veranstaltung*

Aufführungsrecht 65, 891, 905, **948**, 987, 1025
Aufführungsvertrag 99, 227
Auftrittsdauer 507 f.
Auftrittsvoraussetzungen 554
Aufwandsentschädigung
- → *Künstlersozialabgabe*

Aufwendungen
- Grundlagen 184, 189
- Aufwendungen als Schaden **597 ff.**
- Aufwendungen zu ideellen Zwecken 600
- Aufwendungsersatzanspruch **604 ff.**, 650, 661, 714
- ersparte Aufwendungen **193 ff.**, 197
- vergebliche (nutzlose) Aufwendungen **604 ff.**

- sonstige Aufwendungen 591
- Sponsoringaufwendungen 1223
- beruflich bedingte Aufwendungen 1287
- vorweggenommene bzw nachvertragliche Aufwendungen 1289
- eigenbetriebliche Aufwendungen 1312
- Bewirtungsaufwendungen 1551

Aufzeichnungspflicht
- → *Beschränkte Steuerpflicht*
- → *Künstlersozialabgabe*

Ausgleichsanspruch
- → *Handelsvertreterausgleichsanspruch*

Ausgleichsvereinigung
- → *Künstlersozialabgabe*

Ausländersteuer
- → *Beschränkte Steuerpflicht*

Ausstellung
- → *Messen und Ausstellungen*

Ausübender Künstler 33 ff.
Außengesellschaft 94, 1294
Außervollzugsetzung 1328

Bagatellgrenze
- → *DBA-USA*

Bandnamen 756, 758, 760, 767, 792, 839
Baunutzungsverordnung 1190
Bau- und Nutzungsgenehmigung 1167 ff.
Bearbeiterurheberrecht
- → *Bearbeitung*

Bearbeitung 801, 897, 930, 987
- Bearbeiter 946, 987
- Bearbeiterurheberrecht 987

Bemessungsgrundlage
- → *Künstlersozialabgabe*
- → *Beschränkte Steuerpflicht*
- → *GEMA-Tarife*

Benefizveranstaltung
- → *GEMA-Tarife*

Benutzungsmarke 749, 754
Bescheinigung E-101 1573 ff.
Beschränkte Steuerpflicht § 17, 1231 ff.
- Abzugssteuer 1233
- ähnliche Leistungen **1396**, 1408 f.
- Amateure 1272
- Anfechtung der Steueranmeldung 1323
- Aufzeichnungspflichten **1320**
- Bemessungsgrundlage **1307 ff.**
- Besteuerungsoptionen **1273 ff.**
- Betriebskosten **1285**, 1307
- Bewirtungs/Cateringleistungen 1267, 1311
- Bruttopauschalbesteuerung **1274 f.**
- Centro Equestre da Leziria Grande **1247**
- Darbietung **1252 ff.**
- Definition **1234**
- Eigenbetriebliche Aufwendungen 1312
- Einkünfte aus nichtselbständiger Arbeit **1329 f.**
- Einkunftsarten 1240
- Einnahmen aus Sponsoring 1265
- Fahrt- und Übernachtungskosten 1310

Sachverzeichnis

- fehlende Einkünfteerzielsabsicht 1271
- FKP Scorpio **1244 ff.**
- Freibetragsgrenze/Geringfügigkeitsgrenze/ Milderungsregel **1276 ff.**
- Gerritse **1243**
- gesamtschuldnerische Haftung 1325
- Haftungsschuldner 1231
- Historie **1241 f.**
- Hochrechnungssätze **1282**
- Korrektur der Steuerzahlung **1322**
- Lizenzeinnahmen **1347**
- Lohnsteuerabzug **1329 ff.**
- Nebenleistungen **1259 ff.**
- Nettohonorare **1281**
- Nutzungsvergütungen **1258 f.**
- Pauschalsteuer **1232**
- personeller Zusammenhang 1262, 1307
- Proben 1277, 1578
- Provision 1268 ff.
- Reisekosten 1267, 1276, 1278, **1309 ff.**, 1365
- Solidaritätszuschlag **1274**, 1281 f., 1292, 1330
- Sponsoring **1265 f.**
- Steueranmeldung 1304, 1317, 1322 f., 1328
- Steuereinbehalt 1313 f.
- Steuerschuldner 1231
- Steuerzahlung **1315 f.**
- Technische Nebenleistungen 1263
- Übernahme von Nebenleistungen durch Dritte **1267**
- Umsatzsteuer **1308**
- Unternehmereigenschaft 1340 f., 1369
- Veranlagung **1300 ff.**, **1318**, 1334
- Vergütungsschuldner 1231
- Verwertung von Darbietungen 1256
- Zufluss 1313 f.
- zusammenhängende Leistung **1259 ff.**
- Zweifel bezgl. der Steuerpflicht **1326**
- Steuerabzug auf der zweite Stufe 1249, **1304 ff.**, 1312, 1316, 1352
- → *Freistellung von der Abzugsbesteuerung*
- **Besetzungswechsel** 679 ff.
- **Besondere Vertrauensstellung** 291 f., **389**
- **Bestätigungsanfrage** 1393
- **Besucher**
- → *Veranstaltungsbesucher*
- **Betreiber** 96 ff., **1141**, 1142, 1144, 1148, 1163, 199
- **Betriebsausgabe** 1219, 1223, 1285, 1287 ff.
- → *Beschränkte Steuerpflicht*
- **Betriebsstätte** 1343, **1391**
- **Bezeichnungsrecht** 826
- **Bildmarke** 794
- **Bildnis** 930
- **Bildrecht** 101, 174, 424
- **Billigkeit** 319 ff.
- **Bindungswille** 134, 136, 138
- **Brandschutz** 1139 f., 1148, 1172
- **Break even point** 119
- **Bruttopauschalbesteuerung** 1274 f.

Buchung
- Arrangement-Buchung **661**
- Buchungsgebühren **707**
- Folge-/Wiederholungsbuchung 301, **359 f.**
- Ré-Engagement 301, 304 f., 326, 359 f.
- Verhandlungsstadium **132 ff.**

Bühne Definition **170**
- Bühnenbild 925
- Bühnenkostüme 925

Bühnenanweisung 125 ff.
Bühnenaufführungsrecht 919
bühnenmäßige Aufführung **14**, 827
Bühnenverlag 101
Bundesagentur für Arbeit 403, 1101, 1107
Bundesanstalt für Arbeit 400, 1101
Bundes-Immissionsschutzgesetz 1187 f.
Bundesministerium für Arbeit und Soziales 1542
Bundeszentralamt für Steuern 1318, 1350 ff., 1353, 1358, 1361, 1393

Catering
- Definition 173
- → *Beschränkte Steuerpflicht*
- → *Künstlersozialabgabe*

Corporate Event 15, 252, 473
Cover-Version 895

Darbietender
- → *ausübender Künstler*

Darbietung 1252
DBA-USA
- Grundlagen 1362
- Geringfügigkeits-/Bagatellgrenze 1363 ff., 1367 ff.
- Einkünfte anderer Personen 1369

Deckungssumme 1112
Deutsches Patent- und Markenamt 749, 774, 786, 789, 816, 949, 957, 1037, 1045
Deutsche Rentenversicherung
- → *Künstlersozialversicherungsgesetz*

Dienste höherer Art 388
Dienstleistungsfreiheit 1241
- Verbot der Beschränkung 1243, 1246

Dienstleistungsvertrag 224
Dienstvertrag
- Definition **104 ff.**
- unselbständiger 104
- Schlechtleistung 497, 530
- Kündigung 530, 573

DIN-Norm 15905-5 1085, 1153, 1188
Dissens 154 f.
Doppelabgabe
- → *Künstlersozialabgabe*

Doppelbesteuerungsabkommen
- → *DBA-MA*
- → *DBA-USA*
- Definition **1136 f.**
- Einkünfte anderer Personen **1344**

Sachverzeichnis

Doppelgänger 929 ff.
Double
→ *Doppelgänger*
Drittauskunft 805 ff.
Drittlandsgebiet
→ *Umsatzsteuerrecht*
Drogenkonsum 503
Durchführungskosten 61, 68, 94, **117 ff.**, 120 ff., 380, 966

Eilbedürftigkeit 560, **814**, **856**, 861
Eingetragene Marke 749, 769, 774
Einigungsmangel 152 ff.
– ergänzende Vertragsauslegung 347 f.
→ *Dissens*
Einkünfteerzielungsabsicht 1271
Einstweilige Verfügung 745, 811 f., 856 f., 868 ff.
– Auslandszustellung 869
– bei Markenrechtsverletzungen 856
– Schadensersatz bei Aufhebung 874 f.
– Widerspruchsverfahren 874
Eintragungsmarke 761
– Vorteile 766
Eintrittsberechtigung
→ *Eintrittskarte*
Eintrittskarte
– Definition 228, **686**
– Allgemeine Geschäftsbedingungen **709 ff.**, 1157 f.
– Eintrittskartenpreis **26, 718, 706**
– Ersterwerber **725 ff.**
– Erwerb des Besuchsrechts 234 f.
– Haftungsausschluss **1157 ff.**
– Hardticket 687 f., 709
– Inhaberpapier 229 f., 686, 721 f., 729
– personalisierte Eintrittskarte 230, **721 f.**, 725, 729, **731 ff.**
– Preisauszeichnung 706
– Preiskategorien 240
– Recht am Papier 694
– Recht aus dem Papier 694
– Rechtliche Ausgestaltung **721 ff.**
– Rechtsschein 59
– Schleichbezug 727 f.
– Weiterverkauf 718 ff., 721 ff., **724 ff.**, **734 ff.**
– Weiterverkaufsverbot 722 ff., **724 ff.**
– Zweiterwerber 729
→ *Kartenvorverkauf*
→ *Veranstaltungsbesuchsvertrag*
Ein- und Verkauf von Darbietungsleistungen
→ *Gastspielgeschäft*
Elektronikversicherung 1119
Engagementvertrag
→ *Veranstaltungsvertrag*
Ensemblewechsel 504 ff.
Entgelt
→ *Künstlersozialabgabe*

Entgeltmeldung
→ *Künstlersozialabgabe*
Entgeltzahlung
→ *Künstlereigenschaft*
→ *Künstlersozialabgabe*
Entstellung
– Definition **898 ff.**
– Rechtsfolge **900**
Erfüllungsgehilfe 1133 ff.
– Örtlicher Veranstalter als Erfüllungshilfe 66, 70
– Künstler als Erfüllungsgehilfe 422
– Techniker als Effüllungsheilfe 1134
Erfüllungszeitraum
– Definition **581, 478 ff.**, **580 ff.**
– erweiterter Erfüllungszeitraum 582
– Kulanzspanne 490
Ersatzauftrag 196
Erstbehungsgefahr 816
Erstattungsverfahren
– Definition 1350 ff.
→ *Freistellung von der Abzugsbesteuerung*
Ersterwerber
→ *Eintrittskarte*
EU-Gemeinschafts-Marke 877 ff., 883
→ *Markenanmeldung*
Europäische Enforcement-Richtlinie 920
Europäische Gemeinschaftsmarke 761, 877 ff., 882
Europäische Handelsvertreterrichtlinie 277, 328
Europäisches Markenamt 749
Event
– Definition **6**, 15
– Corporate Event 15, 252, 473
– Event Sponsoring 1208

Fabel 932
Festhonorar 116
Festival
→ *Musik-Festival*
Feststellungsverjährung 1451
Feuerwehr 1199 f.
Fiskalvertreter 1398, 1495
Fixgeschäft
– Definition **453 ff.**, 459
– relatives Fixgeschäft 457, **471**
– absolutes Fixgeschäft **454 ff.**, 458, **478**
– Leistungszeit 454, 459, 559
→ *Veranstaltungsbesuchsvertrag*
→ *Veranstaltungsvertrag*
Fliegende Bauten 1170
Fluchtweg 1139 f., 1172
Förderung aus öffentlichen Mitteln 1374
– wesentliche Förderung **1382**
– Unmittelbarkeit der Förderung **1383**
– Vorrang der DBA **1384**
Formerfordernis 148
Fragmentierte Öffentlichkeit 783

Sachverzeichnis

Freibetragsgrenze
→ *Beschränkte Steuerpflicht*
Freistellung von der Abzugsbesteuerung
 Grundlagen **1335 ff.**
– aufgrund von DBA-USA **1362 ff.**
– aufgrund öffentlichen Interesses **1375**
– Befreiung vom Lohnsteuerabzug **1359**
– Erstattungsverfahren 1249, **1350 ff.**
– Förderung aus öffentlichen Mitteln **1374**
– Freistellung außerhalb von DBA **1375 ff.**
– Freistellungsantrag 1346, **1353 f.**, 1370
– Freistellungsbescheid **1350**
– Kontrollmeldeverfahren **1361**
– Kulturaustausch **1372**
– Missbrauchsklausel **1354 ff.**
– Voraussetzungen **1335 ff.**, 1350 ff.
– Zuständigkeit **1385 f.**
→ *Beschränkte Steuerpflicht*
→ *Doppelbesteuerungsabkommen*
→ *Freistellungsbescheinigung*
Freistellung von der Umsatzbesteuerung
– Grundlagen **1421 ff.**
– Europarechtliche Grundlage **1454**
– gleichartige Einrichtung **1428**
– Gleichartigkeitsprüfung **1427 ff.**
– Gleichwertigkeitsprüfung **1435 ff.**
– Rechtsmittel **1452**
– von Gastronomieleistungen **1446**
– von Parkplatz- und Garderobengebühren **1448**
– Voraussetzungen 1421 ff., **1427 ff.**
→ *Gleichstellungsbescheinigung*
→ *Umsatzsteuerrecht*
Freistellungsbescheid
→ *Freistellung von der Abzugsbesteuerung*
Freistellungsbescheinigung
– Antragsberechtigung **1346, 1353**, 1386
– Definition 1245, **1350**
– Frist **1358**
– Rückname **1360**
– Rückwirkung **1351**
→ *Freistellung von der Abzugsbesteuerung*
Freistellungsmethode
– Definition **1337**
Freizeitlärmrichtlinie 1191
Fristsetzung
– bei Ablehnung der Leistung 551 ff.
– bei fristloser Vertragslösung 564 f.
– bei Schlechtleistung 628 f.
– bei Verzug 559
– beim absoluten Fixgeschäft 512
– beim Anspruch auf Schadensersatz neben der Leistung 626
– beim Anspruch auf Schadensersatz statt der Leistung 623 f.
– beim Rücktritt vom relativen Fixgeschäft 620, 623, 647, 658
– Unzumutbarkeit 565

Garantiehaftung
→ *Haftung*
Garderobe 115, 171, 567, 569, 1444, 1448
→ *Steuerfreiheit*
Gastspielgeschäft
– Definition **408 ff.**
– Gastspieldirektion **408 ff.**
– gastspielverpflichtete Künstler 1332
→ *Gastspielvertrag*
→ *Künstlervertrag*
→ *Steuerbarkeit*
Gastspiellieferung 416
Gastspielprüfbuch 1169 f.
Gastspielvertrag
– Definition **413 ff.**
– Gastspielwerkvertrag 411
– Haftungsrisiken **421 f.**
– Rechtsnatur 420
– Vertragsgegenstand **416 ff.**
Gastspielwerkvertrag
→ *Gastspielvertrag*
Gaststätte 1194
– Gaststättenerlaubnis **1173**
– Schankerlaubnis **1173**
GbR 37, 94, 851, 1585
Gebietsschutz 545 ff., 549
Gefahrenquelle 87
Geheimhaltungspflicht 1058 f.
Gelegenheitsnachweis 1561
Gelegenheitsgesellschaft 93
Gelegenheitsvermittlung 251, 344
GEMA
– Definition **944 f.**
– Berechtigungsvertrag 1024 ff.
– Urheberrechtswahrnehmungsgesetz 949 ff., 955, 962
– Musikfolge 969, 977
GEMA-Anmeldung 969, 974, 1061
GEMA-freie Musik 987
GEMA-Tarife
– Bemessungsgrundlage 964, f1019
– Benefizveranstaltungen **1011 f.**, 1022
– E **990 ff.**
– Gastronomie 966 f., 1007
– geldwerter Vorteil/Werbeeinnahmen 950, 999, 1004, 1009
– Gesamtvertrag **969 f.**, 1029 f.
– Jahrespauschalvertrag **1011 f.**
– Kontrahierungszwang 951, 973, **1035 f.**, 1038
– Kontrollzuschlag **974**
– Medienpartnerschaft **1005 f.**
– Mengenrabatt 1011
– Merchandising 967, 1007
– M-U 1015 f., **1019 ff.**
– M-V **1013 f.**, **1020 f.**
– Schlichtungsverfahren 969
– Tarifzuschlag **1009 f.**
– U-Büh 961, 968, **1023**, 1026

Sachverzeichnis

- U-K 963, 968, **993 ff.**, 998 ff., 1007, 1012, 1015 ff., 1026 f.
- U-V 1008, **1013 ff.**, 1021 f.
- U-VK 1015 ff., 1021, 1022
- V-K 999
- V-K(G) 999

GEMA-Vergütung
- Hinterlegung 978
- Meldepflicht 969, **973 ff.**, 1010
- → *GEMA-Tarife*

GEMA-Vermutung 948, 987
Gemeinfreies Werk 800 f., 894, 945, **987**, 991
Genehmigungen 1166 ff.
Generalklausel
- → *Künstlersozialabgabe*

Geografische Herkunftsangabe 749, **852 f.**
Gerichtsstandvereinbarung 216, 223
- → *Allgemeine Geschäftsbedingungen*

Geringfügigkeitsgrenze
- → *Beschränkte Steuerpflicht*
- → *DBA-USA*

Geringfügige Beschäftigung 1060 f.
Gesamtschuldnerische Haftung
- → *Beschränkte Steuerpflicht*
- → *Haftung*
- → *Verwertungsgesellschaft*

Gesamtvertrag 969 f., 1029 f.
Geschäftliche Bezeichnung 749, 816, 842, 844 f.

Geschäftsbesorgung
- Definition **71**, 261 ff.
- partiarische Geschäftsbesorgung 259
- → *Agenturvertrag*
- → *Managementvertrag*
- → *Handelsvertretervertrag*

Gesellschaft
- Gesamthandsvermögen 92 f., 1296
- Zusammenschluss von Künstlern 37
- → *GbR*

Gesellschaftsähnliches Verhältnis
- → *Agenturvertrag*
- → *GbR*
- → *Managementvertrag*

Gesellschaftsvermögen 37, 93 f.
Gewerbe
- Definition **1177**

Gewerbebetrieb 687, 1224, 1232, 1234, 1256, 1340
Gewillkürte Schriftform
- → *Schriftform*

Gewohnheitsrecht 170, 180, 217, 345
Gewöhnlicher Aufenthalt
- Definition **1239**
- Sechsmonatsfrist 1236 f.

Gleichartigkeitsprüfung 1435, 1443, 1452
Gleichnamigkeit
- → *Namensrecht*

Gleichstellungsbescheid
- → *Gleichstellungsbescheinigung*

Gleichstellungsbescheinigung 1427, 1440, 1442 f., **1449 ff.**, 1451, **1453**
- Kritik **1458 ff.**

Gleichwertigkeitsprüfung 1435 ff., 1464
Großes Recht 919, **1033 f.**
Grundfreibetrag 1243, 1292, 1301, 1334
Grundlagenbescheid 1449
GVL 1039 ff.
GWVR 1045 ff.

Härtefallregel 1028
Haftung
- deliktische Haftung 987, 1092, 1132, 1149
- des Arbeitgebers **1090**
- des Arbeitnehmers **1094 ff.**
- für Erfüllungsgehilfen 422, 1133 ff., 1156, 1160
- für immaterielle Schäden 601
- für Organisationsverschulden 1147, 1163
- für Personenschaden 1091, 1097, 1131, 1135, 1150
- für Verrichtungsgehilfen 1090, 1133
- für vorvertragliches Verschulden 135, 140, 184 f.
- Garantiehaftung 638, 1150
- gegenüber dem Publikum 1157, **1131 ff.**
- gegenüber Dritten **1098**
- gegenüber Kollegen 1097
- gesamtschuldnerische Haftung 88, 980
- Haftungsschuldner 1231, 1285, 1288, 1350, 1360
- im Fall Höherer Gewalt **1162**
- strafrechtliche Verantwortlichkeit **1163**
- urheberrechtliche Haftung 903 ff.
- Veranstalter gegenüber Publikum **1131 ff.**
- → *Sorgfaltspflicht*

Haftungsausschluß
- auf Eintrittskarten **1157 ff.**, 1160, **1161**
- haftungsfreizeichnende Hinweise 1158
- durch Allgemeine Geschäftsbedingungen 1157

Haftungsbescheid 1291, 1327 f.
Haftungsrecht § 14, 1131 ff.
Halbplayback
- → *Playbackauftritt*

Handelsvertreter
- Definition **275 ff.**
- Pflichten **286 ff.**

Handelsvertretervertrag
- Beendigung 298
- Definition 275
- besonderes Vertrauensverhältnis 291 ff.
- Geschäftsbesorgung 275, 279, 293, 392, 406
- Interessenbeeinträchtigung 282
- Interessenwahrnehmungspflicht 279, 281 f., 284
- Kündigung **291 ff.**, 298, 323, 331, 334, **398**
- Pflichten des Unternehmers **289 f.**
- ständiges Betrautsein **279 f.**

Sachverzeichnis

- unzulässige Konkurrenzvertretung **281 ff.**
→ *Agenturvertrag*
→ *Kartenvorverkauf*
Handelsvertreterausgleichsanspruch
- Ausgleichshöchstgrenze 328
- Abwanderungsquote **326 f.**
- Angemessenheit **324 f.**
- Berechnung **310 ff.**
- Billigkeit **319 ff.**
- Frist **329**
- Grundlagen **295 ff.**
- Kurze Vertragsdauer **320**, 328
- Kündigung 398
- nachvertragliche Provisionsansprüche 315 ff.
- Provisionsverlust 319
- Schätzung 324, 355
- Stammkunde **299 ff.**, 309
- Überhangprovision **315 ff.**
- Unternehmervorteil 304, 313, 316, 319, 328
Handelsvertreterprovision
- Anspruchsentstehung **362 ff.**
- Fälligkeit **366 f.**
- Folgegeschäfte/nachvertragliche Provisionsansprüche 375
- Mitursächlichkeit **368 ff.**
- Optionen nach Vertragsende 373
- Provisionsteilung 374
- Überhangprovision 371
Hauptleistungspflichten
- Definition **161 ff.**
- beim Gastspielvertrag **416 ff.**
- beim Veranstaltungsbesuchsvertrag 231
- beim Veranstaltungsvertrag **161**, 558
- des Agenten 330
Herkunftskennzeichen 780
Hilfspersonal 1071 f.
Hinterlegung
→ *GEMA-Vergütung*
Höhere Gewalt 574 ff., 1162
Hörschaden 1152, 1154, 1158
Hörschutz 1086, 1154
Hörzeichen/-marke 785 f.

Idee 922 ff.
Imageschaden 910, 917
Immaterieller Schaden 601 ff.
Individualvereinbarung
→ *Allgemeine Geschäftsbedingungen*
Informationsverschulden 609
Inhaberpapier 229, 721 f., 729, 1132
- qualifiziertes Inhaberpapier 230
Inhaltskontrolle
→ *Allgemeine Geschäftsbedingungen*
Inkassovollmacht 335 ff.
Inlandsbezug
→ *Künstlersozialabgabe*
Innengesellschaft 37
IR-Marke 880 ff., 885
→ *Markenanmeldung*

Jahrespauschalvertrag
→ *GEMA-Tarife*
Jugendarbeitsschutz 1082
Jugendschutz 1192

Kartenvorverkauf § 8, 686 ff.
- Allgemeine Geschäftsbedingungen **709 ff.**
- als Geschäft im eigenen Namen **695**
- als Handelsvertretergeschäft **699 f.**
- als Kommissionsgeschäft **696**
- als Maklergeschäft **698**
- Buchungsgebühr **707**
- Online-Ticketportal 688
- Plattformbetreiber **737 ff.**, 739 f.
- Provision 493, 698
- Störerhaftung 738
- Systemgebühr 707
- Umsatzsteuer 703 f.
- Vorverkaufsgeschäft **692 ff.**
- Vorverkaufsstelle 692 f., 695 ff., 700 ff.
→ *Eintrittskarte*
Katalogleistungen
→ *Umsatzsteuerrecht*
Kaufmann 218, 278
Kaufmännisches Bestätigungsschreiben
- Definition **217 ff.**
- Absender 218
- Standardvertragsformulare 220 ff.
Kerntheorie
→ *Markenrechtsverletzung*
Kommerzialisierte Freizeit 603
Kommissionsgeschäft
→ *Kartenvorverkauf*
Kontrahierungszwang
→ *GEMA-Tarife*
Kontrollzuschlag 918, **974 ff.**
Kontrollmeldeverfahren 1361
Konzertveranstaltung 8 ff.
Konzertagent/ur
→ *Künstlervermittlung*
Konzertmäßige Aufführung 13
Konzertvertrag 99
Kostenerstattungsanspruch
→ *Abmahnung*
Krankheit des Künstlers
- unverschuldet **496**
- verschuldet **500 f.**
Kündigung 291 ff., 298, 323, 331, 334, 398
- aus wichtigem Grund 530, 573
- Verträge mit besonderer Vertrauensstellung 291 ff., **389 f.**, 530
- Dienste höherer Art 291, **388 f.**, 451
- Vergütungsfortzahlung **397**
- von Werkverträgen 110
→ *Agenturvertrag*
→ *Arbeitsvertrag*
→ *Dienstvertrag*
→ *Handelsvertretervertrag*
→ *Maklervertrag*

393

Sachverzeichnis

→ *Managementvertrag*
→ *Sponsoringvertrag*
→ *Veranstaltungsbesuchsvertrag*
→ *Veranstaltungsvertrag*

Kündigungsrecht
- Abdingbarkeit **391 ff.**, 396
- Abbedingung in Standardverträgen **394 ff.**
- fristlose Kündigung bei Vertrauensstellung **385 ff.**

Künstler § 2, 33 ff.
- ausübender Künstler **33 ff.**
- als Arbeitnehmer 111 ff., 400 f.
- Darbietender **33 ff.**
- Künstlergruppe 37
- Selbstbestimmungsrecht des Künstlers 441

Künstleragent/ur
- Definition **244 ff.**
→ *Künstlervermittlung*

Künstlerdienst 1101 ff.
Künstlereigenschaft iSd KSVG 1507 ff.
- Abgrenzung zur handwerklichen Tätigkeit **1515 ff.**
- von Amateuren **1538**
- von Artisten **1521**
- von Discjockeys **1519 f.**
- von Fotografen **1522**
- von Moderatoren **1518**

künstlerische Gestaltungsfreiheit 38, 108, 203 f., 538, 674

Künstlerische Qualität 538 f., 670, 917

Künstlermanagement § 6, 429 ff.
→ *Manager*
→ *Managementprovision*
→ *Managementvertrag*

Künstlername 748 ff., 769, 797
- wirtschaftliche Auseinandersetzung 756 f.
- Markenfähigkeit **751 ff.**
- Bezeichnungsrecht 758
- Benutzung 778 ff.
- Prioritätsprinzip **831**
- Eigenname 853
→ *Namensgleichheit*

Künstlersozialabgabe § 19, 1498 ff.
- Abgabenhöhe 1542
- Abgabepflicht **1529 ff.**
- Abgabepflicht dem Grunde nach 1526, 1559 f., 1569
- Abgabepflicht der Höhe nach **1530**, 1562
- Aufwandsentschädigungen 1538, **1545 ff.**
- Aufzeichnungsplicht 1532, 1552, **1556**
- Ausfallhonorar 1583
- Ausgleichsvereinigung 1552
- ausländische Produktionsgesellschaften **1569 ff.**
- Bewirtungskosten/Catering 1550 f.
- Doppelabgabe **1588 ff.**
- Entgeltbegriff **1543 f.**
- Entgeltmeldung/Meldepflicht 1526, 1532, 1555 f.
- Entgeltzahlung an Amateure **1538 f.**

- Entgeltzahlung an Arbeitgeber **1541**
- Entgeltzahlungen an anders Versicherte **1540**
- Entgeltzahlungen an Chorleiter und Dirigenten 1581
- Entgeltzahlungen an Nichtversicherte **1534 ff.**
- Fremdvermarktung 1557, 1585 f., 1587
- Festsetzung 1555
- Gastspieldirektion/-geschäfte 1528, **1565 f.**
- Generalklausel 1525
- Gewinnerzielungsabsicht 1524, 1582
- handwerkliche Tätigkeit 893, **1515 f.**
- Inlandsbezug 1577 f.
- Konzertdirektionen 1528, 1565, 1585
- künstlerische Leistung 1511 f., **1516 f.**, 1531
- Künstlervermittlung 1557
- Nachweis der Gelegenheit 1561
- Nebenberufliche Tätigkeit 1540, 1546
- Orchesterleiter **1585 ff.**, 1590
- Provision 1544, 1558, 1564
- Rechtmäßigkeit **1533 ff.**
- Reisekosten 1531, **1547 ff.**
- Schätzung 1555, 1571 f.
- Selbstvermarktung 1557, 1585
- Städte, Landkreise und Gemeinden **1579**
- Steuerfreie Einnahmen **1545 ff.**
- Territorialitätsprinzip 1534, 1569, 1576
- Theater-, Konzert- und Gastspieldirektionen 1528
- Übungsleiterpauschale **1545 ff.**
- Umlage 1529
- Umsatzsteuer 1545
- Unternehmereigenschaft 1524, 1582, 1586
- Vereine **1580 ff.**
- Verjährung **1554**
- Vertretung beim Vertragsschluss 1560
- Vorauszahlung 1532
→ *Künstlereigenschaft*

Künstlersozialabgabe-Verordnung 1542
Künstlersozialkasse
→ *Künstlersozialversicherungsgesetz*

Künstlersozialversicherungs-Entgeltverordnung 1547

Künstlersozialversicherungsgesetz
- Bundeszuschuss 1503
- Deutsche Rentenversicherung 1501, 1505
- Grundlagen 1499 f.
- Kranken-, Pflege- und Rentenversicherung 1499, 1504 f.
- Künstlersozialkasse **1502**
- Ordnungswidrigkeit **1555 f.**
- Pflichtversicherung 1499
- Territorialitätsprinzip 1534, 1569
- Unfallkasse des Bundes 1502

Künstlertausch 679 ff.
Künstlerverleihgesellschaft 1241 f.
Künstlervermittlung § 5, 244 ff.
- Abschlussvollmacht 265, 269, **330 f.**, 333, 396
- Berufsbild des Agenten **245 ff.**
- Bevollmächtigung **330 ff.**

Sachverzeichnis

- Gegenstand **249 ff.**
- Künstlerdienst der Bundesagentur für Arbeit **1101 ff.**
- Stellvertretung 249
- Vermittlung in Arbeitsverträge 400 ff.
- → *Agenturprovision*
- → *Agenturvertrag*
- → *Handelsvertretervertrag*
- → *Maklervertrag*

Künstlervertrag
- gesetzliche Pflichten **428**
- Rechtsnatur **427**
- Vertragsgegenstand 412, **423 ff.**

Kulturaustausch 1331, **1372 f.**
Kulturorchestererlass 1378
Kulturvereinigung 1379
Kurzberichterstattung 988
Kurzfristige Beschäftigung 1060

Lärm- und Vibrations-Arbeitsschutzverordnung 1086
Legitimationspapier 229
Leistungsort
- bei ähnlichen Leistungen **1396**
- bei der Einräumung urheberrechtlicher Nutzungsrechte **1418**
- bei Gastspielgeschäften **1406 ff.**
- bei Geschäften in Drittlandsgebieten **1420**
- der Künstler **1394 f.**
- der Veranstalter **1397 ff.**
- der Vermittler **1402 ff.**
- Grundlagen 1390
- Ort der sonstigen Leistung **1391 ff.**
- urheberrechtlicher Nutzungsrechte **1418**
- Verbrauchsortprinzip 1392

Leistungsschutzrecht § 10, 891 ff., 901 f.
- an wissenschaftlichen Ausgaben 987
- ausübender Künstler 901, 925, 946, 988, 1042
- des Tonträgerherstellers 901, 1041
- des Veranstalters 902, **940 ff.**
- GVL **1039 ff.**
- GWVR **1045 ff.**
- vertragliche Einräumung 933

Leistungsstörungen § 7, 453 ff.
Leistungstreue 162, 543, 545
Leistungszeit
- → *Fixgeschäft*

Lichttechnik 177, 554, 556
Lieferung
- → *Umsatzsteuerrecht*

Live Entertainment
- Definition **11**, 15, **25 f.**

Live Musik-Club 19
Lizenz 762, 768, 823, 826, 894, 971, 1211, 1347
- angemessene Lizenz 908, **914**, 952, 965
- Hochstlizenz **961**
- Lizenzanalogie 821, **823**, 908
- Lizenzgebühr 823, 908, **914 f.**, **960**, 968, 1023
- Lizenzhöhe **915 ff.**, 955, 995

- Lizenznehmer 775, 961, 992
- Lizenzprodukt 924, 932
- marktübliche Lizenz 917

Löschungsklage 774 ff.
Lohnsteuer 44, 1060 f., 1074, 1231
Lohnsteuerabzug 1329 ff., 1333
- → *Freistellung von der Abzugsbesteuerung*

Look Alike
- → *Doppelgänger*

Makler
- Definition **250**
- Abschlussmakler **250**, 1561
- Nachweismakler **250**, 407, 1561

Maklerprovision
- Anspruchsentstehung **340 ff.**, 347 f., 349 f., 351 f.
- Anspruchsuntergang 345 ff.
- Branchenüblichkeit 345
- Definition **338 ff.**
- Fälligkeit **352 ff.**
- Folgegeschäfte **359 ff.**
- Mitursächlichkeit am Vertragsschluss 356
- Optionen nach Vertragsende 357
- Wegfall der Geschäftsgrundlage 351
- Zufluss 344

Maklervertrag
- Definition **264 ff.**
- ergänzende Vertragsauslegung 347 f.
- Kündigung **451 f.**
- Vertragslaufzeit **448 ff.**
- → *Agenturvertrag*
- → *Kartenvorverkauf*

Manager
- Definition 246 f., **429 ff.**
- Alleinentscheidungsbefugnis **437 ff.**
- Vollmacht

Managementprovision
- Höhe/Umfang **444 f.**

Managementvertrag
- Gegenstand **432**
- Geschäftsbesorgung 434
- gesellschaftsähnliches Verhältnis 435 f., 443
- Kündigung 451 f.
- Rechtsberatung **446 f.**
- Rechtsnatur **433 ff.**

Markenanmeldung 838, 848, 876, 882
- Beweiserleichterung **766 f.**, 822
- Bösgläubigkeit 770
- EU-Markenanmeldung **885**
- IR-Markenregistrierung **880 f.**, 885

Markenlizenzvertrag 1210
Markenlöschung
- Löschungsantrag **774 ff.**
- Löschungsklage **774 ff.**

Markenrecht § 9, 741 ff.
- Funktion 743 f.
- beschreibender Gebrauch/Begriff 746, 766, 769, 797, **799 ff.**, 801, 852

395

Sachverzeichnis

- Buchstaben und Zahlen **792 f.**
- Herkunftshinweis/-merkmal 751, 779, 781 f.
- Internationales Markenrecht **876**
- Prioritätsprinzip 767, **769**, 770 f., 772 ff., 780
- kennzeichnender Gebrauch **799 ff.**
- Madrider Markenabkommen 882, 884
- Schadensschätzung 889
- Verwirkung von Rechten 745, **770**

Markenrechtsverletzung
- Haftungsumfang **821**
- Kerntheorie **813 f.**
- Schadensersatzanspruch 769 f., 771, 776, **803 f.**, 806, **818 ff.**, 855 f., 863, 867, 871, 888 f.
- Unterlassungsanspruch 768 f., 771 f., **803**, 811, 831, 838 f., 849, 851, 870, 871
- Verletzungsunterlassungsanspruch **808 f.**
- Verschulden 776, 805 f., 818, **819 ff.**, 867, 870, 889
- Vertragsstrafe 209 ff., **812**, 814, 1120, 1584
- vorbeugender Unterlassungsanspruch **815**
- → *Abmahnung*

Marktverwirrungsschaden 910
Mäzenatentum 1206, 1228
Medienpartnerschaften 1005 f., **1228 ff.**
Mehrwertsteuersystemrichtlinie 1392, 1409, 1413, 1445 ff., 1454 ff., 1460, 1469
Mehrwortmarke 789
Meldepflicht
- → *Künstlersozialabgabe*

Merchandising 30 f.
Messen und Ausstellungen 1399, **1409**, 1413
Mietvertragsrecht
- → *Veranstaltungsbesuchsvertrag*

Milderungsregel
- → *Beschränkte Steuerpflicht*

Missbrauchsklausel 1354 ff.
Mitveranstalter 76 f.
- Tourneeveranstalter als Mitveranstalter 69, 74 f.
- Verantwortlichkeit **78 f.**
- Haftung 79 f., 1211
- Haftung für Urheberrechte **84 ff.**
- Haftung aufgrund Verkehrssicherungspflicht **87**
- Steuerrechtliche Verbindlichkeiten **88**

Musical 14, **21**, 27, 892, 922, 928, 933, 1023
Musikfolge
- → *GEMA*

Musterversammlungsstättenverordnung
- Gegenstand 98, **1137 ff.**
- → *Versammlungsstättenverordnung*

Nacherhebungsbescheid
- → *Haftungsbescheid*

namensähnliche Veranstaltung
- → *Namensrecht*

Namensanmaßung
- → *Namensrecht*

namensgleiche Veranstaltung
- → *Namensrecht*

Namensrecht
- Bandname 739
- Gleichnamigkeit **832 ff.**
- intendierte Namensgleichheit 833
- Interessenausgleich zwischen Gleichnamigen 835
- markenrechtliche Priorität 838
- namensähnliche Veranstaltung 770
- Namensanmaßung 829
- namensgleiche Veranstaltung 770
- namensrechtliche Priorität 839
- Prioritätsprinzip **831**
- zufällige Namensgleichheit 834

Nebenleistungen
- → *Beschränkte Steuerpflicht*
- → *Umsatzsteuerrecht*

Nebenleistungspflichten
- Definition **162 ff.**, 165
- des Veranstalters **166**
- des Künstlers 101, **174 ff.**
- gesetzliche geschuldete Nebenleistungspflichten **181 ff.**

Nebenpflichten 114, **163 f.**, 541, 545, 667
- Obhuts- und Fürsorgepflicht **114 f.**
- → *Rücksichtspflichten*
- → *Schutzpflichten*

Nettopauschalbesteuerung 1285 ff., 1292 f., 1305 f.
- Kritik **1297 ff.**
- Steuerzahlung **1317**

Neuherstellung 483, 488, **631**, 633
Nichtraucherschutz 1173, 1175 f.
Nichtunternehmer
- → *Umsatzsteuerrecht*

Niederlassungsfreiheit 1241
Notorietätsmarke 762
- Notorische Bekanntheit **749**, 756, **763 ff.**, 773, 783

Nutzungsgenehmigung 1167 ff., 1171 ff.
- Sondernutzungsgenehmigung 1171, 1185

Nutzungsrechte 84, 101
- an Persönlichkeitsrechten 174, 420
- an Urheberrechten 826 f., 892, 894, 934, 936, 944, 951
- Einräumung urheberrechtlicher Nutzungsrechte 955, 963, 978, 994, 1023, 1034
- → *Leistungsort*

OECD-MA 1338
Öffentliche Einrichtung 1202, 1423 ff.
Öffentliches Recht § 15, 1166 ff.
Öffentlichkeit 895
- fragmentierte Öffentlichkeit 783

Örtlicher Veranstalter
- Grundlagen 65
- als Alleinveranstalter **73**
- als Erfüllungsgehilfe 70
- → *Veranstalter*

Sachverzeichnis

Online-Verkauf 708
Open Air Veranstaltung
– Definition 20
– Klassik-Open Air 992
– Versicherung 1117
Option
– Definition 141 f., **143**, 189
– einfacher Optionsvertrag 144
– qualifizierter Optionsvertrag 145
– Verlängerungsoption 448 f.
– Vorrechtsvereinbarung 147
Organisationsverschulden 1095, 1147
Organisatorische Mängel 640 ff.

Pauschalabgabenaufkommen 1043, 1046
Personalisierte Eintrittskarten
→ *Eintrittskarte*
Personenschaden 1091, 1097, 1031, 1135, 1147, 1150
Personenvereinigung 1234, 1294 ff.
Persönlichkeitsrecht 101, 174, 420, 424, 742, 898, 928 f., 929 ff.
– postmortales Persönlichkeitsrecht 931
→ *Urheberpersönlichkeitsrecht*
Playbackauftritt 534
– Halbplayback 533
– Vollplayback
Plichtversicherung
→ *Künstlersozialversicherungsrecht*
Prioritätsprinzip
→ *Markenrecht*
→ *Namensrecht*
Probe 176, 556, 1143
– Probenverpflichtung 13, 104, 112, 178, 1232
Produktionskosten 61 f., 94, **117 ff.**, 120 ff.
Programmabweichung 536, **684**
Programmänderung 684
Programmlieferungsvertrag
→ *Gastspielvertrag*
Provision
→ *Agenturprovision*
→ *Arbeitsvermittlung*
→ *Beschränkte Steuerpflicht*
→ *Handelsvertreterprovision*
→ *Maklerprovision*
→ *Managementprovision*
Prozentdeal 117
Publikumslärmschutz 1152

Qualitative Mängel der Darbietung 488, 540 f., 671 ff.

Rechtsdienstleistung 335 f., **399**, 446
Rechtsschein 59 f.
→ *Veranstalter*
Ré-Engagement 301, 304 f., 326, 359
Reisegewerbe 1180
Reisegewerbekarte 1181

Reisekosten
→ *Beschränkte Steuerpflicht*
→ *Künstlersozialabgabe*
Rentabilitätsvermutung 599
→ *Schadensersatz*
Rentenversicherung
→ *Künstlersozialversicherungsrecht*
Repertoire Austauschvertrag 945
Reverse-Charge-Verfahren 1308, **1492**, 1495, 1497
Rider
→ *Bühnenanweisung*
Rom-I-Verordnung 223 ff.
Rücksichtspflichten 184, 186
– Verletzung **571 f.**
Rücktritt
→ *Veranstaltungsbesuchsvertrag*
→ *Veranstaltungsvertrag*
Rufschaden 421

Sanitätsdienst 1147, **1199**
Schadensersatz
– bei Schlechtleistung **628 ff.**
– bei Verzug des Veranstalters **621 ff.**
– Eintrittsgeld als Schaden 594 ff.
– innerbetrieblicher Schadensausgleich 1095, 1097 f.
– Schadensminderung 544, 554
– Schadenspauschalierung 209 ff.
– Vertrauensschaden 140
Schallgrenzwerte 1085, 1188
Schankerlaubnis 1174
Scheinselbständigkeit 1064 f., 1070, 1073
– Clearingstelle d. Deutschen Rentenversicherung 1077
– rechtliche Konsequenzen **1074 ff.**
– Schwarzarbeit 1074
– technisches Hilfspersonal 1071
Schiedsstellenverfahren 957, 967, **1029 ff.**
– zum GVL-Aufschlag 1042
– zum Tarif E 992
– zum Tarif U-K 963, 964 ff. 999 ff., 1007
– zum Tarif U-V und M-V 1014 ff.
Schlechterfüllung
– von Leistungspflichten bei Werkverträgen **567 ff.**
– von Leistungspflichten bei selbständigen Dienstverträgen 573
Schlechte Sicht 662 ff.
Schleichbezug
→ *Kartenvorverkauf*
Schriftform 148
– gewillkürte Schriftform **148**, 150 f.
Schutzpflichten 163, 190
– Verstoß gegen Schutzpflichten **543**, 548
Schwarzarbeit 1063, **1074 f.**
Selbstvermarktung
→ *Künstlersozialabgabe*
Senderprivileg 942

397

Sachverzeichnis

Shortfall-Vesicherung 1123
Sicherheitsrelevante Anlagen 1144 ff.
Sichtbehinderung 668
Sing-Spiel-Genehmigung 1184
Sittenwidrigkeit
→ *Agenturprovision*
Sitzplatz kein Sitzplatz 656
– Stehplatz anstatt Sitzplatz 657
– getrennte Plätze 660
Slogan 751, 784, **788 ff.**, 796, 799, 813
Solidaritätszuschlag
→ *Beschränkte Steuerpflicht*
Sondernutzungsgenehmigung 1185
Sonstige Leistung 1388
→ *Leistungsort*
Sonstige Leistungspflichten 566
Sorgfaltspflicht 1096, 1136, 1165
– Sorgfaltspflichtverletzung 987, 1149 f., 1199
Soundcheck
→ *Probe*
Sperrzeiten 1192 ff.
Spielfläche 171, 1139
Spielstätte § 2, 33 ff., **96 ff.**
– Anspruch auf Zulassung **1201 ff.**
– Auswahlverfahren 1203
– Verlegung der Spielstätte **653 ff.**
– Wechsel in größere Spielstätten **304 ff.**
– Widmung 1202
Spielzeitverpflichtung 1332, 1430
Sponsoring § 16, **1201 ff.**
– Endorsement-Verträge 1208
– Event-Sponsoring 1208
– Imagetransfer 1214
– Markenlizenzvertrag 1210
– Medienpartnerschaften **1228 ff.**
– Name-Sponsoring 1208
– Personen-Sponsoring 1208
– Spende 1218
– Sponsoringvertrag 1207, **1210 ff.**
– steuerliche Aspekte **1216 f.**
– steuerliche Aspekte für den Gesponserten 1224
– steuerliche Aspekte für den Sponsor **1218 ff.**
– Testimonial-Sponsoring 1208
Sportunfall 1215
Statusfeststellungsverfahren 1077 ff.
Stellvertretung
→ *Agenturvertrag*
Steuerabzug
→ *Beschränkte Steuerpflicht*
Steuerbarkeit ausübender Künstler **1480 ff.**
– bei Einräumung von Nutzungsrechten **1418**
– Dinnershow 1489 ff.
– Dirigent 1484, 1581
– Discjockeys **1487**
– Eintrittsberechtigung **1472**
– Gastspielgeschäft **1474**
– handwerkliche Tätigkeit **1515 f.**
– Kabarettisten **1488**

– Kartenvorverkauf **703 ff.**
– komplexe Leistungen **1489 ff.**
– Leistungen an Nichtunternehmer 1392, 1394, 1397, 1399, 1402, 1405 ff., 1417 f., 1420, 1495
– Mitwirkung an einer Darbietung **1484**
– Regisseure und Choreografen 1432, **1485**
– Stripgruppe 1431
– Tanzveranstaltung 1483
– Techno-Veranstaltung 1472
– Tourmanager 1414
– Tourneeveranstalter **1476 ff.**
– Vermittlungsgeschäft **1402 ff.**
– Zauberkünstler, Bauchredner **1486**
Steuereinbehalt 1313 f.
Steuerfreiheit/Steuerbefreiung **1421 ff.**
– der Veranstalter **1438 f.**
– Europarechtliche Grundlage **1454 ff.**
– Gastronomieleistungen 1146
– Kritik **1458 ff.**
– Nebenleistungen **1444 ff.**
– Orchester, Kammermusikensembles und Chöre **1433 f.**, 1470, 1472
– Parkplatz- und Garderobengebühren **1448**
– Prüfung der Landesbehörde **1435 ff.**
– Prüfung des Finanzamtes **1428 f.**
– Rechtsmittel **1452 f.**
– Rückwirkung der Gleichstellungsbescheinigung **1449 ff.**
– Voraussetzungen **1427 ff.**
Steuersatz
→ *Beschränkte Steuerpflicht*
→ *Steuerbarkeit*
Steuerliche Veranlagung **1300 ff.**, 1318
Steuerschuldner
→ *Beschränkte Steuerpflicht*
Störer 67, 860, 982 ff.
– Störerhaftung 738
– Ansprüche gegen Wettbewerbsstörer **889 f.**
Strafbewehrte Unterlassungsverpflichtungserklärung
→ *Abmahnung*
Systemgebühren 997, 1000
Szenenfläche 167, 170, 668, 1143

TA-Lärm 1188, 1190
Tanzveranstaltung 1192 ff., 1197, 1483
→ *Steuerbarkeit*
Tarif
→ *GEMA-Tarife*
– Tarifverträge 1068, **1099 f.**
Technische Mängel 540 f., 671 ff.
Teilbarkeit der Leistung 515 ff., 552, 614, 678
Teileinigung 159, **191, 515**
Teilerfüllung
→ *Veranstaltungsvertrag*
→ *Veranstaltungsbesuchsvertrag*
Teilvollendung
→ *Veranstaltungsvertrag*
→ *Veranstaltungsbesuchsvertrag*

398

Sachverzeichnis

Teilzeitarbeitsverhältnis 1062
Terminverschiebung 477, **645 ff.**
Territorialitätsprinzip
→ *Künstlersozialabgabe*
Theater 1430 ff., 1468 ff., **1472 ff.**
Ticketzweitmarkt
→ *Kartenvorverkauf*
Titelrecht
→ *Titelschutz* 767
Titelschutz 748 ff., 798, 816
Tontechnik 967, 1020, 1134, 1168, 1263
Tourneeveranstalter 65 f., 68, 77 f., 81, 83, 94 f., 307 f., 1304, 1344, **1441, 1476 ff.**, 1493
– als Alleinveranstalter **70 ff.**
– als Mitveranstalter **74 f.**
Tourneevertrag 130
Treuepflichten 543
– vorvertragliche Treuepflichten 162, 184 f.
→ *Rücksichtspflichten*
Typenverschmelzungsvertrag
→ *Veranstaltungsbesuchsvertrag*

Überflüssiges Angebot 198
Überhangprovision
→ *Handelsvertreterausgleichsanspruch*
→ *Handelsvertretervertrag*
Übernahmeverschulden 867
Überraschende Klauseln
→ *Allgemeine Geschäftsbedingungen*
Übungsleiterpauschale 1546
Umsatzsteuerbefreiung
→ *Steuerfreiheit* **1421 ff.**
Umsatzsteuer-Identifikationsnummer 1393
Umsatzsteuerrecht § 18, 1387 ff.
– Drittlandsgebiet 1405, **1420**
– ermäßigter Steuersatz 1444, **1448**, 1495
– gemischte Verträge 1479
– grenzüberschreitende Leistungen **1390 ff.**, 1398 f.
– Katalogleistungen 1394, **1408 f.**, 1414
– Lieferung 1308, 1388, 1445, 1492
– Nebenleistungen **1400 ff.**
– Nichtunternehmer 1392, 1394, 1397, 1399, 1402, 1405, 1407, 1417 f., 1420, 1495
– Unternehmer **1389, 1393**, 1405 f.
– Regelsteuersatz 703 ff., **1421 f.**, 1424, 1428, 1459, 1477 ff., **1484 f.**, 1489
– Tourneeveranstaltungen **1476 ff.**
– Vorsteuerabzug 1421, 1424 f., 1428, 1438, 1453, 1459, 1492, 1496
– Zahlung der Umsatzsteuer im Ausland 1492, 1495 ff.
→ *Kartenvorverkauf*
→ *Künstlersozialabgabe*
→ *Steuerbarkeit*
→ *Steuerfreiheit*
Unbeschränkte Steuerpflicht 1234 f., 1238, 1239, 1292, 1326
Unmöglichkeit

– anfängliche Unvollkommenheit 349 f.
– Teilunmöglichkeit **614 ff.**, 652, 658
– Veranstaltungsbesuchsvertrag 580, **584 ff.**, 592 ff.
– Veranstaltungsvertrag **495 ff.**, **523 ff.**
– wegen sonstiger Gründe **523**
– zeitweilige Unmöglichkeit 582
Unsicherheitseinrede 562
Unternehmenskennzeichen 824, 842 f.
Unterlassungsanspruch
→ *Markenrechtsverletzung*
→ *Urheberrechtsverletzung*
→ *Wettbewerbsrecht*
Unternehmereigenschaft
– Definition 201
– des Künstlers 278
→ *Beschränkte Steuerpflicht* 1339
→ *Künstlersozialabgabe*
→ *Umsatzsteuerrecht*
Unterrichtungspflicht 544
Untersagungsverfügung 1172
Unterscheidungskraft 758, 778, 792, 793, 794 f., 797, 801, 835, 836, 839, 844
Unterlassungsverpflichtungserklärung
→ *Abmahnung*
Urheberrecht § 10, 891 ff.
– Meldepflicht 918
– Schadensersatz 903, 910
Urheberpersönlichkeitsrecht 900, **934 ff.**
– Urheberpersönlichkeitsrechtsverletzung 1038
Urheberrechtsvergütung 84 ff., 121, 183
Urheberrechtsverletzung 84 ff., 183, 906, 910, 912 f., 920, 922, 924, 932
– Unterlassungsanspruch 900, 903, 907, 941
– Verschulden 903, **904**, 907, 986
Urkundsbedingung 710, 729

Veranstalter § 2, 33
– Anordnen und Veranlassen einer Veranstaltung **54**
– Definition der Finanzverwaltung **50**
– Definition der Rechtsprechung **46**
– eigene Definition 64
– Einfluss auf die Programmgestaltung **57**
– ins Werk Setzen einer Veranstaltung **56**
– organisatorische Verantwortung **61 ff.**, **64**, 420
– urheberrechtliche Veranstalterdefinition **47 ff.**
– Veranstalter kraft Rechtsscheins **51 f.**, 59 f., 82 f.
– Vertragspartner der Künstler **58**
– Zahlungsunfähigkeit 561 f., 565
Veranstalterhaftpflichtversicherung 1120
Veranstalterkooperationen
– Grundlagen **65 ff.**
– GbR **92**
– Geschäftsbesorgungsvertrag **71**
– Innengesellschaft **93 ff.**
– Kooperationsvereinbarung 66, **89 ff.**
– Mitveranstalter 69, 74 f., **76 ff.**
– Rechtsnatur **89 ff.**

399

Sachverzeichnis

Veranstaltung
- Definition **6f.**
- nicht öffentliche 975
- öffentliche 10, 15, 87, 469, **895**
- Wahrnehmbarmachung 231, 240, 665, 669, 671, 709, 1398

Veranstaltungsabbruch 614f.
Veranstaltungsaufbauten 1169
Veranstaltungsausfall/-absage 453, 474, 461, 469, 476, 576, **580 ff.**, 588, **591 ff.**, 609, 613, 612f., 620
Veranstaltungsausfallversicherung 1111 ff.
Veranstaltungsbesucher 41, 226, 227, 231, 327
- verhinderter Besucher **466**, 469
- Ansprüche **242**, 578, **584 ff., 617 ff.**, **628**, **640 ff.**
  → *Veranstaltungsbesuchsvertrag*

Veranstaltungsbesuchsvertrag § 4, 227
- Ablieferung 242
- Abnahme 242, 480, **483 ff.**
- Aliud 486
- als Kaufvertrag **234**
- als Mietvertrag **233**
- als Werkvertrag 231f.
- Ansprüche des Besuchers bei Leistungsstörungen **578 ff.**
- Ansprüche des Besuchers bei Schlechtleistung **628 ff.**
- Fixgeschäftscharakter **461 ff., 468 ff.**
- Herstellung 242
- Neuherstellung 483
- Rechtsnatur **231 ff.**
- Teilerfüllung **517 f.**, 615, 628 f., 643 f., 650, 658, 678
- Teilunmöglichkeit **614 ff.**
- Teilvollendung 634, 676
- Typenverschmelzungsvertrag **237 ff.**, 272, 579
- Unmöglichkeit 643, 665, 467, 470, 580, 582, **584 ff., 592 ff.**
- Vertragserfüllung 227, 235, 240, **242 f.**
- Verzug 453. 580, **617**, 640, 651

Veranstaltungsdauer 517
Veranstaltungseinlass 648 ff.
Veranstaltungsgenehmigungen 556f., 1166 ff.
Veranstaltungsleiter 1142
Veranstaltungsmarkt 16 ff.
- historische Entwicklung 16
- wirtschaftliche Bedeutung 25
- Wandel der Veranstaltungswirtschaft 28

Veranstaltungsrecht § 1, 1 ff.
- Geltungsbereich

Veranstaltungsvertrag § 3, 99 ff.
- Abnahme 482, 512
- Buchung **132 ff.**
- Engagementvertrag 99, 248
- Fixgeschäftscharakter **472 ff., 477 f.**
- Hauptleistungspflichten 161
- Kündigung 110, **192 ff.**, 198
- Leistungs- und Nebenpflichten 114, 151, 156, **160 ff.**
- Leistungsstörungen in der Sphäre des Künstlers **494 ff.**
- Leistungsstörungen in der Sphäre des Veranstalters **550 ff.**
- Leistungsstörungen nach Ablauf des Erfüllungszeitraums **491 ff.**
- Leistungsstörungen vor Ablauf des Erfüllungszeitraums **487 ff.**
- Rechtsnatur **102 ff.**
- Schlechtleistung des Künstlers 179, **529 ff.**
- Schlechtleistung des Veranstalters 567 ff.
- Teilerfüllung 214 ff., 488, 488, 490, 514 f., **517 ff.**, 519 ff., 552, 568
- Teilvollendung 511, 513, 532
- Unmöglichkeit 472, 488, 489, 492, **465 ff.**, 523
- Verzug 198, 453, 490, **524 ff., 558 ff.**

Veranstaltungswirtschaft 25, **28 ff.**
Verantwortlicher für Veranstaltungstechnik 1143
Verbrauchsortprinzip 1392
Vergebliche Aufwendungen 604
Verhandlungsstadium 132 ff.
Verhandlungsvollmacht 330
Verjährung 770f., 890, 1426, 1554
- Feststellungsverjährung 1451

Verkehrsgeltung 761, 763 f., 766 ff., 777, **783**, 838, 846 f.
- im Ausland 778
- örtliche Verkehrsgeltung 765

Verkehrseröffnung 980, 1131
Verkehrssicherungspflicht 87, 980, 985
- bei der Veranstaltungsdurchführung **1147 ff.**

Verlegung des Veranstaltungsorts 653 ff.
Verletzergewinn 822, 908, **911 ff.**
Verletzerzuschlag
→ *Kontrollzuschlag*

Verletzungsunterlassungsanspruch
→ *Markenrechtsverletzung*

Vermittlervergütungsverordnung 406
Vermittlungsprovision
→ *Agenturprovision*

Vermögensschaden 603, 900, 908, **909 ff.**
Verpflegungsmehraufwand 1267, 1278, 1309, **1311**, 1548
Verrichtungsgehilfe 1090, 1133
Versammlungsstättenverordnung
- Definition 98, 1138 f.
- Versammlung 1166
→ *Musterversammlungsstättenverordnung*

Verschulden
- Alleinverschulden des Besuchers 1156
- des Erfüllungsgehilfen 422, 1133 ff.
- des Verrichtungsgehilfen 1133
- Mitverschulden 544
- Mitverschulden des Besuchers 1155
- Verschulden eines Dritten 1124
- Verschulden gegen sich selbst 502

400

Sachverzeichnis

- vorvertragliches Verschulden 140
- Zurechnung 506
- → *Markenrechtsverletzung*
- → *Urheberrechtsverletzung*

Verschwiegenheitsverletzung 1056
Versicherungsvertrag 1125 ff.
Versicherungsmakler 1125
Versicherungsrecht § 13, 1109
Verspäteter Veranstaltungsbeginn 640 ff.
Verspäteter Veranstaltungseinlass 648 ff.
Vertane Freizeit 601, 603, 658
Vertragsanbahnung 134, 244, 249, 331, 430
Vertragsfreiheit 449, 1070
Vertragslaufzeit 448 ff.
- von Agenturverträgen 381 ff.

Vertragsschluss 128, 135, 141 f., 144, **148**, 151, 287
- Bestreiten des Vertragsschlusses 152, 191, 219
- Mitursächlichkeit am Vertragsschluss **356, 368 ff.**

Vertragsstrafe 209 ff., 812, 1584
Verwerter 1524
Verwertungsgesellschaft § 11, 944 ff.
- gesamtschuldnerische Haftung 980
- Meldepflicht 973 f., 975 f.
- Schadensersatz 980, **985**
- Unterlassungsanspruch 980, **981**

Verzögerungsschaden 625
Verzug
- → *Veranstaltungsbesuchsvertrag*
- → *Veranstaltungsvertrag*

Votragsrecht 891
Virtuelle Person 932
Vollendung
- Definition 109, **481**
- Veranstaltungsbesuchsvertrag **483 ff.**
- Veranstaltungsvertrag **482**

Vollplaybackauftritt
- → *Playbackauftritt*

Vorauszahlung 169 f.
- Nichtleistung der Vorauszahlung **550 ff.**
- Verzug der Vorauszahlungsleistung **559 f.**
- → *Künstlersozialabgabe*
- → *Veranstaltungsvertrag*

Vorbeugender Unterlassungsanspruch 815 f.
Vorprogramm
- Änderung des Vorprogramms **685**
- Wechsel der Vorgruppe 716

Vorsteuerabzug
- → *Umsatzsteuerrecht*

Vorverkauf
- → *Kartenvorverkauf*

Vorverkaufsgebühr 705 ff.
- Erstattung **714**

Vorverkaufsgeschäft
- → *Kartenvorverkauf*

Vorverkaufsstelle
- → *Kartenvorverkauf*

Vorvertrag 138. 143

Vorvertragliches Schuldverhältnis 136, 189, 191
Vorvertragliches Verschulden
- → *Haftung*

Vorzeitiger Abbruch 676

Wahrnehmbarmachung 231, 240, 665, 669, 671, 709, 1398
Wegeunfall 1097
Weisungsgebundenheit 111 ff., 131, 273, 400, 1048, 1063, 1064, 1067
Weiterverkauf von Eintrittskarten
- → *Eintrittskarte*

Werbeeinnahmen
- → *GEMA-Tarife*

Werbematerial 175, 290
Werbungskosten 1285, **1287 ff.**, 1298 f., 1301, 1315, 1317, 1320 f., 1322, 1324
- → *Beschränkte Steuerpflicht*

Werk
- Änderung und Entstellung **896 f.**
- Definition **891 f.**, 1270

Werkschaffende Tätigkeiten 1270
Werktitelschutz 824 f., 842 ff., 850 ff., 854, 921
- Ende **850 f.**
- Entstehung **842**, 844 ff.
- urheberrechtlicher Werktitelschutz 854

Werktreue 674
Wettbewerbsrecht § 9, 741 ff., 886 ff.
Wettbewerbsverbot
- des Handelsvertreters 281 ff.
- arbeitsrechtliches Wettbewerbsverbot **1050 ff.**

Widerspruchsverfahren 772 ff., 820
- → *einstweilige Verfügung*

Wiederholungsgefahr
- → *einstweilige Verfügung* 810

Witterungsbedingte Mängel 675, 575
Wohnsitz
- Definition **1236 ff.**
- mehrfacher Wohnsitz 1238

Wortbildmarke
- → *Markenrecht*

Wortmarke
- → *Markenrecht*

Zahlungsunfähigkeit 350, **561 f.**, 565
Zeltbau 1168
Zentrale Arbeits- und Fachvermittlung 1101, 1103
Zitatrecht 924
Zufluss
- → *Beschränkte Steuerpflicht*

Zugabe 180, 542
Zweckübertragungstheorie 936 f.
Zweite Stufe
- → *Beschränkte Steuerpflicht*

Zweiterwerber
- → *Eintrittskarte*

Zweitmarkt/Ticketzweitmarkt 717 ff.